NEGÓCIO JURÍDICO

O GEN | Grupo Editorial Nacional – maior plataforma editorial brasileira no segmento científico, técnico e profissional – publica conteúdos nas áreas de concursos, ciências jurídicas, humanas, exatas, da saúde e sociais aplicadas, além de prover serviços direcionados à educação continuada.

As editoras que integram o GEN, das mais respeitadas no mercado editorial, construíram catálogos inigualáveis, com obras decisivas para a formação acadêmica e o aperfeiçoamento de várias gerações de profissionais e estudantes, tendo se tornado sinônimo de qualidade e seriedade.

A missão do GEN e dos núcleos de conteúdo que o compõem é prover a melhor informação científica e distribuí-la de maneira flexível e conveniente, a preços justos, gerando benefícios e servindo a autores, docentes, livreiros, funcionários, colaboradores e acionistas.

Nosso comportamento ético incondicional e nossa responsabilidade social e ambiental são reforçados pela natureza educacional de nossa atividade e dão sustentabilidade ao crescimento contínuo e à rentabilidade do grupo.

HUMBERTO THEODORO JÚNIOR
HELENA LANNA FIGUEIREDO

NEGÓCIO JURÍDICO

■ O autor deste livro e a editora empenharam seus melhores esforços para assegurar que as informações e os procedimentos apresentados no texto estejam em acordo com os padrões aceitos à época da publicação, e todos os dados foram atualizados pelo autor até a data de fechamento do livro. Entretanto, tendo em conta a evolução das ciências, as atualizações legislativas, as mudanças regulamentares governamentais e o constante fluxo de novas informações sobre os temas que constam do livro, recomendamos enfaticamente que os leitores consultem sempre outras fontes fidedignas, de modo a se certificarem de que as informações contidas no texto estão corretas e de que não houve alterações nas recomendações ou na legislação regulamentadora.

■ Fechamento desta edição: 20.10.2020

■ O Autor e a editora se empenharam para citar adequadamente e dar o devido crédito a todos os detentores de direitos autorais de qualquer material utilizado neste livro, dispondo-se a possíveis acertos posteriores caso, inadvertida e involuntariamente, a identificação de algum deles tenha sido omitida.

■ **Atendimento ao cliente: (11) 5080-0751 | faleconosco@grupogen.com.br**

■ Direitos exclusivos para a língua portuguesa
Copyright © 2021 by
Editora Forense Ltda.
Uma editora integrante do GEN | Grupo Editorial Nacional
Travessa do Ouvidor, 11 – Térreo e 6º andar
Rio de Janeiro – RJ – 20040-040
www.grupogen.com.br

■ Reservados todos os direitos. É proibida a duplicação ou reprodução deste volume, no todo ou em parte, em quaisquer formas ou por quaisquer meios (eletrônico, mecânico, gravação, fotocópia, distribuição pela Internet ou outros), sem permissão, por escrito, da Editora Forense Ltda.

■ Capa: Aurélio Corrêa

■ **CIP – BRASIL. CATALOGAÇÃO NA FONTE.
SINDICATO NACIONAL DOS EDITORES DE LIVROS, RJ.**

T355n

Theodoro Junior, Humberto, 1938 –

Negócio jurídico / Humberto Theodoro Júnior, Helena Lanna Figueiredo. – Rio de Janeiro: Forense, 2021.

Inclui bibliografia
ISBN 978-85-309-9091-6

1. Direito civil – Brasil. 2. Negócio jurídico – Brasil. I. Figueiredo, Helena Lanna. II. Título.

20-63477　　　　　　　　　　　　　　　　　　　　CDU: 347.13(81)

Leandra Felix da Cruz Candido – Bibliotecária – CRB-7/6135

SOBRE OS AUTORES

Humberto Theodoro Júnior

Doutor em Direito pela UFMG. Professor Titular Aposentado da Faculdade de Direito da UFMG. Desembargador Aposentado do TJMG. Membro da Academia Mineira de Letras Jurídicas, do Instituto dos Advogados de Minas Gerais, do Instituto dos Advogados Brasileiros, do Instituto de Direito Comparado Luso-Brasileiro, do Instituto Brasileiro de Direito Processual Civil, do Instituto Ibero-Americano de Direito Processual Civil, e da International Association of Procedural Law e da Association Henri Capitant des Amis de la Culture Juridique Française. Advogado.

Helena Lanna Figueiredo

Mestre em Direito pela Pontifícia Universidade Católica de São Paulo. Professora da Universidade Fumec (Fundação Mineira de Educação e Cultura). Advogada.

APRESENTAÇÃO

Enquanto o direito civil francês – pioneiro da era moderna das codificações – cuidou histórica e tradicionalmente da disciplina dos atos de declaração de vontade a partir da noção geral dos *atos jurídicos*, a posterior codificação do direito privado alemão deslocou o foco de sua atenção normativa para a figura do *negócio jurídico*, relegando a um plano secundário o regime do *ato jurídico* em sentido estrito. Deu-se, assim, à economia dos povos democráticos o instrumento de que necessitava para assentar-se sobre as bases da autonomia privada.

Não obstante a modernidade do padrão germânico, já então prestigiado pela doutrina da época, o Código Civil brasileiro de 1916 ignorou a sistematização do negócio jurídico, e mantendo-se fiel ao velho e criticado modelo francês, limitou-se a disciplinar a declaração de vontade dentro das dimensões do fenômeno do ato jurídico.

Somente em 2002, com o advento do atual Código Civil, foi que nosso direito positivo conseguiu romper seus vínculos dogmáticos com o direito francês para regular como figura básica dos atos humanos voluntários a dos negócios jurídicos, sistematizada pelo direito alemão e já, de longa data, adotada também pelos Códigos italiano e português, entre vários outros.

À falta de um direito positivo em que se apoiar, não foi numerosa, entre nós, a literatura nacional acerca do negócio jurídico, antes do atual Código. Mesmo assim, o tema foi abordado monograficamente com maestria por alguns civilistas notáveis como Pontes de Miranda, Custódio da Piedade Ubaldino Miranda, Antônio Junqueira de Azevedo e Marcos Bernardes de Mello.

Agora, que já contamos com um atualizadíssimo Código, sentimo-nos encorajados a dar sequência à escassa literatura especializada, por meio do presente ensaio com o qual nos empenhamos em demonstrar que o negócio jurídico regulado pelo direito positivo brasileiro se emparelha com o que melhor se acha em vigor no direito ocidental contemporâneo.

Esperamos, de alguma forma, contribuir para o incremento do debate sobre o tema, sem dúvida, de relevância notória no desenvolvimento econômico e social dos povos afeiçoados à democracia e ao livre comércio.

Os Autores
Outubro/2020

SUMÁRIO

Capítulo I – Fatos Jurídicos 1

1. Fatos jurídicos 3
   - 1.1. Classificação dos fatos jurídicos.. 5
   - 1.2. Atos-fatos jurídicos 6
   - 1.3. Atos jurídicos lícitos 7
     - 1.3.1. O regime dos atos jurídicos lícitos... 10
     - 1.3.2. Classificação dos atos jurídicos lícitos 10
   - 1.4. Situações e relações jurídicas... 13
   - 1.5. Atos jurídicos ilícitos 14

Capítulo II – Atos Ilícitos 17

2. Requisitos do ato ilícito absoluto.. 19
   - 2.1. Conduta humana 19
   - 2.2. O dano 21
     - 2.2.1. Dano e prejuízo 22
     - 2.2.2. Dano material.. 22
     - 2.2.3. Dano moral.. 23
   - 2.3. Nexo de causalidade entre a conduta e o dano 25
   - 2.4. Imputabilidade 28
   - 2.5. Culpa... 30
     - 2.5.1. Negligência, imperícia e imprudência 32
3. Ilícito civil e ilícito penal 33
4. Ato ilícito e responsabilidade civil 34
5. Noção de responsabilidade civil 36
6. Conceito de ato ilícito em sentido estrito.. 38
7. Abuso de direito.. 39
   - 7.1. Direito comparado 41
   - 7.2. Natureza jurídica 43
8. Requisitos do abuso de direito 45
   - 8.1. A conduta 46
   - 8.2. Ofensa à boa-fé... 46
   - 8.3. Ato praticado em desacordo com o fim social ou econômico 48
9. Efeitos do abuso de direito 49

Capítulo III – Do Negócio Jurídico 51

10. Autonomia privada e negócio jurídico 53

   10.1. Autonomia da vontade e garantia constitucional 54

   10.2. Liberdade econômica, livre-iniciativa e negócio jurídico: a "Declaração de Direitos de Liberdade Econômica" (Lei 13.874/2019) 54

11. Conceito de negócio jurídico 56

   11.1. A declaração da vontade e a autonomia privada 59

   11.2. Da visão funcional à visão estrutural do negócio jurídico 63

   11.3. Os excessos da visão estrutural 66

12. Liberdade de celebração e liberdade de estipulação 67

13. Autonomia e heteronomia 68

14. Eliminação da autonomia privada 69

15. Limites da autonomia privada e da área objetiva de licitudes 69

   15.1. Bons costumes 71

   15.2. Função social do contrato 71

   15.3. Confiança e segurança jurídica (boa-fé objetiva) 72

   15.4. Equilíbrio econômico 73

16. A ilicitude e as suas consequências 73

17. Origem histórica do negócio jurídico 73

   17.1. História da teorização do negócio jurídico 74

18. Classificação dos negócios jurídicos 78

Capítulo IV – Requisitos do Negócio Jurídico 83

19. Elementos essenciais do negócio jurídico 85

   19.1. O sujeito 87

     19.1.1. A representação 89

   19.2. A declaração da vontade 93

   19.3. A forma 96

     19.3.1. O silêncio 98

   19.4. Conteúdo e objeto 100

20. Elementos acidentais (ou de eficácia) do negócio jurídico 102

   20.1. Condição 103

   20.2. Termo 105

   20.3. Modo ou encargo 106

21. A função do negócio jurídico 106

Capítulo V – Negócios Jurídicos Bilaterais e Unilaterais 109

22. Noção de contrato 111

23. Negócios jurídicos unilaterais 113

   23.1. Promessa de recompensa 114

   23.2. Gestão de negócios 114

   23.3. Enriquecimento sem causa 117

   23.4. Pagamento indevido 120

Sumário | XI

Capítulo VI – Interpretação e Integração do Negócio Jurídico 123

24. A interpretação dos negócios jurídicos 125
    24.1. A regra fundamental do art. 112 do Código Civil 131
    24.2. A boa-fé objetiva 134
    24.3. Usos e costumes 135
    24.4. Influência das circunstâncias da declaração negocial na interpretação ... 137
    24.5. Livre pactuação sobre regras de interpretação 138
    24.6. Conclusão 139
25. A integração 139
    25.1. Revisão do contrato 141

Capítulo VII – Invalidade do Negócio Jurídico 145

26. A eficácia do negócio jurídico 147
27. A patologia do negócio jurídico 149
28. O negócio jurídico e os planos de sua atuação 150
29. Plano da existência 151
30. Plano de validade 154
31. Plano de eficácia 156
32. Vícios verificáveis em cada plano 157
33. O sistema de invalidade do Código 159

Capítulo VIII – As Nulidades 163

34. O negócio nulo não produz efeito 165
35. Nulidade cominada e não cominada 169
36. Negócio jurídico praticado por absolutamente incapaz 169
    36.1. Menores 171
37. Ausentes 172
38. Negócio de objeto ilícito 172
39. Impossibilidade do objeto. Fraude à lei 174
40. A compra e venda de coisa alheia 176
41. A compra e venda da coisa litigiosa 179
42. A restituição das prestações pagas por negócio de objeto ilícito 182
43. Noção de negócio imoral 183
44. Negócio de objeto indeterminável 184
45. Motivo ilícito 185
46. Inobservância da forma prescrita em lei 186
47. Inobservância de solenidade 187
48. Fraude à lei 188
49. Infração da lei 188
50. As nulidades no Código de Defesa do Consumidor 189
51. Nulidades no Código de Processo Civil (*pas de nullité sans grief*) 190

52. Nulidade de casamento	192
53. A arguição da nulidade	193
53.1. Temperamentos à tese da nulidade independentemente de prejuízo	194
53.2. Arguição por terceiro interessado	196
54. Arguição pela parte	196
55. Ministério Público	197
56. Declaração de ofício pelo juiz	198
57. Ação ou exceção de nulidade	199
58. Provas	200
59. Inevitabilidade de consequências do negócio nulo	200
60. Confirmação do negócio nulo	201
61. Prescrição	203
62. Conceito de conversão de negócio jurídico nulo	205
63. Natureza da conversão	209
64. Conversão material e conversão formal	210
65. Fundamentos da conversão	212
66. Requisitos da conversão	215
67. Aplicabilidade da conversão	216
68. Figuras afins	218
69. A simulação	218
69.1. A profundidade da inovação introduzida na sistemática da simulação	221
69.2. Conceito e efeitos da simulação	223
69.3. Simulação e figuras afins	225
69.4. Espécies de simulação	228
69.5. Simulação invalidante e simulação não invalidante	232
69.6. Negócios em que pode ocorrer a simulação	233
69.6.1. Negócios bilaterais	234
69.7. Simulação *ad personam*	235
69.8. Simulação de conteúdo do negócio	236
69.9. Antedata e pós-data	237
69.10. Relações entre as partes do negócio simulado	238
69.10.1. Prova da simulação entre as partes	241
69.11. Relações entre as partes do negócio simulado e terceiros	242
69.11.1. Terceiros prejudicados	243
69.11.2. Adquirentes de direitos transmitidos com base no negócio simulado	243
69.11.3. Credores	245
69.11.4. Prova da simulação arguida por terceiros	246
69.12. A ação de simulação	246
69.12.1. O interesse de agir por meio da ação de simulação	247

69.13.	Prescrição	249
69.14.	Direito intertemporal	251

Capítulo IX – As Anulabilidades ... 253

70.	Anulabilidade	255
70.1.	Distinção entre nulidade e anulabilidade	255
70.2.	Nulidade absoluta e relativa	257
71.	Causas de anulabilidade	260
72.	Casos expressos da lei	260
73.	Incapacidade relativa	261
74.	Menor relativamente capaz	262
75.	O ébrio e o toxicômano	262
76.	Impossibilidade de exprimir a vontade	263
77.	Os pródigos	264
78.	A situação dos silvícolas	265
79.	Defeitos do negócio jurídico	266
80.	Confirmação do ato anulável	267
81.	Natureza jurídica	268
82.	Requisitos	269
83.	Espécies	269
84.	Os efeitos da confirmação e os direitos de terceiro	270
85.	Conteúdo da confirmação	271
86.	Substância do negócio	272
87.	A vontade de confirmar	272
88.	A forma da confirmação	273
89.	Confirmação tácita	274
90.	Requisitos da confirmação tácita	274
91.	Outros atos de confirmação tácita	275
92.	Efeitos da confirmação tácita	276
93.	Efeito da confirmação	277
94.	Registro público	278
95.	Confirmação do negócio sujeito à autorização de terceiro	278
96.	A desconstituição do negócio anulável	280
97.	A ação de anulação	281
98.	Legitimação	282
99.	Limites subjetivos da anulação	283
100.	As ações de anulação sujeitam-se a prazos decadenciais	284
101.	Anulação por coação	285
101.1.	Outras ações decorrentes da coação	286
102.	Outros defeitos do negócio jurídico	286
103.	Anulação por incapacidade	287

104. Outros prazos de anulação 288

104.1. Atos a que se aplica a regra do art. 179 289

105. Negócios jurídicos do menor relativamente incapaz 290

106. Efeitos da anulação do ato do menor desassistido 291

107. Repressão à malícia do menor 291

108. Extensão da regra do art. 180 291

109. Repetição do pagamento decorrente de negócio inválido 292

110. A repetição em face do contratante incapaz 293

111. Restrições à regra da irrepetibilidade 293

112. Efeitos da anulação 294

113. Eficácia temporal da anulação 295

114. Perdas e danos 296

115. Composição das perdas e danos 296

116. Frutos e rendimentos 297

117. Perecimento da coisa 297

118. Benfeitorias e acessões 298

119. Indenização do interesse negativo 298

120. Os terceiros de boa-fé diante da anulação do negócio jurídico 302

121. A preservação dos direitos de terceiro de boa-fé no sistema do Código brasileiro 305

122. Forma de negócio jurídico 312

123. Nulidade do negócio e nulidade do instrumento 313

124. Nulidade parcial 314

124.1. A redução em matéria de contratos coligados 315

125. Princípio da conservação do negócio jurídico 316

126. Obrigação principal e obrigação acessória 317

Capítulo X – Dos Defeitos do Negócio Jurídico 319

127. Introito 321

128. Defeitos do negócio jurídico 322

129. Diferença entre invalidade e ineficácia 325

130. O erro de nominar a fraude contra credores de anulabilidade e não de ineficácia 329

131. Em síntese 331

132. Os vícios de consentimento e a anulabilidade do negócio jurídico 334

132.1. Teoria da vontade real 334

132.2. Teoria da declaração 335

132.3. Teoria da responsabilidade 336

132.4. Teoria da confiança 336

133. A posição do atual Código brasileiro 337

134. Direito intertemporal 339

Sumário | XV

Capítulo XI – Do Erro ou Ignorância 345

135. O erro como vício de consentimento 347

136. Erro e ignorância 347

137. Erro e dolo 348

138. Erro substancial e vício redibitório 349

139. Cognoscibilidade do erro pelo outro contratante 350

140. A escusabilidade do erro 353

141. A reconhecibilidade do erro 355

142. Teoria da vontade e teoria da declaração 356

143. As teorias da responsabilidade e da confiança 358

    143.1. O problema da responsabilidade na declaração errônea de vontade..... 362

    143.2. Erro e confiança: responsabilidade 363

144. Preocupação predominante com os riscos do negócio 363

145. Requisitos do erro invalidante 364

146. Erro atual e erro futuro 366

147. Erro obstativo e erro vício 367

148. Erro e responsabilidade civil 369

149. Prazo decadencial da anulação 371

150. Erro substancial e erro acidental 371

151. Erro de fato e erro de direito 373

152. Pressupostos do erro substancial 374

153. Erro sobre a natureza do negócio 375

154. Erro quanto ao objeto principal da declaração 376

155. Erro de identidade do objeto 377

156. Modalidades de erro quanto à qualidade do objeto 377

157. Erro quanto à pessoa 379

158. Erro de direito 381

159. Falso motivo 383

160. Falsa causa 385

161. Condição expressa 387

162. Erro na transmissão da declaração de vontade 388

163. Requisitos da anulabilidade por erro de intermediação............................. 389

164. Representante e mensageiro 390

165. A intencionalidade do intermediário exclui a figura do erro 391

166. Poderes de representação e instruções de cumprimento do mandato 392

167. Excesso de mandato 393

168. Erro sanável de pessoa ou coisa 393

169. Erro de pessoa ou coisa e erro na indicação de pessoa ou coisa 393

170. Requisito legal a cumprir 394

171. Erro material e erro de cálculo 395

XVI | NEGÓCIO JURÍDICO • Humberto Theodoro Jr. e Helena Lanna Figueiredo

172. O erro de cálculo 396

173. Efeito do erro de cálculo 397

174. Retificação do contrato para evitar sua anulação por erro essencial 397

    174.1. A iniciativa da revisão contratual 399

175. Diversas hipóteses de retificação do negócio praticado sob erro 399

Capítulo XII – Do Dolo 401

176. Dolo como vício de consentimento 403

177. Análise dos elementos constitutivos do dolo 404

178. A decadência do *dolus bonus* 407

179. Efeitos do dolo 408

    179.1. Efeitos da anulação em face de terceiros 408

180. Conveniência da distinção entre o erro e o dolo 409

181. Negócios jurídicos anuláveis por dolo 410

182. O prejuízo causado pelo dolo 411

183. Erro e capacidade do agente 413

184. Prova do dolo 414

185. Arguição do dolo 415

186. Prazo decadencial para promover a anulação por dolo 416

187. Dolo principal e dolo acidental 417

188. Requisitos do dolo acidental 419

189. Efeitos do dolo acidental 420

190. A reticência: o silêncio como comportamento doloso 421

191. Dever de informar entre os contratantes 422

192. Variações do dolo negativo 423

193. A malícia do que se aproveita do erro 423

194. O regime do dolo de terceiro no Código anterior 424

195. O regime do Código atual 425

196. O dolo de terceiro não é suficiente, por si só, para viciar o negócio jurídico 425

197. Efeitos do dolo de terceiro 427

198. Dolo e erro 427

199. Dolo acidental de terceiro 428

200. Dolo de terceiro e negócio unilateral 428

201. Dolo do representante legal e do representante convencional 429

202. O regime adotado pelo Código atual 430

203. As duas modalidades de repressão ao dolo do representante 431

Sumário | XVII

204. Dolo bilateral.. 433

205. Compensação.. 433

Capítulo XIII – Da Coação 437

206. Coação física e coação moral.. 439

207. A coação como vício de consentimento... 440

208. A conveniência de manter-se a distinção entre as duas modalidades de coação... 440

209. Conceito de coação moral.. 442

210. O verdadeiro vício de consentimento, na coação moral............................. 443

211. Elementos constitutivos da coação moral.. 444

    211.1. A origem da coação 444

    211.2. A ameaça.. 445

    211.3. A injustiça do mal ameaçado... 445

    211.4. A gravidade do mal ameaçado 446

    211.5. O mal ameaçado deve ser iminente... 447

    211.6. Objeto do mal ameaçado 447

    211.7. O nexo causal... 449

    211.8. Coação incidente.. 449

212. Efeitos da coação 450

213. A prova da coação 451

214. Efeitos da anulação em face de terceiros 452

215. Prazo decadencial da anulação por coação.. 453

216. Aferição da coação 454

217. Exercício regular do direito e abuso do direito 456

218. Temor reverencial.. 458

219. Coação feita por terceiro 460

220. Consequências da coação por terceiro, no regime do Código Civil de 2002 461

221. Situação jurídica do contratante em face da coação praticada por terceiro 462

Capítulo XIV – Do Estado de Perigo.. 465

222. O estado de necessidade no âmbito dos negócios jurídicos: anulabilidade ou rescindibilidade?... 467

223. Conceito legal de estado de perigo.. 470

224. Elementos do estado de perigo.. 471

225. A situação perigosa 473

226. Efeitos do estado de perigo 475

227. Requisitos processuais para reconhecimento do estado de perigo............ 476

228. Efeitos em relação a terceiros.. 476

229. Prazo decadencial para anular o negócio praticado em estado de perigo 477

XVIII | NEGÓCIO JURÍDICO • *Humberto Theodoro Jr. e Helena Lanna Figueiredo*

Capítulo XV – Da Lesão ... 479

230. Negócios usurários ... 481
231. Esboço histórico da lesão no direito brasileiro ... 481
232. Conceito de lesão como vício de consentimento ... 483
233. Características da lesão no atual Código Civil ... 485
    233.1. O dolo de aproveitamento ... 490
    233.2. Um caso típico de lesão ... 491
234. A ação de anulação do negócio lesivo ... 493
    234.1. Opção do devedor entre anular ou rever o contrato ... 494
235. Outras observações sobre a participação do cocontratante no negócio lesivo ... 495
236. A influência do Código de Processo Civil sobre a teoria da lesão ... 497
237. Efeitos da lesão ... 498
    237.1. A iniciativa da revisão contratual ... 499
238. Lesão e teoria da imprevisão ... 499
239. Ônus da prova ... 500
240. A situação dos terceiros de boa-fé ... 501
241. Lesão nos contratos de consumo ... 502
242. Prazo decadencial para anulação da lesão ... 503
    242.1. Confirmação do negócio viciado por lesão ... 503

Capítulo XVI – Da Fraude contra Credores ... 505

243. Noção de fraude contra credores ... 507
244. Noção de fraude ... 508
245. Repulsa do direito à fraude ... 509
246. Raízes históricas da ação pauliana ... 511
    246.1. A ação pauliana no direito romano ... 512
    246.2. O nome da ação revocatória ... 513
    246.3. O direito romano clássico e a ação pauliana ... 514
    246.4. As controvérsias sobre a natureza da ação pauliana em direito romano ... 515
    246.5. Em que consistia o instituto romano da revocatória ... 516
    246.6. A verdadeira natureza da ação pauliana no direito romano ... 518
    246.7. Características e consectários da ação pauliana justinianeia ... 520
    246.8. Síntese: a ação pauliana, no direito romano, não era ação de nulidade ... 523
247. A ação revocatória no direito medieval e moderno ... 525
248. Direito contemporâneo (comparado) ... 527
    248.1. Direito italiano ... 527
    248.2. Direito francês ... 529
    248.3. Direito alemão ... 532
    248.4. Direito espanhol ... 535

248.5. Direito português 536

248.6. Direito argentino 539

249. Síntese do direito comparado 540

250. A fraude contra credores no direito brasileiro 541

250.1. A má colocação da fraude entre os defeitos do ato jurídico 541

250.2. Obrigação e responsabilidade patrimonial 543

250.3. Tutela judicial à garantia dos credores 544

250.4. A ação sub-rogatória 545

250.5. A ação de arresto 545

250.6. A ação pauliana 546

250.7. A fraude contra credores fora do Código Civil 548

250.8. Fraude à execução 550

250.9. A fraude invocada em ação e exceção (embargos de terceiro) 553

251. Requisitos gerais da fraude contra credores 555

252. O crédito defraudado 555

252.1. A anterioridade do crédito 557

252.2. Fraude a crédito futuro 558

252.3. Liquidez e exigibilidade da obrigação 559

252.4. Crédito extinto 562

253. O prejuízo do credor (*eventus damni*) 562

253.1. Remissão de dívida 563

253.2. Oneração ou comprometimento dos bens do insolvente 564

253.3. Ato parcialmente gratuito 565

253.4. Prova da insolvência 565

253.5. Atualidade do dano 566

254. *Consilium fraudis* em negócio gratuito 568

255. Prazo decadencial para exercício da pauliana 569

256. A fraude por meio de negócio oneroso 571

257. Posição jurisprudencial 572

258. Âmbito de incidência da pauliana 573

259. Elisão do *eventus damni* 576

260. Outras formas elisivas 576

261. Legitimação *ad causam* 577

262. A situação dos adquirentes sucessivos 578

263. Pagamento de dívida não vencida 581

264. Dívidas com garantia real 582

265. Dação em pagamento 583

266. Requisitos da revocação do pagamento antecipado 583

267. Efeitos da revocatória 584

268. Fraude na constituição de garantia real 584

269. Presunção legal de fraude 585

270. Requisitos da presunção de fraude.. 585

271. Provas.. 586

272. Efeitos da pauliana 586

273. Negócios ordinários 587

274. Presunção legal de boa-fé... 587

275. A participação do terceiro.. 588

276. Efeitos da pauliana 588

277. A recalcitrância do atual Código em qualificar como anulável o negócio praticado em fraude contra credores.. 590

278. A repulsa à fraude no Código Civil e em outros diplomas legais 591

279. Como operam os meios repressivos da fraude.. 592

280. A necessidade de harmonização das linhas básicas dos diversos remédios de repressão à fraude.. 593

281. A ineficácia como sanção natural de todas as modalidades de fraude contra credores.. 595

282. A jurisprudência.. 596

283. A posição do Superior Tribunal de Justiça... 598

284. A defesa da posição do Código.. 599

285. Conclusões 603

     285.1. Uma última distinção eficacial.. 604

     285.2. A natureza da sentença pauliana.. 605

Bibliografia... 607

Índice Alfabético-Remissivo... 627

Capítulo I: Fatos Jurídicos

1. FATOS JURÍDICOS

Fato é qualquer acontecimento ou fenômeno provocado pela natureza ou pela vontade do homem. Esses acontecimentos, por sua vez, podem ou não trazer repercussões para o direito. Assim, são chamados de *fatos jurídicos* aqueles considerados pelo ordenamento jurídico como relevantes[1]. *Fatos materiais* são aqueles que não produzem qualquer efeito jurídico[2]. Ilustrativo é o exemplo de Caio Mário da Silva Pereira:

> "a chuva que cai é um fato, que ocorre e continua a ocorrer, dentro da normal indiferença da vida jurídica, que não quer dizer que, algumas vezes, este mesmo fato não repercuta no campo do direito, para estabelecer ou alterar situações jurídicas. Outros se passam no domínio das ações humanas, também indiferentes ao direito: o indivíduo veste-se, alimenta-se, sai de casa, e a vida jurídica se mostra alheia a estas ações, a não ser quando a locomoção, a alimentação, o vestuário provoquem a atenção do ordenamento legal"[3].

Nessa esteira, o que distingue o fato como sendo *jurídico* ou *material* é a relevância ou não de seus efeitos para o direito. Segundo o entendimento de Oertmann, utilizado por Caio Mário da Silva Pereira, tanto o fato quanto o direito, por si sós, não são hábeis a gerar a relação jurídica. O fato jurídico é composto da "conjugação de ambos, *eventualidade* e *preceito legal*". Vale dizer, é necessário que, ao lado do fato, exista uma "*declaração do ordenamento jurídico*, atributiva de efeito àquele acontecimento"[4].

Fato jurídico, então, é o acontecimento em virtude do qual nasce, modifica-se, conserva-se ou extingue-se relação de direito[5]. Mas mesmo no mundo dos *fatos*

---

[1] Carlos Roberto Gonçalves ensina que "somente o acontecimento da vida relevante para o direito, mesmo que seja fato ilícito, pode ser considerado fato jurídico" (GONÇALVES, Carlos Roberto. *Direito Civil Brasileiro: parte geral*. 10. ed. São Paulo: Saraiva, 2012, v. 1, p. 316).

[2] ROSENVALD, Nelson; FARIAS, Cristiano Chaves de. *Curso de Direito Civil: parte geral e LINDB*. 13. ed. São Paulo: Atlas, 2015, p. 486.

[3] PEREIRA, Caio Mário da Silva. *Instituições de Direito Civil: introdução ao direito civil, teoria geral do direito civil*. 31. ed. Rio de Janeiro: Forense, 2018, v. I, nº 78, p. 383.

[4] PEREIRA, Caio Mário da Silva. *Instituições de Direito Civil: introdução ao direito civil, cit.*, nº 78, p. 384.

[5] SAVIGNY, Frederic Charles di. *Traité de droit romain*. Paris: F. Didot, 1845, vol. 3, § 48; TEIXEIRA DE FREITAS, Augusto. *Código civil – Esboço*. Ministério da Justiça, 1983, art. 431; PEREIRA, Caio Mário da Silva. *Instituições de Direito Civil: introdução ao direito civil, cit.*, nº 78, p. 383; RUGGIERO, Roberto de. *Instituições de Direito Civil*. São Paulo: Saraiva, 1957, v. I, § 29º, p. 309. Para Emílio Betti, fatos jurídicos são "aqueles fatos a que atribui *relevância* jurídica, no sentido de *mudar*

4 | NEGÓCIO JURÍDICO • *Humberto Theodoro Jr. e Helena Lanna Figueiredo*

jurídicos[6], há aqueles que acontecem *naturalmente* sem a influência da vontade humana, e há outros em que *é a vontade* a força determinante do acontecimento relevante para a ordem jurídica.

Na primeira categoria, temos os *fatos naturais* ou fatos jurídicos *stricto sensu*[7], tais como o nascimento, a morte, uma inundação, um raio etc., todos sem a participação do homem ou da manifestação de sua vontade, mas com algum efeito jurídico. A morte, por exemplo, abre a sucessão hereditária, transferindo, desde logo, aos herdeiros legítimos e testamentários, a herança (Código Civil, art. 1.784). Por outro lado, a partir do nascimento com vida, o indivíduo adquire personalidade civil, tornando-se apto, pois, a adquirir direitos e contrair obrigações (CC, art. 2º).

Já os chamados *fatos do homem*, são aqueles que se manifestam em conformidade com a vontade humana, muito embora o efeito jurídico nem sempre se equacione com o fim visado pelo agente. Daí falar-se em *atos jurídicos* (lícitos) e *atos ilícitos*, como as duas grandes categorias dos *fatos do homem* no plano jurídico. Nos primeiros há uma congruência entre o efeito jurídico desejado e aquele que a ordem jurídica realmente assegura. Nos últimos, isto é, nos atos ilícitos, o comportamento é voluntário, mas o efeito é imposto pela lei, como sanção, e não como tutela ao ato de vontade do agente[8].

---

as situações anteriores a eles e de configurar novas situações, a que correspondem novas qualificações jurídicas. O esquema lógico do fato jurídico, reduzido à expressão mais simples, obtém-se estudando-o como um fato dotado de certos requisitos pressupostos pela norma, o qual incide sobre uma situação *preexistente (inicial)* e a transforma numa situação *nova (final)*, de modo a constituir, modificar ou extinguir poderes e vínculos, ou qualificações e posições jurídicas" (BETTI, Emilio. *Teoria geral do negócio jurídico*. Campinas: Servanda editora, 2008, §1º, p. 22). Em relação à situação anterior, sobre que atua o fato jurídico, este pode apresentar eficácia *constitutiva, modificativa* ou *extintiva*.

[6] Para Arnoldo Wald, "os fatos jurídicos são aqueles que repercutem no direito, provocando a aquisição, a modificação ou a extinção de direitos subjetivos" (WALD, Arnoldo. *Direito civil: introdução e parte geral*. 14 ed. São Paulo: Saraiva, 2015, p. 249). O entendimento é o mesmo do direito português: "o facto jurídico é, normalmente, definido como um evento ao qual o Direito associe determinados efeitos" (MENEZES CORDEIRO, António Manuel da Rocha e. *Tratado de Direito Civil Português*. 2.ed. Coimbra: Almedina, 2000, v. I, tomo I, §23º, nº 98, p. 293).

[7] "Fatos jurídicos *stricto sensu* são os fatos que entram no mundo jurídico, sem que haja, na composição deles, ato humano, ainda que, antes da entrada deles no mundo jurídico, o tenha havido" (PONTES DE MIRANDA, Francisco Cavalcanti. *Tratado de Direito Privado*. São Paulo: Editora Revista dos Tribunais, 2012, t. II, §160, p. 257).

[8] Para Caio Mário da Silva Pereira, "o direito toma conhecimento do ato insurrecional contra a ordem jurídica, resultante de uma atuação psíquica em desobediência ao imperativo da lei ou com inobservância de suas recomendações, e, catalogando-o como *ato ilícito (latu sensu)*, prevê os seus efeitos para sujeitar o agente aos seus rigores" (PEREIRA, Caio Mário da Silva. *Instituições de Direito Civil: introdução ao direito civil, cit.*, nº 78, p. 383).

Capítulo I: Fatos Jurídicos | 5

1.1. Classificação dos fatos jurídicos

O Código de 2002 sistematizou o regime dos fatos jurídicos classificando-os em:

a) *fatos jurídicos em sentido estrito*, que são os que operam fora da órbita da vontade, isto é, os fatos naturais;

b) *atos jurídicos em sentido lato*, que são os provocados pela vontade do homem, que, por sua vez, se subdividem em:

1) *atos jurídicos lícitos*, quando conformes à ordem jurídica; e

2) *atos jurídicos ilícitos*, quando contrários à ordem jurídica.

Finalmente, os atos jurídicos lícitos em sentido amplo ainda se subdividem em:

1.1) *atos jurídicos meramente lícitos* (ou, simplesmente *atos jurídicos em sentido estrito*), e

1.2) *negócio jurídico*[9].

Ato jurídico *stricto sensu* e *negócio jurídico* correspondem ambos ao resultado de *uma atuação do homem* na roupagem de "um ato *deliberado e consciente*". Há, porém, um traço que os distingue dentro da perspectiva do direito:

a) na categoria dos *atos jurídicos* (não negociais), os efeitos pouca ou nenhuma influência sofrem da vontade do agente, porquanto "à manifestação volitiva seguem-se efeitos preordenados ou preestabelecidos pela lei"[10]. Em outras palavras, embora haja manifestação de vontade, com a intenção de produzir determinados efeitos jurídicos, esses já se acham preordenados "em lei, não

---

[9] *Ato Jurídico em sentido lato* é "o fato jurídico cujo suporte fáctico tenha como *cerne* uma exteriorização consciente de vontade, dirigida a obter um resultado juridicamente protegido ou não proibido e possível" (MELLO, Marcos Bernardes de. *Teoria do Fato Jurídico. Plano da Existência* 10. ed. São Paulo: Saraiva. 2000, § 37, p. 12). Compreende o *ato jurídico em sentido estrito* e o negócio jurídico, conforme o agente tenha, ou não, liberdade para estruturar o respectivo conteúdo da relação dele emergente. O ato jurídico é consequência de uma vinculação preexistente. A declaração não é fruto de vontade autônoma. "O negócio jurídico influencia a conduta e o comportamento dos integrantes da sociedade, pois é por esta legitimado como fonte de obrigações e direitos. Constitui expressão da *autonomia da vontade*, reconhecida juridicamente aos integrantes da sociedade, para disciplinarem seus direitos e interesses, dentro da esfera de *disponibilidade* que lhes assegura o ordenamento jurídico" (MAIA JÚNIOR, Mairan Gonçalves. *A representação no negócio jurídico*. São Paulo: RT, 2001, nº 1.1, p. 18).

[10] ABREU FILHO, José. *O Negócio jurídico e sua teoria geral*. 4 ed. São Paulo: Saraiva, 1997, p. 34. Para Caio Mário da Silva Pereira, "no ato jurídico *strictu sensu* ocorre manifestação volitiva também, mas os efeitos jurídicos são gerados independentemente de serem perseguidos diretamente pelo agente" (PEREIRA, Caio Mário da Silva. *Instituições de Direito Civil: introdução ao direito civil, cit.*, nº 82, p. 399).

havendo espaço para que o interessado disponha a respeito. O respectivo conteúdo acha-se legalmente predeterminado"[11].

Por exemplo, quem paga uma dívida cumpre uma obrigação preexistente e provoca sua extinção. Esse efeito, porém, não é fruto direto da vontade, pois o agente estava juridicamente vinculado a praticar o ato e o efeito respectivo já se achava preordenado pela lei;

b) na categoria dos *negócios jurídicos* a *vontade do agente* tem um papel muito mais destacado, já que inexiste um prévio dever de praticá-los e os efeitos de sua prática, embora conformes com a ordem jurídica, são aqueles idealizados, com autonomia, pela parte, numa forma de autorregulação da atividade jurídica privada.

Dessa maneira, "nos negócios jurídicos se evidencia aquela relação de causa e efeito entre a *vontade individual e os resultados por ela pretendidos*". Apenas se submeterão esses efeitos buscados pela vontade "aos pressupostos ou requisitos [genéricos], os quais, em nosso direito positivo, estão enunciados no art. 82 do Código Civil [de 1916], ou seja, a *capacidade das partes,* a *licitude e possibilidade do objeto e a forma prescrita ou não defesa em lei*"[12] (g.n.).

Não se contemplou, na classificação legal, a figura do *ato fato*, que se dá quando a atuação humana é lícita, mas desvinculada da vontade, situação que não é exatamente a mesma da atuação em que há presença da vontade mas não autônoma. Veja-se, por exemplo, a diferença de quem acha casualmente o tesouro, de quem exerce a posse, de quem fixa o domicílio e de quem efetua o pagamento de um débito. Evidentemente há alguma diferença entre tais comportamentos voluntários lícitos capazes de justificar as categorias dos *atos jurídicos em sentido estrito* (não negociais) e dos *atos-fatos*[13].

Na classificação legal, todavia, figurarão todos na classe dos atos jurídicos lícitos (CC, art. 185).

1.2. Atos-fatos jurídicos

Os atos-fatos jurídicos, da mesma maneira que os atos jurídicos, compreendem *atos-fatos lícitos* e *atos-fatos ilícitos*, em função dos efeitos que produzem. Nos

---

[11]   OLIVEIRA, Eduardo Ribeiro de. *In* TEIXEIRA, Sálvio de Figueiredo (coord.). *Comentários ao Novo Código Civil*. Rio de Janeiro: Forense, 2008, v. II, p. 179.

[12]   ABREU FILHO, José. *Op. cit., loc. cit.*

[13]   Nestes, o comportamento, embora humano, tem uma consequência que a lei lhe aplica sem atentar para a circunstância de ter ou não havido a intenção de praticá-lo: a criança que pesca, o louco que pinta um quadro, o dono da terra que a vê aumentada por construções ou plantações de terceiro, todos adquirem a propriedade sem que a incapacidade ou a ausência de vontade tenham qualquer influência no resultado que a lei determina.

primeiros há simples atribuição de efeitos, consistentes na criação de relações ou situações jurídicas, como por exemplo, na ocupação, na caça, na pesca, na tomada da posse etc. Nos *atos-fatos ilícitos*, mesmo sem culpa do agente, há imposição de sanção (dever de reparar o dano), como na denominada responsabilidade civil objetiva, ou na responsabilidade civil pelo risco, na responsabilidade civil ocorrida no estado de necessidade etc.[14].

A existência do ato-fato jurídico, como realidade distinta do ato jurídico em sentido estrito, torna-se mais facilmente perceptível no campo da propriedade imaterial, onde a capacidade jurídica se faz irrelevante, diante da criação intelectual. Assim, a criança portadora de dotes artísticos pode compor peça musical ou literária; o alienado mental com sensibilidade plástica pode pintar quadros ou criar esculturas; o adolescente enfronhado nos conhecimentos da informática pode criar programas de computação ou *softwares*. Em todos esses exemplos, o absolutamente incapaz, por ato próprio, terá adquirido direito autoral sobre sua criação intelectual, independentemente de sua falta de aptidão jurídica para a prática de atos e negócios jurídicos. Não terá sido de um ato de vontade livre e consciente que a propriedade imaterial terá surgido, pois a ordem jurídica não reconhece tais atributos aos incapazes; mas houve comportamento humano, a que o direito atribui efeitos no plano jurídico, independentemente da vontade. Houve um fato do homem, que por não depender da vontade, não pode ser confundido com os autênticos *atos jurídicos*; houve simplesmente *fato humano*, na categoria dos *atos-fatos*.

1.3. Atos jurídicos lícitos

A conduta humana lícita, para o Código Civil, produz atos jurídicos ou negócios jurídicos. O negócio jurídico, porém, encontra na autonomia privada, que Pontes de Miranda prefere qualificar como poder de *autorregramento*, a força primária da definição dos seus efeitos (a lei os ampara e assegura em respeito à licitude do querer das partes e de sua conformidade com a ordem jurídica)[15]; portanto, negócio jurídico é a declaração de vontade dirigida à provocação de determinados efeitos jurídicos[16].

---

[14] Para MARCOS BERNARDES DE MELLO, que procura apoio em PONTES DE MIRANDA, nem sempre se relaciona o *dever de indenizar* (responsabilidade civil) com a prática de *ato ilícito*. "Há inúmeras hipóteses em que há dever de indenizar sem que haja ilícito" (MELLO, Marcos Bernardes de. *Teoria do Fato Jurídico. Plano da Existência, cit.*, § 35, p. 115, nota 136). Entende que esse tipo de ato-fato não seria ato-fato ilícito. Seria *ato-fato indenizativo*, por não se apresentar contrário a direito; geraria, portanto, "o dever de indenizar, independentemente de ilicitude", tal como se exemplifica com o dano causado no estado de necessidade (*ob. cit., loc. cit.*).

[15] O campo de atuação dos negócios jurídicos é aquele em que se propicia aos particulares "promoverem o autorregulamento de seus interesses" (FACHIN, Luiz Edson. Dos atos não negociais à superação do trânsito jurídico tradicional a partir de Pontes de Miranda. *Rev. Trimestral de Direito Civil*, v. 1, jan.-mar./2000, p. 62).

[16] GOMES, Orlando. *Introdução ao direito civil*. 18. ed. Rio de Janeiro: Forense, 2002, nº 175, p. 280.

Pelo negócio jurídico, e em razão dele, o agente delibera, dentro de sua autonomia privada, dispor sobre a própria esfera jurídica[17]. Há autonomia na vontade de praticar o negócio e também na determinação de seus efeitos.

Já o *ato jurídico lícito* (ou ato jurídico em sentido estrito) não veicula propriamente uma *declaração de vontade* "manifestada com o propósito de atingir, dentro do campo da autonomia privada, os efeitos pretendidos pelo agente (como no negócio jurídico), mas sim um simples comportamento humano deflagrador de efeitos previamente estabelecidos por lei"[18]. Existe, nele, a manifestação de vontade, mas falta o poder de autorregramento. O querer é condicionado pela norma legal, que exige sua prática e predetermina seus efeitos. A vontade não goza de autonomia para estruturar o ato jurídico; ela é apenas condição de atuação do regramento legal[19].

É, pois, na autonomia privada, exercida pelo agente da declaração, que se encontra a diferença substancial entre o *negócio jurídico* e o *ato jurídico*[20]. Entretanto, a distinção nem sempre é fácil doutrinariamente[21].

---

[17]   "Il negozio giuridico è, precisamente, esplicazione dell'*autonomia privata*, quale potere del soggeto di decidere della propria sfera giuridica, personale o patrimoniale" (BIANCA, Massimo. *Diritto civile*. Ristampa. 2. ed. Milano: Giuffrè, 2000, v. III, nº 3, p. 8).

[18]   GAGLIANO, Pablo Stolze; PAMPLONA FILHO, Rodolfo. *Novo curso de direito civil: parte geral*. São Paulo: Saraiva, 2002, v. I, p. 307. No campo da dogmática jurídica, quando se identifica o *ato jurídico* em sentido estrito, "pretende-se esteja alguém agindo no domínio e no exercício de sua vontade (livre e mentalmente sã) mas não se reclama o direcionamento necessário dessa vontade para a consequência juridicamente imputada à conduta. O enlace é posto, também, pelo direito objetivo" (CALMON DE PASSOS, José Joaquim. Esboço de uma teoria das nulidades. *Revista da Procuradoria Geral do Estado de São Paulo*, n. 33, p. 141-142, jun./1990. No mesmo sentido: BEDAQUE, José Roberto dos Santos. *Efetividade do processo e técnica processual*. São Paulo: Malheiros, 2006, p. 408).

[19]   Na espécie denominada ato jurídico *stricto sensu*, ou ato não negocial, "a vontade manifestada pelas pessoas apenas se limita à função de compor o suporte fático de certa categoria jurídica, sendo que o fato jurídico daí resultante tem efeitos previamente estabelecidos pelas normas jurídicas respectivas, razão pela qual são invariáveis e inexclusíveis pelo querer dos interessados, donde dizer-se que são *efeitos necessários*, ou *ex lege*" (MELLO, Marcos Bernardes de. *Teoria do Fato Jurídico. Plano da Existência*, cit., § 39, p. 131). Ou como ensina Paula Costa e Silva, os efeitos do ato jurídico "são produzidos nos termos rígidos em que a lei os dita, mas somente porque foram queridos e na medida em que foram queridos. Quando se conclua que os efeitos de determinado facto voluntário são potestivamente fixados por lei estaremos perante actos jurídicos em sentido estrito" (SILVA, Paula Costa e. *Acto e Processo*. São Paulo: Editora RT, 2019, p. 223).

[20]   O negócio jurídico constitui "la più ampia categoria dell'atto di autonomia privata... ciòe dell'atto mediante il quale il soggetto dispone della propria sfera giuridica" (BIANCA, Massimo. *Diritto civile*, cit., v. III, nº 1, p. 2)

[21]   Como ressalta João Baptista Villela, "onde, porém, terminam os limites conceituais do negócio jurídico e começa o conteúdo residual dos atos *stricto sensu*, ou vice-versa, é matéria a cujo respeito o consenso parece longe de verificar-se" (VILLELA, João Baptista. Do fato ao negócio: em busca da precisão conceitual. *In*: DIAS, Adahyl Lourenço, *et al. Estudos em homenagem ao Prof. Washington de Barros Monteiro*. São Paulo: Saraiva, 1982, p. 263). No mesmo sentido, na

Explica João Baptista Villela: "relativamente ao negócio o agente pode, em primeiro lugar, praticá-lo ou abster-se de fazê-lo. E depois, se opta por praticá-lo, dar-lhe o conteúdo específico e a forma que livremente eleger. Já nos atos a liberdade não existe nem para a prática nem para o conteúdo". Em outras palavras: "dir-se-á que o negócio se distingue do ato em que aquele é uma ação livre, este uma ação necessária"[22]. Ambos, contudo, são ações humanas, vale dizer produto da vontade do homem. O que há num é a vontade livre do agente e no outro a conduta vinculada a um dever jurídico preexistente.

Assim, no ato jurídico *stricto sensu* a liberdade existe apenas quanto à vontade ou não de praticar o ato, mas não se pode estabelecer os efeitos que dele se pretendem, pois são *ex lege*. Por outro lado, no negócio jurídico se vislumbra a liberdade de celebração e de estipulação, vale dizer, o indivíduo pode modular os efeitos que espera da declaração de vontade[23].

Nesse sentido, o art. 185 do Código Civil atribui a qualidade de ato jurídico lícito àquele que é produto da conduta voluntária mas sem conteúdo negocial. O ato do agente, então, apresenta-se apenas como "pressuposto fático" previsto na lei para determinar o resultado que esta programou.

Quando alguém fixa residência, com ânimo definitivo em certo local, a lei transforma a residência em domicílio, ou sede jurídica da pessoa, com todas as consequências de direito. O mesmo se passa com o pagamento, com a interpelação, com o reconhecimento voluntário de paternidade etc. Nestes, e em muitos outros exemplos, a vontade atua, mas sem autonomia para condicionar ou definir os respectivos efeitos. Daí falar-se em atos de vontade não negocial, ou simplesmente *atos jurídicos lícitos*, como quer o art. 185.

---

doutrina portuguesa, ASCENSÃO, José de Oliveira. *Direito Civil: Teoria Geral*. Coimbra: Coimbra Editora, 2003, v. 2, p. 491-492.

[22] VILLELA, João Baptista. Do fato ao negócio: em busca da precisão conceitual, *cit.*, pp. 264-265. Como exemplifica o civilista citado, "pode-se fazer ou não uma doação, (...) emitir ou não disposições testamentárias, pactuar este ou aquele regime de bens no casamento etc. (negócios jurídicos), não se pode deixar de restituir a soma mutuada, de recolher os aluguéres convencionados" etc. (atos jurídicos) (*ob. cit.*, p. 265).

[23] "Na celebração do negócio o livre arbítrio não se confina à livre determinação quanto à sua celebração, o autor tem também o poder de determinar em que termos se quer vincular, qual o conteúdo da regulação que com o negócio vai pôr em vigor, quais os moldes em que o seu negócio vai produzir modificação na sua esfera jurídica" (VASCONCELOS, Pedro Pais de. *Teoria Geral do Direito Civil*. 8.ed. Coimbra: Almedina, 2017, p. 368). Já no ato jurídico *stricto sensu*, "a autonomia privada permite practicar ou não practicar o ato e, portanto, optar pela presença ou pela ausência de determinados efeitos de Direito, a ele associados" (MENEZES CORDEIRO, António Manuel da Rocha e. *Tratado de Direito Civil*. 4. ed. Coimbra: Almedina, 2017, v.1, p. 952).

1.3.1. O regime dos atos jurídicos lícitos

Como os negócios jurídicos são mais complexos, envolvendo mais elementos e sujeitando-se a mais requisitos que os atos jurídicos lícitos, o sistema do Código reservou um tratamento exaustivo para os primeiros e destinou um único artigo para os últimos (art. 185).

Com efeito, sendo espécies de um só gênero, e sendo o negócio fato voluntário mais amplo que o simples ato lícito, é natural que tudo que diga respeito a este já esteja, de certa forma, compreendido na disciplina daquele. O art. 185, por isso, manda aplicar aos atos jurídicos lícitos as disposições relativas ao negócio jurídico, mas não integralmente, pois se assim fosse estar-se-ia voltando ao regime arcaico do Código anterior, onde não se distinguia entre ato jurídico e negócio jurídico. As regras do negócio jurídico, portanto, incidirão sobre o ato jurídico lícito, "no que couber", vale dizer, de forma a respeitar o que é típico da atividade negocial e o que dela não se exige na prática do ato não negocial lícito.

Por exemplo, o negócio tem seu núcleo na declaração de vontade, de maneira que a falta de capacidade, ou sua deficiência, afeta a validade jurídica. O mesmo não ocorre necessariamente no ato lícito, que por ser independente, algumas vezes, do querer do agente nem sempre se priva de efeito pela incapacidade daquele que o pratica. A descoberta do tesouro, a pesca ou a caça, o pagamento etc., quando feitos por menor impúbere não deixam de produzir os efeitos que a lei atribui a esses comportamentos humanos.

É certo que em qualquer ato jurídico a vontade estaria presente. Não será necessário, no entanto, que esteja endereçada ao efeito jurídico programado pela lei. Quem colhe uma fruta e a consome, tornou-se proprietário sem que a vontade tivesse se endereçado a qualquer fim jurídico.

Outra distinção importante frente aos atos negociais diz respeito aos *atos-fatos reais* como se dá na tomada ou no abandono da posse, na descoberta do tesouro, na especificação, na criação intelectual, na ocupação, em cuja ocorrência, desvinculada do problema da capacidade e da autonomia da vontade, não se vislumbra possibilidade de fenômenos como a nulidade e a anulabilidade, e, muito menos, se pode imaginar a influência dos vícios de vontade[24].

1.3.2. Classificação dos atos jurídicos lícitos

Embora o Código Civil de 2002 tenha rompido, em boa hora, com a visão unitária do ato jurídico que prevalecia na obra de Clóvis Beviláqua, e, assim, tenha separado as figuras do negócio jurídico e do ato jurídico lícito, deixou de identificar

---

[24] PONTES DE MIRANDA, Francisco Cavalcanti. *Tratado de Direito Privado, cit.,* t. II, § 211, nº 2; § 212, nº 2; § 213, nº 3; § 214, nº 2; § 215, nº 3; § 216, nº 2; § 217, nº 4, p. 462-473.

um outro comportamento humano gerador de efeitos jurídicos e que a doutrina distingue tanto dos negócios como dos atos jurídicos em sentido estrito. Trata-se do *ato-fato,* de que cuida Pontes de Miranda, e que consiste naquelas situações em que o comportamento humano entra no mundo jurídico não como *ato,* mas como *fato,* porque o próprio evento não se relaciona com a vontade[25].

O ato jurídico em sentido estrito, mesmo não negocial, se põe em relevante relação com a vontade. O ato-fato está rente ao determinismo da natureza; é somente fato do homem, porque nele não se indaga do querer do agente, mas apenas de ser uma conduta do homem suficiente para produzir, objetivamente, determinado efeito de direito[26].

Pontes de Miranda coloca na categoria dos *atos-fatos jurídicos* os *atos reais,* a *responsabilidade sem culpa* e as *caducidades sem culpa.* Em todos eles, embora se registre no respectivo suporte fático o ato humano, este é tratado como fato, e não propriamente como ato[27].

Como o Código somente distinguiu o negócio jurídico, de um lado, e os atos jurídicos não negociais, de outro lado, o seu título "atos jurídicos lícitos" deverá incluir tanto os atos jurídicos em sentido estrito como os atos-fatos jurídicos. Para o Código, portanto, o que não for, dentro do campo da licitude, negócio jurídico será "ato jurídico lícito" (art. 185).

Para se determinar, contudo, a maior ou menor incidência das disposições relativas ao negócio jurídico aos atos não negociais ter-se-á de fazer, na prática, a diferenciação entre os atos jurídicos em sentido estrito e os atos-fatos jurídicos, dada a maior interferência da vontade nos primeiros e a irrelevância desse dado nos últimos.

Dentro da divisão binária do Código – negócios jurídicos e atos jurídicos lícitos – ficam compreendidos no âmbito dos últimos:

a) o ato jurídico em sentido estrito, com o núcleo centrado na manifestação de vontade, mas sem a presença da autonomia ou do autorregramento (o

---

[25] No ato-fato jurídico, sua existência necessita, essencialmente, de um ato humano, "mas, a norma jurídica abstrai desse ato qualquer elemento volitivo como relevante. O ato humano é da substância do fato jurídico, mas, não importa para a norma *se houve,* ou não, vontade em praticá-lo" (MELLO, Marcos Bernardes de. *Teoria do Fato Jurídico. Plano da Existência, cit.,* § 34, p. 115).

[26] "Ato ou fato humano é o fato dependente da vontade do homem (...). Os atos jurídicos *stricto sensu* e os negócios jurídicos são o campo psíquico dos fatos jurídicos. São os meios eficientes da atividade inter-humana, na dimensão do direito. Neles e por eles, a vontade, a inteligência e o sentimento inserem-se no mundo jurídico, edificando-o (...)". Mas, "ainda a respeito de atos do homem, pode o direito abstrair da vontade humana, para os considerar, como aos atos que os animais ou vegetais praticam, atos-fatos, fatos puros, de que apenas provêm fatos jurídicos *stricto sensu* ou *atos-fatos jurídicos*" (PONTES DE MIRANDA, Francisco Cavalcanti. *Tratado de Direito Privado, cit.,* t. II, § 227, nº 1, p. 535-536).

[27] PONTES DE MIRANDA, Francisco Cavalcanti. *Tratado de Direito Privado, cit.,* t. II, § 209, p. 455.

querer do agente existe e é voltado para o efeito jurídico, mas a vontade não pode alterar o efeito determinado pela lei). São exemplos de ato jurídico stricto sensu: as interpelações para constituição da mora, a comunicação de escolha da prestação nas obrigações alternativas, a autorização para a sublocação, a notificação da cessão de crédito, o reconhecimento da dívida para interromper a prescrição, a quitação etc. Em processo civil, são exemplos de ato jurídico a desistência e a renúncia, uma vez que impossível às partes modular os seus efeitos, que decorrem da lei[28].

b) o ato fato-jurídico, em que o comportamento do homem é tido como causa de determinado efeito jurídico, independentemente da vontade do agente, como na tomada ou na tradição da posse, na ocupação, na criação literária, na descoberta científica, na fixação do domicílio, no abandono da posse, no pagamento etc.

O pagamento nem sempre tem a mesma categoria jurídica, dada a grande variedade de prestações ajustáveis entre os sujeitos de direito. Se se cumpre por meio de tradição (transferência de posse), é simples *ato real*, ato-fato jurídico, portanto. Pode, no entanto, pela estrutura da obrigação, exigir-se a cooperação do credor para que o pagamento se aperfeiçoe. No compromisso de compra e venda, o cumprimento do contrato preliminar se dá por meio da pactuação do contrato definitivo: um negócio jurídico, então, apresenta-se como objeto do pagamento. Nos contratos em que se estipule a entrega da coisa mediante exame, conferência e aceitação pelo credor, naturalmente, não se pode falar em simples tradição: o caso será de pagamento por meio de ato jurídico em sentido estrito, pois haverá interferência necessária da vontade, embora não de maneira negocial (faltará autonomia ou autorregramento).

Já a quitação não pode ser tratada como ato-fato jurídico. Seu conteúdo é a manifestação da vontade liberatória feita pelo credor em favor do devedor. O ato é vinculado, no entanto, porque o credor que recebe a prestação devida não pode recusar a quitação ao devedor. Faltando a autonomia para determinar a existência e o conteúdo da declaração, o que se tem na quitação é um ato jurídico em sentido estrito.

Podem, no entanto, as partes transigir no momento da quitação, alterando os termos da obrigação, para dá-la como extinta de modo diverso do que se avençara originariamente. Isto, contudo, não será simples quitação, mas, sim, um novo contrato entre os interessados. A quitação será apenas um dos ajustes negociados pelos contratantes. Ter-se-á, em tal situação, um negócio jurídico liberatório.

---

[28] Para Barbosa Moreira "a desistência [do recurso] não comporta condição nem termo, e independe da anuência do recorrido, que não se precisa ouvir a respeito". Da mesma forma, "a renúncia ao direito de recorrer tampouco admite condição ou termo" (BARBOSA MOREIRA, José Carlos. *Comentários ao Código de Processo Civil*. 16.ed. Rio de Janeiro: Forense, 2011, v. 5, p. 331 e 343).

A distinção entre os casos de ato jurídico em sentido estrito e ato-fato jurídico é relevante pelos reflexos que opera no terreno da capacidade e dos vícios de consentimento. Como já se registrou, o ato-fato jurídico não depende, em sua eficácia, da vontade do agente. Quanto ao ato jurídico *stricto sensu*, é na vontade do declarante que se suporta o respectivo efeito (muito embora esta vontade não goze de autonomia). Daí que essa modalidade de ato jurídico lícito reclama os mesmos requisitos de validade do negócio jurídico. "Em princípio, as regras jurídicas sobre negócios jurídicos incidem sobre os atos jurídicos *stricto sensu*: quanto à capacidade, quanto à representação, quanto aos defeitos de vontade, às causas de nulidade e anulabilidade e à própria perfeição"[29].

Ao ato-fato, porque não relacionado com a vontade, não se pode cogitar de validade ou invalidade, e muito menos dos defeitos que ocorrem no negócio e no ato jurídico em sentido estrito.

Uma interpelação, *v.g.*, não valerá (será nula) se feita por um incapaz ou se promovida em face de um incapaz, pessoalmente, porque se trata de ato jurídico *stricto sensu*, cuja força se apoia na vontade. O pagamento por meio de simples entrega da coisa devida, mesmo sendo feito por um incapaz é eficaz, porque a tradição independe da vontade do agente para transmitir a posse da coisa devida ao credor (configura um ato-fato jurídico). A quitação, passada por quem recebe o pagamento, no entanto, assenta-se em declaração de vontade, reclamando, portanto, capacidade de quem a emite; é ato jurídico *stricto sensu*, que pode ser invalidado por defeito de vontade, tal como se passa com o negócio jurídico. O próprio pagamento, quando não se dá por meio de simples transmissão de posse, e exige nova declaração de vontade do *solvens* ou acerto ou aquiescência do *accipiens*, torna-se suscetível de nulidade ou anulabilidade como os atos negociais, porque deixa de ser ato-fato jurídico e passa para a categoria dos atos jurídicos *stricto sensu*.

Por fim, em se tratando de ato jurídico em sentido estrito, a aplicação das normas traçadas pelo Código para os negócios jurídicos será ampla, e, na verdade, somente se excluirá a parte relativa às modalidades do negócio (condição, termo e encargo). Isto porque os elementos acidentais previstos nos arts. 121 a 137 só podem acontecer como fruto da vontade negocial, ou seja, o poder de autorregramento, com o que o agente altera a *fattispecie* padronizada pela lei. Assim, a simples presença de semelhantes cláusulas implica formação de negócio jurídico e afasta, definitivamente, a possibilidade de sua incidência em mero ato jurídico *stricto sensu*.

1.4. Situações e relações jurídicas

Dos fatos jurídicos, quaisquer que sejam, decorrem *situações jurídicas* novas, ora qualificando pessoas, coisas ou atos, ora regulando conflitos de interesses através

---

[29] PONTES DE MIRANDA, Francisco Cavalcanti. *Tratado de direito privado, cit.*, t. II, § 235, nº 7, p. 558-559.

de *relações jurídicas*, que consistem em estabelecimento de poderes e vínculos de determinado tipo, constituindo-os, modificando-os ou extinguindo-os. Para Betti, de fato, não existe acentuada diferença entre *situação* e *relação jurídica*, tudo não passando de uma questão de especificação e de aspecto[30].

1.5. Atos jurídicos ilícitos

Quando, no universo dos fatos jurídicos, se cogita do *ato ilícito*, duas ideias se apresentam conjugadas: o comportamento humano e a contraposição ao ordenamento jurídico.

Por comportamento humano tem-se todo fenômeno gerado no meio social pela vontade. Estando a convivência social organizada pelo direito, *lícito* é todo comportamento humano que se harmoniza com suas normas, e *ilícito* todo aquele que se mostra ofensivo a alguma regra jurídica.

O direito se constitui como um projeto de convivência, dentro de uma comunidade civilizada (o estado), no qual se estabelecem os padrões de comportamento necessários. A *ilicitude* ocorre quando *in concreto* a pessoa se comporta fora desses padrões[31]. Em sentido lato, sempre que alguém se afasta do programa de comportamento idealizado pelo direito positivo, seus atos voluntários correspondem, genericamente, a atos ilícitos (fatos do homem atritantes com a lei). Há, porém, uma ideia mais restrita de *ato ilícito*, que se prende, de um lado ao comportamento injurídico do agente, e de outro ao resultado danoso que dessa atitude decorre para outrem. Fala-se, então, em *ato ilícito em sentido estrito*, ou simplesmente *ato ilícito*, como se faz no art. 186 do Código Civil. Nesse aspecto, a ilicitude não se contentaria com a ilegalidade do comportamento humano, mas se localizaria, sobretudo, no *dano injusto* a que o agente fez a vítima se submeter[32].

Esse ato ilícito estaria, portanto, absorvido, pelo direito das obrigações, porque tal como outras fontes cogitadas pelo direito, funcionaria como causa geradora de relação obrigacional; não de obrigação desejada e perseguida pelo agente, mas de

---

[30]   BETTI, Emilio. *Teoria Geral do Negócio Jurídico, cit.,* 2008, §1º, p. 27. Segundo o autor, "a *relação jurídica*, no campo do direito privado, pode concretizar-se, precisamente, como uma relação que o direito objetivo estabelece entre uma pessoa e outra pessoa, na medida em que confere a uma um poder e impõe à outra um vínculo correspondente (...). As relações jurídicas têm o seu substrato em relações sociais já anteriormente existentes, e até estranhas à ordem jurídica: relações que o direito não cria, mas que encontra na sua frente, prevê e orienta, de acordo com qualificações e valorações normativas (...). Uma espécie saliente do gênero desses fatos que dão lugar a relações sociais são os *negócios jurídicos*" (*ob. cit., loc. cit.*).

[31]   "A iliceidade de conduta está no *procedimento contrário a um dever preexistente*" (PEREIRA, Caio Mario da Silva. *Instituições de direito civil: introdução ao direito civil, cit.,* nº 113, p. 548).

[32]   Pode, muito bem, o comportamento injurídico do agente violar preceitos legais sem que ninguém sofra imediatamente uma lesão patrimonial ou pessoal. Ter-se-ia uma ilicitude, mas não um ato ilícito em sentido estrito.

uma obrigação-sanção que a lei lhe impõe como resultado necessário do comportamento infringente de seus preceitos. Ao contrário do *ato jurídico lícito*, em que o efeito alcançado, para o direito, é o mesmo procurado pelo agente, no *ato jurídico ilícito*, o resultado é o surgimento de uma obrigação que independe da vontade do agente e que, até pode, como de regra acontece, atuar contra sua intenção[33].

---

[33] Para Caio Mário, "o ato ilícito, pela sua própria natureza, não traz a possibilidade de gerar uma situação em benefício do agente", ou seja, "o ato ilícito é criador tão somente de deveres para o agente, em função da correlata obrigatoriedade da reparação, que se impõe àquele que, transgredindo a norma, causa dano a outrem" (PEREIRA, Caio Mario da Silva. *Instituições de direito civil: introdução ao direito civil, cit.*, nº 113, p. 547).

Capítulo II: Atos Ilícitos

2. REQUISITOS DO ATO ILÍCITO ABSOLUTO

A caracterização genérica do *ato ilícito absoluto* (ato ilícito *stricto sensu*), segundo a definição legal do art. 186, do Código Civil, exige a conjugação de elementos objetivos e subjetivos[1].

a) Os *requisitos objetivos* são: i) a conduta humana antijurídica; ii) o dano; e iii) o nexo de causalidade entre a conduta humana e o dano.

b) Os *requisitos subjetivos* são: i) a imputabilidade; e ii) a culpa em sentido lato (dolo ou culpa em sentido estrito).

O fato de o Código, em alguns casos, prever responsabilidade civil sem os requisitos subjetivos, não cria uma contradição em seus termos, mas apenas evidencia que o *ato ilícito absoluto* (ato ilícito *stricto sensu*) não é a única fonte da obrigação de indenizar, ou seja, essa obrigação também pode provir de *atos-fatos ilícitos* e até de simples *fatos ilícitos.*

2.1. Conduta humana

O ato ilícito gerador da obrigação de indenizar integra o universo dos fatos jurídicos, que engloba todos os fenômenos capazes de gerar efeitos no plano do direito. Dentre esses eventos jurígenos, há os que provêm de força da natureza (fatos jurídicos, em sentido estrito) e os que se apresentam como produto da vontade, ou seja, do comportamento voluntário do homem (atos jurídicos em sentido lato). É como ato decorrente do querer do agente que se estabelece a situação propiciadora da configuração do ato ilícito que, por sua vez, irá gerar o efeito jurídico que lhe é próprio: a obrigação de indenizar o dano, que a conduta, presidida pela vontade, acarretou a outrem.

O *ato ilícito* é, portanto, *fato jurídico* na categoria dos *fatos humanos* que, sendo aptos a produzirem efeitos jurídicos, se tornam *atos jurídicos*, sempre que se apresentem como *fato humano voluntário.*

A vontade do homem, outrossim, pode orientar sua conduta para a conformidade com os padrões comportamentais traçados pela lei, gerando *atos jurídicos lícitos,* ou para a desconformidade com aqueles padrões, o que acarretará os *atos jurídicos ilícitos.*

---

[1] MOREIRA ALVES, José Carlos. A responsabilidade extracontratual e seu fundamento. Culpa e nexo de causalidade. *In:* MARTINS, Ives Gandra da Silva (coord.). *Direito contemporâneo. Estudos em homenagem a Oscar Dias Corrêa.* Rio de Janeiro: Forense Universitária, 2001, p. 201.

O ato ilícito – *delito civil* – nasce da vontade mas não entra na órbita do direito para merecer apoio e tutela da ordem jurídica. Sua eficácia é independente da vontade, pois corresponde a uma sanção que a lei impõe ao autor do ato lesivo a outra pessoa ou ao seu patrimônio. O ato jurídico lícito cria direitos e deveres para quem o pratica. O ato jurídico ilícito somente gera obrigação para o agente, que é a de reparar todo o prejuízo injustamente infligido ao ofendido.

Todo ato ilícito absoluto (ato ilícito em sentido estrito, ou delito civil) consiste, portanto, num fato do homem, isto é, num comportamento voluntário de alguém, pouco importando, porém, o que, de fato, quis o agente alcançar, desde que dito comportamento tenha contrariado ao padrão legal exigível e tenha acarretado prejuízo a alguém.

Voluntariedade e injuridicidade, nessa ordem de ideias são os pressupostos do comportamento do agente que o tornam responsável pelo dever de indenizar o prejuízo derivado de seu ato ilícito. Não há ato ilícito *stricto sensu* se não houver prejuízo para a vítima, mas também não haverá o dever de indenizar se o dano sofrido pelo ofendido não estiver conectado a um comportamento voluntário do agente[2].

Por outro lado, o comportamento que leva o agente a ser responsabilizado civilmente pelo dano, tanto pode ser *ativo* como *passivo*. A norma do art. 186 o identifica por meio da "ação ou omissão voluntária" que viola direito e causa dano a vontade.

O elemento nuclear do ato ilícito, em suma, é "uma conduta humana voluntária, contrária ao Direito". Como todo comportamento voluntário do homem, essa conduta tem aspecto físico (ou objetivo) e psicológico (ou subjetivo)[3].

Tem-se a *ação* propriamente dita quando o agente pratica um movimento corpóreo comissivo, um comportamento positivo, como quando destrói a coisa alheia, agride alguém, matando-o ou ferindo-o, se apropria de bem de outrem etc.

A *omissão*, por sua vez identifica-se com a inatividade, falta ou abstenção de atitude que se deveria ter adotado. A omissão pura e simples não pode ser havida como ato jurídico ilícito. Só adquire relevância jurídica e enseja a configuração do

---

[2] O dano, que justifica a existência do ato ilícito, no dizer de Henoch D. Aguiar, tem de ser efetivo e imputável ao autor do ato voluntário (AGUIAR, Henoch D. *Hechos y actos jurídicos*. Buenos Aires: Tea, 1950, v. II, n. 15, p. 83). No mesmo sentido, lição de Nelson Rosenvald, Cristiano Chaves de Farias e Felipe Braga Netto: "Em sentido amplo, o fenômeno do ilícito se concentra na soma dos seguintes elementos: antijuridicidade + imputabilidade". Entretanto, os autores ressaltam que o art. 186 do Código Civil acrescentou outros elementos ao ato ilícito: "culpa, dano e nexo causal" (ROSENVALD, Nelson; FARIAS, Cristiano Chaves de; BRAGA NETTO, Felipe. *Novo tratado de responsabilidade civil*. 2. ed. São Paulo: Saraiva, 2017, p. 167).

[3] "Entende-se, pois, por conduta o comportamento humano voluntário que se exterioriza através de uma ação ou omissão, produzindo consequências jurídicas. A ação ou omissão é o aspecto físico, objetivo, da conduta, sendo a vontade o seu aspecto psicológico, ou subjetivo" (CAVALIERI FILHO, Sérgio. *Programa de responsabilidade civil*. 12. ed. São Paulo: Atlas, 2015, n. 6.1, p. 41).

Capítulo II: Atos Ilícitos | 21

ato ilícito quando quem se omite tem o dever jurídico de agir, isto é, de praticar um ato que impediria o resultado danoso[4].

Por omissão ou comissão, o ato ilícito reclama, para configurar-se, um comportamento voluntário do agente do dano. Deve-se lembrar, porém, que há previsão legal, de responsabilidade indenizatória por fato de outrem ou por fato da coisa, casos em que a imputação do dever de indenizar atingirá, sem o pressuposto da culpa, quem não praticou o ato danoso. A hipótese, porém, não será de responsabilidade civil por ato ilícito *stricto sensu,* mas por *ato-fato ilícito* ou por *fato ilícito* simplesmente.

2.2. O dano

Não é apenas a ilicitude do comportamento do agente que lhe acarreta o dever de indenizar. O ato ilícito *stricto sensu* só se aperfeiçoa se do comportamento injurídico decorrer prejuízo (dano) para outrem. Um motorista pode, com dolo ou culpa, infringir repetidas vezes normas do Código de Trânsito sem que tenha de responder por ato ilícito, nos termos do Código Civil, se em momento algum suas infrações provocaram prejuízo a outras pessoas. A lei conceitua o ato ilícito para o fim de sancionar o culpado pelo dano alheio. Se inexiste dano, não pode, obviamente, existir o delito civil (o ato jurídico ilícito, de que cogita o art. 186 do Código Civil)[5].

Por dano, para fins de responsabilidade civil, entende-se a redução ou subtração de um bem jurídico, que pode afetar o patrimônio do ofendido ou sua personalidade (honra, imagem, integridade física, liberdade etc.). Dano, assim, é a lesão de bem jurídico, seja patrimonial ou moral[6].

---

[4]   O dever pode advir da lei, de negócio jurídico ou de uma conduta anterior do próprio omitente, criando o risco da ocorrência do resultado, devendo, por isso, agir para impedi-lo. Nessas circunstâncias, "não impedir o resultado significa permitir que a causa opere. O omitente coopera na realização do evento com uma condição negativa, ou deixando de movimentar-se, ou não impedindo que o resultado se concretize" (CAVALIERI FILHO, Sérgio. *Programa de responsabilidade civil, cit.,* n. 6.3, p. 42).

[5]   "O dano não é somente o fato constitutivo, mas, também, determinante do dever de indenizar" (CAVALIERI FILHO, Sérgio. *Op. cit.,* n. 17, p. 102).

[6]   Nelson Rosenvald, Cristiano Chaves de Farias e Felipe Braga Netto conceituam o dano como sendo "a lesão a um interesse concretamente merecedor de tutela, seja ele patrimonial, extrapatrimonial, individual ou metaindividual". Interesse jurídico, por outro lado, "é sempre aquilo que historicamente determinada comunidade considera digno de tutela jurídica". Assim, concluem que o dano atua como "uma espécie de cláusula geral, que permite ao Poder Judiciário, em cada caso concreto, verificar se o interesse alegadamente violado consiste, na égide do ordenamento jurídico vigente, em um interesse digno de proteção, não apenas em abstrato, mas, também, e, sobretudo, face ao interesse que se lhe contrapõe" (ROSENVALD, Nelson; FARIAS, Cristiano Chaves de; BRAGA NETTO, Felipe. *Novo tratado de responsabilidade civil, cit.,* p. 246-247).

2.2.1. Dano e prejuízo

Na linguagem corrente, mesmo entre os juristas, *dano* e *prejuízo* são termos que se equivalem. No direito romano, todavia, fazia-se a distinção, pois o *damnun* ocorria como atentado à integridade de uma coisa, sem se indagar se houve ou não prejuízo para o dono. Já o *praeiudicium* era o que afetava o direito da parte.

Nessa perspectiva, portanto, o *dano* se passa no plano material, enquanto o *prejuízo* ocorre no plano jurídico. Quem se desfalca de um bem para cumprir uma obrigação, perde algo e, por essa perda, pode-se dizer que sofreu um *dano*. Entretanto, para o plano do direito, não terá sofrido *prejuízo*, visto que nenhum direito seu foi violado.

A distinção é possível de se fazer ainda hoje, mas como dado puramente filosófico, já que os termos *dano* e *prejuízo* se usam, na órbita do direito contemporâneo com o mesmo sentido e só se referem aos desfalques injustos sofridos por alguém em seu patrimônio, seja de natureza econômica ou moral.

O dano, em linguagem jurídica, de tal sorte, compreende apenas a lesão injurídica. Quem exerce regularmente um direito não lesa a ninguém. Reduções patrimoniais ou incômodos morais que alguém sofra em razão do exercício de direito de outrem não são dano nem prejuízo, segundo a ótica atual do direito. Daí porque não se há de preocupar com a velha distinção romana entre as ideias de dano e prejuízo.

2.2.2. Dano material

Compreende o dano material o desfalque que atinge o patrimônio do ofendido, e que pode, naturalmente, ser avaliado por critérios pecuniários[7]. O dinheiro é a forma e o padrão natural de dimensioná-lo e o instrumento idôneo para bem repará-lo.

Esse tipo de dano compreende a imediata redução do patrimônio da vítima, ou seja, o que ela "efetivamente perdeu" (CC, art. 402, 1ª parte). Alcança, também, o lucro frustrado, ou seja, "o que razoavelmente deixou de lucrar", por motivo do ato ilícito (art. 402, *in fine*).

O dano emergente é mais facilmente quantificável[8]. Resume-se a uma avaliação do patrimônio lesado, antes e depois do ato ilícito. Já no caso dos lucros cessantes,

---

[7] O dano patrimonial é a "lesão a um interesse econômico concretamente merecedor de tutela", é a lesão "a objetos do mundo externo (sejam eles coisas corpóreas ou bens imateriais)" (ROSENVALD, Nelson; FARIAS, Cristiano Chaves de; BRAGA NETTO, Felipe. *Novo tratado de responsabilidade civil, cit.*, p. 257 e 259).

[8] A doutrina também o chama de dano positiva, porque significa a perda efetiva e imediata ocorrida no patrimônio da vítima. Entretanto, ressaltam Nelson Rosenvald, Cristiano Chaves de Farias e Felipe Braga Netto, pode significar o aumento do passivo da vítima, quando, por exemplo, já estivesse passando por dificuldades financeiras que foram agravadas pela lesão (*Op. cit.*, p. 260-261).

a situação é mais delicada, pois é preciso determinar que vantagens esperadas efetivamente o ilícito impediu a vítima de perceber[9]. Não se pode levar o ressarcimento a cobrir expectativas remotas de lucros e vantagens que poderiam ou não acontecer, no futuro.

O lucro cessante tem de ser visto como o lucro certo, em função do quadro afetado pelo ato ilícito. Deve corresponder a consequência imediata da paralisação de um negócio lucrativo que a vítima explorava, ou a frustração do rendimento que era razoavelmente esperado do bem lesado.

Para evitar pretensões quiméricas, o art. 402 do Código determina que a reparação dos lucros cessantes só compreenda o que a vítima "razoavelmente deixou de lucrar". Com isto se evita a possibilidade de afastar-se de critérios objetivos para navegar nas águas do meramente hipotético ou imaginário.

A indenização terá de ser fixada à luz do bom senso e do razoável, sempre a partir de dados concretos e não de simples suposições. É, por isso, que o art. 403, completa o enunciado do art. 402, que fala em reparação para o que a vítima "razoavelmente deixou de lucrar", acrescentando que os lucros indenizáveis são apenas os que cessaram "por efeito *direto* e *imediato*" da inexecução da obrigação (isto é, do ato ilícito)[10].

Em suma, nem o dano material, nem os lucros cessantes, podem ser deferidos sob condição de apuração futura em liquidação. A parte que pleiteia reparação tem de prová-los adequadamente, antes da condenação, mesmo que esta seja genérica.

2.2.3. Dano moral

Em direito civil há um dever legal amplo de *não lesar* a que corresponde a obrigação de indenizar, configurável sempre que, de um comportamento contrário àquele dever de indenidade, surta algum prejuízo injusto para outrem (CC, art. 186).

---

[9]   Também chamado de dano negativo, uma vez que reflete aquilo que a vítima teria recebido se o dano não tivesse ocorrido. Para Sérgio Cavalieri Filho, esse dano consiste na "perda do ganho esperável, na frustração da expectativa de lucro, na diminuição potencial do patrimônio da vítima" (CAVALIERI FILHO, Sérgio. *Programa de responsabilidade civil, cit.*, nº 18.2, p. 105).

[10]   Em sede de recurso repetitivo, o STJ já pacificou que: (i) "e) o dano material somente é indenizável mediante prova efetiva de sua ocorrência, *não havendo falar em indenização por lucros cessantes dissociada do dano efetivamente demonstrado nos autos*; assim, se durante o interregno em que foram experimentados os efeitos do dano ambiental houve o período de "defeso" – incidindo a proibição sobre toda atividade de pesca do lesado –, não há cogitar em indenização por lucros cessantes durante essa vedação" (STJ, 2ª Seção, REsp. 1.354.536/SE, Rel. Min. Luis Felipe Salomão, ac. 26.03.2014, *DJe* 05.05.2014); ii) "O suposto prejuízo sofrido pelas empresas possui natureza jurídica dupla: danos emergentes (dano positivo) e lucros cessantes (dano negativo). Ambos exigem efetiva comprovação, não se admitindo indenização em caráter hipotético, ou presumido, dissociada da realidade efetivamente provada. Precedentes" (STJ, 1ª Seção, REsp. 1.347.136/DF, Rel. Min. Eliana Calmon, ac. 11.12.2013, *DJe* 07.03.2014).

No convívio social, o homem conquista bens e valores que formam o acervo tutelado pela ordem jurídica. Alguns deles de referem ao patrimônio e outros à própria personalidade humana, como atributos essenciais e indisponíveis da pessoa. É direito seu, portanto, manter livre de ataques ou moléstias de outrem os bens que constituem seu patrimônio, assim como preservar a incolumidade de sua personalidade.

É ato ilícito, por conseguinte, todo ato praticado por terceiro que venha refletir, danosamente, sobre patrimônio da vítima ou sobre o aspecto peculiar do homem como ser moral. *Materiais,* em suma, são os prejuízos de natureza econômica, e, *morais,* os danos de natureza não econômica e que "se traduzem em turbações de ânimo, em reações desagradáveis, desconfortáveis, ou constrangedoras, ou outras desse nível, produzidas na esfera do lesado"[11].

Assim, há dano moral quando a vítima suporta, por exemplo, a desonra e a dor provocadas por atitudes injuriosas de terceiro, configurando lesões nas esferas interna e valorativa do ser como entidade individualizada[12].

De maneira mais ampla, pode-se afirmar que são danos morais os ocorridos na esfera da subjetividade, ou no plano valorativo da pessoa na sociedade, alcançando os aspectos mais íntimos da personalidade humana ("o da *intimidade* e da *consideração pessoal*"), ou o da própria valoração da pessoa no meio em que vive e atua ("o da *reputação* ou da *consideração* social")[13]. Derivam, portanto, de "práticas atentatórias à personalidade humana"[14]. Traduzem-se em "um sentimento de pesar íntimo da pessoa ofendida"[15] capaz de gerar "alterações psíquicas" ou "prejuízo à parte social ou afetiva do patrimônio moral" do ofendido[16].

---

[11] BITTAR FILHO, Carlos Alberto. *Reparação civil por danos morais.* 2. ed. São Paulo: RT, 1993, n. 5, p. 31. Nelson Rosenvald, Cristiano Chaves de Farias e Felipe Braga Netto conceituam do dano moral como "uma lesão a um *interesse existencial* concretamente merecedor de tutela" (*Novo tratado de responsabilidade civil, cit.,* p. 307). Está esse dano, portanto, atrelado ao princípio da dignidade da pessoa humana. Por isso, já entendeu o STJ: "Dispensa-se a comprovação de dor e sofrimento, sempre que demonstrada a ocorrência de ofensa injusta à dignidade da pessoa humana" (STJ, 3ª T., REsp. 1.292.141/SP, Rel. Min. Nancy Andrighi, ac. 04.12.2012, *DJe* 12.12.2012*).*

[12] BITTAR FILHO, Carlos Alberto. *Reparação civil por danos morais, cit.,* n. 6, p. 34.

[13] BITTAR FILHO, Carlos Alberto. *Op. cit.,* n. 7, p. 41.

[14] STJ, 3ª T., voto do rel. Eduardo Ribeiro, no REsp. 4.236, ac. 04.06.1991, *DJU* 01.07.1991, p. 4.190, *in* BUSSADA, Wilson. *Súmulas do Superior Tribunal de Justiça.* São Paulo: Jurídica Brasileira, 1995, v. I, p. 680.

[15] STF, 2ª T., RE 69.754/SP, Rel. Min. Thompson Flores, ac. 11.03.1971, *in RT* 485/230.

[16] STF, 2ª T., RE 116.381/RJ, Rel. Min. Carlos Madeira, ac. 21.06.1988, *DJU* 19.08.1988, *in* BUSSADA, Wilson. *Súmulas do Superior Tribunal de Justiça, cit.,* p. 687.

2.3. Nexo de causalidade entre a conduta e o dano

Para haver *ato ilícito "stricto sensu"* é preciso que o agente tenha agido culposamente, praticando um dano injusto para a vítima. Esses elementos – conduta culposa e dano injusto – não podem se apresentar isoladamente, devem estar interligados por um vínculo de causa e efeito, pois só assim o dano será imputável ao autor do ato culposo. Se o prejuízo da vítima não foi efeito (consequência) da conduta do agente, ainda que esta tenha sido injurídica, não lhe terá acarretado a obrigação de indenizar.

O problema da causalidade ultrapassa o terreno do direito e transita por vários planos como o da lógica e o das ciências naturais. Por mais que se tente em doutrina equacionar-se uma regra para a generalidade dos casos de ato ilícito civil, as soluções são sempre incompletas e servem apenas de um roteiro, cuja observância dependerá sempre de uma integração a cargo do juiz, que haverá de valer-se da prudência e da lógica do razoável, à luz dos detalhes do caso concreto.

Dentre as várias teorias já aventadas na doutrina, principalmente com raízes no direito penal, três são as que maior repercussão tiveram: a da *equivalência dos antecedentes,* a da *causalidade adequada* e a da *causalidade direta e imediata.*

Quando só se tem uma causa e um resultado, a subordinação deste àquela não oferece problema algum. Se não houvesse o ato do agente não teria havido o dano suportado pelo ofendido[17]. É no encadeamento de múltiplos fatores causais que se exige a atenção e prudência do intérprete para separar o que realmente funcionou como causa do resultado danoso daquilo que foi apenas circunstância ou palco do evento.

Pela teoria da *equivalência dos antecedentes* (também denominada teoria da *conditio sine qua non*) tudo o que concorre para que um resultado se dê, deve ser tratado como causa. Pouco importa se alguma causa teve maior ou menor relevância no processo causal. Para essa tese, causa é a ação ou omissão sem a qual o resultado não teria ocorrido. O processo de definição de causa consiste numa operação mental que se dá por meio de eliminação do fato pesquisado. Se sem ele, o resultado não teria ocorrido, estar-se-á diante de uma causa. Se mesmo afastando o fato, o resultado continuaria o mesmo, então não se trata de causa[18].

---

[17] "Entre a ação ou omissão do agente e o dano ocorrido para terceiro deve haver uma linha imaginária que, estendida, estabeleça de fato a ação ou omissão de um sujeito como causa direta do dano a outro indivíduo... Para que haja o dever de indenizar é preciso que se demonstre a relação de causalidade, isto é, que a ação ou omissão do agente esteja íntima e fundamentalmente ligada ao dano, ou constitui causa direta deste" (OLIVEIRA, Valdeci Mendes de. *Obrigações e responsabilidade civil.* 2. ed. São Paulo: Edipro, 2002, p. 661-662).

[18] "Aproveitando-se, em parte, a teoria da equivalência das causas, exporta por MAZEAUD e MAZEAUD, inspirada em VON BURI, segundo a qual todos os acontecimento que concorreram para a produção do dano são causas do mesmo, diremos que respondem pela indenização não apenas quem deu o primeiro passo para o evento, mas igualmente aqueles que participaram

Essa teoria, que muito se usa no direito penal, provoca uma homogeneização das condições do processo causal. Não se distinguem as concausas e todos os antecedentes necessários do resultado se equivalem[19]. A crítica que se faz, na doutrina civilista, está na exacerbação da causalidade que provoca, levando a uma regressão infinita e indesejável no nexo causal. Para sancionar o dano oriundo de um abalroamento de veículos poder-se-ia chegar ao dono atual do automóvel, ao que lhe vendeu, ao seu fabricante, ao fornecedor das matérias primas utilizadas na sua fabricação e assim indefinidamente.

Muitas teorias se elaboraram na busca de contornar as notórias impropriedades da teoria da *condictio sine qua non,* como a da causa eficaz, a da condição mais eficaz, a do equilíbrio etc., sem lograr permanência no acatamento da doutrina.

A teoria que, mesmo não sendo isenta de defeitos, obteve a aceitação pelo direito civil contemporâneo, é a denominada *teoria da causalidade adequada*. Causa, em sua ótica é o antecedente não apenas necessário, mas também adequado à produção do resultado[20]. Não se pode, segundo essa teoria, atribuir a responsabilidade a quem se inseriu, simplesmente, no processo de desencadeamento do fato danoso, mas apenas àqueles que atuaram com ações adequadas ao resultado; de maneira que cada um dos diversos partícipes reparará apenas nas consequências naturais e prováveis de sua ação. Nem todos, portanto, responderão pela reparação do resultado danoso final, mas apenas os que praticaram *fato* naturalmente *adequado* ao produzi-lo[21].

"Logo" – ao contrário do que afirmava a teoria da *conditio sine qua non* – "se várias condições concorreram para determinado resultado, nem todas serão causas, mas somente aquela que for *a mais adequada à produção do evento*". Para definir-se essa adequação não há uma fórmula exata. A identificação da causa adequada será feita por meio da "experiência comum da vida"[22].

Se alguém, sabedor do intento do agente de matar o desafeto, lhe fornece a arma para consumar o homicídio, sem dúvida terá dado ao empréstimo do revólver a natureza de causa do delito. Se, entretanto, o empréstimo é de uma arma de caça,

---

para o desenlace final" (RIZZARDO, Arnaldo. *Parte geral do Código Civil*. Rio de Janeiro: Forense, 2002, p. 533-534). "Se várias condições concorrem para o mesmo resultado, todas têm o mesmo valor, a mesma relevância, todas se equivalem" (CAVALIERI FILHO, Sérgio. *Programa de responsabilidade civil, cit.,* nº 11.1, p. 68).

[19] "Se várias condições concorrem para o mesmo resultado, todas têm o mesmo valor, a mesma relevância, todas se equivalem" (CAVALIERI FILHO, Sérgio. *Op. cit.,* nº 11.1, p. 68).

[20] Todos os que contribuem para a ocorrência do dano devem respondem por ele. "No entanto, cumpre notar, desde que os agentes procederem culposamente e as ações tiveram um papel decisório". Neste ponto, a teoria a observar é a da *causalidade adequada*, de VON KRIES, "pela qual a relação entre o acontecimento e o dano resultante deve ser *adequada, cabível, apropriada*" (RIZZARDO, Arnaldo. *Parte geral do Código Civil, cit.,* p. 534).

[21] RIZZARDO, Arnaldo. *Op. cit., loc. cit.*

[22] CAVALIERI FILHO, Sérgio. *Programa de responsabilidade civil, cit.,* n. 11.2, p. 69.

Capítulo II: Atos Ilícitos | **27**

sem que o dono tivesse qualquer motivo para suspeitar do propósito homicida que mais tarde se realizou com uso da arma de caça, não haverá, naturalmente, como atribuir-se ao empréstimo a qualidade de causa adequada do delito. Segundo a experiência prática, o empréstimo, nas condições em que ocorreu, não funciona, por si, como causa de homicídio.

A análise da causalidade adequada não deve ser feita no momento do ato ilícito, mas deve retroagir ao instante em que o fato indigitado ocorreu. Ali é que se apreciará, isoladamente, sua idoneidade para produzir o ato danoso que mais tarde veio a acontecer[23].

A teoria da *causalidade direta e imediata* (ou da interrupção do nexo causal), fundamentada no art. 403 do Código Civil[24], entende que de todas as condições existentes, somente se considera como causa adequada aquela que tiver uma ligação *direta* e *imediata* com o dano, de modo que "todos os danos que se ligarem ao fato do agente de forma indireta e mediata serão excluídos da causalidade"[25]. Há de haver, assim, um liame de "necessariedade e não de simples proximidade" entre o dano e a condição para que ela seja considerada a mais adequada[26].

No direito brasileiro, a opinião dominante no seio da doutrina civilista prestigia a tese da causalidade adequada[27]. Da mesma forma, no direito italiano, havendo

---

[23] "Ação objetivando ressarcimento de prejuízos consistentes na queda de um muro, por pressão decorrente do afluxo de águas pluviais. Comprovado que a causa adequada do evento foi a construção de um muro em prédio vizinho, sem abertura para passagem das águas, confirma-se a sentença que condenou o dono do muro que, servindo de anteparo, desviou as águas. A indenização, porém, há de corresponder ao custo de reprodução do muro que ruiu, e não ao de outro muro, de custo mais elevado, que a autora resolveu construir" (TJRJ, 5ª Câm. Cível, Ap. 38.079/85, Des. Rel. Narciso Pinto, *apud* CAVALIERI FILHO, Sérgio. *Op. cit.*, n. 13.1, p. 76). "Responsabilidade civil – concausa superveniente – vítima de atropelamento que vem a falecer de tétano. Ação de indenização contra empresa permissionária de serviço público – Responsabilidade objetiva. Não provada a exclusividade de culpa por parte da vítima, incabível é admitir-se a excludente de responsabilidade. Havendo multiplicidade de causas, recomendável é aplicar-se a teoria da causalidade adequada. *Voto* – Realmente, a dúvida que poderia subsistir, na hipótese em tela, é quanto ao *nexo de causalidade*. Na certidão de óbito do marido da autora consta *multiplicidade de causas*, estando ali explicitadas a insuficiência respiratória, diabete melito e tétano" (TACivRJ, Ap. 14.786/92, 1ªC., Rel. Des. Sergio Cavalieri Filho, *apud* CAVALIERI FILHO, Sérgio. *Op. cit.*, n. 14.2, p. 84).
[24] "Art. 403. Ainda que a inexecução resulte de dolo do devedor, as perdas e danos só incluem os prejuízos efetivos e os lucros cessantes por efeito dela direto e imediato, sem prejuízo do disposto na lei processual".
[25] ROSENVALD, Nelson; FARIAS, Cristiano Chaves de; BRAGA NETTO, Felipe. *Novo tratado de responsabilidade civil, cit.*, p. 477.
[26] CAVALIERI FILHO, Sérgio. *Programa de responsabilidade civil, cit.*, nº 12.1, p. 73.
[27] DIAS, José de Aguiar. *Da responsabilidade civil*. 9. ed. Rio de Janeiro: Forense, 1994, v. II, n. 221, p. 695; PEREIRA, Caio Mário da Silva. *Responsabilidade civil*. 2. ed. Rio de Janeiro: Forense, 1990, n. 79, p. 87; RODRIGUES, Silvio. *Direito civil – responsabilidade civil*. 15. ed. São Paulo: Saraiva, 1997, v. 4, n. 58, p. 164; DINIZ, Maria Helena. *Curso de direito civil brasileiro – responsabilidade*

intercorrência de fatos diversos no processo causal, preconiza-se a orientação da chamada *causalidade adequada,* de modo que "o dano não é ressarcível se não pode correlacionar-se com um determinado fato em termos de normalidade e verossimilhança"[28]. De maneira geral, é esta tese que predomina no direito comparado[29].

2.4. Imputabilidade

Em se tratando de ato vinculado à conduta culposa do agente, o ato ilícito depende do discernimento do agente para compreender o caráter ilícito de sua conduta. Fala-se, portanto, na *imputabilidade* como "a capacidade para praticar a antijuridicidade"[30].

A imputabilidade não é o mesmo que a culpabilidade; é um pressuposto desta. Para cometer a infração do dever de observar determinada conduta, exigida pela lei, é necessário ter conhecimento e consciência de que a infração do preceito é algo injusto e inaceitável e que a lesão dela resultante repugna à consciência social.

"Não responde pelas consequências do fato danoso aquele que não tem a capacidade de entender e de desejar no momento em que foi cometido, a menos que o estado de incapacidade derive de sua culpa"[31]. É claro que quem, *v.g.*, causa o dano porque caiu na inconsciência por embriaguez voluntária, não pode se escusar na momentânea privação de discernimento para fugir da responsabilidade indenizatória.

---

civil. 16. ed. São Paulo: Saraiva, 1996, v. 7, p. 96; GARCEZ NETO, Martinho. *Prática de responsabilidade civil.* 2. ed. São Paulo: Saraiva, 1972, p. 43-45; TARTUCE, Flávio. *Direito Civil: direito das obrigações e responsabilidade civil.* 13. ed. Rio de Janeiro: Forense, 2018, v. 2; ROSENVALD, Nelson; FARIAS, Cristiano Chaves de; BRAGA NETTO, Felipe. *Novo tratado de responsabilidade civil, cit.,* p. 480. Na jurisprudência do STJ: "2. O ato ilícito praticado pela concessionária, consubstanciado na ausência de corte das árvores localizadas junto aos fios de alta tensão, possui a capacidade em abstrato de causar danos aos consumidores, restando configurado o nexo de causalidade ainda que adotada a teoria da causalidade adequada" (STJ, 4ª T., AgRg no Ag. 682.599/RS, Rel. Min. Fernando Gonçalves, ac. 25.10.2005, *DJU* 14.11.2005, p. 334).

28 GAZZONI, Francesco. *Manuale di diritto privato.* 9. ed. Napoli: Edizioni Scientifiche Italiane, 2001, p. 692.

29 Código Civil francês, art. 1.231-4; Código Civil italiano, art. 1.223; Código Civil argentino, art. 1.726

30 MOREIRA ALVES, José Carlos. A responsabilidade extracontratual e seu fundamento, *cit.,* p. 201. Para Sérgio Cavalieri Filho, dois são os elementos da imputabilidade: maturidade (desenvolvimento) e sanidade (higidez) mental (CAVALIERI FILHO, Sérgio. *Programa de responsabilidade civil, cit.,* nº 7.2, p. 43).

31 "Non risponde delle conseguenze del fatto dannoso chi non aveva la capacità di intendere e di volere al momento in cuilo há commesso, a meno che lo stato di incapacità derivi da sua colpa" (GAZZONI, Francesco. *Manuale di diritto privato, cit.,* p. 701). "O imputável é aquela pessoa a quem se pode legitimamente atribuir um comportamento antijurídico. O imputável pode ser censurado e reprovado por suas condutas comissivas ou omissivas contrárias ao direito" (ROSENVALD, Nelson; FARIAS, Cristiano Chaves de; BRAGA NETTO, Felipe. *Novo tratado de responsabilidade civil, cit.,* p. 150).

A configuração legal do ato ilícito, que conduz à obrigação de indenizar o dano causado a outrem, integra-se da *conduta voluntária*. Todo aquele que, por ação ou omissão voluntária, causa dano injusto a outrem, deve indenizar o prejuízo da vítima, dispõe o art. 186 do Código Civil. Responde, portanto, o causador da lesão, em virtude de uma *ação voluntária,* seja de forma ativa ou passiva.

Como produto da vontade, o ato ilícito não se configura em situação que o resultado, embora fisicamente relacionado com ato da pessoa, se liga na verdade a um fato involuntário, como se dá nas situações de caso fortuito ou de força maior. É que, o aparente agente, em verdade é instrumento de força estranha e incontrolável. Seu querer é impotente para evitar o resultado danoso e, assim, não é sua verdadeira causa. Não há nexo causal entre o dano da vítima e uma conduta voluntária do agente. O nexo de causalidade, na realidade, vincula o dano à força da natureza.

O mesmo acontece em face do dano provocado por incapaz. Se o sujeito não tem capacidade para entender e querer, no momento em que o dano ocorre, não se pode atribuir o resultado a um comportamento voluntário seu[32].

Quando falta o discernimento do causador do dano, a lei desloca a responsabilidade civil, em princípio, para a responsabilidade indireta dos pais, tutores, curadores, pelos atos dos filhos, pupilos e curatelados (CC, art. 932). Essa responsabilidade prescinde da prova de culpa e, pois de apresenta como ato-fato ilícito para o representante legal do incapaz (art. 933).

Na eventualidade de esse representante não constar com meios suficientes para suportar a responsabilidade civil, o patrimônio do incapaz causador da lesão responderá pela reparação (art. 928). A medida, porém, é de pura solidariedade social. Escapa do âmbito do ato ilícito civil *stricto sensu,* para agasalhar-se na roupagem da *responsabilidade objetiva,* como modalidade de simples *fato ilícito,* que prescinde de imputabilidade e culpabilidade[33].

---

[32] PEREIRA, Caio Mário da Silva. *Responsabilidade civil, cit.,* n. 32, p. 39. "Não é responsável pelo ato ilícito quem não tinha a capacidade de entender e querer no momento em que o cometeu" (TRABUCCHI. *Istituzioni de Diritto Civile.* 38. ed. Padova: CEDAM, 1998, n. 88, p. 200-201).

[33] Essa responsabilidade excepcional, além de objetiva, deverá realizar-se por meio de indenização que não prive do necessário o incapaz, nem as pessoas que dele dependem (art. 928, parágrafo único) (MOREIRA ALVES, José Carlos. A responsabilidade extracontratual, *cit.,* p. 201). O Enunciado nº 39 da Jornada de Direito Civil promovida pelo Centro de Estudos da Justiça Federal (Brasília, setembro/2002) é nesse sentido: "A impossibilidade de privação do necessário à pessoa, prevista no art. 928, traduz um dever de indenização equitativa, informado pelo princípio constitucional da proteção à dignidade da pessoa humana. Como consequência, também os pais, tutores e curadores serão beneficiados pelo limite humanitário do dever de indenizar, de modo que a passagem ao patrimônio do incapaz se dará não quando esgotados todos os recursos do responsável, mas quando reduzidos estes ao montante necessário à manutenção de sua dignidade".

No sistema do nosso Código, que preserva o mecanismo da responsabilidade subjetiva, como sustentação genérica da figura do ato ilícito absoluto, o ressarcimento do dano, seja material seja moral, estará, em princípio, associado à apreciação da conduta voluntária do seu causador[34].

2.5. Culpa

A responsabilidade *subjetiva*, que integra a definição legal do *ato ilícito absoluto*, recebe tal denominação justamente porque reclama o elemento *culpa* por parte do agente causador do dano a indenizar.

A conduta voluntária é o ponto de partida para configuração do ato ilícito *stricto sensu*, mas não é suficiente. Além do nexo causal entre ela e o resultado danoso é indispensável que o agente tenha se conduzido com culpa no evento.

Não é necessário, porém, que o agente tenha querido lesar. A voluntariedade refere-se ao atributo genérico da ação de que resultou o prejuízo da vítima. A conduta, para chegar à responsabilidade civil, deve ter sido controlada pela vontade, ainda que o resultado final não tenha entrado na linha de intenção do agente. Bastará, para tê-la como voluntária que os atos de exteriorização do comportamento (ação ou omissão) tenham sido originados de uma vontade livre e consciente.

A noção de culpa se dá no momento em que, querendo ou não o dano, o agente voluntariamente adota um comportamento contrário aos padrões exigidos pelo direito e, em consequência disso, provoca um dano injusto a outrem.

Essa conduta voluntária e danosa, em seu aspecto subjetivo, compreende o dolo e a culpa, embora não haja necessidade de distingui-los para a imputação do dever de indenizar, já que a indenização é a mesma, tanto na conduta danosa intencional como na culposa[35]. O certo é que, para haver o ato ilícito absoluto é indispensável

---

[34]   PEREIRA, Caio Mário da Silva. *Responsabilidade civil, cit.,* n. 33, p. 41.

[35]   Na doutrina antiga costumava-se qualificar como *delito* o ato ilícito doloso e como *quase delito* o culposo. A distinção, todavia, é irrelevante para o direito moderno, já que não repercute sobre o dever de indenizar, nem sobre a extensão da reparação devida, salvo nas hipóteses excepcionais do parágrafo único do art. 944, do CC: "se houver excessiva desproporção entre a gravidade da culpa e o dano, poderá o juiz reduzir, equitativamente, a indenização". Para Nelson Rosenvald, Cristiano Chaves de Farias e Felipe Braga Netto, a justificativa para a miti-gação da indenização, nos casos do dispositivo analisado, reside no fato de que "o princípio da reparação integral não pode ser desumano", por isso a "importância da mitigação da repa-ração pela equidade para suavizar a norma genérica em face de circunstâncias particulares que concorram na concretude do caso. Em outros termos, a gradação da culpa não influirá na constatação da existência da obrigação de indenizar (*na debeatur*) – que se contenta com o mínimo de culpa –, porém, na extensão dessa obrigação (*quantum debeatur*), evitando que ultrapasse um 'limite humanitário'" (ROSENVALD, Nelson; FARIAS, Cristiano Chaves de; BRAGA NETTO, Felipe. *Novo tratado de responsabilidade civil, cit.,* p. 203).

o elemento culpa em sentido lato como qualificador da conduta voluntária de que deriva o dano indenizável.

O dolo apresenta-se como a vontade conscientemente dirigida à produção do resultado danoso injusto. O agente infringe conscientemente o dever de não lesar. Seu propósito é deliberadamente o de alcançar o resultado danoso[36].

No dolo, tem-se, na pessoa do agente, a *representação* do resultado e a *consciência* da sua ilicitude. Ele prevê o resultado danoso injusto e age em busca de alcançá-lo. Há plena consciência da lesividade e da injuridicidade do evento danoso, por parte do agente.

Na culpa em sentido estrito, o que de fato acontece não é o propósito de lesar, mas a infração do dever de cautela necessário a evitar o dano. É nessa omissão e não na intenção de lesar que se situa o elemento subjetivo do ato ilícito culposo. A censurabilidade da conduta culposa reside no fato de ser possível prever o resultado danoso e, na falta de previsão, *in concreto,* por parte do agente. Se este chegou a pre-vê-lo e assim mesmo prosseguiu em sua conduta ilícita, procurando alcançá-lo, ou assumindo conscientemente o risco de produzi-lo, o caso é de dolo e não de culpa.

A culpa, portanto, pode-se definir como a "conduta voluntária contrária ao dever de cuidado imposto pelo Direito, com a produção de um evento danoso invo-luntário, porém, previsto ou previsível"[37]. Na culpa, então, o agente quer a conduta perigosa, embora não queria o dano que dela, finalmente, advém.

Há, no ato culposo, uma conduta voluntária com resultado involuntário. O agente, normalmente não prevê que de sua conduta perigosa advirá o dano para a vítima. Tinha, porém, condições de prevê-lo e evitá-lo, se se comportasse com as cautelas normais nas circunstâncias do evento. Ainda que tenha figurado em sua mente a possibilidade de ocorrer o dano, não haverá dolo, mas culpa, se levianamente supôs que a lesão da vítima não ocorreria. Essa modalidade de culpa consciente muito se aproxima do dolo, mas não se confunde com ele, porque o dano não chega a se inserir na intenção do agente.

O importante, nesse tema, é definir qual o padrão para aferir a culpa no comportamento lesivo. A recomendação doutrinária tradicional é que não se deve exigir de ninguém um cuidado extremo, mas apenas aquele que usualmente observa o homem comum (*homo medius* ou o *bonus pater familias*). É culpado aquele que causa dano por não ter observado a cautela que uma pessoa mediana teria adotado nas circunstâncias do evento. Não se tem como culpado, por isso, aquele que provocou dano que só uma diligência extrema e incomum no meio social conseguiria evitar.

---

[36] PEREIRA, Caio Mário da Silva. *Responsabilidade civil, cit.*, n. 55, p. 73; RODRIGUES, Silvio. *Direito civil – Responsabilidade civil, cit.*, n. 53, p. 145.

[37] CAVALIERI FILHO, Sérgio. *Programa de responsabilidade civil, cit.*, n. 8.6, p. 53.

Ainda dentro da mesma preocupação, deve-se ter em conta a falta possivelmente cometida não de forma abstrata, mas em razão das peculiaridades do caso concreto. Assim, não se exige do agente que evite o fato perigoso apenas remotamente previsível, mas o que, *in concreto,* pudesse ser desde logo previsto e, consequentemente evitado; e que, entretanto, veio a acontecer justamente por não ter cuidado o agente de evitá-lo, como era de seu dever.

Fala-se em diligência do *homo medius,* razoavelmente cauteloso e diligente, como parâmetro para medir a previsibilidade e a censurabilidade do ato danoso não evitado. A aplicação do critério, todavia, não deve descurar os aspectos específicos do agente e das circunstâncias em que evento se deu. Não deve cingir-se a análise ao comportamento em tese, para exigir a atitude ideal ordinariamente observada. As condições pessoais do sujeito hão de ser levadas, também, em consideração. Ou seja, há de se ponderar se um homem com os dotes pessoais do agente teria agido de modo diferente na conjuntura em que se consumou o ato lesivo. Se, para ele, não era previsível o resultado danoso, não terá havido dolo, nem tampouco culpa. Inimputável o evento a uma conduta voluntária do agente, tudo se resolverá em caso fortuito ou de força maior[38].

Antiga tradição costuma classificar, por graus de intensidade, a culpa em *grave, leve* e *levíssima*[39]. Embora historicamente se possa atribuir alguma relevância a essa classificação, modernamente não merece maior atenção, visto que, para o ato ilícito, nem mesmo a distinção entre o dolo e a culpa em sentido estrito é importante. Em todos os casos, seja de dolo, seja de culpa grave, leve ou levíssima, o efeito é um só: a obrigação para o ajuste de reparar o prejuízo acarretado à vítima.

2.5.1. Negligência, imperícia e imprudência

A culpa, do ponto de vista prático, pode configurar-se de três maneiras, ou seja, como *negligência,* como *imperícia* ou como *imprudência*. Na *negligência,* o agente omite a atividade que, se adotada, impediria o evento danoso. O proprietário do veículo, *v.g.,* deixa de fazer a periódica revisão da máquina, que, por falta disso, falha e provoca dano a outrem[40]. Na *imprudência,* a falta é comissiva: o agente atua

---

[38] "Ninguém pode responder por fato imprevisível porque, na realidade, não lhe deu causa" (CAVALIERI FILHO, Sérgio. *Programa de responsabilidade civil, cit.,* n. 8.8. p. 55).

[39] *Grave* é a culpa que se aproxima do dolo, envolvendo crassa desatenção diante de um intenso dever de cuidado que, de forma alguma, poderia ser descuidado, no meio social. É *leve* a que se prende a uma falta que poderia ser evitada com uma atenção comum e normal no procedimento da pessoal dentro da convivência social. É *levíssima* a que conduz a um dano que somente seria evitável por meio de uma atenção especial, incomum no meio social em que o evento se deu (Cf. RIZZARDO, Arnaldo. *Parte geral do Código Civil, cit.,* p. 529).

[40] Eis um caso típico de negligência que Rizzardo extraiu da jurisprudência: "Agindo a administradora sem a devida cautela quanto ao levantamento de dados completos do candidato a locatário e do fiador apresentado, arca com os prejuízos gerados por sua negligência. Embora

precipitadamente, sem a necessária reflexão sobre o que poderia resultar, por inteiro, de sua atitude temerária. O condutor do veículo, por exemplo, imprime-lhe velocidade excessiva e acaba por perder-lhe o controle, vindo a colidir com outro. Na *imperícia*, o agente pratica o ato ilícito em razão de não possuir a habilidade técnica necessária para a atividade desenvolvida. Assim, haverá imperícia quando o motorista provoca um acidente por não possuir habilitação.

As três maneiras de cometer-se o ato ilícito culposo, embora tradicionalmente diferenciadas, são reuníveis sobre uma visão jurídica única. Com efeito, tanto na atitude omissiva (negligência) como na ativa (imprudência), a culpa é essencialmente a mesma coisa, ou seja, a omissão de diligências para evitar o dano. Em qualquer delas, o agente terá atuado de forma a não observar as cautelas que as circunstâncias lhe exigiam, expondo, por isso, sua conduta à censura social, "seja porque fez menor do que o devido (negligência), seja porque se atreveu a fazer mais do que devido (imprudência)"[41].

O Código Civil, diversamente do Código Penal, não arrola a imperícia entre as modalidades de culpa. Não quer isto dizer que a imperícia não represente culpa para a configuração do delito civil. O certo é que não se tem na espécie algo realmente diverso das figuras tradicionais da negligência e da imprudência. A imperícia é apenas a violação do dever de conduta que decorre da circunstância de exigir-se do agente o emprego de conhecimentos técnicos no ato que acabou tornando-se lesivo. A imperícia, nessa ordem de ideias, tanto pode operar por omissão como por comissão, no tocante ao emprego da técnica necessária, de sorte que, no final, ter-se-á uma negligência ou uma imprudência, embora rotulada de imperícia.

3. ILÍCITO CIVIL E ILÍCITO PENAL

A conduta ilícita pode manifestar-se em dois planos distintos, o do direito penal e o do direito civil. A primeira modalidade delituosa ofende mandamentos do direito público, enquanto a última corresponde a violação de regras inerentes aos direitos subjetivos privados. Fala-se, portanto, em ilícito penal e ilícito civil, conforme o dano enfocado tenha se dado no plano do direito penal ou do direito

---

os administradores não sejam responsáveis pela inadimplência dos locatários ou de fiadores, têm o dever de ao alugar um imóvel, levantar os dados completos do candidato e seu fiador. De maneira que, agindo sem a devida cautela inerente às condições de administradora, deve arcar com os prejuízos gerados por sua negligência" (TAPR, 4ªCC., Ap. 8.150/95, ac. 04.12.1995, *Direito Imobiliário*, boletim n. 31, COAD, p. 263). Caso semelhante foi decidido pelo TAMG, em que se responsabilizou a administradora, numa locação conjunta de apartamento e telefone, por ter sido cancelada a assinatura telefônica do locador em virtude de não ter sido controlada a pontualidade do locatário no pagamento das contas mensais. Esta falta foi qualificada como negligência justificadora do dever de indenizar.

[41] ALTERINI, Atilio Anibal. *Responsabilidade civil*. 3. ed. Buenos Aires: Abeledo-Perrot, 1987, n.103, p. 94-95.

civil[42]. Caio Mário ensina que em ambos existe um único fundamento ético, qual seja, a violação a um dever jurídico preexistente e a consciência do agente quanto à ilicitude de sua conduta[43].

Um mesmo evento danoso pode receber a sanção do direito penal e a do direito civil, porque a um só tempo terá tido força de ofender o interesse público (da sociedade) e o interesse privado (da vítima). A sanção do direito penal visa coibir práticas nocivas à segurança social (interesse público), enquanto a do direito civil cuida de preservar a incolumidade da esfera jurídica individual (interesse privado)[44]. Por isso, um só evento pode desafiar a dupla sanção penal e civil, bastando que uma só ação reflita danosamente tanto no campo do interesse público (crime) como no do interesse privado (ato ilícito civil).

Havendo a infração concorrente nas duas áreas de interesse jurídico, o agente receberá punições decorrentes do direito penal e do direito civil, isto é, suportará a pena instituída pela lei criminal e sujeitar-se-á, ainda, a reparar o prejuízo individual suportado pelo ofendido (é o que, por exemplo, se passa com o homicídio e as lesões corporais).

Todavia, nem sempre as duas esferas punitivas se superpõem, pois, é perfeitamente possível que a ofensa social se dê sem que um direito individual tenha sido, concretamente, lesado (como, *v.g.*, a fabricação de moeda falsa e a tentativa de homicídio sem lesão à vítima). Outras vezes, a conduta danosa não ultrapassa o âmbito do indivíduo (como, *v.g.*, no inadimplemento contratual e na colisão culposa de veículos, sem danos pessoais). Nessas situações, poderá o culpado receber pena criminal sem ter indenização a pagar, ou ter de reparar a lesão civil sem se submeter a sanção do direito penal.

4. ATO ILÍCITO E RESPONSABILIDADE CIVIL

Porque o ato ilícito é enfocado pela ordem jurídica como fato gerador da obrigação de indenizar, costuma-se confundir sua figura com a da responsabilidade civil, ou, pelo menos, subordinar, entre si, as duas entidades jurídicas.

---

[42] "No direito penal, o ato violador atinge valores que comprometem a ordem pública e atingem a vida social, denominando-se crime ou delito, punido com penas restritivas da liberdade e de direitos, multas, e prestações de atividades, dentre outras formas. Já no direito civil, essa ofensa tem o nome de ilícito civil, constituindo as cominações no ressarcimento ou indenização, na compensação através da entrega de outro bem, na exigibilidade de conduta específica, na restrição de direitos" (RIZZARDO, Arnaldo. *Parte geral do Código Civil, cit.*, p. 524).

[43] PEREIRA, Caio Mario da Silva. *Instituições de direito civil: introdução ao direito civil, cit.*, nº 113, p. 548.

[44] "Para o direito penal, o delito é um fator de desequilíbrio social, que justifica a repressão como meio de restabelecimento; para o direito civil, o ilícito é um atentado contra o interesse privado de outrem, e a reparação do dano sofrido é a forma indireta de restauração do equilíbrio rompido" (PEREIRA, Caio Mario da Silva. *Op. cit., loc. cit.*).

Capítulo II: Atos Ilícitos | 35

O certo, porém, é que há duas realidades distintas a considerar, que, em princípio, se conectam uma à outra, mas que, às vezes, podem existir, pelo menos uma delas, sem o pressuposto da outra.

Para o sistema de nosso Código, o *ato jurídico ilícito* (ato ilícito *stricto sensu*) sempre será causa da *responsabilidade civil* (dever de indenizar), mas, no campo do direito das obrigações há várias situações em que a indenização se tornará exigível fora da hipótese do art. 186, ou seja: mesmo sem a presença de elemento essencial à configuração do *ato ilícito* delineado pelo referido dispositivo, a responsabilidade civil acontecerá (arts. 927, parágrafo único, 928, 929, 931, 932, 933, *v.g.*).

Afirma-se que haveria, na base de todo o sistema jurídico, um *dever geral de não prejudicar a ninguém* (*"neminem laedere"*), cuja transgressão provocaria o surgimento da obrigação de indenizar. Assim, poder-se-ia detectar um *dever primário* e um *dever sucessivo*. O segundo nasceria justamente da violação do primeiro. Dessa maneira, não haveria responsabilidade sem violação de dever jurídico preexistente, uma vez que a responsabilidade pressuporia o descumprimento de uma obrigação; e para se identificar o responsável seria necessário precisar o dever jurídico violado e identificar quem o descumpriu[45].

Desse liame necessário, surgiria o conceito unitário envolvendo as duas ideias de ato ilícito e responsabilidade civil, de tal sorte que o *ato ilícito em sentido estrito* viria a ser "o conjunto de pressupostos da responsabilidade civil", ou, em outros termos, "da obrigação de indenizar". Como o direito moderno nem sempre se baseia nos mesmos pressupostos para impor ao agente do ato ilícito o dever de reparar o dano, equivocado teria sido o critério do Código Civil brasileiro de 2002 de defini-lo a partir do elemento culpa. Se hoje, a responsabilidade civil tanto pode ser *subjetiva* (fundada na culpa) como *objetiva* (fundada no risco), já se observou "não faz o menor sentido estabelecer no novo Código Civil um conceito de ato ilícito, mormente tratando-se de conceito controvertido, complexo e em total desprestígio"[46].

A censura, todavia, poderá ser contornada se se desatrelar a ideia de ato ilícito da de responsabilidade civil, para admitir-se que há o ato ilícito, de um lado, como fonte da obrigação de indenizar, mas há também a responsabilidade civil oriunda de eventos outros que não se subsumem na ideia específica de *ato ilícito stricto sensu*.

Hoje, a ótica da *responsabilidade civil* não é mais a que separava a norma primária da norma secundária, para submeter o dever de indenizar (obrigação de reparar o dano) à violação do dever genérico de não lesar. Cada preceito em que se apoia a responsabilidade civil é, em si mesmo, norma primária, porque traz em seu próprio conteúdo a cláusula da "injustiça do dano". Para haver responsabilidade

---

[45] CAVALIERI FILHO, Sérgio. *Programa de responsabilidade civil, cit.*, nº 1.2.1, p. 19.

[46] CAVALIERI FILHO, Sérgio. *Programa de responsabilidade civil.* 3 ed., São Paulo: Malheiros, 2002, nº 2.3, p. 27.

civil não é necessário que a conduta do agente seja sempre injusta, o que tem de ser necessariamente *injusto* é o *dano*[47].

Nessa perspectiva, não são incompatíveis nem contraditórias as posições do Código civil adotadas na definição do *ato ilícito* em sentido estrito, com base no elemento culpa e na regulamentação da responsabilidade civil de forma ampla, fazendo-a apoiar-se não só no *ato ilícito* (culposo), mas também em *danos injustos* gerados por fatos não submetidos ao conceito de delito civil. Basta que a leitura do atual diploma legal se faça sem confundir *ato ilícito* em sentido estrito e *responsabilidade civil*.

5. NOÇÃO DE RESPONSABILIDADE CIVIL

Consiste a responsabilidade civil, no âmbito do direito das obrigações, no dever de indenizar o dano suportado por outrem.

O suporte fático das normas que regulam a obrigação de indenizar nem sempre gira em torno de eventos da mesma natureza. Explica Pontes de Miranda: "Em alguns, é elemento fáctico necessário a culpa. Noutros, prescinde-se de qualquer culpa, mas exige-se a causação entre o ato e o dano. Noutros, abstrai-se de qualquer culpa ou ato. A causação é entre *ato-fato* ou *fato 'stricto sensu'* e *dano*"[48].

Há indenizações que derivam de substituição de prestações devidas e não adimplidas e há as que derivam do ilícito absoluto (fato ilícito).

É no âmbito da responsabilidade pelo fato ilícito que se insere o *delito civil*, isto é, o *ato ilícito* em sentido estrito. Não é, porém, esse ato ilícito a única fonte da responsabilidade civil. A reparação do prejuízo oriundo do *fato ilícito* pode assentar-se no *ato ilícito absoluto*, no *ato fato ilícito absoluto* e no *fato ilícito "stricto sensu" absoluto*[49].

A obrigação de indenizar destarte, "não resulta somente de ato ilícito, nem só de ato culposo. Pode irradiar-se de fato ilícito *stricto sensu* e é o caso de quem quer que responda ainda por força maior ou caso fortuito; ou de ato fato ilícito, isto é, de ato que entre no mundo jurídico mas somente como fato"[50]. Explica Pontes de Miranda, com argúcia, que a fonte mais frequente do dever de reparar é a falta cometida pelo autor do dano, e, então, entende-se como *falta* "a culpa cometida pelo autor do dano". No entanto, essa fonte "não é a única e muitos deveres de indenização surgem que não supõem culpa, nem, sequer, ato". Quando tal se passa, "ou o ato entra no

---

47 GAZZONI, Francesco. *Manuale di diritto privatto, cit.*, p. 692.
48 PONTES DE MIRANDA, Francisco Cavalcanti. *Tratado de direito privado*. São Paulo: Editora Revista dos Tribunais, 2012, t. XXII, § 2.717, nº 1, p. 264.
49 PONTES DE MIRANDA, Francisco Cavalcanti. *Op. cit.*, t. XXII, § 2.717, nº 2, p. 264.
50 PONTES DE MIRANDA, Francisco Cavalcanti. *Op. cit.*, t. XXII, § 2.718, nº 1, p. 271.

mundo jurídico como *ato-fato*, ou apenas *fato* que entra no mundo jurídico e se faz fato ilícito *stricto sensu*, embora se estabeleça vínculo entre duas ou mais pessoas"[51].

Assim, independentemente de agir autorizado por lei (CC, art. 188, II) responde civilmente aquele que, em estado de necessidade, danifica bem alheio, não culpado pela situação perigosa (art. 929). Da mesma forma, quem desenvolve atividade perigosa (art. 927, parágrafo único) e quem, como empresário, coloca produtos no mercado (art. 931), respondem, sem qualquer indagação de culpa, pelos danos advindos da atividade de risco e da comercialização dos bens de consumo. São, ainda, obrigados a indenizar, ainda que não haja culpa, as pessoas indicadas no art. 932, por atos danosos de outrem, baseando-se apenas no dano e no nexo objetivo de causalidade entre este e a situação do responsável prevista em lei (art. 933).

Afastando-se do *ato ilícito* em sentido estrito, a lei, em situações como estas, faz a responsabilidade civil assentar-se sobre o *ato-fato jurídico*[52]. Às vezes, a responsabilidade não exige ato algum do agente em relação ao evento danoso. A causa do dano pode ser fato da natureza (caso fortuito), como *v.g.*, se passa com o proprietário da casa de onde caiu o jarro de flores que feriu o transeunte (art. 938) e com o devedor em mora que vê a coisa devida perecer em seu poder e em razão de força maior (art. 399). Em tais hipóteses, nem mesmo em ato-fato se há de pensar, mas apenas em *fato ilícito "stricto sensu"*.[53]

Há, como se vê, possibilidade de o *fato ilícito* gerar a responsabilidade civil (dever de indenizar): a) pelo "fazer culposo" (*ato ilícito* em sentido estrito, ou "fazer culposo", ou ainda, *delito civil*); b) pelo "fazer não culposo", mas que a lei tem por *infracional*, como os diversos casos de responsabilidade objetiva (ato-fato); e c) pelo simples "acontecer", sem exigir-se qualquer interferência do responsável na causação do dano (mero "fato ilícito").

Nessa linha de pensamento, Inocêncio Galvão Telles ensina que: "a) os casos mais frequentes e mais característicos de responsabilidade extraobrigacional são aqueles em que ela emerge de *acto ilícito*...; b) concebe-se por outro lado que a lei imponha responsabilidade mesmo a quem pratique um *acto lícito*... pensemos no estado de necessidade; c) e concebe-se, ainda, que alguém responda pelos prejuízos doutrem em atenção ao *risco* criado pelo primeiro, mesmo que este proceda *sem culpa* ou até *licitamente* e mesmo que, inclusive, os danos não provenham de *acto seu*, e sim de acontecimento natural ou de acto de terceiro ou de acto do próprio lesado". Diante desse quadro de possibilidades, Galvão Telles entrevê a existência

---

[51]   PONTES DE MIRANDA, Francisco Cavalcanti. *Op. cit.*, t. XXII, § 2.718, nº 3, p. 272.

[52]   PONTES DE MIRANDA, Francisco Cavalcanti. *Op. cit.*, t. II, § 172, nº 4, p. 305.

[53]   PONTES DE MIRANDA, Francisco Cavalcanti. *Op. cit.*, t. XXII, § 2.719, nº 2, p. 276.

de três categorias de responsabilidade extrancontratual; a) responsabilidade por *ato ilícito*; b) responsabilidade por *ato lícito*; e c) responsabilidade pelo *risco*[54].

6. CONCEITO DE ATO ILÍCITO EM SENTIDO ESTRITO

Delito, seja em direito penal ou civil, é o ato contrário a direito, *de modo absoluto*. É algo diverso, portanto, do que se pratica por infração a dever perante alguém (violação do negócio jurídico, ou irradiação de ato jurídico *stricto sensu*, ou ato-fato jurídico, ou simples fato jurídico)[55].

"Aquele que" – dispõe o art. 186 do Código Civil – "por ação ou omissão voluntária, negligência ou imprudência, violar direito e causar dano a outrem, ainda que exclusivamente, comete *ato ilícito*". Eis aí a matriz do *delito civil*, ou seja do *ato ilícito* em sentido estrito, gerador da obrigação de indenizar o dano acarretado a outrem[56].

Trata-se de *ato ilícito absoluto* porque, ao lesar o ofendido, o agente não viola nenhum dever oriundo de vínculo jurídico negocial preexistente entre ele e o ofendido, nem contraria obrigação alguma nascida de negócio jurídico, nem mesmo de específica regra legal anterior. É o direito como um todo que não tolera o comportamento lesivo adotado, o qual encontra sanção na própria norma que o transforma em fonte da obrigação de indenizar (CC, art. 927).

Este ato ilícito previsto e definido pelo art. 186 é, inevitavelmente, causa do dever de indenizar (responsabilidade civil), mas não é a única, como se demonstrou.

Entre *ilicitude* e *ato ilícito* (delito civil) há a relação de gênero e espécie. Tudo o que alguém pratica sem poder fazê-lo, na perspectiva da ordem jurídica, é *ilícito*. Mas só é *ato ilícito* em sentido estrito o que corresponde ao delito civil descrito no art. 186 e que, portanto, se apresenta como aquele que, por si mesmo, se põe como causa originária do vínculo obrigacional (dever de indenizar) e que se apoia na conduta culposa do agente (art. 927, *caput*).

Se houver ofensa a dever negocial na base da ilicitude do comportamento danoso, o caso será de responsabilidade *contratual*; se não se exigir o elemento subjetivo culpa, o caso será de *ato-fato jurídico*; e se nenhuma referência se fizer ao comportamento voluntário do responsável, o caso será de simples *fato ilícito*. Em nenhuma hipótese, porém, se terá o *ato ilícito* "*stricto sensu*", tal como o tipifica o Código

---

54 TELLES, Inocêncio Galvão. *Direito das obrigações*. 7. ed. Coimbra: Coimbra Ed., 1997, nº 57, pp. 215-216.

55 "Podemos apelidar, na sequência de vária doutrina, os actos ilícitos de *delitos*" (MENEZES CORDEIRO, António Manuel da Rocha e. *Direito das obrigações*. Lisboa: Associação Acad. da Faculdade de Direito de Lisboa, 1986, v. II, nº 210, p. 7).

56 A diferença, que gozou de prestígio principalmente no direito francês antigo, entre *delito* (fundado no *dolo*), e *quase delito* (fundado na *culpa*) não tem maior significado para o direito civil contemporâneo, já que o tratamento da responsabilidade civil é o mesmo para o agente que atua dolosamente, como para aquele que causa o dano apenas culposamente.

(art. 186). Pode ser até igual o efeito, e geralmente é, mas a causa tecnicamente, em cada um dos tipos de responsabilidade indenizatória, é de natureza distinta. Todos conduzem à indenização do prejuízo da vítima, mas é na distinção entre o ilícito absoluto e o relativo, que a jurisprudência se funda para resolver questões acessórias e complementares, como juros[57], verbas sucumbenciais etc.[58] e para orientar em tema importante como o ônus da prova[59].

7. ABUSO DE DIREITO

O Código Civil, depois de conceituar o *ato ilícito* como a conduta voluntária e injurídica de que decorre, culposamente, dano a outrem (art. 186), acrescenta que também comete ato ilícito o titular de um direito que o exerce de maneira abusiva, ou seja, excedendo "os limites impostos pelo seu fim econômico ou social, pela boa-fé ou pelos bons costumes" (art. 187).

Questão submetida a antigo debate entre os juristas era a de aceitar ou não a figura do *abuso de direito* como entidade real dentro do campo da ilicitude. Os mais ferrenhos opositores da tese simplesmente vedavam a possibilidade de uma conduta ser ao mesmo tempo exercício de direito (licitude) e prática de ato injurídico (ilicitude). Para estes, ou o ato é lícito ou não é lícito, não podendo ser as duas coisas ao mesmo tempo. Dessa maneira, se a conduta do titular de um direito se tornasse injurídica, o que, na realidade, se teria nada mais seria que o ato ilícito, não havendo lugar para se pensar que estivesse ele exercendo qualquer direito quando causara o dano injusto ao ofendido. Para escritores como Planiol, a própria expressão "abuso

---

[57] "e) termo inicial de incidência dos juros moratórios na data do evento danoso. – Nos termos da Súmula 54/STJ, os juros moratórios incidem a partir da data do fato, no tocante aos valores devidos a título de dano material e moral" (STJ, 2ª Seção, REsp. 1.114.398/PR, Rel. Min. Sidnei Beneti, ac. 08.02.2012, *DJe* 16.02.2012). No mesmo sentido: "Em hipótese de responsabilidade extracontratual (delito), os juros moratórios fluem a partir do evento danoso (súmula nº 54/STJ)" (STJ, 4ªT., REsp. 55.891-3/SP, Rel. Min. Barros Monteiro, ac. 08.04.1996, *DJU* 24.06.1996, p. 22.762); STJ, 4ª T., AgRg no Ag. 497.978/RJ, Rel. Min. Jorge Scartezzini, ac. 14.09.2004, *DJU* 08.11.2004, p. 234.

[58] "O art. 20, § 5º, do CPC [de 1973] não se aplica aos casos de responsabilidade contratual – no caso, mau adimplemento de contrato de transporte –, cumprindo seja calculada a verba com base nas prestações vencidas mais um ano das vincendas" (STJ, 4ª T., REsp. 30.696-0/SP, Rel. Min. Athos Carneiro, ac. 28.06.1993, *DJU* 02.08.1993, p. 14.252). No mesmo sentido: STJ, 3ª T., REsp. 146.398/RJ, Rel. Min. Eduardo Ribeiro, ac. 06.04.1999, *DJU* 10.05.1999, p. 166; STF, 2ª T., RE 99.173-5/RJ, Rel. Min. Aldir Passarinho, ac. 14.12.1982, *DJU* 06.05.1983, *Revista da Amagis* 3/315.

[59] "O efeito da sentença condenatória do motorista não se estende à empregadora, cuja responsabilidade solidária decorre de culpa *in eligendo*, que é presumida (Súmula 341/STF)" (STJ, 4ª T., REsp. 175.550/SP, Rel. Min. Ruy Rosado de Aguiar, ac. 08.09.1998, *DJU* 16.11.1998, p. 99). No mesmo sentido: STJ, 4ª T., REsp. 337.689/SP, Rel. Min. Ruy Rosado de Aguiar, ac. 26.03.2002, *DJU* 17.06.2002, p. 271.

de direito" representaria uma *contradictio in adjectio* (uma contradição entre seus próprios termos), já que o direito cessa justamente onde o abuso começa, não sendo admissível que um mesmo ato pudesse ser a um só tempo, conforme e contrário ao direito[60].

Essa corrente negativista, contudo, não prosperou e, modernamente, não se conhece ordenamento jurídico e opinião doutrinária que negue o *abuso de direito* como figura real e importante na seara da ilicitude. Além de ser uma realidade constante da experiência comum da vida jurídica, nem mesmo a expressão que a rotula é imprópria ou contraditória. É que não repugna ao senso jurídico a ideia de que um direito (faculdade jurídica) possa ser exercitada contra sua finalidade natural. A expressão *direito* não tem uma só acepção: corresponde tanto à noção de *juridicidade* de uma situação qualquer como à *prerrogativa* que se reconhece ao titular de uma situação juridicamente disciplinada. Não deixa de ser o titular do direito de propriedade aquele que usa seu bem de modo nocivo ao vizinho, nem deixa de ser anormal e injurídico o excesso cometido pelo proprietário no desempenho da faculdade de usar o que lhe pertence. É justamente pelo cotejo entre o uso inadequado e o fim socioeconômico de seu direito que se detecta o vício do *abuso do direito* cometido pelo proprietário contra o vizinho.

Explica Josserand que "pode acontecer, e com frequência acontece, que um ato seja conforme a determinado direito e, nada obstante, ilícito, por se mostrar contrário à boa-fé e àquelas regras que dominam todo o direito e que constituem o que MAURICE HAURIOU chamava de superlegalidade"[61]. Pode, pois, sem maiores contradições, determinado ato ser conforme ao direito conferido ao seu titular e, sem embargo, apresentar-se contrário ao direito no sentido amplo de corpo de regras sociais obrigatórias[62].

O *abuso do direito* não se dá porque o titular não respeitou os limites internos de seu direito, porque aí, sim, estaria, praticando ilegalidade simples, mas, sim, porque *abusou do exercício* de uma faculdade que realmente lhe cabia. Quando, pois, se cuida da figura do abuso de direito o que se vê é a "reação ao abuso de exercício do direito, ou melhor, o exercício lesivo"[63]. O abuso se comete, portanto, contra os limites sociais e éticos impostos à atividade individual na vida em sociedade.

Toda a teoria do abuso de direito, nessa ordem de ideias, apoia-se no princípio maior da convivência social, que impõe a necessidade de conciliar a utilização individual do direito com o respeito à esfera jurídica alheia. Desse confronto de forças

---

[60]   PLANIOL, Marcel. *Traité élémentaire de droit civil*. 2. ed. Paris, 1902, v. II, n. 870.

[61]   JOSSERAND, Louis. *Relatividad y abuso de los derechos*. Bogotá: Temis, 1982, p. 26.

[62]   STOCO, Rui. *Abuso do direito e má-fé processual*. São Paulo: RT, 2002, n. 3.02, p. 57; CARPENA, Helena. *Abuso de direito nos contratos de consumo*. Rio de Janeiro: Renovar, 2001, p. 44-45.

[63]   PONTES DE MIRANDA, Francisco Cavalcanti. *Comentários ao código de processo civil*. 5. ed. Rio de Janeiro: Forense, 1.995, t. I, p. 351-352.

Capítulo II: Atos Ilícitos | **41**

resulta a ideia de "relatividade" e de "limitação" do direito de cada um (interesse individual) em face dos direitos sociais (interesse coletivo). Abandona-se qualquer concepção que possa atribuir caráter *absoluto* aos direitos individuais e reconhece-se a submissão de todos eles à regra da "relatividade dos direitos"[64].

Dentro dessa perspectiva, Rui Stoco traça as seguintes premissas antes de chegar a um conceito de abuso de direito: a) o direito é uma faculdade; b) as faculdades se contêm no direito subjetivo; c) os direitos subjetivos são relativos; e d) é essa relatividade que enseja o abuso dos direitos. E conclui:

> "O indivíduo para exercitar o direito que lhe foi outorgado ou posto à disposição deve conter-se dentro de uma *limitação ética,* além da qual desborda do *lícito* para o *ilícito* e do exercício *regular* para o exercício *abusivo.*
>
> Como se impõe a noção do que nosso direito termina onde se inicia o direito do próximo, confirma-se a necessidade de prevalência da teoria da relatividade dos direitos subjetivos, impondo-se fazer uso dessa prerrogativa apenas para satisfação de interesse próprio ou defesa de prerrogativa que lhe foi assegurada e não com o objetivo único de obter vantagem indevida ou de prejudicar outrem, através da simulação, da fraude ou da má-fé"[65].

O titular de qualquer direito para conservar-se no campo da normalidade não basta legitimar sua conduta dentro das faculdades reconhecidas pelas normas legais em face de sua individual situação jurídica. Haverá de cuidar para que o uso das prerrogativas legais não se desvie para objetivos ilícitos e indesejáveis, dentro do contexto social. O abuso de direito acontecerá justamente por infringência desse dever e se dará sempre que o agente invocar uma faculdade prevista em lei, aparentemente de forma adequada, mas para alcançar objetivo ilegítimo ou não tolerado pelo consenso social[66].

7.1. Direito comparado

Os estudiosos apontam para as raízes da teoria do abuso de direito já no antigo direito romano, lembrando-se, dentre outras passagens históricas, a lição de Cícero, traduzida na conhecida parêmia *summum jus, summa injuria*; com que se pretendia proclamar a possibilidade do excesso de justiça se transformar em injustiça[67].

---

[64]   JOSSERRAND, Louis. *De l'esprit des droits et de leur relativité.* Paris: Librairie Dalloz, 1927, p. 311.

[65]   STOCO, Rui. *Abuso do direito e má-fé processual, cit.,* n. 3.02, p. 59.

[66]   STOCO, Rui. *Op. cit.,* n. 59; STRENGER, Irineu. *Reparação do dano em direito internacional privado.* São Paulo: RT, 1973; STRENGER, Guilherme Gonçalves. Abuso de direito. *Revista APMP,* São Paulo, nov./97, p. 24.

[67]   MAXIMILIANO, Carlos. *Hermenêutica e aplicação do direito.* MAXIMILIANO, Carlos. *Hermenêutica e aplicação do direito.* 18.ed. Rio de Janeiro: Forense, 1999, nº 182, p. 169. "Apesar de ser um instituto cunhado oficialmente apenas no século XIX pela jurisprudência francesa, as primeiras noções de abuso de do direito remontam ao direito romano" (DAHINTEN, Bernardo Franke;

É irrecusável, outrossim, que a longa evolução do direito em Roma se deu graças ao afastamento das fórmulas legais rígidas que de início existiam e à valorização da função criativa do pretor que, muito flexibilizava a regra legal, preenchia suas lacunas, e atendia, assim, às mudanças sociais então ocorrentes.

O princípio da boa-fé desde então tem se apresentado como um postulado que não se distancia da caminhada histórica do homem em sua vida social. E é em nome desse princípio, sobretudo, que as mais importantes legislações contemporâneas agasalham a figura do abuso de direito, colocando-o entre as formas de ilicitude sancionadas pelo direito.

O Código Civil alemão, *v.g.*, prevê que "o exercício de um direito não é permitido quando tem por fim único causar prejuízo a outrem" (§ 226). O Código suíço, por sua vez, dispõe que "todos estão obrigados a exercer seus direitos e executar suas obrigações segundo as regras da boa-fé", de modo que "o abuso manifesto de um direito não é protegido pela lei" (art. 2º)[68]. Em Portugal, o Código Civil proclama que "é ilegítimo o exercício de um direito, quando o titular exceda manifestamente os limites importados pela boa-fé, pelos bons costumes ou pelo fim social ou econômico desse direito" (art. 334º). O Código civil da Áustria, em seu art. 1.295, al.2, impõe a indenização do dano resultante do exercício de um direito com menosprezo aos bons costumes e com intenção evidente de lesar[69].

Na Argentina, a repressão do abuso de direito está contida no art. 10 de seu Código Civil: "La ley no ampara el ejercicio abusivo de los derechos. Se considera tal el que contraría los fines del ordenamiento jurídico o el que exceda los límites impuestos por la buena fe, la moral y las buenas costumbres".

Na França, Espanha e Bélgica, mesmo sem textos legais específicos, há consenso doutrinário e jurisprudencial na adoção do princípio que coíbe o abuso de direito[70].

Entre nós, o Código Civil de 1916 não continha dispositivo direto para punir o abuso de direito. A doutrina, todavia, deduzia sua incriminação pela exegese *a contrario sensu* feita sobre o texto do art. 160, visto que nele se declarava não constituir ato ilícito o que fosse praticado "no exercício regular de um direito reconhecido" (logo, seria ilícito o ato que não correspondesse ao exercício regular do direito)[71].

DAHINTEN, Augusto Franke. Abuso do direito: radiografia do instituto e panorama jurisprudencial após 10 anos de sua positivação. *Revista de Direito Privado,* nº 55, jul.-set./ 2013, p. 140, 2013).

[68] PEREIRA, Caio Mário da Silva. *Responsabilidade civil, cit.,* n. 211, p. 275-276.

[69] VENOSA, Silvio de Salvo. Abuso de direito. *Revista da Faculdade de Direito-FMU*, São Paulo, 1988, p. 263.

[70] YASSIM, Assad Amadeo. Considerações sobre abuso de direito. *Revista dos Tribunais*, v. 538, agosto/1980, p. 17. STOCO, Rui. *Abuso do direito, cit.,* n.3.05, p. 61.

[71] PEREIRA, Caio Mário da Silva. *Responsabilidade civil, cit.,* n. 211, p. 275; DINIZ, Maria Helena. *Curso de direito civil brasileiro – teoria geral do direito civil.* 18. ed. São Paulo: Saraiva, 2002, v. 1, p. 462; BEVILÁQUA, Clóvis. *Código civil dos Estados Unidos do Brasil comentado.* 12. ed. Rio

Com o advento do atual Código Civil, o abuso de direito logrou tratamento explícito no art. 187 que o qualifica como *ato ilícito* e lhe dá conceito e conteúdo bem delineados: "também comete *ato ilícito* o titular de um direito que, ao exercê-lo, excede manifestamente os limites impostos pelo seu fim econômico ou social, pela boa-fé ou pelos bons costumes" – aduz o referido dispositivo legal. Assim, o abuso de direito passou a ser positivado no ordenamento pátrio como uma regra geral.

Acha-se, de tal sorte, nosso direito positivo integrado a um posicionamento universal de rejeição ao exercício abusivo (antiético) dos direitos subjetivos, colocando essa prática socialmente indesejável entre as espécies do ato ilícito absoluto.

7.2. Natureza jurídica

Não se discute acerca de constituir o abuso de direito uma fonte da obrigação de indenizar. A controvérsia doutrinária cinge-se em saber se se trata de responsabilidade subjetiva, fundada na intenção maliciosa do agente, ou de responsabilidade objetiva, extraída pura e simplesmente do resultado danoso indesejável eticamente. As duas correntes são fortes e se apoiam em argumentos respeitáveis.

A origem do tratamento doutrinário do abuso de direito se deu, sem dúvida como forma de repressão a condutas intencionalmente desviadas dos padrões exigidos pela consciência social. Foi assim que, desde o princípio, se instituiu sanção para o titular do direito que o exerce com "a intenção de prejudicar alguém", sanção essa que consistia no dever de indenizar o prejuízo injustamente causado a outrem, e que se justificava pela construção científica da *teoria da emulação*[72].

O abuso de direito, dentro da ótica da *teoria da emolução*, reclamava a conjugação dos seguintes requisitos: a) exercício de um direito; b) que desse exercício resultasse um dano a terceiro; c) que o ato realizado fosse inútil para o agente; d) que a realização fosse determinada exclusivamente pela *intenção de causar um dano a outrem*[73].

---

de Janeiro: Francisco Alves, 1959, v. I, p. 347. "Interpretando *a contrario sensu* essa norma, os juristas, logicamente, concluíam: é ilícito o exercício irregular de um direito. Havia, porém, certa hesitação doutrinária. Se o Código reconhecia o exercício regular, era porque havia o exercício irregular. E se o exercício regular não era ato ilícito, extraía-se intuitivamente que o exercício irregular o seria. Tal foi a interpretação que se formou sob a égide do Código Civil de 1916" (ROSENVALD, Nelson; FARIAS, Cristiano Chaves de; BRAGA NETTO, Felipe. *Novo tratado de responsabilidade civil, cit.,* p. 212).

[72] LEVADA, Cláudio Antônio Soares. Responsabilidade civil por abuso de direito. *Revista dos Tribunais,* v. 667, maio/1991, p. 38.

[73] STOCO, Rui. *Abuso do direito, cit.,* n. 3.09.01, p. 68, nota 6.

NEGÓCIO JURÍDICO • *Humberto Theodoro Jr. e Helena Lanna Figueiredo*

Essa concepção tinha, como se vê, no elemento subjetivo (intenção de lesar injustamente) um requisito fundamental[74]. Era por meio dele que se estabelecia a censura da conduta danosa.

Surgiu, contudo, em princípios do Século XX, a tese de que o abuso de direito poderia prescindir da intenção maliciosa do agente e configurar-se apenas pela objetividade do comportamento nocivo, despido em si mesmo de um fim sério e legítimo. Seu principal arauto, Saleilles, definiu-o como "o ato que vai contra sua destinação econômica ou social, abrindo possibilidade de responsabilizar-se o agente que causasse dano independentemente de sua vontade"[75].

Historicamente, a teoria subjetiva encontrou apoio em textos legislativos como o do Código Austríaco (art. 1.295, 2ª parte), e, em doutrina, na lição de autores como Carnelutti, segundo registra Rui Stoco [76].

Embora no início de vigência do Código Civil de 2002 tenha havido divergência doutrinária a respeito da corrente adotada pela nova legislação[77], atualmente parece claro que a ilicitude do ato "cometido com abuso de direito é de natureza *objetiva*, aferível independentemente de dolo ou culpa"[78]. Vale dizer, "não é necessária a *consciência* de se excederem, com o seu exercício, os limites impostos pela boa-fé, pelos bons costumes ou pelo fim social ou econômico do direito; basta que se excedam seus limites"[79].

Relevantes os ensinamentos de Nelson Rosenvald, Cristiano Chaves de Farias e Felipe Braga Netto, no sentido de que:

"o legislador não se referiu, nesse dispositivo [art. 187], à culpa. Por isso, e coerentemente com o desenvolvimento teórico e jurisprudencial do instituto – cuja exigência de culpa o tornaria um adorno desnecessário –, é que para a incidência do art. 187 a culpa não precisa fazer-se presente. Exigir a culpa, nesse caso, equivaleria a inutilizá-lo. A cláusula geral da ilicitude culposa já existe, está no artigo anterior; se o

---

[74] Haveria de existir, destarte, um elemento subjetivo, o *animus nocendi*, caráter emulativo do agir. Assim, "para a teoria subjetiva haveria que se conjugar o exercício de um direito subjetivo com a finalidade específica de causar prejuízos a terceiros, resultando efetiva ocorrência de prejuízos e inexistindo qualquer interesse legítimo por parte do titular" (DAHINTEN, Bernardo Franke; DAHINTEN, Augusto Franke. Abuso do direito, *cit.*, p. 147).

[75] STOCO, Rui. *Abusos do direito, cit.*, n. 3.09.1, p. 68; OLIVEIRA Ana Lúcia Iucker Meirelles de. *Litigância de má-fé*. São Paulo: RT, 2.000, p. 27.

[76] STOCO, Rui. *Abusos do direito, cit.*, n. 3.09.1, p. 69.

[77] Nosso entendimento anterior era no sentido de que o abuso de direito dependia da intenção do agente em prejudicar terceiros (teoria subjetiva) (ver nosso *Comentários ao Novo Código Civil. In* TEIXEIRA, Sálvio de Figueiredo (coord.), Rio de Janeiro: Forense, 4.ed., 2008, v. III, tomo II, nº 290 e 292, p. 119-121 e 129-133).

[78] NERY JÚNIOR, Nelson; NERY, Rosa Maria de Andrade. *Código Civil Comentado*. 12. ed. São Paulo: Revista dos Tribunais, 2017, comentários ao art. 187, Nº 7, p. 657-658.

[79] ANTUNES VARELA, João de Matos; PIRES DE LIMA, Fernando Andrade. *Código Civil Anotado*. 4. ed. Coimbra: Coimbra Editora, 1987, v. I, p. 658.

legislador pretendesse ficar apenas por aí, não teria bipartido a categoria dos ilícitos, como expressamente o fez. Os altos destinos do art. 187, na ordem jurídica brasileira, dependem, sobretudo, da jurisprudência. Ela, na concretização mediadora que opera, realizará, iluminada pela Constituição, os fins sociais do direito, que não se conciliam com o abuso. (...)

Isto é, a culpa frequentemente será dispensada nas hipóteses em que constatado um abuso do direito, bastará à imputação do dano que o agente tenha exercitado um direito – subjetivo ou potestativo – de forma excessiva, frustrando a boa-fé objetiva, os bons costumes ou a função econômico-social para a qual aquela situação jurídica lhe fora concedida. Isto é, abstrai-se o elemento volitivo do causador do dano, sendo suficiente o exame de proporcionalidade entre o ato de autonomia e a finalidade perseguida pelo agente"[80].

Nesse sentido, também, o enunciado 37 da Jornada I do STJ: "a responsabilidade civil decorrente do abuso do direito independe de culpa e fundamenta-se somente no critério objetivo-finalístico"[81]. Isto, porém, não significa que ao conceito de abuso do direito sejam alheios os fatores *subjetivos,* como, por exemplo, a intenção com que o titular tenha agido. A análise desses fatores pode auxiliar na determinação de ofensa à boa-fé e aos bons costumes, bem como de exercício exorbitante quanto ao fim econômico ou social do direito[82].

8. REQUISITOS DO ABUSO DE DIREITO

Partindo da definição legal do exercício abusivo de um direito como ato ilícito (art. 187), teremos os seguintes requisitos como necessários à sua configuração: i) conduta humana – omissiva ou comissiva; ii) existência de um direito subjetivo; iii) ofensa aos bons costumes e à boa-fé; ou iv) prática em desacordo com o fim social ou econômico do direito subjetivo. Nem mesmo o dano é tido como requisito necessário: o abuso de direito é aferível objetivamente, prescindindo do dolo ou culpa e também do dano para caracterizar-se[83].

---

[80] ROSENVALD, Nelson; FARIAS, Cristiano Chaves de; BRAGA NETTO, Felipe. *Novo tratado de responsabilidade civil, cit.,* p. 215.

[81] Bernardo Franke Dahinten e Augusto Franke Dahinten trazem vários exemplos jurisprudenciais de abuso de direito (Abuso do direito, *cit.,* pp. 155-162). Para jurisprudência sobre dano moral, ver nosso livro *Dano Moral.* 8. ed. Rio de Janeiro: Forense, 2016, Capítulo I, nº 8, pp. 27-32.

[82] ANTUNES VARELA, João de Matos; PIRES DE LIMA, Fernando Andrade. *Código Civil Anotado cit.,* p. 298.

[83] NERY JÚNIOR, Nelson; NERY, Rosa Maria de Andrade. *Código Civil comentado, cit.,* comentários ao art. 187, nº 8, p. 658. Explica Fernandes Neto: "diferentemente do ato ilícito, que exige a prova do dano para ser caracterizado, o abuso de direito é aferível objetivamente e pode não existir dano e existir ato abusivo" (FERNANDES NETO, Guilherme. *O abuso de direito no Código de Defesa do Consumidor.* Brasília: Brasília Jurídica, 1999, p. 200).

8.1. A conduta

É claro que, figurando entre os atos ilícitos, o abuso de direito tem de partir de um fato humano. Nelson Rosenvald, Cristiano Chaves de Farias e Felipe Braga Netto, entretanto, questionam o termo "exercê-lo" utilizado pelo legislador no art. 187 do Código Civil, porque daria a falsa impressão de que a conduta omissiva não teria o condão de caracterizar abuso de direito. Para os autores, "o ato abusivo pode decorrer de condutas comissivas ou omissivas, sempre que o titular excede, manifestamente, os limites impostos pela boa-fé objetiva, pela função social e econômica e pelos bons costumes"[84]. Trata-se de doutrina benemérita de acolhimento.

8.2. Ofensa à boa-fé

Uma vez que o titular de um direito o exerce de forma regular, ou seja, em consonância com o que o antecedeu e motivou a sua própria criação, o seu agir é legítimo e, por isso, ainda que cause danos a outrem, não haverá o dever de indenizar[85]. Bruno Miragem bem esclarece que "todos os direitos subjetivos possuem uma finalidade social e econômica, que deve ser respeitada pelos titulares desses direitos". Isto, segundo o seu entendimento, "reforça o conceito de relatividade dos direitos subjetivos, não apenas afirmando que a vontade do titular não os controla completamente, mas igualmente caracterizando os limites dessa vontade de acordo com os fins para os quais se conceberam tais direitos"[86].

De tal sorte, o ato abusivo deverá corresponder a *ofensas* aos *bons costumes* e à *boa-fé*. A ilicitude, na espécie, decorre do desrespeito aos padrões éticos de comportamento social.

O Código de 2002 assumiu ostensivo compromisso com a manutenção da ética no comportamento jurídico. Não é só a vontade e a liberdade que se tutelam nos negócios jurídicos. Não se define exatamente o que seja a boa-fé, mesmo porque isto ultrapassa o terreno do direito e se apresenta como tarefa quase impossível, porque os valores puros são facilmente perceptíveis, mas quase sempre não se sujeitam a definições. Todos os compreendem, mas ninguém os consegue definir a contento. Quanto a esse dado, o art. 422 exige dos contratantes que se comportem respeitando

---

[84] ROSENVALD, Nelson; FARIAS, Cristiano Chaves de; BRAGA NETTO, Felipe. *Novo tratado de responsabilidade civil, cit.,* p. 213.

[85] DAHINTEN, Bernardo Franke; DAHINTEN, Augusto Franke. Abuso do direito, *cit.,* p. 153; "O exercício do direito será considerado um ato reprovado pelo sistema jurídico desde que se exceda a um dos limites legais. Referidas limitações são na verdade *condicionantes* ao exercício dos direitos, vale dizer, o exercício de um direito somente será legítimo e excluirá a incidência de sanções advindas da configuração de um ato ilícito se tal exercício se der em conformidade com os ditames impostos pelo ordenamento" (GUERRA, Alexandre. *Responsabilidade civil por abuso do direito.* São Paulo: Saraiva, 2011, p. 163).

[86] MIRAGEM, Bruno. *Abuso do direito.* Rio de Janeiro: Forense, 2009, p. 243.

a função social do contrato, como se preconiza também para o exercício do direito de propriedade (art. 1.228 e §§).

Nas modernas preocupações do direito, a boa-fé não é vista apenas interiormente como o fenômeno psicológico de quem supõe existir um fato ou uma situação que na realidade não existe. O mais importante para a implantação do comportamento ético no mundo das relações jurídicas é a *boa-fé objetiva,* que vem a ser o padrão objetivo de conduta, fundado na lealdade e transparência[87]. Tem-se na boa-fé objetiva, a ideia de um "modelo de conduta social, arquétipo ou *standard* jurídico, segundo o qual cada pessoa deve ajustar a própria conduta a esse arquétipo, obrando como obraria um homem reto: com honestidade, lealdade, probidade"[88].

A boa-fé objetiva, que não pode ser violada sob pena de configurar-se o exercício abusivo do direito, confunde-se com "lealdade ou honestidade no comportamento, considerando-se os interesses alheios, e na celebração e execução dos negócios jurídicos". Exige do agente "o propósito de não prejudicar direitos alheios"[89].

É no consenso social, no modo de convivência aprovado pelo meio social em que o titular do direito atua, que se devem buscar os contornos do comportamento ético e do não ético, para chegar-se, em cada caso, à constatação da boa ou má-fé[90]. É, pois, no sentido ético, e não psicológico (íntimo), que se avalia o comportamento para fins de aferir a prática do exercício abusivo de um direito subjetivo. Não é o estado anímico do agente que importa, mas o rumo dado exteriormente ao seu proceder. Dessa maneira, para se chegar ao ato ilícito, sob a modalidade do abuso de direito, tem-se de determinar não a figuração que o agente teve de seu comportamento e de seu intento (isto é, se ele agiu "de boa-fé" ou não), mas o que se tem de indagar é se ele atuou, *in concreto, "segundo a boa-fé"*. Com isto distingue-se um conceito psicológico e um conceito ético para a boa-fé[91], sendo que, para o art. 187, do Código Civil, o importante é o último, qual seja, o de comportamento leal, honesto e transparente, segundo o consenso do meio social.

Para Nelson Rosenvald, Cristiano Chaves de Farias e Felipe Braga Netto, "o verdadeiro critério do abuso de direito, por conseguinte, parece se localizar no princípio da boa-fé, pois em todos os atos geralmente apontados como abusivos

---

[87] KHOURI, Paulo R. Roque. O direito contratual no novo Código Civil. *In Enfoque Jurídico – Suplemento Informe do TRF-1ª Região*, n. 105, out. 2001, p. 4.

[88] MARTINS-COSTA, Judith. *A boa-fé no direito privado*. 2. ed. São Paulo, RT, 1999, p. 411-412.

[89] DINIZ, Maria Helena. *Dicionário jurídico*. São Paulo: Saraiva, 1988, v. I, p. 422.

[90] O caráter técnico-jurídico da boa-fé "é nitidamente delineado e identificável, porém, ela não se constitui em uma regra pronta, acabada e rigidamente positivada. Ou seja, embora portadora de elementos juridicamente definidos, encontrar seu sentido material exato, significa ter de verificar as soluções encontradas para os casos concretos enfrentados" (PRUX, Oscar Ivan. *A proteção do consumidor na prestação de serviços*. São Paulo, Tese de Doutorado, PUC-SP, 2001, *apud* RUI STOCO. *Abuso do direito e má-fé processual, cit.,* n. 1.02, p. 41).

[91] SÁ, Fernando Augusto Cunha de. *Abuso de direito*. Coimbra: Almedina, 1997, p. 164-171.

estará presente uma violação ao dever de agir de acordo com os padrões de lealdade e confiança, independentemente de qualquer propósito de prejudicar"[92].

Maria Helena Diniz arrola alguns exemplos evidentes de má-fé e ofensa aos bons costumes: a) caso do credor que, depois de ceder seu direito a terceiro, notifica maliciosamente o devedor para efetuar, em seu favor, o pagamento do débito já transferido, valendo-se da circunstância de não ter sido a cessão comunicada ao obrigado, e assim se locupleta com um enriquecimento sem causa; b) caso do credor que, não obstante saber que os bens na posse do devedor não lhe pertencem, promove, assim mesmo, seu arresto ou penhora; c) casos, em processo, de litigante que promove diligências desnecessárias, ou recorre com o único propósito de protelar o encerramento do feito; d) o menor que, depois de ter iludido o outro contratante, passando-se por maior, intenta mais tarde ação para anular o negócio jurídico invocando o defeito de idade[93].

Outros exemplos significativos são arrolados por Pires Lima e Antunes Varela: a) proprietário que abre um poço em seu terreno com o intuito de prejudicar nascente existente em terreno vizinho; b) proprietário de uma estreita área, onde não é possível fazer qualquer construção, que se opõe à construção de janela no prédio vizinho, com menos de metro e meio de distância, quando já existem outras janelas no mesmo imóvel viradas para o terreno; c) assembleia geral de sociedade que delibera, por maioria de votos, questão não do interesse comum dos associados, mas de interesses extrassociais dos sócios majoritários; e, d) devedor obsta, com sua conduta, o exercício tempestivo do direito do credor e invoca, posteriormente, a prescrição[94].

8.3. Ato praticado em desacordo com o fim social ou econômico

Por fim, hão de ser apreciados os *atos praticados em desacordo com o fim social ou econômico do direito subjetivo*. Todo negócio jurídico e toda situação jurídica tutelada pelo direito tem um natural conteúdo e um natural objetivo. Na definição desses aspectos jurídicos, descobre-se a *causa jurídica* do negócio ou da *situação de direito*, em que se insere a faculdade que o titular do direito subjetivo tenciona exercitar de maneira abusiva.

O abuso ocorre, justamente, quando se despreza a economia interna do negócio, ou da situação jurídica preexistente, para perseguir fim lesivo a outrem, sem proveito lícito para o titular do direito subjetivo. Para ser regular o exercício do direito, haverá o titular de praticá-lo dentro da finalidade que econômica e socialmente se

---

[92] ROSENVALD, Nelson; FARIAS, Cristiano Chaves de; BRAGA NETTO, Felipe. *Novo tratado de responsabilidade civil, cit.*, p. 225-226.

[93] DINIZ, Maria Helena. *Dicionário jurídico*. São Paulo: Saraiva, 1988, v. I, p. 422.

[94] ANTUNES VARELA, João de Matos; PIRES DE LIMA, Fernando Andrade. *Código Civil Anotado, cit.*, p. 299.

lhe reconhece. Fugindo desse padrão, estar-se-á agindo abusivamente; sair-se-á do exercício regular para entrar no exercício ilícito ou abusivo do direito. Ter-se-á a conduta antissocial ou antieconômica, reprimida pelo art. 187[95].

Caberá ao juiz, diante da arguição de exercício abusivo de direito, proceder à pesquisa do objetivo visado pelo agente, para descobrir a direção imprimida a seu direito subjetivo e o uso que, de fato, fez dele. "Se essa direção e esse uso forem incompatíveis com a instituição, o ato será abusivo, tornando-se, então, produto de responsabilidade"[96]. Ter-se-á o exercício antieconômico ou antissocial do direito.

Podem ser dados como exemplos de abuso de direito e, nesse aspecto, os negócios ilicitamente vantajosos consumados por meio de dolo, coação, estado de perigo e lesão: *v.g.*, o credor que usa seu direito de crédito para exigir do devedor uma dação em pagamento ruinosa e imoral; ou que extorque o consentimento da filha ao matrimônio para não ajuizar o pedido de falência do pai[97]; ou o adquirente que compra bem valioso por preço irrisório porque se aproveita do desconhecimento do alienante acerca de sua real cotação de mercado etc.

9.   EFEITOS DO ABUSO DE DIREITO

A configuração do abuso de direito, segundo o art. 187, do Código Civil, não depende da existência de dano. De tal sorte que, em regra, "é aferível de modo objetivo, prescindindo do dolo ou culpa e também do dano para caracterizar-se"[98]. Entretanto, se não houver dano, não haverá que se falar em reparação, prevalecendo, apenas, a nulidade do ato abusivo[99].

A previsão do art. 187 do Código Civil é a de que o abuso de direito, produzindo resultado danoso para outrem, configure *ato ilícito* e, como tal, funcione como fonte da obrigação de indenizar (art. 927, *caput*).

Uma vez, porém, que se trata de comportamento ilícito, não se deve pensar que o único resultado do exercício abusivo do direito seja a responsabilidade civil. Representando uma situação antijurídica, é de se esperar que suas consequências,

---

[95]   "Haverá, portanto, abuso de direito se o agente, ao agir dentro dos limites legais, deixar de levar em conta a finalidade social e econômica do direito subjetivo e, ao usá-lo desconsideradamente, prejudicar alguém. Não há violação dos limites objetivos da norma, mas tão somente um desvio aos fins sociais e financeiros a que ela visa atingir" (DINIZ, Maria Helena. *Curso de direito civil – responsabilidade civil, cit.*, v. 7, p. 501).

[96]   DINIZ, Maria Helena de. *Op. cit., loc. cit.*

[97]   ANTUNES VARELA, João de Matos. O abuso do direito no sistema jurídico brasileiro. *Revista de Direito Comparado Luso-Brasileiro*, v.1, p. 48; DINIZ, Maria Helena de. *Curso de direito civil – responsabilidade civil, cit.*, v. 7, p. 501.

[98]   NERY JÚNIOR, Nelson; NERY, Rosa Maria de Andrade. *Código Civil Comentado, cit.*, comentários ao art. 187, nº 8, p. 658.

[99]   DAHINTEN, Bernardo Franke; DAHINTEN, Augusto Franke. Abuso do direito, *cit.*, p. 152.

para o direito, sejam as mesmas que decorrem de todo e qualquer ato antijurídico, em sua generalidade.

Ainda que não haja dano a indenizar, e por isso o ato ilícito não chegará à sua eficácia normal no âmbito da responsabilidade civil, nem por isso, eliminada estará sua ilicitude que, sendo constada, poderá operar efeitos, por exemplo no campo das invalidades (nulidades e anulabilidades). Com efeito, nesse terreno, a sanção opera independentemente de prejuízo.

Pode-se, portanto, afirmar que a obrigação de indenizar é a principal consequência do abuso de direito; mas, com ou sem dano a reparar, o exercício abusivo do direito resulta numa ilicitude que, entre os efeitos possíveis, produz sempre a invalidade do ato jurídico[100].

O ato abusivo pode ter como consequência, além da nulidade, a decadência, a supressão de determinada situação jurídica do agente etc.[101].

A concepção atual do abuso de direito que se afeiçoa ao regime de nosso Código Civil corresponde a uma completa dissociação entre a ilicitude e a responsabilidade civil, as quais podem coexistir como efeito de um mesmo ato, mas podem também existir independentemente uma da outra. O abuso de direito participa dessa sistemática da visão contemporânea do ato ilícito.

---

[100] Esse fenômeno – a nulidade sem indenização – é muito comum no âmbito do direito processual, onde as manobras abusivas podem conduzir à nulidade de atos e até de todo o processo; e depois da coisa julgada, podem provocar até a rescisão da sentença. Não deve ser diferente o trato do tema no direito material. Mesmo sem prejuízo a indenizar, o contrato extorquido por meio de má-fé (abuso de direito) será sempre passível de anulação, por ilicitude.

[101] ROSENVALD, Nelson; FARIAS, Cristiano Chaves de; BRAGA NETTO, Felipe. *Novo tratado de responsabilidade civil, cit.,* p. 219. Para Bruno Miragem, as consequências podem ser, exemplificativamente: "a) dever de indenizar; b) invalidade do ato abusivo; c) ineficácia do ato abusivo; d) ineficácia em razão do abuso. Ainda refere-se à sanção específica identificada pela doutrina no âmbito do processo civil; e) não aplicação de regra jurídica" (MIRAGEM, Bruno. *Abuso do direito, cit.,* p. 245-246). Nesse sentido: "A ilegitimidade do abuso do direito tem as consequências de todo o acto ilegítimo: pode dar lugar à obrigação de indemnizar; à nulidade, nos termos gerais do art. 294º [CC, português]; à legitimidade de oposição; ao alongamento de um prazo de prescrição ou de caducidade (*vide* Vaz Serra, na *Rev. de Leg. E de Jur.,* ano 107º, p. 25) etc." (ANTUNES VARELA, João de Matos; PIRES DE LIMA, Fernando Andrade. *Código Civil Anotado, cit.,* p. 299-300).

Capítulo III: Do Negócio Jurídico

10. AUTONOMIA PRIVADA E NEGÓCIO JURÍDICO

A *autonomia privada é um princípio do ordenamento jurídico atual*. Em vez de se falar, subjetivamente, na autonomia da vontade como fonte de direito, para explicar o negócio jurídico, prefere-se recorrer à ideia da *autonomia privada*, como uma esfera de atividade jurídica reservada pela lei à liberdade de autogestão dos interesses individuais privados. Nessa perspectiva:

> "Denomina-se *autonomia privada* o princípio de *autoconfiguração* das relações jurídicas pelos particulares conforme sua vontade. A autonomia privada é uma parte do princípio geral da autodeterminação das pessoas. Este princípio é, segundo a Constituição, um princípio anterior ao ordenamento jurídico e o valor que com ele deve realizar-se está reconhecido pelos direitos fundamentais"[1].

Essa autonomia, entretanto, não pode ser plena ou absoluta porque deve ser exercitada nos limites traçados pelo ordenamento jurídico. Pelo princípio em foco, o que se reconhece é a liberdade do indivíduo para configurar ou modelar criativamente as relações jurídicas privadas, não para criar, abstratamente, direito como faz a lei. Esta vale perante todos e a todos obriga. O negócio jurídico nasce da vontade autônoma dos agentes e, em regra, só vale e obriga na esfera daqueles que o criaram[2]. Mas, não é a autonomia da vontade que, por si só, cria ou extingue direitos, e sim o ordenamento jurídico quando reconhece validade ao negócio lícito praticado pelos indivíduos e, consequentemente, aprova e assegura os efeitos buscados pelos particulares. Realmente, os negócios jurídicos são *jurígenos*, no sentido de criarem situações jurídicas, ou seja, "dentro do âmbito material da autonomia privada, criam direito. Não são *fonte de direito* porque não criam direito com generalidade, não constituem

---

[1] FLUME, Werner. *El negocio jurídico: parte general del derecho civil*. 4. ed. Tradução de José María Miguel Gonzalez e Esther Gómez Calle. Madri: Fundación Cultural del Notariado, 1998, p. 23. Custódio da Piedade Ubaldino Miranda ensina que a autonomia privada, "mais do que expressão de liberdade individual, é *autodeterminação, autorregulação dos próprios interesses nas relações sociais,* autonomia social, se se quiser, à qual sobrevém o efeito sancionador do direito" (MIRANDA, Custódio da Piedade Ubaldino. *Teoria Geral do negócio jurídico*. 2. ed. São Paulo: Atlas, 2009, p. 39).

[2] "Como atos de autonomia privada, os negócios não regem, em princípio, para além das suas partes: não têm eficácia sobre terceiros, nem os vinculam. No caso do contrato a favor de terceiro, previsto e regulado nos artigos 443º a 451º do Código Civil, o terceiro beneficiário adquire direitos em virtude do contrato sem que dele seja parte, mas não fica por ele vinculado. Os efeitos vinculativos que os negócios tenham na esfera jurídica de terceiros não são, em princípio, tributários da autonomia privada, mas sim de outras fontes. Os negócios jurídicos, enquanto atos de autonomia privada, só vinculam os seus autores" (VASCONCELOS, Pedro Pais de. *Teoria geral do direito civil*. 8. ed. Coimbra: Almedina, 2017, nº 105, p. 362).

NEGÓCIO JURÍDICO • Humberto Theodoro Jr. e Helena Lanna Figueiredo

regras jurídicas gerais e abstratas, mas não deixam de criar *direito concreto* que vige para os seus autores: são o modo interprivado de criação jurídica"[3] (g.n).

Se se deseja falar em fonte de direitos, no caso do negócio jurídico, esta será apenas uma fonte secundária ou derivada, porque a fonte primária será sempre encontrada no ordenamento jurídico[4].

10.1. Autonomia da vontade e garantia constitucional

A liberdade contratual decorre do amplo princípio constitucional da liberdade individual, que somente pode ser limitada pelo ordenamento: o Estado Democrático de Direito organizado pela nossa Constituição acha-se destinado a assegurar, entre outros valores supremos, o exercício dos direitos sociais e individuais, a *liberdade* e a *justiça* (CF, Preâmbulo). Um dos fundamentos de nossa República é a "livre iniciativa" (art. 1º, IV), e. com realce, a Constituição proclama, no rol dos direitos e garantias fundamentais, que "ninguém será obrigado a fazer ou deixar de fazer alguma coisa senão em virtude de lei" (CF, art. 5º, II).

Em princípio, compreende-se a limitação da liberdade contratual quando exercida pelo legislador sem afronta ao direito individual ao livre desenvolvimento da personalidade. Debaixo da autonomia negocial está a exigência fundamental de respeito à dignidade humana (CF, art. 1º, III).

Assim, a garantia constitucional dispensada à liberdade em todas as suas manifestações, está sempre limitada pelo respeito obrigatório à dignidade humana, como aliás, ocorre com todas as demais garantias fundamentais. Sujeitar-se-á, contudo, às limitações da ordem pública e dos bons costumes, mas se a regra legal for de direito privado disponível, será lícito ao negócio jurídico estatuir regime jurídico autônomo diverso daquele previsto no direito positivo heterônimo.

10.2. Liberdade econômica, livre-iniciativa e negócio jurídico: a "Declaração de Direitos de Liberdade Econômica" (Lei 13.874/2019)

Com a ampla constitucionalização do direito em geral, ocorrida na segunda metade do século XX, o direito privado passou a sofrer imediata e direta subordinação

---

[3] VASCONCELOS, Pedro Pais de. *Teoria geral do direito civil, cit.*, nº 105, p. 363.

[4] "As regulações jurídicas autônomas, como as emergentes do *negócio jurídico*, e as regulações jurídicas heterônomas, como a *lei*, coexistem e vigem no âmbito de um só e do mesmo ordenamento jurídico, no âmbito de uma só ordem jurídica. Quando se mostrem incompatíveis ou desarmônicos os regulamentos autônomos negociais e os regulamentos heterônimos legais, a solução jurídica desta desarmonia tem de ser encontrada na natureza própria da matéria em que se inserem. Em matéria de interesse e de ordem pública, em que os interesses objetivos da comunidade ou de terceiros devem prevalecer sobre os dos autores do negócio jurídico, a autonomia não poderá deixar de ceder à heteromia" (VASCONCELOS, Pedro Pais de. *Op. cit.*, p. 368).

aos princípios e normas da Constituição e, no tocante ao negócio jurídico, a incidência dessa normatização superior manifestou-se com notável intensidade.

Como essa nova ordem jurídica tinha por base a predominância de normas principiológicas naturalmente flexíveis ou elásticas, voltadas, em grande número, à tarefa de rechear o direito de valores éticos e de metas político-sociais, os administradores e aplicadores da legislação renovada se viram em constante dificuldade operacional: ora se mostravam tímidos, ora se aventuravam excessivamente afoitos e corajosos na concretização da técnica principiológica, tanto na seara burocrática dos negócios empresariais, como no terreno da atuação jurisdicional de composição dos conflitos jurídicos.

Constatando o efeito negativo que esse estado de coisas estava provocando sobre a política econômica traçada pela ordem constitucional, o legislador brasileiro editou a Lei 13.874/2019, sob o rótulo de "Declaração de Direitos de Liberdade Econômica" (art. 1º). O objetivo evidente da Lei não foi, na verdade, o estabelecimento de uma nova ordem normativa para o direito empresarial, mas, sim, dar maior concretude aos princípios constitucionais observáveis na prática dos negócios jurídicos econômicos. A livre iniciativa e a liberdade econômica, como princípios fundamentais (CF, art. 170) foram objetivo principal da disciplina concretizadora levada a cabo por meio, basicamente, de alterações textuais do Código Civil em relação a alguns aspectos relevantes dos negócios jurídicos.

A Lei em questão foi havida como oportuna e necessária, diante da atual complexidade das relações sociais e econômicas e de seu constante crescimento em progressão geométrica, em presença de uma ordem jurídica comandada não mais por simples regras, mas dominada por princípios, quase sempre dotados de superioridade sobre aquelas. É preciso, pois, que o legislador ordinário se preocupe em dar certa concretude às normas principiológicas de natureza constitucional, não para retirar-lhes a natural e necessária flexibilidade, mas para torná-las mais efetivas e seguras no respectivo alcance. Com isso, favorece-se, sobretudo, o sopesamento, ou a ponderação, com que se tem de contar para superar os conflitos entre princípios que surgem em decorrência de sua própria fluidez e flexibilidade.

Operações dessa natureza os tribunais realizam construindo um repertório acerca da importância, pertinência e valor do respectivo princípio. No entanto, se a concretude se der por meio de norma de direito positivo, "influirá ainda mais nesse sopesamento destinado a superar o conflito entre princípios"[5].

Por isso, a Lei 13.874/2019 em boa hora veio a promover relevantes alterações no Código Civil, reacendendo o debate sempre necessário em torno das liberdades econômicas e do espaço conferido, em termos práticos, à livre iniciativa, princípio tão caro às garantias constitucionais previstas no plano econômico do Estado

---

[5] COELHO, Fábio Ulhoa. Princípios constitucionais na interpretação das normas de direito comercial. *In:* SALOMÃO, Luis Felipe *et al* (coords.). *Lei de liberdade econômica e seus impactos no Direito Brasileiro*. São Paulo: Ed. RT, 2020, p. 439.

Democrático de Direito. A partir dessa reflexão – observam Gustavo Tepedino e Laís Cavalcanti – "é possível caminhar no sentido da tão ansiada agenda positiva, sendo induvidoso que a burocracia estatal e a insegurança jurídica se têm apresentado como ameaças constantes dos empreendedores e, consequentemente, à oxigenação da economia promovida pelos novos negócios"[6].

Em relação ao regime legal do negócio jurídico, a Lei de Liberdade Econômica procurou estabelecer parâmetros para aplicação do princípio da boa-fé (CC, art. 421) correlacionando-o com o "princípio da intervenção mínima", ou seja, proclamando a "excepcionalidade da revisão contratual". Em nome da "segurança jurídica" e do respeito à autonomia privada, a alteração forçada da equação econômica do contrato ou sua unilateral dissolução deve ocorrer estritamente dentro das previsões legais (art. 317 e 478, do CC), evitando, pois, as liberdades da analogia e da interpretação ampliativa.

Outras relevantes inovações da Lei 13.874/2019 consistiram na explicitação em parágrafos do art. 113 do CC, de regras legais aplicáveis à interpretação dos negócios jurídicos, com o propósito de fortalecer a segurança e coibir o abuso de aplicação de princípios como o da boa-fé, da função social e do equilíbrio econômico, em detrimento da autonomia privada e da força obrigatória dos contratos, sem cujo respeito o papel do contrato, no Estado Democrático de Direito inspirado na livre iniciativa, reduz-se muito.

Sobre a matéria, voltaremos a tratar, adiante, no Capítulo VI, dedicado à interpretação e integração do negócio jurídico.

11. CONCEITO DE NEGÓCIO JURÍDICO

O negócio jurídico, como se viu, é produto da manifestação de vontade das partes, as quais podem não apenas declarar a intenção de praticar o ato, mas, também, regular os efeitos que dele pretendem extrair. Na lição de Eduardo Ribeiro de Oliveira, "requer haja manifestação de vontade, visando à obtenção de um certo efeito jurídico, admitido pelo ordenamento, mas por ele não predeterminado"[7].

Francisco Amaral, nessa mesma linha, conceitua o negócio jurídico como sendo "a declaração de vontade privada destinada a produzir efeitos que o agente pretende e o direito reconhece. Tais efeitos são a constituição, modificação ou extinção de relações jurídicas, de modo vinculante, obrigatório para as partes intervenientes (...) o negócio

---

[6] TEPEDINO, Gustavo; CAVALCANCI, Laís. Notas sobre as alterações promovidas pela Lei nº 13.874/2019 nos arts. 5º, 113 e 421 do Código Civil. *In:* SALOMÃO, Luís Felipe, *et all. Lei de liberdade econômica e seus impactos no Direito Brasileiro cit.*, p. 487.

[7] OLIVEIRA, Eduardo Ribeiro de. *In* TEIXEIRA, Sálvio de Figueiredo (coord.). *Comentários ao Novo Código Civil.* Rio de Janeiro: Forense, 2008, v. II, p. 187. Para Caio Mário da Silva Pereira, o negócio jurídico, como fruto da vontade humana, "é a mais alta expressão do subjetivismo, se atentarmos em que o ordenamento jurídico reconhece à atividade volitiva humana o poder criador de efeitos no mundo do direito" (PEREIRA, Caio Mário da Silva. *Instituições de Direito Civil: introdução ao direito civil, teoria geral do direito civil.* 31. ed. Rio de Janeiro: Forense, 2018, v. I, nº 83, p. 403).

jurídico é o meio de realização da autonomia privada, e o contrato é o seu símbolo"[8], embora não seja ele o único instrumento utilizável na prática dos negócios jurídicos.

O negócio jurídico é, assim, o "instrumento por excelência da autonomia privada", correspondendo "justamente à modalidade de ato lícito que permite ao particular escolher os efeitos a serem produzidos, os quais serão tão somente reconhecidos e tutelados pelo ordenamento na medida em que se mostrem compatíveis, estrutural e funcionalmente, com os limites da legalidade"[9].

Ressalta-se a importância da vontade para o negócio jurídico, na medida em que não constitui "simples consciência mínima do ato, nem se destina apenas à realização do ato material, mas volta-se propriamente à criação, modificação ou extinção de efeitos jurídicos"[10], através de relações ou situações jurídicas concebidas pela vontade autônoma dos respectivos agentes.

No negócio jurídico, e, mormente, no contrato (o mais comum e o mais relevante dos negócios jurídicos), "o predomínio será sempre a prevalência daquela feição peculiar ao negócio jurídico, de servir como instrumento hábil à regulamentação de *interesses individuais*, com aquele caráter normativo"[11]. A verdade incontestável, na lição de Castro Y Bravo é que o negócio jurídico se apresenta sempre como um "instrumento de liberdade humana"[12], cujas raízes se assentam na *vontade*.

De início, toda justificação do negócio jurídico centrava-se na vontade, de sorte que se explicava tal negócio pela força que se reconhecia à vontade de criar relações jurídicas ou situações jurídicas. A evolução da doutrina, entretanto, deslocou a teoria subjetivista do negócio jurídico da *vontade* para a ideia objetivista de uma área de atividade social reservada à *autonomia privada*, dentro da qual a ordem jurídica reconhece às partes o poder de autorregulamentar seu comportamento, com vistas à criação, modificação ou extinção de situações jurídicas, sob tutela da lei.

Com isso, a *autonomia privada*, ou a faculdade do homem de escolher as normas que haverão de "reger sua conduta" continua sendo a essência do contrato, palco onde se pratica o poder de autodeterminação individual, dentro da "esfera da liberdade da pessoa"[13].

Na doutrina portuguesa, António Menezes Cordeiro ressalta ser o negócio jurídico um "acto de autonomia privada, a que o Direito associa a constituição, a modificação

---

8   AMARAL, Francisco. *Direito civil. Introdução.* 5. ed. Rio de Janeiro: Renovar, 2003, p. 371-372.

9   SOUZA, Eduardo Nunes de. *Teoria geral das invalidades do negócio jurídico: nulidade e anulabilidade no direito civil contemporâneo.* São Paulo: Almedina, 2017, p. 95-96.

10   SOUZA, Eduardo Nunes de. *Op. cit.,* p. 96.

11   ABREU FILHO, José. *O Negócio jurídico e sua teoria geral.* 4. ed. São Paulo: Saraiva, 1997, p. 36.

12   CASTRO Y BRAVO, Frederico de. *El negocio jurídico.* Madri: Instituto Nacional de Estudios Jurídicos, 1971, p. 56-57. *Apud* ABREU FILHO, José. *O negócio jurídico, cit.,* p. 36.

13   ABREU FILHO, José. *Op. cit.,* p. 37. No negócio contratual manifesta-se um certo conteúdo de *vontade negocial*, "mediante o qual os particulares autorregulam seus interesses" (ABREU FILHO, José. *Op. cit., loc. cit.*).

e a extinção de situações jurídicas", com "liberdade de celebração e liberdade de estipulação". Por *liberdade de celebração* entende-se a permissão da ordem jurídica ao agente de praticar ou não o ato jurídico. A *liberdade de estipulação,* por sua vez, consiste no reconhecimento de sua autonomia de determinar o conteúdo do negócio, modulando seus efeitos[14]. Entretanto, não há uma discricionariedade total, uma vez que embora os efeitos concretamente verificados sejam os indicados pelas partes, através das suas declarações[15], devem ser respeitados sempre os limites e requisitos traçados pelo ordenamento jurídico em defesa do bem comum e do interesse público.

De tal sorte, a *autonomia da vontade,* outrora proclamada como essência do negócio jurídico, cedeu espaço para a *autonomia privada,* terreno em que, para além da liberdade *individual,* atuam modernos princípios como o da boa-fé e o da solidariedade social, como a seguir veremos.

Principalmente, no atual estágio de constitucionalização geral de todo o ordenamento jurídico, inclusive o relativo ao direito privado não cabe mais o vínculo do negócio jurídico tão só à autonomia da vontade nem mesmo apenas à autonomia privada. É necessário também destacar com ênfase que essa autonomia está significativamente dimensionada pelos padrões éticos e sociais preconizados pelos princípios, valores e metas do constitucionalismo contemporâneo.

Com isso, "o negócio jurídico – como lembram Farias e Rosenvald – transcende o individualismo da vontade para cumprir função de instrumento de concretização da nova tábula axiológica constitucional (CF/88, arts. 1º, III, 3º e 5º). Sem dúvida, esta *há de ser a diretriz do negócio jurídico na perspectiva civil-constitucional: âmbito de atuação individual com eficácia jurídica, servindo aos ideais de desenvolvimento e realização da pessoa humana*" (g.n.)[16].

Eis porque, a exemplo de Menezes Cordeiro, não se pode mais conceituar o negócio jurídico sem levar em conta seus aspectos éticos e sociais e os limites deles

---

[14] "Na celebração do negócio o livre arbítrio não se confina à livre determinação quanto à sua celebração, o autor tem também o poder de determinar em que termos se quer vincular, qual o conteúdo da regulação que com o negócio vai pôr em vigor, quais os moldes em que o seu negócio vai produzir modificação na sua esfera jurídica" (VASCONCELOS, Pedro Pais de. *Teoria geral do direito civil cit.,* p. 368.

[15] MENEZES CORDEIRO, António Manuel da Rocha e. *Tratado de Direito Civil Português.* 2. ed. Coimbra: Almedina, 2000, v. I, tomo I, § 23º, nº 102, p. 304.

[16] FARIAS, Cristiano Chaves de; ROSENVLAD, Nelson. *Curso de direito civil – 4 – contratos.* 5.ed., São Paulo: Atlas, 2015, p. 37. Destacam os autores: "exemplos eloquentes de uma concepção ética e social dos negócios jurídicos podem ser encontrados nos arts. 113, 421 e 422 do *Codex,* estabelecendo a boa-fé objetiva e a função social dos contratos, como vetores apontados para um novo tempo de compreensão das relações negociais entre nós, transformando efetivamente a realidade viva das relações jurídicas privadas, em consonância com os ditames da solidariedade e da justiça social". No mesmo sentido: TEPEDINO, Gustavo; CAVALCANTI, Laís. Notas sobre as alterações promovidas pela Lei n. 13.874/2019 nos arts. 50, 113 e 421 do Código Civil. *In* SALOMÃO, Luís Felipe; CUEVA, Ricardo Villas Bôas; FRAZÃO, Ana (coords.). *Lei de liberdade econômica e seus impactos no direito brasileiro.* São Paulo: Ed. RT, 2020, p. 488.

derivados para o exercício da autonomia privada, em nome da ordem jurídica em defesa do bem comum e do interesse público.

11.1. A declaração da vontade e a autonomia privada

Na origem da construção da ideia de negócio jurídico prevaleceu a *teoria da declaração da vontade* como base do respectivo conceito, dando ensejo a diversas definições do negócio jurídico, todas levando em conta a força da vontade de criar, modificar ou extinguir relação jurídica, nos limites da lei.

As concepções modernas desprendem-se dessa visão subjetivista e estritamente jurídica, para acompanhar a evolução histórica da força dos negócios jurídicos, desde sua origem anterior à normatização legal. Assim, mesmo sem o pressuposto do vínculo a uma ordem jurídica, povos primitivos já reconheciam a força obrigacional da palavra empenhada nas práticas de troca de bens. E mesmo no direito positivo contemporâneo mais evoluído não se vê a organização da atividade negocial apenas em função dos seus efeitos jurídicos. A submissão da liberdade de contratar (e negociar em sentido amplo) a valores éticos como a boa-fé, a solidariedade própria de uma sociedade justa e a função social dos contratos, evidencia a insuficiência da conceituação do negócio jurídico a partir apenas da teoria de que a vontade é o seu elemento essencial, de sorte que a declaração constitutiva do negócio jurídico seria apenas o meio de revelação daquela vontade formada do psiquismo "interno" do agente.

Reconhecida a insuficiência da ideia de declaração da vontade para explicar situações como a da reserva mental e a das divergências entre vontade interna e vontade declarada nos casos de vícios de consentimento, de simulação, de abuso de direito, de desvio da função social e da função econômica, passou a doutrina mais atual a ligar o conceito de negócio jurídico à noção mais ampla e mais objetiva de "autonomia privada".

Mesmo entre povos primitivos, que não contavam com uma ordem jurídica para regular sob comando estatal o negócio mercantil, já existia – segundo a observação de Betti – a consciência ou o reconhecimento do valor plenamente vinculativo do negócio. Daí a conclusão do jurista italiano de que é nesse poder autônomo da *iniciativa privada* – antes que na vontade individual – que radica o aparelho motor de qualquer consciente regulamento recíproco de interesses privados[17]. Insurgindo-se vigorosamente contra o *dogma da vontade,* Betti, citado por Miranda, conceitua o negócio jurídico como "ato de autonomia privada a que o direito liga o nascimento, a modificação e a extinção de relações jurídicas entre particulares"[18].

A partir de Betti e, diante principalmente, dos princípios constitucionais que hoje não podem mais conviver com a utilização do contrato (ou do negócio jurídico)

---

[17]   BETTI, Emilio. *Teoria geral do negócio jurídico.* Coimbra: Coimbra Editora, 1969, t. I, p. 88.

[18]   MIRANDA, Custódio da Piedade Ubaldino. *Teoria geral do negócio jurídico.* 2.ed. São Paulo: Atlas, 2009, p. 27.

como instrumento de opressão e exploração (i. é., de abuso do mais forte sobre o mais fraco), é importante lembrar que já não mais se fala em *autonomia da vontade,* mas em *autonomia privada.* E como tal se identifica o "poder reconhecido pela ordem jurídica ao sujeito de direito para jurisdicizar sua atividade, realizando negócios e determinando os efeitos". Desse modo, "o negócio jurídico é o instrumento dessa autonomia, instrumento de colaboração entre os membros da sociedade e que, por isso, deverá estar adequado à vida social dos membros que dela participam. É a sociedade, consequentemente, o ordenamento, que fundamenta a autonomia privada, porque é a sociedade que admite o negócio"[19].

A solidariedade social, transformada em meta a ser cumprida pelo Estado Democrático de Direito (CF, art. 3º, I), assumiu papel dentro dos novos estudos do direito civil. Com base nessa meta constitucional, colocou-se ao sistema de direito privado a questão de princípio de "uma nova justificação das figuras centrais do direito subjetivo, da autonomia privada, do contrato, da propriedade e da liberdade de associação"[20].

À vista do novo panorama social e funcional em que se envolve o negócio jurídico, e particularmente o contrato, Bianca reconhece que a superação do dogma da vontade é, por assim dizer, um resultado adquirido no próprio plano do direito positivo[21].

Não se pode pensar que a vontade tenha perdido sua força propulsora do ato negocial e que a ordem jurídica atual tenha cancelado o princípio da liberdade de contratar. A livre iniciativa continua sendo princípio constitucional (CF, art. 170) e o que se deu foi sua instrumentalização a serviço da cidadania, numa organização social mais humanizada e compromissada com valores éticos e, acima de tudo, com a garantia da dignidade do homem.

O negócio jurídico continua e continuará sempre propulsionado pela vontade, mas deverá ser compreendido de maneira *funcionalizada,* "preocupando-se em, concretamente, emprestar eficácia à organização social, abandonando o histórico caráter neutro para assumir feição integrada às necessidades reais do seu tempo"[22].

---

[19]   MELO, Diogo L. Machado de. *Cláusulas contratuais gerais. Contratos de adesão, cláusulas abusivas e o Código Civil de 2002.* São Paulo: Saraiva, 2008, p. 25. Observa o autor que "os estudos contemporâneos sobre a estrutura do contrato fizeram com que a definição voluntarista se tornasse completamente superada, quando muito insuficiente para defini-lo em seus atuais contornos. Em última análise, o contrato, hoje, ostenta não só nova estrutura, como também, e ainda de maior relevância, novo papel a desempenhar, nova função que o ordenamento, em maior ou menor escala, e malgrado sem desconsiderar seu atributo de exercício de uma liberdade individual, inafastável igualmente ao desenvolvimento da pessoa humana, enquanto tal, lhe reserva para cumprir objetivos sociais eleitos dentro do sistema" (GODOY, Cláudio Luiz Bueno. *Função social do contrato.* São Paulo: Saraiva, 2004, p. 1; MELO, Diogo L. Machado de. *Op. cit., loc. cit.*)

[20]   WIEACKER, Franz. *História do direito privado moderno.* Lisboa: Fundação Calouste Gulbenkian, 1980, p. 719.

[21]   BIANCA, Massimo. *Diritto civile: il contrato.* Milano: Giuffrè, 1953, v. 3, p. 20; MELO, Diogo L. Machado. *Cláusulas contratuais gerais cit.,* p. 26.

[22]   FARIAS, Cristiano Chaves; ROSENVALD, Nelson. *Curso de direito civil – parte geral e LINDB.* 13.ed. São Paulo: Atlas, 2015, v. 1, p. 503. Invocam os autores a lição de Francisco Amaral (Direito Civil

A teoria preceptiva idealizada por Betti é acolhida, por nossa doutrina, entre outros, por Antônio Junqueira de Azevedo, para quem "o negócio jurídico é uma criação do povo. Ele é, antes de mais nada, um fato social. Não é ele nem uma criação do legislador, nem uma construção doutrinária de certos juristas, realizada através de progressiva abstração de conceitos: o máximo que se pode dizer é que em determinado momento histórico os estudiosos tomaram consciência de sua existência e a partir daí passaram a teorizar sobre ele". Nessa perspectiva, o negócio jurídico, segundo o civilista, "é um modo de comportamento humano, uma forma – a jurídica – de os homens se relacionarem, como acontece com a linguagem e a convivência social. Não há sociedade sem negócio jurídico. O negócio jurídico é um fato social, no sentido preciso, de criação coletiva. Cada povo, de acordo com as circunstâncias históricas e concretas de sua existência, vai encontrando modos de comportamento que os membros do grupo reconhecem como aptos a produzir efeitos jurídicos. São os seus negócios jurídicos. O negócio jurídico – para Antônio Junqueira de Azevedo – *é um fato humano que determinada sociedade vê como destinado a produzir efeitos jurídicos*"[23].

Ambas as correntes incorrem em extremismos: (i) as concepções *subjetivistas* preocupam-se excessivamente com o *elemento vontade,* transformando a *declaração de vontade* como o conteúdo máximo do negócio jurídico, esquecendo-se que, muitas vezes, o contrato se aperfeiçoa sem que uma ou ambas as partes tenham condição de declarar sua vontade, com liberdade, acerca do objeto negocial (contratos "obrigatórios" ou "necessários"); (ii) as concepções *objetivistas,* por seu lado, excedem quando, na visão social do negócio jurídico, abstraem do elemento *vontade,* que, no momento da sua formação, se apresenta como decisivo.

Antônio Junqueira de Azevedo já havia superado o extremismo da concepção objetiva do negócio jurídico, nela incluindo o indispensável elemento da vontade: negócio jurídico é "todo fato jurídico consistente na *declaração de vontade,* a que o ordenamento jurídico atribui os efeitos designados como queridos, respeitados

---

– Introdução. 5.ed. Rio de Janeiro: Renovar, 2003, p. 357), para quem emprestar ao negócio jurídico (e aos demais institutos fundamentais do direito civil) "uma função social significa considerar que os interesses da sociedade se sobrepõem aos do indivíduo, sem que isso implique, necessariamente, a anulação da pessoa humana, justificando-se a ação do Estado pela necessidade de acabar com as injustiças sociais", entre outros objetivos, para corrigir "os excessos da autonomia da vontade dos primórdios do liberalismo e capitalismo".

[23] AZEVEDO, Antônio Junqueira de. *Negócio jurídico e declaração negocial.* São Paulo: Saraiva, 1986, p. 3. A autonomia da vontade cria o negócio jurídico, mas seus efeitos jurídicos *não decorrem diretamente da vontade dos agentes (declarantes),* decorrem, isto sim, do *próprio negócio,* segundo sua recepção pela ordem jurídica. "Nesse sentido, essa declaração de vontade é um fato social que só vai importar juridicamente se for recepcionada pelo ordenamento" (LOPEZ, Teresa Ancona. Princípios contratuais. *In* FERNANDES, Wanderley (coord.). *Fundamentos e princípios dos contratos empresariais.* 2. ed. São Paulo: Saraiva, 2015, p. 28).

NEGÓCIO JURÍDICO • Humberto Theodoro Jr. e Helena Lanna Figueiredo

os pressupostos de existência, validade e eficácia impostos pela norma jurídica que sobre ele incide"[24].

Se a declaração de vontade por si só é insuficiente para a configuração do negócio jurídico, também não se pode chegar à conceituação do negócio jurídico sem levar em conta o papel da iniciativa privada. Assim, o fato da insuficiência da vontade para explicar o negócio jurídico não autoriza a valorização apenas do aspecto social ou funcional na mesma conceituação, sem vínculo algum com a vontade negocial das partes. Por isso, a conceituação do negócio jurídico (fenômeno complexo, sem dúvida), em lugar de valorar a vontade, tem de se ater, mais propriamente, ao plano da *autonomia privada,* tal como concebe a sociedade e tal como a acolhe o ordenamento jurídico, em determinado momento da história.

Interessante, sob esse ponto de vista, o conceito que Custódio Ubaldino Miranda sugere: "negócio jurídico é ato de *autonomia privada,* constituindo-se em um comportamento normalmente adotado ou em uma ou mais *declarações* regularmente emitidas, que exprimem *imperativos de autovinculação,* juridicamente relevantes"[25] (g.n.).

De nossa parte, pensamos que se possa chegar a uma definição mais sintética, uma vez que a ideia de *autonomia privada,* no âmbito do ordenamento constitucional do Estado Democrático de Direito contemporâneo, já se desvencilhou da visão liberal da *autonomia da vontade,* com que se colocava a *vontade* como o elemento fundamental do conceito de negócio jurídico.

Todo o comportamento individual ou coletivo acha-se hoje fundamentalmente subordinado pela principiologia da ordem constitucional, trate-se de atividade regida pelo direito público ou privado. Assim a autonomia privada acatada pelo direito de nosso tempo somente pode ser aquela praticada dentro dos padrões preconizados pela Constituição para definir, organizar e garantir os direitos do homem e sua dignidade, e sua inserção numa sistematização que coloque os indivíduos e o próprio Poder Público dentro de uma ordem política, administrativa, social e econômica regulada soberanamente pela Constituição[26]. Sendo assim, a simples invocação da *autonomia privada* já equivale a jogar com uma liberdade negocial plasmada segundo os princípios, regras e valores ditados pela Constituição[27].

---

[24]   AZEVEDO, Antônio Junqueira de. *Negócio jurídico: existência, validade e eficácia.* 4.ed. 15 tiragem. São Paulo: Saraiva, 2018, p. 16.

[25]   MIRANDA, Custódio da Piedade Ubaldino. *Op. cit.,* p. 34.

[26]   "A autonomia privada, como poder normativo, ou no melhor dizer, como potestade, concede aos particulares o poder de efetuar o negócio jurídico, esse, a seu turno, passa a criar uma norma que deverá ser observada pelos próprios sujeitos que a criaram. A autonomia privada é aquela que o sistema confere aos particulares como potestade, para criar a autorregulação" (PRATA, Ana. *A tutela constitucional da autonomia privada.* Coimbra: Almedina, 2016, p. 11).

[27]   "Importante lembrar, por isso, que não se fala hoje em autonomia da *vontade,* mas em autonomia *privada,* poder concedido pela ordem jurídica ao sujeito de direito para jurisdicizar sua atividade, realizando negócios e determinando os efeitos. O negócio jurídico é o instrumento

Capítulo III: Do Negócio Jurídico | **63**

Daí que se nos parece suficiente conceituar, singelamente, o negócio jurídico em sua feição atual como "um ato de autonomia privada, a que o direito associa a constituição, a modificação e a extinção de situações jurídicas", e como preleciona Menezes Cordeiro[28], sempre com a força vinculante para seus autores sob tutela da ordem jurídica.

11.2. Da visão funcional à visão estrutural do negócio jurídico

A busca pela conceituação do negócio jurídico, como já se viu, tem início pelas chamadas correntes *voluntaristas,* cujas ideias, ainda hoje, são utilizadas pela doutrina civilista, em boa parte. Para elas, a essência do negócio jurídico está na vontade, ou na declaração da vontade, em manifestação que seja dada com o fim de produzir efeitos jurídicos[29].

Já, porém, na Alemanha, no século passado, Enneccerus, em lição acolhida entre nós por Caio Mário da Silva Pereira, estruturara uma concepção que se afastava da fonte (vontade) e que ensaiava focalizar, em primazia, a estrutura do negócio jurídico, atribuindo-lhe a qualidade de "um *pressuposto de fato,* querido ou posto em jogo pela vontade, e reconhecido como base do efeito jurídico perseguido"[30]. Mais do que propriamente "efeitos queridos" ou "perseguidos", Enneccerus falava em "efeitos *qualificados* como queridos"[31], o que, para Antônio Junqueira de Azevedo, teria aberto caminho

---

dessa autonomia, instrumento de colaboração entre os membros da sociedade e que, por isso, deverá estar adequado à vida social dos membros que dela participam. É a sociedade, consequentemente, o ordenamento, que fundamenta a autonomia privada, porque é a sociedade que admite o negócio" (MELO, Diogo L. Machado de. *Cláusulas contratuais gerais cit.,* p. 25).

[28]   MENEZES CORDEIRO, António Manuel da Rocha e. *Tratado de direito civil português,* 2.ed. Coimbra: Libraria Almedina, 2000, v. I, t. I, nº 102, p. 301 e 304. Explica o autor que "o fundamento do reconhecimento e da tutela do negócio jurídico não pode ser visto, apenas, na autonomia privada. Fora esse o caso e o 'negócio' cessaria logo que o declarante mudasse de opinião. Na verdade, o direito tutela (e cristaliza) o negócio jurídico pela necessidade de proteger a confiança que lhe suscita nos destinatários e, em geral, nos participantes na comunidade jurídica. Tendo, voluntariamente, dado azo ao negócio, o declarante não pode deixar de ser responsabilizado por ele" (*Op. cit.,* p. 305). "Numa perspectiva substantiva material, os *negócios jurídicos* são atos de autonomia privada que põem em vigor uma regulação jurídica vinculante para os seus autores, com o conteúdo que estes quiserem dar, dentro dos limites jurídicos da autonomia privada" (VASCONCELOS, Pedro Pais de. *Teoria geral do direito civil cit.,* nº 105, p. 362).

[29]   BEVILÁQUA, Clóvis. *Código Civil dos Estados Unidos do Brasil comentado.* 4.ed. Rio de Janeiro: Francisco Alves, 1931, v. 1, p. 318-320: "o ato jurídico [o Código Civil de 1916 não falava ainda em *negócio jurídico*] deve ser conforme a vontade do agente e as normas do direito; é toda manifestação da vontade individual, a que a lei atribui o efeito de movimentar as relações jurídicas". MONTEIRO, Washington de Barros. *Curso de direito civil – parte geral.* 5.ed. São Paulo: Saraiva, 1966, v.1, p. 183: "A característica primordial do ato jurídico é *ser um ato de vontade*".

[30]   PEREIRA, Caio Mário da Silva. *Instituições de direito civil.* 3.ed. Rio de Janeiro: Forense, 1971, v. 1, p. 283.

[31]   ENNECCERUS, Ludwig; KIPP, Theodor; WOLF, Martin. *Tratado de derecho civil.* Barcelona: Bosch, 1950, v. 2, t. 1, p. 55, § 136, e p. 56, nota 2.

para sua ideia *estruturalista,* segundo a qual, "mais importante do que o negócio *ser um ato de vontade é o fato de ele ser visto socialmente* como um ato de vontade"[32].

Entretanto, entre os próprios voluntaristas, surgiram agentes que – diante das dificuldades de justificar a manutenção do negócio jurídico em situações de divergência entre a vontade e a declaração, como a do erro–, engendraram um conceito que abriu caminho para as teorias *objetivas ou funcionais,* diante das exigências de segurança do tráfego jurídico. Com isso, reconhecia-se, para proteção ao comércio jurídico, que haveria de predominar a declaração objetiva sobre a vontade subjetiva, em caso de divergência entre ambas. Abria-se, com tal concessão, "larga brecha para que o negócio jurídico deixasse de ser visto como *um ato de vontade*"[33], para valorizar os seus aspectos funcionais.

Mais radical afastamento da teoria da vontade foi o provocado pela *teoria preceptiva* em torno da qual se enfileiram, entre outros, Larenz, na Alemanha, e Betti, na Itália. Essa nova teoria passou a tratar o negócio jurídico como "um *comando concreto* ao qual o ordenamento jurídico reconhece eficácia vinculante". Na linguagem de Kelsen, por exemplo, o negócio jurídico funcionaria como "fato criador de Direito", com o que se poderia perceber que a atenção da teoria se voltava "antes aos *efeitos* (função), que à vontade (gênese)"[34].

Entretanto, o próprio Betti, que se afastou completamente das teorias voluntaristas, como observa Antônio Junqueira de Azevedo, não chegou a admitir que o negócio jurídico fosse realmente *fonte de direito,* ou de *normas jurídicas.* Segundo ele, o conteúdo do negócio era "elevado a preceito jurídico" por um processo de recepção do ordenamento jurídico, o que não permitiria ver em seu conteúdo, por si só, um *preceito jurídico*[35].

Daí a procedência da crítica de Cariota Ferrara, para quem, "do negócio jurídico, podem surgir somente *relações jurídicas,* e não *preceitos,* e que, se surgem uns não podem surgir outros, e vice-versa". Aduz mais: "um preceito, que tenha imediata eficácia constitutiva, isto é, que produz diretamente os efeitos ... não é preceito, não é norma; pelo contrário, uma relação jurídica não pode ter valor normativo, porque já é efeito de uma norma. 'Norma, preceito' e 'relação jurídica' são termos não equivalentes e não são conceitos que especifiquem um ao outro; *a relação jurídica não é nunca normativa*"[36].

Adverte, por fim, Antônio Junqueira de Azevedo, que tanto as definições voluntaristas como as objetivas e preceptivas, embora contenham dados relevantes

---

[32]   AZEVEDO, Antônio Junqueira de. *Negocio jurídico.* 4.ed. 15 tiragem. São Paulo: Saraiva, 2018, p. 6, nota 9.

[33]   CASTRO Y BRAVO, Frederico de. *El negócio jurídico.* Madrid: instituto Nacional de Estudios Jurídicos, 1967, p. 15.

[34]   KELSEN, Hans. *Teoria pura do direito.* Tradução de João Baptista Machado. 2.ed. Coimbra: Arménio Amado, 1962, v. 2, p. 123 e ss.

[35]   AZEVEDO, Antônio Junqueira de. *Op. cit.,* p. 13.

[36]   CARIOTA FERRARA, Luigi. *Il negozio giuridico nel diritto privato italiano.* Napoli: Morano, s/d, p. 104 (trecho traduzido por Antônio Junqueira de Azevedo, *Op. cit.,* p. 13).

Capítulo III: Do Negócio Jurídico | **65**

para a compreensão do que seja o negócio jurídico, pecam pelo defeito lógico de deixar de fora da definição hipóteses que inegavelmente devem ser tratadas como tal dentro do ordenamento jurídico, como, *v.g.*, a dos negócios nulos[37].

A conclusão de Stolfi, por exemplo, é no sentido de que, embora original e interessante a definição funcional de Betti, dada ao negócio jurídico ("ato de autonomia privada, ao qual o direito relaciona o nascimento, a modificação ou a extinção das relações jurídicas entre particulares"), não pode, porém, ser vista como exata. É que o recurso à função do negócio jurídico não se presta a nada, quando se intenta defini-lo no plano realmente jurídico, porquanto em tal caso a qualificação que se lhe dê estaria sempre na dependência "*não da função*, mas de sua *estrutura*"[38].

Embora – como já foi visto – as definições genéticas e funcionais muito revelem sobre o que seja o negócio jurídico, esclarecendo o seu objetivo e sua significação no âmbito dos fenômenos ocorrentes no campo do direito, hoje o que se nota na doutrina mais desenvolvida é o esforço para defini-lo não mais em função do modo como *surge*, nem como ele *atua*, "mas sim, simplesmente, o que ele *é*" – como adverte Antônio Junqueira de Azevedo. Nessa ordem de ideias, não é mais a vontade, a psique e a psicologia, nem o autorregramento, a sociedade e a sociologia que lograrão fornecer os elementos da definição jurídica do negócio que a ordem jurídica trata como *negócio jurídico*:

a) Essa conceituação, na ótica estrutural, haverá de ser alcançada na confluência da declaração de *vontade* com o *fato jurídico* e a *ciência do direito*, apenas. Desse modo, o negócio jurídico, estruturalmente, pode ser definido ou como *categoria* (isto é, como *fato jurídico abstrato*), ou como *fato* (isto é, como *fato jurídico concreto*).

Explica Antônio Junqueira de Azevedo: "Como *categoria*, ele é a hipótese de fato jurídico ... que consiste em uma manifestação de vontade cercada de certas circunstâncias (as *circunstâncias negociais*) que fazem com que *socialmente* essa manifestação seja vista como dirigida à produção de efeitos jurídicos"[39].

b) como fato jurídico, *in concreto*, negócio jurídico "é todo fato jurídico consistente em declaração de vontade, a que o ordenamento jurídico atribui os efeitos designados como queridos, respeitados os pressupostos de existência, validade e eficácia impostos pela norma jurídica que sobre ele incide"[40].

---

[37] AZEVEDO, Antônio Junqueira de. *Op. cit.*, p. 14.

[38] STOLFI, Giuseppe. *Teoria del negozio giuridico*. Padova: CEDAM, 1947, p. 1.

[39] AZEVEDO, Antônio Junqueira de. *Negócio jurídico*. 4.ed. 15 tiragem. São Paulo: Saraiva, 2018, p. 16. Explica mais, o autor: "negócio jurídico, como categoria, é, pois, a hipótese normativa consistente em *declaração de vontade* (entendida esta expressão em sentido preciso, e não comum, isto é, entendida como manifestação de vontade, que, pelas circunstâncias, é vista socialmente como destinada à produção de efeitos jurídicos). *Ser declaração de vontade* e a sua característica específica primária. Segue-se daí que o direito, acompanhando a visão social, atribui, à declaração, os efeitos que foram manifestados como queridos, isto é, atribui a ela *efeitos constitutivos de direito* – e esta é a sua característica específica secundária".

[40] AZEVEDO, Antônio Junqueira de. *Op. cit., loc. cit.*

Em conclusão, visto através do ângulo puramente de direito, estática, ou formalmente, o negócio jurídico, coloca-se, na lição de Antônio Junqueira de Azevedo, "antes de mais nada, debaixo da rubrica mais ampla do *fato jurídico*"[41]. E, em suas peculiaridades, a concepção estrutural do negócio jurídico, sem repudiar inteiramente as concepções voluntaristas, delas se afasta, "porque não se trata mais de entender por negócio um ato de vontade do agente, mas sim um ato que socialmente é visto como ato de vontade destinado a produzir efeitos jurídicos". Aduz, ainda, o mesmo civilista:

> "A perspectiva *muda inteiramente, já que de psicológica passa a social*. O negócio não é o que o agente quer, mas sim o que a sociedade vê como declaração de vontade do agente. Deixa-se, pois, de examinar o negócio através da ótica estrita do seu autor e, alargando-se extraordinariamente o campo de visão, passa-se a fazer o exame pelo prisma social e mais propriamente jurídico".

Essa visão estrutural supera não apenas as teorias voluntaristas (subjetivistas), mas também as preceptivas (funcionais ou objetivas), já que, mesmo considerando "artificial" a ideia de "norma jurídica concreta", nem por isso deixa de fora os efeitos que do negócio jurídico resultam. Esses efeitos, porém, "não estão presos, como normas, a outras normas, mas sim, mais simplesmente, são relações jurídicas (em sentido lato) que o ordenamento jurídico, respeitados certos pressupostos (de existência, validade, eficácia), atribui ao negócio jurídico, em correspondência com os efeitos manifestados como queridos"[42].

11.3. Os excessos da visão estrutural

A visão estrutural do negócio jurídico não pode levar a um excesso próprio do *positivismo*, segundo o qual todo direito se reduz à *lei* e toda *criação* jurídica ao Estado. Para essa corrente, não é possível outra *fonte* de direito fora da Lei e do Estado, de tal sorte que o negócio jurídico é visto como um *fato jurídico* que, preenchendo os requisitos legais, produz efeitos jurídicos. A autonomia privada, nessa esteira, é vista como o poder, atribuído pela lei, às partes para livremente celebrarem o negócio e

---

[41] AZEVEDO, Antônio Junqueira de. *Op. cit.*, p. 21.

[42] *Idem, ibidem*. Essa visão estrutural, supera problemas que voluntaristas e funcionalistas não resolveram, colocando fora do negócio jurídico questões como o papel da *vontade* e o papel da *causa*, de modo que possa o negócio existir e valer, para produzir efeitos não queridos, seja *subjetivamente* pelo agente (vontade), ou não queridos *objetivamente*, pela ordem jurídica (causa) (*Op. cit.*, p. 22). Assim, por exemplo, a nulidade do negócio onzenário pode afetar apenas a cláusulas usurária, subsistindo com remuneração reduzida aos limites da lei; o negócio nulo pode ser convertido em outro, que não o querido pelas partes; o negócio simulado pode ser invalidado em razão da injuridicidade do negócio verdadeiro (oculto) ou pode subsistir com a estrutura e os efeitos do negócio oculto, em regime jurídico bem diferente daquele que seria próprio do negócio aparente; o negócio praticado sob vício de consentimento pode ser ratificado expressa ou tacitamente etc.

Capítulo III: Do Negócio Jurídico | **67**

estipularem os seus termos. Entretanto, os efeitos do negócio jurídico decorreriam da lei, e, não, da autonomia negocial[43].

Por outro lado, a concepção *não positivista* e *não estatista* do Direito admite que o negócio jurídico seja considerado fonte do regulamento negocial, uma vez que "é preceito e é valor". Assim, as regulações jurídicas surgidas do negócio jurídico (autônomas) integram o ordenamento e devem coexistir harmonicamente com as regulações jurídicas heterônomas, decorrentes das leis. Entretanto, havendo desarmonia entre elas, uma prevalecerá em relação à outra. A questão será decidida com base na matéria em que se inserem: se de *interesse* e *ordem* pública, a autonomia privada cederá à força da lei; se de *interesse privado,* será a norma estatal que cederá lugar à regulação negocial[44].

12. LIBERDADE DE CELEBRAÇÃO E LIBERDADE DE ESTIPULAÇÃO

À ideia de negócio jurídico está vinculada, tradicionalmente, a noção de liberdade ou de livre arbítrio.

Em princípio, não se pode conceber, no mundo atual, que alguém seja obrigado a contratar. Há, indubitavelmente, uma *liberdade de celebração*, que autoriza à parte decidir se quer ou não concluir determinado negócio jurídico. Da mesma forma, os termos do negócio não são impostos aos interessados, que possuem a *liberdade de estipulação* para fixar o conteúdo da relação negocial. As partes têm, assim, o poder de estabelecer as condições do negócio e os efeitos que dele deverão advir[45].

Com efeito, o princípio da autonomia da vontade ou da *autonomia privada* "pode ser visto sob três aspectos principais: 1) a *liberdade de contratar ou não,* de participar da celebração de um contrato [ou de um negócio jurídico; o contrato é o principal negócio jurídico]; 2) *liberdade da escolha da outra parte* (com quem contratar); 3) *liberdade de fixar o conteúdo dos contratos* (liberdade contratual [ou negocial])"[46].

Segundo a doutrina dominante, a distinção entre *ato jurídico em sentido estrito* e *negócio jurídico* reside justamente na *liberdade de estipulação* conferida ao segundo e negada ao primeiro. Este seria um critério seguro e preciso para distinguir essas liberdades.

Pedro Pais de Vasconcelos, entretanto, critica essa distinção, ao argumento de que no Direito não existe uma precisão da realidade. Para o autor, se o critério fosse totalmente correto, os negócios jurídicos de adesão – tais como o seguro e os

---

43   VASCONCELOS, Pedro Pais de. *Teoria Geral do Direito Civil cit.,* nº 105, p. 367.
44   VASCONCELOS, Pedro Pais de. *Op. cit., loc. cit.*
45   O princípio da autonomia da vontade ou da autonomia privada, "pode ser visto sob três aspectos principais: 1) a *liberdade de contratar ou não,* de participar da celebração de um contrato [ou de um negócio jurídico; o contrato é o principal negócio jurídico]; 2) *liberdade da escolha da outra parte* (com quem contratar); 3) *liberdade de fixar o conteúdo dos contratos* (liberdade contratual) [ou negocial]" (LOPEZ, Teresa Ancona. *Princípios contratuais cit.,* p. 28).
46   LOPEZ, Teresa Ancona. *Princípios contratuais cit.,* p. 28.

contratos bancários – deveriam ser considerados atos jurídicos em sentido estrito, uma vez que neles não se encontra presente a liberdade de estipulação, na medida em que o seu conteúdo é fixo. Ensina, ainda, que um mesmo tipo contratual – compra e venda, por exemplo –, deveria ser ora qualificada como negócio jurídico, ora como simples ato jurídico em sentido estrito, dependendo do fato de ter sido celebrado de forma rígida quanto ao conteúdo ou não[47].

Em razão disso, Pedro Pais de Vasconcelos apresenta um novo critério de distinção: a fonte da eficácia jurídica. Se os efeitos do ato derivarem da lei, tratar-se-á de ato jurídico em sentido estrito; se, por outro lado, a fonte for a autonomia privada, estaremos diante de um negócio jurídico. Nessa esteira, a liberdade de estipulação deve ser vista mais como uma característica negocial e, não, como verdadeiramente um critério de distinção entre os institutos. O grau da autonomia varia de acordo com o negócio celebrado. A liberdade será maior, quando os negócios versarem sobre interesses privados exclusivamente das partes. De outra sorte, razões de ordem pública podem restringir a autonomia das partes, sem que isso desnature o negócio jurídico[48]. Não existe, destarte, uma divisão precisa entre negócio jurídico e ato jurídico em sentido estrito. Há, isto sim, negócios que possuem maior ou menor liberdade de contratação e estipulação e atos jurídicos em sentido estrito com mais ou menos autonomia. Em polos extremos encontramos uma negociabilidade máxima, cuja eficácia decorrerá da autonomia, e outra mínima, cujos efeitos decorrerão da lei. Assim, conclui o autor: "entre a máxima autonomia e a mínima autonomia existe uma série polar que tem como polos a autonomia e a heteronomia"[49].

13. AUTONOMIA E HETERONOMIA

O contrato, negócio jurídico por excelência, caracteriza-se pela liberdade de estipulação que, embora sempre presente, pode ser limitada pela lei. Assim, os contratos têm sua fonte "nas estipulações das partes e nas prescrições da lei". Por isso, Pedro Pais de Vasconcelos denomina de autônomo, o conteúdo que decorre da vontade, e, de heterônomo, aquele que decorre da lei[50].

A maior ou menor intervenção do Estado na autonomia das partes depende da relevância social do interesse em jogo no negócio jurídico. Tome-se como exemplo um contrato de locação. Esse tipo contratual tem relevância social se se tratar de locação de imóvel residencial, o que justifica uma maior intervenção legal em seu conteúdo. Por outro lado, se a locação for de um automóvel, a autonomia das partes será quase total[51].

---

47 VASCONCELOS, Pedro Pais de. *Op. cit.*, p. 369-370.
48 *Op. cit.*, p. 370-371.
49 VASCONCELOS, Pedro Pais de. *Op. cit.*, p. 372.
50 VASCONCELOS, Pedro Pais de. *Op. cit.*, p. 372.
51 VASCONCELOS, Pedro Pais de. *Op. cit.*, p. 374. Nesse sentido, Pedro Pais Vasconcelos adverte: "se alguns negócios jurídicos são socialmente neutros, podendo neles vigorar praticamente

14. ELIMINAÇÃO DA AUTONOMIA PRIVADA

Muito embora o negócio jurídico decorra da autonomia privada, situações existem em que a vontade praticamente não existe ou não tem importância, como nos contratos obrigatórios, nos contratos de adesão e nos contratos sociais típicos:

a) *contratos obrigatórios:* como o próprio nome indica, esses negócios jurídicos são obrigatórios, razão pela qual a autonomia privada praticamente não existe, uma vez que as partes não possuem liberdade para não contratar. Tem-se como exemplo o seguro obrigatório, a venda forçada de bens de consumo, os contratos coletivos, o contrato de transporte, as concessões de água, luz, gás etc. Nestes últimos, as concessionárias não podem se recusar a celebrar o contrato com determinado cliente, justamente em razão da relevância do serviço que prestam[52].

b) *contratos de adesão:* nesses negócios jurídicos, especialmente naqueles celebrados em massa, não há *liberdade de estipulação* por parte do aderente, uma vez que as cláusulas são impostas unilateralmente pelo contratante que irá fornecer o serviço ou os bens e por isso, geralmente, detém o poder econômico. Assim, a parte chamada de vulnerável, se optar por celebrar o negócio, simplesmente adere às condições estipuladas sem nenhuma negociação. Por isso, Teresa Ancona Lopez adverte que, nessas circunstâncias, não há, por parte do aderente, autonomia da vontade, mas mero *consentimento*[53].

c) *contratos sociais típicos:* ocorrem, por exemplo, com a utilização de máquinas automáticas de venda de refrigerantes, chocolates, salgados etc. Nesses negócios, não há declaração de vontade e, portanto, não são exigidos os requisitos de validade, tanto que constantemente são celebrados por crianças. Obviamente, o adquirente possui a intenção de comprar o refrigerante colocando a moeda na máquina, mas não existe o intuito negocial[54].

15. LIMITES DA AUTONOMIA PRIVADA E DA ÁREA OBJETIVA DE LICITUDES

É certo, como já se viu, que no negócio jurídico a autonomia privada é mais ampla, na medida em que as partes têm liberdade de celebração e de estipulação do conteúdo e dos efeitos que esperam da relação jurídica travada. Entretanto, essa liberdade não é (e nem pode ser) irrestrita. Com efeito, nem mesmo no auge

---

sem limites a autonomia privada, outros porém exigem a intervenção heterónoma da lei, de modo a evitar os danos sociais que uma ilimitada liberdade negocial poderia causar e que a experiência aconselha a não permitir" (*Op. cit., loc. cit.*).

[52] LOPEZ, Teresa Ancona. *Princípios contratuais cit.*, p. 32.
[53] LOPEZ, Teresa Ancona. *Op. cit.*, p. 33.
[54] LOPEZ, Teresa Ancona. *Op. cit.*, p. 32-33.

do liberalismo econômico (Século XIX) a autonomia da vontade era absoluta. No estágio atual da sociedade, não mais se concebe a possibilidade de os indivíduos autorregularem suas relações sem qualquer limitação, seja porque há situações em que ocorre evidente desequilíbrio entre os contratantes, seja para evitar negócios contrários à ordem moral, legal ou social.

Por essa razão, a autonomia privada sempre sofreu limitações reconhecidas, em caráter geral, como as impostas em nome da *ordem pública* e dos *bons costumes*. Há quem defenda encontrar a autonomia limites na lei, na moral e na natureza. A lei limita o conteúdo do negócio, sancionando-o de nulidade ou de anulabilidade, sempre que não se respeitarem as suas disposições[55]. Por essa razão não são admitidos negócios jurídicos ilícitos. Por outro lado, a ética e a moral também são critérios de limitação da liberdade negocial. Veja-se, por exemplo, o art. 422, do Código Civil, que dispõe serem os contratantes obrigados "a guardar, assim na conclusão do contrato, como em sua execução, os princípios da probidade e boa-fé"[56].

Por fim, o indivíduo só pode se obrigar àquilo que seja possível: "o impossível e o inelutável excluem o dever". Donde a Natureza também impor limites à autonomia negocial[57].

Além disso, a ordem constitucional passou, no mundo ocidental, por um processo de eticização, que se fez presente com notória intensidade em nossa Constituição de 1988, refletindo profundamente no espírito das leis civis. A partir desse novo enfoque, todo o direito privado, e principalmente o negócio jurídico – sem embargo da manutenção da autonomia privada – se submeteu a novas limitações, derivadas da necessidade de afeiçoarem-se a *valores éticos e sociais,* como a *boa-fé objetiva* e a *função social,* as quais ampliaram as dimensões da *ordem pública* e o papel dos *bons costumes,* na limitação pela liberdade exercitável no âmbito dos negócios jurídicos privados.

O atual Código Civil deixa clara a positivação, entre nós, da boa-fé objetiva, da função social e do equilíbrio econômico, como princípios básicos do direito contratual a serem aplicados na pactuação, interpretação e cumprimento dos contratos e, consequentemente, de todos os negócios jurídicos.

Assim, anota Teresa Ancona Lopez, que os apontados princípios éticos prestigiados pelo nosso Código Civil "são as regras mestras de todo o sistema contratual", assim explicitando:

---

[55] Vários freios limitam a autonomia privada em nome das exigências sociais, como as *leis protetivas* em nome de "valores existenciais", a saber: a Lei de Locação, o Código de Defesa do Consumidor, o seguro saúde, a incorporação, os loteamentos, a concorrência desleal, as leis trabalhistas (todas elas de ordem pública).

[56] No direito português, Pedro Pais Vasconcelos adverte: "o Direito é, de sua natureza, tão moral que deixa de ser jurídico se atentar abertamente contra a Moral" (*Op. cit.,* p. 375).

[57] VASCONCELOS, Pedro Pais de. *Op. cit.,* p. 376.

a) *função social – art. 421, do CC:* a função social do contrato é consagrada com a determinação de que "a *liberdade contratual* será exercida *nos limites da função social do contrato*";

b) *boa-fé objetiva – art. 422, do CC:* o dispositivo destacado "*obriga* os contratantes a guardar na conclusão, como na execução do contrato, os princípios de probidade e *boa-fé*". E para assegurá-los, o Código vai mais longe, dispondo no parágrafo único do art. 2.035 – dentro das Disposições Transitórias – que "nenhuma convenção prevalecerá se contrariar preceitos de ordem pública, tais como os estabelecidos por este Código para assegurar a *função social* da propriedade e dos contratos". Isto significa – para Teresa Ancona Lopez – "que mesmo os contratos firmados *antes* do novo *Código Civil* foram apanhados pelos seus dispositivos. É a supremacia da ordem pública sobre os atos jurídicos perfeitos"[58].

15.1. Bons costumes

Cumpre destacar ser difícil traçar fronteira entre *bons costumes* e *ordem pública*. Mas, num e noutro caso, "o resultado prático será o mesmo, porque *os bons costumes pertencem à ordem pública*"[59].

Para a doutrina, bons costumes "são regras não escritas de comportamento social que refletem a ética e valores de uma determinada sociedade em determinado momento histórico"[60]. O bom costume se apresenta, assim, "como *limite* que opera no sentido negativo: não se pede que os negócios jurídicos tenham finalidade moral, mas tão somente se quer que não violem os princípios imanentes na realidade e no contexto para o qual foram estipulados"[61].

15.2. Função social do contrato

Como já viu, a função social constitui um limite à autonomia privada, uma vez que será ela exercida "nos limites da função social do contrato" (CC, art. 421). Esse princípio, entretanto, encontra fundamento diretamente na Constituição Federal de 1988, mais especificamente:

a) no art. 1º, III: pelo princípio da dignidade da pessoa humana;

b) art. 1º, IV: por força dos valores sociais do trabalho e da livre iniciativa;

---

[58] LOPEZ, Teresa Ancona. *Princípios contratuais cit.*, p. 31-32.
[59] LOPEZ, Teresa Ancona. *Op. cit.*, p. 31.
[60] LOPEZ, Teresa Ancona. *Op. cit.*, p. 30.
[61] LOPEZ, Teresa Ancona. *Op. cit.*, p. 30. "A lei não se propõe a moralizar, mas se limita, apenas, a impedir que a imoralidade, para desenvolver-se, sirva-se de instrumentos jurídicos, refutando, assim, tutelar negócios que a moral desaprova" (*Op. cit.*, p. 31).

c) art. 3º, I: pela construção de uma sociedade justa e solidária; e,

d) art. 170: instituindo os princípios gerais da atividade econômica, que determinam que: "a ordem econômica, fundada na *valorização do trabalho humano* e na livre iniciativa, tem por fim assegurar a todos *existência digna*, conforme os *ditames da justiça social*". Esse dispositivo repete o *"valor que tem para a sociedade* não só *o trabalho humano*, mas também a *livre iniciativa,* inclusive, a principal geradora de empregos"[62] (g.n.).

15.3. Confiança e segurança jurídica (boa-fé objetiva)

Os princípios da função social do contrato e da boa-fé objetiva são consagrados pelo Código Civil conjuntamente e "são os pilares do direito obrigacional atual, sendo ambas as normas de *ordem pública* por força do parágrafo único do art. 2.035 das Disposições Transitórias do novo Código Civil"[63].

O princípio da boa-fé objetiva tem especial importância ao assegurar a *confiança* e garantir a *segurança jurídica* dos indivíduos nos negócios. Ora, "uma sociedade em que cada um desconfia do outro assemelhar-se-ia a um estado de guerra latente entre todos, e em lugar da paz dominaria a discórdia, onde se perdeu a *confiança*, a comunicação humana resta profundamente perturbada"[64].

Com efeito, ao obrigar os contratantes a agirem segundo a boa-fé objetiva (CC, art. 422), a legislação protege as *legítimas expectativas* que a conduta de uma das partes gera na outra, assegurando que sejam respeitadas. O ordenamento jurídico, destarte, estabelece regras de condutas que devem ser seguidas por todos aqueles que pretendem negociar, incentivando comportamentos que preservam o funcionamento do sistema como um todo[65]. Esta circunstância confere maior segurança jurídica, pois todos sabem como devem agir e o que devem esperar daquele com quem pretendem contratar.

---

[62] LOPEZ, Teresa Ancona. *Op. cit.,* p. 79-80.

[63] LOPEZ, Teresa Ancona. *Op. cit.,* p. 80. Nesse sentido, o entendimento do STJ: "O art. 1488 do CC/02, que regula a possibilidade de fracionamento de hipoteca, consubstancia uma das hipóteses de materialização do princípio da função social dos contratos, aplicando-se, portanto, imediatamente às relações jurídicas em curso, nos termos do art. 2035 do CC/02" (STJ, 3ª T., REsp. 691.738/SC, Rel. Min. Nancy Andrighi, ac. 12.05.2005, *DJU* 26.09.2005, p. 372).

[64] LARENZ. *Derecho civil. Parte geral.* Madrid: Edersa, 1978, p. 59.

[65] "Sempre advertiram os comercialistas que em mercado que não dê guarida à boa-fé e à proteção da legítima expectativa da outra parte tenderia ao colapso, porque dificultaria o 'gyro comercial' (CAIRU) ou a fluidez das relações econômicas. O direito atua para disciplinar, para obrigar a adoção de um comportamento que, embora possa não interessar imediatamente ao empresário oportunista, permite a preservação e o funcionamento do sistema como um todo" (FORGIONI, Paula A. Interpretação dos negócios empresariais. *In:* FERNANDES, Wanderley (coord.). *Fundamentos e princípios dos contratos empresariais.* 2.ed. São Paulo: Saraiva, 2015, p. 109).

15.4. Equilíbrio econômico

O equilíbrio econômico nos negócios bilaterais funciona como um dos modernos princípios do direito contratual, a que nosso Código Civil deu expressa adesão. Com efeito, o sinalagma contratual leva a ordem jurídica a proteger o contratante contra a *lesão* e a *onerosidade excessiva*. No primeiro caso, torna-se anulável o contrato ajustado, por quem age, sob premente necessidade ou por inexperiência, obrigando-se a prestação manifestamente desproporcional ao valor da prestação oposta (Código Civil, art. 157). Na hipótese de superveniência de acontecimentos extraordinários, que tornem a prestação excessivamente onerosa para uma das partes contratantes e extremamente vantajosa para a outra, o que a lei faz é permitir a resolução do contrato ou a revisão de seus termos, para restabelecer o equilíbrio econômico entre prestação e contraprestação (Código Civil, arts. 478 e 479)[66].

16. A ILICITUDE E AS SUAS CONSEQUÊNCIAS

A ilicitude do negócio jurídico, como já vimos, significa que não respeitou os limites estabelecidos pela lei, seja para sua celebração, seja quanto ao conteúdo. Duas são as consequências decorrentes da ilicitude: i) a invalidade do negócio; e, ii) a responsabilidade de quem o pratica.

É claro, como bem adverte Pedro Pais de Vasconcelos, que a invalidade do negócio jurídico não significa que ele não exista e que não possa ser cumprido espontaneamente pelas partes. A consequência é que "não ganham força jurídica que os faça valer como Direito"[67]. Por isso, o contrato ilícito sequer pode ser considerado um negócio, a não ser na aparência.

Já a responsabilidade decorre do fato de o negócio ilícito ter provocado danos à outra parte ou a terceiros. É assente em nosso direito a regra geral segundo a qual "aquele que, por ato ilícito (arts. 186 e 187), causar dano a outrem, fica obrigado a repará-lo" (CC, art. 927). Nesse caso, o negócio ilícito, em lugar de produzir o efeito desejado pela parte, gera a sanção consistente na obrigação de reparar a lesão acarretada à parte prejudicada.

17. ORIGEM HISTÓRICA DO NEGÓCIO JURÍDICO

O Código Civil brasileiro de 1916 não se referiu, expressamente, ao negócio jurídico, seguindo a doutrina unitária francesa que não o distinguia do ato jurídico. Para Eduardo Ribeiro de Oliveira, a omissão se justifica pelo fato de a teoria do negócio jurídico ser relativamente moderna, surgindo do direito alemão, ao final do

---

[66] THEODORO JÚNIOR, Humberto. *O contrato e sua função social*. 4.ed. Rio de Janeiro: Forense, 2014, p. 22.

[67] VASCONCELOS, Pedro Pais de. *Op. cit., loc. cit.*

século XIX[68]. Faltava, assim, a Clóvis Beviláqua, subsídios para distinguir o negócio jurídico como espécie ou categoria autônoma dos atos jurídicos lícitos[69].

O aparecimento do negócio jurídico na doutrina alemã tornou-se propício em razão do "momento histórico, em que o liberalismo e, por conseguinte, a autonomia da vontade teriam atingido seu auge"[70].

Sabe-se, assim, que o negócio jurídico foi consagrado como figura autônoma, pelo Código Civil alemão (BGB), sob a denominação de *Rechtsgeschäfte,* positivando uma situação jurídica já prestigiada, de longa data pela literatura tedesca. A ideia, posteriormente, foi seguida pelas doutrinas italiana, espanhola e portuguesa[71]. Muito embora a doutrina e a jurisprudência italianas aceitem a autonomia do negócio jurídico, o Código Civil de 1.942 não tratou especificamente dele, disciplinando apenas o contrato em geral[72].

Nosso Código Civil de 2002 seguiu, outrossim, a orientação dualista, fazendo expressa referência ao *negócio jurídico* em sua Parte Geral (Livro III, Título I, Capítulos I a V) e cogitando, por outro lado, dos *atos jurídicos lícitos* no Título II do mesmo Livro.

17.1. História da teorização do negócio jurídico

É de reconhecimento geral ter sido a doutrina alemã a responsável pela teorização do negócio jurídico, no âmbito do direito privado. No relato de Werner Flume, os conceitos de *negócio jurídico* e *declaração de vontade,* trabalhados pelos civilistas germânicos, só apareceram na teoria do direito a partir do Séc. XVIII. Para construir o conceito de negócio jurídico, partiu-se, àquele tempo, do superconceito de *ato humano* e, assim, se concebeu o negócio jurídico como sub-conceito daquele[73]. Não se fazia, então, distinção entre *ato jurídico* e *negócio jurídico*: "Dentre os atos humanos, existe um gênero preferente, o dos denominados atos jurídicos ou negócios jurídicos (*actus juridici, negotia juridica*). Entendem-se por eles os atos humanos lícitos, que tenham por objeto direitos e obrigações recíprocos"[74].

Informa, ainda, Flume que foi seguramente Nettelbladt quem introduziu os termos *actus juridicus* e *negotium juridicum* na literatura jurídica, através de sua obra

---

[68]   OLIVEIRA, Eduardo Ribeiro de. *In: Comentários ao Novo Código Civil cit.,* p. 185.

[69]   GONÇALVES, Carlos Roberto. *Direito Civil Brasileiro cit.,* p. 327. Nesse sentido, também, AMARAL, Francisco. *Direito civil: introdução.* 4.ed. Rio de Janeiro: Renovar, 2002, p. 363-366.

[70]   OLIVEIRA, Eduardo Ribeiro de. *Comentários ao Novo Código Civil cit.,* p. 185.

[71]   GONÇALVES, Carlos Roberto. *Direito Civil Brasileiro cit.,* p. 327.

[72]   ALPA, Guido. *Manuale di Diritto Privato.* 4.ed. Padova: CEDAM, 2005, p. 523.

[73]   FLUME, Werner. *El negócio jurídico.* 4.ed. Madrid: Fundación Cultural del Notariado, 1998, t. II, p. 55.

[74]   DABELOW. *System des gesamten neutigen Zivilrechts.* 1. ed. 1794, I, § 329; 2.ed., 1796, I, § 366, *apud* FLUME, Werner. *Op. cit.,* p. 55.

Systema elementare universae iurisprudential positivae, 1.ed., 1748, 2.ed., 1762, t. I, § 63 e ss. A terminologia doutrinária, então, não era uniforme, principalmente pela circunstância de que a literatura jurídica do século XVIII era escrita parte em latim e parte em alemão, agravada pela consideração de que os autores daquele tempo, originariamente, não consideravam importante o tema relacionado com os atos ou negócios jurídicos[75].

No berço da literatura jurídica que identificou e aprimorou a teoria do negócio jurídico – a doutrina alemã – coube a Savigny dar-lhe, em seu *Sistema de direito romano atual,* t. II, a formulação clássica, numa exposição primorosa que, ainda hoje, merece ser lida e apreciada. A abordagem de Savigny se deu, sobretudo, sobre o elemento da *vontade* no negócio jurídico, chegando mesmo a tratar como sinônimos os termos "negócio jurídico" e "declaração de vontade"[76].

No direito positivo, a teoria do negócio jurídico mereceu sua primeira adoção na legislação da Prússia em 1794, sob denominação de *declaração de vontade,* o que, entretanto, se deu por meio de uma formulação desprovida da necessária precisão, a qual só seria alcançada no século XIX.

Mais tarde, nos meados do século seguinte, o Código Civil do Reino da Saxônia, de 1863, se encarregou de dar, no seu § 88, uma definição legal ao negócio jurídico, *in verbis*: "Se num ato a vontade é dirigida à criação, extinção ou modificação de uma relação jurídica de acordo com a lei, então o ato é um *negócio jurídico".* Embora o BGB (Código Civil alemão editado na passagem do século XIX para o século XX) não tenha dado definição ao negócio jurídico, o certo é que os autores do primeiro Projeto, que preparou a Codificação germânica, partiram de uma definição parecida à do Código saxônico, conforme se vê da referência do nº 1 da respectiva Exposição de Motivos[77].

É, pois, fato incontroverso que a teoria do negócio jurídico foi desenvolvida pela ciência jurídica alemã. Tornou-se mesmo, o tema principal daquela ciência no século XIX, e a reputação universal que ela alcançou repousa precisamente sobre a *teoria do negócio jurídico*[78].

Em vez, porém, de tratar dos negócios jurídicos na Parte Geral. Como faz o BGB, os Códigos de raízes romanísticas posteriores ao Código alemão têm cuidado do tema, quase sempre, no bojo do direito das obrigações. No entanto, é precisamente também no âmbito jurídico românico que a teoria do negócio jurídico obteve grande importância, assumindo ares de uma instituição universal.

Na França, o Código regula apenas os atos jurídicos, sem uma disciplina geral aplicável a todos os negócios jurídicos. Mas na Itália, o atual Código Civil estabelece,

---

[75] Graças à obra de Heise, de 1807, o termo "negócio jurídico" (Rechtsgeschäft) converteu-se com naturalidade "num *bem comum* da literatura jurídica alemã" como registra Flume (. *cit.,* p. 56).

[76] FLUME, Werner. *Op. cit.,* p. 56.

[77] FLUME, Werner. *Op. cit.,* p. 57.

[78] FLUME, Werner. *Op. cit., loc. cit.*

no art. 1.324, que as normas sobre contratos (principal figura dos negócios jurídicos) regem também os atos unilaterais entre vivos de conteúdo patrimonial. No seio da doutrina (ciência jurídica) italiana, entretanto, o negócio jurídico é um tema dominante desde os princípios do século XX[79].

No Brasil, o Código Civil atual, na linha do BGB, sem preocupar em defini-lo, disciplina amplamente o negócio jurídico, na Parte Geral (arts. 104 a 184), dispondo, por outro lado, que aos atos jurídicos em sentido estrito serão aplicadas, no que couber, as disposições do negócio jurídico (art. 185). Na doutrina, abundante e coerente é o tratamento dispensado à teoria do negócio jurídico[80].

No direito português atual, o Código Civil cuidou na parte geral de disciplinar as bases do negócio jurídico (arts. 217º e ss.), mas o principal negócio – o contrato – foi objeto de sistematização na parte especial, de modo que muitos temas pertinentes ao negócio jurídico se encontram fora da parte geral.

Na Argentina, assim como em Portugal, o negócio jurídico, sob a denominação geral de "fatos e atos jurídicos", é tratado de forma ampla no Título IV, do Livro I, da Parte Geral (arts. 257 e ss.). O contrato, por sua vez, é tratado no Título II, do Livro Terceiro (arts. 957 e ss.).

O Código Civil da Rússia também adotou essa metodologia, regulando os atos jurídicos nas "Disposições Gerais", nos arts. 153 e seguintes, e o contrato na "parte geral do direito das obrigações", nos arts. 420 e seguintes, prevendo, outrossim, que as disposições gerais relativas às obrigações e aos contratos são aplicáveis aos atos unilaterais, no que couber (art. 156).

Já o Código Civil de Quebec não trata o negócio jurídico como categoria autônoma, mas dentro das obrigações em geral, nos arts. 1.371 em diante. Da mesma forma, o Código espanhol, que trata apenas do negócio jurídico apenas na parte geral dos contratos (arts. 1.254 e seguintes).

---

[79] Cf. BETTI, Emilio. *Teoria geral do negócio jurídico*. Coimbra: Coimbra Editora, 1969; e, MESSINEO, Francesco. *Il contrato in genere*. Milano: Giuffrè, v. I, 1968; v. II, 1972.

[80] Cf., PONTES DE MIRANDA, Francisco Cavalcanti. *Tratado de Direito Privado*. São Paulo: Editora Revista dos Tribunais, 2012, tomos II, III e IV; PEREIRA, Caio Mário da Silva. *Instituições de direito civil*. 31.ed. Rio de Janeiro: Forense, 2018, v. I; GONÇALVES, Carlos Roberto. *Direito civil brasileiro*. 10.ed. São Paulo: Saraiva, 2012, v.1; ROSENVALD, Nelson; FARIAS, Cristiano Chaves de;. *Curso de direito civil*. 13.ed. São Paulo: Atlas, 2015, v. 1; RIZZARDO, Arnaldo. *Parte geral do código civil: lei n. 10.406, de 10.01.2002*. 2. ed. Rio de Janeiro: Forense, 2003; WALD, Arnoldo; CAVALCANTI, Ana Elizabeth L. W.; PAESANI, Liliana Minardi. *Direito civil*. 14. ed. reformulada, São Paulo: Saraiva, 2015, v. 1; VENOSA, Silvio de Salvo. *Direito civil*. 4. ed. São Paulo: Atlas, 2004, v.1; MIRANDA, Custódio da Piedade Ubaldino. *Teoria geral do negócio jurídico*. 2.ed. São Paulo: Atlas, 2009; MARINO, Francisco Paulo de Crescenzo. *Interpretação do negócio jurídico*. São Paulo: Saraiva, 2011; SOUZA, Eduardo Nunes de. *Teoria geral das invalidades do negócio jurídico. Nulidade e anulabilidade no direito civil contemporâneo*. São Paulo: Almedina, 2017; AZEVEDO, Antônio Junqueira de. *Negócio jurídico: existência, validade e eficácia*. 4.ed. São Paulo: Saraiva, 2018.

Enquanto na Alemanha o fundamento da teoria do negócio era disputado entre os adeptos da *teoria da vontade* e os da *teoria da declaração da vontade,* coube a Betti, na doutrina italiana, elaborar a concepção normativista do negócio jurídico, a exemplo da teoria das fontes do direito construída por Kelsen, para apoiá-lo na ideia de *autorregulamentação.* Explicava-se esse sistema pela pirâmide normativa formada por um encadeamento de múltiplas normas de diferentes níveis, que iriam uma justificando as outras sucessiva e reciprocamente, surgindo na base, o simples negócio, com capacidade de regular interesses, com um detalhe: em lugar de ser fonte geral e abstrata do direito, como é a lei, o negócio apenas regula juridicamente o seu objeto *in concreto,* daí falar-se em uma normatização válida apenas para aqueles que o convencionaram, ou seja, uma *autorregulação*[81].

Da enorme polêmica suscitada pela *teoria preceptiva* de Betti, que reconhecia dentro da ordem jurídica o poder normativo exercido pelas partes no negócio jurídico, sobreveio a *teoria da autonomia privada,* ou seja, existe uma área em que a livre atuação dos particulares é reconhecida pelo ordenamento jurídico. Nessa área, os próprios interessados estabelecem, entre si, e em função de suas necessidades e de seus interesses, "relações para prossecução das mais diversas funções econômico-sociais, tais como as de troca (*lato sensu*), de prestação de serviços, cooperação, podendo regulamentar essas relações como bem lhes aprouver"[82]. É bom de ver que o negócio jurídico, como instrumento do exercício da autonomia privada, abrangerá não só o contrato, como uma realidade unitária, incindível, em suas mais variadas modalidades, típicas e atípicas, mas também, da mesma forma, as declarações unilaterais. Esclarece, com precisão, Ubaldino Miranda, que, "como instrumento dúctil do exercício da autonomia privada, posto à disposição dos particulares, o negócio jurídico é uma figura necessariamente abrangente e que tem, como seu campo de atuação, observados os limites traçados pelo ordenamento jurídico, toda a vasta e multiforme realidade social, encarada do ponto de vista da relação intersubjetiva"[83].

No estágio a que chegou a doutrina do negócio jurídico, pode-se afirmar que as concepções primitivas que o justificavam a partir da *vontade* e da *declaração da vontade* se acham atualmente superadas.

A partir de Betti, a teorização do negócio jurídico passou a explicá-lo como um fenômeno social necessário, anterior ao ordenamento jurídico, sem o qual não se logra praticar o intercâmbio e a cooperação, sem os quais a sociedade não subsiste civilizadamente. Não é a ordem jurídica que criou esse negócio, foi a própria vida em sociedade que o engendrou. O direito apenas o regulou, disciplinando os limites de seu exercício, também à luz das exigências sociais derivadas da ordem pública e dos bons costumes.

---

[81]   BETTI, Emilio. *Teoria generale del negozio giuridico.* Torino: Unione Tipografico-editrice Torinese, 1943, p. 44.
[82]   MIRANDA, Custódio da Piedade Ubaldino. *Teoria geral do negócio jurídico cit.,* p. 44.
[83]   MIRANDA, Custódio da Piedade Ubaldino. *Op. cit., loc. cit.*

NEGÓCIO JURÍDICO • Humberto Theodoro Jr. e Helena Lanna Figueiredo

A evolução histórica da explicação de como, no negócio jurídico, se conjugam a vontade e o Direito, passou por vários esforços da doutrina, dos quais, quatro podem ser apontados como os mais significativos:

a) a teoria de que, no negócio jurídico, há um *ato de vontade* dirigido a certos efeitos, produzidos *porque queridos;*

b) a que justifica o negócio jurídico por conter um *ato de vontade* tendente a um fim *protegido pelo ordenamento jurídico;*

c) a que lhe reconhece a base em um *ato de autorregulamentação de interesses;*

d) a que nele vê um *ato de autonomia privada,* a que o Direito associa a *constituição,* a *modificação* e a *extinção de situações jurídicas.*

Menezes Cordeiro, na doutrina portuguesa bem acatada pela nossa, enumera as razões pelas quais essas teorias foram sendo superadas, até o advento da teoria da autonomia privada. A tutela que a ordem jurídica dispensa ao negócio jurídico, todavia, como lembra o civilista lusitano, se baseia na autonomia privada, mas não somente nela, mas também na necessidade de proteger a confiança que o negócio suscita nos destinatários e, em geral, nos participantes na comunidade. Firme em Larenz/Wolf[84], lembra a responsabilidade contraída por quem participa do negócio jurídico: "tendo, voluntariamente, dado azo ao negócio, o declarante não pode deixar de ser responsabilizado por ele"[85].

18. CLASSIFICAÇÃO DOS NEGÓCIOS JURÍDICOS

A doutrina do negócio jurídico apresenta inúmeras classificações[86], não havendo uniformidade quanto ao tema, razão pela qual elencaremos as mais importantes ou mais interessantes:

---

[84] LARENZ, Karl; WOLF, Manfred. *Allgemeiner Teil des bürgerlichen Rechts.* 8.ed. Muchen, 1997, p. 481, *apud* MENEZES CORDEIRO, António Manuel da Rocha e. *Tratado de direito civil português cit.,* p. 305.

[85] MENEZES CORDEIRO, António Manuel da Rocha e. *Op. cit., loc. cit.* "É preciso aqui registrar, reiterando posição antes evidenciada à exaustão, que o elemento volitivo, fruto da *autonomia da vontade* e da *autonomia privada,* marca registrada do negócio jurídico, não mais assume caráter absoluto, sofrendo, sempre, as limitações decorrentes da ingerência de normas de ordem pública, notadamente constitucionais, por força da proteção destinada à pessoa humana, realçando sua necessária dignidade (CF/88, art. 1º, III)" (ROSENVALD, Nelson ; FARIAS, Cristiano Chaves de. *Curso de direito civil cit.,* nº 10.3, p. 502). Assim, também, na jurisprudência: "A concepção moderna do princípio da autonomia da vontade, que se harmoniza com o princípio da obrigatoriedade dos contratos, afastou-se do seu caráter absoluto anterior e, diante de determinadas circunstâncias, admite a imposição de limites ao poder de contratar" (TJRJ, 5ª Câm. Cível, Ap. 10.128/2000, Rel. Des. Milton Fernandes de Souza, *DOERJ,* 06.11.2000).

[86] Pedro Pais de Vasconcelos diferencia a classe dos tipos de negócios jurídicos. Classe, segundo o autor, "é o conjunto de objetos agrupados em torno de uma ou mais características que

Capítulo III: Do Negócio Jurídico | **79**

a) Quanto à *declaração de vontade*, o negócio jurídico pode ser *unilateral, bilateral* ou *plurilateral*, conforme haja uma ou mais de uma manifestação de vontades diferentes. Para essa classificação, não se leva em conta propriamente o número de pessoas que manifestam sua vontade para o negócio, mas quantos centros de interesses (ou polos) estão participando de sua celebração. Isto porque, "é possível encontrar um centro de interesses formado por mais de uma pessoa"[87], o que não desqualificaria, por exemplo, o negócio como unilateral. Pense-se no exemplo de cônjuges outorgarem procuração a um mesmo representante, para vender um imóvel. Embora haja a declaração de duas vontades, há um único centro de interesse. Ou mais precisamente:

i) *unilateral*: é o negócio que se aperfeiçoa com uma única manifestação de vontade, como o testamento, a renúncia de direitos, a procuração, a promessa de recompensa[88];

ii) *bilateral*: é o negócio jurídico que se perfaz com a concorrência de duas declarações de vontade coincidentes, cada uma representando um centro de interesse diferente[89]. É o que ocorre nos contratos, por exemplo. O negócio *bilateral*, por sua vez, pode se subdividir levando-se em conta a *dependência* entre as prestações, podendo ser *sinalagmático* ou *não sinalagmático*:

1) *negócio sinalagmático* é aquele cuja prestação de uma das partes está vinculada à contraprestação da outra, vale dizer, a prestação de uma é o fundamento da obrigação da outra. Nessas hipóteses, o negócio será bilateral no sentido de que ambas as partes se obrigam a determinadas prestações. Assim, "nenhum dos contratantes, antes

---

neles se verifiquem". A classificação, por sua vez, permite a "arrumação exaustiva da realidade em classes, de acordo com o critério de classificação que for utilizado", de modo a facilitar a sistematização. Já os tipos contratuais são "os modelos de contratos que se celebram reiteradamente e que são por vezes recolhidos pelo legislador na lei, e constituem paradigmas para a contratação e a disciplina contratual", não esgotando a realidade. Entretanto, contêm um modelo regulativo próprio (VASCONCELOS, Pedro Pais de. *Teoria geral do direito civil cit.*, p. 386.

[87] TRABUCCHI, Alberto. *Istituzioni di Diritto Civile.* 38.ed. Padova: CEDAM, 1998, nº 65, p. 134.

[88] GONÇALVES, Carlos Roberto. *Direito civil brasileiro cit.*, p. 329. Eduardo Ribeiro de Oliveira, citando lição de Betti, ressalta que "o negócio pode ser subjetivamente complexo, por dele participarem várias pessoas, mas, não obstante, ser unilateral, se essas pessoas se encontram em posição idêntica relativamente aos interesses em jogo" (OLIVEIRA, Eduardo Ribeiro. *Comentários ao novo Código Civil cit.*, p. 189).

[89] "Quando uma pessoa emite declaração de vontade de vontade em uma direção, e outra pessoa declara sua anuência, forma-se o negócio jurídico bilateral. Mas quando duas pessoas fazem uma declaração volitiva em direção única, constituem uma só parte, e o negócio não é, pelo só fato da participação plural ou coletiva de agentes, bilateral" (PEREIRA, Caio Mário da. *Instituições de direito civil, cit.*, 2018, n.º 85, p. 417.

de cumprida a sua obrigação, pode exigir o implemento da do outro" (CC, art. 476), determinação esta denominada *exceção do contrato não cumprido*;

2) *não sinalagmático* é o negócio em que a prestação de uma parte não se vincula à realização da contraprestação da outra, caso em que não caberá a exceção do contrato não cumprido. É o caso de uma compra e venda em que a entrega do bem ao comprador não se subordina ao prévio pagamento do preço.

iii) *plurilateral*: existem declarações de várias partes, cada uma delas com interesses próprios, mas conjugando esforços para a obtenção de uma finalidade comum, como o contrato de sociedade[90].

b) Quanto aos *benefícios patrimoniais* que possam surgir do negócio, podemos dividi-lo em *oneroso* ou *gratuito:*

i) *gratuito* é o negócio jurídico segundo o qual apenas uma das partes aufere algum benefício, como na doação pura. Enquanto o doador tem seu patrimônio reduzido, sem contrapartida alguma, o donatário obtém um aumento patrimonial sem qualquer dispêndio;

ii) *oneroso* é o negócio jurídico do qual ambas as partes auferem algum benefício econômico. A vantagem econômica proporcionada a uma das partes guarda correspondência ao proveito auferido pela outra, como o que ocorre na compra e venda[91]. Ou seja, à vantagem que cada parte visa corresponde um sacrifício a suportar (um *preço* a pagar). O negócio *oneroso* por sua vez, se subdivide em:

1) *comutativo*, quando há equivalência entre as prestações. Vale dizer: as partes sabem, de antemão, quais são as obrigações assumidas e os benefícios que irão auferir com o negócio. Não há risco quanto às prestações. É o caso da compra e venda, em que o vendedor sabe quanto irá receber pela coisa a ser transferida ao comprador;

2) *aleatório*, quando o negócio envolve uma álea ou um *risco* relativo à prestação de uma das partes. O risco é inerente ao próprio negócio. Uma das partes, ao celebrar o contrato, assume, voluntariamente, o risco de um desequilíbrio nas prestações, seja porque o objeto negociado não venha a existir, ou exista em quantidade inferior à contratada (CC, arts. 458 e 461). O jogo e a aposta são exemplos desse tipo de negócio jurídico.

---

[90] MIRANDA, Custódio da Piedade Ubaldino. *Teoria geral do negócio jurídico cit.*, p. 123. Ou, na lição de Nelson Rosenvald e Cristiano Chaves de Farias, plurilateral é o negócio jurídico "que envolve a composição de mais de duas vontades paralelamente manifestadas por diferentes partes, com um interesse convergente" (*Curso de Direito Civil cit.*, p. 505).

[91] OLIVEIRA, Eduardo Ribeiro. *Comentários ao novo Código Civil cit.*, p. 189.

Capítulo III: Do Negócio Jurídico | **81**

c) Quanto à *forma*, os negócios podem ser:

i) *formal* ou *solenes*, quando devem obedecer a determinada formalidade prevista em lei;

ii) *informal* ou *não solenes*, quando sua celebração não depende de qualquer forma específica. Em regra, os negócios jurídicos são *não solenes,* por força do art. 107, do Código Civil: "a validade da declaração de vontade não dependerá de formal especial, senão quando a lei expressamente a exigir". Por outro lado, "a escritura é essencial à validade dos negócios jurídicos que visem à constituição, transferência, modificação ou renúncia de direitos reais sobre imóveis de valor superior a trinta vezes o maior salário mínimo vigente no País" (art. 108).

d) Quanto ao *momento de produção dos seus efeitos*, o negócio jurídico pode ser *inter vivos* ou *mortis causa*[92]:

i) o negócio *inter vivos* é aquele celebrado para produzir efeitos durante a vida das partes envolvidas, como o contrato de locação;

ii) *mortis causa* é o negócio cujos efeitos dependem da morte do agente. É o que se passa com o testamento e os pactos sucessórios por exemplo.

e) Quanto à *importância* ou *independência,* classifica-se o negócio como *principal* ou *acessório:*

i) *principal* é o negócio que tem existência própria, autônoma, independente de qualquer outro;

ii) já o negócio *acessório* está vinculado à existência e validade do *principal*. Podemos exemplificar com a fiança (acessório) de um contrato de locação (principal), o pacto antenupcial em relação ao casamento.

f) Quanto ao *conteúdo,* o negócio pode ser *pessoal* ou *patrimonial:*

i) *pessoal* é o negócio cujo conteúdo não é quantificado economicamente, dizendo respeito à esfera pessoal das partes, como na adoção e na emancipação;

ii) diz-se *patrimonial* quando o conteúdo do negócio jurídico possa ser avaliado economicamente, como na compra e venda, no pacto antenupcial.

g) Quanto à *eficácia*, classificam-se os negócios jurídicos em *reais* ou *consensuais:*

---

[92] "O que caracteriza a diferenciação é o fato de dependerem as consequências dos atos *mortis causa* do acontecimento morte, sem o qual nenhum efeito produzem, enquanto o ato *inter vivos* os gera desde logo, o que significa não perder a natureza do negócio jurídico entre vivos a circunstância de se estenderem os efeitos além da morte do agente" (PEREIRA, Caio Mário da. *Instituições de direito civil, cit.,* n. º 85, p. 417).

i) o negócio *consensual* se perfaz pela simples manifestação de vontade dos contratantes. É o que ocorre com a compra e venda, a doação e a locação;

ii) *real*, por sua vez, é o negócio para cuja celebração a lei exige a tradição do bem objeto da negociação. Assim, o consentimento das partes não é suficiente, por si só, à formação do contrato. São exemplos de negócios jurídicos reais o comodato, o mútuo e o depósito.

h) Quanto à relevância da *causa*, o negócio jurídico se subdivide em *causal* ou *abstrato:*

i) *causal*, é o negócio que possui um causa que o fundamenta e que pode ser suscitada e investigada em controvérsias relativas negócio. Em verdade, a maioria dos contratos são causais, pois visam a um objetivo específico;

ii) há negócios jurídicos, entretanto, cuja causa não integra a sua etiologia, uma vez que o fim se situa fora de seus requisitos materiais. São os chamados *negócios abstratos,* nos quais a vontade gera consequências jurídicas independentemente de se analisar sua causa determinante ou o fim perseguido pelo agente[93]. É o que se passa, por exemplo, com o reconhecimento de dívida e os títulos de crédito.

---

[93] PEREIRA, Caio Mário da Silva. *Instituições de direito civil cit.,* 2018, nº 87, p. 425. Explica o autor que não se analisa a causa do negócio, porque "a lei atribui efeito à declaração de vontade, independentemente da indagação causal, ou que a sua validade independe do fim determinante" (p. 426). Antônio Junqueira de Azevedo também ensina que o negócio abstrato tem causa, "mas sua causa é juridicamente irrelevante para a validade ou a eficácia; ele se caracteriza pela forma, e não pelo conteúdo; tem *forma típica"* (AZEVEDO, Antônio Junqueira de. *Negócio jurídico: existência, validade e eficácia.* 4.ed. São Paulo: Saraiva, 2018, p. 141).

Capítulo IV: Requisitos do Negócio Jurídico

19. ELEMENTOS ESSENCIAIS DO NEGÓCIO JURÍDICO

Vendo-se o negócio jurídico como a "*manifestação de vontade* voltada a um objetivo prático consistente na constituição, modificação ou extinção de uma situação merecedora de tutela segundo o ordenamento jurídico" – no dizer de Trabucchi[1] –; ou mais explicitamente, como "um acto de *autonomia privada*, a que o Direito associa a constituição, a modificação e a extinção de situações jurídicas", tutelando-o "pela necessidade de proteger a confiança que ele suscita nos destinatários e, em geral, nos participantes na comunidade jurídica" – segundo Menezes Cordeiro[2] –, poder-se-ia afirmar que são essenciais à existência de um negócio jurídico: o *sujeito* (o autor da manifestação), a *vontade* (revelada na declaração autônoma do sujeito), a *forma* (modo através do qual a manifestação da vontade negocial se exteriorizou) e a *causa* (justificação objetiva e social dos efeitos perseguidos pelo sujeito do negócio jurídico)[3].

Entretanto, no direito brasileiro, assim como no alemão, no suíço e no austríaco, a *causa* não é vista como elemento essencial do negócio jurídico. Por isso, o nosso Código Civil não cogitou da "*sistemática da causa,* parecendo ao legislador desnecessária a sua indagação, na integração dos requisitos dos negócios jurídicos, *in genere,* preferindo cogitar dela em circunstâncias especiais", razão pela qual, não considerou "a causa como requisitos do negócio jurídico"[4]. Nessa esteira, a *causa* é substituída pelo *objeto,* este sim poder-se-ia considerar como elemento essencial do negócio jurídico.

Todavia, é de ter-se em conta que a moderna técnica jurídica, que não consegue unanimidade na matéria, em boa parte, entende que os elementos apontados por Trabucchi – agente, vontade declarada, forma, causa – não deveriam ser qualificados como *elementos,* e sim, mais propriamente como *requisitos* (ou pressupostos) de existência do negócio jurídico, já que sem qualquer um deles o negócio não teria como aperfeiçoar-se. Os *requisitos* seriam, portanto, dados estruturais necessários à genérica configuração do negócio jurídico. *Elementos essenciais*, por sua vez, seriam, para determinada corrente, os necessários à validade do negócio, como a capacidade

---

[1] TRABUCCHI, Alberto. *Istituzioni di diritto civile*. 38. ed. Padova: CEDAM, 1998, nº 64, p. 132.

[2] MENEZES CORDEIRO, António Manuel da Rocha e. *Tratado de direito civil português*. 2. ed. Coimbra: Almedina, 2000, v. I, tomo I, nº 102, p. 304-305.

[3] TRABUCCHI, Alberto. *Istituzioni di diritto civile cit.,* p. 136.

[4] PEREIRA, Caio Mário da Silva. *Instituições de direito civil: introdução ao direito civil, teoria geral do direito civil*. 31. ed. Rio de Janeiro: Forense, 2018, v. I, nº 87, p. 427.

do declarante e a licitude do objeto e, eventualmente, a forma legal exigida para certos negócios típicos, sob pena de nulidade[5].

Numa outra perspectiva, e com resultados mais interessantes, pode-se separar os elementos ou pressupostos em função dos momentos relevantes do negócio jurídico, enfocando-o como processo dinâmico, que passa por uma fase de formação e outra de vigência. Nessa perspectiva, consideram-se a declaração da vontade (nela integradas o *conteúdo e a forma*) como *elemento constitutivo ou intrínseco* do negócio jurídico. Já os *sujeitos* configuram *pressupostos* da declaração, enquanto o *objeto* seria localizado fora do estágio de existência do negócio, e mais próximo dos seus efeitos, podendo influir no plano da validade e não no da existência. É o que se passa, por exemplo, quando a lei exige, para que o negócio seja válido, a licitude, a possibilidade, a determinação ou determinabilidade do objeto (CC, art. 166, II).

O problema foi bastante simplificado por Antônio Junqueira de Azevedo, que, segundo os planos porque passa o aperfeiçoamento do negócio jurídico, distingue os elementos de existência, os requisitos de validade e os fatores de eficácia. Desse modo, *elemento* seria "tudo aquilo de que algo mais complexo se compõe"; *requisitos* são "condições, exigências, que se devem satisfazer para preencher certos fins"; e *fatores* correspondem a "tudo que concorre para determinado resultado, sem propriamente dele fazer parte". Nessa perspectiva, conclui o autor que o negócio jurídico, examinado no plano da existência, "precisa de *elementos*, para existir; no plano da validade, de *requisitos,* para ser válido; e, no plano da eficácia, de *fatores de eficácia*, para ser eficaz"[6].

Explicitando a categorização proposta, Junqueira elabora o seguinte quadro: a) o negócio jurídico contém elementos *gerais* (comuns a todos os negócios); b) elementos *categoriais* (próprios de cada tipo de negócio); e, c) elementos *particulares* (os que existem apenas em determinado negócio sem ser comum a todos ou a certos tipos). Como elementos gerais aponta: a *forma* da declaração (escrita, oral, mímica, através do silêncio etc.), o *objeto* (o conteúdo do negócio: cláusulas do contrato, disposições do testamento, o fim manifestado na própria declaração etc.), e, finalmente, as *circunstâncias negociais* (o que a declaração, fora da forma, do objeto e do conteúdo, acrescenta como necessário à produção de efeitos jurídicos)[7].

---

[5] "Assim, são *pressupostos de existência* do negócio jurídico: i) agente; ii) objeto; iii) forma; iv) vontade exteriorizada consciente" (FARIAS, Cristiano Chaves de; ROSENVALD, Nelson. *Curso de direito civil cit.*, p. 513). "Assim, qualificando os elementos essenciais, tem-se como requisitos de validade do negócio jurídico, a partir da leitura do art. 104 do Código Civil: i) agente *capaz*; ii) objeto *lícito, possível, determinado* ou *determinável*; iii) forma adequada (*prescrita* ou *não defesa em lei*); iv) vontade exteriorizada *conscientemente, de forma livre e desembaraçada*" (*op. cit.*, p. 515).

[6] AZEVEDO, Antônio Junqueira de. *Negócio Jurídico. Existência, validade e eficácia.* 4. ed. 15 tiragem. Paulo: Saraiva, 2018, p. 30.

[7] AZEVEDO, Antônio Junqueira de. *Op. cit.*, p. 32.

Capítulo IV: Requisitos do Negócio Jurídico | **87**

Embora somente os três elementos gerais apontados – forma, objeto e conteúdo – sejam *intrínsecos, ou constitutivos, de todo e qualquer negócio jurídico,* reconhece o autor que, na verdade, existem pelo menos mais três elementos que, não fazendo parte integrante do negócio, são, porém, indispensáveis à sua existência. Qualificando-os como elementos *extrínsecos,* mas de ocorrência obrigatória diante da natureza do negócio jurídico, arrola: a) um agente, b) o tempo, e, c) o lugar. Esses elementos seriam "não apenas *extrínsecos,* mas também elementos *pressupostos,* no sentido preciso de que existem *antes* de o negócio ser feito"[8].

Uma coisa é certa: a ciência do direito ainda não logrou estabelecer, de maneira unívoca, o que seriam os *elementos* e os *pressupostos* do negócio jurídico, em sua generalidade, havendo requisitos que transitam de um momento para outro dos estágios de estruturação e de vigência. Assim, a nosso sentir, o mais importante, no estudo do que seja o negócio jurídico, são, realmente, os requisitos ou pressupostos específicos necessários para que se possa identificar um ato como negócio jurídico. Os requisitos de validade, por sua vez, se fazem presentes tanto nos negócios jurídicos como nos atos jurídicos em sentido estrito. Isto posto, vamos nos ocupar, antes de tudo, do sujeito, da declaração de vontade, da forma e do objeto, na linha do nosso direito positivo.

19.1. O sujeito

O negócio jurídico, como já se disse, decorre da manifestação de vontade das partes, voltada para a regulação dos efeitos que dele pretendem extrair. Sendo assim, é essencial que essa vontade seja emitida por *sujeitos capazes* de praticarem atos da vida civil. Sujeito, assim, para Custódio Ubaldino Miranda, é "aquele que, aos olhos do público, aparece como a pessoa a quem deve atribuir-se a autoria ou a paternidade do ato, não só na sua forma, mas também no seu conteúdo". Por isso, para o autor, o mensageiro não pode ser considerado como *sujeito,* uma vez que simplesmente comunica a vontade manifestada por outra pessoa, é mero "instrumento do verdadeiro declarante"[9]. Da mesma forma, *representante* também não é parte, uma vez que o conteúdo do ato não lhe pode ser imputado: o administrador ou o gestor de empresa que atua em nome de outrem não é parte do negócio que conclui.

---

[8]   AZEVEDO, Antônio Junqueira de. *Op. cit.,* p. 33: "Assim, se o negócio jurídico é uma espécie de ato jurídico, torna-se óbvio que não há negócio sem um *agente* (do verbo *agere,* cujo particípio passado é *actum*); e se o ato jurídico, por sua vez, é espécie de fato jurídico, considerando que não há fato que não ocorra em determinado ponto do espaço e em determinado momento, todo negócio jurídico tem também, indispensavelmente, *lugar* e *tempo*".

[9]   MIRANDA, Custódio da Piedade Ubaldino. *Teoria geral do negócio jurídico.* 2. ed. São Paulo: Atlas, 2009, p. 59.

Cada parte (ou *centro de interesses*, para Trabucchi) pode ser simples ou composta, dependendo do fato de ser integrada por um ou mais sujeitos que manifestam sua vontade. Além disso, o ato praticado pelos sujeitos pode ser:

a) *coletivo*: quando mais de uma pessoa manifesta vontades de igual conteúdo, que se movem paralelamente para formar uma manifestação de vontade unitária, como condôminos que dão em hipoteca o seu bem para um fim comum; ou,

b) *complexo*: quando mais de uma declaração de vontade distinta se dirige à tutela de um só interesse, como, por exemplo, na representação conjunta em que os procuradores devem agir, conjuntamente, para a prática dos atos[10].

O sujeito tem que ser *capaz*, ou seja, deve estar apto a praticar, sozinho, os atos da vida civil. Trata-se da capacidade genérica para agir. A capacidade civil é um conceito que se obtém de forma negativa. Vale dizer, é capaz todo aquele que não sofre algumas das incapacidades previstas em lei (Código Civil, arts. 3°[11] e 4°[12])[13]. Não quer isto dizer que o incapaz não pode celebrar negócios jurídicos, mas deve fazê-lo representado ou assistido de seu representante legal, caso sua incapacidade seja absoluta ou relativa, respectivamente.

Há que se destacar, ainda, algumas situações em que se exige do sujeito uma *legitimação* para a prática do ato. A falta de *legitimação*, normalmente, decorre da posição da pessoa em relação a certo bem, que a impede de praticar determinados negócios jurídicos. Assim, por exemplo, os tutores, curadores, testamenteiros e administradores não podem adquirir os bens confiados à sua guarda ou administração (art. 497, I, do CC); o ascendente não pode vender bens a descendente, sem que tenha o consentimento do cônjuge e dos demais descendentes (art. 496).

Silvio Rodrigues explica que nessas situações não se discutem "as qualidades intrínsecas da pessoa que a fazem mais ou menos apta para exercer sua autonomia privada, mas sim a posição da pessoa a respeito de determinadas coisas ou bens considerados como possíveis objetos de negócios jurídicos em geral, ou de especiais categorias de negócios"[14].

---

[10] TRABUCCHI, Alberto. *Istituzioni di diritto civile cit.*, nº 67, p. 136-137.

[11] "Art. 3º. São absolutamente incapazes de exercer pessoalmente os atos da vida civil os menores de 16 (dezesseis) anos".

[12] "Art. 4º. São incapazes, relativamente a certos atos ou à maneira de os exercer: I – os maiores de dezesseis e menores de dezoito anos; II – os ébrios habituais e os viciados em tóxico; III – aqueles que, por causa transitória ou permanente, não puderem exprimir sua vontade; IV – os pródigos. Parágrafo único. A capacidade dos indígenas será regulada por legislação especial".

[13] MIRANDA, Custódio da Piedade Ubaldino. *Teoria geral do negócio jurídico cit.*, p. 60.

[14] Cf. BETTI, Emilio. *Teoria Geral do Negócio Jurídico*. Campinas: Servanda Editora, 2008, § 27 B, p. 323; RODRIGUES, Sílvio. *Direito Civil*. 32.ed. São Paulo: Saraiva, 2002, v. 1, p. 173. Para Caio Mário da Silva Pereira trata-se de *impedimento* ou *restrição* que a lei estabelece para que o

Capítulo IV: Requisitos do Negócio Jurídico | **89**

Para Caio Mário da Silva Pereira, o requisito *subjetivo* dos negócios jurídicos "envolve, pois, além da capacidade geral para a vida civil, a ausência de *impedimento* ou *restrição* para o negócio em foco: é necessário, portanto, que o agente, além de capaz, não sofra ainda diminuição instituída especificamente para o caso"[15]. Nisso, precisamente, consiste a *legitimação* para o negócio jurídico.

19.1.1. A representação

I – Conceito

O instituto da representação foi inserido na legislação brasileira pelo Código Civil de 2002, nos artigos 115 a 120.

Em regra, a pessoa pratica, pessoalmente, os atos da vida civil que lhe interessam. Entretanto, é possível que ela se faça representar em determinadas situações, seja por impossibilidade física ou legal, seja por mera conveniência. Nesses casos, uma pessoa (representado) outorga, por ato de autonomia da vontade, poderes à outra (representante), para, em seu nome, praticar determinados atos. Em outras situações, é apropria lei que, excepcionalmente, confere esse poder de atuação em nome de outrem.

A *representação* é, portanto, o fenômeno jurídico que permite a uma pessoa agir em nome e por conta de outra, fazendo com que seus atos repercutam diretamente na esfera jurídica do representado[16]. É, nos atos voluntários, um negócio jurídico unilateral, no qual o representado outorga poderes ao representante para que esse pratique atos jurídicos em seu nome[17].

---

agente, sem quebra de sua capacidade civil, realize determinados negócios jurídicos. Ou seja, "é positiva a *restrição* que a lei impõe a uma pessoa, em dadas circunstâncias, quanto à realização de certos atos, vigorantes apenas para aquele caso específico, enquanto o agente guarda a sua liberdade de agir em tudo o mais" (PEREIRA, Caio Mário da Silva. *Instituições de direito civil cit.*, 2018, nº 84, p. 408).

[15] PEREIRA, Caio Mário da Silva. *Instituições de direito civil cit.*, nº 84, p. 408.

[16] GONÇALVES, Marcus Vinicius Rios. Arts. 653 a 692. In: ARRUDA ALVIM; ALVIM, Thereza; CLÁPIS, Alexandre Laizo (coords). *Comentários ao Código Civil Brasileiro*. Rio de Janeiro: Forense, 2009, v. VI, p. 677. "A representação consiste, assim, numa manifestação de vontade, em que uma pessoa (representante) atua em nome de outra (representado), nos limites dos poderes por esta conferidos ou decorrentes de lei e que produzem efeitos" (WALD, Arnoldo; CAVALCANTI, Ana Elizabeth L. W.; PAESANI, Liliana Minardi. *Direito Civil*. 14. ed. São Paulo: Saraiva, 2015, v. 1, p. 252).

[17] Para Silvio de Salvo Venosa a representação é a "mais eficaz modalidade de cooperação jurídica". Isto porque, "o representado, ao permitir que o representante aja em seu lugar, amplia sua esfera de atuação e a possibilidade de defender seus interesses no mundo jurídico". Segundo o autor, em verdade, "o representante é um *substituto* do representado, porque o substitui não apenas na manifestação externa, fática do negócio, como também na própria *vontade*

Porém, segundo o art. 115, do Código Civil, o fenômeno jurídico não é de exclusiva iniciativa da parte, já que os poderes de representação tanto podem ser conferidos por lei, como pelo interessado.

A representação *legal* relaciona-se com a falta de capacidade plena do representado para a prática de atos da vida civil, que é conferida aos pais, tutores, curadores e administradores. A representação pode, ainda, depender de *ato judicial* como nomeação de administrador judicial da massa falida, de inventariante para o espólio. No entanto, outras hipóteses de representação têm origem em *atos de declaração de vontade*, com o propósito de viabilizar a gestão ou a defesa de interesses jurídicos alheios. É o que comumente surge do contrato de mandato, que se exterioriza por meio da procuração.

Justamente em razão desse vínculo existente entre a representação e o mandato, muito se discutiu, em sede do Código Civil de 1916, a respeito da autonomia da representação voluntária em relação ao mandato. Gustavo Tepedino relembra lição de San Tiago Dantas, que "defendia que a representação seria 'a ideia suprema do mandato, além de só a ele pertencer entre todas as espécies de contrato', de modo que 'o mandato é a maneira de fazer-se a representação direta voluntária'"[18].

Por outro lado, Clóvis Beviláqua entendia que, embora a representação caracterizasse o mandato, "certamente a representação poderá ter outra causa"[19]. Da mesma forma, Pontes de Miranda ensinava que "há, quase sempre, *poder de representação* no mandato, porém o mandato e o poder de representação não se confundem", uma vez que "pode haver mandato, no direito brasileiro, sem poder de representação"[20].

Entretanto, a discussão foi eliminada pelo Código Civil de 2002 que inequivocamente consagrou a representação como instituto autônomo nos arts. 115 a 120. Assim, também, o entendimento de Caio Mário da Silva Pereira, para quem "o Código Civil brasileiro de 2002 dedicou um capítulo especial à *representação*, na sua Parte

---

do representado" (VENOSA, Sílvio de Salvo. *Código Civil Interpretado*. 2. ed. São Paulo: Atlas. 2011, nota 1 do art. 115, p. 126).

[18] DANTAS, San Tiago. *Programa de direito civil*. Rio de Janeiro: Editora Rio, 1999, v. II, p. 369-370; *apud* TEPEDINO, Gustavo; OLIVA, Milena Donato. Autonomia da representação voluntária no direito brasileiro e determinação da disciplina que lhe é aplicável. *Revista Magister de Direito Civil e Processual Civil*, nº 72, p. 5, maio-jun./2016.

[19] BEVILÁQUA, Clovis. *Código Civil dos Estados Unidos do Brasil Comentado*. Rio de Janeiro: Editora Paulo de Azevedo Ltda., 1957, v. 5, p. 24.

[20] PONTES DE MIRANDA, Francisco Cavalcanti. *Tratado de Direito Privado*. São Paulo: Editora Revista dos Tribunais, 2012, t. XLIII, p. 61. A legislação alemã também construiu uma teoria autônoma da representação, nos §§ 164 a 181 do BGB (FROMONT, Michel. *Droit allemand des affaires. Droit des biens et des obligations. Droit commercial et du travail*. Paris: Montchrestien, 2001, p. 81).

Geral, arts. 115 a 120, pondo fim ao equívoco de alguns de aliar sempre aquela ideia à de mandato, o que não é exato, vez que este é apenas uma das formas daquela"[21].

Com efeito, o traço característico do mandato é a representação. Entretanto, o direito conhece muitas possibilidades de alguém atuar em nome de outrem sem ter recebido do representado uma voluntária outorga de poderes. Basta lembrar da representação dos filhos menores pelos pais ou dos interditos pelo curador, ou, ainda, do espólio e do condomínio pelo inventariante e pelo síndico, respectivamente, entre muitas outras situações similares. Em todas essas hipóteses, atos jurídicos são validamente praticados por quem não é titular do direito subjetivo exercitado, sem que este os tenha voluntariamente autorizado. A representação, portanto, é um *gênero*, do qual o mandato é apenas uma das *espécies*, ou seja, aquela que provém de livre ajuste de vontade entre representado e representante.

II – Espécies de representação

Nos termos do art. 115, do Código Civil, a representação pode derivar da *lei* ou da *vontade*. Pode, também, decorrer de *ato judicial*, desde, é óbvio, que haja autorização em lei.

A representação *legal*, como já se disse, relaciona-se, em regra, com a falta de capacidade plena do representado para a prática de atos da vida civil, que é conferida, por exemplo, aos pais, tutores, curadores e administradores. Segundo Orlando Gomes:

> "A representação legal é instituída em razão de relevante interesse jurídico. Diante da impossibilidade jurídica das pessoas incapazes proverem seus próprios interesses, torna-se necessário atribuir a alguém o poder-dever de curá-los. Quando estabelecida para esse fim, a representação adquire o relevo de verdadeiro *munus*, agindo o representante como se fora titular de um ofício"[22].

Segundo o autor, essa representação é imprópria, "não somente porque a atividade jurídica do representante não se funda num poder de agir derivado da pessoa em nome de quem a exerce, senão, também, porque ele age com plena independência da vontade do representado"[23].

A representação será *voluntária*, quando a outorga de poderes decorrer de ato de declaração de vontade do próprio representado, com o propósito de viabilizar a

---

[21]   PEREIRA, Caio Mário da Silva. *Instituições de Direito Civil: contratos*. 22. ed. Revista e atualizada por Caittin Mulholland. Rio de Janeiro: Forense, 2018, v. III, p. 375. Para Gustavo Tepedino, "o mandato constitui-se em espécie contratual, negócio jurídico bilateral que depende da concorrência de vontades para a sua existência. Já a representação é técnica de atuação em nome de outrem" (TEPEDINO, Gustavo. A técnica da representação e os novos princípios contratuais. *Revista Forense*, v. 386, p. 118, jul.-ago./2006).

[22]   GOMES, Orlando. *Introdução ao direito civil*. 18 ed. Rio de Janeiro: Forense, 2002, p. 436.

[23]   GOMES, Orlando. *Ob. cit., loc. cit.*

gestão ou a defesa de seus interesses jurídicos pelo representante. Nessa situação, os limites e a extensão dos poderes do representante são determinados pela vontade do representado. Essa modalidade de representação "estrutura-se no campo da autonomia privada mediante a outorga de procuração, que é o instrumento do mandado"[24].

A representação pode, ainda, derivar de *ato do juiz*, que, em determinadas circunstâncias, nomeia representantes no processo, como é o caso de administrador judicial para a massa falida, de inventariante para o espólio, do curador especial ao revel etc.

No caso de pessoa jurídica, a representação é feita pela pessoa designada no seu ato constitutivo (estatuto ou contrato social), uma vez que ela só consegue agir através de uma pessoa física[25]. A doutrina moderna prefere falar em *presentação*, "pois os diretores agem *como se fossem* a própria pessoa jurídica". Na verdade, não existe "duplicidade de vontades, pois falta declaração volitiva do representante em lugar do representado. A pessoa jurídica projeta sua vontade no mundo jurídico por meio de seus órgãos"[26].

III – Poderes do representante

Em regra, qualquer ato pode ser praticado pelo representante em nome do representado, exceto aqueles que, pela lei, devem ser praticados exclusivamente pelo interessado. São os chamados atos *pessoais* ou *personalíssimos*. São exemplos o testamento, o exercício de mandato eletivo, a participação em concurso público, o exercício militar etc.

Na *representação legal*, é a lei que prevê os limites da atuação do representante. Assim, por exemplo: (i) os pais têm a administração dos bens dos filhos menores sob sua autoridade, não podendo "alienar, ou gravar de ônus real os imóveis dos filhos, nem contrair, em nome deles, obrigações que ultrapassem os limites da simples administração, salvo por necessidade ou evidente interesse da prole, mediante prévia autorização do juiz" (CC, arts. 1.689, II e 1.691); (ii) os tutores devem administrar os bens do tutelado, sendo-lhes vedado adquirir por si ou por interposta pessoa bens do menor, dispor dos bens a título gratuito, constituir-se cessionário de crédito ou de direito contra o menor (CC, arts. 1.741, 1.747 a 1.749).

Na *representação voluntária*, o representante possui autonomia para outorgar os poderes que quiser ao representado. A sua vontade estabelece a extensão dos poderes que serão conferidos ao procurador.

---

[24] GONÇALVES, Carlos Roberto. *Direito Civil brasileiro*. 10 ed. São Paulo: Saraiva, 2012, v. 1, p. 366.

[25] "Sob o aspecto do exercício dos direitos é que ressalta a diferença com as pessoas naturais. Não podendo a pessoa jurídica agir senão através do homem, denominador comum de todas as coisas no Direito, esse ente corporificado pela norma deve, em cada caso, manifestar-se pela vontade transmitida por alguém" (VENOSA, Silvio de Salvo. *Direito civil. Parte geral*. 8. ed. São Paulo: Atlas, 2008, v. 1, p. 232).

[26] VENOSA, Silvio de Salvo. *Direito civil. Parte geral cit.*, p. 348.

IV – Efeitos da manifestação da vontade pelo representado

O art. 116 do Código Civil estabelece que "a manifestação de vontade pelo representante, nos limites de seus poderes, produz efeitos em relação ao representado".

Nessa esteira, desde que o representante atue *dentro dos exatos limites da procuração* que lhe foi outorgada, os atos por ele praticados *vinculam o representado*, como se este tivesse agido pessoalmente. Assim, as obrigações assumidas deverão ser cumpridas pelo representado, que, também, pode exigir do terceiro com quem foi celebrado o contrato o seu adimplemento. Por isso, ao contratar, é dado ao terceiro exigir comprovação, pelo representante, da "sua qualidade e a extensão de seus poderes" (CC, art. 118).

Se, porém, a atuação do representante ultrapassar os poderes que lhe foram expressamente conferidos, haverá excesso de poder, razão pela qual o ato será *ineficaz* em relação ao representado, salvo se posteriormente o ratificar. Obviamente, o representante poderá ser pessoalmente responsabilizado por eventuais prejuízos provocados, devendo indenizar a parte prejudicada.

Na representação legal, o ato praticado por quem não é representante ou fora dos poderes conferidos pela lei, será nulo ou anulável, conforme o caso. De qualquer modo, inexistindo a representação, o ato será inoponível ao indevidamente representado, no plano da eficácia.

19.2. A declaração da vontade

Como já visto, o negócio jurídico decorre da manifestação de vontade com a intenção de criar, modificar ou extinguir relações jurídicas. Sem ela, o negócio sequer existe. A declaração de vontade, nessa esteira, "consiste em um ato de comunicação de vontade, dirigida a uma ou mais pessoas, determinadas ou determináveis, visando a produção de efeito jurídico"[27].

Para que exista o negócio jurídico seria necessário, segundo as primitivas lições sobre o tema, que houvesse exata identidade entre a *vontade* do agente e a respectiva declaração. Na doutrina originária elaborada por Savigny para a construção da teoria do negócio jurídico, este se formaria pela exata sintonia entre dois fenômenos: a *vontade interna* e a *declarada* (teoria subjetiva). Desde, porém, a positivação do negócio jurídico pelo Código Civil alemão (BGB), passou a predominar o entendimento de que o componente essencial do negócio jurídico é a *vontade declarada* (teoria objetiva), restando superada a tese de Savigny, que distinguia a vontade real (verdadeira) e a vontade declarada, para privilegiar aquela sobre esta, e colocar a vontade íntima entre os elementos essenciais do negócio jurídico (teoria subjetiva).

---

[27]   NADER, Paulo. *Curso de Direito Civil – parte geral*. 5. ed. Rio de Janeiro: Forense, 2008, nº 116, p. 316.

No direito brasileiro, a doutrina liderada por Antônio Junqueira de Azevedo, explica que as duas teorias oriundas do direito alemão partem do equívoco de tomarem a *vontade* e a *declaração* como dois elementos distintos e, assim, divergem apenas quanto à prevalência de um sobre o outro. Na realidade, porém, só existe um elemento, que é o evento incindível da *declaração da vontade*: a vontade, isoladamente, não seria um elemento do negócio, mas sim a declaração da vontade[28].

Interpretando a doutrina em questão, Paulo Nader aduz que o negócio jurídico "surge no momento da declaração, dele não fazendo parte o processo volitivo anterior. Este tem significado apenas para a *validade* e *eficácia* do negócio jurídico, não quanto à sua *existência*. Para esta, basta a declaração. Se a vontade declarada contém um vício, a hipótese não será de *inexistência* do ato, mas de *invalidade*"[29].

No direito italiano, para Trabucchi, a vontade é elemento dinâmico por excelência do mundo jurídico, sendo essencial, pois dá vida ao negócio jurídico. Entretanto, ressalta que a vontade interna, aquela que fica no íntimo do agente, não é relevante para o direito. Assim, o sujeito deve externar sua vontade, declará-la a outros indivíduos[30]. Daí porque prevê o Código Civil que "a manifestação de vontade subsiste ainda que o seu autor haja feito a reserva mental de não querer o que manifestou, salvo se dela o destinatário tinha conhecimento" (art. 110). Isto porque, "a vontade que não se exterioriza não produzirá efeitos jurídicos. Desse modo, aquilo que o autor da declaração guardou para si, que figurou apenas no seu íntimo, não repercute no mundo do direito. Esse é um princípio geral, que aqui encontra aplicação"[31].

No sistema moderno, ensina ainda Trabucchi, "a vontade da declaração é considerada suficiente; e portanto, o legislador intervém com meios especiais para garantir a relevância do conteúdo da própria declaração, quando ela pode ser reconectada à atitude do sujeito"[32]. A declaração, desta forma, deverá representar a intenção do agente. É por isso que "em muitos casos em que esta correspondência não é encontrada, o direito reage com a invalidade do negócio"[33].

---

[28]   AZEVEDO, Antônio Junqueira de. *Negócio jurídico. Existência, validade e eficácia cit.*, p. 82.

[29]   NADER, Paulo. *Curso de Direito Civil cit.*, nº 116.1, p, 317.

[30]   "Não menos exato igualmente que, para assumir relevo jurídico, a vontade deverá ser de algum modo manifestada" (OLIVEIRA, Eduardo Ribeiro de. *In* TEIXEIRA, Sálvio de Figueiredo (coord.). *Comentários ao Novo Código Civil*. Rio de Janeiro: Forense, 2008, v. II, p. 229).

[31]   OLIVEIRA, Eduardo Ribeiro de. *Comentários ao Novo Código Civil cit.*, p. 232. Na hipótese de reserva mental, a divergência intencional engana o declaratário, mas sem o intuito de prejudicá-lo. Por isso, o Código Civil faz prevalecer a *vontade declarada* sobre a intenção íntima do declarante, salvo apenas se o declaratário tinha conhecimento da *reticência* ou da *reserva mental*, com que a declaração fora manifestada. Nesse caso, o negócio será *inexistente* (CC, art. 110).

[32]   TRABUCCHI, Alberto. *Istituzioni di diritto civile cit.*, nº 69, p. 143-144.

[33]   TRABUCCHI, Alberto. *Op. cit., loc. cit.*

A declaração de vontade pode ser feita de forma expressa ou tácita:

a) *expressa*: o agente se vale de meios *objetivos, perceptíveis* e de *uso comum*, como a palavra escrita ou falada, e às vezes, simples gestos como se passa nos leilões.

b) *tácita:* ocorre por meio de atos praticados pelo declarante, que exteriorizam a sua concordância na realização de determinado negócio. Na apuração da declaração tácita, "valiosa e imprescindível é a experiência de vida, especialmente quanto ao assunto tratado"[34]. Vários dispositivos do nosso Código reconhecem o cabimento da *declaração tácita de vontade*, tais como: i) o art. 191 admite a *renúncia* à prescrição de forma *expressa ou tácita;* ii) o art. 659 admite a aceitação *tácita* do mandato; e, iii) art. 1.805, permite a aceitação da herança de forma *tácita* quando se praticam atos próprios da qualidade de herdeiro.

Considera-se *inexistente* a manifestação quando o agente adota determinada conduta que, por equívoco seu ou do intérprete, é considerada uma declaração de vontade. Para Paulo Nader, tal fato não poderá ser reconhecido como declaração de vontade. Pense-se na hipótese de alguém, em um leilão de arte, acenar para o conhecido e tal conduta ser interpretada pelo leiloeiro como um lance. Para Larenz, a declaração deve ser um ato humano. Assim, seria inexistente a declaração manifestada durante o sono ou estado análogo, bem como aquela manifestada sob coação física (*vis absoluta*). Mas a declaração obtida por meio de coação psicológica (*vis compulsiva*) configura *declaração de vontade,* embora passível de anulação[35].

Outro ponto merece destaque em relação à manifestação de vontade: uma vez emitida, vincula o sujeito "que não poderá retratar-se sem consequências jurídicas"[36].

Por fim, haverá divergência intencional entre a vontade íntima do agente e aquela por ele declarada em três situações, a saber:

a) na *reserva legal*, como já demonstrado.

b) na *simulação*, quando a divergência é acordada entre as partes com o *propósito de prejudicar terceiro*. O negócio, na hipótese, é nulo e seu objeto é imoral, salvo se não houver prejuízo a terceiro, nem violação de norma de ordem pública, caso em que o negócio oculto prevalecerá sobre o aparente.

c) nas *declarações não sérias*. Embora a hipótese não tenha sido prevista expressamente pelo nosso Código Civil – ao contrário do Código Português, em seu art. 245 –, é possível que o fenômeno ocorra: i) quando o agente está evidentemente de brincadeira, sem a intenção de que o negócio seja

---

34 NADER, Paulo. *Curso de Direito Civil cit.,* nº 116.3, p. 318.

35 NADER, Paulo. *Ob. cit.,* nº 116.4, p. 319.

36 MIRANDA, Custódio da Piedade Ubaldino. *Teoria geral do negócio jurídico cit.,* p. 48.

concretizado, e com a ciência do declaratório; ii) nas *declarações cênicas*, quando o autor reproduz o texto de uma peça; e, iii) nas *declarações meramente didáticas*[37].

19.3. A forma

A forma do negócio jurídico "é o meio através do qual o agente expressa a sua vontade"[38]. De fato, todo negócio jurídico deve revestir-se por alguma forma, pois esta é o meio pelo qual a vontade se manifesta, vale dizer, se torna conhecida objetivamente[39].

Em regra, não existe uma forma especial para a prática de negócios jurídicos. Nesse sentido é o art. 107, do Código Civil: "a validade da declaração de vontade não depende de forma especial, senão quando a lei expressamente a exigir". É o princípio da liberdade da forma, segundo o qual o negócio jurídico pode se externar por qualquer meio: oral, escrito, por sinais e, até mesmo, pelo silêncio em determinadas situações[40]. A regra é, portanto, a *liberdade de forma*[41], de modo que qualquer exigência de forma especial depende de prévia previsão legislativa.

Ensina Caio Mário que a forma do negócio pode ser vista sob dois prismas: i) como *manifestação da vontade*, vista como a expressão exterior da elaboração psíquica; e, ii) como *conjunto de requisitos* de que a "lei entende deva o ato negocial se revestir para ter validade ou para ser apurada a sua existência"[42].

A exigência de forma especial pode decorrer *da lei*, como, por exemplo, a essencialidade da escritura pública para a validade dos negócios jurídicos que visarem

---

[37] NADER, Paulo. *Curso de Direito Civil cit.*, n° 116.6, p. 320-322.

[38] AZEVEDO, Antônio Junqueira de. *Negócio jurídico. Existência, validade e eficácia cit.*, p. 126.

[39] NADER, Paulo. *Curso de Direito Civil – parte geral.* 5.ed. Rio de Janeiro: Forense, 2008, n° 115, p. 314.

[40] "Dentro do princípio da liberdade de forma, admite-se que a vontade se manifeste por todos os meios, seja pela linguagem falada ou escrita, seja pela linguagem mímica, gestos, acenos, atitudes, seja ainda pela utilização de caracteres convencionais gráficos. Sempre que não for exigida forma especial, o negócio perfaz-se através de um meio qualquer, por que se apure a emissão volitiva". Caio Mário continua sua lição, admitindo que, às vezes, até mesmo o silêncio, "uma atitude negativa, a falta de oposição, pode traduzir-se em *declarações tácitas de vontade,* as quais, conforme o caso, têm o mesmo valor jurídico das manifestações *expressas*" (PEREIRA, Caio Mário da Silva. *Instituições de direito civil cit.*, n° 84-A, p. 412).

[41] "À luz da ordem jurídica vigente, pode-se afirmar que, relativamente à forma, prevalece o princípio da liberdade, ou seja, a regra geral é a da *informalidade* dos atos. A exceção, que é a *forma especial,* há de ser expressa em lei. É o que prevê o artigo 107 do Estatuto civil" (NADER, Paulo. *Curso de Direito Civil cit.*, n° 115, p. 315). O Código Civil português contém previsão semelhante, em seu art. 219.

[42] PEREIRA, Caio Mário da Silva. *Instituições de direito civil cit.*, 2018, n° 84-A, p. 410. Para Trabucchi, a forma, entendida como o modo de manifestação da vontade negocial, é um elemento essencial do negócio jurídico (TRABUCCHI, Alberto. *Istituzioni di Diritto Civile cit.*, n° 72, p. 159).

Capítulo IV: Requisitos do Negócio Jurídico | **97**

a constituição, transferência, modificação ou renúncia de direitos reais sobre imóveis de valor superior a trinta vezes o maior salário mínimo vigente no país (CC, art. 108)[43]. Sem a estrita observância desta forma integrativa ou substancial, o negócio jurídico é nulo, uma vez que a vontade manifestada é insuficiente para a produção válida do efeito pretendido[44]. Daí dizer-se que a forma é estabelecida *ad substantiam* ou *ad solemnitatem*. Quando a forma for da substância do ato, a sua inobservância é causa de nulidade (CC, art. 166, IV)[45].

Para Trabucchi, a função da forma no ato solene, conectada com a oportunidade de preparar a documentação e ter certeza do conteúdo exato das declarações é, acima de tudo, chamar a atenção da pessoa que está concluindo o negócio para a importância do ato que está prestes a acontecer[46].

Mas a exigência de utilização de determinada forma pode decorrer, também, da *vontade das partes*, que, por opção, decidem que o negócio deva ser realizado por escritura pública. Esta possibilidade encontra-se prevista no art. 109, do CC: "no negócio jurídico celebrado com a cláusula de não valer sem instrumento público, este é da substância do ato". Nesses casos, a forma também será *ad substantiam*, ou seja, da essência do negócio.

Importante observar que a formalidade pode existir apenas por razões probatórias (forma *ad probationem*). Nessa hipótese, o negócio jurídico existe e é válido, independentemente da forma utilizada para sua constituição. Entretanto, a legislação exige que a sua comprovação seja feita por determinada forma específica, sem a qual lhe faltará exigibilidade[47]. Era o caso do art. 227 do Código Civil, revogado pelo Código de Processo Civil de 2015, que inadmitia a prova exclusivamente testemunhal para o negócio jurídico cujo valor ultrapassasse o décuplo do salário mínimo vigente no país. Assim, ao interessado cabia trazer ao processo ao menos um começo de prova escrita para comprovar a existência do negócio. É, ainda, o caso do depósito voluntário, que, a rigor, não é solene, mas cuja prova deve se dar por meio de escrito (CC, art. 646).

---

[43] São exemplos de negócios jurídicos formais: o testamento e o pacto antenupcial.

[44] PEREIRA, Caio Mário da Silva. *Ob. cit.,* nº 84-A, p. 412.

[45] Segundo Trabucchi, a vontade manifestada de outro modo é como se não existisse: aquela determinada forma é insubstituível pela manifestação de vontade (TRABUCCHI, Alberto. *Istituzioni di Diritto Civile cit.,* nº 72, p. 162).

[46] TRABUCCHI, Alberto. *Istituzioni di Diritto Civile cit.,* nº 72, p. 160.

[47] "O negócio jurídico é válido em si mesmo, mas não pode ser provado senão pela confissão da parte, a quem é oposto, ou por sua execução espontânea, que é uma espécie de confissão extrajudicial" (PEREIRA, Caio Mário da Silva. *Ob. cit.,* nº 84-A, p. 414). Para Trabucchi, quando a forma escrita é exigida *ad probationem* fica excluída a prova por testemunhas e por presunções simples. Mas o negócio, mesmo sem a prova escrita, é válido (TRABUCCHI, Alberto. *Istituzioni di Diritto Civile cit.,* nº 72, p. 162).

A forma pode decorrer, ainda, de razões de *publicidade*, exigindo-se que o negócio seja registrado no cartório competente, para que terceiros possam ter conhecimento de sua celebração. Nesses casos, a inobservância da publicidade não afeta a validade do negócio, mas a sua oponibilidade perante terceiros estranhos ao negócio[48].

No direito italiano, Trabucchi lembra que, em alguns casos a negociação não se manifesta propriamente pela declaração de uma vontade, mas com a realização do objetivo perseguido, o que ocorre, por exemplo, com o abandono da coisa ou quando alguém pega o jornal na banca, deixando o dinheiro à vista do vendedor. É o que ele chama de *negócio de execução* ou *negócio de vontade*. Nessas situações, segundo o autor, não há ato dirigido a tornar a vontade conhecida: isso é superado pelo próprio fato da atuação do propósito negociador, realizado sem colocar o autor do ato em relação com o outro sujeito[49].

Situação interessante foi descrita por Teresa Ancona Lopez, em que não haverá mesmo declaração de vontade propriamente dita para a celebração dos negócios jurídicos, tal como ocorre com a utilização de máquinas automáticas de venda de refrigerantes, chocolates, salgados etc., ou no transporte coletivo. Nesses negócios, não há declaração de vontade e, portanto, não são exigidos os requisitos de validade, tanto que constantemente são celebrados por crianças. Por outro lado, em razão da rapidez da negociação, não se aplicam a essas relações os defeitos dos negócios jurídicos. Para a autora, "claro que há a intenção de tomar o ônibus, comprar o refrigerante colocando a moeda na máquina ou de abastecer seu veículo pessoalmente, mas não há o intuito negocial". É o que a autora chama de *comportamentos sociais típicos*, que geram efeitos obrigacionais por serem contratos propriamente ditos[50].

19.3.1. O silêncio

Em regra, se o negócio jurídico decorre da manifestação da vontade, o silêncio não é hábil à sua constituição, por significar justamente a ausência de qualquer declaração de vontade. Assim, não se pode aplicar ao direito o ditado segundo o qual "quem cala consente", pois quem se silencia não declara nenhuma vontade, nem consentindo, nem dissentindo, razão pela qual sua conduta não poderá produzir

---

[48]   PEREIRA, Caio Mário da Silva. *Ob. cit.*, p. 415.

[49]   TRABUCCHI, Alberto. *Istituzioni di Diritto Civile cit.*, nº 72, p. 159. Miranda afirma que, nesses casos, como ocorre na ocupação, existe um negócio de natureza especial, que não tem "como suporte declarações de vontade, mas simples atuações de vontade, formas de comportamento donde se deduz, através de certos fatos que os acompanham, os chamados fatos concludentes, certa intenção, certo conteúdo de vontade negocial". Para o autor, estes negócios seriam realizados "em forma tácita" (MIRANDA, Custódio da Piedade Ubaldino. *Teoria geral do negócio jurídico cit.*, nº 3.1.5, p. 56).

[50]   LOPEZ, Teresa Ancona. Princípios contratuais. *In:* FERNANDES, Wanderley (coord.). *Fundamentos e princípios dos contratos empresariais*. 2.ed. São Paulo: Saraiva, 2015, p. 32-33).

efeitos. Ou, na lição de Miranda, "o silêncio consiste, não só em não falar, mas em não fazer coisa alguma: é um comportamento literalmente abstensivo ou negativo"[51].

Entretanto, o Código Civil, no art. 111, admite que o silêncio seja considerado como consentimento, "quando as circunstâncias ou os usos o autorizarem, e não for necessária a declaração de vontade expressa". Não é preciso, entretanto, que a lei recuse o silêncio como causa de produção de efeitos jurídicos. Para sua rejeição basta que exija para o negócio um instrumento público ou particular. "Ao mencionar qualquer destes, estará, *ipso facto*, vedado o *silêncio* como forma de anuência"[52].

O Código Civil, ao tratar especificamente dos contratos, no art. 432, dispõe que "se o negócio for daqueles em que não seja costume a aceitação expressa, ou o proponente a tiver dispensado, reputar-se-á concluído o contrato, não chegando a tempo a recusa". Destarte, pela legislação brasileira, o silêncio somente poderá ser considerado como anuência se a lei assim o determinar ou o autorizarem os usos e as circunstâncias do caso concreto[53]. Por isso, ensina Eduardo Ribeiro que o silêncio "significará manifestação de vontade, se isso justificar-se em um dado contexto", vale dizer, "necessário que dele seja possível extrair a conclusão de que houve a concordância"[54].

O silêncio, cumpre destacar, não se equipara à *manifestação tácita de vontade*. Isto porque, a declaração tácita ocorre quando se pode induzir da conduta do agente a intenção de praticar determinado ato[55]: Ela é adequada "para aqueles casos em que possível inferir, de um procedimento voluntário, 'que aquele que o pratica, ou mantém, assim manifesta ou declara uma vontade inconciliável, por força do princípio da contradição, com uma vontade oposta'"[56]. Entretanto, para Paulo Nader, o legislador brasileiro, no art. 111 do Código Civil, considerou o silêncio como declaração tácita de vontade[57].

---

[51] MIRANDA, Custódio da Piedade Ubaldino. *Teoria geral do negócio jurídico cit.*, nº 3.1.5, p. 57.

[52] NADER, Paulo. *Curso de Direito Civil cit.*, nº 116.5, p. 319.

[53] Pense-se no vendedor que rotineiramente envia mercadorias ao cliente que, aceitando-as, simplesmente não as devolve em determinado prazo. Decorrido o período estabelecido, o vendedor emite as respectivas notas fiscais, que são quitadas pelo comprador. Nessa situação, o silêncio do comprador é considerado, pelo costume e pelas circunstâncias, como anuência.

[54] OLIVEIRA, Eduardo Ribeiro de. *Comentários ao novo Código Civil cit.*, p. 237.

[55] Declaração tácita, para Pedro Pais de Vasconcelos, é a que consiste num comportamento concludente. Em outras palavras, "declaração tácita será então o comportamento do qual se deduza *com toda a probabilidade* a expressão ou a comunicação de algo, embora esse comportamento não tenha sido finalisticamente dirigido à expressão ou à comunicação daquele conteúdo", ou, ainda, é a "compreensão do sentido que está implícito num qualquer comportamento, em termos tais que dele se deduz com toda a probabilidade" (VASCONCELOS, Pedro Pais de. *Teoria Geral do Direito Civil*. Coimbra: Almedina, 2002, p. 406-407).

[56] OLIVEIRA, Eduardo Ribeiro de. *Op. cit.*, p. 238.

[57] NADER, Paulo. *Curso de Direito Civil cit.*, nº 116.5, p. 319. "para que o silêncio importe em declaração tácita da vontade, dado o fato de que se apresenta frequentemente de modo ambíguo, é preciso que se revele estreme de dúvida" (*Ob. cit.*, p. 320).

Pedro Pais de Vasconcelos, no direito português, distingue silêncio e declaração tácita, nos seguintes termos: "nesta última, existe um comportamento negocial que tem um sentido que é juridicamente relevante. No silêncio nada existe", na medida em que "é a ausência de uma ação, é pura omissão"[58].

Por fim, deve-se ressaltar que a lei também pode qualificar o silêncio como consentimento ou aceitação. É o que ocorre, por exemplo, i) na assunção de dívida, em que o silêncio do credor hipotecário em impugnar a transferência do débito no prazo de trinta dias, será considerado como assentimento (CC, art. 303); ii) na lei do inquilinato, em que se presume o desinteresse do locador em reaver o imóvel se, findo o prazo contratual, não se opuser à prorrogação dentro de trinta dias (Le nº 8.245/91, art. 46, § 1º). O silêncio também pode ser considerado como recusa, como na assunção de dívida, quando, transcorrido o prazo fixado para o credor anuir na substituição do devedor, a lei considera seu silêncio como *recusa* da anuência (CC, art. 299, parágrafo único).

Em síntese, o silêncio é tido como forma de declaração de vontade quando precedido da obrigação de manifestar-se, em virtude de lei, de convenção ou dos usos e circunstâncias do caso.

19.4. Conteúdo e objeto

Todo negócio jurídico tem um *conteúdo*, composto das diversas disposições e cláusulas estabelecidas pelas partes para regulá-lo. Entretanto, nem sempre o conteúdo será instituído pelas partes conjuntamente. Como bem ressaltado por Antônio Junqueira de Azevedo, existem negócios cujo conteúdo é imposto por uma parte à outra, que simplesmente deve aceitá-lo, aderindo às condições unilateralmente formuladas (contrato de adesão, padronizado); ou é preestabelecido pela autoridade pública, não havendo participação de nenhum dos contratantes (contrato autorizado, tabelamento de preço de certos produtos); ou, ainda, é estipulado por um órgão de classe (contrato coletivo de trabalho)[59].

O conteúdo, destarte, abrange "não só a matéria regulamentada, quando estabelecida pelas partes livremente, nas suas recíprocas relações, mas também quando estabelecida por uma delas, total ou parcialmente, a outra tenha declarado a sua vontade de concordar com o conteúdo assim preestabelecido"[60].

Parte da doutrina entende que o conteúdo do negócio é justamente o seu objeto, não havendo distinção entre essas figuras[61]. Todavia, há uma distinção que,

---

[58] VASCONCELOS, Pedro Pais de. *Teoria Geral do Direito Civil cit.*, p. 409-410.

[59] AZEVEDO, Antônio Junqueira de. *Negócio Jurídico. Existência, validade e eficácia cit.*, p. 134-135.

[60] MIRANDA, Custodio da Piedade Ubaldino. *Teoria geral do negócio jurídico cit.*, nº 3.1.3, p. 53.

[61] OLIVEIRA, Eduardo Ribeiro de. *Comentários ao novo Código Civil cit.*, p. 197; AZEVEDO, Antônio Junqueira de. *Negócio Jurídico. Existência, validade e eficácia cit.*, p. 134-135.

de longa data, se faz entre o conteúdo e o objeto porque estes, de fato, envolvem realidades distintas, embora bastante próximas. Um exemplo concreto e corriqueiro contribui para a elucidação do tema: na compra e venda se constata, de um lado, o ajuste da transmissão da propriedade de uma coisa mediante determinado preço, bem como o que a esse respeito se estipulou, configurando assim o *conteúdo* do negócio; de outro lado, encontra-se a coisa comprada e vendida, cujo domínio se intenta transferir pelo negócio, coisa essa que então seria propriamente o *objeto* do negócio *stricto sensu*[62]. Há, ainda, aqueles que unificam os dois conceitos, rotulando-os, em conjunto, de *objeto*, mas subdividindo-o em duas espécies: a) *objeto jurídico*, configurando o conteúdo do negócio, as prestações ou os comportamentos a que as partes se obrigam; e, b) *objeto material*, correspondente ao bem sobre o qual incidem as obrigações negociais[63].

Diante desse quadro, preferimos distinguir os dois elementos do negócio jurídico, precisando-os nos seguintes termos: a) o *conteúdo* é a própria regulação do negócio jurídico, o conjunto de regras que são estipuladas pelas partes; e, b) o *objeto* que é o bem sobre o qual recairá a relação negocial[64].

O objeto há de ser *lícito, possível, determinado* ou *determinável*, segundo o Código Civil (art. 104, III). Nesta qualificação, porém, a lei mistura conteúdo com objeto, já que arrola requisitos que ora se referem ao conteúdo, ora ao objeto.

Lícito é o objeto conforme ao direito, à moral e aos bons costumes, vale dizer, que não ofende o ordenamento jurídico, aqui a referência é mais ao conteúdo do que ao objeto em sentido estrito. Para Caio Mário da Silva Pereira, a ilicitude do objeto se confunde com a sua *impossibilidade jurídica*[65]. Entretanto, há quem defenda que a ilicitude é mais abrangente, uma vez que inclui a contrariedade à moral e aos bons costumes[66]. De qualquer modo, não se admite, por exemplo, um contrato cujo objeto consista em matar alguém ou vender substância entorpecente, em razão da ilicitude da conduta assumida pelo devedor.

---

[62] VASCONCELOS, Pedro Pais de. *Teoria geral do direito civil cit.*, p. 384; MIRANDA, Custodio da Piedade Ubaldino. *Teoria geral do negócio jurídico cit.*, nº 3.1.3, p. 51-55.

[63] AMARAL, Francisco. *Direito civil. Introdução.* 5. ed. Rio de Janeiro: Renovar, 2003, p. 408; GONÇALVES, Carlos Roberto. *Direito Civil brasileiro. Parte Geral.* 10. ed. São Paulo: Saraiva, 2012, v. 1, p. 360. No direito português, adota esse entendimento: CARVALHO, Fernandes Luís A. *Teoria Geral do Direito Civil.* 3. ed. Lisboa: Universidade Católica Portuguesa, 2001, v. II, p. 111-112.

[64] MENEZES CORDEIRO, António Manuel da Rocha e. *Tratado de direito civil português. Parte geral.* 2.ed. Coimbra: Livraria Almedina, 2000, v. I, tomo I, §36º, nº 164, p. 479-480.

[65] Para o autor, "se é fundamental na sua caracterização a conformidade com o ordenamento da lei, a *liceidade* do objeto ostenta-se como elemento substancial, essencial à sua validade e confina com a *possibilidade jurídica*, já que são correlatas as ideias que se expõem ao dizer do ato que é possível frente à lei, ou que é lícito" (PEREIRA, Caio Mário da Silva. *Instituições de direito civil cit.*, nº 84, p. 408).

[66] GONÇALVES, Carlos Roberto. *Direito Civil brasileiro. Parte Geral cit.*, p. 361.

102 | NEGÓCIO JURÍDICO • *Humberto Theodoro Jr. e Helena Lanna Figueiredo*

Possível, por sua vez, é o *objeto* que pode ser cumprido *física* e *juridicamente*. Assim, a possibilidade do objeto é verificada nos planos material e jurídico, envolvendo, pois, tanto o *conteúdo* jurídico como o *objeto*. *Juridicamente impossível*, por exemplo, é a contratação de herança de pessoa viva, por força da proibição contida no art. 426, do Código Civil. A *impossibilidade física*, por outro lado, decorre da inexequibilidade do objeto, em razão de ser insuscetível realizá-lo materialmente, como na hipótese de alguém se obrigar a voar de uma cidade a outra.

Por fim, o objeto há de ser *determinado* ou *determinável*. *Determinado* é o objeto certo, identificado, distinto de qualquer outro da mesma espécie, como a venda de certo veículo, com especificação da placa, da marca e do chassi. Entretanto, o negócio jurídico pode não especificar exatamente o objeto, mas indicá-lo ao menos quanto ao gênero e quantidade, como ocorre na obrigação de dar coisa incerta (CC, art. 243). Embora não esteja perfeitamente identificado, é possível determinar o objeto a partir dos elementos já indicados no negócio[67].

20. ELEMENTOS ACIDENTAIS (OU DE EFICÁCIA) DO NEGÓCIO JURÍDICO

O negócio jurídico, para a doutrina, deve ser analisado sob três planos distintos: o da *existência*, o da *validade* e o da *eficácia*.

O plano da *existência* precede os demais, pois, obviamente, se o negócio sequer chegou a existir juridicamente, não há que se pesquisar sobre sua validade ou eficácia. Primeiramente deve-se constatar se foram preenchidos os requisitos mínimos para a sua formação, para que integre o mundo jurídico. Evidentemente, se o negócio não existe, não haverá de produzir qualquer efeito jurídico. É o que Nelson Rosenvald e Cristiano Farias denominam de "não ato"[68]. São *elementos* ou *pressupostos* de existência: o sujeito, o objeto, a forma e a declaração da vontade.

Superado esse plano, pelo preenchimento de seus elementos, passa-se à análise do segundo, o da *validade*, onde será verificada a sua conformidade com o ordenamento

---

[67] Eduardo Ribeiro de Oliveira exemplifica a hipótese com a compra e venda de bem, cujo preço será determinado por terceiro (CC, art. 485). Para o autor, "embora o negócio não contenha os elementos necessários à determinação, a lei estabelece como se haverá de suprir a falta" (OLIVEIRA, Eduardo Ribeiro de. *Comentários ao novo Código Civil cit.*, p. 204).

[68] ROSENVALD, Nelson; FARIAS, Cristiano Chaves de. *Curso de Direito Civil. Parte Geral e LINDB.* 13. ed. São Paulo: Atlas, 2015, v. 1, p. 512. Para Marcos Bernardes de Mello, "no plano da existência não se cogita de invalidade ou eficácia do fato jurídico, importa, apenas, a realidade da existência. Tudo, aqui, fica circunscrito a saber se o suporte factivo suficiente se compôs, dando ensejo à incidência... porque, a inexistência é o *não ser* que, portanto, não pode ser qualificado. A existência do fato jurídico constitui, pois, premissa de que decorrem todas as demais situações que podem acontecer no mundo jurídico" (MELLO, Marcos Bernardes de. *Teoria do fato jurídico. Plano da existência.* 10. ed. São Paulo: Saraiva, 2000, § 21, p. 83).

Capítulo IV: Requisitos do Negócio Jurídico | **103**

jurídico[69]. O art. 104, do Código Civil estabelece que "a validade do negócio jurídico requer: I – agente capaz; II – objeto lícito, possível, determinado ou determinável; III – forma prescrita ou não defesa em lei".

Por fim, no plano da *eficácia* deve-se analisar se o negócio encontra-se apto a produzir, de imediato, todos os efeitos desejados pelas partes ou se existe algum elemento impeditivo de eficácia plena. Esse elemento impeditivo é voluntariamente ajustado pelas partes, ora subordinando a criação do direito, ora a produção dos seus efeitos, ora fazendo cessar a eficácia do negócio[70]. Uma vez que a existência e a validade do negócio não dependem desse elemento, que pode ou não existir, a doutrina o qualifica como *acidental* ou *de eficácia*[71]. São elementos acidentais a *condição*, o *termo* e o *encargo*.

Eduardo Ribeiro de Oliveira[72] adverte não ser possível incluir esses elementos em todo e qualquer negócio jurídico, mormente naqueles relativos ao estado das pessoas – como a adoção e a emancipação – e à personalidade – reconhecimento de filiação. Em algumas situações, a própria lei proíbe, como na renúncia ou na aceitação da herança, que não podem ser realizadas "sob condição ou a termo" (CC, art. 1.808).

20.1. Condição

Condição é o evento *futuro* e *incerto*, de cujo implemento as partes subordinam o nascimento ou a extinção do negócio. Para Pontes de Miranda, a condição serve, para as partes, como um meio de ajuste do presente ao futuro, obviando a imprevisibilidade, levando em conta acontecimentos que podem ou não vir a se concretizar[73].

A condição, segundo a legislação material, deve ser cláusula que derive "exclusivamente da vontade das partes" (CC, art. 121). De modo que, resultando da

---

[69] "A validade é, pois, a qualidade que o negócio deve ter ao entrar no mundo jurídico, consistente em estar de acordo com as regras jurídicas ("ser regular"). Validade é, como o sufixo da palavra indica, *qualidade* de um negócio existente. 'Válido' é adjetivo com que se qualifica o negócio jurídico formado de acordo com as regras jurídicas" (AZEVEDO, Antônio Junqueira de. *Negócio jurídico cit.*, p. 42).

[70] "Permite, pois, a lei que a emissão de vontade apareça limitada pelo próprio agente estabelecendo-se uma volição complexa, em tais termos que o efeito do negócio jurídico se encontra na dependência de fatores exógenos" (PEREIRA, Caio Mário da Silva. *Instituições de direito civil cit.*, nº 95, p. 463).

[71] "Como não integram o esquema natural do negócio, dizem-se acidentais – *accidentalia negotii* –, não no sentido de que concretamente o negócio se desenvolva sem elas, pois que na verdade o vinculam para sempre, mas na acepção de que a figura abstrata do ato negocial se constrói sem a sua presença" (PEREIRA, Caio Mário da Silva. *Op. cit., loc. cit.*).

[72] OLIVEIRA, Eduardo Ribeiro de. *Comentários ao novo Código Civil cit.*, p. 300.

[73] PONTES DE MIRANDA, Francisco Cavalcanti. *Tratado de Direito Privado*. São Paulo: Editora Revista dos Tribunais, 2012, t. V, § 540, nº 3, p. 167.

lei, não se confunde com a condição aqui tratada[74]. Por outro lado, a *incerteza* é elemento essencial para a sua qualificação. Se o evento for certo, não há que se falar em condição, mas em termo. Assim, o negócio jurídico vinculado à morte de alguém não é condicional. Entretanto, se se vincular a eficácia do negócio jurídico ao fato de determinada pessoa falecer no prazo de três anos, a incerteza quanto à morte no período estipulado, torna o negócio condicional. Da mesma forma, o fato deve ser *futuro*, não se admitindo a vinculação a evento já ocorrido, ainda que desconhecido pelas partes.

A doutrina classifica a condição em:

a) *suspensiva:* a eficácia do negócio jurídico fica subordinada à ocorrência do evento futuro e incerto estipulado. Não há aquisição, nem exercício do direito pela parte. Nessa hipótese, o titular terá apenas uma *expectativa de direito* até que o acontecimento se implemente (CC, art. 125). Embora se constitua em mera expectativa, possui certa consistência, na medida em que permite que o sujeito tome as medidas necessárias à conservação do direito (art. 130).

b) *resolutiva:* o negócio produz todos os seus efeitos de imediato (art. 127), que, contudo, cessam quando a condição se implementa (art. 128).

c) *casual:* o evento é independente da conduta humana, que ocorre por força da natureza. Tome-se por exemplo a estipulação que vincula a entrega de determinado bem se chover durante 2 dias.

d) *potestativa:* é a condição cujo acontecimento depende da vontade de uma das partes. O nosso Código admite apenas a condição *meramente potestativa,* vedando aquela que se sujeita ao puro arbítrio de uma das partes, denominada de *puramente potestativa* (art. 122, parte final). Assim, não se admite, por exemplo, a estipulação que vincula a doação de um bem "se o doador assim desejar".

e) *mista:* o evento ao qual se vincula o negócio jurídico depende da vontade de uma das partes, mas de uma circunstância externa, que não depende de sua intenção, como por exemplo: doarei um imóvel se o donatário se casar com determinada pessoa.

f) *possível:* é a condição cujo acontecimento é física e juridicamente exequível.

g) *impossível:* o evento ao qual se vincula o negócio jurídico não pode ser realizado física ou juridicamente.

---

[74] São exemplos de condição estabelecida pela lei: a) "art. 1.653: É nulo o pacto antenupcial se não for feito por escritura pública, e ineficaz se não lhe seguir o casamento"; e, b) "art. 1.939: Caducará o legado: V – se o legatário falecer antes do testador".

Capítulo IV: Requisitos do Negócio Jurídico | **105**

h) *lícita*: é a condição não contrária à lei, à ordem pública ou aos bons costumes (art. 122).

i) *ilícita*: por consequência, é a condição contrária à lei, à ordem pública ou aos bons costumes, bem como a que privar de todo efeito o negócio jurídico ou se sujeitar ao puro arbítrio de uma das partes (art. 122).

A condição pode invalidar o negócio jurídico a que está subordinada se: i) sendo suspensiva, for física ou juridicamente impossível; ii) for ilícita ou de fazer coisa ilícita; e, iii) for incompreensível ou contraditória (art. 123). Por outro lado, são consideradas inexistentes as condições que, sendo resolutivas, forem impossíveis, ou de não fazer coisa impossível (art. 124).

Se uma das partes obstar o implemento da condição maliciosamente, considera-se, em relação a ela, verificada quanto aos efeitos jurídicos. Por outro lado, será considerada como não verificada aquela que, maliciosamente, foi levada a efeito por aquele a quem aproveita o seu implemento (art. 129).

20.2. Termo

Termo é um evento *futuro* e *certo* que suspende a eficácia do negócio jurídico ou faz cessar os seus efeitos. Na lição de Caio Mário, é um momento em que as partes estipulam para começar ou cessar a produção dos efeitos do negócio jurídico[75]. O que distingue o termo da condição é a *certeza* do acontecimento ao qual se vincula o negócio jurídico. Por isso, "o termo inicial suspende o exercício, mas não a aquisição do direito" (CC, art. 131). Entretanto, "ao termo inicial e final aplicam-se, no que couber, as disposições relativas à condição suspensiva e resolutiva" (art. 135).

O termo será *certo*, quando as partes fixarem a data específica para início ou fim dos efeitos do negócio jurídico. *Indeterminado,* por sua vez, será o prazo fixado com base em acontecimento que, embora certo, não há previsão da data em que irá ocorrer, como, por exemplo, a morte de determinada pessoa.

O termo será *inicial* (*dies a quo*), quando suspende a eficácia do negócio jurídico até a data estipulada; ou *final* (*dies ad quem*), quando os efeitos cessam com o advento da data fixada.

Quanto à contagem dos prazos, segundo o Código Civil, computam-se excluindo o dia do começo e incluindo o do vencimento (art. 133). Se o vencimento cair em feriado, será prorrogado para o primeiro dia útil seguinte. Os prazos fixados por hora contam-se de minuto a minuto; os de meses e anos expiram-se no dia de igual número do de início, ou no imediato, se faltar exata correspondência; meado considera-se, em qualquer mês, o seu décimo quinto dia.

---

[75] PEREIRA, Caio Mário da Silva. *Instituições de direito civil cit.,* nº 99, p. 482.

O termo, presumivelmente, é fixado em favor do devedor, assim como nos testamentos, presume-se fixado em favor dos herdeiros, salvo "se do teor do instrumento, ou das circunstâncias, resultar que se estabeleceu a benefício do credor, ou de ambos os contratantes" (art. 133).

Não se estipulando prazo certo nos negócios jurídicos entre vivos, considera-se que são exequíveis desde logo, a menos que a execução tenha de ser feita em lugar diverso ou depender de tempo (art. 134).

20.3. Modo ou encargo

O modo ou encargo é o elemento acidental que se estipula em negócio jurídico benéfico, criando uma obrigação ao beneficiário da liberalidade. Como bem descreve Caio Mário, é a "restrição à vantagem criada para o beneficiário de um negócio jurídico gratuito, quer estabelecendo o fim a que se destina a coisa adquirida, quer impondo uma obrigação ao favorecido em benefício do próprio instituidor, ou de terceiro, ou da coletividade autônoma"[76]. O exemplo mais comum é a doação com encargo.

O encargo não suspende a aquisição nem o exercício do direito, a menos que seja expressamente imposto no negócio jurídico como condição suspensiva (art. 136). Entretanto, ele é obrigatório, ensejando a anulação da liberalidade caso não seja realizado.

Por fim, a lei considera não escrito o encargo ilícito ou impossível. Entretanto, se constituir o motivo determinante da liberalidade, a ilicitude ou impossibilidade do encargo invalidará o negócio (art. 137).

21. A FUNÇÃO DO NEGÓCIO JURÍDICO

Todo ato ou negócio jurídico é praticado por alguma razão, que pode ficar apenas no pensamento do agente, como pode ser externada à outra parte. Daí dizer-se que toda conduta do homem se justifica por uma razão[77]. O direito, no entanto, distingue entre *motivo* e *causa* do negócio jurídico. O *motivo* que leva alguém a praticar determinado ato, em princípio, não interessa ao direito, pois se passa unicamente no seu psicológico, apresentando-se como uma razão ocasional ou acidental, razão pela qual não chegaria a afetar o negócio[78]. Já a *causa última*, entendida como *função*, caracteriza-se por ser a "*razão jurídica* do fenômeno", motivo pelo qual pode ser investigada pelo jurista. Há, assim, seguindo entendimento de Ruggiero, "um fim econômico ou social reconhecido e garantido pelo direito, uma finalidade objetiva

---

[76] PEREIRA, Caio Mário da Silva. *Ob. cit.*, nº 100, p. 486.
[77] PEREIRA, Caio Mário da Silva. *Ob. cit.*, nº 87, p. 423.
[78] Entretanto, se o motivo determinante do negócio jurídico, comum a ambas as partes, for ilícito, será causa de nulidade do negócio jurídico (CC, art. 166, III).

e determinante do negócio que o agente busca além da realização do ato em si mesmo"[79]. Esses negócios justificam uma investigação da causa que os fundamentam e são denominados de *negócios causais* ou *materiais*. Representam, em verdade, a maioria dos contratos celebrados, pois visam a um objetivo específico.

Entretanto, há negócios jurídicos cuja causa não integra a sua etiologia, uma vez que o fim se situa fora de seus requisitos materiais. São os chamados *negócios abstratos* ou *puramente formais,* nos quais a vontade gera consequências jurídicas independentemente de se analisar sua causa determinante ou o fim perseguido pelo agente[80]. É o que se passa, por exemplo, com o reconhecimento de dívida e com os títulos de crédito.

Há que se ponderar, todavia, que, na realidade, inexiste negócio totalmente abstrato ou desvinculado de sua origem e seus objetivos, na medida em que mesmo naqueles definidos como títulos de crédito – negócios havidos como abstratos por definição – não se exclui peremptoriamente a investigação da *causa debendi,* mas apenas que esta seja discutida entre determinadas pessoas, nem se recusa a possibilidade de compensação através de exceções substanciais ou a sujeição à repulsa ao enriquecimento sem causa em determinadas circunstâncias. Reconhece-se, por isso, que a abstração nos negócios jurídicos nunca é total, e sim graduável, podendo vigorar em diversos níveis de intensidade. O regime dos atos cambiários, onde mais se cogita da abstração, não escapa da realidade de conviver com limitada causalidade, não sendo, por isso, possível tratá-los como integralmente abstratos[81].

Conforme já destacado anteriormente, alguns ordenamentos jurídicos erigem a *causa* como elemento essencial do negócio jurídico – Itália, Chile, Uruguai, Espanha –, o que não se passa com o direito brasileiro e o alemão. A despeito de o Brasil se filiar à corrente *anticausalista,* a causa possui relevância em algumas circunstâncias, como, por exemplo, na ação de enriquecimento. Com efeito, a legislação coíbe não apenas o enriquecimento sem causa que o justifique, mas, também, quando esta deixa de existir (CC, art. 885). Já nos contratos nominados ou típicos, a causa se faz presente, mas se confunde com o objetivo social ou econômico visado pelo negócio jurídico. Ou seja, o que se analisa, na espécie, é a *função* que cabe a cada tipo ou modalidade de negócio jurídico[82].

---

[79]   PEREIRA, Caio Mário da Silva. *Ob. cit.,* p. 424.

[80]   *Op. cit.,* p. 425. Explica Caio Mário que não se analisa a causa do negócio, porque "a lei atribui efeito à declaração de vontade, independentemente da indagação causal, ou que a sua validade independe do fim determinante" (p. 426). Antônio Junqueira de Azevedo também ensina que o negócio abstrato tem causa, "mas sua causa é juridicamente irrelevante para a validade ou a eficácia; ele se caracteriza pela forma, e não pelo conteúdo; tem *forma típica*" (AZEVEDO, Antônio Junqueira de. *Negócio jurídico: existência, validade e eficácia cit.,* p. 141).

[81]   VASCONCELOS, Pedro Pais de. *Teoria geral do direito civil cit.,* nº 80, p. 283.

[82]   Sobre a importância da causa nos contratos sem negócio jurídico, ver SILVA, Juliana Pedreira da. *Contratos sem negócio jurídico. Crítica das relações contratuais de fato.* São Paulo: Atlas, 2011, capítulo 2.

Capítulo V: Negócios Jurídicos Bilaterais e Unilaterais

22. NOÇÃO DE CONTRATO

O contrato é o negócio jurídico bilateral ou plurilateral típico. A relevância do contrato está em seu conteúdo e em sua função econômica. O contrato veicula uma relação de troca de utilidades com que os indivíduos buscam satisfazer suas necessidades. É através dessa troca, cujo conteúdo é sempre valorável economicamente, que se promove a alocação dos recursos disponíveis na produção de riquezas, viabilizando, de forma mais ou menos eficiente, o progresso e o desenvolvimento social. Visando à satisfação de interesses recíprocos, as partes estabelecem obrigações mútuas, dotadas dos atributos idênticos daquelas que emanam da lei (coercibilidade, executabilidade, patrimonialidade).

Há de se reconhecer que o Direito dos Contratos é o instrumento de realização do "programa" econômico e social traçado na Carta Constitucional, e sua aplicação sofre as mesmas tensões que os valores e princípios nela enunciados. O tratamento adequado das relações de troca cristalizadas em contratos será, portanto, capaz de assegurar a ordem econômica e social ditada no texto constitucional.

O desenvolvimento social está condicionado à forma com que os agentes do mercado irão contratar e o projeto de desenvolvimento terá sucesso conforme esses contratos cheguem ou não a produzir os efeitos que neles se projetaram.

O *princípio da liberdade contratual* surge, assim, como primeiro e mais relevante nesse cenário, pois a autonomia privada é o espaço dentro do qual as pessoas exercem, na vida econômica, a liberdade que a Constituição declara e assegura como garantia fundamental. Da liberdade individual decorre *o princípio da relatividade do contrato* que não pode ser fonte de deveres para aqueles que dele não participaram, não declararam vontade.

O sistema jurídico dotou, ainda, em nome da segurança jurídica, as normas contratuais de força cogente e exequibilidade, forjando o *princípio da obrigatoriedade do contrato*. O contrato é fonte de direitos e obrigações para as partes e suas normas têm força de lei para os contratantes. A convergência das vontades livres e conscientes faz nascer no âmbito jurídico uma norma de conduta obrigatória para os contratantes. Ou seja, origina um vínculo obrigacional que sujeita um contratante a determinada conduta destinada a satisfazer o interesse do outro contratante. Ao dever de uma parte corresponde, como outra face de uma mesma moeda, o direito subjetivo da contraparte, dotado das mesmas e exatas peculiaridades do direito subjetivo que tem a lei como fonte.

Esse vínculo jurídico estabelecido entre os contratantes faz com que as partes não possam subtrair-se ao dever de observar o acordo negocial, nem pode uma delas, obviamente, impedir que a outra seja privada do resultado prático visado pelo contrato.

É que a palavra empenhada no ajuste obrigacional suscita "legítimas expectativas em cada um dos contratantes, expectativas que não devem ser defraudadas". Daí a força tradicionalmente expressa na máxima *pacta sunt servanda*[1].

Além da preocupação com a segurança, a teoria contratual absorveu o compromisso com o justo, buscando melhores instrumentos para realizar a justiça comutativa, como o que se faz por meio dos princípios do equilíbrio, da proporcionalidade e da repulsa do abuso, mas sem prejuízo para a segurança jurídica. Donde a busca e a retomada da *boa-fé objetiva* e da *lealdade*.

A boa-fé é princípio geral do direito universalmente aceito. Impõe limitação a todo exercício de liberdade. No Direito dos Contratos o texto do art. 422 do Código Civil evidencia que a convenção (acordo de vontades) não é a única fonte de deveres para os contratantes, uma vez que, por força da lei, se veem obrigados a guardar, assim na conclusão do contrato, como em sua execução, os princípios de probidade e boa-fé. Há, portanto, ao lado dos vínculos criados pelo acordo de vontades, deveres paralelos, que a moderna doutrina civilista chama de deveres acessórios aos que foram expressamente pactuados[2]. Nesse quadro normativo, o exercício dos direitos deve-se fazer de forma a não lesar o outro contratante e o abuso de direito equipara-se ao ato ilícito, como já visto.

Como contrapeso à autonomia da vontade e à relatividade dos contratos surge também o *princípio da função social do contrato*, consagrado no art. 421 do Código Civil: "a liberdade contratual será exercida nos limites da função social do contrato". Para o Prof. Antônio Junqueira de Azevedo, a função social do contrato deve ser extraída do art. 170, *caput*, da Constituição da República, de modo que os contratos devem estabelecer-se numa "ordem social harmônica", visando inibir qualquer prejuízo à coletividade, por conta da relação estabelecida. Assim a atividade contratual, em face de terceiros, para não infringir a regra que reprime o ato ilícito, deve apresentar-se como um comportamento social sempre adequado[3].

A liberdade de contratar, nessa ordem de ideias, não pode contrastar com a utilidade social em temas como segurança, liberdade, dignidade humana, devendo sobrepor à autonomia contratual interesses coletivos como os ligados à educação, à saúde, os transportes, a utilização adequada das fontes de energia, à tutela do meio ambiente, a proteção a certos setores produtivos etc.

---

[1] MESSINEO, Francesco. *Doctrina general del contrato*. Buenos Aires: EJEA, 1986, v. II, p. 143-144.

[2] AZEVEDO, Antônio Junqueira de. Princípios do novo direito contratual e desregulamentação do mercado (parecer), *Revista dos Tribunais*, São Paulo, RT, v. 750, 1998, p. 116.

[3] AZEVEDO, Antônio Junqueira de. Princípios do novo direito contratual e desregulamentação do mercado (parecer) *cit.*, p. 117. Para o mesmo civilista, essa disposição constitucional "impõe, ao jurista, a proibição de ver o contrato como um átomo, algo que somente interessa às partes, desvinculado de tudo o mais. O contrato, qualquer contrato, tem importância para toda a sociedade" (*Op. cit.*, p. 116).

Por fim, o *princípio do equilíbrio econômico* do contrato leva a ordem jurídica a proteger o contratante contra a lesão e a onerosidade excessiva. No caso de lesão, o contrato será anulável se a parte se obrigar, sob premente necessidade ou por inexperiência, a prestação manifestamente desproporcional ao valor da prestação oposta (Código Civil, art. 157). A onerosidade excessiva ocorrerá quando acontecimentos extraordinários supervenientes à celebração do contrato tornarem a prestação extremamente onerosa para uma das partes contratantes e vantajosa para a outra. Nessa hipótese, a lei permite a resolução do contrato ou a revisão de seus termos, para restabelecer o equilíbrio econômico entre prestação e contraprestação (Código Civil, arts. 317, 478 e 479)[4].

23. NEGÓCIOS JURÍDICOS UNILATERAIS

Negócios jurídicos unilaterais, como já se viu, são aqueles que se aperfeiçoam com uma única manifestação de vontade, como o testamento, a renúncia de direitos, a procuração e a promessa de recompensa. Não é necessário, entretanto, que a vontade seja expressa por uma única pessoa, uma vez que não se leva em conta propriamente o número de participantes que manifestam sua vontade para o negócio, mas quantos *centros de interesses* (ou polos) estão participando de sua celebração[5].

Ao contrário do negócio jurídico bilateral, que exige a concorrência de vontades de duas ou mais partes (contrato, por exemplo), no unilateral uma parte se obriga sem a necessidade de aceitação ou de consenso de uma outra[6].

---

[4] A atual concepção desse princípio, para Andersen Schreiber, levaria a um dever de *renegociar os contratos* quando desequilibrados economicamente, como expressão da solidariedade social, bem como da cláusula geral da boa-fé objetiva. Segundo o autor, "deixa de ser aceitável à luz da ordem jurídica que o contratante que recebe uma proposta de renegociação do contrato, em virtude de um desequilíbrio a que a ordem jurídica atribui relevância (e.g., Código Civil, arts. 317 e 478-480), simplesmente silencie, deixando o contratante prejudicado em situação de insegurança que se prolonga na exata medida em que se agrava o seu prejuízo" (SCHREIBER, Anderson. *Equilíbrio contratual e dever de renegociar.* São Paulo: Saraiva Educação, 2018, p. 293 e 296). O entendimento encontra respaldo na doutrina estrangeira: D'ARRIGO, Cosimo. Il controllo delle sopravvenienze nei contratti a lungo termine. *In* TOMMASINI, Raffaele (coord.). *Sopravvenienze e dinamiche di riequilibrio tra controllo e gestione del rapporto contrattuale.* Turim: G. Giappichelli, 2003, p. 534; PARRINELLO, Concetta. Obbligatorietà del vincolo e squilibrio delle prestazioni nei contratti tra imprenditori: Riflessioni sui principi unidroit. *In* TOMMASINI, Raffaele (coord.). *Sopravvenienze e dinamiche di riequilibrio tra controllo e gestione del rapporto contrattuale cit.*, p. 480; MAURO, Antonio de. *Il principio di adeguamento nei rapporti giuridici tra privati.* Milano: Giuffrè, 2000, p. 83.

[5] "A parte autora de um negócio jurídico unilateral pode ser constituída por mais de uma pessoa, sem que o negócio deixe de ser unilateral, desde que essas pessoas constituam uma parte apenas" (VASCONCELOS, Pedro Pais de. *Teoria geral do direito civil.* 8.ed. Coimbra: Almedina, 2019, nº 130, p. 439).

[6] VASCONCELOS, Pedro Pais de. *Teoria geral do direito civil cit.*, nº 130, p. 440. O autor exemplifica a situação com o contrato de doação, que embora atribua deveres apenas ao doador, quem

114 | NEGÓCIO JURÍDICO • *Humberto Theodoro Jr. e Helena Lanna Figueiredo*

23.1. Promessa de recompensa

Aquele que, por anúncios públicos, se comprometer a recompensar, ou gratificar, a quem preencha certa condição, ou desempenhe certo serviço, contrai obrigação de cumprir o prometido (CC, art. 854).

Trata-se, na lição de Serpa Lopes, de negócio jurídico unilateral, que vincula o promitente unicamente pelo fato de a promessa ter sido feita com os requisitos previstos em lei, sem que se exija o concurso do consentimento da outra parte. Assim, aquele que tiver obtido o resultado previsto pelo devedor estará apto a exigir do promitente a execução da promessa anunciada[7]. Por isso, o promitente fica obrigado a gratificar mesmo que o serviço tenha sido feito ou tenha sido satisfeita a condição sem interesse específico na recompensa estipulada (art. 855).

A promessa, para vincular o promitente, deverá preencher os seguintes requisitos: a) ser feita por sujeito capaz, de forma livre e de boa-fé; b) ser anunciada ao público; c) ser o objeto lícito, possível, determinado ou determinável.

Se o ato for praticado por mais de uma pessoa, terá direito à recompensa o primeiro que o executou. Sendo simultânea a execução, repartir-se-á a recompensa entre eles, se a coisa for divisível. Sendo indivisível a recompensa, far-se-á um sorteio, e o que obtiver a coisa dará ao outro o valor de seu quinhão (art. 858).

O promitente poderá revogar a promessa somente se não tiver estipulado um prazo para a execução da tarefa e desde que o faça com a mesma publicidade e antes de prestado o serviço ou preenchida a condição (art. 856). A lei presume, assim, que assinando prazo para a realização do serviço, o promitente renuncia ao arbítrio de retirá-la durante o período assinalado.

É possível, ainda, que a promessa de recompensa seja feita em concursos abertos ao público, como forma, por exemplo, de estimular a produção cultural, artística, científica etc. Nessa hipótese, o edital de convocação deverá, obrigatoriamente, fixar um prazo (art. 859, *caput*). Além disso, deve indicar a pessoa que julgará o mérito dos trabalhos, cuja decisão vinculará os interessados. Na ausência de indicação do julgador, entender-se-á que o promitente se reservou essa função (art. 859, § 2º). Por fim, as obras premiadas nesses concursos somente pertencerão ao promitente se assim for estipulado na publicação da promessa (CC, art. 860).

23.2. Gestão de negócios

O Código Civil trata da gestão de negócios nos arts. 861 a 875. Segundo o art. 861, "aquele que, sem autorização do interessado, intervém na gestão de negócio

---

deverá transferir a propriedade do bem doado ao donatário, por ser um negócio jurídico bilateral exige a aceitação deste último (Código Civil brasileiro, art. 539).

[7] SERPA LOPES, Miguel Maria de. *Curso de direito civil*. 4.ed. Rio de Janeiro: Freitas Bastos, 1995, v. V, p. 140-141.

alheio, dirigi-lo-á segundo o interesse e a vontade presumível de seu dono, ficando responsável a este e às pessoas com que tratar".

Da conceituação legal depreende-se que a gestão de negócios ocorre toda vez que um indivíduo (o gestor), imbuído do espírito de solidariedade, dirige ou administra negócio alheio, de forma oficiosa, segundo a vontade presumível do dono. Uma vez que não há prévio acordo entre gestor e dono do negócio, o primeiro fica diretamente responsável perante os terceiros com quem contratar, bem como deve responder perante o dono por sua administração. Como se vê, o gestor, embora sem prévio acordo, age no interesse do dono do negócio.

Muito se discute em doutrina a natureza da gestão de negócios, se seria ou não um tipo de representação.

Paulo Nader entende que o gestor age em nome do dono, adquirindo direitos e assumindo obrigações. Ocorrendo a ratificação pelo dono, a representação oficiosa produzirá todos os efeitos do mandato, retroagindo até o início da gestão. Para o autor, haverá *representação legal* "desde que a ação do gestor tenha sido necessária e de acordo com a exigência das circunstâncias"[8]. Por outro lado, se a medida não era necessária, não há que se falar em representação, a menos que ocorra a ratificação por parte do dono do negócio.

Caio Mário da Silva Pereira vê a gestão como uma *administração oficiosa de interesses alheios*. O gestor "realiza atos no interesse de outra, como se fosse seu representante, embora não investido dos poderes respectivos"[9]. Não é contrato, pois não há prévio acordo de vontades. Trata-se de ato unilateral. Segundo o autor, a ingerência em negócio alheio não é ilícita, "porque inspirada no propósito de bem servir e de ser útil ao dono, e porque realizada segundo a vontade presumível deste". O que caracteriza a gestão é a espontaneidade da interferência, a oficiosidade, pois se houver acordo prévio, ter-se-á o mandato. Assim, conclui o autor tratar-se de uma *situação de fato a que a lei atribui efeitos jurídicos*, as mais das vezes dependentes de ratificação, embora nem sempre, "pois há casos de gestão necessária que obrigam o dono, mesmo que recuse a sua aprovação"[10].

Pontes de Miranda também exclui qualquer possibilidade de tratar a *gestão de negócios sem outorga* como contrato, ou como negócio jurídico, pois, como ressalta, "o que constitui a figura jurídica da gestão de negócios alheios sem outorga é a intervenção de alguém para ou no patrimônio de outrem, espontaneamente, isto

---

[8]   NADER, Paulo. *Curso de Direito Civil*. 5. ed. Rio de Janeiro: Forense, 2008, v. 1, p. 344.

[9]   PEREIRA, Caio Mário da Silva. *Instituições de Direito Civil*. 22. ed. Rio de Janeiro: Forense, 2018, v. III, n. 257, p. 395.

[10] *Ob. cit.*, p. 422-423.

116 | NEGÓCIO JURÍDICO • Humberto Theodoro Jr. e Helena Lanna Figueiredo

é, sem que o tivesse determinado o dono do negócio, ou relação jurídica de dever perante o dono do negócio"[11].

Por isso, conclui: "a gestão de negócios alheios sem outorga é ato jurídico *stricto sensu*, não é negócio jurídico (...). Da gestão de negócios sem outorga não se irradia relação jurídica que corresponda à do mandato, à da locação de serviços, ou à do contrato de trabalho"[12]. Tudo se resume, pois, a ato jurídico *stricto sensu*, do qual resultam ou podem resultar, no plano dos efeitos, direitos e obrigações, como, *v.g.*, direito à remuneração, direito a reembolso de despesas, dever de indenizar etc.

Flávio Tartuce entende existir um *quase contrato*, pois há uma atuação sem qualquer poder, uma vez que a parte age sem ter recebido a incumbência[13]. Trata-se, pois, de *negócio jurídico informal* (CC, art. 107).

Roberto Senise Lisboa defende tratar-se de negócio jurídico cuja formação ocorre posteriormente, a partir da ratificação dos atos praticados pelo gestor, em proveito do dono do negócio[14]. Mas explica que o Código Civil teria adotado a teoria *extracontratual*, uma vez que considerou ser a gestão de negócios uma declaração unilateral de vontade.

De nossa parte, entendemos que a melhor doutrina é aquela de Caio Mário da Silva Pereira, em linha similar à de Pontes de Miranda, que considera a gestão um fato ao qual o direito atribui efeitos jurídicos. Em verdade, o gestor inicia sua atuação de modo espontâneo, oficioso, sem qualquer determinação do dono do negócio. Entretanto, por repercutirem na esfera jurídica de terceiro, os atos praticados pelo gestor são regulados pela legislação, no tocante aos efeitos ativos e passivos que podem gerar.

A doutrina italiana, na mesma linha do entendimento de Caio Mário da Silva Pereira, entende que a gestão "é fonte não contratual de obrigações, que se enquadra no âmbito daquelas figuras, diversas dos contratos e dos fatos ilícitos, identificadas no art. 1.173, do CC, como atos ou fatos idôneos a produzirem obrigações em conformidade com o ordenamento jurídico"[15]. A gestão, além de fonte legal de obrigações, "é também fonte legal de poderes representativos diretos e indiretos, visto que o gestor é legalmente autorizado a gerir negócios por conta ou em nome do interessado, até

---

[11]   PONTES DE MIRANDA, Francisco Cavalcanti. Tratado de Direito Privado. Rio de Janeiro: Editora Revista dos Tribunais, 2012, t. XLIII, § 4.705, nº 1. p. 272.

[12]   PONTES DE MIRANDA, Francisco Cavalcanti. *Tratado de Direito Privado cit., loc. cit.*

[13]   TARTUCE, Flávio. *Direito Civil*. 12. ed. Rio de Janeiro: Forense, 2017, v. 2, p. 25.

[14]   LISBOA, Roberto Senise. *Manual de Direito Civil*. 5. ed. São Paulo: Saraiva, 2010, v. 3, p. 473-474.

[15]   "La gestione dunque è fonte non contrattuale dell'obbligazione, che reentra nell'ambito di quelle figure, diverse dai contratti e dai fatti illeciti, individuate dall'art. 1173 C.C. come atti o fatti idonei a produrre obbligazioni in conformità dell'ordinamento giuridico"(CARINGELLA, Francesco; MARZO, Giuseppe de. *Manuale di Diritto Civile. Le obbligazioni*. 2. ed. Milão: Giuffrè Editore, 2008, v. II, p. 1.159).

Capítulo V: Negócios Jurídicos Bilaterais e Unilaterais | **117**

os limites da gestão"[16]. Por isso a conclusão é que a gestão não pode ser qualificada como um negócio, nem como um ato devido *ex lege*, mas se configura como um *fato jurídico vonluntário*. Isto porque, a atuação do gestor "representa sempre um fazer do gestor ao qual o legislador atribui *de iure* alguma consequência de caráter obrigatório"[17].

23.3. Enriquecimento sem causa

Quando se elaborou o Código Civil de 1916, Clóvis BEVILÁQUA preferiu não incluir no seu Projeto a figura do enriquecimento sem causa por entender muito difícil uma regulamentação geral para o tema, relegando-o, portanto, para o tratamento doutrinário e jurisprudencial, dentro dos princípios gerais do direito. A exemplo dos franceses, considerou que "a equidade sempre ditará o princípio geral deixando à doutrina que elucubre os princípios do instituto"[18].

A omissão da lei, portanto, nunca representou o desprezo do direito brasileiro pelo instituto do enriquecimento sem causa como fonte de obrigação[19]. Ao contrário, sempre se teve esse tipo de locupletamento como repelido por um princípio geral do direito, que poderia ser invocado para suprir a lacuna da ordem jurídica positiva, de modo que não ficasse sem reparação a vítima do dano provocado pelo enriquecimento injurídico de outrem obtido à custa de seu prejuízo.

Depois de uma longa história em que se debatia demoradamente sobre o papel e a natureza do enriquecimento sem causa, deu-se, no Século XX, graças sobretudo ao Código italiano, a sua consagração como fonte de obrigação. É assim que finalmente veio a discipliná-lo também o atual Código Civil brasileiro: "Art. 884. Aquele que, sem justa causa, se enriquecer à custa de outrem, será obrigado a restituir o indevidamente auferido, feita a atualização dos valores monetários". Ocorre o enriquecimento não só quando não tenha havido causa que o justifique, "mas também se esta deixou de existir" (art. 885)[20].

---

[16] "La gestione d'affari, peraltro, oltre che fonte legale di obbligazioni, à anche fonte legale di poteri rappresentativi diretti ed indiretti, poiché il gestore è legalmente autorizzato a gestire l'affare per conto o anche nel nome dell'interessato, ove ricorrano gli estremi della gestione" (CARINGELLA, Francesco; MARZO, Giuseppe de. *Manuale di Diritto Civile cit.*, p. 1.159).

[17] "La gestione d'affari altrui rappresenta pur sempre un facere del gestore cui il legislatore ricollega de iure talune conseguenze (anche) di carattere obbligatorio" (CARINGELLA, Francesco; MARZO, Giuseppe de. *Manuale di Diritto Civile cit.*, p. 1.159).

[18] VENOSA, Silvio de Salvo. *Direito civil*. 3.ed. São Paulo: Atlas, 2003, v. II, n. 9.6, p. 210.

[19] Orlando Gomes argumentava, à época do Código anterior, que "a lacuna não deve, entretanto, ser interpretada como rejeição do princípio segundo o qual deve restituir a vantagem patrimonial quem obteve injustificadamente. Se é certa a inexistência de norma genérica proibitiva do enriquecimento sem causa, também é inquestionável a vigência de regras particulares que o proíbem nos casos mais comuns" (GOMES, Orlando. *Obrigações*. 15.ed. Rio de Janeiro: Forense, 2001, nº 178, p. 250).

[20] O enriquecimento sem causa "consiste em um acréscimo injustificado de um patrimônio como sacrifício da perda do elemento de outro, sem que para tal deslocamento tenha havido

Assim, atualmente nossa legislação contempla o enriquecimento sem causa com disciplina própria e expressa, na qual lhe atribui, à semelhança do estatuto italiano, a qualidade de fonte autônoma de obrigação, dentro da regulamentação dos atos unilaterais (arts. 884 a 886).

No relacionamento econômico, portanto, ao contrato e ao ato ilícito, emparelha-se o enriquecimento sem causa, como *fonte legal de obrigação*. De princípio geral implícito, torna-se o enriquecimento sem causa um "instituto perfeitamente delineado" e não mais algo que se revelava apenas como "consequência de regras tópicas" outrora localizadas no bojo do Código velho, de que era exemplo a disciplina do "pagamento indevido"[21].

O Código de 2002, dessa maneira, por meio de uma *cláusula geral* do direito privado, positiva o grande e antigo princípio ético da repressão ao enriquecimento sem causa. Impõe-se reconhecer que o princípio, além de fonte de obrigações, funciona como instrumento de garantia da comutatividade e do equilíbrio nas contratações.

À luz do conceito legal, pode-se afirmar que, seguindo a valorização contemporânea da eticidade pela ordem jurídica, o enriquecimento obrigará sempre o *accipiens* ao reembolso em favor do que sofreu o correspectivo desfalque patrimonial, se não houve motivo idôneo na ótica jurídica para justificá-lo.

Deve-se, nessa ordem de ideias, utilizar o enriquecimento sem causa, no domínio das relações contratuais, "para evitar que se tenha a penalização de segmentos de setor econômico, que haja o desvirtuamento de figuras contratuais e dos princípios reguladores da atividade e da ordem econômica no país"[22].

Na perspectiva com que o direito contemporâneo o encara, o enriquecimento sem causa revela-se como "o último recurso para a realização da justiça nas relações negociais"[23], ou seja deve-se fazer presente sempre que a reparação do prejuízo não puder ocorrer pelas vias ordinárias da indenização de danos[24].

---

uma causa justificada, produzindo, em consequência, um desequilíbrio patrimonial. Em razão desse mesmo desequilíbrio, surge o problema de dois patrimônios interligados por esse duplo fenômeno: o enriquecimento, de um lado; o empobrecimento, de outro" (CARVALHO, Washington Rocha de. *In* ARRUDA ALVIM, José Manoel; ARRUDA ALVIM, Thereza (coords.). *Comentários ao Código Civil Brasileiro*. Rio de Janeiro: Forense, 2013, v. VIII, Comentário ao art. 884, p. 152).

[21] FRANCISCO, Caramuru Afonso. O enriquecimento sem causa nos contratos. *In* BITTAR FILHO, Carlos Alberto (Coord.). *Contornos atuais da teoria dos contratos*. São Paulo: Revista dos Tribunais, 1993, p. 91.

[22] FRANCISCO, Caramuru Afonso. *O enriquecimento sem causa nos contratos, cit.*, p. 93.

[23] FRANCISCO, Caramuru Afonso, op. cit., p. 93. Também PONTES DE MIRANDA vê a ação de enriquecimento como a "última defesa dos prejudicados" (*Tratado de direito privado*. Rio de Janeiro: Editora Revista dos Tribunais, 2012, t. XXVI, §3.148, nº 1, p. 331).

[24] MOSCONI, Cledi de Fátima Manica. *O enriquecimento sem causa e o novo Código Civil brasileiro*, Porto Alegre, Síntese, 2.003, p. 16: "Inexistindo causa a fundamentar o enriquecimento ou o deslocamento patrimonial, a única ação que pode ser intentada é a da proibição do

Deve-se observar, por outro lado, que o enriquecimento é efeito natural e legítimo quando resulta do funcionamento do contrato, dentro de seu escopo natural e da economia própria do negócio jurídico por ele implementado. Todo contrato tem necessariamente um "escopo jurídico, prático, ou razão econômico-jurídica do negócio, que jamais lhe pode faltar", segundo a lição de Lino Moraes Leme, lembrada por Antônio Junqueira de Azevedo[25]. O enriquecimento sem causa surge justamente quando o contratante o alcança sem apoio na causa jurídica do contrato, ou seja, fora da razão econômico-jurídica do negócio[26].

Sintetizando, é possível divisar duas funções relevantes para o princípio da coibição do enriquecimento sem causa no domínio dos contratos: a) a de *fonte de obrigação* para, após consumação do enriquecimento, ensejar meio de o prejudicado exigir do beneficiado a prestação reparadora cabível (função *satisfativa* (Código Civil, art. 884); e, b) a de *critério de interpretação* das cláusulas contratuais, para evitar versões capazes de propiciar a um dos contratantes locupletamento que a natureza do negócio não admita, ou que a boa-fé não aprove (Cód. Civil, arts. 113 e 422).

Não importa o fato que tenha acarretado o locupletamento, se foi ato, fato ou negócio jurídico, se foi praticado de boa ou má-fé, se foi decorrente de ato próprio ou de terceiro. Não se trata sequer de submetê-lo ao regime do ato ilícito. Nem mesmo se afeiçoa o instituto ao sistema da reparação de perdas e danos. O enriquecimento sem causa é, por si só, *uma fonte autônoma de obrigação* entre o que se enriquece e o que se empobrece, sem razão de direito.

São, pois, requisitos para a ação de enriquecimento sem causa: a) o enriquecimento do réu; b) o empobrecimento do autor; c) o nexo de causalidade entre o enriquecimento e o empobrecimento; d) a ausência de causa – porque nunca existiu ou porque a existente desapareceu –; e, e) a inexistência de ação específica para ressarcir o autor do prejuízo sofrido (CC, art. 886). Essa ação (*in rem verso*), então, é subsidiária, na medida em que somente será ajuizada se a lei não conferir "ao lesado outros meios para se ressarcir".

---

enriquecimento sem causa". Por isso a autora critica o vezo de qualificar como subsidiária a ação de enriquecimento sem causa (Código Civil, art. 886). Na verdade, quando se recorre à figura do enriquecimento sem causa ela se apresenta como o único remédio capaz de satisfazer o direito daquele que se empobrece injustamente.

25   AZEVEDO, Antônio Junqueira de. *Negócio jurídico. Existência, validade e eficácia*. 4.ed. São Paulo: Saraiva, 2002, p. 160, nota 239.

26   A noção de *falta de causa* para o direito pode ser assim traduzida: "O enriquecimento não tem causa quando, segundo a lei, não devia pertencer àquele que dele beneficia, mas sim a outrem. A causa, cujo conteúdo é o próprio ordenamento jurídico, os valores defendidos, as ponderações de interesses realizadas caso a caso, visa evitar que o princípio do enriquecimento viole, fraude, a lei (CAMPOS, Diogo Leite de. O enriquecimento sem causa em direito brasileiro. *In*: CALDERALE, Alfredo. *Il nuovo Codice Civile Brasiliano*. Milano: Giuffrè, 2003, p. 183).

Por fim, a ação *in rem verso* prescreve em três anos, contados da data em que ocorrer o enriquecimento sem causa (CC, art. 206, § 3º, IV)[27].

23.4. Pagamento indevido

O pagamento indevido é uma das fontes de *obrigações extracontratuais*, que já encontrava expressa previsão no art. 964 do Código Civil de 1916[28], repetido pelo art. 876[29] do Código Civil de 2002, como decorrência da repressão ao enriquecimento sem causa. Aliás, desde o Direito Romano se sanciona o enriquecimento ilícito, através da *condictio indebiti*[30].

A norma tem como premissa geral e consagrada: "todo pagamento supõe uma dívida, é verdade comezinha que merece ser lembrada"[31]. E não existindo essa dívida que o justifique, o pagamento será nulo. Assim, aquele que recebeu sem ter direito ao pagamento não poderá aproveitar-se do erro alheio para locupletar-se, pelo que sujeitar-se-á à repetição[32].

Considera-se, outrossim, indevido tanto o pagamento de dívida que jamais tenha existido, como o pagamento excessivo, feito além da quantia realmente exigível. É verdade, por outro lado, que nem todo pagamento de bem indevido se considera como causador da obrigação de restituir. Há casos em que, voluntária ou inconscientemente, o *solvens* quis praticar o ato a que não estava obrigado, nem pela lei nem pelo contrato. Nesse caso, inexistindo erro de sua parte, não se pode cogitar, posteriormente, de repetição. A propósito, dispõe o art. 877 do Código Civil: "àquele que voluntariamente pagou o indevido incumbe a prova de tê-lo feito por erro".

O elemento erro, porém, integra a figura do pagamento indevido como causa geradora do dever de repetir e não como vício de negócio jurídico a ser anulado. Se não há erro, ou seja, se o pagamento é ato voluntário e consciente, se equipara a uma doação ou liberalidade. Desconfigura-se, então, o elemento essencial do pagamento indevido que reside na falta de causa. Não se pode mais dizer que tenha havido

---

[27] Sobre a prescrição dessa ação e a repetição de indébito, ver nosso *Prescrição e decadência*. Rio de Janeiro: Forense, 2018, nºs 106 a 107.3, p. 257-269.

[28] "Art. 964 Todo aquele que recebeu o que não lhe era devido fica obrigado a restituir".

[29] "Art. 876. Todo aquele que recebeu o que lhe não era devido fica obrigado a restituir; obrigação que incumbe àquele que recebe dívida condicional antes de cumprida a condição".

[30] PLANIOL, Marcel; RIPERT, Georges. *Tratado práctico de derecho civil francés*. Habana: Cultural, 1945, t. VIII, n. 736, p. 28.

[31] CARVALHO SANTOS, J. M. de. *Código Civil brasileiro interpretado*. 7. ed. Rio de Janeiro: Freitas Bastos, 1958, v. XII, p. 391.

[32] Ver COLIN, Ambroise; CAPITANT, Henri. *Cours élémentaire de droit civil français*. 10. ed. Paris: Dalloz, 1948, t. II, n. 399, p. 291.

Capítulo V: Negócios Jurídicos Bilaterais e Unilaterais | **121**

pagamento sem causa, pois a vontade de praticar a liberalidade, em si mesma, seria a causa do ato jurídico, a fonte da obrigação[33].

O erro de que cogita a lei é diverso daquele que constitui vício de consentimento para efeito de anulação do negócio jurídico. Não se exige erro substancial ou escusável[34]. Aqui, basta que *não tenha havido a intenção de praticar liberalidade* para ficar autorizada a repetição do indébito, mesmo quando a situação seja de simples dúvida ou incerteza do devedor diante do pagamento efetuado.

Não se trata de anular ato jurídico, mas de reprimir o locupletamento indevido gerado pelo pagamento sem causa. Logo, sempre que não houver a intenção de praticar liberalidade, ocorrerá erro do *solvens* suficiente para justificar a repetição. Precisa é a lição de Ruggiero:

"Não importa que o erro seja desculpável ou indesculpável, que seja um erro de fato ou um erro de direito; a restituição é sempre admitida, porque a *solutio* ao passo que é validade em si e por si (como negócio jurídico causal tem a sua causa no *animus solvendi* e este existe no ânimo de quem paga o indevido), relacionada à sua causa remota (a existência de uma obrigação a extinguir) produz um enriquecimento injustificado e não pode ser mantida"[35].

A boa doutrina ensina, na exegese do art. 877, que toda interpretação deve favorecer a repetição e não dificultá-la. Qualquer dúvida ou pressão de que tenha sido vítima o devedor no momento do pagamento configura o erro que, assim, autoriza a repetição. Ao erro equipara-se "a dúvida, bem como a ignorância de uma exceção, ou a crença de não poder provar"[36].

Em suma: não apenas a total e indiscutível ignorância dá lugar à repetição, mas também o pagamento que se faz na dúvida quanto à existência do dever de pagar, mas em face da incerteza ou do receio de não se obter sucesso em demanda judicial.

Na prática, atuam três requisitos para configurar o direito à repetição do indébito: a) pagamento efetivo; b) falta de obrigação; c) erro do *solvens*[37]. Mas, na essência da coisa, o erro integra a falta de causa, já que se não há erro desaparece a própria falta de causa para o pagamento, como já se demonstrou. E se se conclui

---

[33]   COLIN, Ambroise; CAPITANT, Henri. *Op. cit.*, t. II, n. 400, p. 291.

[34]   Conforme Washington de Barros Monteiro, o erro tanto pode ser 'leve ou grosseiro', para justificar a repetição. Só efetua liberalidade 'aquele que, deliberadamente, satisfaz o que sabe não devido' (*Curso de Direito Civil*. 21. ed. São Paulo: Saraiva, 1987, v. IV, 1ª parte, p. 269).

[35]   RUGGIERO, Roberto. *Instituições de Direito Civil*. São Paulo: Saraiva, 1958, v. III, n. 125, p. 477-478.

[36]   CARVALHO SANTOS, J. M. de. *Código Civil Brasileiro Interpretado cit.*, p. 394. No mesmo sentido, a jurisprudência: "Repetição de indébito acolhida, não só em face do enriquecimento sem causa do credor, mas também diante da incerteza ocorrente à época acerca do fator de atualização efetivamente aplicável ao caso. Dúvida que se equipara ao erro" (STJ, 4ª T., REsp. 59.292/SP, Rel. Min. Barros Monteiro, ac. 10.08.1999, *DJU* 25.10.1999, p. 84).

[37]   RUGGIERO, Roberto. *Op. cit.*, n. 125, p. 479.

que inexiste causa, torna-se secundária a importância do erro ou sem equivalente na conduta do *solvens*.

Merece, por isso mesmo, reprodução a fórmula sintética alvitrada por Washington de Barros Monteiro: "se possível, numa única fórmula, sintetizar o conteúdo do pagamento indevido, diríamos que: enriquecimento + empobrecimento + ausência de causa = indébito. Nessa fórmula acham-se resumidos os elementos constitutivos do pagamento indevido"[38].

Em conclusão: o fundamento da repetição de indébito está na ausência de causa para o pagamento[39].

Quanto à prescrição da pretensão à repetição do pagamento indevido, observar-se-á o prazo trienal do art. 206, § 3º, do Código Civil, para as ações de enriquecimento sem causa. Na verdade, o pagamento indevido não é mais do que uma espécie do gênero enriquecimento sem causa[40].

---

[38] MONTEIRO, Washington de Barros. *Curso de Direito Civil cit.*, p. 268.
[39] FARIA, Anacleto de Oliveira. Verbete "Repetição do Indébito". *In Enciclopédia Saraiva de Direito*, v. 65, p. 90.
[40] STJ, 2ª Seção, REsp. 1.360.969/RS, Rel. p/ ac. Min. Marco Aurélio Bellizze, ac. 10.08.2016, *DJe* 19.09.2016; STJ, 2ª Seção, REsp. 1.361.730/RS, Rel. Min. Raul Araújo, ac. 10.08.2016, *DJe* 28.10.2016.

Capítulo VI: Interpretação e Integração do Negócio Jurídico

24. A INTERPRETAÇÃO DOS NEGÓCIOS JURÍDICOS

Interpretar o negócio jurídico significa atribuir um significado aos signos (linguagem) com que se manifestou a vontade negocial, devendo-se entendê-la como a vontade comum das partes de determinado ato[1]. Trata-se de operação praticada, preponderantemente, pelo juiz, embora possa e deva contar com a colaboração das partes.

Justifica-se, em regra, a interpretação pela circunstância de que a linguagem usada pelas partes possa apresentar-se obscura ou ambígua, ou seja, possa não exprimir algum significado imediatamente perceptível, ou possa ter mais de um significado possível entre as partes, ou, ainda, possa constituir uma antinomia, quando uma proposição do texto tenha um significado, e outra ostente significado oposto ou incompatível.

A situação de incerteza ou indefinição, obviamente não pode perdurar, já que o contrato "deve ter um significado, e pode ter apenas um – o *justo significado*. Encontrar o justo significado do contrato é o escopo da interpretação"[2]. Daí que, na linguagem usual, entende-se por *interpretação* "a ação que visa fixar o significado das manifestações da vontade, especialmente das palavras. Aquele que queira manifestar ao exterior sua vontade interna necessita valer-se de certos signos que o mundo exterior possa perceber; tem que *declarar* sua vontade, e esta declaração se efetiva ordinariamente por meio de palavras. Esclarecer estas declarações é o fim da interpretação"[3] praticada diuturnamente nos processos judiciais, não sobre a vontade íntima dos sujeitos dos negócios, mas sobre a declarada exteriormente. Trata-se, portanto, de operação objetiva praticada diretamente sobre a declaração da vontade, e as circunstâncias sociais e econômicas em que a manifestação negocial aconteceu.

Essa operação de interpretar é *dever* do Juiz que se submete a regras jurídicas de interpretação, que o guiarão na missão de resolver os conflitos derivados das

---

[1]   "Interpretar um negócio jurídico é determinar o sentido e o alcance com que se expressou e afinal deve vigorar o conteúdo negocial (...). O sentido do conteúdo negocial, assim fixado, é que, em última análise, determinará os efeitos jurídicos que ele há de produzir, uma vez que tais efeitos resultam, imediata ou mediatamente, do ordenamento jurídico, sob a atuação do pressuposto de fato (*fattispecie*), que é o negócio jurídico" (MIRANDA, Custodio da Piedade Ubaldino. *Teoria geral do negócio jurídico*. 2. ed. São Paulo: Atlas, 2009, nº 7.1.2, p. 132).

[2]   ROPPO Vincenzo. *Il contratto*. Milano: Giuffrè, 2001, p. 465.

[3]   DANZ, Erich. *La interpretación de los negocios jurídicos*. 3.ed. trad. De Francisco Bonet Ramon. Madrid: Revista de Derecho Privado, 1955, p. 3.

controvérsias exegéticas sobre as diversas declarações contratuais entrelaçadas num mesmo negócio jurídico[4].

Nosso velho Código Comercial, hoje quase todo revogado pela nova sistemática do atual Código Civil, que unificou o regime das obrigações civis e mercantis, seguia a tradição consagrada por diversos códigos europeus de arrolar as diversas regras gerais a serem observadas na interpretação dos negócios jurídicos.

O Código Civil alemão (BGB) rompeu com esse costume, abstendo-se de proclamar regras gerais aplicáveis aos negócios jurídicos, cuidando apenas de algumas normas específicas para certos atos jurídicos, aplicáveis a contratos especiais e a determinadas situações jurídicas particulares, como o respeito à boa-fé e a prevalência da intenção dos contratantes sobre a literalidade da declaração. A explicação dada pela Exposição de Motivos do Projeto que se positivou com o BGB foi no sentido de que essa classe de preceitos compreende essencialmente "regras do pensamento, sem nenhum conteúdo jurídico-positivo: ao juiz são dadas lições de lógica prática. Nisso existe o perigo de considerar tais disposições como verdadeiras normas jurídicas e de que o sentido das palavras seja valorado como a pauta principal, do qual só seja admissível afastar-se quando a lei haja permitido expressamente, enquanto, e por consequência, se teria excluído da enumeração legal todas as demais circunstâncias possivelmente relevantes". Foi, com essa explicação, que o Código alemão se limitou a estabelecer em disposições particulares regras concretas de interpretação apenas para certos casos duvidosos[5].

Nosso Código Civil de 1916 acatou a orientação do BGB, abstendo-se de reproduzir elenco de regras interpretativas similar ao do art. 131 do Código Comercial de 1850, que assim dispunha:

> "Sendo necessário interpretar as cláusulas do contrato, a interpretação, além das regras sobreditas, será regulada sobre as seguintes bases:
>
> 1 – a inteligência simples e adequada, que for mais conforme à boa fé, e ao verdadeiro espírito e natureza do contrato, deverá sempre prevalecer à rigorosa e restrita significação das palavras;
>
> 2 – as cláusulas duvidosas serão entendidas pelas que o não forem, e que as partes tiverem admitido; e as antecedentes e subsequentes, que estiverem em harmonia, explicarão as ambíguas;
>
> 3 – o fato dos contraentes posterior ao contrato, que tiver relação com o objeto principal, será a melhor explicação da vontade que as partes tiverem no ato da celebração do mesmo contrato;

---

[4]   "... las reglas sobre interpretación se dirigen ao *juez* y no *a las partes,* como las demás normas del Derecho material; no disponen que, dándose ciertos hechos, haya de nacer o extinguirse um derecho subjetivo individual, sino que preceptúar al juez el camino que há de seguir para sus juícios" (DANZ, Erich. *Op. cit.,* p. 5).

[5]   FLUME, Werner. *El negócio jurídico.* 4. ed. Madrid: Fundación Cultural del Notariado, 1998, t. II, p. 369-370.

4 – o uso e prática geralmente observada no comércio nos casos da mesma natureza, e especialmente o costume do lugar onde o contrato deva ter execução, prevalecerá a qualquer inteligência em contrário que se pretenda dar às palavras;

5 – nos casos duvidosos, que não possam resolver-se segundo as bases estabelecidas, decidir-se-á em favor do devedor".

A circunstância de o Código Civil de 1916 (que inicialmente foi seguido pelo Código Civil de 2002) não conter regras equivalentes às do art. 131 do Código Comercial (aliás, revogado pelo Código Civil atual), não lhes retirou a força de lição doutrinária, já que todas elas eram e continuaram prestigiadas pelos juristas contemporâneos empenhados na teorização da hermenêutica dos negócios jurídicos e, particularmente, dos contratos civis e mercantis.

Todavia, a orientação lacunosa de nosso direito positivo foi superada pela Lei da Liberdade Econômica (Lei nº 13.874/2019), que acrescentou parágrafos ao art. 113 do Código Civil de 2002, traçando várias regras para a interpretação dos negócios jurídicos. As normas inovadoras seguem, na verdade, basicamente aquelas consagradas pelo art. 131 do Código Comercial, veja-se:

"Art. 113. Os negócios jurídicos devem ser interpretados conforme a boa-fé e os usos do lugar de sua celebração.

§ 1º A interpretação do negócio jurídico deve lhe atribuir o sentido que:

I – for confirmado pelo comportamento das partes posterior à celebração do negócio;

II – corresponder aos usos, costumes e práticas do mercado relativas ao tipo de negócio;

III – corresponder à boa-fé;

IV – for mais benéfico à parte que não redigiu o dispositivo, se identificável; e

V – corresponder a qual seria a razoável negociação das partes sobre a questão discutida, inferida das demais disposições do negócio e da racionalidade econômica das partes, consideradas as informações disponíveis no momento de sua celebração.

§ 2º As partes poderão livremente pactuar regras de interpretação, de preenchimento de lacunas e de integração dos negócios jurídicos diversas daquelas previstas em lei."

A inovação brasileira aproximou nossa legislação do regime seguido por diversos códigos tanto europeus como americanos[6] que estabelecem regras interpretativas a serem observadas pelos operadores do direito. A mudança nos parece salutar.

A Constituição Federal de 1988 instituiu uma ordem consagradora de valores éticos e princípios fundamentais – especialmente os referentes a garantias individuais

---

[6]   Código francês, arts. 1.188 a 1.192; Código português, arts. 236º a 239º; Código espanhol, arts. 1.281 a 1.289; Código russo, art. 431; Código de Quebec, arts. 1.425 a 1.432; Código uruguaio, arts. 1.297 a 1.307; Código peruano, arts. 168º a 170º, 1.400º e 1.401º; Código argentino, arts. 1.061 a 1.068; Código chileno, arts. 1.560 a 1.566.

– os quais são de aplicação direta e imediata. Entretanto, princípios – que também são normas – funcionam como alicerces das regras, representando, por isso, quase sempre, ideias abertas que orientam a criação e a compreensão de todo o ordenamento jurídico. A sua concretude é dada, portanto, pela legislação do País. Nosso Código Civil de 2002, no empenho de ser fiel à ordem axiológica e principiológica traçada constitucionalmente, utilizou-se de várias cláusulas gerais[7] – a exemplo da boa-fé objetiva e da função social do contrato –, normas abertas fixadoras de diretrizes de contornos indeterminados, que não apresentam uma solução jurídica precisa e específica para os casos concretos. Destarte, estabeleceu-se o risco de juízes menos afeitos à sistemática e à ideologia da codificação de adotarem critérios próprios de uma postura discricionária e decisionista, produzindo julgamentos que atendem mais às suas orientações subjetivas do que à finalidade e ao respeito ao direito positivo. Por esta razão, a revisão do negócio jurídico, que deveria ser exceção, passou, com frequência, a ser regra, diante da tentação do órgão judicial de promover uma justiça fora e além, muitas vezes, da ideologia do nosso direito positivo, ampliando o intervencionismo judicial no contrato em proporções incompatíveis com a autonomia negocial e a segurança jurídica do mercado.

Nessa perspectiva, a Lei da Liberdade Econômica, atenta a esta realidade, procurou fixar e ressaltar com mais clareza a ideologia que, à evidência, norteia a interpretação e a revisão dos negócios jurídicos em geral. Ideologia esta voltada à proteção da autonomia privada e à mínima intervenção estatal (arts. 421 e 421-A do Código Civil). Nessa esteira, ao positivar critérios e parâmetros mais claros de interpretação, a Lei nº 13.874/2019 direciona a atividade judicial à ideologia adotada como se passa com a maioria dos códigos modernos.

Escrevendo sobre o regime do BGB (similar à antiga orientação do nosso Código Civil em matéria de interpretação dos negócios jurídicos), Flume – após reconhecer que a interpretação trabalha com *regras de experiência* –, ensina que, mesmo quando não expressas em texto legal, "as regras interpretativas transmitidas pela tradição e as consagradas em outras codificações, portanto, é certo que não são normas vinculantes em nosso Direito, não são 'princípios radicais', mas, não obstante, são dignas de atenção como *regras de experiência de 'lógica prática'*"[8].

---

[7] "Tais cláusulas, pelas peculiaridades de sua formulação legislativa, não apenas consubstanciam princípios, antes permitindo a sua efetiva inserção nos casos concretos. Cláusula geral, portanto, não é princípio – é norma. (...) A grande diferença entre princípio e cláusula geral, do ponto de vista da atividade judicial, está, pois, em que estas permitem a formação da norma não através da interpretação do princípio, mas pela criação, através da síntese judicial, onde encontram como elemento de atuação fatos ou valores éticos, sociológicos, históricos, psicológicos, ou até mesmo soluções advindas da análise comparativista, atuando tais critérios tradicionalmente tidos como extralegais através das verdadeiras 'janelas' consubstanciadas em tais cláusulas" (MARTINS-COSTA, Judith. As cláusulas gerais como fatores de mobilidade do sistema jurídico. *RT*, 1992, n. 680, p. 50-51).

[8] FLUME, Werner. *Op. cit.,* p. 378.

É o que deve, por exemplo, ocorrer em relação à regra de interpretação do contrato segundo o modo como tem sido executado pelas partes (Cód. Comercial, art. 131, nº 3), como, aliás, veio a prevalecer no disposto no § 1º, I, acrescentado ao art. 113 do Código Civil pela Lei nº 13.874/2019. A doutrina contemporânea trata essa tese como verdadeira "interpretação autêntica" e, portanto, como um dos mais relevantes princípios da interpretação negocial, haja ou não enunciado de lei a seu respeito.

Ensina Betti que o objeto da operação interpretativa compreenderá "o complexo de circunstâncias em que a *declaração* e o *comportamento* [das partes] se enquadram como seu meio natural e em que assumem, segundo o ponto de vista da consciência social, o seu típico significado e valor". Acrescenta ainda Betti, nesse cenário, que

> "a interpretação fixa o conteúdo e reconstrói o significado das *declarações e comportamentos,* tendo também em atenção os *fatos antecedentes* e os *consequentes* que lhe andam ligados e, em particular, considerando tanto as negociações preliminares de que resultou a celebração do negócio, como as *modalidades da conduta com que, posteriormente, se deu observância ao negócio celebrado (Cod. Civil* [italiano], *1.362, parágr.)*"[9] (g.n.).

Incluindo a jurisprudência entre os fundamentos de sua lição, o autor lembra um julgado da Corte de Cassação italiana em que se assentou que "com a máxima de que o juiz, ao indagar a vontade contratual, deve reportar-se ao processo de formação dela, *bem como ao modo porque as próprias partes demonstraram querer realizá-la, na fase de execução*"[10] (g.n.).

Com efeito, a conduta das partes posterior à celebração do negócio é um dado objetivo importante, porque, por seu intermédio, pode-se revelar a declaração de vontade sem necessidade de se aventurar pela busca inglória de desvendar diretamente o que se passou no íntimo inacessível do psiquismo dos contratantes. O princípio da boa-fé objetiva, tão caro ao atual Código Civil brasileiro, é um forte fundamento para justificar esse critério de interpretação negocial[11]. Explica a doutrina especializada:

> "a execução voluntária dos contratantes (i. é, 'o fato dos contratantes posterior ao contrato') indicia ao intérprete qual a real intenção, harmonizando, assim, os dois

---

[9] BETTI, Emilio. *Teoria geral do negócio jurídico.* Campinas: Servanda Editora, 2008, nº 41, p.467-468.

[10] BETTI, Emilio. *Teoria geral do negócio jurídico cit.,* nº 41, nota 13, p. 468. Para Sílvio de Salvo Venosa e Luiza Wander Ruas, "o comportamento das partes depois da conclusão do contrato denota um rumo, uma interpretação do negócio dada pelos próprios contratantes, na realidade os intérpretes primeiros deste negócio" (VENOSA, Sílvio de Salvo; RUAS, Luiza Wander. Interpretação dos negócios jurídicos e a liberdade econômica. In ARRUDA ALVIM et al (coords.). *Uma vida dedicada ao direito: Estudos em homenagem a Roberto Rosas.* Rio de Janeiro: Ed. GZ, 2020, p. 850).

[11] Código Civil, "art. 112. Nas declarações de vontade se atenderá mais à intenção nelas consubstanciada do que ao sentido literal da linguagem".

130 | NEGÓCIO JURÍDICO • *Humberto Theodoro Jr. e Helena Lanna Figueiredo*

dispositivos constantes dos arts. 112 e 113 do CC que querem a *vontade declarada* (art. 112) que *produza confiança* (art. 113) *nos contratantes,* tanto que segundo esse entendimento comum os contratantes procedem"[12].

Numa interpretação do contrato, segundo a boa-fé objetiva, como preconiza o art. 113 do CC, assume sem dúvida essencial relevância o comportamento das partes, o que se explica por ser a declaração de vontade contratual não um fato isolado,

> "mas o momento de um processo que integra uma multiplicidade de contatos precedentes e que requer, após, atos de cooperação e de execução em conformidade com as obrigações assumidas. O critério interpretativo da boa-fé torna imperativa uma pesquisa do significado do acordo na sua totalidade, do que resulta o exame também daquilo que as partes disseram e fizeram antes e depois da declaração de vontade conclusiva"[13] (...) "Assim, executando o projeto contratual e cooperando para o seu normal adimplemento *as partes fazem transparecer o seu autêntico entendimento a respeito do real conteúdo do regulamento contratado*"[14].

O nº 2 do art. 131 do nosso Código Comercial, numa linguagem muito prática, retrata, na verdade, a interpretação lógico-sistemática, largamente empregada na interpretação da lei, que, segundo consenso doutrinário, estende-se aos negócios jurídicos e, especialmente, aos contratos. Trata-se de princípio que remonta ao direito romano (*Digesto*, 1, 3, 24), impondo que a interpretação, originariamente da lei, e hoje também do negócio jurídico, não seja feita isoladamente, inciso por inciso, ou cláusula por cláusula, mas sim enfocando a lei ou o contrato como um todo[15]. De certa maneira, esse critério hermenêutico se acha, atualmente, consagrado pelo

---

[12] SILVA, Luís Renato Ferreira da. Prefácio da obra *Interpretação do contrato* de Marcelo Vicenzi. São Paulo: Ed. RT, 2011, p. 11. "Na redação do novo § 1º do art. 113 do Código Civil, a interpretação do negócio jurídico deve lhe atribuir o sentido que: a) for confirmado pelo comportamento das partes posterior à celebração do negócio, sendo vedado e não admitido o comportamento contraditório da parte, com ampla aplicação prática (*venire contra factum proprium non potest*)" (TARTUCE, Flávio. A Lei da Liberdade Econômica (Lei nº 13.874/2019) e os seus principais impactos para o direito civil – segunda parte. *Revista Síntese. Direito civil e processual civil*, v. 122, nov.-dez./2019, p. 21).

[13] VICENZI, Marcelo. *Interpretação do contrato: ponderação de interesses e solução de conflitos*. Ed. RT, 2011, p. 136-137.

[14] VICENZI, Marcelo. *Ob. cit.,* p. 140-141. Também ESCALADA ressalta que, "en efecto, aparece mui claro que los hechos que los contratantes lleven a cabo durante la ejecución del contrato ya acordado, con miras a su complimiento normal, especialmente en aquéllos de tracto sucesivo o, por lo menos, de vigencia prolongada en el tiempo, revisten gran interés y consituyen *la más auténtica fuente de interpretación*. Esto es indudable y no cabe formular ningún reparo a su respecto" (ESCALADA, Federico Videla. *La interpretación de los contratos civiles*. Buenos Aires: Abeledo-Perrot, 1964, p. 95).

[15] "*Incivile est nisi tota lege perspecta una aliqua partícula eins proposita indicare vel respondere*" (FLUME, Werner. *El negócio jurídico cit.,* p. 371).

inciso V do § 1º do art. 113, do nosso Código Civil, com o texto que lhe deu a Lei nº 13.874/2019.

No direito comparado merecem consideração, a propósito, o disposto no Código Civil francês (art. 1.189, 1ª parte) e no italiano (art. 1.363). Ou seja:

a) Código francês: "Art. 1.189, 1ª parte: todas as cláusulas de um contrato se interpretam umas pelas outras, dando a cada uma o sentido que respeitar a coerência de todo o ato".

b) Código italiano: "Art. 1.363: as cláusulas do contrato se interpretam umas por meio das outras, atribuindo a cada uma o senso que resulta do complexo do ato".

24.1. A regra fundamental do art. 112 do Código Civil

A interpretação é uma operação para a qual influem regras de duas naturezas: de um lado, as que tendem à descoberta do *sentido da declaração negocial*, correspondente à "intenção comum das partes", ou seja, o que os contratantes, concreta e efetivamente, quiseram declarar "concordantemente". Cuida-se da *interpretação dita subjetiva*[16]. No dizer de Francisco Amaral, o intérprete do contrato "procura investigar a *vontade das partes em conjunto*, atribuindo-lhes um sentido jurídico" (grifamos). Tanto procura conhecer a intenção do declarante quanto o sentido da declaração. É que – completa o civilista

> "sendo o negócio jurídico instrumento e expressão da autonomia privada, seus efeitos devem corresponder *ao consenso das partes*. É o princípio da correspondência entre o conteúdo e os efeitos do ato, princípio geral de direito privado. A primeira operação a fazer-se, portanto, é *a interpretação desse consenso*, para se estabelecer quais os efeitos que se quiseram produzir"[17].

Mas, não é apenas no plano *psíquico* da intenção que se vai buscar o sentido da convenção, mesmo porque não é fácil e seguro navegar no subjetivismo das pessoas. É na *vontade declarada* que há de concentrar o maior esforço do intérprete. Dados estranhos ao querer íntimo do declarante vão aflorar na compreensão em torno do sentido, alcance e significado, que o negócio ajustado ostenta.

À luz de dados exteriores à vontade interna – como a boa-fé objetiva, os usos e costumes, o contexto e o fim econômico do negócio – o intérprete volta sua atenção para a *intenção objetivada na declaração*. Não é decisiva, na interpretação técnica,

---

[16] Segundo o art. 112 do Código Civil, o intérprete deve preocupar-se mais com a intenção consubstanciada na declaração de vontade dos declarantes do que com a literalidade da linguagem nela utilizada.

[17] AMARAL, Francisco. *Direito Civil. Introdução*. 5. ed. Rio de Janeiro: Renovar, 2003, p. 420.

a vontade psicológica do agente, mas sim a *vontade jurídica*, criada pelo declarante para servir de lei entre ele e seus cointeressados[18]. Quer isto dizer que se deve buscar a *intenção comum*[19], que é a revelada pelas declarações convergentes das partes.

Portanto, o Código Civil, quando dispõe que nas declarações de vontade se atenderá mais à intenção nelas consubstanciadas do que ao sentido literal da linguagem (art. 112), está de fato reconhecendo a vontade como elemento a ser levado em conta na interpretação. Isto, porém, terá de ser feito "*de modo objetivo*" e não será o único dado a ponderar, "pois o processo interpretativo deve levar em conta outros elementos, como as circunstâncias, o ambiente, os interesses das demais pessoas a que se dirige a declaração"[20]. Nesse sentido, a clássica lição de Danz: a norma interpretativa em questão não conduz à supremacia do querer íntimo sobre o declarado, mas apenas singularmente "que o juiz, em *cada* interpretação, não haverá de tomar as palavras simplesmente no seu sentido ordinário, mas que haverá de fixar-se em *cada caso* nas circunstâncias em que se exteriorizaram, em seu contexto, no resultado econômico perseguido". Conclui Danz: "Só *esta* obrigação do juiz estabelece o § 133 cit. [equivalente ao art. 112 do CCC brasileiro]; e o que realmente objetiva essa norma é proibir a *interpretação literal em todos* os casos de interpretação de negócios jurídicos, tanto unilaterais como bilaterais"[21] – como deixa claro a Exposição de Motivos do BGB (CC alemão).

---

[18] "São precisamente o respeito à boa-fé e à confiança dos interessados e a consequente responsabilidade do autor que, no caso de interpretação judicial do ato jurídico, mandam atender, em regra, à intenção consubstanciada na declaração, ao invés de procurar o pensamento íntimo do declarante" (ESPÍNOLA, Eduardo. Dos fatos jurídicos Das nulidades. *In:* LACERDA, Paulo de. *Manual do Código Civil Brasileiro.* Rio de Janeiro: Jacinto Ribeiro dos Santos Editor, 1929, p. 186).

[19] "Dessa forma, há que buscar a intenção consubstanciada no conjunto formado pelas duas declarações emanadas, razão pela qual se fala tanto, em matéria de interpretação contratual, da necessidade da busca da "vontade comum"' (ZANCHIM, Kleber Luiz; ARAUJO, Paulo Dóron Rehder de. Interpretação contratual: o problema e o processo. *In* FERNANDES, Wanderley (coord.). *Fundamentos e princípios dos contratos empresariais.* 2.ed. São Paulo: Saraiva, 2012, p. 206). Para Silvio de Salvo Venosa, "nessa pesquisa, o intérprete examinará o sentido gramatical das palavras e frases, os elementos econômicos e sociais que cercaram a elaboração do contrato, bem como o nível intelectual e educacional dos participantes, seu estado de espírito no momento da declaração etc." (VENOSA, Sílvio de Salvo. *Teoria geral dos contratos.* 2. ed. São Paulo: Atlas, 1996, p. 80). Apreciará, mais ainda, o comportamento anterior ao contrato e aquele que vinha sendo voluntariamente praticado pelas partes antes que o impasse se estabelecesse (BIERWAGEN, Mônica Yoshizato. *Princípios e regras de interpretação dos contratos no novo Código Civil.* São Paulo: Saraiva, 2002, p. 82-83).

[20] AMARAL, Francisco. *Direito Civil: introdução cit.,* p. 422-423, apoiado em PONTES DE MIRANDA, Francisco Cavalcanti. *Tratado de direito privado.* São Paulo: Editora Revista dos Tribunais, 2012, t. III, § 327, nº 5, p. 425-427.

[21] DANZ, Erich. *La interpretación de los negocios jurídicos cit.,* p. 28.

Capítulo VI: Interpretação e Integração do Negócio Jurídico | **133**

Essa sistemática interpretativa, para Nelson Rosenvald e Cristiano Chaves de Farias, é chamada de *teoria da confiança*, intimamente ligada ao princípio da boa-fé objetiva, segundo a qual a declaração da vontade deve prevalecer sobre a vontade íntima do agente, desde que tenha suscitado no outro uma legítima expectativa, conforme as circunstâncias objetivas[22].

Inspirando-se, outrossim, o direito das obrigações moderno no *princípio da confiança*, quando se pesquisa a *intenção não é a vontade individual de cada parte que se busca, não é o querer interno* delas, mas "a vontade objetivada na declaração contratual", isto é, o "significado que para as partes estipulantes teve o ajuste, e este significado é presumivelmente o normal, ou seja, o significado que num dado ambiente socioeconômico pode atribuir-se às declarações e aos comportamentos dos contratantes, à base de uma avaliação normalmente diligente"[23].

Cada parte, portanto, *confia* em que as declarações recíprocas terão o sentido normal, ou seja, o sentido que no meio social costumam ter os enunciados adotados no contrato entre elas ajustado. Enfim, diante do dissenso das partes, "é o princípio da confiança que impõe" a vontade declarada como sendo a reveladora da intenção a prevalecer na exegese subjetiva do contrato[24].

Se o negócio jurídico for bilateral, do qual o contrato é o exemplo típico, a operação interpretativa realizada em juízo decorre sempre de dissídio estabelecido entre os contratantes que leva cada um deles a atribuir sentido diverso à declaração negocial. Cria-se, dessa maneira, um atrito entre vontade negocial e vontade individual, entre declaração e texto do contrato, que quase nunca se consegue resolver somente com a pesquisa da vontade real subjetiva. Deve-se, assim, levar em conta a *intenção comum*, ou aquilo que "objetivamente as partes podiam esperar do texto e do contexto do contrato"[25].

---

22 ROSENVALD, Nelson; FARIAS, Cristiano Chaves de. *Curso de Direito Civil: parte geral e LINDB*. 13. ed. São Paulo: Atlas, 2015, p. 510.
23 BIANCA, Massimo. *Il contratto*. Milano: Giuffrè, 1984, p. 388; *apud* CREMONA, Nicoletta. L'interpretazione del contratto. Parte especiale. *In*: ALPA, Guido; BESSONE, Mario. *I contratti in generale*.Torino: UTET, 1991, v. IV, t, I, p. 87.
24 CREMONA, *op. cit., loc. cit.*
25 ZANCHIM, Kleber Luiz; ARAUJO, Paulo Dóron Rehder de. Interpretação contratual: o problema e o processo *cit.*, p. 208. Para Custodio da Piedade Ubaldino Miranda, nos contratos o que se procura descobrir é a intenção comum que animou os contratantes e que "por inadvertência, inadequada compreensão das próprias expressões ou por outro motivo, ficou expressa de modo a não refletir com rigor aquela intenção". Assim, o contrato "supõe duas declarações de vontade, cada uma delas com um emitente e um destinatário, é certo, mas consubstanciando--se 'numa totalidade dotada de sentido'". Por isso, o intérprete não pode se limitar a indagar o pensamento de cada contratante para se chegar à intenção comum, "uma vez que só poderá, afinal, acolher aquele sentido que o declaratário devesse ou pudesse conhecer, em face das circunstâncias, com o uso de diligência normal". Assim, a alusão do art. 112 à intenção das declarações de vontade seria correta, pois se "compadece com a ideia da *intenção comum, que*

134 | NEGÓCIO JURÍDICO · *Humberto Theodoro Jr. e Helena Lanna Figueiredo*

Nos negócios jurídicos unilaterais, o intérprete deverá atender não apenas à intenção do declarante, mas às reais possibilidades de compreensão do destinatário, se a declaração é receptícia de vontade, "só admitindo aquele sentido, não obstante indagado com o recurso a todos os elementos de interpretação disponíveis, que o destinatário ou destinatários pudessem ou devessem conhecer, com o uso da diligência normal, em face das circunstâncias"[26].

24.2. A boa-fé objetiva

Não sendo possível definir de imediato e com precisão a vontade negocial comum (i.é, a intenção comum dos contratantes na formulação da declaração negocial), deve o processo investigatório ampliar-se, para levar em conta o conjunto das cláusulas da declaração, o objetivo das partes e as circunstâncias em que se praticou o ato, considerando-se ainda a necessária estabilidade e segurança de que se devem revestir as relações obrigacionais[27]. Regra importante do direito civil contemporâneo é a que manda a interpretação do negócio jurídico seja feita *segundo a boa-fé e os usos do lugar de sua celebração* (Cód. Civil, art. 113 e § 1º, III).

A boa-fé, *in casu*, é a que a doutrina apelida de *boa-fé objetiva*, distinta da que se passa no subjetivismo do agente quando age ignorando a realidade e supondo-a diversa da que concretamente existe. No sentido do art. 113 do atual Código Civil, a função interpretativa reservada à boa-fé consiste em evitar, nas disposições provocadoras de divergência exegética, o sentido que seja incompatível com a honestidade e a lealdade. Se de várias maneiras se pode entender uma declaração negocial, o intérprete tem de escolher o sentido que não conduza à ilicitude e à imoralidade[28]. É de se supor que cada contratante tenha estipulado e aceito apenas o que é correto ou honesto no comportamento negocial[29].

---

tanto pode ser a intenção de uma das partes, conhecida ou reconhecível da outra, como a intenção única que presidiu às ideias de cada uma das partes, individualmente consideradas" (MIRANDA, Custódio da Piedade Ubaldino. *Teoria Geral do negócio jurídico*. 2. ed. São Paulo: Atlas, 2009, p. 139).

[26] MIRANDA, Custodio da Piedade Ubaldino. *Teoria geral do negócio jurídico cit.*, p. 139. No mesmo sentido: "Já nos negócios unilaterais *inter vivos* em geral, o ponto de relevância hermenêutica está no destinatário da declaração negocial, exceto nos casos de negócios unilaterais não receptícios, em que o ponto de relevância desloca-se para o declarante" (ZANCHIM, Kleber Luiz; ARAUJO, Paulo Dóron Rehder de. Interpretação contratual: o problema e o processo *cit.*, p. 208).

[27] AMARAL, Francisco. *Direito Civil: introdução cit.*, p. 423.

[28] Diante de declaração no sentido duvidoso, "el juez tiene que interpretar la declaración de voluntad de las partes como la entenderían las personas correctas, y como se procederían con arreglo a ella" (DANZ, Erich. *La interpretación de los negocios jurídicos*. Madrid: Revista de Derecho Privado, 1955, §19, p. 200-201).

[29] Interpretar segundo a boa-fé o negócio jurídico equivale a interpretá-lo "onestamente, secondo un criterio di correttezza e lealtà, in modo tale da tutelare i ragionevoli affidamenti

Note-se que o intérprete não precisa (nem deve) modificar o sentido do ajuste. Mas, no definir o "sentido *objetivo da declaração*", intentará preservar o sentido no qual o outro contratante (o destinatário) confiou, dentro das regras da lealdade e correção[30]. Não é, pois, com o que, de boa ou má-fé subjetivamente, quis a parte declarar, que se ocupará o intérprete. A operação interpretativa se concentrará naquilo que o destinatário da declaração pôde honestamente compreender em face do contexto negocial. É na confiança que o comportamento do declarante gerou na contraparte que reside o elemento determinante da vontade declarada.

A teoria da confiança retrata bem os rumos da nova ordem jurídica, que se fasta do individualismo para melhor valorizar o interesse social. Daí porque vai além da tutela da vontade do declarante para se ocupar também do interesse daqueles que confiam na segurança das relações jurídicas e que, da mesma forma, devem concorrer para que ela se concretize.

Kleber Luiz Zanchim e Paulo Dóron Rehder de Araújo ressaltam, ainda, que o princípio da boa-fé objetiva não deve ser aplicado com rigidez como critério de interpretação, uma vez que depende de circunstâncias relevantes do negócio, tais como qualidade das partes, local de celebração, da categoria do contrato (se de consumo, empresarial etc.), bem como do mercado em que o contrato está inserido[31].

A interpretação do contrato, então, deve levar à sua *máxima eficiência*, não se descurando da natureza do ajuste, de modo a permitir que os contratantes alcancem os objetivos legitimamente esperados com a celebração do negócio jurídico[32].

24.3. Usos e costumes

Também a interpretação do negócio jurídico segundo "o uso e prática geralmente observada no comércio", assim como "o costume do lugar onde o contrato deva ter execução" (Código Comercial, art. 131, nº 4) é regra que permanece acatada amplamente pela doutrina atual e agora foi positivada no Código Civil, art. 113, § 1º, II, por força da Lei nº 13.874/2019.

---

di ciascuna parte sul significato dell'accordo" (DIENER, Maria Cristina. *Il contratto in generale.* Milano: Giuffrè, 2002, n. 6.3, p. 471).

[30] FERRAND, Fréderique. *Droit Privé Alemand*. Paris: Dalloz, 1997, n. 286. p. 301.

[31] ZANCHIM, Kleber Luiz; ARAUJO, Paulo Dóron Rehder de. Interpretação contratual: o problema e o processo *cit.*, p. 210-211. Assim, para os autores, o intérprete deve analisar o dever de informar de forma diferente se se tratar de contrato celebrado por empresários ou entre empresa e consumidor. Na primeira situação, o dever deve ser mitigado, em razão da qualidade e expertise dos envolvidos. Já no contrato de consumo, a informação deve ser minuciosa, contendo todos os riscos do negócio, os significados de todos os termos técnicos, em razão da hipossuficiência do consumidor (*op. cit.*, p. 211).

[32] "Estabeleça-se, pois, que interpretar o negócio jurídico de acordo com a boa-fé significa, em última análise, garantir sua funcionalidade" (ROSENVALD, Nelson; FARIAS, Cristiano Chaves de. *Curso de Direito Civil cit.*, p. 509).

Reconhece-se que os usos do mercado são "uma circunstância da maior importância" para a interpretação dos negócios jurídicos, principalmente para aqueles de natureza mercantil. E tem-se em conta que esses usos valem por si, não importando que o declarante e o destinatário da declaração os conheçam ou devam conhecê-los. Mas é preciso que o uso seja observado no círculo de atividade de ambas as partes do negócio. Se o caso é de negócio travado entre partes pertencentes a diferentes âmbitos profissionais, existindo para cada qual diferentes usos do tráfico, só se pode admitir, em gera, que em princípio a invocação do referido uso só possa ser feita contra aquele que faça parte do círculo profissional em que o uso se faça presente, não em prejuízo do outro contratante pertencente a diferente círculo profissional[33].

Outro aspecto interessante é a confluência entre os usos do tráfico e os bons costumes. Somente se admite levar em conta os usos do tráfico que sejam conformes à boa-fé e se insiram organicamente no ordenamento jurídico[34].

Também é relevante ponderar que o uso do tráfico não pode servir de pretexto para uma interpretação *integrativa* (ou "modificativa") da regulação negocial. Ao contrário do que se passa com a lei, perante a qual a norma geral traçada pelo legislador, admite, em regra, *interpretação integrativa* ou *criativa*, para ampliar ou complementar as disposições legislativas (mormente quando se trate de normas dispositivas), a regulação do negócio jurídico limita-se àquilo que a declaração de vontade das partes entenderam por bem estatuir. Trata-se, portanto, de uma "regulação própria" e inexpansiva. Assim, "a regulação 'própria' do negócio jurídico é como tal uma base independente para a interpretação integradora, na medida em que delimita os direitos constituídos pelo negócio em favor de um e a cargo do outro, e assim fica excluído de modo particular que se amplie o conteúdo da regra jurídico negocial em contradição com ela"[35].

A aplicação, porém, de normas legais dispositivas para interpretar o negócio jurídico e fixar obrigações implícitas na regulação negocial é de se admitir, desde que não implique modificar o objeto daquilo que a declaração negocial explicitou.

---

[33] FLUME, Werner. *Op. cit.*, p. 376. Kleber Luiz Zanchim e Paulo Dóron Rehder de Araújo ressaltam, entretanto, ser possível utilizar usos não compartilhados por ambos os contratantes "se disso não resulta prejuízo para aquele que não os reconhece" (Interpretação contratual: o problema e o processo *cit.*, p. 213). Advertem Sílvio de Salvo Venosa e Luiza Wander Ruas que "em cada região o mesmo negócio pode ter práticas mercantis diferentes, e isso também deve ser observado. Devido a essa prática, o 'mercado segue uma ordem e tem certa previsibilidade' e será o que regerá no caso de uma lacuna/contradição de uma previsão contratual" (Interpretação dos negócios jurídicos e a liberdade econômica, *cit.*, p. 851).

[34] FLUME, Werner. *Op. cit., loc. cit.*

[35] "la regulación 'propria' del negócio jurídico es como tal una base independiente para la interpretación integradora en la medida en que delimita los derechos constituidos por el negocio en favor de uno y a cargo del outro, y así queda excluido de modo particolar que se amplie el contenido de la regla jurídico negocial en contradicción con ella" (FLUME, Werner. *Op. cit.*, p. 389).

Capítulo VI: Interpretação e Integração do Negócio Jurídico | **137**

Essa interpretação, de certo modo integrativa, entretanto, não pode fundar-se apenas nos usos e costumes, mas deve se explicar pela presença e influência da boa-fé no momento da celebração do negócio. Essa interpretação pode conduzir a uma complementação do regulamento negocial, mas sem força criativa para inovações que conflitem com o próprio contrato[36].

24.4. Influência das circunstâncias da declaração negocial na interpretação

A par dos elementos gramatical, lógico, histórico e sistemático, são relevantes as circunstâncias em que as partes manifestaram a vontade negocial. Reúnem-se nessa modalidade interpretativa todos os acontecimentos e situações que possam determinar o sentido de uma declaração. Exemplificando, dever-se-á enfocar "a conduta global das pessoas participantes no negócio, suas manifestações nas negociações contratuais – incluindo prospectos, catálogos, listas de preço que uma das partes fez chegar à outra – o fim do negócio perseguido por uma das partes e que tenha sido expressamente manifestado ou que seja evidente por sua declaração, o lugar e o tempo da declaração, em especial em qual sentido e com quais fins se realizam em geral os negócios da espécie, as relações pessoais dos participantes da declaração, naquilo manifestado na declaração etc."[37].

Nesse sentido também a lição de Emilio Betti, para quem o objeto da interpretação não é a vontade, mas a declaração externada, o conjunto de circunstâncias que conferem significado e valor à declaração. Para o autor, o que se deve levar em consideração não é tanto o conteúdo das palavras, mas a situação objetiva em que elas são expressas: "o mesmo é dizer, aquele complexo de circunstâncias em que a declaração e o comportamento se enquadram como seu meio natural e em que assumem, segundo o ponto de vista da consciência social, o seu típico significado e valor"[38].

A atual redação do art. 113, do Código Civil, conferida pela Lei 13.874/2019, valorizou justamente a negociação prévia das partes ao dispor que a interpretação deverá atribuir o sentido que "corresponder a qual seria a razoável negociação das

---

[36] FLUME, Werner. *Op. cit.,* p. 392-193. Nesse sentido: "o princípio essencial da interpretação integradora é que se deve respeitar a regulamentação jurídico negocial tal como tenha sido estabelecida pelas partes", não se podendo utilizar a interpretação integradora para transformar um contrato *injusto* em outro que seja *justo*. Uma vez que os negócios jurídicos de conteúdo ilícito de qualquer maneira não são reconhecidos pelo ordenamento jurídico, não são suscetíveis de interpretação integradora" (FLUME, p. 391).

[37] FLUME, Werner. *Op. cit.,* p. 374-375.

[38] BETTI, Emilio. *Teoria geral do negócio jurídico cit.,* §41, p. 467. Complementa o autor: "Desta maneira, para aplicar este critério aos contratos e, de um modo geral, aos negócios bilaterais, o objeto da interpretação, nestes negócios, são as declarações permutadas e os comportamentos reciprocamente tidos e reciprocamente reconhecíveis, enquadrados nas circunstâncias concomitantes" (*op. cit., loc. cit.*).

138 | NEGÓCIO JURÍDICO • *Humberto Theodoro Jr. e Helena Lanna Figueiredo*

partes sobre a questão discutida, inferida das demais disposições do negócio e da racionalidade econômica das partes, consideradas as informações disponíveis no momento de sua celebração". Vale dizer, "essas negociações devem ser confrontadas com as demais cláusulas do negócio pactuado, bem como com a *racionalidade econômica das partes*"[39].

Sílvio de Salvo Venosa, ao analisar esse dispositivo, assevera que "desde os ensinamentos de Pothier que se tem essa noção de interpretação, a de que é preciso voltar para intenção comum das partes e não somente às palavras em si"[40].

24.5. Livre pactuação sobre regras de interpretação

A chamada Lei da Liberdade Econômica admitiu, também, em relação à interpretação dos contratos, que as partes, exercendo sua autonomia privada, pactuem livremente as "regras de interpretação, de preenchimento de lacunas e de integração dos negócios jurídicos diversas daquelas previstas em lei" (art. 113, § 2º). A nova regra também foi inserida no art. 421-A, I, nos seguintes termos:

> "Art. 421-A. Os contratos civis e empresariais presumem-se paritários e simétricos até a presença de elementos concretos que justifiquem o afastamento dessa presunção, ressalvados os regimes jurídicos previstos em leis especiais, garantido também que:
>
> I – as partes negociantes poderão estabelecer parâmetros objetivos para a interpretação das cláusulas negociais e de seus pressupostos de revisão ou de resolução".

Nessa esteira, será possível, por exemplo, que as partes prevejam, no contrato, que determinada cláusula é mais importante que outra, razão pela qual deverá guiar a interpretação do negócio[41]; ou, ainda, estipular a solução (ou um procedimento) que deverão seguir quando ocorrer fato novo não previsto no negócio, sempre que

---

[39] TARTUCE, Flávio. A Lei da Liberdade Econômica (Lei nº 13.874/2019) e os seus principais impactos *cit.*, p. 21. A racionalidade econômica, "para o *standar* do homem ativo e probo nada mais é senão a assunção de uma racionalidade própria dos empresários [socialmente típica] depurada pelo direito [regras cogentes] como um padrão interpretativo" (VENOSA, Sílvio de Salvo; RUAS, Luiza Wander. Interpretação dos negócios jurídicos e a liberdade econômica *cit.*, p. 853).

[40] VENOSA, Sílvio de Salvo. Interpretação dos negócios jurídicos e a liberdade econômica. *Revista Síntese. Direito civil e processual civil*, v. 122, nov.-dez./2019, p. 34. "Uma cláusula nunca deve ser interpretada isoladamente, mas sim no contexto do instrumento negocial, o conjunto do texto e do contexto é que vai permitir ao exegeta a real compreensão do que foi pretendido pelas partes" (VENOSA, Sílvio de Salvo; RUAS, Luiza Wander. Interpretação dos negócios jurídicos e a liberdade econômica *cit.*, p. 853).

[41] TARTUCE, Flávio. A Lei da Liberdade Econômica (Lei nº 13.874/2019) e os seus principais impactos *cit.*, p. 27. VENOSA, Sílvio de Salvo; RUAS, Luiza Wander. Interpretação dos negócios jurídicos e a liberdade econômica. *In* ARRUDA ALVIM et al (coords.). *Uma vida dedicada ao direito: Estudos em homenagem a Roberto Rosas*. Rio de Janeiro: Ed. GZ, 2020.

houver lacunas nas cláusulas contratuais[42]. Importante ressaltar, outrossim, que embora seja possível a pactuação a respeito da interpretação dos contratos, as regras não podem, obviamente, ferir norma de ordem pública.

O dispositivo previu, ainda, a presunção de que as partes são simétricas e paritárias, ou seja, "têm a mesma capacidade de analisar o texto contratual, compreender e aceitar os riscos, sendo a negociação equitativa"[43]. Trata-se, entretanto, de presunção relativa, pois nem sempre isso efetivamente ocorre na prática negocial. Muitas vezes um dos contratantes é mais frágil – econômica ou socialmente – do que a outra, aceitando os termos do negócio impostos pela contraparte, o que não poderá ser levado em conta pelo intérprete.

24.6. Conclusão

Por fim, impende ressaltar que em decorrência das regras esparsas do Código Civil sobre interpretação do negócio jurídico, e em consonância com os ensinamentos extraídos do direito comparado, a doutrina nacional formulou várias regras (todas compatíveis com a normatização da Lei nº 13.874/2019 – Lei da Liberdade Econômica), dentre as quais Bierwagen ressalta as seguintes:

"(1) havendo duas ou mais interpretações possíveis, deve ser adotada aquela que melhor atenda à natureza do contrato, a seu objeto e que seja menos onerosa ao devedor;

(2) na interpretação das cláusulas, a sua compreensão deverá versar sobre o conjunto delas e não isoladamente;

(3) nos contratos gratuitos a interpretação deve ser o menos gravosa possível ao devedor, e nos onerosos, tendente ao equilíbrio entre as partes;

(4) na dúvida acerca da gratuidade ou onerosidade do contrato, presume-se esta e não aquela;

(5) o contrato principal e seus aditamentos devem ser interpretados com um todo;

(6) interpreta-se em prejuízo daquele que poderia ter sido claro mas não o foi;

(7) entre duas interpretações, prevalece a que pode produzir efeito em detrimento daquela que não possui efeito algum"[44].

25. A INTEGRAÇÃO

A *interpretação* do negócio jurídico pode exercer também uma função integrativa, que tem a finalidade de preencher as lacunas eventualmente deixadas pelas partes

---

[42] VENOSA, Sílvio de Salvo. Interpretação dos negócios jurídicos e a liberdade econômica *cit.*, p. 35.

[43] VENOSA, Sílvio de Salvo; RUAS, Luiza Wander. Interpretação dos negócios jurídicos e a liberdade econômica cit., p. 855.

[44] BIERWAGEN, Mônica Yoshizato. *Princípios e regras de interpretação dos contratos no novo Código Civil cit.*, p. 86.

no momento de estabelecer as condições e as cláusulas negociais. A regulamentação incompleta pode trazer distúrbios na execução do negócio, que devem ser corrigidos pelo intérprete. Em razão da omissão, o intérprete deverá reconstruir a *declaração incompleta*, a partir do que foi, implicitamente, estabelecido pelas partes e dos interesses que visaram no momento da celebração do negócio[45]. O intérprete busca o espírito do negócio, o conteúdo implícito que se pode extrair das demais cláusulas, do seu objeto e dos fins visados, de modo que as partes consigam perceber aquela interpretação como sendo decorrente de sua própria declaração[46].

No direito português, Menezes Cordeiro ressalta que a interpretação integrativa deve obedecer à lógica do negócio omisso, para suprir "os silêncios indevidos das partes e prolongando as suas declarações até ao seu destino natural"[47], razão pela qual seria um *interpretação complementadora*.

Emilio Betti aponta também para a distinção entre a *interpretação integrativa* e a *integração do negócio jurídico*. A integração, segundo o autor, decorre da *falta de um preceito dedutível* – expresso ou implícito –, de uma lacuna do próprio negócio a respeito não do seu suporte fático, mas de seus efeitos, razão pela qual ela é realizada por meio de normas supletivas ou dispositivas[48]. A integração determina, portanto, os efeitos do negócio, cuja regulamentação foi totalmente omissa a seu respeito, a partir do recurso a outras fontes que não apenas a declaração feita pelas partes[49]. Se não há preceito implícito a ser buscado, devem ser utilizadas outras fontes para estabelecer os efeitos do negócio.

Para os *negócios jurídicos típicos*, a integração é simples, uma vez que a omissão das partes mostra-se perfeitamente suprível pelas regras e pelos modelos do negócio delineados na lei. Assim, aplicam-se as normas previstas na lei para o negócio em exame. Em se tratando de *negócio atípico*, que não encontra previsão legal expressa, não há norma específica que possa suprir eventual omissão, razão pela qual deve ser utilizada a analogia, se estiverem presentes os pressupostos legais para sua aplicação[50].

---

[45] MIRANDA, Custodio da Piedade Ubaldino. *Teoria geral do negócio jurídico cit.,* nº 7.1.3, p. 135.

[46] Nesse sentido, Emilio Betti ressalta que "a chamada interpretação integrativa incide sobre pontos do regulamento de interesses que, embora não tenham sido abrangidos pela fórmula, que se tornou inadequada, estão, todavia, compreendidos na ideia que ela exprime e, portanto, estão também sempre enquadrados no conteúdo do negócio. Os pontos a investigar por via interpretativa, inferem-se também sempre do conjunto da declaração, apreciado de acordo com a boa-fé, com os usos sociais etc., e em harmonia com tudo isso são inteligíveis e reconhecíveis pelas partes. Na medida que seja inteligível por concludente ilação, a ideia mais lata da fórmula, que seja alcançável por via interpretativa, apresenta-se como sendo referível ao declarante como sua" (BETTI, Emilio. *Teoria geral do negócio jurídico cit.,* §44, p. 494-495).

[47] MENEZES CORDEIRO, António Manuel da Rocha e. *Tratado de Direito Civil Português.* 2.ed. Coimbra: Almedina, 2000, v. I, t. I, nº 197, p. 563.

[48] BETTI, Emilio. *Teoria geral do negócio jurídico cit.,* §44, p. 496.

[49] MIRANDA, Custodio da Piedade Ubaldino. *Teoria geral do negócio jurídico cit.,* nº 7.1.3, p. 136-137.

[50] MIRANDA, Custodio da Piedade Ubaldino. *Teoria geral do negócio jurídico cit.,* nº 7.2.3, p. 142-143.

A integração, segundo a doutrina estrangeira, pode ser feita pela lei, pela vontade hipotética das partes[51], pelos usos e costumes, pela equidade[52] e pela boa-fé.

O nosso Código Civil não traz regras específicas para a interpretação integrativa, o que não impede a sua utilização, que decorreria do princípio da boa-fé objetiva, de modo a viabilizar que o negócio jurídico, embora omisso, alcance a finalidade esperada pelas partes.

25.1. Revisão do contrato

Tema que se aproxima da integração é o da revisão do contrato, que acontece quando a intenção judicial se dá para alterar cláusulas ou condições da convenção estatuída pelas partes, o que tradicionalmente ocorre em regime de excepcionalidade, uma vez que, por sua própria natureza, o negócio jurídico em foco se rege pelo sistema da autonomia privada. Daí por que a intromissão judicial nesse terreno não pode ser discricionária, somente acontecendo por previsão extraordinária da lei.

A revisão do contrato é remédio que a ordem jurídica institui para eliminar a injustiça que, originária ou supervenientemente, contamina a equação econômica organizada pelas partes, ao convencionar o negócio jurídico, dentro da autonomia privada respeitada e tutelada pela lei. Fundamentalmente essa equação não impõe que prestação e contraprestação, ou que vantagens e sacrifícios econômicos para uma e outra parte sejam matematicamente iguais, pois o lucro honesta e lealmente obtido é objeto lícito que a parte visou para se dispor a contratar; e, em muitos casos, o interesse negocial legítimo porque uma parte, livre e conscientemente, se dispôs a pagar um preço superior, ou aceitou um preço inferior, àquele vigente no mercado; ou até mesmo a contratar sem visar vantagem alguma para si, impelido pura e simplesmente pelo *animus donandi.*

O que importa é que a equação econômica, igual ou desigual, se dê em função da autonomia negocial exercida com liberdade e consciência pelos sujeitos do

---

[51]   O intérprete tenta descobrir qual teria sido a vontade das partes se tivessem previsto o que restou omisso – forma subjetiva –, ou reconstrói a vontade justa das partes, a partir da realidade e dos valores presentes no negócio, que teria sido expressa com razoabilidade, se tivessem previsto o ponto omisso (MENEZES CORDEIRO, António Manuel da Rocha e. *Tratado de Direito Civil Português*, nº198, p. 566). A regra encontra-se prevista no art. 239º, do CC português.

[52]   Na Itália, a equidade contratual é um modo de integração do negócio jurídico (CC, art. 1.374), pelo qual o juiz participa da construção das regras negociais. O juiz emitirá um juízo valorativo levando em conta a natureza do contrato, as condições sociais e econômicas das partes, as circunstâncias do negócio etc. Assim, a equidade "se concretiza na atribuição ao juiz do poder de assumir, sob o aspecto do regulamento, aquelas circunstâncias do contrato que, à sua apreciação discricionária, apareçam como as mais adequadas ao escopo". O juiz, entretanto, não pode interferir no contrato divergindo do que foi previsto e buscado pelas partes ao celebrar o negócio, devendo "valorar os interesses em jogo, sob o ponto de vista das determinações das partes e forjar a disciplina jurídica reclamada pelo ponto omisso" (MIRANDA, Custodio da Piedade Ubaldino. *Teoria geral do negócio jurídico cit.*, nº 7.2.4.3, p. 148).

negócio jurídico, e segundo os parâmetros de respeito à ordem pública definidos pelo direito positivo.

Se, portanto, o desequilíbrio econômico contratado em determinado momento da vida do negócio jurídico (seja quando do aperfeiçoamento da relação jurídica, seja ao tempo do cumprimento das prestações ajustadas) não corresponde ao que as partes, livre e conscientemente, desejaram, ou se o livre e conscientemente convencionado não é tolerado por disposição legal de ordem pública, a hipótese é de intervenção judicial para rever a injustiça verificada: tal intervenção poderá, às vezes, invalidar o negócio por inteiro, ou eliminar apenas a cláusula ilícita, ou, ainda, reajustar valores e condições desequilibrados por força de fenômenos adversos ou inovadores do tráfego econômico jurídico.

O que está em jogo, em todas essas eventualidades, é a quebra da igualdade de tratamento prometida pela lei a todos. De modo que, se a autonomia privada garante a ambas as partes um equilíbrio econômico em pé de igualdade nas convenções patrimoniais, o contrato, que deveria ser ajustado e executado segundo a vontade honestamente manifestada pelas partes, torna-se instrumento de injustiça, se se descobre que sua manutenção, nos termos de início pactuados acarretará prejuízos incompatíveis com a lisura negocial e com a própria ordem jurídica. Insistir na força do contrato a qualquer preço, na espécie, equivaleria a proteger o enriquecimento ilegítimo de uma parte à custa do prejuízo injusto da outra parte[53], desviando a tutela jurisdicional de seus objetivos institucionais vinculados indissociavelmente aos ideais de justiça.

Seria, à evidência, dispensar mais tutela aos interesses de uma parte do que aos da outra, quando o mais tutelado seria justamente quem aufere vantagens econômicas mais volumosas e é justamente aquele que se acha se acha numa posição jurídica censurada pelo Direito.

A revisão é sempre realizada a requerimento da parte, salvo apenas os casos de ofensa à ordem pública que permitem ao juiz decretar, de ofício, a nulidade da cláusula contaminada (Código Civil, art. 168, parágrafo único).

Sob tal enfoque, a Lei 13.874/2019, alterou a redação do art. 421 do Código Civil e acrescentou-lhe o art. 421-A, de modo a explicitar a verdadeira ideologia relativamente ao direito dos contratos. Adotou, assim, o princípio da intervenção estatal mínima e da excepcionalidade da revisão contratual, objetivando limitar a atuação de magistrados que, a pretexto de interpretar o contrato, acabam, muitas vezes, por alterar as cláusulas contratuais, distanciando-se da declaração negocial

---

[53] Convém lembrar a lição de ARISTÓTELES: "Mas a justiça nas transações entre um homem e outro é efetivamente uma espécie de igualdade, e a injustiça uma espécie de desigualdade (...) de acordo com uma proporção aritmética" (Ética a Nicômaco. Trad. Leonel Vallandro e Gere Borhneim. São Paulo: Abril cultural, 1973, p. 326; *apud* MARTINS-COSTA, Judith. Grande Sertão: Veredas. *In: O que os grandes livros ensinam sobre justiça*. Org. por José Roberto de Castro Neves. Rio de Janeiro: Nova Fronteira, 2019, p. 51, nota 18).

e menosprezando a real intenção dos contratantes manifestada no momento da celebração do negócio.

De fato, prevalece no negócio jurídico a autonomia privada dos contratantes, razão pela qual a intervenção estatal deve ser limitada e excepcional, apenas para evitar abusos e impedir a violação pelas partes de lei de ordem pública, sempre dentro dos casos e parâmetros que a lei aplicável ao contrato prevê e sem discricionariedade do aplicador. Interpretações analógicas e ampliativas também devem ser evitadas, pelo caráter excepcional com que a intervenção judicial é, em princípio, franqueada pelo direito obrigacional privado.

Com a explicitação da Lei nº 13.874/2019, fica positivado que integração e revisão contratuais por obra da justiça somente se legitimam dentro das figuras expressamente autorizadas pela legislação, tais como no erro (art. 144, do CC), na lesão (art. 157, § 2º, do CC), na teoria da imprevisão (arts. 317 e 479, do CC), na defesa do consumidor (art. 6º, V, do CDC), na renovação compulsória das locações comerciais (art. 51, da Lei nº 8.245/1991), na revisão periódica de aluguéis (art. 19 da Lei nº 8.245/1991) etc.

Capítulo VII: Invalidade do Negócio Jurídico

26. A EFICÁCIA DO NEGÓCIO JURÍDICO

O negócio jurídico traduz, como se sabe, a atuação da vontade autônoma do agente como fonte de relações jurídicas, não só, porém, no sentido de criá-las originariamente, mas também de modificá-las, transferi-las, conservá-las ou extingui-las[1].

O negócio jurídico pertence à categoria do *fato jurídico* (evento que produz efeito no mundo das relações jurídicas) e dentro dela integra a espécie do *ato de vontade*. Não é, porém, qualquer ato de vontade, mas "uma manifestação de vontade qualificada, ou uma *declaração de vontade*"[2]. Para ter-se configurado o negócio jurídico não basta que a vontade seja revelada por uma atitude externa do agente, "é preciso que ela tenha querido se produzir externamente *como vontade constitutiva de direito*", no dizer de Saleilles[3]. É que, muitas vezes, a vontade se exterioriza sem intento algum de gerar qualquer resultado no plano jurídico e, portanto, não ensejará o aparecimento de negócio jurídico.

Sob este ponto de vista, o negócio jurídico configura *causa eficiente* de constituição, modificação, transferência ou extinção de relações jurídicas. E, por sua vez, a relação jurídica constituída, modificada, transformada ou extinta, deita suas raízes na vontade declarada e forma o seu conteúdo como preceito ou conjunto de preceitos que se traduzem na imputação de deveres e poderes relativos a uma determinada situação de fato.

A relação equacionada pelo negócio jurídico, assim, transita pelos dois planos com que o direito sempre opera: o do *ser* e o do *dever ser*. Em primeiro lugar, o negócio jurídico envolve uma *relação fática* em torno de interesses humanos; mas simultaneamente, essa relação alcança significados próprios dos conceitos ontológicos do plano jurídico: deveres, faculdades, poderes, direitos subjetivos etc. (ou seja, programa *in concreto* o comportamento futuro dos sujeitos da relação jurídica estabelecida – *dever ser* – tal como se passa *in abstrato* com a norma legal).

Dentro dessa perspectiva do *dever ser*, a finalidade (*causa final*) de todo negócio jurídico é a produção de determinados efeitos típicos do plano do direito. A *eficácia* do negócio jurídico consiste justamente na efetiva produção dos efeitos para os quais foi concebido. Opera ele como fonte de direito entre as partes[4].

---

[1] RÁO, Vicente. *Ato Jurídico*. São Paulo: Saraiva, 1979, pp. 32 e segs.

[2] AZEVEDO, Antônio Junqueira de. *Negócio Jurídico: Existência, Validade e Eficácia*. 4. ed. São Paulo: Saraiva, 2018, § 3º, p. 17.

[3] AZEVEDO, Antônio Junqueira de. *Ibidem*.

[4] Há quem recuse ver no negócio jurídico a criação de normas jurídicas, porque o preceito que emerge do contrato, por si só, não é preceito jurídico. Sua força de preceito se dá por

Há, outrossim, dois graus de eficácia para o negócio jurídico: o *estático* e o *dinâmico*. No primeiro, a vontade negocial cria a *relação jurídica* (isto é, constitui, modifica, transfere ou extingue uma relação de direito) e fixa sua idoneidade em tese para o fim jurídico almejado. No segundo estágio, já se depara com uma *relação jurídica constituída* e parte-se para a realização dos resultados práticos que lhe correspondem.

Neste sentido o negócio jurídico é *plenamente eficaz*, quando não só configura idoneamente uma relação jurídica, mas quando, ademais, a relação jurídica, idoneamente criada, realiza plenamente os *fins* que determinaram a vontade negocial[5].

Do lado oposto, um negócio jurídico pode não ser eficaz de dois modos: ou de forma *estrutural* ou de forma *funcional*. Ocorre a ineficácia *estrutural* quando o negócio se constitui de maneira defeituosa, e, assim, sua inaptidão a gerar os efeitos programados é inerente ao próprio negócio. A ineficácia *funcional*, por sua vez, deriva de circunstâncias ulteriores à formação da relação jurídica idônea na origem a gerar os efeitos programados.

Quando o negócio não produz os efeitos dele esperados por vício de estrutura (relativos a seus pressupostos constitutivos: capacidade, legitimação, idoneidade do objeto, licitude, vícios de vontade ou de forma), a ineficácia incide *ab origine* impedindo a configuração de uma relação idônea. Surge a ideia de *nulidade*, como inaptidão para produzir regularmente os efeitos jurídicos. "O negócio mesmo é inidôneo como fonte de constituição, modificação ou extinção da relação jurídica que se pretendia constituir, modificar ou extinguir"[6]. A ineficácia, portanto, oriunda da nulidade, é *originária*.

Quando o negócio, sem vício de estrutura, perde a adequação para atender a função que o negócio originariamente teve como fonte da relação idônea e, por isso, se torna propenso a contrariar sua função econômico-social, ocorrem as causas de

---

um processo de recepção do ordenamento jurídico. Do negócio jurídico, na visão de Cariota Ferrara só podem surgir relações jurídicas e não preceitos (FERRARA, Cariota. *Il Negozio Giuridico nel Diritto Privato Italiano*. 5.ed. Napoli: Morano, s/d, p. 104). Kelsen, todavia, vê na regulação pelas próprias partes de suas mútuas relações, inerente ao negócio jurídico, a figura de "normas criadas pela via jurídico-negocial" (KELSEN, Hans. *Teoria pura do Direito*. 2.ed. Coimbra: Arménio Amado, 1962, vol. 2, pp. 123 e seg.). Seriam os negócios jurídicos, na concepção Kelseniana, fontes de normas jurídicas não autônomas, porque seu efeito depende de combinação entre elas e as normas gerais estatuídas pela lei. Mas, não se pode recusar que no âmbito das relações contratuais, embora não autônomas, surgem por força da convenção, "normas jurídicas concretas" a serem obrigatoriamente cumpridas pelas partes.

5   ZANNONI, Eduardo A. *Ineficacia y nulidad de los actos jurídicos*. Buenos Aires: Astrea, 1986, p. 125.

6   "El negocio mismo es inidóneo como fuente de constitución, modificación o extinción de la relación jurídica que se pretendía constituir, modificar o extinguir" (ZANNONI, Eduardo. *Op. cit.*, p. 127).

ineficácia funcional. Rescisão, revogação e resolução, nessa ordem de ideias, provocam a ineficácia funcional do negócio jurídico válido, enquanto a nulidade acarreta a ineficácia do negócio afetado em sua validade por inidoneidade estrutural. Donde, o conceito de validade não se contrapõe ao de eficácia.

A eficácia pressupõe a validade do negócio jurídico, mas não apenas a validade; exige, também, a idoneidade funcional inerente à autonomia privada. "A invalidade ou nulidade é uma espécie de ineficácia, não, porém, a única, já que um negócio originariamente válido pode tornar-se em seguida ineficaz por razões supervenientes, relativas à sua base objetiva, extrínsecas à estrutura negocial como tal"[7].

Não é suficiente, em suma, a existência de um negócio válido para ter-se assegurada a produção de seus desejados efeitos. Podem existir condições a serem cumpridas antes que a eficácia se torne efetiva.

Fatores de eficácia, portanto, são dados que condicionam a produção do efeito do negócio jurídico sem integrarem a sua composição. São "algo extrínseco ao negócio, algo que dele não participa, que não o integra, mas contribui para a obtenção do resultado visado", como se passa, por exemplo, com os efeitos dos "atos subordinados a condição suspensiva"[8], em caráter geral, ou com a restrição dos efeitos dos atos de fraude contra credores, em relação apenas aos terceiros prejudicados.

27. A PATOLOGIA DO NEGÓCIO JURÍDICO

A expressão "patologia do negócio jurídico", cunhada por Trabucchi, reúne as várias hipóteses em que se pode verificar o impedimento à *eficácia* do negócio[9].

De início é preciso lembrar que o fenômeno da *ineficácia* pode ser encarado em dois sentidos diferentes. *Em sentido lato*, a ineficácia compreende todas as situações nas quais o negócio não produz os seus efeitos, pelas mais variadas razões, inclusive a nulidade. Já a ineficácia *em sentido estrito* ocorre quando o negócio, mesmo sendo válido, não é, por si, suficiente para fazer nascer os efeitos previstos. A ineficácia gerada pela invalidade pertence ao plano estático da relação jurídica e a ineficácia em sentido estrito, ou *funcional*, opera no plano dinâmico.

Uma vez que o negócio *in concreto* pode não produzir ou deixar de produzir, no todo ou em parte, seus desejados efeitos, sem que se ponha em discussão a sua validade originária, não é correto reunir os vícios dos negócios jurídicos nos limites do binômio *nulidade/anulabilidade*, como equivocadamente insiste em fazer o atual Código Civil.

---

[7] ZANNONI, Eduardo. *Ob. cit.*, p. 127.
[8] AZEVEDO, Antônio Junqueira de. *Negócio Jurídico cit.*, p. 54.
[9] TRABUCCHI, Alberto. *Istituzioni di diritto civile.* 38. ed. Padova: CEDAM, 1998, *cit.*, nº 79, p. 182.

150 | NEGÓCIO JURÍDICO • *Humberto Theodoro Jr. e Helena Lanna Figueiredo*

Há vícios do negócio jurídico que não pressupõem defeito estrutural da relação jurídica, mas advêm de avaliação negativa do confronto de interesses instalado supervenientemente e *in concreto* durante o curso de cumprimento das avenças[10].

O que, portanto, a moderna concepção do direito civil preconiza é a divisão do fenômeno da ineficácia em vários grupos, ou seja:

a) a nulidade;

b) a anulabilidade;

c) a ineficácia originária;

d) a ineficácia sucessiva.

Assim, tomando-se como base o sistema do moderno Código Civil italiano, pode-se afirmar que os vícios de consentimento produzem *anulabilidade*, mas a lesão conduz à *rescisão* por ineficácia originária, e o desequilíbrio das prestações correspectivas durante a vigência do contrato conduz à sua *resolução* por ineficácia sucessiva[11].

Por outro lado, como a ineficácia pode ser total ou parcial, isto é, pode referir-se a sua repercussão sobre todos os interessados ou apenas sobre um ou alguns interessados, há defeitos do negócio que não conduzem nem à sua anulação nem à sua rescisão, mas apenas autorizam sua *impugnação*. É o caso da fraude contra credores.

A desatenção do Código a essas distinções técnicas entre os fenômenos patológicos do negócio jurídico, além de evidenciar um descompasso com a evolução científica do direito civil, conduz a indesejáveis resultados práticos, como adiante se tentará demonstrar.

Procurar-se-á identificar, a seguir, os planos de formação e eficácia do negócio jurídico, para apontar os defeitos ou vícios que podem ocorrer em cada um deles.

28. O NEGÓCIO JURÍDICO E OS PLANOS DE SUA ATUAÇÃO

O negócio jurídico[12], como espécie do gênero ato jurídico *lato sensu*, é fenômeno gerado pela manifestação de vontade do homem no intercâmbio social. Ocorre esse

---

[10]   GERI, Lina Bigliazzi *et al. Diritto Civile.* Torino: UTET, 1997, v. 1.2 – Fatti e atti giuridici, n° 37, p. 853.

[11]   O atual Código Civil brasileiro, embora submeta a onerosidade excessiva superveniente ao regime da resolução (art. 478), usa a anulação tanto para os casos que o Código italiano trata como de rescisão como para aqueles que considera especificamente na categoria das anulabilidades propriamente ditas (art. 171).

[12]   O que especifica o negócio dentro do gênero do ato jurídico é a circunstância de o agente deter, dentro de certos parâmetros, o poder de regular a amplitude, o surgimento, a permanência e a intensidade dos efeitos que nascem do ato jurídico. No ato jurídico em sentido estrito, os efeitos são previamente estabelecidos pela lei e não são variáveis segundo a vontade do agente. Daí falar-se no negócio em efeitos queridos ou *ex voluntate* e, nos atos simples, em

fenômeno quando a vontade é declarada por alguém, com o intuito de endereçá-la à produção de um resultado jurídico que seja amparado pelo ordenamento jurídico ou não proibido por ele[13].

Em primeiro lugar, o ato jurídico exige, para sua configuração, a existência de uma *exteriorização da vontade* do agente, que deve ser *conscientemente* produzida. E, em segundo lugar, o *objetivo*, que seja um específico resultado no mundo das relações jurídicas.

Quanto a esse resultado, o ato jurídico deve visar uma alteração na esfera jurídica daqueles que nele interferem. Mas, para que se cogite de ato jurídico não é indispensável que esse desejado efeito jurídico realmente ocorra. Nesse sentido, diz-se que "o ato jurídico, não é necessariamente eficaz, mas há de ter, ao menos, a possibilidade de sê-lo"[14].

Para que a declaração de vontade alcance o efeito buscado pelo agente é indispensável sua passagem pelos três planos do mundo jurídico, quais sejam: o da *existência*, o da *validade* e o da *eficácia*. Ou seja: para *existir*, o negócio jurídico reclama *elementos essenciais*; para *valer*, tem de satisfazer os *requisitos* que a ordem jurídica determina; e para atingir a concretude dos efeitos desejados, hão de atuar os *fatores* exigidos para a *eficácia*[15]. A não integração dos elementos materiais do plano da existência, assim como dos requisitos jurídicos da validade ou dos fatores da eficácia, conduz à frustração do resultado buscado pelo agente.

A patologia do negócio jurídico ocorre quando a vontade manifestada é insuficiente para produzir, no todo ou em parte, absoluta ou relativamente, o efeito visado pelo autor da declaração de vontade. As consequências dessa patologia, no entanto, não são iguais nos diversos planos já apontados.

29. PLANO DA EXISTÊNCIA

O ato antes de ser encarado como ato jurídico deve existir como realidade material, isto é, como conjunto de dados fáticos que corresponda ao *tipo jurídico* (*fattispecie*). Se nem ao menos esses dados mínimos de natureza material ocorreram

---

efeitos necessários ou *ex lege* (MELLO, Marcos Bernardes de. *Teoria do fato jurídico – plano da existência*. 10. ed. São Paulo: Saraiva, 2000, § 39, p. 131). Ambos, porém, representam atos humanos (de vontade) voltados para a obtenção de resultado jurídico amparado pelo ordenamento jurídico. O que varia e pode até faltar é o poder de autorregulação do ato jurídico *lato sensu*.

[13] MELLO, Marcos Bernardes de. *Teoria do fato jurídico – plano da existência*. 10. ed. São Paulo: Saraiva. 2000,§ 37, p. 121.

[14] MELLO, Marcos Bernardes de. *Op. cit.,* § 38, nº 3, p. 128.

[15] "Elemento é tudo aquilo de que algo mais complexo se compõe"... "requisitos (de *requirire*, requerer, extinguir) são condições, exigências que se devem satisfazer para preencher certos fins", e, finalmente, fatores são "tudo que concorre para determinado resultado, sem propriamente dele fazer parte" (AZEVEDO, Antônio Junqueira de. *Negócio Jurídico cit.,* p. 30).

152 | NEGÓCIO JURÍDICO • *Humberto Theodoro Jr. e Helena Lanna Figueiredo*

e a *fattispecie* não se configurou sequer aparentemente, o caso é de *inexistência* do ato jurídico e não apenas de nulidade[16].

No universo dos negócios jurídicos, os *elementos necessários* à sua configuração são de duas categorias: os *gerais*, comuns a todos os negócios (ex.: não há negócio jurídico sem *agente* e sem *declaração de vontade*); e os *categoriais* exigidos para cada tipo de negócio (não há, *v.g.*, compra e venda se não houver o consenso sobre a coisa e o preço)[17]. A falta ou deficiência de elementos acidentais, podem refletir sobre a validade ou eficácia, mas não acarreta a inexistência do negócio jurídico. É em face dos *elementos essenciais*, portanto, que se pode cogitar de *inexistência*[18].

Tomem-se, por exemplos, o casamento e o contrato de compra e venda. No primeiro, o ato jurídico exige que a declaração de vontade de constituir a sociedade conjugal seja feita por parte de duas pessoas perante o juiz (autoridade competente), que os declarará casados. No segundo caso, o contrato exige, conceitualmente, o concurso de três elementos essenciais: coisa, preço e consenso. Suponhamos que a declaração de vontade de realizar o matrimônio tenha se dado perante um parente, que não possui qualquer autoridade para o casamento; ou que o comprador e vendedor tenham entrado em consenso quanto ao propósito de comprar e vender certo objeto, mas não tenham logrado definir o preço. Nas duas situações não será possível pensar nem em casamento nem em compra e venda, porquanto o *suporte fático suficiente* não se compôs em nível de permitir que o fenômeno penetrasse no *plano da existência*, sem o qual não se consegue passar ao plano subsequente, que é o da cogitação da validade, ou não, do ato intentado pelo agente[19].

---

[16]   BETTI, Emilio. *Teoria geral do negócio jurídico cit.*, nº 58, p. 66.1

[17]   AZEVEDO, Antônio Junqueira de. *Negócio Jurídico, cit.*, § 2º, p. 35.

[18]   "La dottrina prevalente ammette la figura (inesistenza) perchè il negozio, pur esistendo in fatto, è affeto da um vizio più grave e radicale di quello relativo alla nullità in quanto impedisce la stessa possibilità di identificare el contratto come tale" (DIENER, Maria Cristina. *Il contratto in generale*. Milano: Giuffrè, 2002, nº 14.2.1, p. 743). Os elementos essenciais são portanto *estruturantes* para que se considere existente na esfera jurídica o negócio (ROSENVALD, Nelson; FARIAS, Cristiano Chaves de. *Curso de direito civil: parte geral e LINDB*. 13. ed. São Paulo: Atlas, 2015, nº 10.6, p. 512).

[19]   Inexistente "é a escritura pública feita em decorrência de procuração provadamente falsa" (TJPR, 4ª CC., Ap. 456/73, Rel. Des. Aran Machado, ac. de 29.08.1973, RT 461/182). "Nula é a escritura de venda, quando fica demonstrado que o vendedor já falecera há vários anos. A inexistência desse negócio afeta todos os outros subsequentes e todas as transcrições" (TJSP, 3ª CC., Ap. 213.650, Rel. Des. Sydney Sanches, ac. de 12.04.1973, RT 456/68). "Nula ou nenhuma é a escritura de doação com relação a quem ali figure como doador, quando, na realidade, não compareceu ao ato, nem deu procuração para que nele o representasse" (TJSP, 4ª CC., Ap. 238.623, Rel. Des. Henrique Machado, ac. de 14.11.1974, RT 472/95). "Anulam-se escrituras de compra e venda que teriam sido outorgadas por vendedor internado em hospital em estado comatoso no dia anterior e que se encontrava, desde o internamento, submetido a tratamento diário com medicação entorpecente" (TJMT, 2ª CC, Ap. 6.617, Rel. Des., Milton Armando Pompeu de Barros, ac. 03.03.1970, RT 429/187).

A *inexistência*, nessa ordem de ideias, é fenômeno do plano do *ser*. Estando incompleta a figura material do *fato típico*, o fato jurídico simplesmente não existe. Logo, não se há de discutir se é *nulo* ou *ineficaz*, nem se exige desconstituição judicial, "porque a inexistência é o não ser que, portanto, não pode ser qualificado"[20].

Caio Mário, citando lição de Capitant, entende ser o ato inexistente *mera aparência de ato*, insuscetível, portanto, de produzir quaisquer efeitos jurídicos[21].

Aqueles que se opõem à distinção entre a nulidade e a inexistência costumam afirmar a impossibilidade, ou pelo menos a dificuldade de formular, na essência, as diferenças entre tais figuras. No entanto, há quem aponte essas diferenças de modo satisfatório. Assim, para Santoro-Passarelli nos casos de *invalidade*, a falta que a configuraria, não impediria a "identificação do negócio"; já nas hipóteses de *inexistência*, a falta observada "impediria a identificação do negócio", o qual, por isso mesmo, se apresentaria como "juridicamente inexistente"[22]. Da mesma maneira, Manuel A. Domingues de Andrade, destaca que a *inexistência* se consubstancia quando "nem sequer aparentemente se verifica o *corpus* de certo negócio jurídico"; ou quando, embora exista tal aparência, a realidade não corresponde ao *corpus* do negócio perquirido[23].

Em síntese – explica José de Abreu Filho – o negócio inexistente "seria aquele que carecesse de elementos indispensáveis para sua própria configuração como uma figura negocial. Tais elementos são indiscutivelmente, dois: a *vontade* e o *objeto*. Não se pode conceber a existência de um negócio jurídico, conforme temos reiteradamente afirmado, se falta o elemento volitivo. Sem a manifestação da vontade o negócio não pode formar-se, evidentemente"[24]. Assim, *inexistente*, e não apenas nulo, é o contrato cujo instrumento foi forjado a partir de assinatura falsa do devedor; como

---

[20] MELLO, Marcos Bernardes de. *Op. cit.*, § 21, p. 83. "O negócio jurídico inexistente é o que não possui os elementos fáticos que a sua natureza supõe e exige como condição existencial, conduzindo a sua falta à impossibilidade de sua formação. Assim, frustrados os elementos de existência, não existe na órbita jurídica, não podendo produzir, por conseguinte, qualquer efeito jurídico. É o *não ato*" (ROSENVALD, Nelson; FARIAS, Cristiano Chaves de. *Curso de direito civil cit.*, nº 10.7, p. 512 e 513).

[21] PEREIRA, Caio Mário da Silva. *Instituições de Direito Civil: introdução ao direito civil, teoria geral do direito civil*. 31. ed. Rio de Janeiro: Forense, 2018, v. I, nº 112, p. 543. Por isso o autor entende ser desnecessária a declaração de inexistência, pois se o ato não chegou a constituir, é vazio de conteúdo (p. 544). No mesmo sentido, Pedro Pais de Vasconcelos: "os atos ou negócios jurídicos inexistentes não produzem quaisquer efeitos jurídicos enquanto tais e a inexistência pode ser invocada por qualquer pessoa, a todo o tempo, e independentemente de declaração judicial" (VASCONCELOS, Pedro Pais de. *Teoria geral do direito civil*. 8. ed. Coimbra: Almedina, 2017, nº 173, p. 645).

[22] SANTORO-PASSARELLI, Francesco. *Doctrinas Generales del Derecho Civil*. Madrid: Ed. Rev. Derecho Privado, 1964, p. 296.

[23] ANDRADE, Manoel A. Domingues de. *Teoria geral da relação jurídica*. 8. reimp. Coimbra: Almedina, 1998, v. II. nº 196, p. 414.

[24] ABREU FILHO, José. *O Negócio Jurídico e sua Teoria Geral*. 4.ed. São Paulo: Saraiva, 1997, nº 69, p. 339.

154 | NEGÓCIO JURÍDICO • Humberto Theodoro Jr. e Helena Lanna Figueiredo

também se deve considerar o negócio consumado por coação absoluta (física) e não simplesmente moral (consentimento viciado), pois naquela consentimento algum ocorreu, na realidade[25]. Também, como inexistente deve se considerar a compra e venda da herança de pessoa viva, já que impossível é ter-se esse tipo de bem como objeto de contrato, antes da abertura da sucessão (Cód. Civ., art. 426).

30. PLANO DE VALIDADE

Superada a premissa da existência da declaração de vontade, no contexto material cogitado pela ordem jurídica, procede-se à pesquisa em torno de sua perfeição, ou não, isto é, se a declaração contém, ou não, algum *vício invalidante* (Código Civil, arts. 166 e 171). Os requisitos de validade são, em verdade, qualificação dos elementos essenciais de existência do negócio[26].

Sabe-se que, *v.g.*, todo negócio jurídico reclama, para sua validade, a capacidade do agente, a licitude do objeto e a forma adequada (Código Civil, art. 104), e que são passíveis de anulação aqueles negócios contaminados por vício de consentimento ou incapacidade relativa do agente (Código Civil, art. 171).

Ocorre a *nulidade* quando falta ao negócio um dos seus *requisitos essenciais*, de maneira que o evento defeituoso se apresenta como *fato simples* (existente), mas não como ato jurídico[27]. Não há falta de *elemento essencial*, mas de *requisito* ligado a tal elemento[28]. Assim, não há negócio jurídico sem declaração de vontade. Mas, para ser válido o ato é requisito que a declaração seja feita por pessoa capaz, sem vício de consentimento. Existência e validade são fenômenos distintos, portanto.

Às vezes o grau de invalidade não é total (pleno), pois o negócio tem poder de gerar efeitos jurídicos, embora possa ser invalidado a requerimento de um dos seus sujeitos, em virtude de algum vício que não chega ao nível da falta de requisito essencial, mas que compromete sua plena eficácia. Configura-se, então, o *ato jurídico anulável* (Código Civil, art. 171). O coacto não deixa de emitir declaração de vontade, mas esta se ressente de vício, que, a critério da parte, pode ou não ser invocado para desfazer o negócio defeituosamente praticado.

---

[25] ABREU FILHO, José de. *Op. cit.*, nº 69, p. 340.

[26] "É fácil concluir que há certo paralelismo entre os elementos do plano da existência e os elementos do plano da validade, constituindo estes, de forma simples e direta, a qualificação, adjetivação, daqueles. *Correspondem os requisitos do plano da validade às qualidades que os elementos estruturais (existenciais) devem ter*" (ROSENVALD, Nelson; FARIAS, Cristiano Chaves de. *Curso de direito civil cit.*, nº 10.8.2, p. 514).

[27] TRABUCCHI, Alberto. *Istituzioni di diritto civile cit.*, nº 82, pp. 185-186.

[28] É incompleto (inexistente) o contrato que não se formou integralmente, faltando-lhe algum elemento essencial. "Il contratto nullo, al contrario, si palesa all'esterno come una fattispecie completa di tutti i suoi elementi, solo che qualcuno di tali elementi è inficiato da un vizio così grave che lo rende irrimediabilmente inidoneo a produrre effetti" (DIENER, Maria Cristina. *Il contratto in generale*. Milano: Giuffrè, 2002, nº 14.5.1, p. 752).

A *nulidade* que é cogitada no art. 166 do Código Civil, representa, no dizer de Karl Larenz, o grau máximo de ineficácia do ato jurídico:

"Os efeitos jurídicos pretendidos pelo negócio nulo não se realizam, em princípio, nem entre os participantes nem em suas relações com terceiros. O negócio nulo não exige um ato especial – ou uma declaração de vontade a ele dirigida, ou uma demanda ou uma sentença judicial – para produzir a ineficácia. Qualquer pessoa pode apenas alegar a nulidade de um negócio jurídico. Isso deve ser levado em conta pelo tribunal no litígio, desde que isso resulte dos fatos apresentados no processo, mesmo que uma das partes não o alegue"[29].

A diferença entre o ato jurídico *inexistente* e o ato jurídico *nulo* está em que este existe como fato impotente para produzir efeitos jurídicos, enquanto aquele nem como fato existe[30].

A *anulabilidade* representa um grau menor de ineficácia, porque o defeito do negócio jurídico não o afeta tão profundamente, como a falta de um requisito essencial. Então, o ato jurídico existe e tem aptidão para produzir seus efeitos, mas a lei confere a uma das partes a faculdade de requerer a sua *anulação*, eliminando, retroativamente, todos os seus efeitos. O vício da declaração de vontade cria, assim,

"uma espécie de situação de incerteza, de pendência, de suspensão que se prolonga – se o negócio não vem a ser anulado ou convalidado – até que ocorra o termo da prescrição da ação de anulação. Depois de tal data, o ato se considera válido não só definitivamente para o futuro, mas como se originariamente praticado sem vício"[31].

Ao contrário da *nulidade*, a *anulabilidade* não opera de pleno direito; reclama, portanto, sentença em ação promovida pela parte interessada visando a desconstituição do ato defeituoso[32].

---

[29]   "Los efectos jurídicos pretendidos del negocio nulo no tienen lugar, en principio, ni entre los participantes ni en sus relaciones con terceros. El negocio nulo no requiere un acto especial – ya sea una declaración de voluntad a ello dirigida, ya una demanda y una sentencia judicial – para producir la ineficacia. Cualquier persona puede alegar sin más la nulidad de un negocio jurídico. Esta se há de tomar en cuenta por el tribunal en el litigio, con tal que resulte de los hechos presentados en el proceso, aunque una de las partes no la alegue" (LARENZ, Karl. *Derecho civil – Parte general*. Madrid: Revista de Derecho Privado, 1978, § 23, p. 623).

[30]   LARENZ, Karl. *Op. cit.,* § 23, p. 624.

[31]   "Una specie di situazione di incertezza, di pendenza, di sospensione che si protrae – se il negozio non viene annullato o convalidato – fino a che non sia scaduto il termine di prescrizione per l'azione di annullamento. Dopo tale data, l'atto si considera valido, non solo definitivamente per l'avvenire, ma come fosse già nato savro da vizi" (TRABUCCHI, Alberto. *Op. cit.,* nº 83, p. 187).

[32]   TRABUCCHI, Alberto. *Op. cit.,* nº 84, p. 188.

31. PLANO DE EFICÁCIA

O negócio nulo não tem força de produzir o esperado efeito da declaração de vontade. O negócio válido tem aptidão para produzir tal efeito, mas pode não fazê-lo, por alguma razão de direito. Assim chega – se ao *plano da eficácia*, que é aquele, no mundo jurídico, onde os fatos jurídicos produzem os seus efeitos, criando as situações ou relações jurídicas, dentro daquilo que a vontade negocial projetara[33]. A ineficácia em sentido estrito não se confunde com a invalidade, porque pode ocorrer mesmo quando o negócio jurídico concluiu-se de maneira válida e sem embargo disso não produz ainda, ou não produz mais, os seus efeitos normais[34]. Vários são os fatores que, segundo a ordem jurídica, condicionam a produção de efeitos do negócio jurídico, ligados ou não aos requisitos da validade.

A ineficácia decorre naturalmente da *nulidade* ou da decretação de *anulabilidade*. O negócio válido, mas sujeito a termo ou condição suspensiva, não se reveste de *eficácia* imediata, já que somente após o implemento do termo ou da condição terá possibilidade de produzir o efeito prático procurado pelas partes. O testamento, por exemplo, é ato válido desde o momento em que o elaborou o testador, porque representa instrumento jurídico idôneo a atingir o resultado visado pelo agente. Seus efeitos concretos, porém, só serão produzidos após a morte do autor da declaração de vontade.

Outras vezes, a lei cria um mecanismo de *ineficácia parcial* ou *relativa*: a declaração de vontade atinge as partes, mas não produz efeitos em relação a certa pessoa ou a terceiros (*inoponibilidade*). Quer isto dizer: a ineficácia pode ser *absoluta* (plena) e *relativa* (parcial), conforme se manifeste perante todos ou apenas perante certa pessoa[35].

Exemplo típico de ineficácia *relativa* em nosso direito positivo é o do contrato de locação de imóveis: seus efeitos operam sempre em relação ao locador e ao locatário. Se, porém, houver cláusula de validade contra terceiros, devidamente inscrita no Registro Imobiliário, ditos efeitos serão oponíveis também ao eventual comprador do prédio locado (Lei nº 8.245/91, art. 8º[36]). Suponhamos que o contrato não foi levado

---

[33] MELLO, Marcos Bernardes de. *Op. cit.*, § 23, p. 85.

[34] Fala-se em *ineficácia originária* quando desde o seu aperfeiçoamento o negócio não produz seus efeitos (pense-se no negócio subordinado à condição suspensiva ou a termo inicial). Tem-se a *ineficácia superveniente* quando os efeitos regularmente produzidos venham a se extinguir após certo evento subsequente à formação válida do negócio (pense-se no contrato submetido a condição resolutiva ou a termo final, ou, ainda, na rescisão, na denúncia, na resolução etc.) (DIENER, Maria Cristina. *Il contratto in generale cit.*, nº 14.2.1, p. 744).

[35] "L'inefficacia viene anche distinta in assoluta e relativa, a seconda che essa operi *erga omnes* o solo nei confronti dei serzi (e non anche nei confronti delle parti). A questa seconda figura si addice il termine di inopponibilità" (DIENER, Maria Cristina. *Il contratto in generale cit.*, nº 14.2.2, p. 744).

[36] "Art. 8º Se o imóvel for alienado durante a locação, o adquirente poderá denunciar o contrato, com o prazo de noventa dias para a desocupação, salvo se a locação for por tempo determinado

Capítulo VII: Invalidade do Negócio Jurídico | 157

ao Registro de Imóveis e a venda ocorreu. Ter-se-á um contrato válido e eficaz entre locador e locatário, mas sem eficácia perante o comprador, o qual, por isso mesmo, terá direito de despejar o inquilino, sem que, para tanto, tenha de arguir nulidade ou de promover anulação do negócio *ex locato*.

A ineficácia, portanto, pode ter várias razões de ser. Pode, por exemplo, decorrer da própria estrutura do negócio jurídico (termo, condição etc.) e pode, também, ser sanção imposta pela lei para proteger interesses de estranhos à relação obrigacional (fraude contra credores, alienação com desrespeito ao direito de preferência etc.).

Observe-se, por fim, que a ineficácia, tanto pode ser *relativa* ou *parcial*, como *absoluta* ou *total*, mesmo diante de um negócio jurídico válido. Um testamento, por exemplo, enquanto não ocorre a morte de seu autor não produz eficácia alguma e se vier a ser revogado pelo testador terá existido no mundo jurídico como negócio válido mas que nunca chegou a produzir o efeito prático a que se destinava. O mesmo se pode dizer do negócio que dependia de homologação ou aprovação e estas não ocorreram[37]. Da mesma forma, uma hipoteca não registrada, embora válida e eficaz entre as partes contratantes, nenhum efeito produzirá, praticamente, contra terceiros (Código Civil de 1916, art. 848[38]). Isto também acontecerá com o contrato de alienação fiduciária não levado ao Registro de Títulos e Documentos (Código Civil, art. 1.361, § 1º)

32. VÍCIOS VERIFICÁVEIS EM CADA PLANO

No plano da existência, não se cuida de validade, nem de eficácia.

O contraste possível é apenas entre *existir* ou *inexistir*.

No plano da validade, não entra o fenômeno da existência ou inexistência. Cogita-se de algo que exista e que pode valer ou não valer para os fins jurídicos a que o negócio se endereçou. Nesse plano, portanto, o contraste possível é apenas entre *validade* e *invalidade* (nulidade).

Já no plano da eficácia, não mais se cogita de existência nem de validade, mas tão somente de estar o negócio em situação de produzir ou não, no todo ou em parte, o resultado jurídico para o qual foi praticado. A contraposição admissível será, portanto, entre ato *eficaz* e ato *ineficaz*.

Tudo pode, enfim, ser resumido, tal como fez Pontes de Miranda, da seguinte maneira:

> "Para que algo valha é preciso que *exista*. Não tem sentido falar-se de validade ou invalidade a respeito do que não existe. A questão da *existência* é uma questão pré-

---

e o contrato contiver cláusula de vigência em caso de alienação e estiver averbado junto à matrícula do imóvel".

[37] MESSINEO, Fracesco. *Doctrina general del Contrato*. Buenos Aires: EJEA, 1986, v. II, pp. 311-312.

[38] Artigo sem correspondente no atual Código Civil, mas cuja norma ainda é aplicável.

via. Somente depois de se afirmar que existe é possível pensar-se em validade ou invalidade"[39].

Com efeito, diante da completa ausência de um elemento essencial a configuração do negócio jurídico, é inapropriado cogitar-se de nulidade. A anomalia é tão profunda que, no plano em que ocorre – o da existência – "não há mesmo nenhum ato a invalidar; não há definitivamente ato algum; há simplesmente a *inexistência*"[40].

Assentada a existência, pode-se cuidar das vicissitudes dos outros dois planos – o da *validade* e o da *eficácia*:

"Os fatos jurídicos, inclusive atos jurídicos, podem existir sem serem eficazes. O testamento, antes da morte do testador, nenhuma outra eficácia tem que a de negócio jurídico unilateral, que, perfeito, aguarda o momento da eficácia. Há fatos jurídicos que são ineficazes, sem que a respeito deles se possa discutir validade ou invalidade. De regra, os atos jurídicos nulos são ineficazes; mas ainda aí, pode a lei dar efeitos ao nulo"[41].

Enquanto a nulidade se apresenta como um vício que afeta o negócio desde sua origem[42], comprometendo sua aptidão para produzir os efeitos visados pelo interessado – e, por isso, opera *erga omnes* – a ineficácia pura (dita relativa) faz com que o negócio, mesmo produzindo efeito entre as partes, seja *inoponível* a certas pessoas. Em relação a estas, é como se não existisse; "mas conserva todos os seus efeitos nas relações entre os demais interessados"[43]. É fenômeno, então, que não se passa no plano da *validade* (o negócio vale entre aqueles que o praticaram), mas no plano da *eficácia* (não alcança certa pessoa).

Seja a eficácia relativa ou plena, o fenômeno não atinge o negócio no plano da existência nem da validade. Afeta-o apenas no plano de concretização de seus efeitos.

Em tema de patologia do negócio jurídico, cada fenômeno, por – tanto, para ser convenientemente compreendido há de ser posicionado dentro do plano que lhe corresponde, segundo a própria natureza.

---

[39] PONTES DE MIRANDA, Francisco Cavalcanti. *Tratado de direito privado*. São Paulo: Editora Revista dos Tribunais, 2012, t. IV, § 357, nº 1, p. 66.

[40] TERRÉ, François. *Introduction générale au droit*. 3.ed. Paris: Dalloz, 1996, nº 303: "À la distinction des nullités et de l'inexistence seraient attachées des conséquences: tout intéressé pourrait se prévaloir de l'inexistence d'un acte, sans qu'il soit besoin d'intenter une action en justice por faire prononcer son inefficacité; l'opération serait définitivement et irrémédiablement inefficace, ni la confirmation des intéressés, ni la prescription ne pouvant la consolider après coup".

[41] PONTES DE MIRANDA, Francisco Cavalcanti. *Tratado de Direito Privado cit.*, § 357, nº 2, p. 67.

[42] "Percebe-se que a nulidade de um ato ou negócio jurídico resulta, efetivamente, da violação a preceitos de ordem pública, estabelecidos em lei, ligados, de modo geral, à própria formação válida da figura negocial" (ROSENVALD, Nelson; FARIAS, Cristiano Chaves de. *Curso de direito civil cit.*, nº 1.08.4, *b*, p. 525).

[43] TERRÉ, François. *Introduction cit.*, nº 305, p. 274.

33. O SISTEMA DE INVALIDADE DO CÓDIGO

O atual Código Civil trata a *invalidade* – inaptidão genética do negócio para produzir seus naturais efeitos – como um gênero a que correspondem duas figuras: a *nulidade* (art. 166) e a *anulabilidade* (art. 171). A diferença entre elas não é de substância, é apenas de intensidade ou grau[44]. No caso de nulidade considera-se ultrajado um preceito de ordem pública, de sorte que a negativa de validade corresponde à tutela de um *interesse público;* nas anulabilidades, o que se tem como violado é um preceito de ordem privada, de modo que a sanção protege um *interesse privado*[45]. Em razão de se tratar de interesse particular, a lei oferece, no caso da anulabilidade, "ao interessado a alternativa de pleitear a obtenção de sua ineficácia ou deixar que os seus efeitos decorram normalmente, como se não houvesse irregularidade"[46].

Essa faculdade que se abre à parte, em caso de anulabilidade, se dá, para Pedro Pais de Vasconcelos, porque a sua ineficácia não é originária, mas superveniente. Vale dizer: o negócio nulo não chega a alcançar qualquer eficácia jurídica, porque a ineficácia é originária[47]; já o negócio anulável surge válido e eficaz, mas de forma precária, razão pela qual sua eficácia originária pode ser afastada pela anulação superveniente, destruindo retroativamente os seus efeitos[48].

---

[44] O sistema binário – nulidade e anulabilidade – remonta ao BGB (Código Civil alemão) e é o que se adota em códigos modernos como o italiano (arts. 1.418, 1.425 e 1.427) e o português (arts. 285º a 287º). Em doutrina, porém, há quem detecte uma terceira categoria, formada pelos casos de nulidade relativa, uma figura intermediária entre a nulidade e a anulabilidade.

[45] MAZEAUD, Henri; MAZEAUD, León; et MAZEAUD, Jean. *Leçons de droit civil.* 11.ed. Paris: Montchrestien, 1996, t. I; VELOSO, Zeno. *Invalidade do negócio jurídico.* Belo Horizonte: Del Rey, 2002, nº 14, p. 27. "A *nulidade* viola interesses públicos, cuja proteção interessa a todos, à própria pacificação social. A *anulabilidade,* por sua vez, é vício menos grave, comprometendo interesses particulares, servindo essa distinção para fixar, desde logo, a legitimidade para pleitear o reconhecimento da invalidade" (...) "nessa linha de compreensão, a distinção entre nulidade e anulabilidade se prende às *causas ensejadoras* (motivos geradores) de cada uma das espécies e não aos efeitos ou ao modo com o qual se operam" (ROSENVALD, Nelson; FARIAS, Cristiano Chaves de. *Curso de direito civil cit.,* nº 10.8.4, *a*, p. 524).

[46] PEREIRA, Caio Mário da Silva. *Instituições de direito civil cit.,* nº 110, p. 536. "na anulabilidade, estando tipicamente apenas postos em causa interesses interprivados, o Direito permite às pessoas cujo interesse esteja em jogo que escolham e decidam livremente entre manter, confirmar ou anular o ato, não permite a arguição do vício por qualquer interessado nem o seu conhecimento oficioso, e estabelece prazos relativamente curtos para a anulação, esgotados os quais o vício se sana" (VASCONCELOS, Pedro Pais de. *Teoria geral do direito civil cit.,* nº 174, *b*, p. 647).

[47] "A ineficácia originária do negócio nulo significa que ele não chega verdadeiramente a vigorar. É ineficaz desde o momento em que foi celebrado (*ex tunc*). (...) Antes da invocação e da declaração da nulidade, o negócio pode ter assumido a aparência de validade e de eficácia, uma vez que pode ter sido tomado inadvertidamente como válido e eficaz, enquanto as partes e outros interessados se não tiverem apercebido da nulidade que o fere" (VASCONCELOS, Pedro Pais de. *Teoria geral do direito civil cit.,* nº 174, *c*, p. 648).

[48] VASCONCELOS, Pedro Pais de. *Teoria geral do direito civil cit.,* nº 174, *b*, p. 647.

A valoração de ser público ou privado o interesse protegido pela sanção de invalidade é feita pela própria lei, no momento em que a certas falhas do negócio jurídico comina a nulidade, enquanto, a outras, se aplica a anulabilidade. Não há condição de, cientificamente, e com abstração da norma legal, identificar ou determinar, pela natureza da coisa, quando se está diante de um interesse substancialmente público ou privado. São tendências socioculturais que influem em tal classificação e que podem variar de momento a momento. São práticos e conjunturais os motivos pelos quais a lei ora qualifica como nulo, ora como anulável um negócio praticado com o mesmo vício[49]. A simulação foi havida como causa de anulabilidade no Código de 1916 e no Código atual passa a figurar entre as causas de nulidade. A venda de ascendente a descendente sem o necessário consentimento dos outros descendentes era tratada como nula ao tempo da lei velha (Súmula nº 494, do STF) e é agora sancionada com a anulabilidade (Código Civil, art. 496).

Importante ressaltar o entendimento de Caio Mário da Silva Pereira, para quem o Código atual, na construção da teoria da nulidade, não levou em consideração o critério francês do prejuízo (não há nulidade sem prejuízo[50]), mas o do respeito à ordem pública, "assentando as regras definidoras da nulidade na infração de leis que têm o caráter cogente"[51].

Um mesmo fato pode interferir simultaneamente nos planos do interesse público e do interesse privado. O fato delituoso, por exemplo, ofende o interesse público, no que diz respeito à intranquilidade provocada no meio social, e atinge o interesse privado, quando se encara diretamente o prejuízo da vítima. O dolo, nessa ordem de ideias, é reprimido como estelionato (crime de ação pública) pela lei penal, e é visto pela lei civil como motivo de simples anulabilidade entre os vícios do negócio jurídico. No momento, porém, em que se estabelece o prazo decadencial para o exercício da ação civil de repressão aos efeitos do dolo, volta a lei a aplicar-lhe um critério de ordem pública, não permitindo que a parte renuncie previamente ao prazo extintivo nem o altere convencionalmente. Reaparece, portanto, a preocupação com um aspecto de ordem pública no tratamento do fato jurídico que antes ficara posicionado no terreno dos interesses privados.

O que se mostra fundamental em qualquer tipo de nulidade é sua origem num ato de *violação à lei,* de sorte que o ato nulo se define pelo lado negativo: nulo é o ato praticado contra a vontade da lei. A sanção, na hipótese de desobediência ao mandamento legal, no campo dos negócios jurídicos, consiste em privá-lo dos

---

[49] Ressaltam Nelson Rosenvald e Cristiano Chaves de Farias que "em se tratando de desconformidade com o ordenamento jurídico, as invalidades dependem de expressa previsão legal, somente podendo estar caracterizadas por expressa previsão da norma jurídica" (*Op. cit., loc. cit.*).

[50] *Pas de nullité sans grief.*

[51] PEREIRA, Caio Mário da Silva. *Instituições de direito civil cit.,* nº 109, p. 530.

efeitos buscados pelo agente, porque a ordem jurídica, como é intuitivo, não pode aprovar ou proteger um comportamento contrário à norma por ela estabelecida. Essa sanção, todavia, nem sempre é radical. Por *questão de oportunidade,* a lei pode, em certo limite, contemporizar com a sua violação, estipulando sanção mais branda ou menos enérgica, por reconhecer que outros interesses igualmente tuteláveis podem aconselhar a manutenção do negócio viciado.

Até quando se fala em ofensa à ordem pública, presente na nulidade e ausente na anulabilidade, é preciso estar atento ao que realmente se passa na disciplina das invalidades. A ordem pública a que, nesse passo, se refere não é a da lei ou norma violada pelo ato negocial, mas é a da própria nulidade: "É a sanção de nulidade que obedece a uma razão de ordem pública, de interesse geral ou social"[52].

É que uma norma, mesmo sendo de direito privado, ao ser violada, pode gerar uma repercussão social, que o legislador valoriza como intensa e, assim, lhe aplica a sanção da nulidade, em lugar da anulabilidade. É, pois, no momento, não da instituição da norma, mas da sua infringência, que se avalia a repercussão e se justifica, na ordem prática, a presença do interesse público ou particular, para aplicar-se a sanção da nulidade ou da anulabilidade. Assim, a sanção se sujeitará à roupagem que corresponder ao interesse maior detectado na quadra da violação da norma, aplicando-se, por vontade da lei, a nulidade, no pressuposto de estar-se dando tutela imediata ao interesse público e apenas mediata ao interesse privado. Ao contrário, aplicar-se-á a anulabilidade quando se estiver convencido de que a proteção imediata se refere a interesse apenas privado, e só mediatamente será possível entrever interesse público na violação acontecida. É a própria atitude do legislador, ao eleger uma ou outra sanção que, discricionariamente, define a presença, ou não, do interesse público na seleção dos casos de nulidade e anulabilidade em direito privado.

Por ser fruto de conveniência prática, no *plano de direito positivo,* e não no plano da natureza das coisas, a lei cria uma divisão *artificial* entre os negócios *nulos* e os *anuláveis.* Assim, a mesma imperfeição (isto é, a violação da lei) pode ser composta de maneira diferente: com toda energia, no caso de nulidade, e com menor energia, no caso de anulabilidade. Não há, repita-se, diferenciação entre duas categorias distintas. O antagonismo possível é entre negócio válido e negócio inválido, nunca entre negócio nulo e negócio anulável[53].

Nem mesmo é correto pretender-se, como se fazia em Roma, que a nulidade opere de pleno direito e a anulabilidade por meio de rescisão. Se isto foi praticável na estrutura judiciária romana, onde a *nulidade de pleno direito* era operada diretamente

---

[52] CIFUENTES, Santos. *Negócio jurídico – estrutura, vícios, nulidades.* 1ª reimp. Buenos Aires: Astrea, 1994, § 346, p. 630; BORDA, Guillermo A. *Tratado de derecho civil – parte general.* 6.ed. Buenos Aires: Perrot, 1968, t. II, nº 1.246.

[53] VALLE FERREIRA, José Geinaert do. Subsídios para o estudo das nulidades. *Revista Forense,* v. 205, 1964, pp. 22-25.

por força do *ius civile*, em caso de inobservância da forma legal, e a *nulidade pretoriana* resultava de ação em juízo e sentença, no direito moderno tal não é mais admissível, visto que a justiça é sempre feita pela via judicial, sendo vedado realizá-la pelas próprias mãos dos interessados. Hoje, "não há nulidade de *pleno jure*, tudo porque, mesmo inquinado do vício mais grave, o ato quase sempre conserva uma aparência de regularidade, que só pode ser destruída pela declaração do juiz"[54].

Uma coisa é certa, ambas as invalidades (isto é, a nulidade e a anulabilidade) são defeitos congênitos do negócio: nascem justamente com ele; correspondem a falhas verificadas no processo de sua formação. A invalidade, portanto, é algo contemporâneo ao aperfeiçoamento do ato negocial. Mas a distinção entre as duas modalidades previstas somente por ser buscada na própria lei e nos critérios de conveniência que ela elegeu para tratar os diversos defeitos genéticos do negócio jurídico. A última palavra, portanto, é da lei.

Uma vez superados os problemas do reconhecimento, *in concreto,* do tipo de invalidade (há exigências de ordem técnica e prática muito diferentes para cada invalidade), o efeito que se verifica na sanção do negócio anulável é o mesmo do ato nulo: a privação de seus efeitos e a reposição das partes no estado anterior ao ato viciado (art. 182). Apenas antes da declaração judicial há um regime diferenciado para a nulidade e a anulabilidade. Uma vez operada a anulação, tudo se iguala entre as duas figuras da invalidade.

Por fim, registra-se no meio dos negócios ou atos jurídicos alguns defeitos de menor repercussão, que não chegam a comprometer-lhes a validade, nem a eficácia. Não havendo prejuízo para a parte, nem ofensa a algum princípio de ordem pública, a lei não lhes impõe nem a sanção da nulidade nem a da anulabilidade. É o caso, *v.g.,* do casamento celebrado com inobservância das causas suspensivas (art. 1.523), para o qual o Código não comina qualquer forma de invalidade, mas apenas sujeita as partes ao regime especial da separação de bens[55].

A respeito dos atos que conservam a validade e eficácia ainda que praticados com infração de alguma exigência de lei, a doutrina fala em mera *irregularidade*, para contrapô-los aos casos de invalidade ou ineficácia. Para esse pequeno defeito, a lei não comina a pena de nulidade, nem de anulabilidade, mas outras sanções estranhas ao plano da validade[56].

---

[54] VALLE FERREIRA, José Geinaert do. *Op. cit.*, pp. 22-23. Nesse sentido, também, Caio Mário da Silva Pereira: "se é certo que toda nulidade há de provir da lei, expressa ou virtualmente, certo é, também, que se faz mister seja *declarada* pelo juiz" (PEREIRA, Caio Mário da Silva. *Instituições de direito civil cit.*, nº 109, p. 530). Para Miranda, embora o negócio seja nulo desde a sua formação, "não sendo necessária uma sentença judicial para invalidar o negócio", ela declara a nulidade existente no negócio desde o início (MIRANDA, Custodio da Piedade Ubaldino. *Teoria geral do negócio jurídico cit.*, nº 8.2, p. 154).

[55] WALD, Arnoldo. *Direito civil – introdução e parte geral.* 14. ed. São Paulo: Saraiva, 2015, p. 291.

[56] DIENER, Maria Cristina. *Il contratto in generale cit.*, nº 14.2.5, p. 746.

Capítulo VIII: As Nulidades

34. O NEGÓCIO NULO NÃO PRODUZ EFEITO

Um princípio clássico distinguia a nulidade da anulabilidade pela total impossibilidade que teria o negócio nulo de produzir efeitos[1], ao passo que o anulável produziria todos os seus efeitos enquanto não operada a anulação.

A afirmação, entretanto, é exagerada, uma vez que a eficácia muitas vezes se traduz em fatos que a ordem jurídica não deixa de levar em conta, nem mesmo diante do negócio nulo. Assim, *v.g.*, o herdeiro aparente, mesmo não tendo propriedade sobre a herança recebida, e, assim tendo o seu título sucessório contaminado por nulidade, pode não deteriorar o título de sub-aquisição do terceiro de boa-fé (art. 1.827, parágrafo único); o incapaz que praticou negócio nulo não é obrigado a restituir o que lhe pagou o maior com quem contratou, se realmente não tiver auferido proveito da avença (art. 181); o título nulo pode servir de fundamento para abreviar o prazo do usucapião ordinário (art. 1.242, parágrafo único); e o cônjuge que se casou ignorando a causa de nulidade do matrimônio se beneficia de todos os efeitos do casamento até a sentença anulatória (art. 1.561). Estes e muitos outros exemplos demonstram que um negócio mesmo afetado por nulidade não fica sempre privado completamente de efeito.

Nessa esteira, a lição de Caio Mário da Silva Pereira, para quem o negócio jurídico nulo não produz os efeitos dele normalmente decorrentes, podendo, entretanto, ensejar outras consequências, como servir de justificativa para a posse do adquirente cujo título translatício do domínio não é hábil à transmissão da propriedade, por conter algum vício que o nulifica[2].

Produzido algum efeito ainda que não sustentável perante a lei, seu desfazimento por causa da nulidade do negócio exige a declaração desta pelo juiz, de forma principal ou acidental, não importa, mas sempre por decisão judicial[3].

---

[1]   *Quod nullum est nullum producit effectum* (o que é nulo não produz nenhum efeito).

[2]   PEREIRA, Caio Mário da Silva. *Instituições de Direito Civil: introdução ao direito civil, teoria geral do direito civil.* 31. ed. Revista a atualizada por Maria Celina Bodin de Moraes. Rio de Janeiro: Forense, 2018, v. I, nº 111, p. 540.

[3]   A grande diferença se manifesta antes do reconhecimento judicial. Em se tratando de nulidade, qualquer pessoa que seja, direta ou indiretamente, atingida por alguma repercussão do negócio, terá condição de pleitear a declaração de invalidade. O negócio nulo, em princípio, não deve produzir efeito algum, e, por isso, não pode prejudicar ninguém. "O ato é nulo para todos", porque "a sua nulidade é produzida por uma consideração de interesse geral" (GARCEZ NETO, Martinho. *Nullidade dos actos jurídicos.* 2.ed. Rio de Janeiro: Jacintho, 1970, v. I, pp. 81 e segs.). Quando o caso é de anulabilidade, toda eficácia do negócio se manifestará enquanto não se intentar a demanda de anulação, cuja iniciativa é exclusiva da parte prejudicada do

O certo é que se, na ordem prática, o negócio nulo nunca foi executado, isto é, não gerou nem de fato uma situação de eficácia, sempre será possível impedir que venha a produzir seus indesejados efeitos. Bastará arguir sua nulidade, sempre que o beneficiário pretender executá-lo. Se, não obstante a mácula originária, o obrigado deu cumprimento ao negócio, os efeitos concretos não serão ignorados pela ordem jurídica e, pelo decurso do tempo, poderão até mesmo consolidar-se por efeitos da prescrição e da decadência.

Com efeito, ao instituir o direito civil moderno uma prescrição geral aplicável a toda e qualquer ação, pessoal ou real (CC, art. 205), devendo ficar excluídas da eficácia extintiva pelo decurso do tempo somente as pretensões excepcionalmente consideradas imprescritíveis, há de ter-se como regra a prescritibilidade. Nessa conjuntura de preocupação com a segurança e estabilidade das relações jurídicas, valores erigidos como necessários à paz social e, por isso, também tratados como relevantes para a ordem pública, não há razão para excluir-se o negócio nulo do alcance da força saneadora da prescrição[4].

Estabelecendo pois, como regra, a prescritibilidade dos direitos, sejam eles reais ou pessoais, o legislador brasileiro deixou claro que a regra consagrada é, em essência, que nenhum direito sobrevive à prescrição *longi temporis* (20 anos no Código anterior e 10 anos no Código atual). Esta prescrição "não respeita a vulnerabilidade do ato nulo", como adverte Caio Mário da Silva Pereira, e portanto, escoado o tempo máximo da lei, do momento em que poderia ter sido proposta a ação de nulidade, está trancada a porta, e desta sorte opera-se a consolidação do negócio jurídico, constituído embora sob o signo do desrespeito à ordem pública[5].

Apenas se pode pensar em imprescritibilidade, ou perenidade, da arguição de nulidade, quando o titular do direito originado de negócio nulo jamais o tenha exercitado. Aí, sim, manifestada a pretensão ilegítima em qualquer tempo, lícito será ao obrigado manejar contra ela a exceção de nulidade, sem necessidade de atentar para o longo tempo transcorrido desde a data do negócio até o ajuizamento da causa. Nesse sentido, afirma-se "a prescrição extingue apenas a ação de nulidade e não a

---

   contrato ou de seus sucessores, ou de quem tenha sido diretamente lesado pela prática viciada do negócio.

[4]   TJSP, 4ª CC., Ap. 36.662-1, Rel. Des. Alves Braga, ac. de 01.12.1983, *RT* 584/66; TJMG, 4ª CC, Ap. 61.500, Rel. Des. Freitas Barbosa, ac. de 26.05.1983, *RT* 586/205.

[5]   PEREIRA, Caio Mário da Silva. *Instituições de direito civil*, 12.ed. v. I, nº 109, pp. 406/407. O autor manteve o seu entendimento nas outras edições da obra, reafirmando que "do confronte entre estas duas normas igualmente apoiadas no interesse da ordem pública [o não convalescimento do ato nulo e o perpétuo silêncio que se estende sobre os efeitos do negócio jurídico], continuo sustentando que não há direitos imprescritíveis, e, portanto, também perante o Código de 2002, a declaração de nulidade prescreve em dez anos (art. 205)" (*Instituições de direito civil*. 31.ed. 2018, v. I, nº 109, p. 532).

Capítulo VIII: As Nulidades | **167**

exceção de nulidade"[6]. Mas, o aforismo latino – *quae temporalia sunt ad agendum perpetua sunt ad excipiendum* – não encontra aplicação a não ser quando o negócio nulo tenha permanecido inexecutado. Se dele derivou alguma situação jurídica, ainda que inválida, tornar-se-á inacatável após a prescrição *longi temporis*.

Assim, conforme já ressaltamos em obra específica sobre a prescrição[7], é preciso distinguir entre o contrato nulo executado e o contrato nulo nunca executado. Se houver a execução, as pretensões dela derivadas prescrevem no prazo que lhes é próprio e, por conseguinte, não é de se admitir a tardia ação declaratória de nulidade, não porque esta tenha incorrido em prescrição, mas porque faltará interesse à parte, e sem interesse ninguém é admitido a litigar juízo (CPC/2015, art. 17)[8].

Uma coisa é exigir a execução do negócio nulo, a qualquer tempo, outra coisa é discutir o resultado do cumprimento do negócio nulo, depois que foi cumprido e se estabilizaram as posições jurídicas entre seus sujeitos em torno do bem da vida negociado. Os interesses em jogo, numa e noutra situação revelam-se completamente distintos. Diante do negócio nulo *ipso iure* e nunca executado, subsiste o interesse público em não reconhecer validade ao ajuste que viola norma de caráter cogente (de ordem pública). Depois, porém, que, não obstante a nulidade, se criou uma nova situação jurídica, pelo cumprimento das prestações nele previstas, o que há é uma situação individual (não mais de interesse público) e cuja manutenção ou reversão diz respeito muito mais às conveniências pessoais do que às de ordem pública predominantes antes do cumprimento do contrato inválido. Daí em diante, o interesse privado passou a predominar e é à base desse interesse que se haverá de analisar o destino da situação jurídica oriunda, de forma concreta, do negócio inválido.

Da enorme diferença de interesses que se nota entre o negócio nulo *ipso iure* e jamais executado e os que se instalam no relacionamento das partes, depois de cumpridas as prestações derivadas do negócio nulo, resulta a necessidade de estabelecer tratamento prescricional diverso e adequado para cada uma das duas situações jurídicas.

Com efeito, se o negócio nulo jamais foi executado, não há que se falar em prescrição nem decadência, visto que o que é nulo jamais teve vida para o direito. Assim, quando se vier a formular qualquer pretensão derivada do negócio inválido, será sempre possível ao devedor, "em qualquer tempo, opor a alegação de nulidade absoluta"[9]. É a situação criada, portanto, posteriormente ao negócio nulo, como

---

[6]   "La prescription n'éteint que l'action en nullité e non l'exception de nullité" (TERRÉ, François. *Introduction générale au droit cit.*, nº 302, p. 273).

[7]   Cf. THEODORO JÚNIOR, Humberto. *Prescrição e decadência*. Rio de Janeiro: Forense, 2018, nº 7, p. 21-23.

[8]   FERRARA, Francesco. *A simulação dos negócios jurídicos*. Campinas: Red Libros, 1999 n. 84, p. 458.

[9]   OROSIMBO NONATO, da Silva. *Da coação como defeito de ato jurídico*. Rio de Janeiro: Forense, 1957. n. 119, p. 230.

NEGÓCIO JURÍDICO • *Humberto Theodoro Jr. e Helena Lanna Figueiredo*

produto de sua execução que pode sofrer os efeitos extintivos da prescrição, não a nulidade em si mesma. Prescrita a pretensão de desfazer a situação criada pelo cumprimento das prestações derivadas do negócio inválido, perde-se o direito de manejar a ação de nulidade. Já então porque faltaria interesse para justificar a declaração de nulidade, porque esse reconhecimento não teria mais força para atingir as prestações realizadas e seladas pelo decurso da respectiva prescrição.

Na verdade, só a inexistência é capaz de afastar a possibilidade de qualquer efeito prático e jurídico de um negócio. Não há, pois, pensar-se em prescrição diante do negócio que não chegou a existir, nem mesmo no plano fático material. O negócio nulo, porém, não é algo que inexista no plano do direito.

Diante do exposto, é de aceitar-se que o negócio nulo, quando executado, provoca inovação fática na situação jurídica que não escapa às regras consolidadas da prescrição das ações em geral[10].

Por fim, é de se ressaltar que, se, de um lado, a pretensão meramente declaratória de nulidade do ato nulo não prescreve, os reflexos patrimoniais do ato sujeitam-se aos prazos prescricionais:

> "A ação declaratória pura é imprescritível, mas as pretensões condenatórias ou constitutivas resultantes do ato nulo sujeitam-se ao fenômeno da prescrição. Caso em que a prescrição vintenária consumou-se antes da propositura da ação e antes da publicação do atual Código Civil"[11].

Nesse sentido, o Enunciado 536, da VI Jornada de Direito Civil: "resultando do negócio jurídico nulo consequências patrimoniais capazes de ensejar pretensões, é possível, quanto a estas, a incidência da prescrição".

Ou seja: a pretensão de recuperar o que se transmitiu por força de negócio nulo se extingue, como qualquer outra pretensão, no prazo prescricional fixado genericamente pela lei (art. 205).

Admite-se, portanto, manter o princípio de que a nulidade é imprescritível. Mas, se a parte ou terceiro tem pretensão (naturalmente sujeita a prescrição) a exercer contra a situação fático-jurídica criada pelo negócio nulo, e se essa pretensão já foi atingida pela prescrição, faltar-lhe-á interesse para manejar a ação de nulidade, sem embargo de sua imprescritibilidade. É nesse sentido que se pode afirmar e concluir que os negócios nulos não são totalmente imunes à eficácia da prescrição.

---

[10] CARVALHO SANTOS, J. M. de. *Código Civil brasileiro interpretado.* 7. ed. Rio de Janeiro: Freitas Bastos, 1958. v. III, p. 256; BEVILÁQUA, Clóvis. *Código Civil dos Estados Unidos do Brasil comentado.* 12.ed. Rio de Janeiro: F. Alves, 1959. v. I, p. 333, comentários ao art. 146.

[11] STJ, 4ª T., REsp. 1.046.497/RJ, Rel. Min. João Otávio de Noronha, ac. 24.08.2010, *DJe* 09.11.2010.

35. NULIDADE COMINADA E NÃO COMINADA

A validade de um negócio decorre de ter sido a declaração de vontade manifestada com observância dos preceitos da lei. Ao contrário, a invalidade é consequência de sua contrariedade às exigências legais, ou de sua insuficiência para atender aos requisitos traçados pela lei para uma útil emissão de vontade.

A nulidade como o mais grave motivo invalidante é uma sanção que pode vir cominada, de forma expressa, no dispositivo legal, ou que se revela implícita na norma que impõe um comando imperativo ou proibitivo. Diz-se *expressa* ou *textual,* quando é a lei mesma que comina a pena de nulidade, e *virtual* ou *implícita,* quando se deduz simplesmente da exigência que a lei faz de certos requisitos para a validade do negócio[12].

Cabe à lei, no entanto, explicitar quando a nulidade expressa ou virtual atinge o grau justificador da sanção máxima da invalidade e quando deverá sujeitar-se o negócio defeituoso apenas à sanção da anulabilidade. Estão elencadas ao art. 166 as hipóteses de nulidade e no art. 171, as de anulabilidade.

Analisar-se-á, a seguir, cada uma das previsões de nulidade instituídas pelo Código.

36. NEGÓCIO JURÍDICO PRATICADO POR ABSOLUTAMENTE INCAPAZ

A validade do negócio jurídico exige, em primeiro lugar, a capacidade do agente (CC, art. 104, I). Contamina-se, pois, de nulidade o negócio quando praticado por quem, nos termos do art. 3º, esteja incapacitado de exercer pessoalmente os atos da vida civil. O art. 3º do Código Civil, com a redação dada pela Lei 13.146/2015, arrola como absolutamente incapazes apenas os menores de 16 (dezesseis anos).

Assim, não mais se incluem nessa categoria indivíduos que, embora maiores, eram tidos como absolutamente incapazes de praticar atos da vida civil por razões de enfermidade, deficiência mental ou por causa transitória[13].

Não são, porém, todos os atos dos incapazes que incorrem em nulidade, pois também sendo titulares de direito poderão participar de atos a ele relativos (capacidade de direito). Se agem por meio de seus representantes legais, a incapacidade se supre e o negócio será válido. O que acarreta a nulidade é a realização do negócio diretamente por quem não dispõe de capacidade de exercício, sem supri-la nos termos da lei. A

---

[12]   PEREIRA, Caio Mário da Silva. *Instituições de direito civil cit.* 31.ed., v. I, nº 109, p. 530. DIENER, Maria Cristina. *Il contratto in generale.* Milano: Giuffrè, 2002, nº 14.5.3, pp. 752-753.

[13]   Eram considerados absolutamente incapazes, além dos menores de 16 anos, os que, por enfermidade ou deficiência mental, não tivessem o necessário discernimento para a prática dos atos da vida civil; e os que, mesmo por causa transitória, não pudessem exprimir sua vontade.

capacidade de direito é atributo da pessoa humana, de sorte que ninguém, nem mesmo o incapaz, pode ser dela privado. Trata-se de emanação dos direitos da personalidade. O que pode faltar, porque depende do desenvolvimento mental completo e do discernimento, é a capacidade de exercício, qual seja, a de praticar *pessoalmente* os atos da vida civil. Nesta hipótese, os negócios jurídicos de interesse do incapaz somente poderão ser validamente realizados por meio de seu representante legal (pai, tutor ou curador). A falta da representação é que acarreta a nulidade.

A declaração de vontade manifestada pelo absolutamente incapaz entra no mundo fático (existe) mas não penetra no mundo jurídico (não vale). Para valer juridicamente teria de ter sido manifestada pelo representante legal. Somente este poderia querer pelo incapaz. Nem mesmo a autorização dada pelo representante à prática do negócio pelo incapaz o tornaria válido. Nem o representante poderia autorizá-lo ou dar-lhe poderes; nem o incapaz poderia, validamente, recebê-los[14].

Em alguns casos, nem mesmo a representação é suficiente para validar os negócios sobre bens do incapaz, pois a lei somente os permite se previamente autorizados pelo juiz (arts. 1.691 e 1.748). Outras vezes, até mesmo com a autorização do juiz o negócio ainda será nulo, porque a lei o veda e nega validade à própria autorização judicial (art. 1.749).

No entanto, é possível enfocar os contratos do incapaz fora do campo das nulidades para reconhecer-lhes, em determinadas circunstâncias, alguns efeitos jurídicos. Isto se justifica nos casos muito frequentes de atividade negocial dos menores que realizam contratos pessoalmente para satisfação de necessidades imediatas e que, mesmo em outras circunstâncias, lhes proporcionam vantagens evidentes. Assim, sempre que o incapaz não sofra prejuízo e tenha vantagens a preservar, não é razoável, dentro do próprio objetivo tutelar visado pela teoria das nulidades, simplesmente aplicar a seus contratos a pena irremediável da invalidade plena. No resguardo dos interesses do próprio incapaz, melhor será tratar o contrato, em semelhantes circunstâncias, como um "ato-fato jurídico", ou seja, como fato humano que produz efeito, independentemente da vontade do agente, como se passa, *v.g.*, com a aquisição e abandono da posse, a descoberta do tesouro, a criação intelectual, o direito à remuneração pelo serviço prestado, a retenção do salário pago etc.[15].

Tais contratos evidentemente podem ser objeto de anulação por parte do incapaz ou de seu representante legal. Ao outro contratante, todavia, faltaria legitimidade para fugir do vínculo obrigacional, se este foi, de fato, benéfico para o incapaz[16].

---

[14] PONTES DE MIRANDA, Francisco Cavalcanti. *Tratado de direito privado*. São Paulo: Editora Revista dos Tribunais, 2012, t. IV, § 391, nº 1, p. 228.

[15] A categoria dos *atos-fatos jurídicos* é admitida e conceituada por PONTES DE MIRANDA (*Tratado de direito privado*. São Paulo: Editora Revista dos Tribunais, 2012, t. I, § 32, nº 1, p. 174).

[16] Cf., nesse sentido: CARVALHO, Bruno Miguel Pacheco Antunes de. *Responsabilidade civil dos incapazes*. Dissertação de mestrado. Belo Horizonte: Faculdade de direito da UFMG, 2005, p. 303.

36.1. Menores

Os menores são afetados pela incapacidade em duas situações: até dezesseis anos são havidos como absolutamente incapazes, de maneira que nenhum negócio jurídico poderão praticar pessoalmente (art. 3º); entre dezesseis e dezoito anos são relativamente incapazes, podendo realizar negócios jurídicos, desde que assistidos, na forma da lei (art. 4º, I).

A fixação dessas faixas etárias é problema de política legislativa, que se baseia, sobretudo, no objetivo de tutelar os próprios interesses dos menores. Durante a incapacidade absoluta, o ato pessoal do menor é nulo, e no período da incapacidade relativa, o caso é de anulabilidade.

Embora nosso Código não faça ressalva alguma (diversamente do que se passa com outras legislações, como a portuguesa), é evidente que na vida quotidiana os menores são levados à pratica de pequenos contratos, cuja validade jamais será posta em questão: compras de alimentos em lanchonetes, uso de transporte coletivo, aquisição de utensílios escolares e outros expedientes similares são negócios diuturnos que menores de pequena idade praticam, sem sofrer impugnação de ninguém.

A sociedade vê esses atos mais singelos, habituais, atos da vida corrente, como só dependentes da capacidade natural, por envolverem pequenos gastos e disposição de bens de pouca monta. "Pressupõe-se que, diante de tais atos – e no limite dos mesmos – o menor já tem possibilidade de avaliação e entendimento, possui discernimento para praticá-los"[17]. A eles referem-se o Código Civil português (art. 127º) e o Código Civil de Quebec (art. 157)[18]. "Na falta de disposição expressa no direito brasileiro, podemos garantir" – como anota Zeno Veloso – "que estas situações são consagradas pelo uso venerando, constante, uniforme, sem qualquer contestação, traduzindo-se num verdadeiro *jus non scriptum,* vale dizer, *num costume jurídico*"[19].

A jurisprudência italiana, a propósito dos contratos de pequeno valor praticados por menores, reconhece que sua validade atende às exigências da "vida quotidiana". Salva-se sua eficácia sob a justificativa de considerá-los como integrantes da "simples administração" e de presumi-los autorizados pelos pais[20].

---

[17] VELOSO, Zeno. *Invalidade do negócio jurídico.* Belo Horizonte: Del Rey, 2002, nº 16.2, p. 44.

[18] "São excepcionalmente válidos, além de outros previstos na lei: ... b) os negócios jurídicos próprios da vida corrente do menor que, estando ao alcance da sua capacidade natural, só impliquem despesas, ou disposição de bens, de pequena importância" (Cód. Civil de Portugal, art. 127º). "*Le mineur peut, compte tenu de son âge et de son discernement, contracter seul pour satisfaire ses besoins ordinaires et usuels*" (Código Civil de Quebec, art. 157).

[19] VELOSO, Zeno. *Ob. cit.,* nº 16.2, p. 45.

[20] ALPA, Guido. *Corso di diritto contrattuale.* Padova: CEDAM, 2006, pp. 372-373.

37. AUSENTES

O Código de 1916 incluía entre os absolutamente incapazes o *ausente*, isto é, a pessoa que desapareceu do seu domicílio, deixando bens, sem representante para administrá-los (art. 5º, IV) e, tal como se passava com os incapazes em geral, nomeava-se curador para o desaparecido (art. 463).

Criticava-se a postura do velho Código porquanto era notória a impropriedade de linguagem, já que não era a pessoa do ausente, mas seus bens que se submetiam à gestão do curador. Com efeito, esse tipo de curatela "tem por objeto preservar um patrimônio, gerir *bens* (*cura rei*), não o de cuidar da *pessoa* do proprietário que foi embora e de quem não se tem notícia, o que seria *cura personae*"[21].

Na verdade, nunca houve incapacidade por ausência, "mas tão somente a necessidade de proteger o desaparecido com relação a sua impossibilidade material de cuidar de seus bens e interesses e à impraticabilidade jurídica de se conciliar o abandono domiciliar com a conservação dos direitos"[22].

Toda possibilidade é de que o ausente esteja vivendo em outro local, onde desfrutará de sua plena capacidade civil e onde os negócios por ele realizados revestir-se-ão de irrecusável validade, em nada se comprometendo pela circunstância de ter abandonado seu antigo domicílio[23].

O atual Código, portanto, dispensou tratamento muito mais adequado à ausência, afastando-a do terreno da incapacidade e da nulidade. Abriu-lhe um capítulo na Parte Geral (arts. 22 a 39) e não fala mais em "curadoria de ausentes", mas, significativamente, em "curadoria dos bens do ausente"[24].

38. NEGÓCIO DE OBJETO ILÍCITO

A lei considera nulo o negócio que verse sobre *objeto ilícito*. O objeto de uma relação jurídica tem, todavia, dois sentidos: a) mais concretamente, tem-se como objeto a coisa, o serviço, a atitude, o *fato em si,* positivo ou negativo que as partes, objetivamente, visaram alcançar com o negócio (*v.g.:* a coisa e o preço na compra e venda; as duas coisas intercambiadas na permuta; o serviço, na locação de serviço; a obra na empreitada etc.); b) numa compreensão mais abrangente, o objeto do negócio jurídico é o vínculo, como um todo, que constitui, regula, conserva, modifica relações jurídicas, em suma, é "o *conteúdo* do negócio"[25].

---

21   VELOSO, Zeno. *Invalidade do negócio jurídico* cit., nº 16.5, p. 57.
22   DINIZ, Maria Helena. *Código civil anotado.* 5.ed. São Paulo: Saraiva, 1999, p. 12.
23   CARVALHO SANTOS, J. M. de. *Código Civil brasileiro interpretado.* 7. ed. Rio de Janeiro: Freitas Bastos, 1958, v. III, p. 235.
24   VELOSO, Zeno. *Invalidade do negócio jurídico* cit., nº 16.5, p. 57.
25   VELOSO, Zeno. *Invalidade do negócio jurídico* cit., nº 1.6.6, p. 57.

Segundo velha exegese, formada ainda ao tempo do Código de 1916, cujo art. 145, II, tratava da ilicitude do objeto do ato jurídico, da mesma forma que o art. 166, II, do Código atual o faz, em relação ao objeto do negócio jurídico, ou seja, a ilicitude e a impossibilidade que provocam a nulidade contemplam "o conteúdo do ato, em seu complexo, e não simplesmente a coisa ou o fato visado"[26].

Assim, o objeto de uma compra e venda não é apenas a coisa negociada, mas todo o complexo que envolve os motivos e as condições do contrato. Nele se englobam, portanto, a coisa vendida, o benefício que o comprador tem o direito de exigir, o preço que se tem de pagar[27].

A doutrina moderna, que sem dúvida, foi acolhida pelo Código de 2002, é justamente esta: "o objeto significa, então, o conteúdo do ato, as relações que o sujeito visa a constituir, não o objeto material, a coisa ou o fato sobre que em termos imediatos incidem tais relações"[28].

Quando se considera nulo o contrato sobre herança de pessoa viva (CC, art. 426), tem-se um caso de ilicitude do objeto que não se liga ao objeto material, mas ao negócio sobre ele praticado. A herança poderia ser objeto de outro negócio: um testamento ou uma doação em adiantamento de legítima ou uma partilha em vida, por exemplo. Não pode, entretanto, figurar no contrato de cessão, no ato de renúncia, na compra e venda ou permuta etc. O mesmo se diga do bem afetado por inalienabilidade. Sua alienação, por compra e venda, doação ou permuta, contaminará o negócio de nulidade. Mas outros contratos sobre a mesma coisa não incidirão na mesma sanção, como *v.g.*, a locação e o empréstimo.

A ilicitude causadora da nulidade situa-se no negócio, quando este, em seu complexo, infringe o ordenamento jurídico, e não especificamente na coisa negociada. Esta, como tal não pode ter o atributo, em si, da licitude ou ilicitude. Mesmo quando se considera criminosa a venda de certos produtos, como os tóxicos, a ilicitude está na prática do respectivo comércio.

Está assente na tradição do direito brasileiro, que, para os fins de anulabilidade do negócio jurídico, *ilícito* é mais abrangente do que *ilegal*. Isto é, não é só o que contraria o texto da lei que se considera ilícito. Tem-se também como negócio de objeto ilícito o que é contrário à moral e aos bons costumes.

Embora não o declare textualmente, quando disciplina a nulidade do negócio jurídico, o Código Civil deixa evidente sua repulsa ao ato contrário à moral, no momento em que trata da repetição do indébito. Assim é que o art. 883 do Código dispõe taxativamente que "não terá direito à repetição aquele que deu alguma coisa para obter fim ilícito, imoral ou proibido por lei".

---

26 ESPÍNOLA, Eduardo. *Manual do código civil brasileiro*. Rio de Janeiro: Jacintho, 1932, v. III, 4ª Parte – Das Nulidades, nº 112, p. 450.

27 CARVALHO SANTOS, J. M. de . *Código Civil cit.*, v. III, p. 236.

28 AMARAL, Francisco. *Direito civil. Introdução*. 5.ed. Rio de Janeiro: Renovar, 2003, p. 529.

Ora, o mesmo negócio não pode ser ora lícito, ora não lícito. Se, na repetição do indébito, o ato imoral é equiparado ao ilícito, a mesma equiparação há de prevalecer também na configuração do negócio inválido. "Se não se pode *repetir*, seria contraditório que se pudesse *pedir*, ou, mais radicalmente, fazer objeto de negócio jurídico"[29]. Ademais, o Código Civil impõe, com cláusula geral, a obrigação de todo contratante de guardar, assim na conclusão do contrato, como em sua execução, "os princípios de probidade e boa-fé" (CC, art. 422), o que corresponde a impor, como padrão, o comportamento honesto e leal dentro da atividade negocial. Os bons costumes, portanto, integram a ordem jurídica, quando se trata de limitar a liberdade negocial e a autonomia da vontade.

E nessa mesma linha de orientação, o art. 113 acrescenta, no plano hermenêutico, que "os negócios jurídicos devem ser interpretados conforme a boa-fé e os usos do lugar de sua celebração". Tudo isto assinala o compromisso ético adotado por nossa Constituição, que organizou a República brasileira sobre os fundamentos da segurança jurídica, da Justiça e da dignidade da pessoa humana, e com o objetivo, entre outros, de "construir uma sociedade livre, justa e solidária" (CF, Preâmbulo e arts. 1º e 3º). Enfim, a ordem constitucional está assentada sobre pilares éticos, os quais, obviamente, prevaleceram no direito privado, com profunda repercussão no Código Civil de 2002[30].

A contrariedade à moral está incluída na contrariedade ao direito. Mas para que se tenha um ato como contrário à moral é preciso que a contradição se dê com a opinião mais generalizada na sociedade. Não basta, para configuração da nulidade, que o negócio atrite com a moral de determinada religião, ou com a sensibilidade das pessoas de requintada exigência ética; nem cabe exigir-se que a moral seja apenas a de determinado grupo de pessoas. É possível levar-se em conta a moral de certos setores sociais apenas quando o negócio jurídico é restrito profissionalmente a grupos delimitados da atividade econômica, como se dá no direito comercial, ou quando as regras pertencem tipicamente a ramos do direito, como o de família ou de sucessões. O normal é detectar-se a moralidade nas concepções dominantes em toda a sociedade, não devendo o juiz "dar valor à opinião individual dos interessados ou do interessado"[31].

39. IMPOSSIBILIDADE DO OBJETO. FRAUDE À LEI

A impossibilidade do objeto do negócio jurídico, que o faz nulo, tanto pode ser *física* (natural) como *jurídica* (de direito).

---

[29] PONTES DE MIRANDA, Francisco Cavalcanti. *Tratado de direito privado*. São Paulo: Editora Revista dos Tribunais, 2012, t. IV, § 392, nº 2, p. 235.

[30] Sobre a matéria, v., retro, o nº 15.

[31] PONTES DE MIRANDA, Francisco Cavalcanti. *Tratado de direito privado cit.*, t. IV, § 392, nº 3, p. 236.

Há impossibilidade física quando o objeto do negócio refere-se a coisa que não existe nem pode existir, ou a coisa que, por sua própria natureza, não seja apropriável, ou, ainda, a fato (prestação) absolutamente impossível de realizar-se[32]. É, também, impossibilidade jurídica a decorrente da existência de lei que impede a prática do negócio.

Embora não se deva confundir substancialmente a impossibilidade física com a impossibilidade jurídica, o certo é que, para a teoria da nulidade, as duas figuras, em seus efeitos práticos, são iguais. Tanto faz que a lei proíba certo resultado jurídico, como que este resultado seja inatingível pelas leis naturais. A consequência é sempre a mesma: a nulidade do negócio jurídico.

Por outro lado, a impossibilidade jurídica (isto é, a vedação legal à prática de determinado ato) gera a nulidade não apenas quando o negócio visa diretamente àquilo que a lei proíbe. Ela ocorre também quando se dá a prática da fraude à lei, que consiste na utilização de meios indiretos, com que se intenta aparentar a conformidade do negócio com a ordem jurídica, enquanto o que realmente se quer alcançar é o que a lei não permite. É o que comumente se faz por meio de interposta pessoa: o tutor, que não pode comprar o bem do pupilo, promove a venda a um terceiro que, em seguida, lhe repassa referido bem; o cônjuge adúltero que não pode doar à concubina, simula uma compra e venda etc.

A nulidade por fraude à lei é objetiva, não depende da intenção de burlar o mandamento legal. As ilicitudes, diretas ou indiretas, independem da postura subjetiva do agente. Se a contrariedade à lei de fato ocorreu, pouco importa saber se o infrator teve ou não o propósito de fraudar o preceito legal[33].

É importante, todavia, evitar a interpretação analógica ou extensiva em matéria de fraude à lei. É preciso que, por via indireta, se chegue exatamente a contrariar algum mandamento de ordem pública. As normas que restringem direitos são sempre de interpretação restrita. Não cabe ao intérprete alargar esse tipo de regulação. É preciso que a própria norma restritiva traga em si o sentido de impedir, de qualquer maneira, determinado efeito, seja direta ou indiretamente. Quando apenas se proíbe um tipo de contrato, nem sempre se quer impedir outros que, eventualmente, cheguem a resultado análogo. A fraude à lei, portanto, reclama interpretação primeiro da norma que se supõe fraudada, para se concluir sobre se contém restrição apenas a um tipo de contrato ou a toda e qualquer negociação acerca de determinado bem[34].

A nulidade também decorre da impossibilidade do objeto. Assim, o STJ manteve decisão de tribunal local que declarou inexistentes 15 vagas de garagem extras, objeto

---

32   CARVALHO SANTOS, J. M. de . *Código Civil cit.*, v. III, p. 237.
33   CARVALHO SANTOS, J. M. de . *Código Civil cit.*, v. III, p. 239; STF, 2ª T., RE 100.440-1/PR, Rel. Min. Djaci Falcão, ac. 04.10.1983, *RT* 585/245.
34   CARVALHO SANTOS, J. M. de . *Código Civil* cit., v. III, pp. 238-239, apoiado em COVIELLO, *Manuale*, p. 421.

de memorial de incorporação averbado às margens da matrícula do imóvel, por entender nulo o ato de criação das vagas em razão da impossibilidade física do objeto[35].

40. A COMPRA E VENDA DE COISA ALHEIA

Entre os casos legais de nulidade figura o negócio jurídico de objeto ilícito ou impossível (art. 166, II). A propósito do tema discussão antiga e infindável se trava em torno da venda de coisa que não pertence ao alienante (*venda a non domino*). Seria nulo tal contrato por impossibilidade da prestação ajustada?

No direito comparado, o Código Civil francês enfrenta expressamente o problema e declara: "a venda de coisa de outrem é nula"[36] (art. 1.599). Não produz qualquer efeito em relação ao dono e assegura reparação de perdas e danos ao comprador de boa-fé[37]. Na Argentina, o Código atual considera a venda válida, devendo o alienante se responsabilizar pelos danos causados pela não entrega do bem (arts. 1.008, parte final e 1.132)[38]. A doutrina argentina tradicional, porém, considera negócio *inexistente* a venda de coisa alheia[39].

No direito italiano, a venda de coisa alheia é motivo para *rescisão* do contrato. Na doutrina, todavia, há quem admita a nulidade[40] e quem lhe atribua a *ineficácia*, por entender que não se configuraria motivo real de nulidade[41].

---

[35] "1. Constatada a impossibilidade física de criação das vagas de garagem, nos termos descritos no memorial de incorporação, incabível a pretensão de reforma desse entendimento por meio de recurso especial, via processual imprópria para reexame de provas, a teor da Súmula nº 7/STJ. 2. Os atos absolutamente nulos são insusceptíveis de produzir efeitos jurídicos e podem ser declarados nulos a qualquer tempo, não se sujeitando, portanto, a prazos prescricionais" (STJ, 3ª T., AgRg no AREsp. 50.936/RJ, Rel. Min. Ricardo Villas Bôas Cueva, ac. 16.08.2016, *DJe* 25.08.2016).

[36] "La vente de la chose d'autrui est nulle".

[37] MAZEAUD, Henri, MAZEAUD, León; MAZEAUD, Jean. Lecciones de derecho civil. Buenos Aires: Ediciones Jurídicas Europa – América, 1962, v. III, Parte III, nº 821-823, p. 95-98.

[38] "Artículo 1008. Bienes ajenos. Los bienes ajenos pueden ser objeto de los contratos. Si el que promete transmitirlos no ha garantizado el éxito de la promesa, sólo está obligado a emplear los medios necesarios para que la prestación se realice y, si por su culpa, el bien no se transmite, debe reparar los daños causados. Debe también indemnizarlos cuando ha garantizado la promesa y ésta no se cumple. El que ha contratado sobre bienes ajenos como propios es responsable de los daños si no hace entrega de ellos".
"Artículo 1132. Cosa ajena La venta de la cosa total o parcialmente ajena es válida, en los términos del artículo 1008. El vendedor se obliga a transmitir o hacer transmitir su dominio al comprador".

[39] CIFUENTES, Santos. *Negócio jurídico – estrutura, vícios, nulidades.* 1ª reimp. Buenos Aires: Astrea, 1994, § 378, p. 667; CASO, Rubent Campagnucci de. *El negocio jurídico.* Buenos Aires: Astrea, 1992, § 985, p. 552.

[40] RUGGIERO, Roberto. *Instituições de Direito Civil.* São Paulo: Saraiva, 1958, v. III, § 108, p. 146.

[41] TRABUCCHI, Alberto. *Istituzioni di Diritto Civile.* 38. ed. Padova: CEDAM, 1998, nº 318, pp. 731-732.

Nulidade, também, é a sanção que o Código Civil português aplica a venda a *non domino* (art. 892), embora possa convalidar-se pela superveniente aquisição do domínio pelo vendedor (art. 895).

No direito alemão tem-se como *válida* a compra e venda ainda que a coisa não pertença ao vendedor. O que este promete é um fato: proporcionar a transferência da *coisa* negociada[42], o qual, não sendo cumprido, corresponderá a inadimplemento do contrato, que poderá ser rescindido o executado por meio das equivalentes perdas e danos.

Entre nós não há regra específica no Código, mas Orosimbo Nonato entendia que a compra e venda, na espécie, era negócio *inexistente* em relação ao *verus dominus*. Entre as partes, todavia, não era negócio *anulável*, mas negócio válido[43]. De igual pensamento é Sebastião de Souza[44], Eduardo Espínola[45], Santiago Dantas[46], Serpa Lopes[47], Washington de Barros Monteiro[48], Orlando Gomes[49], Pontes de Miranda[50], Arnoldo Wald[51], que não veem nulidade na venda a *non domino*, mas apenas um problema que se resolve em inexecução do contrato. Contudo, Agostinho Alvim[52], Clóvis Beviláqua[53] e Silvio Rodrigues[54] afirmam a nulidade da venda a *non domino*. Finalmente, há os que, como Caio Mário da Silva Pereira[55] recusam a nulidade e classificam o contrato em questão como apenas *anulável*.

O que se deve levar em conta – e é assim que faz a corrente mais ponderável de nossa doutrina –, é que o fenômeno da venda a *non domino* não ocorre de uma

---

42   LARENZ, Karl. *Derecho de obligaciones*. Madrid: Rev. de Derecho Privado, 1959, t. II, § 35, p. 16; t. I, § 7º, I, p. 105.

43   OROSIMBO NONATO, da Silva. *Revista Forense*, v. XCIII, jan./1943, p. 73-74.

44   SOUZA, Sebastião de. *Da compra e venda*. 2.ed. Rio de Janeiro: Forense, 1956, nº 101, p. 219.

45   ESPÍNOLA, Eduardo. *Dos contratos nominados no direito civil brasileiro*. 2.ed. Rio de Janeiro: Conquista, 1956, nº 22, p. 42.

46   DANTAS, Francisco Clementino Santiago. *Programa de direito civil*. Rio de Janeiro: Editora Rio, 1978, v. II, p. 236.

47   SERPA LOPES, Miguel. Maria de.. *Curso de direito civil*. 7. ed. Rio de Janeiro: Freitas Bastos, 1989, v. III, nº 193, p. 289.

48   MONTEIRO, Washington de Barros. *Curso de direito civil*. 34.ed. São Paulo: Saraiva, 2003, v. V, p. 91.

49   GOMES, Orlando. *Contratos*. 26.ed. Rio de Janeiro: Forense, 2007, nº 179, p. 274.

50   PONTES DE MIRANDA, Francisco Cavalcanti. *Tratado de Direito Privado*. São Paulo: Editora Revista dos Tribunais, 2012, t. XXXIX, § 4.266, nº 3, p. 83.

51   WALD, Arnoldo. *Curso de direito civil brasileiro – obrigações e contratos*. 5. ed. São Paulo: Editora RT, 1979, nº 98, p. 211.

52   ALVIM, Agostinho. *Da compra e venda e troca*. Rio de Janeiro: Forense, 1961, nº 16, p. 22.

53   BEVILÁQUA, Clóvis. *Código Civil dos Estados Unidos do Brasil*. 11.ed. Rio de Janeiro: Francisco Alves, 1958, v. IV, p. 230, comentários ao art. 1.121.

54   RODRIGUES, Silvio. *Direito civil*. 24.ed. São Paulo: Saraiva, 1997, v. III, nº 68, p. 132.

55   PEREIRA, Caio Mário da Silva Pereira. *Instituições de Direito Civil*. 22.ed. Rio de Janeiro: Forense, 2018, v. III, nº 218, p. 156.

única maneira e, ao contrário, há diferentes circunstâncias que podem influir sobre a natureza desse negócio em seu aspecto patológico.

Em primeiro lugar, é de se ver que, entre nós – diversamente do que se passa na França e na Itália – a compra e venda é contrato que se aperfeiçoa só pelo consenso e que não tem a força de transferir o domínio. Essa transferência ou se dá pela *transcrição* (imóveis) ou pela *tradição* (móveis). O fato, portanto, de o vendedor não ser o atual proprietário do bem negociado não o impede de posteriormente transmiti-lo ao comprador. Bastará adquirir-lhe posteriormente o domínio por qualquer título. Se não o fizer estará simplesmente descumprindo o negócio consensual, o que não equivale a causa de nulidade.

Não se pode, pelo descumprimento cogitar-se, tampouco, de anulabilidade, porque a falha incidiu sobre o momento de execução da obrigação e não no de sua formação.

Há, porém, situações em que o vendedor engana o comprador, repassando-lhe o bem negociado como se de fato tivesse o domínio sobre ele. Já, então, não teria havido simples descumprimento, mas a formação defeituosa do contrato, porque o adquirente teria formado defeituosamente sua vontade negocial. Nesta situação, sim, a anulabilidade se configuraria (vício de consentimento).

Ademais, versando sobre a coisa de outrem, a venda a *non domino* há de ser encarada tanto em relação às partes contratantes como em face do terceiro (o *verus dominus*). Naturalmente não terá o mesmo efeito nos dois planos, mesmo porque os contratos tecnicamente só obrigam as partes que os ajustaram.

Sendo várias as possibilidades de realizar a venda de coisa alheia e diferentes as situações em que os interessados podem se colocar perante o negócio, ter-se-á de buscar uma solução própria para cada caso. Eis as distinções que se impõem, com maior frequência[56]:

a) na venda de coisa que se sabe alheia, e cuja tradição o vendedor se obriga a fazer posteriormente, não há defeito algum no contrato: ou adquire o bem e procede à tradição, cumprindo fielmente a prestação pactuada; ou descumpre a promessa de transmitir a coisa ao comprador, porque não diligenciou, como devia, a aquisição dominial necessária à tradição; hipótese em que o inadimplemento se resolverá em indenização de perdas e danos, e não em invalidação do contrato (art. 439, *caput*);

b) se, ao vender, o alienante procede desde logo à tradição, sem que o comprador tivesse conhecimento da ausência de domínio do vendedor, o caso será de vício de consentimento (dolo): o adquirente enganado terá como anular o contrato, com perdas e danos (art. 148); não se há de pensar em

---

56   VELOSO, Zeno. *Invalidade cit.*, nº 42, pp. 193-195.

nulidade pela circunstância de ter o alienante feito tradição de coisa que não lhe pertencia. O vício invalidante é da tradição e não do contrato. Este só será anulável porque a parte foi induzida a erro[57];

c) se, independentemente de má-fé do vendedor, o verdadeiro dono reivindica a coisa já em poder do comprador, não há que se pensar em anular o contrato de compra e venda, mas apenas caberá ao comprador reclamar as reparações da garantia da evicção (art. 450);

d) encarando-se o negócio do ângulo do verdadeiro dono da coisa vendida por outrem, ter-se-á, em qualquer hipótese, negócio *inexistente*, já que sua declaração negocial jamais ocorreu; e sem declaração de vontade o negócio jurídico não chega sequer ao plano da existência e, por isso, não se pode cogitar nem de nulidade, nem de anulabilidade;

e) mesmo sendo a tradição feita *a non domino* incapaz de transferir o domínio da coisa vendida, se o vendedor supervenientemente a adquirir, a compra se convalidará, confirmando-se a tradição *ex nunc* (art. 1.268, § 1º).

Em suma, a compra e venda de coisa alheia é negócio bifronte: é sempre negócio *inexistente*, em face do verdadeiro dono; e, em regra, contrato válido entre as partes. Não havendo vício de consentimento que a torne anulável, a venda *a non domino* submete-se ao regime do inadimplemento contratual, e não da nulidade, resolvendo-se em perdas e danos.

41. A COMPRA E VENDA DA COISA LITIGIOSA

A litigiosidade de um bem ou direito não o torna intransmissível ou inalienável, de maneira que é válido o negócio jurídico, oneroso ou gratuito, com que o litigante transmite a outrem o seu direito subjetivo material ao objeto litigioso. Essa alteração da situação jurídica material, porém, não afetará a legitimidade das partes primitivas do processo (CPC/2015, art. 109), nem diminuirá a eficácia da sentença proferida entre elas, já que seus efeitos se estenderão, por força da lei, aos sucessores das partes, entre as quais foi prolatado o julgamento (CPC/2015, art. 109, § 3º).

A alienação da coisa litigiosa (como tal considerado não só o bem corpóreo, mas também qualquer direito disputado em juízo) produz uma verdadeira substituição processual. Após o ato de disposição negocial, o alienante continua no processo como parte legítima, mas já então na defesa de direito material de outrem. Em se tratando, assim, de substituto processual, a coisa julgada se formará também perante aquele que foi processualmente substituído pela parte formal.

O fenômeno da coisa julgada material em face do terceiro adquirente é inegável quando tudo se passa de maneira clara: tanto o alienante como o adquirente

---

[57] VELOSO, Zeno. *Invalidade cit.*, nº 42, pp. 193-194.

praticam conscientemente negócio sobre o bem que sabem constituir objeto de disputa judicial. Há, todavia, casos em que o terceiro efetua a aquisição ignorando por completo a litigiosidade existente. O tratamento jurídico do caso não pode ser sempre o mesmo. Além da tutela do direito processual do litigante a executar *erga omnes* a sentença reipersecutória, há também a proteção da ordem jurídica em caráter geral à boa-fé, da qual decorre a estabilidade assegurada aos negócios consumados sob o clima de sua prevalência.

Em regra, a aplicação da eficácia da sentença contra o adquirente do bem litigioso não está condicionada, no caso de imóveis, à existência de inscrição da ação no registro imobiliário. É que compete a quem compra bem dessa natureza proceder à apuração de sua situação jurídica nos foros e registros pertinentes. Se tal não se fez adequadamente, não cabe afastar a regra do art. 109, § 3º, a pretexto de proteção à boa-fé do adquirente, já que não teria sido diligente ao realizar a compra. Nesse sentido, entendimento do STJ:

> "1. A regra do art. 42, § 3º, do CPC, que estende ao terceiro adquirente os efeitos da coisa julgada, somente deve ser mitigada quando for evidenciado que a conduta daquele tendeu à efetiva apuração da eventual litigiosidade da coisa adquirida. Há uma presunção relativa de ciência do terceiro adquirente acerca da litispendência, cumprindo a ele demonstrar que adotou todos os cuidados que dele se esperavam para a concretização do negócio, notadamente a verificação de que, sobre a coisa, não pendiam ônus judiciais ou extrajudiciais capazes de invalidar a alienação.
>
> 2. Na alienação de imóveis litigiosos, ainda que não haja averbação dessa circunstância na matrícula, subsiste a presunção relativa de ciência do terceiro adquirente acerca da litispendência, pois é impossível ignorar a publicidade do processo, gerada pelo seu registro e pela distribuição da petição inicial, nos termos dos arts. 251 e 263 do CPC [de 1973]. Diante dessa publicidade, o adquirente de qualquer imóvel deve acautelar-se, obtendo certidões dos cartórios distribuidores judiciais que lhe permitam verificar a existência de processos envolvendo o comprador, dos quais possam decorrer ônus (ainda que potenciais) sobre o imóvel negociado.
>
> 3. Cabe ao adquirente provar que desconhece a existência de ação envolvendo o imóvel, não apenas porque o art. 1º, da Lei nº 7.433/85, exige a apresentação das certidões dos feitos ajuizados em nome do vendedor para lavratura da escritura pública de alienação, mas, sobretudo, porque só se pode considerar, objetivamente, de boa-fé o comprador que toma mínimas cautelas para a segurança jurídica da sua aquisição"[58].

Haverá casos, porém, em que a boa-fé prevalecerá, diante da falta de registro ou averbação da ação no registro público. Pense-se na hipótese em que a demanda corria em comarca que não era nem a do domicílio do alienante, nem a da situação da coisa. Tendo sido providenciada a pesquisa e obtenção das certidões negativas tanto na comarca do imóvel como na do transmitente, não será possível presumir que o

---

58   STJ, 3ª T., RMS 27.358/RJ, Rel. Min. Nancy Andrighi, ac.05.10.2010, *DJe* 25.10.2010.

adquirente tivesse conhecimento da situação do imóvel ou tivesse negligenciado na sua apuração. Se essa for a conjuntura, negligente terá sido o demandante que não cuidou, como era de natural precaução, de lançar no registro público competente a existência do litígio. Podem-se, portanto, estabelecer, a nosso ver, as seguintes variantes: (i) se o comprador não levanta nos locais adequados a possibilidade de litígio sobre o bem em vias de aquisição, não pode se valer da boa-fé para evitar a eficácia da sentença em seu desfavor; (ii) mas, se o litigante vitorioso foi omisso no registro da ação, e o comprador do bem litigioso efetuou a busca em todos os foros e registros adequados, sem encontrar dado que contraindicasse a aquisição, não será o caso de aplicar-lhe a eficácia extintiva da sentença. A boa-fé, nesse último caso, prevalecerá sobre a regra geral.

Releva notar que o problema de incidirem ou não os efeitos da sentença sobre o adquirente do bem litigioso nem sempre se define pelo direito processual. Quando o direito material leva em conta a boa-fé como fator decisivo para dar efeito a determinada forma de aquisição, sua eficácia desvincula-se do direito da parte (titular do direito transmitido). Isto é, se o titular, fora do campo processual, não pode opor seu direito ao adquirente de boa-fé, também não poderá fazê-lo com apoio na sentença a ele pertinente. Na espécie, a eficácia da aquisição encontrará disciplina no direito material e não no processual. Nem se poderá, em tal conjuntura, cogitar de uma substituição processual, dado que o direito material independe da pretensão discutida no processo.

Para o direito processual a coisa julgada forma-se sempre para o alienante e o adquirente, em razão do mecanismo da substituição processual. Se, contudo, o negócio jurídico alienatório é daqueles em que o direito material admite a boa-fé, ou a falta de registro público, como capaz de operar eficazmente até contra o verdadeiro titular da situação jurídica substancial, configura-se para o terceiro adquirente um fenômeno do mundo do direito material relevante no qual não deve prevalecer regra de direito processual alguma, nem mesmo a da coisa julgada. É que, então, a parte que litiga sobre o bem não terá sido um substituto processual.

Carlos Alberto Alvaro de Oliveira, com precisão, distingue as seguintes situações a respeito do novo titular da coisa litigiosa[59]:

a) quando a aquisição é feita pelo terceiro, mas o transmitente não foi a parte do processo (como na hipótese de sucessivas alienações), ou se deu de forma originária como na usucapião ou na ocupação e outras situações similares, não há lugar para aplicar o art. 109, § 3º, do CPC/2015 e, consequentemente, não ocorrerá coisa julgada contra o novo titular da coisa ou direito litigioso;

---

[59]   OLIVEIRA, Carlos Alberto Alvaro de. *Alienação da Coisa Litigiosa*. Rio de Janeiro: Forense, 1984, § 31, p. 231. 98.

NEGÓCIO JURÍDICO · Humberto Theodoro Jr. e Helena Lanna Figueiredo

b) se a aquisição se deu diretamente da parte processual, mas de tal maneira que o direito material permitia ao adquirente defender sua posição a partir da boa-fé, a regra processual do art. 109, § 3º, do CPC/2015 somente será aplicada quando o terceiro houver efetuado a aquisição da coisa sabendo-a litigiosa;

c) se, finalmente, no plano material não há como o adquirente defender sua posição estribado na boa-fé, o art. 109, § 3º, do CPC/2015 incidirá, quer o terceiro soubesse quer não soubesse da litigiosidade do bem que lhe foi transmitido pela parte do processo pendente[60].

A posição do Superior Tribunal de Justiça, porém, tem sido no sentido de valorizar sobretudo a boa-fé do terceiro adquirente nos negócios onerosos. Desta maneira, entre a norma que traça os limites subjetivos da coisa julgada (CPC/2015, art.506) e a que singelamente estende os efeitos sentenciais ao terceiro adquirente (CPC/2015, art. 109, § 3º), o STJ valoriza a primeira[61].

42. A RESTITUIÇÃO DAS PRESTAÇÕES PAGAS POR NEGÓCIO DE OBJETO ILÍCITO

Em regra, a invalidação do negócio, seja por nulidade ou anulabilidade, provoca o restabelecimento do *status quo ante*. O vício o atinge na raiz, de sorte que nenhum efeito deve subsistir. Tudo se passa como se o negócio não tivesse existido. Desaparece a causa para sustentar as prestações acaso realizadas, pelo que haverão de ser restituídas de parte a parte.

Ao disciplinar, porém, o regime da repetição do pagamento indevido, o Código Civil atual (art. 883), da mesma forma do Código anterior (art. 971), exclui de seu alcance "aquele que deu alguma coisa para obter fim ilícito, imoral, ou proibido por lei". Quer isto dizer que a parte responsável pela ilicitude de uma avença não tem o direito de recuperar o que pagou para alcançar objetivo ilegal ou imoral.

Para evitar o locupletamento do outro contratante, o Código instituiu uma solução: o que pagou o contratante para obter fim ilícito ou imoral "reverterá em favor de estabelecimento local de beneficência, a critério do juiz" (art. 883, parágrafo único). A solução é a que constava do Código português de 1867 (art. 692, parágrafo único), e cuja adoção entre nós já recomendava Orosimbo Nonato, no tempo do Código Beviláqua[62].

---

[60] *Ob. cit.*, p. 233.

[61] "O terceiro adquirente de imóvel, a título oneroso e de boa-fé não é alcançável por decisão em processo de que não fora parte; ineficaz, quanto a este, a decisão"(STJ, 3ª T., REsp. 158.097/RJ, Rel. Min. Waldemar Zveiter, ac. de 01.12.98, *DJU*, 10.05.99, p. 167).

[62] OROSIMBO NONATO, da Silva. *Curso de obrigações*. Rio de Janeiro: Forense, 1960, v. II, nº 22, p. 251.

43. NOÇÃO DE NEGÓCIO IMORAL

O conceito de imoral e ofensivo aos bons costumes é daqueles que a lei não define e apenas os invoca em termos vagos ou genéricos. Cabe à doutrina e jurisprudência a tarefa de determinar-lhes o alcance. Não se deve, contudo, agir com exagerado rigor nesse terreno e, principalmente, não se deve confundi-los com os sentimentos pessoais da parte ou do juiz. Somente no senso ético comum da sociedade é que se pode procurar a condenação do que se tem por imoral ou contrário aos bons costumes. É necessário, pois, levar em conta apenas o que é censurado ou condenado pela consciência pública, ainda quando se possa ter determinado comportamento como não elogiável e, até mesmo, quando no critério pessoal do observador não se tenha o procedimento como recomendável. É a honestidade e o pudor públicos que se tem de adotar como padrão, de modo que se qualifica como imoral e ofensivo aos bons costumes o que é incompatível com o sentimento geral reinante no meio social onde o fato humano se realizou.

Nos repositórios de doutrina e jurisprudência há frequentes exemplos de atitudes negociais havidas como imorais, no sentido que se aponta, como *v.g.*, a remuneração ajustada com o dirigente de uma empresa estatal para implantar uma unidade em determinado município; os negócios realizados pelo diretor de qualquer empresa, privada ou pública, no interesse pessoal e não da pessoa jurídica; a obtenção de qualquer propina ou vantagem pessoal, quando o ato deveria ser realizado gratuitamente, ou apenas com o preço devido à instituição comandada por quem ajusta a remuneração indébita; o negócio excessivamente vantajoso para a parte que se aproveita da inexperiência ou necessidade premente do outro contratante; a advocacia administrativa, cujo único objeto seja o tráfico de influência perante órgãos públicos; o ajuste de um preço para que o serventuário se aposente e passe a serventia notarial para outra pessoa; a corretagem matrimonial, sem indagação dos propósitos que levam uma pessoa a captar o consentimento de alguém para consorciar-se com outra pessoa; qualquer contrato cujo objeto envolva prestações punidas pela lei penal como crime ou contravenção; assim como a convenção de um preço em favor da vítima de um delito para que não o denuncie a autoridade pública; nesse rol devem-se incluir, ainda, todas as prestações contrárias ao exercício dos direitos fundamentais e inalienáveis do homem, como a vida, a saúde, a integridade física e a liberdade[63].

Outrossim, a ilicitude (ilegalidade ou imoralidade) induz a nulidade do negócio não somente quando se ajusta prestação configuradora de ato ilícito. A ilicitude do negócio jurídico pode ocorrer de maneira indireta, no caso em que se submeta a relação jurídica a uma *condição* imoral ou contrária a norma de ordem pública

---

[63] CARVALHO SANTOS, J. M. de. *Código Civil brasileiro interpretado*. 7. ed. Rio de Janeiro: Freitas Bastos, 1958, v. III, pp. 240-246.

NEGÓCIO JURÍDICO • *Humberto Theodoro Jr. e Helena Lanna Figueiredo*

(exemplo: manter-se um contrato de trabalho desde que a empregada satisfaça desejos sexuais do patrão).

44. NEGÓCIO DE OBJETO INDETERMINÁVEL

Para que as coisas e os fatos se tornem objeto de um negócio jurídico válido, é necessário não só que o agente tenha disponibilidade de tais bens, mas ainda que sejam eles existentes (ou passíveis de existir) e *individualizados* (ou passíveis de individualização), com certa precisão.

O Código de 1916 não se referia, de maneira direta, a este requisito do objeto do negócio jurídico. O Código atual, no entanto, é expresso na exigência de que o negócio jurídico verse sobre objeto determinado, já que qualifica como nulo aquele cujo objeto seja *indeterminável* (art. 166, II). Mesmo para os ordenamentos que não tenham disposição expressa como a de nossa atual legislação, a doutrina deduz a exigência de objeto determinado ou determinável pelas regras que disciplinam a generalidade dos negócios e obrigações civis, já que em todos eles, de uma maneira ou de outra, a lei impõe regras a observar para o respectivo aperfeiçoamento conducentes a vincular a eficácia do ajuste a coisas e fatos sempre determináveis, ainda quando se admita negociação sobre coisas futuras. Já do exame das fontes romanas (*Digesto*, lei 94, Tit. 1º, Liv. 45) se concluía que "o ato é ilusório quando o objeto é tão vagamente indicado que não seja possível determiná-lo"[64] (*v.g.,* uma pessoa estipulou simplesmente que forneceria trigo à outra). Não haveria como exigir o cumprimento de semelhante obrigação, dada a completa imprecisão do objeto a prestar.

Em geral, portanto, os autores estão acordes em que entre os requisitos do objeto do negócio jurídico válido há de figurar sua *determinação*, ou pelo menos sua *possível determinação,* atributos que jamais poderão ficar relegados ao arbítrio da parte ou de uma das partes do negócio[65].

Em situação mais ou menos equiparável ao objeto indeterminável, Carvalho Santos cita o exemplo extraído de Giorgi, da locação de serviços indefinida, equiparável a uma verdadeira escravidão. O caso conduziria à nulidade da avença, segundo a lição citada[66].

De qualquer maneira, para o atual direito civil brasileiro é fora de dúvida que incorre em nulidade o negócio jurídico que não apresenta objeto determinado nem determinável, segundo seus próprios termos. Assim, *v.g.,* só se aperfeiçoa a compra e venda quando as partes "acordarem no objeto e no preço" (art. 482). Admite-se, é certo, a compra e venda de coisa futura (art. 483). Mas, para que se torne válido o

---

[64] "El acto es ilusorio cuando el objeto es tan vagamente indicado que no sea posible determinarlo".

[65] CIFUENTES, Santos. *Negócio jurídico cit.*, § 83, pp. 176-178.

[66] CARVALHO SANTOS, J. M. de . *Código Civil cit.*, v. III, p. 243.

negócio, é preciso que essa coisa futura entre no consenso dos contratantes mediante dados que a tornem determinável no momento de cumprimento do contrato. Caso contrário, ter-se-á, pela imprecisão do objeto, um negócio inexequível e, por isso mesmo, nulo (art. 166, II).

Mesmo nas obrigações genéricas (obrigações de dar coisa incerta), é necessário que a coisa devida seja indicada, "ao menos pelo gênero e pela quantidade" (art. 243). A ausência destas características mínimas conduz a indeterminabilidade e o faz incorrer na nulidade prevista no art. 166, II.

45. MOTIVO ILÍCITO

Todo negócio jurídico tem um suporte fático, que, traduzido na declaração de vontade, define o seu objeto: sua causa jurídica. Quando o agente delibera praticar certo negócio, primeiro o fenômeno volitivo se passa no plano psíquico. Ele tem motivos próprios que o impelem a realizar o negócio, mas nem todos esses motivos integram o negócio jurídico. O pai, por exemplo, intenta comprar um apartamento porque a filha está preste a casar e poderá ali instalar-se, após o matrimônio. Este projeto, no entanto, não figura no contrato que ajusta com o vendedor e, assim, não chega a ser cláusula ou condição do negócio. Se a filha desmancha o casamento ou se o imóvel não se presta à moradia familiar, não cabe ao adquirente romper o contrato a pretexto de falta ou deficiência do objeto negocial. A destinação projeta-da pelo comprador não passou do plano do subjetivismo e, por isso, não fez parte da declaração negocial; não adquiriu a qualidade de *razão jurídica* do contrato. A teoria do erro se presta bem a elucidar a importância da distinção entre o motivo e a causa do negócio jurídico. O falso motivo só vicia o negócio quando "expresso como razão determinante" (CC, art. 140). Vale dizer: se o motivo não foi expresso na declaração negocial, é irrelevante juridicamente[67]. Para influir sobre a validade e a sorte do negócio, o erro há de acontecer na declaração de vontade e não nos motivos que a inspiraram. O erro que pesa, para o direito, é o que se refere ao *conteúdo* do negócio jurídico[68]. O motivo remoto não faz parte dele, se não vem expresso como "razão determinante", isto é, como cláusula ou condição da declaração de vontade.

O mesmo princípio aplica-se à nulidade do negócio em razão do *motivo ilícito* (art. 166, III). A invalidade não decorre simplesmente do fato de o declarante destinar

---

[67] "É preciso cuidado para não confundir causa ilícita com o falso motivo capaz de caracterizar o erro (CC, art. 140), viciando o ato negocial. Se o motivo não foi expresso como razão deter-minante do negócio, não há que se falar em erro, pois este há de acontecer na declaração de vontade e não nos motivos que a inspiram. Logo, o falso motivo só caracterizará o erro, viciando o negócio, quando tiver sido expresso como causa determinante do negócio" (RO-SENVALD, Nelson; FARIAS, Cristiano Chaves de. *Curso de Direito Civil: parte geral e LINDB*. 13. ed. São Paulo: Atlas, 2015, nº 10.8.4, "*b*", p. 526).

[68] PONTES DE MIRANDA, Francisco Cavalcanti. *Tratado cit.*, t. IV, § 430, nº 2, p. 385.

o bem negociado à prática de um delito. Isto, enquanto propósito unilateral dele, não contamina o negócio, se seus termos expressos são aqueles que o ordenamento jurídico prevê para o tipo de contrato praticado. Assim, o consumidor que adquire um veículo com o propósito não revelado de transportar drogas, ou que adquire uma arma de caça pensando em matar o desafeto, sem anunciar tal propósito, não torna o vendedor partícipe de seu projeto criminoso. A compra e venda não pode ser considerada como um negócio de objeto ilícito, na espécie.

Se, porém, consumidor e fornecedor realizam a compra e venda com o propósito comum de levar avante um projeto ilícito, o vício deixa de afetar um simples motivo. O que há é uma razão determinante assumida por ambas as partes. O motivo tornou-se parte do conteúdo do negócio e, se é ilícito, faz com que o próprio conteúdo negocial padeça da mesma ilicitude[69].

Quando, pois, o fornecedor se arrepender de cumprir o fornecimento ilicitamente prometido, não terá o consumidor como forçar o cumprimento do contrato. A objeção de nulidade terá fundamento no art. 166, III: motivo ilícito determinante, comum a ambas as partes.

Contudo, não tem razão o fornecedor para desfazer o contrato, quando só após sua consumação vem a descobrir o intento do comprador de usar o objeto adquirido para fins ilícitos. Não sendo comum esse propósito ao tempo da declaração negocial, não afeta sua validade. Apenas se passa no âmbito dos simples motivos que, como já se afirmou, não integram o conteúdo do negócio e por isso não o podem prejudicar. Para que o motivo ilícito provoque a nulidade, é necessário que deixe de ser motivo e passe a categoria de *causa* (razão determinante absorvida por ambas as partes); é preciso que o motivo se transforme em *condição* (elemento acidental do negócio)[70].

46. INOBSERVÂNCIA DA FORMA PRESCRITA EM LEI

O negócio jurídico pressupõe declaração de vontade tendente a produzir um efeito jurídico: criação, modificação ou extinção de relação jurídica. É, pois, fruto da autonomia ou liberdade da vontade. Mas a vontade não atua no campo do direito, senão quando exteriorizada. Não é a vontade que produz o negócio jurídico, mas sua declaração.

A forma do negócio jurídico é a maneira pela qual a vontade ganha realidade exterior. Em princípio, essa exteriorização é livre. Desde que a vontade se torne conhecida apta, estará a provocar o efeito jurídico buscado pelo declarante. Às vezes,

---

[69] "Sem dúvida, o sistema jurídico vigente reconheceu a licitude da causa como um verdadeiro requisito de validade, ao impor a nulidade ao negócio celebrado como causa ilícito, quando ela for comum a ambas as partes" (ROSENVALD, Nelson; FARIAS, Cristiano Chaves de. *Curso de Direito civil cit., loc. cit.*).

[70] PONTES DE MIRANDA, Francisco Cavalcanti. *Tratado cit.*, t. IV, § 438, nº 1, p. 414.

no entanto, a lei subordina certos negócios a determinada forma. Para esses negócios, ditos solenes, a respectiva validade só ocorrerá quando observada na declaração a forma imposta pela lei. É o que dispõe o art. 107, do Código Civil: "A validade da declaração de vontade não dependerá de forma especial, senão quando a lei expressamente a exigir". No sistema do direito privado, portanto, a forma do negócio jurídico ou é livre ou é fixada pela lei. Quando é livre, as partes podem escolher, sem limitações, a maneira de exteriorizar a vontade negocial. Podem usar a palavra oral ou escrita, podem lançar mão de gestos (como se dá, por exemplo, nos leilões) e, às vezes, até o silêncio pode servir de expressão volitiva (quem, por exemplo, tem prazo para arrepender-se de um negócio, manifesta a vontade de mantê-lo simplesmente deixando escoar o lapso previsto sem declarar o arrependimento) (CC, art. 111).

A manifestação da vontade, em tese, admite a forma expressa ou tácita, se o negócio jurídico é, pela lei, de forma livre. Quando, entretanto, a ordem jurídica exige uma forma especial, a consequência de sua inobservância será a nulidade do negócio (art. 166, IV). A forma, na espécie, integra a sua substância.

Mesmo diante da violação da forma especial, ainda se pode pensar em salvar o negócio, se for possível convertê-lo em outro menos solene e que se mostre compatível com a forma observada e com o objetivo visado pelas partes (art. 170).

Antiga é a classificação das formas em formas necessárias à *substância* do negócio e formas destinadas apenas à sua *prova*. Embora seja correto o enfoque doutrinário, não tem maior relevância para a teoria das nulidades. Como registra Carvalho Santos, apoiado na lição de Alves Moreira, perante a lei, e quando por ela sejam exigidas formalidades especiais para um determinado ato jurídico, é indiferente que o propósito legal seja o de instituir uma formalidade substancial ou apenas necessária à sua prova. De qualquer modo, os efeitos jurídicos do ato somente serão exigíveis judicialmente se atendida a solenidade da lei[71].

47. INOBSERVÂNCIA DE SOLENIDADE

Ao dispor que é nulo o negócio jurídico quando "for preterida alguma solenidade que a lei considere essencial para a sua validade" (CC, art. 166, V), o Código distingue entre *forma* e *solenidade*, para deixar claro que o negócio pode invalidar-se tanto por defeito de *forma* como de *solenidade,* desde que se trate de requisito classificado pela lei como essencial.

Assim, nos casos de testamento, além da forma da escritura pública e do escrito particular, exigem-se outras solenidades, para que o negócio *causa mortis* seja válido, como, por exemplo, a intervenção de duas testemunhas, no testamento público (art. 1.864, II) e de três no testamento particular (art. 1.876, § 1°); e nos casos de venda de imóveis de menores, além da escritura pública, exige-se o alvará judicial (art. 1.691).

---

[71]   CARVALHO SANTOS, J. M. de. *Código Civil cit.*, v. III, p. 119.

48. FRAUDE À LEI

Apenas as leis imperativas podem ser violadas ou fraudadas. As normas das leis dispositivas são apenas supletivas, isto é, vigoram à falta de convenção em contrário dos sujeitos do negócio jurídico. Logo, não há como falar-se em violação de regra dispositiva ou facultativa.

Quando, porém, o preceito legal se apresenta cogente, dele decorre a proibição de qualquer prática que lhe seja desconforme. A ofensa à lei, para nulificar o negócio jurídico, tem de ser cometida contra lei imperativa (CC, art. 166, VI e VII). A atuação contra a lei imperativa, por outro lado, pode dar-se de duas maneiras: a) por meio da ofensa frontal ou direta (*agere contra legem*), convencionando-se claramente o que a lei proíbe; b) por meio de um negócio em si lícito e válido, mas que atinge, por via reflexa, o resultado proibido (*agere in fraudem legis*). Por meio da própria lei pratica-se a sua violação.

Tem-se a fraude à lei, portanto, quando se emprega maquinação para, respeitando-a, violá-la ou impedi-la de incidir. No dizer de Pontes de Miranda, a fraude "transgride a lei, com a própria lei"[72]. Em outras palavras: "fabrica-se um ato aparentemente lícito, para realizar o ilícito; usa-se a própria lei, para burlar a lei. O negócio jurídico *in fraudem legis* é nulo, como é nulo o negócio jurídico que descumpre, diretamente, lei imperativa"[73].

Ressalte-se que a nulidade por fraude à lei é *objetiva*, não havendo que se perquirir acerca da intenção do agente em burlar a norma legal. Violada a legislação, nulo é o negócio jurídico celebrado, ainda que as partes não tivessem a intenção de burlá-la[74].

49. INFRAÇÃO DA LEI

A nulidade mais evidente é a que decorre de prática negocial contra proibição legal imperativa, desde que a norma não tenha estipulado outra sanção para sua infringência. Com efeito, a nulidade é a sanção mais comum aplicada à infração legal, mas, por vontade do próprio legislador, "a cogência pode ter outra sanção", caso em que esta, e não a nulidade, prevalecerá[75].

Outras vezes, a lei imperativa não apenas impõe a conduta que a parte deve observar na prática do negócio, mas define a nulidade, de forma expressa, para o caso se desobediência do respectivo preceito. Tem-se, então, a nulidade *cominada* ou *expressa*.

---

[72]   PONTES DE MIRANDA, Francisco Cavalcanti. *Tratado* cit., t. IV, § 406, nº 2, p. 296.

[73]   VELOSO, Zeno. *Invalidade do negócio jurídico cit.*, nº 16.6, p. 63.

[74]   ROSENVALD, Nelson; FARIAS, Cristiano Chaves de. *Curso de Direito civil cit.*, nº 10.8.4, "b", p. 526.

[75]   PONTES DE MIRANDA, Francisco Cavalcanti. *Tratado* cit., § 406, nº 2, p. 296.

Não é condição, porém, para ocorrer a nulidade do negócio jurídico a previsão desse tipo de sanção no texto legal. Em se tratando de norma cogente, ou imperativa, basta que a lei proíba certa prática, para que sua infração acarrete nulidade (nulidade *tácita, implícita* ou *não cominada*)[76]. Da mesma forma, a contravenção à regra positiva, de caráter imperativo, também conduz à nulidade do ato[77].

Deve-se, nessas hipóteses, verificar se a lei contém, ou não, a previsão de sanção diversa para sua infringência. Se houver outra sanção expressamente cominada, não se terá como nulo o negócio. Aplica-se apenas a cominação legal. É o que se deduz do texto do art. 166, VII, onde se dispõe ser nulo o negócio jurídico quando a lei "proibir-lhe a prática, *sem cominar sanção*". Logo, havendo cominação de outra sanção, o negócio não será nulo[78].

A figura da nulidade por violação ou fraude à lei recomenda uma distinção entre capacidade e legitimidade do agente do negócio jurídico. Ocorre a incapacidade quando falta ao declarante a aptidão para pessoalmente praticar atos jurídicos. No caso de ilegitimidade, o agente tem a capacidade genérica, mas não atende, *in concreto*, um requisito exigido pela lei para a realização do ato programado. O pai pode livremente dispor de seus bens, entretanto, se o comprador for um filho seu, o negócio somente será válido se os demais descendentes consentirem. Uma pessoa maior pode dispor de seus bens como melhor lhe aprouver, mas se for casada, dependerá de anuência do outro cônjuge sempre que o objeto do contrato for imóvel. Infringindo estas exigências legais, o contrato será anulável, não por incapacidade da parte, mas apenas por contravenção a mandamento da lei. A ilegitimidade, que vem a ser a transgressão a algum requisito que a lei impõe, pode atuar, dessa maneira, como causa de invalidade, por tornar ilícito o objeto da contratação, nos moldes que a realizou o agente.

50. AS NULIDADES NO CÓDIGO DE DEFESA DO CONSUMIDOR

Ao reprimir as cláusulas abusivas, o Código de Defesa do Consumidor instituiu no âmbito das relações de consumo um sistema próprio de nulidade, que não é exatamente igual ao do Código Civil nem ao Código de Processo Civil.

---

[76] Normas que cominam nulidade são as que usam expressões "sob pena de nulidade", ou equivalentes como: "é nulo", "não terá validade", "será de nenhum efeito", "não produzirá efeito algum", "ter-se-á por não escrito", ou outras semelhantes. Normas proibitivas, outrossim, são as que usam expressões como "não pode", "não é lícito", "não é permitido", "só poderá", "é proibido" etc. (CARVALHO SANTOS, J. M. de. *Código Civil cit.*, v. III, p. 250).

[77] Normas preceptivas ou imperativas são as que usam expressões como "fará", "prestará", "deverá", "responderá", "é obrigado" e outras semelhantes (CARVALHO SANTOS, J. M. de. *Código Civil cit.*, v. III, p. 250).

[78] "O que parece certo, todavia, é que quando a lei estabelece outra sanção para o caso de violação de seu preceito que não a nulidade, esta deve ser excluída, não podendo ser decretada, porque não se deve presumir que a lei quisesse impor duas penalidades para a mesma falta" (CARVALHO SANTOS, J. M.de. *Código Civil cit.*, v. III, p. 251).

Conforme observa Ada Pellegrini Grinover, o CDC, para atender às peculiaridades existentes no microssistema por ele disciplinado, afastou-se do sistema clássico do Código Civil, "restando, pois, superado o entendimento de que as nulidades *pleno iure* independem de declaração judicial para se fazerem atuar, e de que as nulidades absolutas precisam de sentença judicial para produzirem seus efeitos no ato ou negócio jurídico. Abandonou-se, no sistema do CDC, a dicotomia existente entre as nulidades do Direito Civil (nulidades absolutas e relativas), pois o Código (CDC) só reconhece as *nulidades de pleno direito* quando enumera as cláusulas abusivas, porque *ofendem a ordem pública de proteção ao consumidor*, base normativa de todo o Código, como se vê no art. 1º do CDC: 'O presente Código estabelece normas de proteção e defesa do consumidor, de *ordem pública* e interesse social...'"[79].

Por sua natureza, e pela especial tutela que a lei dispensa às relações de consumo, a nulidade da cláusula abusiva deve ser reconhecida qualquer que seja a forma de sua arguição; a) ação direta ou reconvenção; b) exceção oposta por contestação; c) alegação avulsa em qualquer fase do processo, porque, sendo de ordem pública, não se sujeita a preclusão. Além disso, pode ser declarada, de ofício, pelo juiz[80].

Embora a nulidade do CDC decorra de uma tutela de ordem pública, não é possível imaginá-la fora da intervenção judicial. É que, após individualização do resultado concreto da operação de consumo, o interesse de recuperar o prejuízo do consumidor é individual e disponível. O juiz pode até reconhecer a nulidade *ex officio*, mas só o fará se a questão sobre a relação concreta de consumo estiver deduzida em juízo, em processo singular.

Por fim, é bom de ver que o CDC não fixou prazo algum para que o interessado exercite o direito de pleitear em juízo o reconhecimento da nulidade das cláusulas abusivas. Consequentemente, é de ter a ação *in casu*, como *imprescritível*, como aliás, acontece com as declaratórias em geral[81]. A pretensão de recuperar prestações já realizadas, todavia, não é objeto de simples declaração, pois pressupõe condenação e, assim, não pode fugir à eficácia prescricional, conforme já se demonstrou *supra*, no item nº 34.

51. NULIDADES NO CÓDIGO DE PROCESSO CIVIL (*PAS DE NULLITÉ SANS GRIEF*)

Diversamente do que se passa com o sistema de nulidades do negócio jurídico, regulado pelo Código Civil, o que preside, fundamentalmente, o sistema de nulidades

---

[79]   GRINOVER, Ada Pellegrini *et al. Código brasileiro de defesa do Consumidor comentado pelos autores do anteprojeto.* 7.ed. Rio de Janeiro: Forense Universitária, 2001, pp. 503-504.

[80]   GRINOVER, Ada Pellegrini *et al. Código brasileiro cit.*, p. 502.

[81]   GRINOVER, Ada Pellegrini *et al. Código brasileiro cit.*, p. 504, especialmente nota nº 128.

dos atos processuais, instituído pelo CPC de 2015 é, em suma, a ocorrência de prejuízo. Não há nulidade em processo se da violação da lei não decorrer prejuízo.

Identifica-se, portanto, o *princípio do prejuízo* (ou do *não prejuízo*) como aquele que traduz a inviabilidade da "decretação de invalidade de ato defeituoso que não traga *prejuízo* à parte"[82]. Mesmo quando a lei prescreve a forma de um ato processual com cominação expressa de nulidade para sua inobservância, como no caso de citação e intimação (CPC/2015, arts. 272, § 2º, e 280), não teria sentido, dentro do sistema da instrumentalidade do ato, decretar-se a sua nulidade, se seu fim foi atingido mediante a produção de defesa hábil pelo citado.

Daí considerar a lei suprida a citação (nula ou inexistente) pelo comparecimento do réu ao processo (CPC/2015, art. 239, § 1º). Mesmo que o demandado citado de forma nula não compareça em juízo, não será caso de nulidade do processo se, no mérito, a sentença lhe foi favorável (CPC/2015, art. 282, § 2º)[83]. O ato processual nulo reclama, após o reconhecimento de sua invalidade, a respectiva repetição. Mas qualquer que seja a nulidade, "o ato não será repetido", nem reclamará suprimento de sua falta, "quando não prejudicar a parte" (CPC/2015, art. 282, § 1º). Absurdo, por exemplo, seria mandar fazer a citação omitida, depois que o réu já compareceu espontaneamente e já produziu sua resposta.

Enfim, sem dano não se concebe nulidade processual. Por inexistir nulidade sem consequências, grave que seja a violação formal, "inexiste nulidade, quando inexiste prejuízo, ou quando o fim atribuído ao ato foi alcançado com a realização do ato atípico"[84].

Qual seria o dano que justifica a nulidade do ato processual? Responde-nos Calmon de Passos, afirmando que no processo todo o interesse das partes e do Estado cinge-se à aplicação da lei ao caso concreto, para fazer cessar o conflito existente. Logo, o prejuízo que justifica a nulidade é o que se relaciona com o interesse na consecução do objetivo processual. Sempre que se perde ou se diminui uma faculdade processual, há lesão ou prejuízo para a parte, ficando demonstrado que tal faculdade poderia gerar influência no resultado final do processo.

É em função do direito ao contraditório e ampla defesa (CF, art. 5º, inc. LV), que se configura o prejuízo processual *in concreto*. O prejuízo estará, pois, no

---

[82]   DALL'AGNOL JÚNIOR, Antonio Janyr. *Invalidades Processuais*. Porto Alegre: LEJUR, 1989, p. 71.

[83]   "O Superior Tribunal de Justiça, ao conferir a correta interpretação do direito infraconstitucional, não deve desprezar os princípios da instrumentalidade das formas, bem assim da celeridade processual, devendo adotar a interpretação do art. 249, § 2º, do CPC [de 1973], segundo o qual 'não se deve decretar a nulidade do julgamento quando puder decidir o mérito em favor da parte a quem aproveita a declaração'" (STJ, 2ª T., REsp. 1.181.868/RS, Rel. Min. Eliana Calmon, ac. 06.05.2010, *DJe* 17.05.2010).

[84]   CALMON DE PASSOS, José Joaquim. *Comentários ao Código de Processo Civil*. 3.ed. Rio de Janeiro: Forense, 1979, vol. III, nº 273.6, p. 546.

impedimento de que o litigante exerça o direito de defesa, "prejudicando, de fato, a busca da solução judicial visada pela parte"[85].

Galeno Lacerda ensina que a existência de prejuízo é condição para a nulidade quando a norma violada tutela interesse da parte, não sendo de aplicar-se a regra nos casos de interesse público, como da incompetência absoluta etc.[86].

Cita o mestre gaúcho, como exemplos de não incidência da nulidade, hipóteses de invalidade da citação do réu revel, de falta de citação de litisconsorte necessário (como a mulher do réu, em ação real imobiliária), e a falta de intervenção do Ministério Público. Mesmo diante de tais vícios, que são gravíssimos e correspondem a nulidades cominadas em texto expresso de lei, "os atos processuais não serão anulados se não tiver havido prejuízo, respectivamente para o *réu* (se *vencedor*), para os *litisconsortes* ou para a parte que deveria ter sido assistida pelo representante do Ministério Público"[87].

52. NULIDADE DE CASAMENTO

A nulidade do casamento escapa ao regime comum dos negócios jurídicos, pois: a) somente pode ser declarada por meio de ação ordinária, e não incidentalmente em outros processos (CC, art. 1.549); b) mesmo nulo, o casamento produz todos os efeitos em relação ao cônjuge que o contraiu de boa-fé e aos filhos, até o dia da sentença anulatória (art. 1.561); c) a sentença que decreta a nulidade do casamento, embora de efeito retroativo à data de sua celebração, não prejudica as aquisições feitas por terceiro de boa-fé, a título oneroso (art. 1.563).

---

[85] GONÇALVES, Aroldo Plínio. *Nulidades no Processo*. Rio de Janeiro: Aide, 1993, nº 13, pp. 61 e 63.

[86] "O ônus de provar que o vício formal do processo não trouxe prejuízos não é da parte a quem aproveita a declaração de nulidade, mas se seu adversário. A realização de ato processual em desatendimento à forma prescrita em lei traz, em si, presunção de prejuízo" (STJ, 3ª T., REsp. 806.226/RS, Rel. Min. Humberto Gomes de Barros, ac. 18.10.2007, *DJU* 31.10.2007, p. 323).

[87] LACERDA, Galeno. *Despacho Saneador*. Porto Alegre: La Salle, 1953, p. 131. No mesmo sentido: Dall'agnol Júnior, Antonio Janyr. Nulidades do Processo Civil por Falta de Intervenção do MP. *Revista Ajuris*, vol. 24, pp. 196-213. Sob o nome de "princípio da proteção", ensina Couture que "a nulidade só pode operar quando por causa dela ficam *indefesos os interesses* do litigante ou de certos terceiros a quem alcança a sentença. Sem esse ataque ao direito, a nulidade não tem por que reclamar-se e sua declaração carece de sentido". A consequência do princípio é que: "a) não existe impugnação de nulidade, em qualquer de suas formas, se não há um interesse lesado que reclame proteção. A anulação por anulação não vale"; "b) não poderá amparar-se na nulidade a parte que praticou o ato sabendo do vício que o podia invalidar" (COUTURE, Eduardo J. *Fundamentos del derecho procesal civil*. Reimpresión. Buenos Aires: Depalma, 1974, nº 256, p. 396).

53. A ARGUIÇÃO DA NULIDADE

O negócio nulo colide com normas de ordem pública. É uma afronta grave às leis imperativas. Além dos sujeitos do negócio, a sociedade como um todo é atingida, motivo pelo qual se diz que há um interesse geral na declaração da nulidade. A nulidade, com efeito, opera *erga omnes*: atinge as partes e qualquer outra pessoa que venha a suportar reflexos do negócio inválido. Isto, porém, não significa que "qualquer um", "qualquer pessoa", possa requerer ao juiz a declaração de nulidade de um negócio que, de modo algum, tenha afetado sua pessoa e seus bens. O que o art. 168 assegura é que as nulidades "podem ser alegadas por *qualquer interessado*, ou pelo Ministério Público", se tiver de intervir na causa.

Interesse é a relação de utilidade entre uma pessoa e um bem. Interessado é aquele que pode servir-se de um bem para satisfazer uma necessidade. O interesse é legítimo quando encontra apoio no direito. Pode esse interesse ser econômico ou moral, mas tem de se apresentar relevante para a ordem jurídica. Sem legítimo interesse a ninguém é dado pleitear em juízo (CPC/2015, art. 17).

No caso de nulidade do negócio, é pelos seus efeitos que se mede o interesse: a *alegabilidade* decorre de a pessoa estar sujeita a algum efeito visado pelo negócio inválido. "De modo que estão legitimados os que têm *interesse* no afastamento do pretendido efeito, sejam contratantes, ou não, sucessores, ou simples atingidos pela eficácia que se pretende exista"[88].

O titular da situação jurídica afetada, praticamente, pela aparência de validade do negócio nulo, procura, pela ação de declaração de nulidade, preservar seu direito frente à manobra ilegítima de quem intentou prejudicá-lo.

Quem foi parte da relação negocial atingida por nulidade é o primeiro interessado jurídico no pronunciamento de invalidade. Mas, não é só a parte, ou seu representante ou assistente, que se legitimam a arguir a nulidade do negócio ilícito. Mesmo os estranhos à relação negocial também se investem de igual legitimidade. Mas não basta o interesse geral da sociedade em censurar o negócio nulo; é preciso que quem não participou do negócio possa demonstrar um interesse legítimo próprio na sua ineficácia. O credor de uma das partes do negócio, por exemplo, tem interesse relevante na sua invalidade, pois conta poder exercer a pretensão executiva sobre o bem nulamente transmitido a outrem.

O cônjuge não sofre imediata lesão patrimonial pelo fato de seu consorte prestar fiança sem sua anuência (CC, art. 1.666). A invalidade do negócio será arguível, no entanto, porque se ofendeu a autonomia jurídica de quem deveria ter participado e não participou do negócio (art. 1.647, III).

---

[88] MIRANDA, Pontes de. *Tratado* cit., t. IV, § 408, nº 5, p. 305.

Não há, porém, em nosso direito, a cláusula que obrigue o arguente da nulidade a demonstrar prejuízo concreto causado pelo negócio. Com ou sem prejuízo efetivo, a nulidade produzirá o efeito invalidante. O Código brasileiro, como registra Caio Mário da Silva Pereira, despreza o critério do prejuízo, abandonando o princípio que o velho direito francês enunciava – "*pas de nullité sans grief*". Inspira-se, ao revés, no princípio do *respeito à ordem pública*[89].

Para suscitar a nulidade é suficiente a interferência do negócio, direta ou indiretamente, na esfera jurídica daquele que a invoca. Mas, sem essa interferência, seja econômica ou moral, não se vê como possa um estranho legitimar-se à arguição[90].

53.1. Temperamentos à tese da nulidade independentemente de prejuízo

Continua-se a defender o princípio norteador das nulidades como inerente à ordem pública e, por isso, seria indiferente no sistema positivo brasileiro a ocorrência, ou não, de prejuízo para configurar-se a nulidade do negócio jurídico[91].

Bastaria, simplesmente, o confronto entre a declaração de vontade e o comando legal para que a sanção de nulidade incidisse sobre o negócio jurídico ilícito em sentido lato[92]. Quando a lei excepcionalmente conserva o efeito do ato nulo, como no caso do pagamento feito à incapaz de quitar (CC, art. 310), não o faria em razão da teoria das nulidades, mas em virtude do princípio de equidade que impede o locupletamento indevido[93].

Lembra, porém, Leonardo de Andrade Mattietto, a conveniência de rever-se a tese, a fim de flexibilizá-la e torná-la compatível com o critério expressamente adotado pelo Código de Processo Civil, onde se estatui que a prestação jurisdicional não será concedida sem a presença do *interesse* (CPC/2015, art. 17) e que, por

---

[89] PEREIRA, Caio Mário da Silva. *Instituições de Direito Civil: introdução ao direito civil, teoria geral do direito civil*. 31. ed. Revista a atualizada por Maria Celina Bodin de Moraes. Rio de Janeiro: Forense, 2018, v. I, nº 109, p. 530; VELOSO, Zeno. *Invalidade do negócio jurídico* cit., nº 28, p. 133.

[90] No sistema do Código Civil, "só se exige o *interesse*", para a declaração da nulidade (PONTES DE MIRANDA, Francisco Cavalcanti. *Tratado* cit., t. IV, § 409, nº 1, p. 307).

[91] PEREIRA, Caio Mário da Silva. *Instituições de direito civil* cit., nº 109, p. 530; VENOSA, Silvio de Salvo. *Direito civil*. 4.ed. São Paulo: Atlas, 2004, nº 30.2, v. I, p. 593.

[92] Valiosa é a lição de Caio Mário da Silva Pereira, para quem "em razão de sua abrangência, e de defluir a nulidade de uma imposição da lei, é que ela se diz de pleno direito (*pleno iure*) ou *absoluta*. Atendendo a estas considerações, há quem sustente que a nulidade é obra da lei, e somente da lei, nunca da sentença judicial que a proclama e, portanto, paralisa o ato no momento do nascimento" (PEREIRA, Caio Mário da Silva. *Op. cit., loc. cit.*).

[93] SERPA LOPES, Miguel Maria de. *Curso de Direito Civil*. 7.ed. Rio de Janeiro: Freitas Bastos, 2000, v. II, p. 178.

Capítulo VIII: As Nulidades | 195

isso, nenhuma nulidade será declarada sem o pressuposto do *prejuízo* processual (CPC/2015, art. 282, § 1º)[94].

O sistema do direito material, inspirado no princípio da confiança e da conservação do negócio jurídico, não pode continuar a ser lido com a ótica individualista e positivista da teoria da vontade e da automaticidade. Para a atual visão do Direito Civil, em que a função é mais importante que a conceituação e, por isso, a socialidade leva à tutela da confiança e da boa-fé objetiva, assume relevo maior a questão do prejuízo para justificar a negativa de efeitos ao negócio nulo.

É nessa linha de princípios que o atual Código Civil supera a nulidade por meio do instituto da conversão (art. 170) e pela teoria da aparência em situações como a do pagamento ao credor putativo (art. 309) ou ao feito ao incapaz de quitar, com benefício efetivo deste (art. 310), ou feito por meio da tradição da coisa móvel consumida, quando o *solvens* não tinha direito de aliená-la (art. 307, parágrafo único), ou da alienação da herança pelo herdeiro aparente (art. 1.817)[95].

---

[94] MATTIETTO, Leonardo de Andrade. *Teoria da validade e princípio da conservação dos atos jurídicos*. Tese. UERJ. Rio de Janeiro, 2003, p. 186. No campo processual, cita o precedente do STJ segundo o qual "não se declara nulidade se inexiste prejuízo da parte" (3ª T., REsp. 317.610/AM, Rel. Min. Nancy Andrighi, ac. 07.06.2001, *DJU* 25.06.2001, p. 176).

[95] A jurisprudência tem aplicado a falta de prejuízo para, *v.g.*, rejeitar arguição de anulabilidade de venda de ascendente quando apenas um filho se recusou a anuir, tendo sido o negócio aprovado por numerosos descendentes do vendedor (caso em que nada menos que nove deram seu expresso consentimento): "A negativa da anuência assim caprichosa, injustificável e injusta não apenas é suprível, como cede em importância diante da constatação ou da evidência de que a alienação foi onerosa e, portanto, verdadeira. A validade do ato, em tal circunstância, resulta de não ter sido violado o espírito do dispositivo legal, de não ter havido lesão à norma nele contida, desprezível por completo a mera interpretação literal do artigo, cuja aplicação, nestes termos, poderia engendrar uma solução contrária ao próprio direito" (TJRJ, 9ª CC., Ap. 3.670/2001, Rel. Des. Laerson Mauro, ac. 18.09.2001). Nesse sentido, também, o entendimento do STJ: "Segundo a jurisprudência do STJ, para a anulação da venda de ascendente para descendente, sem a anuência dos demais, é necessária a demonstração de prejuízo pela parte interessada" (STJ, 4ª T., AgRg no AREsp. 159.537/PA, Rel. Min. Antonio Carlos Ferreira, ac. 14.10.2014, *DJe* 21.10.2014). Também o STJ tem deixado de anular o registro falso de nascimento com que, de boa-fé, se pratica a chamada "adoção à brasileira": "Filiação. Anulação ou reforma de registro. Filhos havidos antes do casamento, registrados pelo pai como se fosse de sua mulher. Situação de fato consolidada há mais de quarenta anos, com o assentimento tácito do cônjuge falecido, que sempre os tratou como filhos, e dos irmãos. Fundamento de fato constante do acórdão, suficiente, por si só, a justificar a manutenção do julgado. Acórdão que, a par de reputar existente no caso uma 'adoção simulada', reporta-se à situação de fato ocorrente na família e na sociedade, consolidada há mais de quarenta anos. *Status* de filhos. Fundamento de fato, por si só suficiente, a justificar a manutenção do julgado" (STJ, 4ª T., REsp. 119.346/GO, Rel. Min. Barros Monteiro, ac. 01.04.2003, *RSTJ* 110/480; STJ, 3ª T., REsp. 1.000.356/SP, Rel. Min. Nancy Andrighi, ac. 25.05.2010, *DJe* 07.06.2010). No mesmo sentido: TJRGS, 4º Grupo de Câm. Cíveis, Emb. Infr. 70004514964, Rel. Des. Luiz Felipe Brasil Santos, ac. 11.10.2002; TJMG, 2ª CC., Ap. 267.981-9, Rel. Des. Brandão Teixeira, ac. 05.11.2002;

53.2. Arguição por terceiro interessado

O que se tem como certo, no nosso sistema, é a desnecessidade de o arguente da nulidade provar, desde logo, o prejuízo econômico que o negócio nulo lhe acarretou. Tem, todavia, de evidenciar a presença do *interesse jurídico*, tal como o qualifica o direito processual[96]. Não tem uma pessoa, obviamente, interesse jurídico no reconhecimento de nulidade que diz respeito a um contrato firmado entre estranhos, sem atingir, direta ou indiretamente, a situação jurídica daquele que argui a invalidade. O interesse autorizador do ingresso em juízo "deve ser *direto* e *pessoal*, como ensina Mortara". Não se pode, de tal arte, "intentar uma ação pela violação de um direito de outrem, se esta violação não atinge simultaneamente um *direito do autor*"[97].

O *qualquer interessado*, portanto, que tem poder de arguir a nulidade em juízo nos termos do art. 168, do Código Civil, é aquele que mantenha com o outro litigante (responsável pelo ato nulo) uma relação jurídica ou uma situação jurídica, a qual veio a sofrer uma lesão ou ameaça de lesão em virtude do ato questionado. É todo interessado sobre o qual pese juridicamente o efeito do negócio viciado[98]. Em outros termos, a nulidade pode ser alegada por *qualquer interessado*, mas não por qualquer pessoa. Apenas tem legitimação para tanto o que seja titular de *interesse jurídico*, afetado de alguma forma pelo negócio nulo.

54. ARGUIÇÃO PELA PARTE

Questão interessante é a que se dá no conflito entre a conduta da parte que provoca a nulidade e a boa-fé do terceiro que contrata confiante na aparência de legalidade do negócio. Em princípio, a boa-fé ou má-fé são irrelevantes, porque a causa da nulidade afeta a ordem pública.

Num caso de alguém, por exemplo, que alienou bem inalienável. A invalidade atinge comprador e vendedor, indiferentemente, sem se indagar do aspecto psicológico em que o negócio se realizou.

Há, porém, situações em que o agente, conscientemente, pratica ato ilegal de má-fé. Ele sabe que não tem poderes para realizar o negócio, mas induz o outro contratante a praticá-lo, criando a aparência de legitimidade. Se o próprio causador da nulidade quisesse provocar a declaração de nulidade estaria se prevalecendo da

---

TJRGS, IX Grupo de Câm. Cív., Emb. Infr. 2000.005.00021, Rel. Des. Maria Inês Gaspar, ac. 29.06.2000.

[96] SACCO, Rodolfo. Nullità e Annullabilità. *Digesto*. 4.ed. Torino: UTET, 1996, v. XII, pp. 306-307, e nota 47. DIENER, Maria Cristina. *Il contratto in generale*. Milano: Giuffrè, 2002, nº 14.7.2, p. 758.

[97] SANTOS, José Beleza dos. *A simulação em direito civil*. São Paulo: Lejus, 1999, p. 343.

[98] ALBALADEJO, Manuel. *Derecho civil I – Introducción y parte general*. 14.ed. Barcelona: Bosch, 1996, v. II, p. 435.

própria torpeza em detrimento de quem confiou na aparência de regularidade do contrato.

No direito estrangeiro, há dispositivos que valorizam a aparência para tutelar o contratante de boa-fé e, por isso, impedem a parte de má – fé de invocar a própria torpeza. Assim, o Código chileno exclui dos que podem arguir a nulidade a parte que tenha executado o ato ou celebrado o contrato, "sabendo ou devendo saber do vício que o invalidava" (Cód. Civil do Chile, art. 1.683). O mesmo ocorre com o Código argentino (art. 387).

No Brasil, pensa Zeno Veloso, que, "pelos princípios gerais de direito, essas ressalvas podem ser aplicadas, entre nós. Não é que o negócio deixe de ser nulo. Trata-se, apenas, de restringir ou limitar a possibilidade de arguir esta nulidade à parte que deu causa à nulidade, sobretudo nos casos de nulidade por defeito de forma"[99].

De certo modo, nosso Código segue essa orientação, quando, após executado o contrato nulo por ilicitude do objeto, veda a parte que agiu de má-fé a repetição do que pagou para conseguir seu propósito ilícito (art. 883). Malgrado a nulidade, os efeitos se mantêm contra a parte que, de má-fé, os provocou.

Ressalva-se, contudo, que no caso de incapacidade absoluta do agente, não se admite que a aparência venha a favorecer o terceiro, ainda que de boa-fé, porque a nulidade in casu, é a proteção necessária e inafastável que a lei outorga à parte impotente na relação negocial.

De qualquer maneira, o que se deve indagar para concluir, ou não, pela ilegitimidade do causador da nulidade para argui-la, é se lhe corresponde o interesse jurídico necessário. Se o reconhecimento da nulidade nenhum proveito prático lhe proporcionará, o caso é de falta de interesse, como a qualquer outra pessoa[100].

Embora se livre do efeito do contrato nulo, a parte que causou a nulidade, sendo capaz, terá de suportar os prejuízos do outro contratante que atuou de boa-fé no negócio. Esse dever de indenizar não é de origem contratual, já que o negócio nulo não produz efeito; é de natureza aquiliana. Quem intencional ou culposamente causa prejuízo a outrem, responde pela necessária reparação (CC, art. 927).

55. MINISTÉRIO PÚBLICO

Ao Ministério Público também se reconhece legitimidade para arguir a nulidade, mas apenas nas causas em que cabe intervir (CC, art. 168, *caput*). Como simples *custos legis,* não pode propor ação, por iniciativa própria, para ver declarada a nulidade de algum negócio. Quando for titular do direito de ação, sim, terá

---

[99] VELOSO, Zeno. *Invalidade do negócio jurídico cit.*, nº 28, p. 135.

[100] "O poder ser arguida pelo próprio causador do nulo a nulidade não dispensa que se lhe inquira do interesse" (PONTES DE MIRANDA, Francisco Cavalcanti. *Tratado cit.*, t. IV, § 409, nº 2, p. 307).

condições de aforar, em nome próprio, a ação declaratória da nulidade. Nesses casos, o Ministério Público atua como advogado da sociedade, na defesa de interesses que transcendem aos indivíduos.

Quando atua como fiscal da lei, a arguição do Ministério Público pode ocorrer incidentalmente, no curso da causa onde tiver de intervir. Não dependerá de reconvenção, contestação ou declaratória incidental. Será feita em simples petição ou parecer.

56. DECLARAÇÃO DE OFÍCIO PELO JUIZ

A característica maior da nulidade é a força de produzir a invalidade do negócio *ipso iure,* sem necessidade, portanto, de *ação.* Ao contrário das anulabilidades, que dependem sempre da propositura de ação para serem pronunciadas, as nulidades maculam o negócio na origem e impedem, por si só, que ele produza a eficácia normal do negócio válido.

É por isso que, mesmo sem requerimento da parte, o juiz tem o dever (não a faculdade) de pronunciar a nulidade, em qualquer processo que a encontre provada (CC, art. 168, parágrafo único). Na verdade, não é o pronunciamento do juiz que retira a validade do negócio nulo; é a própria lei que o priva de efeitos. Em se tratando de questão de ordem pública, o juiz tem, por ofício, o dever de conhecer as nulidades e de pronunciá-las, sempre que com elas se deparar[101]. Somente poderá fazê-lo, no entanto, se já existir em andamento processo regular envolvendo o negócio nulo. Não cabe ao juiz, no regime processual moderno, instaurar relação processual de ofício para conhecer e proclamar, em seguida, a nulidade. Ademais, não sendo o objeto do processo, o negócio nulo, no exame de ofício pelo juiz não pode ter sua nulidade reconhecida senão para efeito e nos limites dos atos deduzidos em juízo[102].

Pelo fato de não depender de ação para operar, não se pode excluir o cabimento de ação para reconhecimento de sua presença em determinado negócio. O interesse que justifica uma causa não é apenas o de criar situações jurídicas novas, mas também o de obter certeza acerca de tais situações.

Em casos de nulidade, quase sempre o negócio tem aparência de válido e cria de fato impedimentos ao exercício de direitos e faculdades legítimas. É o afastamento desses embaraços ilegítimos que justifica a propositura de ação de nulidade, para clarear sua situação jurídica frente ao negócio espúrio e inconveniente.

---

[101] Caio Mário da Silva Pereira, ao tratar da nulidade, ensina que o nosso Código recusa efeitos ao negócio nulo, "determinando a sai declaração por via indireta, de vez que, mesmo sem a propositura de ação cujo objetivo seja o seu decreto, deve o juiz pronunciá-la quando tiver oportunidade de tomar conhecimento do ato ou de seus efeitos" (PEREIRA, Caio Mário da Silva. *Instituições de direito civil cit.,* nº 109, p. 530).

[102] DIENER, Maria Cristina. *Il contratto in generale.* Milano: Giuffrè, 2002, nº 14.7.2, pp. 758-759.

Com efeito, embora nulo e incapaz, juridicamente, de produzir efeitos, o certo é que o negócio aparente escapa, frequentemente, à imediata constatação de sua invalidade. Daí a necessidade da intervenção judicial para declará-la ou decretá-la. Trata-se de necessidade imperiosa, já que não é dado à parte fazer justiça com as próprias mãos.

De nada valeria, por exemplo, uma carta endereçada ao sujeito da declaração nula, ou uma publicação de aviso pela imprensa denunciando a nulidade. Somente com a intervenção judicial se teria condição de afastar definitivamente o negócio nulo do mundo jurídico.

Enquanto, pois, o juiz não é provocado a se pronunciar sobre sua invalidade, "o negócio aparentemente normal está produzindo efeitos"[103]. Embora, teoricamente se deve ter a nulidade como *decretada* pela própria lei, não há como fugir do recurso à jurisdição para *declaração* de que a vontade legal sancionatória atingiu o negócio questionado, *in concreto.*

Contra a vontade da lei, na ordem prática o negócio nulo se não passa pela declaração judicial, vive, perdura, de sorte que nessa ótica nenhuma nulidade é imediata ou automática[104].

A ineficácia *ipso iure,* embora não seja negada cientificamente, não basta para afastar a resistência dos que insistem em sustentar a validade e eliminar a aparência de validade apresentada pelo negócio, mesmo quando contaminado na origem por nulidade. Tem-se, portanto, de lançar mão do processo judicial. Não se pede ao juiz, todavia, que desconstitua o negócio inválido, mas que emita sentença declaratória acerca da sua invalidade[105].

Justamente porque a nulidade promana da lei e diz respeito à ordem pública, o juiz, uma vez evidenciada sua ocorrência, não pode desprezá-la; não pode supri-la; e terá o dever de pronunciá-la (art. 168, parágrafo único).

57. AÇÃO OU EXCEÇÃO DE NULIDADE

Já se demonstrou que a declaração de nulidade não depende de ação e pode ser pronunciada até sem requerimento do interessado, por iniciativa oficial do juiz (declaração *ex officio*).

Quando, porém, algum interessado tiver de provocar a instauração de demanda visando o reconhecimento da invalidade do negócio nulo, terá de lançar mão de *ação de natureza declaratória,* pois não é o caso de buscar sentença constitutiva.

---

[103] GOMES, Orlando. *Introdução cit.*, nº 279, p. 408.
[104] DINIZ, Maria Helena. *Curso de direito civil*. 18. ed. São Paulo: Saraiva, 2002, v. I, p. 449; VELOSO, Zeno. *Invalidade cit.*, nº 27, p. 130.
[105] BRAVO, Frederico de Castro y. *El negocio jurídico*. Madrid: Civitas, 1985, § 524, p. 475.

200 | NEGÓCIO JURÍDICO • *Humberto Theodoro Jr. e Helena Lanna Figueiredo*

Se já existe ação em que se pretende dar eficácia ao contrato nulo, o demandado não necessita de propor ação à parte nem de usar a reconvenção para pleitear o reconhecimento judicial da nulidade. Poderá arguir a matéria na contestação. Dessa maneira, existe possibilidade de alegar a nulidade tanto pela via principal (ação declaratória) como pela via incidental (exceção). Mesmo após ultrapassado o prazo de contestação sem que tenha sido invocada a nulidade, continuará possível à parte a arguição por via recursal ou por simples petição, já que ao juiz cumpre pronunciá-la, de ofício, a qualquer tempo (art. 168, parágrafo único).

58. PROVAS

Seja em ação ou exceção, seja de ofício, o juiz somente pronunciará a nulidade se a encontrar provada. Principalmente quando se tratar de declaração *ex officio,* a prova encontrada no processo, de que o negócio está contaminado de nulidade "deve ser convincente, robusta, manifesta", apresentando-se "com toda a transparência e certeza"[106].

Se a prova não é inequívoca, ou se há fatos anteriores e posteriores aos documentados no processo a reclamar pesquisa e esclarecimento fora dos autos, não é o caso de solucionar de ofício a questão da nulidade, em mero incidente do processo. Devem as partes ser remetidas para os meios ordinários, ou seja, a nulidade dependerá de arguição adequada pelos interessados em ação ou exceção, e somente será julgada após o competente contraditório.

De qualquer modo, a declaração judicial *ex officio* subordina-se à audiência prévia das partes, para cumprir-se a garantia constitucional do contraditório (CF, art. 5º, LV; CPC/2015, art. 9º).

59. INEVITABILIDADE DE CONSEQUÊNCIAS DO NEGÓCIO NULO

A construção científica da teoria da nulidade conduz à completa invalidade do negócio por ela contaminado, não só em relação às partes, senão também em referência a todos os que, em suas relações jurídicas, pudessem depender dos efeitos do negócio, na hipótese de ser válido.

É preciso, todavia, – conforme a advertência de Carvalho Santos, apoiada em Bonecase – entender de forma inteligente a tese da ineficácia ampla da nulidade. Diferentemente do que se generaliza na afirmação de que o nulo nenhum efeito produz, a verdade é que, na experiência da vida, se o negócio nulo não produz o efeito exatamente visado pela vontade contratual, gera, no entanto, efeitos secundários e práticos, sendo até mesmo suscetível de consequências, ainda depois de declarada sua invalidade (tome-se o exemplo do casamento nulo, a interrupção da prescrição

---

[106] VELOSO, Zeno. *Invalidade cit.,* nº 27, p. 132.

Capítulo VIII: As Nulidades | **201**

por meio de processo nulo, o valor da escritura pública nula como documento particular etc.)[107].

Um dos principais corolários do preceito contido no art. 168 é que sobre a parte que tenha interesse na declaração da nulidade, a omissão do respectivo pleito na inicial ou na contestação nenhum prejuízo lhe acarreta. Sendo a matéria de ordem pública, mesmo que se tenha ultrapassado o momento próprio para sua inserção na inicial ou na resposta, a arguição de nulidade continuará franqueada à parte interessada por via recursal ou por simples petição, diante do dever legal imputado ao juiz de pronunciá-la de ofício, a qualquer tempo (art. 168, parágrafo único) (v., *retro*, nºs 56 e 57).

60. CONFIRMAÇÃO DO NEGÓCIO NULO

Enquanto os negócios anuláveis podem ser naturalmente confirmados pelas partes, fazendo assim desaparecer o defeito que os atingia, o mesmo não se passa com os negócios nulos. Estes são verdadeiros natimortos. Surgem no mundo do direito sem vida e não é dado nem ao juiz suprir-lhes o vício profundo que lhes acarreta a invalidade, nem às partes a força de ratificá-los. Os vícios dessa espécie são insanáveis e insupríveis. Nem mesmo a requerimento das partes (de comum acordo), é dado ao juiz suprir a nulidade (art. 168, parágrafo único).

Nesse sentido, entendimento do STJ que anulou alterações contratuais arquivadas na Junta Comercial, em razão de falsificação de assinatura do sócio majoritário, não admitindo a convalidação determinada pelo tribunal estadual:

"2. A questão posta em discussão trata de nulidade absoluta, pois o art. 166, inciso II, do Código Civil proclama ser nulo o negócio quando for ilícito o seu objeto, valendo ressaltar que essa ilicitude não é apenas do bem da vida em discussão, mas, também, da própria operação jurídica realizada, a qual, no caso, configura, inclusive, crime previsto no Código Penal.

2.1. Com efeito, embora não haja qualquer vício no objeto propriamente dito do negócio jurídico em questão (cessão das cotas sociais da empresa Servport), a operação realizada para esse fim revela-se manifestamente ilícita (falsificação da assinatura de um dos sócios), tornando o negócio celebrado nulo de pleno direito, sendo, portanto, inapto a produzir qualquer efeito jurídico entre as partes.

3. A teor do disposto nos arts. 168, parágrafo único, e 169, ambos do Código Civil, a nulidade absoluta do negócio jurídico gera, como consequência, a insuscetibilidade

---

[107] CARVALHO SANTOS, J. M. de. *Código civil cit.*, v. III, p. 255. Nesse sentido, também, Caio Mário da Silva Pereira, para quem o ato nulo não produz os efeitos que dele normalmente se esperam, mas gera consequências e até mesmo efeitos indiretos, como ocorre com o negócio translatício de propriedade que, anulado, é impróprio para transmitir o domínio, mas vale como causa justificadora da posse, por exemplo (PEREIRA, Caio Mário da Silva. *Instituições de direito civil cit.*, nº 111, p. 539-540).

de convalidação, não sendo permitido nem mesmo ao juiz suprimir o vício, ainda que haja expresso requerimento das partes.

4. Ademais, a manutenção do arquivamento de negócio jurídico perante a Junta Comercial, cuja assinatura de um dos declarantes é sabidamente falsa, ofende, ainda, o princípio da verdade real, o qual norteia o sistema dos registros públicos.

5. Se as partes tinham interesse em manter a transferência das cotas da empresa Servport, deveriam renovar (repetir) o negócio jurídico, sem a falsificação da assinatura de quaisquer dos envolvidos, ocasião em que os efeitos seriam válidos a partir de então, isto é, a alteração do quadro societário somente se daria no momento do novo negócio jurídico, o que, contudo, não ocorreu na espécie"[108].

Se é do interesse das partes manter o acordo de vontades praticado de maneira nula, não podem lançar mão do expediente da confirmação (que nos negócios anuláveis afasta o defeito invalidante). Devem *renovar o negócio,* não no sentido de confirmá-lo, mas de celebrá-lo de novo, visto que do negócio nulo primitivo nenhum efeito vinculante decorre que possa ser validado ulteriormente[109].

A *renovação* do ato nulo, quando intentada entre as partes, como novo negócio jurídico que é, não retroage ao tempo do contrato inválido, e só opera *ex nunc*[110]. E tem de ser praticada de forma a evitar os defeitos que acarretaram a invalidez, na primeira vez, como é óbvio[111].

Se, por si só, a renovação do negócio nulo não retroage, nada impede que, pela autonomia da vontade, os contratantes deem ao negócio novo uma eficácia convencional com vigência a partir do tempo do negócio anterior (nulo), "contanto que não envolvam na combinação a lesão de quaisquer direitos" (de terceiros)[112]. Tal eficácia originar-se-á da vontade negocial, não da natureza pura e simples da renovação; e valerá apenas enquanto restrita ao âmbito das relações entre os contratantes. Será totalmente ineficaz perante terceiros, sempre que puder, pela retroação atingir direitos ou interesses de outrem.

---

[108] STJ, 3ª T., REsp. 1.368.960/RJ, Rel. Min. Marco Aurélio Bellizze, ac. 07.06.2016, *DJe* 10.06.2016.

[109] BETTI, Emilio. *Teoria geral do negócio jurídico.* Campinas: Servanda Editora, 2008, § 58, p. 672; BRAVO, Frederico de Castro y. *El negocio jurídico cit.*, § 528, p. 479.

[110] ANDRADE, Manuel Domingues de. *Teoria geral da relação jurídica.* 8. reimp. Coimbra: Almedina, 1998, v. II, § 198, p. 419; WINDSCHEID, Bernhard. *Diritto delle pandette.* Torino: UTET, 1902, v. I, § 83, p. 334; STOLFI, Giuseppe. *Teoria del negocio jurídico.* Padova: CEDAM, 1947, p. 88; VELOSO, Zeno. *Invalidade do negócio jurídico cit.*, nº 30, p. 139.

[111] "A repetição faz entrar no mundo jurídico um *novo* negócio, opera *ex nunc*, não tem efeito retro-operante, não faz renascer o negócio anterior, sendo este novo negócio autônomo com relação ao nulo, e tendo validade e eficácia daí para frente, a partir da data em que foi concluído, desprezando-se o tempo que passou entre a conclusão do negócio nulo e a celebração do novo negócio (repetição)" (VELOSO, Zeno. *Invalidade cit.*, nº 30, p. 141).

[112] MONCADA, Luíz Cabral de. *Lições de direito civil.* 4.ed. Coimbra: Almedina, 1995, nº 114, p. 713.

61. PRESCRIÇÃO

A nulidade sujeita-se a ação declaratória e, como tal, não sofre efeitos da prescrição. Só as ações condenatórias prescrevem (perde-se a pretensão de exigir a prestação não cumprida). As ações constitutivas sujeitam-se a decadência, e não a prescrição, porque não veiculam pretensão, mas apenas exercitam a faculdade de criar situações jurídicas novas durante determinado espaço de tempo (direito potestativo).

Para as declaratórias não há prazo extintivo, simplesmente porque se destinam a eliminar incerteza jurídica, e a incerteza não desaparece só pelo decurso do tempo.

Mas, se é certo que a nulidade, em si, não pode se sujeitar aos efeitos da prescrição, das situações que o negócio jurídico inválido cria podem perfeitamente decorrer *pretensões* que hão de sofrer os efeitos naturais da prescrição (exemplo: restituição de bens ou preço, indenização de prejuízos etc.).

Correta, nessa ordem de ideias, a observação de Francisco Amaral de que o direito de propor a ação de nulidade é imprescritível, ou seja, não se extingue pelo decurso do tempo, embora se reconheça "que a situação criada pelo negócio jurídico nulo se possa convalidar pelo tempo decorrido, no prazo e na forma da lei"[113].

Assim, é preciso distinguir entre o contrato nulo executado e o contrato nulo nunca executado. Se houver a execução, as pretensões dela derivadas prescrevem no prazo que lhes é próprio e, por conseguinte, não é de se admitir a tardia ação declaratória de nulidade, não porque esta tenha incorrido em prescrição, mas porque faltará *interesse* à parte, e sem interesse ninguém é admitido a litigar juízo (CPC/2015, art. 17)[114].

Uma coisa é exigir a execução do negócio nulo, a qualquer tempo, outra coisa é discutir o resultado do cumprimento do negócio nulo, depois que foi cumprido e se estabilizaram as posições jurídicas entre seus sujeitos em torno do bem da vida negociado. Os interesses em jogo, numa e noutra situação, revelam-se completamente distintos. Diante do negócio nulo *ipso iure* e nunca executado, subsiste o interesse público em não reconhecer validade ao ajuste que viola norma de caráter cogente (de ordem pública). Depois, porém, que, não obstante a nulidade, se criou uma nova situação jurídica, pelo cumprimento das prestações nele previstas, o que há é uma situação individual (não mais de interesse público) e cuja manutenção ou reversão diz respeito muito mais às conveniências pessoais do que às de ordem

---

[113] AMARAL, Francisco. *Direito civil. Introdução*. 5.ed. Rio de Janeiro: Renovar, 2003, p. 538.

[114] FERRARA, Francesco. *A simulação dos negócios jurídicos cit.*, nº 84, p. 458. *"Lo que significa que pasado el plazo para poder exigir la devolución, sólo se puede interponer con éxito la acción declarativa si se tiene en ella algún interés que nos sea de obtener la ya inalcanzable de – volution. Así que aunque se diga, y con razón, que la acción declarativa es imprescriptible, en la práctica puede arrastarla a morir la prescripción de la acción de restitución. Si bien ciertamente que no morirá por prescripción, sino por falta de interés"* (ALBALADEJO, Manuel. *Derecho civil cit.*, § 105, p. 437).

pública predominantes antes do cumprimento do contrato inválido. Daí em diante, o interesse privado passou a predominar e é à base desse interesse que se haverá de analisar o destino da situação jurídica oriunda, de forma concreta, do negócio inválido.

Da enorme diferença de interesses que se nota entre o negócio nulo *ipso iure* e jamais executado e os que se instalam no relacionamento das partes, depois de cumpridas as prestações derivadas do negócio nulo, resulta a necessidade de estabelecer tratamento prescricional diverso e adequado para cada uma das duas situações jurídicas.

Com efeito, se o negócio nulo jamais foi executado, não há que se falar em prescrição nem decadência, visto que o que é nulo jamais teve vida para o direito. Assim, quando se vier a formular qualquer pretensão derivada do negócio inválido, será sempre possível ao devedor, "em qualquer tempo, opor a alegação de nulidade absoluta"[115].

É a situação criada, portanto, posteriormente ao negócio nulo, como produto de sua execução, que pode sofrer os efeitos extintivos da prescrição, não a nulidade em si mesma. Prescrita a pretensão de desfazer a situação criada pelo cumprimento das prestações derivadas do negócio inválido, perde-se o direito de manejar a ação de nulidade. Já então porque faltaria interesse para justificar a declaração de nulidade, porque esse reconhecimento não teria mais força para atingir as prestações realizadas e seladas pelo decurso da respectiva prescrição.

Depois de consolidada a situação ulterior ao negócio, pela prescrição ou pela usucapião, a tardonha ação de nulidade somente viria conturbar a paz nas relações jurídicas, suscitando indesejados prejuízos à certeza e segurança em torno de situações consolidadas pelo longo transcurso de tempo. Por isso é que mesmo sendo imprescritível a ação de nulidade, deve ter-se como não mais manejável a ação voltada para a declaração de nulidade, em tais circunstâncias[116].

Na verdade, só a inexistência é capaz de afastar a possibilidade de qualquer efeito prático e jurídico de um negócio. Não há, pois, pensar-se em prescrição diante do negócio que não chegou a existir, nem mesmo no plano fático material. O negócio nulo, porém, não é algo que inexista no plano do direito.

A presença pura e simples da declaração de vontade gera uma realidade jurídica, porque a ordem jurídica tanto valoriza a realidade como a aparência, em termos de relações jurídicas. Correta, destarte, a conclusão de Carvalho Santos, apoiada em Clóvis Beviláqua, de que o negócio nulo não poderia ficar totalmente alheio à sistemática da prescrição. Se ele é, por natureza, imune à prescrição (isto é, a nulidade em si não pode extinguir-se pelo decurso do tempo), a situação jurídica criada pelo

---

[115] OROSIMBO NONATO, da Silva. *Da coação como defeito de ato jurídico*. Rio de Janeiro: Forense, 1957, nº 119, p. 230.

[116] CAVALCANTI, José Paulo. *Direito civil. Escritos diversos*. Rio de Janeiro: Forense, 1983, nº 52, pp. 103 e seg.

Capítulo VIII: As Nulidades | **205**

negócio nulo (aparência de negócio válido) é capaz de consolidar-se e beneficiar-se da indiscutibilidade correspondente à prescrição *longi temporis*[117]. Com essa ponderação é de aceitar-se que o negócio nulo, quando executado, provoca inovação fática na situação jurídica que não escapa às regras consolidadas da prescrição das ações em geral[118].

É, mais ou menos, o que se passa com a ação reivindicatória: por corresponder a uma faculdade inerente a um direito perpétuo, é tida como imprescritível. Se, porém, a situação de fato consolidar a usucapião em favor de quem violou a posse do dono, não haverá mais como exercitar-se a ação reivindicatória. O tempo terá atuado não sobre a ação diretamente, mas sobre a situação superveniente ao esbulho, que já não mais deverá ser alterada.

O problema é muito bem enfrentado e solucionado pelo art. 1.422 do Código Civil italiano, quando dispõe que "a ação para declarar a nulidade não é sujeita a prescrição, salvo os efeitos da usucapião e da prescrição das ações de repetição"[119]. Embora inexista no Código brasileiro semelhante ressalva, ela se impõe entre nós por uma questão de ordem lógica e sistemática, já que duas são as ações em concurso: a de declaração de nulidade e a de repetição do que se transferiu em virtude do negócio nulo. A lei assegurou a imprescritibilidade à primeira, mas não a estendeu à segunda. Logo, prescrita a pretensão de repetição, perde-se o interesse jurídico na ação de declaração da nulidade. Eis o regime prevalente no direito comparado e que há de ser observado também na aplicação do art. 169 do Código Civil brasileiro.

62. CONCEITO DE CONVERSÃO DE NEGÓCIO JURÍDICO NULO

A exemplo da lei alemã[120], nosso atual Código contempla uma regra geral sobre a conversibilidade do negócio nulo, dispondo no art. 170 que outro negócio pode substituí-lo, sem embargo de sua nulidade, desde que seja viável submetê-lo à

---

[117] Embora contaminado por nulidade plena, o título de aquisição inválido serve como justo título para legitimar a posse do adquirente para fins de usucapião ordinária (CC, art. 1.241). Uma vez aperfeiçoada a propriedade do adquirente, de forma originária, por força da prescrição aquisitiva, nenhum interesse mais será reconhecido ao antigo proprietário para pretender o manejo de ação de declaração da nulidade do título que precedentemente ajustara a venda do bem usucapido.

[118] CARVALHO SANTOS, J. M. *Código civil cit.*, v. III, p. 256; BEVILÁQUA, Clóvis. *Código civil cit.*, v. I, p. 333, comentários ao art. 146.

[119] "L'azione per far dichiarare la nullità non è soggetta a prescrizione, *salvi gli effetti dell'usucapione e della prescrizione delle azioni di repetizione*".

[120] Para o § 140 do BGB, "se un negozio giuridico nullo possiede i requisiti di un altro negozio giuridico, vale quest'ultimo se è da ritenere che, conoscendo la nullità, la sua validità sarebbe stata voluta" (*Códice Civile Tedesco*. Traduzione e prezentazione a cura di SALVATORE PATTI. Milano: Giuffrè, 2005, p. 69).

roupagem de nova categoria jurídica imune ao *deficit* de elementos do primitivo[121]. É que um mesmo suporte fático pode apoiar diferentes negócios, conduzindo, por vias distintas, ao mesmo resultado prático, no todo ou em parte. Assim, se a categoria escolhida pelas partes não serve para validar o negócio desejado, outra pode levar, de forma válida, até ele. Procede-se, portanto, à conversão do negócio inválido no negócio válido, que as partes, se soubessem da nulidade, teriam, naturalmente, escolhido.

A conversão, destarte, pode ser definida como "o meio jurídico em virtude do qual, verificados certos requisitos, se transforma noutro um negócio jurídico inválido, para salvaguardar, na medida do possível, o resultado prático que as partes visavam alcançar com aquele"[122].

Presta-se um socorro à intenção prática das partes, salvando-a das insuficiências da categoria negocial, em que inadequadamente se programou enquadrá-la. A conversão, dessa maneira, se apresenta como "o aproveitamento do suporte fático, que não bastou a um negócio jurídico, razão de sua nulidade, ou anulabilidade, para outro negócio jurídico, ao qual é suficiente"[123].

O Código de 1916 não se referia, em dispositivo algum, à regra geral da conversão. A figura jurídica, porém, se introduziu em todo o direito, aqui e alhures, sem depender de prévia inserção legislativa, porque, na lição de Pontes de Miranda, "foi resultado da ciência ao analisar as relações jurídicas e revelar a regra, induzindo-a. É o produto da atividade sadia, como fora de desejar a todas as regras jurídicas"[124].

Para sua sistematização contribuiu a obra científica, anterior a qualquer previsão codificada, de Savigny (*System des Pandektenrechts*, § 79), Puchta (*Pandekten*, § 67), Keller (*Pandekten*, I, 145), Joseph Unger, Windscheid, Römer, Dernburg, entre muitos outros pensadores. Com ou sem texto legal, a regra da conversão é daquelas que preexistem às regras escritas. No Brasil, como na França (René Japiot, *Des nullités en matière d'actes juridiques*, 677), e na Itália (G. SATTA. *La conversione dei negozi*

---

[121]   A conversão do negócio jurídico nulo está prevista, em termos bastante aproximados dos utilizados pelo Código brasileiro, também no Código Civil português, cujo art. 293º dispõe: "O negócio nulo ou anulado pode converter-se num negócio de tipo ou conteúdo diferente, do qual contenha os requisitos essenciais de substância e de forma, quando o fim prosseguido pelas partes permita supor que elas o teriam querido, se tivessem previsto a invalidade". Ainda no Código Civil italiano, a mesma figura jurídica vem contemplada no art. 1.424: "*Conversione del contratto nullo*. Il contratto nullo può produrre gli effetti di un contratto diverso, del quale contenga i requisiti di sostanza e di forma, qualora, avuto riguardo allo scopo perseguito dalle parti, debba ritenersi che esse lo avrebbero volutto se avessero conosciuto la nullità [1367]".

[122]   SOARES, Teresa Luso. *A conversão do negócio jurídico*. Coimbra: Almedina, 1986, p. 13.

[123]   PONTES DE MIRANDA, Francisco Cavalcanti. *Tratado cit.*, t. IV, § 374, nº 1, p. 132; MENEZES CORDEIRO, António Manuel da Rocha e . *Tratado de direito civil português*. 2.ed. Coimbra: Almedina, 2000, v. I, t. I, nº 234, p. 667.

[124]   PONTES DE MIRANDA, Francisco Cavalcanti. *Tratado cit.* São Paulo: Editora Revista dos Tribunais, 2012, t. LVI, § 5.733, nº 6, p. 427.

giuridici, pp. 1 e seg.), Pontes de Miranda construiu a teoria da conversão, a partir de considerações superiores que, mesmo não consagradas em lei escrita, "fazem parte da ciência jurídica"[125].

Na noção geral de conversão o essencial está na ideia de admitir a *substituição* de um negócio jurídico por outro, em razão da invalidade do substituído, e no intento de proteger e manter a *relevância jurídica da declaração de vontade* que lhe deu origem. Cumpre-se, por seu intermédio, o *princípio da conservação* do negócio jurídico, de acordo com o qual "a atividade negocial deve ser o mais possível mantida para a consecução do fim prático perseguido"[126].

Os negócios jurídicos integram-se não apenas pelas normas voluntárias criadas pela declaração das partes, mas também pelas regras supletivas da lei, desde que não afastadas pelas primeiras.

Se, pois, a norma que as partes imaginaram criar se mostra inexequível, dentro da estrutura negocial, é preciso recorrer às normas legais para se tentar chegar ao resultado prático almejado. Assim se poderá conservar útil a atividade negocial, sob outra roupagem jurídica, mas com fidelidade aos mesmos desígnios práticos. A substituição, no entanto, só será operada caso o resultado jurídico a que se chegue não seja contrário ao fim prático querido pelas partes[127]. Faz-se, assim, uma recategorização do negócio jurídico, transformando-o em outro de diferente espécie[128].

Pode-se ver na conversão, de tal sorte, uma regra positiva, que não será observada sempre que seu resultado provoque uma contradição com o que, de fato, quiseram as partes[129], e, por isso mesmo, pode ser adrede afastada por convenção inserida no ato negocial[130].

Participa a *conversão* de um princípio maior presente na teoria das nulidades, em caráter geral, que é o da *conservação dos negócios jurídicos*. Afirma-se, em hermenêutica, que entre duas interpretações possíveis da declaração de vontade, uma que a prive de validade e outra que lhe assegure validade, há de ser adotada a última. Mesmo que alguma irregularidade ou deficiência se note, o direito moderno procura superá-las, pois seu objetivo é evitar, no possível, a nulidade dos negócios jurídicos[131].

---

[125] PONTES DE MIRANDA, Francisco Cavalcanti. *Tratado cit.*, t. LVI, § 5.733, n. 11º, p. 429.

[126] SOARES, Teresa Luso. *A conversão cit.*, p. 15; FERRARA, Luigi Cariota. *El negocio jurídico.* Tradução espanhola. Madrid: Aguillar, 1956, pp. 325-326.

[127] SOARES, Teresa Luso. *A conversão cit.*, p. 17.

[128] ROSENVALD, Nelson; FARIAS, Cristiano Chaves. *Curso de Direito Civil cit.*, p. 527.

[129] MOSCO, Luigi. *La conversione del negozio giuridico.* Napoli: Jovene, 1947, p. 103; MOZOS, José Luís de los. *La conversión del negocio jurídico.* Barcelona: Bosch, 1959, pp. 56-58.

[130] Havendo possibilidade de o negócio ser desqualificado e transformado em outro, por eventual reconhecimento de nulidade, podem as partes estipularem a recusa da conversão.

[131] TRABUCCHI. *Istituzioni cit.*, nº 80, p. 184. O princípio da conservação é definido por CRISCUOLI, Giovanni como *"manifestazione dell'ordinamento giuridico rivolta a salvaguardare, per quanto*

O princípio da conservação, aliás, é considerado como a principal justificativa da conversão do negócio jurídico, lembrando-se que sua função é basicamente direcionada "a evitar, dentro do máximo possível, que o negócio maculado por um defeito deixe de produzir os efeitos (ou alguns efeitos) pretendidos pelas partes. Destina-se ao legislador e ao juiz, pautando suas atividades para que tenham em mira, sempre que possível, uma maneira ou mecanismo jurídico que permita ao negócio produzir alguma eficácia"[132].

A conversão, contudo, vai além das operações interpretativas e aproveita a vontade negocial para outro negócio que não chegou a ser querido pelas partes, mas que pode produzir efeito igual, ou pelo menos aproximado do que se buscava[133].

É por isso que a salvaguarda do negócio jurídico buscada pelo instituto da conversão se insere no princípio geral da conservação, pois nele se realiza, no terreno do negócio jurídico nulo, o empenho de se aproveitar o mínimo do suporte fático para obtenção do máximo de eficácia. "Mediante o aperfeiçoamento de tais elementos supre-se o defeito que inquinava o negócio jurídico e impede-se que seja fulminado com a sanção da nulidade do que decorre a eficácia pretendida"[134].

Desempenha, ainda, o instituto da conversão significativo papel no plano da economia de tempo e numerário, já que "muitas vezes evitará que as partes tenham de refazer todo o trâmite para chegarem ao ponto que poderiam atingir mediante singela interferência do juízo"[135].

---

possibile, i valori creati nel mondo del diritto" (*La nullità parziale del negozio giuridico*. Milano: Giuffrè, 1959, p. 103).

[132] LIMA NETO, Francisco Vieira; FACHETTI, Gilberto. Sobre a conversão substancial do negócio jurídico (art. 170 do CC). *In:* ASSIS, Araken de *et al.* (coord.). *Direito civil e processo: estudos em homenagem ao Professor Arruda Alvim*. São Paulo: RT, 2007, p. 163. É o que ensina também JOSÉ LUÍS DE LOS MOZOS (*Estudios de derecho civil*. Madrid: Montecorvo, 1987, p. 589).

[133] Com efeito, é necessário que se possa vislumbrar, do ato nulo, a vontade das partes celebrarem aquele convertido: "se o negócio nulo contiver os requisitos de outro, subsistirá este *quando o fim a que visavam as partes permitir supor que o teriam querido, se houvessem previsto a nulidade*" (g.n.) (ROSENVALD, Nelson; FARIAS, Cristiano Chaves. *Curso de Direito Civil cit.*, p. 527).

[134] SCHMIEDEL, Raquel Campani. *Negócio jurídico: nulidades e medidas sanatórias*. 2.ed. São Paulo: Saraiva, 1985, p. 41. Para Pontes de Miranda, o que ocorre é o aproveitamento do suporte fático, "que não bastou a um negócio jurídico, razão da sua nulidade, ou anulabilidade, para outro negócio jurídico, ao qual é suficiente. Para isso, é preciso que concorram o pressuposto objetivo dessa suficiência e o pressuposto subjetivo de corresponder à vontade dos figurantes a conversão, *se houvessem conhecido a nulidade ou a anulabilidade*" (PONTES DE MIRANDA, Francisco Cavalcanti. *Tratado cit.*, v. IV, § 374, nº1, p. 132). E continua o autor, "o juiz tem de raciocinar como se estivesse *antes* da incidência e a sua análise de suporte fático para saber qual a regra jurídica que iria incidir. A conversão é operação da aplicação da lei, e não operação da escolha entre negócios jurídicos" (§ 374, nº 2, p. 134).

[135] MATIELLO, Fabício Zamprogna. *Código Civil Comentado*. 3.ed. São Paulo: LTr, 2007, p. 138. Para Pontes de Miranda, o que ocorre á o aproveitamento do suporte fático do ato nulo para um outro negócio que teria sido válido se celebrado desde o início pelas partes: "o juiz tem de

Assim procedendo, a ordem jurídica se volta para garantia do negócio jurídico que, reconhecidamente, é o mais importante instrumento social em atuação na dinâmica da circulação dos bens e serviços, e na manutenção do equilíbrio, da harmonia e do desenvolvimento nas relações privadas e públicas.

63. NATUREZA DA CONVERSÃO

O negócio jurídico é fruto de um processo deliberativo acionado à procura de um efeito jurídico, que envolve, também, a eleição do meio técnico adequado para atingir o fim programado. Mas se é necessária a vontade negocial para a formação do negócio jurídico, não basta ela para que o efeito jurídico (fim perseguido) seja alcançado. Há requisitos e fatores que condicionam a validade do negócio (isto é, a aptidão da declaração de vontade para produzir o resultado programado) que estão em terreno estranho à pura vontade, pois decorrem de exigências do ordenamento jurídico. Quando tais requisitos forem observados, o negócio será *válido* (terá força para assegurar os efeitos procurados). Quando não observados, a hipótese será de negócio *inválido* (sem força jurídica para alcançar os referidos efeitos).

Entre a declaração de vontade e a produção (ou não) dos pretendidos efeitos, torna-se necessária uma operação de "averiguação" que consiste num juízo sobre a satisfação dos requisitos de validade do negócio jurídico. Trata-se de uma atividade de *subsunção* do negócio praticado pelas partes a algum modelo jurídico negocial. A esse ato de aferição ("juízo") dá-se o nome de "ato de qualificação" ou de "ato de subsunção normativa".

O fenômeno da *conversão* é uma das modalidades da *qualificação jurídica* do ato negocial[136]. No momento em que o juízo de subsunção reconhece a falta de algum elemento indispensável à sua conformação com o padrão definido no ordenamento jurídico, o resultado seria a negação de eficácia à declaração de vontade para produzir o efeito jurídico visado. O ato de vontade não consegue penetrar no mundo dos negócios jurídicos, ou seja, dos negócios tutelados pelo direito. A operação de subsunção é negativa. Nem sempre, porém, deve encerrar-se nesse primeiro estágio, pois é possível salvar-se o negócio programado convertendo-o em outro que, embora diverso do arquitetado pelas partes, pode, de alguma maneira, atingir seus objetivos práticos, se não inteiramente, pelo menos em parte.

---

raciocinar como es estivesse *antes* da incidência e a sua análise de suporte fático para saber qual a regra jurídica que iria incidir. A conversão é operação da aplicação da lei, e não operação da escolha entre negócios jurídicos".

[136] "Na assim chamada 'conversão do negócio jurídico', não haveria nem 'conversão' – no sentido próprio de mudança, modificação, substituição ou transformação de alto –, nem, muito menos, 'do negócio jurídico': em rigor, haveria, apenas, escolha, devidamente fundamentada, entre duas (ou mais) possíveis qualificações jurídicas, diferentes, e não mudança, modificação, substituição ou transformação de qualificação jurídica" (DEL NERO, João Alberto Schützer. *Conversão substancial do negócio jurídico*. Rio de Janeiro: Renovar, 2001, p. 48).

NEGÓCIO JURÍDICO • *Humberto Theodoro Jr. e Helena Lanna Figueiredo*

Dentro do processo de qualificação jurídica do negócio, procede – se a uma "correção", valorizando-o como "negócio de tipo diverso"[137]. Do que se pode chegar à natureza da conversão, classificando-a como um "fenômeno de qualificação", pois o que ela provoca é uma "nova qualificação categorial"[138]. Em síntese: a conversão é um fenômeno de qualificação do negócio jurídico porque "importa em valorá-lo ou em caracterizá-lo como tipo de negócio distinto daquele que foi efetivamente realizado pelas partes"[139].

A conversão salva o negócio jurídico, não por simples interpretação, mas por meio de uma *dupla qualificação jurídica*: na primeira fase, estabelece-se a nulidade do negócio; e, em seguida, encontram-se nele os requisitos que permitem sua transformação em outro negócio, já então válido[140]. É nesse sentido que se pode concluir que "a conversão existe quando um acto, que deveria receber certa qualificação, é objeto de qualificação diversa, cujos requisitos também possui, a fim de evitar a nulidade que a efectivação da primeira causaria"[141].

Trata-se de processo necessário que, integrando a "atividade de qualificação e aplicação do direito", pode "desenvolver-se assim pelos próprios interessados – num primeiro momento e de modo não definitivo – como pelo juiz – substitutiva e definitivamente"[142].

64. CONVERSÃO MATERIAL E CONVERSÃO FORMAL

A conversão de que cogita o art. 170 é a que interfere na natureza do negócio jurídico e, por isso, se diz conversão *substancial* ou *material*[143]. O texto legal cogita

---

[137] BETTI, Emilio. *Teoria geral do negócio jurídico cit.*, § 61, p. 707; TUHR, Andreas Von. *Teoria general del derecho civil alemán*. Tradução argentina. Buenos Aires: Depalma, 1946, v. II, t. I, p. 318.

[138] AZEVEDO, Antônio Junqueira de. *Negócio jurídico: existência, validade e eficácia*. 4.ed. São Paulo: Saraiva, 2018, p. 67, nota 92.

[139] SCHMIEDEL, Raquel Campani. *Negócio jurídico: nulidades e medidas sanatórias*. São Paulo: Saraiva, 1985, nº 5.4.1, p. 75.

[140] MOZOS, José Luís de los. *La conversión del negócio jurídico*. Barcelona: Bosch, 1959, pp. 159-160.

[141] VENTURA, Raul José Rodrigues. *A conversão dos actos jurídicos no direito romano*. Fac. de Direito da Universidade de Lisboa, 1947, p. 48, *apud* DEL NERO, João Alberto Schützer. *Conversão substancial do negócio jurídico*. Rio de Janeiro: Renovar, 2001, p. 323. "Efetivamente, a conversão exprime, no fundo, uma interpretação melhorada do negócio, de modo a, dele, fazer uma leitura sistemática e cientificamente correcta. No fundo, não há qualquer conversão de 'negócios': convertem-se, sim, meras declarações" (MENEZES CORDEIRO, António Manuel da Rocha e . *Tratado de direito civil português cit.*, v. I, t. I, nº 234, p. 668).

[142] DEL NERO, João Alberto Schützer. *Conversão substancial cit.*, p. 335.

[143] A conversão substancial, para Ubaldino Miranda, é aquela em que "em face de um negócio ineficaz (*lato sensu*, isto é, nulo, ou anulado), é possível aproveitar-se o *conteúdo* desse negócio, o clausulado pelas partes, bem como a sua *forma,* para convertê-lo em outro negócio, na medida em que tal conteúdo e forma se subsumam aos dispositivos que disciplinam uma

Capítulo VIII: As Nulidades | **211**

expressamente da substituição por "outro", se no bojo do negócio nulo, se contiverem os requisitos suficientes para configurar o substituto.

A par dessa substituição, porém, pode ocorrer outra que não ultrapasse o elemento formal do negócio. Isto se torna possível quando um negócio, sem perda de validade, admite seu aperfeiçoamento por diversas formas (escrita, oral, documento particular ou instrumento público etc.). Uma locação ou uma compra e venda de bem móvel, tanto vale se contratada por escritura pública como por escrito particular. Inválido o contrato, por exemplo, por deficiência da escritura pública, subsistirá pela forma escrita simples. Continuará, de qualquer forma, qualificado como locação. Por isso se diz que, na espécie, a substituição é apenas formal.

Não há conversão, em sentido próprio, porque não ocorreu qualificação nova ou diversa do tipo negocial querido pelas partes. Ao contrário, é mantido na mesma categoria arquitetada pelas partes. Sem um elemento novo inserido no tipo advindo da declaração de vontade, para aproveitar sua base fática, não há conversão propriamente dita[144].

Não se pode ver, portanto, conversão quando se permite aproveitar o testamento cerrado nulo como testamento particular, como prevê o art. 607 do Código Civil italiano, e admite, entre nós, Pontes de Miranda[145]. O caso é de conversão "meramente formal"[146]. O negócio jurídico, substancialmente continua o mesmo.

Diversa, contudo, é a situação do contrato em que a forma é da substância do negócio. Sua inobservância conduzirá à nulidade, mas se for possível aproveitar a declaração para validá-la como outro negócio não formal, o caso será realmente de *substituição substancial*. Uma cambial nula porque afrontou a forma típica da lei, nesse sentido, pode ser convertida em recibo de pagamento ou em promessa de pagamento ou, ainda, em confissão de dívida; uma declaração irregular de endosso pode ser aproveitada como cessão de crédito. Haverá substituição substancial porque a alteração não se restringiu à forma do negócio, mas produziu modificação qualitativa entre o negócio concebido pelas partes, com defeito formal, e o negócio em que ele se converteu[147].

Lembra a doutrina a ocorrência de conversões que resultam de preceitos especiais da lei, cujo objetivo é "proteger a confiança da contraparte"[148], como se passa, *v.g.*, com o procurador que assume obrigação cambial sem estar devidamente

---

outra categoria negocial que seja apta a realizar, da forma mais próxima possível, o intento original das partes" (MIRANDA, Custodio da Piedade Ubaldino. *Teoria geral do negócio jurídico cit.*, nº 8.2.3.1, p. 170-171).

[144]   BETTI, Emilio. *Teoria geral cit.*, § 61, p. 714.

[145]   PONTES DE MIRANDA, Francisco Cavalcanti. *Tratado cit.*, t. IV, § 377, nº 1, p. 141.

[146]   SCHMIEDEL, Raquel Campani. *Negócio jurídico cit.*, nº 5.4.1, p. 76.

[147]   SCHMIEDEL, Raquel Campani. *Negócio jurídico cit.*, nº 5.4.1, p. 76.

[148]   BETTI, Emilio. *Teoria geral cit.*, § 61, p. 714.

212 | NEGÓCIO JURÍDICO • *Humberto Theodoro Jr. e Helena Lanna Figueiredo*

autorizado, caso em que fica pessoalmente obrigado (CC, art. 892). Em situações como esta, a conversão atinge a substância do negócio, porque a obrigação assumida em nome de outrem passa a ser obrigação pessoal do mandatário. Há resistência, porém, em enquadrá-la na técnica específica da *conversão substancial*, porque não se dá por meio do processo de qualificação jurídica incidente sobre mecanismo de interpretação da vontade hipotética das partes, mas ocorre de forma cogente, por imposição *direta da vontade da lei*[149].

Esta distinção entre conversão substancial e conversão legal é, porém, mais acadêmica do que prática já que, no resultado, ambas conduzem ao mesmo efeito: a mudança do tipo negocial em outro, afetando qualitativamente o negócio emergente da declaração de vontade das pessoas. No ponto principal[150], portanto, há identidade entre os dois fenômenos[151].

65. FUNDAMENTOS DA CONVERSÃO

Há duas grandes correntes que, por caminhos diferentes, procuram dar fundamento ao instituto da conversão do negócio jurídico: a) a teoria *objetiva*, que faz apoiar a conversão apenas na vontade da lei; e b) a teoria *subjetiva*, que a vincula à vontade das partes.

Para a *teoria objetiva*, o que importa para transformar um negócio jurídico em outro é apenas a operação de qualificação do negócio já realizado pelas partes. Não é preciso retornar à vontade negocial. Basta tomar os elementos que ela contém, para verificar se neles, em substância e forma, se fazem presentes os requisitos de outro negócio diverso daquele que nulamente se praticou. Se a resposta for positiva, a conversão se resolve numa espécie de "correção da qualificação jurídica do negócio" para valorá-lo como "negócio de tipo diverso daquele que, na realidade foi celebrado"[152].

No entanto, o direito positivo, seja na Alemanha, na Itália, em Portugal ou no Brasil, conceitua a conversão referindo-a a um determinado tipo de comportamento volitivo das partes. Assim, o art. 170 do Código nacional só a autoriza quando o fim a que visavam as partes permitir supor que o negócio substitutivo teria sido querido por elas, "se houvessem previsto a nulidade".

---

[149]   FERRARA, Luigi Cariota. *Il Negozio Giuridico nel Diritto Privato Italiano*. 5.ed. Napoli: Morano, s/d, p. 381; MOZOS, José Luís de los. *La conversión cit.*, p. 136; MIRANDA, Pontes de. *Tratado cit.*, t. IV, §376, nº 1, p. 138-139; SOARES, Teresa Luso. *A conversão cit.*, pp. 22-24.

[150]   "A essência da conversão reside na mudança, na substituição de um negócio por outro" (SOARES, Teresa Luso. *A conversão cit.*, p. 21).

[151]   SCHMIEDEL, Raquel Campani. *Negócio jurídico cit.*, nº 5.4.1, p. 78.

[152]   BETTI, Emilio. *Teoria geral cit.*, § 61, p. 707. Para Raul Ventura nem mesmo se chega a anular o negócio querido pelas partes; afasta-se simplesmente a qualificação intentada por eles e atribui-se, desde logo, ao negócio outra qualificação, que, no critério da lei, deve ser preferida (VENTURA, Raul. *A conversão cit.*, pp. 48-49 e 146).

Esta postura das partes, corresponderia, segundo uma vertente da teoria subjetiva, a "uma vontade *in subsidium*" expressa ou tácita das partes, em virtude da qual se tornaria possível agrupar os elementos do negócio jurídico, já então de maneira válida[153].

Só a subsistência da vontade negocial, mesmo após o reconhecimento da nulidade no primeiro negócio, seria capaz de sustentar a nova qualificação do negócio invocado para substituí-lo. Daí chegar-se a afirmar que teria de haver uma *vontade real*, ainda que tácita, para sustentar o negócio substitutivo.

Ora, acontece que se a conversão tivesse entrado na vontade real das partes, ainda que tacitamente, o que se teria, na verdade, seria uma alternativa negocial e não uma substituição. Se, ao contrário, não tivesse sido prevista, não é possível pensar-se em "vontade real". Daí a conclusão de ser "ilógico exigir uma vontade real das partes, pois se tivessem conhecimento da nulidade abstinham-se de celebrar o negócio. Haveria, assim, uma mera substituição do negócio não por efeito de uma verdadeira conversão, mas apenas como resultado da execução da vontade declarada"[154].

Diante de tal quadro, e principalmente em face do sistema com que o direito positivo prevê a conversão, parece mais aceitável a *teoria subjetiva* da vertente fundada na *vontade hipotética*[155].

Só pode operar-se a conversão desde que "o julgador se convença de que, se as partes tivessem sabido da invalidade do negócio que celebraram, teriam querido o outro negócio. Não se trata de averiguar o que provavelmente quiseram, mas o que *teriam querido*, dentro das reais circunstâncias em que se conclui o negócio a converter"[156]. De fato, se se toma como ponto de partida o texto do art. 170 do nosso Código, se chegará à inevitável conclusão de que só se procede à conversão para um diferente negócio quando o fim anunciado na declaração de vontade "permitir supor que (as partes) o teriam querido, se houvessem previsto a nulidade".

A conversão, portanto, depende da sua "conformação" com a vontade que as partes teriam tido[157].

---

[153] SATTA, Giuseppe. *La conversione nei negozi giuridici*. Milano: Soc. ed. Libraria, 1903, pp. 76-77.

[154] SOARES, Teresa Luso. *A conversão cit.*, p. 42.

[155] ENNECCERUS, Ludwig; KIPP, Theodor,; WOLFF, Martin. *Tratado de derecho civil – parte general*. 2. ed. Tradução espanhola, Barcelona: Bosch, 1950, v.2, t. I, pp. 371-372; FERRARA, Luigi Cariota. *El negócio jurídico cit.*, pp. 311-312; MONCADA, Luis Cabral de. *Lições de direito civil – parte geral*. 3.ed. Coimbra: Atlântica Ed., 1959, v. II, p. 409; PINTO, Carlos Alberto da Mota. *Teoria geral do direito civil*. Coimbra: Coimbra Ed., 1976, p. 486; VAZ, Anselmo. A conversão e a redução dos negócios jurídicos. *Revista da Ordem dos Advogados*, ano 5, n°s 1-2, p. 144, 1945; TELLES, Inocêncio Galvão. *Dos contratos em geral*. Coimbra: Coimbra Ed., 1947, p. 301.

[156] SOARES, Teresa Luso. *A conversão cit.*, pp. 42-43.

[157] SOARES, Teresa Luso. *A conversão cit.*, p. 43.

A crítica que se faz, por parte dos adeptos da teoria objetiva, é que faltaria uma base segura para saber qual teria sido a vontade das partes, diante de um negócio que podiam celebrar, mas que não se levou a efeito[158].

Responde às críticas Teresa Luso Soares, com o argumento de que "a vontade hipotética não é uma vontade irreal ou inexistente. Não é puramente subjetiva ou arbitrária. É um critério mediante o qual, tendo em atenção o domínio negocial querido e fixado pelas partes, as circunstâncias concretas em que um determinado negócio jurídico se celebrou e as finalidades práticas que o motivaram, se procura o que elas razoavelmente teriam querido, caso previssem a sua invalidade"[159].

É a partir das "intenções práticas" e das "valorações reconhecíveis de interesse das partes" que se pode fixar a "vontade hipotética" justificadora da conversão. Completa-se a operação com a averiguação sobre a adequação do negócio substitutivo para efetivar os fins práticos determinantes do negócio substituído. É assim que se fundamenta a substituição do negócio jurídico, para atender-se à sistematização que lhe deu o direito positivo[160].

Em termos práticos, pode-se justificar a conversão do negócio jurídico recorrendo, como faz Carlos Roberto Barbosa Moreira, de maneira predominante, ao princípio da conservação do negócio jurídico. Ou seja:

"Se o resultado da conversão reside na excepcional atribuição de efeitos a um negócio jurídico *nulo* – não, certamente, os efeitos próprios desse mesmo negócio, efetivamente querido pelas partes, mas sim os de um negócio por assim dizer 'substituto', que mantenha certa *afinidade* com aquele –, então parece claro que o fundamento da conversão reside no *princípio da conservação do negócio jurídico*. Esse princípio, como se sabe, consiste 'em se procurar salvar tudo que é possível num negócio jurídico concreto, tanto no plano da existência, quanto da validade, quanto da eficácia', e está na base de uma série de dispositivos legais, cuja enumeração seria aqui ociosa. Como bem se expressou certo jurista italiano, a lei, em função desse princípio, dá prevalência à conclusão dos negócios, e não à sua frustração; prefere a circulação das riquezas à sua imobilidade. Por isso, entre admitir a produção dos efeitos jurídicos decorrentes do negócio 'substituto' ou declarar a nulidade do negócio efetivamente desejado pelas partes, a lei faz prevalecer a primeira solução, em reconhecimento à utilidade do negócio concretamente realizado"[161].

---

[158] MOSCO, Luigi. *La conversione cit.*, p. 104; BETTI, Emilio. *Teoria geral cit.*, §61, p. 710.
[159] SOARES, Teresa Luso. *A conversão cit.*, p. 46.
[160] SOARES, Teresa Luso. *A conversão cit.*, p. 46.
[161] MOREIRA, Carlos Roberto Barbosa. Aspectos da conversão do negócio jurídico. *In:* ASSIS, Araken de et al. (coord.). *Direito civil e processo: estudos em homenagem ao Professor Arruda Alvim*. São Paulo: RT, 2008, p. 141.

66. REQUISITOS DA CONVERSÃO

Dois são os requisitos para que um negócio nulo se converta em outro válido (art. 170): um *objetivo* e outro *subjetivo*.

Objetivamente, é necessário, para realizar a conversão, que o negócio jurídico nulo contenha os requisitos do negócio que irá substituí-lo (art. 170, 1ª parte)[162]. No teor do Enunciado 13 da I Jornada de Direito Civil realizada pelo Conselho da Justiça Federal, "o aspecto objetivo da conversão requer a existência do suporte fático no negócio a converter-se"[163].

Para uma determinada corrente seria nesse elemento objetivo que se centraria todo o procedimento da substituição entre os dois negócios, o original nulo e o substituto válido, tudo por uma simples operação de *qualificação jurídica*. A vontade das partes somente serviria como limite negativo, isto é, não haveria conversão se se manifestasse de forma contrária a sua aplicação[164]. Não é, porém, o entendimento dominante na doutrina, nem o que se registra no direito positivo dos Países que regularam legislativamente o instituto.

O que prevalece é a exigência ao lado do requisito *objetivo*, também de um outro de natureza *subjetiva*, e que consiste na vontade presumida das partes voltada para o negócio substituto, "se houvessem previsto a nulidade" (art. 170)[165].

---

[162] Para Francisco Amaral, é necessário que haja identidade de *substância* e de *forma* entre o negócio nulo e o convertido (AMARAL, Francisco. *Direito civil – introdução cit.*, p. 545). Quanto à *forma*, Gilberto Fachetti Silvestre, lembrando lição de Luigi Mosco, ensina que "não se pode substituir uma forma mais solene com uma mais simples" (SILVESTRE, Gilberto Fachetti. Requisitos de admissibilidade da conversão substancial do negócio jurídico. *Revista Forense*, Rio de Janeiro, nº 420, p. 129, jul.dez/2014).

[163] Jornadas de Direito Civil, I, III e IV: Enunciados aprovados. Organização do Ministro Ruy Rosado de Aguiar. Brasília: Conselho da Justiça Federal, 2007, p. 18. Cf., no mesmo sentido: LIMA NETO, Francisco Vieira; FACHETTI, Gilberto. Sobre a conversão substancial do negócio jurídico (art. 170 do CC). *In:* ASSIS, Araken de *et al.* (coord.). *Direito civil e processo: estudos em homenagem ao Professor Arruda Alvim.* São Paulo: RT, 2008, p. 169. Eduardo Luiz Bussatta ressalta que "o novo negócio, decorrente da aplicação da conversão, deve encontrar, nas ruínas do negócio inválido, os elementos previstos em lei para a sua total validade" (BUSSATTA, Eduardo Luiz. Conversão substancial do negócio jurídico. *Revista de Direito Privado,* São Paulo: RT, ano 07, v. 27, p. 162, abr.jun/2006).

[164] MOZOS. *La conversión cit.*, pp. 70 e 76-80; BETTI. *Teoria geral cit.*, § 61, p. 710.

[165] "A formulação desse dispositivo não deixa margem para dúvida, de que se trata de um critério segundo o qual começa por se verificar, por uma operação de subsunção, se o negócio celebrado pelas partes, nulo, contém os requisitos substanciais e formais de um outro tipo negocial, tais como exigidos por lei e só subsistirá este se puder concluir-se que as partes o teriam querido como meio, alternativo, de alcançar o fim em vista, com a celebração do negócio nulo, se tivessem previsto a nulidade. *Parte-se assim de um critério objetivo na medida em que se começa por uma operação de qualificação jurídica, que só permanece, após uma aferição de caráter subjetivo.* Esta só poderá ser realizada, ao que nos parece, pela apuração

216 | NEGÓCIO JURÍDICO • Humberto Theodoro Jr. e Helena Lanna Figueiredo

O elemento subjetivo, destarte, está calcado numa vontade suposta dos declarantes. Não se exige a existência efetiva ou concreta de uma vontade, que tivesse de ser real, mas sim "uma vontade meramente hipotética"[166].

Por mais que o repilam os adeptos do objetivismo, o certo é que a disciplina legal positiva inclui o requisito subjetivo entre os exigidos para permitir a conversão do negócio jurídico nulo (Cód. brasileiro, art. 170; Código alemão, § 140; Código italiano, art. 1.424, § 2º; Código português, art. 293º).

Disso decorre que, se as partes previram a possibilidade da nulidade e se portaram em posição de insistir conscientemente no risco da invalidação do negócio, não terá cabimento a aplicação do mecanismo da conversão[167].

No aspecto processual, tem-se entendido que a conversão não deve ser efetuada de ofício pelo tribunal, mas dependerá de requerimento da parte[168], a quem competirá demonstrar os elementos necessários à determinação da vontade hipotética dos contratantes.

67. APLICABILIDADE DA CONVERSÃO

Pontes de Miranda apresenta um rol de exemplos de conversões mais frequentes. Começa pela visão geral dos atos formais (ou solenes) que, em regra, ao se invalidarem por deficiência de forma podem se converter em outro que não reclame o mesmo rigor de solenidade, como se dá com: *a)* a letra de câmbio ou a nota promissória, que, nulas por vício de forma, podem valer como recibo ou confissão de débito; *b)* a cessão de crédito, quando insuscetível de transferência, que pode valer como procuração; *c)* a compra e venda que, referindo-se a prédio futuro pode, na inviabilidade de uma condição suspensiva, ser convertida em contrato de opção; *d)* se a compra e venda for nula como tal, pode converter-se em promessa de compra

---

dos fins tidos em vista pelas partes tais como resultam da declaração negocial" (MIRANDA, Custódio da Piedade Ubaldino. *Teoria geral do negócio jurídico cit.*, nº 8.2.3.4, p. 183-184).

[166] FERRARA, Luigi Cariota. *Il negozio cit.*, p. 378; TRABUCCHI, Alberto. *Istituzioni cit.*, nº 84, pp. 189-190.

[167] "A conversão supõe que o figurante ou os figurantes não conheciam a invalidade; porque, se a conheciam, quiseram o nulo; quem quis o nulo não quis que valesse; se tivessem querido que valesse, teriam querido outro negócio jurídico" (PONTES DE MIRANDA, Francisco Cavalcanti. *Tratado cit.*, t. IV, § 374, nº 3, p. 134). No mesmo sentido: MOSCO, Luigi. *La conversione del negozio giuridico.* Napoli: Jovene, 1947, p. 236. Gilberto Fachetti Silvestre ressalta, ainda, o princípio da boa-fé, uma vez que "nada há o que salvaguardar se não há intento prático perseguido pelos celebrantes do ato, já que celebrar um negócio sobre o qual se tem consciência da impossibilidade de produção de efeitos significa, no mínimo, não desejá-los" (SILVESTRE, Gilberto Fachetti. Requisitos de admissibilidade da conversão substancial do negócio jurídico, p. 139).

[168] MENEZES CORDEIRO, António Manuel da Rocha e . *Tratado de direito civil português, cit.*, v. I, t. I, nº 234, p. 669.

e venda; *e)* se entre proprietários de dois apartamentos se vende o direito de usar certa serventia inseparável da unidade, pode haver conversão para servidão etc.[169].

João Alberto Schützer Del Nero também arrola grande número de casos de conversão, nos variados ramos do direito, como: *a)* a falsa declaração de paternidade que se converte em adoção; *b)* se o penhor não vale formalmente como tal, pode valer como direito de retenção; *c)* se é nula a alienação do usufruto, pode valer como cessão do direito de exercício dele; *d)* a renúncia pura a elementos do domínio, que não se admite como tal, pode se transformar em constituição de servidão; *e)* a renda sobre imóvel pode converter-se em usufruto, em caso de nulidade da primeira (por exemplo, por configuração da hipótese do art. 1.425 do Cód. Civil de 1916); *f)* a doação de bem inalienável poderia converter-se em usufruto ou uso; *g)* o direito real de retrato pode mudar-se em direito pessoal de preferência, se nula a estipulação do direito real; *h)* a cessão nula de direitos pode valer como constituição de penhor ou caução; *i)* a cessão dos direitos intransferíveis de sócio pode converter-se em cessão de créditos cessíveis; *j)* a compra e venda de imóvel por nulidade do instrumento pode transformar-se em compromisso de compra e venda, que não depende daquela solenidade para valer; *k)* o contrato real de mútuo, por falta de prévia tradição, pode converter-se em contrato consensual de abertura de crédito; *l)* a cessão do direito de voto em sociedade (direito incessível) pode valer como mandato; *m)* a renúncia antecipada da prescrição, que como tal não vale, pode converter-se em reconheci-mento da dívida e, assim, servir como causa de interrupção do prazo prescricional[170].

O STJ já converteu uma doação nula em mútuo gratuito:

"3. O contrato de doação é, por essência, solene, exigindo a lei, sob pena de nulidade, que seja celebrado por escritura pública ou instrumento particular, salvo quando tiver por objeto bens móveis e de pequeno valor.

4. A despeito da inexistência de formalidade essencial, o que, *a priori*, ensejaria a inva-lidação da suposta doação, certo é que houve a efetiva tradição de bem móvel fungível (dinheiro), da recorrente a sua filha, o que produziu, à época, efeitos na esfera patri-monial de ambas e agora está a produzir efeitos hereditários.

5. Em situações como essa, o art. 170 do CC/02 autoriza a conversão do negócio jurí-dico, a fim de que sejam aproveitados os seus elementos prestantes, considerando que as partes, ao celebrá-lo, têm em vista os efeitos jurídicos do ato, independentemente da qualificação que o Direito lhe dá (princípio da conservação dos atos jurídicos).

6. Na hipótese, sendo nulo o negócio jurídico de doação, o mais consentâneo é que se lhe converta em um contrato de mútuo gratuito, de fins não econômicos, porquanto é

---

[169] PONTES DE MIRANDA, Francisco Cavalcanti. *Tratado cit.*, t. IV, § 377, nº 1, p. 141. O exemplo que referido autor dá de conversão do testamento cerrado nulo em testamento particular não é de acolher-se, visto que a alteração se dá somente na forma e não na substância do negócio jurídico.

[170] DEL NERO, João Alberto Schützer. *Conversão cit.*, pp. 421-446.

incontroverso o efetivo empréstimo do bem fungível, por prazo indeterminado, e, de algum modo, a intenção da beneficiária de restituí-lo"[171].

68. FIGURAS AFINS

Embora possam guardar alguma semelhança com a conversão do negócio jurídico, com esta não se devem confundir: a) a repetição do ato nulo[172], b) a ratificação do ato anulável[173], c) a simulação, a interpretação integrativa e o negócio jurídico indireto[174], d) a modificação *lato sensu* e a invalidade parcial do negócio[175], e) o negócio com vontade alternativa[176].

Em todos esses casos, não há conversão do negócio primitivo nulo por força de elementos de outros já presentes no primeiro. O negócio mantém-se o mesmo em sua substância ou sofre modificações por força de elementos exógenos.

69. A SIMULAÇÃO

No sistema do Código de 1916, a simulação era causa de anulação do negócio jurídico. O Código atual, seguindo o modelo alemão (BGB, § 117), comina nulidade para o negócio simulado (art. 167)[177]. É a tese que prevalece, também, no direito italiano, onde a grande maioria da doutrina assim o qualifica, havendo, porém, quem, aponte *ineficácia* no ato realizado sob simulação[178], e até *inexistência*[179]. Igualmente no direito português, se qualifica o ato contaminado por simulação como "nulo por *falta* de um elemento essencial dos atos jurídicos: a vontade real dos declarantes"[180].

---

[171]   STJ, 3ª T., REsp. 1.225.861/RS, Rel. Min. Nancy Andrighi, ac. 22.04.2014, *DJe* 26.05.2014.

[172]   MIRANDA, Pontes de. *Tratado cit.*, t. IV, § 379, nº 3, p. 143-144.

[173]   *Idem, ibidem*; SOARES, Teresa Luso. *A conversão* cit., p. 73.

[174]   SCHMIEDEL, Raquel Campani. *Negócio jurídico cit.*, nº 5.4.1, p. 78; DEL NERO, João Alberto Schützer. *Conversão cit.*, nº 46, pp. 389-406; SOARES, Teresa Luso. *A conversão cit.*, p. 74.

[175]   DEL NERO, João Alberto Schützer. *Conversão cit.*, pp. 407-420.

[176]   SOARES, Teresa Luso. *A conversão cit.*, pp. 76-77.

[177]   "A opção legislativa é justificável porque a simulação ofende o interesse público de correição e de veracidade das relações negociais e não meramente os interesses particulares dos declarantes" (ROSENVALD, Nelson; FARIAS, Cristiano Chaves de. *Curso de direito civil cit.*, p. 534).

[178]   "La legge dichiara il contratto simulato senza effetto tra le parti (1.414 cc.). Secondo l'opinione prevalente la simulazione costituirebbe un'ipotesi di nullità. È tuttavia più appropriato parlare di inefficacia in quanto la simulazione non integra una irregolarità del contratto (violazione di norme imperative, imposibilità dell'oggetto, ecc.)" (BIANCA, C. Massimo. *Diritto civile*. Ristampa. 2. ed. Milano: Giuffrè, 2000, v. 3, nº 381, p. 696).

[179]   CAGNETTA. *Simulazione*, no *Digesto* Italiano, p. 432, *apud* SANTOS, José Beleza dos. *A simulação em direito civil*. 2.ed. São Paulo: Lejus, 1999, nº 58, p. 245.

[180]   SANTOS, José Beleza dos. *A simulação em direito civil cit.*, *loc. cit.*

Para o direito positivo brasileiro atual não há que se discutir sobre a natureza da simulação: o negócio jurídico realizado de forma simulada é taxativamente classificado como negócio nulo[181].

Na verdade, a simulação que o Código trata como causa de nulidade do negócio jurídico é a que decorre de uma falsidade com o propósito de enganar a quem venha dele tomar conhecimento. É essa mentira contida no suporte fático do negócio que torna ilícito o seu objeto e, por isso, lhe acarreta a pena de nulidade[182]. Não é necessário que a inveracidade cause dano efetivo a alguém. Ela, por si, é suficiente para invalidar o negócio simulado.

Reportando-se à lição de Ferrara, registra Octavio Moreira Guimarães que a vontade exteriorizada dos simuladores "não é expressão de um interesse sério", mas "é uma mentira para iludir terceiros... Os que urdirem o engano do terceiro praticam um delito, e não um negócio jurídico"[183]. Se não precisa lesar terceiros é, entretanto, indispensável iludi-los. Não procede a opinião de limitar a simulação a uma causa de ineficácia, pois se o negócio simulado não produz eficácia, tal decorre da própria invalidade do negócio, e não de apenas um defeito exterior a ele que o impeça de gerar seu efeito aparente. Também a inexistência não é convincente na espécie, isto porque o estado de fato criado pelo negócio simulado não é de todo desprovido de certos efeitos. Mesmo sua nulidade não impede, por exemplo, que terceiros de boa-fé adquiram direitos duradouros a partir de subaquisição praticada junto a um dos simuladores[184].

Nem mesmo o propósito de fraudar a lei o atual Código menciona entre as causas da simulação ilícita. É que a fraude à lei foi inserida, por sua própria natureza, entre os casos típicos de nulidade (art. 166, VI). Eliminou-se a complicação que o Código anterior suscitava quanto à distinção entre simulação para burlar a lei e nulidade por fraude à lei. No Código atual, a simulação somente se refere aos atos tendentes a enganar terceiros, e a fraude à lei imperativa é, ela mesma, simples modalidade da nulidade em geral, como prevê o art. 166, em seu inciso VI. Tem-se, portanto, de tipificar a simulação, fora do elenco do art. 166, apenas levando em

---

[181] "O legislador considerou vício negocial, até mesmo se levada a efeito sem a intenção de prejudicar terceiros ou de violar a lei" (MIRANDA, Custodio da Piedade Ubaldino. *Teoria geral do negócio jurídico cit.*, nº8.2.2.1, p. 156).

[182] "O negócio absolutamente simulado é nulo. Afastada a aparência enganadora que o apresentava como sério, nada resta dele" (item nº 53). Na simulação relativa, também o efeito é "a nulidade do negócio aparente", embora possa valer o eventual "negócio verdadeiro que contém" (item nº57) (FERRARA, Francesco. *A simulação dos negócios jurídicos.* Campinas: Red Livros, 1999, nos 53 e 57, pp. 323 e 329).

[183] GUIMARÃES, Octavio Moreira. *Da boa-fé ao direito civil brasileiro.* 2.ed. São Paulo: Saraiva, 1953, pp. 81-82.

[184] "Daqui se vê que não se trata de atos inexistentes, isto é, de atos de que não pode logicamente conceber-se a existência, nem mesmo como estado de fato" (SANTOS, José Beleza dos. *A simulação em direito civil cit.*, nº 58, p. 246).

conta a preocupação legal de punir, pelo mecanismo da invalidade, o ato simulado que não corresponde à verdadeira vontade dos declarantes e que passa a terceiros uma falsa noção da realidade jurídica por eles arquitetada.

Dizia o Código anterior que a simulação não viciava o ato jurídico quando praticada sem a intenção de prejudicar a terceiros ou de violar disposição de lei (art. 103). Logo, o vício do negócio simulado derivava da má-fé – "o intuito de prejudicar alguém ou de fraudar a lei" – e não da falsidade inserida na declaração negocial.

Feita a reclassificação de *anulabilidade* (defeito do negócio) para *nulidade* (ilicitude do objeto), a simulação no atual Código deverá acontecer quando as partes do negócio jurídico, de comum acordo, emitirem, deliberadamente, declarações divergentes de sua vontade (a declaração é mentirosa, falsa) com o objetivo de enganar terceiros conforme a lição de Cariotta Ferrara[185]. Não é necessariamente pelo prejuízo de outrem que se dá a simulação, mas pela versão enganosa com que terceiros são iludidos diante de uma convenção que só tem aparência[186]. Ainda à luz do ensinamento do civilista italiano, que se amolda bem ao regime do Código brasileiro, a simulação invalidante tem de apresentar as seguintes características:

a) divergência intencional, deliberada, entre a vontade e a manifestação;

b) acordo simulatório entre as partes contratantes ou entre o declarante e o destinatário da declaração nos negócios unilaterais receptícios;

c) o escopo de enganar terceiros, estranhos ao ato[187].

d) Mas, "reconhecida a simulação, cabe assinalar que nem por isso se torna inválido o negócio dissimulado subjacente. Ele o será na medida em que for contrário ao direito"[188].

A simulação, é verdade, acarreta invariavelmente a nulidade do negócio aparente, porque falso; havendo, contudo, negócio verdadeiro oculto (dissimulado), este subsistirá, "se válido for na substância e na forma", como prevê o art. 167, *caput*. Dessa maneira, "a simulação não torna nulo o que é válido; nem torna válido o que é nulo"[189]. Atinge apenas o aspecto falso do negócio.

---

[185] FERRARA, Luigi Cariota. *Il negozio giuridico*. Napoli: Ed. Morano, s/d, p. 530.

[186] "O fato de ser praticado com ou sem prejuízo de terceiro não pode evidentemente alterar o caráter de nulidade que o fere" (SANTOS, José Beleza dos. *A simulação em direito civil cit.*, nº 58, p. 247).

[187] FERRARA, Luigi Cariotta. *Ob. cit., loc. cit.*

[188] STF, 2ª T., RE 71.580/GB, Rel. Min. Thompson Flores, ac. 06.09.71, *DJU* 05.11.1971, p. 6.129.

[189] GHESTIN, Jacques. *Traité de droit civil – les effects du contrat*. 2.ed. Paris: LGDJ, 1994, nº 514, p. 560.

69.1. A profundidade da inovação introduzida na sistemática da simulação

Não foi somente no deslocamento da anulabilidade que o Código de 2002 inovou. A maior alteração se deu no próprio conceito de simulação. Para o Código de 1916, só se considerava defeito capaz de invalidar o negócio jurídico a simulação que fosse praticada com a "intenção de prejudicar a terceiros, ou de violar disposição de lei" (art. 104). Sem esse objetivo a simulação inocente não entrava na cogitação das normas disciplinadoras dos vícios invalidantes. O elemento *nocividade* integrava, destarte, a definição legal da figura jurídica.

Agora, o atual Código considera *nulo* o negócio (e não mais anulável) e o faz simplesmente porque produto de *simulação,* ou seja, declaração que não corresponde à vontade real dos sujeitos do negócio. Nada se exige, para ter-se a simulação, no plano dos objetivos anteriores ou posteriores à declaração, a não ser a aparência não verdadeira da declaração.

A declaração divorciada da efetiva vontade dos declarantes tem, evidentemente, o objetivo de iludir terceiros, que tomarão como verdadeiro um negócio, que apenas tem aparência de negócio jurídico, mas que nunca foi realmente querido por aqueles que o simularam. Não é em função do *prejuízo* de terceiros que o ato é nulo, no sistema alemão, ora adotado pelo Código brasileiro. É porque a declaração não corresponde ao negócio efetivamente querido e realizado pelas partes, embora não divulgado ostensivamente: se a declaração manifestada frente a outra pessoa, "é emitida de acordo com esta só em aparência, *é nula*" – é o que dispõe o art. 117 do BGB.

É o mesmo que, de forma categórica, enuncia o art. 167 do Código brasileiro: "É nulo o negócio jurídico simulado". A invalidade expressamente não depende de outros qualificativos além da própria ideia de simulação, ou seja, a de declaração aparente que não corresponde ao verdadeiro querer dos declarantes[190].

Não é mais, portanto, o prejuízo dos terceiros que provoca a invalidade: "O ato aparente é considerado nulo pelo § 117 do BGB, porque nenhuma vontade real vai sustentá-lo"[191].

Sendo simétrica a disposição do art. 167 de nosso Código, também entre nós o ato simulado, meramente aparente, é considerado nulo porque nenhuma vontade real o sustenta. Nele não se vê uma declaração que possa gerar negócio jurídico, já que o que as partes fizeram só é "declaração em aparência"[192].

---

[190] "A simulação traduz uma violação das regras que prescrevem os elementos essenciais do ato jurídico, da qual resulta a nulidade deste" (SANTOS, José Beleza dos. *A simulação em direito civil cit.*, nº 58, p. 248).

[191] "L'acte apparent est considéré comme nul par le § 117 do BGB, car aucune volonté réelle ne le soustend" (FERRAND, Frédérique. *Droit privé allemand*. Paris: Dalloz, 1997, nº 217, p. 245).

[192] ENNECCERUS, Ludwig, THEODOR, Kipp, WOLFF, Martin. *Tratado de derecho civil*. 2.ed. Barcelona: Bosch, 1950, v. 2, t. I, § 156, nº 11, p. 185.

Não é diferente o sistema da França e da Itália, nem o do moderníssimo Código de Quebec.

Para o direito francês o que vale não é o negócio simulado, mas o que realmente quiseram avençar os contratantes (art. 1.321). A simulação, por si, não torna ilícito o negócio verdadeiro, isto é, aquilo que foi efetivamente ajustado entre os agentes do negócio aparente[193]. Pressupõe ela a coexistência de duas convenções: uma *ostensiva* e outra *oculta*, ajustadas entre as mesmas partes, sendo que esta se destina a modificar ou anular as estipulações da primeira[194].

Da mesma forma, na Itália, o negócio simulado é plenamente ineficaz entre as partes (art. 1.414). Diante da simulação na prática negocial, "o ordenamento assume, em linha de princípio, uma posição neutra"[195]; pois não há, em regra, razão para impedir que o ajuste verdadeiro (dissimulado) valha e seja eficaz entre aqueles que o engendraram; e só interfere para impedir o efeito do negócio oculto quando se torna necessário "evitar que sejam prejudicados os terceiros e os credores, ou que sejam, mais genericamente, ocultados, por trás de esquemas aparentemente lícitos, negócios ilícitos"[196]. Não havendo direitos a resguardar, para terceiros, a simulação impede, no direito italiano, que o negócio simulado produza qualquer efeito; o que não elimina, entretanto, os efeitos do negócio dissimulado (o oculto).

Pelo Código de Quebec, igualmente, o que vale entre as partes não é o contrato aparente, mas o contrato oculto, que elas quiseram realmente estabelecer (art. 1.451). Isto quer dizer que não vale o contrato aparente, visto que "em suas relações, os contratantes devem cumprir o contrato que realmente queriam. Portanto, nem um nem outro pode se recusar de dar efeito à contradeclaração"[197].

Portanto, o sistema adotado pelo Código brasileiro atual é o da nulidade de todo negócio simulado, não importa o intuito dos contratantes, nem o efeito prático do negócio aparente. Este sempre será nulo e sempre prevalecerá para os figurantes a situação jurídica dissimulada como a relevante para o direito, pouco importando a boa ou má-fé dos simuladores. Verificada a simulação, é da situação verdadeira

---

[193] A jurisprudência na França ressalta, com frequência, *"que la simulation n'est pas en soi une cause de nullité de l'acte qui en est l'objet"* (STARCK, Boris, ROLAND, Henri, BOYER, Laurent. *Obligations. 2-Contrat.* 5.ed. Paris: LITEC, 1995, nº 973, p. 409).

[194] Cour de Cassation, 13.1.53. *Code Civil.* 89.ed. Paris: Dalloz, 1990, p. 832.

[195] *"L'ordinamento assume, in linea di principio, una posizione neutra"* (GERI, Lina Bigliazzi, BRECCIA, Umberto, BUSNELLI, Francesco D., NATOLI, Ugo. *Diritto civile. 1.2. Fatti e atti giuridici.* Torino, UTET, 1997, nº 109, p. 733).

[196] *"Evitare che siano pregiudicati i terzi e i creditori, o che siano, più in generale, occultati, dietro schemi leciti aparrenti, negozi illeciti"* (GERI, Lina Bigliazzi, BRECCIA, Umberto, BUSNELLI, Francesco D., NATOLI, Ugo. *Diritto civile. 1.2. Fatti e atti giuridici.* Torino, UTET, 1997, nº 109, p. 733).

[197] *"Dans leurs relations, les contractants doivent s'en tenir au contrat qu'ils ont réellement voulu. Ni l'un ni l'autre ne peut donc refuser de donner effet à la contre-lettre"* (BAUDOUIN, Jean-Louis; RENAUD, Yvon. *Code civil du Quebec annoté.* 4.ed. Montreal: W&L, 2001, v. II, p. 1.660 (comentários do Ministro da Justiça ao art. 1.451)).

Capítulo VIII: As Nulidades | **223**

(a oculta), que a lei irá coibir eventuais efeitos injurídicos, protegendo os interesses de terceiros acaso prejudicados (art. 167, § 2º). Para as partes é, outrossim, o ajuste verdadeiro (oculto), que, por sua vez, deverá reunir os requisitos legais de validade contratual[198].

69.2. Conceito e efeitos da simulação

Simular (do latim *simulare*) quer dizer imitar, fingir, disfarçar[199]. Em direito, portanto, ocorre, a simulação quando as partes criam um contrato ou um negócio unilateral receptício com o propósito de que não corresponda à realidade de seu efetivo relacionamento jurídico. Quer-se uma doação, mas firma-se uma compra e venda; ou nenhum vínculo real existe, mas lavra-se um contrato qualquer para apenas aparentar uma situação jurídica. A simulação, portanto, "é um fenômeno de aparência negocial criada intencionalmente"[200].

No Código francês, identifica-se a simulação pela existência, entre as partes do negócio jurídico, de uma *contradeclaração*. Em sentido diverso da declaração de vontade divulgada, para conhecimento de terceiros, há uma *contre-lettre* conhecida apenas das partes (Cód. Civil francês, art. 1.321).

Da mesma forma, o Código de Quebec fala, a propósito da situação, em um contrato ostensivo e "um contrato secreto", que também se denomina "contradeclaração" (art. 1.451). É essa *contre-lettre* que vigora entre as partes, sobrepujando-se ao contrato aparente, de sorte que nenhum dos dois contratantes pode recusar efeito à contradeclaração ocultada do público.

Na linguagem de pontes de Miranda, "a simulação supõe que se finja: há ato jurídico, que se quis, sob o ato jurídico que aparece; ou não há *nenhum* ato jurídico, posto que haja a aparência de algum"[201].

---

[198] "En effet, ce qui a une existence juridique entre les parties, c' est la contre-lettre; c'est donc elle qui doit réunir les conditions formelles de validité des contrats" (STARCK, Boris *et al. Obligations cit.,* nº 975, p. 409).

[199] FIGUEIREDO, Cândido. *Dicionário dei língua portuguesa.* 13.ed. Lisboa: Bertrand, 1949, v. II, p. 1.038.

[200] BIANCA, C. Massimo. *Diritto civile cit.,* v. 3, nº 381, p. 696. Para Miranda, a simulação "é um procedimento complexo a que as partes recorrem para a criação de uma aparência enganadora. Nesse procedimento, mediante uma só intenção, as partes emitem duas declarações: uma destinada a permanecer secreta e a outra com o fim de ser projetada para o conhecimento de terceiros, isto é, do público em geral. A declaração, destinada a permanecer secreta, consubstanciada numa *contradeclaração* ou *ressalva,* constata a realidade subsistente entre os simuladores. O procedimento simulatório é deliberado pelas partes mediante um acordo ou pacto (*pactum simulationis*) pelo qual celebram um negócio jurídico aparente" (MIRANDA, Custódio da Piedade Ubaldino. *Teoria geral do negócio jurídico cit.,* nº 8.2.2.1, p. 159).

[201] PONTES DE MIRANDA, Francisco Cavalcanti. *Tratado de Direito Privado cit.,* t. IV, § 469, nº 1, p. 505.

Para identificar a simulação e distingui-la de outros defeitos do negócio jurídico, como o erro e o dolo, é preciso ter em conta que ela só se configura quando a recíproca declaração das partes, conscientemente, não corresponde à sua real intenção. Como ressalta Trabucchi, embora a declaração seja consciente e desejada, não é querido o seu conteúdo. O contraste entre vontade verdadeira e vontade declarada é conhecido e desejado por consenso dos que participam do negócio simulado[202].

O que, de fato acontece, é uma completa divergência entre a vontade e a declaração, ou seja, entre a verdadeira vontade e aquela aparência de vontade gerada pela declaração falsa. Num só contexto os simuladores emitem a vontade aparente e manifestam a contravontade oculta, para evitar que entre eles prevaleça a relação jurídica aparente. Desta maneira o que querem os sujeitos do negócio simulado é que este não prevaleça entre eles, mas que valha o negócio oculto (o negócio *dissimulado*). Há duas ordens de negócio: uma verdadeira e operante entre as partes; outra falsa para conhecimento de terceiros, mas que só se presta a evitar que estes conheçam o verdadeiro negócio praticado entre os seus sujeitos[203].

Diferentes são, pois, as consequências da simulação entre os seus agentes e perante terceiros. Entre as partes tem-se como inexistente o contrato aparente e como válido o negócio verdadeiro, desde que se disponha de provas para demonstrá-lo. Quanto aos terceiros de boa-fé, não podem ser prejudicados pela falsidade do negócio aparente. Se este frauda direitos preexistentes, sua nulidade fará com que prevaleça a situação anterior, invalidando tudo o que simuladamente se arquitetou para lesar terceiros. Se, por outro lado, o terceiro de boa-fé adquiriu direitos supervenientes à simulação, negociando com a parte que detinha a aparente titularidade da situação jurídica, os autores da simulação não terão como opor-lhe o negócio dissimulado (art. 167, § 2º). Para esses terceiros de boa-fé, o que prevalece é a aparência, para eles invencível. Quem a criou, deve sustentá-la, em face dos terceiros que negociaram nela confiando.

Por outro lado, se a simulação não afeta direitos de terceiros nem oculta violação à lei imperativa, nenhuma repercussão maior há de ter no plano jurídico. Fica confinada ao terreno da liberdade negocial e a qualquer tempo, uma parte contra a outra poderá fazer atuar a *contradeclaração*, para dar eficácia ao negócio verdadeiro e afastar o negócio aparente. O problema é apenas de prova da contradeclaração. A parte que alegar sua existência terá o ônus de prová-la, sob pena de prevalecer a declaração aparente. Essa revogação oculta do negócio entre as partes pode conduzir simplesmente à eliminação total do negócio simulado (se oculto nenhum outro existe), ou levar à eficácia do negócio dissimulado (o verdadeiro), desde que atendidas

---

[202]   TRABUCCHI, *Istituzioni cit.*, nº 63, p. 129.

[203]   BATALHA, Wilson de Souza Campos. *Defeitos dos negócios jurídicos*. Rio de Janeiro: Forense, 1988, nº 6.1, p. 157.

Capítulo VIII: As Nulidades | **225**

suas exigências legais de forma e substância[204]. Existindo meio de provar o negócio verdadeiro (oculto), é este e não o aparente que existirá para as partes e terá de ser por elas cumprido. Se a simulação for absoluta nenhum negócio terá havido entre as partes, e será em função dessa ausência de negócio jurídico que elas terão de pautar seu recíproco relacionamento.

69.3. Simulação e figuras afins

O primeiro cotejo a ser feito é entre a reserva mental e a simulação, porque ambas atuam por meio de ocultação da vontade verdadeira do declarante.

A reserva mental, figura prevista no art. 110, do CC, oculta vontade do contratante diversa da que foi declarada na prática do negócio jurídico, e não sendo do conhecimento da outra parte, não afeta a manifestação. Isto é, sem embargo da reserva mental, o negócio será eficaz nos termos da declaração. De nada vale, para o negócio declarado, a vontade verdadeira do agente, se esta não chegou a ser declarada, por algum motivo, que só à parte diz respeito. A eficácia do negócio dar-se-á apenas sobre a declaração, se esta não foi viciada e teve seu teor estabelecido livre e conscientemente pela parte.

A simulação não se confunde com a reserva mental porque esta não tem consequências jurídicas[205]. O ato é válido exatamente como foi exteriorizado, mesmo que a intenção do declarante fosse diferente e ainda que tivesse ele prova de seu verdadeiro e oculto propósito[206]. Só se pode pensar em vício do negócio, quando o outro contratante, tendo conhecimento do propósito oculto, maliciosamente contratou para se aproveitar da situação em que se encontrava o parceiro. Em tal conjuntura, a lei permite à parte que fez a reserva mental provar sua existência e opô-la ao outro contratante, porque este teria se conduzido de maneira dolosa[207].

---

[204] BARBERO, Domenico, *Sistema de derecho privado*. Buenos Aires: EJEA, 1967, v. I, nº 57, p. 549.

[205] A reserva mental pode ser também chamada de "simulação unilateral", porque o fenômeno se passa exclusivamente no âmbito do declarante, sem adesão ou sequer conhecimento do cocontratante. Por isso, "a differenza della simulazione, la riserva mentale, mancando l'accordo simulatorio e non uscendo, per cosi dire, dal segreto del dichiarante, non ha alcuna rilevanza sulla validità del negozio" (DIENER, Maria Cristina. *Il contratto in generale cit.*, nº 13.9.1, pp. 734-735).

[206] "Claro está que situando-se na mente do agente, em sede de mera *cogitatio*, a reserva mental não tem relevância para o direito, até que se exteriorize." Se exteriorizada e conhecida da outra parte, poderá, aí sim, tornar-se uma simulação, pela adesão que esta lhe der. Se tal concerto ocorrer, terá a reserva mental se transformado "em simulação, tornando, por consequência, passível de invalidade o negócio jurídico celebrado" (GAGLIANO, Pablo Stolze; PAMPLONA FILHO, Rodolfo. *Novo curso de direito civil – Parte Geral*. 14.ed. São Paulo: Saraiva, 2012, v. I, p. 420).

[207] O BGB prevê que "a declaração de vontade não será nula, porque o declarante reserva secretamente sua intenção de não querer o declarado. Será nula quando feita a outro que conheça a reserva" (§ 116). A norma equivale à que consta do art. 110 do Código brasileiro.

Diferentemente da reserva mental, que é fenômeno unilateral, a simulação é fruto de necessário acordo entre os contratantes, porquanto é pelo consenso entre as partes que se estabelece o negócio simulado. Com a reserva mental geralmente o que deseja uma parte é enganar o outro contratante, ocultando-lhe suas verdadeiras intenções e objetivos. Na simulação o negócio aparente é arquitetado por ambas as partes, para enganar terceiros[208]. Entre as partes não há engano algum[209]. Na reserva mental o que deve prevalecer é a declaração exteriorizada. Na simulação não vale a declaração aparente, mas a que ficou oculta (dissimulada).

Também os *negócios indiretos* são figuras próximas mas diferentes da simulação. Nesse tipo de negócio as partes usam uma figura negocial típica para atingir objetivos que não lhe são próprios, mas isto não é feito para enganar ou prejudicar ninguém. Não se oculta o que realmente querem os sujeitos do negócio. O meio técnico utilizado é que não é normal. O resultado, porém, não é contrário ao direito. Na simulação o que se quer não é o negócio praticado, mas, ou se intenta ocultar uma situação de total ausência de relação jurídica (simulação absoluta), ou um outro negócio completamente diverso do aparente (simulação relativa). Às vezes pode-se quase confundir a simulação relativa com o negócio indireto, quando, por exemplo, os agentes do negócio simulado não tenham o objetivo de lesar terceiros (simulação inocente). Aí, realmente, a diferença será tênue e há quem até identifique as duas figuras. Não é, porém, impossível distingui-las: o negócio indireto usa uma via oblíqua, em lugar da via normal; usa um negócio típico fora de seu fim específico, mas o seu fim é, de fato perseguido, embora não dentro da normalidade. Tudo o que aparenta o negócio praticado é realmente querido. A divergência é de *função* apenas. É o que se passa com o uso do cheque pré-datado em lugar da nota promissória. Na simulação relativa, a diferença é de *substância*. Não se desvia o negócio aparente da função apenas. O negócio realmente querido é outro, essencialmente diverso: pratica-se, aparentemente, uma compra e venda, quando na realidade o que houve foi uma doação[210].

O exemplo clássico de negócio indireto, e, portanto, não simulado, é o *negócio fiduciário*. Por ele se transfere ou constitui um direito, sob condição de o adquirente retransmiti-lo a outrem, por meio de outro negócio. Depois de assumir a titularidade do bem o adquirente se obriga a restituí-la ao transmitente ou a repassá-la a terceiro. O devedor, por exemplo, confere mandato ao seu credor para cobrar créditos do mandante e com o produto compensar seus débitos pendentes; o dono de uma fábrica transfere sua propriedade aos credores, com o compromisso de retorná-la tão logo

---

[208] CIFUENTES, Santos. *Negócio jurídico cit.*, § 259, p. 494.

[209] GONÇALVES, Carlos Roberto. *Direito civil brasileiro – parte geral*. 10.ed. São Paulo: Saraiva, 2012, v. I, p. 489.

[210] Para BETTI, na simulação há uma incompatibilidade entre o negócio oculto e o aparente (ex.: compra e venda sem preço), enquanto no negócio indireto há apenas uma incongruência de fins, que, embora distintos, são compatíveis entre si (*Teoria geral cit.*, nº 50, p. 563).

Capítulo VIII: As Nulidades | **227**

a produção obtida cubra os débitos existentes; e outras situações dessa natureza. No primeiro caso, o mandato fez as vezes de uma cessão de crédito, e, no segundo, a compra e venda exerceu a função de caução.

Diferente do que se passa com o negócio simulado, há nos negócios fiduciários ou indiretos, um contrato real, com efetiva transferência de propriedade ou crédito. O que é novo, em relação ao negócio típico, é a obrigação imposta ao beneficiário de usar o bem ou direito adquirido de modo que possa restituí-lo ou trespassá-lo a outrem[211].

Outra figura que se aproxima da simulação é a fraude contra credores. Enquanto, porém, a simulação pode prejudicar credores por meio da falsa aparência dada ao negócio, a fraude chega ao mesmo resultado, mas por via de negócio verdadeiro. É negócio lesivo aos credores a venda fictícia dos bens do devedor; isto porém é intentado por meio de um negócio inexistente em substância, pois na verdade os bens não foram seriamente transferidos. Já na fraude contra credores, o negócio translatício é real, mas por reduzir o devedor à insolvência, torna-se prejudicial aos credores, que perdem a garantia de realização de seus direitos. Dessa forma, o devedor pode lesar seus credores, tanto por meio de simulação como de fraude, mas as duas figuras não se confundem: uma se baseia na falsidade e outra apenas no desprezo à garantia patrimonial devida[212].

Por isso, a simulação acarreta a nulidade do ato praticado em prejuízo dos credores, e a fraude apenas provoca a ineficácia dele, em relação aos credores, deixando-o subsistir válido entre os sujeitos do negócio.

A simulação também se diferencia do erro e do dolo. No primeiro, o agente, por ter uma falsa noção da realidade, não é enganado nem induzido. A divergência entre a declaração de vontade e a real intenção é espontânea[213]. No dolo, um contratante induz o outro em erro maliciosamente, para obter negócio jurídico que lhe seja mais favorável. A simulação, ao contrário, é praticada pelos contratantes que, cientemente declaram uma vontade que não é a real, para esconder sua verdadeira intenção.

O Tribunal de Justiça de São Paulo já tratou como simulação uma hipótese típica de dolo, ao julgar uma apelação com a seguinte ementa:

"Simulação. Duas pessoas adquirem a posse de um rancho de lazer na beira do Rio Grande, celebrando pacto de *non cedendo* entre elas, para que a venda se fizesse, na integralidade, para terceiros. Combinação oportuna para viabilidade da composse. Ocorre que uma delas toma a iniciativa de vender a coisa e apresenta comprador, esti-

---

[211]   CIFUENTES, Santos. *Negócio jurídico cit.*, § 260, p. 498. DIENER, Maria Cristina. *Il contratto in generale cit.*, nº 13.9.4, p. 736.

[212]   ALBALADEJO, Manuel. *Derecho civil cit.*, § 90, p. 243; CIFUENTES, Santos. *Negócio jurídico cit.*, § 260, p. 498.

[213]   GONÇALVES, Carlos Roberto. *Direito civil brasileiro cit.*, p. 489.

mulando o outro a ceder em conjunto, o que se realiza. Descobre-se tratar de negócio simulado, porque não houve cessão da fração do astuto parceiro que, pelo esquema fraudulento, adquiriu, por interposta pessoa, a metade do outro. A fraude é insuscetível de confirmação porque conspira contra o livre arbítrio do cedente honesto, contaminando o consentimento. O ato dissimulado contraria o regime de mancomunhão estabelecido e não pode prevalecer, inclusive porque o valor recebido foi depositado pelo lesado para ser restituído, confirmando sua boa-fé. Provimento para anular o negócio"[214].

Da leitura do voto depreende-se que o autor da ação não foi vítima propriamente de *simulação,* mas sim de *dolo,* que o teria induzido a vender sua cota-parte no bem comum, por motivo falso criado por aquele. Agiu em erro, portanto, provocado pelo outro condômino, o que corresponde ao dolo.

69.4. Espécies de simulação

A simulação pode ser *absoluta* ou *relativa.*

A simulação é *absoluta* quando o negócio celebrado nada tem de real, isto é, quando o negócio aparente é completamente falso, não ocultando negócio algum que, de fato, tenham querido praticar os seus sujeitos[215]. Ele é celebrado para não ter eficácia alguma[216].

De ordinário, a simulação absoluta é feita com o propósito de lesar a outrem, como o cônjuge que cria dívidas fictícias para desviar bens da partilha no divórcio, ou o devedor que aliena falsamente, seus bens para evitar sejam penhorados.

Pode, porém, haver simulação absoluta sem o propósito de lesar, como o caso da pessoa que é assediada por parentes para prestar fianças e avais e, para livrar-se dessa situação incômoda, passa seus bens para o nome de outrem. Não tendo mais lastro patrimonial, a busca dos avais e fianças cessará. Da mesma forma, será absoluta a simulação quando o dono do imóvel o coloca em nome de outrem apenas para criar lastro patrimonial para sustentar operações de crédito ou para facilitar a administração da propriedade.

---

[214] TJSP, 4ª Câm. de Direito Privado, Ap. 1003648-65.2016.8.26.0242, Rel. Des. Enio Zuliani, ac. 27.09.2018, *DJe* 19.10.2018.

[215] *"En la simulación absoluta no hay, pues, ningún negocio, sino la aparencia de uno; en la relativa, hay uno, que no es el aparente"* (ALBALADEJO, Manuel. *Derecho civil cit.,* p. 235).

[216] "Nesta aparência de certo tipo negocial, se exaure o negócio simulado, que as partes querem como tal, não se destinando a alterar-lhes a esfera jurídica, que permanece imutável, com o objetivo, porém, de que aos olhos de terceiros aparece como negócio jurídico normal" (MIRANDA, Custódio da Piedade Ubaldino. *Teoria geral do negócio jurídico cit.,* nº 8.2.2.1, p. 161).

Capítulo VIII: As Nulidades | **229**

A simulação é *relativa* quando sob a aparência de um negócio (falso) oculta-se outro (verdadeiro). Afirma-se vender, quando na verdade pratica-se uma doação, ou realiza-se um comodato sob a roupagem aparente de uma locação.

A simulação relativa provoca sempre um conflito entre dois negócios diferentes: o negócio *simulado,* aparente, mas não efetivo, porque não desejado pelas partes (declaração *sem intenção*), e o negócio *dissimulado,* que, embora não aparente, é o real e desejado pelas partes (oculto detrás da declaração)[217].

Esse tipo de simulação, ao contrário do que se dá com a simulação absoluta, não acarreta, necessariamente, a nulidade de todo o relacionamento jurídico estabelecido entre seus sujeitos. A nulidade irrecusável é a do negócio aparente, porque falso. O negócio oculto, após o reconhecimento da simulação, passa a ser o único existente, e poderá subsistir, ou não, conforme se verifique, ou não, a licitude de seu objeto e a satisfação dos demais requisitos de validade[218]. Se lhe faltarem tais predicados, acompanhará o negócio aparente em seu destino de negócio nulo; caso contrário, a nulidade ficará restrita ao negócio aparente, não impedindo a validade do negócio verdadeiro nele contido[219]. É o que se extrai do art. 167, *caput* do Código Civil: "é nulo o negócio jurídico simulado, *mas subsistirá o que se dissimulou, se válido for na substância e na forma*".

A simulação relativa pode recair sobre o *objeto* (conteúdo do negócio) ou sobre as *pessoas* (sujeitos do negócio). Já se afirmou que é relativa a simulação em que um contrato aparente de compra e venda encobre um contrato real de doação. A simulação "de pessoa" se dá por meio da "interposição" de sujeitos, quando a declaração aparentemente beneficia outrem que não o verdadeiro destinatário do negócio. Alguém, por exemplo, que não pode doar a certa pessoa, pratica a liberalidade em favor de outrem, mas de modo que a vantagem afinal seja absorvida por quem não poderia receber a doação. O serventuário da justiça, ou magistrado, impedido de adquirir bens levados à praça no juízo a que servem, ajustam com terceiro a arrematação, para em seguida transferir-lhes o bem licitado. De fato, o verdadeiro arrematante foi a pessoa impedida; o figurante da arrematação foi apenas um "testa

---

[217] BARBERO, Domenico. *Sistema cit.*, v. I, nº 256, p. 548.

[218] "Siendo lo *simulado* nulo, si la simulación es absoluta, no hay nada válido, y si es *relativa*, será nulo el negocio simulado y válido el *dissimulado*, cuando se há querido *distinto* del simulado (…), pero lo será tal como fue querido, y no de la manera que se le simuló (ALBALADEJO, Manuel. *Derecho civil cit.*, p. 237).

[219] FERRARA, Francesco. *A Simulação cit.*, nº 57, p. 329. "Na simulação relativa, o negócio simulado (aparente) é nulo, mas o dissimulado será válido, se não ofender a lei nem causar prejuízos a terceiros" (Enunciado nº 153, aprovado na III Jornada de Direito Civil, realizada pelo Centro de Estudos Jurídicos do Conselho da Justiça Federal). "Na simulação relativa, o aproveitamento do negócio jurídico dissimulado não decorre tão somente do afastamento do negócio jurídico simulado, mas do necessário preenchimento de todos os requisitos substanciais e formais de validade daquele" (Enunciado nº 293, aprovado na IV Jornada de Direito Civil, realizada pelo Centro de Estudos Jurídicos do Conselho da Justiça Federal).

de ferro". Esse tipo de simulação se dá por meio do chamado "testa-de-ferro", um terceiro que se envolve na trama da simulação para aparentar receber para si o bem ou direito que, na realidade, se destina a outra pessoa. Outro exemplo: o amásio, que não pode doar à concubina, cria uma sociedade, cujo capital é na sua quase totalidade a ela atribuído; em seguida a doação é feita a essa sociedade, de maneira que, na realidade, quem recebe a liberalidade é a concubina.

A simulação pode, de outro ângulo, ser *inocente* (ou lícita) ou maliciosa (ou ilícita). É inocente a que se faz sem qualquer intuito de lesar terceiros ou violar a lei. É maliciosa a que envolve, além do falso, uma ilicitude (o propósito de lesar ou de violar a lei).

Quando a simulação absoluta aparente se restringe ao âmbito de seus sujeitos, o que há é o exercício da autonomia da vontade. A aparência é criada e extinta pelos próprios agentes do negócio simulado. O negócio que prevalece, afinal, é o que foi querido como efetivo pelos interessados. A aparência não chegou a repercutir no campo jurídico. No dizer de Pontes de Miranda, não é o caso de pensar-se em ato nulo mas em ato *inexistente*, na ótica do negócio jurídico:

> "O ato jurídico puramente aparente, ou que houve simulação absoluta e inocente, *não é*. Seria equívoco dizê-lo nulo e dar-lhe o mesmo trato que ao ato jurídico em que há simulação *inocente*. Aquele, pois que não é, não tem qualquer eficácia (seria haver efeito sem causa): todos os figurantes não quiseram que o ato entrasse no mundo jurídico; e a lei não precisou proteger a ninguém contra essa pura aparência"[220].

O que se conhecerá como jurídico será a vontade unânime dos respectivos sujeitos de não dar efeito à aparência ou de mantê-la. De qualquer forma, o resultado será a preservação da autonomia da vontade, ou, mais propriamente, da liberdade de fazer ou não fazer qualquer coisa, de dar ou não dar seus próprios bens, liberdade essa que não pode ser limitada senão pela lei (Constituição, art. 5º, II).

Quando a simulação relativa é inocente, isto é, o negócio oculto não ofende a terceiros, nem à lei, também não há nulidade a declarar, mesmo porque, fora dos sujeitos do negócio, ninguém terá interesse na declaração de simulação. De fato, o que, sem prejuízo de terceiro ou sem ofensa à lei, entra no mundo jurídico, é o negócio dissimulado. A aparência da declaração simulada em nada interfere na subsistência do negócio dissimulado (negócio real oculto). Este vale e existe, segundo a vontade dos sujeitos do negócio. Se, por exemplo, não há impedimento legal a uma doação, mas por motivos pessoais, as partes optam por encobri-la sob a aparência de uma compra e venda, ter-se-á um negócio válido, porque embora não verdadeira a compra e venda (negócio aparente), nenhuma mácula se notará na doação (negócio dissimulado, ou oculto).

---

[220] PONTES DE MIRANDA, Francisco Cavalcanti. *Tratado de Direito Privado cit.*, t. IV, § 470, nº 1, p. 508.

Capítulo VIII: As Nulidades | **231**

O problema da simulação relativa resolve-se pela análise do negócio oculto. Se este vale, nenhuma nulidade haverá[221]; se não vale, a nulidade recai sobre todo o negócio (isto é, tanto sobre o aparente como o oculto). Sendo inocente a simulação, não há interesse jurídico em declarar a nulidade, se, de qualquer maneira, o negócio permanecerá válido pela licitude do ajuste oculto. Com a roupagem do negócio aparente, ou com a revelação do oculto, o efeito final será o mesmo: o direito transmitido permanecerá na titularidade do adquirente. Daí a falta de interesse para justificar a ação de simulação entre os partícipes dela, quando inocente. O mesmo acontecerá com terceiros, já que ninguém terá interesse em atacar negócio que não lhe diz respeito e que em nada afeta sua esfera jurídica. A parte, ou o terceiro só terão interesse, portanto, em arguir a simulação se ela não foi inocente, porque, então, se livrarão do negócio inválido que, na realidade, foi realizado ocultamente, e cuja manutenção, ou não, lhes pode causar prejuízo.

O interesse na revelação da simulação inocente pode surgir posteriormente ao negócio jurídico aparente. As partes não tinham propósito de lesar a ninguém e entre si confiavam em que depois de certo tempo voltariam ao estado anterior, eliminando a simulação por completo. Nesse plano de confiança recíproca e de ausência de lesividade exterior, não haveria interesse na declaração judicial de simulação. A partir, porém, do momento em que uma das partes do negócio simulado se recusa a cumprir a convenção dissimulada, aquele contratante que se sentir prejudicado, terá condições de usar a ação de nulidade da convenção apenas aparente[222].

Embora vários autores defendam a validade da simulação inocente[223], há quem entenda que o atual Código Civil não a excluiu da nulidade, como o fazia a legislação anterior, razão pela qual o negócio também será nulo[224]. Nesse sentido, ainda, o Enunciado nº 152, da Jornada de Direito Civil: "toda simulação, inclusive

---

[221] "Único e exclusivo requisito para mover a ação de simulação é o *interesse jurídico* de quem age: nada, pois, de excepcional, mas aplicação do princípio comum de que para propor uma demanda em juízo é mister haver interesse nela (art. 36, Cód. Proc. Civ.)" (FERRARA, Francesco. *A simulação*, cit., p. 461).

[222] Eis um exemplo de simulação inocente: um amigo empresta valiosa máquina a um profissional iniciante e consente em transmitir-lhe ficticiamente a propriedade durante a execução de uma empreitada, com a promessa de restituição tão logo concluída a obra. Não há propósito de lesar a ninguém, mas apenas de facilitar a contratação e realização da empreitada. Tão somente se ocultou sob a aparência de uma compra e venda um comodato. Se, no entanto, finda a obra, o beneficiário do negócio aparente se recusar a cumprir o ajuste dissimulado, o contratante terá direito de invocar a nulidade da simulação inocente, para fazer atuar o negócio verdadeiro (oculto).

[223] ROSENVALD, Nelson; FARIAS, Cristiano Chaves de. *Curso de direito civil cit.*, p. 537; GIORDANI, José Acir Lessa. *Curso Básico de Direito Civil: Parte geral*. 2.ed. Rio de Janeiro: Lumen Juris, 2002, p. 203.

[224] GAGLIANO, Pablo Stolze; PAMPLONA FILHO, Rodolfo. *Novo curso de direito civil – Parte Geral*. 14.ed. São Paulo: Saraiva, 2012, v. I, p. 419; GONCLAVES, Carlos Roberto. *Direito civil brasileiro cit.*, p. 487; MOREIRA ALVES, José Carlos. *A Parte geral do projeto do Código Civil brasileiro*. São

NEGÓCIO JURÍDICO • *Humberto Theodoro Jr. e Helena Lanna Figueiredo*

a inocente, é invalidante". O que às vezes falta é o interesse para justificar a ação de nulidade da simulação inocente.

Por último, a simulação pode ser *total* ou *parcial*. Total é a simulação que abrange todo o negócio. Parcial a que se refere a alguma cláusula ou condição. É total, por exemplo, a simulação em que se pratica uma doação sob a aparência de compra e venda. É parcial a que estipula preço não verdadeiro ou que quita prestações ainda não pagas. Na primeira hipótese não há nada de compra e venda; na segunda, há compra e venda, mas alguns de seus elementos não são verídicos.

Somente se pode pensar em simulação parcial quando se trate de simulação relativa, porquanto apenas nestas será possível pensar em preservar alguma coisa do negócio. No caso de simulação absoluta, o negócio é necessariamente falso por inteiro. Não haverá, pois, como se pensar em simulação apenas de parte do negócio que nada vale.

Nas simulações parciais, a nulidade incidirá normalmente sobre a parte do negócio em que se deu a falsidade, salvo se for impossível manter o negócio com a amputação da porção nula. A regra, porém, é, podendo separar-se a porção vicia-da, a nulidade da parte não afetará o todo. *Utile per inutile non vitiatur*. Se, pois, a simulação está no preço ou na data, a nulidade afetará apenas esses elementos, e o negócio prevalecerá com o preço e a data verdadeiros, como se não existissem os dados simulados, para todos os efeitos.

69.5. Simulação invalidante e simulação não invalidante

No regime do Código de 1916 era possível distinguir a simulação *invalidante* (que levava à anulação do negócio aparente) da simulação *não invalidante* (que não invalidava o negócio simulado) (art. 104).

Dizia-se a seu tempo, que a causa de anulabilidade do negócio simulado, não estava na falsidade da aparência que as partes emprestaram à sua declaração de von-tade. Estava, isto sim, na *ilicitude* da prática nociva, que, todavia, não era inerente, na ótica da lei antiga, à figura genérica da simulação. Esta, em si, tanto podia ser lícita como ilícita. O que tornava anulável o negócio era o emprego da simulação com o fim de prejudicar a outrem. Anulava-se o negócio não por sua falsidade, mas porque era causador de prejuízo a quem não participara da relação negocial. Se malgrado a simulação, nenhuma pessoa pudesse afirmar-se prejudicada, o caso não era de invalidade, mas de prática indiferente à ordem jurídica.

Paulo: Saraiva, 1986, p. 113-114; MIRANDA, Custódio da Piedade Ubaldino. *Teoria geral do negócio jurídico cit.*, nº 8.2.2.4.1.1, p. 166.

Capítulo VIII: As Nulidades | **233**

Enfim, – ensinava Pontes de Miranda – a simulação para invalidar o negócio jurídico haveria de reunir "a simulação *mais* elemento ilícito", o dano, pois era este que dava ensejo à "sanção de não validade"[225].

Não há mais simulação invalidante e não invalidante no regime do Código atual. Toda simulação é, por si, causa de nulidade do ato aparente (falso). É porque ele não corresponde a uma declaração de vontade verdadeira que a lei lhe recusa validade. Apenas por isso[226].

Poder-se-á objetar que não havendo prejuízo para terceiros, o ato não seria questionado nem questionável e, por isso, seria inócuo tê-lo como nulo. Acontece que a nulidade do ato aparente afeta não apenas os terceiros que por ele eventualmente sejam enganados. Também os sujeitos do negócio têm o direito de fazer prevalecer a vontade negocial verdadeira sobre a aparente. Daí a nulidade sempre presente em todo negócio simulado, haja ou não terceiro prejudicado.

Se, por exemplo, um dos próprios contratantes insiste em manter a situação jurídica aparente contra a vontade do outro, a este cabe invocar a nulidade do negócio simulado, para exigir a prevalência da declaração verdadeira (aquela que ficou dissimulada), o que é possível de acontecer até mesmo na simulação inocente, onde ao praticar o ato falso, não ocorreu às partes, de forma alguma, o propósito de prejudicar a quem quer que fosse. A nulidade, portanto, tem a função de valorizar a verdade e neutralizar a mentira, e não apenas a de reparar ou evitar danos a terceiros. A proteção aos interesses de terceiros é obtida, na maioria das vezes, não pela anulação do negócio simulado, mas ao contrário, pela manutenção do negócio aparente em benefício dos que de boa-fé negociaram com um dos agentes da simulação, confiando na aparência da situação jurídica, de que não tinham razão nem meios para desconfiar (art. 167, § 2º).

O que pode faltar, eventualmente, é o interesse na declaração e nulidade do negócio simulado, quando, por exemplo, a aparência adotada pelos simulados encobre negócio verdadeiro que a ninguém prejudica, nem mesmo aos contratantes.

69.6. Negócios em que pode ocorrer a simulação

O art. 167, § 1º, arrola três modalidades de simulação capazes de provocar a nulidade, total ou parcial, do negócio jurídico:

e) negócio que aparenta conferir ou transmitir direitos a pessoa diversa daquela à qual realmente se confere, ou transmite;

---

[225] "Para se pensar em simulação invalidante, é preciso que: a) haja simulação; b) a despeito dela, o ato entre no mundo jurídico; e c) haja ilicitude, de que resulte a invalidade" (PONTES DE MIRANDA, Francisco Cavalcanti. . *Tratado de Direito Privado cit.*, t. IV, § 472, nº 1, p. 514).

[226] "Toda simulação, inclusive a inocente, é invalidante" (Enunciado nº 152, aprovado na III Jornada de Direito Civil, realizada pelo Centro de Estudos Jurídicos do Conselho da Justiça Federal).

f) negócio que contém declaração, confissão, condição ou cláusula não verdadeira;

g) instrumentos particulares antedatados, ou pós-datados.

Estas hipóteses, todavia, nem sempre conduzem à total nulidade da avença. A nulidade refere-se sempre ao negócio aparente, este sim, falso (simulado). Se, pois, a simulação é absoluta, por não terem as partes o propósito de realizar qualquer tipo de negócio real, a invalidade destrói totalmente a aparência de negócio[227]. Quando, todavia, o negócio simulado encobre outro negócio que é o real no propósito das partes, a nulidade do aparente não atinge o verdadeiro (dissimulado), se este se mostrar válido na substância e na forma (art. 167, *caput*)[228].

69.6.1. Negócios bilaterais

Como em sua própria definição, o negócio simulado é aquele que as partes celebram, de comum acordo, para enganar a terceiros, é intuitivo que esse tipo de nulidade somente acontecerá em:

a) *negócios bilaterais*, já que é nos contratos que se reúnem vontades diferentes convergindo para um fim comum (consenso); ou

b) *negócios unilaterais receptícios,* negócios que se praticam por meio de uma só declaração de vontade, mas cujo efeito depende de aceitação ou participação de terceiro, ao qual se endereça a vontade declarada.

É condição, portanto, da configuração do negócio simulado, a ocorrência de concerto de vontades entre os sujeitos do negócio aparente. Somente a declaração *receptícia* é capaz de engendrar a simulação, pelo que, para tê-la, os agentes haverão, necessariamente, de usar o negócio bilateral (contrato) ou o negócio unilateral receptício. Só assim será possível chegar-se ao "acordo simulatório", para enganar terceiros[229].

Negócio puramente unilateral (não receptício) pode ensejar *reserva mental*, nunca simulação, mas a reserva mental não tem efeito invalidante, como se vê do art. 110.

Mesmo sendo inválido o negócio simulado, esta invalidade é operante de forma invariável apenas entre os seus sujeitos. Se dele, porém, tiver resultado outro negócio, praticado pelo adquirente simulado com terceiro subadquirente que confiou

---

[227] *"Negotium colorem habet, substantiam vero nullam*: o negócio tem apenas aparência, mas nenhuma substância", por isso se diz *absoluta* a simulação (BATALHA, Wilson de Souza Campos. *Defeitos do negócio jurídico cit.*, nº 6.1, p. 156).

[228] *"Negotium colorem habet, substantiam vero alteram*: o negócio simulado encobre o negócio diverso – dissimulado", por isso a simulação se considera *relativa* (BATALHA, Wilson de Souza Campos. *Defeitos do negócio jurídico cit.*, nº 6.1, p. 157).

[229] CIFUENTES, Santos. *Negócio jurídico cit.*, § 262, p. 503.

na aparência da situação jurídica forjada pela simulação, a lei põe a salvo o direito adquirido por esse terceiro de boa-fé. O negócio simulado é nulo entre as partes, mas sua nulidade é *inoponível* a quem, de boa-fé, confiou na aparência criada pelos simuladores (art. 167, § 2º).

A nulidade, em princípio, portanto, é ampla e operante *erga omnes*, atingindo partes e terceiros. Em casos especiais, contudo, só se manifesta *inter partes* já que, às vezes, o que a lei faz prevalecer a benefício de terceiros de boa-fé, é o negócio aparente e não o verdadeiro[230]. Em outros termos, se a simulação prejudica terceiros, a nulidade do negócio falso os protege; se é a simulação que evita o prejuízo do terceiro de boa-fé, é a manutenção do negócio falso que se adotará, como meio de tutela de quem não participou da fraude e por ela foi iludido.

69.7. Simulação *ad personam*

A primeira modalidade de simulação prevista no § 1º do art. 167 é a denominada simulação *ad personam*, em que o negócio praticado é real, mas a parte nele figurante é aparente: é um "testa-de-ferro", "homem-de-palha" ou "presta-nome". A categoria negocial é verdadeira – o declarante quer realmente vender, doar, permutar, emprestar etc. –, o que não é verdadeiro é o sujeito a quem a declaração se refere: uma das partes do negócio é *aparente* (interposta pessoa)[231].

A fraude se dá pela interposição do presta-nome ou testa-de-ferro, que serve para figurar no negócio sem ser o verdadeiro destinatário de seu efeito. Na realidade "a outra parte contratante ou a destinatária do negócio unilateral receptício não é a que se menciona"[232]. Consiste, pois, esse tipo de simulação na *interposição fictícia* de pessoa no negócio verdadeiro, de sorte que no contrato aparece pessoa – a *interposta*, que é diversa da contratante real – a *interponente*[233]. É o que, *v.g.*, se passa com o pai que quer vender algo a um filho e não obtém consentimento dos demais (art. 496). Simula, então, a venda a um terceiro que, em seguida, passa o bem ao filho[234].

---

[230] "Los terceros interesados, ajenos a la simulación, que hayan confinado en la *aparencia* del negocio creada por la misma (terceros de buena fe) no deben ser perjudicados por tal nulidad" (ALBALADEJO, Manuel. *Derecho civil cit.*, p. 239).

[231] MESSINEO, Francesco. *Dottrina generale del contratto*. Milano: Giuffrè, 1952, p. 303.

[232] FERRARA, Cariotta. *Il negozio giuridico cit.*, p. 536.

[233] GALGANO, Francesco. *Diritto privato cit.*, nº 14.3, p. 298.

[234] Outro exemplo pode ser extraído de julgado do STJ: "3. Há simulação, causa de nulidade do negócio jurídico, quando, com o intuito de ludibriar terceiros, o negócio jurídico é celebrado para garantir direitos a pessoas diversas daquelas às quais realmente se conferem ou transmitem. 4. Hipótese em que, diante da impossibilidade de aquisição das ações diretamente pelo acionista principal, que se comprometera a observar o direito de preferência, o negócio jurídico operou-se por intermédio de seu filho, com dinheiro aportado pelo pai" (STJ, 3ª T., REsp. 1.620.702/SP, Rel. Min. Ricardo Villas Bôas Cueva, ac. 22.11.2016, *DJe* 29.11.2016).

Beleza dos Santos arrola os seguintes elementos como necessários à configuração da simulação por interposta pessoa[235]:

a) que haja duas ou mais pessoas a quem interesse a realização do negócio jurídico;

b) que todos ou alguns dos interessados não o queiram, ou não o possam realizar diretamente;

c) que exista um intermediário por meio de quem o ato se pratique e com quem os diretamente interessados estabeleçam relações jurídicas;

d) que esse intermediário não tenha interesse próprio na realização do negócio, atuando apenas como um testa-de-ferro ou fazendo ponte de passagem.

Assim, a pessoa interposta é "apenas um traço de união, uma ponte de passagem, não tendo interesse patrimonial algum nos atos em que colabora, os quais apenas interessam àqueles a quem o interposto serve de intermediário"[236].

Para ter-se a simulação na espécie é necessário que o negócio aparente seja realmente falso. Não haverá, portanto, negócio simulado quando o intermediário se apresentar ostensivamente como intermediário, na qualidade de mandatário, representante ou gestor, ou quando, por exemplo, figurar como adquirente de um bem com a obrigação de retransmiti-lo, em seguida, a outra pessoa. Em tal conjuntura não se entrevê negócio simulado porque a declaração corresponde à vontade real dos participantes[237].

69.8. Simulação de conteúdo do negócio

A segunda modalidade de simulação prevista no § 1º do art. 167 é a que se obtém por falseamento do objeto negocial, nele se fazendo inserir declaração, confissão, condição ou cláusula não verdadeira. Forja-se um negócio que nunca se quis realmente praticar; ajusta-se a aparência de um negócio quando nada de verdadeiro se pretendeu contratar (simulação absoluta); ou declara-se um tipo de negócio, quando o verdadeiro é outro (simulação relativa).

Prevê-se que a simulação se limite a confissão, condição ou cláusula, ou seja, o negócio como um todo é real, mas parte das declarações nele figurantes não são verdadeiras. Seria nulo todo o contrato, ou apenas a parte relativa à falsidade? Pontes de Miranda, ao tempo do Código anterior, entendia que se deveria anular o negócio por inteiro, inclusive a parte realmente querida pelos contratantes, ao pretexto de que a regra do art. 153 (correspondente ao atual art. 184) não teria aplicação à hipótese

---

[235] SANTOS, José Beleza dos. *A simulação em direito civil cit.*, nº 53, p. 221.

[236] SANTOS, José Beleza dos. *A simulação em direito civil cit.*, nº 53, p. 222.

[237] SANTOS, José Beleza dos. *A simulação em direito civil cit.*, nº 53, p. 223.

da simulação[238]. Na doutrina argentina, contudo, o entendimento acerca do art. 1.039 de seu Código anterior (atual art. 389), que é equivalente ao do nosso Estatuto Civil, era de que "em caso de simulação parcial se aplicarão as mesmas normas, vale dizer que o defeito legal não afetará todo o ato, mas única e exclusivamente a parte falsa"[239].

De fato não há razão para não se aplicar ao negócio parcialmente simulado a regra geral das nulidades parciais (CC, art. 184). Quando, por exemplo, a compra e venda é verdadeira, e apenas a menção ao preço ajustado não é correta, ou a descrição do objeto do contrato está em desacordo com a realidade, não há motivo que justifique ter todo o contrato como nulo. "A invalidez destas partes ou setores, em casos de ilicitude, não sempre destroem aspectos reais do ato, e há que se admitir que entre as partes prevaleça a realidade oculta que estava simulada"[240]. A função da nulidade do negócio simulado não é a de invalidar todo o negócio, mas apenas o negócio aparente, de sorte que o negócio verdadeiro prevaleça (CC, art. 167). Se isto vale para a simulação total, não deve ser diferente para a parcial. Assim, apurada a falsidade do preço declarado, o que há de prevalecer é o preço verdadeiro. Não há razão para ter-se como inválido todo o contrato.

O STJ já analisou caso em que anulou a confissão de dívida com garantia de hipoteca de imóvel residencial e a posterior compra e venda do imóvel a terceiros, uma vez que ocultavam negócio de agiotagem, consubstanciado em mútuo com cobrança de juros abusivos: "é nula a compra e venda simulada, com violação da Lei de usura, não comportando aproveitamento parcial. O reconhecimento de tal nulidade não está sujeito à prescrição"[241]. Na espécie, aquela Corte anulou a compra e venda, mas manteve o mútuo, determinando que se verificasse o valor atual da dívida, com a diminuição dos juros então empregados.

69.9. Antedata e pós-data

Nos instrumentos particulares a aposição de data não verdadeira (antedata ou pós-data) é forma de simulação parcial do negócio. Trata – se de simulação relativa, porque debaixo do negócio aparente existe um verdadeiro que, entretanto, se consumou em momento diverso do mencionado pelas partes. A manobra astuciosa

---

[238] PONTES DE MIRANDA, Francisco Cavalcanti. *Tratado de Direito Privado cit.*, t. IV, § 473, nº 2, p. 517.

[239] "En el supuesto de simulación parcial se aplicarán las mismas normas, es decir que el defecto legal no afectará todo el acto, sino única y exclusivamente a la parte no veraz" (CÂMARA, Hector. *Simulación en los actos jurídicos*. Buenos Aires: Depalma, 1944, p. 282).

[240] "La invalidez de estas partes o sectores, en casos de ilicitude, no siempre destruye los aspectos reales del acto, y hay que admitir entre partes que prevalezca la realidad oculta que estaba simulada" (CIFUENTES, Santos. *Negócio jurídico cit.*, § 268, p. 513).

[241] STJ, 3ª T., AgInt. no REsp. 1.382.464/SC, Rel. Min. Marco Aurélio Bellizze, ac. 22.10.2018, *DJe* 25.10.2018.

geralmente se faz para fugir de concurso de credores ou para fraudar direitos de terceiros. A nulidade da simulação afeta apenas a data, fazendo com que o negócio venha a ser situado no tempo verdadeiro de sua celebração.

A lei fala em simulação de data em instrumento particular, porque é nestes que as partes declaram a data do negócio. Nas escrituras públicas a data é dado representativo do ato notarial, atestado pela fé pública do tabelião. Não é elemento da declaração das partes. Isto não quer dizer que não possa acontecer inserção de data não verdadeira no instrumento público. É claro que isto é possível, mas o caso será de *falsidade* e não de simulação[242].

69.10. Relações entre as partes do negócio simulado

O Código anterior adotava como base do sistema de repressão ao negócio simulado a máxima *nemo auditur turpitudinem suam allegans*. Assim, se a simulação fosse ilícita (praticada para prejudicar terceiros ou violar a lei), somente os prejudicados poderiam argui-la contra os praticantes do negócio viciado. Os sujeitos da simulação não teriam jamais como fugir de sua própria ilicitude. Nada poderiam alegar em juízo, em face da simulação ilícita, quer contra terceiros, quer entre si (art. 104 do Código de 1916). Perante esse tipo de simulação, apenas os terceiros prejudicados dispunham de ação para discutir-lhes os termos e negar validade ao negócio aparente. Os sujeitos do negócio simulado ilícito somente se desvencilhariam de seus efeitos se, voluntariamente, o distratassem. Em juízo, litigando um contra o outro, era-lhes vedado arguir a simulação.

O impedimento do antigo art. 104 não foi repetido no Código atual. E a omissão não deve ser tida como simples esquecimento. Na verdade, resultou de opção clara do legislador por uma nova sistemática para enfrentar o problema do negócio simulado.

De fato, se o estatuto atual preferiu incluir a simulação como causa de nulidade, a consequência é que o negócio aparente, nulo por definição da lei, não pode, em princípio, produzir efeito para ninguém, nem para os terceiros prejudicados nem para as partes que o celebraram.

No sistema inovado do direito brasileiro, que é o mesmo da Alemanha e da Itália, entre as partes o negócio *simulado* (seja a simulação *absoluta* ou *relativa*) não produz efeito algum; o que vale é a vontade verdadeira, aquela que ficou oculta (dissimulada). Não importa o móvel da simulação (se inocente ou malicioso). O negócio aparente, e não correspondente à vontade das partes, é *nulo,* e como tal não obriga. E, por isso, se um dos contratantes pretender tirar vantagem do negócio simulado, o outro terá como rebater-lhe a pretensão, arguindo a nulidade do negócio aparente e a prevalência do ajuste real. Nesse enfoque, "se admite sempre a cada uma das partes

---

[242] PONTES DE MIRANDA, Francisco Cavalcanti. *Tratado de Direito Privado cit.*, t. IV, § 474, nº 3, p. 523.

Capítulo VIII: As Nulidades | **239**

opor a simulação à outra"[243]. A disposição que aplica a sanção de nulidade do negócio simulado não ficou restrita aos terceiros de boa-fé. Ao contrário, seu alcance "é de caráter completamente geral"[244] e não pode deixar de fora os sujeitos do negócio nulo. De tal sorte, "é nula, frente a todos, a declaração aparente ou simulada"[245].

Nos negócios ilícitos, como no dolo bilateral, é ampla a aplicação do princípio romano *nemo auditur turpitudinem suam allegans,* mesmo porque cada parte praticou a malícia contra a outra. Na simulação, as coisas se passam diferentemente, porquanto nenhuma das partes enganou a outra. Ao contrário ambas agiram em consenso na criação do negócio simulado (aparente) e no estabelecimento do compromisso verdadeiro (oculto)[246].

Impedir que um dos contratantes possa reclamar o cumprimento do ajuste dissimulado pode conduzir a situações inconvenientes. Para punir a eventual má-fé de uma das partes, estar-se-ia premiando e tutelando a apropriação indébita pela outra praticada. Dar-se-ia cobertura, em juízo, a um delito.

Por isso, alguns países como a Argentina, criam temperamentos à rigidez do *nemo auditur,* estipulando condições para que uma parte possa invocar a simulação em litígio contra a outra[247]. Outros, como a Alemanha e a Itália, simplesmente eliminam a restrição e aceitam amplamente que as partes acionem uma contra a outra com base na nulidade da simulação, e a doutrina aplica a norma legal sem distinguir entre a simulação lícita e a ilícita[248]. Na França, diante do silêncio da lei, também se entende que "a participação na fraude do pretendente à anulação não é levada em

---

[243] BARBERO, Domenico. *Sistema del derecho privado cit.*, v. I, nº 257, p. 549.

[244] ENNECCERUS, Ludwig, THEODOR, Kipp, WOLFF, Martin. *Tratado de derecho civil cit.*, v. 2, t. I, § 156, p. 186.

[245] *Idem, ibidem*, p. 185. "Sendo a simulação uma causa de nulidade do negócio jurídico, pode ser alegada por uma das partes contra a outra" (Enunciado nº 294, aprovado na IV Jornada de Direito Civil, realizada pelo Centro de Estudos Jurídicos do Conselho da Justiça Federal). Miranda, citando lição de Manuel Augusto Andrade, ensina que "nenhum interesse digno de tutela se opõe a que a simulação seja alegada pelos próprios simuladores ou por terceiros cujos direitos tenham sido atingidos com a realização do negócio simulado" (MIRANDA, Custório da Piedade Ubaldino. *Teoria geral do negócio jurídico cit.*, nº 8.2.2.4.1.1, p. 166-167).

[246] O STJ já enfrentou a matéria, tendo decidido que "é possível que um dos contratantes, com base na existência de simulação, requeira, em face do outro, a anulação judicial do contrato simulado de parceria pecuária, que encobre mútuo com juros usurários" (3ª T., REsp. 441.903/SP, Rel. Min. Nancy Andrighi, ac. 10.02.2004, *DJU* 15.03.2004, p. 265). No mesmo sentido: STJ, 4ª T., REsp. 595.766/MS, Rel. Min. Aldir Passarinho Júnior, ac. 15.04.2010, *DJe* 10.05.2010.

[247] Permite-se, no Código argentino, que um simulador argúa contra o outro a simulação, contanto que não seja para consumar o objetivo ilícito encoberto pelo negócio simulado, mas justamente para deixá-lo sem efeito (CIFUENTES, Santos. *Negócio jurídico cit.*, § 273, p. 529).

[248] STOLFI, Giuseppe. *Teoría del negocio jurídico.* Madrid: Rev. de Derecho Privado, 1959, § 42, p. 165; SANTORO-PASSARELLI, Francesco. *Doctrinas guenerales del derecho civil.* Madrid: Rev. de Derecho Privado, 1964, p. 181; BETTI, Emilio. *Teoria general del negocio jurídico.* Madri: Rev. de derecho privado, 1959, 307.

conta"[249]. Mesmo no caso de ilicitude e nulidade da contradeclaração (*contre-lettre*), por força da qual se chegou a realizar prestações, não se deve impedir a respectiva restituição entre as partes do negócio simulado. "Os adágios *nemo auditur propriam turpitudinem alegans* ou *in pari causa turpidutinid cessat repetito* não podem servir de obstáculo a essa repetição"[250].

A ilicitude (má-fé), na verdade, foi cometida contra terceiros. Estes, porém, não se prejudicam pela invalidação do negócio simulado, pois restabelecendo o *statu quo ante*, poderão ter até melhores condições para o exercício do direito que a simulação eventualmente quis impedir. É nesse sentido que se costuma afirmar que o negócio oculto atrás da simulação, em si mesmo, "nada tem de ilícito ou imoral", se tiver condições de apresentar-se perfeitamente válido, sendo praticado às claras; é a sua ocultação que gera a nulidade[251], à medida que o negócio aparente não corresponde à vontade das partes que o realizaram, nem pode causar prejuízo a terceiros[252].

Se o terceiro constituiu, de boa-fé, seu direito contra um dos simuladores após o negócio aparente, está esse direito imune de qualquer manobra das partes que criaram o negócio simulado, por força do § 2º do art. 167, do Código Civil. Dessa maneira, a discussão em juízo, entre as partes, do negócio simulado, nunca poderá prejudicar os direitos dos terceiros de boa-fé. Inexistindo, porém, direito destes a preservar, livre será às partes opor, em ação de uma contra a outra, a simulação.

O que, de forma alguma, se admite em juízo é a acolhida da arguição que conduz a fazer prevalecer negócio ilícito encoberto pelo negócio aparente. Naturalmente, quando tal se verificar, o Tribunal decidirá de modo a rejeitar a pretensão da parte que busca amparo judicial para obter resultado incompatível com a ordem jurídica. Se, por exemplo, o contrato simulado oculta promessa de propina para obter vantagem ilícita de agente do serviço público, não pode, de forma alguma, a sentença decidir a discussão entre as partes, obrigando um dos simuladores a cumprir o negócio ilícito.

---

[249] GHESTIN, Jacques. *Droit civil – les effects du contrat cit.*, nº 525, p. 570.

[250] "Les adages *nemo auditur propriam turpitudinem alegans* ou *in pari causa turpitudinis cessat repetitio* ne peuvent faire obstacle à cette répétion" (GHESTIN, Jacques. *Droit civil – les effects du contrat cit., loc. cit.*). Mesmo em casos de fraude fiscal, em que a simulação é considerada delituosa, e que, por isso não se permite invocar o ato dissimulado, as somas pagas pelo negócio oculto, entre as partes, podem ser recuperadas por quem as pagou: "il peut en demander le remboursement. Bien que complice de fraude, son action ne sera pas déclaré irrecevable en vertu de l'adage *nemo auditur propriam turpitudinem allegans*" (STARCK, Boris, *et al. Obligations – 2 – Contract* cit., nº 984, p. 412).

[251] STARCK, Boris *et al. Obligations – 2 – Contract* cit., nº 979, p. 411.

[252] "L'important est de se souvenir de la neutralité de la simulation: elle n'est pas une cause de nullité, en ce sens qu'elle n'anule pas une convention valable au motif qu'elle a été passé secrètement; et elle ne saurait valider une convention qui aurait été invalide fait au grand jour. Il est donc logique que chaque partie puisse se targuer de la contre-lettre pour bénéficier de ses dispositions. C'est pourquoi chacun dispose de l'action en déclaration de simulation" (STARCK, Boris *et al. Obligations – 2 – Contract* cit., nº 978, p. 411).

Tal como se passa no Código italiano, nosso sistema de repressão à simulação, em princípio, não vincula a nulidade ao propósito das partes de violar o direito de terceiros[253]. A intenção fraudulenta, que é frequente na prática, não é, todavia, elemento necessário da simulação. Mas, mesmo não sendo elemento necessário, a lei não deixa de se preocupar com a tutela daqueles que se veem prejudicados pelo negócio simulado. Por isso, a disciplina normativa privilegia essa tutela opondo-a às partes. O problema gerado pela simulação é multifacetário e, conforme o interesse afetado, a solução legal toma rumo diverso. O sistema do direito italiano, e também do brasileiro, pode ser assim resumido[254]:

a) o que é simulado (o negócio aparente) não tem efeito entre as partes (o negócio simulado para as partes é nulo) (Código Civil brasileiro, art. 167, *caput*; Código Civil italiano, art. 1.414);

b) os terceiros prejudicados pelo contrato simulado podem prevalecer-se da nulidade do negócio aparente para fazer valer a situação real (o negócio simulado é nulo também para os terceiros prejudicados) (Código Civil brasileiro, art. 167, *caput*; Código Civil italiano, art. 1.414);

c) os terceiros que, de boa-fé, hajam confiado na aparência do contrato simulado, podem fazer prevalecer a situação aparente (o negócio subjacente, ou oculto, não é oponível a terceiros de boa-fé) (Código Civil brasileiro, art. 167, § 2º; Código Civil italiano, art. 1.415).

69.10.1. *Prova da simulação entre as partes*

Pelos princípios do sistema comum de prova, se o ato simulado foi praticado por escrito, o ato dissimulado, em princípio, deve também ser provado por escrito[255] nas disputas entre as partes que realizaram a simulação.

No entanto, o próprio direito civil admite que basta um *começo de prova escrita* para provar os negócios que não admitem prova apenas por testemunhas (Cód. Civil francês, art. 1.347). Assim, no caso da simulação, a jurisprudência francesa só admite a prova por testemunhas e presunções quando haja um começo de prova por escrito. Entretanto, a Corte de Cassação tem admitido que o começo de prova escrita seja deduzido dos termos do próprio ato aparente; e ainda que se possa recorrer à prova por qualquer meio, se o original do documento arguido de simulação não tenha sido exibido, impedindo seu exame em juízo e a discussão de seu valor. O Tribunal francês dispensa também a exigência de prova escrita, em matéria comercial, sempre que uma impossibilidade material ou moral de produzir documentos seja

---

[253]   C. MASSIMO BIANCA. *Diritto Civile, cit.*, v. 3, nº 381, p. 696.

[254]   C. MASSIMO BIANCA. *Diritto Civile, cit.*, v. 3, nº 381, pp. 696-697.

[255]   GHESTIN, Jacques. *Droit – les effects du contrat cit.*, nº 559, p. 603.

demonstrada. Enfim, e sempre de acordo com os princípios gerais, a prova pode ser administrada por todos os meios, mesmo entre as partes, se a simulação tiver como objetivo fraudar dispositivos legais de ordem pública[256].

Embora o Código francês se refira a uma contradeclaração para configurar a simulação, isto não é entendido como se fosse obrigatória a redação da *contre-lettre* para que as partes pudessem escapar à eficácia do negócio ostensivo. "Um ato é simulado ou fictício pelo só fato de não exprimir senão um acordo aparente, sem que se torne necessário, que as partes tenham consignado a prova de sua vontade contrária numa contradeclaração". O importante é ficar certo que, "desde a conclusão do negócio aparente, as partes tenham tido em comum uma vontade real diferente daquela que exprimiram"[257].

Deve-se, outrossim, lembrar que a prova sempre poderá resultar de confissão das partes à qual se opõe a simulação, especialmente quando coincida com suas próprias conclusões[258].

Com efeito, a prova da simulação é difícil, pois as partes escondem sua verdadeira intenção no ato simulado. Assim, em regra a prova será feita por meio de indícios (CPC/2015, arts. 369 e 375; CC, art. 212, IV). Admite-se, ainda, que a prova da divergência entre a vontade real e a declarada seja feita por meio de testemunhas (CPC/2015, art. 446, I).

Nesse sentido, o entendimento do STJ: "7. Diante da enorme dificuldade de produção de prova cabal e absoluta da ocorrência de simulação, é facultado ao julgador valer-se das regras de experiência, bem como de indícios existentes no processo para considerar presente o vício que invalida o negócio jurídico"[259].

69.11. Relações entre as partes do negócio simulado e terceiros

O negócio jurídico é, em princípio, ineficaz não apenas entre as partes, mas também em face dos terceiros. No entanto, o negócio simulado – não obstante proclamado nulo – deixa incólumes os adquirentes que venham a negociar com os simuladores, desconhecendo a nulidade. O sistema de repressão à simulação constitui uma das mais significativas aplicações da teoria da confiança na tutela dos terceiros de boa-fé na circulação de bens[260].

Diante do negócio simulado, três espécies de terceiros são tutelados pela ordem jurídica: a) os terceiros diretamente prejudicados pelo contrato aparente; b)

---

[256] GHESTIN, Jacques. *Droit – les effects du contrat cit.*, nº 559, pp. 603-604.
[257] GHESTIN, Jacques. *Droit – les effects du contrat cit.*, nº 548, p. 592.
[258] GHESTIN, Jacques. *Droit – les effects du contrat cit.*, nº 559, p. 605.
[259] STJ, 3ª T., REsp. 1.620.702/SP, Rel. Min. Ricardo Villas Bôas Cueva, ac. 22.11.2016, *DJe* 29.11.2016.
[260] GERI, Lina Bigliazzi *et al. Diritto civile cit.*, nº 114, p. 741.

os terceiros que adquiriram direitos negociando com os responsáveis pelo negócio simulado; c) os credores.

69.11.1. Terceiros prejudicados

Os *terceiros prejudicados* são aqueles que mantinham relação jurídica de qualquer espécie com uma das partes do negócio simulado e tiveram seus direitos eliminados, reduzidos ou esvaziados de conteúdo prático, em razão da nova situação jurídica aparente criada. A lei protege esses terceiros com a pena de nulidade imposta ao negócio simulado, de sorte que este será, por ineficácia legal, não oponível àqueles cujos direitos seriam atingidos pelo ato, não fosse sua nulidade.

Um exemplo de terceiro prejudicado é o titular do direito de preferência que venha a ser obstado no exercício dele pela convenção simulada de um preço superior ao do mercado. Demonstrada a falsidade do ajuste, e restabelecido o valor real da operação, sobre ele se permitirá a oportunidade de o terceiro exercer sua preferência[261]. O direito de preferência pode, também, ser prejudicado pela simulação de uma permuta ou de uma doação, porque esses contratos, se verdadeiros, não seriam alcançados pela preferência legal prevista para a compra e venda (CC, art. 513). Anulada a simulação, restabelecer-se-á o direito de preferência, também nesses casos. Outro exemplo é o do locatário que, diante de uma venda simulada, pode sujeitar-se à ruptura da relação *ex locato* (CC, art. 576). Provada a simulação, o falso adquirente não terá poder de levar avante o projeto astucioso de romper a locação, porque seu título é nulo.

69.11.2. Adquirentes de direitos transmitidos com base no negócio simulado

Quanto aos terceiros que adquiriram direitos negociando, de boa-fé, com um dos sujeitos da simulação, a lei os protege afastando-os do alcance da nulidade do negócio simulado. Aplica-se a regra do § 2º do art. 167, isto é, sem embargo da nulidade, "ressalvam-se os direitos de terceiros de boa-fé em face dos contratantes do negócio jurídico simulado".

A norma protetiva, na espécie, inspira-se no *princípio da aparência* e que deve ser assim entendido: "quem cria uma situação negocial aparente não pode fazer prevalecer, em prejuízo de terceiro de boa-fé, a situação real"[262]. Para este, o negócio aparente, mesmo nulo, conservar-se-á eficaz. Assim, para não prejudicar quem negociou de boa-fé a aparência prevalece sobre a realidade.

---

[261] BIANCA, C. Massimo. *Diritto civile cit.* v. 3, nº 386, p. 705, nota 35.
[262] BIANCA, C. Massimo. *Diritto civile cit.*, v. 3, nº 387, p. 706.

A boa-fé do terceiro consiste em desconhecer a simulação, pois se dela tem ciência, não há como escapar da nulidade do negócio aparente. Será alcançado, portanto, por seus efeitos.

Além disso, é necessário que o terceiro de boa-fé já seja titular de algum direito adquirido com base na situação jurídica gerada pelo negócio simulado. Não se considera prejudicado pela decretação de nulidade do negócio aparente quem tem apenas expectativa de direito ou simples faculdades não exercitadas até então[263].

A proteção ao terceiro de boa-fé é, enfim, uma exigência da vida moderna, sempre ávida de certeza e segurança nas relações econômicas. A teoria da confiança, por isso, superou a primitiva teoria da vontade. Esta formou-se à luz de ideias individualistas, enquanto aquela procura corresponder à tendência social do Estado contemporâneo. Neste, busca-se dar prevalência às necessidades sociais, ainda que à custa do sacrifício de certos interesses singulares.

É intuitivo que não se mostra nem justo nem racional admitir que quem voluntariamente oculta um negócio possa ulteriormente opô-lo àquele que o ignorava completamente e não tinha sequer condições de conhecê-lo. Duas razões, de tal sorte, explicam a inoponibilidade do negócio simulado a terceiros: a) a necessidade de dar *proteção* aos que são *iludidos* pela aparência criada pelos simuladores; b) a necessidade de aplicar uma *sanção* aos beneficiários do ato secreto, de maneira que não possam invocar, em prejuízo de terceiros, direitos que eles mesmos dissimularam[264].

É dentro desta perspectiva – explica Ferrara – que a necessidade de proteger o terceiro de boa-fé contra a ineficácia do negócio simulado se justifica e se impõe como "proteção larga, sem restrições nem reservas", pois é assim que se tutela "o desenvolvimento ordenado e confiante das relações de troca e da segurança contratual". Não é um fenômeno isolado, mas uma posição universal: em todas as nações, a jurisprudência proclama uníssona "o princípio do respeito, à boa-fé dos terceiros, contra as maquinações e insídias das partes"[265]. O direito positivo obviamente não poderia ficar surdo, como de fato não ficou, ao clamor da jurisprudência e da doutrina.

Em suma:

a) o negócio simulado não vale contra terceiros (é negócio nulo *ipso iure*), mas "eles podem tirar vantagem disso quando é favorável a eles" (Cód. civil francês, § 2)[266];

---

[263] BIANCA, C. Massimo. *Diritto civile cit.*, v. 3, nº 387, p. 706.

[264] TERRÉ, François; SIMLER, Philippe; LEQUETTE, Yves. *Droit civil. Les obligations.* 6.ed. Paris: Dalloz, 1996, nº 526, p. 429.

[265] FERRARA, Francesco. *A simulação cit.*, nº 61, p. 343.

[266] "Ils peuvent en profiter lorsqu'elle leur est favorable" (STARCK, Boris; ROLAND, Henri; BOYER, Laurent. *Obligations. 2 – Contrat cit.*, nº 995, p. 415).

Capítulo VIII: As Nulidades | 245

b) há, para os terceiros, uma opção: podem preferir prevalecer-se do ato aparente (simulado), ou do ato oculto (dissimulado) (Cód. Civil francês, art. 1.321, § 3), conforme se mostre este ou aquele necessário para manter e validar o direito do terceiro de boa-fé[267].

c) os autores da simulação jamais poderão invocar o negócio oculto para prejudicar terceiro de boa-fé[268].

Miranda, entretanto, adverte que havendo conflito entre os terceiros interessados na nulidade e aqueles que preferem a validade do negócio, prevalecerá o interesse de quem pretende manter o negócio. Este entendimento "funda-se na necessidade de assegurar a certeza nas relações sociais, uma vez que tais terceiros trataram, fundando-se num estado aparente que tomaram por verdadeiro"[269].

69.11.3. Credores

Os credores de um dos simuladores podem sofrer inegável prejuízo pela transferência ou oneração de bens urdidas por meio de negócio simulado. A situação deles, diante desse tipo aparente de negócio é a mesma que se registra no caso da fraude contra credores: desfalque da garantia patrimonial.

Se os credores podem intentar a ação pauliana para restabelecer a garantia patrimonial ofendida por negócio válido (no caso da *fraude*), com muito maior razão podem demandar o reconhecimento da simulação (caso em que o ato alienatório é *nulo*).

Pode ocorrer um conflito entre os credores anteriores à simulação e os credores constituídos posteriormente a ela. A preferência será para os credores anteriores à simulação, porque a eles cabe o direito à revocatória e, consequentemente, o direito de promover a declaração de nulidade do ato do devedor que lhes desfalcou a garantia patrimonial.

Há que se distinguir, porém, entre o credor do alienante simulado e o do adquirente simulado. Mantida a situação anterior à simulação, o credor do falso adquirente não poderá prejudicar o credor do verdadeiro dono do bem[270]. Mas se se tratar de credor do falso alienante, é óbvio que terá direito de concorrer sobre os bens que ele, nulamente, transferira. A quantia patrimonial será comum aos credores anteriores e aos posteriores ao negócio simulado.

---

[267] *Idem, ibidem.*

[268] STARCK, Boris; ROLAND, Henri; BOYER, Laurent. *Obligations. 2 – Contrat cit.*, nº 996, p. 416.

[269] MIRANDA, Custódio da Piedade Ubaldino. *Teoria geral do negócio jurídico cit.*, nº 8.2.2.4.2.2, p. 169.

[270] BARBERO, Domenico. *Sistema cit.*, v. I, nº 257, p. 552; BIANCA, Massimo. *Diritto civile cit.*, v. 3, nº 388, p. 707.

69.11.4. Prova da simulação arguida por terceiros

Pela sistemática geral do ônus da prova, salvo alguma presunção legal incindível no caso concreto, cabe a quem invoca uma simulação o encargo de prová-la (CPC/2015, art. 373).

Quando é um dos próprios simuladores que alega a simulação contra o outro, o choque se dá entre dois negócios jurídicos: o ostensivo e o oculto. O arguente tem de se submeter às regras comuns de prova dos contratos. Não gozam de plena liberdade, portanto, na comprovação do negócio dissimulado[271].

Cuidando-se, porém, de arguição de simulação por terceiros, o que se põe em questão não é o contrato, mas o ato danoso (ilícito), que atingiu quem não faz parte do negócio viciado. O terceiro, por isso, não fica limitado aos mecanismos ordinários da prova dos negócios jurídicos. Doutrina e jurisprudência entendem, de forma unânime, que o estranho pode provar a simulação por todos os meios previstos em lei.

As restrições, por exemplo, de provar contratos por presunções contra o conteúdo de documento escrito, não têm cabimento nas alegações de simulação por quem não participou da simulação. Mesmo à luz apenas de depoimentos testemunhais, e até com apoio em prova indiciária e circunstancial, os terceiros podem impugnar as declarações nos escritos que lhe oponham os simuladores[272].

69.12. A ação de simulação

Enquanto vigorou o sistema da anulabilidade do negócio simulado, o reconhecimento do vício somente podia ser obtido por meio de sentença em ação constitutiva. Como o regime atual é o da nulidade (e não mais da anulabilidade) o reconhecimento da invalidade do negócio simulado independe de ação e pode se dar incidentalmente em qualquer processo, a requerimento de interessado ou, de ofício, pelo juiz (CC, art. 168, parágrafo único)[273].

Uma vez, porém, que nem sempre existirá o processo pendente para ensejar a declaração incidente de simulação, e também porque essa nulidade quase sempre envolve pesquisa probatória mais ampla, dificilmente realizável em mero incidente de outro feito, o interessado, com frequência, terá de promover ação especialmente voltada para tal objetivo.

---

[271] "L'acte secret ne peut être établi, dans son existence et sa teneur, que conformément aux régles ordinaires de preuve des actes juridiques" (TERRÉ, François; SIMLER, Philippe; LEQUETTE, Yves. Droit civil. Les obligations cit., nº 524, p. 427).

[272] GHESTIN, Jacques. Droit civil – les effects du contrat cit., nº 560, pp. 605-606. "Le tiers peut établir l'existence d'une contre-lettre par tout moyen de preuve, y compris par présomptions de fait-graves, précises et concordantes" (Decisão da Corte Superior de Quebec, in BAUDOUIN et RENAUD. Code civil du Quebec annoté cit., v. II, p. 3.745, nota 31 ao art. 2.849).

[273] "Sendo a simulação causa de nulidade do negócio jurídico, sua alegação prescinde de ação própria" (Enunciado 578, VII Jornada de Direito Civil).

A ação será de natureza declarativa e tenderá a um acertamento em torno da ineficácia do negócio aparente em razão de sua nulidade, que poderá ser total ou parcial, conforme a extensão da simulação.

A ação caberá tanto à partes do negócio simulado como a terceiros eventualmente prejudicados (inclusive credores). Os sujeitos passivos serão os participantes do negócio impugnado. Sendo vários, o litisconsórcio passivo será necessário, porque o efeito da sentença é incindível e tem de alcançar conjuntamente a todos os sujeitos da relação jurídica a ser declarada inválida.

Quem afirmar a simulação, seja parte do negócio, seja terceiro prejudicado, terá o ônus da prova[274].

Entre as partes, os meios de prova hão de sujeitar-se às exigências ordinárias da legislação processual, pertinentes ao tipo de negócio jurídico etc.[275]. É em função, pois, do negócio oculto (dissimulado) que se definirá a prova cabível ou necessária. Não existe, *v.g.*, um impedimento legal a que uma parte prove contra a outra o negócio dissimulado por meio de testemunhas.

Já na ação movida por terceiro, a prova é livre, visto que se trata de comprovar ato ilícito fraudulento, o que se pode fazer por meio de testemunhas e até de presunções[276].

Por outro lado, se é o réu que vai arguir, a simulação não precisa de reconvenção. Pode fazê-lo por meio de exceção (isto é, na contestação), uma vez que se trata de nulidade[277] e esta não exige ação para seu reconhecimento (art. 168, parágrafo único).

69.12.1. *O interesse de agir por meio da ação de simulação*

Qualquer que seja o autor da ação de simulação – parte ou terceiro, em relação ao negócio simulado – terá de demonstrar seu *interesse* na pretendida declaração de nulidade. Não se trata, porém, de qualquer interesse moral, cívico, econômico etc., mas de *interesse jurídico*, que só se configura quando o litigante tenha *necessidade de proteção jurídica*, tutela esta que haverá de dizer respeito a uma posição jurídica para a qual se busca a proteção jurisdicional. Para se reconhecer o interesse jurídico, portanto, é necessário demonstrar a existência de um estado de violação de direito subjetivo no âmbito do relacionamento jurídico material existente entre autor e réu.

---

[274] Se as partes ajustaram de uma forma aparente o que elas deverão cumprir de outra forma, e que malgrado a causa exteriorizada, existe oculto um negócio real e lícito, "il incombe néanmoins au bénéficiaire, *de prouver que cette cause existe*, et que, faute par lui de faire cette preuve, il doit soccomber dans ses prétentions" (Jurisprudência citada por JACQUES GHESTIN. Ob. *cit.*, nº 556, p. 601).

[275] BARBERO, Domenico. *Sistema cit.*, v. I, nº 258, p. 552.

[276] BIANCA, C. Massimo. *Diritto civile cit.*, v. 3, nº 389, pp. 708-710.

[277] BARBERO, Domenico. *Sistema cit.*, v. I, nº 258, p. 552.

É, por isso, que o autor da ação de simulação não pode justificar sua pretensão contra o demandado apenas à luz de vantagens econômicas ou morais que a declaração de nulidade poderá proporcionar-lhe. "Pode-se, pois, concluir que, ter interesse em exercer demanda judicial, quer dizer possuir ou afirmar a *qualidade de titular* de um direito subjetivo, ou de um conjunto de relações jurídicas, e, por outro lado, ter-se manifestado pela violação ou ameaça de violação das mesmas, a necessidade da proteção jurídica"[278].

Em outros termos, o autor da ação de simulação tem de invocar contra o réu uma relação jurídica ou uma situação jurídica existente entre eles, que tenha sido prejudicada ou violada pelo negócio simulado. Só assim terá *interesse jurídico* e não mero interesse econômico. Faltando este substrato jurídico, as meras vantagens econômicas que a ação lhe possa proporcionar não atingirão o nível do *interesse jurídico* e, portanto, o caso será de *carência de ação*[279].

Aceitar que qualquer pessoa possa, em busca de lucros ou vantagens de qualquer natureza, manejar a ação de simulação, sem manter com o demandado relação jurídica que este eventualmente pudesse violar, seria o mesmo que pôr a tutela jurisdicional à livre disposição de atitudes especulativas e egoísticas. Não é, sabidamente, a perspectiva de *vantagem*, mas a *necessidade* de tutela que impulsiona a Justiça a realizar a prestação jurisdicional[280]. É certo que o juiz, conhecendo da nulidade, poderá declará-la até mesmo de ofício (CC, art. 168, parágrafo único). Mesmo agindo de ofício, contudo, não poderá o juiz anular o negócio sem antes dar oportunidade para as partes se manifestarem sobre a simulação (CPC/2015, art. 10). Mas, para tanto tem o órgão jurisdicional de estar legitimado por regular relação jurídica processual. Sem a observância das condições da ação, nenhum pronunciamento de mérito poderá ser realizado. Daí que, mesmo em se tratando de nulidade, o juiz não terá como proclamá-la se o feito foi instaurado por parte ilegítima ou carecedora do interesse jurídico.

Sem que o autor demonstre um *prejuízo jurídico*, derivado do negócio simulado e incidente sobre relação de direito por ele mantida com o demandado, não terá interesse para sustentar a ação de simulação, porquanto não estará em condições de justificar como a simulação afetou sua esfera jurídica. Só, pois, os *prejudicados juridicamente* pelo negócio simulado podem provocar a respectiva declaração em juízo.

---

[278] FERRARA, Francesco. *A simulação cit.*, pp. 462-463.

[279] "Ainda que exista a simulação, se não atingir por qualquer forma os direitos daquele que a pretende judiciariamente impugnar, não poderá o juiz pronunciar-se sobre ela, porque o autor que a vem alegar em juízo é parte ilegítima na ação, por falta de *interesse*" (SANTOS, José Beleza dos. *A simulação em direito civil cit.*, p. 340).

[280] "Para que se possa reclamar intervenção dos órgãos jurisdicionais, precisa ser compelidos pela necessidade e não pelo egoísmo: a ordem jurídica visa satisfazer, não a *utilidade*, mas a *necessidade*, em que os indivíduos se acham, de obterem a reintegração ou a defesa de seus direitos subjetivos ou da sua posição jurídica" (FERRARA, Francesco. *A simulação cit.*, p. 463).

Capítulo VIII: As Nulidades | **249**

Em suma, para ter como presidida por legítimo *interesse jurídico*, a ação de simulação reclama do autor que alegue e prove o seguinte: "1º) que da simulação resulta um *prejuízo*, isto é, uma incerteza, ameaça, ou violação de direitos; 2º) que este prejuízo afeta ou pode afetar direitos de que o autor é titular." Não é – repita-se – a circunstância de ser o negócio simulado *prejudicial* ou *desvantajoso* para aquele que pretende sua declaração de nulidade, que o legitima a obter a sentença declaratória de nulidade, sem a demonstração de um prejuízo jurídico[281].

Uma empresa, por exemplo, não pode pretender a declaração de nulidade por simulação de um contrato de terceiro, apenas com o propósito de afastar concorrente ou de melhorar sua posição na concorrência. O seu interesse, *in casu*, seria puramente econômico, porque os autores da pretensa simulação não teriam violado relação alguma mantida com o demandante, cuja eficácia pudesse ser afetada ou lesada. Mesmo aquele que tenha um vínculo contratual com o simulador não pode restringir-se a invocá-lo; terá de comprovar que, *in concreto*, a simulação causou prejuízo jurídico à referida relação de direito material. Um credor do agente da simulação, por exemplo, não tem interesse jurídico se, malgrado o negócio falsamente urdido pelo devedor, a garantia de realização de seu crédito não foi afetada. Faltar-lhe-á, sem dúvida, *interesse jurídico* para a causa[282].

69.13. Prescrição

Uma vez enquadrada a simulação entre os casos de nulidade do negócio jurídico, a ação para reconhecê-la é de natureza declaratória. Uma das clássicas distinções entre as nulidades e anulabilidade é justamente a de que a ação, em relação àquelas, é declaratória e, em relação a estas, é constitutiva. Como toda ação declaratória, portanto, a ação de simulação, é imprescritível[283].

De fato, as ações declaratórias não podem prescrever porque não veiculam pretensão alguma. Nada se exige do demandado. Apenas se busca eliminar uma incerteza acerca de determinada situação jurídica. Como a incerteza não desaparece com o simples decurso do tempo, não pode obviamente extinguir-se o direito à declaração enquanto perdurar o estado de indefinição jurídica.

Explica Ferrara:

"Uma consequência derivante da natureza declaratória da ação de simulação é a sua *imprescritibilidade*. Com efeito, não é concebível que pelo decurso do tempo se extinga a ação de declaração de determinado fato ou estado jurídico, quando ainda con-

---

[281] "Não basta, porém, que a simulação seja *prejudicial*, é necessário que ela *prejudique direitos de quem intenta a respectiva ação*" (SANTOS, José Beleza dos. *A simulação em direito civil cit.*, p. 341).

[282] SANTOS, José Beleza dos. *A simulação em direito civil cit.*, p. 341.

[283] BIANCA, C. Massimo. *Diritto civile cit.*, v. 3, nº 390, p. 710.

tinuam subsistindo e vigorando as condições para intentá-la: uma tal limitação seria contraditória com os fins do instituto, e viria restringir injustamente a proteção do direito"[284].

Reconhecer a nulidade de um negócio equivale a colocar as partes diante da certeza de que algo não existiu para o mundo do direito, porque praticado sem força de produzir efeitos jurídicos. O ato nulo existe como fato, mas não como fato jurídico. Daí por que a declaratória de nulidade não se sujeita à prescrição: o tempo não pode dar vida ao que não existe[285].

Na jurisprudência italiana se tem decidido que a simulação absoluta é imprescritível, mas a simulação relativa se sujeita à prescrição ordinária (decenal). A boa doutrina repele, no entanto, esse posicionamento pretoriano, porque não há diferença de substância entre a simulação absoluta e a relativa, já que ambas são geradoras da nulidade do negócio não verdadeiro (o negócio apenas aparente). Se na ação, qualquer que seja a extensão da falsa declaração, se cuida de declarar a simulação do contrato, não há como dizer que seja diferente o regime prescricional para cada uma das referidas simulações[286].

O que pode desaparecer é o interesse daquele que teria legitimidade para manejar a ação declaratória. Malgrado a imprescritibilidade desse tipo de ação, as pretensões que poderiam derivar do negócio subjacente (o negócio dissimulado ou outro negócio conexo) podem se extinguir e, assim, tornaria inútil a ação declaratória.

Se a pessoa quer declarar a simulação para reclamar do responsável por ela alguma prestação impedida pelo negócio simulado, é claro que esta situação retrata uma *pretensão*, que se sujeita a extinção pelo decurso do tempo[287]. O credor, por exemplo, justifica sua legitimidade para a declaratória de simulação, invocando débito do simulador alienante que já foi alcançado pela prescrição; ou alguém recorre à declaratória de simulação para poder reivindicar algum bem, que, entretanto, já teve sua titularidade dominial consolidada em favor de outrem pelo transcurso do prazo de usucapião. Em tais situações, será denegada a ação declaratória de simulação, não porque prescrita, mas por ausência de *interesse* que a justifique[288].

---

[284] FERRARA, Francesco. *A simulação nos negócios jurídicos cit.*, nº 84, p. 457.

[285] "Uma vez que o negócio simulado é inexistente (para o direito), e o que não existe não se torna existente em virtude de qualquer lapso de tempo, é sempre admissível a ação para fazer declarar a sua irrealidade" (FERRARA, Francesco. *Ob. cit*, nº 84, p. 458).

[286] BIANCA, C. Massimo. *Diritto civile cit.*, nº 390, p. 710.

[287] Ensinam STARCK, *et al.*, que a ação dos terceiros prejudicados para reconhecer a simulação sujeita-se aos efeitos da prescrição *longi temporis* (*Obligations* cit., nº 999, p. 417).

[288] "O que cai em prescrição, realmente, é a ação dirigida ao exercício do relacionamento contratual *dissimulado,* quando se trata de uma normal ação contratual" (não a ação declaratória do negócio simulado) (BIANCA. *Ob. cit,* nº 390, p. 710).

Capítulo VIII: As Nulidades | **251**

Extinto o interesse pelo direito que se pretende defender indiretamente pela ação de simulação, "a ação declaratória não tem mais razão de ser, torna-se inútil arma de defesa uma vez que o direito que se pretende defender se acha irremediavelmente perdido"[289].

Esse raciocínio, como se vê, é de aplicar tanto à simulação absoluta como à relativa, pois em ambas as hipóteses o que se quer é obter uma sentença capaz de reconhecer a nulidade de um negócio jurídico apenas aparente. A imprescritibilidade somente esbarrará no obstáculo de falta de interesse, em função de alguma pretensão ligada ao cumprimento do negócio oculto já ter-se extinguido pelo respectivo prazo prescricional. Isto, porém, não implica reconhecer prescritibilidade da declaratória, mas apenas falta de interesse para justificar seu manejo. Não há diferença, portanto, em termos de prescrição entre as ações, para declarar a simulação absoluta ou a relativa. Ambas, são, em princípio, insuscetíveis de extinção por decurso de prazo prescricional[290].

69.14. Direito intertemporal

Dispõe o art. 2.035, do CC ("Disposições Transitórias") que a validade dos negócios e demais atos jurídicos, constituídos antes da entrada em vigor do novo Código, continuará regida pelas leis anteriores, segundo o princípio tradicional de direito intertemporal aplicável genericamente às obrigações: *tempus regit actum* (ou seja: "*in stipulationibus id tempus spectatur quo contrahimus*" – "nas estipulações tem-se em vista o tempo em que a contraímos")[291].

A aplicação dessa regra ao caso da simulação, que passou de causa de anulação (no Código de 1916) para causa de nulidade (no atual), faz com que os negócios simulados ajustados antes da vigência da lei nova continuem sendo tratados como anuláveis e sujeitos ao prazo decadencial fixado pelo Código anterior. A mácula da nulidade somente incidirá sobre os que se formarem após a entrada em vigor do Código de 2002[292].

---

[289] FERRARA. *Ob. cit*, nº 84, 458. "Merita perciò consenso quella tendenza giurisprudenziale più recente, seguita da autorevole dotrina, la quale rivede la questione con riferimento all'interesse all'azione: estuito per prescrizione il diritto del contratto dissimulato, l'azione di simulazione relativa diventa, in linea di massima supérflua" (DIENER, Maria Cristina. *Il contratto in generale cit.*, nº 13.8.2, p. 731). "Piú che di prescribilità dell'azione dovrebbe allora parlarsi di difetto di interesse ad agire in simulazione" (GAZZONI, Francesco. *Manuale di diritto privato*. 9.ed. Napoli: Edizioni Schientifiche Italiane, 2001, p. 955).

[290] FERRARA. *Ob. cit., loc. cit.*

[291] MAXIMILIANO, Carlos. *Direito intertemporal cit.*, nº 154, p. 183.

[292] "A invalidade das obrigações rege-se pelas normas vigentes ao tempo em que se constituíram, quer deva admitir-se de pleno direito (*ipso iure*), quer *ope exceptionis*, isto é, dependente de ser alegada em defesa do obrigado... Observa-se, por conseguinte, a lei da época do nascimento da obrigação, *pura* ou *condicional*, e sem distinguir-se se a nulidade é *absoluta* ou *relativa*" (MAXIMILIANO, Carlos. *Direito intertemporal cit.*, nº 165, p. 194).

Capítulo IX: As Anulabilidades

70. ANULABILIDADE

A teoria da anulabilidade foi construída como parte da teoria da invalidade. Não há, com efeito, diferença de substância entre nulidade e anulabilidade, mas apenas de grau ou intensidade. A anulabilidade, como anota Pontes de Miranda, é invalidade menos grave: "é o nulo *eventual*, em vez do nulo *inicial*"[1]. É a eventualidade apenas que distingue as duas espécies de invalidade: a nulidade opera por força da lei, automaticamente; a anulabilidade só opera impulsionada pela vontade da parte a quem prejudicou. Por isso, a nulidade permite reconhecimento, de ofício, pelo juiz, enquanto a anulabilidade, para ser decretada, exige ação do interessado. A nulidade, se se torna objeto de questionamento em juízo, é reconhecida por sentença declaratória, ao passo que é constitutiva a sentença que acolhe a arguição de anulabilidade.

A diversidade de tratamento dispensado às espécies de invalidade justifica-se pelos interesses que se colocam sob a tutela sancionatória. A nulidade corresponde a negócios violadores de interesses de ordem pública. Já a anulabilidade atua em face de interesses privados dos contratantes[2].

Não há nulidade, nem anulabilidade, superveniente. Os defeitos, geradores de invalidade, são congênitos. Se fato ulterior vem a comprometer a eficácia do negócio validamente constituído, ter-se-á resolução ou rescisão, que, entretanto, não afeta a validade originária. Esses fatos novos atingem o negócio no plano da eficácia, depois que ele já existiu e já valeu, isto é, depois que já superou os planos da existência e da validade. A nulidade e a anulabilidade atuam no plano da validade, tornando o negócio desde a origem inidôneo a valer para o fim a que a declaração de vontade o destinar.

70.1. Distinção entre nulidade e anulabilidade

Já se afirmou e demonstrou que não há diferença substancial entre a nulidade e a anulabilidade, pois ambas conduzem à invalidade do negócio jurídico, e, uma vez operadas, não apresentam diferença nos efeitos produzidos.

---

[1] PONTES DE MIRANDA, Francisco Cavalcanti. *Tratado de direito privado*. São Paulo: Editora Revista dos Tribunais, 2012, t. IV, § 413, nº 1, p. 323.

[2] A disciplina do negócio anulável prende-se ao fato de que "gli interessi lesi con tale negozio non sono generali, ossia a rilevanza pubblicistica (come nel negozio nullo), bensì particolari del soggetto agente, ossia a rilevanza prettamente privatistica" (DIENER, Maria Cristina. *Il contratto in generale*. Milano: Giuffrè, 2002, nº 14.11, p. 767). No mesmo sentido, a doutrina brasileira: "no que concerne às *anulabilidades,* tem-se presente, basicamente, o interesse privado, não havendo, via de consequência, gravidade tão relevante quanto na hipótese de nulidade" (ROSENVLAD, Nelson; FARIAS, Cristiano Chaves de. *Curso de direito civil: parte geral e LINDB*. 13. ed. São Paulo: Atlas, 2015, p. 527).

256 | NEGÓCIO JURÍDICO • *Humberto Theodoro Jr. e Helena Lanna Figueiredo*

Há, contudo, diversidade acentuada no *modus operandi*, ou seja, no *iter* a ser percorrido pelo aplicador da norma invalidante para chegar à sanção nela contida, cuja verificação é de inegável interesse exegético e, sobretudo, didático. De uma maneira geral, a doutrina costuma apontar as seguintes diferenças que serviriam para fixar o regime legal e as principais características da nulidade e da anulabilidade, segundo o direito positivo[3]:

a) a *nulidade* decorre de ofensa a interesse público; é no interesse de toda a coletividade que se impõe a nulidade, sendo geral o seu alcance e operando *erga omnes* sua eficácia (CC, art. 168); a *anulabilidade* corresponde a ofensa a interesse privado[4]; seu decreto se dá no interesse do prejudicado, ou de um grupo determinado de pessoas, ficando sua eficácia restrita aos que a alegaram (CC, art. 177, 2ª parte);

b) a *nulidade* não se sujeita a prazo extintivo, prescricional ou decadencial, podendo ser arguida e reconhecida a qualquer tempo (CC, art. 169)[5], a anulabilidade corresponde a direito potestativo do prejudicado, que se extingue em curto prazo de natureza decadencial (CC, arts. 178 e 179);

c) a *nulidade* é insuprível e insanável, quer pelo juiz, quer pelas partes (CC, arts. 168, parágrafo único, e 169)[6]; já a *anulabilidade* é sanável, podendo

---

[3] VELOSO, Zeno. *Invalidade do negócio jurídico*. Belo Horizonte: Del Rey, 2002, nº 65, pp. 267-268; RODRIGUES, Silvio. *Direito civil – parte geral*. 32.ed. São Paulo: Saraiva, 2002, v. I, nº 148, pp. 284-290; VENOSA, Silvio de Salvo. *Direito civil*. 8.ed. São Paulo: Atlas, 2008, v.I,nº 28.4, p. 489; PEREIRA, Caio Mário da Silva. *Instituições de direito civil*. 31.ed. Rio de Janeiro: Forense, 2018, v. I, nºˢ 109, 110 e 111„ pp. 530-532, 536-542; MONTEIRO, Washington de Barros. *Curso de direito civil*. 39.ed. São Paulo: Saraiva, 2003, v. I, p. 310-314; DINIZ, Maria Helena. *Curso de direito civil brasileiro*. 18.ed. São Paulo: Saraiva, 2002, v. I, p. 450-453; GAGLIANO, Pablo Stolze; PAMPLONA FILHO, Rodolfo. *Novo curso de direito civil*. 14.ed. São Paulo: Saraiva, 2012, v. I, p. 443; WALD, Arnoldo. *Direito civil– introdução e parte geral*. 14.ed. São Paulo: Saraiva, 2015, pp. 289-296.

[4] "Ed infatti, se si analizzano i vari vizi che comportano l'annulabilità di un negozio, subito ci si accorge che esse attengono tutti al processo formativo della volontà di uno dei soggetti del negozio stesso" (DIENER, Maria Cristina. *Il contratto in generale. cit.*, nº 14.11, p. 767).

[5] A nulidade, em tese, não prescreve, mas a pretensão a recuperar efeitos concretos gerados pelo negócio nulo sujeita-se, ordinariamente, à prescrição decenária do art. 205, do CC, principalmente quando se tratar de efeitos patrimoniais (DINIZ, Maria Helena. *Curso de direito civil brasileiro cit.*, v. I, p. 453; PEREIRA, Caio Mário da Silva. *Instituições de direito civil cit.*, v. I, nº 109, pp. 530-532).

[6] O art. 170, todavia, admite a conversão do negócio nulo em outro cujos requisitos estejam presentes e não tenham sido afetados pela nulidade "quando o fim a que visava, as partes permitir supor que o teriam querido, se houvessem previsto a nulidade". Nos moldes da norma legal referida, "a conversão acarreta uma nova qualificação do ato" (DINIZ, Maria Helena. *Curso cit.*, v. I, p. 451). Vejam-se os itens 62 a 68 supra.

Capítulo IX: As Anulabilidades | **257**

ser confirmada por aquele que deteria o direito potestativo de invalidar o negócio defeituoso (CC, art. 172)[7];

d) a *nulidade*, quando manifesta, é decretável de ofício pelo juiz, e pode ser, sempre, arguida pelo Ministério Público (CC, art. 168 e parágrafo único); a *anulabilidade* não permite decretação *ex officio*, nem por provocação do Ministério Público, visto que "só os interessados a podem alegar" (CC, art. 177, 2ª parte);

e) a *nulidade*, em princípio, impede que o negócio produza efeitos jurídicos; enquanto o negócio *anulável* tem assegurada a produção de todos os seus efeitos jurídicos, enquanto o interessado não promover-lhe a invalidação (CC, art. 177, 1ª parte)[8];

f) a *nulidade*, quando objeto de sentença, corresponde a provimento de ação declaratória; a *anulabilidade* é sempre objeto de ação constitutiva;

g) a *anulabilidade* sempre decorre de expressa previsão legal (CC, art. 171); enquanto a *nulidade* pode ser textual (expressa) ou virtual (implícita) (CC, art. 166, especialmente inciso VII: nulidade de negócio cuja prática a lei vede, "sem cominar sanção")[9].

70.2. Nulidade absoluta e relativa

O direito positivo brasileiro, em tema de invalidade do negócio jurídico só conhece a *nulidade* (CC, art. 166) e a *anulabilidade* (CC, art. 171). A característica mais marcante da nulidade é a possibilidade de sua arguição por qualquer interessado e pelo Ministério Público, e de seu pronunciamento *ex officio* pelo juiz (art. 168 e parágrafo único). Já as anulabilidades correspondem a direito potestativo das pessoas diretamente interessadas no negócio defeituoso, que o exercitarão em juízo, por meio de ação ou exceção, não cabendo ao Ministério Público argui-las, nem podendo o juiz conhecê-las de ofício (art. 177).

---

[7] "Ratificação é a renúncia ao direito de promover a anulação do ato. Ela advém da vontade do prejudicado e, portanto, só se admite nos casos de anulabilidade" (RODRIGUES, Silvio. *Direito civil cit.*, v. I, nº 148, p. 288).

[8] Costuma-se dizer que a nulidade "opera-se de pleno direito", enquanto a anulabilidade depende sempre de sentença, pois "somente pode ser arguida, pela via judicial" (GAGLIANO, Pablo Stolze; PAMPLONA FILHO, Rodolfo. *Novo curso de direito civil cit.*, v. I, p. 443). "O ato anulável, por isso, enquanto o não fulmine a sentença, produz todos os seus efeitos e, sem a intervenção do juiz, através da ação, não pode a parte esquivar de cumpri-lo" (OROSIMBO NONATO, da Silva. *Da coação como defeito do ato jurídico*. Rio de Janeiro: Forense, 1957, pp. 231-232). Há, entretanto, raras exceções em que a lei resguarda efeitos para o ato nulo, mesmo após sua declaração em juízo, como, *v.g.*, no casamento putativo (RODRIGUES, Silvio. *Direito civil cit.*, v. I, nº 148, p. 286).

[9] VELOSO, Zeno. *Invalidade do negócio jurídico*. Belo Horizonte: Del Rey, 2002, nº 65, p. 268.

258 | NEGÓCIO JURÍDICO • *Humberto Theodoro Jr. e Helena Lanna Figueiredo*

Insistem algumas vozes na doutrina, no entanto, em afirmar a existência de uma terceira categoria, correspondente à *nulidade relativa*. Nessa categoria entrariam hipóteses dominadas pela ordem pública, mas cuja nulidade, por certas conveniências, somente seria decretável a requerimento de determinadas pessoas e não caberia ao juiz o poder de conhecê-las de ofício[10].

De fato, há situações excepcionais em que a lei proclama a ocorrência de nulidade, mas só reconhece a certas pessoas a possibilidade de promover-lhe a decretação. Basta lembrar as anulações de casamento, que não podem ser decretadas de ofício, dependendo sempre de ação direta dos interessados ou do Ministério Público (CC, art. 1.549). Além disso, há as hipóteses de nulidade da compra e venda por ilegitimidade de determinados compradores (tutores, curadores, testamenteiros, administradores, juízes, serventuários da justiça, leiloeiros etc.), previstas no art. 497, todas sujeitas à iniciativa de certos interessados para que a decretação de nulidade se dê[11].

A teoria clássica das nulidades, que se assenta sobre vetustas raízes romanas, de fato tem sofrido alguns abalos pelos questionamentos dos defensores da terceira categoria ("nulidades relativas")[12].

Mas como adverte Orlando Gomes, lembrado em lição recente de Zeno Veloso, "este movimento de ideias infenso à teoria clássica das nulidades é forte na crítica e fraco na construção, mostra com argúcia as inconsequências e as falhas do sistema tradicional, contudo não oferece em troca, uma sistematização de princípios que

---

[10] "La nullità assoluta è quella che opera *erga omnes* e che può essere fatta valere non solo dalle parti, ma anche dal giudice d'ufficio e da qualunque terzo che abbia interesse a farla dichiarare" (DIENER, Maria Cristina. *Il contratto in generale cit.*, nº 14.5.3, p. 753).

[11] AMARAL, Francisco. *Direito civil brasileiro. Introdução.* 5.ed. Rio de Janeiro: Renovar, 2003, p. 526-527. Orosimbo Nonato também registrava a ocorrência no direito positivo de *nulidades de pleno direito* que são *relativas* porque só arguíveis por certas pessoas (*Da coação como defeito do ato jurídico.* Rio de Janeiro: Forense, 1957, nº 121, p. 231). Nesse sentido, também é a lição de Marcos Bernardes de Mello, que fala em "nulidade dependente de alegação" (*Teoria do fato jurídico: plano da validade.* 3.ed. São Paulo: Saraiva, 1999, § 22, p. 67). Vários são os autores estrangeiros que se referem a essa figura mista de invalidade que se portaria entre a *nulidade* e a *anulabilidade*, absorvendo traços caracterizadores de uma e outra (BETTI, Emilio. *Teoria geral do negócio jurídico.* Campinas: Servanda Editora, 2008, nº 58, p. 674-675; ROPPO, Enzo. *O contrato.* Tradução portuguesa. Coimbra: Almedina, 1988, p. 206; MESSINEO, Francesco. *Manuale di diritto civile e commerciale.* 9.ed. Milano: Giuffrè, 1957, v. I, § 47, p. 619; LIMA, Pires de; VARELA, Antunes. *Código civil anotado.* 4.ed. Coimbra: Coimbra Editora, 1987, v. I, p. 263; PINTO, Carlos Alberto da Mota. *Teoria geral do direito civil.* Coimbra: Coimbra Editora, 1976, nº 185, p. 470 etc).

[12] "Por razões diversas, a lei tem vindo a criar hipóteses de invalidade que não se podem reconduzir aos modelos puros da nulidade e da anulabilidade. Trata-se das chamadas invalidades mistas ou atípicas. Assim sucede com a hipótese da invalidade por simulação: ela não pode ser invocada por qualquer interessado" (MENEZES CORDEIRO, António Manuel da Rocha e . *Tratado de direito civil português. Parte geral.* 2.ed. Coimbra: Livraria Almedina, 2000, v. I, t.1, nº 231, p. 647).

Capítulo IX: As Anulabilidades | **259**

represente construção de conteúdo lógico apreciável, valendo, no entanto, como obra de esclarecimento, que serve principalmente, para corrigir os excessos a que conduz o amor à abstração manifestado pelos partidários da teoria clássica através da inflexibilidade que emprestam às categorias que classificam"[13].

Na mesma linha é o pensamento de Caio Mário da Silva Pereira, para quem, até certo ponto, são razoáveis as críticas feitas à teoria tradicional das nulidades. Mas o que é mais sério é o fato de que mesmo os autores das referidas críticas reconhecem que, "se falta absoluto rigor à teoria clássica, nenhuma outra foi encontrada, estabelecida ou esboçada para substituí-la, e, pois, o que se deve ter presente é que os conceitos tradicionais ainda são e devem ter-se por constitutivos de um sistema conveniente"[14].

Não se pode, com efeito, deixar de reconhecer que numerosa e respeitável doutrina não se contenta com a dicotomia formada no campo das invalidades apenas entre nulidade e anulabilidade, e propugna por uma terceira espécie representada pela *nulidade relativa* ou *nulidade dependente de alegação*, figura que não se confundiria, por inteiro, nem com a *nulidade*, nem com a *anulabilidade*, em suas configurações tradicionais[15]. Reclama-se, por isso, sua submissão a uma categoria que seria intermediária entre as duas figuras clássicas da nulidade e da anulabilidade. Mas, não se pode, à revelia dos ordenamentos positivos do direito privado, que até a ignoram, e mesmo à falta de uma posição uniforme e segura a respeito das bases científicas das raras hipóteses da figura híbrida da *nulidade relativa*, desde logo cindir o regime oficial e tradicional das nulidades, desprezando sua longa sedimentação histórico-cultural. A atitude doutrinária frontal contra o sistema claro da lei pode, nestas circunstâncias, atuar como um fator de insegurança jurídica[16].

Enquanto a lei não cuidar de reformar, claramente, sua sistemática das invalidades do negócio jurídico, parece-nos mais razoável não romper totalmente com a teoria clássica prestigiada universalmente pelas leis civis, mas apenas registrar que, excepcionalmente, e em casos expressos, a lei condiciona a decretação de raras hipóteses de *nulidade de pleno direito*, à promoção da parte ou do Ministério Público,

---

[13] VELOSO, Zeno. *Invalidade do negócio jurídico*. Belo Horizonte: Del Rey, 2002, nº 18, pp. 88-89; GOMES, Orlando. *Introdução ao direito civil*. 7.ed. Rio de Janeiro: Forense, 1983, nº 279, p. 407.

[14] PEREIRA, Caio Mário da Silva. *Instituições de direito civil: introdução ao direito civil, teoria geral do direito civil*. 31. ed. Revista a atualizada por Maria Celina Bodin de Moraes. Rio de Janeiro: Forense, 2018, v. I, nº 111, p. 542.

[15] AZEVEDO, Philadelpho. *Um triênio de judicatura*. São Paulo: Max Limonad, 1948, v. III, nº 349, p. 88; GONDIM FILHO. Nulidade relativa. *Revista de jurisprudência brasileira*, v. 47, p. 143; GONDIM, Regina Bottentuit. *Invalidade do testamento*. Rio de Janeiro: Renovar, 2001, p. 55; GOZZO, Debora. *Ação de nulidade de venda a descendente*. São Paulo: Saraiva, 1985, p. 49.

[16] VELOSO, Zeno. *Invalidade do negócio jurídico cit.*, nº 18, p. 89.

NEGÓCIO JURÍDICO • Humberto Theodoro Jr. e Helena Lanna Figueiredo

afastando-se a possibilidade de o juiz pronunciá-las de ofício[17]. Se a tal ponto chega a lei é, na verdade, porque reconhece maior relevância, nessas raras exceções, ao interesse particular do que ao público. O caso, portanto, melhor se acomodaria à anulabilidade do que à nulidade.

71. CAUSAS DE ANULABILIDADE

Ao negócio anulável não faltam os elementos essenciais. Ocorrem apenas defeitos quanto aos requisitos exigidos pela lei para que o negócio adquira validade. Esses defeitos, todavia, não conduzem imediatamente à invalidade; facultam à parte interessada provocá-la. Fica a critério da parte manter ou invalidar o negócio defeituoso, porque se parte da ideia de que o interesse em jogo é de ordem privada. Embora irregular o negócio, o interessado pode julgar conveniente mantê-lo. Não há interesse público suficiente para intrometer-se na esfera privada, contra a vontade do sujeito envolvido no negócio defeituoso[18]. Por isso, titulares de interesses reflexamente afetados não podem intentar a ação anulatória, se o contratante lesado não se dispuser a fazê-lo.

Há três causas previstas pelo art. 171 para a anulabilidade do negócio jurídico:

a) casos expressamente declarados na lei;

b) negócios praticados por agente relativamente incapaz;

c) negócios afetados por vício resultante de erro, dolo, coação, estado de perigo, lesão ou fraude contra credores.

72. CASOS EXPRESSOS DA LEI

A nulidade pode ser inferida de violação de preceito legal, mesmo que a sanção não seja expressa no ordenamento jurídico. Há, portanto, nulidades *cominadas* e *não cominadas* (implícitas).

---

[17] É importante registrar que o principal exemplo que a doutrina costuma invocar para justificar a *nulidade relativa* é o extraído da regra que proíbe a venda entre ascendente e descendente, já que, em face do art. 1.132 do Código de 1916, mesmo sendo caso de nulidade, sua declaração dependeria sempre de ação movida por algum interessado. Esse exemplo, com o atual Código, simplesmente desapareceu, uma vez que o art. 496 expressamente classifica tal venda como *anulável*, e não mais como *nula*. Eis uma demonstração de como o legislador, do ponto de vista prático, pode perfeitamente se contentar com o sistema tradicional, sem necessidade de criar a terceira categoria das nulidades relativas.

[18] *"Celui dont le consentement est vicié a le droit de demander la nullité du contrat"*, mas se preferir que o contrato seja mantido, pode *"demander une reduction de son obligation équivalente aux dommages – intérêts qu'il eût été justifié de réclamer"* (Código Civil de Quebec, art. 1.407).

Capítulo IX: As Anulabilidades | **261**

As anulabilidades, porém, são taxativamente elencadas na lei. Só há anulabilidade *expressa*. Inadmite-se criar ato anulável por analogia ou interpretação extensiva[19].

Portanto, além do defeito de idade e dos defeitos do negócio jurídico apontados nos incisos I e II do art. 171, existem várias outras situações em que a lei comina a pena de anulabilidade, como se pode ver da Parte Especial do Código. Sempre, porém, em textos onde a possibilidade de anulação é objeto de previsão expressa.

A título exemplificativo, podem ser lembrados: a) casamento de pessoa que não completou a idade núbil (CC, art. 1.550, I), ou realizado por meio de mandatário, após a revogação do mandato, sem que dela soubesse (art. 1.550, V); ou celebrado por autoridade incompetente (art. 1.550, VI); b) venda de ascendente a descendente, sem consentimento dos demais descendentes (art. 496)[20]; c) doação do cônjuge adúltero ao seu cúmplice (art. 550); d) alienação aleatória referente a coisas cuja inexistência conhecia o alienante (art. 461); e) testamento revogatório omisso quanto a solenidades essenciais ou portador de vícios intrínsecos (art. 1.971); f) atos de um cônjuge praticados sem a outorga necessária do outro, ou sem suprimento judicial (art. 1.650) etc.

Enfim, a incapacidade e os defeitos de consentimento conduzem à invalidação do negócio jurídico, mas, não são as únicas causas que a provocam, porque a lei, em várias ocasiões, prevê a possibilidade de anulação sem se referir às hipóteses do art. 171.

73. INCAPACIDADE RELATIVA

O Estatuto da Pessoa com Deficiência (Lei nº 13.146/2015) alterou o art. 3º do Código Civil, que passa a definir como absolutamente incapaz de exercer os atos da vida civil apenas o menor de 16 (dezesseis) anos. Foram revogadas desse artigo as disposições sobre a incapacidade daqueles intitulados enfermos ou doentes mentais, bem como os que não conseguem manifestar sua vontade, ainda que transitoriamente. Foram excluídos, ainda, do art. 4º, que trata das pessoas classificadas pela lei

---

[19] L'annullabilità è una figura creata dalla legge, e quindi *i casi* di *anullamento sono soltanto testuali*, cioè devono essere previsti espressamente" (TRABUCCHI, *Istituzioni de Diritto Civile*. 38. ed. Padova: CEDAM, 1998, nº 83, p. 185). No mesmo sentido: VELOSO, Zeno. *Invalidade cit.*, nº 50, pp. 223-224; BRAVO, Frederico de Castro y. *El negocio jurídico*. Madrid: Civitas, 1985, § 560, p. 50; MONCADA, Luis Cabral de. *Lições de direito civil – parte geral*. 3.ed. Coimbra: Atlântica Ed., 1959, v. II, nº 114, p. 721.

[20] Nessa hipótese, o STJ já decidiu que a anulação depende da demonstração de prejuízo pela parte interessada: "A Eg. Segunda Seção desta Corte, no julgamento do EREsp. 668.858/PR, do qual foi Relator o eminente Ministro *Fernando Gonçalves,* DJ 19.12.2008, uniformizou a jurisprudência do STJ sobre o tema, adotando o entendimento de que 'a venda de ascendente a descendente, sem a anuência dos demais, segundo melhor doutrina, é anulável e depende da demonstração de prejuízo pela parte interessada'" (STJ, 4ª T., REsp. 752.149/AL, Rel. Min. Raul Araújo, ac. 14.09.2010, *DJe* 2.12.2010).

material como incapazes relativamente a certos atos da vida civil, os excepcionais, sem desenvolvimento mental completo, e os que, por deficiência mental, tenham o discernimento reduzido. Incluíram-se, outrossim, aqueles que, por causa transitória ou permanente, não puderem exprimir sua vontade.

Assim, a anulabilidade do negócio jurídico ocorre, por incapacidade relativa do agente, nos seguintes casos enumerados na atual redação do art. 4º, do Código Civil, ou seja, quando a declaração de vontade parte de:

a) maior de dezesseis e menor de dezoito anos;

b) ébrio habitual e o viciado em tóxicos;

c) aqueles que, por causa transitória ou permanente, não puderem exprimir sua vontade;

d) pródigo.

Em todos esses casos, o vício do negócio jurídico não decorre do fato de ter sido praticado por pessoa relativamente incapaz, mas pela circunstância de ter-lhe faltado a assistência imposta pela lei.

74. MENOR RELATIVAMENTE CAPAZ

Até os dezesseis anos, o menor é absolutamente incapaz (menor impúbere). Sua vontade é impotente para produzir, por si só, ato jurídico válido. O impúbere pode atuar no mundo jurídico por meio de representante legal (pais ou tutores). Entre dezesseis e dezoito anos, o menor (púbere) já tem condições jurídicas de exprimir, pessoalmente, sua vontade. Mas, a lei a considera ainda débil, e para tutelá-la determina que seja emitida sob assistência de seu representante legal. Nesse estágio, nem o menor pode declarar sozinho a vontade negocial, nem o representante pode declarar em nome do incapaz a mesma vontade. O negócio jurídico, para ser válido plenamente exige o concurso das duas vontades, a do menor e a do seu assistente.

A participação necessária do representante legal é a regra, mas há casos especiais em que a lei permite ao menor púbere atuar sem a assistência, como, por exemplo, na participação nos negócios jurídicos na qualidade de testemunha (art. 228, I), no recebimento e no cumprimento da outorga feita por mandato (art. 666), na elaboração do próprio testamento (art. 1.860, parágrafo único) etc.

75. O ÉBRIO E O TOXICÔMANO

O uso de bebidas alcóolicas e de substâncias tóxicas nem sempre afeta o psiquismo da pessoa, a não ser transitoriamente. A imoderação no consumo de tais drogas, e sua habitualidade, todavia, podem, conforme o grau de intoxicação, criar um *deficit* permanente no discernimento do viciado, comprometendo a gestão de sua pessoa e de seu patrimônio.

Conforme a extensão do comprometimento psicológico acarretado pela toxicomania ou pelo alcoolismo, o viciado pode ser interditado, total ou parcialmente[21]. Se não chegar a perder todo o discernimento, ficará sujeito a uma curatela, nos limites definidos pelo juiz, com base na perícia psiquiátrica (CC, art. 1.767, III; CPC/2015, art. 755, I e II). A exemplo do que se passa com o pródigo, a sentença pode fixar, na curatela do ébrio e do toxicômano, quais são os atos que dependerão de assistência do curador, liberando-o para atos de simples gestão (CC, art. 1.782).

A anulabilidade do negócio jurídico acontecerá quando o interdito praticar, sem a necessária assistência do curador, negócios compreendidos nos limites da curatela delineados pela sentença.

Se o viciado não estiver interditado, a anulação do negócio somente poderá ocorrer se se provar que, no momento de sua prática, estava privado do discernimento necessário para compreender o contrato e seu alcance.

Em princípio, a lei considera o alcoólatra e o toxicômano como relativamente incapaz, porque sua mente embora perturbada pelo efeito deletério da intoxicação, não chegam eles a perder, por completo, o poder de compreensão das coisas. No entanto, a ruína moral e psicológica pode avançar muito e culminar numa total incapacidade. A depender, pois, do grau de intoxicação e dependência, a falta de discernimento poderá ser total, caracterizando-se, então, sua incapacidade absoluta civil[22]. Cabe à sentença graduar a interdição, definindo se a incapacitação do paciente é plena ou limitada[23].

76. IMPOSSIBILIDADE DE EXPRIMIR A VONTADE

Como já se disse, o Estatuto da Pessoa com Deficiência (Lei nº 13.146/2015) alterou o art. 3º do Código Civil, que passou a definir como absolutamente incapaz de exercer os atos da vida civil apenas o menor de 16 (dezesseis) anos. Foram revogadas desse artigo as disposições sobre a incapacidade daqueles intitulados enfermos ou doentes mentais, bem como os que não conseguem manifestar sua vontade, ainda que transitoriamente. Foram excluídos, ainda, do art. 4º, que trata das pessoas classificadas pela lei material como incapazes relativamente a certos atos da vida civil, os excepcionais, sem desenvolvimento mental completo, e os que, por deficiência mental, tenham o discernimento reduzido. Incluíram-se, outrossim, aqueles que, por causa transitória ou permanente, não puderem exprimir sua vontade.

---

[21] VIANA, Marco Aurélio S. *Curso de direito civil*. Belo Horizonte: Del Rey, 1993, v. I, nº 8.1.5, p. 93.

[22] GAGLIANO, Pablo Stolze; PAMPLONA FILHO, Rodolfo. *Novo curso de direito civil– Parte Geral*. 14.ed. São Paulo: Saraiva, 2012, v. I, p. 145-146.

[23] A orientação do atual Código Civil acerca da interdição dos ébrios e toxicômanos se inspirou no Dec.-Lei nº 891, de 25.11.38, e no Decreto nº 24.559, de 03.07.34, que dispõem sobre a proteção devida aos psicopatas (SILVIO RODRIGUES. *Direito civil cit.*, v. I, nº 22, p. 52).

Além dessas alterações, o art. 6º do Estatuto declara que a deficiência não afeta a plena capacidade civil da pessoa, inclusive para:

"I – casar-se e constituir união estável;

II – exercer direitos sexuais e reprodutivos;

III – exercer o direito de decidir sobre o número de filhos e de ter acesso a informações adequadas sobre reprodução e planejamento familiar;

IV – conservar sua fertilidade, sendo vedada a esterilização compulsória;

V – exercer o direito à família e à convivência familiar e comunitária; e

VI – exercer o direito à guarda, à tutela, à curatela e à adoção, como adotante ou adotando, em igualdade de oportunidades com as demais pessoas".

Essa disposição tem impactos diretos no direito material e processual, na medida em que limita a interdição aos atos patrimoniais do interdito, como, inclusive, disposto expressamente pelo art. 85 do Estatuto: "a curatela afetará tão somente os atos relacionados aos direitos de natureza patrimonial e negocial"; não alcançando o direito ao próprio corpo, à sexualidade, ao matrimônio, à privacidade, à educação, à saúde, ao trabalho e ao voto (§ 1º). Ou seja: a curatela "constitui medida extraordinária, devendo constar da sentença as razões e motivações de sua definição, preservados os interesses do curatelado" (§ 2º).

Assim, atualmente, qualquer motivo que realmente impeça a expressão da vontade, de forma permanente ou transitória, pode provocar a incapacidade para os atos negociais e patrimoniais da vida civil e, consequentemente, acarretar a anulação do negócio jurídico pessoalmente praticado. Assim se passa, por exemplo, com quem fica em estado de coma, ou com aquele que perde o discernimento, enquanto suporta as consequências de alguma moléstia grave ou de um traumatismo cerebral qualquer e, como é óbvio, não pode validamente declarar a vontade negocial. Tal incapacidade pode apresentar-se como transitória ou como definitiva. Qualquer que seja ela, enquanto perdurar a grave privação de discernimento, privará os negócios do paciente da validade civil.

Para ter-se, todavia, como ocorrente a invalidade, é preciso provar-se, adequadamente, a impossibilidade de expressão da vontade ao tempo da prática do negócio. A incapacidade, como exceção, não se presume, de sorte que a falta de prova, ou a insuficiência dela, provoca a improcedência da arguição e a prevalência do negócio impugnado.

77. OS PRÓDIGOS

O Código atual, como o anterior, mantém uma tradição que remonta ao Direito Romano, ao inserir os pródigos entre os relativamente incapazes (art. 4º, IV).

Pródigo é a pessoa que, de forma irresponsável e inconsequente, gasta a sua fortuna, dissipa os seus bens, destrói o seu patrimônio[24].

O Código de 1916 só admitia a interdição por prodigalidade, quando requerida pelo cônjuge, ascendente ou descendente (art. 460). Isto fazia com que a providência incapacitante fosse entendida como medida de proteção patrimonial da família, tanto que se previa até mesmo o levantamento da interdição quando não mais existissem os referidos parentes (art. 461). Além disso, só o pródigo e os parentes tinham legitimidade para promover a anulação dos atos jurídicos do interdito, enquanto durasse a interdição (art. 461, parágrafo único).

Essas restrições não foram repetidas no atual Código, que reduziu toda regulamentação da curatela do pródigo a um só artigo (art. 1.782). Nele o que se estabelece é apenas a extensão da interdição, ao dispor que o pródigo só será privado de, sem curador, "emprestar, transigir, dar quitação, alienar, hipotecar, demandar ou ser demandado, e praticar em geral os atos que não sejam de mera administração".

A nova sistemática, destarte, não se restringe a defender a família do pródigo. Cuida, isto sim, de proteger o próprio interdito contra a prática dos atos que poderiam acarretar-lhe o empobrecimento. Outros atos que não tenham semelhante conotação continuam sob sua gestão pessoal e podem ser validamente praticados sem a interferência do curador[25]. Quer tenha parentes, quer não, o pródigo merece a proteção da curatela, segundo o atual Código brasileiro. É, aliás, a orientação já adotada pelo Código português, que endereça a medida tutelar diretamente ao pródigo e seu patrimônio[26], tal como fazia, nas origens, o Direito Romano.

Por último, é conveniente registrar que a prodigalidade só afeta a capacidade negocial depois de interditado o paciente. Não se tratando propriamente de uma doença mental, mas de um desvio ético de conduta, não há como invalidar os contratos anteriores à interdição. Ao contrário do que se passa com a pessoa impedida de expressar a vontade, no caso do pródigo, a sentença tem efeitos exclusivamente *ex nunc,* permanecendo válidos e não anuláveis os negócios por ele praticados anteriormente à interdição[27].

78. A SITUAÇÃO DOS SILVÍCOLAS

O Código anterior incluía os silvícolas entre os relativamente incapazes. O Código atual remeteu o problema para a legislação especial (art. 4º, parágrafo único).

---

24   VELOSO, Zeno. *Invalidade do negócio jurídico cit.*, nº 48.2, p. 211.
25   RODRIGUES, Silvio. *Direito civil cit.*, v. I, nº 22, p. 53.
26   VELOSO, Zeno. *Invalidade do negócio jurídico cit.*, nº 48.2, pp. 213-214.
27   BEVILÁQUA, Clóvis. *Código Civil dos Estados Unidos do Brasil comentado.* 11. ed. Rio de Janeiro: Francisco Alves, 1956, v. 2, p. 455; PONTES DE MIRANDA, Francisco Cavalcanti. *Tratado de Direito Privado.* São Paulo: Editora Revista dos Tribunais, 2012, t. IX, § 1.040, nº 8, p. 464; VELOSO, Zeno. *Invalidade do negócio jurídico cit.*, nº 48.2, pp. 215-216.

Cabe à FUNAI (Fundação Nacional do Índio) representar e apoiar o indígena, segundo o sistema baixado pela Lei nº 5.371, de 05.12.67. A Lei nº 6.001, de 19.12.73, por sua vez, considera o indígena, em princípio, como *absolutamente incapaz,* reputando nulos os atos que praticar sem a devida representação. Faz, contudo, a ressalva da hipótese do índio que demonstrar discernimento e realizar negócio de que não lhe decorra prejuízo. Nessas exceções, admite seja considerado como plenamente capaz para os atos da vida civil.

Define-se, portanto, a capacidade do índio a partir de sua inserção, ou não, na sociedade civilizada, não sendo razoável adotar-se, como regra, a presunção sempre de sua incapacidade[28].

79. DEFEITOS DO NEGÓCIO JURÍDICO

Considera o art. 171, II, anulável o negócio jurídico quando viciado por erro, dolo, coação, estado de perigo, lesão ou fraude contra credores.

A conceituação de cada um destes defeitos consta do capítulo IV do Título "Negócio Jurídico" do atual Código (arts. 138 a 165), que serão posteriormente tratados nos capítulos seguintes.

O *erro* para afetar a validade do negócio jurídico há de ser substancial e, além disso, deve assumir feições tais que permitam ao outro contratante percebê-lo, agindo como pessoa de diligência normal em face das circunstâncias do negócio (art. 138).

O *dolo*, como vício de consentimento, é o erro provocado astuciosamente para induzir alguém à prática de um negócio jurídico prejudicial à vítima e benéfico para o autor do dolo ou para outrem. Para viciar o contrato, o dolo tem de ser causa determinante de sua realização e tem de ser conhecido do outro contratante (arts. 145 a 150).

A *coação* de que se cogita no plano dos vícios de consentimento é a *coação moral* (*vis compulsiva*), que se traduz na ameaça de um mal injusto para extorquir de alguém a prática de um negócio jurídico (arts. 151 a 155). O coato declara a vontade negocial, mas o faz sem liberdade, porque dominado pelo medo que lhe incutiu a ameaça. Por isso, o negócio é anulável. Também a coação, quando praticada por terceiro, tem de ser conhecida da parte que dela se beneficia, para invalidar o negócio.

---

[28] GAGLIANO, Pablo Stolze; PAMPLONA FILHO, Rodolfo. *Novo curso de direito civil cit.*, pp. 148. "Vale destacar, nessa passagem, que os índios não integrados estarão sujeitos a um regime tutelar prestado pela União, por meio da Fundação Nacional do Índio – FUNAI, o que revela a sua incapacidade absoluta e a consequente nulidade dos atos por eles praticados. Não será nulo, porém, o ato praticado pelo índio que demonstre um estado de consciência e conhecimento do ato praticado, desde que não lhe seja prejudicial" (ROSENVALD, Nelson; FARIAS, Cristiano Chaves de. *Curso de direito civil cit.*, nº 6.4, p, 283).

O estado de perigo afeta a validade do negócio porque a obrigação assumida é excessivamente onerosa e só foi contraída porque o agente estava premido pela necessidade de salvar-se, ou a pessoa de sua família, de grave dano conhecido da outra parte (art. 156). Aqui, também, o contratante emite declaração de vontade, mas não o faz livremente, em face da pressão psicológica que o perigo lhe faz.

A *lesão* consiste no contrato comutativo pactuado com conteúdo de usura real, ou seja, com intenso desequilíbrio entre prestações e contraprestações. O negócio se vicia não pela quebra da comutatividade, mas porque esta decorreu do estado de premente necessidade em que se achava a parte ou pela sua inexperiência, o que lhe comprometeu a livre formação da vontade negocial (art. 157).

A *fraude contra credores* ocorre quando o negócio contém um ato de disposição patrimonial praticado por devedor insolvente, ou por ele reduzido à insolvência, em prejuízo da garantia genérica dos credores quirografários (arts. 158 a 165). Esse defeito, CLÓVIS apelidou de *vício social* do negócio jurídico, já que não é na formação que ele se situa, mas na sua função social[29]. Na verdade, há um grave erro de técnica na classificação da fraude entre os defeitos do negócio jurídico causadores da anulabilidade. O que a lei realmente institui é uma causa de *ineficácia relativa* apenas. O contrato vale entre as partes, mas seus efeitos não podem prejudicar os credores do alienante. Acolhida a ação pauliana e reconhecida a fraude por sentença, as partes contratantes não são repostas no estado anterior. Apenas os credores interessados poderão incluir o bem alienado no acervo sobre o qual a execução deverá incidir (art. 165)[30].

Para melhor análise e compreensão dos defeitos do negócio jurídico, remetemos o leitor aos capítulos seguintes, que tratarão de cada um deles especificamente.

80. CONFIRMAÇÃO DO ATO ANULÁVEL

O negócio *nulo* entra no mundo das relações jurídicas sem aptidão alguma para produzir o efeito visado pelo declarante. Para a ordem jurídica, apresenta-se como um *natimorto*[31]. O negócio nulo, por isso, não tem como ser sanado ou confirmado. A parte não pode dar vida a quem o direito a nega.

O negócio *anulável*, por sua vez, é um ser que nasce enfermo, mas que tem vida, enquanto a parte prejudicada não delibera invalidá-lo. Por isso, ao invés de impugná-lo, pode confirmá-lo, eliminando o vício de origem e tornando-o perfeito[32].

---

[29]   BEVILÁQUA, Clóvis. *Código civil cit.*, v. I, p. 333.

[30]   "A rigor, a fraude contra credores não é negócio anulável, mas relativamente ineficaz. O que ocorre, afinal, é a *inoponibilidade* do ato de disposição aos credores do alienante, naquelas circunstâncias" (VELOSO, Zeno. *Invalidade do negócio jurídico cit.*, nº 48.8, p. 219).

[31]   BARBERO, Domenico. *Sistema del derecho privado*. Buenos Aires: EJEA, 1967, v. I, nº 295, p. 633.

[32]   "Não tem o mesmo alcance da nulidade, nem traz o mesmo fundamento a *anulabilidade* do negócio jurídico (...) O ato é imperfeito, mas não tão grave e profundamente defeituoso, como

NEGÓCIO JURÍDICO • *Humberto Theodoro Jr. e Helena Lanna Figueiredo*

Confirmar o negócio defeituoso é, portanto, "fazer prevalecer pelo consentimento posterior aquilo que, por defeito de forma ou de fundo, possa ser anulado"[33].

A pessoa, que a lei protege por meio da anulabilidade – permitindo desconstituir, por exemplo, o negócio viciado por erro, dolo ou coação –, pode *confirmá-lo,* isto é, pode "conferir-lhe a validade que lhe faltava, renunciando à faculdade de invocar a invalidade"[34]. Ao contrário da nulidade, que se funda em interesse de ordem pública, a anulabilidade apenas protege interesse privado. Por isso, a nulidade não é disponível pela parte, enquanto a anulabilidade pode desaparecer por ato de vontade do interessado.

Costuma-se confundir a confirmação com a ratificação (o Código de 1916, por exemplo, não usava o termo confirmação, mas ratificação, para nomear o fenômeno que ora se enfoca). Ratificar, mais propriamente, é aprovar o negócio feito por outrem sem poder de representação[35]. Confirmar, outrossim, é reafirmar o negócio por iniciativa da própria parte que o realizou defeituosamente.

81. NATUREZA JURÍDICA

A confirmação é, em si, um novo negócio jurídico (uma declaração de vontade voltada para um efeito jurídico desejado pelo declarante)[36]. É, porém, um negócio *unilateral,* pois sua eficácia não depende de aceitação do destinatário[37]. O Código Civil espanhol dispõe textualmente: "A confirmação, seja expressa ou tácita, não exige o concurso da parte a cujo favor se faz"[38] (art. 1.064). Deve-se, portanto, considerá-la

---

nos casos de nulidade, razão pela qual a lei oferece ao interessado a alternativa de pleitear a obtenção de sua ineficácia, ou deixar que os seus efeitos decorram normalmente, como se não houvesse irregularidade" (PEREIRA, Caio Mário da Silva. *Instituições de direito civil cit.,* v. I, nº 110, p. 536).

[33] CARVALHO SANTOS, J. M. de. *Código Civil brasileiro interpretado.* 7. ed. Rio de Janeiro: Freitas Bastos, 1958, v. III, p. 263. Confirmação, ou ratificação – como a denominam Nelson Rosenvald e Cristiano Chaves de Farias, "concerne à possibilidade de as partes, por vontade expressa ou tácita, declararem aprovar um determinado negócio ou ato anulável" (ROSENVALD, Nelson; FARIAS, Cristiano Chaves de. *Curso de direito civil cit.,* nº 10.8.4, "d", p. 529).

[34] TERRÉ, François. *Introduction générale au droit.* 3.ed. Paris: Dalloz, 1996, nº 308, p. 276. Confirmação "implica uma atitude inequívoca de quem tinha a qualidade para atacá-lo, no sentido de atribuir-lhe validade, e efetiva-se mediante a repetição do próprio ato, ou reiteração da declaração de vontade, ou atitude inequívoca de validá-lo, o que de uma forma ou outra implica renúncia ao seu desfazimento" (PEREIRA, Caio Mário da Silva. *Instituições de direito civil cit.,* v. I, nº 110, p. 538).

[35] BARBERO. *Sistema cit.,* v. I, nº 296, p. 639; TORRENTE, Andrea; SCHLESINGER, Piero. *Manuale di diritto privato.* 16.ed. Milano: Giuffrè, 1999, § 161, p. 258.

[36] TORRENTE, Andrea; SCHLESINGER, Piero. *Manuale cit.,* § 161, p. 258.

[37] BARBERO, Domenico. *Sistema cit.,* v. I, nº 296, p. 640; CARVALHO SANTOS, J. M. de. *Código civil cit.,* v. III, p. 273.

[38] "La confirmación, sea expresa o tácita, no exige el concurso de la parte a cuyo favor se hace".

como "manifestação de vontade *não receptícia*, irrevogável e integrativa"[39]. Mesmo que o negócio anulável confirmado seja bilateral ou plurilateral, para eliminar seu vício, basta a vontade sanadora daquele que detém o direito potestativo de invalidá-lo. Não se exige a intervenção da outra parte, que se acontecer terá apenas a função de ato de ciência da erradicação do vício negocial[40]. É claro que a configuração precisa ser divulgada, pois enquanto propósito íntimo da parte não produz efeito algum. O beneficiário deverá tomar conhecimento de sua existência, para poder invocá-la. Não é essa ciência, no entanto, que lhe dá eficácia, mas a própria declaração de quem ratificou o negócio anulável.

Somente haverá intervenção bilateral na confirmação do negócio viciado quando o direito de pleitear a anulação couber a ambas as partes[41].

O objeto do negócio confirmatório não se confunde com o do negócio confirmado. A parte não repete a declaração de vontade do negócio primitivo; apenas a valida, pelo que o objeto do novo negócio é, simplesmente, integrar no negócio anterior, o requisito de que carecia para ser plenamente válido. A eficácia é *ex tunc*.

82. REQUISITOS

Para produzir seus efeitos, a confirmação tem de atender aos seguintes requisitos:

a) quem confirma deve ter condições jurídicas para praticar o negócio confirmado validamente. Se a causa da anulabilidade, por exemplo, foi a menoridade, a parte poderá confirmá-lo após a maioridade; ou se ainda menor, poderá fazê-lo com a assistência do representante legal. Em regra, a confirmação deve ser obra de quem pudesse manejar a ação de anulação[42];

b) se a causa da anulabilidade for vício de consentimento, é preciso que a parte tenha conhecimento dele e tenha se liberado de sua influência (i.é, no erro e no dolo, é necessário que este já tenha sido descoberto; na coação, que a ameaça já tenha cessado). A confirmação do negócio defeituoso, assim, deve ser manifestada sem o vício que lhe causou a anulabilidade[43].

83. ESPÉCIES

A confirmação pode ocorrer de duas maneiras: a) por *declaração expressa* por parte de quem poderia propor a ação de anulação (CC, art. 173); ou b) de *forma*

---

[39]   VELOSO, Zeno. *Invalidade do negócio jurídico cit.*, nº 59, p. 238.
[40]   VELOSO, Zeno. *ob. cit, loc. cit.*
[41]   CARVALHO SANTOS, J. M. de .*Código civil cit.*, v. III, p. 273.
[42]   CARVALHO SANTOS, J. M. de .*Código civil cit.*, v. III, p. 265.
[43]   MENEZES CORDEIRO, António Manuel da Rocha e . *Tratado de direito civil português*, *cit.*, v. I, t. I, nº 235, p. 670.

tácita, como, por exemplo, quando o interessado, sabendo do vício do negócio, dá-lhe, assim mesmo, cumprimento (art. 174); ou simplesmente deixa de propor a ação de anulação, provocando sua decadência pelo decurso do prazo legal[44].

84. OS EFEITOS DA CONFIRMAÇÃO E OS DIREITOS DE TERCEIRO

Confirmado o negócio anulável, extinguem-se todas as ações, ou exceções de que a parte prejudicada poderia se valer. O negócio que era passível de invalidação, deixa de sê-lo. Torna-se perfeito, como se nunca houvera ocorrido o defeito registrado em sua origem (CC, art. 175).

A lei, porém, ressalva os direitos de terceiros que possam ser afetados pela convalidação do negócio anulável (art. 172, *in fine*). Mantém-se o velho preceito: *actus medius interveniens impedit ratificationem trahi retro in prejudicium tertii, cui jus intermedi tempore quaestium fuit*. O Código consagra a doutrina corrente de que a confirmação "não pode prejudicar direito de terceiro, que, confiando na anulabilidade do ato adquiriu direitos subordinados a essa anulação"[45].

O exemplo de que os doutrinadores mais frequentemente se valem é o do menor que vende sem assistência do representante legal um bem qualquer. Após a maioridade vende novamente o mesmo bem a outra pessoa. Depois da segunda alienação, ratifica a primeira. Essa ratificação é a que o art. 172 repudia, declarando-a inoponível ao terceiro que adquiriu seu direito confiando na anulabilidade do primitivo negócio[46]. O mesmo acontece quando se constituem direitos reais limitados por meio de negócios anuláveis. A posterior alienação do imóvel a outrem livre de tais gravames não pode ser prejudicada por ulterior confirmação do negócio que invalidamente os instituiu.

Como fazer atuar a ineficácia da confirmação nociva a direito de terceiro? Esta atitude irregular do alienante cria um conflito entre os adquirentes do primeiro e do segundo negócio, no qual a preferência legal recai sobre o último. Mas, para que o segundo negócio prevaleça, é necessário que o primeiro seja efetivamente

---

[44] "O direito de ratificar (ou melhor, de confirmar) o ato permanece íntegro até o momento em que prescrever (ou melhor, ocorrer a *decadência*) a ação de anulação que podia ser exercitada contra o ato viciado. E, neste caso, a prescrição (a decadência) que se verificar importa, em derradeira análise, numa verdadeira *ratificação tácita*" (CARVALHO SANTOS, J. M. de . *Código civil cit.*, v. III, p. 268).

[45] CARVALHO SANTOS, J. M. de . *Código civil cit.*, v. III, p. 266.

[46] CARVALHO SANTOS, J. M. de . *Código civil cit.*, v. III, p. 266, com apoio em Giorgi, Demolombe e Baudry-Barde. O STJ já decidiu que "a decretação da nulidade do ato jurídico praticado pelo incapaz não depende da sentença de interdição. Reconhecida pelas instâncias ordinárias a existência da incapacidade, impõe-se a decretação da nulidade, protegendo-se o adquirente de boa-fé com a retenção do imóvel até a devolução do preço pago, devidamente corrigido, e a indenização das benfeitorias, na forma de precedente da Corte" (STJ, 3ª T., REsp. 296.895/ PR, Rel. Min. Carlos Alberto Menezes Direito, ac. 06.05.2004, *DJU* 21.06.2004, p. 214).

invalidado, porque a anulabilidade em que confiou o novo adquirente não opera de pleno direito. Se a ação de invalidação não for proposta em tempo hábil, a nova aquisição não terá como valer, pois consolidada a primeira, sua aquisição terá sido a *non domino*. É preciso, portanto, agir para que isso não ocorra.

Se o segundo negócio importou em privar o alienante do direito de ratificar a primeira alienação, a consequência é que o direito à ação de invalidação também passou, necessariamente, ao novo adquirente. Tudo se transferiu para este, que para fazer atuar seu direito perante aquele, poderá manejar a ação anulatória de que não fez uso o transmitente, e que, ao contrário, tentou bloquear pela serôdia e ineficaz confirmação. O terceiro, excluído pela lei dos efeitos da ratificação, portanto, promoverá a ação de anulação do negócio viciado, em lugar daquele que originariamente deveria fazê-lo. É o que ensina Carvalho Santos escorado em Giorgi, Demolombe e Baudry-Barde[47].

No atual Código Civil do Peru, há expressa previsão de ação sub-rogatória para que o credor, em todas as modalidades de fraude, possa mover a ação que o outro contratante (devedor) deixar de manejar, prejudicando direitos do primeiro: "o credor pode exercitar frente aos terceiros adquirentes as ações que lhe correspondam sobre os bens objeto do ato ineficaz" (art. 199)[48]. É o que deve acontecer, também, no direito brasileiro, para que o prejudicado pela indevida confirmação do ato anulável possa promover frente ao beneficiário da regalia a invalidação que o devedor fraudulento deixou de intentar e obstou por meio da ilegal confirmação.

Se o terceiro prejudicado for um credor do renunciante à anulação, a solução será encontrada pela via da ação pauliana, que, de uma só vez atuará sobre a confirmação ineficaz do negócio anulável como sobre o próprio negócio confirmado, fazendo com que o bem transacionado volte ao acervo sobre o qual haverá de ser exercitada a pretensão executiva (CC, art. 165, *caput*).

É claro que, se o terceiro (prejudicado) também adere, expressa ou tacitamente, a ato de confirmação do negócio anulável, perderá sua preferência e, assim, não terá como invocar a ineficácia ressalvada pelo art. 172, *in fine*. É que, dessa maneira, a confirmação terá sido, também, ato dele e não apenas do sujeito do primeiro negócio (o anulável).

85. CONTEÚDO DA CONFIRMAÇÃO

Para que a vontade do declarante produza o efeito de confirmar o negócio viciadamente praticado, é preciso que seja ele identificado, com precisão. De outra

---

[47] "... com a segunda alienação, validamente feita, o vendedor perdeu os direitos à ação rescisória e, destarte, o direito à ratificação, por ele transferido também, virtualmente, ao comprador" (CARVALHO SANTOS, J.M.de. *Código civil cit.*, v. III, p. 266).

[48] *"El acreedor puede éjercitar frente a los terceros adquirentes las acciones que le correspondan sobre los bienes objeto del acto ineficaz".*

NEGÓCIO JURÍDICO • *Humberto Theodoro Jr. e Helena Lanna Figueiredo*

forma, não se poderia saber exatamente que negócio se está convalidando, crian-do-se uma incerteza e uma insegurança no relacionamento entre o declarante e o destinatário da emissão volitiva. É por isso que o art. 173, do Código civil exige que do ato de confirmação conste "a substância do negócio celebrado", além da "vontade expressa de mantê-lo", malgrado o vício que contém.

A confirmação *expressa* tem, pois, de atender a dois requisitos legais:

a) a indicação da substância do negócio ratificado;

b) a exteriorização da vontade de confirmá-lo.

86. SUBSTÂNCIA DO NEGÓCIO

Quando o art. 173 exige que a substância do negócio seja contida no ato de ratificação, está se referindo ao seu *objeto,* isto é, "a *operação jurídica* visada pelas partes", no momento em que ela se aperfeiçoou, e que se caracteriza pelo "conjunto de direitos e obrigações que o contrato faz nascer" (Código Civil de Quebec, art. 1.412).

Para confirmar um negócio jurídico é necessário identificar a *operação* que nele se contém. Mas para explicitar o *objeto* do contrato (sua *substância*) não se exige a reprodução integral do seu texto. Basta que os dados utilizados sejam capazes de, com clareza e precisão, revelar de que negócio a declaração esteja tratando. São elementos principais que haverão de ser referidos, como a natureza do negócio (compra e venda, locação, doação etc.), o bem negociado (a coisa, o valor, o serviço etc.), a data e outros detalhes que o caso concreto exigir. Uma vez que se possa identificar, com segurança, o negócio confirmado, não há razão para excessivo rigor no modo de retratá-lo.

87. A VONTADE DE CONFIRMAR

Se se trata de confirmação expressa é intuitivo que a vontade confirmadora tem de exteriorizar-se com segurança e clareza.

É preciso que dela se extraia a certeza de que o declarante conhece o vício do negócio capaz de invalidá-lo e, não obstante, está no propósito de confirmá-lo, eliminando, portanto, voluntária e conscientemente o seu defeito congênito. É a vontade de fazer válido o negócio defeituoso que forma a essência da confirmação expressa.

Não há, também aqui, de agir com um excessivo rigor, uma vez que a lei admite, a par da forma expressa, também a forma tácita de confirmação. Isto faz com que, mesmo não declarando ostensiva e claramente a vontade de confirmar, pode-se chegar a ela pela análise de seu comportamento inequivocamente voltado para tal objetivo. O que não pode ficar em dúvida é o propósito de validar o negócio, pouco importando se de forma direta (expressa) ou indireta (tácita).

88. A FORMA DA CONFIRMAÇÃO

No direito comparado não se registra, em regra, exigência de forma especial para a confirmação do ato anulável, mesmo porque é geral a admissão da confirmação tácita. Os Códigos que se referem à forma, o fazem para liberá-la de vínculos com a do negócio primitivo. Assim, o Código alemão expressamente dispõe que a confirmação não exige a forma estabelecida para o negócio originário (§ 144), acontecendo o mesmo com os Códigos de Portugal (art. 288º, nº 3) e de Quebec (art. 1.423)[49].

Na Itália e na Espanha, onde a lei não se refere à forma de confirmar o negócio anulável, a interpretação doutrinária é no sentido de ser inexigível a mesma solenidade reclamada para o contrato[50].

O moderno Código de Quebec (art. 1.423) teve o cuidado de abolir as exigências de forma liberando, expressamente, a confirmação das solenidades que o Código anterior fazia[51].

No Brasil, ao tempo do Código velho, formaram-se duas correntes doutrinárias: uma, que exigia a submissão do ato de confirmação à mesma forma reclamada pela lei para o negócio confirmado[52], outra que a considerava de forma livre, ou independente em face da do negócio confirmado[53].

---

[49] O Código argentino admite a confirmação expressa ou tácita, depois do desaparecimento da causa de nulidade (art. 393). Se for expressa, reclama a observância da mesma forma estabelecida para o negócio originário e deve conter a menção precisa da causa da nulidade, seu desaparecimento e a vontade de confirmar o ato. A confirmação tácita resulta do cumprimento total ou parcial do ato nulo realizado com conhecimento de sua causa de nulidade ou de outro ato do qual se deriva a vontade inequívoca de sanar o vício do ato (art. 394). Em Portugal, "a lei admite a confirmação tácita (...), a qual resulta de comportamentos que, com toda a probabilidade, revelem a intenção de consolidar o negócio (...), não a sujeitando a qualquer forma especial" (MENEZES CORDEIRO, António Manuel da Rocha e . *Tratado de direito civil português cit.*, v. I, t. I, nº 235, p. 670).

[50] BETTI, Emilio. *Teoria geral do negócio jurídico cit.*, nº 59, p. 689; GALGANO, Francesco. *El negocio jurídico*. Valencia: Tirant Lo Blanch, 1992, p. 322; BRAVO, Frederico Castro y. *El negocio jurídico cit.*, § 581, p. 513.

[51] BAUDOUIN, Jean-Louis; RENAUD, Yvon. *Code civil du Quebec annoté*. 4.ed. Montreal: W&L, 2001, v. II, p. 1.616. O Código do Peru, todavia, sem embargo de permitir a confirmação tácita (art. 231) exige para a confirmação expressa as solenidades estabelecidas para validade do ato confirmado (art. 232).

[52] SERPA LOPES, Miguel Maria de. *Curso de direito civil*. 7. ed. Rio de Janeiro: Freitas Bastos, 1989, v. I, nº 372, p. 459; GOMES, Orlando. *Introdução cit.*, nº 277, p. 407; BEVILÁQUA, Clóvis. *Código Civil dos Estados Unidos do Brasil comentado*. 12. ed. Rio de Janeiro: Francisco Alves, 1959, v. 1, p. 335; AMARAL, Francisco. *Direito civil. Introdução cit.*, p. 516. Esta é a corrente dominante, a que adere ZENO VELOSO, já na vigência do Novo Código (*Invalidade do negócio jurídico cit.*, nº 59, p. 242).

[53] PONTES DE MIRANDA, Francisco Cavalcanti. *Tratado de direito privado cit.*, t. IV, § 420, nº 2, p. 346; MELLO, Marcos Bernardes de. *Teoria do fato jurídico. Plano da validade*. 3. ed. São Paulo:

A nosso ver, a tese liderada por Pontes de Miranda é a que merece prevalecer, pois a confirmação "não é parte do ato jurídico anulável", é, na verdade, "outro ato jurídico, que tem o efeito de integrar o suporte fático do ato jurídico a que se refere". Não há que se sujeitar o novo ato a uma solenidade que a lei não lhe impôs. Em conclusão: o ato da confirmação "não está sujeito a regra sobre forma, a que estaria sujeito o ato jurídico ratificado"[54].

Uma razão de ordem legal e de relevância prática conspira para não se exigir forma solene para o ato confirmatório do negócio anulável: É que se até de forma tácita se pode alcançar a confirmação, porque exigi-la solene quando efetivada de forma expressa? Com efeito, "concebendo a lei uma ratificação *tácita,* não se pode manter um excessivo rigor no que concerne aos requisitos da ratificação *expressa*"[55].

89. CONFIRMAÇÃO TÁCITA

Não é só pela declaração expressa de vontade, no sentido de abdicar da faculdade de desconstituir o negócio viciado, que se expurga a anulabilidade. A lei admite, ao lado da confirmação *expressa* (art. 173), a confirmação *tácita* (art. 174).

Para haver confirmação é preciso que a parte interessada na anulação pratique ato exteriorizado materialmente, explícito e inequívoco, no sentido de proclamar a plena validade do negócio praticado com defeito comprometedor de sua validade.

O art. 174, porém, dispensa a confirmação expressa quando o devedor, ciente do vício que inquina o negócio, lhe dá cumprimento, em parte. É claro, contudo, se o cumprimento parcial é suficiente para eliminar a anulabilidade, com maior razão deverá ter o mesmo efeito o cumprimento total do contrato anulável[56].

90. REQUISITOS DA CONFIRMAÇÃO TÁCITA

Para que a confirmação tácita do art. 174 tenha a força de eliminar o vício invalidante e de sanear o negócio anulável, haverá de observar os seguintes requisitos:

a) execução, no todo ou em parte, do negócio defeituoso;

b) ciência do *solvens* de que o negócio executado estava afetado por vício que permitia sua anulação;

c) capacidade do agente.

Saraiva, 1999, § 66, p. 196; SCHMIEDEL, Raquel Campani. *Negócio jurídico. Nulidades e medidas sanatórias.* 2. ed. São Paulo: Saraiva: 1985, p. 65.

54 PONTES DE MIRANDA, Francisco Cavalcanti. *Ob. cit, loc. cit.*

55 RODRIGUES, Silvio. *Direito civil.* 32.ed. São Paulo: Saraiva, 2002, v. I, nº 148, p. 289.

56 Analisando o teor do art. 174, ZENO VELOSO observa, com procedência, que "melhor teria dito se tivesse afirmado: 'Quando a obrigação já foi cumprida *ainda* em parte pelo devedor'" (*Invalidade do negócio jurídico, cit.,* nº 59, p. 246).

Capítulo IX: As Anulabilidades | 275

A execução corresponde a uma opção do devedor entre promover a anulação ou dar cumprimento ao contrato. A conduta tem, obviamente, de ser fruto de livre deliberação sua. Não pode ser provocada por ameaça ou coação do credor[57].

A execução, por outro lado, não precisa ser completa. Para o Código, é suficiente para elidir a anulabilidade, o cumprimento de parte da obrigação defeituosamente contraída (art. 174).

Só se pode, outrossim, pensar em confirmação tácita quando o devedor tem conhecimento do defeito que inquina o negócio, pois, de outra forma, não se pode conceber que esteja renunciando a uma faculdade (a de anular o negócio) que nem sabe se existe. Quando se dá execução a negócio que se tem como bom e válido, não se está confirmando coisa alguma. "Enfim, o que se ignora não se pode confirmar – *quod ignoratur, ratificari non potest*"[58].

Quanto à pessoa que pratica a confirmação, em qualquer de suas formas, há de ser alguém que tenha poder de renunciar. Além da capacidade é necessária a disponibilidade do direito. O menor, *v.g.*, não pode confirmar, senão depois de atingida a maioridade, ou mediante assistência de representante legal. O tutor e o curador, por seu lado, não podem confirmar o ato anulável sem prévia autorização judicial, já que não lhes cabe o poder de renunciar ou transigir (arts. 1.748, III e 1.774)[59].

91. OUTROS ATOS DE CONFIRMAÇÃO TÁCITA

Está assente na doutrina que a hipótese do art. 174 – adimplemento do negócio viciado – não é taxativa, isto é, não é única forma que a confirmação tácita pode assumir.

Zeno Veloso, depois de lembrar as lições de Cifuentes e Salvat, no direito argentino[60] e de Teixeira de Freitas, Carvalho de Mendonça e Pontes de Miranda entre nós[61], conclui, acertadamente, que embora a execução do negócio, no todo ou em parte, seja a forma direta, mais expressiva e segura de revelar a confirmação tácita, não há razão para se impor ao art. 174 uma interpretação restritiva. Assim, por exemplo, "se o que tem o direito potestativo de pleitear a anulação, conhecendo o vício que

---

[57] CARVALHO SANTOS, J.M. de. *Código civil cit.*, v. III, p. 274.
[58] VELOSO, Zeno. *Invalidade do negócio jurídico cit.*, nº 59, p. 247.
[59] CARVALHO SANTOS, J.M. de. *Código civil cit.*, v. III, p. 276.
[60] CIFUENTES, Santos. *Negócio jurídico– estrutura, vícios, nulidades*. 1ª reimp. Buenos Aires: Astrea, 1994, § 392, p. 683; SALVAT, Raimund M. *Tratado de derecho civil argentino – Parte geral*. 7. ed. Buenos Aires: Penser, 1944, nº 2.685, p. 1.109.
[61] PONTES DE MIRANDA, Francisco Cavalcanti. *Tratado de direito privado cit.*, t. IV, § 420, p. 348; CARVALHO DE MENDONÇA, Manuel Inácio. *Doutrina e prática das obrigações*. 4. ed., Rio de Janeiro: Forense, 1956, t. II, nº 635, p. 316; TEIXEIRA DE FREITAS, Augusto. *Código civil – Esboço*. Ministério da Justiça, 1983, art. 817.

contamina o negócio, pratica, espontaneamente, um ato cuja única explicação é a de que aceita o negócio, este deve ser tido como confirmado, tacitamente"[62].

Pontes de Miranda dá como exemplos de outros casos de confirmação tácita a *alienação*, a *oneração* ou *consumo* do bem objeto do negócio anulável[63]. Carvalho Santos acrescenta mais os seguintes exemplos, apoiado em lições de Giorgi, Laurent e Aubry et Rau: o depósito ou o recebimento da coisa ou quantia devida, a transferência a terceiro dos direitos derivados do contrato, os melhoramentos ou a transformação da coisa recebida, o consumo ou a destruição dela, o pedido de dilação de prazo de pagamento, a constituição de garantia real ou fidejussória, em circunstâncias que autorizam deduzir-se, uma relação unívoca com a intenção de cumprir o contrato[64]. Naturalmente, todos esses casos somente provocam a confirmação quando o agente os realiza com o conhecimento do vício motivador da anulabilidade do negócio[65].

Pode-se lembrar, ainda, do pagamento realizado pelo devedor sem fazer qualquer ressalva. Se o *solvens* cumpre sua obrigação, sem ressalvar a existência de vícios no negócio, obviamente está confirmando o contrato eventualmente viciado. Com efeito, a fim de evitar a configuração da mora, é perfeitamente viável que o devedor efetue o pagamento, ressalvando que o vício existente no negócio será posteriormente suscitado em ação própria.

Muito expressiva é a previsão do art. 231 do Código Civil peruano, onde se dispõe que "o ato também será confirmado se a parte a quem correspondia a ação de anulação, conhecendo a causa, o houver executado de forma total ou parcial, ou se existem fatos que inequivocamente expressam a manifesta intenção de renunciar à ação de anulabilidade"[66]. É despiciendo, enfim, lembrar que só a manifestação livre e inequívoca proporciona a confirmação tácita. Se a parte, *v.g.*, continua sob pressão da coação ou do dolo, não se pode pensar que o cumprimento do negócio viciado tenha produzido sua confirmação.

92. EFEITOS DA CONFIRMAÇÃO TÁCITA

Produz a confirmação tácita os mesmos efeitos da expressa: extingue todas as ações, ou exceções, que pudesse o obrigado manejar contra o negócio defeituoso (art. 175).

---

62   VELOSO, Zeno. *Invalidade do negócio jurídico cit.*, nº 59, pp. 247-248.

63   PONTES DE MIRANDA, Francisco Cavalcanti. *Tratado de direito privado cit.*, t. IV, § 420, p. 348.

64   CARVALHO SANTOS, J.M. de. *Código civil cit.*, v. III, p. 275.

65   "A confirmação compete à pessoa a quem pertencer o direito de anulação e só é eficaz quando for posterior à cessação do vício que serve de fundamento à anulabilidade e o seu autor tiver conhecimento do vício e do direito à anulação" (Código Civil português, art. 288º, nº 2).

66   "El acto queda también confirmado si la parte a quien correspondía la acción de anulación, conociendo la causa, lo hubiese ejecutado en forma total o parcial, o si existen hechos que inequivocamente pongan de manifiesto la intención de renunciar a la acción de anulabilidad".

Capítulo IX: As Anulabilidades | **277**

Com a confirmação preenche-se o *deficit* do suporte fático do negócio, suprime-se o defeito com que ele se formou. Torna-se *não deficiente* o que antes era *deficiente*[67].

93. EFEITO DA CONFIRMAÇÃO

O Código Civil de 1916, adotando a orientação do Código de Napoleão (art. 1.338, nº 3), considerava como efeito da confirmação (ou ratificação) a *renúncia* a todas as ações, ou exceções, de que dispusesse o devedor contra o negócio anulável (art. 151).

Houve, no Código atual, uma alteração no texto relativo à matéria, que não deve ser vista como simplesmente literal, pois atendeu a reclamos de ordem técnica suscitados por significativa corrente doutrinária. O art. 175 do Código de 2002 não fala mais em "renúncia" à ação ou exceção de anulabilidade, mas em "extinção" delas.

Com efeito, a própria confirmação é um novo negócio jurídico, cuja função é justamente eliminar o defeito do negócio anterior. A parte que realiza a confirmação não pode mais arguir a anulabilidade, porque o efeito do novo negócio o impede[68].

Assim, não são os defeitos que, propriamente, desaparecem do negócio anulável com a confirmação, nem é exato afirmar que seus efeitos retroagem à data do contrato confirmado. Os efeitos do negócio viciado nunca deixaram de ser produzidos, pois já vinham operando desde o tempo de sua formação. O que faz a confirmação é, simplesmente, eliminar "a possibilidade de anulação, atuando, portanto, prospectivamente"[69]. Daí por que não era correta a afirmação do art. 151 do Código de 1916 de que a confirmação importava "renúncia" à ação de anulação. O que o ato negocial unilateral da confirmação faz é inserir no suporte fático do negócio originário o que lhe faltava para ser não anulável. A confirmação faz com que o negócio *deficiente* se torne *não deficiente*[70].

O que se destrói, pela confirmação, é a possibilidade de a anulação ser pronunciada. Os efeitos que já vinham sendo produzidos podiam ser desfeitos caso a parte prejudicada usasse do direito potestativo de invalidar o negócio. A confirmação elimina a possibilidade de destruir tais efeitos, tornando-os indestrutíveis, na linguagem de Messineo[71].

---

[67]   SHCMIEDEL, Raquel Campani. *Negócio jurídico cit.*, p. 63.

[68]   TEIXEIRA DE FREITAS dizia, em seu Esboço (art. 1.137), que o negócio anulável podia ser confirmado por novação e que, assim, a nova obrigação (resultante da confirmação) substituía a primitiva (VELOSO, Zeno. *Invalidade do negócio jurídico cit.*, nº 59, p. 249).

[69]   CAVALCANTI, José Paulo. *Da renúncia no direito brasileiro*. Rio de Janeiro: Forense, 1958, nº23, pp. 159-167.

[70]   SCHMIEDEL, Raquel Campani. *Ob. cit, loc. cit.*

[71]   MESSINEO, Francesco. *Manual di diritto civile e commerciale*. 9.ed. Milano: Giuffrè, 1957, v. I, § 47, p. 621.

278 | NEGÓCIO JURÍDICO • *Humberto Theodoro Jr. e Helena Lanna Figueiredo*

Eis porque andou correto o Código atual ao dispor que a confirmação – expressa ou tácita – importa *extinção* de todas as ações, ou exceções, até então manejáveis pelo obrigado contra o negócio anulável[72].

É bom, outrossim, destacar que "as ações ou exceções" de que cogita o art. 175 têm o sentido de direito material, e não processual. Equivale, portanto, à perda do direito potestativo de anular o negócio antes viciado e agora perfeito.

94. REGISTRO PÚBLICO

Se o negócio confirmado estiver lançado em registro público, seria obrigatório o assentamento ali também do negócio confirmador?

Informa Carvalho Santos que a doutrina dominante é pela negativa. Suprimindo apenas a ação manejável contra o negócio defeituoso, mas que já produzira seus naturais efeitos, não se pode ver na confirmação a fonte criadora ou modificadora do direito real nascido do registro público. O *ius in re* já existe e sua conservação não depende de outras formalidades apenas porque o contratante o confirmou[73]. Nada impede, contudo, a voluntária averbação à margem do registro existente, para divulgação do ato confirmatório perante terceiros.

Haverá, todavia, de exigir-se o lançamento no registro público quando o negócio ulterior não se limitar apenas a confirmar o anterior, mas fizer declarações novas que não constaram do título confirmado e que são necessárias pelas exigências da própria legislação de registro[74]. Aí sim, não se terá uma simples faculdade, mas uma necessidade de levar a confirmação ao registro público (por exemplo: no ato confirmatório se fez constar anuência faltante no contrato primitivo, ou se completou a descrição do imóvel feita originalmente de forma lacunosa).

95. CONFIRMAÇÃO DO NEGÓCIO SUJEITO À AUTORIZAÇÃO DE TERCEIRO

Há negócios para cuja validade se exige a anuência de outrem, como, por exemplo, a fiança prestada por pessoa casada (art. 1.647, III), certas alienações realizadas por um dos cônjuges (art. 1.647, I), a venda de ascendente a descendente (art. 496) etc. Firmado o contrato sem a necessária autorização, padecerá ele de anulabilidade.

No entanto, não é indispensável que a anuência seja prévia ao negócio, nem mesmo concomitante com seu aperfeiçoamento. A lei o considera válido (ou melhor *validado*) se a autorização for dada posteriormente (art. 176).

---

[72] VELOSO, Zeno. *Invalidade do negócio jurídico cit.*, nº 59, pp. 250-251.
[73] CARVALHO SANTOS, J.M. de. *Código civil, cit.*, v. III, p. 278.
[74] CARVALHO SANTOS, J.M. de. *Ob. cit.*, v. III, p. 278.

Capítulo IX: As Anulabilidades | **279**

A aprovação *a posteriori* tem a força de integrar ao negócio o dado que lhe faltava para entrar no plano da validade, sem vício. Seus efeitos operam retroativamente, saneando o negócio de seu vício, desde o momento de sua celebração. Na verdade, a aprovação ou ratificação convalida o negócio anulável, tornando-o, em outras palavras, não anulável, desde sua origem.

Quando o negócio envolve a esfera jurídica de outrem, além daqueles que emitem a declaração de vontade, duas situações distintas podem se configurar: a) o declarante age em nome de terceiro; ou b) age em nome próprio, mas subordinado a anuência de outrem.

A hipótese de anulabilidade contemplada no art. 176 é a última. Nela não faltou a vontade do contratante. O defeito é exterior a ela.

Situa-se num requisito legal que deveria ser somado à vontade da parte. O vício do negócio é a anulabilidade, visto que, mesmo com a falta de anuência, terá condição de produzir seus efeitos, enquanto não for intentada a ação de anulação. A aprovação ulterior convalida o negócio, eliminando o vício que o inquinava.

O mesmo não se passa quando alguém contrata em nome de outrem sem dispor de poderes para tanto. Aí não se tem negócio anulável. Para aquele ao qual se pretendeu atribuir a qualidade de parte, negócio algum existe: o ato é *inexistente*, pois não houve de sua parte declaração de vontade, nem outorga de representação para que terceiro declarasse em seu lugar. A gestão do terceiro não é ato daquele que se pretendeu obrigar, nem é ato que se lhe possa opor. O fenômeno se passa não no plano de validade, mas no da existência. Trata-se, portanto, de negócio inexistente (arts. 662 e 675)[75].

Diante da gestão não autorizada não se aplica a figura da confirmação ou da aprovação ulterior, prevista pelo art. 176 para casos de anulabilidade. O negócio de quem se arvora contratar em nome de outrem, sem poderes adequados, pode ser

---

[75] "A venda *a non domino*, realizada através de procuração falsa, pode ser havida como sendo mais do que nula, ou seja, inexistente, em face do *verus dominus*, obstando, em princípio, às regras da prescrição da ação anulatória e da declaração de nulidade" (TJMG, Ap. 61.500, Rel. Des. Freitas Barbosa, ac. 26.05.1983, *RT* 586/205). Há, entretanto, entendimento do STJ no sentido de que a venda a *non domino* é nula: "1. O entendimento desta Corte preconiza que, no caso de venda por quem não tem o título de propriedade do bem alienado, venda *a non domino* não tem mera anulabilidade por vício de consentimento, mas sim nulidade absoluta, impossível de ser convalidada" 2. 'Inaplicabilidade do prazo prescricional previsto no art. 178, § 9º, V, ‹b›, do Código Civil, se a hipótese cuidar, como no caso, de venda por quem não tinha o título de propriedade do bem alienado em garantia (venda *a non domino*), ou seja, venda nula, não se enquadrando, assim, nos casos de mera anulação do contrato por vício de consentimento' (REsp. 185.605/RJ, Rel. Ministro CESAR ASFOR ROCHA)" (STJ, 2ª Seção, AgInt. na AR 5465/TO, Rel. Min. Raul Araújo, ac. 12.12.2018, *DJe* 18.12.2018).

280 | NEGÓCIO JURÍDICO • *Humberto Theodoro Jr. e Helena Lanna Figueiredo*

convalidado por *ratificação*, e não por *confirmação* propriamente dita (arts. 662 e 873)[76].

Embora, na espécie, a *ratificação* do negócio inexistente tenha o mesmo efeito retroativo que se nota na *confirmação* do negócio anulável (isto é, ambas retroagem à data do negócio primitivo), há uma grande diferença no tocante aos prazos extintivos das respectivas ações[77]: a anulabilidade por falta de anuência de terceiro extingue-se no prazo decadencial previsto em lei (por exemplo: a ação de anulação por falta de anuência do cônjuge decai em dois anos – art. 1.649); já o negócio realizado sem poder de representação, como ato inexistente que é, não se sujeita a prazo extintivo algum. A qualquer tempo será viável obter-se a declaração de sua inexistência[78].

96. A DESCONSTITUIÇÃO DO NEGÓCIO ANULÁVEL

Tanto a nulidade como a anulabilidade são formas de sanção aplicadas ao negócio praticado contra a lei. Ambas contaminam a declaração de invalidade, não devendo, pois, gozar do amparo da ordem jurídica para atingir os efeitos desejados pela parte. Em essência, não há diferença entre nulidade e anulabilidade. Uma vez, porém, que naquela está em jogo interesse de ordem pública, e nesta, interesse particular disponível da parte, a lei cria regimes operacionais que se diferenciam: a) no *modo* de pronunciar a invalidade; b) na *forma* de alegá-la; c) na *legitimação* das pessoas para argui-la[79].

---

[76] BARBERO faz bem a distinção entre *confirmação* (própria para convalidar o negócio anulável) e *ratificação* propriamente dita (aplicável no "negócio concluído pelo representante sem poder") (*Sistema cit.*, v. I, nº 296, p. 639). A confirmação só se refere aos negócios anuláveis; não se aplica aos nulos e tampouco aos inexistentes (VELOSO, Zeno. *Invalidade do negócio jurídico cit.*, nº 59, p. 237).

[77] "Não há falar na incidência do prazo quadrienal previsto no art. 178, § 9º, inciso V, 'b', do CC/16, voltado à anulação de contratos com base em vícios do consentimento, quando sequer consentimento houve por parte dos autores, que foram surpreendidos pela venda *a non domino* do seu imóvel" (STJ, 3ª T., REsp. 1.748.504/PE, Rel. Min. Paulo de Tarso Sanseverino, ac. 14.05.2019, *DJe* 21.05.2019).

[78] "Os casos de nulidade (ou melhor: de inexistência) do ato por ausência de consentimento não estão sujeitos ao prazo prescricional estipulado no § 9º, V, *b*, do art. 178 do Código Civil, ..., o qual, como reiteradamente decidido, é pertinente apenas aos casos em que se verificam vícios de consentimento" (TJSP, 2ª CC, Ap. 270.086, Rel. Des. Gonzaga Júnior, ac. 28.11.1978, *RT* 525/59). "Num caso, o ato existe, ainda que imperfeito e, no outro caso, o ato não se constitui, não existe, não se forma, por faltar-lhe a própria *via agens*. Por conseguinte o dispositivo do Código Civil, que apenas prevê o caso de erro, dolo, simulação ou fraude, não se pode aplicar ao caso em que ocorre a ausência mesma de consentimento ('Repertório de Jurisprudência' do Código Civil, nº 2.231)" (ALMEIDA, Dimas R. de, *et al. Repertório de Jurisprudência do Código Civil*. São Paulo: Max Limonad, 1961, v. II, nº 3.062, p. 828).

[79] VALLE FERREIRA, José Geinaert do. Subsídio para o estudo das nulidades. *Revista Forense*, v. 205, 1964, p. 22.

Enquanto a nulidade opera de pleno direito e não admite confirmação, a anulabilidade só atua depois de reconhecida em juízo por sentença[80] e permite elisão por meio de confirmação. A nulidade pode ser conhecida pelo juiz, de ofício, enquanto a anulabilidade somente pode ser considerada se for arguida pelos legítimos interessados. O Ministério Público e qualquer interessado podem alegar a nulidade, mas não a anulabilidade, que somente se argui por quem foi juridicamente afetado pelo defeito do negócio[81].

A sentença, quando a nulidade é objeto de demanda judicial, é declarativa. Já, quando se trata de anulabilidade, que não opera senão por meio de processo em juízo, a sentença é constitutiva[82].

Não há, enfim, prazo decadencial ou prescricional previsto para a declaração de nulidade, que, em princípio, poderá acontecer a qualquer tempo. As ações de anulação do negócio jurídico submetem-se a prazos decadenciais curtos: quatro anos, em caso de vício do consentimento ou atos praticados por incapazes, ou dois anos se outro especial não estiver previsto para a hipótese (arts. 178 e 179).

97. A AÇÃO DE ANULAÇÃO

Ao contrário da nulidade, que permite declaração incidental em qualquer processo, até mesmo sem requerimento da parte, a anulação somente pode ser decretada quando regularmente pleiteada em procedimento contencioso que envolva todos os sujeitos do negócio viciado e propicie pleno contraditório entre eles.

Há de se pôr a questão da anulabilidade como objeto do processo, ou seja, mérito da causa. Isto, porém, não quer dizer que somente o autor possa pretender a anulação,

---

[80] Celebrado o negócio anulável, a nova situação jurídica, que ele visa criar, verifica-se ainda que de forma precária; mas, ao mesmo tempo, nasce um poder de impugnação, destinado a eliminar retroativamente aquela situação (BETTI, Emílio. *Teoria geral do negócio jurídico.* Campinas: Servanda Editora, 2008,nº 58, p. 669).

[81] "Se se trata de nulidade absoluta, quaisquer interessados podem invocá-la em ação própria, objetivando a desconstituição do ato; restando ao juiz pronunciá-la, não só em virtude da provocação da parte, mas ainda por dever indeclinável do ofício. Ao invés, se se cogita de anulabilidade, ao julgador somente é dado conhecê-la, se houver postulação em juízo por parte de quem tenha legitimação para fazê-lo" (STF, 2ª T., RE 86.119, Rel. Min. Cordeiro Guerra, ac. 22.11.1979, *RTJ* 85/256).

[82] O devedor pode simplesmente se recusar a cumprir o contrato nulo, porque dele não emerge nenhum efeito jurídico. Mas, "ninguém pode deixar de adimplir as prestações que resultam de negócio anulável, sob alegação de que ele é inválido. Seria o mesmo que o particular tivesse direito e autoridade para decretar a anulação de negócio jurídico. Quem analisa e decide, numa ação própria, diante do contraditório, da produção de provas etc., se o negócio é realmente anulável, se a anulabilidade existe e está comprovada determinando, então, por sentença, a anulação do mesmo, é o juiz, e só o juiz" (VELOSO, Zeno. *Invalidade do negócio jurídico cit.*, nº 54, p. 232).

colocando-a como tema da inicial. O réu também pode arguir o vício do negócio que o autor pretende fazer valer em juízo contra ele. Sempre que a ação seja ordinária ou se em ordinária se transforme com a contestação, admissível será a defesa do demandado fundada na anulabilidade do título em que se funda o pedido do autor[83].

Essa defesa (exceção substancial) é defesa indireta de mérito. Por ela, o réu não nega o fato constitutivo do direito reclamado pelo autor, mas opõe-lhe fato extintivo – o vício capaz de eliminar-lhe a eficácia.

Os fatos modificativos ou extintivos do direito do autor não reclamam reconvenção e podem ser manejados pela própria contestação. Uma vez arguidos não representam surpresa para o autor, porque, no rito ordinário, este será obrigatoriamente ouvido sobre a exceção que neles se funde, e terá oportunidade de produzir contraprova, inclusive documental (CPC/2015, art. 350).

O art. 177, do Código Civil exige que a anulabilidade seja julgada por sentença. Não obriga, porém, que seja deduzida apenas em ação ou reconvenção daquele que exerce o direito potestativo. Daí por que "se o negócio é anulável, a anulação pode ser requerida, também, por via de exceção, que, no caso, não é processual, porém, exceção material – como a de prescrição –, podendo ser apresentada dentro da contestação"[84]. Essa era a doutrina dominante formada ao tempo do Código de 1916[85] e não há razão para modificá-la na vigência do atual Código, que nenhuma alteração introduziu no pertinente à matéria[86].

Aliás, é bom lembrar que o próprio Código reconhece a possibilidade da exceção de anulabilidade, ao dispor, de maneira explícita, que a confirmação do ato passível de anulação "importa a extinção de todas as *ações,* ou *exceções*, de que contra ele dispusesse o devedor" (CC, art. 175). Se se extingue a exceção, é claro que o contratante a podia exercer em face do ato anulável.

98. LEGITIMAÇÃO

O Código Civil trata em dispositivos distintos a questão da legitimação para arguir a nulidade e a anulabilidade. No art. 168 dispõe que a nulidade pode ser alegada por "qualquer interessado", e no art. 177 estatui que "só os interessados" podem alegar a anulabilidade.

---

[83] "Sempre que a ação se transforma em ordinária ou sempre que se trata de embargos de terceiro, nada obsta a que o demandado ou terceiro embargante peça anulação (*e.g.*, a mulher por ter faltado o seu assentimento)" (PONTES DE MIRANDA, Francisco Cavalcanti. *Tratado de direito privado cit.*, t. IV, § 415, nº 1, p. 330).

[84] VELOSO, Zeno. *Invalidade do negócio jurídico cit.*, nº 53, p. 228.

[85] CARVALHO SANTOS, J.M. de. *Código civil, cit.*, v. III, p. 282; BEVILÁQUA, Clóvis. *Código civil cit.*, v. I, p. 338; PONTES DE MIRANDA, Francisco Cavalcanti. *Tratado de direito privado cit.*, t. IV, § 415, p. 330.

[86] VELOSO, Zeno. *Ob. cit., loc. cit.*

Capítulo IX: As Anulabilidades | 283

A mesma qualidade – *interessado* – figurou nos dois dispositivos, mas no art. 168 com caráter ampliativo e no art. 177 com claro intuito restritivo.

Na primeira hipótese, portanto, qualquer tipo de interesse é suficiente, tanto faz que seja econômico, moral ou estritamente jurídico (é claro que sem um reflexo jurídico, mesmo *indireto*, o *interessado* não poderá pleitear a declaração de nulidade, conforme já se esclareceu nos itens 53 a 58 supra). Já no caso da anulabilidade *só* os que tenham interesse jurídico ligado diretamente ao negócio anulável é que terão legitimidade para promover-lhe a invalidação[87].

O Código Civil argentino foi muito mais claro que o nosso, ao dispor que o direito de alegar a anulabilidade toca àqueles *"en cuyo beneficio se estabelece"* (art. 388)[88]. Não obstante a linguagem parcimoniosa e pouco elucidativa de nosso Código de 1916 (art. 152), reproduzida pelo Estatuto de 2002 (art. 177), a doutrina se construiu no sentido de que pelos interessados, na espécie, "entendem-se a parte, em favor da qual existe a nulidade, os seus sucessores, ou sub-rogados, credores e, ainda, terceiros prejudicados"[89].

Discriminando quais seriam aqueles em favor dos quais a lei estabeleceu a anulabilidade, e que, portanto, podem provocar a desconstituição do negócio viciado, Marcos Bernardes de Melo aponta os seguintes: a) o figurante do ato vítima de erro, dolo, ou coação, e, atualmente, se deve acrescentar, de estado de perigo ou lesão; b) o credor prejudicado pela fraude pauliana; c) o relativamente incapaz, ao cessar a incapacidade; d) aquele que deveria assentir, nos casos de necessidade de assentimento protetivo (pais, tutor e curador) ou resguardativo (do marido, em relação aos atos da mulher, e da mulher, em relação aos atos do marido); e) aqueles a quem a lei atribui a legitimação para a ação de anulação, nas espécies em que a anulabilidade é imposta pela própria lei[90].

99. LIMITES SUBJETIVOS DA ANULAÇÃO

Segundo textualmente prevê o art. 177, o efeito da sentença de anulação do negócio jurídico somente aproveita às pessoas que a arguirem. Quer isto dizer que, se for o caso de pluralidade de partes, e se apenas uma delas questionar o negócio e alcançar o decreto judicial de anulação, a sentença só prevalecerá em benefício

---

[87] Ao exigir a lei que o arguente, tanto no caso da nulidade como da anulabilidade, tenha *interesse jurídico* no resultado do pronunciamento judicial – no sentido de *interesse de agir* adotado pelo direito processual –, *"la nozione della assoluteza della nullità ha perso una parte del suo credito"* e faz com que se busque, para o caso de nulabilidade, um *interesse qualificado*. *"Naturalmente, ogni restrizione nel numero dei legitimati a far valere la nullità significa un avvicinamento della nullità all'annullabilità"* (SACCO, Rodolfo. Nullità e Annullabilità. *Digesto*. 4.ed. Torino: UTET, 1996, v. XII, pp. 306-307 e nota 47).

[88] No mesmo sentido: Código Civil italiano, art. 1.441; Código Civil português, art. 287º, nº 1; Código Civil chileno, art. 1.684.

[89] BEVILÁQUA, Clóvis. *Código civil cit.*, v. I, p. 457.

[90] MELO, Marcos Bernardes de. *Teoria do fato jurídico. Plano da validade.* 3.ed. São Paulo: Saraiva, 1999, § 68, p. 200.

NEGÓCIO JURÍDICO • Humberto Theodoro Jr. e Helena Lanna Figueiredo

do promovente da ação ou da exceção. Para o sujeito do processo apenas o negócio terá sido invalidado, cessando os respectivos efeitos. Perdurará o negócio, portanto, para os demais contratantes que não o impugnaram em juízo[91].

Dessa limitação subjetiva excluem-se, por ressalva do art. 177, *in fine,* as obrigações solidárias e as obrigações indivisíveis (CC, arts. 259, 260 e 264). É que nesses tipos obrigacionais não há como separar as prestações devidas pelos diversos coobrigados. Extinta a obrigação para um deles, todos se liberam, de sorte que a sentença de anulação, mesmo promovida por apenas um dos codevedores, a todos aproveitará[92].

100. AS AÇÕES DE ANULAÇÃO SUJEITAM-SE A PRAZOS DECADENCIAIS

Em virtude da confusão que o Código de 1916 fazia entre prescrição e decadência, criou-se, a princípio, controvérsia sobre se o prazo extintivo das ações de anulação do negócio jurídico seria prescricional ou decadencial. A doutrina, todavia, evoluiu para a tese da decadência[93]. O Código atual afastou qualquer possibilidade de discussão. O art. 178 é claro e categórico: "É de quatro anos o prazo de *decadência* para pleitear-se a anulação do negócio jurídico".

A disposição legal está perfeitamente harmonizada com o sistema do Código, que só admite a prescrição nos casos de direito subjetivo dotado de pretensão, ou seja, daqueles que, uma vez violados, geram a pretensão para o titular (direito de exigir a prestação não cumprida pelo obrigado). Diante das causas de anulação do negócio, o titular da ação não tem prestação a exigir do sujeito passivo; tem apenas o direito potestativo de desconstituir o contrato defeituoso. Aos direitos formativos ou potestativos, correspondem as ações constitutivas, cujos prazos são, por isso, decadenciais. Referem-se ao direito mesmo e não à pretensão (que aliás, inexiste).

É de quatro anos o prazo aplicável às causas relativas aos vícios de consentimento e à incapacidade relativa. Há, porém, prazos diferentes previstos para outras ações de anulabilidade fora das elencadas ao art. 178[94].

---

[91] VELOSO, Zeno. *Invalidade do negócio jurídico cit.,* nº 55, p. 233.

[92] CARVALHO SANTOS, J.M. de. *Código civil cit.,* v. III, p. 281.

[93] A decadência refere-se aos direitos potestativos, e opera quando a respectiva ação constitutiva não é manejada em tempo útil pelo titular (GUIMARÃES, Carlos da Rocha. *Prescrição e Decadência.* 2. ed. Rio de Janeiro: Forense, 1984, nº 27, p. 103; AMORIM FILHO, Agnelo. Critério científico para distinguir a prescrição da decadência e para identificar as ações prescritivas. *Revista de Direito Processual Civil,* v. 3, pp. 95-132, 1962). Por isso são decadenciais os prazos para anular o negócio jurídico por vício de consentimento (PINTO, Nelson Luiz. *Ação de Usucapião.* São Paulo: RT, 1987, nº 3.2.3, p. 39). Através da noção de *direito potestativo,* fica mais clara a visão do problema da decadência, nos casos de anulação de negócio jurídico viciado (Cf. GOMES, Orlando. *Introdução ao direito civil cit.,* nº 302, p. 509).

[94] "O prazo para pleitear a anulação de venda de ascendente a descendente sem anuência dos demais descendentes e/ou cônjuge do alienante é de 2 (dois) anos, contados da ciência do

O prazo para anular o negócio, nas hipóteses do art. 178, depois de ocorrido o termo inicial ali estipulado, corre, em princípio, de maneira fatal, não se sujeitando às interrupções e suspensões próprias da prescrição (CC, art. 207).

Cumpre, entretanto, destacar a ressalva feita pela Lei n°. 14.010/2020, que dispõe sobre o Regime Jurídico Emergencial e Transitório das relações jurídicas de Direito Privado (RJET) no período da pandemia do coronavírus (Covid-19). Em seu art. 3°, a legislação, especialíssima e transitória, determina que "os prazos prescricionais consideram-se impedidos ou suspensos, conforme o caso, a partir da entrada em vigor desta Lei até 30 de outubro de 2020". E, no § 2° determina expressamente que o impedimento e a suspensão *aplicar-se-ão à decadência* durante a pandemia[95].

Vale dizer, essa Lei especial ressalvou o disposto no art. 207 do Código Civil, de modo a determinar expressamente a aplicação à decadência das hipóteses de impedimento e suspensão da prescrição, durante o período compreendido entre 10 de junho de 2020 (entrada em vigor da lei) a 30 de outubro de 2020.

A ressalva, certamente, se fez necessária em razão da grave crise socioeconômica que se instaurou com a pandemia do coronavírus, de modo a resguardar os direitos dos credores em geral. Trata-se de exemplo de força maior ou justo motivo a impedir que a parte ou seu advogado distribuam ações judiciais para evitar a decadência de seus direitos[96].

Assim, excepcionalmente, entre o período de 10 de junho de 2020 a 30 de outubro de 2020, os prazos decadenciais também terão seu início impedido ou seu curso suspenso.

101. ANULAÇÃO POR COAÇÃO

No caso de coação o prazo decadencial só começa a correr a partir do momento em que ela cessar. Enquanto, pois, o coato estiver sob os efeitos da ameaça, não fluirá o lapso de extinção da ação anulatória (CC, art. 178, I). É claro: se o medo do mal ameaçado não permitiu ao declarante evitar o negócio que lhe era nocivo, continuará

---

ato, que se presume absolutamente, em se tratando de transferência imobiliária, a partir da data do registro de imóveis" (Jornada VI de Direito Civil do STJ, Enunciado 545).

[95] Art. 3°, § 2°: "Este artigo aplica-se à decadência, conforme ressalva prevista no art. 207 da Lei n° 10.406, de 10 de janeiro de 2002 (Código Civil)".

[96] MAZZEI, Rodrigo e AZEVEDO, Bernardo. Prescrição: *"O Direito não Socorre aos que Dormem". E aos que se Isolam?* Disponível em: https://www.migalhas.com.br/coluna/migalhas-contratuais/323091/prescricao-o-direito-nao-socorre-aos-que-dormem--e-aos-que-se-isolam. Acessado em 01 de julho de 2020. No mesmo sentido, GAGLIANO, Pablo Stolze; OLIVEIRA, Carlos E. Elias de. *Comentários à Lei da Pandemia (Lei n° 14.010, de 10 de junho de 2020 - RJET): Análise Detalhada das Questões de Direito Civil e Direito Processual Civil.* Disponível em: https://flaviotartuce.jusbrasil.com.br/artigos/859582362/comentarios-a-lei-da-pandemia-lei-14010-2020. Acesso em 01 de julho de 2020.

286 | NEGÓCIO JURÍDICO · *Humberto Theodoro Jr. e Helena Lanna Figueiredo*

sem condições psíquicas para reagir judicialmente contra o credor, enquanto perdurar o mesmo estado psicológico. É preciso colocar-se em condições de liberdade de deliberação para que o termo inicial do prazo de decadência se estabeleça.

É um dado um tanto difícil de ser averiguado com precisão. Mas pode ser deduzido de circunstâncias variadas, como, por exemplo, entrevistas ou manifestações públicas da vítima, evidenciadoras de que não mais se achava intimidado, ou medidas ostensivas de reação tomadas contra o coator, suficientes para demonstrar que já estava em condições de propor-lhe a demanda anulatória (protestos, notificações etc.).

101.1. Outras ações decorrentes da coação

A coação, além de vício de consentimento, é ato ilícito, de sorte que gera direitos outros como o de ressarcimento de perdas e danos, que se sujeita a prescrição e não a decadência, em prazo diverso do estipulado pelo art. 178, I, do CC (cf. art. 206, § 3º, V)[97].

Quando a coação é praticada por outrem, sem conhecimento do contratante a que beneficia, o negócio não se apresenta anulável, mas o coator responderá pelas perdas e danos causados ao coacto (art. 155), sujeitando-se a pretensão indenizatória ao prazo prescricional comum às pretensões de ressarcimento do dano – três anos (art. 206, § 3º, V). Se, porém, a coação praticada era do conhecimento do contratante, o negócio será anulável, tal como se fosse ele o próprio coator, e ambos os envolvidos na conduta ilícita (isto é, a parte e o terceiro), responderão pela indenização dos prejuízos do coacto, observado o prazo prescricional do art. 206, § 3º, V (três anos).

102. OUTROS DEFEITOS DO NEGÓCIO JURÍDICO

Quando o negócio estiver viciado por erro, dolo, fraude contra credores, estado de perigo ou lesão, os quatro anos do prazo de decadência da ação anulatória terão início no dia em que se realizou o negócio jurídico (CC, art. 178, II).

Aqui não é relevante definir quando a parte prejudicada tomou conhecimento do defeito do negócio. Para a regra legal, o mais importante é evitar o dilargamento excessivo do prazo de impugnação à validade do contrato. A preocupação se refere à necessidade de serem estáveis as relações jurídicas e, assim, não se sujeitarem a anulação por tempo muito prolongado[98].

Também o dolo, como a coação, contém ato ilícito, a par do vício de consentimento. O prazo decadencial (quatro anos) do art. 178, II, corresponde apenas à ação anulatória. A ação de indenização, quer contra o cocontratante (art. 146), quer contra o terceiro autor do dolo (arts. 148 e 149), submete-se a prazo extintivo próprio (três anos), que é prescricional e não decadencial (cf. art. 206, § 3º, V).

---

97   Prescreve em três anos "a pretensão de reparação civil" (CC, art. 206, § 3º, V).

98   PONTES DE MIRANDA, Francisco Cavalcanti. *Tratado de direito privado cit.*, t. VI, § 711, nº 3, p. 561.

Em se tratando de fraude contra credores, a ação pauliana pode estender-se a sucessivos negócios com subadquirentes (art. 161). O prazo decadencial, contudo, contar-se-á sempre do primeiro negócio, isto é, aquele praticado pelo insolvente, pois foi nele que se consumou a fraude. Os outros contratos com terceiros apenas são atingidos pelos reflexos do negócio primitivo. Extinta a ação a este pertinente, *ipso iure* extingue-se a impugnabilidade de todos os subsequentes.

Como a ação pauliana não cabe a uma das partes do negócio, mas a credor que só pode tomar conhecimento depois de sua divulgação, a tese acolhida pela jurisprudência é de que o prazo decadencial, na espécie, só se conte a partir da data da escritura pública (pois esta goza de automática publicidade) (CC, art. 215) ou do registro público em que o contrato particular vier a ser divulgado (os efeitos do negócio formalizado por instrumento particular não se operam, a respeito de terceiro, "antes de registrado no registro público" – art. 221) (v. o nº 255).

Daí por que a jurisprudência conta o prazo de cabimento da pauliana a partir do registro público ou da data em que o credor inequivocamente tomar conhecimento do negócio fraudulento[99].

103. ANULAÇÃO POR INCAPACIDADE

O prazo decadencial de quatro anos do art. 178, III, do CC, refere-se aos negócios do menor púbere e de outros que, ainda maiores, se acham sujeitos à interdição parcial (art. 4º, I a IV), e que tenham sido ultimados sem a assistência do representante legal.

Os atos praticados pelos menores impúberes sem a representação legal, por ser absolutamente incapaz, são *nulos* e não anuláveis (art. 166, I). A respeito de negócio nulo somente cabe ação declaratória que, por natureza, é imprescritível e não se sujeita, segundo a lei, a nenhum prazo decadencial.

Nem se há de pensar em decadência em relação aos negócios do representante legal do incapaz praticados com infração de seus poderes legais. Na espécie ocorrerá,

---

[99] STF, 1ª T., RE 80.039/SP, Rel. Min. Cunha Peixoto, ac. 14.11.1975, *RTJ* 77/523; "1. O termo inicial do prazo decadencial de 4 (quatro) anos para a propositura de ação pauliana cujo fim é a anulação de contrato de compromisso de compra e venda é a data do registro dessa avença no cartório imobiliário, oportunidade em que esse ato passa a ter efeito *erga omnes* e, por conseguinte, validade contra terceiros" (STJ, 4ª T., REsp. 710.810/RS, Rel. Min. João Otávio de Noronha, ac. 19.02.2008, *DJe* 10.03.2008); "2. O termo inicial do prazo decadencial para terceiro/credor ajuizar ação objetivando a anulação de cessão de direitos hereditários deve coincidir com o momento em que este teve ou podia ter ciência inequívoca da existência de contrato a ser invalidado. Precedentes" (STJ, 4ª T., AgInt nos EDcl no AREsp. 1.190.491/PR, Rel. Min. Luis Felipe Salomão, ac. 15.03.2018, *DJe* 23.03.2018). Nesse sentido é, também, a lição de CAHALI, Yussef Said. *Fraudes contra credores*. São Paulo: RT, 1989, p. 377.

também, nulidade, e a ação será igualmente declaratória e não constitutiva, não se sujeitando a prescrição ou decadência[100].

O *dies a quo* da contagem da decadência, para ação anulatória por defeito de capacidade, não é a data do negócio viciado: é a do dia da cessação da incapacidade (a da maioridade ou da emancipação do menor púbere, ou a do levantamento da interdição).

Há de se fazer, por outro lado, uma distinção entre a regra do art. 198, I, que prevê a não fluência da prescrição apenas contra os absolutamente incapazes, e a do art. 178, III, que se refere aos relativamente incapazes e pressupõe também que o prazo decadencial somente corra depois de cessada a incapacidade.

No caso do art. 198, as ações são condenatórias e correspondem, portanto, a *pretensões* não exercitadas contra devedores do incapaz. O prazo é genuinamente prescricional. Não sofre suspensão ou impedimento pelo fato de ser o credor menor impúbere.

Já no art. 178, III, a hipótese não representa pretensão alguma do incapaz contra o sujeito passivo. A ação cabível é de anulação de negócio jurídico (ação constitutiva), que, destarte, não se submete ao regime da prescrição, e sim ao da decadência. Eis porque não há conflito algum entre a regra que permite a prescrição contra pretensões do menor púbere e a que impede a decadência do direito potestativo à anulação, enquanto não atingida a capacidade do respectivo titular. Ou seja: o menor impúbere que não move a ação para exigir o pagamento de seus créditos sujeita-se normalmente à extinção da respectiva ação condenatória, tal como se passa com o maior. Não sofre, porém, os efeitos da decadência do direito de anular seus contratos irregularmente ajustados, a não ser depois de cessada a menoridade ou a incapacidade relativa.

104. OUTROS PRAZOS DE ANULAÇÃO

O art. 178 do CC fixa em quatro anos o prazo decadencial de anulação do negócio jurídico com fundamento nos defeitos do negócio jurídico (erro, dolo, coação etc.). Há, porém, um grande número de outras causas de anulabilidade previstas no Código e em leis extravagantes, algumas com determinação de prazo para arguição, e outras silentes a respeito dessa matéria. Naturalmente, quando a regra instituidora da anulabilidade cuida de explicitar o tempo útil para exercício da ação respectiva, é a regra específica que irá prevalecer e não as previsões genéricas dos arts. 178 e 179. Assim a anulação da partilha, no caso de sucessão hereditária, pelos defeitos que invalidam, em geral, os negócios jurídicos (erro, dolo, coação), extingue-se no prazo especial de um ano (art. 2.027, parágrafo único) e não no prazo comum de quatro anos (art. 178); entretanto, se a partilha não for sucessória, mas em razão de dissolução de união estável, o STJ já decidiu ser aplicável o prazo do art. 178 (quatro

---

[100] PONTES DE MIRANDA, Francisco Cavalcanti. *Tratado de direito privado cit.*, t. VI, § 711, nº 7, p. 570.

anos)[101]; a anulação do casamento do menor sem autorização do representante legal extingue-se em 180 dias (art. 1.555); a ação do vizinho para exigir o desfazimento de janela aberta a menos de metro meio da divisa extingue-se em um ano (art. 1.302) etc. Para averiguar qual o prazo decadencial de uma ação anulatória deve-se recorrer, primeiro, à norma que cria o direito potestativo que a autoriza, pois o critério observado pelo Código é o de estipular caso a caso, os prazos das ações da espécie. Quando, pois, se der a falta de previsão legal individualizada, o art. 179 suprirá a omissão, estatuindo um prazo decadencial supletivo. Esse prazo, que é de dois anos, será aplicado a todas as situações configuradoras de ato anulável a respeito das quais não se tenha legislado quanto ao tempo de exercício da ação de invalidação.

Um exemplo de ação anulatória sujeita à decadência bienal por força da regra do art. 179, é aquela em que se ataca a venda feita pelo ascendente a um dos seus descendentes sem a anuência dos demais, cuja anulabilidade foi prevista sem explicitação de prazo pelo art. 496[102].

Por fim, deve-se ressaltar que a decadência do art. 179 aplica-se apenas às *anulabilidades*, cuja arguição se dá por meio de ação constitutiva. Quanto às *nulidades*, a ação manejável é a declaratória, que, por natureza, é insuscetível de prescrição ou decadência.

104.1. Atos a que se aplica a regra do art. 179

Ao dispor que os atos anuláveis por previsão legal sujeitam-se ao prazo decadencial de dois anos, se outro não tiver sido previsto expressamente, o art. 179, do Código Civil nos impõe duas considerações importantes:

a) A norma não cuida apenas dos contratos, nem tampouco se restringe aos negócios jurídicos; seu objeto é o *ato jurídico*, gênero a que pertencem todos os negócios jurídicos, bilaterais ou unilaterais, e também os atos jurídicos

---

[101] O STJ, em situação de anulação de partilha de bens em dissolução de união estável, já decidiu ser aplicável a regra geral de prescrição e, não, a regra relativa ao direito sucessório: "É de quatro anos o prazo de decadência para anular partilha de bens em dissolução de união estável, por vício de consentimento (coação), nos termos do art. 178 do Código Civil. 2. Não houve alterações de ordem jurídico-normativa, com o advento do Código Civil de 2002, a justificar alteração da consolidada jurisprudência dos tribunais superiores, com base no Código Civil de 1916, segundo a qual a anulação da partilha ou do acordo homologado judicialmente na separação consensual regulava-se pelo prazo prescricional previsto no art. 178, § 9º, inciso V, e não aquele de um ano preconizado pelo art. 178, § 6º, V, do mesmo diploma. Precedentes do STF e do STJ. 3. É inadequada a exegese extensiva de uma exceção à regra geral – arts. 2.027 do CC e 1.029 do CPC/73, ambos inseridos, respectivamente, no Livro "Do Direito das Sucessões" e no capítulo intitulado "Do Inventário e Da Partilha" – por meio da analogia, quando o próprio ordenamento jurídico prevê normativo que se amolda à tipicidade do caso (CC, art. 178)" (REsp. 1.621.610/SP, 4ª T., Rel. Min. Luis Felipe Salomão, ac. 07.02.2017, DJe 20.03.2017).

[102] GAGLIANO, Pablo Stolze; PAMPLONA FILHO, Rodolfo. *Novo curso de direito civil. Parte Geral.* 14. ed. São Paulo: Saraiva, 2012, v. I. *cit.*, p. 439.

em sentido estrito. Sua incidência ocorre, de tal sorte, sobre negócios tanto bilaterais, como o contrato e o distrato, como sobre negócios unilaterais, a exemplo dos títulos de crédito, renúncias a direitos e denúncias ou resilições de contratos, e, ainda, sobre atos jurídicos em sentido estrito, como a quitação passada pelo credor ou o pagamento realizado pelo devedor. Portanto, o prazo bienal para exercício da ação de anulação deve ser aplicado à invalidação de todo e qualquer *ato jurídico* em sentido lato, desde que a previsão normativa não venha acompanhada de explicitação do tempo útil para o exercício do competente direito potestativo.

b) A qualificação de *ato anulável*, para os fins do art. 179, também é genérica, de modo a abranger não só os que se podem invalidar sob o rótulo expresso de anulabilidade *stricto sensu*, em virtude de defeitos congênitos, mas igualmente aqueles em que não se registrem vícios que tenham comprometido originariamente a validade do ato, mas que a outros títulos, a lei preveja sua desconstituição em virtude de atos ou fatos supervenientes, como, por exemplo, a resolução por descumprimento do contrato ou por onerosidade excessiva.

Dessa forma, o que se acha regulado no art. 179 é o prazo decadencial para o exercício de qualquer direito potestativo de invalidar ou romper ato ou negócio jurídico, reconhecido por lei sem predeterminação de prazo especial. Com isso, se pode concluir que o propósito da lei foi não deixar direito potestativo algum sem sujeição a prazo de decadência, no campo do direito das obrigações. Se a previsão de desconstituição do ato não menciona prazo específico, o respectivo direito potestativo caducará no prazo geral de dois anos fixado pelo art. 179.

Assim como há um prazo geral para a prescrição aplicável a todas as pretensões geradoras de ação condenatória, para as quais a lei não tenha previsto prazo próprio (10 anos, segundo o art. 205 do CC), também há um prazo geral para a decadência, que é o do art. 179, cuja aplicação deverá ser feita a toda ação constitutiva que veicule direito potestativo, cujo exercício não esteja subordinado a prazo específico, caso em que a regra a observar será a do art. 179 (isto é, 2 anos).

105. NEGÓCIOS JURÍDICOS DO MENOR RELATIVAMENTE INCAPAZ

O menor entre dezesseis e dezoito anos não está inibido de praticar, pessoalmente, negócios jurídicos. Sua vontade é débil, mas não irrelevante para o direito. Por isso, suas declarações negociais exigem, em regra, a assistência do representante legal (genitor ou tutor). Há algumas situações em que a lei dispensa essa intervenção e acolhe como válida a declaração de vontade manifestada diretamente pelo menor relativamente incapaz, como, *v.g.*, no testamento (CC, art. 1.860, parágrafo único). Mas, no geral, se falta a assistência devida, o negócio torna-se anulável (art. 171, I).

106. EFEITOS DA ANULAÇÃO DO ATO DO MENOR DESASSISTIDO

Por se tratar de ato anulável, e não nulo, a invalidação do negócio realizado pelo menor sem a necessária assistência deve ser promovida no prazo decadencial de quatro anos, contados, não da data do contrato, mas da data em que cessar sua incapacidade (CC, art. 178, III). E, uma vez decretada a anulação por sentença, devem desaparecer todos os efeitos do negócio desconstituído: as partes serão restituídas ao estado em que antes dele se achavam (art. 182). Em se tratando, porém, de menor púbere, nem sempre o vício de idade conduzirá a esse desfecho, porque, em determinadas circunstâncias, a lei protege a boa-fé do outro contratante e pune a má-fé do menor (art. 180).

107. REPRESSÃO À MALÍCIA DO MENOR

Quando, ao contratar, o menor, entre dezesseis e dezoito anos, oculta a idade e se faz passar por maior na realização do negócio jurídico, a lei deixa de considerá-lo anulável (CC, art. 180).

A regra é de origem muito antiga. Já a contemplava o Direito Romano: "*si minor se maiorem dixerit vel probatus fuerit*" – o que equivale a afirmar que as leis justas "favorecem os menores que erram, não, porém, os que enganam"[103]. Assim chegou às ordenações Filipinas (Liv. III, Tit. 41, § 7), foi acolhida por Teixeira de Freitas (*Consolidação,* nota 17 ao art. 18), figurou no Código Civil de 1916 (art. 155) e se mantém no atual (art. 180).

108. EXTENSÃO DA REGRA DO ART. 180

O dispositivo em análise prevê que o menor púbere não terá o direito de anular o negócio, mesmo tendo-o praticado sem a necessária assistência, em duas circunstâncias:

a) quando, inquirido pelo outro contratante, dolosamente ocultou sua verdadeira idade; ou

b) espontaneamente, no ato de obrigar-se, declarou-se maior.

Em qualquer das duas situações o cocontratante tem de estar de boa-fé, isto é, deve ignorar a real idade do menor, pois do contrário estaria conscientemente violando a regra legal que protege o incapaz.

A medida do art. 180 é considerada uma solução justa, porque reprime a malícia do menor que já dispõe de discernimento suficiente para entender a censurabilidade do expediente ardiloso empregado[104]. Além disso, a lei não se restringe a punir o

---

[103] PONTES DE MIRANDA, Francisco Cavalcanti. *Tratado de direito privado cit.*, t. IV, § 426, nº 1, p. 373.

[104] "A verdadeira interpretação do art. 155 [CC/2002, art. 180] é a seguinte: não há anulabilidade se o menor, maior de dezesseis anos, ocultou de má fé a idade; ou se espontaneamente se declarou maior. Portanto entram na espécie o caso do que cria ser maior, o do que pensava

ato de astúcia ao menor, que por si só denuncia maturidade e esperteza. Protege, também, a boa-fé do outro contratante, que se tornou vítima da manobra fraudulenta. Daí a conclusão: ocorrendo o fato previsto no art. 180, "o menor é reputado capaz – '*malitia supplet aetatem*': a malícia supre a idade. Esta solução condena o abuso de direito e prestigia a segurança jurídica"[105].

A regra em exame não é de aplicação geral a todos os relativamente incapazes mencionados no art. 4º. Diz respeito apenas aos menores entre dezesseis e dezoito anos, já que a ser estendida aos pródigos, toxicômanos e aos que não puderem exprimir sua vontade, excluiria a própria finalidade política das regras jurídicas sobre tais incapacidades[106]. Obviamente, não alcança os menores com menos de dezesseis anos, porque em relação a estes o caso é de nulidade e não de anulabilidade.

A malícia reprimida tem de ter sido empregada pelo menor pessoalmente. Se a declaração fraudulenta foi do mandatário que contratou em nome do incapaz, não se elidirá a anulabilidade, respondendo o procurador pelo interesse negativo[107]. Se, porém, o procurador também foi vítima do ardil do incapaz, aí sim a regra do art. 180 atingirá o negócio afinal praticado em seu nome. A má-fé do menor terá afetado tanto a declaração lançada no mandato, como a que se fez em cumprimento da outorga[108].

109. REPETIÇÃO DO PAGAMENTO DECORRENTE DE NEGÓCIO INVÁLIDO

A regra geral é que o negócio nulo não produz os efeitos desejados pelas partes e o negócio anulável, uma vez decretada sua invalidade, equipara-se ao nulo, isto é, fica igualmente privado de seus efeitos. Por isso, uma vez ocorrida a anulação, as partes serão restituídas ao estado em que estavam antes do negócio (CC, art. 182).

Nesse aspecto não há distinção prática entre o negócio nulo e o negócio anulável, no que toca à repercussão da invalidade sobre os atos praticados em seu cumprimento. Em ambas as situações, a sentença que acolhe a arguição da invalidade (isto é, a que declara a nulidade e a que decreta a anulação) opera retroativamente. Com efeito, a nulidade pronunciada por sentença – como dispõe o art. 390 do Código Civil argentino – "*vuelve las cosas al mismo estado en que se hallaban antes del acto declarado nulo*".

Esse efeito retroativo[109] se explica porque o defeito ou o vício do negócio atinge o negócio em sua origem e formação, fazendo com que a invalidade se instale *ab initio*. Seu reconhecimento, então, impõe as restituições e devoluções necessárias à recolocação das partes no *statu quo ante*[110].

---

ter obtido suplemento de idade e o do que pilheriou" (PONTES DE MIRANDA, Francisco Cavalcanti. *Tratado de direito privado cit.*, t. IV, § 426, nº 1, p. 374).

[105] VELOSO, Zeno. *A invalidade do negócio jurídico cit.*, nº 61, p. 254.

[106] PONTES DE MIRANDA, Francisco Cavalcanti. *Tratado de direito privado cit.*, t. IV, § 426, p. 373.

[107] PONTES DE MIRANDA, Francisco Cavalcanti. *Tratado de direito privado cit.*, t. IV, § 426, nº 2 p. 374.

[108] PONTES DE MIRANDA, Francisco Cavalcanti. *Ob. cit., loc. cit.*

[109] CIFUENTES, Santos. *Negócio jurídico cit.*, § 354, p. 643.

[110] VELOSO, Zeno. *Invalidade do negócio jurídico cit.*, nº 63, p. 260.

110. A REPETIÇÃO EM FACE DO CONTRATANTE INCAPAZ

A regra geral da restituição das partes ao estado anterior ao negócio inválido encontra exceção quando o pagamento se fez em favor de incapaz.

Para proteger de maneira especial o incapaz, o art. 181, do CC dispõe que "ninguém pode reclamar o que, por uma obrigação anulada, pagou a um incapaz", salvo provando que "reverteu em proveito dele a importância paga". A norma funda-se na convicção de que é preciso resguardar o incapaz das consequências de sua inexperiência, de seu pouco siso, de sua carência de tino ou discernimento[111]. Nela se contém uma tutela em favor do incapaz e uma sanção contra o capaz que com ele contrata, para "evitar maquinações e atos de aproveitamento da incapacidade"[112].

A regra é antiga, remontando ao Direito Romano, onde já se conhecia a proibição legal de emprestar a menores (Ulpiano, Dig., L. 3, § 3º) e se acha presente no atual Código Civil também na disciplina do mútuo: "o mútuo feito a pessoa menor, sem prévia autorização daquele sob cuja guarda estiver, não pode ser reavido nem do mutuário, nem de seus fiadores" (CC, art. 588).

Explica-se o benefício extraordinário conferido ao contratante incapaz porque nem sempre teria ele condições razoáveis para restituir o que recebeu, tendo, muitas vezes que sacrificar seu patrimônio para restaurar o *statu quo ante*. Quem sairia beneficiado com a anulação seria mais o outro contratante que o próprio incapaz.

111. RESTRIÇÕES À REGRA DA IRREPETIBILIDADE

A lei não quer, com a regra do art. 181, que o incapaz se loceuplete à custa do outro contratante. Seu objetivo é apenas impedir prejuízo ou sacrifício injusto da parte do incapaz.

Assim, o cocontratante capaz terá direito a recuperar o pagamento decorrente do negócio anulado se provar que reverteu em proveito do incapaz, ou seja, que o incapaz se enriqueceu com o pagamento que se lhe fez[113]. A ressalva consta tanto do art. 181, em caráter geral, como do art. 589, IV, em relação ao mútuo especificamente.

Demonstrando a parte capaz que, por exemplo, o dinheiro do pagamento se encontra em depósito bancário ou que foi aplicado na aquisição de outros bens ou em melhoramentos e ampliações de imóvel do incapaz, não há como se recusar a repetição, pois, sem ela dar-se-ia um intolerável enriquecimento sem causa.

Embora o enriquecimento seja a maneira mais evidente de revelar o proveito do incapaz, admite-se que, mesmo sem incremento patrimonial, o pagamento deva

---

[111] VELOSO, Zeno. *Invalidade do negócio jurídico cit.*, nº 63, p. 261.
[112] CIFUENTES, Santos. *Negócio jurídico cit.*, § 368, p. 653.
[113] CARVALHO SANTOS, J.M. de. *Código civil cit.*, v. III, p. 307.

ser repetido quando tenha sido utilizado no custeio de despesas necessárias, como tratamento de saúde, educação, alimentação[114].

Outro motivo que afasta a incidência do art. 181 é a má-fé do menor, já prevista no art. 180 como causa de exclusão da anulabilidade do negócio viciado por incapacidade relativa. O menor, quando astuciosamente oculta a idade e se faz passar por maior, iludindo o contratante, pratica ato ilícito e, por isso, perde o direito de invocar a anulabilidade do negócio maliciosamente urdido.

Outras condutas ilícitas do incapaz também podem afastar o benefício do art. 181, como o dolo e a coação empregados por ele a fim de induzir ou compelir a outra parte a contratar[115]. É que, nas práticas delituosas, o menor púbere se equipara ao maior, e responde pelo ressarcimento dos prejuízos intencionalmente provocados (art. 928). O Código de 1916 era mais explícito na previsão de que, cometendo delito, o impúbere seria tratado como maior, no tocante à responsabilidade civil (art. 156). O Código atual não repetiu a disposição, mas genericamente estatuiu, para todos os incapazes, o dever de responder pelos prejuízos *ex delicto*, se os responsáveis por ele "não tiverem a obrigação de fazê-lo ou não dispuserem de meios suficientes" (art. 928). Dessa forma, a responsabilidade civil do incapaz foi prevista, em termos mais amplos do que no Código velho. Ademais, se a simples malícia do menor púbere, que oculta sua menoridade, é suficiente para elidir a anulabilidade do contrato (art. 180), é óbvio que ele terá de responder sempre pelas consequências danosas do dolo e da coação, se o representante legal não o fizer. O benefício do art. 181, portanto, não pode ser aplicado ao contrato em que o menor atuou com dolo ou coação sobre o outro contratante.

112. EFEITOS DA ANULAÇÃO

Já se afirmou que, uma vez reconhecida a anulabilidade de um negócio por sentença, não há diferença entre seus efeitos e os da nulidade. As diferenças registradas entre as duas invalidades são anteriores à decretação judicial e dizem respeito à forma de arguição, às pessoas legitimadas a promovê-la, e ao modo de pronunciá-las (CC, arts. 168 e 177).

Com efeito, ao determinar o art. 182 que as partes serão restituídas ao estado em que se achavam antes do negócio anulado, o Código impõe à anulabilidade o mesmo regime eficacial da nulidade, pois o retorno ao *statu quo ante* equivale a privar o negócio de todo o seu efeito, tal qual se dá nos casos de nulidade. Correta,

---

[114] CARVALHO SANTOS, J.M. de. *Código civil cit.*, v. III, p. 263, Código Civil, art. 589, II. Na jurisprudência do Tribunal Supremo da Espanha a tese que se aplica é a de que o enriquecimento que obriga o incapaz a restituição, após a anulação do contrato, se traduz no "incremento ou benefício ocorrido em seu patrimônio mediante uma inversão proveitosa ou um justificado emprego na satisfação de suas necessidades" (URZAINQUE, Francisco Javier Fernández. *Código civil*. Elcano: Aranzadi, 2001, pp. 1.699-1.700).

[115] CIFUENTES, Santos. *Negócio jurídico cit.*, § 368, p. 653.

Capítulo IX: As Anulabilidades | **295**

pois, a doutrina que ensina: "uma vez pronunciada a nulidade, não há qualquer diferença", para as partes do negócio jurídico, quanto aos efeitos das duas modalidades de ineficácia previstas nos arts. 166 e 171[116].

Na lição de Washington de Barros Monteiro, "a nulidade absoluta ou relativa, uma vez proclamada, aniquila o ato jurídico. A relativa, embora de menor gravidade que a absoluta, depois de reconhecida por decisão judicial, tem a mesma força exterminadora; num e noutro caso, o ato fica inteiramente invalidado"[117]. Ou na enfática linguagem de Pontes de Miranda, em face da anulação, "tudo que a sentença pode alcançar é expelido do mundo jurídico"[118].

113. EFICÁCIA TEMPORAL DA ANULAÇÃO

A desconstituição do negócio anulável opera tanto para o futuro como para o passado. É inaceitável a tese que pretendeu distinguir a nulidade da anulabilidade, atribuindo àquela efeitos *ex tunc*, e a esta, efeitos *ex nunc*. Ambas atuam sobre o negócio no momento de sua constituição. Se a sentença decreta a anulação, o negócio desaparece para o futuro, isto é, dele não surgirão novos efeitos. Mas, não é só a eficácia futura que se impedirá. A anulação projeta-se, também, retroativamente, provocando a supressão dos efeitos até então produzidos: as partes, em princípio, deverão ser recolocadas no *statu quo ante,* de sorte que as prestações realizadas em virtude do negócio anulado terão de ser restituídas[119].

Desta maneira, "quer seja absoluta ou relativa", ou melhor, quer se trate de nulidade ou de anulabilidade, a invalidade "tem por efeito, quanto ao futuro, pôr fim ao contrato e, quanto ao passado, anular retroativamente todos os efeitos produzidos pelo contrato"[120]. Se o contrato não foi ainda cumprido, não mais o será, mas se as prestações já foram realizadas, terão de ser restituídas de parte à parte.

Anulada uma compra e venda, por exemplo, o comprador restituirá a coisa negociada e o vendedor devolverá o preço pago; anulada uma permuta, cada parte restituirá o que recebera, e assim por diante.

Mas, não são apenas as coisas dadas em cumprimento do contrato anulado que se restituem. O fenômeno se passa, principalmente, no plano jurídico, isto é, no plano das relações jurídicas. Após a anulação tem-se o ato de disposição como se não tivesse acontecido: "o direito, a pretensão, a ação, ou a exceção, que, em virtude do

---

[116] VALLE FERREIRA, José Geinaert do. Subsídios para o estudo das nulidades. *Revista Forense*, v. 205, 1964, p. 22.

[117] MONTEIRO, Washington de Barros. *Curso de direito civil*. 39. ed. São Paulo: Saraiva, 2003, v. I, p. 317.

[118] PONTES DE MIRANDA, Francisco Cavalcanti. *Tratado de direito privado cit.*, t. IV, § 413, nº 3, p. 323.

[119] TERRÉ, François. *Introduction générale, au droit cit.*, nº 306, p. 275.

[120] BAUDOUIN *et* RENAUD. *Code Civil du* Quebec *annoté cit.*, v. II, p. 1.615, annotation à l'art. 1.422.

NEGÓCIO JURÍDICO • Humberto Theodoro Jr. e Helena Lanna Figueiredo

ato jurídico anulável, passara ao patrimônio do disponente, tem-se como se nunca tivesse saído dele; no patrimônio, em que o pusera o ato dispositivo, tudo se passa como se nele nunca tivesse estado"[121].

114. PERDAS E DANOS

Em princípio, da anulação decorre a obrigação de restituir *in natura* o objeto das prestações realizadas. Pode acontecer, porém, que isto não seja possível, porque o contratante já o consumiu ou não mais dispõe dele. Não sendo viável a restituição da própria coisa devida, dar-se-á sua substituição por indenização do equivalente (CC, art. 182, *in fine*).

A restituição, por outro lado, não pode gerar enriquecimento indevido. Se, por exemplo, uma das partes, por força do negócio invalidado prestou serviço lícito à outra, a anulação não isentará aquela que se beneficiou da prestação irrestituível do dever de remunerá-la. Da mesma forma, se a coisa a ser restituída tiver sido melhorada ou edificada, terá a parte que a receber de volta a obrigação de indenizar quem a beneficiou de boa-fé.

A restituição provocada pela anulação deve harmonizar-se, dessa forma, com os princípios que protegem a boa-fé e reprimem o enriquecimento sem causa. E havendo direito à indenização, o obrigado a restituir tem direito de retenção da coisa em seu poder para garantir a competente reparação[122].

115. COMPOSIÇÃO DAS PERDAS E DANOS

Quando se restituir o equivalente, por ser impossível a devolução da própria coisa negociada, o contratante cumpre uma *dívida de valor*. Não se trata de reparar ato ilícito, mas de realizar a restituição pelo equivalente. Na sistemática da anulabilidade, a restituição não é, propriamente, uma reparação; não constitui, por si própria, a indenização de um prejuízo, "mas a consequência natural da anulação"[123].

Anulado o contrato sinalagmático, é como se se estabelecesse um sinalagma invertido, isto é, se implantasse um negócio sinalagmático em posições contrárias àquelas do negócio invalidado[124].

Se se tem de restituir a coisa, seus acessórios a acompanharão e serão compreendidos no equivalente, caso a restituição não se dê *in natura*.

---

[121] PONTES DE MIRANDA, Francisco Cavalcanti. *Tratado de direito privado cit.*, t. IV, § 413, nº 3, p. 324.

[122] PONTES DE MIRANDA, Francisco Cavalcanti. *Tratado de direito privado cit.*, t. IV, § 413, nº 5, p. 325.

[123] MALAURIE, Philippe, AYNÈS, Laurent. *Cours de droit civil-Les obligations.* 10.ed. Paris: Éditions Cuja, 1999, t. VI, nº 586, p. 336.

[124] CARBONIER, Jean. *Droit civil – les obligations.* 21.ed. Paris: Press Universitaires, 1998, nº 107, p. 200.

116. FRUTOS E RENDIMENTOS

Os frutos, em princípio, devem integrar a restituição, mas há regras especiais que distinguem as situações de boa e má-fé. Assim, aquele que entrou na posse do bem negociado de boa-fé – isto é, ignorando o vício invalidante do contrato (CC, art. 1.201) –, não tem de restituir os frutos que percebeu antes da anulação (art. 1.214). Os frutos pendentes, todavia, acompanharão a coisa na restituição, cabendo, ao contratante de boa-fé, o reembolso das despesas da produção e custeio (art. 1.214, parágrafo único). Estas regras se aplicam tanto aos frutos naturais, como aos industriais e aos civis (art. 1.215).

Se o contratante explorou a coisa negociada ciente do vício invalidante do contrato, terá sido um possuidor de má-fé e, nessa qualidade, quando decretada a anulação terá de indenizar todos os frutos ou rendimentos, não só os percebidos, mas também os que, por sua culpa, deixou de perceber (poderá, no entanto, deduzir as despesas de produção e custeio) (art. 1.216).

Em qualquer situação em que um dos contratantes receba de volta a coisa acrescida de frutos pendentes ou percebidos, caber-lhe-á repor as despesas de produção e custeio, de sorte que não se admitirá o seu enriquecimento à custa do outro contratante. São apenas os frutos líquidos (lucro) que se restituem. Não se restituem, outrossim, os rendimentos do trabalho do contratante, mas apenas os que a coisa tinha condição de produzir no estado em que se encontrava no momento da conclusão do contrato. Por exemplo: quem negociou a aquisição de um terreno e, após o contrato, nele montou uma oficina, não estará obrigado, após a anulação do contrato a repassar os rendimentos da oficina; nem o que fez edificar um prédio e o alugou. A renda a restituir, quando houver tal obrigação, somente será a que corresponder ao terreno, e não ao edifício[125].

117. PERECIMENTO DA COISA

Pode acontecer que a coisa a restituir tenha perecido, fato que irá repercutir sobre os efeitos da anulação do negócio jurídico de maneira diferente, conforme o contratante seja considerado de boa ou má-fé (isto é, se sabia, ou não, da anulabilidade do contrato).

Quando se tratar de contratante de boa-fé, aplica-se a regra fundamental da teoria do risco na posse: *res perit domino*. O prejuízo é daquele a que toca o domínio da coisa (o contratante que tem direito a recuperá-la após a anulação). A parte que teria de restituir a coisa perecida, não tem de indenizar o prejuízo da que deveria recebê-la de volta. Aplica-se a regra do art. 1.217, do Código civil: "o possuidor de boa-fé não responde pela perda ou deterioração da coisa, a que não der causa".

---

[125]   MALAURIE, Philippe; AYNÈS, Laurent. *Cours de droit civil cit.*, t. VI, nº 587, p. 337, nota 2.

É claro que se o perecimento ocorrer por culpa do contratante, esteja ele de boa-fé ou de má-fé, terá sempre de indenizar a outra parte, no caso de anulação do negócio (art. 182).

Quando o contratante estiver de má-fé (isto é, for conhecedor do vício do negócio jurídico), nem mesmo o caso fortuito o dispensará de repor o equivalente da coisa perecida. Aplica-se a regra do art. 1.218.

118. BENFEITORIAS E ACESSÕES

Benfeitorias são gastos efetuados para melhorar, conservar ou embelezar a coisa. Acessões são acréscimos à coisa, como se dá nas plantações e construções. Ambas valorizam o bem que eventualmente se tenha de restituir por força da anulação do negócio jurídico.

Ocorreria um enriquecimento sem causa, se um contratante recebesse de volta coisa melhor e mais valiosa do que a transmitida originariamente. Para evitar esse resultado indesejável, o Código instituiu um regime para assegurar o ressarcimento das melhorias introduzidas na coisa negociada:

a) o contratante de boa-fé, ao restituir a coisa com melhoria, deverá ser indenizado belas benfeitorias úteis e necessárias e poderá levantar as voluptuárias; se não lhe forem pagas; caber-lhe-á direito de retenção da coisa, enquanto não for ressarcido pelas benfeitorias indenizáveis (CC, art. 1.219);

b) o contratante de má-fé somente será indenizado das benfeitorias necessárias, não lhe cabendo direito de retenção, nem o de levantamento das voluptuárias (art. 1.220);

c) as plantações e construções (acessões industriais) somente autorizam a indenização se feitas por contratante de boa-fé (art. 1.255); não há reparação para o contratante que plantar ou edificar de má-fé, ou seja, sabendo do vício que tornava anulável o negócio.

119. INDENIZAÇÃO DO INTERESSE NEGATIVO

O dolo e a coação, além de viciar o consentimento e acarretar a anulabilidade do negócio jurídico, são atos ilícitos. Além da reposição das prestações, acarretam responsabilidade civil, isto é, geram a obrigação de indenizar todos os prejuízos da vítima, independentemente de ser ou não anulado o contrato ou o ato jurídico viciado.

Antigamente, porém, muitas vezes se deparava com a situação em que a parte que contratou com a vítima da causa de anulabilidade não teria concorrido, de maneira alguma, para o defeito do negócio jurídico. Tanto um como outro dos contratantes poderiam suportar prejuízos em razão de sua invalidação, sem que se pudesse falar em ato ilícito, como se passava no dolo e na coação.

Por isso, a par do prejuízo derivado de ato ilícito, reconhecia-se também a possibilidade de a parte prejudicada pela anulação do negócio reclamar a indenização pelo chamado "interesse negativo"[126], muito embora não se imputasse culpa àquele que incorrera em vício de consentimento. Quem, de boa-fé, confiara nas expectativas de validade da manifestação de vontade, tendo realizado gastos e efetivado empreendimentos em função do negócio, faria jus à indenização respectiva, uma vez ocorrida sua desconstituição.

Assim, se construiu a teoria de que quem se beneficia da autorização legal para procurar a anulação ou interrupção do negócio tem, na verdade, duas opções:

a) manter o contrato, confirmando-o expressa ou tacitamente e dando-lhe cumprimento; ou

b) desconstituí-lo, por meio de ação anulatória, provocando a restauração do estado anterior ao negócio, com recíproca restituição das prestações entre as partes, se estas tiverem ocorrido antes da invalidação.

Ao optar pela via da anulação, o contratante não pratica ato ilícito, mas impõe certos prejuízos a outra parte, que não havendo concorrido para a invalidação não tem razão para suportá-los. Passou-se a falar, então, na ocorrência da indenizabilidade do interesse negativo, cujo fundamento não é o ato ilícito, nem a culpa de quem promove a invalidação do contrato. Trata-se apenas de encontrar solução equitativa para um problema criado pelo exercício do direito potestativo de anular o negócio, quando ninguém teve culpa no evento. "Se nem autor nem réu teve culpa, a equidade impõe que sofra o prejuízo quem deu causa a ele"[127]. Assim, o autor da ação de anulação, em caso como do erro escusável, deveria ressarcir os gastos e empreendimentos que o réu efetivara, confiando na expectativa de conclusão válida do contrato e de sua manutenção até o termo ajustado.

É claro que se fosse o réu o causador da invalidade (como nos casos de dolo, coação, estado de perigo e lesão), nenhuma indenização lhe caberia. Pelo contrário, tendo agido de má-fé, a ele caberia ressarcir os eventuais prejuízos do autor. Observar-se-iam, então, os princípios comuns da responsabilidade civil por ato ilícito.

---

[126] "Em linhas gerais, diz-se interesse contratual negativo quando se visa colocar o credor frustrado na mesma situação em que estaria se o contrato não tivesse sido realizado. Assim, por exemplo, deve-se ressarcir o credor dos gastos realizados para a elaboração do negócio, como as despesas para a elaboração do negócio, como as despesas com advogados, despachantes, o eventual pagamento de tributos, despesas com o transporte da mercadoria etc. e até o que ele eventualmente deixou de ganhar ao não ter efetuado, à época, outro negócio" (GUIMARÃES, Paulo Jorge Scartezzini. Responsabilidade civil e interesse contratual positivo e negativo (em caso de descumprimento contratual). *Revista de Direito Privado,* São Paulo, v. 63, p. 35, jul.-set./2015).

[127] PONTES DE MIRANDA, Francisco Cavalcanti. *Tratado de direito privado cit.,* t. IV, § 383, nº 4, p. 164.

A reparação do interesse negativo há de ser cogitada, portanto – segundo a teoria exposta –, apenas quando ninguém teve culpa pelo fato autorizador da anulação. Se, por seu lado, o que promove a anulação é o responsável pelo vício, e de outro, o demandado também sabia do defeito, nenhum deles terá direito à indenização pela frustração do negócio, cada qual suportará sua própria responsabilidade pelo evento.

O objeto do interesse negativo indenizável não é o lucro ou as vantagens que a parte poderia absorver com o pleno cumprimento do contrato. O que se indeniza são os prejuízos imediatos da quebra da expectativa de eficácia do negócio, ou seja, aquilo que se investiu num empreendimento em cuja validade se confiava.

Entram na figura do interesse negativo a ser reparado, segundo a lição de Pontes de Miranda, verbas como: gastos com a conclusão do contrato, inclusive taxas e emolumentos de escrituração e registro, quando necessários; custo de aquisições e disposições feitas em função da implementação do negócio; o dano à coisa que um contratante entregou ao outro, mesmo sem culpa, como ocorre com o desgaste de seu uso durante a vigência do contrato invalidado; todos os gastos feitos para efetuar a restituição ou para conservação da coisa negociada. Se a coisa era destinada à venda e após a restituição já não se consegue mais o antigo preço, o lucro perdido também se deve considerar como integrante da indenização do interesse negativo[128].

Na reparação do interesse negativo figuram tanto o dano emergente como o lucro cessante[129]. Não se pode, entretanto, ampliar tal indenização para nela inserir tudo o que o indenizando teria obtido com o cumprimento integral do contrato, se fosse válido ou não tivesse sido anulado.

A reparação *in casu* é apenas daquilo que a parte inocente perdeu "por ter confiado na juridicidade, ou na juridicidade e validade do ato"[130].

É possível encontrar interesse negativo indenizável, segundo a teoria clássica, nos diversos casos de nulidade e anulabilidade, menos nos negócios praticados por absolutamente incapaz, porque a tutela que se lhes dispensa é incompatível com qualquer tipo de responsabilidade indenizatória de sua parte[131].

---

[128] PONTES DE MIRANDA, Francisco Cavalcanti. *Tratado de direito privado cit.*, t. IV, § 383, nº 7, pp. 166-167.

[129] "Ainda é fundamental dizer que o fato de estarmos diante de um interesse contratual negativo não impede um eventual pedido de lucros cessantes por parte do contratante prejudicado quando ele comprovar que tinha a alternativa, à época, de ter firmado outro contrato e que este lhe traria um determinado benefício" (GUIMARÃES, Paulo Jorge Scartezzini. *Responsabilidade civil e interesse contratual positivo e negativo (em caso de descumprimento contratual) cit.*, p. 45).

[130] PONTES DE MIRANDA, Francisco Cavalcanti. *Tratado de direito privado cit.,*, t. IV, § 383, nº 7, p. 167.

[131] PONTES DE MIRANDA, Francisco Cavalcanti. *Tratado de direito privado cit.,*, t. IV, § 383, nº 4, p. 164-165.

Essa teoria foi construída ao tempo em que a validade e eficácia do negócio jurídico se fundavam na teoria da vontade e visava pelo menos duas áreas de incidência: (i) a dos negócios em formação; e, (ii) a dos negócios consumados mas sujeitos à invalidação. Tanto num como noutro caso, se buscava indenizar prejuízo injusto suportado por uma parte, independentemente de culpa da outra. Exemplo típico da primeira hipótese era a da ruptura das negociações preliminares do contrato. Embora a conduta fosse lícita, porque não havia ainda a obrigação de contratar, a parte que investiu na expectativa da conclusão podia requerer indenização dos gastos com a preparação do negócio em face das expectativas criadas legitimamente. O exemplo da segunda hipótese era dado através do erro que justificava a anulação do negócio jurídico, mas, em princípio, não isentava a parte incursa no vício de indenizar o contratante inocente. Embora o pedido de anulação configurasse ato lícito, o contratante prejudicado poderia requerer o ressarcimento, porque, de modo algum teve culpa para o erro. A indenização inspirava-se na equidade[132].

Atualmente, no campo do erro, a teoria parece não mais ter aplicação concreta, uma vez que – tendo o atual Código Civil esposado o princípio da confiança em matéria de vícios do negócio jurídico –, a cognoscibilidade do erro da outra parte passou a ser requisito para que o pedido de anulação, nele apoiado, seja deferido (CC, art. 138). Assim, se o negócio jurídico for anulado por erro terá havido, ainda que implicitamente, a culpa do contratante que sabia ou podia conhecer do vício do outro[133].

Como hoje, no sistema do Código Civil de 2002, todos os vícios do consentimento estão conceituados a partir da teoria da confiança, reclamando do contratante o conhecimento ou aproveitamento consciente do vício de vontade do outro, torna-se praticamente inexistente a possibilidade de aplicação da teoria da indenização do interesse negativo pelo menos no terreno da anulabilidade por defeitos da espécie. É que para configurar qualquer dos vícios geradores da anulabilidade tem de ocorrer a culpa do que se beneficia do negócio, e sendo assim, qualquer reparação a ser eventualmente feita terá como título a *responsabilidade civil por ato ilícito* e não simplesmente a proteção do titular do interesse negativo prejudicado pela invalidação.

---

[132] PONTES DE MIRANDA, Francisco Cavalcanti. *Tratado de direito privado cit.*, t. IV, § 383, nº 4, p. 164.

[133] Pontes de Miranda advertia ser pressuposto necessário para que nasça a pretensão ao interesse negativo o "não conhecer, nem dever conhecer o figurante o erro que foi causa da anulabilidade. Mesmo porque, se conhecia, ou devia conhecer o erro, – ou a manifestação de vontade não entrou no mundo jurídico, ou entrou com o sentido que era o da vontade do manifestante, ou ele se expôs, de seu grado, à anulabilidade. Assim, o que conhecia o erro não pode pedir interesse negativo. A pretensão a interesse negativo nasce quando, intentada a ação de anulação por erro, começa a ser prejudicial ao destinatário o que fez, confiando na validade da manifestação de vontade" (PONTES DE MIRANDA, Francisco Cavalcanti. *Tratado de direito privado cit.*, t. IV, § 383, nº 8, p. 167).

Dessa maneira, remanesce significativa a teoria no estágio atual apenas para as situações pré-negociais, cuja ruptura, entretanto, não constitui invalidação de contrato viciado, mas apenas não conclusão de negócio proposto.

120. OS TERCEIROS DE BOA-FÉ DIANTE DA ANULAÇÃO DO NEGÓCIO JURÍDICO

Na rigidez positivista implantada pelo Código de 1916, o regime da anulação, instituído por seu art. 158, era absoluto e implacável, quer para as partes, quer para terceiros que reflexamente viessem a ser atingidos pelas consequências da sentença anulatória. As partes deveriam perder os direitos pessoais ou reais que o negócio pudesse ter produzido, sendo "restituídas ao estado anterior, com as exceções referentes aos incapazes e a certas situações resultantes da posse"[134]. Em relação aos terceiros – destacava Clóvis Beviláqua, no que era seguido por toda a doutrina civilista –, "declarada a nulidade do ato, desfaz-se o direito que, acaso, tenham adquirido com fundamento no ato nulo ou anulado, porque ninguém transfere a outrem direito que não tem"[135].

Prevalecia, em toda plenitude, na exegese do Código de 1916, a literalidade das máximas romanas: *quod nullum est, nullum parit effectum,* no tocante às partes, e *resoluto juris dantis, resolvitur jus accipientis,* quanto aos terceiros.

Ultrapassado, porém, o predomínio do individualismo do século XIX e sob os influxos das modernas concepções do Estado Social implantadas no século XX, os reclamos da doutrina se voltaram muito mais para os aspectos éticos dos contratos e as necessidades sociais de segurança no mercado jurídico, do que para o egoísmo individualista dos interesses dominantes no estágio do Estado liberal puro.

Assim, o movimento reformista dos Códigos Civis do século XX rompeu ostensivamente com a ideologia herdada do século anterior. Para implantar a segurança jurídica e prestigiar a boa-fé no tráfico dos negócios jurídicos, o Código italiano, ressalvou, no art. 1.445, que a anulação fundada em vícios que não o da menoridade, "não prejudica os direitos adquiridos a título oneroso por terceiros de boa-fé, que ignoravam, portanto, a existência do vício que atingia o negócio"[136]. Para a lei italiana, então, a sentença que anula o contrato opera retroativamente entre as partes, pois em relação a estas "elimina todos os efeitos do negócio". Quanto aos estranhos à relação negocial, todavia, "opera apenas em face dos terceiros de má-fé, que conheciam (ou podiam conhecer com o uso da diligência ordinária) a causa de anulabilidade

---

[134] VALLE FERREIRA, José Geinaert do . Subsídios para o estudo das nulidades. *Revista Forense*, v. 205, p. 25.

[135] BEVILÁQUA, Clóvis. *Código civil* cit., v. I, p. 342, comentários ao art. 158.

[136] TORRENTE e SCHLESINGER. *Manuale di diritto privato cit.*, § 160, p. 257. DIENER, Maria Cristina. *Il contratto in generale cit.*, nº 14.13.3, p. 776.

do contrato"[137]. O momento constitutivo da ineficácia do ato anulado realmente retroage para alcançar o negócio em sua origem, ou em sua formação, de sorte que a *anulabilidade*, na verdade, se traduz numa *"nulidade* por efeito da *anulação".* Não há, porém, "uma retroatividade absoluta ou *erga omnes*, mas somente *inter partes* e a respeito dos *adquirentes a título gratuito ou de má-fé*, à base do negócio anulado"[138].

Há, de fato, nessa matéria, um conflito entre a proteção da vontade do contratante afetado pelo defeito do negócio jurídico e a exigência de segurança na circulação dos bens. Em nome da boa-fé e dos interesses sociais envolvidos, a lei sacrifica a primeira e acolhe a segunda, nos casos de anulabilidade que não se fundem na incapacidade do agente. Se se trata de contrato nulo, em que seria profundamente injusto afastar a tutela à autonomia da vontade, a eficácia da invalidade é, realmente, *erga omnes*. Mas, se o caso é de simples anulabilidade, o legislador moderno faz uma valoração em que o interesse social pela segurança jurídica dos negócios é posto à frente do interesse individual da vítima do defeito do contrato, quando entre os dois se estabelece um confronto[139].

Quando se trata de proteger os interesses de menores, ou quando o terceiro, mesmo de boa-fé, se apresenta como adquirente a título gratuito, o interesse social volta a valorizar a autonomia da vontade, dispensando-lhe tutela preferencial à da segurança dos negócios. É que entre o prejuízo do incapaz e o do terceiro, a lei opta por suprimir o primeiro à custa do sacrifício do último; e da mesma forma entre o efetivo prejuízo do contratante e o lucro gratuito do terceiro subadquirente, a opção é feita pela tutela do contratante prejudicado, ainda que com sacrifício do lucro do beneficiário da aquisição a título gratuito. A valoração se faz em sentido oposto àquela empregada nas subaquisições a título oneroso, portanto[140].

O Código argentino atual, tal como o Código italiano, ressalva os direitos de subadquirentes de boa-fé, a título oneroso[141]. Ainda sob a égide do Código anterior, com a redação dada ao art. 1.051 pela Lei nº 17.711/1968, discutia-se apenas se a proteção à aparência compreenderia, também, a venda *a non domino*. A doutrina dominante, no entanto, se orientava pela negativa, porque a alienação feita por

---

[137] GALGANO, Francesco. *Diritto privato*. 6.ed. Padova: CEDAM, 1990, nº 13.6, p. 271.

[138] BARBERO, Domenico. *Sistema del derecho privado cit.*, v. I, nº 295-v, p. 641.

[139] A regra de tutela aos terceiros, além de não beneficiar os terceiros de má-fé, não vale, também, para certos terceiros de boa-fé: *"se il terzo ha acquistato diritti a titolo gratuito (donazione, comodato ecc.) o se l'annullamento dipende dalla incapacità legale (minore età, interdizione, inabilitazione) la sentenza di annullamento produce rispetto ai terzi, anche di buona fede, gli stessi effetti di una sentenza di nullità* (art. 1.445)" (GALGANO, Francesco. *Diritto privato cit.*, nº 13.6, p. 271).

[140] GALGANO, Francesco. *Diritto privato cit.*, nº 13.6, p. 271.

[141] O que o novo art. 1.051 "veio a consagrar, em pureza, é a proteção do direito aparente, em favor do subadquirente de imóveis de boa-fé a título oneroso" (ZANONI, Eduardo A. *Ineficácia y nulidad de los actos jurídicos*. Buenos Aires: Astrea, 1986, § 18, p. 185).

quem não é dono, em relação ao *verus domino*, não é contrato anulável nem nulo, é contrato *inexistente*[142]. Atualmente, o art. 392 não deixa margem a dúvidas: "os subadquirentes não podem amparar-se em sua boa-fé e no título oneroso se os atos sejam realizados sem a intervenção do titular do direito".

O atual Código Civil português, ao cuidar dos efeitos da anulação dos contratos, relativos a imóveis ou móveis sujeitos a registro, exclui "os direitos adquiridos sobre os mesmos bens, a título oneroso, por terceiro de boa-fé, desde que seu contrato seja registrado antes do registro da ação entre as partes acerca da invalidade" (art. 291º, nº 1).

Na visão doutrinária, o Código lusitano enfrentou o problema da oponibilidade da nulidade e da anulabilidade a terceiros e o resolveu de forma original, concebendo "um *sistema de compromisso* entre os interesses que estão na base da invalidade e os interesses legítimos de terceiros e do tráfico jurídico"[143].

O Código Civil de Quebec disciplinou a eficácia da anulação do contrato entre as partes, equiparando os casos de nulidade e anulabilidade, de tal maneira que uma vez decretada a anulação o negócio é reputado como se nunca existira. Por isso impõe a cada uma das partes a obrigação de restituir à outra as prestações que tenha recebido (art. 1.422). Quanto à forma de restituir, a matéria foi relegada a um sistema geral, onde se trata uniformemente de todos os casos em que uma pessoa tenha a obrigação legal de restituição[144].

Na regulamentação do dever de restituir, que, entre outros casos legais, se aplica à anulação de ato jurídico, com eficácia retroativa, por expressa previsão do art. 1.699, há uma regra importante para o problema do terceiro subadquirente. Embora as restituições se devam fazer, em princípio, *in natura*, podem ser substituídas por equivalente, se houver impossibilidade ou inconveniente sério a contraindicar a forma normal de repor as partes no *status quo ante* (art. 1.700). E, entre os casos em que se acha autorizada a substituição do bem devido por seu valor, o Código de Quebec arrola, expressamente, os de "perda total ou de alienação do bem sujeito à

---

[142] CASO, Rubén H. Compagnucci de. *El negocio jurídico*. Buenos Aires: Astrea, 1992, § 185, p. 552; MESA, Marcelo J. Lopes. *Ineficacia y nulidad de los actos jurídicos y procesales*. Buenos Aires: Depalma, 1998, p. 238.

[143] PINTO, Carlos Alberto da Mota. *Teoria geral do direito civil*. Coimbra: Coimbra Editora, 1976, nº 189, p. 475, *apud* VELOSO, Zeno. *Invalidade do negócio jurídico cit.*, nº 70, p. 309. Sobre o tema, ver, ainda, MENEZES CORDEIRO, António Manuel da Rocha e . *Tratado de direito civil português*. 2. ed. Coimbra: Almedina, 2000, v. I, t. I, nº 232, p. 660; LIMA, Pires de; VARELA, Antunes. *Código civil anotado*. 4.ed. Coimbra: Coimbra Editora, 1987, v. I, p. 267.

[144] "*Cet article (o art. 1.422) pose le principe de l'effet retroactif de la nullité et de la restitution des prestations auquel les parties au contrat sont assujetties. Ces dernières règles font désormais l'objet d'un regroupement au chapitre neuvième du present litre* (art. 1.699 a 1.707)" (BAUDOUIN et RENAUD. *Code civil du Quebec annoté cit.*, v. II, p. 1.615 – *Commentaires du Ministre de la Justice*, notas ao art. 1.422).

Capítulo IX: As Anulabilidades | **305**

restituição" (art. 1.701). Com isso, pode-se concluir que a sistematização do modérníssimo estatuto quebequiano ressalva, amplamente, os direitos adquiridos por terceiros sobre o bem vinculado ao negócio anulado, desde que a alienação tenha ocorrido antes da anulação.

O atual Código brasileiro não contempla, de forma expressa, regras como as da legislação da Argentina, Itália, Portugal e Quebec. Nem por isso, a proteção ao terceiro de boa-fé deve ser, entre nós, diferente daquela preconizada pelo moderno direito comparado, como a seguir se demonstrará.

121. A PRESERVAÇÃO DOS DIREITOS DE TERCEIRO DE BOA-FÉ NO SISTEMA DO CÓDIGO BRASILEIRO

Mesmo que não se encontre norma específica no atual Código brasileiro sobre os direitos adquiridos por terceiros frente a anulação do contrato em que se apoiou dita aquisição, há todo um sistema difuso no tratamento dos defeitos do negócio jurídico tendente a proteger a boa-fé e prestigiar a segurança no tráfico jurídico.

Não é preciso negar regra alguma do direito positivo, nem mesmo "criar" regra à margem da lei, para concluir que, dentro da sistemática do atual Código, está contida a proteção ao direito adquirido por terceiro de boa-fé, perante a eficácia *inter partes* da anulabilidade.

Desde muito tempo, já preconizava a Lei de Introdução (Decreto-lei nº 4.657/1942) que o aplicador da lei tem de se orientar pelos seus fins sociais e pelas exigências do bem comum (art. 5º). Incitando o juiz a não se ater à literalidade dos textos e a não se conservar indiferente à evolução dos tempos e anseios da sociedade, é o próprio legislador que aponta "o critério do fim social e o do bem comum como idôneos à adaptação da lei às novas exigências sociais e aos valores positivos, tanto na interpretação como na integração (*RT*, 132:660-2) da lacuna ontológica ou axiológica"[145].

Se é certo que o Código consagra o princípio da desconstituição *ex tunc* e *erga omnes* do negócio contaminado por invalidade; não é menos verdadeiro que a boa-fé merece, também em princípio, a proteção legal, dentro da própria disciplina dos defeitos do negócio jurídico. Quando, pois, esses princípios se apresentarem em conflito, haverá o intérprete de solucionar o dissídio, ponderando, no caso concreto, qual dos interesses opostos haverá de prevalecer, e de que modo se poderá razoavelmente compor a concorrência dos princípios, no momento, antagônicos. É claro que, verificada a oposição ou contraste de interesses, um deles terá de ser sacrificado. Mas isto haverá de ser feito de modo a prestigiar a ideologia do sistema, sem negar

---

[145] DINIZ, Maria Helena. *Lei de introdução ao Código civil interpretada*. 4.ed. São Paulo: Saraiva, 1998, p. 160.

lei alguma, e, sim, por meio de raciocínios axiológicos capazes de hierarquizá-los com os objetivos maiores do ordenamento como um todo.

No caso dos defeitos do negócio jurídico a pesquisa deve começar pela busca do critério de valorização da boa-fé que sempre se manifestou quando o fato foi enfocado pela lei dentro do tratamento da anulabilidade. Nesta perspectiva ver-se-á, em primeiro lugar, que houve profunda mudança de rumo na repressão aos vícios do negócio jurídico, na passagem do Código anterior para o atual. Aquele se inspirava profundamente na teoria da vontade, temperando-a com concessões à teoria da responsabilidade. Anulava-se o negócio praticado com erro substancial a partir da simples ideia de que a desarmonia entre a vontade e a declaração haveria de ser solucionada pela prevalência daquela sobre esta. A coação sofrida por um dos contratantes invalidava o contrato, pelo simples fato de que o coato não tivera liberdade para declarar a vontade negocial, ainda que o outro contratante ignorasse a ameaça feita por terceiro. Num regime como este, do primado da vontade sobre a declaração, era natural que, ao prestigiar a autonomia do contratante, a anulação do negócio viciado operasse *erga omnes* sem qualquer preocupação com interesses de terceiros. Se o próprio contratante de boa-fé não se livrava dos efeitos invalidantes do ato jurídico, era natural que os sucessores *inter vivos* da parte atingida pela anulação também se vissem por ela atingidos. Não havia, de fato, razão para beneficiar os subadquirentes de boa-fé, quando esta não era levada em conta na definição do vício invalidante entre os sujeitos do negócio defeituoso. O tratamento jurídico estendido aos terceiros subadquirentes era, enfim, a prorrogação natural do tratamento que a lei dava aos participantes diretos do negócio viciosamente praticado.

O regime do atual Código na disciplina dos defeitos do negócio jurídico é muito diferente. Sua posição normativa é regida pela teoria da confiança, justamente aquela que se volta para a proteção da boa-fé e da segurança na circulação dos bens jurídicos. Na conceituação de todos os vícios do negócio jurídico, a boa-fé é cogitada em primeiro lugar e tem o condão de impedir a invalidação, ainda que um dos contratantes isoladamente tenha atuado sem a plena liberdade e consciência na declaração de vontade. Antes de tudo se valoriza a declaração e se busca fazer com que ela entre no mundo das relações jurídicas tal como se exteriorizou e não como a teria idealizado o declarante se atuasse sem as influências do defeito de consentimento. A invalidação não virá apenas do plano íntimo ou subjetivo do declarante, mas sobretudo do comportamento de quem com ele contratou, de modo censurável, extraindo vantagens injustas, que poderiam ser evitadas caso o comportamento do beneficiário se pautasse pela diligência própria do contratante probo e leal.

Veja-se o erro: só será causa de anulação se o outro contratante tiver ultimado o acordo de vontades em condições que lhe permitiam perceber o erro do parceiro, se usasse "a diligência normal" no quadro em que se deu a negociação (CC, art. 138). Vale dizer: se o destinatário da declaração agir sem culpa, por não ter como perceber o erro do declarante, o defeito de vontade deste não afetará a validade do negócio. Prestigia-se, destarte, a boa-fé colocando-a acima do vício de formação da vontade, em nome da segurança jurídica diante das justas expectativas do meio social em face dos negócios.

No dolo, se as astúcias são praticadas por um contratante contra o outro, a anulação é forma de reprimir a má-fé evidente na formação do contrato e de proteger a parte inocente contra o erro a que foi maliciosamente induzido. Mas, se esse erro provém de astúcia de outrem que não o cocontratante, a lei só admitirá a anulação, se a parte a quem aproveite, tivesse ou devesse ter conhecimento do dolo (CC, art. 148). Mais uma vez, portanto, a boa-fé do contratante inocente prevalece sobre o defeito de consentimento em que a outra parte incorreu, tal como preconiza a teoria da confiança.

Não é diferente o que se passa com a coação: se a ameaça é exercida por estranho à relação jurídica, o negócio somente será anulável, "se dela tivesse ou devesse ter conhecimento a parte a que aproveite" (art. 154). É, pois, a teoria da confiança que provoca a tutela da boa-fé acima do vício decorrente da coação.

O estado de perigo, por seu lado, somente é causa de anulação se o contratante que obteve vantagens excessivas souber que a outra parte está concordando com o contrato excessivo oneroso porque age premido da necessidade de salvar-se, ou a pessoa de sua família, de grave dano (art. 156).

Na lesão, a anulação somente se dará quando o outro contratante, ciente do desequilíbrio entre as prestações, se recusar a rever as bases do contrato, evidenciando sua má-fé (art. 157, § 2º).

Por último, a fraude contra credores somente produz a ineficácia do negócio oneroso, quando o adquirente tiver motivo para conhecer a insolvência do alienante (art. 159). E mesmo depois de configurada a fraude no ato de disposição do devedor, se o bem for transmitido a terceiro, este somente será alcançado pela ineficácia se também agir de má-fé (art. 162). Logo, o defeito do negócio inicial não prejudicará o terceiro subadquirente de boa-fé.

Como se vê, a anulabilidade acha-se sistematizada pelo atual Código de maneira a respeitar sempre o direito adquirido de boa-fé. Portanto, a exegese do art. 182 não pode ser feita dispensando, ao subadquirente de boa-fé, tratamento mais rigoroso do que o destinado à própria parte do negócio anulável, no pertinente à boa-fé e à segurança jurídica.

O atual art. 182 repete quase *ipsis litteris* os termos do antigo art. 158. Nada obstante, impõe-se uma releitura para compatibilizar seu mandamento com o sistema da anulabilidade em geral adotado no atual Código[146]. Não se admite que para con-

---

[146] Não é preciso modificar a literalidade do texto legal para entender-lhe o sentido dentro da evolução do sistema adotado pelo ordenamento jurídico. Na lição de Perlingieri, por exemplo, a compreensão do Código Civil da Itália de 1942, editado sob o regime fascista, é diferente

figuração dos vícios de consentimento em geral a boa-fé seja óbice à anulabilidade e que, quando intervier o terceiro subadquirente, a mesma boa-fé seja irrelevante para livrá-lo dos efeitos da invalidação.

Para homogeneizar o tratamento da boa-fé não é preciso desprezar nem mesmo a letra do art. 182. Basta lê-lo dentro dos critérios preconizados pela interpretação sistemática, isto é, dando às suas palavras a inteligência que merecem dentro do contexto geral da regulamentação dos defeitos do negócio jurídico. A propósito, o atual Código Civil, ao explicitar os fundamentos do direito das obrigações, especialmente no tocante aos negócios jurídicos, dispensou tratamento de realce ao princípio da boa-fé, seja na formação, seja na interpretação e execução dos contratos e negócios jurídicos. Com essa postura normativa, dispôs: (i) que "os contratantes são obrigados a guardar, assim na conclusão do contrato, como em sua execução, os princípios da probidade e *boa-fé*"[147] (art. 422); (ii) que "os negócios jurídicos devem ser interpretados conforme a *boa-fé* e os usos do lugar de sua celebração"[148] (art. 113); e, (iii) que configura ato ilícito o exercício de qualquer direito, inclusive o de praticar negócio jurídico, de forma abusiva, ou seja, quando o agente "excede manifestamente os limites impostos pelo seu fim econômico ou social, pela *boa-fé* ou pelos bons costumes" (art. 187)[149].

É bom lembrar que o comando da norma do art. 182 nem sequer faz menção aos direitos de terceiro subadquirente. Diz simplesmente que, "anulado o negócio, restituir-se-ão as partes ao estado em que antes dele se achavam". O objetivo direto do dispositivo é, portanto, a situação das partes do negócio anulado, e não a de terceiro que, eventualmente, tenha negociado com uma delas antes da anulação. Nem mesmo para as partes o comando se mostra absoluto, pois, na sua segunda parte, o art. 182

---

conforme seja feita sob o prisma produtivista e corporativista da época em que foi editado, ou seja, feita sob a ótica do inteiro ordenamento italiano, que tem na Constituição do pós--guerra, vigente desde 1948, a sua principal fonte, e no respeito aos direitos fundamentais da pessoa humana o seu valor fundamental (PERLINGIERI, Pietro. *Perfis do Direito Civil*. Rio de Janeiro: Renovar, 1997, pp. 4-5).

[147] "Em virtude do princípio da boa-fé, positivado no art. 422 do novo Código Civil, a violação dos deveres anexos constitui espécie de inadimplemento, independentemente de culpa" (Enunciado 24 do CEJ). "O art. 422 do Código Civil não inviabiliza a aplicação, pelo julgador, do princípio da boa-fé nas fases pré e pós-contratual" (Enunciado 25 do CEJ).

[148] "A função social do contrato, prevista no art. 412 do novo Código Civil constitui cláusula geral, que impõe a revisão do princípio da relatividade dos efeitos do contrato em relação a terceiros, implicando a tutela externa do crédito" (Enunciado 21 do CEJ).

[149] "A responsabilidade civil decorrente do abuso do direito independe de culpa e fundamenta-se somente no critério o objetivo-finalístico" (Enunciado 37 do CEJ). "O que efetivamente caracteriza o abuso do direito é o 'anormal exercício', assim entendido aquele que se afasta da ética, da *boa-fé*, da finalidade social ou econômica do direito, enfim, o que é exercido sem 'motivo legítimo'. Também, não basta para configurá-lo o fato de seu exercício causar dano a alguém, o que às vezes é inevitável" (TJRJ, 2ª Câm. Cível, Ap. 26.519/2004, Rel. Des. Sérgio Cavalieri Filho, ac. 27.10.2004, *RF* 379, p. 329).

Capítulo IX: As Anulabilidades | **309**

autoriza a substituição da reposição da prestação por indenização do equivalente, quando não for possível a restituição *in natura.*

Ora, quando é que se torna impossível a restituição da própria prestação? No regime do Código velho, somente quando desaparecesse fisicamente o seu objeto (por perecimento, consumo etc.) é que se entendia impossível sua restituição. No sistema atual, porém, a impossibilidade não pode ser lida apenas como obstáculo físico, porque a nova anulabilidade está comprometida com a preservação dos direitos adquiridos de boa-fé. Daí que a impossibilidade de restituição há de ser tanto a física como a jurídica. Por isso, a reposição se resolverá em perdas e danos também quando o contratante, sujeito aos efeitos da anulação, estiver impedido de efetuá-la *in natura,* em razão de alienação a terceiro de boa-fé, não sujeito, portanto, aos efeitos da anulabilidade.

Nem se pense que isto seja uma grande novidade no direito brasileiro. Ainda, ao tempo do Código anterior, a jurisprudência estendeu, em defesa da boa-fé, a ineficácia da indignidade do herdeiro prevista inicialmente para benefício do adquirente de sua herança (art. 1.600, do CC/1916) a todos os casos de herdeiro aparente[150]; o art. 933, parágrafo único, previa a irrepetibilidade do pagamento feito *a non domino* com coisa fungível que o *accipiens* consumira ou alienara, de boa-fé; o art. 935 validava o pagamento feito de boa-fé ao credor putativo; o art. 1.321 considerava válidos, a respeito dos contratantes de boa-fé, os atos ajustados pelo mandatário ignorando a morte do mandante ou qualquer outra causa de extinção do mandato; o art. 1.477, parágrafo único, considerava inoponível ao terceiro de boa-fé a nulidade do negócio que encobrisse dívida de jogo etc. Dispositivos como estes revelavam que a proteção ao terceiro de boa-fé, em função da aparência da situação jurídica, não era estranha ao Código velho e, ao contrário, era mesmo bastante frequente.

A mais significativa construção jurisprudencial consumada sob o regime do Estatuto de 1916 foi a que se estabeleceu em defesa do adquirente de boa-fé do objeto proveniente de anterior estelionato, figura penal que, na esfera civil, corresponde ao vício de consentimento do *dolo.* Tornou-se tese pacífica nos Tribunais que, mesmo

---

[150] "Os efeitos da ação de petição de herança não poderão prejudicar aquele que, de boa-fé, adquiriu do herdeiro aparente qualquer bem do espólio. Cuidando-se, na espécie, de herdeiro retardatário, que o acórdão afirmou não ser conhecido dos cessionários e mesmo dos outros herdeiros, certo está que, ao cederem as rés os direitos hereditários sobre o imóvel, procederam de boa-fé, como expressamente reconheceu o aresto. O negócio jurídico assim celebrado era efetivamente insuscetível de desfazimento, em virtude da petição de herança do herdeiro desconhecido julgada procedente (STF, 1ªT., RE 90.706-8/RJ, Rel. Min. Néri da Silveira, ac. 12.08.1988, *RTJ* 137/321). No mesmo sentido: STF, RE 93.998, Rel. Min. Cordeiro Guerra, ac. 17.11.1981, *Juriscível* 110/159; STF, 1ªT., RE 84.938, Rel. Min. Soares Muñoz, ac. 02.05.1978, *RTJ* 87/930; TJMG, 3ª CC, Ap. 46.647-4, Rel. Des. Lúcio Urbano, ac. 29.06.1995, *DJMG* 12.06.1996, p. 01.

310 | NEGÓCIO JURÍDICO • *Humberto Theodoro Jr. e Helena Lanna Figueiredo*

sendo anulável o título fundado em estelionato, o terceiro subadquirente de boa-fé não deveria ser atingido pelo vício de origem da propriedade da coisa[151].

Se essa construção foi possível ao tempo do Código anterior, com maior razão há de prevalecer e generalizar-se sob o império do Código atual, cujo sistema de proteção à boa-fé e à segurança jurídica dos negócios é notavelmente maior.

O importante é frisar que no momento em que o bem é transmitido ao terceiro de boa-fé o alienante é o seu legítimo dono. Não havendo motivo para que o adquirente conhecesse a anulabilidade do direito do transmitente, a aparência de validade da transmissão não pode ser afetada pela posterior anulação do título anterior. A sub-aquisição se fez de quem na realidade era dono e não há condição de ser retroativamente apanhada pela invalidação do título causal, dada a boa-fé com que se fiou na aparência do direito do alienante[152].

Daí por que, anulado o negócio entre os sujeitos da transmissão viciada, a restituição ao estado anterior não se fará à custa do sacrifício do direito do terceiro de boa-fé. A solução da anulação haverá de ser feita pela indenização do equivalente na forma determinada pela 2ª parte do art. 182, sempre que o bem tiver sido repassado a terceiro desconhecedor do vício de consentimento ocorrido no negócio anterior à sua aquisição[153].

Zeno Veloso, que partilha do entendimento exposto, lembra o magistério de Trabucchi segundo o qual "as exigências da vida impõem uma aplicação mais

---

[151] "O art. 521 do CC protege o proprietário do veículo que tenha sido vítima de furto, isto é, que tenha perdido o bem pela tirada do bem contra a sua vontade, podendo reavê-lo das mãos de quem o detenha, ainda que terceiro de boa-fé. No entanto, quando a perda decorre de fraude, para a qual concorreu a vontade do proprietário, ainda que viciada, a prevalência é para a proteção do terceiro de boa-fé, adquirente do veículo, cujo direito de propriedade não deve ser atingido pela apreensão ordenada pela autoridade policial, se esta não apresentar outras razões para a medida excepcional senão o próprio fato da fraude" (STJ, 4ª T., REsp. 56.952-4/SP, Rel. Min. Ruy Rosado de Aguiar, ac. 25.04.95, *DJU* 18.09.95, p. 29.969). No mesmo sentido: TJMG, Ap. 74.219-1, Rel. Des. Oliveira Leite, ac. 29.09.87, *DJMG*, 28.10.87; TJSP, Ap. 128.715-1, Rel. Des. Evaristo dos Santos, ac. 10.10.90, *RT* 665/74.

[152] "2 – As alienações feitas por herdeiro aparente a terceiros de boa-fé, a título oneroso, são juridicamente eficazes. Art. 1.827, parágrafo único, do CC/02" (STJ, 3ª T., AgRg na MC 17349/RJ, Rel. Min. Nancy Andrighi, ac. 28.06.2011, *DJe* 01.08.2011). "Em consonância com o art. 109 do CC/1916 (com redação correspondente no art. 161 do CC/2002), tendo havido sucessivos negócios fraudulentos, cabe resguardar os interesses dos terceiros de boa-fé e condenar tão somente os réus que agiram de má-fé, em prejuízo do autor, a indenizar-lhe pelo valor equivalente ao do bem transmitido em fraude contra o credor" (STJ, 3ª T., REsp. 1.145.542/RS, Rel. Min. Sidnei Beneti, ac. 11.03.2014, *DJe* 19.03.2014).

[153] Embora não fosse comum a tese na doutrina, Silvio Rodrigues lembra antiga decisão do Tribunal de São Paulo, ainda no regime do Código de 1916, em que se entendeu que, após a anulação do contrato, "se não pode ser devolvida a coisa dada em troca, por ter sido alienada, é ela substituída pelo seu equivalente, de acordo com o valor dado no contrato" (*RT* 163/724) (*Direito civil cit.*, v. I, nº 156, p. 305).

Capítulo IX: As Anulabilidades | **311**

humana e menos rígida dos dogmas e princípios, e, dentro desta linha, no Direito moderno, aprecia-se o fato de que também criar aparências de realidade contratual, ou permitir que estas se criem, implica o nascimento de situações que, como consequência imediata, não devem prejudicar os que, no mundo negocial, confiam nessas aparências, dignas de crédito. A proteção da boa-fé baseia-se, especialmente, nesta valoração objetiva das situações, quando o interessado tinha motivos para fiar-se nas aparências[154].

É evidente que o ato anulável, projetando seus efeitos no mercado, cria, perante terceiros, a *aparência* de negócio válido. Aliás, a própria lei o considera eficaz, enquanto não for anulado (CC, art. 177). As partes do negócio defeituoso criam uma *aparência jurídica* e, portanto, terão de por ela responder em face de terceiros de boa-fé, que nela confiaram[155]. Quem – como destaca Arnaldo Rizzardo – dá lugar a uma situação jurídica enganosa, ainda que sem o delituoso propósito de induzir a erro, "não pode pretender que seu direito prevaleça sobre o direito de quem depositou confiança na aparência"[156].

A teoria da aparência que se faz presente em todos os campos do direito, deve ser levada em conta em todas as situações em que alguém efetue a aquisição, de boa-fé, amparado numa aparência que se mostre invencível para o adquirente[157].

De mais a mais, o princípio da boa-fé, no domínio dos negócios jurídicos, que era apenas implícito no Código anterior, tornou-se objeto de declaração expressa do atual Estatuto Civil (arts. 113, 421 e 422). É nele que se inspira a sistemática geral dos defeitos do negócio jurídico. Não pode, por isso, ser afastado da correta e adequada interpretação do art. 182, no que diz respeito aos reflexos da anulação do contrato em face dos direitos adquiridos pelo terceiro de boa-fé.

A solução para as controvérsias exegéticas "não pode ser mais encontrada levando em conta, simplesmente, o artigo de lei que parece contê-la e resolvê-la, mas, antes, à luz do inteiro ordenamento jurídico, e, em particular, de seus princípios fundamentais, considerados como opções de base que o caracterizam"[158].

É porque o sistema dos defeitos do negócio jurídico, instituído pelo atual Código, se funda na teoria da confiança e nos evidentes propósitos de tutelar a boa-fé e a

---

[154] VELOSO, Zeno. *Invalidade do negócio jurídico cit.*, nº 69, p. 296; TRABUCCHI, *Istituzioni cit.*, nº 85, p. 188; MENEZES CORDEIRO, António Manuel da Rocha e . *Da boa-fé no direito civil*. Coimbra: Almedina, 1997.

[155] "Os terceiros são protegidos por estarem de boa-fé e por terem realizado o investimento de confiança" (MENEZES CORDEIRO, António Manuel da Rocha e . *Tratado de direito civil português cit.*, v. I, t. I, nº 232, p. 661).

[156] RIZZARDO, Arnaldo. Teoria da aparência. *Revista ajuris*, Porto Alegre, n. 24, p. 225, mar./1982.

[157] SOUZA, Gelson Amaro de. Teoria da aparência e a fraude à execução. *Revista interminas*, Toledo, Presidente Prudente, v. 5, p. 148, nov./2001.

[158] VELOSO, Zeno. *Ob. cit.*, nº 71, p. 315; PERLINGIERI, Pietro. *Perfis do direito civil*. Rio de Janeiro: Renovar, 1997, p. 5.

segurança das relações jurídicas, que a interpretação do art. 182 não pode conduzir ao desprezo do direito adquirido por terceiros de boa-fé, que se fiaram em situação jurídica estabelecida com base na aparência de legitimidade criada pelos sujeitos do negócio, que mais tarde veio a ser invalidado. O terceiro de boa-fé não deve e não pode ser prejudicado por ato praticado por aqueles que criaram a aparência invencível para o subadquirente, sob pena de afastar-se dos postulados da segurança no tráfico jurídico, tão cara ao moderno direito das obrigações.

A exegese que se expôs e que se apoia na tutela do interesse do terceiro de boa-fé, no caso da anulação do negócio jurídico, corresponde exatamente ao *princípio da socialidade*, que o Prof. Miguel Reale aponta como um dos pilares de sustentação do atual Código Civil brasileiro[159]. Daí a importância de interpretar-se o art. 182 não mais dentro da ótica individualista do Código anterior, mas segundo o *sentido social* que se tem como "uma das características mais marcantes" da reforma do direito privado entre nós. Com a preservação do direito do terceiro subadquirente de boa-fé atende-se ao "triunfo da *socialidade*, fazendo prevalecer os valores coletivos sobre os individuais"[160].

122. FORMA DE NEGÓCIO JURÍDICO

O negócio jurídico é produto imediato da vontade. Não, porém, da vontade enquanto fenômeno psíquico restrito ao íntimo do agente. Para aperfeiçoar-se o negócio jurídico depende da declaração da vontade, que haverá, para ser válida, de ocorrer segundo as formas da lei.

Forma do negócio jurídico é, pois, a maneira de exteriorizar a vontade com eficácia jurídica, ou seja, com força de criar, conservar, modificar ou extinguir relação jurídica.

Não é possível, portanto, existir negócio jurídico sem forma, já que sem ela a vontade não se manifesta e, consequentemente, não penetra o mundo do direito. É pela forma que o negócio atinge o plano da existência, como fato material próprio do plano do ser. Uma vez existente a declaração de vontade, há de se seguir a verificação de sua aptidão para produzir os efeitos desejados pelo declarante; e, aí, já se estará penetrando no plano da validade, onde o evento material cumpre, ou não, a tarefa de criar normas de conduta vinculantes (plano do dever ser, típico dos fenômenos jurídicos).

No direito privado, prevalece o consensualismo. Em regra, a forma, embora necessária, é livre. "A validade da declaração de vontade não dependerá de forma especial, senão quando a lei expressamente a exigir", dispõe o art. 107 do Código Civil.

---

[159] "A liberdade contratual será exercida nos limites da função social do contrato" (CC, art. 421).

[160] REALE, Miguel. *O projeto do novo Código Civil*. 2.ed. São Paulo: Saraiva, 1999, p. 7.

Há, pois, duas categorias de negócios jurídicos, quanto à forma:

a) os *solenes,* sujeitos a forma especial; e b) os *não solenes*, em que a forma é livre.

Se se trata de negócio de forma livre, a declaração de vontade poderá ser oral ou escrita, poderá constar de documento público ou particular, e até poderá ser expressa ou tácita (arts. 107 e 110)[161]. Nesses casos, a forma é apenas um problema de prova de que a declaração de vontade realmente ocorreu.

Quando, porém, a lei determina que o negócio deve observar, necessariamente determinada forma, a infração do requisito formal conduz à sua nulidade (art. 104, III). É que, ao tornar solene o negócio, a forma passa a fazer parte de sua substância, motivo pelo qual, sem sua observância, a declaração de vontade não consegue valer juridicamente.

123. NULIDADE DO NEGÓCIO E NULIDADE DO INSTRUMENTO

Há vícios que atingem a substância da declaração de vontade e outros que atingem apenas a sua forma de exteriorização. Daí ser possível imaginar-se a nulidade do negócio e a nulidade do instrumento, entendido este como o documento de que se serviu o agente para materializar a declaração de vontade.

É que a lei ao exigir uma forma solene, cuida também de especificar os requisitos dos documentos necessários à função que lhe toca. Quando, por exemplo, se impõe que o contrato se aperfeiçoe por meio de escritura pública, é preciso que o ato notarial observe determinadas formalidades adrede estipuladas em lei. Não basta que o escrito seja elaborado em cartório de notas; é indispensável que a escritura contenha os dados reclamados pela lei (CC, art. 215 e §§). Da inobservância das regras pertinentes à forma do escrito solene decorrerá imediatamente a nulidade do instrumento e, mediatamente, a do negócio cuja validade depende da solenidade não cumprida.

Às vezes, porém, a forma mais solene foi adotada por deliberação das partes, sem que a exigisse a lei. Aí, se a escritura pública contiver vício que a invalide como ato notarial, nem por isso será afetada a declaração de vontade das partes em torno do negócio jurídico ajustado entre elas. É que a validade do negócio não estava jungida à forma de escritura pública[162].

Sempre, pois, que a lei admitir a prova da declaração por outro meio, a invalidade da forma adotada não lhe comprometerá a validade, se os contraentes

---

[161] *"Actos com forma libre* son los que pueden realizarse en cualquiera de las que el uso social considere modo de manifestación admisible y inequivoca, suficiente para hacer socialmente reconocible el precepto de autonomia privada"... *"Actos formales* son aquellos cuyas formalidades están prefijadas por la ley, forma dispuesta, tasada o vinculada" (CIFUENTES, Santos. *Negócio jurídico cit.*, § 91, p. 194).

[162] No debe confundirse el acto con el documento que sirve para probarlo. Puede subsistir el acto aunque el documento se declare nulo" (Código Civil do Peru, art. 225).

dispuserem de meio diverso para comprová-la. Nesse sentido, a escritura pública nula como tal, pode ser usada como simples documento assinado para demonstrar a vontade negocial declarada. Um contrato de locação, por exemplo, que não é solene, se feito por meio de escritura pública nula, não sofrerá prejuízo algum em sua validade negocial. As partes podem servir-se do documento público ineficaz como se documento particular fosse, ou podem valer-se de outros meios para comprovar o contrato locatício, que não é solene. Bastará invocar a assinatura feita pelas partes no assento do tabelião, para que este, mesmo nulo como escritura pública, valha como escrito particular para os signatários. Assim, o que não vale como documento público, valerá como documento particular.

124. NULIDADE PARCIAL

Ocorre nulidade parcial quando o vício invalidante se refere apenas a uma ou algumas cláusulas, sem atingir o núcleo do negócio jurídico. Estipulou-se, por exemplo, uma cláusula penal contra preceito de lei dentro de um contrato de compra e venda a prazo. Os elementos essenciais do contrato estão isentos de defeito. A nulidade, portanto, afetará apenas a cláusula penal. Com isto, o negócio não se extingue e sofre apenas uma *redução* de conteúdo.

É o que dispõe o art. 184, do Código Civil ao prever que "a invalidade parcial de um negócio jurídico não o prejudicará na parte válida". O princípio é antigo e consta da máxima *utile per inutile non vitiatur,* cuja aplicação pressupõe a observância dos seguintes requisitos:

a) a possibilidade de o negócio ser desdobrado em partes ou capítulos distintos;

b) a não interferência de um capítulo nos demais, de sorte que a invalidade de um não impeça a validade dos outros;

c) a intenção das partes, de qualquer maneira, não pode ser violada; mesmo que a nulidade seja de uma parte da convenção, não poderá a nulidade restringir-se apenas à cláusula viciada se sua supressão afetar a causa do negócio, na sua estrutura básica. Se isto acontecer, a nulidade terá de ser total e não parcial, porque não se pode manter um contrato cuja economia interna se desfez. Se, por exemplo, para construir um conjunto industrial se estipulou que determinadas peças deveriam ser importadas e se essa importação era proibida por lei, não há como restringir a nulidade apenas à cláusula que dizia respeito à ilegal importação. A supressão da cláusula, obviamente, desestruturará toda a economia do contrato[163].

---

[163] A redução "não opera quando se mostre que o negócio não teria sido concluído sem a parte viciada" (MENEZES CORDEIRO, António Manuel da Rocha e *Tratado de direito civil português cit.*, v. I, t. I, nº 233, p. 663).

No dizer dos Mazeaud, a nulidade parcial só poderá ocorrer "para as cláusulas de um contrato que não são a causa impulsiva e determinante do todo"[164].

É com esse propósito que o art. 184 condiciona a nulidade apenas parcial ao respeito da intenção das partes. Isto é curial e lógico, segundo pensa Zeno Veloso: "Ficando demonstrado que o negócio tem caráter unitário, que as partes só o teriam celebrado se válido fosse em seu conjunto, sem possibilidade de divisão ou fracionamento, não se pode cogitar de redução, e a invalidade é total. Enfim, temos de verificar e respeitar os objetivos práticos dos figurantes, atender à função econômico-social do negócio no caso concreto"[165].

Uma vez que a regra contida no art. 184 procura preservar a intenção das partes, no tocante ao reflexo da cláusula nula sobre a estrutura causal do contrato, é a vontade dos contratantes que haverá de ser perquirida para determinar a possibilidade de manter o negócio mesmo com a supressão da parte inválida[166]. É o que foi querido e programado pelo consenso negocial que irá definir a essencialidade (ou não) da cláusula no âmbito do regulamento dos interesses equacionados no negócio jurídico. Não são os critérios impessoais e objetivos do juiz que haverão de prevalecer. Apenas quando a indigitada cláusula possa ser subjetivamente isolada (segundo a ótica das partes) do restante do contrato, é que sua nulidade não se estenderá ao negócio inteiro[167].

124.1. A redução em matéria de contratos coligados

Admite-se que as regras de redução se apliquem aos contratos coligados, ou seja, aos contratos celebrados separadamente mas que, genética ou funcionalmente,

---

[164] "Pour les clauses d'un contrat qui ne sont pas la cause impulsive et déterminante de l'ensemble" (MAZEUAD, Henriy y León; MAZEAUD, Jean. *Leçons de droit civil*. 11.ed. Paris: Montchrestien, 1966, t. I, v. I, nº 351, p. 478).

[165] VELOSO, Zeno. *Invalidade do negócio jurídico cit.*, nº 19, p. 95.

[166] Para Custodio da Piedade Ubaldino Miranda, "o CC em vigor refere-se expressamente à *intenção* das partes, que, na sua linguagem, *deve ser respeitada*, não se explicitando, entretanto, se, com isso, quis significar-se a vontade real ou a hipotética. As duas cabem na amplitude da redação legal. Mas não há motivo para nos apartarmos da doutrina tradicional, que abraça a última. A vontade real será a que estiver manifestada na declaração negocial; se não estiver, terá de partir-se para a apuração da vontade hipotética ou conjectural". Entretanto, ressalta o autor seguindo orientação de Mota Pinto, a vontade hipotética pode ser afastada "quando o resultado a que se chegar, com a adoção de tal critério, contrariar *as exigências da boa-fé.* Trata-se de situações em que aquela solução não conduz à justiça contratual, de acordo com a *boa-fé*, devendo, nesses casos, chegar-se a um resultado que se harmonize com esta e não com a vontade conjetural" (MIRANDA, Custodio da Piedade Ubaldino. *Teoria geral do negócio jurídico cit.*, nº 8.2.4, p. 192).

[167] DIENER, Maria Cristina. *Il contratto in generale cit.*, nº 14.8.1, p. 762.

formam uma unidade jurídica[168]. A nulidade de um deles nem sempre acarretará a dos outros, se se observar a sistemática do art. 184, do Código Civil. Se o complexo negocial, porém, não funcionar sem a manutenção de todos os contratos coligados, não há como fugir da contaminação do todo pelo vício da parte. O importante é averiguar qual o papel que as partes atribuíram a cada contrato coligado dentro do complexo negocial. Se o contrato nulo tinha uma função secundária ou acessória, será possível reconhecer-lhe a nulidade, sem prejuízo da conservação dos demais.

125. PRINCÍPIO DA CONSERVAÇÃO DO NEGÓCIO JURÍDICO

A previsão da redução em caso de nulidade parcial demonstra que o direito procura evitar, quanto possível, a destruição dos negócios, ainda que atingidos por algum vício invalidante. Há, segundo Trabucchi, uma tendência legislativa, social e economicamente conveniente, voltada para conservar a eficácia dos atos jurídicos[169].

Entre nós, tem sido justificada a medida preconizada pelo art. 184 como decorrência do princípio geral de direito da conservação, que, com o intuito de resguardar a economia dos valores jurídicos, procura salvar a parte do negócio que não apresenta vícios ou defeitos, aproveitando-se o que for possível. No dizer de Raquel Campani Schmiedel, esta tendência de conservar o negócio, apesar de suas eventuais irregularidades, integra o núcleo do *princípio da conservação*, o qual se faz presente seja na análise da suficiência ou não do suporte fático negocial, desde sua entrada no universo dos valores jurídicos (plano de existência), seja na aferição de defeitos que lhe subtraiam a idoneidade para permanecer no âmbito jurídico (plano de validade), seja, ainda, na constatação de sua capacidade de gerar efeitos negociais (plano de eficácia)[170].

No entanto, não se pode conservar a parte válida do contrato sem respeitar a vontade contratual das partes. Tal como se acha assentado na doutrina italiana, a respeito de dispositivo legal equivalente ao art. 184 do Código brasileiro, "para estabelecer se a nulidade de parte ou de cláusula do contrato comporta a nulidade total, é preciso avaliar se a restante parte válida do contrato permite realizar o fim prático perseguido pelas partes, observando-se, portanto, um critério objetivo"[171].

Enfim, é preciso lembrar sempre que o contrato é fruto da autonomia da vontade e que a interferência judicial em seu interior não é de ser feita com violação desta mesma vontade, mas apenas com o propósito de salvar aquilo que possa subsistir

---

[168] MENEZES CORDEIRO, António Manuel da Rocha e . *Tratado de direito civil português cit.*, v. I, t. I, nº 233, p. 666.

[169] TRABUCCHI. *Istituzioni cit.*, nº 80, p. 181.

[170] SCHMIEDEL, Raquel Campani. *Negócio jurídico. Nulidades e medidas sanatórias.* 2.ed. São Paulo: Saraiva, 1985, p. 41; VELOSO, Zeno. *Invalidade do negócio jurídico cit.*, nº 19, p. 91; AZEVEDO, Antônio Junqueira de. *Negócio jurídico. Existência, validade e eficácia cit.*, 2018, p. 66.

[171] VELOSO, Zeno. *Ob. cit.*, p. 93.

utilmente do negócio defeituoso. Mas até mesmo este salvamento há de ser feito segundo a linha do respeito à vontade finalística que estruturou o negócio[172].

126. OBRIGAÇÃO PRINCIPAL E OBRIGAÇÃO ACESSÓRIA

Obrigação principal é a que subsiste por si mesma, e acessória a que pressupõe a principal, porque sem a existência desta não tem sentido.

Segundo a regra clássica do *accessorium sequitur principale,* quando desaparece a obrigação principal, extingue-se *ipso facto* a acessória. Logo, nula ou anulada a obrigação principal, a invalidade imediatamente contaminará as obrigações acessórias, ainda que na convenção destas não tenha ocorrido vício ou defeito. É que elas não têm vida própria.

O contrário, porém, não ocorre: se o vício invalidante se refere somente à estipulação acessória, esta pode ser eliminada, sem que a relação principal tenha que se extinguir[173]. Terá plena aplicação a regra do art. 184, do CC: "a invalidade parcial de um negócio jurídico [cláusula acessória] não o prejudicará na parte válida [convenção principal]".

---

[172] Na linha do princípio da conservação do negócio jurídico, o Código de Defesa do Consumidor aplica a sanção da nulidade de pleno direito às cláusulas abusivas impostas pelo fornecedor, em detrimento da parte vulnerável (o consumidor), mas preserva a validade do contrato. Somente no caso de ficar comprometida a economia do contrato, com a supressão da cláusula nula e sendo inviável supri-la por um processo de integração com preceitos genéricos do direito positivo, é que a nulidade da convenção viciada se expandirá para abranger o contrato por inteiro (CDC, art. 51, § 2º).

[173] "Assim, se num acordo de separação se inclui, entre muitas outras cláusulas, uma sobre herança de pessoa viva, anula-se por ser ilícita esta disposição acessória, mas mantém-se no resto a convenção principal, pois *utile per inutile non vitiatur* (cf. Julgado do STJ na *Revista de jurisprudência brasileira,* 182/20)" (RODRIGUES, Silvio. *Direito civil cit.,* v. I, nº 155, p. 305).

Capítulo X: Dos Defeitos do Negócio Jurídico

127. INTROITO

O tema dos "defeitos do ato jurídico" prepara a abordagem legal das invalidades – nulidade e anulabilidade.

O atual Código Civil evoluiu grandemente nesse campo de defeitos do negócio jurídico inserindo, no direito positivo, novas e relevantes figuras como a lesão (art. 157) e o estado de perigo (art. 156), atendendo, dessa maneira, a notórios anseios sociais.

Deslocou, também, com inegável acerto, a simulação do campo das anulabilidades para o das nulidades (art. 167), conforme já ressaltamos no item 69 supra.

Cometeu, todavia, um desserviço ao direito civil brasileiro, ao manter a fraude contra credores dentre as causas de anulabilidade do negócio jurídico (arts. 158 a 165), já que os rumos traçados pelo direito comparado contemporâneo e a lição da doutrina nacional desde muito catalogam a impugnação pauliana no âmbito da *ineficácia*, e não da *invalidade*.

Além de atribuir efeitos impróprios à natureza dos negócios viciados, reúne o Código fenômenos heterogêneos sob a denominação única de "defeitos do negócio jurídico". Na verdade, nada há em comum entre os vícios de consentimento (ou de vontade) – erro, dolo, coação etc. – e os vícios funcionais (ou sociais), como a fraude contra credores.

Nos vícios de consentimento o ato é considerado defeituoso porque a vontade do agente não se formou corretamente, já que não fora o defeito de que se ressentiu no processo de formação, manifestar-se-ia, certamente, de maneira diversa. Ou seja, sob influências que atuam anormalmente sobre seu psiquismo, o comportamento do agente "difere daquele a que sua vontade livre e consciente o conduziria"[1]. Já na fraude contra credores (assim como na simulação), a declaração de vontade não se afasta do propósito que efetivamente o agente teve ao praticá-la. "O negócio jurídico porventura configurado resulta do livre e consciente desejo dos contratantes", de sorte que "inexiste disparidade entre o querido e o declarado"[2]. A sanção que, na espécie, se aplica ao negócio não é em proveito de um dos contratantes, mas de terceiro ou terceiros atingidos pelos efeitos do ato fraudulento. Daí por que não há defeito algum na formação do negócio, quer quanto aos seus elementos essenciais, quer quanto aos requisitos de validade entre as partes. A censura da lei se volta apenas

---

[1] RODRIGUES, Silvio. *Dos Vícios de Consentimento*. 2. ed. São Paulo: Saraiva, 1982, nº 2, p. 5.
[2] RODRIGUES, Silvio. *Ob. cit.*, nº 2, p. 6.

para um plano exterior ao negócio, o de seus reflexos sobre o meio social. Por isso se costuma qualificar a fraude como *vício social*.

Como explicar, então, o agrupamento de figuras tão díspares como os vícios de consentimento e os vícios sociais no mesmo segmento dos defeitos do negócio jurídico? Simplesmente porque, na ótica do Código de 1916, todos eles conduziriam a uma só sanção: a anulabilidade.

Mas, tão diferentes eram os dois fenômenos, que mesmo submetendo-os ao regime comum das anulabilidades, não pôde o Código anterior deixar de reconhecer que a invalidade teria consequências não uniformes, conforme o vício fosse de vontade ou social. No primeiro caso, a proteção era para o agente vítima do defeito, de maneira que a invalidação seria decretada em seu benefício; no segundo, a anulação operaria em favor dos terceiros lesados e não do agente do ato defeituoso[3].

Ora, esse tratamento promíscuo de fenômenos irredutíveis entre si só se justificava pelo fato de ao tempo da elaboração do Código anterior não se dominar, ainda, com segurança, a distinção, entre anulabilidade e ineficácia relativa. Num Código do Século XXI, todavia, é inaceitável que se mantenham coisas tão díspares sob regime nominalmente igual, mas de consequências substancialmente diversas. A impropriedade é gritante e será, na prática, fator de muita confusão e prejuízos, pelos reflexos que certamente acarretará à segurança jurídica.

128. DEFEITOS DO NEGÓCIO JURÍDICO

Para o atual Código Civil, há defeito no negócio jurídico quando este padece de deficiência nos elementos constitutivos capaz de permitir sua anulação, seja por erro, dolo, coação, estado de perigo, lesão ou fraude contra credores (arts. 138 a 165). Da mesma deficiência ressente-se o negócio praticado por agente relativamente incapaz (art. 171, I), embora a hipótese não venha elencada no capítulo em que o Código reúne e descreve os "defeitos do negócio jurídico" (Cap. IV do Título I, Livro III, arts. 138 a 165).

O defeito se passa, portanto, no terreno da validade do negócio jurídico, ou seja, na sua aptidão, ou não, para produzir os efeitos jurídicos visados pelo agente. Quando o negócio se acha completamente despido de força para gerar tais efeitos diz-se que ocorre *nulidade* (art. 166); e quando os efeitos são produzidos, mas com risco de serem inviabilizados por provocação de quem se viu prejudicado pela prática viciada, o que se dá é a sua anulabilidade (art. 171). Isto é, o negócio não é nulo, porque uma vez consumado entra a produzir seus naturais efeitos. Estes, porém, correm o risco de serem frustrados pelo poder que se reconhece ao prejudicado de anular o negócio, retirando-lhe a potencialidade de manter os efeitos de início produzidos.

---

[3] RODRIGUES, Silvio. *Ob. cit.*, nº 2, p. 7.

Para o Código, como se vê, o negócio é válido ou inválido. Se é válido, apresentar-se-á em condições de produzir todos os efeitos jurídicos dele esperados. Se é inválido, ou não produzirá efeito algum (*nulidade*), ou poderá ser ulteriormente privado de seu efeito (*anulabilidade*). Enfim, o sistema adotado resume-se a ter como base o binômio "validade-invalidade", no plano geral, e o acanhado confronto entre "nulidade" e "anulabilidade", no plano restrito da invalidade.

Há nessa sistemática uma confusão, intolerável para o grau atual de desenvolvimento da ciência do direito, entre "invalidade" e "ineficácia", porque na vetusta ótica do Código, não há como negar efeito, no todo ou em parte, a um negócio jurídico como o praticado sob a fraude senão imputando-lhe a mácula da invalidade, ou seja, tratando-o como ato nulo ou anulável.

Realmente, no final do século XIX, quando Clóvis Beviláqua redigiu o projeto que, em 1916, viria a converter-se no primeiro Código Civil brasileiro, a teoria da eficácia e da ineficácia, ainda não estava suficientemente explorada e sistematizada. Por isso, se jogava apenas com as ideias de validade e nulidade, dentro das quais deveriam acomodar-se todas as situações de negócios jurídicos impotentes à plena geração de efeitos.

Reconhecia, então, o autor do Projeto do velho Código que a teoria das nulidades ainda se apresentava vacilante na doutrina, circunstância que aliada à falta de nitidez dos dispositivos legais, à ausência de princípios diretores do pensamento em função legislativa, vinha dando a esse assunto "um aspecto particularmente rebarbativo"[4].

Lembra Clóvis que nas origens romanas o sistema era extremamente singelo: se o ato fora praticado contra prescrição legal, era nulo, o que equivalia dizer, não tinha existência para a lei[5]. O rigor da lógica jurídica esposada pelo preceito se manifestou inconveniente em várias situações, pelo que o direito pretoriano cuidou de abrandá-lo, por meio de distinções que conduziram a reunir em setores diferentes os atos "nulos de pleno direito", cuja ineficácia não dependia de rescisão, e os "atos defeituosos", cuja nulidade dependia de sentença para ser reconhecida.

Foi essa doutrina que, predominando ainda ao tempo da elaboração do Projeto Beviláqua, se tornou o critério legal de catalogar as invalidades adotado pelo Código Civil de 1916. Reconhecia, porém, Clóvis que, sem embargo da opinião unânime sobre a existência dos dois tipos de nulidade, não existia entre os doutrinadores um consenso sobre quais atos deveriam entrar numa classe ou noutra, nem tampouco sobre o critério de distribuição, nem ao menos sobre se as duas categorias seriam, realmente, suficientes "para conter todos os atos, a que a ordem jurídica recusa apoio"[6].

---

[4]   BEVILÁQUA, Clóvis. *Teoria Geral do Direito Civil*. Atualizada por Caio Mário da Silva Pereira. Rio de Janeiro: Francisco Alves, 1975, § 65, p. 254.

[5]   *Ea quae lege fieri prohibentur si fuerint facta, non solo inutilia, sed pro infectis, etiam habentur* – É o que se proclama no direito imperial (Cód. 1, 14, 1.5).

[6]   BEVILÁQUA, Clóvis. *Teoria Geral cit.*, § 65, p. 255.

Ciente de que os atos ineficazes não poderiam limitar-se às categorias da *nulidade* e da *anulabilidade*, o seu Projeto contemplava também a figura dos *atos inexistentes*, preconizada por Aubry et Rau. Na concepção de Clóvis, o ato inexistente é mais do que ato nulo, porque não tem sequer a aparência de um ato jurídico de seu gênero. No entanto, o Código preferiu ignorar a categoria da inexistência para contemplar, no campo da ineficácia, em sentido amplo, apenas a *nulidade* e a *anulabilidade*, agrupando analiticamente as hipóteses enquadráveis em cada uma das categorias legais.

Explica o autor do Projeto que o critério adotado foi o de considerar a *nulidade* como um gênero que admite duas espécies, conforme o grau de intensidade do fenômeno. Por *nulidade* em sentido lato deve-se entender "a declaração legal de que a determinados atos jurídicos se não prendem os efeitos ordinariamente produzidos pelos atos semelhantes". A privação de efeitos é uma pena aplicada a quem pratica o ato violando a lei. Consiste essa pena justamente na "privação dos direitos ou vantagens, que o ato teria conferido se fosse conforme a lei"[7].

No entanto, a reação da ordem jurídica contra o ato nulo não se dá sempre com a mesma intensidade, tendo em vista que os interesses feridos pela ilegalidade nem sempre são da mesma natureza ou da mesma relevância. Assim, quando a norma violada é daquelas que agasalham princípios básicos da ordem jurídica, pondo em jogo interesses de ordem pública, ocorre a *nulidade de pleno direito*, como a reação mais enérgica contra a prática ilegal. Mas quando os preceitos ofendidos pelo ato se destinam mais particularmente a proteger os interesses privados da pessoa que dele participou, a reação contra sua eficácia é atenuada porque dependerá da vontade individual do interessado. O ato, neste caso, será apenas *anulável*[8].

Como a única classificação disponível na ótica do Código de 1916, no plano da ineficácia era a dicotomia "*nulidade – anulabilidade*", todos os casos em que se pretendeu negar algum tipo de efeito ao negócio jurídico foram catalogados ou como *nulos* ou como *anuláveis*. Não se concebia, na sistemática adotada, que um ato válido pudesse ser havido como *ineficaz*, ou seja, se apresentasse, em determinadas circunstâncias, como incapaz de produzir o efeito para o qual foi praticado.

Todas as hipóteses de recusa legal de eficácia, por motivos atribuídos a desvios de vontade do agente foram catalogados como "vícios de vontade" geradores de "anulabilidade". Como, todavia, o defeito às vezes se localizava na formação da vontade (anormalidade psíquica), e outras vezes se prendia apenas a desvios éticos de finalidade (fim de prejudicar a outrem ou fugir das prescrições legais), Clóvis concebeu uma classificação que diferenciava duas classes de *vícios da vontade* na prática do ato jurídico: a) *os vícios de consentimento*, em que a vontade se forma imperfeitamente

---

[7]   BEVILÁQUA, Clóvis. *Teoria Geral cit.*, § 65, p. 257.

[8]   BEVILÁQUA, Clóvis. *Idem, ibidem.*

Capítulo X: Dos Defeitos do Negócio Jurídico | **325**

por defeito de consciência ou liberdade: erro, dolo e coação[9]; e b) *os vícios sociais*, que não provocam desarmonia entre o psiquismo e a vontade exteriorizada, mas que se dirigem a resultados antissociais[10]: a simulação e a fraude contra credores.

Coisas heterogêneas, como se vê, foram aglomeradas no velho Código sob o rótulo de "vícios de vontade", porque só dispunha o legislador de um único caminho para negar eficácia. A doutrina nacional, no entanto, a partir da evolução científica da conceituação da ineficácia e da experiência do direito comparado, pode atribuir a certas "anulabilidades" do Código sua verdadeira natureza, que seria a de *ineficácia relativa* ou *inoponibilidade*, malgrado a terminologia inadequada e superada do velho diploma legal.

Sem embargo de tal esforço científico, que logrou respaldo significativo na jurisprudência, o atual Código veio à luz no século XXI repetindo, *ipsis litteris,* o anacrônico e superado regime de *anulabilidades* do estatuto de 1916. Ou seja, o vício social – fraude contra credores – continua arrolado como causa de anulabilidade, ao lado de vícios de consentimento como o erro, o dolo e a coação, muito embora nada tenha em comum com eles, nem no mundo fático, nem no jurídico.

Ignorou o legislador do século XXI toda a conquista da ciência do direito do século XX em torno da sistematização dos planos de atuação da vontade no campo jurídico. Isto, porém, não impede que os fenômenos ligados aos efeitos do negócio jurídico sejam catalogados e analisados cientificamente pelo jurista. O erro do legislador não tem a força de mudar a natureza das coisas. Se a lei não sabe distinguir entre entidades tão diferentes como são a anulabilidade e a ineficácia relativa, cabe ao intérprete fazê-lo.

Vamos, pois, fazer a distinção que o legislador não soube captar, ou o que é pior, conhecendo as categorias, não cuidou de observá-las com o indispensável rigor.

129. DIFERENÇA ENTRE INVALIDADE E INEFICÁCIA

A aplicação da sanção da *ineficácia*, e não da *invalidade*, decorre de uma valoração da lei em torno dos interesses a resguardar numa prevista conjuntura em que certo negócio jurídico se desenvolve.

---

[9] "Os *vícios do consentimento* dizem respeito a hipóteses nas quais a manifestação de vontade do agente não corresponde ao íntimo e verdadeiro intento do agente. Ou seja, detecta-se mácula na vontade declarada, exteriorizando divergência entre a vontade que se percebe e o real desejo do declarante" (ROSENVALD, Nelson; FARIAS, Cristiano Chaves de. *Curso de direito civil: parte geral e LINDB*. 13. ed. São Paulo: Atlas, 2015, nº 10.10.1, p. 543).

[10] "Já nos *vícios sociais* a vontade é exteriorizada em conformidade com a intenção do agente. No entanto, há uma deliberada vontade de prejudicar terceiro ou burlar a lei, motivo pelo qual o vício não é interno, endógeno, mas externo, de alcance social" (ROSENVALD, Nelson; FARIAS, Cristiano Chaves de. *Curso de direito civil cit., loc. cit.*).

Feito o cotejo entre o tipo ou gênero de negócio e a situação especial cogitada, a lei exprime "uma valoração negativa que é, de certo modo, o reverso da outra, positiva, que a lei faz relativamente ao negócio-tipo a que liga a produção de novas situações jurídicas"[11]. Daí a restrição que se faz, diminuindo a área de incidência dos efeitos próprios do tipo legal respectivo.

A distinção entre o ato *inválido* (nulo ou anulável) e o ato *ineficaz* revela-se, na moderna ciência jurídica, como *indispensável*, dado ser irrecusável a substancial diferença de natureza e consequências das duas figuras jurídicas[12].

A *invalidade*, para Betti, "*é aquela falta de idoneidade para produzir, por forma duradoura e irremovível, os efeitos essenciais do tipo*", como sanção à inobservância dos requisitos essenciais impostos pela lei. Já a *ineficácia* qualifica-se, ao contrário, como característica de um ato "em que estejam em ordem os elementos essenciais e os pressupostos de validade, quando, no entanto, obste à sua eficácia uma circunstância de fato a ele extrínseca"[13].

No campo vasto da ineficácia, assume relevo marcante a figura da ineficácia relativa ou inoponibilidade, que se configura quando, no sistema da lei, "um ato, não privado de validade, pode ser ineficaz apenas a um ou outro interessado, em atenção especial de alguma deficiência sua"[14]. Adverte Trabucchi que de maneira alguma se deve confundir essa figura com a da invalidade do negócio, porque o negócio validamente concluído não perde sua substância, embora, em face de outros fatores, não produza todos os seus efeitos[15].

Em suma, a lei conceitua como *ineficácia relativa* o caso em que considera o ato ineficaz apenas em relação a uma determinada pessoa, conservando-se para os demais, não obstante eficaz[16]. Enquanto a anulação do ato viciado apaga todos os seus efeitos, reduzindo as partes ao estado anterior à sua prática (CC, art. 182), o reconhecimento da ineficácia conserva as partes do negócio jurídico na mesma situação em que o ato as colocou. Nosso Código Civil de 1916, redigido em época em que a categoria da ineficácia ainda não se achava cientificamente bem elaborada entre os juristas, englobou como caso de anulabilidade, por exemplo, a fraude contra credores, que os códigos posteriores vieram a tratar como hipótese de típica ineficácia relativa.

Doutrina e jurisprudência, no entanto, puderam construir a teoria da fraude como de ineficácia, levando em conta não só os próprios efeitos que o velho Código

---

[11] BETTI, Emilio. *Teoria geral do negócio jurídico*. Campinas: Servanda Editora, 2008, § 57, p. 654.

[12] BETTI, Emilio. *Ob. cit., loc. cit.*

[13] BETTI, Emilio. *Ob. cit., loc. cit.*

[14] TRABUCCHI, Alberto. *Istituzioni di diritto civile*. 38.ed. Padova: CEDAM, 1998, nº 81, p. 184.

[15] TRABUCCHI, Alberto. *Ob. cit., loc. cit.*

[16] LARENZ, Karl. *Tratado de derecho civil alemán*. Trad. espanhola de Miguel Izquierdo y Macías--Picavea. Madri: Editorial Revista de Derecho Privado, 1978, p. 647. .

Civil lhe imputava e que não se igualavam aos da anulação verdadeira, mas também considerando um critério sistemático estabelecido a partir de outras figuras similares à revocação pauliana e que foram tratadas por leis posteriores como sujeitas à ineficácia relativa, por textos expressos (revocatória falencial e fraude de execução).

Nada obstante, o atual Código Civil volta a reproduzir textualmente o regime da fraude contra credores concebido pelo código antigo, mantendo-a literalmente como causa de anulabilidade do negócio jurídico e ignorando, por completo, a categoria dos atos ineficazes.

Essa visão equivocada e retrógrada do legislador, ainda que traduzida em literal disposição do atual estatuto civil, não impediu, obviamente, que a verdadeira natureza da figura jurídica fosse retratada e proclamada por seus intérpretes e aplicadores[17]. Há, contudo, que se registrar, que parte da doutrina ainda entende tratar-se de caso de anulabilidade[18]. Repita-se: o fato de o legislador ignorar uma *categoria* ou *tipo jurídico* não muda a *natureza da coisa*.

A lei e a doutrina podem *criar* conceitos próprios para os institutos jurídicos, fixando-lhes elementos e requisitos, mas não podem criar *tipos* ou *categorias*, cuja existência cabe à ciência comprovar e reconhecer. Explica Olímpio Costa Júnior:

---

[17] "A fraude contra credores, proclamada em ação pauliana, *não acarreta a anulação do ato de alienação, mas, sim, a invalidade com relação ao credor vencedor da ação pauliana,* e nos limites do débito de devedor para com este" (g.n.) (STJ, 3ª T., REsp. 971.884/PR, Rel. Min. Sidnei Beneti, ac. 22.03.2011, *DJe* 16.02.2012). No mesmo sentido: "1. A ação pauliana cabe ser ajuizada pelo credor lesado (*eventos damni*) por alienação fraudulenta, remissão de dívida ou pagamento de dívida não vencida a credor quirografário, em face do devedor insolvente e terceiros adquirentes ou beneficiados, *com o objetivo de que seja reconhecida a ineficácia (relativa) do ato jurídico – nos limites do débito do devedor para com o autor –*, incumbindo ao requerente demonstrar que seu crédito antecede ao ato fraudulento, que o devedor estava ou, por decorrência do ato, veio a ficar em estado de insolvência e, cuidando-se de ato oneroso – se não se tratar de hipótese em que a própria lei dispõe haver presunção de fraude –, a ciência da fraude (*scientia fraudis*) por parte do adquirente, beneficiado, subadquirentes ou sub-beneficiados" (g.n.) (STJ, 4ª T., REsp. 1.100.525/RS, Rel. Min. Luis Felipe Salomão, ac. 16.04.2013, *DJe* 23.04.2013). Na doutrina: ROSENVALD, Nelson; FARIAS, Cristiano Chaves de. *Curso de direito civil. Parte geral e LINDB*. 13.ed. São Paulo: Atlas, 2015, v. 1, p. 563; CAHALI, Yusef Said. *Fraudes contra credores*. 3.ed. São Paulo: Revista dos Tribunais, 2002, p. 374; DINAMARCO, Cândido Rangel. *Execução civil*. 5.ed. São Paulo: Malheiros, 1997, p. 256; GAGLIANO, Pablo Stolze; PAMPLONA FILHO, Rodolfo. *Novo Curso de Direito Civil. Parte Geral*. 14 ed. São Paulo: Saraiva, 2012, v.1, p. 425.

[18] PEREIRA, Caio Mário da Silva. *Instituições de direito civil. Introdução ao direito civil e teoria geral do direito civil*. 31.ed. Rio de Janeiro: Forense, 2018, v. I, nº 93, p. 454; MIRANDA, Custódio da Piedade Ubaldino. *Teoria Geral do Negócio Jurídico*. 2.ed. São Paulo: Atlas, 2009, nº 8.9, p. 242; NERY JÚNIOR, Nelson; NERY, Rosa Maria Andrade. *Código Civil Comentado*. 12.ed. São Paulo: Editora Revista dos Tribunais, 2017, nota 2 ao art. 158, p. 603-604; RODRIGUES, Sílvio. *Direito Civil. Parte geral*. 32.ed. São Paulo: Saraiva, 2002, nº 126, p. 238.

NEGÓCIO JURÍDICO • Humberto Theodoro Jr. e Helena Lanna Figueiredo

"Bem a propósito, se o conceito é abstrato e surge de pura abstração ou 'dissociação do concreto' (HEGEL), o tipo representa um 'retorno à realidade' (ENGISCH) e se enraíza no 'geral concreto' (LARENZ), como instrumento de compreensão e explanação de fenômenos que se reiteram de determinado modo"[19].

Por isso mesmo, *"os tipos, diferentemente dos conceitos, não se criam ou se inventam – somente se descobrem; nem se definem em seus próprios termos – apenas se descrevem"*[20]. Daí que o fato de o Código lidar apenas com as categorias da nulidade e da anulabilidade não impede que a ciência jurídica descubra no bojo do ordenamento positivo situação patológica do ato jurídico que não configure nem o tipo da nulidade nem o da anulabilidade, sem embargo de ter recebido do legislador o rótulo de um deles.

O que importa é descobrir cientificamente a natureza da coisa para, no resultado prático visado pelo legislador, encontrar o critério que realmente vai conduzir à classificação do fenômeno no local que lhe corresponde. Nesse trabalho, evidentemente, é despida de maior significado a *opinião* do legislador, já que concebida a figura jurídica, não lhe é dado alterar ou ignorar a natureza da coisa dentro do mundo do direito onde ela se insere. O legislador não tem compromisso científico com o direito. O jurista que interpreta e aplica a norma do legislador, ao contrário, tem sempre de agir cientificamente, a fim de encontrar e definir o efeito concreto do texto legislado.

O intérprete da lei, por isso, não pode, de maneira alguma, ser um mero repetidor das palavras do legislador. Como cientista, dispõe de método próprio para desvendar o sentido e alcance da norma, sem se escravizar à literalidade do texto legal.

Descoberta uma nova categoria jurídica e sistematizado o seu posicionamento no esquema geral do direito, os institutos antigos do ordenamento em vigor haverão de sofrer o impacto do avanço científico obtido. Por exemplo: o Código de 1916 desconhecia a distinção entre prescrição e decadência, razão pela qual rotulou sob o *nomen iuris* de prescrição os casos tanto de uma como de outra categoria (art. 178). Isso, contudo, não foi empecilho a que a doutrina distinguisse, dentro do próprio elenco legal, as hipóteses de prescrição e as de decadência, justificando as diferenças de tratamento jurídico merecidas por uma e outra categoria[21].

---

[19] COSTA JÚNIOR, Olímpio. *A relação jurídica obrigacional*. São Paulo: Saraiva, 1994, p. 56.

[20] LARENZ, Karl. *Metodologia da ciência do direito*. Tradução Portuguesa. Lisboa: Fundação Calouste Gulbenkian, 1978, pp. 506 *et seq.*, *apud* COSTA JÚNIOR, Olímpio, *ob. cit.*, p. 57.

[21] Cf. CÂMARA LEAL, Antônio Luiz da. *Da prescrição e da decadência*. 2.ed. Rio de Janeiro: Forense, 1959, p. 130-137; AMORIM FILHO, Agnelo. Critério científico para distinguir a prescrição da decadência e para identificar as ações prescritíveis. *Revista de Direito Processual Civil*, v. 3, p. 95-132, 1962. A jurisprudência do STJ corrigia o erro: "3. No art. 178, § 9º, V, b, o que o Código Civil de 1916 chamou de prescrição – a qual atinge o direito de ação, e não o direito material em si – em realidade, tratava-se de decadência, razão pela qual não se há cogitar da não existência de uma ação exercitável, uma vez que a decadência atinge o próprio direito

130. O ERRO DE NOMINAR A FRAUDE CONTRA CREDORES DE ANULABILIDADE E NÃO DE INEFICÁCIA

Repetir a qualificação da fraude como causa de anulabilidade do negócio jurídico, exatamente como o fazia o Código velho, importa submeter a lei atual a toda censura que já se acumulara contra o diploma revogado, a propósito do tema.

Com efeito, a não ser por apego à literalidade do Código de 1916 ninguém defendia a anulabilidade do negócio praticado em fraude de credores. Mesmo assim já se tranquilizava a tese de que não mais se poderia solucionar o problema exegético *in casu* como se a textualidade fosse o único caminho disponível ao aplicador da norma legal. Fazer prevalecer a simples letra da lei, equivaleria a desprezar, por inteiro, o quadro histórico em que o velho Código Civil foi redigido, e não atribuir influência alguma aos interesses visados pelo legislador, aos fins colimados pela sanção oculta sob a literalidade dos arts. 106 a 113 do Estatuto de 1916, abstendo-se, ainda, do cotejo sistemático da pauliana com outras revocações provocadas pela fraude contra credores disciplinadas por leis posteriores ao Código. Assim agindo, acabar-se-ia por conferir à definição da lei uma inatacabilidade que a moderna ciência do direito não reconhece. Vem a propósito a advertência de Fábio Konder Comparato:

> "A nova ciência jurídica não despreza, evidentemente, os conceitos e as definições, como instrumentos indispensáveis à aplicação do direito, mas considera tais instrumentos sempre perfectíveis e provisórios, em função da constante observação histórica da vida humana em sociedade"[22].

No nosso entender, a interpretação dos dispositivos codificados referentes à ação pauliana, que o atual Código herdou do anterior, tem de ser feita a partir das seguintes premissas:

a) ao tempo do Código velho, a doutrina brasileira não havia desenvolvido, ainda, a teoria da *ineficácia* como fenômeno distinto da nulidade e da anulabilidade;

---

material, e não eventual pretensão – direito de ação. 4. Com efeito, muito embora não se tratasse de prazo prescricional, mas sim decadencial, o Código Civil de 1916 foi técnico ao prever como termo inicial do prazo para a propositura da ação anulatória o dia da celebração do contrato ou da prática do ato, e não a data da ciência do erro ou dolo, ou, ainda, a data em que a parte experimentou o prejuízo, o que somente seria relevante se a natureza jurídica do prazo ora examinado fosse de prescrição. 5. Assim, deve-se respeitar mesmo a literalidade do art. 178, § 9º, V, *b*, do Código Civil de 1916, uma vez que observada a melhor técnica no que concerne ao termo a quo do prazo erroneamente chamado 'prescricional'" (STJ, 4ª T., REsp. 868.524/MT, Rel. Min. Luis Felipe Salomão, ac. 09.02.2010, *DJe* 12.03.2010).

[22] COMPARATO, Fábio Konder. *O poder de controle na sociedade anônima*. 3.ed. Rio de Janeiro: Forense, 1983, p. 84.

b) ao sancionar a fraude contra credores, o Código vetusto levou em conta o conflito de interesses entre o poder de dispor do devedor e o direito à garantia patrimonial com que conta o credor e valorizou a repulsa que a consciência social faz a toda espécie de má-fé;

c) declarando *anulável* o ato do devedor prejudicial à garantia do credor, o objetivo colimado com tal sancionamento foi, sem dúvida, o de sanar o seu prejuízo, restabelecendo a garantia patrimonial violada pelo ato dispositivo do devedor insolvente.

Visando coibir a *fraude* e restaurar a *garantia* genérica do credor sobre o patrimônio do devedor, o antigo Código declarou, textualmente, que o ato de disposição deste, praticado em estado de insolvência, era anulável. Mas não o fez dentro do conceito que a própria codificação assentara para os efeitos da anulabilidade, e, sim, para alcançar uma eficácia especial ou *sui generis*.

Com efeito, ao sistematizar as nulidades o antigo Código Civil definiu como consequência natural da anulação do ato jurídico a *restituição* das partes "ao estado em que antes se achavam" (art. 158). Quando, porém, tratou da fraude contra credores, teve a preocupação de estatuir efeito diverso para aquilo que chamava de *anulação do ato do devedor prejudicial a seus credores*. Não deixou a eficácia da "anulação" seguir sua disciplina geral, que seria a de fazer com que o adquirente restituísse ao alienante o bem deste adquirido, ao mesmo tempo em que este ficaria sujeito à reposição do preço em favor daquele. Aqui, o que se estatuiu foi que a vantagem resultante da *revocação* não seria a restituição das partes do contrato fraudulento ao estado anterior, mas a integração do bem alienado no acervo passível de execução pelos credores do alienante. É o que se depreende do texto do art. 113, onde a velha lei afirmava, expressamente, que a vantagem da sentença anulatória "reverterá em proveito do acervo sobre que se tenha de efetuar o concurso de credores".

A lei, então, incluiu formalmente a fraude contra credores no quadro das anulabilidades sem, contudo, atribuir-lhes os efeitos substanciais próprios deste tipo de defeito do ato jurídico. Se, pois, sua eficácia não era a da anulabilidade, nada impedia que a doutrina se afastasse da literalidade da lei para definir qual a verdadeira natureza da sanção aplicável à fraude contra credores, levando em conta os interesses tutelados e os objetivos visados pela tutela concebida pela lei, na espécie.

Nessa ordem de ideias, não é pelo fato de o Código velho não sistematizar a categoria dos atos ineficazes que ela seja estranha ao nosso direito, já que, sem rotulá-la expressamente, nosso ordenamento, não só na codificação civil, como em leis posteriores, emprega o mecanismo de privar alguns atos jurídicos de efeito em relação a certas pessoas, sem, todavia, tratá-los como inválidos (por exemplo: os efeitos do contrato não registrado, ou da hipoteca não inscrita, não atingem terceiros, embora tais atos sejam plenamente válidos entre as partes – Cód. Civil de 1916, arts. 135 e 848).

Capítulo X: Dos Defeitos do Negócio Jurídico | **331**

O velho Código Civil também não fazia a distinção conceitual entre prescrição e decadência, rotulando toda forma de extinção dos direitos pelo decurso do tempo sob o *nomen iuris* de prescrição. Isto, porém, não impediu que a doutrina e jurisprudência procedessem à separação das duas figuras jurídicas e extraíssem da distinção enormes consequências teóricas e práticas.

Se, pois, a lei civil quis com a sanção à fraude simplesmente resguardar os credores dos prejuízos que o ato do devedor insolvente poderia acarretar-lhes, o que fez foi cominar-lhe uma *ineficácia relativa*. Não criou uma anulabilidade, malgrado o emprego incorreto do *nomen iuris* utilizado.

Se, porém, era compreensível o equívoco ao tempo da elaboração do Código Beviláqua, hoje é totalmente inadmissível que o Código atual venha a repetir o mesmo texto anacrônico e já centenário.

Esse equívoco foi reconhecido pelo Superior Tribunal de Justiça, em voto vista proferido pela Ministra Nancy Andrighi, acatado pelo Relator e pela Turma:

> "*A fraude não constitui vício apto a afetar a substância do ato jurídico, tornando-o anulável. O ato jurídico praticado pelo devedor em fraude dos credores, válido em si mesmo, não se esvai do mundo jurídico, embora sofra os efeitos da ação revocatória.*
>
> Diante disso, conclui-se que *a sentença pauliana sujeitará à excussão judicial o bem fraudulentamente transferido, mas apenas em benefício do crédito fraudado e na exata medida deste.* Naquilo em que não interferir no direito do credor, o ato permanece hígido, como autêntica manifestação das partes contratantes.
>
> Até porque, *a desconstituição do ato implicaria retorno ao status quo ante, situação que, a rigor, viria em prol do próprio fraudador, ensejando-lhe novamente a titularidade da coisa ou direito de que se despojara espontaneamente.*
>
> *Em suma, a sentença revocatória conduz à ineficácia do ato apenas frente aos credores fraudados e nos limites do seu crédito.* Havendo, por exemplo, a remição da dívida pelo devedor, o ato de alienação subsistirá, não havendo como sustentar a sua anulabilidade. Da mesma forma, a ineficácia do ato somente alcançará os bens necessários à satisfação do débito, sem qualquer reflexo nos demais"[23].

131. EM SÍNTESE

O legislador ignorou não só o avanço da ciência jurídica consolidado em amplo consenso doutrinário, como desprezou a larga construção do direito comparado ao longo do século XX em torno dos planos da existência, validade e eficácia. Códigos antigos, como o da Argentina, *v.g.*, passaram por reforma de texto, a fim de que a

---

[23] Ementa: "A fraude contra credores, proclamada em ação pauliana, não acarreta a anulação do ato de alienação, mas, sim, a invalidade com relação ao credor vencedor da ação pauliana, e nos limites do débito de devedor para com este" (STJ, 3ª T., REsp. 971.884/PR, Rel. Min. Sidnei Beneti, ac. 22.03.2011, *DJe* 16.02.2012).

fraude contra credores tivesse seu regular enquadramento no plano de ineficácia relativa e não mais no campo da invalidade[24]. Deixou de ler até mesmo o que desenvolvera, entre nós, Pontes de Miranda há mais de cinquenta anos:

> "Para que algo valha é preciso que *exista*. Não tem sentido falar-se de validade ou de invalidade a respeito do que não existe. A questão da *existência* é uma questão prévia. Somente depois de se afirmar que existe é possível pensar-se em validade ou invalidade (...).
>
> Os fatos jurídicos, inclusive atos jurídicos, podem existir sem serem eficazes. O testamento, antes da morte do testador, nenhuma outra eficácia tem que a de negócio jurídico unilateral, que, perfeito, aguarda o momento da eficácia. Há fatos jurídicos que são ineficazes, sem que a respeito deles se possa discutir validade ou invalidade. De regra, os atos jurídicos nulos são ineficazes; mas ainda aí, pode a lei dar efeitos ao nulo"[25].

Fez vista grossa ao que a doutrina especializada construiu, na sequência de Pontes de Miranda, em obras importantes como as de Antônio Junqueira de Azevedo[26], Marcos Bernardes de Mello[27], Cândido Rangel Dinamarco[28], Nelson Hanada[29], Yussef Said Cahali[30], entre outros.

Até mesmo a evolução da legislação brasileira sobre fraude contra credores, realizada fora do Código Civil foi desprezada, pois a Lei de Falência, de 1945, e os Códigos de Processo Civil de 1939 e 1973 – legislações vigentes à época da elaboração do Código Civil de 2002 –, já tratavam a fraude como tema ligado à ineficácia e não à anulabilidade. É certo que os autores do projeto que se transformou no atual Código Civil não ignoram a distinção técnica entre *validade* e *eficácia*, pois um dos objetivos por eles perseguidos, segundo explicitado na Exposição de Motivos, foi o de eliminar o vício do Código anterior de empregar, indiscriminadamente, "palavras que devem ter sentido técnico unívoco"; e, para tanto, cuidou de apontar, com propriedade, o que constituiu o sentido de cada uma das referidas figuras jurídicas:

---

[24] O atual Código Civil argentino manteve a inoponibilidade dos atos celebrados pelo devedor em fraude aos direitos do credor: "todo credor pode solicitar a declaração de inoponibilidade dos atos celebrados por seu devedor em fraude de seus direitos, e das renúncias ao exercício de direitos ou faculdades com os quais teria podido melhorar ou evitar piorar seu estado de fortuna" (art. 338).

[25] PONTES DE MIRANDA, Francisco Cavalcanti. *Tratado de Direito Privado*. São Paulo: Editora Revista dos Tribunais, 2012, t. IV, § 357, p. 66-67.

[26] AZEVEDO, Antônio Junqueira de. *Negócio Jurídico – Existência, Validade e Eficácia*. 4. ed. São Paulo: Saraiva, 2018.

[27] MELLO, Marcos Bernardes de. *Teoria do fato jurídico – Plano da Existência*. 10.ed. São Paulo: Saraiva, 2000; *Teoria do fato jurídico – Plano da Validade*. 2.ed., São Paulo: Saraiva, 1997.

[28] DINAMARCO, Cândido Rangel. *Fundamentos do Processo Civil Moderno*. 6. ed. São Paulo: Malheiros, 2010.

[29] HANADA, Nelson. *Da insolvência e sua prova na ação pauliana*. 4.ed. São Paulo: RT, 2005.

[30] CAHALI, Yussef Said. *Fraudes contra credores*. 3.ed. São Paulo: RT, 2002.

Capítulo X: Dos Defeitos do Negócio Jurídico | **333**

"Tal orientação importou, desde logo, uma tomada de posição que se reflete no corpo todo do Projeto, quanto à delicada, mas não despicienda, necessidade de distinguir--se entre *validade* e *eficácia* dos atos jurídicos em geral e dos negócios jurídicos em particular. Na terminologia do Anteprojeto, *por validade se entende o complexo de requisitos ou valores formais que determina a vigência de um ato*, por representar o seu elemento constitutivo, dada a sua conformação com uma norma jurídica em vigor, seja ela imperativa ou dispositiva. Já a *eficácia dos atos se refere à produção dos efeitos*, que podem existir ou não, sem prejuízo da validade, sendo certo que a incapacidade de produzir efeitos pode ser coeva da ocorrência do ato ou da estipulação do negócio, ou sobrevir em virtude de fatos e valores emergentes"[31].

Sem embargo do domínio dos conceitos e do confessado empenho de aplicá--los com "zelo e rigor" no tratamento da matéria relativa à validade e eficácia dos negócios jurídicos, o resultado não foi o que se era de esperar[32]: o caso mais típico de *ineficácia relativa* – a fraude contra credores – continuou expressamente tratado como de *anulabilidade*.

Não foi apenas uma opção entre duas possibilidades técnicas de sistematização jurídica; mas o emprego de *nomen iuris* em flagrante contradição com a própria disciplina dada ao fenômeno jurídico, pois os efeitos que se atribuem à fraude não são, de fato, próprios da *anulabilidade*, mas sim os que correspondem à *ineficácia*, na moderna categorização dos planos por que passa a declaração de vontade, desde sua emissão até alcançar a meta visada pelo negócio.

Daí por que, nada obstante, o regime defeituosamente traçado pelo atual Código, para disciplinar a ação pauliana e seus efeitos sobre os atos praticados em fraude contra credores, haverá de ser interpretado como sendo o da ineficácia relativa e não o da anulabilidade, pela total inadequação desta para operacionalizar a repressão da questionada patologia do negócio fraudulento.

Por outro lado, não se preconiza devesse o atual Código abrir um capítulo para a *validade* e outro para a *eficácia*[33], mesmo porque esta se manifesta de maneira não uniforme nas diferentes situações em que ocorre. O erro está em rotular de *invalidade* fenômeno que, por sua própria natureza, se passa no terreno da ineficácia, e não da anulabilidade. A impropriedade é, em suma, arrolar todos os defeitos do negócio jurídico nos estreitos limites da anulabilidade. À impugnação da fraude, portanto, ter-se-ia de imputar o simples efeito de provocar o reconhecimento de sua ineficácia perante os credores prejudicados. Nada mais.

---

[31]   *Exposição de Motivos* do Prof. MIGUEL REALE, de 16.01.75, item nº 16.

[32]   No tratamento do negócio, "como em outros pontos, procura-se obedecer a uma clara distin-ção entre *validade* e *eficácia* dos atos jurídicos, evitando-se os equívocos em que se enreda a Dogmática Jurídica que presidiu à feitura do Código de 1916" (*Exposição de Motivos cit.*, item nº 17, *i*).

[33]   Tal orientação foi repelida, com razão, pelo parecer de MOREIRA ALVES (*A parte geral do Projeto de Código Civil Brasileiro*. São Paulo: Saraiva, 1986, pp. 42-43).

A insistência do Código atual em manter a fraude no campo das anulabilidades trai o propósito da revisão do direito codificado fiel ao decantado princípio da operabilidade. Para ter-se uma ideia dos inconvenientes do tratamento normativo dispensado à fraude contra credores, basta suscitar umas poucas, mas cruciantes indagações: deve-se, ou não, cancelar o registro da propriedade adquirida pelo terceiro após a sentença da pauliana? Deve ou não o alienante ser tratado como dono do bem, uma vez decretada a *anulação* do ato fraudulento? Deve ou não ocorrer a restituição do preço pago pelo terceiro adquirente em fraude aos credores do alienante? Que destino dar ao bem negociado em fraude, se se tornar desnecessária sua penhora ao credor que promover a pauliana? Que destino dar ao eventual saldo da arrematação excedente ao valor do crédito do autor da pauliana? Todas estas indagações, e muitas outras de igual teor, são praticamente insolúveis quando se coloca a fraude dentro da sistemática da anulabilidade; são, no entanto, facilmente contornáveis no plano da ineficácia. É preciso convir, todavia, em que, deixando de lado o equivocado tratamento dispensado à fraude contra credores, o Código Civil atual proporciona notáveis progressos ao sistema de repressão aos prejuízos acarretados pelos defeitos dos negócios jurídicos, não só pela ampliação de seu elenco, mas sobretudo pela valorização da teoria da *confiança*, esta sim uma imposição dos princípios da *socialidade* e da *operabilidade*, em boa hora consagrados pelo legislador.

132. OS VÍCIOS DE CONSENTIMENTO E A ANULABILIDADE DO NEGÓCIO JURÍDICO

Embora afetem o elemento essencial da validade do negócio jurídico – a declaração de vontade, que deve ser, em princípio, livre e consciente para sua natural eficácia – os vícios de consentimento não acarretam, por política legislativa, a inexistência, nem mesmo a nulidade do negócio por eles afetados. A sanção legal que o Código lhe aplica é apenas a *anulabilidade* (CC, art. 171, II).

O terreno dos defeitos do negócio jurídico oferece, portanto, rico material para observar e adequar as discutidas teorias da vontade e da declaração e suas variantes.

132.1. Teoria da vontade real

Segundo teoria sistematizada por Savigny, a essência do negócio jurídico está no *querer individual*, isto é, na vontade mesma do autor da declaração negocial. Esta, portanto, opera apenas como instrumento de revelação daquela. Por isso, quando há conflito entre a vontade e a declaração, é a vontade que haverá de prevalecer[34].

---

[34] SAVIGNY. *Sistema del diritto romano attuale*. Torino: Unione Tipografico Editrice, 1900, v. 3, §§ 134 e 1355, pp. 342 a 356; RODRIGUES. Silvio. *Dos vícios de consentimento*. 2. ed. São Paulo: Saraiva, 1982, nº 23, p. 31.

Levada ao extremo, todo ato afetado por vício de consentimento seria inválido diante da *ausência de vontade* de que se ressente, seja por erro, dolo ou coação, ou por qualquer outro evento que impeça sua livre e consciente manifestação.

Essa proteção ampla e irrestrita à vontade real não é, todavia, acolhida pela ordem jurídica, porque entraria em choque com o interesse geral, afetando a segurança das relações negociais. Se de um lado existe o interesse do declarante, que praticou o negócio jurídico e que deseja preservar a pureza de sua vontade; de outro, há o interesse do meio social, onde o negócio jurídico estabelece uma expectativa de que a declaração de vontade produzirá os efeitos programados, não podendo, razoavelmente, aceitar que, por motivos íntimos do declarante, se estabeleça o perigo da sua fuga da obrigação assumida.

A primeira restrição que se manifestou foi de não considerar o vício de consentimento como causa de nulidade, e sim como de anulabilidade, impondo-se condições ao exercício do direito potestativo da parte de promover a ação de anulação do negócio jurídico.

Depois, surgiram teorias que deslocaram da vontade real a essência mesma do negócio jurídico, fixando-a na declaração.

132.2. Teoria da declaração

A reação contra o excesso reconhecidamente presente na teoria da vontade real deu-se por meio da teoria da declaração, cujo ponto de partida foi a necessidade de preservar as vinculações criadas pelas declarações de vontade, para ter-se segurança nas relações jurídicas. O comércio jurídico não pode conviver com a insegurança que decorreria de declarações de vontade que facilmente se revogam. Além do mais, o plano da vontade subjetiva seria inacessível, pelo que, para o direito, o importante deve ser a declaração e dela, portanto, é que hão de emanar os efeitos jurídicos. Não haveria segurança alguma nas relações privadas se quem emite uma declaração não aceitasse ficar vinculado a quem ela se endereçou, dentro do sentido normal das expressões empregadas[35].

Como reação, a teoria da declaração mostrou-se tão extremada como a teoria da vontade. Se a primeira protegia intoleravelmente o declarante, a segunda outorgava tutela exorbitante ao destinatário da declaração.

É evidente que não se poderia tutelar, por exemplo, a má-fé de quem procurasse prevalecer do erro alheio para, maliciosamente, obter vantagens do negócio viciado. E além do mais, se se pode valorizar a declaração, não se deve fugir da realidade de que a raiz mesma do negócio jurídico não pode ser desvinculada da vontade.

---

[35]   SALEILLES. *Étude sur la théorie génerale de l'obligation*, p. 5, *apud* SANTOS, José Beleza dos. *A simulação em direito civil*. 2.ed. São Paulo: Lejus, 1999, p. 16.

132.3. Teoria da responsabilidade

Fugindo do antagonismo profundo estabelecido entre a teoria da vontade real e a da declaração da vontade, formulou-se uma posição intermediária, sob o nome de *teoria da responsabilidade*. Segundo esta, embora a autonomia da vontade esteja na base do negócio jurídico, impõe-se admitir que, mesmo havendo divergência entre a vontade e a declaração, esta deve prevalecer, se o desacordo for provocado por culpa ou dolo do próprio declarante[36].

Em princípio, portanto, a divergência entre a vontade e a declaração se resolve pela prevalência da vontade real, provocando a anulação do negócio praticado sob o impacto do erro ou de outro vício que impediu a formulação da vontade livre e consciente.

Como, todavia, o agente deve responder pelos atos culposos que causem dano a outrem, o contratante que cometeu o erro por sua própria negligência ou dolo, terá de se sujeitar aos efeitos do negócio, para não prejudicar o terceiro que nele confiou.

Objetou-se que a consequência do ato ilícito culposo não é a criação de negócio jurídico, mas apenas da obrigação de indenizar. Redarguiu-se que a vontade merece a proteção do ordenamento jurídico quando se destina a alcançar escopos afins aos interesses sociais, pois, segundo Ferrara, o fundamento dessa proteção é "o interesse do comércio jurídico, da comunidade, e não uma homenagem incondicional e servil ao ato volitivo"[37].

A manutenção do negócio a despeito da vontade diversa do autor da declaração, segundo a teoria comentada, ocorre porque quem incorre em erro por culpa, causa dano à expectativa legítima de terceiro. A reparação que toca ao culpado consiste justamente em satisfazer aquela expectativa, decretando-se a obrigação de cumprir a declaração feita. Nem toda reparação de ato culposo se dá por indenização de perdas e danos. Pode também haver a reparação *in natura*, que no caso seria a não anulação do negócio[38].

132.4. Teoria da confiança

O último grau de evolução do tratamento do problema do erro no negócio jurídico foi acrescido pela *teoria da confiança*. Não basta analisar o dissídio entre vontade e declaração apenas no ângulo de quem a emite. É preciso levar em conta também o comportamento de quem a recebe. É preciso indagar se este manteve sua

---

[36] FERRARA, Francisco. *A simulação dos negócios jurídicos*. Campinas: Red Libros, 1999, p. 30; RODRIGUES, Silvio. *Dos vícios de consentimento*. 2. ed. São Paulo: Saraiva, 1982, p. 34.
[37] RODRIGUES, Silvio. *Ob. cit.*, p. 35.
[38] RODRIGUES, Silvio. *Ob. cit.*, nº 26, pp. 36/37.

expectativa de vinculação segundo a boa-fé, ou se de alguma forma concorreu com culpa no evento.

A teoria da confiança retrata bem os rumos da nova ordem jurídica, que se afasta do individualismo para melhor valorizar o interesse social. Daí por que vai além da tutela da vontade do declarante para se ocupar também do interesse daqueles que confiam na segurança das relações jurídicas e que, da mesma forma, devem concorrer para que ela se concretize.

As leis, no direito comparado, aos poucos vão aderindo a essa nova teoria, que fora apenas esboçada ou sugerida pelo Código alemão (BGB, art. 122).

Já no atual Código italiano a orientação preconizada pela teoria da confiança é clara: "O erro é causa de anulação do contrato quando for substancial *e reconhecível pelo outro contratante*" (art. 1.428).

Também no Código português, está previsto que a anulabilidade do negócio gerado por erro ocorrerá se este for conhecido ou reconhecível pelo outro contratante (art. 247º). Da mesma forma, o moderno Código Civil peruano estatui que o erro é causa de anulação do ato jurídico quando, além de essencial, seja reconhecível pela outra parte (art. 201).

133. A POSIÇÃO DO ATUAL CÓDIGO BRASILEIRO

Em toda a celeuma gerada pela luta entre teoria da vontade e teoria da declaração, o Código atual, ao disciplinar genericamente os vícios de consentimento, tomou, apenas em aparência, partido da defesa da vontade real, permitindo a anulação dos negócios em que o consentimento não for livre e conscientemente manifestado (coação, dolo, lesão e estado de perigo).

No campo do erro substancial, porém, onde o regime era no Código anterior dominado (por exegese jurisprudencial) pela "teoria da responsabilidade" (culpa do autor da declaração), evoluiu-se para a "teoria da confiança", seguindo-se o exemplo de legislações modernas como a italiana, a portuguesa e a peruana. Não é mais apenas pela falta de culpa do declarante (erro escusável) que se anula o ato errôneo, mas porque o destinatário da declaração, por sua vez, teve culpa no evento, já que poderia ter evitado a prática viciada do negócio jurídico, pois o erro era daqueles que poderiam ser percebidos por pessoas de diligência normal nas circunstâncias do negócio (CC, art. 138). A *contrario sensu,* ainda que haja divórcio entre a vontade e a declaração, esta prevalecerá se o outro contratante (de boa-fé) não tinha condições de perceber o erro do declarante.

Essa teoria, segundo a ótica tradicional, não teria maior repercussão nos vícios mais graves como o dolo e a coação, porque, entre as partes do negócio, uma delas quase sempre se comporta de má-fé, por força da própria maneira de obter-se a má formação da vontade da vítima; ou, mesmo não estando o beneficiário de má-fé, em casos como o dolo de terceiro, o desvio do querer seria tão profundo que a lei não poderia relevá-lo[39].

No entanto, até mesmo no campo do dolo e da coação, o regime do atual Código prestigia a teoria da confiança e não dispensa a culpa do beneficiário para a configuração do vício de consentimento. Se o ardil ou a ameaça tiverem sido praticados por estranho e não pela parte do contrato que deles se beneficia, a anulação somente será possível quando esta deles tiver tido conhecimento ou condições de conhecê-los (arts. 148 e 154).

Se é impensável cogitar-se da possibilidade de boa-fé no dolo e na coação, quando praticados diretamente por um dos contratantes, é perfeitamente viável a atuação de boa-fé do contratante se a coação ou o dolo tiverem sido praticados por terceiro, situação em que a ausência de má-fé entre os sujeitos do negócio impede sua anulação. Dessa maneira, mesmo nos mais graves vícios de consentimento, a boa-fé do destinatário da declaração de vontade prevalece sobre o defeito de formação da vontade do declarante.

Até mesmo a fraude contra credores se funda na base da teoria da confiança, visto que a sanção aos negócios onerosos praticados em prejuízo da garantia dos credores só atinge o terceiro adquirente ou subadquirente que tenha atuado de má-fé. O que tenha adquirido bens do devedor insolvente de boa-fé (isto é, sem conhecer a insolvência) não é atingido pela invalidade (ou ineficácia) do contrato (arts. 159 e 161)[40].

Como se vê, o sistema geral dos vícios de consentimento, na evolução do Código de 1916, para o atual, submeteu-se, predominantemente, à teoria da confiança, onde o destaque maior é conferido à boa-fé, à lealdade, e à segurança das relações jurídicas. Essa teoria é a que corresponde ao *princípio de socialidade*, de que fala o Prof. Miguel Reale, ao revelar a visão geral do Projeto que se converteu no atual Código Civil, dentro da qual "o *sentido social* é uma das características mais marcantes (...) em contraste com o sentido individualista que condiciona o Código Civil ainda em vigor" (o de 1916). Ainda para o mesmo mestre, os tempos atuais são os do "triunfo da *socialidade*, fazendo prevalecer os valores coletivos sobre os individuais, sem perda, porém, do valor fundante da pessoa humana"[41]. Realmente, é a teoria da confiança

---

[39]   TRABUCCHI, Alberto. *Istituzioni de Diritto Civile*. 38. ed. Padova: CEDAM, 1998, nº 71, p. 155, nota 2.

[40]   "Em consonância com o art. 109 do CC/1916 (com redação correspondente no art. 161 do CC/2002), tendo havido sucessivos negócios fraudulentos, *cabe resguardar os interesses dos terceiros de boa-fé e condenar tão somente os réus que agiram de má-fé*, em prejuízo do autor, a indenizar-lhe pelo valor equivalente ao do bem transmitido em fraude contra o credor" (g.n.) (STJ, 3ª T., Res. 1.145.542/RS, Rel. Min. Sidnei Beneti, ac. 11.03.2014, *DJe* 19.03.2014). No mesmo sentido: STJ, 4ª T., REsp. 1.100.525/RS, Rel. Min. Luis Felipe Salomão, ac. 16.04.2013, *DJe* 23.04.2013).

[41]   REALE, Miguel. *O projeto do novo Código cit.*, p. 7.

Capítulo X: Dos Defeitos do Negócio Jurídico | 339

que, valorizando a segurança do tráfico jurídico proporciona a supremacia no campo dos vícios de consentimento do interesse social sobre o individual.

134. DIREITO INTERTEMPORAL

Como o Código inovou em matéria de invalidades, criando figuras novas de anulabilidade, transformando anulabilidades em nulidades (e vice-versa), e alterando a configuração dos antigos defeitos do negócio jurídico, há de se enfrentar o problema de definir como tratar os casos ocorridos sob a vigência do Código anterior e que terão de ser impugnados e julgados após o advento da lei atual.

O Código não foi omisso acerca dessa eventualidade e previu em suas "disposições transitórias" que *a validade dos negócios e demais atos jurídicos*, constituídos antes da sua entrada em vigor, obedecerá às leis anteriores (isto é, as do tempo do ajuste). Os efeitos, no entanto, que se produzirem já na vigência da nova lei, deverão subordinar-se a esta, salvo se na convenção das partes houver sido determinada a forma de execução (CC, art. 2.035). Nesta última hipótese, prevalecerá a convenção e não a lei nova, como determina a Constituição (art. 5º, XXXVI).

Observou-se, de tal arte, o critério consagrado pela teoria clássica do direito intertemporal, respeitando-se o ato jurídico perfeito em sua essência e prevendo inovação apenas no modo de executar a convenção, se esta for omissa a respeito.

Já ensinava Clóvis Beviláqua, ao ensejo do Código de 1916, que entre os princípios básicos da transição de um regime normativo para outro, dever-se-ia observar que "as condições de validade, as formas dos atos e os meios de prova dos atos jurídicos devem ser apreciados de acordo com a lei em vigor, no tempo em que eles se realizaram"[42].

Para Ruggiero, todo o direito das obrigações está sob o império da irretroatividade da lei nova, ou seja:

> "O princípio que domina nesta matéria é o de que a capacidade de se obrigar, a idoneidade da causa, a eficácia da obrigação, quer ela nasça de contrato ou de delito, a transmissibilidade ou intransmissibilidade, a resolução ou a anulação por terceiros, a extinção e em geral todos os efeitos que derivam das obrigações, são governados pela lei vigente ao tempo em que o vínculo se constitui"[43].

A validade de um negócio, portanto, regula-se pela lei do tempo de seu aperfeiçoamento, porque só dela podia o agente se valer para emitir eficazmente sua declaração de vontade. Se nela se apoiou e às suas exigências satisfez, não poderia

---

[42] BEVILÁQUA, Clóvis. *Teoria geral do direito Civil*. Atualizada por Caio Mário da Silva Pereira. Rio de Janeiro: Francisco Alves, 1975, nº 15, p. 28.

[43] RUGGIERO, Roberto de. *Instituições de direito civil*. São Paulo: Saraiva, 1957, v. I, § 19, p. 200.

NEGÓCIO JURÍDICO • Humberto Theodoro Jr. e Helena Lanna Figueiredo

lei nova condicionar a validade de um negócio jurídico perfeito e consumado a preceitos que só posteriormente se editaram. A se pensar de outra forma, estar-se-ia consagrando à inovação legislativa um efeito retroativo que toda cultura jurídica repele e que nossa Constituição proíbe (art. 5º, XXXVI).

Portanto, para se decidir se uma obrigação, em face de sua origem, existe e vale, ou se não existe ou carece de validade, deve-se aplicar-lhe a lei vigente ao tempo em que se reconheça ter ocorrido sua origem[44].

Se o ato jurídico se completou antes do advento da lei atual e estava em contradição com as injunções da lei de seu tempo, "não *convalesce*, ainda que os preceitos novos sejam menos exigentes; a lei posterior *não invalida* as relações de direito anteriores *válidas*, nem avigora as definitivamente constituídas e *inválidas*"[45].

Enfim, "os preceitos vigentes quando surge a obrigação, lhe regulam a *validade*: relativamente à forma, capacidade das partes, influência da falta de vontade, transgressão de disposições proibitivas, cláusulas ou convenções contrárias à lei, à ordem pública ou aos bons costumes; enfim, abrangendo-lhe todos os requisitos para prevalecer"[46]. Válida a obrigação segundo a lei antiga, continuará válida, mesmo que a lei nova disponha em contrário. Inválido o ato praticado em contravenção à lei antiga, não adquirirá validade em virtude de inovação de lei superveniente[47].

Quanto aos efeitos do negócio aperfeiçoado antes da lei nova, esta "não cria consequências, ou efeitos novos para obrigações pretéritas, nem suprime antigos, instituídos por norma do tempo em que se constituiu o vínculo jurídico; pouco importa que sejam diretos, indiretos ou eventuais causas ou não de resolução, rescisão ou revogação"[48].

---

[44] PACIFICI-MAZZONI, Emidio. *Istituzioni di diritto civile italiano*. 5. ed. Ristampa, Firenze: Casa Editrice Fratelli Camelli, 1925, v. I, nº 53, p. 225.

[45] MAXIMILIANO, Carlos. *Direito intertemporal ou teoria da retroatividade das leis*. 2.ed. Rio de Janeiro: Freitas Bastos, 1955, nº 22, p. 37.

[46] MAXIMILIANO, Carlos. *Direito intertemporal cit.*, nº 164, p. 192.

[47] "Assim, se queremos construir uma 'regra de ouro' desta matéria para o campo contratual, não temos dúvida de que os vínculos negociais e seus efeitos jurídicos regem-se pela lei vigente ao tempo em que se celebraram, regra esta (imortalizada no brocardo *tempus regit actum*) que não deve ser interpretada somente para a aplicação de regras codificadas civis, mas também para todas as demais relações jurídicas não penais, conforme, aliás, é assente na doutrina e jurisprudência nacional" (GAGLIANO, Pablo Stolze; PAMPLONA FILHO, Rodolfo. *Novo Curso de direito civil. Contratos*. 1ed. Unificada, São Paulo: Saraiva, 2018, p. 269). No mesmo sentido, a jurisprudência do STJ: "1. Consoante as regras de direito intertemporal, as obrigações regem-se pela lei vigente ao tempo em que se constituíram, quer tenham elas base contratual ou extracontratual. No campo dos contratos, os vínculos e seus efeitos jurídicos regem-se pela lei vigente ao tempo em que se celebraram" (STJ, 1ª T., REsp. 604.103/SP, Rel. Min. Luiz Fux, ac. 11.05.2004, *DJU* 31.05.2004, p. 225).

[48] MAXIMILIANO, Carlos. *Direito intertemporal cit.*, nº 168, p. 197.

Capítulo X: Dos Defeitos do Negócio Jurídico | **341**

Vejamos alguns exemplos: o Código velho anulava negócio praticado sob influência de ameaça de terceiro, mesmo que o beneficiário ignorasse a coação. No sistema do Código atual, a coação de terceiro só invalida o negócio se o contratante que dele se favoreceu souber da manobra ilícita de que foi vítima o coacto. Nada obstante a inovação legislativa, o contrato ajustado antes da lei nova continuará passível de anulação, mesmo que o beneficiário ignorasse por completo a coação. A lei do tempo do ato permanecerá regendo sua anulabilidade, sem embargo de a lei superveniente a haver eliminado para os novos negócios em igual situação.

Já no caso do erro, a lei nova condiciona a anulabilidade do negócio ao fato de o outro contratante poder reconhecer o equívoco em que incorreu o declarante, exigência que inexistia na lei anterior. O fato ocorrido na vigência do Código velho será analisado e acolhido como passível de anulação, ainda que não houvesse condição alguma de o outro contratante ter conhecido o erro. A nova exigência da lei não interferirá na invalidação do contrato pactuado antes de sua vigência.

A simulação era causa de anulação no regime antigo. Agora é motivo de nulidade. Os negócios simulados da época do Código anterior continuarão sendo submetidos à anulabilidade, mesmo quando julgados já sob a vigência da lei atual.

O estado de perigo e a lesão assumiram, com o Código atual, a qualidade de vícios de consentimento suficientes para invalidar os contratos praticados sob seus efeitos e se submetem a um regime novo de anulação e revisão contratual. Esse sistema só será aplicado aos negócios praticados após a entrada em vigor da nova lei civil. É de se lembrar, todavia, que, embora não configurado o vício de consentimento exatamente como no Código atual, a usura já encontrava sanções antes de sua vigência, fosse como variante da coação, fosse como consequência dos crimes contra a economia popular, ou ainda como figura coibida pela lei de usura. O defeito do contrato anterior à lei atual, portanto, não estará de todo afastado, mas terá de ser apreciado e julgado, segundo os preceitos da lei do seu tempo, e não pelos do Código atual.

Uma outra observação se impõe: a lei nova não altera os efeitos da obrigação contratada antes de sua vigência[49]. Mas não são considerados efeitos das obrigações

---

[49] Ressaltam, contudo, Pablo Stolze Gagliano e Rodolfo Pamplona Filho, que: "a enunciada 'regra de ouro' já foi, de plano, flexibilizada por tal disposição legal. (...) o presente dispositivo, ao fazer uma 'cisão' no tratamento dos negócios jurídicos em geral (dos contratos também, por consequência), estabeleceu critérios diferenciados de orientação hermenêutica, ao conduzir o intérprete a não aplicar retroativamente as normas referentes ao PLANO DE VALIDADE dos negócios jurídicos, e ao admitir, por outro lado, a incidência imediata das regras concernentes ao seu PLANO DE EFICÁCIA. Vale dizer, normas de validade não se aplicariam a contratos anteriores, ao passo que normas de natureza eficacial teriam incidência desde logo, aplicando-se, assim, a negócios já pactuados, cujo prazo de vigência ainda não houvesse se consumado". Concluem, então, os autores, "quanto ao aspecto de sua validade, não poderá o Código de 2002 atingir negócios celebrados antes da sua vigência; no entanto, quanto ao seu aspecto

pretéritas o modo de *exercer* ou de *conservar* os direitos, nem sua sujeição ao regime da prescrição[50]. O objeto, o lugar e o tempo, assim como as pessoas envolvidas no cumprimento da obrigação continuam regidos pela lei do tempo do negócio jurídico; "porém, a *forma do cumprimento* rege-se pelos preceitos atuais: por exemplo, se estes impõem ao devedor proceder de acordo com os ditames da boa-fé e lealdade, bem como da moral nas transações"[51]. Tais preceitos valerão para a execução dos contratos antigos, firmados antes da lei que os instituiu[52].

O mesmo é de se afirmar em relação aos postulados modernos que passaram a disciplinar a modalidade de exercício do direito e sua execução: "Estabelecem, por exemplo, disposições atinentes à boa observância e segurança da obrigação, à prevenção de abusos de direito por parte do credor, à verdadeira e própria asseguração do que a este cabe legitimamente"[53]; este tipo de normatização é de incidência imediata, inclusive sobre a execução dos contratos anteriores.

É dentro dessa ótica que deve ser entendida a regra de direito intertemporal do art. 2.035 do Código atual, de que os efeitos dos contratos anteriores, produzidos posteriormente ao seu advento se submeterão aos novos preceitos, "salvo se houver sido prevista pelas partes determinada forma de execução".

O preceito não se refere obviamente, aos efeitos substanciais do ato jurídico perfeito, que a lei nova não pode violar, sem ofender a garantia constitucional de irretroatividade da lei. Diz respeito apenas às modalidades de realização das obrigações, tanto que o art. 2.035 ressalva que a lei nova não será aplicada se no contrato já existir forma convencionada para a execução. O que se inova, portanto, é apenas a modalidade legal de execução. Se a obrigação se encontrava apenas sujeita às modalidades legais, a lei nova a atingirá. Se, porém, havia regras convencionais estatuídas pelo negócio, estas subsistirão incólumes frente à inovação legislativa, como frutos que são do ato jurídico perfeito.

Por fim, estatui o parágrafo único do art. 2.035, ainda no campo do direito intertemporal aplicável à validade dos negócios jurídicos, que "nenhuma convenção

---

eficacial, ou seja, de executoriedade ou produção de seus efeitos, caso estes invadam o âmbito temporal de vigência da nova lei, estarão a esta subordinados" (GAGLIANO, Pablo Stolze; PAMPLONA FILHO, Rodolfo. *Novo Curso de direito civil. Contratos.* 1.ed. Unificada, São Paulo: Saraiva, 2018, pp. 271-272 e 274).

[50]   Assim, a lei nova que disciplina os direitos do credor sob o patrimônio do devedor, aplica-se à execução da obrigação constituída sob o regime da lei anterior (MAXIMILIANO, Carlos. *Direito intertemporal cit.*, nº 168, pp. 197-198).

[51]   MAXIMILIANO, Carlos. *Direito intertemporal cit.*, nº 170, p. 199.

[52]   "Ma l'esercizio delle ragioni del debitore della parte del creditore, e l'azione pauliana sono regolati dalla legge attuale; poichè sono facoltà giuridiche astratte, che non divengono diritti quesiti se non quando siano tradotte in atto" (PACIFICI-MAZZONI, Emidio. *Istituzioni di diritto civile italiano cit.*, v. I, nº 56, p. 233).

[53]   MAXIMILIANO, Carlos. *Direito intertemporal cit.*, nº 170, p. 199.

prevalecerá se contrariar preceitos de ordem pública, tais como os estabelecidos por este Código para assegurar a função social da propriedade e dos contratos".

É de Ruggiero a advertência de que a não retroatividade da lei deve ser entendida sem um caráter absoluto, pois há situações em que efetivamente a norma inovada tem, necessariamente, que atingir situações estabelecidas antes de sua vigência. É, no pensamento do civilista italiano, o que ocorre em situações excepcionais, fundadas em motivos de ordem pública "que inspirem essa nova norma e elas proíbam o reconhecimento de vínculos obrigatórios considerados imorais ou ilícitos"[54]. Não se trata, portanto, de uma simples instituição de um novo caso de nulidade ou anulabilidade, mas de uma nova ordem jurídica, que estabeleça a inaceitabilidade de certas convenções por absoluta incompatibilidade moral e jurídica com os padrões consagrados pela lei superveniente. Não se trata, é bom ressaltar, de invalidar efeitos consumados antes da lei nova e ainda sob o império da lei anterior, que amparava a convenção; mas de impedir que efeitos novos, reputados imorais, venham se dar já sob o império da ordem jurídica renovada, a qual os repugna categoricamente.

---

[54] RUGGIERO, Roberto de. *Instituições cit.*, v. I, § 19, p. 200.

Capítulo XI: Do Erro ou Ignorância

135. O ERRO COMO VÍCIO DE CONSENTIMENTO

O negócio jurídico, para ser perfeito e plenamente válido, reclama, por parte do agente, declaração de vontade livre e consciente. Por isso, a coação e o erro são causas de sua anulabilidade. Na primeira hipótese por falta de liberdade na prática do negócio, e, na segunda, por não se ter conhecimento da verdade em torno dos elementos envolvidos na declaração de vontade. De qualquer maneira, a vontade se acha viciada, seja porque, conhecendo a verdade, a parte se viu compelida a declarar o que realmente não correspondia ao seu querer íntimo, seja porque, não conhecendo a realidade, a declaração só se exteriorizou à base da falsa noção da causa ou do objeto da manifestação de vontade e, assim, fosse conhecida a verdade, o negócio não teria sido praticado, ou tê-lo-ia sido em termos diferentes.

Foi a partir da conceituação do erro, como vício de vontade, que se desenvolveu a teoria do negócio jurídico, até a posição atual da doutrina, como a seguir veremos.

136. ERRO E IGNORÂNCIA

O Código adota como título da Seção I do Capítulo destinado aos defeitos do negócio jurídico, a expressão "Do erro ou ignorância". Nos diversos artigos que cuidam do tema, porém, só se emprega a palavra "erro". Tem-se, pois, a ideia de que, para a lei, erro e ignorância são sinônimos.

No entanto, em doutrina, faz-se a distinção entre os dois conceitos. Quando se dá o erro o agente tem um falso conhecimento da realidade, ou seja, aquilo que entrou no seu psiquismo está em desacordo com a realidade objetiva. O contratante conhece o objeto que está negociando; imagina-o de metal nobre, quando se trata, na verdade, de metal comum. Eis um exemplo típico de erro.

A ignorância é diversa do erro porque o agente pratica o negócio jurídico não sob falso conhecimento, mas sim no total não conhecimento da realidade. O devedor, por exemplo, paga diretamente ao credor, um título de crédito, pela segunda vez, porque ignorava que seu preposto já havia feito igual pagamento por remessa bancária.

Diz-se que a noção não exata de uma coisa ou de um fato, pode decorrer de não se ter ideia alguma a seu respeito ou de ter-se uma ideia falsa. Disso decorre a possibilidade de dois estados psíquicos diferentes: a *falta de noção*, que vem a ser a *ignorância* e a *falsa noção*, que constitui o *erro*[1].

---

[1] CIFUENTES, Santos. *Negócio jurídico*. 1ª reimp., Buenos Aires: Astrea, 1994, § 170, p. 930.

348 | NEGÓCIO JURÍDICO · *Humberto Theodoro Jr. e Helena Lanna Figueiredo*

Em outras palavras, no erro tem-se conhecimento que não coincide com a verdade e na ignorância falta esse conhecimento. Todavia, a distinção é puramente acadêmica, porque erro e ignorância têm os mesmos efeitos, no plano dos vícios de consentimento[2].

Aliás, se é possível distinguirem-se, pelas dimensões, os dois estados de espírito correspondentes ao erro e à ignorância, o efeito que ambos produzem sobre a formação da vontade é exatamente o mesmo: uma noção dos fatos incompatível com a realidade[3]. Para o direito, portanto, é irrelevante o uso de uma ou outra expressão, para se alcançar o defeito que, nos termos do art. 138, torna anulável o negócio jurídico, como já, de longa data, registrava Savigny[4].

De qualquer maneira, seja erro ou ignorância, "para que o ato jurídico, tido como perfeito, possa ser anulado, é mister que o vício causador de sua anulação seja devidamente comprovado, de tal maneira que nenhuma dúvida possa existir a respeito"[5].

137. ERRO E DOLO

O erro de que cuida o artigo em destaque é o *fortuito* ou espontâneo, originado de circunstâncias eventuais, ou seja, o casual.

Quando a falsa noção da realidade é *induzida* por outrem, o que ocorre não é, juridicamente, o erro, mas sim o *dolo*, também defeito que compromete a validade do negócio jurídico, mas cujo regime legal é diverso (CC, arts. 145 a 150).

No plano subjetivo, todavia, não há diferença alguma, já que no dolo se dá exatamente uma falsa noção da realidade por parte do sujeito que realiza o negócio jurídico[6]. A diferença é exterior ao psiquismo. A vítima do dolo é conduzida ao

---

[2] ALFARO, Joaquín Martínez. *Teoría de las obligaciones.* 4. ed. México: Editorial Porrúa, 1997, p. 93.

[3] "O erro é o estado da mente que, por defeito do conhecimento do verdadeiro estado das coisas, impede uma real manifestação da vontade" (DINIZ, Maria Helena. *Curso de Direito Civil brasileiro – teoria geral do direito civil.* 18. ed. São Paulo: Saraiva, 2002, v. I, p. 383). Ou, na lição de Pedro Pais de Vasconcelos, "se a verdade, na fórmula aristotélico-escolástica, é a *adaequatio rei et intellectus,* o erro é a desconformidade entre a realidade e o entendimento dessa realidade" (VASCONCELOS, Pedro Pais de. *Teoria geral do direito civil.* 8. ed. Coimbra: Almedina, 2017, nº 163, *a,* p. 579).

[4] SAVIGNY, Friedrich Carl von. *Sistema del diritto romano attuale.* Torino: Unione Tipografico Editrice, 1900, v. 3, § 115, p. 138; CIFUENTES, Santos. *Negócio jurídico cit.,* § 170, p. 330.

[5] TJMT, Ap. nº 10.652, Rel. Des. Ernani Vieira de Souza, ac. de 27.09.1983, *RF,* 287/336.

[6] Muitas vezes, é difícil a distinção entre erro e dolo. O STJ, analisando ação de anulação de negócio jurídico por vício do consentimento, entendeu verificar-se "do cotejo dos autos uma linha tênue entre o dolo e o erro. Isso porque parece ter havido, também, um induzimento malicioso à prática de ato prejudicial ao autor com o propósito de obter uma declaração de vontade que não seria emitida se o declarante não tivesse sido ludibriado – dolo". No caso,

erro por maquinações ardilosas de outra pessoa. Daí a previsão de regras especiais voltadas para o objetivo de dar tratamento mais severo ao dolo e ao seu agente ativo.

Às vezes, porém, mesmo sem emprego direto de artifício para induzir o declarante a erro, o dolo pode se configurar. Basta que a parte beneficiária do negócio lesivo saiba do erro em que se acha o outro contratante e, intencionalmente, se omita no esclarecimento da verdade. Nesse sentido, dispõe o art. 147 que "nos negócios jurídicos bilaterais, o silêncio intencional de uma das partes a respeito de fato ou qualidade que a outra parte haja ignorado, constitui omissão dolosa, provado que sem ela o negócio não se teria celebrado".

138. ERRO SUBSTANCIAL E VÍCIO REDIBITÓRIO

Erro substancial e vício redibitório, ambos podem conduzir à ruptura de negócio jurídico, ou à alteração do preço para evitar a total dissolução da avença. Não se confundem, todavia, essas duas figuras jurídicas. O erro se passa no plano psíquico, por meio de uma equivocada percepção da realidade pelo agente do negócio jurídico. A vontade se forma, em consequência desse equívoco, de maneira viciada. Daí a possibilidade de anular-se o contrato por defeito de consentimento (CC, art. 138).

Já o vício redibitório decorre objetivamente de um defeito oculto da coisa negociada, que lhe diminui o valor ou prejudica sua utilização. A lei dá ao adquirente, em razão do vício oculto e só descoberto após o contrato, o direito de rejeitar a prestação e desfazer o negócio (art. 441), ou de mantê-lo, mediante abatimento no preço (art. 442).

Vê-se, assim, que, no caso do vício oculto, o agente, ao adquirir a coisa, não incorre em *erro*, visto que recebe exatamente aquilo que pretendia comprar. Apenas a coisa é que porta defeito oculto, que, por isso, não fora antes percebido e que a deprecia ou a torna imprópria à sua utilização normal.

O vício redibitório, dessa maneira – explica a boa doutrina – "não toca o psiquismo do agente, incidindo, portanto, na própria coisa, objetivamente considerada"[7]. O adquirente, como é óbvio, esperava a entrega de uma coisa perfeita, mas

---

o autor da ação teria sido levado a celebrar compromisso de compra e venda de imóvel que já era seu por força da usucapião, uma vez que já estavam preenchidos os requisitos legais para a prescrição aquisitiva. Entendeu o STJ não parecer "crível que uma pessoa faria negócio jurídico para fins de adquirir a propriedade de coisa que já é de seu domínio, porquanto o comprador á preenchia os requisitos da usucapião quando, induzido por corretores da imobiliária, ora recorrente e também proprietária, assinou contrato de compra e venda do imóvel que estava em sua posse *ad usucapionem*". Assim, anulou o negócio e determinou a devolução dos valores já pagos pelo autor (STJ, 4ª T., REsp. 1.163.118/RS, Rel. Min. Luis Felipe Salomão, ac. 20.05.2014, *DJe* 13.06.2014).

[7] GAGLIANO, Pablo Stolze e PAMPLONA FILHO, Rodolfo. *Novo curso de direito civil. Parte Geral.* 14.ed. São Paulo: Saraiva, 2012, v. I, p. 398.

o alienante lhe passou algo com defeito oculto. Exemplificam os citados autores: "O indivíduo pretende comprar um relógio de outro da marca "x". Um vizinho lhe faz uma oferta, e então ele compra o produto desejado, sem que haja erro em sua manifestação de vontade. Alguns dias depois, entretanto, observa que o relógio não funciona bem, em virtude de um defeito oculto em seu maquinismo. Trata-se, no caso, de vício redibitório, que desafia, em concurso de ações, duas vias judiciais (ações edilícias): a *ação redibitória* (para desfazer o contrato e exigir o que se pagou, com perdas e danos se o alienante sabia do vício) ou a ação *quanti minoris* (para se exigir o abatimento no preço)"[8].

Haveria erro, na hipótese aventada, se o comprador imaginasse estar comprando um relógio antigo, de coleção, quando na verdade se tratava de um relógio novo e comum, sem qualquer valor histórico. Aí sim, o agente teria cometido equívoco substancial em torno de qualidade que o objeto do negócio nunca teve e que era fundamental para a declaração de vontade emitida. O negócio, então, estaria de fato afetado por vício de consentimento (art. 139, I).

Fácil, pois, é distinguir o *erro* – vício da formação da vontade – do *vício redibitório* – defeito da coisa em si e não da vontade do agente.

139. COGNOSCIBILIDADE DO ERRO PELO OUTRO CONTRATANTE

O Código anterior não se ocupava da conduta do outro contratante, e definia o erro apenas em função da parte que o cometia. "São anuláveis os atos jurídicos, quando as declarações de vontade emanarem de erro substancial", dispunha em seu art. 86.

A disposição do atual Código acerca do mesmo vício de consentimento, que se vê do art. 138, repete todo o teor do art. 86 do Código velho, acrescentando após a expressão "erro substancial" o complemento: "que poderia ser percebido por pessoa de diligência normal, em face das circunstâncias do negócio." Esse novo requisito da anulabilidade do negócio praticado em erro refere-se, obviamente, a quem contrata com o autor da declaração viciada, pois, só aquele teria condições de "perceber o erro" e assim mesmo contratar. Se o erro fosse perceptível pela parte que o cometeu, erro não haveria, ou se houvesse seria inescusável, e assim, de qualquer maneira, não se haveria de cogitar de negócio anulável.

O texto do anteprojeto anterior (de 1973), relativo ao erro substancial, mencionava expressamente a necessidade de sua inescusabilidade, por parte do comitente, e sua reconhecibilidade, por parte do outro contratante (art. 147). No projeto de 1975 que veio a converter-se no atual Código Civil, eliminou-se a referência à escusabilidade, mantendo-se, todavia, o requisito da perceptibilidade do erro "por pessoa de diligência normal" (art. 138).

---

[8] *Ibidem.*

Capítulo XI: Do Erro ou Ignorância | **351**

Observa Silvio Rodrigues que, na nova sistemática do direito brasileiro "foi sábia a supressão do requisito sobre a escusabilidade do erro. Isso porque, como o negócio só será anulado se o erro for conhecido ou reconhecível pela outra parte, o fato de ser ou não escusável tornou-se de menor relevo"[9].

Adotou-se no Código brasileiro a mesma orientação antes observada pelo Código italiano: o erro só é causa de anulação do negócio jurídico quando for *substancial* e *reconhecível* pelo outro contratante (art. 1.428)[10].

Operou-se profunda mudança no tratamento legislativo do tema, pois o peso decisivo da anulabilidade deslocou-se da conduta do que pratica a declaração errônea de vontade para o comportamento de quem se beneficia dos respectivos efeitos. Na lição de Messineo, em comentário ao direito italiano, mas que, agora, se aplica também ao direito brasileiro renovado, pode-se afirmar que "a lei não dá importância ao erro que não seja conhecido ou reconhecível pelo outro contratante"[11].

Ambas as partes do negócio estão comprometidas com sua equitativa organização, motivo pelo qual a lealdade e a confiança são padrões indispensáveis de conduta nesse campo. Relevante não é, nessa ordem de ideias, o erro cometido por um dos contratantes, mas a sua perceptibilidade pelo outro. Estabelece-se, nessa linha voltada para a segurança das relações jurídicas, um ônus para cada parte de verificar se a outra não está incorrendo em erro evidente; e desse ônus decorre a obrigação de, segundo a boa-fé, fazer-lhe a competente comunicação[12].

O problema da escusabilidade ou inescusabilidade do erro, por parte de quem o comete, perde totalmente o significado. A causa de anulação é o *erro perceptível* em face do outro contratante, vício que prevalecerá ainda que inescusável o erro cometido. Despreza-se no regime atual o requisito da *escusabilidade do erro* porque era dado vinculado à doutrina voluntarista, que foi superada pela moderna preocupação com a segurança das relações jurídicas e com a objetiva partilha dos riscos dos erros acaso ocorridos durante a formação do contrato. Daí por que em lugar da

---

[9]   RODRIGUES, Silvio. *Dos vícios de consentimento*. 2. ed. São Paulo: Saraiva, 1982, nº 50, p. 70.

[10]   A orientação também é seguida pelo Código Civil peruano: "el error se considera conocible cuando, en relación al contenido, a las circunstancias de lacto o a la calidad de las partes, una persona de normal diligencia hubiese podido advertirlo" (art. 203); pelo Código Civil português: "quando, em virtude de erro, a vontade declarada não corresponda à vontade real do autor, a declaração negocial é anulável, desde que o declaratário conhecesse ou não devesse ignorar a essencialidade, para o declarante, do elemento sobre que incidiu o erro" (art. 247º); pelo Código Civil argentino: "El error de hecho essencial vicia la voluntad y causa la nulidad del acto. Si el acto es bilateral o unilateral recepticio, el error debe, además, ser reconocible por el destinatário para causar la nulidade" (art. 265).

[11]   MESSINEO, Francesco. *Doctrina general del contrato*. Buenos Aires: EJEA, 1986, v. I, nº 17, p. 133.

[12]   BIANCA, C. Massimo. *Diritto civile*. Ristampa. 2. ed. Milano: Giuffrè, 2000, v. 3, nº 348, p. 650.

escusabilidade passou-se à cognoscibilidade do erro, como critério de aferição de sua relevância jurídica[13]. Sem esta não se anula negócio algum.

O erro, portanto, será imputado por inteiro àquele que o comete assim como suas consequências terão de ser por ele suportadas, sempre que o equívoco não se mostre reconhecível pelo outro contratante[14]. Assim, sua eficácia invalidante sobre o negócio jurídico fica condicionada à circunstância de a outra parte poder verificá-lo.

Os aspectos subjetivos do comportamento do declarante foram colocados em segundo plano. Pouco importa averiguar se o autor do erro teve culpa ou não por ele. O que releva é saber se a pessoa a quem se endereçou a declaração de vontade tinha condições ou não de detectar o erro e de advertir o declarante de sua ocorrência[15].

A pessoa que negociou sob erro substancial somente conseguirá invalidar o ato, demonstrando que o cocontratante sabia do erro, ou poderia descobri-lo, se fosse diligente[16]. É que, diante da não percepção do erro cognoscível, o destinatário da declaração teria descumprido o dever de boa-fé, circunstância suficiente para afastar, no que lhe diz respeito, o princípio da confiança e, assim, tornar anulável

---

[13]   BIANCA, C. Massimo. *Diritto civile cit.*, v. 3, nº 348, p. 650. No direito português, Pedro Pais de Vasconcelos explica: "para que o erro sobre a pessoa ou sobre o objeto tenha relevância anulatória, é necessário ainda que a essencialidade do elemento sobre o qual o erro incidiu seja conhecida pela outra parte ou que esta a não devesse ignorar. A contraparte no negócio ficaria injusta e excessivamente desprotegida se o negócio jurídico pudesse ser anulado por erro sobre uma qualquer qualidade do objeto ou da pessoa, que fosse essencial para a parte que errou, mas cuja essencialidade fosse surpreendente ou imprevisível" (VASCONCELOS, Pedro Pais de. *Teoria geral do direito civil cit.*, nº 163, i, p. 580).

[14]   "Nos negócios *inter vivos*, conforme a causa seja ou não imputável ao declarante, deverá, ou não, a declaração ser-lhe atribuída... e deverá sempre considerar-se imputável o erro que não seja reconhecível pelo destinatário. Cf. art. 1.338°" (BETTI, Emilio. *Teoria geral do negócio jurídico*. Campinas: Servanda Editora, 2008, § 53, p. 596).

[15]   No sentido de que a conduta a se analisar é a do declaratário e, não, do declarante, vários doutrinadores brasileiros: "Foi correta a supressão do requisito *escusabilidade* porque, na atual lei, o negócio só será anulado se o erro for passível de reconhecimento pela outra parte. A escusabilidade, nesse caso, torna-se secundária" (VENOSA, Silvio de Salvo. *Direito Civil. Parte geral*. 8.ed. São Paulo, Atlas, 2008, v. 1, nº 22.3, p. 380); Flavio Tartuce, citando lição de José Fernando Simão, afirma que "o erro não precisa ser escusável, bastando a *cognoscibilidade,* o conhecimento do vício por aquele a quem se fez a declaração" (TARTUCE, Flávio. *Direito Civil. Lei de introdução e parte geral*. 13.ed. Rio de Janeiro: Forense, 2017, v. 1, nº 7.2, p. 409);"Consiste este requisito em o erro ter de ser reconhecível do outro contratante" (MIRANDA, Custodio da Piedade Ubaldino. *Teoria geral do negócio jurídico*. 2. ed. São Paulo: Atlas, 2009, nº 8.3.3.3, p. 201). Há, contudo, alguns autores, ainda vinculados à visão individualista de proteção da vontade, que defendem a importância da escusabilidade do erro, vale dizer, da necessidade de o declarante não ter agido com negligência ao incorrer em erro: GAGLIANO, Pablo Stolze; PAMPLONA FILHO, Rodolfo. *Novo curso de direito civil, parte geral*. 14.ed. São Paulo: Saraiva, 2012, v.1, p. 395; GONÇALVES, Carlos Roberto. *Direito civil brasileiro, parte geral*. 10.ed. São Paulo: Saraiva. 2012, v. 1, p. 407.

[16]   RODRIGUES, Silvio. *Vícios de consentimento cit.*, nº 32, p. 43.

o negócio[17]. O critério legal de aferição da reconhecibilidade do erro toma como padrão o homem médio, "a pessoa de diligência normal" e leva, ainda, em conta as "circunstâncias do negócio". Quer dizer: não se exige uma diligência excepcional, nem se contenta com diligência mínima ou quase nula. A responsabilidade é a título de culpa (omissão de cautela) que haverá de ter existido, mas cujo grau não precisará ser grave, nem poderá ser apenas levíssimo.

Caberá ao juiz averiguar e dosar a culpa e, nessa operação não ficará adstrito a dados ideais ou hipotéticos apenas, mas fará a aferição *in concreto*, levando em conta as circunstâncias do negócio, o seu objeto e as qualidades das pessoas nele envolvidas. Só assim terá condições de concluir se, no quadro investigado, uma pessoa normal teria detectado o erro do outro contratante. Entendendo que sim, a não ocorrência da percepção terá se dado porque o beneficiário do negócio não agiu com a prudência normal, e por isso, concorreu culposamente para a consumação do ato viciado[18].

Ao contrário, se, nas circunstâncias apreciadas, o cocontratante tivesse sido diligente, como uma pessoa normal, teria constatado o erro e, lealmente, teria advertido o declarante para que o negócio não fosse consumado da maneira que o foi. É porque não agiu com a cautela do *homo medius*, na conjuntura negocial que não poderá impedir que o declarante em erro substancial promova a anulação de negócio defeituosamente praticado[19]. Impõe-se uma advertência final: o terceiro que negocia com o declarante em erro substancial não pode agir com a consciência de estar aproveitando do questionado erro, porque aí o vício de consentimento deixaria de ser o do art. 138 e passaria para o campo do dolo por omissão (art. 147). O defeito fica confinado ao erro apenas quando a conduta do contratante beneficiário for apenas culposa. E essa distinção é juridicamente significativa, uma vez que os efeitos do dolo são muito maiores do que os do erro, segundo a atual doutrina do negócio jurídico e os vícios de consentimento (ver adiante os itens 142, 143 e 144, especialmente).

140. A ESCUSABILIDADE DO ERRO

O Código de 1916 não arrolava a escusabilidade do erro como requisito de sua configuração. Certa doutrina, todavia, a considerava como implícita no conceito legal de erro substancial, no que foi largamente apoiada pela jurisprudência[20].

---

[17]   BETTI, Emilio. *Teoria geral do negócio jurídico cit.*, t. II, nº 53, p. 418.

[18]   BARBERO, Domenico. *Sistema de derecho privado*. Buenos Aires: EJEA, 1967, t. I, nº 245, pp. 524/525.

[19]   FERRARA, Luigi Cariota. *El negocio juridico*. Madrid: Aguilar, 1956, p. 483.

[20]   Segundo a doutrina do *erro escusável*, o negócio não deve ser afetado "quando o agente procede sem as cautelas normais, ou seja, tal que não o cometeria um indivíduo de inteligência comum" (PEREIRA, Caio Mário da Silva. *Instituições de direito civil*. 19. ed. Rio de Janeiro: Forense, 2001, v. I, nº 89, p. 329; RODRIGUES, Silvio. *Dos vícios de consentimento, cit.*, nº 42, p. 62).

A tese era de que o declarante não poderia agir sem os cuidados e a atenção de uma pessoa normal. Se fora desatento ou pouco cauteloso, teria incorrido no erro por sua culpa e, assim, não poderia pretender invalidar o negócio. O erro culposo e, por isso, inescusável, desautorizaria a pretensão de anulá-lo, já que a parte culpada não se poderia beneficiar da própria culpa[21].

Pontes de Miranda, porém, advertia que, não era correto introduzir na teoria do erro a investigação da culpa do declarante e, por isso, censurava a jurisprudência que excluía o vício de consentimento invalidante a pretexto de se mostrar *culposo* (isto é, inescusável) o erro cometido. Para o tratadista, mesmo no regime do Código de 1916, não havia lugar para condicionar a anulabilidade ao elemento da ausência de culpa. "Se o erro foi essencial, não há, inquirir-se de ter sido culpado em errar o figurante, ou em ser escusável, ou não, o erro. Tudo isto é completamente estranho ao direito brasileiro"[22].

De igual teor era a lição de Campos Batalha, na exegese do Código velho, para quem o direito brasileiro não comportava o requisito, outrora imposto pelo Código italiano de 1865, da "*escusabilidade* do erro, como critério da anulabilidade"[23].

Tal como o Código italiano, o atual Código brasileiro repeliu a proposta de inserção da escusabilidade na configuração do erro invalidante e conjugou a falsa noção da realidade em que agiu o declarante à conduta do outro contratante, este sim sujeito a culpa por não ter percebido que o primeiro agia equivocadamente.

O texto do art. 138 do Código brasileiro, foi recomendado pela comissão encarregada de rever seu projeto, ao argumento de que, de fato, a versão proposta, "só permite a anulação se a parte contratante, a quem se dirige a manifestação de vontade viciada por erro, poderia tê-lo percebido, se fosse pessoa de diligência normal, e em face das circunstâncias do negócio". Por isso, foi rejeitada a emenda que pretendia incluir, além da cognoscibilidade pelo outro contratante, a falta de culpa do declarante incurso em erro (escusabilidade). A justificativa adotada para a rejeição da emenda foi a de que deveria prevalecer a orientação do projeto no sentido de dificultar, e não de facilitar, a anulação por erro, tendo em vista as exigências de segurança e estabilidade dos negócios jurídicos[24]. Não se pode ter dúvida sobre o sentido e o

---

[21] "É anulável o ato jurídico por erro substancial, escusável e real, capaz de viciar a vontade de quem o pratica (art. 147, II, do CC)" (TJSC, Ap. nº 27.016, Rel. Des. Gaspar Rubick, ac. de 24.05.90, *RT*, 666/147). Não o conhecendo a outra parte, nem devendo conhecê-lo, e não sendo escusável o erro, "tem-se como válido o ato jurídico praticado e improcedente a ação de nulidade proposta" (TJPR, Ap. nº 439/86, Rel. Des. Renato Pedroso, ac. de 18.08.87, *RT*, 624/157).

[22] PONTES DE MIRANDA, Francisco Cavalcanti. *Tratado de direito privado*. São Paulo: Editora Revista dos Tribunais, 2012, t. IV, § 430, nº 4, p. 386.

[23] BATALHA, Wilson de Souza Campos. *Defeitos dos negócios jurídicos*. Rio de Janeiro: Forense, 1988, nº 3.4, p. 95.

[24] MOREIRA ALVES, José Carlos. *A parte geral do projeto do Código Civil brasileiro*. São Paulo: Saraiva, 1986, pp. 140/141.

Capítulo XI: Do Erro ou Ignorância | **355**

objetivo do novo regime da anulabilidade a título de erro essencial no Código Civil atual. O exemplo da lei italiana foi claramente adotado entre nós. Não há mais que se indagar sobre a escusabilidade do equívoco cometido pelo declarante, para ter-se como viciado o negócio jurídico[25]. A lei se inspira na teoria da confiança e não mais da responsabilidade[26]. A socialidade do direito das obrigações contemporâneo afasta-se da tutela da vontade, para valorizar a segurança e a confiança que, no exterior da declaração de vontade, deve prevalecer.

141. A RECONHECIBILIDADE DO ERRO

O sistema do Código brasileiro, extraído do modelo italiano, se funda na reconhecibilidade e não na escusabilidade do erro. Não se quer, nesse critério legal, que o erro de um dos contratantes possa conduzir, com a anulação do contrato, a prejudicar os interesses do outro contratante, se este não reconheceu nem podia reconhecer o erro[27]. Segundo os padrões objetivos da boa-fé e da confiança.

É da conduta de quem contrata com o declarante em erro que se irá concluir pela anulabilidade ou não do negócio jurídico. Quem declara vontade sob falsa noção da realidade em torno de causa ou elemento essencial do negócio sempre cometerá erro substancial, tenha ou não culpa pelo evento. A anulabilidade, contudo, não dependerá apenas do erro. A ele terá de associar-se a conduta culposa do destinatário da declaração, que tendo condições de perceber o erro do declarante, não o fez e, assim, se tornou responsável pela conclusão do negócio equivocado do outro contratante.

---

[25] Na atual configuração feito pelo art. 138, "a escusabilidade do erro como requisito para a anulação é secundária. O negócio só será anulado se presumível ou possível o reconhecimento do erro pelo outro contratante. Uma das partes não pode beneficiar-se com o erro de outra. Deve ser real, palpável e reconhecível pela outra parte, importando efetivo prejuízo para o interessado" (DINIZ, Maria Helena. *Curso de direito civil brasileiro*. 18. ed. São Paulo: Saraiva, 2002, v. I, p. 383).

[26] "Na sistemática do art. 138, é irrelevante ser ou não escusável o erro, porque o dispositivo adota o princípio da confiança" (Enunciado nº 12, aprovado na I Jornada de Direito Civil, realizada pelo Centro de Estudos Jurídicos do Conselho da Justiça Federal). Nesse sentido, também, a jurisprudência do STJ: "De acordo com o art. 138 do CC/02, não é necessário que o erro seja escusável ou justificável para que se dê a anulabilidade do negócio jurídico" (REsp. 1.492.611/MG, 3ª T., Rel. Min. Moura Ribeiro, ac. 22.08.2017, *DJe* 31.082017). Entretanto, há entendimento em sentido contrário: "O erro apto a caracterizar o vício de consentimento deve ser escusável, não podendo a ação negatória de paternidade fundar-se em mera dúvida, desconfiança que já havia ou deveria haver quando do reconhecimento voluntário, mormente em relacionamentos efêmeros, em que o envolvimento das partes restringe-se à conotação sexual" (STJ, 3ª T., REsp. 1.272.691/SP, Rel. Min. Nancy Andrighi, ac. 05.11.2013, *DJe* 08.11.2013).

[27] "Non si è voluto che l'errore di uno dei contraenti potesse condurre, con l'annulamento del contratto, a pregiudicare gli interessi dell'altra parte contraente che non ha riconosciuto nè poteva riconoscere l'errore" (ROTONDI, Mario. *Istituzioni di diritto privato*. Pávia: Ed. Tipografia del Libro, 1954, p. 141).

Explica Moreira Alves que o intuito inicial do Projeto foi o de conservar o sistema concebido pela jurisprudência estabelecida durante a vigência do Código de 1916, segundo a qual somente o erro *escusável* permitiria a anulação. Não se cogitava da *cognoscibilidade* do erro pela outra parte como requisito necessário à configuração do defeito do negócio jurídico. Uma sucessão de retificações e emendas, todavia, fez com que o texto último do projeto que afinal veio a transformar-se no atual Código, contivesse a definição do erro substancial sem exigir a *escusabilidade* por parte de quem o cometeu, mas com a obrigatoriedade de que se apresente como *cognoscível* pelo destinatário da declaração, tal como se passa no direito italiano[28].

Para o modelo adotado pelo Código, portanto, o que importa, em matéria de erro, não é sua escusabilidade ou inescusabilidade, mas sua reconhecibilidade por parte daquele que se beneficiou da declaração[29].

142. TEORIA DA VONTADE E TEORIA DA DECLARAÇÃO

Já se explicou nas observações introdutórias aos "defeitos do negócio jurídico" que a doutrina registrou seríssima controvérsia entre os defensores da "teoria da vontade" e os da "teoria da declaração", no campo do negócio jurídico e seus vícios.

O problema consiste em definir a diretiva a seguir quando na prática do negócio jurídico se detecta um conflito entre a vontade real e a vontade declarada. Os sistemas concebidos situam-se em posições antagônicas. Aqueles que, a exemplo de Savigny, adotam a *teoria da vontade*, preconizam a supremacia sempre da vontade real ou verdadeira, já que somente esta deveria ter a força de produzir efeitos jurídicos. A vontade é cultuada como dogma absoluto[30].

Em postura diametralmente oposta, posicionam-se os adeptos, como Saleilles, da *teoria da declaração*, que faz prevalecer a vontade declarada, ainda que não verdadeira. Isto porque não é possível, via de regra, atingir o íntimo da vontade, senão por meio da declaração. Esta é a única que de fato existe para o direito e é, pois, sobre ela que se há de aplicar a técnica da interpretação autorizada pela lei; além do que aquele que faz uma declaração jurídica, aceita se prender, em face do destinatário, pelo sentido normal das expressões utilizadas; a não ser assim, não se encontraria segurança alguma nas relações jurídicas. Por isso, o sistema se diz presidido pela *teoria da declaração*[31].

---

[28] MOREIRA ALVES, José Carlos. *A parte geral do projeto de código civil brasileiro cit.*, p. 111, nota.

[29] "L'errore riconoscibile, inoltre è sempre causa di annullabilità del contratto, anche se scusabile, in quanto ingenera, comunque, l'affidamento della contraparte" (DIENER, Maria Cristina. *Il contratto in generale*. Milano: Giuffrè, 2002, nº 14.12.2, p. 770).

[30] AZEVEDO, Antônio Junqueira de. *Negócio jurídico*. 4.ed. 15 tiragem. São Paulo: Saraiva, 2018, p. 74.

[31] AZEVEDO, Antônio Junqueira de. *Negócio jurídico cit.*, p. 74-75.

O Código francês, do início do século XIX, é dado como modelo da teoria da vontade, enquanto o alemão, vindo à luz um século depois, é tido como padrão da teoria da declaração. A verdade, porém, é que, malgrado a filosofia inspiradora da lei francesa e o pragmatismo da lei germânica, a evolução jurisprudencial nos dois países se fez no rumo de amenizar o radicalismo das duas teorias antagônicas. Entre os tribunais alemães passou-se a cogitar não somente do aspecto objetivo do crédito (segurança das relações jurídicas), mas também do "respeito à vontade individual". Na justiça francesa, por sua vez, notou-se o afastamento do "servilismo à vontade das partes" para não sacrificar tudo a esta, e se preocupar também com a proteção à "segurança dos negócios contra as flutuações do foro interno"[32].

Daí a conclusão a que se chegou no curso do século XX: as soluções encontradas pelas jurisprudências francesa e alemã aplainaram as divergências teóricas e encaminharam o tratamento do erro na prática do negócio jurídico para um ponto de harmonização[33].

Assim, foi possível implantar-se um sistema equilibrado de tutela conjugada para o respeito à vontade interna e para a segurança das relações jurídicas. Concluiu-se que, no terreno prático, nenhuma das duas teorias poderia ser levada às últimas consequências:

"De fato, admitindo-se que o direito francês e o direito alemão partam de concepções opostas, eles se aproximam muito no que concerne às soluções admitidas pela jurisprudência dos dois países. Se nossos acórdãos sempre afirmam que é preciso procurar a vontade interna, em numerosos casos eles tomam em consideração a declaração de vontade; nós os verificaremos a propósito da formação do contrato e dos erros de transmissão, a propósito da interpretação dos contratos e principalmente de suas cláusulas claras e precisas"[34].

Com efeito, não se pode dissociar a vontade da declaração, já que "na expressão da vontade faz um corpo só com a própria vontade", na dicção de Julliot de La Morandière[35].

Para Antônio Junqueira Azevedo não há dois elementos distintos no negócio jurídico: a *vontade* e a *declaração*, como admitem as duas teorias contrapostas. O elemento do negócio, *in casu*, é um só: a declaração de vontade. A vontade interna é um antecedente e não um elemento do negócio jurídico; não faz parte dele. Deve-se atender, no entanto, a que a declaração resulta de um processo volitivo, pois não

---

32 RIEG, Alfred. *Le rôle de la volontè dans l'acte juridique en droit civil français et allermand*. Paris: LGDJ, 1961, 10, *apud* AZEVEDO, Antônio Junqueira de. *Ob. cit.*, p. 79.

33 RIEG, Alfred. *Ob. cit., loc. cit.*

34 JULLIOT DE LA MORANDIÈRE, Léon. *Apud* COLIN, Ambroise, CAPITANT, Henry. *Traitè de droit civil*. Paris: Dalloz, 1959, p. 327. Tradução de Antônio Junqueira de Azevedo, *ob. cit.*, p. 80.

35 *Ob. cit., loc. cit.*

sendo assim o negócio não existirá ou não valerá. O problema é de ordem legal, pois cabe ao direito positivo admitir, ou não, a influência da vontade interna sobre a declaração, assim como definir até que ponto essa influência será levada em conta no plano da validade do negócio jurídico.

Não há, no entendimento do Professor paulista, necessidade alguma de optar por uma ou outra teoria a propósito da divergência entre vontade e declaração. O que se há de indagar é sobre o grau de sanção que a ordem jurídica previu para a hipótese. É justamente por isso que nenhuma das duas teorias jamais teve aceitação integral. Aliás, ambas, em seu radicalismo, não observavam metodologia correta[36].

O que a lei faz é, na determinação da validade do negócio jurídico, que só existe em função da *declaração de vontade*, dar relevância, em determinadas circunstâncias, ao erro cometido pelo agente no *iter* de formação de seu querer interno, que antecedeu a declaração. O erro, então, torna-se elemento utilizável na interpretação do negócio jurídico e, conforme as circunstâncias em que tenha ocorrido, pode tornar-se causa de sua invalidação. Terá havido declaração de vontade em situação de conferir existência ao negócio, mas em moldes defeituosos. O negócio existente será anulável. A lei, portanto, transforma a ausência do erro substancial em requisito de validade do negócio jurídico. A sanção da anulabilidade é sobretudo prática e é tomada sem dependência a uma teoria ou outra. Decorre da necessidade intuitiva de proteger, adequada e convenientemente, tanto a liberdade de formar e manifestar a vontade interna como a de defender os interesses sociais de segurança das relações jurídicas.

143. AS TEORIAS DA RESPONSABILIDADE E DA CONFIANÇA

Da impotência das teorias da vontade e da declaração para justificar as soluções concretas que a lei adota para enfrentar o erro como causa de anulação do negócio jurídico, surgiu a concepção intermediária que recebeu o nome de *teoria da responsabilidade*.

Por essa teoria, em princípio a vontade deve prevalecer sobre a declaração, isto é, sendo viciada a vontade na sua formação interna, o negócio deverá ser invalidado. No entanto, faz-se uma concessão à eficácia prevalente da declaração sobre a vontade real, se o erro tiver sido fruto de culpa do declarante. Foi assim que se introduziu no domínio do erro substancial o requisito de sua escusabilidade, que outra coisa não é senão a falta de culpa do declarante por sua equivocada declaração.

Na realização do negócio jurídico o declarante tem o dever de observar as cautelas com que age uma pessoa normal, nas circunstâncias em que a contratação tenha se verificado.

---

[36] *Ob. cit.*, p. 83.

Embora em princípio devam ser invalidados todos os negócios oriundos de declaração manifestada em erro substancial, a conduta negligente da parte impede seja aplicada a sanção normal prevista para essa espécie de vício de consentimento. A culpa do agente pelo erro priva-o do direito de anular o negócio em que se deu a defeituosa noção da realidade. A falha terá ocorrido porque a parte não observou as cautelas que as circunstâncias do negócio lhe exigiam. Escusabilidade, destarte, seria sinônimo de falta de culpa, e inescusabilidade equivaleria à ocorrência de culpa do contratante que praticara o erro.

A lei, nessa ordem de ideias, estabeleceria uma sanção para o contratante culpado pelo próprio erro: deveria sujeitar-se a manter-se obrigado pela declaração de vontade e, assim, malgrado o vício de vontade, estaria privado do poder de anular o negócio[37].

Para aferir a *escusabilidade* (falta de culpa), preconizava-se a comparação da atitude concreta da parte que incorrera em erro, com o comportamento que uma pessoa normal teria adotado nas circunstâncias do negócio. Não se deveria tomar em consideração nem o comportamento excessivamente cauteloso, nem o completamente displicente ou descuidado. Medir-se-ia a culpa segundo o comportamento médio exigível de uma pessoa razoavelmente prudente.

Não se deveria, naturalmente, pautar por um homem médio em caráter excessivamente genérico, sem atribuir peso algum aos dados pessoais do declarante. Ao contrário, para ter-se a ideia de pessoa normal para aferição da culpa pelo erro, haveria de se enfocar o contratante com suas aptidões, para normalmente detectar o erro em que incorrera. É dele que se haveria de exigir uma conduta determinada. É, pois, em relação a ele que se teria de apurar se o procedimento concreto foi ou não de uma pessoa normal. Teria a parte, em suas condições pessoais, usado as cautelas a seu alcance para evitar o erro? Assim, valorizando sua capacidade pessoal, chegar-se-ia a uma normalidade adequada às condições em que o negócio se aperfeiçoou, e não a uma normalidade do *homo medius* abstratamente idealizada. Com isso se poderia evitar a injustiça de exigir do contratante uma conduta para a qual não estava preparado.

Advertência que se tem feito habitualmente é que a regra maior a observar em todos os casos de anulabilidade do negócio jurídico por erro substancial é a que preconiza a valoração das circunstâncias específicas do negócio, dando-lhe mais relevo que aos padrões rígidos traçados genericamente pela lei ou pela doutrina. Na verdade, a determinação da escusabilidade ou não do erro, sempre foi tema que se deixou a cargo do critério dos juízes, caso a caso.

---

[37] CIFUENTES, Santos. *Negócio jurídico – estrutura, vícios, nulidades.* 1ª reimp. Buenos Aires: Astrea, 1994, § 171, p. 338.

Não que se tenham estimulado juízos arbitrários e subjetivos. O ideal sempre se mostrou identificável na procura do cotejo do caso concreto com o que normalmente se passa na experiência da vida formada em relação a situações similares. Tem-se de ponderar que em todos os atos humanos existe sempre uma dose variável de erro e de culpa e, assim, é de concluir-se que teria havido *razão para errar* quando não tiver existido *culpa* ou quando, verificada a culpa, não tivesse ela sido de caráter grave; isto é, não teria ultrapassado o nível médio de tolerância no meio social[38].

Em face da teoria da responsabilidade, a indagação que se fazia era a quem tocava o ônus de provar a escusabilidade ou a inescusabilidade do erro substancial. De maneira geral, imputava-se ao titular da pretensão de anular o negócio jurídico o encargo de provar seu erro, porque ele representaria o fato constitutivo do direito potestativo deduzido em juízo. Não se afigurava razoável exigir-lhe também a prova da escusabilidade, porque isto, na verdade, corresponderia a um juízo valorativo imanente ao próprio erro, de sorte que ao promovente da ação nada mais que o erro teria de provar. Ao contrário, demonstrado o erro, o ônus da prova de sua ineficácia para invalidar o negócio jurídico deveria recair sobre a parte que pretendesse manter a sua validade, não obstante o vício de vontade[39]. A negligência culposa capaz de impedir a configuração do erro substancial, com efeito, não corresponde à normalidade, mas à anormalidade. Por isso, entendia Savigny que no erro de fato "a presunção é a favor do agente e só se se demonstrar que agiu por uma negligência que, em geral, se qualifica como grave, dito erro poderia ser prejudicado"[40]. Todas essas preocupações com a escusabilidade do erro e o respectivo *onus probandi* perderam relevância quando a tendência dos códigos mais novos se manifestou favorável à substituição do sistema da *responsabilidade* pelo da *confiança*. É o que se deu primeiro com o Código italiano, depois com o português, em seguida com o peruano e, por fim, com o brasileiro.

Nesse novo padrão de repressão ao erro substancial[41], o que define a força invalidante do erro cometido na declaração de vontade é a conduta do destinatário. Permite-se a anulação não apenas porque uma parte cometeu erro substancial na

---

[38] CIFUENTES, Santos. *Ob. cit.*, § 172, pp. 340/341. No mesmo sentido é o entendimento de Manuel Albaladejo, para quem "é *inescusável* o erro, quando se tivesse observado uma conduta razoável se poderia tê-lo impedido, de forma que se se caiu nele foi por culpa de quem o sofreu, por não ter observado a diligência que o caso exigia, com a qual se poderia tê-lo evitado"; já o erro *escusável* é "aquele no qual se pode razoavelmente cair, ainda que se caia por causa do que erra, sempre que não seja por culpa sua" (ALBALADEJO, Manuel. *Derecho Civil – I – Introducción y parte general*. 14.ed. Barcelona: Bosch, 1996, v. II, p. 208).

[39] DE CUPIS. *La sanabilità del erore nei negozi giuridici*, cap. X, nº 33, *apud* CIFUENTES, Santos. *Negócio jurídico cit.*, § 175, p. 343.

[40] SAVIGNY, Frederic Charles di. *Sistema del derecho romano actual*. Madrid: Centro Editorial de Góngora, 1878/1879, t. II, pp. 393/394; CIFUENTES, Santos. *Negócio jurídico cit.*, § 175, p. 343.

[41] FERRARA, Luigi Cariota. *Il negozio giuridico nel diritto privato italiano*. 5.ed. Napoli: Morano, s/d, p. 70; RÁO, Vicente. *Ato jurídico*. 2.ed. São Paulo: Saraiva, 1979, p. 196.

Capítulo XI: Do Erro ou Ignorância | **361**

formação da vontade interna, mas porque o destinatário da declaração também teve culpa na consumação do negócio viciado. Tivesse este agido com a cautela de pessoa normal nas circunstâncias do negócio teria percebido o erro do outro contratante e, assim, poderia impedir a defeituosa formação da relação jurídica.

No Código italiano (arts. 1.428 e 1.431) e no Código português (art. 247º) cogita-se da *substancialidade* do erro e da sua *reconhecibilidade pelo outro contratante*. "Não há, sequer um artigo prevendo que o erro, para justificar a anulação, deva ser escusável"[42].

É certo, contudo, que o atual Código brasileiro, esposou, de forma clara, a teoria da confiança e, quase literalmente, reproduziu o art. 1.428 do Código italiano[43], ao dispor que "são anuláveis os negócios jurídicos, quando as declarações de vontade emanarem de erro substancial que poderia ser percebido por pessoa de diligência normal, em face das circunstâncias do negócio" (art. 138).

Vale para a disposição do Código brasileiro, portanto, a observação da doutrina italiana consolidada de que o antigo regime da *escusabilidade* foi substituído pelo da *reconhecibilidade*, de sorte que perdeu relevância a indagação sobre ser ou não escusável o erro cometido pelo declarante[44].

Se a situação da parte que incorre em erro não é decisiva para a anulabilidade, no que diz respeito a escusabilidade ou não de seu erro, o dado continua importante para aferir a cognoscibilidade por parte do outro contratante. Isto é, o dever de evitar o locupletamento por decorrência do erro, faz com que o destinatário da declaração de vontade deva ter mais atenção às condições pessoais do declarante. Pelo princípio da lealdade, terá de observar o nível de compreensão e discernimento, de experiência negocial do outro contratante, porque a partir desses detalhes será mais fácil perceber o erro quando praticado[45].

---

[42] AZEVEDO. Antônio Junqueira de. *Negócio jurídico cit.*, p. 114. Esse autor, embora reconheça ter o padrão da teoria da confiança afastado o requisito da escusabilidade do erro, substituindo-o pela reconhecibilidade da outra parte, não considera boa essa solução legislativa, porque representa, a seu ver, excesso de preocupação com a segurança do comércio jurídico, em prejuízo do fundamento moral da teoria dos vícios de consentimento (*ob. cit.*, p. 115).

[43] Código Civil italiano: Art. 1.328 – *Rilevanza dell'errore – L'errore è causa di annullamento del contratto* (c. 122, 483, 624, 787, 1391, 1973 ss., 2732) *quando è essenziale* (c. 1429) *ed è riconoscibile dall'altro contraente* (c. 1431)".

[44] "*Non si ritiene che sia da richiedere a parte il requisito di scusabilità, come invece è stabilito per l'errore che giova a chi vi incorre come fondamento della sua buona fede*" (TRABUCCHI, Alberto. *Istituzioni di Diritto Civile*. 38. ed. Padova: CEDAM, 1998, nº 71, p. 155, nota 1).

[45] "Se o negócio jurídico de compra e venda de imóvel tem como alienante pessoa de avançada idade, naturalmente confusa com as sucessíveis mudanças de padrão monetário, e é ajustado por preço inferior a um terço de seu valor real, presente está o vício do erro ensejador de nulidade" (TAMG, 2ª CC., Ap. nº 206.664-2, Rel. Juiz Caetano Levi Lopes, ac. de 21.11.1995, *Rev. JTA – MG*, 61/271).

143.1. O problema da responsabilidade na declaração errônea de vontade

Uma das dificuldades do atrelamento da base do negócio jurídico à vontade ou à sua declaração se localiza na explicação de como a declaração errônea não provoca a nulidade do negócio, mas permite apenas sua impugnação e, às vezes, nem mesmo a impugnação é admitida pela ordem jurídica. Assim, há casos em que a declaração, reconhecidamente, foi manifestada em erro e, mesmo assim, a lei mantém sua eficácia, por entender que há motivo para não invalidá-la.

Fugindo dessa incongruência, a doutrina subjetivista procura abrandar ou relativizar a tese da vontade, com o seguinte argumento:

"É que normalmente também existe, nesse caso, uma configuração jurídico-negocial do ponto de vista daquele que declarou erroneamente. Se o ordenamento jurídico permite que valha a declaração errônea, é porque atribui ao declarante, no exercício de sua autonomia privada, a *responsabilidade* pelo equívoco na configuração jurídico-negocial. No caso da consequência jurídica configurada erroneamente (...) não se questiona se o efeito jurídico da declaração errônea, dadas as circunstâncias do caso, é 'justo', se responde às exigências da boa-fé, mas sim que tem vigência em virtude da declaração, da mesma maneira que se passa quando a declaração está isenta de vícios"[46].

A *teoria da declaração de vontade* – sem embargo da resistência dos voluntaristas –, na realidade, estaria cedendo lugar à *teoria da confiança*, ao justificar que o declarante *em erro* teria de responder pelo negócio jurídico, não podendo se valer do *vício de consentimento* para escapar dos efeitos do negócio. Da mesma forma que o declarante errôneo deve responder pelo negócio, em face do terceiro de boa-fé, o beneficiário do negócio defeituoso não pode impedir sua anulação se sabia ou deveria saber que a outra parte agia em erro. A boa-fé e a confiança determinam a sorte da declaração errônea em qualquer uma das duas hipóteses. Explica Werner Flume:

"Apesar da possibilidade de impugnação, em caso de erro vale a declaração de vontade, mesmo que a consequência jurídica não tenha sido configurada finalmente com o conteúdo da declaração resultante da aplicação dos princípios da interpretação. Assim se pode dizer que, em caso de declaração de vontade errônea, a consequência jurídica é produzida *ex lege*, e não em virtude de sua configuração autônoma privada, meramente reconhecida pelo ordenamento jurídico. Não obstante, no caso de declaração de vontade errônea, ainda estamos diante de uma manifestação que se há de imputar à declaração de vontade, mesmo sendo um caso patológico da espécie"[47].

---

[46] FLUME, Werner. *El negocio jurídico. Parte general del derecho civil*. 4.ed. Madrid: Fundación Cultural del Notariado, 1998, t. II, p. 168-169)

[47] FLUME, Werner. *El negocio jurídico cit.*, p. 168.

Melhor, porém, será reconhecer a insuficiência da teoria da vontade ou de sua declaração para continuar fundamentando o negócio jurídico, de maneira objetiva, na teoria da autonomia privada, terreno em que atua a função social das instituições jurídicas em presença dos princípios da boa-fé objetiva, da confiança e da segurança jurídica.

143.2. Erro e confiança: responsabilidade

Na verdade, como reconhece Flume, "a *palavra dada,* inclusive no caso de erro, é algo diferente de uma conduta da qual apenas se infere que o agente reconhece ou executa uma regulação jurídico negocial. A quem dá sua palavra, por princípio, se lhe pode tomar essa mesma palavra. A responsabilidade conforme o §122 [B.G.B.] pelos danos à confiança em caso de impugnação [anulação] apoia-se na consideração de que quem emite uma declaração de vontade, vale dizer, quem dá sua palavra a outro, sempre é *responsável* por que o outro não sofra danos por confiar na palavra dada"[48].

A solução do problema, de tal sorte, reside na "responsabilidade", que, por vezes, se superpõe à teoria da declaração da vontade e se justifica pela *teoria da confiança*, que tutela o destinatário dos efeitos do negócio viciado, como terceiro de boa-fé merecedor da tutela jurídica, na espécie, mais do que o responsável pela declaração errônea.

144. PREOCUPAÇÃO PREDOMINANTE COM OS RISCOS DO NEGÓCIO

O tratamento do erro apenas como *vício da vontade* reflete um estágio superado, porque arraigado ao individualismo. As preocupações atuais se voltam, com preponderância, para a tutela dos interesses coletivos ou sociais, embora sem anular, é claro, o indivíduo, sua personalidade, e seus interesses individuais, mas sempre fazendo prevalecer a segurança e a paz no relacionamento jurídico com apoio em anseios que transcendem o puro resguardo da esfera individual.

Nesse clima, para o direito contemporâneo, o que adquire maior relevância não é o defeito na formação da vontade, mas são as consequências práticas que do erro derivam. E dentre elas, a mais significativa é a alteração na organização contratual de interesses. Não se admite, mais, que a solução do problema se dê apenas sob a ótica do interesse patrimonial, ou não, do contratante incurso em erro. Há uma complexidade a envolver interesses outros que, não obstante a vontade defeituosa do agente, podem justificar, socialmente, a manutenção do vínculo contratual, como a estabilidade dos contratos, a confiança do outro contratante, a segurança do tráfico jurídico[49].

---

48   FLUME, Werner. *El negocio jurídico cit.,* p. 170.
49   MORENO, A. M. Morales. *Error: vício da vontade,* verbete *in Enciclopédia Jurídica Básica.* Madrid: Editorial Civitas, 1995, v. II, p. 2.853.

NEGÓCIO JURÍDICO • *Humberto Theodoro Jr. e Helena Lanna Figueiredo*

Para superar as deficiências da teoria do vício da vontade, a solução preconizada pela doutrina e pelos Códigos mais modernos encaminha o erro para o campo dominado pela teoria do risco. O que se deve fazer é uma repartição entre os contratantes de certos riscos da contratação. Dessa maneira, o erro em sua pureza (erro causal) é um risco a ser encarado de modo mais objetivo que subjetivo, deixando de lado antigos critérios que o vinculavam à culpa, ou não, daquele que o cometia. A lei deve ocupar-se de partilhar esse risco entre os sujeitos do negócio jurídico, e não atribuí-lo aprioristicamente apenas ao declarante. Para tanto, há de eleger critérios equitativos de repartição.

Seguindo-se princípios como o da confiança, o que se tem de levar em conta não é o modo com que o erro se produziu, enquanto fenômeno psicológico, e, sim, o modo com que sua incidência se deu sobre o contratado, e as naturais expectativas do destinatário da declaração de vontade e do mercado em torno do tráfico a que serve a figura jurídica praticada[50].

Essa é a perspectiva que conduz ao abandono da vertente da culpa e da escusabilidade para privilegiar, na configuração do erro substancial, a cognoscibilidade do vício pelo destinatário da declaração. É a confiança entre os contratantes que tem de ser ponderada: "A imputação do erro não se baseia no dolo ou na má-fé, mas na confiança: devemos estar cientes das consequências da confiança gerada. Isto se conecta com a noção de cognoscibilidade do erro que manejam outros ordenamentos"[51]. É o caso dos Códigos da Itália, Peru e Portugal e, agora, do Brasil.

145. REQUISITOS DO ERRO INVALIDANTE

Para que o erro se apresente como causa de anulabilidade do negócio jurídico deve atender a dois requisitos: a) deve ser *substancial* e b) *reconhecível*[52].

A respeito da *substancialidade* (ou *essencialidade*), a lei brasileira não tem um conceito geral. Limita-se o Código a arrolar, casuisticamente, situações em que o erro pode se qualificar como substancial (art. 139)[53]. Segue o mesmo critério do Código italiano que mereceu censura da doutrina pela incerteza ou insegurança que

---

50 MORENO, A. M. Morales. *Ob. cit., loc. cit.*
51 "La imputación del error no se basa en el dolo o en la mala fe, sino en la confianza: hay que estar a las consecuencias de la confianza suscitada. Esto conecta con la noción de cognoscibilidad del error que manejam otros ordenamientos" (MORENO, A. M. Morales. *Ob. cit.*, p. 2.855).
52 TRABUCCHI, Alberto. *Istituzioni cit.*, nº 71, p. 153.
53 Código Civil brasileiro, art. 139: "O erro é substancial quando: I – interessa à natureza do negócio, ao objeto principal da declaração, ou a alguma das qualidades a ele essenciais; II – concerne à identidade ou à qualidade essencial da pessoa a quem se refira a declaração de vontade, desde que tenha influído nesta de modo relevante; III – sendo de direito e não implicando recusa à aplicação da lei, for o motivo único ou principal do negócio jurídico."

Capítulo XI: Do Erro ou Ignorância | **365**

provoca na comparação, harmonização e inteligência das hipóteses casuisticamente elencadas em lei.

Na tentativa de sistematização da figura do erro, uma corrente doutrinária propõe uma conceituação que possa substituir e superar o casuísmo legal e que, assim, proporcione melhores condições para o trabalho científico do analista que se ocupa do cogitado vício de consentimento. Por essa concepção, que se mostra bastante razoável, considera-se *erro essencial* (seja de direito, seja de fato) o que: "a) recaia sobre um dos elementos constitutivos ou, em sentido lato, sobre o objeto do contrato; b) seja determinante do consenso"[54].

Com efeito, a síntese em questão procurou extrair do casuísmo legal o que se esponta como o caracterizador comum do erro substancial, e o fez de modo a se desprender dos aspectos puramente subjetivos, para privilegiar dados objetivos extraídos de elementos localizados ao exterior da esfera do agente.

É claro, nesse enfoque, que o erro substancial, para influir na eficácia do negócio, tem de ter atuado, necessariamente, e em primeiro lugar, sobre o *consentimento*. E, em seguida, tenha incidido sobre o *objeto*, em sentido amplo, do contrato[55].

A discriminação entre o erro substancial e o não substancial leva a ter-se como juridicamente irrelevante todo o erro que, mesmo tendo exercido influência determinante sobre a declaração, tenha recaído sobre elementos extrínsecos ao conteúdo objetivo do negócio (erros sobre *motivos*). Tais erros, que não atingem os elementos formadores do objeto do contrato, pertencem à esfera subjetiva dos interesses, onde se colocam avaliações e expectativas do contratante, que mesmo estando em conexão com o negócio, não chegam a fazer parte da "economia" do contrato, e, por isso, não socorrem à parte em erro a seu respeito, para fugir da força da relação jurídica criada[56].

---

[54] ROSELLO, Carlo. *Verbete "Errore nel dirritto civile". Digesto delle discipline privatistiche. Sezione civile,* Torino, UTET, 1994, v. VII, p. 513; FEDELE. *Della annullabilità del contratto, in Comm.* D'AMELIO e FINZI, Firenze, 1948, pp. 709 ss.; CARRESI. *Il contratto, in* CICU e MESSINEO. *Trattato,* Milano, 1987, p. 442, *apud Digesto cit.,* v. VII, p. 521.

[55] ROSELLO, Carlo. *Errore nel diritto civile cit.,* p. 513. "Em suma, para ser considerado como defeito viciador da vontade, o erro há de constituir uma opinião errada sobre condições essenciais determinantes da manifestação de vontade, cujas consequências não são realmente queridas pelo agente" (PEREIRA, Caio Mário da Silva. *Instituições de direito civil cit.,* n° 89, p. 437); "O primeiro pressuposto do erro é a essencialidade. Não basta qualquer erro para que seja motivo de anulação do negócio; é necessário que o fato ou a circunstância sobre que incidiu o erro tenha sido decisivo na determinação da vontade, tenha sido essencial por forma que o legislador terá querido referir-se a este elemento quando fala em erro substancial; sem a consideração desse fato ou circunstância, o errante não teria emitido a declaração judicial" (MIRANDA, Custodio da Piedade Ubaldino. *Teoria geral do negócio jurídico.* 2. ed. São Paulo: Atlas, 2009, n° 8.3.3.2, p. 200).

[56] ROSELLO, Carlo. *Ob. cit., loc. cit.*

146. ERRO ATUAL E ERRO FUTURO

De outro lado, e porque o tratamento do erro substancial deve ser apreciado estritamente nos limites do conteúdo do contrato, como indica o elenco das hipóteses legais, deve-se evitar analisá-lo à luz de avaliações que levariam em conta representações psíquicas e motivações individuais do contratante em torno de errôneas previsões econômicas ou da conveniência do negócio. O erro, por natureza, pressupõe a possibilidade do exato conhecimento da realidade, e, então, não pode incidir senão sobre o que já existe, ou já existiu e nunca sobre simples previsões ou expectativas de problemáticos resultados econômicos do negócio. Residem fora, portanto, do âmbito do erro substancial, os equívocos de previsão econômica[57]. Não seria erro substancial, nesse enfoque, o equívoco cometido quanto à rentabilidade que o negócio poderia propiciar à parte.

Há, porém, quem recuse procedência à discriminação do *error in futurum*, e afirme que o vício de consentimento não é diverso em relação à ideia do passado e em face da imagem de algo que se antevê e que, na realidade jamais irá acontecer. Tanto com referência ao passado como ao futuro, o homem raciocina à base de imagens e, por isso, pode formar ideias errôneas tanto sobre o que já aconteceu como sobre o que deve acontecer[58].

De fato, Larenz demonstra não existir diferença essencial entre o erro sobre as circunstâncias passadas ou atuais e as futuras[59]. O que se deve ter em conta, a nosso modo de ver, é a distinção necessária entre *simples estimativa* e *perspectiva econômica*, de um lado, e a *causa* (fundamento) *do negócio jurídico*, de outro. Enquanto mera previsão, a circunstância futura não passa de motivo, que a teoria do erro exclui do campo dos defeitos invalidantes (CC, art. 140). Um evento futuro, no entanto, pode ter sido a causa determinante do negócio, segundo os termos do ajuste ou as circunstâncias ostensivas da contratação.

Para que se admita como erro substancial, a projeção futura tem de ultrapassar o limite do "falso motivo", para tornar-se, nos termos do negócio, "razão determinante". Se se negociou, por exemplo, a aquisição de um terreno contando as partes com que passasse em determinado prazo a ser edificável, e se tal previsão – causa eficiente do contrato – não se verificou, aí, sim, é de ter-se como configurada a anulabilidade. Nos exemplos de Larenz, extraídos da jurisprudência alemã, a admissão do erro quanto ao futuro fundou-se sempre em perda ou extinção do "fundamento do negócio"[60].

---

[57] ROSELLO, Carlo. *Ob. cit.*, p. 514.

[58] FERREIRA, Durval. *Erro negocial*. Coimbra: Almedina, 1998, nº 7.1, p. 16; LIMA, Pires de e VARELA, Antunes. *Código civil anotado*. 4.ed. Coimbra: Coimbra Ed., 1987, v. I, p. 236, anotação 2, inc. 3, ao art. 252º.

[59] LARENZ, Karl. *Derecho civil – Parte general*. Madrid: Edersa, 1978, p. 539.

[60] FERREIRA, Durval. *Erro negocial cit.*, nº 7.1, pp. 18-19.

147. ERRO OBSTATIVO E ERRO VÍCIO

O Código disciplina apenas o erro que conduz à anulabilidade do negócio jurídico, por falsa noção da realidade a respeito de elementos que o integram (*erro vício*). Mas a doutrina prevê a possibilidade de um outro tipo de erro cuja verificação é motivo de consequência muito mais grave. Trata-se do *erro obstativo* ou *erro obstáculo*.

Com efeito, tem-se o erro obstativo quando ocorre uma discrepância inconsciente entre a declaração e a vontade. Enquanto no erro vício, a vontade e a declaração coincidem, embora defeituosamente, no erro obstativo o defeito está na própria declaração, que não corresponde ao querer do declarante[61].

A denominação *erro obstativo* é bastante expressiva, porque o efeito dele decorrente é a não formação do acordo de vontades, já que o erro se dá em torno da identificação da coisa objeto do contrato, ou sobre a natureza do negócio jurídico. Assim, verifica-se um obstáculo à formação do acordo de vontades, porquanto as partes não são convergentes, voltando-se cada uma para coisa ou negócio diferente do que o realmente visado pela outra.

Não há lugar para se cogitar de defeito na formação da vontade, pelo que não há propriamente erro de consentimento, mas de declaração, cometido no percurso entre a deliberação e a execução do ato[62].

Ao impedir que se forme o consentimento mútuo ou acordo de vontades, o erro obstativo provocará a falta de um elemento essencial e disso decorrerá não a anulabilidade, mas, segundo uns, a *inexistência*[63] e, segundo outros, a *nulidade de pleno direito*, do negócio jurídico[64].

Eis alguns exemplos de erro de declaração (erro obstativo): uma parte propõe vender um objeto e a proposta é aceita pelo adquirente como se se referisse a bem

---

[61] ALBALADEJO. *Derecho civil I cit.*, v. II, pp. 200/201. Custodio da Piedade Ubaldino Miranda, citando Manuel de Andrade ensina ser o erro obstáculo "um erro na formulação da vontade, enquanto o erro-vício é um erro na formação da vontade". Assim, "o erro-obstáculo é o que ocorre no trânsito da vontade para a declaração enquanto o erro-vício intervém mais atrás, no processo psicológico da determinação da vontade, em qualquer dos variados motivos que impulsionaram essa determinação". Conclui, então, o autor: "nos casos de erro-vício, não há, como se vê, qualquer divergência entre a vontade e a declaração; se, nesses casos, há uma divergência, é entre aquilo que o declarante *quis* e o que *teria querido* se não houvesse o erro, enquanto no erro-obstáculo ele incide sobre o próprio *conteúdo da declaração*, determinando assim uma divergência entre o querido e o declarado" (MIRANDA, Custodio da Piedade Ubaldino. *Teoria geral do negócio jurídico cit.*, nº 8.3.2, p. 197).

[62] AZEVEDO, Antônio Junqueira de. *Negócio jurídico cit.*, p. 112.

[63] ALFARO, Joaquín Martinez. *Teoría de las obligaciones cit.*, pp. 93/94.

[64] A doutrina francesa usa ora a ideia de nulidade de pleno direito, ora a de inexistência, sempre, porém, tratando o erro obstativo fora do campo da simples anulabilidade (AZEVEDO, Antônio Junqueira de. *Negócio jurídico cit.*, p. 112).

diverso; ou a proposta é de venda do imóvel, enquanto a aceitação dela se dá como se se cuidasse de locação; ou, ainda, o destinatário responde à proposta por telegrama, recusando-a, mas a transmissão da mensagem omite a palavra "não", de sorte que a recusa se transforma em aceitação. Trata-se, pois, de erro verificável apenas nos negócios bilaterais que pressupõem conclusão por formação de consenso e cuja consequência é justamente impedir que tal consenso se aperfeiçoe.

Não se pode entrever vício de consentimento na espécie, segundo os arautos da tese que distingue o erro obstativo do erro vício, porque quando se comete o erro de declaração (obstativo) o consentimento nem sequer chega a se formar[65]. Não se há de pensar em erro de consentimento porque "não há vontade de realização do negócio a final realizado"[66]. Diante do exposto é de se concluir que o fenômeno do erro obstativo, em sua pureza, nada tem que ver com o defeito cogitado pelo Código Civil brasileiro nos arts. 138 a 144, onde se preocupou diretamente com o erro vício, ou erro de consentimento. No entanto, nos casos concretos, nem sempre se terá condições de precisar o tipo de erro que realmente se cometeu, pois se é fácil distinguir teoricamente um erro do outro, o mesmo não se passa no quotidiano das contratações.

Se é evidente, pelo próprio teor das declarações recíprocas que cada parte emite declaração de vontade diversa, fácil será concluir pela inexistência do negócio jurídico, já que não ocorrerá o elemento essencial do contrato: o mútuo consenso. Quando, porém, se afirma que a vontade foi diferente daquilo que se lançou no texto negocial, mas o consenso se revela literalmente, o que prevalecerá, até prova em contrário, será a própria declaração. Daí que o caso acabará por submeter-se ao tratamento processual do erro vício e não do erro obstativo. E se a parte que nele incorreu não conseguir provar o arguido erro, o negócio prevalecerá.

Sem embargo, pois, da nítida distinção teórica das duas formas de erro, os casos duvidosos devem receber, na prática, tratamento substancialmente igual[67].

No direito brasileiro, portanto, ou se reconhece materialmente a inexistência do negócio jurídico por erro irrecusável na declaração, ou se tal não é possível, trata-se sob o mesmo regime o erro vício e o erro obstativo[68]. Vale dizer que, entre nós, os casos de erro de declaração e de erro de consentimento têm as mesmas consequências, solução que, aliás, se observava no direito romano[69] e que prevalece no atual direito alemão (BGB, § 119).

---

[65] ALFARO, Joaquín Martinez. *Teoría de las obligaciones.* 4. ed. México: Editorial Porrúa, 1997, p. 94.

[66] AZEVEDO, Antônio Junqueira de. *Negócio jurídico* cit., p. 112.

[67] ALBALADEJO. *Derecho civil I* cit., v. II, p. 204.

[68] "No direito brasileiro, porém, os casos de erro impróprio (de declaração) têm as mesmas consequências do erro próprio (vício)" (AZEVEDO, Antônio Junqueira de. *Negócio jurídico* cit., p. 112).

[69] MOREIRA ALVES, José Carlos. *Direito romano.* 3.ed. Rio de Janeiro: Forense, 1971, pp. 192/193.

Códigos modernos que fizeram a distinção entre erro de declaração e erro de consentimento, como o italiano (art. 1.433) e o português (art. 247º) solucionam ambos os defeitos pela sanção da anulabilidade[70].

O fato de o Código brasileiro optar por desprezar a distinção entre as duas espécies de erro, atribuindo tanto ao erro obstáculo como ao erro vício o mesmo efeito (a anulabilidade), pode não corresponder à melhor solução dentro da ótica da doutrina mais sofisticada, mas resulta, sem dúvida, em maior clareza e simplicidade no plano objetivo e operacional, além de colocar-se ao lado de leis modernas que também preferem o regime unificado para a invalidação do negócio jurídico em tema de erro, mesmo quando fazem distinção conceitual das duas figuras (ex.: Itália e Portugal).

Por isso, não será diferente o regime de anulação para o Código brasileiro, se o declarante cometeu o erro ao formar a vontade ou ao transcrevê-la no instrumento de comunicação, para formalização do negócio. É indiferente, em outros termos, para a anulação do negócio jurídico afetado por erro substancial, ter a parte incorrido em erro obstativo, ou em erro vício.

148. ERRO E RESPONSABILIDADE CIVIL

Uma vez que a invocação do erro substancial conduz à ruptura do contrato, indaga-se se a parte que a provoca se sujeitaria, ou não, a reparar os danos daquele com quem firmou o pacto viciado.

No sistema governado pela teoria da responsabilidade, o contratante em erro, mesmo sendo escusável seu equívoco, deveria sujeitar-se a reparar os prejuízos do outro contratante, não por força de obrigação contratual, nem pela negligência ou imprudência *ex delicto*, mas pela "culpa *in contrahendo*", diante dos gastos de execução impostos ao cocontratante[71].

Na atual concepção da teoria da confiança, em que a anulabilidade depende da participação culposa do destinatário da declaração negocial viciada por erro, não há como impor ressarcimento de perdas e danos àquele que promove a anulação do negócio jurídico. É que a responsabilidade pela prática defeituosa é comum a ambos os contratantes. Afinal, a lei somente aceita anular o negócio quando o equívoco do declarante foi cometido de tal forma que o destinatário, nas circunstâncias do caso concreto, tinha condições de perceber-lhe o "erro substancial" (art. 138, *in fine*). Se não o fez, terá de arcar com as consequências de sua omissão culposa.

---

[70] TRABUCCHI, Alberto. *Istituzioni cit.*, nº 71, pp. 152/153; LIMA, Pires de e VARELA, Antunes. *Código civil anotado.* 4.ed. Coimbra: Coimbra Ed., 1987, v. I, p. 232.

[71] CARVALHO SANTOS, J. M. de. *Código civil brasileiro interpretado*. 7. ed. Rio de Janeiro: Freitas Bastos, 1958, v. II, p. 298.

Pontes de Miranda, ao tempo do Código revogado, defendia a existência do dever de indenizar, por parte do autor da ação de anulação por erro, em relação aos prejuízos do réu, independentemente de culpa, mas em função do interesse negativo que existe na dissolução do negócio jurídico. A fonte da obrigação de indenizar não seria para ele a prática de ato ilícito, mas o exercício lícito do direito de anular. Na sua lição, tratar-se-ia apenas "de dar solução equidosa à situação do réu da ação de anulação, que de modo nenhum teve culpa". E, então, "se nem autor nem réu teve culpa, a equidade impõe que sofre o prejuízo quem deu causa a ele" (ainda que sem culpa)[72].

A tese, segundo pensamos, não é mais compatível com a estrutura que o atual Código deu ao erro como causa de anulação do negócio jurídico[73]. Agora, com ou sem culpa da parte que erra, a possibilidade de invalidação do contrato somente acontecerá se a outra parte (aquela que será o réu da ação anulatória) tiver incorrido em culpa, deixando de perceber o erro do parceiro, que, segundo a diligência normal nos negócios, deveria ter sido percebido.

Se é, pois, na culpa do réu que se encontrará o elemento decisivo para configurar o erro substancial e, por conseguinte, se determinará a procedência do pedido de anulação, não há como pensar em indenizar justamente quem, pela lei, foi o causador do defeito do negócio jurídico. Não há, mais, a hipótese aventada por Pontes de Miranda de um defeito acontecido sem culpa de qualquer dos contratantes, para justificar o dever do autor do erro de reparar o prejuízo de seu parceiro, já que este não é estranho ao erro, e, ao contrário, figura como responsável por sua repercussão negativa sobre a validade do negócio.

O atual Código Civil peruano (de 1984), que como o brasileiro, adotou, para o erro invalidante, o pressuposto da cognoscibilidade, contém dispositivo claro no sentido de que "a anulação do ato por erro não dá lugar à indenização entre as partes"[74] (art. 207). Explicitou-se, dessa maneira, o consectário lógico e necessário da teoria do "*error cognoscible*" (Cód. peruano, art. 203; Cód. brasileiro, art. 138).

---

[72] PONTES DE MIRANDA, Francisco Cavalcanti. *Tratado de direito privado cit.*, t. IV, §383, nº 4, p. 164. Maria Helena Diniz, mesmo após o advento do atual Código Civil, continua entendendo que o dever de reparar o interesse negativo subsiste, como "resultado do exercício do direito de anular e da ausência de causa que estabilize o aumento econômico do benefício" (*Curso de direito civil cit.*, p. 388). Justifica, também, essa condenação ao ressarcimento dos prejuízos da parte inocente, com o argumento de que eles provieram do fato de a parte que atuou em erro "não ter procedido com a diligência necessária ao prestar o seu assentimento" (*idem*, p. 384). Convém lembrar, contudo, que também a outra parte não se houve com a necessária cautela para evitar o erro invalidante.

[73] Sobre o tema, ver item 119 supra.

[74] "*La anulación del acto por error no da lugar a indemnización entre las partes*"

Capítulo XI: Do Erro ou Ignorância | **371**

149. PRAZO DECADENCIAL DA ANULAÇÃO

A ação anulatória fundada em erro (CC, art. 177) deve ser proposta no prazo fatal de quatro anos, a contar do dia em que se realizou o negócio jurídico viciado (art. 178, II). A lei não leva em conta o momento em que a parte descobriu o erro, devendo prevalecer sempre como *dies a quo* do prazo extintivo a data do negócio.

Trata-se de prazo decadencial, pelo que não se sujeita, em regra, à suspensão e interrupções previstas para a prescrição (arts. 207 e 208).

A contagem do prazo do art. 178, II, segue sempre a mesma regra, isto é, conta-se da data do aperfeiçoamento do negócio, pouco importando se o erro se deu por declaração direta do contratante ou se deveu a ato de mensageiro, defeito de instrumento ou falha de pessoa intermediária[75]. A situação não muda se o caso for de erro obstativo ou de erro vício.

A ação com que se exerce o direito de anular o negócio praticado sob erro substancial é uma comum ação constitutiva, que pode ser diretamente proposta com esse único objetivo; mas que pode também se valer dos embargos à execução, se o negócio viciado for título executivo extrajudicial. Em qualquer situação haverá de observar-se o prazo decadencial do art. 178, II.

A ação é pessoal, ainda que o objeto do contrato seja um imóvel. Não é o direito real que está em jogo, mas o contrato que sobre ele se estabeleceu. O foro competente é do domicílio do réu, e não o de situação da coisa (CPC/2015, art. 46).

A arguição do erro, outrossim, tanto pode ser feita por ação principal (anulatória) como por meio de contestação (exceção), como se expõe nos itens 96 a 99 supra. Em qualquer caso, contudo, o prazo decadencial do art. 178, II, do CC terá de ser observado (art. 190), até mesmo de ofício (art. 210).

150. ERRO SUBSTANCIAL E ERRO ACIDENTAL

Para o art. 139 do Código Civil, o que conduz à anulação de um negócio jurídico não é qualquer erro. Apenas o *substancial*, e nunca o *acidental*, tem a força de conferir ao contratante o direito potestativo de invalidar o negócio viciado por erro.

Tem-se que colocar a falsa noção da realidade em cotejo com a formação da vontade negocial, pois só assim será possível analisar a influência do erro sobre a prática do negócio. Para acontecer o vício de consentimento capaz de comprometer a validade do negócio jurídico, é necessário que a opinião equivocada do declarante tenha sido a *causa determinante* do ajuste. Só dessa maneira se pode pensar em consequências do negócio não queridas pelo agente, como justificativa para seu desligamento do vínculo obrigacional.

---

[75] PONTES DE MIRANDA, Francisco Cavalcanti. *Tratado de direito privado cit.*, t. IV, § 446, nº 3, p. 438.

NEGÓCIO JURÍDICO • *Humberto Theodoro Jr. e Helena Lanna Figueiredo*

Nesse sentido, diz-se que o erro pode ser *substancial* ou apenas *acidental*. É aquele, e não este, que por sua profundidade afeta a formação da vontade de tal maneira que, à sua falta, o negócio, com certeza, não teria sido realizado, pois o erro incidiu justamente sobre sua causa determinante. Conhecida a verdade, a declaração de vontade não teria sido dada, ou tê-lo-ia sido em sentido diverso.

Daí por que somente pode ser qualificado como *erro substancial* (ou erro invalidante) o que domina a vontade por inteiro. Em face da falsa noção da realidade em que atuou o agente, sua vontade, em sentido jurídico, "pode ser tida por não existente"[76]. Não é, porém, na declaração que está o erro, mas em sua causa[77]. O vício determinante irradia-se sobre todo o negócio, afetando-lhe a *substância*.

Erro substancial, nesse enfoque, deve recair sobre a natureza do negócio, ou sobre o objeto principal da declaração, ou sobre alguma das qualidades a ele essenciais, ou ainda sobre a identidade ou a qualidade essencial da pessoa a quem se refira a declaração de vontade (CC, art. 139)[78].

Em todas as situações, todavia, é sempre indispensável que o erro, para ser qualificado de substancial, tenha influenciado, decisivamente, sobre a declaração de vontade, como motivo determinante do negócio. Por sua vez, o *erro acidental* é o que incide sobre qualidades secundárias do objeto ou da pessoa, ou sobre simples motivos do negócio, sem assumirem aqueles e estes a feição de causas determinantes da declaração de vontade[79].

O erro acidental é irrelevante para o direito porque, na experiência da vida, é fácil concluir que, malgrado sua eventual descoberta pela parte, o negócio teria

---

[76] BEVILÁQUA, Clóvis. *Teoria geral do direito civil*. Atualizada por Caio Mário da Silva Pereira. Rio de Janeiro: Francisco Alves, 1975, § 51, p. 217.

[77] "No caso do *erro-motivo* ou *erro vício* há conformidade entre a vontade real e a vontade declarada. Somente a vontade real formou-se em consequência do erro sofrido pelo declarante. Se não fosse ele, a pessoa não teria pretendido realizar o negócio, pelo menos nos termos em que o efetuou" (LIMA, Pires de, VARELA, Antunes. *Código civil anotado cit.*, I, p. 235).

[78] "Constitui requisito do erro essencial ser este real e recair sobre o objeto do contrato, e não, simplesmente, sobre o nome ou sobre as qualificações" (TJSP, 4ª CC., Ap. nº 284.788, Rel. Des. Alves Barbosa, ac. de 04.10.1979, *RT*, 539/73).

[79] BEVILÁQUA, Clóvis. *Teoria geral do direito Civil*. Atualizada por Caio Mário da Silva Pereira. Rio de Janeiro: Francisco Alves, 1975, § 51, p. 218. "Acidental é o erro que recai sobre motivos ou sobre qualidades secundárias do objeto ou da pessoa, e não altera a validade do negócio, porque não seria de presumir que o agente procedesse diferentemente se os pressupostos circunstanciais fossem diversos" (PEREIRA, Caio Mário da Silva. *Instituições de direito civil: introdução ao direito civil, teoria geral do direito civil*. 31. ed. Revista a atualizada por Maria Celina Bodin de Moraes. Rio de Janeiro: Forense, 2018, v. I, nº 89, p. 437). Caio Mário da Silva Pereira classifica o erro acidental em duas classes: (i) o *error in qualitate,* que diz respeito às qualidades secundárias da coisa; e, (ii) o *error in quantitate,* relativo à quantidade que se recebe ou pretendia receber (*ob. cit., loc. cit.*). Segundo o autor, o erro de cálculo também seria um erro acidental, na medida em que não anula o negócio, apenas determinando a ratificação (CC, art. 143).

Capítulo XI: Do Erro ou Ignorância | 373

sido mesmo assim, praticado. Já o substancial, dentro de igual ótica, se apresenta relevante porque permite a ilação de que, não estivesse o agente iludido, não teria celebrado o negócio.

151. ERRO DE FATO E ERRO DE DIREITO

O erro substancial é, em regra, *erro de fato*. Os *erros de direito* são irrelevantes, porque "ninguém se escusa de cumprir a lei, alegando que não a conhece" (Lei de Introdução às Normas do Direito Brasileiro, art. 3º). Entretanto, sem o objetivo de descumprir a norma legal, pode um negócio jurídico ser praticado na errônea pressuposição de uma certa regra de direito positivo que, em verdade, não existe. O motivo determinante do negócio (sua causa), portanto, se ressente de falsidade. Esse tipo de erro, embora se refira a alguma norma legal, é, em substância, um erro de fato, porque se refere a um dado concreto motivador do negócio realizado (CC, art. 139, III).

Uma coisa é alguém ofender a lei e pretender furtar-se aos seus efeitos sob pretexto de desconhecê-la; e aí é claro que, pela própria natureza do preceito legal, não se considerará relevante o erro acaso cometido pela parte; outra coisa é agir com equivocada noção da regra legal, e sem intuito de ofendê-la, praticar negócio jurídico com falsa noção da realidade normativa, prejudicial ao próprio declarante, transformando essa errônea ideia em causa determinante da declaração de vontade[80]. Esse *erro de direito*, como os erros de fato em geral, pode configurar *erro substancial*, tal como reconhece, pacificamente, a doutrina acolhida pelo inciso III do art. 139 do CC[81].

O erro de direito, portanto, pode justificar a anulação de um negócio jurídico por vício de consentimento ou falta de causa, desde que o seu reconhecimento não

---

[80] Ensina Caio Mário da Silva Pereira que o erro de direito se alicerça "no pressuposto de que ele se define na circunstância de haver o agente efetuado uma declaração de vontade fundado na ignorância da norma de direito positivo ou baseado em sua falsa interpretação, e que não realizaria o negócio se estivesse perfeitamente informado. Ora, sendo certo que o homem do povo desconhece o direito, pois mesmo os técnicos às vezes não o podem dominar completamente, o fundamento da escusabilidade estaria em que o falso pressuposto jurídico conduz o agente à declaração errônea de vontade, da mesma forma que o falso pressuposto fático, e então, se o *error facti* conduz à impugnabilidade do negócio, igual consequência deveria ter o *error iuris*" (PEREIRA, Caio Mário da Silva. *Instituições de direito civil cit.*, nº 89, p. 440).

[81] Nesse sentido decidiu o Tribunal Supremo da Espanha, sentença de 17.12.94, *in* URZAINQUI, Francisco Chavier Fernández. *Código civil.* Elcano-Mavarra: Aranzadi, 2001, p. 1.594. Também, a jurisprudência francesa adota igual tese: "Il y a erreur sur la substance, notamment, quand le consentement de l'une des parties a été déterminé par l'idée fausse que cette partie avait de la nature des droits dont elle croyait se dépouiller ou qu'elle croyait acquérir par l'effet du contrat" – Civ. 17.11.1930, D.P. 1932, 1.161, *in Code Civil,* 99.ed., Paris: Dalloz, 1990, p. 706, nota ao art. 1.110).

374 | NEGÓCIO JURÍDICO • *Humberto Theodoro Jr. e Helena Lanna Figueiredo*

implique recusa à aplicação da lei, e que de fato a equivocada noção da norma legal tenha sido o motivo determinante ou principal do negócio (art. 139, III)[82].

Mesmo onde predomina o silêncio da lei, a doutrina se firmou no sentido de inexistir no direito positivo distinção entre erro de direito e erro de fato[83].

152. PRESSUPOSTOS DO ERRO SUBSTANCIAL

Para ostentar a força invalidante, o erro tem de submeter-se a dois requisitos: a) um *subjetivo*: a falsa noção da realidade, que tem de atuar sobre a causa determinante do negócio jurídico; e b) um *objetivo*: a aceitabilidade do fenômeno subjetivo, nas circunstâncias do negócio, como dado social relevante, capaz de impedir sua validade e justificar a quebra do sistema tutelar da segurança das relações jurídicas.

O requisito subjetivo configura-se quando, no plano psíquico, a parte tenha encontrado na falsa noção da realidade o impulso para a prática do negócio. "Se o manifestante da vontade houvesse conhecido a realidade tal qual e não tal qual a representara, não teria manifestado o que manifestou"[84].

Não basta, contudo, o divórcio entre a noção do agente e a realidade fática, para que o erro seja invalidante. Em homenagem à segurança do tráfego jurídico, o erro há de ser relevante, na sua objetividade, isto é, na sua repercussão concreta sobre o negócio e sobre as expectativas que dele emergem no mercado. É preciso que, nas circunstâncias do negócio, se possa formar um juízo de razoabilidade sobre o seu desfazimento, tendo em conta a equivocada visão da realidade com que atuou o declarante.

Assim, a cor de um certo objeto pode ter tido muita influência no querer do declarante, mas nenhuma repercussão sobre a economia do contrato. Imagine-se o erro a respeito da coloração de peças de metal que se adquirem para matéria prima de elaboração de objetos que passarão por um processo industrial de fundição, no qual a cor originária desaparecerá e nenhuma influência exercerá sobre o produto final. Que justificativa séria poderia o adquirente ter para anular a compra em tal conjuntura? Seguramente não se pode ter como razoável a arguição de erro, que mesmo tendo influído na formação da vontade, não chegou a afetar a economia do

---

[82] Silvio de Salvo Venosa ilustra o erro de direito com a seguinte situação: alguém contrata a importação de determinada mercadoria sem saber que ela é proibida. Não há intenção de furtar-se ao cumprimento da lei, uma vez que houve a celebração do contrato (VENOSA, Silvio de Salvo. *Código Civil interpretado*. 2.ed. São Paulo: Atlas, 2011, p. 152).

[83] PLANIOL, Marcel. *Traité elémentaire de droit civil*. 7. ed. Paris: LGDJ,, 1915, v. I, n° 280; COLIN, Ambroise; CAPITANT, Henry. *Cours élémentaire de droit civil*. 9.ed. Paris: Dalloz, 1939, v. I, p. 69; AUBRY, C., RAU, C. *Cours de droit civil français*. 6. ed. Paris: Éditions Techniques S/A, t. 4, s/d, pp. 495/6; LACANTINERIE, Baudry, BARDE. *Traité*, v. 11, pp. 109/10; *apud* RODRIGUES, Silvio. *Dos vícios de consentimento*. 2. ed. São Paulo: Saraiva, 1982, n° 64, pp. 97/98, notas 16 e 17.

[84] PONTES DE MIRANDA, Francisco Cavalcanti. *Tratado de direito privado cit.*, IV, § 432, n° 1, p. 398.

Capítulo XI: Do Erro ou Ignorância | **375**

contrato (ou seja: não comprometeu aquilo que seu objetivo negocial visava alcançar no tráfego jurídico).

Daí a lei não se contentar com o requisito subjetivo da figura do erro, mas também cuidar de objetivamente delimitar as hipóteses em que esse erro se torna essencial, para justificar, no plano das relações jurídicas, o acolhimento da pretensão anulatória. Só, então, após a conjugação do requisito subjetivo (falsa representação da realidade) com a *razoabilidade* do erro sobre a dinâmica negocial (requisito objetivo) é que o vício de consentimento assumirá a figura do erro substancial acolhido pelo Código como causa de anulação do negócio jurídico (CC, art. 138).

Para o art. 139 do Código Civil, o erro substancial é capaz de invalidar o negócio jurídico, quando: "I – interessa à natureza do negócio, ao objeto principal da declaração, ou a alguma das qualidades a ele essenciais; II – concerne à identidade ou à qualidade essencial da pessoa a quem se refira a declaração de vontade, desde que tenha influído nesta de modo relevante; III – sendo de direito e não implicando recusa à aplicação da lei, for o motivo único ou principal do negócio jurídico".

153. ERRO SOBRE A NATUREZA DO NEGÓCIO

O erro sobre a natureza do negócio é a primeira manifestação de erro que o Código reconhece como essencial (CC, art. 139, I). Ocorre quando o divórcio entre a vontade e a realidade se passa em torno da *categoria jurídica* envolvida no negócio praticado[85]. O declarante, por exemplo, firmou contrato de compra e venda, quando pensava estar ajustando locação.

Na técnica dos sistemas que separam o erro vício do erro obstativo, o erro sobre a natureza do negócio figura entre os que se incluem na última figura. Se a vontade não era praticar o negócio que afinal constou da declaração, vontade válida não chegou a existir. O caso seria de inexistência ou nulidade do negócio e não de simples anulabilidade[86].

Como nosso Código não distingue entre o erro obstáculo e o erro vício, a divergência quanto à natureza do negócio é de ser subjetiva e objetivamente analisada, a partir de sua real comprovação e de sua efetiva influência sobre a causa determinante do negócio equivocadamente consumado. Tudo dentro do plano da anulabilidade e não da nulidade. O importante é apurar se a declaração, tal como aconteceu, foi ou

---

[85]   Custodio da Piedade Ubaldino Miranda afirma que o erro quanto à natureza pode ser chamado de "erro sobre a causa, entendido este termo no seu sentido objetivo ou de causa final referida à função econômico-social do negócio, à 'síntese dos seus efeitos jurídicos essenciais'", isto porque alguém celebra um negócio, "na persuasão de que está celebrando um outro de natureza diferente" (MIRANDA, Custodio da Piedade Ubaldino. *Teoria geral do negócio jurídico cit.*, nº 8.3.4, p. 203).

[86]   LLAMBÍAS, Jorge J. *Tratado de derecho civil. Parte general*. 4.ed. Buenos Aires: Abeledo-Perrot, 1970, t. II, nº 1.720, p. 482; CIFUENTES, Santos. *Negócio jurídico cit.*, pp. 346/347.

NEGÓCIO JURÍDICO • *Humberto Theodoro Jr. e Helena Lanna Figueiredo*

não fruto de erro justificável (demonstrável) e se, realmente, a divergência de categoria jurídica desviou o declarante daquilo que sua vontade teria pretendido produzir, caso conhecesse a verdadeira natureza do negócio afinal concluído. O erro quanto à natureza do negócio conduz o declarante a praticar negócio diverso do que pensava realizar. A declaração, porém, é feita a propósito de negócio procurado por ambas as partes, embora ocorrendo equivocada noção da categoria negocial manejada.

Ambas as partes, por exemplo, assinam um contrato de doação, na suposição de criar entre elas obrigações e direitos próprios da compra e venda. Há, porém, uma situação que se confunde, às vezes, com o erro sobre a natureza do negócio, mas que, na verdade, se traduz no *dissenso*, que não é causa de anulabilidade, e sim de inexistência do contrato. Se a declaração equivocada não corresponde à vontade real nem do declarante nem do destinatário, o consenso não se forma. Se esse dissenso se extrair objetivamente dos termos da proposta de um e da errônea aceitação de outro, é evidente que o contrato não se aperfeiçoou. Se, porém, o erro não se manifesta imediatamente, e o consenso na aparência se exteriorizou, o erro de declaração continuará sujeito ao regime comum da anulabilidade, porque o Código não faz distinção alguma entre erro de declaração e erro vício, no plano dos vícios de consentimento.

154. ERRO QUANTO AO OBJETO PRINCIPAL DA DECLARAÇÃO

O erro pode se dar sobre os *efeitos* do negócio (*objeto imediato*) e será erro sobre sua natureza jurídica. Pode, também, referir-se àquilo sobre que versa o negócio, isto é, seu *objeto mediato*. Num contrato, portanto, pode o declarante agir com erro acerca dos efeitos jurídicos que a avença haverá de produzir, mas o erro poderá versar também sobre o *bem* que integra o *conteúdo* do negócio (CC, art. 139, II).

Esse bem, tanto pode ser uma *coisa* como uma *relação jurídica*. O declarante tanto pode equivocar-se a respeito da identificação de uma coisa corpórea (declarar, *v.g.*, estar pagando o preço da casa nº 50 da rua tal, quando, na verdade, a dívida se refere a casa nº 50 de rua diversa), como da individuação de uma relação ou situação jurídica (confessar – se, *v.g.*, devedor de uma obrigação que, anteriormente, já fora paga).

O objeto sobre o qual se pode cometer erro substancial "é qualquer objeto de direito, sobre o qual se manifeste vontade", de sorte que a regra legal sobre erro invalidante há de ser entendida como pertinente a "objeto de direito, e não só a coisa"[87].

O erro, *in casu*, pode referir-se à *identidade* do objeto, ou sobre *qualidades essenciais* dele.

---

[87] PONTES DE MIRANDA, Francisco Cavalcanti. *Tratado de direito privado cit.*, t. IV, § 434, nº 1, p. 403.

155. ERRO DE IDENTIDADE DO OBJETO

Pode-se identificar um objeto por meio de dados *qualitativos* e *quantitativos*. Mas, não se exaure nisso sua individuação, porque os mesmos dados de qualidade e quantidade podem referir-se a objetos distintos. A identidade é aquilo que faz com que uma coisa seja ela mesma e não outra. Só há um apartamento de nº 10 no Edifício da rua "x", nº 250. Este apartamento tem a qualidade de ser uma unidade habitacional de determinado padrão e tem a área de 300m². Sua identidade reside em ser o "apartamento nº 10" do referido edifício; os demais dados qualitativos e quantitativos podem contribuir para categorizá-lo como objeto do negócio jurídico, mas podem também ser irrelevantes para a economia do contrato, que eventualmente neles não se tenha baseado para aperfeiçoamento do consenso negocial.

O erro, para gerar a anulabilidade do negócio, tem de referir-se a elementos de identidade ou de qualificação do objeto que tenham sido decisivos para a declaração de vontade; é necessário que a falsa noção acerca da identidade ou da qualidade do objeto tenha sido o motivo determinante do negócio defeituosamente praticado (CC, art. 139, I).

Se, por exemplo, em dois bairros diferentes da mesma cidade existem ruas de denominações iguais, pode o comprador de um lote errar quanto à identidade do imóvel negociado, imaginando adquirir bem situado em bairro nobre quando, na realidade, se tratava de lote da periferia urbana. A hipótese, sem dúvida, configurará erro essencial de identidade do objeto do contrato, pois o comprador terá negociado coisa diversa da que imaginava adquirir[88].

156. MODALIDADES DE ERRO QUANTO À QUALIDADE DO OBJETO

Mesmo não havendo equívoco quanto à individualidade da coisa negociada, é possível ocorrer erro substancial, suficiente para invalidar o negócio, se o declarante incidiu em falsa noção sobre qualidade essencial do objeto (CC, art. 139, I).

Por qualidade essencial do objeto entende-se o seu atributo que a parte tomou como razão determinante da realização do negócio. É aquele aspecto do objeto que funcionou como *motivo necessário* (condição) da celebração do negócio. Deve-se ter em conta, nessa ordem de ideias, que perante um negócio jurídico, nem todas qualidades do respectivo objeto exercem influência determinante sobre sua pactuação. Há aquelas que formam a substância do objeto, para cumprir as exigências da economia do contrato, e há outras que não influem nessa mesma economia, e, assim, se apresentam como qualidades *secundárias* ou *acidentais*.

---

[88] Outro exemplo, trazido por Nelson Rosenvald e Cristiano Chaves de Farias, é o do antiquário que adquire um relógio acreditando ter sido de D. Pedro II quando, na verdade, jamais pertenceu a ele (ROSENVALD, Nelson; FARIAS, Cristiano Chaves de. *Curso de direito civil: parte geral e LINDB*. 13. ed. São Paulo: Atlas, 2015, nº 10.10.2, p. 544).

Não é, pois, pela natureza ou pela substância da coisa, em si, que, necessariamente, se define o erro substancial. É pela função que a qualidade desempenhou na sistemática da formação da vontade negocial. Seja o erro cometido sobre algo inerente à essência da coisa, seja sobre qualidade que, naturalmente não lhe constitui a essência, será havido como substancial, para o fim de permitir a anulação, se a errônea admissão de qualquer tipo de predicado do objeto figurou como motivo determinante do negócio. O que importa, unicamente, para permitir a impugnação do negócio jurídico é que o erro tenha se referido a aspecto do objeto que tenha sido básico para sua celebração. É nisso que se resume o erro substancial quanto às qualidades do objeto: ter sido essencial, como motivo determinante do negócio, a equivocada qualidade reconhecida ao objeto[89].

Entre os erros sobre objeto, devem ser considerados os *erros de quantidade* e de *preço*.

Em princípio, se o objeto foi convenientemente individuado, a divergência de dimensão ou quantidade não é relevante. Nesse sentido não se anula a venda *ad corpus* pela circunstância de o imóvel ter área real maior ou menor que a declarada no contrato (CC, art. 500, § 3º). As referências às dimensões, na espécie, são meramente acidentais ou enunciativas.

Também, salvo a hipótese de lesão (art. 157), não se invalida o negócio por erro pelo simples fato *de comprar caro*, ou *barato*[90].

O erro, todavia, pode ser substancial e, por isso invalidante, se a quantidade se apresentar como dado essencial ao negócio ajustado, como por exemplo, na venda *ad mensuram,* em que o imóvel é negociado mediante informação precisa de sua área, ou o preço da compra e venda se define com base na extensão do imóvel (art. 500, *caput*).

Uma peça de madeira, por exemplo, pode ser negociada unicamente em função de suas medidas, pois se não a tiver será imprestável para o fim com que se fez a aquisição. A potência de certa máquina pode ter sido a condição de sua compra. Em tais situações, o erro afeta a economia do contrato, por atingir o motivo determinante da pactuação, e, assim, justifica sua anulabilidade.

Da mesma forma, o erro quanto ao preço pode, em determinadas circunstâncias, apresentar-se como substancial. Se se previu que o preço de custo do bem se destinava a assegurar uma certa margem de lucro na revenda, o dado se erigiu em motivo

---

89   ALBALADEJO, Manuel. *Derecho civil I cit.*, v. II, p. 210.

90   PONTES DE MIRANDA, Francisco Cavalcanti. *Tratado de direito privado cit.*, t. 4, § 437, nº 6, p. 412. "O fato de o preço do negócio jurídico ser superior ao valor real das mercadorias não constitui erro essencial ou substancial, podendo constituir apenas erro acidental, que não induz à anulação do ato" (1º TACivSP, 3ª CC., Ap. nº 327.379, Rel. Juiz Luiz Schiavi, ac. de 15.08.1984, *RT*, 589/126).

determinante (condição do contrato)[91]. Comprovado o erro pela impossibilidade de alcançar a referida margem de lucro, ter-se-á configurado sua essencialidade, porque o preço, *in casu,* teria sido "qualidade essencial", ou motivo "tornado determinante", e, por sua divergência com a realidade, o caso seria de "falsa causa" (art. 140)[92].

Em suma, não é, por si só, o erro de quantidade, dimensão ou preço, vício substancial do negócio. Se o negócio não teve como base necessária e decisiva esses dados, o erro a seu respeito será, em regra, erro *acidental,* e não substancial. Haverá, contudo, erro *substancial,* suficiente para autorizar a anulação do negócio, sempre que, no dizer de Messineo, a designação da quantidade "constitua um momento de individuação do objeto do negócio" e, portanto, o erro na quantidade se converterá "em erro na identidade do objeto" e a ele deverá equiparar-se[93].

Nesse sentido, pode-se concluir que, em princípio, o mero erro incidente sobre a quantidade só se pode considerar como substancial e, por isso, relevante para privar o negócio de validade, quando se manifestar como "erro sobre a identidade do objeto". Para tanto, se exige que a quantidade e a dimensão da coisa tenham sido "motivo determinante do consentimento contratual" e que isto se deduza das cláusulas do contrato[94].

Sempre, pois, que o erro quantitativo, na circunstância do negócio, não for acidental, equiparar-se-á ao erro na individuação do objeto, seja a divergência para mais ou para menos[95].

157. ERRO QUANTO À PESSOA

Dá-se erro substancial, com força invalidante, quando o declarante incorre em equívoco acerca da *identidade* ou *qualidade essencial da pessoa* a quem a declaração de vontade se refira (CC, art. 139, II).

Essa pessoa objeto do erro pode ser o outro contratante, *destinatário* da declaração, mas pode também ser um terceiro, em face da relação negocial, ou seja, um *beneficiário* dela, como no caso de um seguro de vida ou de uma estipulação qualquer em favor de terceiro.

---

[91]   *"L'erreur déterminante sur la valeur peut parfois être une erreur sur la considération principale. Ce sera le cas lorsque des impératifs économiques du contrat sont au centre même de la décision de contracter"* (Jur. da Cour d'Appel, *in* BAUDOUIN, Jean-Louis; RENAUD, Yvon. *Code civil du Quebec annoté.* 4.ed. Montreal: W&L, 2001, v. II, p. 1.582).

[92]   PONTES DE MIRANDA, Francisco Cavalcanti. *Tratado de direito privado cit.,* § 437, nº 6, p. 412.

[93]   MESSINEO, Francesco. *Manual de derecho civil y comercial.* Trad. Argentina. Buenos Aires: EJEA, 1954, t. II, § 42, nº 3, p. 435.

[94]   Tribunal Supremo da Espanha, sentença de 09.04.80, *RJ,* 1980, 1.411, *in* URZAINQUE, Fernández. *Código Civil cit.,* p. 1.596.

[95]   CIFUENTES, Santos. *Negócio jurídico cit.,* §177, pp. 352/353.

O *error in persona* só se apresenta como substancial quando o negócio é celebrado *intuitu personae,* como no matrimônio e nos contratos firmados em razão de dotes personalíssimos da parte. Dessa maneira, o erro quanto à pessoa somente ensejará a anulação do contrato quando sua qualificação tenha assumido a condição de causa principal do negócio[96].

No âmbito do *error in persona,* previsto no art. 139, II, do Código Civil figuram como causa de anulabilidade do negócio, tanto o erro de *identidade* (tomar uma pessoa por outra) como o erro de *qualidade* (atribuir a uma pessoa qualidade que, na verdade, não possui). A qualidade sobre que incide o erro pode situar-se no plano moral, profissional, financeiro, ou técnico, mas sempre há de referir-se a dado de qualificação feito essencial para o negócio jurídico de que se cogita[97]. Nesse sentido, exige o art. 139, II, que o dado pessoal objeto do erro tenha influído na declaração de vontade "de modo relevante".

Erro de identidade ocorre, *v.g.,* quando o testador ou o doador intentam promover uma liberalidade em favor de alguém que anteriormente lhe prestara um grande favor; mas ao nomear o beneficiário acaba premiando outrem que não o verdadeiro autor do préstimo motivador da recompensa.

É evidente, outrossim, o papel que a honorabilidade do consorte representa no casamento, e que os antecedentes sociais da pessoa influem na contratação de um professor. Os predicados pessoais quando erroneamente reconhecidos, em tais negócios, levam ao consentimento viciado em ponto *relevante* da declaração de vontade, autorizando, por isso, a respectiva anulação por erro substancial quanto à qualidade da pessoa. Em contratos de serviços técnicos, a titulação profissional é sempre vista como qualidade essencial do contratante, de sorte que, por exemplo, contratar um simples mestre de obras em lugar de um engenheiro, pode também ensejar erro substancial, desde que o propósito tenha sido comprovadamente o de ajustar os serviços de um engenheiro.

Onde mais abundam os casos de anulação por erro essencial quanto à pessoa, é, sem dúvida, no casamento. Eis alguns exemplos de ações anulatórias acolhidas frequentemente pelos tribunais em relação ao matrimônio: a) cônjuge portador de personalidade psicopática[98]; b) identidade psíquica, moral e social do cônjuge que torna insuportável a vida em comum[99]; c) defeito físico ou psíquico irreparável, que

---

[96]   ALBALADEJO, Manuel. *Derecho civil I cit.,* v. II, p. 214.

[97]   PONTES DE MIRANDA, Francisco Cavalcanti. *Tratado de direito privado cit.,* IV, § 436, nº 1, p. 407.

[98]   TJSP, 5ª CC., Ap. nº 288.769, Rel. Des. Nogueira Garcez, ac. de 16.10.1980, *RT,* 554/112. O TJMG já anulou casamento em razão de anterior doença mental grave que acometia o cônjuge, sem o conhecimento do outro (TJMG, 1ª Câm. Cível, Ap. 1.0231.09.151764-0/001, Rel. Des. Eduardo Andrade, ac. 22.01.2013, *DJ* 31.01.2013).

[99]   TJSP, 2ª CC., Ap. nº 20.573-1, Rel. Des. Sydney Sanches, ac. de 08.03.1983, *RT,* 583/117; TJPR, 3ª CC., Rec. 13/80, Rel. Des. Maximiliano Stasiak, ac. de 29.04.1980, *RT,* 545/174.

provoca a *impotência coeundi*[100]; d) vasectomia do cônjuge varão desconhecida pela mulher[101]; e) cônjuge envolvido em processos criminais[102]; f) marido que abandona a mulher logo após a celebração do casamento[103]; g) gravidez da mulher desconhecida do marido[104]; h) marido que usou nome falso no casamento[105]; i) cônjuge viciado em drogas[106]; j) recusa da mulher ao *debitum conjugale*[107]; l) marido amasiado com outra mulher[108]; m) caráter sádico do marido[109]; n) o fato de a mulher ser mãe solteira, ocultado do marido[110] etc.[111]

158. ERRO DE DIREITO

Não se discute mais, modernamente, sobre a possibilidade do erro de direito se prestar a anulação do negócio jurídico. O Código brasileiro atual prevê, expressamente, a hipótese no art. 139, III. A objeção de que a anulabilidade do negócio

---

[100] TJMG, 1ª CC., Ap. nº 52.840, Rel. Des. Régulo Peixoto, ac. de 04.08.1980, *RT*, 558/205; TJSP, 3ª CC., Ap. nº 253.075, Rel. Des. José Cardinale, ac. de 24.03.1977, *RT*, 528/109; STF, 1ª T., RE78.30, Rel. Min. Bilac Pinto, ac. de 15.12.1977, *RTJ*, 85/863; TJMG, 7ª Câm. Cível, Ap. 1.0024.12.227574-6/001, Rel. Des. Washington Ferreira, ac. 25.06.2013, *DJ* 01.07.2013.

[101] TJSP, 5ª CC., Reexame 3.346-1, Rel. Des. Martiniano de Azevedo, ac. de 11.12.1980, *RT*, 547/55.

[102] TJSP, 3ª CC., Ap. nº 265.193, Rel. Des. Mendes Pereira, ac. de 28.06.1979, *RT*, 535/108; TJSC, 3ª CC., Ap. nº 13.018, Rel. Des. Nauro Collaço, ac. de 25.04.1978, *RT*, 523/235; TJSP, 5ª CC., AI 249.561, Rel. Des. Macedo Bittencourt, ac. de 23.04.1976, *RT*, 511/113.

[103] TJSP, 3ª CC., Ap. nº 277.986, Rel. Des. Almeida Camargo, ac. de 11.10.1979, *RT*, 543/85. No mesmo sentido: TJMG, 6ª Câm. Cível, Ap. 1.0694.01.002065-9/001, Rel. Min. Nepomuceno Silva, ac. 29.06.2004, *DJ* 20.08.2004. O TJMG anulou casamento em razão de casamento realizado apenas com o fim de a mulher ser emancipada para sair da casa dos pais e fugir com outro homem no dia seguinte à celebração do matrimônio (TJMG, 4ª Câm. Cível, Ap. 1.0079.07.358548-5/001, Rel. Des. Dárcio Lopardi Mendes, ac. 17.12.2009, *DJ* 09.02.2010).

[104] TJSP, 2ª CC., Ap. nº 269.884, Rel. Des. Teixeira de Andrade, ac. de 12.09.1978, *RT*, 536/114.

[105] TJSP, 3ª CC., Ap. nº 278.505, Rel. Des. Almeida Camargo, ac. 30.10.1979, *RT*, 539/58.

[106] TJPR, 1ª CC., Rec. Civ. 27/78, Rel. Des. Ossian França, ac. de 06.06.1978, *RT*, 522/177; TJSP, 3ª Câm. de Direito Privado, Ac. 407.842-4/4-00, rel. Des. Élcio Trujillo, ac. 23.05.2006.

[107] TJSC, 3ª CC., Ap. nº 12.982, Rel. Des. Reynaldo Alves, ac. de 07.03.1978, *RT*, 522/232; TJSP, 3ª CC., Ap. nº 275.915, Rel. Des. Almeida Camargo, ac. de 22.03.1979, *RT*, 529/73. No mesmo sentido: TJMG, 5ª Câm. Cível, Ap. 1.0702.03.082613-6/001, Rel. Des. Maria Elza, ac. 14.02.2008, *DJ* 25.03.2008.

[108] TJMG, 2ª CC., Ap. nº 44.106, Rel. Des. Lamartine Campos, ac. de 01.03.1977, *RT*, 526/221.

[109] TJSP, 4ª CC., Ap. nº 267.478, Rel. Des. Sydney Sanches, ac. de 04.04.1978, *RT*, 520/104.

[110] TJSP, 5ª CC., Ap. nº 240.446, Rel. Des. Penido Burnier, ac. de 20.06.1975, *RT*, 490/51.

[111] O TJMG anulou casamento em razão de erro quanto à pessoa pelo fato de a mulher acreditar que o esposo era pessoa "veementemente religiosa e ligada aos costumes da crença evangélica", mas descobriu, após o casamento, que isso não era verdade (TJMG, 3ª Câm. Cível, Ap. 1.0313.08.259266-5/001, Rel. Des. Silas Vieira, ac. 25.02.2010, *DJ* 28.04.2010).

jurídico, na espécie, contrariaria o princípio de que ninguém se escusa de cumprir a lei sob alegação de ignorá-la está hoje completamente superada[112].

Coisa muito diversa da obrigatoriedade geral da lei é o fato de alguém contratar na ignorância de certo dispositivo legal, ou de seu correto conteúdo e, por isso, contrair obrigações em seu próprio prejuízo, justamente pela equivocada noção da realidade normativa. Em semelhante conjuntura, é evidente que a parte não contrataria, como fez, caso conhecesse a verdadeira disposição legal pertinente ao negócio.

Para ter-se o erro de direito como causa de anulabilidade é preciso que o declarante não tenha praticado o negócio para negar a regra legal desconhecida ou mal entendida, mas para extrair daí dados e consequências que, na esfera negocial, prejudicaram a ele mesmo e não à ordem jurídica. Ou seja, porque não conhecia a norma legal, o contratante contraiu obrigação ou dispôs de direito de forma a sofrer prejuízo desnecessário e desarrazoado[113].

Para extremar o erro de direito da impossibilidade de recusa ao cumprimento da lei ignorada, o art. 139, III, condiciona a anulabilidade, na espécie, a dois pressupostos:

a) o erro não pode corresponder a recusa à aplicação de uma lei, por parte de quem tenha o dever de cumprir-lhe o mandamento;

b) o erro (desconhecimento da lei) tem de ter sido "o motivo único ou principal do negócio jurídico" a ser invalidado.

Para o Código, como se vê, o vício de consentimento é relevante porque o agente não se furtou ao cumprimento da lei e apenas se prejudicou por ignorar-lhe a existência ou desconhecer-lhe o verdadeiro sentido. E, além dessa destorcida noção da realidade jurídica, foi graças a ela que a vontade defeituosa se formou de maneira nociva para os interesses do declarante[114]. Em outras palavras, ignorar uma lei não é, por si, violá-la[115]. O contratante, em erro quanto à lei pertinente, pode, por isso,

---

[112] "O erro sobre o motivo vicia o ato jurídico quando expresso como razão determinante (art. 90 do CC de 1916). O erro de direito invalida o ato jurídico, não procedendo invocar contra essa tese o princípio do art. 3º da Lei de Introdução do CC, pois, no caso, não se invoca esse erro para 'descumprir' a lei" (TJRJ, 3º Gr. Câm. Cív., EI na Ap. nº 8.766, Rel. Des. Basileu Ribeiro Filho, ac. de 19.12.1979, *RT*, 545/192).

[113] Já antes do Código atual, o silêncio da lei acerca do erro de direito era largamente admitido pela doutrina nacional, como causa de anulabilidade "quando quem nele incorreu não pretende ao alegá-lo, furtar-se à incidência de norma cogente" (RODRIGUES, Silvio. *Dos vícios de consentimento cit.*, nº 64, p. 98).

[114] Com apoio na mais moderna doutrina, Caio Mário da Silva Pereira defendia o Projeto do Novo Código, por entender que o *error iuris,* era tão suscetível de alegação quanto o *error facti,* "desde, porém, que não traduza a escusativa uma oposição ou recusa à aplicação da lei, e tenha sido a razão determinante do ato" (*Instituições de direito civil.* 19.ed. Rio de Janeiro: Forense, 2001, v. I, nº 89, p. 732).

[115] "É de se acolher, como correta, a tese segundo a qual o erro de direito invalida o ato jurídico. O argumento retirado do princípio segundo o qual ninguém se escusa de cumprir a lei

Capítulo XI: Do Erro ou Ignorância | **383**

pretender anular o negócio que lhe foi prejudicial justamente pelo erro de direito cometido[116]. Não poderá, porém, fazê-lo se, para romper o contrato, estiver violando a lei e contrariando mandamento da ordem pública, como é o de se submeter incondicionalmente à vontade da lei, ainda que, de fato, a desconheça. Em tal situação o contrato será válido não obstante o erro cometido, pois, a ignorância da lei não exime ninguém de cumpri-la.

Quando, porém, é possível verificar que a causa determinante de um negócio foi uma falsa noção da realidade, sem que disso tivesse decorrido negativa de vigência à lei, o erro cometido não será diverso daquele relativo aos dados fáticos que figuram nos motivos determinantes da declaração negocial.

A invocação da anulabilidade não terá o propósito nem o efeito de recusar aplicação à lei; tão somente provocará a invalidação do negócio jurídico viciado. É que em si mesmo, o erro de direito "não consiste em uma violação autorizada da lei"; logo, ao acolher-se tal erro, o contrato simplesmente perderá seus efeitos[117] por *falsa causa*.

É, outrossim, de se observar que, para os fins do art. 139, III, "o erro de direito não consiste apenas na ignorância da norma jurídica, mas também em seu falso conhecimento e na interpretação errônea, podendo, ainda, abranger a ideia errônea sobre as consequências jurídicas do ato negocial"[118]. O que é decisivo para levar à anulação do negócio jurídico é que o *erro* (seja a ignorância, a falsa noção ou a má interpretação da norma legal) tenha funcionado como a razão única ou principal, na determinação da prática negocial[119].

159. FALSO MOTIVO

Na regulamentação do erro como vício do negócio jurídico, o Código Civil distingue entre *motivo* e *causa,* como se vê do art. 140. Todo negócio jurídico tem

---

invocando sua ignorância, como acertadamente pondera Washington de Barros Monteiro (*Curso*, v. I, p. 199) não procede, pois quem pretende a anulação de um ato jurídico não está pretendendo desobedecer a lei; pelo contrário, reconhecendo sua validade, invoca a sua aplicação como frustrando a finalidade do ato jurídico, de acordo com o que ficou expresso no mesmo. Não pretende, de modo nenhum, descumpri-la" (STF, 2ª T., RE 93.273/RJ, Rel. Des. Décio Miranda, ac. de 07.08.1981, *RTJ* 99/860, trecho extraído do acórdão mantido pelo STF).

[116] "Erro de direito. Erro do contribuinte ao declarar-se devedor de imposto não devido, ou a presunção de que se estaria enriquecendo ilicitamente em face de terceiro que não a Fazenda Pública, não dá a esta o direito de exigir tributo a que não faz jus" (STF, 2ª T., RE 96.047, Rel. Min, Moreira Alves, ac. de 12.02.1982, *DJU* 04.09.1981, p. 8.557, *RTJ*, 104/816).

[117] ALFARO, Joaquín Martínez. *Teoria de las obligaciones cit.,* p. 98.

[118] DINIZ, Maria Helena. *Curso de direito civil brasileiro – teoria geral do direito civil.* 18. ed. São Paulo: Saraiva, 2002, v. I, p. 386; MONTEIRO, Washington de Barros. *Curso de direito civil – parte geral.* 37.ed. São Paulo: Saraiva, 2000, v. I, p. 200; GAGLIANO, Pablo Stolze, PAMPLONA FILHO, Rodolfo. *Novo curso de direito civil – parte geral.* 14.ed. São Paulo: Saraiva, 2012, v. I, p. 396.

[119] MONTEIRO, Washington de Barros, *ob. cit., loc. cit.*

uma estrutura em que se revela sua economia apoiada numa base que haverá de promover e sustentar um determinado efeito jurídico. A declaração de vontade persegue esse efeito, observando a sistemática da categoria jurídica eleita para atingi-lo.

Assim, para negociar a transferência da propriedade, o agente endereça a declaração de vontade ao atual dono, de modo a obter o mútuo consentimento acerca dos elementos essenciais à categoria da compra, da permuta, da doação etc. Da mesma forma, se o que se intenta realizar é a transferência temporária da posse, o consentimento recíproco observará a estrutura da locação, do comodato ou de algo equivalente. Se é um serviço que se quer contratar, a estrutura negocial seguirá os padrões do tipo locação de serviços, empreitada etc.

O fim jurídico dentro da estrutura negocial é, nessa ordem de ideias, sua *causa*. Isto é: a transferência da propriedade é a causa da compra e venda, como a transferência da posse é a causa da locação, e como a realização da obra é a causa da empreitada. No plano do direito, cada contrato se justifica pelo efeito que lhe é próprio e que se individualiza na declaração de vontade. Mesmo nos negócios atípicos, a declaração de vontade ao criar a identidade da relação contratual indicará, *in concreto,* a base negocial, seu objeto e o efeito jurídico perseguido, definindo, dessa maneira, a respectiva causa.

A causa do negócio entrelaça-se com a economia do contrato, seus sujeitos, sua base estrutural, e tudo o que condiciona, como razão determinante, o efeito jurídico programado. Há, outrossim, efeitos que decorrem naturalmente do tipo jurídico e há aqueles que decorrem de cláusulas e condições acidentais inseridas pela vontade negocial dos contratantes, integrando, também, o objeto do contrato.

Mas, antes e fora do negócio, o agente sempre tem seus motivos pessoais, isto é, as razões particulares que atuaram sob seu psiquismo provocando sua deliberação de contratar, sem entretanto figurar nos termos da convenção. A compra e venda serve para o declarante buscar a aquisição da propriedade de uma casa. Há, porém, fins (ou efeitos) objetivados pela parte na prática do contrato, que ficam fora do conteúdo jurídico da compra e venda.

A necessidade de morar mais perto do local de trabalho, por exemplo, pode ter sido o móvel do negócio, para o comprador. Isto, porém, não faz parte do negócio, porque não integra sua economia, não constitui sua causa em sentido jurídico. Quando muito será sua causa remota, ou simplesmente seu motivo[120].

---

[120] "Para o Direito, causa e motivo não possuem o mesmo significado. A causa é objetiva. É a razão econômica e social pela qual o negócio foi realizado. (...) Todo negócio deve ter uma causa, isto é, deve ter uma razão admitida pelo ordenamento jurídico. O motivo é diferente. Ele vai relacionar-se com os fatores íntimos que levaram a pessoa a realizar o ato. (...) Assim, a causa relaciona-se ao futuro, e o motivo está ligado ao passado, às razões internas da vontade, no momento em que ela foi externada, pelas quais se realizou o negócio" (NEVES, José Roberto de Castro. *Uma introdução ao direito civil – parte geral.* 2.ed. Rio de Janeiro: Forense, 2007, p. 125).

Daí por que o erro acerca desse móvel da declaração de vontade (no exemplo anterior: o comprador está sendo transferido da unidade onde atualmente trabalha, e ainda ignora a deliberação patronal), não se apresenta como substancial e, uma vez configurado, será insuficiente para produzir a anulabilidade da compra e venda.

Simples motivo não entra no plano jurídico. Permanece restrito ao domínio da psicologia e da moral, pelo que o direito não o investiga, nem lhe sofre influência[121]. Como tal, o ordenamento jurídico ignora a motivação determinadora do comportamento dos contratantes. Sobre esse motivo particular não pode apoiar-se o erro invalidante.

É pela finalidade que se identifica a causa do negócio jurídico e se procede à sua distinção do motivo. Em termos gerais e, principalmente, em termos psicológicos, tudo que influi na formação da vontade negocial é causa; mas causa jurídica só pode ser o *motivo determinante* do negócio, dentro do consenso estabelecido entre os seus sujeitos. O motivo, como tal, permanece no âmbito do psiquismo individual do declarante; já o motivo determinante (a causa) é o que deixa de ser fato particular de um dos sujeitos e torna-se elemento comum a ambos os agentes do contrato. Opera-se, dessa maneira, o consenso sobre a relevância do motivo na economia do negócio e, portanto, sua essencialidade diante dos fins contratuais[122].

160. FALSA CAUSA

Falso ou verdadeiro o motivo determinante da contratação, nenhuma influência disso se extrairá sobre a validade, ou não, do negócio jurídico, enquanto o fenômeno permanecer circunscrito à esfera do declarante (CC, art. 140[123]).

Se se permitisse que o erro sobre um simples motivo pudesse servir de pretexto para invalidar um negócio, "eliminar-se-ia toda a segurança no comércio e os danos que o erro tivesse por consequência viriam a recair não sobre o que incorreu nele mas sobre a contraparte"[124].

---

[121] BEVILÁQUA, Clóvis. *Código Civil dos Estados Unidos do Brasil comentado*. 12. ed. Rio de Janeiro: Francisco Alves, 1959, v. 1, nota 1 ao art. 90, p. 271. O motivo, em sentido estrito, confunde-se com "as razões pessoais" (subjetivas) do declarante, alheias em si ao negócio jurídico. Diversamente, não são simples motivo as "razões objetivas" que fundamentam a declaração de vontade (ALBALADEJO, Manuel. *Derecho civil I cit.,,* v. II, pp. 212/213).

[122] "Son eliminables del cuadro de la teoria del error los simples motivos, cuando no comportan un motivo fin o resultado futuro determinante del acto" (CIFUENTES, Santos. *Negócio jurídico cit.*, § 179, p. 368).

[123] "Art. 140. O falso motivo só vicia a declaração de vontade quando expresso como razão determinante".

[124] ENNECCERUS, Ludwig; KIPP, Theodor; WOLFF, Martin. *Tratado de derecho civil – parte general*. 2. ed. Tradução espanhola, Barcelona: Bosch, 1950, v.2, t. I p. 236, *apud* FERREIRA, Durval. *Erro negocial*. Coimbra: Almedina, 1998, n° 16, p. 36.

É por isso, que a lei, em regra, não leva em conta o erro sobre os motivos da declaração de vontade. No entanto, é possível que o móvel psicológico saia do plano íntimo do agente e se torne razão determinante do negócio jurídico. Para que tal se verifique é preciso que, de forma expressa, o motivo tenha figurado na estrutura negocial como "razão determinante" (CC, art. 140)[125].

Na dicção do Código português, o erro se torna relevante quando, por acordo, as partes houverem reconhecido a *essencialidade* do motivo (art. 252°). É que, aí, deixará de ser simples motivo e assumirá a qualidade de condição, ou pelo menos de elemento, da declaração de vontade.

Essa essencialidade, porém, não decorre da posição unilateral do contratante em erro, mas do reconhecimento de ambas as partes acerca da influência do motivo na economia do contrato.

Quando o art. 140, do CC brasileiro diz que o falso motivo só vicia a declaração de vontade quando expresso como razão determinante do negócio, está tornando evidente a necessidade de dois requisitos:

a) o motivo deve assumir a condição de "razão determinante"; e

b) sua invocação como causa deve ter sido "expressa" na realização do negócio, ou seja, o destinatário da declaração deve ter tido conhecimento da imposição do declarante do motivo como "condição negocial". O que distingue o erro simples de motivo, do erro qualificado de causa, é que no primeiro não se chega à economia do contrato, enquanto no segundo o erro alcança "uma razão intrínseca do negócio[126]. E, portanto, é intuitivo que para assumir a categoria de condição do negócio, o motivo alegado por um dos contratantes tem de ser conhecido pelo outro. Só assim o que era simples razão psicológica pode se transformar em "razão determinante" com integração na essência do negócio[127]. Não há dúvida, portanto, que nesse terreno, "o requisito da reconhecibilidade é relevante" e, a lei, ao exigir a declaração *expressa* do motivo, prestigia, mais uma vez, a *teoria da confiança*, ou seja, "o erro, ainda que substancial, só defere a ação de anulabilidade, se reconhecível pelo outro contraente. Provado por este sua boa-fé, ou se for demonstrado

---

[125] Vale dizer: o erro sobre o motivo "só vicia o negócio, só constitui causa de anulação, quando esse motivo for *expresso* (não basta que seja implícito, que se possa deduzir do texto ou do contexto da declaração) na declaração como *razão determinante* da celebração do negócio jurídico"(MIRANDA, Custodio da Piedade Ubaldino. *Teoria geral do negócio jurídico cit.*, n° 8.4, p. 207).

[126] RODRIGUES, Silvio. *Dos vícios de consentimento cit.*, n° 58, p. 85.

[127] "*Il y a necessité d'exteriorisation de tout élément essentiel déterminant du consentement. En effect, seule cette exigence peut permettre de distinguer entre l'erreur portant sur de simples motifs et celle portant sur une considération principale*" (Corte Superior de Québec, *apud* BAUDOUIN et RENAUD. *Code civil du Québec cit.*, v. III, p. 1.582).

Capítulo XI: Do Erro ou Ignorância | **387**

ser-lhe impossível saber que o consentimento se inspira no erro, o negócio prevalecerá"[128].

161. CONDIÇÃO EXPRESSA

O erro sobre os motivos será tido como defeito do negócio jurídico quando estes forem expressos como "razão determinante"; vale dizer, quando os motivos forem "o objeto da própria manifestação da vontade"[129].

É indispensável, portanto, que o outro contratante, tenha conhecimento do motivo e o aceite como razão essencial do negócio, gerando, assim, um acordo a seu respeito[130]. Não se exige, porém, que dito acordo seja sempre por escrito. Tem de ser *expresso*, isto é, manifesto, real, mas pode ser verbal e até pode constar de declarações receptícias tácitas[131].

Por outro lado, o acordo em torno do motivo, tanto pode ser encontrado em cláusula do contrato, como pode ter sido objeto de negociações preparatórias ou laterais do negócio. O importante é que, para ambas as partes, o motivo daquele que incorreu em erro tenha sido tratado e admitido como "razão determinante" da contratação[132].

Não nos parece procedente a restrição feita por Carvalho Santos, ao tempo do Código de 1916, segundo a qual não se poderia indagar do erro de motivo fora dos termos do próprio contrato[133]. O que a doutrina contemporânea valoriza é a aceitação por ambas as partes da essencialidade da razão, o que, obviamente pode ser indagado independentemente ter sido o motivo inserido em cláusula do contrato. É suficiente que, de forma expressa (não necessariamente escrita), os contratantes tenham anuído no tratamento do motivo como razão determinante do ajuste[134].

---

[128] RODRIGUES, Silvio. *Ob. cit.*, nº 58, p. 86.

[129] PEREIRA, Caio Mário da Silva. *Instituições de direito civil cit.*, 31.ed. I, nº 89, p. 438. Para Nelson Rosenvald e Cristiano Chaves de Farias, o art. 140, do Código Civil defere "às partes a possibilidade de, concretamente, elevarem um erro acidental ao *status* de erro relevante, substancial" (ROSENVALD, Nelson; FARIAS, Cristiano Chaves de. *Curso de direito civil cit.*, nº 10.10.2, p. 546).

[130] *"Nosotros entendemos, por causa principal del acto, el motivo, el objeto que nos propusimos en el acto, haciéndolo conocer a la otra parte"* (MARCADÉ, citado por VÉLEZ SARSFIELDE, nota ao art. 926 do *Código civil della República Argentina*. Buenos Aires: Az-Editora, 1994, p. 214).

[131] FERREIRA, Durval. *Erro negocial.* Coimbra: Almedina, 1998, nº 18, p. 37; MENDES, João de Castro. *Teoria geral do direito civil.* Lisboa: Fac. De Direito, 1989, v. II, p. 99; LIMA, Pires de; VARELA, Antunes. *Código civil anotado.* 4.ed. Coimbra: Coimbra Editora, 1987, v. I, nota ao art. 252º, p. 236.

[132] FERREIRA, Durval. *Erro negocial cit.*, nº 19, p. 38.

[133] CARVALHO SANTOS, J.M. de. *Código civil brasileiro interpretado.* Parte geral. 7. ed. Rio de Janeiro: Freitas Bastos, 1958, v. II, p. 324.

[134] MENDES, João de Castro. *Teoria geral cit.*, pp. 98/99; FERREIRA, Durval. *Erro negocial cit.*, nº 17, pp. 36/37; SERRA, Adriano Vaz, art. *in* Revista L. J., 104, 336, *apud* FERREIRA, Durval, *ob. cit.*, p. 38.

162. ERRO NA TRANSMISSÃO DA DECLARAÇÃO DE VONTADE

Prevê o art. 141 do Código Civil que a transmissão errônea da vontade por meios interpostos é anulável nos mesmos casos em que o é a declaração direta. Com efeito, o negócio jurídico pode aperfeiçoar-se por declaração de vontade diretamente manifestada entre as partes, ou por transmissão "por meios interpostos". Na última hipótese, o destinatário a recebe de segunda mão, ou seja, de uma fonte de retransmissão, e não diretamente do declarante. Esse meio interposto pode ser uma pessoa (mensageiro) ou um instrumento (serviço telegráfico, fax, telex, internet etc.). O importante, na espécie, é que entre a declaração de vontade e sua chegada ao destinatário tenha se interposto algum veículo de comunicação. Utilizada a intermediação, o erro cometido pelo meio interposto pode ser causa de anulação do negócio jurídico, nas mesmas condições em que se prevê a anulabilidade das declarações diretas, como dispõe o art. 141, do Código Civil.

A rigor, ter-se-ia um erro-obstáculo (ou erro obstativo) e não um erro-vício (erro de vontade), porque, de fato, o agente nunca chegou a declarar a vontade objeto da retransmissão defeituosa. A distinção, todavia, é irrelevante porque o sistema do Código não leva em conta, a diferença entre os dois tipos de erro, e tanto para o vício da formação da vontade como para o de sua declaração, a sanção é a mesma: a anulabilidade[135].

A hipótese cogitada no art. 141 não é de erro na formação da vontade, mas de erro na expressão da vontade; e, para tanto, concorre o emprego da intermediação de algum agente de transmissão da declaração de vontade. O declarante, *v.g.*, redige a mensagem indicando o preço da mercadoria e o prazo de validade da proposta, mas o telégrafo trunca o texto, fazendo chegar ao destinatário valor diverso ou prazo diferente.

O erro, em tais circunstâncias, não é propriamente de declaração de vontade, pois, o intermediário nenhuma declaração realiza; apenas comunica a vontade antes manifestada pelo declarante. O defeito consiste na infidelidade à vontade deste, de maneira que se faz, por vício de retransmissão, chegar ao conhecimento do destinatário, declaração diversa da verdadeira, não por dolo ou má-fé, mas simplesmente por falha técnica ou humana[136].

Mas, segundo a tradição de nosso direito, equipara-se ao erro a transmissão defeituosa da declaração, tanto quando o agente se serve de mensageiro, e este realiza a comunicação de forma infiel à intenção do declarante; como quando o instrumento

---

[135] RODRIGUES, Silvio. *Dos vícios de consentimento cit.*, nº 57, p. 82.

[136] "O erro de transmissão é equiparado ao erro na declaração, salvo se houver dolo do intermediário, caso em que a declaração é sempre anulável" (LIMA, Pires de, e VARELA, Antunes. *Código civil anotado cit.*, I, p. 234).

Capítulo XI: Do Erro ou Ignorância | **389**

utilizado lhe trunca a declaração, como se dá com a mensagem telegráfica transmitida com defeito[137].

163. REQUISITOS DA ANULABILIDADE POR ERRO DE INTERMEDIAÇÃO

Para que o defeito da transmissão se torne causa autorizadora da anulação do negócio, é necessário que:

a) a divergência se instale em face de elementos estruturais do negócio jurídico, correspondendo, portanto, a *erro substancial*, segundo o previsto nos arts. 139 e 140, do CC;

b) tenha tido o destinatário, nas circunstâncias do negócio, condições de perceber o erro da declaração truncada, como pessoa de atenção normal (art. 138). O preço mencionado erroneamente no telegrama, por exemplo, está inexplicavelmente muito abaixo da cotação de mercado e das condições habituais de fornecimento entre as partes.

Conjugados esses dois requisitos, o erro do intermediário torna-se relevante e opera sobre a declaração de vontade os mesmos efeitos do erro cometido pelo próprio declarante.

Dentro da moderna preocupação de zelar pela segurança dos negócios jurídicos e exigir, portanto, que a anulabilidade somente ocorra quando configurada a responsabilidade também do destinatário da equivocada declaração de vontade, o erro na sua retransmissão, como no geral dos casos de erro substancial, "só aproveita se, além de não haver culpa de quem nele incidiu, for reconhecível pelo outro contratante"[138]. É que, em princípio, no tratamento do vício de consentimento, "veda-se o desfazimento do ato se o erro surgir irreconhecível para o terceiro; isso em respeito à boa-fé de quem colheu a declaração de vontade"[139].

Essa orientação que já se recomendava, sem texto expresso de lei, ao tempo do Código revogado, torna-se indiscutível no regime da lei atual, que desenganadamente inseriu na conceituação do erro substancial a exigência de sua cognoscibilidade por parte do destinatário da declaração de vontade defeituosa (art. 138)[140].

---

[137] PEREIRA, Caio Mário da Silva. *Instituições cit.*, I, nº 89, p. 439.

[138] RODRIGUES, Silvio. *Dos vícios de consentimento, cit.*, nº 57, p. 82.

[139] *Idem, ibidem*.

[140] Decidiu o TJPR, ainda sob o regime do Código de 1916, que na transmissão errônea da vontade por instrumento, então regida por seu art. 89, se deveria levar em conta que a anulabilidade depende de prova a cargo de quem invoca o vício, "pois que se supõe que a outra parte sempre esteja de boa-fé, vez que é princípio geral a presunção da boa-fé, que significa lealdade, isto é, observância às regras objetivas de honradez do comércio jurídico. Surge aí, então, a figura da deslealdade, com inobservância dessas regras, que consiste no fato de saber ou dever saber que a outra parte labora em erro e, no entanto, silenciar. Por isso que o erro só deve

164. REPRESENTANTE E MENSAGEIRO

O meio interposto de que trata o art. 141, do CC pode ser mecânico (telégrafo, telex, internet etc.) ou pessoal (mensageiro). O terceiro que se utiliza para levar a declaração ao conhecimento do destinatário não é, *in casu,* o representante, mas apenas o mensageiro.

Qualquer meio mecânico, visual, elétrico, eletrônico ou magnético é de ser considerado e seu manejo tanto pode ser feito pelo declarante como por terceiro. Até o telefone pode enquadrar-se na situação prevista no art. 141[141]. Mas, para que a hipótese seja realmente a do dispositivo em questão, o defeito haverá de ser localizado não na fala do interlocutor, mas na dinâmica da retransmissão. Alguma deficiência do sistema magnético produzirá interrupções ou deturpações sonoras capazes de fazer chegar ao destinatário frase ou palavra diferente das enunciadas pelo declarante. Se é o próprio declarante que erra ao manter a conversa telefônica, o caso não será de erro de retransmissão, mas de erro de declaração.

A equiparação do erro de transmissão, ao erro de declaração, no caso de intermediação pessoal, pressupõe o uso pelo declarante do concurso de simples mensageiro, ou seja, de quem não pratique, por sua vez, declaração de vontade, mas apenas se encarregue de retransmitir a vontade já declarada pelo agente, e ao fazê-lo não guarda fidelidade à tarefa que lhe fora confiada[142].

Situação distinta é a do *representante*, que de forma alguma pode se considerar, para aplicação do art. 141, como mensageiro do declarante ou como meio intermediário de retransmissão de vontade deste.

Juridicamente, "o representante não transmite uma declaração de vontade de um terceiro, mas exprime sua própria vontade, ainda que o faça em nome e por conta de outrem"[143]. Já a figura do mensageiro ou núncio é a da pessoa que se limita a transmitir a vontade alheia.

É ao mensageiro que se aplica a regra do art. 141, que nada tem a ver com os mandatários e representantes em geral. Se o núncio erra no cumprimento da retransmissão da mensagem, seu erro afeta a vontade do verdadeiro declarante. A anulabilidade será arguível pelo declarante, como se se tratasse de erro dele mesmo.

---

aproveitar a quem o alega quando a parte o conhecia ou deveria conhecê-lo" (3ª Câm. Cível, Ap. Civ. nº 439/86, Rel. Des. Silva Wolff, *in* RODRIGUES FILHO, Eulâmpio. *Código civil anotado.* 3. ed. São Paulo: Síntese, pp. 122/123).

[141] CARVALHO SANTOS, J.M. de. *Código civil brasileiro interpretado cit.,* II, pp. 317/318.

[142] "Equipara-se ao erro a transmissão defeituosa da vontade, ... quando o agente se serve de mensageiro, e este comunica, com infidelidade sua intenção" (PEREIRA, Caio Mário da Silva. *Instituições de direito civil cit.,* I, nº 89, p. 439).

[143] FERRAND, Frédérique. *Droit privé allemand.* Paris: Dalloz, 1997, p. 261, nota 3.

Mas, a regra do citado dispositivo não incide sobre a conduta do representante ou procurador, quer este aja dentro ou fora dos poderes ou instruções do representado[144].

O erro do representante também pode acontecer, mas será analisado principalmente em torno de sua própria declaração de vontade, e não em face da do representado, visto que, na verdade, a única declaração existente é daquele e não deste. Embora os efeitos do negócio tenham de incidir na esfera do representado, "é na pessoa do representante que devem verificar-se a falta de vontade ou o erro"[145]. Somente o representante declara vontade, somente ele pode errar.

Há casos, porém, em que o erro antecede a declaração de vontade do representante e se situa na própria outorga da representação. Aí, sim, o defeito será da vontade do representado e poderá, eventualmente, repercutir sobre o negócio afinal praticado pelo representante. De qualquer maneira, o negócio jurídico sujeitar-se-á à anulação, se o erro incidiu sobre elemento essencial, tanto quando se originar de declaração do representante como do representado.

165. A INTENCIONALIDADE DO INTERMEDIÁRIO EXCLUI A FIGURA DO ERRO

Em regra, o problema do defeito da intermediação tem de ser analisado, para os fins do art. 141, do Código Civil, à luz do puro erro do representante, não podendo este ser intencional e devendo sempre apresentar-se perceptível pelo outro contratante.

A alteração intencional da vontade declarada em relação à mensagem do manifestante ou aos poderes conferidos pelo mandante é conduta dolosa que não pode obrigar o declarante ou o representado. Em tal situação, não há declaração de vontade imputável ou oponível a ele. Os efeitos de semelhante declaração não chegam à esfera jurídica daquele em cujo nome atuou o mensageiro ou o representante. O ato não é anulável, é, na verdade, inexistente[146]. A ação, acaso manejável, será a declaratória negativa (inexistência do negócio), visto que a vontade para o que se pretendeu obrigar não houve. O que se transmitiu para o destinatário foi outra vontade e não a autorizada pelo representado. Não cabe, portanto, falar-se, a seu respeito, em erro, nem em negócio anulável[147].

---

[144] PONTES DE MIRANDA, Francisco Cavalcanti. *Tratado de direito privado cit.*, t. IV, § 441, nº 1, p. 423; FONSECA, Antônio Carlos. "Variantes da manifestação da vontade nos negócios jurídicos por representação." *Revista dos Tribunais*, n. 593, 1985, pp. 36/37.

[145] COSTA, Mário Júlio de Almeida. *Vontade e estados subjetivos na representação jurídica*. Rio de Janeiro: Ed. Rio, 1976, pp. 40/41.

[146] CARVALHO SANTOS, J.M. de. *Código civil brasileiro interpretado cit.*, II, p. 321.

[147] PONTES DE MIRANDA, Francisco Cavalcanti. *Tratado de direito privado cit.*, t. IV, § 441, nº 1, p. 423.

166. PODERES DE REPRESENTAÇÃO E INSTRUÇÕES DE CUMPRIMENTO DO MANDATO

Uma vez constituída a representação convencional, a vontade do mandante não se confina apenas aos termos do mandato. Além dos poderes de representação que formam o *objeto* do contrato estabelecido entre outorgante e outorgado, é comum que aquele formule recomendações a este de como bem desempenhar a outorga que lhe foi feita. Essas instruções paralelas, dadas fora da procuração, não integram, juridicamente, o mandato, e, por isso, não afetam os poderes que o procurador vai exercer junto a terceiros, quando vier a contratar em nome do mandante.

Se, pois, o mandatário descumpre tais instruções, não viola o objeto do mandato. Desde que se comporte dentro dos poderes que a outorga compreende, é irrelevante, para o campo do defeito dos negócios jurídicos, que a declaração de vontade não tenha sido fiel ao que de fato queria o representado (CC, art. 679).

É que o terceiro contrata com o mandatário, tendo em conta a outorga de poderes, revelada pela procuração (instrumento do mandato), e não por força de outros entendimentos que porventura tenham se dado entre outorgante e outorgado.

Nessa ordem de ideias, simples instruções a respeito de como atuar no cumprimento do mandato não se equiparam a limitações aos poderes conferidos. Manifestam-se apenas no interior do relacionamento entre outorgante e outorgado e não chegam até o terceiro que contrata com o representante. Este confia nos termos do mandato e pratica negócio válido e plenamente eficaz se o faz dentro dos poderes delegados ao procurador (art. 675). A desobediência às instruções, portanto, gera responsabilidade para o mandatário em face do mandante (arts. 667 e 679), sem, entretanto, afetar o vínculo estabelecido entre o mandante e o terceiro que contratou com base no mandato (art. 679).

Há, contudo, uma hipótese especial em que a lei comina a sanção da anulabilidade ao negócio praticado dentro dos poderes do mandato, mas com ofensa às instruções do mandante. Trata-se daquela em que o terceiro contrata com o representante, conhecendo, ou devendo conhecer, o conflito entre este e o mandante (art. 119). Aí, sim, haverá um divórcio relevante entre a vontade da parte e a declaração feita em seu nome pelo mandatário. A higidez do negócio estará comprometida porque o outro contratante se tornou também responsável pela infidelidade cometida. Sabendo da verdadeira vontade do mandante, ou devendo conhecê-la, nas circunstâncias do negócio, o terceiro quebrou o dever de lealdade e boa-fé na contratação. Faltando à confiança necessária, ensejou a formação de negócio anulável, sem embargo de não terem sido ultrapassados os limites dos poderes de representação[148].

---

[148] "Os contratantes são obrigados a guardar, assim na conclusão do contrato, como em sua execução, os princípios de probidade e boa-fé" (CC, art. 422).

167. EXCESSO DE MANDATO

Não se resolve pela anulação o negócio praticado por mandatário fora dos poderes que lhe confiou o mandante. Ou o outro contratante sabe do excesso, e, por isso, assume o risco de uma simples gestão, que pode ou não ser confirmada pelo representado (CC, arts. 665 e 673); ou, não sabe, caso em que não foi diligente no verificar a extensão do mandato, razão pela qual o problema jurídico se resume à responsabilidade pessoal, ou não, do mandatário em face daquele com quem contratou irregularmente (arts. 654, 662 e 665). De qualquer maneira, em nenhuma das hipóteses de excesso de representação, ocorrerá negócio anulável em relação ao representado, a quem apenas se terá negócio não oponível[149].

168. ERRO SANÁVEL DE PESSOA OU COISA

O art. 142, do Código Civil cuida da irrelevância do erro quando, não obstante equivocada na declaração de vontade a indicação da pessoa ou coisa, se mostre possível identificá-la, pelo contexto e pelas circunstâncias do negócio[150]. É o que se costuma chamar de erro material, que não chega a viciar o consentimento do declarante.

O caso não é de invalidação, mas, sim, de interpretação do negócio jurídico. Se por meio desta se chega, com segurança, ao querer verdadeiro do declarante, o erro se torna apenas acidental e o efeito do negócio se produzirá em torno da pessoa ou coisa que, na realidade, visou o declarante.

Por não se tratar de erro substancial, mas apenas de erro circunstancial ou acidental, não vicia a declaração de vontade. Seu efeito não é, por isso mesmo, a anulabilidade do negócio, mas sua interpretação e execução como se erro não houvesse[151].

169. ERRO DE PESSOA OU COISA E ERRO NA INDICAÇÃO DE PESSOA OU COISA

Uma coisa é o *error in persona* e o *error in corpore* (erro essencial quanto à identidade) que conduz por vício substancial, outra coisa é o engano no apontar e caracterizar pessoa certa, ou coisa certa, de cuja identidade não se duvida (erro apenas acidental e irrelevante). Apenas dados secundários ou qualidades não essenciais

---

[149] "Não se anula por erro o ato se o procurador excedeu os poderes"... "não tem de que pedir anulação o procurado" (PONTES DE MIRANDA, Francisco Cavalcanti. *Tratado de direito privado cit.*, IV, § 441, nº 3, p. 425).

[150] "Art. 142. O erro de indicação da pessoa ou da coisa, a que se referir a declaração de vontade, não viciará o negócio quando, por seu contexto e pelas circunstâncias, se puder identificar a coisa ou pessoa cogitada".

[151] BEVILÁQUA, Clóvis. *Código Civil dos Estados Unidos do Brasil comentado.* 12. ed. Rio de Janeiro: Francisco Alves, 1959, v. 1. p. 272, nota 1 ao art. 91; RODRIGUES, Silvio. *Dos vícios de consentimento cit.*, nº 59, p. 86.

são apontados como erro. A pessoa ou a coisa, em sua identidade ou essência, não são objeto de erro, são certas.

No erro de pessoa ou coisa o agente declara sobre o que não corresponde a seu querer. Deseja-se comprar o imóvel nº 50 da rua tal, e o contrato é lavrado tendo como objeto o prédio nº 100 da referida rua. Quer-se contratar os serviços de uma empresa e assina-se o contrato com outra, cuja firma é bastante parecida.

Existem, portanto, duas pessoas ou duas coisas distintas e, querendo contratar sobre uma delas, o agente equivocadamente contrata sobre outra. Esse é erro substancial. Já no erro de indicação, não há necessariamente duas pessoas ou duas coisas distintas, mas uma só, e o equívoco não conduz à outra coisa ou outra pessoa, pois não vai além de traços ou características acidentais da única pessoa ou coisa visada pelo declarante.

É erro acidental, por exemplo, o cometido na escritura de compra e venda em que o número da casa foi trocado, mas o imóvel correto pode ser identificado pelas confrontações e pela matrícula mencionadas no próprio instrumento contratual. É também erro da mesma natureza o que se comete na doação ou na deixa testamentária a favor de uma pessoa que fez determinado favor ao declarante, mas este se equivoca na grafia do respectivo prenome, sem deixar dúvida, porém, quanto ao propósito da liberalidade. Em ambos os casos, não se terá dificuldade alguma em identificar, pelo contexto da declaração de vontade, qual a coisa e qual pessoa a que se endereça a manifestação de vontade. Daí a acidentalidade do erro e sua consequente irrelevância jurídica, porquanto o que se tem não é mais do que um simples engano no plano fático – erro material ou de fato – suscetível de fácil superação e correção, sem necessidade alguma de anular o negócio. Daí por que tudo se resolve por meio de simples processo interpretativo.

170. REQUISITO LEGAL A CUMPRIR

Para aplicar o art. 142, do Código Civil e ter como irrelevante o erro ali mencionado, é indispensável que a descoberta do erro e a consequente revelação da pessoa ou coisa correta seja produto de averiguação direta sobre o contexto da declaração e das circunstâncias em que ela se deu. Esse exame não pode conduzir a outro resultado senão o de revelar o verdadeiro destinatário ou o único objeto da declaração. "Não podendo restar dúvida sobre a identidade da coisa ou da pessoa, o erro não apresenta gravidade, nem prejudica"[152].

O erro não é substancial, na expressiva dicção do art. 209 do Código Civil peruano, quando, malgrado o equívoco cometido sobre a identidade ou denominação da pessoa, do objeto ou da natureza do ato jurídico, por seu *próprio texto* ou pelas circunstâncias "se pode identificar a pessoa, o objeto ou o ato designado". Só

---

[152] CARVALHO SANTOS, J.M.de. *Código civil brasileiro interpretado cit.*, II, p. 326.

Capítulo XI: Do Erro ou Ignorância | 395

assim não haverá necessidade de anular o negócio para cumpri-lo de acordo com a verdadeira vontade das partes.

171. ERRO MATERIAL E ERRO DE CÁLCULO

O art. 143 do Código Civil cuida de distinguir o erro de cálculo do erro substancial, para diferenciar o tratamento jurídico de um e outro. O negócio jurídico é precedido da formação da vontade, no plano psíquico. Quando, em seguida, o agente exterioriza seu querer, visando a produção de um efeito jurídico, ocorre a *declaração da vontade*, por meio da qual se cria, com apoio no direito positivo, uma nova situação jurídica. Não é o fenômeno interior da vontade que produz o negócio jurídico, mas sua declaração. Sem o concurso da vontade, porém, não se chega à declaração e, consequentemente, não se tem o negócio jurídico. A formação da vontade representa o iter necessário para alcançar-se o negócio jurídico e os defeitos desse caminho volitivo podem ocasionar vícios de consentimento que, conforme sua intensidade, são capazes de comprometer a validade do negócio. O vício de consentimento, no entanto, pressupõe uma vontade declarada de acordo com aquilo que, no momento de aperfeiçoamento do negócio jurídico, foi de fato querido pelo declarante. Embora defeituosa, a vontade declarada foi a que se formou no psiquismo do agente. Assim, o erro, o dolo ou a coação moral são fatores que influem na formação da vontade e conduzem a um querer que na verdade não aconteceria se suprimidos antes da declaração negocial. Por isso, sob sua influência, o negócio pode ser anulado pelo prejudicado, se lhe for conveniente. Mas, trata-se de negócio dotado de eficácia, enquanto não anulado, porque corresponde a uma vontade realmente declarada pelo agente, nos termos de seu propósito de momento.

Diferente é o que se passa quando o agente comete erro material ou de cálculo, porque, então, não existe o querer nem mesmo defeituoso. O dado que figura na declaração em momento algum foi chancelado ou aprovado pela vontade. É um acidente exterior, localizado apenas no registro formal da declaração.

Em direito processual, onde a mesma hipótese também pode ocorrer em face da sentença, entende-se que não faz coisa julgada o erro material, justamente porque o enunciado não traduz "o pensamento ou a vontade do prolator da sentença"[153]. Por isso, a qualquer tempo é possível retificar a incorreção material do julgado, a requerimento da parte ou até mesmo de ofício, pelo juiz (CPC/2015, art. 494, I).

No plano do direito material, as coisas não são diferentes. Se o declarante comete erro material, na indicação da pessoa ou coisa a que se refere a declaração, e o equívoco é facilmente apurável diante dos próprios termos do negócio ou das circunstâncias que o envolvem, a lei não autoriza a anulação, mas determina sua

---

[153] AMARAL SANTOS, Moacyr . *Primeiras linhas de direito processual civil*. 3. ed. São Paulo: Saraiva, 1979-1990, v. III, nº 717, p. 24.

NEGÓCIO JURÍDICO · Humberto Theodoro Jr. e Helena Lanna Figueiredo

correção, para que se interprete e cumpra a obrigação exatamente como, na realidade, a quis estatuir o agente (CC, art.142).

172. O ERRO DE CÁLCULO

O Código tratou separadamente o erro material sobre coisa ou pessoa (CC, art. 142) e o erro de cálculo (art. 143). Ambos, porém, integram a figura genérica do erro material e se resolvem da mesma maneira, isto é, não afetam a validade do negócio e simplesmente devem ser afastados por meio de operação interpretativa, que há de provocar a retificação do registro equivocado, para que prevaleça o sentido correto da declaração[154].

Por erro de cálculo compreende-se o erro no manejo aritmético de dados exatamente enunciados no contrato. Assim, há erro da espécie quando, por exemplo, a declaração se refere a uma certa quantidade de bens, a que se atribui determinado preço unitário, mas ao calcular o preço total aponta-se uma soma aritmeticamente incorreta[155].

Para que o erro seja tratado como não substancial e apenas de cálculo é necessário que seja de imediato reconhecível e deve recair sobre os dados constantes do próprio contrato. Se não constam do enunciado da declaração os dados sobre os quais o contratante incorreu em erro não é o caso do erro retificável nos moldes do art. 143. O caso haverá de ser tratado segundo a sistemática geral da anulabilidade por erro essencial[156].

É bom lembrar que, às vezes, o erro sobre quantidade ultrapassa a dimensão de simples erro de cálculo, porque foi em função de certo quantitativo que necessariamente se formou o consentimento negocial. Apurado o verdadeiro quantitativo do bem negociado, a divergência afetará a causa determinante do consenso e o contrato se tornará viciado e anulável[157]. Atingido esse nível, o erro não poderá, obviamente, ser tratado como de cálculo, e não ensejará apenas a retificação. A parte prejudicada terá direito de promover a anulação do contrato[158].

O verdadeiro erro de cálculo é aquele que não interfere nas qualidades essenciais do objeto do contrato. Não é, por isso mesmo, um *erro jurídico*. Não passa de

---

[154] No direito alemão, tal como no nosso, "o erro de cálculo (*kalkulationsirrtum*) não é em princípio causa de anulabilidade" (FERRAND, Frédérique. *Droit privé allemand*. Paris: Dalloz, 1997, nº 240, p. 265).

[155] BIANCA, C. Massimo. *Diritto civile cit.*, v. 3, nº 352, p. 656-657.

[156] BIANCA, C. Massimo. *Diritto civile cit., loc. cit.*

[157] "*No es error de cuenta el que se refiere a los factores con los que se va a operar (p. ej., cabida del imueble) o las bases o critérios de realización del calculo*" (MORENO, A. M. Morales. *Error: vício da vontade*, verbete in *Enciclopédia Jurídica Básica*. Madrid: Editorial Civitas, 1995, v. II, p. 2.855).

[158] TORRENTE, Andrea e SCHELESINGER, Piero. *Manuale di diritto privato*. 16.ed. Milano: Giuffrè, 1999, § 115, p. 186; TRABUCCHI, Alberto. *Istituzioni cit.*, p. 155, nota 3.

um equívoco, um erro em sentido vulgar[159]. Não reflete sobre a validade do negócio, porque os fatores a manejar se evidenciam com exatidão pelo próprio enunciado contratual. Daí que, retificar o erro de cálculo não representa alterar o negócio jurídico, mas apenas revelar-lhe o exato conteúdo, segundo a verdadeira vontade dos contratantes[160]. O lapso, *in casu,* é *ostensivo*, e somente por sê-lo é que se pode retificá-lo de plano[161].

173. EFEITO DO ERRO DE CÁLCULO

Verificado o erro de cálculo, o valor correto prevalecerá sobre o equivocadamente apontado, e a parte pagará quantidade maior ou menor do que a de início apontada, segundo o ajustamento da operação aritmética pertinente[162], sem que se tenha de cogitar de anulação do contrato.

A rigor, a solução do erro de cálculo não se filia à sistemática do erro, e, sim, à teoria da interpretação do negócio jurídico[163], já que não se tem de invalidar o contrato, para fazer prevalecer o significado correto da declaração consensual dos contratantes, mas tão somente se define exatamente o que se intentou fixar como objeto da avença.

174. RETIFICAÇÃO DO CONTRATO PARA EVITAR SUA ANULAÇÃO POR ERRO ESSENCIAL

Cuida o art. 144[164] do Código Civil de uma forma de evitar a anulação do negócio viciado por erro. Sem embargo da configuração do erro essencial, suficiente para autorizar o declarante a promover a anulação do negócio, a lei procura preservá-lo, desde que o destinatário da errônea declaração se disponha a cumpri-la tal qual a verdadeira vontade do declarante.

Descobrindo o erro em que incorreu o primeiro estipulante, o outro contratante, antes que a anulação seja promovida, procede a uma espécie de retificação do ajuste, para eliminar a posição equivocada de seu parceiro. Aquele que não estava em erro e percebe o erro do outro, oferece-lhe a oportunidade de executar

---

[159] O erro de cálculo que não dá lugar à anulação do contrato, mas apenas à sua retificação aplica-se, adequadamente, apenas *"nel caso dell'operazione aritmetica sbagliata, allorché gli elementi del computo siano conformi al comune intento delle parti e risultino dall'atto"* (GERI, Lina Bigliazzi *et al. Diritto civile – Fatti e atti giuridice.* Ristampa, Torino: UTET, 1997, nº 71, p. 657).

[160] ALBALADEJO, Manuel. *Derecho civil I cit.*, v. II, § 86, p. 214.

[161] LIMA, Pires de e VARELA, Antunes. *Código civil anotado cit.*, v. I, p. 234, nota ao art. 249º.

[162] GALGANO, Francesco. *Diritto privato.* 10.ed. Padova: CEDAM, 1999, p. 277.

[163] GERI, Lina Bigliazzi *et al. Diritto civile cit.*, loc. cit.

[164] "Art. 144. O erro não prejudica a validade do negócio jurídico quando a pessoa, a quem a manifestação de vontade se dirige, se oferecer para executá-la na conformidade da vontade real do manifestante".

o negócio, não da maneira incorreta com que figurou na declaração negocial, mas de forma a dar-lhe conteúdo fiel aos termos em que o outro contratante, na realidade, entendia o ajuste.

Na situação prevista no art. 144, do Código Civil a retificação promovida por iniciativa do destinatário da declaração errônea elimina o vício do negócio, impedindo sua futura anulação. Funda-se o dispositivo legal no princípio da conservação do negócio jurídico. Não se exige um novo contrato entre as partes, pois basta uma simples mudança, na fase de execução, da prestação a cumprir. Trata-se de negócio unilateral receptício, que não depende, porém, da aquiescência do outro contratante. Tudo se consuma com a simples oferta de um contratante ao outro da prestação correta. A retificação, para evitar a anulação, outrossim, somente é autorizada para a hipótese de negócio viciado por erro, não podendo ser estendida para outros casos de anulabilidade[165].

Para que o reajuste alcance o objetivo de preservar o contrato é preciso que a oferta de execução adequada se dê antes que ambas as partes tenham adimplido suas prestações. É que se isto já tiver acontecido, o prejuízo do autor do erro terá se consumado e o outro contratante não terá mais como propor a execução em moldes diversos do previsto no contrato.

Logo, para usar a faculdade conferida pelo art. 144, aquele que descobre o erro substancial do outro tem de usá-la antes de dar cumprimento ao contrato dentro do esquema errôneo de sua pactuação[166]. Aliás, o texto do dispositivo legal não deixa dúvida de que a proposta de correção deve ser feita como expediente que antecede à prestação da parte que não está em erro[167]. É o que também prevê, expressamente, o Código Civil peruano[168]. Nada obsta, porém, que as partes ajustem, por transação, salvar o contrato, mesmo depois de executado, recorrendo a medida análoga à prevista no art. 144.

É bom de ver que o dispositivo legal analisado refere-se ao erro substancial, pois seu objetivo é salvar o contrato, impedindo sua anulação. Se o erro for acidental, não tem sentido cogitar-se de medida como a do art. 144, porque esse tipo de erro não conduz à invalidação do negócio. É justamente o exercício da faculdade reconhecida

---

[165] DIENER, Maria Cristina. *Il contratto in generale*. Milano: Giuffrè, 2002, nº 14.15, p. 779.

[166] Caio Mário da Silva Pereira observa que o atual Código Civil cogita do convalescimento do negócio eivado de erro, para o caso de o interessado, "antes que o ato possa causar prejuízo", ofereça executá-lo "na conformidade da vontade real" (PEREIRA, Caio Mário da Silva. *Instituições de Direito Civil: introdução ao direito civil, teoria geral do direito civil*. 31. ed. Revista a atualizada por Maria Celina Bodin de Moraes. Rio de Janeiro: Forense, 2018, v. I, nº 89, p. 439).

[167] "A oferta de *retificação* deve ser feita antes que o autor do erro tenha sofrido o prejuízo" (GERI, Lina Bigliazzi *et al*. *Diritto civile cit.*, vol. 1, t. 2, nº 72, p. 659).

[168] "*La parte que incurre en error no puede pedir la anulación del acto si, antes de haber sufrido un perjuicio, la otra ofreciere cumplir conforme al contenido y a las modalidades del acto que aquélla quiso concluir*" (art. 206).

ao prejudicado de promover a anulação do negócio, diante do erro substancial, que a medida excepcional do art. 144 procura afastar ou impedir.

174.1. A iniciativa da revisão contratual

A lei não atribui ao autor da declaração de vontade viciada a faculdade de rever os termos do contrato para reajustá-lo, de maneira a eliminar os efeitos do erro (CC, art. 144). Não cabe àquele que cometeu o erro forçar a revisão contratual. O que a lei lhe concede é somente o direito potestativo de anular o negócio jurídico defeituoso (art. 138). É apenas o contratante que negociou com o autor do erro quem pode evitar a anulação do negócio oferecendo para cumpri-lo "na conformidade da vontade real" do outro contratante, tal como se prevê no art. 144.

175. DIVERSAS HIPÓTESES DE RETIFICAÇÃO DO NEGÓCIO PRATICADO SOB ERRO

O erro puramente acidental, isto é, o que recai sobre *motivos* ou sobre *qualidades secundárias* do objeto ou da pessoa é irrelevante no plano jurídico. Desenvolve-se apenas no terreno psicológico e fático, de sorte que não se apresenta como *erro jurídico* e, por conseguinte, não tem o condão de afetar a validade do negócio[169]. Diante do erro acidental, a atitude da lei é, em regra, a indiferença: o negócio é entendido e executado tal como ajustado, sem sofrer impacto algum do erro não jurídico. Se se negocia um terreno identificado como corpo certo, a menção errônea às suas dimensões não será empecilho a que o adquirente exija sua tradição nem a que o alienante cobre o preço ajustado. O dado dimensional não integrou a economia do contrato, não figurou entre suas causas jurídicas ou seus motivos determinantes. Por isso, o erro a seu respeito não adquire relevância alguma no destino do negócio.

Casos há, porém, em que o erro reclama correção, mesmo não sendo essencial, para que as prestações correspectivas possam ser convenientemente executadas. Admite o Código, nessa ordem de ideias, as seguintes retificações de negócio em que a declaração tenha sido emanada de erro:

a) *a retificação do erro de indicação da pessoa ou coisa* a que se refira a declaração de vontade, por meio de *operação interpretativa* à luz dos próprios termos do contrato (CC, art. 142); com esse expediente corrige-se um erro obstativo (erro de declaração), que, aparentemente, se liga a elemento essencial do negócio, mas que pode ser superado sem prejudicar sua validade, visto que, interpretativamente, se descobre e se revela a vontade real do declarante; com isto, o que, de início, poder-se-ia ter como erro substancial, reduz-se, nas

---

[169] PEREIRA, Caio Mário da Silva. *Instituições de direito civil cit.*, I, nº 89, p. 437.

circunstâncias, a mero erro acidental, facilmente contornável; a retificação, na verdade, incide sobre a *letra* da declaração, e não sobre sua essência[170];

b) *a retificação do erro de cálculo* (art. 143), por meio da qual se altera o texto do negócio jurídico, afastando o resultado de uma operação aritmética nele equivocadamente inserida. Não é a vontade negocial, também aqui, que se modifica; é o texto que a ela se adapta, visto que a correção há de ser feita com base nos elementos certos da própria declaração;

c) *a retificação do erro substancial*, quando a parte que nele não incorreu, propõe cumprir a obrigação nos termos em que a vontade real do outro contratante idealizou (art. 144). Não se trata de interpretar a declaração, nem de corrigir-lhe a letra; a hipótese é realmente de alteração da essência do contrato, mediante iniciativa do destinatário da declaração, que descobre o erro do declarante e propõe cumpri-la de forma a eliminar sua influência sobre a vontade do outro contratante. Salva-se um contrato já contaminado de anulabilidade, em benefício da parte que não incorrera em erro, e sem prejuízo para a que nele caíra. Ao direito potestativo de invalidar o contrato, que toca ao autor do erro substancial, a lei antepõe o direito, também potestativo, atribuído àquele que não errou, de salvar o negócio e impedir sua anulação, mediante alteração que resguarde a vontade real do primeiro.

Dessa maneira, intenta a lei impedir que o direito de anular negócios praticados em situação de erro seja exercido injustificadamente e a serviço de propósitos emulativos, porquanto, por via de adequada correção até mesmo do erro essencial, os interesses de quem nele incorreu são, enfim, salvaguardados com plenitude[171]. Observa-se, pois, o princípio da conservação dos negócios jurídicos.

---

[170] GERI, Lina Bigliazzi *et al. Diritto civile cit.*, v. I, t. 2, nº 72, p. 661.

[171] GERI, Lina Bigliazzi *et al. Diritto civile cit.*, nº 72, p. 661.

Capítulo XII: Do Dolo

176. DOLO COMO VÍCIO DE CONSENTIMENTO

Consiste o dolo no emprego de palavras ou expedientes maliciosos, por parte de um dos sujeitos contra o outro, ou de terceiro contra um deles, para induzi-lo à prática do negócio jurídico[1]. De forma mais descritiva: o dolo civil (não penal) é a conduta de quem intencionalmente provoca, reforça ou deixa subsistir uma ideia errônea em outra pessoa, com a consciência de que esse erro terá valor determinante na emissão de sua declaração de vontade[2].

O Código Civil português, em seu art. 253º, 1, bem conceitua o dolo: "entende-se por dolo qualquer sugestão ou artifício que alguém empregue com a intenção ou consciência de induzir ou manter em erro o autor da declaração, bem como a dissimulação, pelo declaratário ou terceiro, do erro do declarante".

Mas para que o dolo afete a validade do negócio é preciso que seja grave e, portanto, que assuma a condição de motivo determinante da declaração de vontade, ou seja, para se apresentar como fator de anulabilidade do negócio, haverá de ter sido a sua *causa*, como ressalta o art. 145, do Código Civil.

O dolo é um *erro* que, entretanto, não ocorre casualmente, mas é provocado pelo comportamento enganoso de outrem, que se endereça à obtenção de uma declaração, que afinal será emitida devido àquela maquinação astuciosa. Para ter-se o dolo, dessa maneira, tornam-se necessários os seguintes elementos: a) o comportamento enganoso (elemento objetivo); b) o ânimo de enganar para obter a declaração de vontade (elemento subjetivo); c) a participação de um dos sujeitos do negócio na maquinação contra a vítima (se a astúcia for de terceiro, a parte a quem ela aproveita, deverá ter conhecimento do ocorrido); d) a produção do erro na pessoa que sofreu a maquinação; e, por último, e) a determinação da declaração de vontade como efeito do erro induzido[3].

Em suma: o dolo deverá ter sido, para provocar a anulação, o motivo determinante da declaração de vontade, de tal sorte que, sem o engano induzido, o negócio não teria se realizado[4].

---

[1] DIEZ-PICAZO, Luis e GULLON, Antonio. *Sistema de derecho civil*. 1.ed. reimpresion, Madrid: Editorial Tecnos, 1976, v. I, p. 489. "O dolo consiste no artifício empregado para induzir alguém em erro; o vício é identificado nas maquinações de que alguém se utiliza para enganar a outrem" (TJSP, 10ª C., Ap. nº 278.737-1, Rel. Des. Roberto Stucchi, ac. de 09.04.1996, *JTJ*, 185/23).

[2] TUHR, Andreas Von. *Derecho civil*. Buenos Aires: Depalma, 1947, v.2, t. II, p. 293.

[3] ALBALADEJO, Manuel. *Derecho civil I – Introducción y parte general*. 14.ed. Barcelona: Bosch, 1996, v. II, p. 192.

[4] ENNECCERUS, Ludwig; THEODOR, Kipp e WOLFF, Martin. *Tratado de Derecho civil – parte general cit.*, v.II, t. I,, § 162, nº I-2, p. 226.

Na realidade, o dolo, em si, isto é, o expediente astucioso usado para enganar não é o vício do consentimento, propriamente dito; é, na verdade, o caminho ou o instrumento para produzir o vício de consentimento, que se manifesta no erro a que o declarante é induzido. Aí, sim, quando se declara a vontade sob impacto da falsa noção de realidade, a vontade se vicia e o negócio dela resultante se forma defeituosamente[5].

Em si mesmo o dolo é um ato ilícito e sua consequência direta é a responsabilidade pela reparação dos prejuízos acarretados à vítima. É pela sua conexão com o erro substancial que venha a produzir no declarante que se atinge cumulativamente o vício de consentimento e se produz a anulabilidade do negócio. A lei mesma, em determinadas circunstâncias, reconhece o dolo, determina a responsabilidade civil do agente, mas não autoriza a anulação do negócio por não considerá-lo viciado em sua essência (art. 146).

177. ANÁLISE DOS ELEMENTOS CONSTITUTIVOS DO DOLO

O *comportamento enganoso*, necessário para ter-se configurado o dolo, corresponde a qualquer manobra fraudulenta, desonesta, que se apresente como velhacaria intencionalmente empregada para induzir a erro o sujeito do negócio jurídico. Essa maquinação tanto pode acontecer de forma *ativa*, por meio de mentiras e encenações astuciosas, como de forma *negativa*, servindo-se do silêncio ou da reticência, deliberadamente guardados, diante de dados relevantes que não poderiam deixar de ser informados ou esclarecidos ao outro contratante, nas circunstâncias do negócio[6].

A malícia humana, no dizer de Caio Mário da Silva Pereira, encontra os mais variados meios de atuar, na persecução de seus objetivos malévolos: "Pode alguém proceder de maneira ativa falseando a verdade, e se diz que procede por *ação* ou *omissão*. Mas é igualmente doloso, nos atos bilaterais, o silêncio a respeito de fato ou qualidade que a outra parte haja ignorado, a sonegação da verdade, quando, por *omissão* de circunstâncias, alguém conduz outrem a uma declaração proveitosa a suas conveniências, *sub conditione*, porém de se provar que sem ela, o contrato não se teria celebrado"[7].

---

5 STARCK, Boris; ROLAND, Henri e BOYER, Laurent. *Obligations*, v. 2 – *Contrat*. 5.ed. Paris: Litec, 1995, nº 476, p. 203.

6 CARBONNIER, Jean. *Droit civil*, v. 4 – *obligations*. 21.ed. Paris: Press Universitaires de France, 1998, nº 42, p. 98. Para Pedro Pais de Vasconcelos, "é necessário que haja uma trama, um embuste, seja ele traduzido em ação ou numa simples abstenção. Por isso, tanto constitui dolo a manobra enganosa, como o simples deixar a outra parte no engano. O dolo pressupõe uma atitude subjetiva do agente, que pode traduzir-se na intenção, ou na simples consciência, de enganar ou manter no engano o autor da declaração" (VASCONCELOS, Pedro Pais de. *Teoria geral do direito civil*. 8. ed. Coimbra: Almedina, 2017, nº 163, *b*, p. 592).

7 PEREIRA, Caio Mário da Silva. *Instituições de Direito Civil: introdução ao direito civil, teoria geral do direito civil*. 31. ed. Revista a atualizada por Maria Celina Bodin de Moraes. Rio de Janeiro: Forense, 2018, v. I, nº 90, p. 442.

O mecanismo de que se vale o agente doloso é o mesmo em relação ao psiquismo do declarante, quer utilize a *ação* como a *omissão*, pois em qualquer caso haverá sempre um processo malicioso de influir no seu convencimento, conduzindo-o, intencionalmente a criar ou manter o estado de erro, sem o qual o negócio não seria praticado[8].

Por outro lado, tal como se passa na fraude criminal, também no dolo civil se pode detectar, além do comportamento do agente, como *dado objetivo* (atos que corporificam a maquinação executada pelo *escroc*), o lado psicológico dessa mesma fraude: o ânimo de ludibriar o declarante, criando-lhe no espírito uma errônea noção da realidade dentro da qual o negócio será levado a efeito.

Há, destarte, no comportamento do agente doloso, um elemento *objetivo* (as maquinações ativas ou negativas) e um elemento *subjetivo* (o *animus* de levar o sujeito passivo das maquinações a praticar o negócio que, de alguma forma, o prejudicará, ou que, pelo menos, não teria interesse em praticar, caso não estivesse em erro).

O *erro da vítima* do dolo é outro elemento indispensável. Mas aqui não há diferença daquilo que já se fixou no vício de consentimento apelidado *erro* ou *ignorância*, que vem a ser a falsa noção da realidade em torno de um dado decisivo para determinação da vontade de realizar o negócio. A diversidade está apenas na *fonte*: o erro comum é casual ou fortuito; o erro doloso é provocado intencionalmente.

Costuma-se, desde as origens romanas, fazer-se distinção entre o *dolus malus* e o *dolus bonus*[9], para reconhecer que, na atividade negocial nem toda mentira ou esperteza corresponde ao vício invalidante da declaração de vontade.

Diz-se que o dolo condenado é aquele que a moral dos negócios não tolera, e não o que corresponde às pequenas malícias da propaganda que cada um faz de seus produtos, sem o intuito de lesar o outro contratante ou de obter vantagem indevida (*dolus bonus*). Nesse sentido, afirma-se que o comportamento doloso deve revelar, também, o *elemento injusto*, que vem a ser a necessidade de ter-se como *dolo civil* senão o que for condenado pelos costumes (*dolus malus*)[10].

O Código Civil português, em seu art. 253º, 2, conceitua o chamado *dolus bonus*: "não constituem dolo ilícito as sugestões ou artifícios usuais, considerados legítimos

---

8   PEREIRA, Caio Mário da Silva. *Instituições cit.*, v. I, nº 90, pp.442. Com efeito, o que deve existir é sempre a malícia do contratante: "no dolo, há sempre um elemento de *malícia*, senão mesmo de fraude, por parte do seu autor, resultante de artifícios ou simplesmente de omissão (má-fé)" (MIRANDA, Custódio da Piedade Ubaldino. *Teoria geral do negócio jurídico*. 2. ed. São Paulo: Atlas, 2009, nº 8.5.1, p. 208).

9   Nelson Rosenvald e Cristiano Chaves de Farias explicam que o *"dolus bonus* é uma categoria jurídica tolerada juridicamente, especialmente no mundo dos negócios. Consiste basicamente nos exageros cometidos pelo vendedor, valorizando o objeto a ser alienado ou potencializando as suas qualidades" (ROSENVALD, Nelson; FARIAS, Cristiano Chaves de. *Curso de direito civil: parte geral e LINDB*. 13. ed. São Paulo: Atlas, 2015, nº 10.10.3, p. 548).

10   CARBONNIER, Jean. *Droit civil cit.*, v. 4, p. 98.

NEGÓCIO JURÍDICO • Humberto Theodoro Jr. e Helena Lanna Figueiredo

segundo as concepções dominantes no comércio jurídico, nem a dissimulação do erro, quando nenhum dever de elucidar o declarante resulte da lei, de estipulação negocial ou daquelas concepções"[11].

Há quem afirme ser irrelevante, para o direito moderno, a distinção romana entre *dolus bonus* e *dolus malus*[12].

De fato, se a lei só considera dolo, para efeito de anulação do negócio jurídico, aquele que tenha funcionado como causa da prática da declaração de vontade (CC, art. 145), o importante não é a maior ou menor gravidade do erro induzido, mas a aferição de que possa, ou não, ser ele havido como razão determinante do negócio[13].

Pensamos, todavia, que quase sempre será pela maior ou menor gravidade do erro induzido que se chegará a um juízo consistente acerca de sua influência, ou não, sobre a decisão de contratar. Assim, embora não seja tão importante, nos tempos atuais, a distinção entre o *dolus bonus* e o *dolus malus,* pode ser utilizada como critério auxiliar para se pesquisar sua efetiva repercussão sobre o processo causal da declaração de vontade[14].

A participação do sujeito do negócio (bilateral) que se beneficia do erro do outro contratante, na indução deste à equivocada noção da realidade, é também requisito essencial do dolo civil. Se não foi ele quem urdiu a trama, mas um terceiro, haverá

---

[11]   Sobre o tema, adverte Pedro Pais de Vasconcelos: "As práticas do comércio, da promoção de negócios e do *marketing* não passam sem artifícios, activos ou omissivos, que exaltem a excelência do negócio ou agucem na outra parte o apetite para a sua conclusão. Entre o embuste inadmissível e a boa técnica mercantil nem sempre a fronteira é clara. Não é por acaso que, na mitologia romana, era o mesmo – *Mercúrio* –, o deus dos comerciantes e dos ladrões" (VASCONCELOS, Pedro Pais de. *Teoria geral do direito civil cit.*, nº 163, *b*, p. 593).

[12]   CARVALHO SANTOS, J. M. de. *Código Civil brasileiro interpretado*. Parte geral. 7. ed. Rio de Janeiro: Freitas Bastos, 1958, v. II, p. 327.

[13]   Explica Miranda que, entre nós, tem-se entendido que "não é relevante o dolo consistente em afirmações inexatas, incapazes de induzir em erro a pessoa 'de prudência ordinária na prática comum dos negócios', porque contra tais expedientes todos estão prevenidos em virtude de sua *normalidade*". Entretanto, para o autor, o critério a ser utilizado deveria ser ético (MIRANDA, Custodio da Piedade Ubaldino. *Teoria geral do negócio jurídico cit.*, nº 8.5.2.1, p. 209-210).

[14]   No direito português, Pedro Pais de Vasconcelos ensina que o critério de distinção entre o *dolus malus* e o *dolus bonus* é o dever de boa-fé pré-contratual: "Há dolo ilícito sempre que, na negociação, uma das partes use de artifícios enganosos, omita informações que deva prestar ou não cumpra o dever de esclarecimento com violação da boa fé e dos usos próprios do comércio, ou daquele comércio, ou daquela praça, ou daquela terra. A parte, ao negociar, deve colocar-se na posição da contraparte e agir, não só como ela de si própria razoavelmente esperaria, de acordo com a regra de ouro e com o imperativo categórico (*boa fé*), mas também como dela seria razoavelmente esperado que agisse, de acordo com o passado de relaciona-mento negocial entre as partes, se o houver, e com os padrões da decência e seriedade, de *ortonomia* vigentes no âmbito social envolvente do negócio (*bons costumes*)" (VASCONCELOS, Pedro Pais de. *Teoria geral do direito civil cit.*, nº 163, *b*, p. 593).

de ter conhecimento dela, ou pelo menos deverá ter condições de tê-la conhecido (CC, art. 148). Em outros termos: a parte do negócio deverá urdir a fraude ou a ela aderir, para que o dolo civil se configure.

Se o negócio for unilateral e não receptício, como *v.g.* a renúncia à herança ou à prescrição, naturalmente não se terá de condicionar a eficácia anulatória do dolo à sua prática ou adesão pelo outro sujeito da relação jurídica. Este simplesmente inexistirá, de maneira que o dolo somente poderá ser praticado por estranho.

O último elemento essencial do dolo civil é, de fato, o caráter *determinante* da prática negocial. É preciso que as manobras fraudulentas tenham sido *determinantes*, isto é, tenham sido a causa da conclusão do contrato; do contrário, ter-se-á apenas a figura do dolo *acidental*[15], que, nos termos do art. 146, do CC, não conduz à anulação do negócio[16], mas apenas à reparação de eventuais prejuízos.

É indispensável, para o Código, que "o dolo dê origem ao ato jurídico, de forma tal que a parte enganada não o teria ultimado se soubesse que as circunstâncias tidas como exatas por meio dos artifícios não eram reais"[17]. Não é, todavia, necessário que se refira à condição ou cláusula expressa no contrato. Pode invalidá-lo mesmo recaindo sobre "elementos não essenciais ou sobre motivos internos"[18].

178. A DECADÊNCIA DO *DOLUS BONUS*

A figura do *dolus bonus*, na verdade, tende a desaparecer, porque cada vez mais a concepção moderna das obrigações contratuais impõe a ambos os contratantes o dever de lealdade e boa-fé, devendo prevalecer sobretudo a transparência nas disposições convencionais. Nas relações de consumo, que são as mais numerosas, impõe-se o dever de informação e esclarecimento sobre tudo que diga respeito ao contrato, e na propaganda, terreno onde se tolerava tradicionalmente o *dolus bonus*, agora reprime-se qualquer forma de divulgação que se possa ter como forma de propaganda enganosa[19].

---

[15] É acidental, destarte, nos termos do Código Civil brasileiro, o dolo "quando, a seu despeito, o negócio seria realizado, embora de outro modo" (art. 146). Ou, na lição de Caio Mário da Silva Pereira, "pode o dolo ser *acidental* (*dolus incidens*), quando não influi diretamente na realização do ato, que se teria praticado independentemente da malícia do interessado, porém em condições para este menos vantajosas" (PEREIRA, Caio Mário da Silva. *Instituições de direito civil cit.*, nº 90, p. 443).

[16] CARBONNIER, Jean. *Droit civil cit.*, v. 4, nº42, p. 89.

[17] CARVALHO SANTOS, J. M. de. *Código Civil brasileiro interpretado cit.*, v. II, p. 333.

[18] RUGGIERO, Roberto de. *Instituições de direito civil*. São Paulo: Saraiva, 1957, v. I, § 27, p. 294.

[19] TERRÉ, François; SIMLER, Philippe e LEQUETTE, Yves. *Droit civil – Les obligations*. 6.ed. Paris: Dalloz, 1996, nº 224, p. 186.

179. EFEITOS DO DOLO

O dolo não é só vício de consentimento, como se dá com o erro; é, também, ato ilícito, porque representa comportamento intencionalmente adotado para prejudicar o declarante induzido a erro, se não patrimonialmente, pelo menos no tocante à liberdade de contratar, segundo a realidade e seu efetivo conhecimento.

Assim, uma vez comprovada a ocorrência do dolo, dois serão os seus efeitos na ordem civil: a) a anulabilidade do negócio por decorrência do vício de consentimento; e b) o direito a perdas e danos, em razão do ato ilícito.

Esses efeitos são, aliás, independentes, de sorte que o contratante prejudicado poderá pleitear ambos cumulativamente, ou qualquer um deles, de forma isolada.

Segundo doutrina clássica, apoiada em Espinola e Salvat, sempre ensinou Carvalho Santos que é, por exemplo, lícito à vítima do dolo, deixar subsistir o contrato, para pleitear apenas a indenização dos prejuízos que o agente da fraude lhe acarretou. Como a prescrição da ação de responsabilidade civil – embora sujeita a prazo menor que o de decadência da anulatória – pode submeter-se a interrupções e suspensões, nada impede que a vítima do dolo postule o ressarcimento de seu prejuízo mesmo depois de extinta a ação de anulação[20].

Para Jean Carbonnier é certo que lhe assiste tanto o direito de pleitear o reconhecimento da nulidade relativa do contrato, como de obter as perdas e danos derivadas do ato ilícito provocador da anulação, se a simples ruptura do negócio não for suficiente para a reparação devida. Lembra, ainda, que mantido o contrato por opção da vítima, pode esta, como forma de reparação, obter a redução do preço pactuado sob influência do dolo[21].

179.1. Efeitos da anulação em face de terceiros

O dolo é causa de anulação que, de ordinário, provoca a restituição das partes ao estado anterior ao contrato (CC, art. 182).

Se, contudo, o bem negociado já não mais estiver em poder do contratante, mas de subadquirente de boa-fé, a solução será sub-rogar os efeitos da anulação no respectivo equivalente econômico. É o que, aliás, dispõe o art. 182, *in fine*, do Código Civil quando determina que sendo impossível a restituição das partes ao *statu quo ante* "serão indenizadas com o equivalente".

Estando, pois, o bem na titularidade de terceiro de boa-fé, configurada estará a hipótese da ressalva legal. O bem não sairá da esfera do terceiro adquirente e a reposição entre as partes se dará por meio de reposição de equivalente econômico.

---

[20] CARVALHO SANTOS, J. M. de. *Código Civil brasileiro interpretado cit.*, v. II, p. 334.
[21] CARBONNIER, Jean. *Droit civil cit.*, v. 4, nº 42, p. 99.

Aliás, é antiga e reiterada a jurisprudência a respeito dos efeitos do estelionato. Se o bem abusivamente adquirido ainda se encontra na posse do delinquente a restituição se dará *in natura*. Se já foi repassado a terceiro de boa-fé, este não será alcançado pelos efeitos do dolo. A reposição do equivalente ficará a cargo de quem cometeu o estelionato[22], principalmente quando a sub-aquisição tiver sido a título oneroso.

O Código de Quebec, a propósito da obrigação de restituir ao *statu quo ante*, distingue entre a posição do terceiro que se torna subadquirente a título oneroso, e o que se beneficia de aquisição a título gratuito. Perante o terceiro, que subadquirir a título gratuito, a obrigação de restituir será oponível. Mas, tendo sido a transferência feita a título oneroso, e estando de boa-fé o terceiro, a ele não será oponível a obrigação de restituir (art. 1.707). Em tal caso, a restituição se transforma em obrigação de repor "o valor do bem", pela parte do negócio primitivo, ou seja, aquele que deveria cumprir a obrigação de restituir (art. 1.701).

180. CONVENIÊNCIA DA DISTINÇÃO ENTRE O ERRO E O DOLO

Se o dolo compreende o erro e se ambos devem conduzir a um falseamento da realidade em relação a ponto determinante da prática do negócio jurídico, poder-se-ia pensar que inexiste razão plausível para a distinção que a lei faz entre as duas figuras. Tudo afinal conduziria à apuração do erro em que incorreu o declarante.

De fato, o dolo implica a ocorrência de manifestação de vontade eivada de erro; o que, porém, leva o direito a tratá-lo diferentemente do simples erro, é a causa da distorção da realidade. O erro, quando dolosamente provocado, fica em segundo plano. A lei enfoca, em primeiro lugar, a conduta desonesta e ilícita daquele que provoca o erro da vítima de sua astúcia.

Por isso, o dolo não é só vício de consentimento, é também, e sobretudo, ato ilícito gerador de responsabilidade civil, diante de todo o prejuízo que acarretar para quem se induz a erro. Há uma sanção maior que aquela a que se submete o mero erro[23].

---

[22] "O art. 521 do CC protege o proprietário do veículo que tenha sido vítima de furto, isto é, que tenha perdido o bem pela tirada do mesmo contra a sua vontade, podendo reavê-lo das mãos de quem o detenha, ainda que terceiro de boa-fé. No entanto, quando a perda decorre de fraude, para a qual concorreu a vontade do proprietário, ainda que viciada, a prevalência é para a proteção do terceiro de boa-fé, adquirente do veículo, cujo direito de propriedade não deve ser atingido pela apreensão ordenada pela autoridade policial, se esta não apresentar outras razões para a medida excepcional senão o próprio fato da fraude" (STJ, 4ª T., REsp. nº 56.952-4/SP, Rel. Min. Ruy Rosado de Aguiar, ac. de 25.04.95, *DJU* de 18.09.95, p. 29.969). No mesmo sentido: TJMG, Ap. nº 74.219-1, Rel. Des. Oliveira Leite, ac. de 29.09.87, *DJMG*, 28.10.87; TJSP, Ap. nº 128.715-1, Rel. Des. Evaristo dos Santos, ac. de 10.10.90, *RT*, 665/74.

[23] "O dolo habilita sempre o *deceptus* a agir por perdas e danos, havendo-os, visto implicar um facto ilícito" (ANDRADE, Manuel A. Domingues de. *Teoria geral da relação jurídica*. 8. reimp. Coimbra: Almedina, 1998, v. II, nº 139, p. 266).

NEGÓCIO JURÍDICO • Humberto Theodoro Jr. e Helena Lanna Figueiredo

Outra consequência relevante que se extrai do regime diferenciado entre os dois fenômenos reside no objeto sobre o qual pode incidir a errônea visão da realidade. No erro, é preciso que a parte se engane a respeito de elemento essencial do negócio e não sobre dados secundários dele. Já o dolo, por sua ilicitude intrínseca, retratada na captação maliciosa da vontade alheia, contamina o negócio, provocando sua invalidade, ainda quando se relacione com elementos não essenciais, e até mesmo com a motivação interna do declarante não expressa como condição integrante dos termos do negócio[24].

É o que destaca, entre nós, antiga doutrina difundida por Carvalho Santos[25], Lacerda de Almeida[26], Carvalho de Mendonça[27], Caio Mário da Silva Pereira[28], entre outros. É o que defende também a melhor opinião colhida na doutrina estrangeira[29].

Há, outrossim, um aspecto prático que não pode ser desprezado: o erro puro, como fenômeno que se passa quase que exclusivamente no psiquismo do agente, é de difícil comprovação. O dolo, porém, sendo produto de maquinações de alguém sobre a deliberação de outrem, é sempre mais fácil de se provar em juízo[30].

Além de combater defeito mais grave, e de maiores consequências, a parte que for vítima de erro derivado de dolo, terá melhores condições de demandar com o cocontratante, em busca de anulações do negócio, pois discutirá sobretudo fatos exteriores ao seu psiquismo.

181. NEGÓCIOS JURÍDICOS ANULÁVEIS POR DOLO

Não só nos contratos se mostra possível a ocorrência de dolo, no sentido de causa invalidante da declaração de vontade. Seja bilateral, seja unilateral, todos os negócios jurídicos são passíveis de contaminação pelo dolo civil. Os negócios bilaterais, pela

---

[24] PEREIRA, Caio Mário da Silva. *Instituições de direito civil cit.*, v. I, nº 90, p. 442; PONTES DE MIRANDA, Francisco Cavalcanti. *Tratado de direito privado.* São Paulo: Editora Revista dos Tribunais, 2012, t. IV, § 449, nº 6, p. 447-448.

[25] "Mas, convém esclarecer, não é o erro o que propriamente constitui o dolo; é sim o ilaquear a boa-fé de outrem em seu detrimento... Destes princípios pode-se deduzir, sem dificuldade, que quando mesmo o erro determinado pelo dolo não fosse em si causa de anulação do contrato, ainda assim este seria nulo por dolo. Tal, *v.g.*, o erro sobre qualidade acidental da coisa que não é fundamento de nulidade; mas se a parte fosse a ele induzida por dolo da outra, esse dolo seria causa da nulidade" (CARVALHO SANTOS, J. M. de. *Código Civil brasileiro interpretado cit.*, v. II, p. 328).

[26] ALMEIDA, Francisco de Paula Lacerda de. *Obrigações.* 2. ed. Rio de Janeiro: Typographia Revista dos Tribunais, 1916, § 53.

[27] CARVALHO DE MENDONÇA, Manuel Inácio . *Doutrina e prática das obrigações.* 4. ed. Rio de Janeiro: Forense, 1956, v. II, nº 559, p. 197.

[28] PEREIRA, Caio Mário da Silva. *Instituições cit.*, v. I, nº 90, p. 442.

[29] PAGE, Henri de. *Traité élémentaire de droit civil Belge.* 2.ed. Bruxelles: Emile Bruylant, 1948, t. I, nº 49, p. 58; AUBRY, C., RAU, C. *Cours de droit civil français.* 6. ed. Paris: Éditions Techniques S/A, t. 4, (s/nº), nº 343-bis, pp. 444-445; RUGGIERO, Roberto de. *Instituições cit.*, v. I, § 27, p. 294.

[30] CARVALHO SANTOS, J. M. de. *Código Civil brasileiro interpretado cit.*, v. II, p. 329.

presença de partes defendendo interesses contrapostos, são os que mais ensejam o emprego de meios astuciosos para ilaquear o parceiro[31]. Atos unilaterais, entretanto, como o testamento, a aceitação ou a renúncia de herança, o reconhecimento de paternidade, a promessa de recompensa, a ratificação de ato jurídico anulável, a ratificação de ato do mandatário sem poderes suficientes, ou de ato do gestor de negócios, os títulos cambiários e os títulos ao portador etc., podem ser praticados sob influência maliciosa de outrem, tornando-se anuláveis por dolo[32].

O que há de excepcional no dolo diante dos negócios unilaterais é a circunstância de ser a sua prática necessariamente ato de terceiro, sem a possibilidade de ser aproveitado maliciosamente por outro sujeito da relação jurídica. Isto porque nessa modalidade negocial não há participantes confrontados, inexistindo, por isso, "partes do negócio". Só há o "agente". Inadequado será tratar-se o dolo de terceiro, diante do negócio unilateral à luz da regra do art. 148, do Código Civil onde se condiciona a anulabilidade, quando baseada em ato de quem não seja parte, ao conhecimento (ou possibilidade de conhecimento) do ato doloso por esta. Aqui não há outra parte do negócio e muito menos parte a que aproveite o dolo. Dessa maneira, o dolo, se acontecer, somente será praticado por quem não é parte, e uma vez consumada a declaração de vontade defeituosa, o reflexo será imediato e exclusivamente operado dentro da esfera jurídica do próprio declarante. A regra do art. 148, de tal sorte, deve ser entendida como pertinente apenas aos negócios bilaterais, como o contrato.

182. O PREJUÍZO CAUSADO PELO DOLO

Há quem faça incluir no conceito de dolo a intenção de prejudicar[33]. No entanto, o que o caracteriza não é esse intuito nocivo, mas sim, o propósito de iludir,

---

[31] O TJSP analisou caso interessante em que a pessoa foi induzida a reconhecer a paternidade de filho e, em seguida, adquiriu em nome dele e por dolo da mãe da criança, a propriedade de imóvel: "Compra de imóvel com escritura passada em nome de menor impúbere (que acreditava ser filho legítimo). ... Reação imediata ao descobrir, pelo exame de DNA, não ser o pai biológico, obtendo decisão judicial (passada em julgado) de exclusão da paternidade, sem que se cogitasse de socioafetividade, descartada pelas partes. A sentença rejeitou a ação de nulidade desse negócio por entender que caberia anular a doação de numerário para adquirir em nome da criança e não a escritura de venda e de compra, que preenche os requisitos exigidos para validade. Posicionamento, contudo, que, se for mantido, preserva ato imoral, praticado com ilicitude. *Confirmado que a causa do investimento imobiliário foi o de proteger o filho, com entrega de patrimônio mínimo, essa finalidade fica destruída com a descoberta do erro cometido pelo dolo exercido pela mãe da criança, que atuou de forma decisiva para que a escritura fosse outorgada em nome do requerido, embora soubesse não ser ele filho do autor.*" (g.n.) (TJSP, 4ª Câmara de Direito Privado, Ap. 0010934-58.2010.8.26.0554, Rel. Des. Enio Zuliani, ac. 13.12.2018, *DJESP,* 19.12.2018).

[32] PONTES DE MIRANDA, Francisco Cavalcanti. *Tratado de direito privado cit.*, t. IV, § 452, nº 1, p. 457-458.

[33] BEVILÁQUA, Clóvis. *Código Civil dos Estados Unidos do Brasil comentado.* 12. ed. Rio de Janeiro: Francisco Alves, 1959, v. 1 p. 273.

NEGÓCIO JURÍDICO • *Humberto Theodoro Jr. e Helena Lanna Figueiredo*

de conduzir intencionalmente a vítima a negociar em erro. Essa fraude faz do comportamento enganoso um ato ilícito, mas não necessariamente um ato lesivo, no aspecto patrimonial[34]. Pode haver dolo, em que o agente malicioso visa a induzir a vítima a contratar com o propósito apenas de obter um resultado que corresponda aos próprios interesses. A vítima, sob efeito do engodo, vende o objeto desejado pelo *deceptor*, proporcionando-lhe o benefício almejado. As condições são condizentes com a natureza do negócio e as cotações do mercado. Não houve, portanto, prejuízo patrimonial para o alienante. Este, todavia, só dispôs de seu bem porque levou em conta uma realidade falseada pelas maquinações do outro. Portanto, sem prejuízo a invocar, a vítima (*deceptus*) terá direito de promover a anulação do contrato porque fruto da malícia de um contratante sobre o outro.

Importa, para o vício de consentimento, "que exista da parte do deceptor o *intuito* ou pelo menos a *consciência* de enganar, embora não de prejudicar"[35].

Havendo prejuízo efetivo, a vítima do dolo poderia pleitear tanto a anulação do negócio como o ressarcimento das perdas e danos. Não havendo, terá direito apenas à ruptura do contrato, tal como se passa no caso de erro[36].

O decisivo é que o contratante beneficiário do negócio tenha a consciência de estar conduzindo a vítima a uma declaração de vontade que não seria emitida se inocorresse o engano do declarante. "Na maioria dos casos, existirá também a consciência de que o outro será prejudicado, ou ao menos poderia ser prejudicado, mas tal não há de se considerar como um requisito"[37]. O indispensável é que o engano tenha sido para o enganado causa *determinante* para praticar o negócio, ou para que fosse consumado nos termos em que o foi[38].

---

[34] "Advirta-se, entretanto, não ser necessário que haja prejuízo para aquele que, incorrendo no erro provocado, manifesta a vontade através do dolo. Bastará que o artifício, o ardil, utilizado tenha sido suficiente para fazer o agente celebrar um negócio que, em condições regulares, não celebraria" (ROSENVALD, Nelson; FARIAS, Cristiano Chaves de. *Direito civil cit.*, nº 10.10.3, p. 547). No mesmo sentido: "Mais razoável o ponto de vista de Clóvis. O prejuízo tanto pode ser econômico como moral, e, quer de uma forma, quer de outra, é ele sempre necessário e existe virtualmente, pelo simples fato de alguém ser levado a contratar, em razão de artifícios que afetaram o seu livre querer" (SERPA LOPES, Miguel Maria de. *Curso de direito civil*. 5.ed. Rio de Janeiro: Freitas Bastos, 1971, v. 1, p. 387); CARVALHO SANTOS, J. M. de. *Código Civil brasileiro interpretado cit.*, v. II, p. 329.

[35] ANDRADE, Manuel A. Domingues de. *Teoria geral cit.*, v. II, nº 137, p. 262.

[36] "Ai fini dell'annullamento del contratto non occorre che la vittima abbia subito un pregiudizio patrimoniale come conseguenza dell'ingerenza dolosa" (BIANCA, C. Massimo. *Diritto civile*. Ristampa. 2. ed. Milano: Giuffrè, 2000, v. 3, nº 358, p. 664, nota 85).

[37] ENNECCERUS, Ludwig; THEODOR, Kipp; WOLFF, Martin. *Tratado de Derecho civil – parte general cit.*, v.II, t. I,, § 162, p. 226.

[38] ENNECCERUS, Ludwig; THEODOR, Kipp; WOLFF, Martin. *Tratado de Derecho civil – parte general cit.*, v. II, t. I,, p. 227.

Para aceitar a tese dos que exigem a concorrência do dano para ter-se o dolo invalidante do negócio jurídico, urge alargar a ideia de prejuízo para além do simples terreno patrimonial. Assim, a gravidade do dolo, capaz de conduzir à anulação do negócio jurídico, residiria numa lesão à vontade e determinação do enganado, que fora maliciosamente levado a contratar por motivos falseados pelo outro interessado. Sem dano não haveria lugar, segundo tal entendimento, para a anulação do negócio, mas "a relevância do dano deve ser apreciada em cada caso, como questão de fato, e pode tratar-se tanto de dano patrimonial ou material, como de um dano moral"[39].

Ora, se basta o prejuízo meramente moral, a consequência é negar ao dano patrimonial a condição de requisito essencial do dolo, porque a infração moral sempre acontecerá, já que no próprio conceito de dolo se insere a violação da vontade do enganado, que por malícia se leva a pactuar negócio que, sem a manobra de má-fé, não realizaria.

Em suma, a afirmação de que o dolo não compreende necessariamente o dano é de ser aceita, em relação ao prejuízo material. De fato, a lei civil aplicável a esse tipo de ilicitude "não protege o patrimônio, mas a licitude de decisão"[40]. Contudo, o prejuízo moral ocorrerá sempre "pelo simples fato de alguém ser induzido a efetivar negócio jurídico por manobras maliciosas que afetaram sua vontade"[41].

183. ERRO E CAPACIDADE DO AGENTE

É claro que um menor impúbere dificilmente terá condições práticas de engendrar uma operação astuciosa suficiente para induzir outrem à prática de um negócio viciado por dolo. Se o incapaz for a vítima da conduta dolosa de outrem, a configuração do dolo será irrelevante. Até mesmo porque o vício de consentimento em questão pressupõe um contrato apenas anulável, e uma pessoa sem capacidade de exercício, se concluir qualquer negócio, este será nulo de pleno direito e não simplesmente anulável.

A invalidade gerada pela incapacidade absoluta, dessa forma, prejudicaria a configuração jurídica do dolo.

Já o mesmo não se dá quando o incapaz, em lugar de ser sujeito do contrato, se presta a ser instrumento do engano de quem vai praticar o negócio com outra pessoa capaz. Para induzir faticamente alguém em erro não se exige capacidade jurídica, mas apenas astúcia e má-fé. Para tanto, uma criança pode prestar-se muito bem, encenando situações fantasiosas, não só para ocultar seu estado mental ou psicológico,

---

[39] CIFUENTES, Santos. *Negócio jurídico – estrutura, vícios, nulidades.* 1ª reimp. Buenos Aires: Astrea, 1994, §201, p. 419.

[40] LARENZ. *Derecho civil – parte general.* Madrid: Edersa, 1978, p. 546.

[41] DINIZ, Maria Helena. *Curso de direito civil. brasileiro – teoria geral do direito civil.* 18. ed. São Paulo: Saraiva, 2002, v. I, p. 389.

NEGÓCIO JURÍDICO • Humberto Theodoro Jr. e Helena Lanna Figueiredo

como simplesmente para fazer a vítima crer numa versão fantasiosa da realidade. Certa, portanto, a conclusão de Carvalho Santos, de que, em si, a menoridade não obsta a imputação do dolo, "desde que o menor tenha o necessário discernimento para conceber e executar o artifício fraudulento"[42].

Até mesmo assumindo a posição de parte contratante, o dolo do menor é possível, quando, por exemplo, ele se faz passar por maior, induzindo a erro a outra parte a respeito de sua capacidade, por meio de manobras e artifícios. Não se pode esquecer que o dolo civil corresponde a ato ilícito e nesse terreno o incapaz não é totalmente afastado da responsabilidade (CC, art. 928). E, sendo púbere, isto é, tendo entre dezesseis e dezoito anos, nem sequer lhe será permitido invocar a menoridade, para eximir-se da obrigação, se no ato de contratar, houver dolosamente ocultado sua verdadeira idade, fazendo-se passar por maior (art. 180).

Não basta, todavia, a simples declaração do impúbere a respeito de sua inexistente maioridade; é necessário que o outro contratante não tenha motivo para desconfiar da falsa afirmação de idade e, portanto, seja de fato ludibriado, em circunstâncias tais que uma pessoa normal também seria enganada[43].

Tendo, pois, o menor ocultado dolosamente sua idade, não poderá postular a anulação do contrato fundado em sua relativa incapacidade. O outro contratante, porém, que tiver sido prejudicado por manobras astuciosas do menor púbere, em tais circunstâncias, terá condições de intentar ação seja para anular o contrato, seja para exigir reparação de perdas e danos.

184. PROVA DO DOLO

O dolo não se presume. Quem o alega tem o ônus da prova[44]. Mas, qualquer meio de prova é admissível, inclusive os indiretos representados pelos indícios e presunções[45]. Os testemunhos, no entanto, "devem ser insuspeitos, as presunções devem ser claras, e os indícios perspícuos"[46].

Aliás, se é fácil provar diretamente as manobras fraudulentas, o mesmo não ocorre em relação aos elementos psicológicos, como o *animus decipiendi* (intenção de enganar) do agente doloso e o engano da vítima da manobra astuciosa. Assim, os fatos externos desse complexo fenomenológico devem, em princípio, ser demonstrados de maneira direta, mas a repercussão deles sobre o psiquismo das

---

[42] CARVALHO SANTOS, J. M. de. *Código Civil brasileiro interpretado cit.*, v. II, p. 338.

[43] RODRIGUES, Silvio. *Dos vícios de consentimento cit.*, nº 89, pp. 190/195.

[44] "Quem propõe a ação de anulação pelo dolo, tem de afirmar e provar todos os elementos necessários ao dolo" (PONTES DE MIRANDA, Francisco Cavalcanti. *Tratado de direito privado cit.*, t. IV, § 455, nº 3, p. 464).

[45] CIFUENTES, Santos. *Negócio jurídico cit.*, § 204, p. 421.

[46] TJSP, 10ª C., Ap. nº 278.737-1, Rel. Des. Roberto Stucchi, ac. de 09.04.1996, *JTJ*, 185/23.

Capítulo XII: Do Dolo | **415**

partes bem como o nexo causal entre eles e a viciada manifestação de vontade, em regra somente podem ser estabelecidos a partir de presunções construídas sobre os elementos da conduta dolosa objetivamente demonstrada, segundo a experiência do que comumente acontece[47].

Não obstante a força probante desse meio indireto de convencimento, pode aquele a que se imputa a conduta dolosa fazer a contraprova de que o outro contratante, mesmo diante das circunstâncias enganosas, não incorreu em erro, porquanto tinha efetivo conhecimento da realidade. Assim, afastado o nexo causal, eliminar-se-á o dolo civil, como causa de anulação do contrato, porque a declaração negocial teria acontecido de qualquer maneira, ainda que sem as maquinações astuciosas[48].

185. ARGUIÇÃO DO DOLO

Em se tratando de figura que envolve ato ilícito e vício de consentimento, a arguição do dolo se faz, normalmente, como fundamento de ação de anulação do negócio cumulada, ou não, com perdas e danos.

Desde os tempos do Código anterior, porém, se defende a tese de que não só por ação, mas também por exceção, a vítima do dolo pode provocar seu reconhecimento em juízo e, dessa forma, por meio da contestação lograria paralisar a ação de cumprimento da obrigação viciada. Argumentava-se com a tradição romana, em que se previam tanto a *actio doli*, como a *exceptio doli*[49].

Não há razão para entender-se de modo diverso no regime do atual Código. O que não se admite é uma *exceptio doli generalis*, que possa a qualquer tempo, mesmo depois de extinta a ação de anulação (decadência), ser invocada pela vítima do dolo em defesa na ação de cumprimento do negócio. Mas enquanto não extinta a ação de anulabilidade, a parte lesada tanto poderá invocar o vício de consentimento por ação como por contestação[50].

As ações que decorrem do dolo – de anulação e de indenização – são ações pessoais, ainda quando o contrato tenha por objeto bem imóvel. Não é o direito de

---

[47] Como observa PONTES DE MIRANDA, segundo a tradição de nosso processo (CPC de 1939, art. 252), "o dolo, a fraude, a simulação, e, em geral, os atos de má-fé poderão ser provados por indícios e circunstâncias" (PONTES DE MIRANDA, Francisco Cavalcanti. *Tratado de direito privado cit.*, t. IV, § 455, nº 3, p. 464).

[48] ALBALADEJO, Manuel. *Derecho civil I, cit.*, v. II, p. 199.

[49] CARVALHO SANTOS, J. M. de. *Código Civil brasileiro interpretado cit.*, v. II, p. 337. Também no direito espanhol, há quem admita o uso da exceção para neutralizar a ação de cumprimento do contrato pactuado sob efeito do dolo (MORENO, A. M. Morales. *Dolo: Vicio de la voluntad*, verbete in *Enciclopédia jurídica básica*. Madrid: Editorial Civitas, 1995, v. II. p. 2.589).

[50] "No direito brasileiro não temos, correspondendo à ação de anulação por dolo, exceção geral de dolo" (PONTES DE MIRANDA, Francisco Cavalcanti. *Tratado de direito civil cit.*, t. IV, § 457, nº 4, p. 469).

NEGÓCIO JURÍDICO • Humberto Theodoro Jr. e Helena Lanna Figueiredo

propriedade que se discute, mas o negócio jurídico a ele relativo. Por isso, "tratando-se de ação de caráter nitidamente pessoal, não obstante nela se contenha a restituição de imóvel, objeto do ato, com as consequências indenizatórias, a competência para processar e julgar ação de nulidade de ato jurídico por vício de consentimento é a disposta no art. 94 do CPC [de 1973]. O art. 95 do mesmo Código cuida das ações de natureza real, nas quais se não inserem as de nulidade de contrato, mas as que visam ao *jus in re*, ou seja, ao próprio imóvel, à proteção da propriedade imobiliária"[51], como a ação reivindicatória e a de usucapião. A ação derivada de dolo, portanto, será de competência do foro do domicílio do réu e não da situação da coisa (CPC/2015, art. 46).

O ônus da prova é de quem alega o dolo, e os meios de convencimento são livres, mas hão de apresentar-se sérios e convincentes, ainda que por via de presunção[52]. É clássico o princípio de que "o dolo, a fraude, a simulação e, em geral, os atos de má-fé poderão ser provados por indícios e circunstâncias", de sorte que qualquer que seja o tipo de prova, "uma vez reconhecida a existência do dolo essencial na formação e aperfeiçoamento do ato jurídico, impõe-se a decretação da nulidade deste"[53].

186. PRAZO DECADENCIAL PARA PROMOVER A ANULAÇÃO POR DOLO

O negócio jurídico afetado por dolo só se invalida se o contratante prejudicado promover a necessária anulação pelas vias judiciais (CC, art. 177). E terá de fazê-lo no prazo fatal de quatro anos, contados do dia em que se realizou o negócio (art. 178, II). Para a lei não importa o momento em que a parte descobriu a manobra astuciosa de que foi vítima. Sempre se terá como *dies a quo* do prazo extintivo a data do negócio[54].

Trata-se de prazo decadencial e não prescricional, pelo que não se sujeita, em regra, às suspensões e interrupções previstas para a prescrição (arts. 207 e 208).

Não se altera a contagem do prazo decadencial pelo fato de o dolo ter sido praticado pelo contratante ou por terceiro, no momento ou antes da consumação do negócio jurídico.

---

51   TJSP, AI nº 2.396-0, Rel. Des. Heráclides Batalha de Camargo, ac. de 24.03.1982, *RT*, 574/109.

52   *"La fraude ne se présume pas; il faut l'alléguer et la prouver. Toutefois, il est rare que cette preuve puisse être faite directement; on doit le plus souvent avoir recours aux présomptions qui résultent des faits laissés à la apréciation du Tribunal"* (Corte Superior de Quebec, *in* BAUDOUIN et RENAUD. *Code Civil du Québec annoté cit.*, v. II, p. 3.474, nota 25 ao art. 2.849).

53   TJMG, 1ª CC., Ap. nº 33.037, Rel. Des. Horta Pereira, ac. de 23.11.1970, *RT*, 439/229.

54   *"2. O termo inicial do prazo para a propositura de ação anulatória é o dia da celebração do contrato ou da prática do ato, e não a data da ciência do erro ou dolo ou a data em que a parte experimentou o prejuízo"* (g.n.) (STJ, 4ª T., AgInt nos EDcl nos EDcl no REsp. 1.254.671/SC, Rel. Min. Lázaro Guimarães, ac. 18.09.2018, *DJe* 21.09.2018).

Sendo duas as ações que nascem do dolo – a de anulação e a de indenização – cada uma se sujeita a prazos extintivos próprios: a anulatória segue o prazo decadencial de quatro anos (CC, art. 178, II) e a de reparação do ato ilícito, o prazo prescricional de três anos (art. 206, § 3º, V); este sujeito a suspensões e interrupções, e aquele, não.

187. DOLO PRINCIPAL E DOLO ACIDENTAL

Para anular o negócio jurídico, o dolo deve ter sido sua causa determinante (CC, art. 145). É necessário que, sem o erro astuciosamente provocado ou mantido pelo agente enganoso, a vítima não teria emitido a declaração de vontade. Ao *dolus dans causam contratui,* isto é, ao dolo que atua como motivo determinante do consentimento, atribui-se a denominação de *dolo principal*[55].

Existe, porém, uma outra modalidade de dolo a que a lei não reconhece força invalidante e que, por isso, se chama de *dolo acidental*[56]. Sua configuração se dá quando, mesmo em presença do dolo, a parte, em o descobrindo, não deixaria de realizar o negócio, muito embora o devesse fazer em termos menos onerosos. Por isso que o expediente astucioso não foi a causa determinante do contrato, e, também por este motivo, é que o dolo se diz *acidental*, e não funciona como causa de anulabilidade do negócio. Representa apenas um *ato ilícito*, que conduz à reparação do prejuízo acarretado maliciosamente ao outro contratante[57].

Quer seja principal quer seja acidental, o dolo sempre corresponde à deliberação de induzir a vítima a erro na realização do negócio jurídico. Mas, no dolo principal, há vício de consentimento, que enseja a desconstituição do contrato por inteiro, enquanto no dolo acidental o ato astucioso do agente enganoso não passa do terreno da conduta ilícita, gerando tão somente o direito, para a vítima, de reclamar a reparação de seu prejuízo[58].

Comete dolo principal, por exemplo, o aventureiro que conquista os amores da mulher ingênua e inexperiente e sob promessa de casamento, obtém dela a venda de imóvel valioso por preço muito inferior ao justo, para em seguida fugir do acenado matrimônio[59]. Sem o artifício da falsa promessa de núpcias, obviamente a compra e venda não teria sido realizada.

---

[55] *"Soltanto quando il dolo è stato decisivo per la determinazione della volontà, il dolo è causa di annullabilità"* (TRABUCCHI, Alberto. *Istituzioni cit.*, nº 71, p. 158).

[56] "Art. 146. O dolo acidental só obriga à satisfação das perdas e danos, e é acidental quando, a seu despeito, o negócio seria realizado, embora por outro modo".

[57] *"Il dolo che invece è servito unicamente a stabilire patti più gravosi... è soltanto causa dell'obbligo di risarcimento da imporre alla parte in mala fede per i danni connessi alle pattuizioni ottenute con l'inganno"* (TRABUCCHI, Alberto. *brasileiro – teoria geral do direito civil.* 18. ed. São Paulo: Saraiva, 2002, nº 71, p. 158).

[58] RODRIGUES, Silvio. *Dos vícios de consentimento.* 2. ed. São Paulo: Saraiva, 1982, nº 81, p. 144.

[59] TJSP, *RT*, 212/215.

O dolo acidental pode ser entrevisto no caso de venda a prazo em que o comprador e vendedor estão decididos definitivamente a realizar o contrato, mas um deles usa artifício para o outro concordar com um cálculo injusto na estipulação do preço, usando, *v.g.*, um indexador inadequado para a atualização do valor das futuras prestações. O dolo é acidental porque a compra e venda, a despeito do dolo seria pactuada, mas por preço mais vantajoso[60]. Também já se recusou a configuração de dolo principal, em caso de venda de ações, quando, após o contrato, se estabeleceram divergências entre as partes sobre a realidade econômica da empresa, quando os compradores já conheciam o seu estado de dificuldade e os valores da negociação sabidamente não foram tomados como exatos pelos interessados[61]. Quando muito, se poderia pretender, *in casu*, compensação de prejuízos, se maiores do que os negocialmente estimados. Outro exemplo: o vendedor, a pretexto de falsa doença, obtém do comprador, a estipulação de um prazo para entrega da casa vendida. É claro que a cláusula a respeito desse prazo não teve influência na determinação de comprar e vender o imóvel, mas sua inserção por malícia do vendedor, tornou o negócio mais oneroso para o adquirente. Esse prejuízo desonestamente acarretado ensejará ao enganado a exigência das competentes perdas e danos (*v.g.*, a reparação do valor locatício do prédio durante o tempo em que o vendedor astuciosamente o reteve em seu poder).

Silvio Rodrigues lembra um interessante exemplo de dolo acidental, reconhecido pelo STF[62]: um credor hipotecário convenceu o devedor a reavaliar o imóvel gravado, atribuindo-lhe valor inferior ao real. Com isso, obtém posteriormente adjudicação do bem, cujo valor contratual ficara inferior ao do crédito. O STF não anulou o negócio, embora o tivesse como fruto de manobra dolosa do credor. Acolheu, no entanto, a tese do dolo acidental e condenou o credor a indenizar perdas e danos em favor do devedor, correspondentes à diferença entre o preço da adjudicação e o valor do prédio na época em que se consumou a manobra fraudulenta[63].

É um problema sério, para os tribunais, distinguir quando o dolo é principal e quando apenas assume a proporção de dolo acidental[64]. Não há como, *a priori*,

---

[60] TERRÉ, François; SIMLER, Philippe; LEQUETTE, Yves. *Droit civil – Les obligations*. 6.ed. Paris: Dalloz, 1996, nº 230, p. 190. "A divergência entre o valor dos bens e o preço pago, na compra e venda, não permite, só por si, a inferência do dolo (…). A disparidade poderá ter mérito probatório se demonstrado a todas as luzes tenha sido o motivo determinante do consentimento" (TJSP, Ap. nº 278.737-1, Rel. Des. Roberto Stucchi, ac. de 09.04.1996, *JTJ*, 185/23).

[61] TJMG, Ap. nº 64.089-EDcl., Rel. Des. Humberto Theodoro, ac. de 18.10.1984, *Jurisp. Mineira*, 91/151.

[62] *RT*, 148/379.

[63] RODRIGUES, Silvio. *Direito civil – parte geral cit.*, v. I, nº 105, p. 196.

[64] Caio Mário, seguindo a lição de De Page, ensina: "a distinção entre o dolo principal e o dolo incidente [acidental] é sutil, e às vezes difícil de se conseguir na prática. A questão deverá ser solvida assentando-se que é de ser deixado ao prudente arbítrio do juiz fixar quando ocorre o *dolo principal*, conducente à anulação do ato, ou quando *incidente* o dolo, impositivo de perdas

traçar linhas diferenciais nítidas entre as duas figuras. Na França, a jurisprudência tradicional considera como acidental e não principal, o dolo da parte que provoca contratação apenas em "condições menos favoráveis", de maneira que, em tal situação, cabe não a anulação do contrato, mas a imposição de perdas e danos em favor do contratante prejudicado[65].

De qualquer maneira, a distinção haverá de ser feita, caso a caso, pelo prudente arbítrio dos juízes, levando em conta as circunstâncias do negócio e, em especial, aferindo as condições pessoais daquele que foi enganado, como sua idade, seu grau de instrução, seu discernimento e suas aptidões técnicas ou profissionais, para, finalmente, concluir sobre a verdadeira influência da astúcia sobre a formação da vontade negocial. Na prática, têm-se adotado soluções eminentemente protetivas em prol dos fracos e ingênuos contra as manobras dos espertos e velhacos, em qualquer das modalidades de dolo[66]. Particularmente, diante do dolo acidental ter-se-á de contar com um considerável arbítrio do juiz, não só na aferição da vulnerabilidade da vítima, mas para discernir, de forma concreta, sobre onde atuou a malícia durante o processo formativo da vontade, se foi sobre sua constituição fundamental, ou apenas sobre algum ponto acessório, para optar entre a invalidação do contrato ou a condenação ao ressarcimento do dano[67].

188. REQUISITOS DO DOLO ACIDENTAL

A configuração do dolo acidental exige os mesmos requisitos do dolo principal, já apontados no item 177 supra, excluindo-se apenas a exigência de ter sido ele a causa determinante do negócio jurídico. É, aliás, justamente isto o que faz a distinção entre as *duas modalidades* de dolo[68].

---

e danos apenas, e aplicá-los, flexível e humanamente, sob a inspiração de uma exigência de correção para os negócios" (PEREIRA, Caio Mário da Silva. *Instituições de direito civil cit.,* nº 90, p. 443)

[65] TERRÉ, François; SIMLER, Philippe; LEQUETTE, Yves. *Droit civil – Les obligations cit., loc. cit.*

[66] Em um caso de venda feita por semianalfabeto em condições de desequilíbrio mental, o TJSP decidiu que: "caracteriza-se o dolo por parte de quem se aproveita do estado psíquico desequilibrado de outrem, dando-lhe informação errônea, incentivando-lhe a ideia de realizar negócio interessante" (TJSP, 11ª Câmara Cível, Ap. nº 34.381-2, Rel. Des. Bueno Magano, ac. de 21.08.1985, *RT,* 602/58).

[67] RODRIGUES, Silvio. *Dos vícios de consentimento cit.,* nº 81, pp. 147-148. Há quem considere sempre arbitrária a diferenciação entre o dolo acidental e o principal, visto que em regra *"el contrato se quiere como un todo. Por ello mantiene que en el fondo se trata simplemente de una facultad del juez para determinar en cada caso si se produce la nulidad (efecto del dolo causal) o la simple indemnización de daños y perjuicios"* (DIEZ-PICAZO, Luis; GULLON, Antonio. *Sistema de derecho civil.* 1.ed. reimpresion, Madrid: Editorial Tecnos, 1976, v. I, p. 489).

[68] CARVALHO SANTOS, J. M. de. *Código Civil brasileiro interpretado cit.,* v. II, pp. 340/341.

NEGÓCIO JURÍDICO • *Humberto Theodoro Jr. e Helena Lanna Figueiredo*

Portanto, para reclamar perdas e danos, a título de dolo acidental, caberá ao prejudicado demonstrar: a) o comportamento enganoso do outro contratante; b) o seu ânimo de obter a declaração de vontade, mediante tal expediente; c) a participação direta de um dos contratantes na ilusão do outro, ou se a manobra for de terceiro, pelo menos a adesão do contratante a ela; e d) a produção do erro na pessoa que sofreu a maquinação, levando-a, em ponto acessório ou não decisivo, a aceitar condição mais gravosa do que seria normal, nas circunstâncias do negócio.

É importante, pois, para que haja a configuração do dolo acidental a presença de um erro relevante, mas fora da causa determinante do negócio e, pois, incidente sobre pontos secundários da avença[69].

Só assim se poderá afirmar que não se está em presença de um vício de consentimento, mas de um ato ilícito, autorizador tão apenas de reparação de perdas e danos[70].

189. EFEITOS DO DOLO ACIDENTAL

A ocorrência do dolo apenas *acidental* (também chamado dolo *incidente*) não afeta a validade do contrato por ele atingido, pois ainda que o soubesse, a parte enganada não deixaria de realizá-lo.

No entanto, como foi ilícita a manobra do contratante enganoso, caberá a este indenizar todos os prejuízos ocasionados à vítima, inclusive o dano moral, se configurado como emanação do expediente astucioso[71].

No caso de dolo incidente, o dano ressarcível deve, especialmente, corresponder ao prejuízo representado pelo menor resultado econômico do negócio, para a parte enganada. Esse dano é retratado precisamente na constatação da menor vantagem ou do maior agravamento econômico consequentes dos termos do contrato por efeito da manipulação dolosa[72]. O ressarcimento, *in casu,* se adequa a critérios análogos aos que se aplicam ao inadimplemento, pois afinal o contratante de má-fé agiu com violação aos deveres de lealdade e boa-fé no ajuste do contrato. Isto se explica tendo

---

[69] CARBONNIER, Jean. *Droit civi I– les obligations.* 21.ed. Paris: Press Universitaires, 1998, v. IV, nº 42, p. 99.

[70] ALBALADEJO, Manuel. *Derecho civil I, cit.*, v. II, p. 193.

[71] CIFUENTES, Santos. *Negócio jurídico cit.*, § 209, p. 426. O dolo acidental "não serve para a anulação do negócio, apenas obrigando à satisfação das perdas e danos, por conta das condições menos vantajosas estabelecidas no negócio para o declarante" (ROSENVALD, Nelson; FARIAS, Cristiano Chaves de. *Curso de Direito Civil cit.*, nº 10.10.3, p. 548).

[72] Nesse sentido: "Na compra e venda de bem móvel, caracteriza o dolo acidental, nos termos do art. 93 do CC [de 1916], de molde a impor o dever de reparação dos danos sofridos pelos adquirentes, a venda de trator cujo ano de fabricação não correspondia ao informado e cobrado pelo revendedor" (1º TACivSP, 4ª Câm., Ap. 801.598-5, Rel. Des. Paulo Roberto de Santana, ac. 27.09.2000, *RT* 785, p. 243, março 2001).

Capítulo XII: Do Dolo | **421**

em conta que, sem embargo da inserção dolosa da cláusula nociva, "o contrato subsiste validamente concluído, e que a vítima não reclama o prejuízo pela invalidade do contrato, mas a falta do resultado econômico positivo que teria alcançado se a contraparte houvesse agido lealmente"[73].

O ressarcimento é amplo como o do inadimplemento, porque no dolo acidental, embora limitado a um ponto apenas da avença, nele se comete um ato lesivo à liberdade negocial (ato ilícito)[74].

190. A RETICÊNCIA: O SILÊNCIO COMO COMPORTAMENTO DOLOSO

A sanção legal ao dolo não se restringe ao comportamento ativo daquele que cria, astuciosamente, o quadro capaz de induzir a vítima em erro; para o Código, é possível também que o contratante de má-fé não crie, por si, o erro do parceiro, mas se silencie, diante dele, omitindo-se a esclarecê-lo adequadamente. A omissão, em determinadas circunstâncias, é tão dolosa como a ação (CC, art. 147[75]).

O padrão típico do dolo é aquele traduzido na atitude comissiva: encena-se um ambiente artificioso, um estratagema, com que se conduz a vítima a ter como real uma falsa noção dos fatos. É o que se denomina *dolo positivo* (ou *ativo*). Esse, contudo, não é o único tipo de dolo que o Código toma em conta para admitir o vício de consentimento que, sob tal rótulo, pode levar à anulação do negócio jurídico. Há situações enganosas em que o dolo se revela como expediente puramente omissivo, por parte do contratante que se beneficia do negócio. É o chamado *dolo negativo* (ou *passivo*), sendo certo que, como dispõe o Código Civil peruano, "a omissão dolosa produz os mesmos efeitos que a ação dolosa" (art. 212)[76].

Tome-se o exemplo do cliente habitual de um comerciante que está no momento insolvente, com o pedido de abertura do concurso de credores já pronto para ser ajuizado, e, graças à confiança que nele deposita o vendedor, compra a crédito um automóvel. Ele não afirmou sua solvabilidade. Apenas não comunicou ao vendedor sua insolvabilidade. Calou-se simplesmente a seu respeito. O dado

---

[73] BIANCA, C. Massimo. *Diritto civile cit.*, v. 3, nº 360, p. 667.
[74] BIANCA, C. Massimo. *Diritto civile cit.*, v. 3, nº 360, p. 667.
[75] "Art. 147. Nos negócios jurídicos bilaterais, o silêncio intencional de uma das partes a respeito de fato ou qualidade que a outra parte haja ignorado, constitui omissão dolosa, provando-se que sem ela o negócio não se teria celebrado".
[76] "La omisión dolosa produce los mismos efectos que la acción dolosa". "Se quando da celebração do contrato uma das partes silencia intencionalmente a respeito de fato determinante da sua realização, implicando tal silêncio interpretação errônea dos dados jurídicos da contratação, que não se completaria caso conhecido aquele, dando azo à infração consistente em não entregar a coisa no estado de direito adequado à respectiva finalidade..., devida ao prejudicado a indenização respectiva" (2º TACivSP, Ap. nº 222.332-1, Rel. Juiz Alves Beviláqua, ac. de 10.08.1988, *RT*, 634/130).

era relevantíssimo para uma compra e venda a prazo, de elevado valor. O silêncio foi intencional e, graças a ele, o negócio se consumou, em detrimento de quem tinha razões para confiar no comprador. Deu-se, portanto, o dolo negativo por parte do comprador.

Outros casos de dolo negativo ou omissivo reconhecidos pela jurisprudência: omissão de doença na declaração do seguro de vida (CC, arts. 766 e 773); ocultação na venda de imóvel de que o bem é objeto de declaração de utilidade pública, para efeito de desapropriação; não revelação, em contrato da espécie, de existência de trincas na edificação; ocultação da existência de praga no pomar vendido[77].

191. DEVER DE INFORMAR ENTRE OS CONTRATANTES

Às vezes o dever de esclarecimento integra a natureza mesma do contrato, como se dá, por exemplo, no seguro de vida, em que o segurado não pode deixar de revelar os problemas graves de saúde acaso existentes em relação à sua pessoa. Mas, em caráter geral, mesmo sem o expresso dever específico de prestar certas informações, tornou-se modernamente um princípio das relações contratuais a exigência de que as partes se comportem durante a conclusão e a execução do contrato segundo a *boa-fé* e a *probidade* (CC, art. 422).

Desse princípio de lealdade, que a lei institucionalizou, decorre um recíproco dever de informação a respeito de qualquer circunstância relevante para o negócio, de forma que nenhuma das partes pode reter só para si o conhecimento de tais circunstâncias[78].

Descumpri-lo faz com que, mesmo não engendrando maquinações enganosas, a parte cometa dolo civil. Sempre, pois, que um contratante cale intencionalmente sobre circunstâncias essenciais para o consentimento do outro, pratica "um silêncio desleal"[79].

É importante distinguir, destarte, entre a obrigação específica de informar e o dever geral de lealdade. No primeiro caso a infração equivale a um verdadeiro inadimplemento, e sofrerá sanções próprias dessa figura jurídica. É na segunda hipótese que, mais propriamente, se dará o *dolo negativo*, como vício de consentimento, já que, então, não se encontrará uma *sanção específica* para a infração, e a solução terá de ser buscada no campo da repressão genérica à fraude e à má-fé.

---

[77] RODRIGUES, Silvio. *Direito civil cit.*, v. I, nº 107, p. 198-199; DINIZ, Maria Helena. *Curso de direito civil cit.*, v. I, pp. 391-392.

[78] GALGANO, Francesco. *Diritto privato*. 10.ed. Padova: CEDAM, 1999, nº 13.5, p. 282.

[79] BARBERO, Domenico. *Sistema de derecho privado*. Trad. Argentina. Buenos Aires: EJEA, 1967, v. I, nº 246, p. 526.

192. VARIAÇÕES DO DOLO NEGATIVO

Há duas situações em que o silêncio do contratante configura *dolo negativo* capaz de provocar a anulação do negócio: a) quando a parte já está em erro, antes de qualquer atitude daquele que se beneficiará da situação, e este nada faz para tirá-la do equívoco; e b) quando é o próprio silêncio de um dos contratantes que conduz o outro a incorrer em erro, porque o beneficiário sabe de dado que impediria o parceiro de concordar com o negócio e se silencia, para que o contrato se ajuste.

Para a aplicação do art. 147, do Código Civil, tanto faz que o contratante já esteja em erro antes da negociação, como tenha o equívoco sido cometido durante a negociação. O silêncio do outro contratante tanto pode ser a respeito de dado que o parceiro conhece equivocadamente antes do contrato, como pode referir-se a informação relativa a dado que um conhece e o outro ignora, no contexto em que o negócio se ultima. Nas duas circunstâncias, aquele que se beneficia do negócio tem condições de evitar o erro do outro contratante, e se não o esclarece, mesmo sabendo que o erro do parceiro versa sobre elemento essencial da contratação, pratica dolo negativo e faculta ao enganado o direito de promover a anulação do negócio, nos termos do art. 147.

193. A MALÍCIA DO QUE SE APROVEITA DO ERRO

Se aquele que se aproveita do erro alheio age apenas *culposamente*, desconhecendo o equívoco do parceiro, quando tinha condições de descobri-lo e evitá-lo, caso observasse a prudência de uma pessoa normal, sua conduta não conduz à figura do dolo civil. Se presentes os elementos do *erro*, apenas este vício de consentimento poderá ser divisado (CC, art. 138).

Para ter-se o *dolo negativo* como configurado, é necessário que o silêncio do beneficiário seja *intencional* e que seja devido a ele que a outra parte tenha incorrido em erro, ou nele se mantido, na ocasião de concluir o negócio. O beneficiário tem de saber do erro e tem de ter o intuito de aproveitar-se dele, para que ocorra o dolo civil, em sua modalidade negativa[80].

Não basta que o erro do parceiro seja reconhecível, é necessário que o beneficiário saiba de sua existência e dele se aproveite para obter a declaração negocial. Justamente no tirar vantagem do erro alheio, de maneira intencional, é que consiste o dolo civil, na espécie. Há *dolo negativo* porque é pelo malicioso silêncio da parte que se determina a vontade de contratar do outro interessado. A malícia não está em ter criado propriamente o erro do contratante, mas em ter agido maliciosamente diante dele[81].

---

[80] "Numa palavra: o que decide neste capítulo são os ditames da boa-fé na contratação" (ANDRADE, Manuel A. Domingues de. *Teoria geral cit.*, nº 136, p. 259).

[81] BARBERO, Domenico. *Sistema cit.*, I, nº 246, p. 527. "Note-se que o *silêncio* tem de equivaler à má-fé do *deceptor*. A lei diz que tem de ser intencional, mas o dispositivo tem de ser objeto de uma interpretação extensiva por forma a fazer-se abranger nele não só os casos de intenção,

Embora não se exija diretamente o propósito de lesar, é indispensável que o autor do dolo – positivo ou negativo – tenha a *consciência de enganar*. Pode, por isso, ocorrer dolo sem que o contratante enganoso tenha criado o erro de seu parceiro, mas necessário será que pelo menos o conheça e, sabedor dele, se conserve reticente ou silencioso[82].

Em qualquer situação, somente haverá de pensar-se em anulabilidade do negócio se o dolo omissivo tiver se dado em torno de elemento determinante da realização do negócio. Não basta o erro, nem tampouco a malícia, é indispensável que o engano doloso, derivado do silêncio de uma das partes, tenha sido a causa determinante da realização do negócio para a parte que incorreu na falsa noção da realidade. Caso contrário, ter-se-á o *dolo acidental*, que, declaradamente, não motiva a invalidade do contrato (CC, art. 146).

Enfim, para que a omissão de um dos contratantes se apresente como dolo principal, e, assim, autorize a anulação do negócio jurídico, a título de *dolo negativo*, cumpre verificar a ocorrência dos seguintes requisitos[83]:

a) a omissão deve ter sido praticada com a *intenção* de levar o outro contratante a se desviar de sua real vontade, induzindo-o a *erro*;

b) o silêncio há de referir-se a circunstância ignorada pela outra parte;

c) deve ocorrer uma relação de essencialidade entre a omissão dolosa (intencional) e a declaração de vontade, ou seja, a vontade negocial deve ter se manifestado como consequência direta do desconhecimento da circunstância omitida (relação de causa e efeito);

d) a omissão deve ter sido praticada pelo próprio contratante e não por terceiro: o art. 147 é claro ao circunscrever o dolo omissivo ao silêncio intencional de "uma das partes" em face de fato de qualidade que "a outra parte haja ignorado" e que tenha sido decisivo para a celebração do negócio bilateral.

194. O REGIME DO DOLO DE TERCEIRO NO CÓDIGO ANTERIOR

Não é apenas o dolo de uma das partes que vicia o negócio jurídico. O art. 148 do Código Civil prevê a anulação do negócio ou a responsabilização pelas perdas e danos, quando o dolo for praticado por terceiro[84].

---

    mas também de mera *consciência* do silenciante, de que está contribuindo para manter o outro contratante em erro" (MIRANDA, Custodio da Piedade Ubaldino. *Teoria geral do negócio jurídico cit.*, nº 8.5.2.2, p. 211).

[82]   ANDRADE, Manuel A. Domingues de. *Teoria geral da relação jurídica*. 8. reimp. Coimbra: Almedina, 1998, v. II nº 135, p. 257.

[83]   VENOSA, Silvio de Salvo. *Direito civil – parte geral*. 8.ed. São Paulo: Atlas, 2008, v. I, p. 398.

[84]   "Art. 148. Pode também ser anulado o negócio jurídico por dolo de terceiro, se a parte a quem aproveite dele tivesse ou devesse ter conhecimento; em caso contrário, ainda que subsista o negócio jurídico, o terceiro responderá por todas as perdas e danos da parte a quem ludibriou".

Para o Código revogado, o dolo de terceiro, isto é, de quem não teria sido parte do negócio jurídico, só ensejaria sua anulação se o sujeito do contrato tivesse tido conhecimento do erro astuciosamente por outrem provocado (art. 95).

Tratava-se, porém, o dolo e a coação por terceiro de maneira diversa, a pretexto de que esta seria um atentado mais grave à liberdade de contratar. Por isso, o dolo só invalidava o negócio sendo conhecido da parte a quem aproveitava (art. 95). A coação, no entanto, por sua mais intensa repercussão social, era causa de anulação do negócio por ela afetado, quer a parte conhecesse, quer não, a violência contra a vontade do cocontratante praticada pelo estranho (art. 101).

195. O REGIME DO CÓDIGO ATUAL

O atual Código acolheu a experiência da legislação suíça e alemã, unificando o tratamento do dolo e da coação, quando provenientes de quem não se tornou parte da relação jurídica viciada.

A respeito do dolo de terceiro, dispõe o art. 148 do Código brasileiro, a exemplo do Código alemão (§ 123), que será causa de anulação do negócio jurídico, se a parte a quem aproveite "dele tivesse ou devesse ter conhecimento". Da mesma forma, dispõe o art. 154 de nosso Código que a coação exercida por terceiro vicia o negócio, "se dela tivesse ou devesse ter conhecimento a parte a que aproveite". Dessa maneira, eliminou-se o tratamento diferenciado que ao tempo do Código de 1916 se adotava para a anulação do negócio viciado por dolo ou por coação provenientes de terceiro. A uniformização foi completa. E, ainda, se aperfeiçoou a anulabilidade pela exigência da participação culposa do beneficiário na conduta dolosa ou coativa.

196. O DOLO DE TERCEIRO NÃO É SUFICIENTE, POR SI SÓ, PARA VICIAR O NEGÓCIO JURÍDICO

O regime da anulabilidade do negócio jurídico, no moderno Código brasileiro, não mais se contenta com a pura ocorrência do vício de vontade. Procura tutelar, também, a segurança das relações jurídicas, assim como prestigiar a boa-fé daquele que negocia com a parte cuja vontade incorreu em algum defeito de formação ou declaração (princípio da confiança). Por isso, em todos os defeitos, exige a concorrência, direta ou indireta, da outra parte, de sorte que o direito potestativo da vítima de invalidar o negócio viciado dependerá sempre de uma participação do beneficiário na consumação da declaração defeituosa. Sem que, de alguma forma, se depare com a culpa *lato sensu* do que se aproveita da declaração, inviável será cogitar-se de erro, dolo ou coação, para fins de anulação do negócio.

Se, então, a parte não conhece o dolo que terceiro empregou sobre o cocontratante, nem tem elementos para suspeitar de sua existência, não há como privá-la das vantagens jurídicas que o negócio lhe proporcionou[85]. Nesse sistema, antes de proteger quem erra, fortuita ou dolosamente, é preciso examinar a situação do outro contratante, para que a tutela de um não se transforme em castigo imerecido de outrem. Para anular-se o contrato é preciso, no campo dos vícios de consentimento, que ambas as partes tenham responsabilidade pelo respectivo defeito[86]. Prestigia-se, dessa maneira, o princípio da confiança, no qual repousa a expectativa geral de segurança das relações jurídicas nos domínios do contrato[87].

Havendo condições de responsabilizar-se o contratante, em face do dolo de terceiro, o caso será de mais de um agente responsável pelo mesmo ato ilícito. Entre eles se estabelecerá uma responsabilidade solidária, no que toca ao ressarcimento do dano (art. 942, CC)[88].

Aplaude Saleilles a orientação do Código alemão, ora transplantada para a legislação brasileira:

> "Nada mais justo, pois a recusa de proteção à parte enganada só se explica pelo interesse legítimo que merece aquele que com ela contratou; esse interesse não mais existe, quando este último é culpado de não conhecer o dolo de que pretende se beneficiar"[89].

Com efeito, segundo tal posicionamento, cujas origens se encontram no art. 123 do Código Civil alemão e no art. 28 do Código Federal de Obrigações suíço, "se a parte que contrata com a vítima do dolo pudesse facilmente descobri-lo (talvez pelas próprias circunstâncias externas do negócio) e não o fez, e por isso deixou de avisar o cocontratante da existência daquele dolo, o negócio poderá ser anulado, pois não existe motivo para proteger quem se mostrou negligente, isso porque aquele (o que

---

[85] Valiosa a lição de Custódio da Piedade Ubaldino Miranda sobre o tema: "se, porém, este não tinha conhecimento do dolo de terceiro, não é justo que se anule um negócio em cuja validade ele (o outro contratante) confiava, por ignorar o dolo, traindo-se, portanto, suas legítimas expectativas" (MIRANDA, Custódio da Piedade Ubaldino. *Teoria do negócio jurídico cit.*, nº 8.5.2.4, p. 214).

[86] Para MIRANDA, "o silêncio do contratante que soube ou devesse ter conhecimento do dolo de terceiro redunda afinal num dolo omissivo do próprio contraente silente. Resta apenas dizer, para terminar, que, no *dever saber* que a lei exige, basta que o contraente em quem impende tal ônus tenha agido com o uso de diligência comum, normal, que se espera razoavelmente no mundo dos negócios" (MIRANDA, Custódio da Piedade Ubaldino. *Ob. cit., loc. cit.*).

[87] *"Esta es una medida de protección de la confianza del otro contratante, destinatario de la declaración de voluntad emitida bajo la influencia del dolo; o si se prefiere, una medida de respeto a la seguridad del tráfico. Todo ello nos distancia de la idea de vicio de voluntad"* (MORENO, A. M. Morales. verbete Dolo: Vicio de la voluntad, *in Enciclopedia jurídica básica cit.*, v. II, p. 2.588).

[88] Não merece acolhida a doutrina de CARVALHO SANTOS, que via na hipótese uma responsabilidade sucessiva, mas não solidária (CARVALHO SANTOS, J. M. de. *Código Civil brasileiro interpretado cit.*, v. II, p. 347).

[89] SALEILLES. *Déclaration de volonté*, pp. 63-64, trecho traduzido por RODRIGUES, Silvio. *Dos vícios de consentimento cit.*, nº 85, pp. 157/158.

Capítulo XII: Do Dolo | **427**

contrata com a vítima do dolo) devia impedir que a outra parte fosse enganada, e se foi culpado (*s'il est en faute*) de haver ignorado as manobras de que foi objeto, a lei não mais o socorre, e isso é de toda a justiça"[90].

Ao filiar-se à corrente germano-suíça, nosso atual Código acolheu a recomendação antiga da melhor doutrina, qual seja, a de que tanto o dolo como a coação, "se vindos de terceiros, só devem viciar o negócio jurídico se deles tinha ciência ou devia tê-la o outro contratante"[91].

197. EFEITOS DO DOLO DE TERCEIRO

O dolo envolve não só vício de consentimento, como também ato ilícito, motivo por que, quando configurado, autoriza a anulação do negócio e ainda enseja o ressarcimento do dano suportado pela vítima.

Se o contratante sabe do dolo de terceiro, ou devia conhecê-lo, torna-se responsável pelo duplo efeito da prática ilícita. Sujeita-se tanto ao rompimento do contrato, como à indenização do prejuízo.

Quando, porém, a parte não aderiu ao dolo do estranho, nem direta nem indiretamente, isto é, quando não teve conhecimento dele, nem tinha condições de percebê-lo, o contrato permanecerá inatacável. O contratante prejudicado, todavia, terá ação de perdas e danos contra o terceiro.

É bom advertir, outrossim, que terceiro é aquele que, em princípio, não é sujeito do negócio jurídico, nem tem poderes para vincular a parte a sua declaração de vontade. Para os efeitos do art. 148, do CC, portanto, não é terceiro o mandatário ou o representante da parte. Agindo este dolosamente, é como se o ato ilícito fosse praticado pela própria parte[92]. Rege a espécie o art. 149 e não o art. 148.

198. DOLO E ERRO

Na figura do dolo sempre se faz presente o erro do agente do negócio jurídico, conforme já se observou. A distinção entre as duas causas de anulação está na origem do erro: enquanto o erro puro é fortuito, o erro doloso é fruto de provocação da atuação de outrem sobre a formação da vontade do declarante.

O dolo é mais grave, porque além do vício de consentimento a vítima sofre também as consequências de um ato ilícito, por isso é mais fácil configurar o dolo que o erro simples e mais extensos são os efeitos daquele do que deste.

---

90 SALEILLES, *ob. cit., apud* RODRIGUES, Silvio. *Dos vícios de consentimento cit.*, nº 85, p. 158.
91 RODRIGUES, Silvio. *ob. cit.*, nº 86, p. 159. "Se o dolo é de terceiro, mas a parte não cooperou com ele, conhecendo-o apenas, o ato é anulável" (TJSP, 2ª CC., Ap. nº 233.468, Rel. Des. Almeida Camargo, ac. de 22.04.1975, *RT*, 488/55).
92 PEREIRA, Caio Mário da Silva. *Instituições cit.*, v. I, nº 90, p. 334.

Assim, se o dolo de terceiro, ou mesmo o dolo de um contratante, não chega a se configurar, por falta da comprovação dos expedientes astuciosos de indução a erro, nem sempre estará o negócio imune à anulação. Restará examinar o evento à luz da figura do *erro*. Se, afastado o dolo, for possível à vítima demonstrar o erro em que incorreu, ainda lhe será facultado pleitear a anulação, desde que consiga provar os requisitos do *erro substancial*[93].

Em tal situação, desde logo, se afasta o ato ilícito, e se excluem as reparações de perdas e danos.

Não se dá, porém, uma automática e constante desclassificação do dolo para o erro, pois não é qualquer erro que permite a invalidação do negócio, mas somente o que se refere a elemento essencial. Já no dolo, qualquer causa determinante da declaração de vontade, mesmo fora dos elementos essenciais e até situada fora dos termos expressos da declaração, pode ser acolhida. Daí por que, ao se afastar o dolo, ter-se-á de, aceitando o erro, analisá-lo segundo a ótica da substancialidade e da cognoscibilidade, a fim de que possa servir para sustentar a ação de invalidade[94].

199. DOLO ACIDENTAL DE TERCEIRO

Não é só o dolo principal que pode ser cometido por estranho ao negócio jurídico. Também o dolo acidental (art. 146, do CC), isto é, aquele que não atua sobre causa determinante do contrato, mas que provoca maior onerosidade para a parte, é possível de prática por terceiro contra esta. Se isto se der, não será anulável o contrato, mas o terceiro (agente doloso), continuará responsável pelo ato ilícito praticado e sujeitar-se-á ao ressarcimento das perdas e danos[95].

Se o dolo acidental proveniente de estranho foi conhecido pela parte, ou se esta tinha condições de conhecê-lo, ambos serão corresponsáveis pelo ato ilícito, e entre eles se estabelecerá a obrigação solidária pelas respectivas perdas e danos. Caso contrário responderá pessoalmente apenas aquele que praticou o dolo (o terceiro)[96].

200. DOLO DE TERCEIRO E NEGÓCIO UNILATERAL

A regra do art. 148, do Código Civil se refere especificamente aos negócios bilaterais, como o contrato. Neles é que o dolo só atua como causa de anulação quando a parte a que aproveita, dele tenha tido, ou devesse ter conhecimento.

---

[93] MORENO, A. M. Morales. Dolo: Vicio de la voluntad, verbete in *Enciclopédia Jurídica cit.*, p. 2.588.

[94] *"Sobrevivirá eventualmente una impugnativa por el 'error' que los tales engaños hubieren provocado, pero a condición de que se den las condiciones de la relevancia del 'error' como tal: esencialidad y recognoscibilidad"* (BARBERO, Domenico. *Sistema cit.*, nº 246, p. 527).

[95] CIFUENTES, Santos. *Negócio jurídico cit.*, § 209, p. 426.

[96] BORDA, Guillermo A. *Manual de derecho civil – Parte general*. 16.ed. Buenos Aires: Editorial Perrot, 1993, nº 765, p. 527.

Capítulo XII: Do Dolo | **429**

Nos negócios unilaterais, como a renúncia à herança ou o reconhecimento de paternidade, não há outro contratante a se apontar como o sujeito da relação jurídica que irá se aproveitar do dolo alheio. Não quer isto dizer, todavia, que seja irrelevante o dolo de terceiro sobre a vontade declarada em negócio unilateral. O que não ocorre é a submissão da espécie às exigências do art. 148, do CC[97].

201. DOLO DO REPRESENTANTE LEGAL E DO REPRESENTANTE CONVENCIONAL

O art. 149[98], do Código Civil distingue o dolo praticado pelo representante legal e o representante convencional, para fins de responsabilização do representado ao pagamento das perdas e danos.

Havia uma certa deficiência no texto legal de 1916, ao cuidar dos efeitos do dolo do representante (art. 96), porque não se fazia distinção entre a representação legal e a convencional. A doutrina, no entanto, tentava separar as duas situações jurídicas, mas as teses não se estabeleciam de forma unívoca. Havia quem afastasse totalmente do dispositivo legal a representação voluntária, porque aí o ato do representante seria como que praticado pelo próprio representado, de sorte que o velho art. 96 teria, no campo da representação legal, a função de afastar a anulação e somente ensejar os efeitos ressarcitórios de perdas e danos[99]. Outros, porém, entendiam que em qualquer caso, isto é, tanto no dolo do representante legal como do convencional, ocorria a anulabilidade, e a diferença seria apenas quanto à reparação dos prejuízos, que só se estenderia amplamente ao representado se este estivesse mancomunado com o representante. Caso contrário, anulado o negócio fraudulento praticado pelo representante, o representado inocente só responderia até a importância do lucro realmente obtido[100].

O atual Código acolheu a sugestão de Silvio Rodrigues, não só abordando as duas modalidades de representação, como atribuindo ao dolo do representante regime diverso, conforme a origem da investidura na gestão de bens alheios[101].

---

[97] PONTES DE MIRANDA, Francisco Cavalcanti. *Tratado de direito privado cit.*, t. IV, § 452, n° 1, p. 457-458.

[98] "Art. 149. O dolo do representante legal de uma das partes só obriga o representado a responder civilmente até a importância do proveito que teve; se, porém, o dolo for do representante convencional, o representado responderá solidariamente com ele por perdas e danos".

[99] PEREIRA, Caio Mário da Silva. *Instituições cit.*, n° 90, p. 334.

[100] MONTEIRO, Washington de Barros. *Curso de direito civil.* 33. ed. São Paulo: Saraiva, 1995, v. I, pp. 198/199; BEVILÁQUA, Clóvis. *Código Civil dos Estados Unidos do Brasil comentado.* 12. ed. Rio de Janeiro: Francisco Alves, 1959, v. 1p. 276; BATALHA, Wilson de Souza Campos. *Defeitos dos negócios jurídicos.* Rio de Janeiro: Forense, 1988, *cit.*, n° 4.6, 133.

[101] RODRIGUES, Silvio. *Dos vícios de consentimento cit.*, n° 93, pp. 179-180.

202. O REGIME ADOTADO PELO CÓDIGO ATUAL

A representação legal ou necessária é a que decorre de imposição da lei, como os casos de tutela, curatela, pátrio poder etc. Convencional ou voluntária é a proveniente da autonomia da vontade exercida livremente entre representante e representado por meio de negócio jurídico, como no contrato de mandato ou de administração. Em qualquer caso, o dolo de representante será causa de anulabilidade do negócio oponível ao representado, mesmo que este não tenha conhecimento da manobra astuciosa. É que o ato do representante obriga o representado, como se fosse por este praticado. O mesmo, todavia, nem sempre se passa com relação às perdas e danos.

Para o dolo cometido pelo representante legal, não é justo nem razoável imputar ao representado a responsabilidade irrestrita pelos prejuízos advindos de má conduta do representante, pois não foi da vontade daquele que surgiu a escolha deste. Além do mais, a maioria das representações legais advém de incapacidade ou de ilegitimidade do representado, que, por isso mesmo, nem teria como influir na sua escolha e tampouco vigiar sua conduta.

Escapando a gestão do representante legal ao controle do representado, caberá a cada um responder isoladamente pela própria má-fé[102]. Se o representado mancomunou-se com o representante legal, a ambos estender-se-á o ato ilícito, e a ambos tocará solidariamente o dever de indenizar os prejuízos que o dolo tiver gerado para a vítima.

Sendo, porém, a má-fé apenas do representante legal, a anulação do negócio não acarretará responsabilidade civil senão para o autor do dolo. As partes da avença serão repostas no estado anterior, sem que, entretanto, o representado tenha de participar da indenização correspondente ao ato ilícito.

Apenas quando o representado inocente tiver auferido lucros concretos com o contrato anulado é que participará da reposição das perdas e danos, mas, assim mesmo, limitadamente. Tão somente para evitar o enriquecimento ilícito é que o representado se sujeitará a repor o lucro que o negócio anulado lhe acarretou. Não haverá, portanto, um dever amplo, para ele, de reparar todos os prejuízos da vítima do dolo. Por estes apenas responderá o próprio autor do ato de má-fé, qual seja, o representante legal[103].

Quando, todavia, o negócio doloso tiver sido praticado por mandatário ou qualquer tipo de representante voluntário, não haverá privilégio algum para o representado. Quem escolhe livremente um representante ao qual confere o poder

---

[102] BEVILÁQUA, Clóvis. *Código Civil comentado cit.*, v. I, p. 276.

[103] "O dolo do representante basta para tornar anulável o ato, quando o ato não se realizaria se ele não existisse, mas o representado só responde civilmente no caso de haver recolhido proveito próprio" (TJRJ, Ap. nº 609/88, Rel. Des. Barbosa Moreira, ac. de 14.03.1988, *COAD-ADV* 1988, Boletim nº 21, nº 38.809, p. 332).

Capítulo XII: Do Dolo | **431**

de realizar negócios em seu nome, cria voluntariamente um risco para o mercado, pois será por causa da investidura voluntária que o mandante irá agir no mundo dos negócios, criando relações de direito[104]. "Se é má a escolha, tem o mandante culpa, e o dano resultado para terceiros deve ser por ele reparado. Se o mandante, ao invés, embora o tenha bem escolhido, vigiou mal seu procurador, permitindo que ele provocasse, com seu comportamento, prejuízos de terceiros, continua o representado a ser faltoso e por essa falta deve responder"[105]. Dá-se, *in casu,* uma culpa *in eligendo* ou *in vigilando* que de um certo modo dispensa prova, pois que se revela inerente aos próprios termos da missão confiada ao representante.

A responsabilidade do mandante, em semelhante situação, integra-se na regra geral que comanda a preposição, em matéria de ato ilícito, e torna o preponente obrigado pelo ato danoso do preposto, sem necessidade de culpa *in concreto* daquele diante da lesão provocada pelo último (CC, arts. 932, III, e 933). Assim, não é no ato danoso que se averigua a culpa do mandante, mas nos antecedentes da escolha do mandatário e na supervisão genérica de sua gestão.

É por isso que, diversamente do que se passa na representação legal, não responde o mandante convencional apenas no limite dos lucros realmente auferidos, mas de forma ampla terá de suportar o encargo de ressarcir todos os prejuízos da vítima do dolo, ainda que não tenha participado da malícia urdida por seu mandatário.

A responsabilidade civil não limitada do mandante integra, na espécie, a política geral de segurança e confiança que deve prevalecer no tráfico do mercado. Serve também de advertência aos comitentes para agirem com mais cuidado na escolha de seus prepostos e mandatários, evitando criar riscos desnecessários para o comércio jurídico.

203. AS DUAS MODALIDADES DE REPRESSÃO AO DOLO DO REPRESENTANTE

O art. 149, do Código Civil não cuida da anulabilidade apenas do negócio dolosamente praticado pelo representante. Uma vez configurado o *dolo principal* (ou essencial), o negócio será sempre anulável, qualquer que seja o representante legal ou

---

[104] "A solução deverá ser a de responsabilizar-se, sempre, solidariamente, o representado. Mas se assim é, não pode falar-se em culpa (*in elegendo* ou *in vigilando*), devendo antes falar-se em *risco*. O representado será assim sempre responsabilizado pelo dolo do seu representante, *solidariamente* com este, pela reparação integral do dano sofrido pelo *deceptus* pelo risco criado com a nomeação do representante, o qual se compadece com a responsabilidade objetiva, restando ao representado uma ação regressiva contra o representante, sempre que aquele não tiver tido culpa, para haver o que, em razão da culpa do seu representante, tiver desembolsado" (MIRANDA, Custódio da Piedade Ubaldino. *Teoria do negócio jurídico cit.,* nº 8.5.2.5, p. 216).

[105] RODRIGUES, Silvio. *Dos vícios de consentimento cit.* nº 93, p. 180.

NEGÓCIO JURÍDICO • Humberto Theodoro Jr. e Helena Lanna Figueiredo

convencional. No campo da invalidade, não há distinção entre ato de representante convencional e de representante legal[106].

A diversidade de tratamento jurídico prende-se ao ato ilícito que se contém no bojo do dolo civil. Em relação à responsabilidade civil é que o art. 149 institui um regime para a representação legal e outro para a representação convencional, a saber:

I – Para a representação legal:

a) a responsabilidade pela reparação do prejuízo da vítima é, em regra, exclusiva do representante legal (tutor, curador, pai etc.);

b) só para evitar enriquecimento indevido, é que o representado participará eventualmente da reparação do prejuízo da vítima do dolo do representante legal; quando isto se der, o ressarcimento que aquele tiver de fazer, ficará limitado à reposição dos lucros efetivos que tiver obtido com o negócio anulado. Em hipótese alguma lhe caberá desfalcar seu patrimônio anterior ao negócio para repor prejuízo daquele que foi ludibriado pelo representante legal.

II – Para a representação voluntária:

a) pelo ato ilícito praticado pelo representante voluntário, responderão, ampla e solidariamente, este e o representado;

b) não se exige qualquer tipo de coparticipação efetiva do representado no ato do representante convencional, porque na comissão ou preposição, a responsabilidade do comitente ou mandante é inerente à delegação voluntária de poderes, não havendo necessidade de provar culpa destes pelo ato ilícito de seus agentes (CC, art. 933).

É importante, todavia, que o ato realizado com dolo se compreenda entre aqueles para cuja prática tenha sido o mandatário credenciado pelo mandante. Porque, fora da outorga, o representante voluntário não age em nome do mandante, e, pois, não o obriga. Cabe a quem negocia com procurador exigir a exibição do instrumento de mandato, para certificar-se dos poderes que lhe foram atribuídos (CC, art. 118). Se não o faz, o negócio que porventura exceder a outorga será ineficaz e inoponível ao mandante (art. 662). Logo, em tal hipótese, o dolo do mandatário é de repercussão exclusiva sobre sua pessoa; não atingirá, normalmente, o representado. Só do procurador poderá a vítima do dolo reclamar a reparação de seu prejuízo.

Agindo fora do mandato, e assim cometendo dolo, para o mandante, o ato não será mais de mandatário, e sim de terceiro. Somente quando souber do dolo e dele se

---

[106] CARVALHO SANTOS, J. M. de. *Código Civil brasileiro interpretado*. Parte geral. 7. ed. Rio de Janeiro: Freitas Bastos, 1958, v. II, p. 349; BATALHA, Campos. *Defeitos dos negócios jurídicos cit.*, nº 4.6, p. 132; MONTEIRO, Washington de Barros. *Curso cit.*, v. I, p. 198.

Capítulo XII: Do Dolo | **433**

prevalecer, de alguma forma, é que se tornará responsável pela respectiva reparação. Não havendo vantagem para o mandante nem aderindo ele ao negócio estranho ao mandato, não haverá como reclamar dele qualquer tipo de ressarcimento em favor de quem foi vítima de negócio abusivo praticado pelo mandatário. Somente este haverá de suportar o dever de indenizar (arts. 116 e 118).

204. DOLO BILATERAL

O art. 150 do Código Civil cuida da hipótese de dolo bilateral. A repulsa do dolo inspira-se na necessidade de tutelar a boa-fé de um contratante contra a malícia do outro. É para fazer prevalecer a lisura sobre a astúcia que a lei torna anulável o negócio fruto de maquinações astuciosas sobre a formação da vontade de contratar.

Se as duas partes se conduzem sob inspiração da má-fé, não há mais boa-fé a defender. "Porque ambas as partes são culpadas, por se quererem prejudicar uma a outra, a lei se retrai"[107]. De sorte que nem uma nem outra terá apoio legal, seja para anular o negócio, seja para reclamar perdas e danos (art. 150).

Quem age com dolo não pode em face do mesmo negócio em que empregou sua malícia, alegar a astúcia manejada contra si pela outra parte. Admitir o contrário, implicaria permissão ao contratante de alegar a própria torpeza, de sorte que a lei, diante de dois trapaceiros, se desinteressa pela controvérsia, e não protege nenhum deles contra o outro[108]. O dolo bilateral, dessa maneira, se apresenta como um pressuposto negativo, cuja presença impede a invocação da anulabilidade do negócio[109]. Diante do recurso bilateral ao dolo, pode-se dizer que desaparece a anulabilidade do negócio, sem embargo da comprovação da influência da astúcia sobre a obtenção do contrato[110].

205. COMPENSAÇÃO

É regra antiquíssima a que condiciona a anulabilidade do negócio ao dolo de apenas uma das partes do contrato. No direito medieval (Direito comum) encontra-se um texto de Marciano que se diz oriundo do *Digesto*, onde se proclama que "se dois houverem agido com dolo mau, não exercitarão reciprocamente a ação de dolo" (D. 4, 3, 36).

---

[107] BEVILÁQUA, Clóvis. *Código Civil comentado cit.*, v. I, p. 276.
[108] "Uma das partes litigantes não pode ser ouvida, alegando a própria torpeza, nem mesmo quando ambas procederem com dolo" (TJSP, Ap. nº 277.985, Rel. Des. Mohamed Amaro, ac. De 22.05.1979, *RT*, 534/73).
[109] CIFUENTES, Santos. *Negócio jurídico cit.*, § 202, p. 419.
[110] ALBALADEJO, Manuel. *Derecho civil I cit.*, v. II, p. 198.

434 | NEGÓCIO JURÍDICO • *Humberto Theodoro Jr. e Helena Lanna Figueiredo*

Esse preceito romano é explicado de duas maneiras: utiliza-se a ideia de *compensação* entre as culpas de parte a parte; ou a vedação da tutela judicial a quem não tem as mãos limpas[111].

Dita compensação, que só se imagina nos negócios bilaterais, e nunca nos unilaterais, exige, segundo alguns, que tenha sido o dolo causa determinante do negócio jurídico para ambas as partes. Só, portanto, entre dolos principais se poderia pensar no requisito negativo em questão[112].

Entre nós, desde o Código de 1916 (art. 97), tem prevalecido o entendimento de que não faz a lei nenhuma discriminação entre as várias modalidades de dolo para o efeito da propalada compensação. Com efeito, nada impede que se faça o confronto entre dolo por comissão e dolo por omissão ou entre dolo principal e dolo acidental. O que se deve atentar é para a bilateralidade da infração cometida. Se ambos os contratantes praticaram dolo essencial, ambos teriam ação para invalidar o negócio, de sorte que o direito potestativo de um se compensa com o do outro; se ambos cometeram dolo acidental, cada qual pode reclamar perdas e danos do cocontratante, e também aqui se teria condições de falar-se em compensação dos dolos; se um praticou dolo principal e o outro dolo acidental, um teria direito de invalidar o contrato e o outro teria direito de exigir do primeiro perdas e danos, e mesmo não havendo inteira homogeneidade das pretensões contrapostas, o certo é que as duas partes procederam com recíproca má-fé, cada qual intentando prejudicar a outra, o que seria suficiente para justificar a retração da lei diante da torpeza bilateral[113].

A não ser assim, correr-se-ia o risco de a indenização a favor da vítima do dolo incidental ser mais grave do que a da ruptura provocada pelo dolo principal. Aquele que cometeu a infração maior poderia suportar a sanção menor no contrachoque dos dolos recíprocos. Daí ser mais razoável a repulsa genérica a todas as modalidades de dolo bilateral, independentemente de ser principal ou acidental o dolo que cada contratante perpetrou[114].

Conforme Pontes de Miranda, se ambas as partes se conduziam dolosamente na pactuação do contrato, e uma delas propõe ação para invalidá-lo, cabe à outra levantar, em preliminar da contestação, a bilateralidade do dolo, para obter do juiz a extinção do processo. A regra legal sobre o dolo bilateral deve, segundo o tratadista, ser lida como se assim houvesse escrito: "quem dolosamente obteve manifestação

---

[111]   MORENO, A. M. Morales. "Dolo". Verbete *in Enciclopédia jurídica básica cit.*, v. II, p. 2.589.

[112]   *"Compensación que requiere ser dolo determinante el de ambas partes"* (ALBALADEJO, Manuel. *Derecho civil I – Introducción y parte general*. 14.ed. Barcelona: Bosch, 1996, v. II, p. 198).

[113]   "Pouco interessa a espécie do dolo que cada uma das partes possuía, não se admitindo, em nenhuma hipótese, a anulação do ato" (ROSENVALD, Nelson; FARIAS, Cristiano Chaves de. *Curso de Direito civil cit.*, nº 10.10.3, p. 549).

[114]   CARVALHO SANTOS, J. M. de. *Código Civil brasileiro interpretado cit.*, v. II, pp. 351/352.

de vontade de outrem não tem ação de anulação por dolo". Vale dizer: "Quem dolo fez, por dolo não pode agir"[115].

Há, enfim, a outra razão clássica de repulsa ao dolo bilateral, que prevalece independentemente da identidade substancial entre as infrações recíprocas[116]. Quer tenha sido substancial, quer incidental, o dolo envolve sempre um ato ilícito e uma conduta ilegítima de quem a ele se reporta. Invocar sua presença no negócio contaminado equivale a arguir a própria torpeza, já que não teria como nem analisar a conduta do outro sem lembrar sua própria participação no evento; é clássico o princípio de que "do próprio dolo a ninguém é lícito se aproveitar"[117].

Embora antiga a regra, não deixa de ter seus inimigos, bastando registrar que o atual Código português, ao invés de prestigiá-la, dispõe taxativamente em sentido contrário, ou seja: "a anulabilidade não é excluída pelo fato de o dolo ser bilateral" (art. 254º, nº 1), norma que se aplica com maior rigor quando o artifício se manifesta diretamente de uma parte contra a outra, sem a intermediação de terceiro[118]. Essa corrente, como é óbvio, nenhuma repercussão tem sobre o direito brasileiro, já que o art. 150 de nosso atual Código Civil dispõe, peremptoriamente, que "se ambas as partes procederem com dolo, nenhuma pode alega-lo para anular o negócio, ou reclamar indenização" (regra similar, aliás, já constava do art. 97, do CC/1916).

---

[115] PONTES DE MIRANDA, Francisco Cavalcanti. *Tratado de direito privado cit.*, t. IV, § 453, nº 2, p. 461.

[116] "Se ambas as partes se houverem reciprocamente enganado, compensam-se os dolos respectivos..., a nenhuma delas sendo permitido alegá-lo, para anular o ato, ou reclamar indenização, pois do contrário beneficiar-se-ia da própria torpeza, o que o direito não tolera: *nemo de improbitate sua consequitur actionem*" (PEREIRA, Caio Mário da Silva. *Instituições de direito civil cit.*, v. I, nº 90, p. 444).

[117] CARVALHO SANTOS, J. M. de. *Código Civil brasileiro interpretado cit.*, v. II, p. 353; PONTES DE MIRANDA, Francisco Cavalcanti. *Tratado de direito privado cit.*, t. IV, *loc. cit.*; BEVILÁQUA, Clóvis. *Código Civil comentado cit.*, v. I, p. 277.

[118] LIMA, Pires de; VARELA, Antunes. *Código Civil anotado.* 4.ed. Coimbra: Coimbra Editora, 1987, v. I, pp. 237/238.

Capítulo XIII: Da Coação

206. COAÇÃO FÍSICA E COAÇÃO MORAL

Outro vício do consentimento, que macula o negócio jurídico em razão de defeito na manifestação da vontade, é a coação, tratada pelos arts. 151 a 155, do Código Civil.

Entende-se como coação o emprego de algum tipo de força para compelir alguém a fazer ou abster-se de fazer alguma coisa. Quando se emprega a força física, para atuar sobre o corpo da vítima, diz-se que ocorre *coação física*; e quando se emprega a pressão psicológica, por meio de ameaça de algum mal injusto ao coacto, tem-se a *coação moral*[1].

No constrangimento corporal, a pessoa que o sofre se reduz a simples instrumento passivo da ação do coator, de modo que não há consentimento algum de sua parte. A coação física não vicia a vontade, porque vontade alguma o coacto declara. É a *vis absoluta*.

Para o direito português, "em rigor não há, pois, na coacção física, qualquer manifestação de vontade, mas tão só uma aparência"[2]. Daí porque o art. 246º do Código Civil Português dispor que "a declaração não produz qualquer efeito, se o declarante não tiver a consciência de fazer uma declaração negocial ou for coagido pela força física a emiti-la".

Na coação moral, embora defeituosamente, porque provocada pelo medo, o coacto emite declaração de vontade. É a *vis compulsiva*. Entre suportar o mal ameaçado e praticar o negócio jurídico, o coacto opta pela declaração de vontade e, assim, consente na manifestação volitiva, que não emitiria, se tivesse liberdade para deliberar[3].

---

[1] "Quer se trate de coação física (*vis absoluta*), quer de coação moral (*vis impulsiva*) ... há uma violência exercida na pessoa do coacto ou na sua liberdade de determinação e da qual resulta, neste último caso, um temor que vicia a vontade" (MIRANDA, Custodio da Piedade Ubaldino. *Teoria geral do negócio jurídico*. 2. ed. São Paulo: Atlas, 2009, nº 8.6.1, p. 218).

[2] MENEZES CORDEIRO, António Manuel da Rocha e. *Tratado de direito civil português*. 2.ed. Coimbra: Almedina, 2000, v. I, t. I, nº 207, p. 588.

[3] "Nesta hipótese, a vontade do coagido não está completamente neutralizada, mas, sim, *embaraçada, turbada, viciada* pela ameaça que lhe é dirigida pelo coator. Por não lhe tolher completamente a liberdade volitiva, é causa de invalidade (anulabilidade) do negócio jurídico, e não de inexistência" (GAGLIANO, Pablo Stolze; PAMPLONA FILHO, Rodolfo. *Novo curso de direito civil – Parte Geral*. 14.ed. São Paulo: Saraiva, 2012, v. I, p. 403-404).

207. A COAÇÃO COMO VÍCIO DE CONSENTIMENTO

Embora o nosso Código não traga norma similar à do artigo 246º da legislação portuguesa, não se pode pensar em vício de consentimento quando a vítima da coação nada delibera e, sem qualquer tipo de anuência, se vê reduzida a objeto de pressão física do autor da violência. Sem vontade, transforma-se apenas em instrumento passivo do ato forçado pelo coator.

Todavia, somente se pode pensar em coação física, em sentido absoluto, quando a pressão material sobre a pessoa se mostrar *irresistível*. Se, por mais grave que seja o mal imposto à vítima, esta ainda tem condições de negar o consentimento e impedir que o negócio se consume, como na hipótese em que se prefere a tortura ou a morte para não declarar a vontade, o caso será de coação moral (*vis compulsiva*) e não de coação física (*vis absoluta*).

Quando o coacto consente, sob qualquer tipo de pressão é que ocorre o vício de consentimento. O negócio jurídico se aperfeiçoou porque houve declaração de vontade, e é defeituoso porque o declarante coacto, não tendo agido livremente, pode pleitear-lhe a anulação. Como, entretanto, houve declaração de vontade[4], o negócio se aperfeiçoou e produzirá seus efeitos, se e enquanto a parte prejudicada não lhe promover a anulação.

Se a coação é realmente absoluta, o evento escapa ao terreno dos vícios ou defeitos do negócio jurídico. Não tendo o coacto consentido, de forma alguma, o que realmente se dá é a "inexistência do negócio jurídico por ausência de vontade"[5].

O art. 151 do atual Código, como aliás já acontecia com o Código anterior (art. 98), se ocupa apenas da *coação moral* (*vis compulsiva*), a única que enseja configuração de vício de consentimento, ou defeito de negócio jurídico[6].

208. A CONVENIÊNCIA DE MANTER-SE A DISTINÇÃO ENTRE AS DUAS MODALIDADES DE COAÇÃO

A circunstância de o art. 151, do Código Civil cuidar apenas da coação moral e não existir previsão de regra legal específica para a coação absoluta, não leva à

---

4   Como lembrava POTHIER, "o consentimento arrancado por coação é vicioso, mas a rigor é consentimento: *voluntas coacta est voluntas*" (*Oeuvres*. La Habana, 1946, t. II, p. 15, *apud* CIFUENTES, Santos. *Negócio Jurídico cit.*, § 218, p. 436).

5   MOREIRA ALVES, José Carlos. *A parte geral do projeto do Código Civil brasileiro*. São Paulo: Saraiva, 1986, p. 113. Na coação absoluta "há uma violência física (*vis absoluta*) contra a vítima, de forma que a declaração é emitida na absoluta ausência da vontade correspondente" (MIRANDA, Custodio da Piedade Ubaldino. *Ob. cit.*, nº 8.6.3.1, p. 220). Assim, a doutrina entende que o negócio jurídico é, em verdade, inexistente, uma vez que "este tipo de coação neutraliza completamente a *manifestação da vontade*" (GAGLIANO, Pablo Stolze; PAMPLONA FILHO, Rodolfo. *Novo curso de direito civil, cit.*, p. 403).

6   MOREIRA ALVES, José Carlos. *ob. cit., loc. cit.*

conclusão de que a clássica distinção entre as duas figuras seja tema irrelevante para o direito moderno.

O negócio jurídico, para atingir sua plena eficácia, passa por três planos – o da existência, o da validade e o da eficácia, conforme já se expôs. E em cada nível pode sofrer embaraços, que lhe tolham a marcha ou que apenas a tumultuem.

No primeiro plano – o da existência – é preciso atentar para a ocorrência de elementos materiais essenciais, antes de cogitar de seus efeitos jurídicos (o que será cogitado, no plano seguinte, o da validade). Qualquer negócio jurídico tem, primeiro, de existir como declaração de vontade. Se o pretenso agente nunca declarou vontade alguma, o que se tem, no máximo, pode ser um simulacro de vontade. Sem o fato material da declaração de vontade, não se há de cogitar de validade do negócio, e tampouco de sua nulidade ou anulabilidade.

Se não houve declaração de vontade, o caso é simplesmente de inexistência do negócio jurídico. Mas, pelo fato de inexistir negócio jurídico na espécie, não se pode concluir que seja despiciendo cuidar-se de distinguir coação moral (relativa) e coação física (absoluta), para restringir o interesse do direito apenas à *vis compulsiva*.

De fato, não é a circunstância de o coator agir materialmente sobre o corpo da vítima que faz com que a coação seja física e não moral.

Por maiores que sejam os sofrimentos físicos, a coação não será absoluta se ao coator ainda resta a possibilidade de não declarar, nem aparentemente, sua vontade negocial. Sempre, pois, que alguma vontade acaba sendo declarada, seja para evitar a continuação da dor física, seja por medo da dor ameaçada, ou de outro mal qualquer acenado, a *vis* será *compulsiva* e não *absoluta*. Sendo moral e não física a coação, haverá consequentemente negócio passível apenas de anulação (embora válido e eficaz enquanto não anulado).

A importância da distinção entre coação moral e coação física para aplicação do art. 151, do CC se manifesta pelo fato de a declaração de vontade eficaz para a ordem jurídica nem sempre reclamar uma exteriorização positiva. Em muitos casos, o efeito negocial esperado está ligado a uma abstenção de providência (como na decadência de qualquer direito subjetivo não exercido no termo, ou no direito de retrovenda também sujeito a exercício em momento certo, ou na assinatura de uma escritura que somente pode acontecer em dia estipulado na convenção etc.). Em qualquer uma dessas situações em que por coação física se impõe a abstenção do titular do direito, dela decorre uma aparente declaração "negativa" que prejudica o coacto e favorece o coator ou terceiro. Em semelhante circunstância, o expediente usado pode perfeitamente assumir as proporções de uma coação física absoluta, como o sequestro, o cárcere privado, a tocaia, o narcótico etc.

Tendo sido fisicamente impedido de praticar o ato, a declaração negativa de que se pretende prevalecer o coator corresponderá a coação absoluta (causa de inexistência da declaração) e não apenas a coação moral (causa de anulabilidade).

NEGÓCIO JURÍDICO • *Humberto Theodoro Jr. e Helena Lanna Figueiredo*

Outros casos que até mesmo conduzem a uma aparente declaração positiva também podem configurar coação física, ou absoluta, como, por exemplo, o emprego da hipnose para forçar o coator a assinar o contrato, ou a violência física para se colher a impressão digital numa escritura pública ou em outro documento que a lei considere passível de autenticação pela mesma via.

Como as consequências da inexistência de um negócio são muito maiores e mais relevantes que as da mera anulabilidade, é intuitivo que se deva conservar, na doutrina, a distinção entre os casos de coação moral (relativa) e os de coação física (absoluta)[7]. Basta lembrar que, enquanto a anulação se sujeita a ação constitutiva manejável em curto prazo decadencial, a inexistência não depende de ação normalmente para ser verificada, e quando se propõe a declaratória a seu respeito, não há prazo algum extintivo a ser observado. As declaratórias são, por natureza, imprescritíveis.

209. CONCEITO DE COAÇÃO MORAL

A lei brasileira não limita o meio de pressão de que se vale o coator para consumar a coerção moral, às ameaças puramente verbais ou psicológicas. Para viciar a declaração de vontade, diz o art. 151 simplesmente que a coação "há de ser tal que incuta ao paciente fundado temor de dano iminente e considerável à sua pessoa, à sua família, ou aos seus bens".

O importante, portanto, não é restringir a pressão do coator a um ou outro meio coercitivo, se a lei não o faz. O que se tem de averiguar é a idoneidade do meio empregado para gerar o medo no espírito da vítima da coação, a fim de se definir se a vontade declarada correspondeu, ou não, a um querer livre e consciente. É preciso saber se a declaração foi emitida, ou não, sob ameaças suficientes para inibir-lhe a liberdade negocial.

Assim, a coação moral tanto pode provir de castigos físicos, como a tortura e o encarceramento, como de ameaça de sofrimentos físicos ou morais ainda não ocorrentes, mas já anunciados. O quadro haverá de ser de um agente que, sob intimidação, decide declarar a vontade que lhe exige o coator, para se livrar do medo de consumar-se um dano, ou de prosseguir um sofrimento já iniciado.

É claro que, sejam os sofrimentos físicos, sejam as ameaças, para se ter o vício de consentimento, necessário será que ao coacto tenha restado alguma possibilidade de decidir, embora prejudicada pela injusta pressão a que se acha submetido. Há de haver um espaço em que a vontade por mais débil e constrangida, ainda possa se manifestar, optando entre o dano ameaçado e a declaração exigida[8].

---

[7]   BREBBIA, Roberto H. *Hechos y actos jurídicos*. Buenos Aires: Astrea, 1979, t. I, pp. 438 e 444, nota 6.

[8]   TUHR, Andreas Von. *Derecho civil*. Buenos Aires: Depalma, 1947, t. II, v. II, p. 299.

Quando a vontade do coacto é submetida a uma supressão total, o que se tem não é mais vício do consentimento por coação moral, mas a inexistência da própria declaração de vontade, por *vis absoluta*[9]. Para delimitar a coação no terreno do vício do consentimento, enfim, deve-se conceituá-la como a ameaça de um mal que constrinja a pessoa a uma declaração de vontade negocial não querida[10].

210. O VERDADEIRO VÍCIO DE CONSENTIMENTO, NA COAÇÃO MORAL

Na *vis compulsiva*, o processo de formação da vontade se altera sob influência da ameaça que suporta aquele que vai declarar a vontade negocial. Embora o negócio seja afinal querido pelo declarante, o seu querer não é livre, mas defeituosamente manifestado[11].

Na verdade, a coação produz um defeito no negócio jurídico, mas não constitui, em si mesma, o vício de consentimento. Da mesma maneira que se passa com o dolo, não é a coação que constitui um vício de consentimento propriamente dito. "A violência em sentido estrito não é mais do que um fato material que apenas reflete sobre a vontade por meio do medo que ela engendra; a coação, pois, é *a causa que vicia o consentimento*"[12]. Não é o vício, mas a sua provocação.

Perante a coação não se pode divisar erro algum na deliberação do declarante (o dolo, sim, conduz a um erro). A consequência da coação afeta a vontade no seu elemento *liberdade*, porque, praticamente, suprime a liberdade de decisão. É que o negócio jurídico reclama não apenas uma vontade declarada, mas uma vontade livremente declarada.

Por isso, se reconhece que, em realidade, não é muito próprio afirmar-se que a coação é um vicio de consentimento; não é a ameaça em si, mas o medo que ela cria e que altera o consentimento. Colocado entre dois males – o ameaçado pelo coator e o representado pelo negócio não desejado – o coacto escolhe o que lhe parece menos grave[13]. Nessa altura, consente de fato na prática do negócio, emitindo

---

[9]   AGUIAR, Henoch D. *Hechos y actos jurídicos*. Buenos Aires: Tea, 1950, t. I, nº 79, p. 215.

[10]   BIANCA, C. Massimo. *Diritto civile*. Ristampa. 2. ed. Milano: Giuffrè, 2000, v. 3, nº 315, p. 657-658.

[11]   "Nella *vis compulsiva* di cui stiamo parlando, *il processo formativo della volontà si altera sotto l'influsso di una minaccia e ne risulta una volontà non libera e perciò difettosa: l'atto compiuto sotto minaccia è pur sempre voluto (...) e quindi sarà annullabile, non nullo*" (TRABUCCHI, Alberto. *Istituzioni de Diritto Civile*. 38. ed. Padova: CEDAM, 1998, nº 71, p. 156).

[12]   STARCK, Boris; ROLAND, Henri; BOYER, Laurent. *Obrigations 2*. 5.ed. Paris: Litec, 1995, nº 476, p. 203.

[13]   Custodio da Piedade Ubaldino Miranda bem explica a situação da ausência de liberdade na manifestação da vontade: "Nesta hipótese [de coação moral], ao contrário dos casos de coação absoluta, existe um processo psicológico de formação de vontade, só que esta se determina sem a necessária liberdade. É que qualquer ato de escolha, em condições normais, é o resultado de uma adesão a uma, das mais diversas representações que atuam no ânimo do agente, enquanto na coação, as circunstâncias não permitem ao coagido aquela autodeterminação,

444 | NEGÓCIO JURÍDICO • *Humberto Theodoro Jr. e Helena Lanna Figueiredo*

declaração de vontade, de maneira que seria falso dizer que o coacto não consente. *Coacta voluntas tamen voluntas.* Ainda que pressionada, a vontade existe, e, porque não é livre, torna-se viciada e compromete a validade do negócio.

211. ELEMENTOS CONSTITUTIVOS DA COAÇÃO MORAL

A coação é uma pressão sobre a formação da vontade negocial, mas nem toda pressão nesse terreno configura a coação que a lei qualifica como vício de consentimento. Para que torne o negócio jurídico anulável, é preciso que a coação reúna os seguintes elementos: a) provenha de outra pessoa; b) represente uma ameaça de dano; c) o mal ameaçado seja injusto; d) o mal ameaçado seja grave; e) o mal ameaçado seja iminente; f) se refira às pessoas e bens indicados pela lei (art. 151, do CC); e g) seja a causa eficiente da realização do negócio.

211.1. A origem da coação

Por falta de tratamento legal específico, costumava-se, no direito antigo, tratar como coação a pressão psicológica ou física oriunda de forças naturais ou circunstanciais, que embora não provocadas pelo beneficiário eram por ele aproveitadas para extorquir vantagens indevidas da vítima[14].

O atual Código, na esteira das mais modernas legislações, se ocupa do estado de necessidade e do estado de perigo como situações que podem conduzir a vícios de consentimento, mas não os engloba na figura da coação. Reserva-lhes tratamento especial, nos limites das figuras tipificadas nos arts. 156 e 157 ("estado de perigo" e "lesão").

Dessa maneira, para a lei não constitui coação o defeito de vontade gerado por temor espontâneo surgido no declarante em virtude de evento danoso, ainda que grave, para sua ou outra pessoa, mas não provocado deliberadamente por outrem.

Para ter-se a figura típica da coação é necessário que o temor que conduz a vítima a declarar vontade defeituosamente provenha de uma *ameaça* que, portanto, advenha da ação de alguma pessoa. Se esse temor tiver origem em força natural ou não humana, faltará o elemento ameaça necessário à coação moral, e se estará, conforme o caso, diante do terreno da *lesão* ou do *estado de perigo*[15].

---

conatural a todo o ato livre de vontade" (MIRANDA, Custodio da Piedade Ubaldino. *Teoria geral do negócio jurídico cit.*, nº 8.6.3.1, p. 220).

[14] RODRIGUES, Silvio. *Dos vícios de consentimento.* 2. ed. São Paulo: Saraiva, 1982, nº 151, p. 316.

[15] BREBBIA, Roberto H. *Hechos y actos jurídicos cit.*, v. I, p. 458; MESSINEO. *Manual de derecho civil y comercial.* Buenos Aires; EJEA, 1954, t. II, p. 442; CIFUENTES, Santos. *Negócio jurídico – estrutura, vícios, nulidades.* 1ª reimp. Buenos Aires: Astrea, 1994, § 223, p. 443.

Em suma, só se pode admitir tecnicamente a coação se a intimidação do declarante provier de outra pessoa, de sorte que não se terá dito vício de consentimento quando o contrato[16]:

a) se celebra sob impacto psicológico de "terror ambiental", por exemplo, em virtude de guerra, tumulto, revolução etc.;

b) se dá em clima de estado de perigo enfrentado por um dos contratantes, que não foi, de forma alguma, provocado pelo outro, nem por terceiro, com conhecimento da parte interessada, como nas calamidades da natureza (terremotos, inundações etc.);

c) se aperfeiçoa sob estado de temor que não teve origem externa, mas que se forjou na situação interna do próprio contratante, por motivo de saúde, crises financeiras etc.

211.2. A ameaça

Ameaçar é anunciar a alguém o propósito de causar à sua pessoa ou a seus bens, ou a outrem, um mal.

Pela ameaça, cria-se o constrangimento, que irá alterar o processo normal de formação da vontade, porquanto o sujeito passivo da coação não terá mais condições de exteriorizar livremente seu querer. Sob a pressão da ameaça, o declarante acaba querendo, de fato, o que enuncia, mas não de forma livre.

Sem a intimidação (medo da concretização da ameaça) não se pode cogitar do vício de consentimento em foco. Mas, uma vez configurada a intimidação própria da coação moral, vontade haverá da parte do coacto, mas vontade não livre e por isso defeituosa. Por padecer de vício da vontade e não da ausência dela, o ato é visto pela lei como anulável e não como nulo[17].

211.3. A injustiça do mal ameaçado

O coator deve expor a vítima ao risco de um mal *injusto*, ou seja, a ameaça deve representar uma injuridicidade. O sujeito ativo da intimidação há de atuar fora da licitude, porque quem exerce regularmente um direito não lesa ninguém (art. 188, I, do Código Civil). Ainda que algum dano alguém tenha de suportar, diante do exercício normal de um direito, não se poderá dizer que tenha havido dano injusto. A ameaça

---

[16] MORENO, A. M. Morales. Verbete violência: vício de la voluntad. *Enciclopedia jurídica básica*. Madrid: Civitas, 1995, v. IV, p. 6.867.

[17] TRABUCCHI, Alberto. *Istituzioni cit.*, nº 71, p. 156.

446 | NEGÓCIO JURÍDICO • *Humberto Theodoro Jr. e Helena Lanna Figueiredo*

de cobrar judicialmente a obrigação vencida, nessa ordem, ou de protestar o título não pago, não pode ser vista como pressão capaz de configurar a *vis compulsiva*[18].

Às vezes, porém, a injustiça da ameaça não está no mal anunciado, mas no proveito indevido que o agente quer extrair do seu direito (art. 153, do CC). Não se pode deixar de considerar injusta a ameaça de exercer um direito, quando o que se exige do coacto é algo antijurídico, imoral ou contrário aos bons costumes. Em tais circunstâncias, a coação não está naquilo que se ameaça fazer, mas no usá-lo como meio de alcançar proveitos ilícitos[19].

A injustiça, na espécie, não está no meio, mas no fim colimado pelo coator.

211.4. A gravidade do mal ameaçado

Para haver coação relevante, exige o art. 151 que o mal ameaçado seja *considerável*. Essa *gravidade* do dano temido pode ser examinada sob dois aspectos: a) pela análise *objetiva* do mal em si; e b) pela repercussão *subjetiva* da ameaça sobre o psiquismo do coacto. É do primeiro aspecto que cuida o art. 151, quando afirma que o dano há de ser *considerável*. Do segundo aspecto, trata o art. 152, ao determinar que na apreciação da coação, ter-se-ão de levar em conta o sexo, a idade, a condição, a saúde e o temperamento do paciente.

Na ideia objetiva de mal grave, ou considerável, entra a incompatibilidade do vício de consentimento com os males leves (insignificantes) e com os inexequíveis (de consumação impossível). Ambas as situações são irrelevantes porque na experiência da vida, não teriam a força de influir, de maneira razoável, no processo formativo da vontade. Não teriam, em suma, condições de produzir a intimidação suficiente para privar o destinatário da liberdade de declarar sua autêntica vontade.

Do lado subjetivo, a gravidade da ameaça haverá de ser aferida em consideração às circunstâncias pessoais do ameaçado e à sua suscetibilidade para suportar, ou não, o temor engendrado pelo coator. Sobre esses dados, detém-se o art. 152[20].

Ainda dentro do aspecto da gravidade da ameaça, fala a lei sobre a necessidade de a coação provocar um *fundado temor* no paciente. Quer isto dizer que o medo de que se vê possuído o coacto deve ser real. Fala-se em medo racional[21], de modo que

---

[18] "Não constitui coação a ameaça do exercício regular de um direito" (TJSP, 6ª CC., Rel. Des. Macedo Bittencourt, ac. de 06.11.1980, *RT*, 551/81).

[19] ALBALADEJO. *Derecho civil I – Introducción y parte general*. 14.ed. Barcelona: Bosch, 1996, v. II, § 84, p. 193; TERRÉ, François; SIMLER, Philippe; LEQUETTE, Yves. *Droit civil – les obligations*. 6.ed. Paris: Dalloz, 1996, nº 237, p. 193.

[20] "Art. 152. No apreciar a coação, ter-se-ão em conta o sexo, a idade, a condição, a saúde, o temperamento do paciente e todas as demais circunstâncias que possam influir na gravidade dela".

[21] ALBALADEJO. *Derecho civil cit.*, v. II, § 84, p. 195.

Capítulo XIII: Da Coação | **447**

não seria fundado o medo de um mal que evidentemente não tem probabilidade de sobrevir, ou que é não proporcional ao constrangimento exercido sobre a vítima[22].

No Código revogado, fazia-se um paralelo entre o mal ameaçado e o dano sofrido com a prática do negócio forçado pela coação; e exigia-se para ter-se como grave a ameaça que ela se referisse a um mal *maior* ou pelo menos *igual* ao do ato extorquido (art. 98). Tratava-se, porém, de um requisito de difícil aferição, principalmente porque o importante na espécie não deve ser o aspecto patrimonial, mas o psicológico e o moral.

O atual Código eliminou semelhante requisito, de maneira que cabe ao juiz analisar no caso concreto, a gravidade da ameaça levando em conta tanto as circunstâncias objetivas como, principalmente, as subjetivas. Salvo hipótese de irracional e evidente inadequação da ameaça para comprometer o processo volitivo, o vício de consentimento deverá ser apreciado em face da real intimidação do coacto e da influência desta sobre a liberdade de manifestar a vontade[23].

211.5. O mal ameaçado deve ser iminente

A ameaça de um mal remoto ou muito longinquamente realizável não conduz racionalmente o paciente a declaração viciada de vontade, porque lhe sobra tempo para se preparar contra o risco de dano e, eventualmente, tomar as providências normais para impedi-lo.

Por isso a lei exige, para configuração do vício de consentimento a título de coação, que o mal ameaçado seja *iminente*. Não se impõe a *atualidade* (dano já presente), nem a *imediatidade* (falta de espaço de tempo entre a ameaça e o início de realização do mal). O que quer a regra legal é que o dano se mostre razoavelmente próximo, de modo a não ensejar tempo ao coacto de socorrer-se da autoridade pública, ou de não ser eficaz a intervenção desta. Nesse sentido, somente o perigo longínquo ou remoto se exclui do conceito jurídico de coação[24].

211.6. Objeto do mal ameaçado

O mal de que se serve o coator para ameaçar o coacto deve endereçar-se à pessoa deste, à sua família, ou aos seus bens[25]. Eventualmente, admite-se que se volte contra outras pessoas, fora da família do paciente (art. 151 e parágrafo único, do CC).

---

[22]   CIFUENTES, Santos. *Negócio jurídico cit.*, § 231, p. 451.

[23]   "Não basta qualquer constrangimento para que se haja o ato jurídico por viciado. Para que ocorra a coação, mister se faz que se atinja o limite da anormalidade" (TJSP, 3ª CC., Ap. nº 265.420, Rel. Des. Villa da Costa, ac. de 22.12.1971, *RT*, 524/65).

[24]   BORDA, Guillermo A. *Manual de derecho civil – Parte general*. 16. ed. Buenos Aires: Editorial Perrot, 1993, nº 769, p. 529.

[25]   A doutrina entende que família aqui deve ser interpretada de forma ampla, extensiva, abarcando até mesmo parentes mais distantes, desde que exista um vínculo afetivo: "A palavra *família*

Sobre a própria pessoa do coacto ou sobre pessoa de sua família é fácil presumir a força de coerção que a ameaça produz no processo formativo da vontade. Independentemente, contudo, de qualquer vínculo familiar, admite o Código que alguém possa ser coagido, mesmo quando o dano ameaçado se enderece a pessoa não parente.

Há vínculos afetivos de amizade e solidariedade que às vezes são maiores do que os nascidos da família ou do parentesco. Entre professores e alunos, entre médicos e pacientes, entre patrões e empregados, entre sócios e entre amigos estabelecem-se, com frequência, liames afetivos profundos que podem ser explorados pelo coator.

A orientação do Código, porém, não exige vínculo algum como pré-requisito da coação sobre pessoa não parente do coacto. O que se tem de verificar *in concreto* é a idoneidade, no momento da ameaça de um mal a outrem, de o fato repercutir intensamente sobre o ânimo daquele de quem se exigirá a deformada declaração de vontade.

Pode acontecer, e não se trata de hipótese rara nos tempos atuais, que o coator faça refém uma pessoa totalmente desconhecida do coato, no meio do trânsito, no interior de um banco, dentro de um avião ou em qualquer lugar onde estejam próximos o agente da ameaça, a vítima e aquele de quem se intenta extorquir a declaração negocial (a assinatura de um cheque, por exemplo). Para evitar o assassínio iminente do refém, a pessoa acede à extorsão. Não importa que entre a vítima da extorsão e a vítima da ameaça não existisse liame algum, familiar, social ou afetivo. A solidariedade humana é suficiente para justificar a sucumbência do coacto às exigências do coator.

Ao invés de tentar tipificar a situação em que a ameaça a estranho poderia configurar a coação civil, o Código preferiu simplesmente admiti-la genericamente, deixando ao juiz o encargo de, concretamente, decidir se o caso representou, ou não, uma intimidação suficiente para coagir o declarante (art. 151, parágrafo único). Usou-se a técnica de legislar por normas de conteúdo indeterminado, atribuindo ao juiz maiores poderes criativos no momento da subsunção do fato à regra legal.

---

deve ter aqui uma interpretação extensiva, por forma a não se entender por ela a família em sentido restrito (pai, mãe e filhos), mas *lato sensu,* isto é, qualquer parente do coacto que, em razão de suas condições pessoais, tenha para ele, do ponto de vista afetivo ou emocional, importância suficiente para que a ameaça, em razão disso, se revista da gravidade, nos termos do art. 152" (MIRANDA, Custodio da Piedade Ubaldino. *Teoria geral do negócio jurídico cit.,* nº 8.6.3.3, p. 221). No mesmo sentido, ampliando, também, o conceito para quem não é ligado por vínculo sanguíneo, ROSENVALD, Nelson; FARIAS, Cristiano Chaves de. *Curso de Direito Civil: parte geral e LINDB.* 13. ed. São Paulo: Atlas, 2015, nº 10.140.4, p. 551-552).

211.7. O nexo causal

Para que se tenha, enfim, a coação como vício de consentimento capaz de provocar a invalidação do negócio jurídico, necessário é que entre a ameaça ilegítima e a declaração de vontade se estabeleça uma relação de causa e efeito[26].

Não se tem como coação, por isso, uma ameaça ridícula ou remota, porque obviamente não tem força para atuar como causa determinante da declaração de vontade. Nesse sentido se deve interpretar a exigência legal de que a ameaça corresponda a um mal *considerável*[27].

Se mesmo havendo alguma ameaça, não se entrevê nela a dimensão ou força de provocar a declaração de vontade, não se pode considerar viciado o negócio, visto que, para tanto, seria obrigatório que a coação assumisse a condição de causa da formação do negócio[28].

211.8. Coação incidente

A exemplo do que se passa com o dolo, também a coação pode ser principal ou incidente. Será principal ou substancial se for a causa determinante do contrato. Sua consequência será a anulabilidade do negócio. Se, todavia, não obstante a coação, não foi esta a razão que levou a parte a contratar, a coação terá sido incidente (ou acidental)[29]. Como ato ilícito, autorizará a exigência de perdas e danos, porque pela pressão do coator o declarante foi induzido a ajustar o contrato em termos mais

---

[26] PEREIRA, Caio Mário da Silva. *Instituições de Direito Civil: introdução ao direito civil, teoria geral do direito civil*. 31. ed. Revista a atualizada por Maria Celina Bodin de Moraes. Rio de Janeiro: Forense, 2018, v. I, nº 91, p. 447.

[27] CARBONNIER, Jean. *Droit civil– les obligations*. 21.ed. Paris: Press Universitaires, 1998, v. 4, nº 43, p. 100.

[28] Tal como se passa com o erro e o dolo, para admitir que o contrato se torne anulável por coação, entre esta e aquele "deve existir o nexo ideológico de causa e efeito", na lição de GIORGI invocada por Carvalho Santos (CARVALHO SANTOS, J. M. de. *Código civil brasileiro interpretado* – Parte geral. 7. ed. Rio de Janeiro: Freitas Bastos, 1958, v. II, p. 355).

[29] "Se alguém foi vítima de ameaça, mas deu seu assentimento independente dela, não se configura coação. É possível que sua concordância tenha coincidido com a violência, sem que esta gerasse aquela. Em tal hipótese, o ato sobrevive imaculado, dada a espontaneidade do querer" (TJSP, 6ª CC., Ap. nº 201.054-1/5, Rel. Des. Munhoz Soares, ac. de 03.02.1994, *RT*, 705/97). Para Custodio da Piedade Ubaldino Miranda, "coação incidental é aquela que versa sobre uma circunstância não essencial na formação da vontade do declarante; é aquela que influi apenas nos *termos* do negócio de maneira que o coacto estaria disposto a concluí-lo, noutras condições, porventura mais favoráveis" (MIRANDA, Custodio da Piedade Ubaldino. *Teoria geral do negócio jurídico cit.*, nº 8.6.3.2, p. 221).

212. EFEITOS DA COAÇÃO

onerosos do que o faria se agisse livre da pressão injusta. Não haverá, no entanto, motivo para anular todo o negócio, nem pode ser esta a intenção do prejudicado[30].

212. EFEITOS DA COAÇÃO

Tal como o dolo, a coação não é apenas vício do consentimento, é também ato ilícito praticado contra a liberdade negocial. Dela decorrem, por isso, dois efeitos distintos: a) a anulabilidade do negócio extorquido pelo coator, em virtude do vício de consentimento; e b) a responsabilidade civil pela reparação das perdas e danos oriundos do negócio viciado, em razão do ilícito perpetrado[31].

A anulação deverá ser pleiteada normalmente por ação, mas não é vedado argui-la também por exceção, e poderá ser cumulada com a pretensão de perdas e danos, porque quem pratica a coação comete delito e se sujeita igualmente às suas consequências ressarcitórias[32]. Quando se afirma que o direito brasileiro desconhece a "exceção geral da coação"[33], o que se repele é a possibilidade de conservar-se uma defesa perpétua que pudesse ser exercitada sempre em juízo, até mesmo depois de extinta a ação principal de anulação. A exceção, *in casu*, vigora enquanto dura a ação (CC, art. 190). Extinta a ação (art. 178, I), extingue-se também a exceção de coação.

Como o ato afetado pela coação moral não é nulo, mas apenas anulável, pode ser objeto de ratificação expressa ou tácita por parte do coacto. Não obstante o constrangimento sofrido, pode ser de seu interesse a manutenção do contrato. Bastará, portanto, não intentar a ação anulatória para que o negócio subsista válido e eficaz[34].

Não é necessário apurar, outrossim, se o agente da coação agiu, ou não, com consciência da ilicitude da pressão praticada sobre a vontade do declarante. Como ensina Larenz, a impugnabilidade da declaração tem como fito proteger a liberdade na determinação da vontade, pelo que se torna irrelevante a culpa do que intimida e o conhecimento da antijuridicidade de sua ameaça[35]. Daí por que, com ou sem culpa, o dano imposto ao coacto haverá de ser ressarcido. Se não houver prejuízos materiais, haverá sempre o dano moral por ofensa à liberdade, que integra a esfera

---

30   É nesse sentido o ensinamento de SILVIO RODRIGUES escorado em antiga doutrina de DEMO-GUE, DEMOLOMBE, STOLFI e ESPÍNOLA (*Dos vícios de consentimento cit.*, nº 119, pp. 235-236).
31   BORDA, Guillermo A. *Manual cit.*, nº 771, p. 530.
32   TERRÉ, François *et al. Droit civil – les obligations cit.*, nº 242, p. 199.
33   Tal como se passa com o dolo "não há no direito brasileiro exceção geral de medo ou coação" (PONTES DE MIRANDA, Francisco Cavalcanti. *Tratado de direito privado.* São Paulo: Editora Revista dos Tribunais, 2012, t. IV, § 467, nº 5, p. 498).
34   CIFUENTES, Santos. *Negócio jurídico cit.*, § 221, p. 438.
35   LARENZ, Karl. *Derecho civil – parte general.* Trad. Espanhola. Madrid: Rev. de Derecho Privado, 1978, p. 552.

dos direitos da personalidade e cuja lesão justifica a responsabilidade civil, a par de anular o contrato[36].

Mesmo que não se intente a ação de anulação, não estará inibido o ofendido de pleitear as perdas e danos que a coação lhe tenha acarretado. Embora cumuláveis por conexão, as duas ações têm objeto próprio e são independentes, inexistindo mesmo prejudicialidade entre elas[37]. Pode, outrossim, a ação de anulação ser intentada contra uma pessoa e a de indenização contra outra, em caso de a coação ter sido praticada por quem não foi parte do contrato[38].

Ainda que extinta a ação de anulação, sujeita ao prazo de quatro anos, improrrogável porque decadencial (art. 178, II), a ação de indenização continuará manejável pela vítima da coação[39], se evitada sua prescrição trienal pelos meios suspensivos e interruptivos admitidos pelo Código (arts. 197 a 204).

Como o caso é de anulabilidade e não de nulidade, não pode o juiz reconhecer, de ofício, a coação, mesmo que se trate de fato ligado ao direito de família ou ao estado da pessoa[40].

213. A PROVA DA COAÇÃO

Embora haja certa divergência jurisprudencial acerca da prova necessária para anulação do negócio viciado por coação, alguns julgados exigindo prova rigorosa e outros contentando-se com indícios e circunstâncias, o certo é que todos os vícios de consentimento passam por um terreno de difícil penetração que é o do psiquismo do paciente, onde, em última análise, o defeito deve se instalar[41].

Não se pode, obviamente, presumir simplesmente a coação, como também não se pode contentar com a presunção do dolo. Mas a prova indireta ou indiciária não se confunde com a mera suposição ou a pura presunção. De fatos certos se chega a um

---

[36] "O dano moral é suscetível de cômputo, bem como os danos a direitos de personalidade" (PONTES DE MIRANDA, Francisco Cavalcanti. *Tratado de direito privado cit.*, t. IV, § 466, nº 1, p. 494).

[37] Só se haverá de admitir a prejudicialidade se a ação de anulação for julgada antes da propositura da ação de indenização, e na sentença de mérito tiver sido negada definitivamente a ocorrência da coação.

[38] PONTES DE MIRANDA, Francisco Cavalcanti. *Tratado de direito privado cit.*, t. IV, § 466, nº 3, p. 495.

[39] PONTES DE MIRANDA, Francisco Cavalcanti. *Tratado de direito privado cit.,,* t. IV, § 467, nº 3, p. 497.

[40] "Coação. Escritura de adoção considerada ineficaz *ex officio*. Inadmissibilidade. Havendo algum vício de consentimento na outorga de escritura de adoção, o ato é passível de anulação, não podendo o juiz, *ex officio*, sem qualquer ação por parte do interessado, tê-lo como ineficaz" (TJSP, 6ª CC., MS 34.863-1, Rel. Des. Camargo Sampaio, ac. de 22.03.1984, *RT*, 586/40).

[41] RODRIGUES, Silvio. *Dos vícios de consentimento cit.*, nº 121, p. 238.

NEGÓCIO JURÍDICO • Humberto Theodoro Jr. e Helena Lanna Figueiredo

juízo também certo acerca do fato submetido à prova, daí porque a prova indiciária pode ser tão convincente como a prova direta, muitas vezes.

Quanto aos fatos exteriores da coação, o juiz deve guardar uma cautela maior[42]. Mas quanto a reflexo da ameaça sobre o psiquismo do paciente e o nexo causal entre ela e a declaração de vontade, tudo se passa num terreno que não se submete a critérios rígidos de apuração direta. O juiz nesse plano tem de atuar com bastante flexibilidade e prudência, não havendo como recusar-lhe maior liberdade de análise e valoração. Impossível submetê-lo a cânones de rigidez probatória.

Em suma, a prova em matéria de dolo – como reconhece a boa doutrina – nem sempre é fácil, "pois que quem recorre à violência toma, em geral, precauções para não ser surpreendido"[43]. Por isso, em direito processual, admite-se como princípio, que os atos de má-fé, como a fraude e o dolo, possam ser provados por indícios e circunstâncias, atuando o juiz com ampla liberdade para analisar e avaliar o caso concreto, em busca de seu convencimento. Por certo não se contentará com meros indícios quando, por sua fragilidade, não forem bastante veementes para convencê-lo, como judiciosamente adverte Silvio Rodrigues[44].

214. EFEITOS DA ANULAÇÃO EM FACE DE TERCEIROS

A coação é causa de anulação que, de ordinário, provoca a restituição das partes ao estado anterior ao contrato (CC, art. 182).

Se, contudo, o bem negociado já não mais estiver em poder do contratante, mas de subadquirente de boa-fé, a solução é sub-rogar os efeitos da anulação no respectivo equivalente econômico. É o que, aliás, dispõe o art. 182, *in fine*, quando determina que sendo impossível a restituição das partes ao *statu quo ante* "serão indenizadas com o equivalente".

Estando, pois, o bem na titularidade de terceiro de boa-fé, configurada estará a hipótese da ressalva legal. O bem não sairá da esfera do terceiro adquirente e a restituição entre as partes se dará por meio de reposição do equivalente econômico[45].

---

[42] "A *vis compulsiva* para ser aceita como causa de nulidade do título há de respaldar-se em prova escorreita, robusta e cabal" (TJSC, Ap. nº 29.625, Rel. Des. Ivo Carvalho, ac. de 01.11.1988, *COAD-ADV*, 1989, Bol. nº 7, ementa 42.944, p. 107). "Para que a alegação de violência prevaleça, afetando o *animus obligandi*, contra a aparência formal dos títulos, deve existir no processo segura e convincente demonstração probatória" (TJMG, Ap. nº 10.272, Rel. Des. Merolino Correia, ac. de 31.10.1955, *RF* 174/246).

[43] RODRIGUES, Silvio. *Dos vícios de consentimento cit.*, nº 123, p. 242.

[44] *Ob. cit., loc. cit.* O CPC/2015, em seu art. 446, II, admite que os vícios do consentimento sejam provados com testemunhas, justamente em razão da dificuldade em se provar por outros meios.

[45] O moderno Código Civil de Quebec contém norma geral aplicável a todos os casos de rompimento de negócio jurídico com obrigação de restituição das partes ao estado anterior, na qual

Embora não se referindo à coação, mas ao dolo, há antiga e reiterada jurisprudência a respeito dos efeitos do estelionato (dolo) que, pela similitude dos dois defeitos do negócio jurídico, pode ser indistintamente aplicada a ambos. Segundo essa posição pretoriana, se o bem abusivamente adquirido ainda se encontra na posse do delinquente a restituição se dará *in natura*. Se já foi repassado a terceiro de boa-fé, este não será alcançado pelos efeitos do dolo. A reposição do equivalente ficará a cargo de quem cometeu o estelionato[46].

Não há razão jurídica para, na situação do adquirente de boa-fé, tratar-se a coação de maneira diferente do dolo, tanto mais que o Código unificou o regime da inocorrência de má-fé do contratante beneficiário do ato ilícito quando praticado por estranho sem sua participação ou ciência, dando à circunstância a natureza de causa de elisão tanto do dolo como da coação (arts. 148 e 154).

215. PRAZO DECADENCIAL DA ANULAÇÃO POR COAÇÃO

A anulação do negócio jurídico, no caso de coação, sujeitar-se-á à observância do prazo fatal de quatro anos, cuja contagem se inicia no dia em que ela cessar (CC, art. 178, I). A regra legal leva em conta que o constrangimento (*vis compulsiva*) nem sempre cessa com a realização do negócio extorquido. A mesma ameaça que induziu o coacto a produzir a declaração de vontade viciada pode persistir impedindo que a iniciativa de propor a ação anulatória seja tomada. Daí por que o prazo para ingresso em juízo só seja computável depois que a vítima não mais se encontre sob o estado psicológico inibidor da livre deliberação.

As medidas que o coacto tome durante a continuidade do constrangimento e que de ordinário poderiam ser havidas como ratificação tácita do negócio anulável, não produzem tal efeito, nem antecipam a extinção do prazo de promoção da ação anulatória. É o que se passa com o pagamento de prestação, ou com a não alegação da coação na defesa de ação de cobrança em execução do contrato firmado sob coação. Até mesmo a ratificação expressa dada ainda sob as mesmas ameaças do

---

se dispõe expressamente que esse tipo de obrigação nunca é oponível a terceiro adquirente de boa-fé, a título oneroso. Resolve-se, entre as partes, a obrigação pela indenização do valor da coisa de que os contratantes já não mais dispõem (art. 1.707).

[46] "O art. 521 do CC protege o proprietário do veículo que tenha sido vítima de furto, isto é, que tenha perdido o bem pela tirada do bem contra a sua vontade, podendo reavê-lo das mãos de quem o detenha, ainda que terceiro de boa-fé. No entanto, quando a perda decorre de fraude, para a qual concorreu a vontade do proprietário, ainda que viciada, a prevalência é para a proteção do terceiro de boa-fé, adquirente do veículo, cujo direito de propriedade não deve ser atingido pela apreensão ordenada pela autoridade policial, se esta não apresentar outras razões para a medida excepcional senão o próprio fato da fraude" (STJ, 4ª T., REsp. 56.952-4/SP, Rel. Min. Ruy Rosado de Aguiar, ac. de 25.04.95, *DJU* de 18.09.95, p. 29.969). No mesmo sentido: TJMG, Ap. nº 74.219-1, Rel. Des. Oliveira Leite, ac. de 29.09.87, *DJMG*, 28.10.87; TJSP, Ap. nº 128.715-1, Rel. Des. Evaristo dos Santos, ac. de 10.10.90, *RT*, 665/74.

NEGÓCIO JURÍDICO • *Humberto Theodoro Jr. e Helena Lanna Figueiredo*

tempo do contrato é inócua, porque nada mais é do que a continuidade do estado de constrangimento que comprometeu a validade do negócio. Ressente – se, pois, do mesmo vício e será anulável juntamente com o contrato.

Somente, portanto, depois de desvencilhado da situação constrangedora (*metus*), é que o coacto verá correr, contra si, o prazo decadencial pertinente à ação anulatória. Nesse sentido, o entendimento do STJ: "Não identificado no acórdão o momento em que cessou a coação, reputada contínua diante da realidade dos autos, não há como identificar prescrição"[47].

Como da coação decorre, também, o direito à indenização do ato ilícito praticado pelo coator, duas ações tem a vítima à sua disposição – a de anulação por vício de consentimento e a de ressarcimento dos prejuízos sofridos – cada uma sujeita a prazo extintivo distinto. Para a primeira o prazo é de quatro anos e é decadencial (art. 178, I), e para a segunda, de três anos, e é prescricional (art. 206, § 3º, V). Como este é suscetível de interrupção e suspensão e aquele não, é bem possível que o direito de propor a ação de anulação se extinga antes de desaparecer a pretensão indenizatória, ou vice-versa.

O exercício do direito potestativo de obter a anulação do negócio viciado por coação, quando exercitado por meio de contestação (v. itens 96 a 99 retro), sujeita-se ao mesmo prazo decadencial estipulado para a ação anulatória principal (art. 178, I).

216. AFERIÇÃO DA COAÇÃO

Diz o art. 151, do CC que, para viciar a declaração de vontade, a coação deve gerar na pessoa do declarante um temor de *dano considerável*. Como aferir esse aspecto do defeito do ato praticado sob coação? A resposta encontra-se no art. 152. Deve-se levar em conta "o sexo, a idade, a condição, a saúde, o temperamento do paciente e todas as demais circunstâncias que possam influir na gravidade dela".

No sistema do direito romano, só se viciava o negócio, se a ameaça apresentasse dimensão suficiente para influir sobre um homem forte, um *vir constantissimus*[48], e não apenas sobre espíritos pusilânimes ou sobre temperamentos de pessoas medrosas[49]. Media-se a força intimidatória, portanto, a partir do padrão do homem corajoso, o *vir horatianus*[50].

O critério do direito moderno, que já vinha consagrado no art. 99 do Código de 1916 e que se manteve intacto no art. 152 do atual, é muito diferente do romano.

---

[47] STJ, 3ª T., REsp 784.273/GO, Rel. Min. Carlos Alberto Menezes Direito, ac. 12.12.2006, *DJU* 26.02.2007, p. 586.

[48] *Digesto*. Livro IV, tít. II, fr. 6.

[49] BATALHA, Wilson de Souza Campos. *Defeitos dos negócios jurídicos*. Rio de Janeiro: Forense, 1988, nº 5.3., p. 145.

[50] PEREIRA, Caio Mário da Silva. *Instituições cit.*, v. I, nº 91, p. 448.

Além de não adotar o paradigma do homem excepcional, nem mesmo o homem médio é tomado como ponto de partida para aferir *in concreto* a ocorrência da coação invalidante. Não há um sistema tarifado que a lei imponha ao juiz, porque se reconhece que o psiquismo é insuscetível de reduções de tal jaez. Não há como definir um tipo de influência psicológica que atue de maneira uniforme sobre todos os indivíduos.

Por isso o Código preconiza que se faça a medição da gravidade do impacto da ameaça, levando em conta a organização moral do indivíduo, além do peso que possam ter representado sobre seu consentimento as circunstâncias do lugar e do momento[51].

O que exige a lei é o exame do ponto de vista *subjetivo* e não *objetivo*, de sorte a levar em conta a idade do paciente, seu sexo, seu estado de saúde, seu temperamento, sua educação. E que tal exame não fique restrito à pessoa do coacto, mas que pondere também todas as circunstâncias, de natureza temporária ou permanente, que possam ter atuado na intensidade, maior ou menor, da intimidação.

Para o sistema do Código, portanto, "a mesma ameaça que um homem ponderado repele, cala no ânimo de uma tímida donzela; o mesmo indivíduo, que em circunstâncias normais de saúde ri de um fato a ele dirigido como veículo de intimidação, pode sentir-se aterrorizado quando debilitado por uma enfermidade"[52]. Também a surpresa, às vezes, se mostra desconcertante, e "pode levar à prática de atos que se evitariam se fosse possível enfrentar a situação de ânimo prevenido"[53].

Pode-se concluir que o direito moderno é bem mais humano que o velho direito romano, que exigia de todos a conduta dos corajosos; e o direito brasileiro é mais sensível ainda que os Códigos que se reportam, na matéria, à conduta do *homo medius*, já que evidentemente não se pode, em termos psicológicos, padronizar as pessoas.

Correta, destarte, a orientação de nosso Código que se preocupa com a determinação, de modo exato, da impressão que a ameaça tenha podido causar ao paciente e para isso fornece ao julgador os meios de aplicar, com acerto, em cada caso, o salutar princípio da realidade concreta sobre qualquer tipo abstrato.

Não se deve, outrossim, encarar o caso concreto apenas à luz de um ou outro dos dados pessoais, nem tampouco apenas do ângulo das circunstâncias, mas urge enfocá-lo de todos os lados possíveis. É que, por exemplo, uma mulher pode pessoalmente ser mais corajosa que o comum de seu sexo, e até mesmo do que o homem com quem negociou; e um homem idoso, mas adestrado na vida perigosa, como um militar, pode ser mais corajoso que um jovem afeito apenas à vida de escritório; um médico, mesmo frágil de físico, pode repelir uma ameaça de envenenamento

---

[51] BEVILÁQUA, Clóvis. *Código Civil dos Estados Unidos do Brasil comentado*. 12. ed. Rio de Janeiro: Francisco Alves, 1959, v. 1, p. 279, nota 1 ao art. 99.

[52] PEREIRA, Caio Mário da Silva. *Instituições cit.*, v. I, nº 91, p. 448.

[53] BEVILÁQUA, Clóvis. *Código civil comentado cit., loc. cit.*

456 | NEGÓCIO JURÍDICO • *Humberto Theodoro Jr. e Helena Lanna Figueiredo*

com mais segurança do que um atleta que ignore a força nociva do veneno que lhe é imposto. Não basta, como se vê, levar em conta o sexo e a idade, como de resto não é produtivo o enfoque puro e simples das demais circunstâncias arroladas no art. 152.

As circunstâncias de que fala o comentado dispositivo tanto podem servir para agravar como atenuar o juízo acerca da ameaça. Por isso, recomenda ele que "todas as circunstâncias" sejam ponderadas, para evitar que se fique numa apreciação unilateral e fragmentária. O exame deve levar em conta todas as pessoas envolvidas (coator e coacto) e todas as circunstâncias que sobre eles atuaram no momento da declaração de vontade extorquida[54], para finalmente se formar um juízo em torno da verdadeira influência do constrangimento sobre o consentimento.

217. EXERCÍCIO REGULAR DO DIREITO E ABUSO DO DIREITO

Ao afirmar que "não se considera coação a ameaça do *exercício normal* de um direito", o art. 153, do CC suscita o problema da distinção entre os modos com que o titular pode fazer uso do direito subjetivo.

Já se acentuou que a ameaça, para viciar a vontade tem de ser "contrária a direito"[55], tem de ser "injusta"[56] ou "ilícita"[57].

Uma vez que, por expressa disposição legal "não constituem atos ilícitos os praticados (...) no exercício regular de um direito reconhecido" (CC, art. 188, I), a consequência lógica e necessária é que, para a configuração do vício de consentimento, não pode se considerar coação "a ameaça do exercício normal de um direito" (art. 153)[58].

Há, porém, de extrair-se da proposição em análise um corolário, ou seja, uma dedução imediata e necessária, no sentido de que o exercício *anormal* ou *irregular* de um direito "não é lícito" e por isso pode se transformar em meio de "ameaça injusta" ou "contra direito" prestando-se a servir de instrumento para viciar a declaração de vontade por coação. Aliás, o art. 187 não deixa dúvida acerca do caráter ilícito do

---

[54]   CARVALHO SANTOS, J. M. de. *Código civil interpretado cit.*, v. II, pp. 364-365.

[55]   BRUTAU, José Puig. *Compêndio de derecho civil*. 3.ed. Barcelona: Bosch, 1987, v. II, p. 197.

[56]   ALFARO, Joaquín Martínez. *Teoría de las obligaciones*. 4. ed. México: Editorial Porrúa, 1997, p. 101.

[57]   LIMA, Pires de, VARELA, Antunes. *Código civil anotado*. 4.ed. Coimbra: Coimbra Editora, 1987, v. I, p. 238.

[58]   No mesmo sentido, acórdão do TJMG: "No caso, não reconheço a contaminação do negócio jurídico pelo vício de vontade invocado, sendo certo que eventual assertiva por parte dos autores de que o negócio jurídico seria desfeito e o bem alienado para terceiros não tem o condão de gerar o defeito no consentimento invocado, visto que, independentemente da assinatura do aditivo contratual, celebrado, na verdade, como forma de preservar o negócio jurídico, já detinham os vendedores motivos suficientes para o desfazimento da avença" (TJMG, 14ª Câm. Cível, Ap. 1.024.11.174812-5/010, Rel. Des. Cláudia Maia, ac. 25.02.2016, *DJEMG* 04.03.2016).

"abuso de direito", ao dispor que "também comete ato ilícito o titular de um direito que, ao exercê-lo, excede manifestamente os limites impostos pelo seu fim econômico ou social, pela boa-fé ou pelos bons costumes"[59].

Se o credor exige pagamento da dívida vencida, ameaçando protestar o respectivo título ou ajuizar a competente execução judicial, não comete coação alguma; da mesma forma, o locador que exige pagamento do aluguel vencido sob pena de aforar a ação de despejo, ou o credor que exige o cumprimento do contrato, sob ameaça de rescindi-lo. Em todos esses casos, não se vê nada além da conduta normal do titular de um direito.

O mesmo, porém, não se pode dizer do credor de uma cambial vencida que força a assinatura, pelo inadimplente, de um contrato de comodato ou locação, de um prédio de expressão econômica muito superior ao débito vencido, ameaçando protestar o título ou requerer a falência do devedor. Tal credor, sem dúvida, tinha o direito de protestar a cambial e de requerer a falência. Não lhe era lícito, todavia, aproveitar – se de sua situação jurídica perante o devedor para fazer-lhe exigências indevidas e, por isso, ilícitas[60].

A antijuridicidade não está, portanto, na ameaça em si, já que veicula a notícia de que o agente está disposto a exercer um direito que realmente lhe cabe. Está no modo com que o titular do direito ameaça utilizá-lo, transformando-o em meio de pressão para alcançar resultado objetivamente contrário ao direito ou à moral[61]. O desvio do direito de sua natural função torna o seu exercício irregular ou anormal e, assim, a ameaça feita ao devedor, fora dos parâmetros de sua obrigação, se apresenta, sem dúvida, como "ilícita" ou "contra direito"[62].

---

[59] Exemplo de ameaça abusiva de exercício de direito: se "o credor, ao invés de ameaçar com a justa execução, o faz com a propagação de um escândalo em que o devedor esteja envolvido, há coação, porque houve exercício irregular de um direito (*RT* 153/601, 107:513)" (DINIZ, Maria Helena. *Curso de direito civil brasileiro – teoria geral do direito civil*. 18. ed. São Paulo: Saraiva, 2002, v. I, p. 397).

[60] "*La manifestación de que se ejercitará un derecho o de se incoará un procedimiento judicial no constituye una amenaza injusta, siempre que no se trate de la abusiva utilización de un derecho*" (BRUTAU, José Puig. *Compêndio de derecho civil cit.*, v. II, p. 197).

[61] ENNECCERUS, Ludwig; THEODOR, Kipp; WOLFF, Martin. *Tratado de derecho civil – parte general*. 2. ed. Tradução espanhola, Barcelona: Bosch, 1950, v. II, t. I, § 161, p. 221.

[62] Se alguém responde por débito vencido, não constitui ilícito exigir-lhe que assine uma confissão de dívida, para evitar imediata cobrança judicial e conceder-lhe um novo prazo para pagamento. "Não se considera coação o exercício normal de um direito". O abuso está em condicionar a dilação do prazo à confissão do débito por um valor que englobe juros onzenários. Mesmo sendo direito do credor negociar a dívida vencida, "há evidente excesso no que tange aos juros de mora, confessadamente reconhecidos pela embargada como sendo de 4% ao mês, quando a escritura pública de confissão de dívida fala apenas em multa contratual de 10% acrescida dos juros legais" (TAPR, 2ª C., Ap. nº 22/81, Rel. Juiz Franco de Carvalho, ac. de 28.04.1981, *RT*, 559/223).

458 | NEGÓCIO JURÍDICO • *Humberto Theodoro Jr. e Helena Lanna Figueiredo*

A ameaça só vicia o contrato quando é ilegítima, é certo, pelo que não há coação se a parte apenas ameaça usar seu direito. Todavia, não basta que a ameaça seja legítima, se o objetivo não o é: "os meios são legítimos, mas não o fim, quando o credor emprega a ameaça de usar uma via de direito para obter mais do que lhe é devido (o que é uma espécie de chantagem)"[63].

De maneira geral, tem-se como abusiva a ameaça de exercer um direito e, portanto, como configurável a coação, sempre que o credor, com o anúncio da execução, persiga o objetivo de obter compromisso ou vantagem que não tenha vínculo com a obrigação primitiva ou que seja desproporcional em relação a ela. Haverá coação não apenas quando o credor forçar o devedor a assumir outros vínculos jurídicos estranhos à relação em que se deu a mora, como ainda no caso de impor encargos desproporcionais à força da relação existente entre as partes[64].

A característica da ameaça de uso irregular de um direito (ou de uma faculdade jurídica) situa-se, sempre, na *vantagem injusta* intentada pelo respectivo titular, o que transforma a ameaça numa forma de extorsão, que pode configurar-se em duas circunstâncias: a) quando o direito não tem cunho patrimonial (ameaça, *v.g.*, de propor uma ação penal privada, ou de denunciar um delito), e o titular exige qualquer tipo de vantagem econômica para não exercê-lo; b) quando o vínculo preexistente entre as partes é econômico, mas o coator impõe ao coacto, novo relacionamento intrinsecamente iníquo, por meio de extorsão de vantagens patrimoniais em objetiva desproporção com o antigo débito que serviu de pretexto para a ameaça abusiva[65].

Não é de todo descabido tentar o credor convencer o inadimplente a lhe fazer uma dação em pagamento de bem equivalente ao valor da prestação descumprida. Exigir, porém, sob ameaça de execução ou de falência, que o devedor lhe transfira imóvel de valor exageradamente maior do que a dívida, é exemplo de como pode o titular de um direito desviá-lo de sua função normal para extorquir vantagens indevidas e desproporcionais. Essa dação, em semelhante conjuntura, poderá ser anulada por acusação de coação.

218. TEMOR REVERENCIAL

Para pensar-se em coação, como vício de consentimento, exige-se, antes de tudo, uma *ameaça* dirigida à conclusão de um negócio, e não apenas um estado de medo no espírito da parte[66]. É necessário, pois, que ocorra, não só a ameaça de um

---

[63]   CARBONNIER, Jean. *Droit civil cit.*, v. IV, nº 43, p. 100.

[64]   STARCK, Boris; ROLAND, Henri; BOYER, Laurent. *Obligations cit.*, v. 2, nº 476, p. 203; TERRÉ, François; SIMLER, Philippe; LEQUETTE, Yves. *Droit civil – les obligations cit.*, nº 237, p. 193.

[65]   BIANCA, C. Massimo. *Diritto civile*. Ristampa. 2. ed. Milano: Giuffrè, 2000, v. 3 nº 355, p. 661.

[66]   TRABUCCHI, Alberto. *Istituzioni cit.*, nº 71, p. 157.

Capítulo XIII: Da Coação | **459**

mal injusto, mas principalmente, que tal ameaça seja formulada com o escopo de induzir a vítima a concluir um negócio que dela se exige[67].

A lei não considera viciado por coação o negócio praticado por influência apenas do *temor reverencial* (CC, art. 153, *in fine*), pela simples razão de, na espécie, não haver ameaça alguma e, muito menos, ameaça injusta[68]. Com efeito, considera-se *temor reverencial* o receio de desagradar as pessoas a quem se deve submissão e respeito, como pais, mestres, superiores hierárquicos etc. É por causa desse respeito ou dessa submissão que a parte se sente forçada moralmente a contratar, e não por exigência ou ameaça de quem quer que seja.

O processo de constrangimento gerado pelo temor reverencial se forma todo no interior da própria parte. Não é, de tal sorte, um temor injustamente provocado[69]. Provém de um impulso espontâneo de não desagradar a outrem, por razões de foro íntimo. Não havendo ameaça (pressão exógena), mas apenas impressões subjetivas do agente, sem que coopere a ação do beneficiário do negócio, impossível se torna, realmente, configurar-se a coação[70].

Mas o temor reverencial só permanecerá neutro e irrelevante, enquanto não acompanhado de outros expedientes intimidatórios[71]. A lei não fala apenas em "temor reverencial", quando quer afastá-lo da área da coação, mas em "simples temor reverencial". Logo, quando se faz acompanhar de qualquer forma de ameaça, pode transformar-se em vício de consentimento e ensejar a anulação do negócio praticado sob sua influência. Aí já não é o temor reverencial que atua, mas sim, a coação[72]. Não lhe retira a qualidade de simples temor reverencial o fato de o próprio beneficiário deixar sua posição neutra para fazer ver ao declarante, de modo expresso ou sugerido, seu *desagrado*, caso o negócio não seja ultimado. Ainda que o beneficiário "ameace com seu *desagrado*, não há coação, porque não se pode considerar mal grave esse desagrado"[73]. Para tornar-se coação, necessário será que ao temor reverencial se adicione a cominação de "outro mal"[74]. Haverá o vício de consentimento, por exemplo, quando o superior hierárquico fizer ver ao subordinado o propósito de

---

[67] TORRENTE, Andrea; SCHLESINGER, Piero. *Manuale di diritto privato.* 16.ed. Milano: Giuffrè, 1999, § 120, p. 193.

[68] ALBALADEJO, Manuel. *Derecho civil I, cit.*, v. II, § 84, p. 186.

[69] MORENO, A. M. Morales. Verbete violência: vício de la voluntad. *Enciclopedia jurídica básica.* Madrid: Civitas, 1995, v. IV p. 6.868.

[70] BARBERO, Domenico. *Sistema de derecho privado.* Buenos Aires: EJEA, 1967, v. I, nº247, p. 530.

[71] BEVILÁQUA, Clóvis. *Código Civil dos Estados Unidos do Brasil comentado.* 12. ed. Rio de Janeiro: Francisco Alves, 1959, v. 1, p. 281, nota 5 ao art. 100; PEREIRA, Caio Mário da Silva. *Instituições cit.*, v. I, nº 91, p. 447.

[72] CARVALHO DE MENDONÇA, Manuel Inácio. *Doutrina e prática das obrigações ou tratado geral dos direitos de crédito.* 4. ed. Rio de Janeiro: Forense, 1956, nº568, p. 208; CARVALHO SANTOS, J. M. de. *Código civil brasileiro interpretado cit.*, v. II, p. 370.

[73] ALBALADEJO. *Derecho civil I, cit.*, v. II, §84, p. 186.

[74] *Idem, ibidem.*

460 | NEGÓCIO JURÍDICO • *Humberto Theodoro Jr. e Helena Lanna Figueiredo*

rebaixá-lo, ou não promovê-lo, ou de prejudicá-lo de qualquer maneira[75]. Já, então, o temor reverencial se torna uma *agravante* da ameaça e serve, *in concreto*, para defini-la e dimensioná-la[76]. Em casos dessa espécie, nem precisa que as ameaças sejam graves, como de costume se exige: a presença do temor reverencial já as torna graves, por si só[77].

Não é, convém ressaltar, temor reverencial, o medo de ofender a dirigentes de associações criminosas como a "falange vermelha" e a "máfia". Em tais situações a simples sugestão do chefe mafioso de que deseja um negócio, sem qualquer outra ameaça pode, nas circunstâncias do negócio, representar uma verdadeira coação, porque o declarante sabe que, pelos hábitos do interessado, até sua vida está em risco se "desagradá-lo"[78].

Entre marido e mulher, pela moderna igualdade de direitos e deveres e pela eliminação da chefia da sociedade conjugal, no seio da família, não se deve admitir o temor reverencial como excludente do dolo. Qualquer tipo de constrangimento entre os consortes deve ser analisado dentro, pois, da sistemática comum da coação[79].

219. COAÇÃO FEITA POR TERCEIRO

O art. 154 do Código Civil trata da coação exercida por terceiro e suas consequências para o negócio jurídico. No sistema do Código anterior (art. 101), a coação viciava o negócio jurídico, quer a ameaça proviesse de um dos contratantes, quer de terceiro; e sendo originada de estranho, operaria seu efeito invalidante, ainda que a parte beneficiária não tivesse conhecimento da intimidação. Diversamente do que se passava com o dolo, a coação era defeito sempre, mesmo quando praticada com insciência e sem aquiescência do contratante.

Para o Código atual, a mais significativa inovação ocorreu em face da coação operada por terceiro. Eliminou-se o tratamento diferenciado entre dolo e coação, de modo a sempre reclamar-se em qualquer dos vícios de consentimento uma corresponsabilidade do sujeito contratual a que eles aproveitam.

---

[75] BIANCA, C. Massimo. *Diritto civile cit.*, v. 3, nº 356, p. 662.

[76] CARVALHO SANTOS, J. M. de. *Código civil cit.*, v. II, p. 371.

[77] "Em suma, o mero temor reverencial não se equipara à coação, mas, se for acompanhado de ameaças de violência, transforma-se em vício de vontade. E, se referidas ameaças provieram de pessoas que, por sua situação, inspirem respeito e obediência (tais como os ascendentes, o marido, os superiores hierárquicos), elas não necessitam de se revestir da mesma gravidade de que se revestiriam se emanassem de outras fontes, porque o temor reverencial é, por si mesmo, uma agravante da ameaça" (RODRIGUES, Silvio. *Direito civil.* 32.ed. São Paulo: Saraiva, 2002, v. 1, nº 113, p. 208, com apoio em Duranton, Demolombe, Mourlon e Pontes de Miranda).

[78] GALGANO, Francesco. *Diritto privato.* 10.ed. Padova: CEDAM, 1999, nº 13.5, p. 285.

[79] CARVALHO SANTOS, J. M. de. *Código civil cit.*, v. II, p. 372.

Assim, tratando-se de coação exógena, para que o negócio se vicie e padeça de anulabilidade, exige o art. 154 que o contratante "tivesse ou devesse ter conhecimento" da ameaça proveniente de terceiro e que levou o outro contratante a consentir.

Não mais se tem a coação como vício inafastável do negócio jurídico. Segundo os padrões da teoria da confiança, o negócio deve prevalecer se a outra parte do contrato não conheceu a ameaça intentada por estranho, nem tinha condições de conhecê-la. A boa-fé daquele a quem o ato aproveita e a segurança do tráfego jurídico fazem com que a coação, *in casu*, se torne irrelevante. Sem embargo de sua ocorrência, o contrato não será anulável.

A unificação do tratamento do dolo e da coação, quando praticados por terceiros, era um dos reclamos da boa doutrina, que não se conformava com o regime diferenciado adotado no Código de 1916[80].

220. CONSEQUÊNCIAS DA COAÇÃO POR TERCEIRO, NO REGIME DO CÓDIGO CIVIL DE 2002

Como a coação é sempre um ato ilícito, dela decorrerão sempre efeitos no plano da responsabilidade civil, ainda quando não se contamine o contrato do vício da anulabilidade.

Em se tratando de ameaça produzida por terceiro, duas são as situações a considerar:

a) se o contratante sabe ou deve saber da manobra escusa do terceiro sobre o ânimo do parceiro, sujeitar-se-á à anulação do negócio e responderá pela indenização cabível, solidariamente com o agente da coação, visto que ambos terão se tornado coautores de um ato ilícito;

b) se, entretanto, o contratante tiver ultimado o negócio sem conhecer a coação e sem aquiescer à conduta do terceiro, o contrato não será anulável, e somente o agente do ato ilícito responderá pela reparação dos prejuízos suportados pelo coacto.

Mas, para incidir o art. 154, do CC, não é preciso que o conhecimento da ameaça de terceiro seja efetivo. O contratante se solidarizará com o ato do coator quando tiver condições de detectá-lo, segundo a diligência normal exigível nas circunstâncias do negócio, e não o fizer por falta de atenção ou interesse pela situação do parceiro. Essa conduta negligente torna o beneficiário do negócio culpado pela prevalência dos efeitos da coação alheia e, assim, o faz sujeitar-se tanto à anulação do negócio, como à responsabilidade pelas perdas e danos sofridas pela vítima.

---

[80] RODRIGUES, Silvio. *Dos vícios do consentimento cit.*, nº 148, pp. 307-315, SALEILLES. *Declaration de volonté cit.*, p. 63.

No casamento, por exemplo, para reparar a sedução, a noiva, mesmo não tendo participado das ameaças à vida do noivo, torna o ato matrimonial passível de anulação por vício de coação, se conhecia o caráter atrabiliário do pai, de quem antes ouvira os propósitos agressivos contra o autor da "desonra da família", principalmente se este até então não se dispunha a casar-se e, afinal, manifestou a aquiescência visivelmente inseguro e constrangido. Nas circunstâncias, a coação contra o noivo perpetrada pelo pai violento, na ausência da filha, poderiam perfeitamente ser por esta percebida, donde a anulabilidade do casamento.

221. SITUAÇÃO JURÍDICA DO CONTRATANTE EM FACE DA COAÇÃO PRATICADA POR TERCEIRO

O art. 155 completa o tratamento dispensado pelo Código à coação perpetrada por terceiro. Com efeito, três situações distintas podem se configurar quando a coação provém de ameaça formulada por quem não participa do negócio jurídico:

a) o outro contratante conhece a ameaça e dela, portanto, se aproveita conscientemente; sua posição é, na verdade, a de cúmplice do autor do ato ilícito, razão pela qual haverá de sujeitar-se às consequências tanto do vício de consentimento (anulação do contrato) como do delito (responsabilidade pela reparação das perdas e danos suportados pela vítima da coação); é o que prevê o art. 154;

b) o outro contratante realizou o contrato sem saber, efetivamente, da coação, mas nas circunstâncias do negócio, tinha motivos para verificar que o parceiro atuava sob temor que outrem lhe incutira; se não descobriu o vício de consentimento foi por desídia ou falta de diligência (culpa); haverá, por isso, de ser tratado como sujeito, também, a todas as consequências do ato delituoso (isto é, a anulação e a reparação das perdas e danos, esta em solidariedade com o terceiro); a situação é ainda regida pelo art. 154; a culpa, todavia, haverá de ser grave (quase equiparada ao dolo);

c) o contratante nada soube, nem podia saber, da coação intentada por terceiro, à sua completa revelia, sobre seu parceiro negocial; sem má-fé e sem culpa, a parte a quem aproveitou o negócio não se sujeitará a nenhuma consequência jurídica: o contrato será havido como perfeito, não padecerá de anulabilidade, e a boa-fé do contratante o isentará de qualquer responsabilidade no tocante a indenização do ato ilícito, que correrá exclusivamente a cargo do autor do ato ilícito (o terceiro coator); é o que prevê o art. 155.

O sistema do Código brasileiro, que se fundou no exemplo do Código suíço de obrigações (reformado em 1911), se justifica pela preocupação de abandonar a antiga posição individualista, oriunda do Código de Napoleão, onde os vícios do consentimento, de maneira geral, eram enfocados sob a ótica unilateral de proteger apenas a vítima, critério que se exacerbava no caso da coação, em que se abstinha de qualquer ponderação quanto ao outro contratante que respondia sem ter concorrido de forma alguma para a fragilização do negócio jurídico.

A visão do Código atual toma outro caminho. É a de preocupar-se também e principalmente com aquele que de boa-fé concluiu um contrato, confiante na lisura do negócio e na segurança da relação jurídica estabelecida. Daí que, para fragilizar o vínculo negocial e liberar a parte que incorreu em vício de consentimento, exige que também o outro contratante não tenha agido de boa-fé, ou tenha concorrido para a prática delituosa com algum tipo de culpa.

Dessa maneira, se o contratante não teve qualquer tipo de participação na coação de terceiro, nem atuou culposamente na detectação de seus efeitos sobre o consentimento do outro contratante, a solução justa é de fato aquela a que chegou o atual Código:

a) garante-se à vítima da coação o direito de ressarcir seus prejuízos perante o autor da coação; e

b) assegura-se ao contratante de boa-fé a manutenção do negócio, em homenagem à segurança das relações jurídicas e sociais, impondo maior certeza e estabilidade aos negócios em geral[81].

Se a coação de terceiro se der no cumprimento de mandato, o mandante, ainda que sem qualquer participação na ameaça, haverá de responder pelas consequências do ato ilícito de seu agente, visto que a obrigação de indenizar por parte do preponente é objetiva, conforme prevê o art. 933 do Código Civil.

---

[81] RODRIGUES, Silvio. *Dos vícios do consentimento cit.*, nº 150, pp. 314-315.

Capítulo XIV: Do Estado de Perigo

222. O ESTADO DE NECESSIDADE NO ÂMBITO DOS NEGÓCIOS JURÍDICOS: ANULABILIDADE OU RESCINDIBILIDADE?

Como defeitos do negócio jurídico o Código atual acrescenta duas figuras novas: o *estado de perigo* e a *lesão*, que correspondem às hipóteses do Código italiano de desequilíbrio econômico do contrato, ali apelidadas de *stato di pericolo* e *stato di bisogno*[1].

Em todas elas, não há propriamente erro da vítima no declarar a vontade negocial, o que se passa é o quadro de perigo enfrentado no momento do aperfeiçoamento do negócio que coloca a pessoa numa contingência de necessidade premente de certo bem ou valor e, para obtê-lo, acaba ajustando preços e condições desequilibradas. O contrato, em tais circunstâncias, se torna iníquo, porque uma das partes se aproveita da conjuntura adversa para extrair vantagens injustas à custa da necessidade da outra.

No *estado de perigo*, o que determina a submissão da vítima ao negócio iníquo é o risco *pessoal* (perigo de vida ou de grave dano à saúde ou à integridade física de uma pessoa). Na *lesão* (ou *estado de necessidade*), o risco provém da iminência de danos patrimoniais, como a urgência de honrar compromissos, de evitar a falência ou a ruína dos negócios.

As duas situações jurídicas, no direito italiano, não são vistas como causas de *anulabilidade*. Recebem tratamento repressivo distinto, qual seja o da *rescindibilidade* (arts. 1.447 e 1.448, do Código Civil italiano).

Defende-se historicamente a *rescindibilidade* como algo diverso da *anulabilidade*, porque esta se ligaria aos vícios de consentimento, enquanto aquela se voltaria para a repressão da *injustiça* ou *iniquidade*. Não se detecta na lesão ou no estado de perigo um vício de constituição do negócio jurídico como ato de vontade, mas na sua organização econômica. Atende-se mais à proteção dos critérios de justiça e equidade, na prática negocial, que à liberdade de vontade. Embora esta, indiretamente, também se resguarde[2].

O Código brasileiro, mesmo conhecendo a sistemática italiana, preferiu ignorar a distinção técnica ali feita entre rescisão e anulação. Optou por englobar todos os casos de patologia negocial no campo único da anulabilidade, por entender que não há razões práticas e teóricas para justificar o tratamento dicotômico.

Quando se repeliu a sugestão do Professor Couto e Silva, à época dos trabalhos legislativos, de submeter a lesão e o estado de perigo ao regime da rescisão, e não

---

[1] TRABUCCHI, Alberto. *Istituzioni de Diritto Civile*. 38. ed. Padova: CEDAM, 1998, nº 86, p. 193.

[2] TRABUCCHI, Alberto. *Istituzioni* cit., nº 86, p. 194.

da anulação, o Ministro Moreira Alves justificou a opção unificadora do projeto afirmando que não se via, no fundo, razão para tratarem-se na lei separadamente os casos de anulação e de rescisão. Invocaram-se, para tanto, objeções da própria doutrina italiana, onde autoridades insuspeitas também se opõem à conveniência de tratar separadamente a anulabilidade e a rescindibilidade. Nesse sentido foram lembradas as ponderações de Chironi e Abello, para quem a invalidade do negócio dá origem a *uma ação*, que na lei se chama de *anulabilidade* ou de *rescisão*, embora a última expressão se reserve mais especificamente para a anulação fundada no vício da lesão. "Mas" – advertem os civilistas – "não há diferença absoluta entre os dois termos, e a lei lembra-os melhor por razões de ordem histórica do que por outras, uma vez que a nulidade e a rescisão de um ato derivam da sua invalidade em razão de um vício que lhes era inerente desde a época de seu nascimento"[3].

Anotou Moreira Alves que os argumentos dos defensores da rescisão como fenômeno diverso da anulação têm como ponto principal a razão de a lesão operar *fora do ato*, isto é, fundar-se em motivo que não está na declaração de vontade, mas que surgiu simultaneamente com ela[4].

A própria doutrina italiana, porém, na palavra de Candian, não aceita pacificamente a tese de que o motivo da rescisão atuaria fora dos pressupostos ou elementos constitutivos do negócio:

"Em uma análise mais próxima, o ordenamento permite a ação de rescisão em razão de um ato que induz uma anomalia em alguns dos elementos constitutivos do negócio: ou sob o perfil da causa, enquanto o objeto vem, no caso concreto, alcançado pela via anormal, isto é com a necessária e imoderada desproporção entre a quantidade do dado e a quantidade do recebido; ou do ponto de vista da vontade, na medida em que é perturbado, além do limite tolerado pela lei, o processo de formação autônoma do ato de vontade por parte do sujeito angustiado; ou, mais provavelmente, em termos da anomalia combinada de um e outro elemento"[5].

---

[3] "Ma, differenza assoluta tra i due termini non v'è, e la legge li ricorda entrambi meglio per ragioni d'ordine storico che per altro, poichè la nullità e la rescissione d'un atto conseguono dall'invalidità sua a ragion d'un vizio che gli era inerente a fin dal tempo di sua nascita" (*Trattato di diritto civile italiano*, v. I, p. 498, *apud* MOREIRA ALVES, José Carlos. *A parte geral do projeto de Código Civil brasileiro*. São Paulo: Saraiva, 1986, p. 116).

[4] BARASSI. *Teoria della ratifica del contratto annullabile*, n° 87, p. 174, *apud* MOREIRA ALVES, José Carlos *ob. cit.*, p. 116.

[5] "A ben guardare, il fatto al quale l'ordinamento consente di reagire con l'azione di rescissione induce una anomalia in alcuno degli elementi costitutivi del negozio: o sotto il profilo della causa, inquanto lo scopo viene, nel concreto caso, raggiunto per la via anormale, cioè con necessitata e immoderata sproporzione fra la quantità del dato e quella del ricevuto; oppure sotto il profilo della volontà, in quanto è turbata, al di là del limite tollerato dall'ordinamento, il processo della formazione autonoma dell'atto di volontà da parte del soggetto iugulato; oppure, più probabilmente, sotto il profilo della combinata anomalia dell'uno e dell'altro

Não se consegue, portanto, mesmo no direito italiano, fugir do relacionamento entre a lesão e a anomalia da formação do contrato, no que diz respeito à declaração de vontade. Por isso, a tese que separa a ação de anulação por vício do consentimento da ação de rescisão por lesão não consegue afastar-se da conclusão de que "não há dúvida de que a rescindibilidade é, historicamente, uma subespécie de invalidade, porquanto não identificável com a nulidade; todavia não está longe – nos efeitos – da anulabilidade"[6].

A doutrina mais atualizada na Itália não consegue evitar a conclusão de que "o resultado da rescisão é muito similar àquele da anulação"[7]. Para Bianca, por exemplo, "a rescindibilidade é uma forma de invalidade análoga à anulabilidade, ainda que caracterizada por uma disciplina própria. A irregularidade do contrato não se deve à iniquidade em si mesma, mas, sim, deriva da iniquidade resultante do aproveitamento de uma situação da alteração anômala da liberdade de negociação"[8].

Por isso responde Bianca aos defensores da tese de que o instituto defenderia a equidade contratual e não a vontade do contratante, que a lei, na matéria, não cuida apenas do desequilíbrio entre as prestações (iniquidade), mas "da manifesta iniquidade do contrato que provém da causa de perturbação da normal liberdade de decisão do sujeito"[9].

Não se deve, portanto, censurar a orientação do Código brasileiro de reunir numa só ação de invalidação os vícios de consentimento tradicionais e a lesão e o estado de perigo. O antigo tratamento da rescisão, reservado historicamente para os últimos, não cuida de vícios estranhos à declaração de vontade, pelo menos de forma absoluta. Também na lesão e no estado de perigo se depara com situações anômalas e prejudiciais à liberdade negocial, de sorte que tal como no dolo e na coação, a *rescindibilidade* exprime no plano jurídico uma valoração socialmente negativa do aproveitamento da vontade mal formada[10].

---

elemento" (CANDIAN. *Nozioni istituzionali di diritto privato*, nº 336, p. 481, *apud* MOREIRA ALVES, José Carlos, *ob. cit.*, p. 117).

[6]   MESSINEO. *Dottrina generale del contratto*, p. 465, *apud* MOREIRA ALVES, José Carlos, *ob. cit.*, p. 118.

[7]   "Il risultato della rescissione è molto simile a quello dell'annullamento" (TRABUCCHI, Alberto. *Istituzioni cit.*, nº 86, p. 193).

[8]   "La rescindibilittà è una forma d'invalidità analoga all'annullabilità, pur se caratterizzata da una propria disciplina (...). L'irregolarità del contratto non è data dalla iniquità, in sè considerata ma dall'iniquità risultante dall'approfittamento di una situazione di anomala alterazione della libertà negoziale" (BIANCA, C. Massimo. *Diritto civile*. Ristampa. 2. ed. Milano: Giuffrè, 2000, v. 3, nº 371, pp. 681-682).

[9]   BIANCA, C. Massimo. *ob. cit.*, v. III, nº 371, p. 682.

[10] BIANCA, C. Massimo. *ob. cit.*, v. III, nº 371, pp. 682-683.

223. CONCEITO LEGAL DE ESTADO DE PERIGO

Entre os novos vícios de consentimento que provocam a anulabilidade do negócio jurídico, o Código atual arrola o estado de perigo, ao lado da lesão. Pelo art. 156: "Configura-se o estado de perigo quando alguém, premido da necessidade de salvar-se, ou a pessoa de sua família, de grave dano conhecido pela outra parte, assume obrigação excessivamente onerosa."

Um perigo corrido pela própria pessoa ou por alguém da família (ou até mesmo por um não parente, quando, pelas circunstâncias, o risco puder afetar emocionalmente o declarante, tal como se dissesse respeito a uma pessoa da família[11]), deve ser a causa determinante de um negócio jurídico que se contrata em bases excessivamente onerosas. É justamente para escapar ao risco de dano pessoal grave que o negócio se consuma. A declaração de vontade é emitida com o direto propósito de obter meios para se safar do perigo. O exemplo mais frequente é o do náufrago que concorda em pagar uma recompensa excessivamente alta pelo socorro de alguém que se dispõe a retirá-lo do perigo em que se encontra. Se pudesse raciocinar livremente, com toda certeza não pactuaria um ajuste tão exorbitante. Por isso é que se considera defeituoso o ajuste consumado em bases excessivamente onerosas, por causa do quadro de perigo em que o declarante atuou.

Na essência, o mecanismo de que se vale o contratante beneficiário para obter da vítima do perigo a vantagem que jamais alcançaria sem este, não é diverso do que se passa quando o contratante faz uso da coação moral. Tal como na *vis compulsiva*, o declarante submetido ao estado de perigo não tem, praticamente, condições para declarar livremente sua vontade negocial. Nos ordenamentos jurídicos em que não há previsão específica do estado de perigo, a doutrina costuma enquadrá-lo no regime da coação[12].

Há, ainda, casos como já se expôs, de ordenamentos jurídicos locais, que não consideram o estado de perigo e o estado de necessidade (lesão) como vícios de consentimento, e apenas o tratam como causa de rescindibilidade do negócio. Isto, porém, não gera efeitos práticos diferentes da anulação. Há, outrossim, os que são mais radicais e conduzem o problema para o da ilicitude, de modo a qualificar o abuso da necessidade alheia como prática contra direito, capaz de acarretar mais do que um defeito no negócio jurídico, ou seja, sua *nulidade*[13].

---

[11] "De fato, os laços afetivos não estão circunscritos ao âmbito familiar, sendo possível estender-se por outras relações" (ROSENVALD, Nelson; FARIAS, Cristiano Chaves de. *Curso de direito civil: parte geral e LINDB*. 13. ed. São Paulo: Atlas, 2015, nº 10.10.6, p. 559).

[12] ANZORENA, Acuña. Anotações *in* SALVAT. *Tratado de derecho civil argentino – fuentes de las obligaciones*. 2.ed. Buenos Aires: Tea, 1950, nº 806, p. 89; LLAMBÍAS, Jorge J. *Tratado de derecho civil – parte general*. Buenos Aires: Abeledo Perrot, 1970, t. II, nº 1.974.

[13] PONTES DE MIRANDA, Francisco Cavalcanti. *Tratado de Direito Privado*. São Paulo: Editora Revista dos Tribunais, 2012, v. IV, § 459, nº 1, p. 475.

Capítulo XIV: Do Estado de Perigo | **471**

O atual Código brasileiro, enfrentando direta e expressamente o problema, equacionou o estado de perigo, bem como a lesão, na categoria das causas de anulabilidade do negócio jurídico (CC, arts. 156 e 157). Enquanto não havia previsão legal específica, o contrato, *in casu*, poderia ser visto como viciado por coação moral ou até como configurador de ato ilícito (finalidade contrária ao direito) e, portanto, nulo.

Toda a incerteza antes vigorante por indefinição legislativa foi superada e o regime de tratamento normativo do defeito em nosso direito positivo atual é, sem dúvida, o da anulabilidade, a exemplo do negócio praticado sob influência do dolo ou da coação.

224. ELEMENTOS DO ESTADO DE PERIGO

Para configuração do estado de perigo o Código exige o concurso de elementos especiais *objetivos* e *subjetivos*.

Do ponto de vista *objetivo*, o contrato para ter-se como anulável deverá representar, para a vítima, a assunção de "obrigação excessivamente onerosa". Aqui já não se pode limitar, tal como na lesão, ao desequilíbrio de prestações do contrato bilateral (comutativo), pois o estado de necessidade pode conduzir também a negócios unilaterais viciados em que a prestação assumida seja unicamente da vítima (remissão de dívida, promessa de recompensa, doação, cessão gratuita, renúncia de direitos etc., e até testamento)[14].

O importante é que, segundo os ditames da boa-fé e da equidade, o negócio praticado seja visto como iníquo e injustificável, acarretando uma oneração para a vítima do estado de perigo não compatível com o negócio que se praticasse fora do contexto de perigo[15].

Por outro lado, a hipótese de "estado de perigo" corresponde à figura do conhecido "estado de necessidade", em que o agente é premido a adotar uma certa conduta para afastar perigo de dano grave e iminente que não poderia de outra forma ser afastado ou evitado. Para os fins do art. 156 do Código Civil, todavia, só se configura o vício de consentimento se o negócio jurídico for praticado em situação de risco de vida ou de lesão à integridade física suportada pelo próprio declarante ou por outra pessoa a ele ligada por laços de família ou equivalentes. É, pois, a necessidade

---

[14] CIFUENTES, Santos. *Negócio jurídico– estrutura, vícios, nulidades.* 1ª reimp. Buenos Aires: Astrea, 1994, § 244, p. 463.

[15] "O agente assume a obrigação por conta do perigo atual ou iminente, que atua como verdadeiro *fator de desequilíbrio*, não aniquilando a vontade por completo, mas, verdadeiramente, limitando a liberdade de manifestação" (ROSENVALD, Nelson; FARIAS, Cristiano Chaves de. *Curso de direito civil cit.*, nº 10.10.6, p. 557).

472 | NEGÓCIO JURÍDICO • *Humberto Theodoro Jr. e Helena Lanna Figueiredo*

de "salvar" uma pessoa de grave dano que tem de ocorrer como pressuposto do defeito enfocado[16].

Para tanto se torna necessário: a) que esteja configurado um mal iminente e grave; b) que o bem ameaçado seja à pessoa que pratica o ato que lhe é excessivamente oneroso, ou outra pessoa a ela intimamente ligada; e c) que esse risco de dano seja a *causa do negócio*.

Do ponto de vista *subjetivo*, a configuração do vício de consentimento, depende de a situação de perigo ter provocado um constrangimento capaz de induzir a vítima a determinar sua vontade negocial sem dispor de plena liberdade e consciência, mas governada apenas pelo propósito de "salvar-se" ou de "salvar pessoa de sua família" do risco grave existente.

Além desse lado subjetivo relativo à parte prejudicada pelo ato excessivamente oneroso, exige-se a adesão da parte beneficiada à anomalia psicológica. Isto é, para configuração de causa de anulabilidade, há de ter a parte favorecida conhecimento do grave perigo existente e do vínculo que se trava entre a declaração negocial e dito risco de dano pessoal. Nesse sentido, fala-se em "*conhecimento da outra parte, que se beneficia da vantagem, da alternativa do contratante prejudicado*"; e em "*iniquidade da proposta salvadora*"[17].

O fato de o negócio ter sido ajustado para salvar alguém de perigo grave, mesmo com certa onerosidade, não é só por isso, anulável. O vício, para contaminar o contrato, dependerá da má-fé do contratante, ou seja, do abuso cometido com base na situação perigo[18].

É nesse aspecto, principalmente, que a figura do estado de perigo se diferencia da lesão: "na lesão não é preciso que a outra parte saiba da necessidade ou da inexperiência; a lesão é objetiva. Já no estado de perigo é preciso que a parte beneficiada saiba que a obrigação foi assumida pela parte contrária para que esta se salve de grave dano (leva-se em conta, pois, elemento subjetivo)"[19].

---

[16] "Os dois institutos – o do estado de perigo e o da lesão – não se confundem. O estado de perigo ocorre quando alguém se encontra em perigo, e, por isso, assume obrigação excessivamente onerosa". "A lesão ocorre quando não há estado de perigo, por necessidade de salvar-se; a 'premente necessidade' é, por exemplo, a de obter recursos" (Relatório da Comissão Revisora *in* MOREIRA ALVES, José Carlos . *A parte geral do projeto de Código Civil brasileiro cit.*, nº 15, pp. 143-144).

[17] CIFUENTES, Santos. *Negócio jurídico cit.*, §246, p. 465; BETTI, Emilio. *Teoria general del negocio jurídico*. Madrid: Rev. Derecho Privado, 1959, p. 345.

[18] BAUDOUIN, Jean-Louis; RENAUD, Yvon. *Code Civil du Québec annoté*. 4.ed. Montreal: W&L, 2001, v. II, pp. 1.595-1.596.

[19] Relatório da Comissão Revisora *in* MOREIRA ALVES, José Carlos. *A parte geral do projeto de Código Civil brasileiro cit.*, nº 15, p. 144.

Na verdade, não é totalmente despicienda a ciência da parte em torno da situação do outro contratante. O que a lei dispensa é a prova dessa circunstância, presumindo-a diante dos termos anormais em que o negócio usurário se realiza[20].

O antigo Tribunal de Alçada de Minas Gerais solucionou, à base da legislação da defesa do consumidor, um caso que bem se enquadraria na figura do "estado de perigo". O hospital impôs à família de um paciente em estado grave sua internação em apartamento de luxo, ao falso pretexto de inexistir vaga na enfermaria pretendida pelos familiares do doente. Diante do risco de vida que este corria, os parentes não tiveram opção e aceitaram o onerosíssimo internamento imposto pelo hospital. O Tribunal julgou abusiva e lesiva a prática do ato, anulando a obrigação contraída, sob irresistível pressão do estado psicológico em que a família se encontrava.

Atualmente, a Agência Nacional de Saúde (ANS) tornou ilícita a prática de exigência de caução para a prestação de serviço hospitalar, ao editar a Resolução Normativa nº 44/03, vedando "em qualquer situação, a exigência, por parte dos prestadores de serviços contratados, credenciados, cooperados ou referenciados das Operadoras de Planos de Assistência à Saúde e Seguradoras Especializadas em Saúde, de caução, depósito de qualquer natureza, nota promissória ou quaisquer outros títulos de crédito, no ato ou anteriormente à prestação do serviço".

225. A SITUAÇÃO PERIGOSA

Para aplicar-se o art. 156, do CC é preciso que o declarante esteja temendo um dano grave que ameace uma pessoa (o próprio declarante, ou alguém a ele ligado de maneira próxima)[21].

Essa situação perigosa pode derivar-se tanto de causa natural como de fato do homem[22]. Se o fato provier de ação humana, primeiro ter-se – á de apurar se não configura a coação, que é o fenômeno específico da atuação delituosa de alguém para induzir pela força, alguém a praticar um negócio jurídico não desejado. Só depois é que se terá de cogitar do estado de perigo. Um vizinho, por exemplo, poderá ter dinamitado a represa da propriedade confinante, para, no perigo de vida, extrair vantagem negocial. O caso será de coação e não de estado de perigo. Pode, na mesma hipótese fática, ter sido a explosão provocada sem tal intuito. Mas, depois que o declarante já estava correndo sério risco pessoal, o vizinho,

---

[20] BECKER, Anelise. *Teoria geral da lesão nos contratos*. São Paulo: Saraiva, 2000, p. 119.

[21] MARIA HELENA DINIZ dá como exemplos de negócio anulável por "estado de perigo": a venda de joias valiosas, pelo pai, por preço inferior ao de mercado, para cobrir resgate de filho sequestrado; o pagamento, pelo enfermo, de honorários exorbitantes ao cirurgião para ser atendido; venda de casa por preço irrisório para custear cirurgia urgente; dívida exagerada contraída logo após acidente automobilístico ou incêndio, para cobrir gastos relativos ao sinistro (*Curso de direito civil cit.*, v. I, p. 401).

[22] BIANCA, C. Massimo. *Diritto civile cit.*, v. III, nº 372, p. 684.

ou qualquer outra pessoa, pode ter se aproveitado para extorquir-lhe vantagem exagerada para desviar as águas que ameaçavam inundar-lhe a residência, pondo em risco a vida da família. Aí o caso será de estado de perigo, porque este, embora proveniente de fato humano, não foi provocado com o propósito de coagir o declarante. No estado de perigo não há o dolo do coagir, mas o dolo de aproveitar do estado de necessidade do declarante.

De outro ângulo, para admitir-se a anulabilidade, não é indispensável que o perigo seja real. Mesmo o perigo putativo, isto é, aquele que existe apenas na imaginação da vítima, é idôneo para afetar a liberdade de manifestação da vontade e, consequentemente, conduzir à figura do art. 156. Basta que o beneficiário do negócio saiba do estado psicológico em que se encontra o outro contratante, e dele extraia vantagem iníqua.

É, também, indiferente que a situação de perigo seja voluntária ou involuntária em relação à parte que a enfrenta. Pode ela, por exemplo, ter tentado suicidar-se sem sucesso e, agora, promete recompensa injustificável para quem trate de salvá-la.

Nem é de exigir-se que o risco seja de um resultado inevitável, nas circunstâncias. A vítima pode multiplicar subjetivamente a intensidade do perigo e até dar-lhe uma proporção que realmente não tem. O que importa não é justificar objetivamente a conduta do declarante, mas constatar a influência que o perigo exerceu, de fato, sobre sua vontade. Em suma, o que cumpre verificar é se o agente não estava em condições, no momento da declaração, de negociar equitativamente o conteúdo do contrato[23].

A responsabilidade da outra parte, diante da situação de perigo, não provém do fato de ter sido ela a causadora do perigo. Decorre, isto sim, de ter-se aproveitado da fragilidade volitiva do que estava em perigo. Pelo que não haverá anulabilidade se o cocontratante ignorava o perigo por que passava o declarante. O contrato será afetado por anulabilidade, nos moldes do art. 156, apenas se a contraparte tiver se aproveitado da reduzida liberdade de negociação do outro contratante em perigo para lucrar com vantagens objetivamente injustificadas[24]. Eventualmente, porém, poder-se-á ter, por exemplo, a lesão, se presentes seus elementos essenciais.

---

23 BIANCA. *Diritto civile cit.*, v. III, n° 372, pp. 684-685.
24 BIANCA. *Diritto civile cit.*, v. III, n° 372, p. 685. "Não se pode esquecer que há, em princípio, um dever de solidariedade (social) que manda que se preste auxílio a quem dele necessita, sem direito a qualquer remuneração, pelo que o *dolo do aproveitamento* do agente será tanto mais condenável, e portanto tanto mais fundada a anulabilidade do negócio jurídico, quanto maior for o estado de perigo, objetivo ou subjetivo, que provocou a emissão da declaração negocial, sem a necessária liberdade de autodeterminação" (MIRANDA, Custodio da Piedade Ubaldino. *Teoria geral do negócio jurídico.* 2. ed. São Paulo: Atlas, 2009, n° 8.7.1, p. 224).

226. EFEITOS DO ESTADO DE PERIGO

O Código prevê que o estado de perigo, como vício de consentimento, enseja anulação do negócio jurídico excessivamente oneroso, decretável por meio de sentença (arts. 156 e 177).

Pela maior gravidade da conduta do beneficiário, não se lhe reconhece a faculdade, presente no caso da lesão, de salvar o negócio jurídico mediante reequacionamento das prestações. Se houve aproveitamento de grave perigo pessoal para extrair a declaração negocial, a vítima tem, nos termos do art. 156 do Código, o irrestrito direito de anular todo o negócio jurídico. Ao prejudicado, no entanto, pode-se conferir, como vítima do vício de consentimento, uma opção similar à do § 2º do art. 157, qual seja, a de, em lugar da rescisão, pleitear uma revisão do negócio jurídico para reequilibrar seus termos, mediante suplemento, se o preço ajustado for inferior ao real, ou redução do proveito, quando o preço a seu cargo for exorbitante[25].

Se não configurado o estado de perigo, porque dele não teve conhecimento o cocontratante, nem por isso se pode desde logo afastar completamente a possibilidade de vício de consentimento. A hipótese poderá, conforme as circunstâncias, configurar dolo ou coação indiretos. É que o negócio pode contaminar-se por vício de consentimento quando aquele que não praticou a astúcia nem a ameaça se beneficiou, entretanto, do mal derivado de outrem sobre a pessoa do declarante, bastando que tivesse tido condições de percebê-lo (CC, arts. 148 e 154).

Há no direito italiano uma ressalva interessante: o juiz ao rescindir o negócio pactuado sob influência do estado de perigo pode atribuir àquele que cobrou exageradamente pelo salvamento da pessoa da situação de risco, uma recompensa razoável pelo serviço prestado (art. 1.447, 2ª parte). Nosso Código não contém previsão semelhante. No entanto, não se pode afirmar que tal atitude seja descabida, uma vez que a lei civil brasileira repele o enriquecimento sem causa (CC, art. 884) e assegura remuneração para todas as prestações contratuais de serviço[26]. Atribui, outrossim, ao juiz o arbitramento da retribuição dos serviços prestados quando as partes não chegarem a acordo (CC, art. 596).

---

[25] "Ao *estado de perigo* (art. 156) aplica-se, por analogia, o disposto no § 2º do art. 157" (Enunciado nº 148, aprovado na III Jornada de Direito Civil, realizada pelo Centro de Estudos Jurídicos do Conselho da Justiça Federal). Entretanto, há quem defenda não ser possível essa aplicação analógica. "A explicação é que haverá uma censura maior no fato de, ignorando um dever de solidariedade, o agente aproveitar-se da fraqueza psicológica ditada por uma situação de perigo para se beneficiar de modo excessivo. Haverá *dolo do aproveitamento,* daí o remédio legal, mais amargo" (MIRANDA, Custodio da Piedade Ubaldino. *Teoria geral do negócio jurídico cit.,* nº 8.7.1, p. 225).

[26] Código Civil: "Art. 594. Toda a espécie de serviço ou trabalho lícito, material ou imaterial, pode ser contratada mediante retribuição".

NEGÓCIO JURÍDICO • Humberto Theodoro Jr. e Helena Lanna Figueiredo

Silvio Rodrigues, analisando o atual Código Civil brasileiro, é de opinião que a prevalecer a mera anulação, o resultado seria injusto, por provocar um empobrecimento para o outro contratante e um enriquecimento indevido para o que promoveu a invalidação. Dessa forma, recomenda que "o juiz, invalidando o negócio jurídico inquinado de vício, deverá, não obstante, fixar uma prestação, a ser paga pelo autor da declaração anulada a seu contratante, que equivalha ao serviço efetivamente recebido. Se não o fizer, pode a parte prejudicada com a sentença anulatória pleitear, por meio de ação de *in rem verso*, referido pagamento"[27].

Embora nem sempre a situação de perigo seja idêntica à do dolo ou ameaça de terceiro, no caso de ignorá-los o outro contratante, as situações se apresentam, todavia, para a declaração de vontade com grandes semelhanças entre si. Daí por que, sendo inconfigurável o estado de perigo, em toda sua tipicidade, não se pode, desde logo, recusar a submissão àqueles outros vícios de consentimento, visto ser demonstrável a ausência de liberdade daquele que contratou sob risco de grave perigo de dano pessoal e o fez de maneira ruinosa[28].

227. REQUISITOS PROCESSUAIS PARA RECONHECIMENTO DO ESTADO DE PERIGO

Não se pode aplicar o art. 156, do Código Civil de ofício, por iniciativa do juiz. Como negócio anulável que é o aqui analisado, sua desconstituição exige o manejo pela parte de ação *anulatória*, direta ou recovencional[29]. Trata-se de remédio processual para que se legitime a parte que contratou sob perigo, ou seus sucessores hereditários, enquanto não consumado o prazo decadencial do art. 178, II, do CC.

Uma vez que o Código confere ao estado de perigo a natureza de vício de consentimento e de causa de anulação do negócio jurídico, não se pode recusar à parte prejudicada o direito de invocá-lo, também, em contestação (exceção), conforme se acha esclarecido no item 97 retro.

228. EFEITOS EM RELAÇÃO A TERCEIROS

Se o bem negociado em estado de perigo é repassado a terceiro, nem sempre a anulação atingirá o subadquirente. É que a figura do art. 156, do CC exige, como elemento essencial, a má-fé do cocontratante. A *contrario sensu*, o sistema protege a boa-fé de quem contrata, desconhecendo o defeito de vontade da parte prejudicada.

Para que o subadquirente, que não contratou diretamente com aquele que sofreu o constrangimento do estado de perigo, se veja alcançado pelos efeitos do vício, é

---

[27] RODRIGUES, Silvio. *Direito civil*. 32.ed. São Paulo: Saraiva, 2002, v. 1,, nº 118, p. 223.

[28] CIFUENTES, Santos. *Negócio jurídico cit.*, § 246, p. 466.

[29] BIANCA. *Diritto civile cit.*, v. III, nº 376, p. 690.

Capítulo XIV: Do Estado de Perigo | **477**

necessário que também ele tivesse tido conhecimento da má formação da vontade do primeiro alienante. Em outros termos, é preciso que atue de má-fé. A situação é a mesma do dolo ou coação de terceiro, em que o negócio se anula apenas quando a outra parte tenha se aproveitado do ato ilícito, se não intencionalmente, pelo menos culposamente (arts. 148 e 154).

Dir-se-á que sendo anulável o ato entre as partes primitivas, não haveria como deixar de atingir o subadquirente. De fato, o art. 182 dispõe que "anulado o negócio jurídico, restituir-se-ão as partes ao estado em que antes dele se achavam". A eficácia da sentença anulatória, destarte, é *ex tunc*; retroage à data do contrato desconstituído. Mas isto não quer dizer que sempre se anulem todos os efeitos do negócio viciado. Tanto é assim que o próprio art. 182 contém a ressalva de que não sendo possível restituir as partes ao estado anterior, a anulação se resolverá em perdas e danos.

O caso de o bem ter sido retransmitido a terceiro de boa-fé é justamente uma das hipóteses em que não será possível restituir o bem negociado *in natura* ao transmitente. O vício que causou a anulação não alcançou o ato subsequente (a segunda alienação) ocorrido quando o bem estava sob a titularidade de quem transmitiu sem vício. Portanto, da sentença de reconhecimento do defeito ocorrido na primeira transmissão, o efeito será apenas a indenização do prejuízo da vítima, sem que o terceiro sofra qualquer moléstia no direito havido por ele de boa-fé.

Essa se nos afigura a solução correta, em face do sistema de vícios do consentimento que premia sempre a boa-fé e castiga apenas a má-fé (ver, retro, os itens 120 e 121).

229. PRAZO DECADENCIAL PARA ANULAR O NEGÓCIO PRATICADO EM ESTADO DE PERIGO

O exercício do direito de anular o negócio jurídico ajustado em estado de perigo só pode ser exercido mediante ação em juízo, pois a invalidação, *in casu*, depende de sentença de natureza constitutiva (CC, art. 177).

Para manejar dita ação, prevê a lei um prazo fatal de quatro anos, a contar do dia em que se realizou o negócio viciado (art. 178, II), prazo esse que haverá de ser observado, também, no caso de arguir-se a anulabilidade por meio de contestação, visto que as exceções se submetem aos mesmos prazos extintivos que as ações (art. 190).

O prazo em questão não é de prescrição, mas de decadência, como expressamente dispõe a norma legal que o estipula. Disso decorre que não se sujeita às suspensões e interrupções que dizem respeito apenas à prescrição (arts. 207 e 208), e que pode ser aplicado pelo juiz, de ofício, se a parte não cuidar de argui-lo (art. 210).

Capítulo XV: Da Lesão

230. NEGÓCIOS USURÁRIOS

O estado de perigo e a lesão são aspectos da chamada usura real em contraposição à usura financeira. Esta se caracteriza pela cobrança de juros a taxas superiores ao que seria legal ou honestamente aceitável nos empréstimos de dinheiro; e aquela a que se refere a qualquer prática não equitativa que transforma o contrato bilateral em fonte de prejuízos exagerados para uma das partes e de lucros injustificáveis para a outra. É uma anomalia verificável nos contratos bilaterais onde o normal seria um razoável equilíbrio entre as prestações e contraprestações.

É claro que não se pode exigir uma absoluta igualdade na equação contratual, porque no comércio jurídico é natural procurar-se o lucro que só é atingível se um dos contratantes conseguir uma certa vantagem sobre o outro. O intolerável é a exorbitância do lucro, obtida por meio de imposições que representem a exploração desonesta de uma parte sobre a outra.

Na origem, a ilicitude do negócio usurário era medida com base em proporções matemáticas: em Roma, se a diferença era superior à metade, tinha-se a lesão enorme, causa suficiente para invalidar o contrato, independentemente de ponderações de ordem subjetiva.

Mais tarde, além do desequilíbrio das prestações, a história do direito registrou a repulsa ao abuso do estado de necessidade. Aí, sem levar em conta a medida de desproporção, se valorizava o aspecto ético da conduta de quem se prevalecia do risco de dano corrido por uma pessoa para extorquir-lhe vantagens iníquas.

Por caminhos sinuosos chegou-se ao Código italiano que, cuidando da usura real, sistematizou as duas formas de rescisão dos contratos por ela viciados: o estado de perigo (art. 1.447) e o estado de necessidade ou lesão (art. 1.448). Ambos, porém, identificados por elementos objetivos (desproporção entre as prestações) e subjetivos (dolo de aproveitamento da situação de inferioridade de um dos contratantes). É a situação que se implantou, de forma sistemática e moderna, no atual Código brasileiro (arts. 156 e 157), embora não em termos exatamente iguais.

231. ESBOÇO HISTÓRICO DA LESÃO NO DIREITO BRASILEIRO

Reconhece o atual Código brasileiro a *lesão* como um dos defeitos que provocam a anulabilidade do negócio jurídico (CC, art. 171, II). O que seja este vício de consentimento di-lo o art. 157: "ocorre a lesão quando uma pessoa, sob premente necessidade, ou por inexperiência, se obriga a prestação manifestamente desproporcional ao valor da prestação oposta."

A lesão, como defeito funcional (e não como vício de vontade) já era conhecida das fontes romanas (Lei Segunda, do ano de 285, de Deocleciano e Maximiliano – Cód., Liv. IV, Tít. 44, *De rescindenda venditione*, Livro 2) e figurava, também, nas Ordenações Filipinas (Livro 4, Tít. 13).

Em tais origens, porém, tratava-se não de uma causa de anulação do contrato por vício de consentimento, mas de um motivo de *rescisão*, por ofensa ao princípio *objetivo* da comutatividade entre as prestações dos negócios bilaterais. Não se apontava falha nos elementos essenciais de formação do contrato, como os que ocorriam no erro, dolo ou coação. O motivo de rompimento (rescisão) estava na imoralidade das condições econômicas do ajuste. O seu desequilíbrio era visto como ofensivo dos bons costumes. Por isso mesmo o defeito funcional não era fatal. A outra parte poderia ilidir a pretensão rescisória da que restou lesada, oferecendo-se para complementar o preço, ou reduzi-lo, conforme o caso.

O Código Civil de 1916 eliminou a figura da lesão, por havê-la como incompatível com a autonomia privada, então sob grande exaltação. Naquela quadra, dominada pelo positivismo exacerbado, a lesão era vista como "instituto decadente e antipático às legislações modernas"[1].

No entanto, após a primeira guerra mundial, o pensamento social passou a exercer marcante influência sobre a legislação e sob esse impacto surgiram, entre nós, diplomas normativos como as leis do inquilinato e a lei da usura. Finalmente, em 1938, adveio a Lei de Proteção à Economia Popular (Dec. nº 869, mais tarde substituído pela Lei nº 1.521, de 26.12.51), que reintroduziu a figura da lesão no direito brasileiro, embora cuidando precipuamente do aspecto da repressão penal à usura. No entanto, a própria Lei nº 1.521 ordenava ao juiz ajustar os lucros usurários à medida legal, impondo à restituição do que fora pago em excesso (art. 4º, § 3º).

Entendeu-se que a ressurreição do instituto da lesão operada na seara penal tinha imediata repercussão no campo do direito privado, de modo a permitir não só a recuperação do pagamento a maior, mas também o rompimento do contrato por via da nulidade pela ilicitude do objeto (Cód. Civil de 1916, art. 145, II).

A lesão, reprimida penalmente pela Lei nº 1.521, pressupunha a desproporção superior a um quinto do valor recebido em troca e, ainda, que tal diferença proviesse do abuso de uma parte sobre a necessidade, leviandade ou inexperiência da outra.

Aplaudiu-se a postura do legislador pátrio, visto que se harmonizava com as tendências do direito em todo o mundo, que eram no sentido de se adaptarem aos

---

[1] CARVALHO DE MENDONÇA, Manoel Inácio. Carvalho de. *Doutrina e Prática das Obrigações ou tratado geral dos direitos de crédito*. 2.ed. Rio de Janeiro: Forense, s. d., v. II, nº 582; BEVILÁQUA, Clóvis. *Teoria Geral do Direito Civil*. 5.ed. Rio de Janeiro: F. Alves, 1929, § 56.

Capítulo XV: Da Lesão | **483**

imperativos da moral e ao ideal de justiça, valorizando uma visão social e solidária da convivência humana e do seu respectivo ordenamento[2].

Posteriormente, no âmbito das relações de consumo, o Código de Defesa do Consumidor previu a *nulidade* de cláusulas abusivas, ou seja, daquelas que importem prática, contra o consumidor, de iniquidade, desvantagem excessiva ou onerosidade excessiva (art. 51, IV). Trata-se, sem dúvida, de repressão à prática de *lesão*, embora limitada aos contratos de consumo[3].

Pouco tempo antes da aprovação do atual Código Civil, o Governo Federal baixou Medida Provisória consagradora do instituto da *lesão* como meio de proporcionar a *nulidade* das estipulações usurárias que, nos negócios jurídicos onerosos em geral, tenham provocado "lucros ou vantagens patrimoniais excessivos", quando pactuados "em situação de vulnerabilidade da parte" (Medida Provisória nº 2.172-32, de 23.08.2001)[4]. A solução preconizada por essa legislação de emergência é a nulidade apenas da cláusula usurária, devendo o juiz rever o contrato para "restabelecer o equilíbrio da relação contratual", ajustando-o ao "valor corrente" e, se for o caso, ordenando "a restituição, em dobro, da quantia recebida em excesso, com juros legais a contar do pagamento indevido" (Medida Provisória 2.172-32, art. 1º, inc. II)[5].

O atual Código Civil, portanto, ao reincluir na sistemática do direito privado, em caráter geral, o vício da lesão, está sintonizado com os rumos claramente traçados pelo direito comparado e com a própria evolução sinalizada pelo direito brasileiro, a partir da Lei de Proteção à Economia Popular.

232. CONCEITO DE LESÃO COMO VÍCIO DE CONSENTIMENTO

A lesão que o atual Código admite como vício de consentimento para gerar a anulabilidade consiste na hipótese em que a pactuação do negócio tenha sido fruto de premente necessidade ou de inexperiência de uma das partes, circunstâncias que foram determinantes das prestações avençadas de maneira manifestamente desproporcional.

---

[2]   PEREIRA, Caio Mário da Silva. *Lesão nos contratos*. 6. ed. Rio de Janeiro: Forense, 1999, nº 103, p. 183; RODRIGUES, Silvio. *Vícios do Consentimento*. 2.ed. São Paulo: Saraiva, 1982, nº 109, p. 214.

[3]   BECKER, Anelise. A Natureza Jurídica da Invalidade Cominada às Cláusulas abusivas do Código de Defesa do Consumidor. *Revista de Direito do Consumidor*, v. 22, p. 132.

[4]   Por força da Emenda Constitucional 32, de 11.09.2001, as medidas provisórias editadas em data anterior à sua publicação continuam em vigor até que medida provisória ulterior as revogue explicitamente ou até deliberação definitiva do Congresso Nacional (art. 2º).

[5]   A superveniência do Código Civil tratando da mesma matéria da Medida Provisória nº 2.172-32, importou em revogação da parte em que ela tratava da usura real nos negócios civis e comerciais, já que dito vício do negócio jurídico foi totalmente disciplinado pelo novo Código (Lei de Introdução às Normas do Direito Brasileiro, art. 2º, § 1º).

484 | NEGÓCIO JURÍDICO • *Humberto Theodoro Jr. e Helena Lanna Figueiredo*

Há na base da lesão um perigo de dano que o contratante deseja afastar, mas esse perigo não é o risco pessoal de que fala o art. 156; é a iminência de qualquer perigo de ordem patrimonial, desde que sério ou grave. O contrato afetado pela lesão é justamente o que se mostra, no momento e na ótica do agente, capaz de fornecer-lhe os meios necessários ao afastamento do perigo, embora a um custo exagerado e iníquo.

Típico exemplo de premência dessa natureza, embora não o único, é o do devedor insolvente, que, para obter meios de pagamento, vende seus bens a preços irrisórios ou muito abaixo dos preços de mercado. Para considerar-se em estado de necessidade, ou sob premente necessidade, não é necessário que a parte se sinta reduzida à indigência ou à total incapacidade patrimonial, bastando que seu estado seja de dificuldades econômicas ou de falta de disponibilidades líquidas para honrar seus compromissos.

O que importa apurar é se a dificuldade econômica ou a inexperiência do contratante foram a causa determinante do negócio lesivo, ou seja, se a parte prejudicada lançou mão do contrato como instrumento para tentar satisfazer sua necessidade; e, ainda, se foi por causa dessa premência que as condições iníquas vieram a ser ajustadas[6].

Em suma, o desequilíbrio entre as prestações deverá decorrer do estado de premência ou de inexperiência. E, mais, esse desequilíbrio deve ser congênito, ou seja, deve ter se dado no momento da contratação e não ser fruto de oscilações de mercado ulteriores ao negócio[7]. Deve, ainda, persistir até o momento da anulação, porque a lesão é daqueles defeitos que a lei permite sejam remediados *a posteriori*. Extinta, pois, a disparidade de prestações, não mais haverá razão para a ruptura da avença. Isto, porém, pressupõe prestações ainda por satisfazer. Se a lesão já se consumou e o negócio se exauriu, pouco importa que o bem tenha se valorizado ou desvalorizado posteriormente ao contrato. A anulação será possível em função do prejuízo que o lesado efetivamente sofreu no momento do ajuste.

Há quem recuse configuração de vício de consentimento no caso da lesão, preferindo tratá-la como abuso de direito[8]. No entanto, a opção do direito positivo foi clara em prol de sua inclusão no rol dos vícios de consentimento, e não cometeu

---

6   BIANCA, C. Massimo. *Diritto civile*. Ristampa. 2. ed. Milano: Giuffrè, 2000, v. 3,, nº 373, p. 687.

7   "Importa frisar que a desproporcionalidade entre as prestações que incumbe às partes deve ocorrer no *momento da declaração da vontade,* no instante da contratação. É que, se a desproporção for superveniente, apenas ocorrendo no decorrer do cumprimento do negócio, não poderá o intérprete se socorrer da lesão, devendo invocar a *onerosidade excessiva,* que, nos termos dos arts. 478 a 480 do *Codex,* permite a revisão do contrato (e não a sua invalidação)" (ROSENVALD, Nelson; FARIAS, Cristiano Chaves de. *Curso de Direito Civil: parte geral e LINDB*. 13. ed. São Paulo: Atlas, 2015, nº 10.10.5, p. 554).

8   AZI, Camila Lemos. A lesão como forma de abuso de direito. *Revista dos Tribunais,* v. 826, p. 50, ago./2004.

com isso grave impropriedade. Trata-se, com efeito, de um vício de vontade, como esclarece Fátima Nancy Andrighi:

> "A inexperiência ou a premente necessidade fazem com que a vontade do contratante não se forme corretamente, assumindo obrigação manifestamente desproporcional àquela que deverá cumprir. Não fossem tais circunstâncias, o negócio seria celebrado de maneira diversa"[9].

233. CARACTERÍSTICAS DA LESÃO NO ATUAL CÓDIGO CIVIL

Tal como o art. 157 do Código vigente conceitua a *lesão*, três são os elementos que a configuram:

a) um *objetivo*, que consiste na desproporção manifesta entre as prestações recíprocas, capaz de proporcionar lucro exagerado e incompatível com a normal comutatividade do contrato;

b) um *subjetivo*, que vem a ser a deficiência das condições psicológicas do contratante presentes no momento da declaração negocial, consistente em *inexperiência*, ou *premente necessidade*. Diversamente do que se passa no dolo, o contratante não induz o outro à prática do ato lesivo, e apenas tira proveito de sua situação[10];

c) o nexo causal entre a deficiência da formação da vontade e a conclusão do contrato lesivo[11].

A Lei Penal, para configurar a usura real, adota um dado objetivo: a desproporção entre prestação e contraprestação deve superar a um quinto. O Código Civil, porém, não prevê um limite rígido para essa desproporção. A lesão ocorrerá sempre que a

---

[9] ANDRIGHI, Fátima Nancy. A lesão do art. 156 do CC/2002. *In*: ASSIS, Araken de *et al* (coord.). *Direito civil e processo: estudos em homenagem ao Professor Arruda Alvim*. São Paulo: RT, 2007, p. 151.

[10] CARRIDE, Norberto de Almeida. *Vícios do Negócio Jurídico*. São Paulo: Saraiva, 1997, nº 179, p. 135.

[11] "3. Para a caracterização do vício de lesão, exige-se a presença simultânea de elemento objetivo – a desproporção das prestações – e subjetivo – a inexperiência ou a premente necessidade, que devem ser aferidos no caso concreto. 4. Tratando-se de negócio jurídico bilateral celebrado de forma voluntária entre particulares, é imprescindível a comprovação dos elementos subjetivos, sendo inadmissível a presunção nesse sentido. 5. O mero interesse econômico em resguardar o patrimônio investido em determinado negócio jurídico não configura premente necessidade para o fim do art. 157 do Código Civil. 6. Na hipótese em apreço, a cláusula penal questionada foi proposta pelos próprios recorrentes, que não comprovaram a inexperiência ou premente necessidade, motivo pelo qual a pretensão de anulação configura comportamento contraditório, vedado pelo princípio da boa-fé objetiva" (STJ, 3ª T., REsp. 1.723.690/DF, Rel. Min. Ricardo Villas Bôas Cueva, ac. 06.08.2019, *DJe* 12.08.2019).

486 | NEGÓCIO JURÍDICO • *Humberto Theodoro Jr. e Helena Lanna Figueiredo*

prestação de uma parte for "manifestamente desproporcional ao valor da prestação oposta". Adota-se um conceito vago, cujo conteúdo haverá de ser completado, caso a caso, pelo juiz, segundo prudente arbítrio, à luz dos princípios da boa-fé, da equidade e dos usos e costumes. O mesmo já se dava com a Medida Provisória nº 2.172-32 que reconhecia a usura real, para os efeitos civis, apenas com base em dados genéricos[12].

Tal como se passa no direito argentino, o que se terá de demonstrar é que a vantagem patrimonial alcançada por um dos contratantes se revela "evidentemente desproporcionada", que ocorre "um desequilíbrio induvidoso e inquestionável", que essa defasagem entre os valores das prestações esteja em contradição com "os pressupostos de comutatividade que devem presidir as relações contratuais do negócio jurídico, e que dizem respeito ao tradicional sinalagma que condiciona prestações recíprocas". O que se reprime, enfim, é a disparidade que não se pode "justificar", aquela que se revela "inaceitável", segundo os ditames da "equidade"[13].

Exige o Código, todavia, que a avaliação da desproporção entre as prestações seja feita "segundo os valores vigentes ao tempo em que foi celebrado o negócio jurídico" (art. 157, § 2º), e não em função de situações surgidas posteriormente[14].

Diante do elemento objetivo constante do art. 157 do Código Civil, é fácil concluir que a lesão é instituto que se restringe ao terreno dos contratos comutativos, ou seja, àqueles em que as vantagens e sacrifícios se impõem de parte à parte. Se o negócio é daqueles em que, por sua natureza, não há reciprocidade de prestações, inaplicável será a ideia de lesão. Sem que se confrontem prestações e contraprestações não se poderá, realmente, admitir que uma pessoa se obrigou "a prestação manifestamente desproporcional ao valor da prestação oposta", como exige o art. 157. Aos contratos gratuitos ou benéficos, como a doação, a fiança, o comodato, o mútuo sem juros etc., não se aplica, pois, o vício da lesão.

Em regra, também, os contratos aleatórios ou de risco escapam ao regime da lesão, visto que a disparidade entre as possíveis prestações é natural nessa modalidade

---

[12] Medida Provisória nº 2.172-32, art.1º "São nulas de pleno direito as estipulações usurárias, assim consideradas as que estabeleçam: II – nos negócios jurídicos não disciplinados pelas legislações comercial e de defesa do consumidor, lucros ou vantagens patrimoniais excessivos, estipulados em situação de vulnerabilidade da parte, caso em que deverá o juiz, se requerido, restabelecer o equilíbrio da relação contratual, ajustando-os ao valor corrente, ou, na hipótese de cumprimento da obrigação, ordenar a restituição, em dobro, da quantia recebida em excesso, com juros legais a contar da data do pagamento indevido. Parágrafo único. Para a configuração do lucro ou vantagem excessivos, considerar-se-ão a vontade das partes, as circunstâncias da celebração do contrato, o seu conteúdo e natureza, a origem das correspondentes obrigações, as práticas de mercado e as taxas de juros legalmente permitidas."

[13] CIFUENTES, Santos. *Negócio jurídico– estrutura, vícios, nulidades.* 1ª reimp. Buenos Aires: Astrea, 1994, § 252, pp. 481-482.

[14] Também o Código Civil peruano dispõe que *"la desproporción entre las prestaciones se apreciará según el valor que tengan al tiempo de celebrarse el contrato"* (art. 1.449).

negocial, isto é, decorre de sua própria essência[15]. Há, todavia, quem entenda admissível a incidência do vício da lesão, em casos excepcionais, também em contrato aleatório, por não ser impossível que uma parte, premida por necessidade ou por inexperiência, contraia obrigação da espécie, sujeitando-se, no momento da concretização da avença, a uma inaceitável desproporção entre a prestação realizada e a que se espera possa vir a desfrutar[16]. Uma visão distorcida da álea normal do contrato, no entanto, melhor seria enquadrável no erro substancial do que na figura típica da lesão, a nosso ver.

Quanto ao *elemento subjetivo*, sua configuração é dupla ou bilateral. Do lado do contratante prejudicado, é preciso que este se encontre impelido a contratar por "necessidade premente" ou por "inexperiência". Por *necessidade premente* deve-se entender a que provém de imperativos tanto de ordem material como de ordem espiritual. O importante é sua força de colocar o contratante numa "verdadeira situação agoniante ou angustiante"[17]. Para configuração da lesão, a vítima se apresenta como uma pessoa pressionada, debilitada em sua discricionariedade de agir, "porque não pode superar esse estado deficitário que tem relação com a carência material ou espiritual da qual padece"[18]. Também quando a lesão tenha sido motivada por *inexperiência* da parte, há um *déficit* na formação da vontade. Mas não é necessário que o contratante seja genericamente uma pessoa desconhecedora do mundo negocial. O dado é concreto e deve ser analisado como falta de prática no terreno em que o contrato se consumou. Pode, assim, uma pessoa do comércio apresentar-se como inexperiente quando se dispõe a aferir as condições de um contrato estranho ao seu *métier*.

Não se cuida de incapacidade nem de falta de discernimento, mas de necessidade que obriga a decidir por uma solução que pode não ser a desejada, ou que, se pudesse ser avaliada em sua justa dimensão, teria sido repelida. O contratante, no entanto, não está em condições de repelir o negócio e, pelo contrário, está compelido a aceitá-lo, ainda que, para tanto, tenha de suportar grave prejuízo. A vontade negocial não se manifesta, pois, com plena liberdade e consciência. Daí reconhecer-se que esta pressão

---

[15]   PEREIRA, Caio Mário da Silva. *Lesão nos contratos cit.*, nº 99, pp. 174-175; RODRIGUES, Silvio. *Dos vícios de consentimento cit.*, nº 107, p. 210; ABREU FILHO, José. *O negócio jurídico e sua teoria geral*. 4. ed. São Paulo: Saraiva, 1997, p. 228; BRANDÃO, Wilson de Andrade. *Lesão e contrato no direito brasileiro*. São Paulo: Freitas Bastos, 1964, p. 225.

[16]   Nesse sentido: BECKER, Anelise. *Teoria geral da lesão nos contratos*. São Paulo: Saraiva, 2000, pp. 96-98; ROSENVALD, Nelson; FARIAS, Cristiano Chaves de. *Curso de Direito Civil cit.*, nº 10.10.5, p. 556.

[17]   "Verdadera situación agobiante o angustiosa".

[18]   "Porque no puede superar ese estado deficitario que tiene relación con la carencia material o espiritual que padece" (CIFUENTES, Santos. *Negócio jurídico* cit., § 252, p. 478).

488 | NEGÓCIO JURÍDICO • *Humberto Theodoro Jr. e Helena Lanna Figueiredo*

circunstancial sobre o contratante leva-o a um consentimento viciado, suficiente para permitir a anulação ou a revisão do negócio defeituosamente consumado[19].

Não se pode, outrossim, confundir a inexperiência, no caso da lesão, com o erro de declaração:

> "A inexperiência não se confunde com erro, pois não se trata de desconhecimento ou falso conhecimento de uma realidade. O inexperiente conhece a desproporção, mas, por falta de experiência da vida, concorda com ela, sem atentar para as consequências maléficas. Ademais, se inexperiência se confundisse com o erro, teríamos que o erro – que deveria ser essencial – tornaria anulável o negócio, sem a possibilidade da suplementação a que alude o § 2º do art. 155. Note-se, ainda, que a lesão, como conhecida em nosso sistema atual (e da qual se afasta, em certos pontos, o Projeto) – vide a Lei nº 1.521, de 26.12.51, no art. 4º, letra 'b' – ocorre quando há inexperiência"[20].

Do lado da parte beneficiada pela desproporção das prestações, não se exige, como já afirmado, o dolo de induzir a vítima ao contrato lesivo. Basta que se disponha a contratar com alguém em situação de necessidade premente ou de inexperiência, ajustando prestações manifestamente desproporcionais[21].

Ao tirar vantagem da situação de inferioridade do outro contratante, o beneficiário, de certa maneira, descumpre o dever de boa-fé que o Código, em boa hora, inclui entre os princípios que presidem tanto a conclusão como a execução dos contratos (art. 422).

---

[19] CIFUENTES, Santos. *Negócio jurídico* cit., § 252, p. 478. "Um outro pressuposto, este de caráter subjetivo, é o premente estado de necessidade do lesado, ou sua inexperiência, que o leva a contratar. Esses fatos influem na liberdade de autodeterminação da parte para a emissão da declaração negocial, de modo a excluírem-na, ou a restringirem-na, consideravelmente. O consentimento, que implica a conjugação de duas vontades igualmente livres, fica *viciado*, sendo, como tal, reconhecido pela ordem jurídica que determina a anulabilidade do negócio celebrado nessas circunstâncias" (MIRANDA, Custodio da Piedade Ubaldino. *Teoria geral do negócio jurídico*. 2. ed. São Paulo: Atlas, 2009, nº 8.8.2, p. 234).

[20] Relatório da comissão revisora *in* MOREIRA ALVES, José Carlos. *A parte geral do projeto de Código Civil brasileiro* cit., nº 15, p. 145. "A inexperiência não se confunde com o erro por não advir desconhecimento ou falso conhecimento da realidade. O inexperiente nota a desproporção, mas em razão de falta de experiência, acaba concordando irrefletidamente com ela, sem perceber as consequências prejudiciais que trará, chegando a um resultado que, conscientemente, não desejava. Até mesmo uma pessoa culta pode ser lesada se desconhecer certas circunstâncias que a levaram a se envolver" (DINIZ, Maria Helena. *Curso de direito civil brasileiro – teoria geral do direito civil*. 18. ed. São Paulo: Saraiva, 2002, v. 1, p. 400).

[21] Mesmo no direito italiano, onde se considera o aproveitamento do estado de necessidade pelo outro contratante para configurar a lesão, não se exige a comprovação de uma conduta dolosa de sua parte. "È sufficiente che egli abbia profittato della situazione; a lui nota, di menonati potere e libertà contrattuali dell'altra parte, consentendo alla stipulazione di un contratto, a prestazioni fortemente sperequate, con suo consapevole vantaggio" (BIANCA. *Diritto civile* cit., v. III, p. 687, nota 24).

Capítulo XV: Da Lesão | **489**

No direito comparado, às vezes, exige-se que o beneficiário tenha ciência efetiva do estado da vítima[22]. Parece, todavia, que o Código brasileiro não adotou posição igual à da lei argentina, onde o elemento subjetivo, da parte do beneficiário, é descrito como "exploração" da necessidade ou inexperiência da vítima (Cód. Civil argentino, art. 332). Nosso Código, todavia, configura o vício do negócio contaminado por lesão, apenas do ângulo da parte prejudicada: "ocorre lesão quando uma pessoa, sob premente necessidade, ou por inexperiência, se obriga à prestação manifestamente desproporcional ao valor da prestação oposta" (art. 157).

Seria, pois, de concluir que o contrato será anulável porque foi viciado o consentimento da parte prejudicada, mesmo que o outro contratante não tenha tido conhecimento das suas condições de necessidade ou inexperiência[23]. O negócio seria rompido não por culpa ou dolo do beneficiário mas porque seria contrário ao princípio da boa fé mantê-lo, depois de demonstrada a lesão ocorrida[24].

Na verdade, porém, o Código brasileiro não está dando à lesão uma configuração puramente objetiva, em face do contratante beneficiário, mesmo porque isto iria entrar em conflito com o sistema geral do tratamento dispensado aos defeitos do negócio jurídico, todo ele comprometido com a teoria da confiança e, portanto, com a segurança jurídica e a tutela da boa-fé no domínio dos contratos. A boa ou má-fé assim como a deslealdade não podem deixar de influir na conduta daquele a quem aproveita a lesão[25]. A exemplo do erro, é, pois, de levar-se em conta se o beneficiado pelo negócio percebeu ou tinha condições de perceber a necessidade premente ou a inexperiência com que o outro contratante aderiu à prática negocial. Quanto à instrução probatória, não pode se contentar o juiz apenas com a simples

---

[22] ZANNONI, Eduardo A. *Ineficacia y nulidad de los actos jurídicos.* Buenos Aires: Astrea, 1986, pp. 324-325; CIFUENTES, Santos. *Negócio jurídico cit.*, pp. 477-478.

[23] "Para Fernanda Ivo Pires, a lesão não tem caráter punitivo à parte que se beneficia do negócio, mas a função de "cumprindo sua função social, promover uma igualdade substancial entre os contratantes" (*A lesão no Código Civil Brasileiro, apud* ROSENVALD, Nelson; FARIAS, Cristiano Chaves de. *Curso de Direito Civil cit.*, nº 10.10.5, p. 556).

[24] "A lesão ocorre quando há a *usura real.* Não há lesão, ao contrário do que ocorre com o estado de perigo, que vicie a simples oferta. Ademais, na lesão não é preciso que a outra parte saiba da necessidade ou da inexperiência; a lesão é objetiva. Já no estado de perigo, é preciso que a parte beneficiada saiba que a obrigação foi assumida pela parte contrária para que esta se salve de grave dano (leva-se em conta, pois, elemento subjetivo)" (Relatório da comissão revisora. *In:* MOREIRA ALVES, José Carlos. *A parte geral do projeto de Código Civil brasileiro cit.*, nº 15, p. 144).

[25] "Non deve trattarsi, necessariamente, di un comportamento attivo, cioè una specifica attività diretta a promovere o sollecitare la stipulazione, ma è sufficiente anche un semplice contegno passivo, ossia un approfittamento della situazione, a proprio vantaggio, mediante la stipula del contratto con prestazioni sproporzionate" (DIENER, Maria Cristina. *Il contratto in generale.* Milano: Giuffrè, 2002, nº 15.3.3, p. 786).

afirmação do elemento subjetivo da lesão, de modo que dependem de prova a "premente necessidade" ou a "inexperiência" do lesado[26].

233.1. O dolo de aproveitamento

Da definição contida no art. 157, não se pode extrair a conclusão de que o atual Código Civil tenha emprestado à lesão um feitio puramente objetivo, no qual seria indiferente o fato de ter tido, ou não, o contratante ciência da "premente necessidade" ou "inexperiência" da vítima do negócio lesivo.

A lei ao firmar que a lesão se dá quando uma pessoa se obriga "sob *premente necessidade*, ou por *inexperiência*", está implicitamente prevendo que o outro contratante tenha se prevalecido justamente desse quadro psicológico adverso para impor as condições de desproporção entre as prestações ajustadas.

Correta, portanto, a definição que Anelise Becker dá à lesão agasalhada pelo Código de 2002: "Lesão é a exagerada desproporção de valor entre as prestações de um contrato bilateral, concomitantemente à sua formação, *resultado do aproveitamento*, por parte do contratante beneficiado, de uma situação de inferioridade em que então se encontrava o prejudicado"[27].

O que se pode extrair da orientação legal é que não se impôs à parte prejudicada o ônus de provar a malícia daquele que tirou proveito da lesão. O elemento psicológico da figura jurídica, porém, existe no comportamento de ambas as partes. A vítima, ao pretender a anulação do negócio viciado, tem de provar a sua vulnerabilidade. Já o mesmo não se passa em face da má-fé do beneficiário, embora a razão jurídica da invalidade se prenda diretamente à exploração feita por este sobre aquela vulnerabilidade. O contrato se mostra anulável justamente porque uma parte, para lucrar com exagero, se aproveitou (dolosamente) do estado psicológico de inferioridade do outro contratante. Para simplificar a tarefa da vítima, o *dolo de aproveitamento* não precisa ser comprovado, mesmo porque é sempre muito difícil a prova em juízo do *animus* doloso na espécie[28].

---

[26] "A lesão acarretará a anulação do negócio jurídico quando verificada, na formação deste, a desproporção manifesta entre as prestações assumidas pelas partes, não se presumindo a premente necessidade ou a inexperiência do lesado" (Enunciado nº 290, aprovado na IV Jornada de Direito Civil, realizada pelo Centro de Estudos Jurídicos do Conselho da Justiça Federal).

[27] BECKER, Anelise. *Teoria geral da lesão nos contratos cit.*, p. 1. No mesmo sentido: NEVARES, Ana Luiza Maia. O erro, o dolo, a lesão e o estado de perigo no novo Código Civil. *In:* TEPEDINO, Gustavo (coord.). *A parte geral do novo Código Civil.* Rio de Janeiro: Renovar, 2002, p. 271.

[28] SILVA, Luiz Renato Ferreira da. *Revisão dos contratos: do Código Civil ao Código do Consumidor.* Rio de Janeiro: Forense, 1999, p. 83. "A lesão de que trata o art. 157 do Código Civil não exige dolo de aproveitamento" (Enunciado nº 150, aprovado na III Jornada de Direito Civil, realizada pelo Centro de Estudos Jurídicos do Conselho da Justiça Federal).

Dessa forma, embora não se despreze a conduta dolosa do beneficiário da lesão, esta é encarada sob uma feição objetiva, contentando-se a lei em presumi-la, diante de uma exagerada desproporção entre as prestações, numa quadra caracterizada pela situação de inferioridade da vítima. O próprio princípio da probidade e boa-fé exige que, em regra, um contratante não imponha ao outro prestações desproporcionais. Daí a presunção: "Se o fez, é porque se aproveitou da situação de inferioridade em que então se encontrava o lesado"[29].

A presunção, todavia, é *relativa*, visto que se torna cabível a prova pelo interessado de que, *in concreto*, teria agido de boa-fé e sem abuso ou exploração da fragilidade do outro contratante[30].

Com efeito, não é impossível que se possa provar que o móvel das prestações desequilibradas tenha se situado em liberdade livremente praticada sem vínculo algum com a situação de carência ou inexperiência do agente. Malgrado o estado anormal da parte, pode, em determinadas circunstâncias, agir com ânimo caritativo ou altruístico, o que, uma vez comprovado, elidiria o dolo de aproveitamento e impediria a configuração da lesão.

Tudo se resolve em torno do dolo de aproveitamento, por um mecanismo de presunção *juris tantum*, a que se aplica uma inversão do ônus da prova[31].

Na verdade, não é totalmente despicienda a ciência da parte em torno da situação do outro contratante. O que a lei dispensa é a prova dessa circunstância, presumindo-a diante dos termos anormais em que o negócio usurário se realiza[32].

233.2. Um caso típico de lesão

Ainda sob o regime do Código Civil de 1916 e antes que a disciplina geral da lesão fosse reintroduzida no País, presenciamos o debate de uma causa em que se pretendia anular uma quitação dada em situação de ruinosos prejuízos acarretados por um contratante contra o outro.

A discussão, por falta de texto expresso da lei então em vigor, desviou-se da figura da lesão e acomodou-se no terreno da coação moral, como, aliás, recomendava

---

[29] NEVARES, Ana Luiza Maia. *O erro, o dolo, a lesão e o estado de perigo cit.*, p. 280. "Basta, portanto, que a parte que se beneficia conheça a situação de inferioridade, sendo desnecessária a intenção do agente de obter lucro exagerado. Note-se, pois, que o elemento subjetivo diz respeito à vítima, não ao beneficiário" (ROSENVALD, Nelson; FARIAS, Cristiano Chaves de. *Curso de Direito Civil cit.*, nº 10.10.5, p. 556).

[30] BECKER, Anelise. *Teoria geral da lesão nos contratos cit.*, p. 119.

[31] "Na prática, opera-se a inversão do ônus da prova, fazendo com que pese sobre o contratante beneficiado pelo contrato o ônus de demonstrar que, embora contrário ao que parece ser, não houve uma situação de inferioridade – pelo que se exclui o aproveitamento – ou que não a aproveitou ou explorou" (BECKER, Anelise. *Teoria geral da lesão nos contratos cit.*, p. 119).

[32] BECKER, Anelise. *Teoria geral da lesão nos contratos cit.*, p. 119.

a doutrina da época. Merece ser lembrada, todavia, porque corresponde o caso a hipótese tipicamente enquadrável nos moldes da lesão ora delineada pelo atual Código Civil (art. 157).

O entrevero assim se desenvolveu: uma poderosa empresa pública contratou com uma empresa de engenharia, de porte modesto, a implantação do canteiro de obras e vila do pessoal que trabalharia na edificação de uma grande usina hidrelétrica. Convencionou-se o prazo de dois anos para execução e conclusão da empreitada, estabelecendo-se um sistema de reajuste periódico dos preços conforme sua variação no mercado durante a duração do contrato. Por culpa da empresa pública, as obras se estenderam por cinco anos, em lugar dos dois anos contratualmente ajustados.

Tendo se tornado completamente inoperante o sistema de reajuste de preços estipulado para os dois anos convencionais, a empreiteira se endividou e entrou em séria crise financeira. Sujeitou-se a vários protestos e requerimentos de falência. Formulou, então, pedido de revisão do contrato, que depois de negado pela dona da obra, veio a ser acolhido, em recurso administrativo, pelo Ministério das Minas e Energia.

Depois de reconhecido o completo desequilíbrio contratual por culpa da empresa pública e calculado todo o prejuízo suportado pela empreiteira, esta foi chamada para um acerto junto à dona da obra. Aproveitando-se da situação da empreiteira, que era de total aflição financeira, e de iminência de ter a falência decretada, a empresa pública lhe ofereceu como saída imediata do impasse uma suplementação de preço que cobria apenas os valores dos títulos protestados e dos créditos que instruíam os pedidos de falência. Nada mais do que isto se dispunha a pagar. Para evitar a quebra iminente a empreiteira aceitou a ínfima oferta e deu a total quitação exigida pela empresa pública, tendo recebido, na verdade, cerca de um décimo do prejuízo já então definitivamente apurado.

Depois de ouvidos renomados juristas, todos unânimes quanto às injustiças do acerto imposto à empreiteira, esta entrou em juízo pretendendo anular, por vício de coação, a quitação que lhe fora visivelmente extorquida. A solução dada pelo Tribunal, todavia, foi a de que a coação não se configurara porque a dona da obra nenhuma ameaça de dano grave e injusto formulara à empreiteira arruinada.

Eis aí um exemplo clássico de abuso de direito, que, analisado à luz do sistema do atual Código Civil, enquadraria, com perfeição, na figura do vício de consentimento da *lesão*. A premência financeira da empreiteira era evidente e nem sequer foi negada no processo. Nenhuma dúvida havia acerca do nexo causal entre a premente necessidade financeira de evitar a quebra e a aceitação de um pagamento, com quitação plena, que representava apenas um décimo do verdadeiro crédito existente entre as partes. Cabível, pois, a anulação do ato jurídico, porque presentes todos os requisitos da figura da lesão exigidos pelo atual art. 157 do Código Civil. O exemplo é perfeito para ilustrar a correta exegese do dispositivo legal.

234. A AÇÃO DE ANULAÇÃO DO NEGÓCIO LESIVO

Como causa de anulação do contrato, a lesão não pode ser apreciada e declarada de ofício pelo juiz. Depende sempre do manejo, pela parte prejudicada, de ação constitutiva adequada[33]. Não se permite, no direito italiano, arguir a lesão por meio de simples exceção, ou contestação[34]. Mesmo porque, segundo o Código Civil daquele país, o caso não é de anulação, mas de rescisão do contrato, que só de pode postular por meio de ação (art. 1.448).

Não se adapta essa restrição, todavia, ao direito brasileiro. Entre nós, as anulabilidades podem ser objeto tanto de ação como de exceção (v. retro, item 97).

A legitimação ativa para a ação anulatória cabe à parte do negócio viciado que sofreu o prejuízo do desequilíbrio exorbitante instalado nas bases do contrato; e a passiva, ao contratante que se locupletou com as vantagens ilegítimas proporcionadas pelo negócio.

Indaga-se sobre se a vítima teria sempre de pedir a anulação ou se lhe seria facultado pleitear apenas a revisão do contrato, para eliminar-lhe a onerosidade excessiva. A se tomar o § 2º do art. 157, em sua literalidade, a impressão que se tem é que a lei tão somente atribuiu ao beneficiário do negócio a faculdade de salvá-lo mediante suplementação ou redução de preço. A revisão seria, portanto, faculdade do réu, exercitável por via de exceção, e não do autor, a quem caberia apenas a ação de anulação.

No entanto, se se levar em conta o prestígio que o Código dispensa ao princípio da conservação do negócio, mesmo quando afetado por nulidade (arts. 170, 176, 178 etc.), não será injurídico pretender que quem pode o mais pode o menos. Se à parte prejudicada cabe o direito de desconstituir todo o negócio, não é desarrazoado admitir que possa pleitear apenas a redução do preço, para eliminar a lesão nele contida[35].

---

[33] BIANCA, C. Massimo. *Diritto civile cit.*, v. III, nº 376, p. 690. "La sentença que pronuncia sulla rescisione è costitutiva in quanto priva el contratto della sua originaria efficacia *ex tunc*" (DIENER, Maria Cristina. *Il contratto in generale cit.*, nº 15.4.1, p. 787).

[34] GALGANO, Francesco. *Diritto privato*. 10.ed. Padova: CEDAM, 1999, nº 17.4, p. 349; TRABUCCHI, Alberto. *Istituzioni cit.*, nº 86, pp. 193-194.

[35] O Código argentino é expresso em reconhecer que a vítima da lesão tem a faculdade de optar entre promover a anulação e a revisão do contrato. "*De conformidade con el texto del art. 954 [atual art. 332], el lesionado tiene dos acciones para deducir, una vez realizado o producido el acto jurídico viciado por la lesión*: a) *podrá demandar la nulidad del acto; o b) la modificación de las prestaciones resultantes, o sea um reajuste equitativo del convenio*" (CIFUENTES, Santos. *Negócio jurídico* cit., § 254, p. 488). Para o moderno Código de Quebec, nos casos de lesão (como, em geral, nos casos de vício de consentimento), a parte prejudicada pode demandar a anulação, ou, se preferir que o contrato seja mantido, pleitear redução de sua obrigação, de modo a compensar os prejuízos provocados pelo vício negocial (art. 1.047). Também o novo Código Civil do Peru (de 1984), autoriza tanto a ação rescisória como a revisional (arts. 1.451 e 1.452).

NEGÓCIO JURÍDICO • *Humberto Theodoro Jr. e Helena Lanna Figueiredo*

É de se lembrar que, no Código de Defesa do Consumidor, a regra é a revisão do contrato, afetado por lesão; sua anulação é excepcional (CDC, art. 51, § 2º). Não há motivo sério para que, no regime do Código Civil, também não se reconheça à parte lesada a faculdade de pleitear a revisão do contrato, em lugar de sua total anulação.

Se se quer evitar, do ponto de vista prático, o risco de interpretações literais da lei, pode-se propor a ação com pedidos sucessivos: a revisão, como pedido principal, e a anulação, como pedido subsidiário, para apreciação na hipótese de desacolhida do primeiro (CPC/2015, art. 326). A nosso ver, todavia, não há razão, dentro da sistemática da teoria legal das nulidades, para se vetar a revisão direta do negócio viciado por lesão, se o prejudicado tem interesse em conservá-lo. O que se nos afigura plausível é reconhecer também ao beneficiário da vantagem exorbitante a faculdade de não concordar com a revisão, se demonstrar que o fim contratual (a causa do negócio) ficaria comprometida com a alteração, caso em que se imporia a anulação total da avença como única saída para a controvérsia[36].

Deve-se lembrar que na figura da lesão está embutido um *ato ilícito*. Assim, quando o prejudicado optar por manter o negócio, a pretensão de extirpar-lhe a condição lesiva corresponderá a uma forma de reparação do dano *in natura*, ou seja, a parte prejudicada, em lugar de uma indenização pecuniária, pediria a redução de sua obrigação contratual. Com isto evitaria a consumação do dano que o negócio viciado lhe proporcionara. Não há, destarte, razão para negar à vítima da lesão o manejo da ação revisional.

234.1. Opção do devedor entre anular ou rever o contrato

É conveniente ponderar que, tanto na lesão (CC, art. 157) como na onerosidade superveniente (CC, art. 478), a solução aventada pelo Código é imediatamente a resolução do contrato. "Na nova lei civil, art. 478, o indicativo – em sentido divergente da norma consumerista – é, de logo, pela resolução do contrato, facultando-se, art. 479, a critério da parte ré, evitar a resilição, mediante oferta de alteração da condição

---

[36] Diante da onerosidade excessiva provocada pela *lesão enorme*, entende Álvaro Villaça Azevedo – em lição que se pode aplicar também à *lesão vício* do art. 157 do Código Civil – que "deve a parte prejudicada requerer judicialmente a revisão do contrato, podendo a outra parte opor-se a esse pedido, pleiteando a resolução contratual (...). Desse modo, entendo, porque ninguém pode sofrer intervenção revisional em seu contrato, contra sua vontade. Isso implicaria alteração nas cláusulas contratuais, por obra do Poder Judiciário (terceiro), não contratante, que estaria, assim, a criar obrigações não pactuadas. Não sendo possível a revisão proposta, entendo que o contrato resolve-se. Desse modo, caso as partes contratantes ou uma delas não concorde com o resultado da revisão judicial proposta e malograda, deverá o juiz declarar resolvido o contrato (AZEVEDO, Álvaro Villaça. O novo Código Civil brasileiro: tramitação; Função social do contrato; Boa-fé objetiva; Teoria da Imprevisão; e, em especial, Onerosidade excessiva – *laesio enormis*. *Revista Jurídica*. Porto Alegre, v. 308, p. 23, junho/2003).

avençada, alcançada pela impugnação por onerosidade excessiva"[37]. É, pois, ao réu que, em princípio, se reconhece literalmente o poder de promover a revisão judicial do contrato, para evitar a ruptura do negócio pretendido pelo contratante prejudicado pela superveniência da excessiva onerosidade.

Da mesma forma, na ocorrência de lesão (onerosidade excessiva congênita), o indicativo da lei é a anulação do contrato por iniciativa do prejudicado (art. 171, II). Só não se decretará a invalidação do negócio se, em defesa, a parte contrária oferecer suplemento suficiente ou concordar com a redução do proveito (art. 157, § 2º). A revisão contratual continua, ainda, sendo vista como matéria de defesa, em princípio.

No entanto, há uma disposição aplicável ao caso de as obrigações contratuais pendentes recaírem apenas sobre uma das partes, que a ela confere a alternativa de pleitear a redução de sua prestação ou a alteração do modo de executá-la, para elimi-nar a onerosidade excessiva superveniente (art. 480). No contrato, portanto, em que se instalou a unilateralidade da obrigação, o caminho indicado pela lei não é único para o autor, mas ao contrário, é de duplo destino, cabendo ao devedor escolher o que mais lhe convier, entre resolver ou rever a convenção[38].

Parece-nos que, analogicamente, a solução alvitrada pelo art. 480, em relação à onerosidade superveniente, possa ser aplicada também ao caso de lesão, já que a causa que a justifica é igualmente a onerosidade excessiva. Sendo a mesma a *ratio iuris* não há justificativa para ser diverso o tratamento jurídico dispensado ao con-tratante lesado.

Nas hipóteses de lesão previstas no art. 157 do Código Civil, a IV Jornada de Direito Civil, patrocinada pelo Conselho da Justiça Federal, assentou que "pode o lesionado optar por não pleitear a anulação do negócio jurídico, deduzindo, desde logo, pretensão com vistas à revisão judicial do negócio por meio da redução do proveito do lesionador ou do complemento do preço" (Enunciado nº 291).

235. OUTRAS OBSERVAÇÕES SOBRE A PARTICIPAÇÃO DO COCONTRATANTE NO NEGÓCIO LESIVO

Uma das razões pelas quais a lesão extraída da interpretação civil da antiga Lei dos Crimes contra a Economia Popular[39] teve escassa aplicação na prática forense, sem embargo dos aplausos da melhor doutrina, prendia-se ao fato de a configuração do instituto depender de elemento subjetivo da parte do beneficiário – o aproveitamento

---

[37] PENTEADO JÚNIOR, Cássio M. C. O relativismo da autonomia da vontade e a intervenção estatal nos contratos. *Revista de Direito Privado,* n. 14, p. 158, abr.-jun./2003.

[38] PENTEADO JÚNIOR, Cássio M. C. O relativismo da autonomia da vontade e a intervenção estatal nos contratos *cit.,* p. 158.

[39] PEREIRA, Caio Mário da Silva. *lesão nos contratos bilaterais.* 6. ed. Rio de Janeiro: Forense, 1999, nº 103, p. 183.

NEGÓCIO JURÍDICO • Humberto Theodoro Jr. e Helena Lanna Figueiredo

do estado de necessidade ou inexperiência da vítima – dado desanimador, visto ser de difícil comprovação em juízo[40].

O Código de 2002 procurou contornar a dificuldade operacional eliminando a exigência de tal elemento. Distanciou-se do modelo italiano, para delinear o vício de consentimento tomando em conta apenas o estado da vítima da lesão[41]. A norma do art. 157, do CC cuida apenas de proteger o lesado, "tanto que, ao contrário do que ocorre com o estado de perigo em que o beneficiário tem de conhecê-lo, na lesão o próprio conhecimento é indiferente para que ela não se configure"[42].

Não cremos, todavia, que num Código visualmente comprometido com o sistema da confiança, e, por isso, submetido ao princípio ético da boa-fé, e da lealdade contratual, o beneficiário da estipulação lesiva se submeta à anulação do negócio sem qualquer tipo de culpa ou responsabilidade de sua parte. É preciso, segundo entendemos, que as circunstâncias evidenciem que a parte estava se favorecendo de um desequilíbrio anormal de prestações e, que dentro da razoabilidade, somente um estado de necessidade ou inexperiência da vítima poderia explicar o negócio nos termos em que foi avençado.

É claro que nem todo desequilíbrio de prestações tem origem no estado de necessidade ou na inexperiência. Se a pessoa maior e capaz pode até dispor de seu bem gratuitamente, sem qualquer compensação (doação pura), pode também evidentemente vender a preço inferior ao seu valor de mercado, desde que o faça livre e conscientemente. Em princípio, porém, é de ter-se o negócio não comutativo como decorrente de pressões como a do estado de necessidade ou da inexperiência, se nada explica a desproporção econômica do contrato, *in concreto*. Mesmo porque o *animus donandi* não se presume. Reclama prova, sempre que invocado, por parte de quem da liberalidade quer se prevalecer.

Assim, não sendo o caso de disposição gratuita, no todo ou em parte, e provando a parte seu estado de necessidade quando firmou o contrato lesivo, estará implícita a comprovação do aproveitamento da conjuntura adversa pelo outro contratante, que não teria outro motivo para justificar a conduta ruinosa de seu parceiro. O ônus da prova do elemento configurador da lesão é, pois, do lesado. Se não se desincumbe dele, a ação anulatória será improcedente. Se, porém, a prova de sua necessidade premente vem a ser feita, não se há de exigir que prove também a ciência dela pela

---

[40] RODRIGUES, Silvio. *Dos vícios de consentimento cit.*, nº 109, p. 220.

[41] Pelo art. 1.448 do Código italiano, três elementos são indispensáveis à configuração da *lesão*: a) a desproporção das prestações, objetivamente analisada; uma delas deve corresponder no mínimo ao dobro da outra (*ultra dimidium*); b) o estado de necessidade da parte lesada; c) o aproveitamento, pelo beneficiário, do estado de necessidade da parte prejudicada (TORRENTE, Andrea; SCHELESINGER, Piero. *Manuale di diritto privato*. 16.ed. Milano: Giuffrè, 1999, § 326, pp. 509-510).

[42] MOREIRA ALVES, Moreira. *A parte geral do projeto de Código Civil brasileiro*. São Paulo: Saraiva, 1986, pp. 109-110.

parte beneficiada. Não havendo motivo para exigi-la, o cocontratante se torna responsável pela lesão, sem necessidade de comprovação alguma de seu efetivo conhecimento a respeito. Este, sim, se pretender afirmar que não houve influência do estado de necessidade da parte contrária, terá de provar o ânimo de liberalidade de quem o favorecer de forma não usual.

Justamente por isso é que, tendo desconhecido o estado de necessidade ou a inexperiência do lesado, e não se tratando de ato de liberalidade, lícito é ao beneficiário evitar a anulação do contrato, oferecendo suplemento de preço ou aceitando sua redução, para tornar o contrato honesto e equitativo (art. 157, § 2º). A não oferta de reequacionamento do negócio, diante da pretensão de anulá-lo manifestada pelo lesado, é a comprovação *a posteriori*, da censurabilidade da conduta do contratante, que mesmo sabendo do defeito negocial, não se dispõe a repará-lo.

Dessa maneira, pode-se engendrar também a lesão no esquema de valorização da teoria da confiança, no seio da qual é notório o destaque da boa-fé e da lealdade como fatores da função social atribuída ao contrato. A segurança das relações jurídicas é uma exigência da própria função social do contrato. Seu afastamento, contudo, se impõe sempre que os princípios éticos do tráfego jurídico forem agredidos. Em última análise, todas as figuras de vícios de consentimento passam pelo terreno da boa-fé e da probidade negocial (art. 177).

236. A INFLUÊNCIA DO CÓDIGO DE PROCESSO CIVIL SOBRE A TEORIA DA LESÃO

A Lei nº 1.521/51, quando cuidou da repressão à usura real (crime contra a economia popular) considerou como lesão o negócio praticado com *dolo de aproveitamento*, consistente no abuso de premente necessidade, inexperiência ou leviandade da vítima. Exigiu, porém, que a lesão usurária se desse apenas quando, objetivamente, o descompasso entre as prestações fosse de pelo menos 1/5. Houve, destarte, uma *tarifação do prejuízo*.

O Código de Processo Civil de 1973, por sua vez, deu um grande avanço ao reprimir a lesão configurável nas arrematações judiciais. Sem cogitar do elemento subjetivo e sem se submeter a qualquer tarifação, o art. 692 do CPC/1973, com a redação da Lei nº 8.953, de 13.12.1994, estipulou a nulidade das vendas judiciais a preço vil, que poderia ser alegada como fundamento dos embargos à arrematação (art. 746 do CPC/1973), ou em ação anulatória posterior[43]. A regra foi mantida pelo

---

[43] TJSP, Ap. nº 128.059-2, Rel. Des. Nelson Hanada, ac. de 17.03.88, *RJTJESP* 113/54; TJSP, Ap. nº 130.579-2, Rel. Des. Camargo Viana, ac. de 19.05.88, *RJTJESP* 114/114; STJ, 1ª T., REsp. 29.314-9/SP, Rel. Min. Garcia Vieira, ac. de 02.12.92, *DJU* de 08.03.93, p. 3.101; BITTAR FILHO, Carlos Alberto. A figura da lesão na jurisprudência pátria: do direito anterior aos nossos dias. *Revista dos Tribunais*, v. 784, fev./2001, p. 146.

CPC de 2015, nos arts. 891 e 903, §§ 1º e 3º, embora não tenham sido mantidos os embargos à arrematação, admitindo-se, entretanto, a impugnação em 10 dias do leilão ou ação autônoma de invalidação.

O ponto em que mais se discutiu na jurisprudência sobre o art. 692 do CPC/1973 foi o pertinente à configuração do preço vil, que inicialmente foi cotejado com o montante da dívida exequenda; e, finalmente se fixou em torno do preço de mercado, sem se preocupar com sua correlação com o valor da execução. Algumas vezes se considerou como intolerável a arrematação por menos de 80% da avaliação, outras vezes, a 60%; outras, ainda a 50% etc.; e muitos outros parâmetros já foram adotados.

O CPC/2015, entretanto, inovou ao quantificar e tarifar o que se entende por preço vil, colocando fim às controvérsias a seu respeito. Prevê o parágrafo único do art. 891 que se considera "vil o preço inferior ao mínimo estipulado pelo juiz e constante do edital, e, não tendo sido fixado preço mínimo, considera-se vil o preço inferior a cinquenta por cento do valor da avaliação".

Este, pensamos, haverá de ser, em princípio, o critério objetivo a prevalecer na aplicação do art. 157 do atual Código Civil, para reprimir a lesão e afastar o enriquecimento ilícito e a usura em todas as suas manifestações.

237. EFEITOS DA LESÃO

No Código, a lesão é vício de consentimento que autoriza a anulação do negócio jurídico (art. 171, II). No entanto, há uma ressalva que impede a decretação de anulação, sempre que a parte favorecida oferecer suplemento suficiente à sua prestação ou concordar em reduzir o seu proveito, de maneira adequada ao reequilíbrio contratual (art. 157, § 2º).

Consiste essa retificação de iniciativa do beneficiário da estipulação lesiva num negócio unilateral receptício, com o qual se salva o contrato viciado, repondo-o em termos equitativos. Isto é, estabelece-se por meio da modificação dos termos negociais a indispensável equivalência econômica das prestações[44].

Abrem-se, portanto, várias opções às partes, diante do negócio afetado por lesão: ao prejudicado cabe aceitar o negócio lesivo, ou promover a ação de anulação, pois o caso não é de nulidade e, sendo assim, seu silêncio poderá importar confirmação nos moldes do art. 174 e impedido restará o juiz de reconhecer o defeito *ex officio*; ao beneficiário do negócio, por seu turno, socorre a possibilidade de ilidir a pretensão de ruptura negocial, nos termos do § 2º do art. 157. Entretanto, admite-se atualmente, que o próprio lesionado requeira a preservação do negócio com a redução do proveito obtido injustamente pelo outro contratante[45].

---

[44]   DIENER, Maria Cristina. *Il contratto in generale cit.*, nº 15.4.3, p. 788.

[45]   A lesão visa a justiça contratual, evitando-se que a comutatividade do contrato seja quebrada. Nesse sentido, dois enunciados da Jornada de Direito Civil: "Enunciado 149: Em atenção ao

Capítulo XV: Da Lesão | **499**

No direito comparado há entendimentos que não consideram *anulável*, mas, sim, *rescindível* o contrato viciado por lesão. O Código brasileiro, tal como o Código argentino, deu ao instituto contornos típicos de vício de consentimento e, por isso, coerentemente, atribui seu reconhecimento em juízo a uma *ação de anulação* (arts. 171, II, 177 e 157, § 2º). Não é, entretanto, de negar-lhe cabimento também à arguição por meio de exceção (contestação). Todas as causas de anulabilidade são manejáveis tanto por ação como por exceção (cf. os itens 96 a 99 retro). Em qualquer caso prevalecerá o prazo decadencial de quatro anos estatuído pelo art. 178, II, cuja aplicação independe de requerimento da parte e deve ser feita pelo juiz, *ex officio* (art. 210).

237.1. A iniciativa da revisão contratual

Na verdade, o direito que a lei confere ao contratante vítima da lesão não é o de impor ao contratante a revisão dos termos do contrato. Cabe-lhe apenas a faculdade de promover a sua anulação. A revisão deve proceder de iniciativa da parte que se beneficiou dos termos lesivos do ajuste, para evitar que se ultime o intento do outro contratante de exercitar o direito potestativo de promover a invalidação do negócio lesivo (v., retro, nº 174.1).

238. LESÃO E TEORIA DA IMPREVISÃO

A teoria da imprevisão (ou cláusula *rebus sic stantibus*), tal como a lesão, se funda na onerosidade excessiva, isto é, na quebra do equilíbrio entre prestações e contraprestações no contrato bilateral. A diferença, porém, se encontra no momento em que o desequilíbrio se instala no negócio jurídico.

A teoria da imprevisão só atua na fase ulterior à formação do contrato. É durante a execução que as alterações econômicas supervenientes afetam a equação contratual, destruindo o sinalagma original. Só perante os contratos de execução diferida ou diante dos de trato sucessivo (ditos "contratos de duração") é que se pode cogitar da cláusula *rebus sic stantibus*, para se justificar uma revisão dos termos do ajuste que lhe restabeleça a comutatividade e, na impossibilidade, se promova a sua *rescisão*. Não se trata de anulá-lo, mas de rompê-lo, visto que na origem o negócio não apresentou nenhum vício em seus elementos constitutivos.

A lesão, por seu lado, é um defeito genético, ou congênito, do negócio jurídico. O contrato bilateral sofre a quebra do sinalagma na sua formação, de modo que já

---

princípio da conservação dos contratos, a verificação da lesão deverá conduzir, sempre que possível, à revisão judicial do negócio jurídico e não à sua anulação, sendo dever do magistrado incitar os contratantes a seguir as regras do art. 157, §2º, do Código Civil"; "Enunciado 291: Nas hipóteses de lesão previstas no art. 157 do Código Civil, pode o lesionado optar por não pleitear a anulação do negócio jurídico, deduzindo, desde logo, pretensão com vista à revisão judicial do negócio por meio da redução do proveito do lesionador ou do complemento do preço".

nasce desequilibrado. É, pois, a validade do negócio que se apresenta comprometida. O contrato, portanto, é *anulável*.

Embora, muito diferentes na motivação e no defeito ostentado, imprevisão e lesão têm um ponto em comum: a repressão à injustiça contratual por meio da valorização da conduta equitativa nos negócios, prestigiando a boa-fé e a lealdade no domínio do contrato.

Do ponto de vista funcional, o fim colimado pela lesão contemplada pelo atual Código (art. 157) é – além do reequilíbrio do contrato bilateral – a proteção da parte mais fraca (ou mais vulnerável) na relação negocial[46].

239. ÔNUS DA PROVA

Quem intenta a ação de anulação do contrato por lesão tem, evidentemente, o ônus de provar seus requisitos, isto é, os "fundamentos" de seu pretenso direito potestativo (CPC/2015, art. 373, I). Cabe ao autor provar o desequilíbrio manifesto entre as prestações, assim como as condições adversas de estado de necessidade ou de inexperiência em que o contrato se consumou.

A lei brasileira não exige do lesado que prove o abuso cometido pelo outro contratante. Deve, porém, resultar provado que as condições iníquas do contrato derivaram, por relação de causa e efeito, do estado psicológico em que o lesado se viu compelido a negociar.

É certo que o simples fato de aceitar-se um preço injusto não implica obrigatoriamente o estado de necessidade caracterizador da lesão. Causas outras podem levar a parte a dispor de uma coisa por preço irrisório (o ânimo de praticar liberalidade, ou a simples vontade de dispor de um bem que não é mais útil para o alienante, por exemplo), ou a comprar por um preço exageradamente elevado (o colecionador que se dispõe a pagar qualquer preço para ter uma determinada peça, ou aquele que deseja recuperar, a qualquer custo, um objeto de afeição familiar, *v.g.*).

Por isso é importante analisar as provas do que se diz vítima de lesão, as quais podem até mesmo serem circunstanciais ou indiciárias. Hão de ser, todavia, convincentes no sentido de evidenciar a plausibilidade de premência ou de inexperiência com que a vítima avençou o negócio. Quanto ao desequilíbrio das prestações é dado objetivo que se prova facilmente por meio de perícia. E dessa própria desigualdade econômica é, muitas vezes, fácil de deduzir o nexo causal com as dificuldades financeiras do lesado, se outros motivos não existem para explicar a prática negocial ruinosa[47].

---

[46]   BITTAR FILHO, Carlos Alberto. A figura da lesão na jurisprudência pátria: do direito anterior aos nossos dias. *Revista dos Tribunais*, São Paulo, v. 784, p. 141, fev./2001.

[47]   "*La stessa iniquità delle condizioni che il contraente è pronto a subire è una delle circostanze che concorrono a rendere manifesta l'impellente necessità da cui è stretto il soggetto*" (BIANCA, C. Massimo. *Diritto civile cit.*, v. III, nº 373, p. 688).

240. A SITUAÇÃO DOS TERCEIROS DE BOA-FÉ

O fato de a lesão conduzir à anulação do negócio por ela viciado implicará o prejuízo de subadquirentes do bem ou direito, ainda que tenham praticado a subaquisição de boa-fé?

A resposta é negativa. O reconhecimento da lesão só é de eficácia retroativa entre os sujeitos do negócio por ela viciado, porque em face de terceiros o dolo, a coação e a fraude são inoperantes quando estes tenham tido acesso ao bem ou direito em operações subsequentes praticadas de boa-fé (CC, arts. 148, 154 e 161). A regra é, pois, a de que, nas sucessivas operações sobre o bem objeto do primitivo contrato atingido pelo vício da lesão, o defeito não prejudica os direitos adquiridos *por terceiros* de boa-fé[48].

É certo que os efeitos da sentença de reconhecimento da lesão são os da anulação, quais sejam: liberar o devedor de adimplir as prestações ainda não cumpridas e obrigar a restituição do que já se adimpliu, de parte a parte. Mas, repita-se: a rescisão por lesão, de regra, não prejudica terceiros, sem distinguir se a sub-aquisição se deu a título gratuito ou oneroso[49].

A própria regra geral da anulação prevê que se deva proceder à restituição das partes ao estado anterior ao negócio anulado, mas fazendo a ressalva de que, quando tal não for possível, as partes "serão indenizadas com o equivalente" (art. 182).

A retransmissão do bem a terceiro de boa-fé é justamente um caso de impossibilidade de retorno dele ao contratante vítima de lesão. A solução será a parte do contrato primitivo responder por perdas e danos, ficando incólume o direito do terceiro subadquirente de boa-fé.

É, aliás, o que a jurisprudência sempre fez com os casos de estelionato (dolo, para o direito civil), que também figura entre as causas de anulação do negócio jurídico. Reconhecido o delito, o culpado é condenado a restituir o bem astuciosamente adquirido. Se, todavia, já se acha ele em poder de terceiro de boa-fé, o direito da vítima do dolo fica limitado às perdas e danos a serem suportados pelo delinquente e não pelo subadquirente[50].

---

[48] TORRENTE, Andrea, SCHELESINGER, Piero. *Manuale cit.*, § 326, pp. 509-510.

[49] TRABUCCHI, Alberto. *Istituzioni cit.*, nº 86, p. 194. "Embora não haja disposição expressa a esse respeito, a proteção dos direitos de terceiros de boa-fé é um princípio geral do sistema, que aflora de inúmeras disposições legais, interpretadas, tanto diretamente como *a contrario sensu*" (MIRANDA, Custodio da Piedade Ubaldino. *Teoria geral do negócio jurídico cit.*, nº 8.8.4, p. 239).

[50] "O art. 521 do CC [de 1916] protege o proprietário do veículo que tenha sido vítima de furto, isto é, que tenha perdido o bem pela tirada do bem contra a sua vontade, podendo reavê-lo das mãos de quem o detenha, ainda que terceiro de boa-fé. No entanto, quando a perda decorre de fraude, para a qual concorreu a vontade do proprietário, ainda que viciada, a prevalência é para a proteção do terceiro de boa-fé, adquirente do veículo, cujo direito de propriedade não

502 | NEGÓCIO JURÍDICO • Humberto Theodoro Jr. e Helena Lanna Figueiredo

Não deve ser diferente a solução para o objeto do contrato viciado por lesão, que eventualmente tenha sido transferido a terceiro de boa-fé[51].

241. LESÃO NOS CONTRATOS DE CONSUMO

No regular os contratos de consumo, o Código de Defesa do Consumidor insere entre os direitos básicos do consumidor o que lhe assegura a "modificação das cláusulas contratuais que estabeleçam prestações desproporcionais" (art. 6º, V).

Não cuida a lei protetiva dos motivos pelos quais se ajustaram prestações desequilibradas, em detrimento do consumidor. Considera-se viciada objetivamente a convenção lesiva, de sorte que, diversamente da regra do Cód. Civil (art. 157), a lesão se configura independentemente de estar o consumidor em estado de necessidade no momento de contratar, nem se exige qualquer expediente do fornecedor para aproveitar-se da carência ou inexperiência do consumidor.

Aliás, qualquer análise psicológica das condições em que a declaração de vontade se deu torna-se despicienda, em face do sistema do CDC, visto que este se assenta sobre a presunção legal de que, na relação de consumo, o consumidor age sempre como parte vulnerável e, justamente por isso, é que as garantias e tutelas da Lei nº 8.078/90 foram instituídas em seu favor.

A lesão, portanto, nos contratos entre fornecedor (parte forte) e consumidor (parte fraca), configura-se pelo simples fato de as prestações bilaterais serem desproporcionais entre si, e em prejuízo da parte vulnerável.

A lesão do CDC não é, porém, causa de anulação do contrato, mas de revisão dele, para que o sinalagma se estabeleça em termos justos e razoáveis (arts. 6º, V, e 51, § 2º).

Deve-se ponderar, outrossim, que não basta a diferença singela do valor das prestações e contraprestações. Se o contrato de consumo se trava no mercado, é necessário reconhecer que o fornecedor, como agente mercantil, atua necessariamente em busca do lucro. Sem este sua própria atividade econômica não se sustenta. A

---

deve ser atingido pela apreensão ordenada pela autoridade policial, se esta não apresentar outras razões para a medida excepcional senão o próprio fato da fraude" (STJ, 4ª T., REsp. 56.952-4/SP, Rel. Min. Ruy Rosado de Aguiar, ac. de 25.04.95, *DJU* de 18.09.95, p. 29.969). No mesmo sentido: TJMG, Ap. nº 74.219-1, Rel. Des. Oliveira Leite, ac. de 29.09.87, *DJMG*, 28.10.87; TJSP, Ap. nº 128.715-1, Rel. Des. Evaristo dos Santos, ac. de 10.10.90, *RT*, 665/74.

[51] Aliás, ainda antes do Código atual, o STF teve oportunidade de anular compra e venda praticada sob usura real, enquadrando-a no art. 145, II, do Código Civil de 1916, não, porém, sem ressalvar que disso não resultasse desamparo o terceiro de boa-fé, nas formas previstas no ordenamento jurídico (STF, 1ª T., RE 91.820/RJ, Rel. Min. Rafael Mayer, ac. de 18.12.79, *Lex-JSTF* 16/216-218).

vantagem em favor do fornecedor, no balanço das prestações, é natural e legítima[52]. O que vicia o contrato é a onerosidade excessiva, provocadora de vantagens notoriamente exageradas e injustificáveis dentro das práticas honestas de mercado[53].

A lesão, portanto, exige de quem a invoca, a comprovação de uma prática desonesta, incompatível com a conduta do agente mercantil probo e com as praxes correntes no mercado. Não há um parâmetro que fixe percentuais mínimos ou máximos a observar. A norma envolve um conceito indeterminado ou genérico, de sorte que cabe ao juiz avaliá-lo segundo o caso concreto e a experiência da vida. De qualquer forma é de ter-se em conta que o CDC considera abusiva não a cláusula onerosa para o consumidor, mas apenas a que se lhe mostra "excessivamente onerosa", diante do "conteúdo do contrato", "o interesse das partes" e "outras circunstâncias peculiares ao caso" (art. 51, § 1º, III).

A vantagem do fornecedor configuradora de lesão para o consumidor haverá de ser "exagerada" (art. 51, § 1º, *caput*); deverá ser vista como excepcional e incompatível com o princípio da boa-fé e da lealdade, configuradora, portanto, de comportamento desonesto e inaceitável pelo senso ético comum.

242. PRAZO DECADENCIAL PARA ANULAÇÃO DA LESÃO

O direito de anular o negócio viciado por lesão está sujeito a um prazo fatal. A ação constitutiva (CC, art. 177) deve ser proposta dentro de quatro anos contados do dia em que se realizou o negócio jurídico (art. 178, II). Também a exceção, quando manejada, deverá observar dito prazo.

O prazo em questão não é de prescrição, mas de decadência, como expressamente prevê o dispositivo legal que o estipula. Vale dizer: não se sujeita às suspensões e interrupções que dizem respeito apenas à prescrição (arts. 207 e 208), e pode ser aplicado, pelo juiz, até mesmo de ofício (art. 210).

242.1. Confirmação do negócio viciado por lesão

No Código Civil italiano, há um dispositivo (art. 1.451) que exclui o contrato rescindível por lesão da regra geral de saneamento dos negócios anuláveis por meio de confirmação.

---

[52] "La circolazione dei beni e delle richezze è governata – si dice – da regole di competizione e di concorrenza, alle quali specularmente corrisponde la libertà di procurarsi e mantenere posizioni di vantaggio..." (GRISI, Giuseppe. *L'obbligo precontrattuale di informazione*. Napoli: Jovene Editore, 1990, pp. 82-83).

[53] Porque a procura do lucro é da essência da atividade mercantil, a Medida Provisória nº 2.172, quando reintroduziu a lesão no sistema de direito privado brasileiro, teve o cuidado de ressalvar que suas regras não se aplicariam aos "negócios disciplinados pelas legislações comercial e de defesa do consumidor" (art. 1º, II).

O Código brasileiro, que não submete a lesão ao regime especial da rescisão, pois a trata como vício de consentimento, não abre exceção alguma em matéria de salvamento do contrato por confirmação. Assim, deve-se aplicar também ao contrato afetado por lesão a regra geral do art. 172, do Código Civil segundo a qual "o negócio anulável pode ser confirmado pelas partes, salvo direito de terceiro".

Naturalmente, há casos de usura que são tratados por legislação especial, como a de repressão à usura financeira, por meio de limitação da taxa de juros permitida nos mútuos feneratícios. Nessa regulamentação extravagante, a lei comina, expressamente, a sanção de nulidade para os juros onzenários. O interesse em jogo, obviamente, é de ordem pública, sendo de observar-se, portanto, a regra do art. 169, do CC: "o negócio jurídico nulo não é suscetível de confirmação". No caso da usura, porém, a nulidade é parcial, não atingindo o contrato por inteiro, e sim apenas a cláusula onzenária. De tal sorte, ao juiz, ao conhecer do negócio viciado, caberá ajustá-la à medida legal, restabelecendo o equilíbrio da relação contratual (MP nº 2.172-32, de 23.08.2001, art. 1º).

Capítulo XVI: Da Fraude contra Credores

243. NOÇÃO DE FRAUDE CONTRA CREDORES

No campo dos direitos de crédito, de duas maneiras o credor se garante perante o devedor, a fim de ter meios jurídicos eficientes para realizar seu direito patrimonial, caso ocorra o inadimplemento, isto é, o não cumprimento voluntário da prestação devida: *a)* pelas garantias reais, que vinculam bens certos à obrigação, com preferência e sequela, diante dos demais credores; *b)* pela garantia genérica do patrimônio do devedor, quando a dívida é quirografária, ou seja, não dispõe de garantia real específica (é o que se designa por *responsabilidade patrimonial*).

Nas obrigações com garantia real, o credor fica numa situação cômoda e segura, porque ainda que o devedor se torne insolvente e aliene os bens vinculados, terá como executá-los mesmo no patrimônio de terceiros, graças à sequela própria desse tipo de gravame.

Quando, porém, o credor, dito quirografário, vê o devedor reduzir, por meio de atos de disposição, o seu patrimônio exequível, sem resguardar bens suficientes para acobertar-lhe o crédito pendente, torna-se vítima de uma lesão à garantia genérica com que contava[1]. A ordem jurídica, todavia, não o desampara diante da defraudação praticada. Se em razão das dívidas contraídas, o proprietário não perde o direito de dispor de seus bens, sujeita-se, contudo, a limitá-lo dentro do que não prive os credores da garantia patrimonial adequada.

Dessa maneira, quando o desfalque no patrimônio do devedor compromete a realização do direito do credor, a lei lhe proporciona um remédio especial de preservação da garantia patrimonial, com que evita o seu desaparecimento jurídico, sem embargo das alienações já consumadas em fraude de seu direito. Por meio da ação pauliana, o credor encontrará um meio eficiente para contornar ou reparar as consequências da fraude, pois com ela se consegue restabelecer a sujeição dos bens alienados à responsabilidade patrimonial a ser exercida na execução forçada movida contra o inadimplente[2].

---

[1] "Sendo o patrimônio do devedor a garantia geral dos credores, ocorre, por vezes, que aquele, não querendo que todo o seu patrimônio sucumba à execução dos seus credores, aliena uma parte desse patrimônio, de modo a subtraí-lo à ação dos credores, realizando negócios de venda, de doação de seus bens ou atos de remissão de dívidas de terceiros para com ele, devedor, o que quer dizer que, se tais bens não fossem vendidos ou doados e se os créditos (as dívidas de terceiros) passassem a integrar o patrimônio do devedor, os seus credores poderiam contar com eles para a satisfação desses créditos" (MIRANDA, Custodio da Piedade Ubaldino. *Teoria geral do negócio jurídico*. 2. ed. São Paulo: Atlas, 2009, n° 8.9, p. 240).

[2] "Il creditore... ha un *mezzo assai importante per riparare alle conseguenze della frode* con la quale fossero fatti scomparire i beni che costituiscono l'oggetto della responsabilità, ed è l'azione

Concentra-se, pois, na ação pauliana, o instituto da repressão à fraude contra credores. E não é ela outra coisa senão o meio legal de conservação da garantia patrimonial do credor ameaçada pelas alienações indevidas praticadas pelo devedor[3].

244. NOÇÃO DE FRAUDE

Fraude (do latim, *fraudis*) é, segundo os léxicos, o mesmo que dolo, burla, engano, logração[4], abuso de confiança, logro, ação praticada de má-fé[5] ou, como dizem os franceses, é o "engano ou falsificação punível pela lei"[6]. Quem cogita, portanto, de fraude no plano jurídico, pensa em astúcia ou malícia para lesar alguém, por meio de conduta desleal, mentirosa e injurídica. Contra este tipo de procedimento lesivo, a ordem jurídica ergue-se, em todos os seus ramos, desde os do direito privado até os do direito público, seja na defesa de interesses puramente particulares, seja na repressão a prejuízos de interesse geral ou coletivo. Por exemplo: o Código Civil repele o *dolo* e a *simulação*, tornando anuláveis ou nulos os atos jurídicos que se viciem com a mentira de um agente contra o outro ou contra terceiro (arts. 145 e 167); censura a insolvência criada ou agravada pelo devedor (arts. 158 a 165); considera anulável a venda de ascendente a descendente, sem o consentimento dos demais (art. 496), e nula a compra do bem administrado, pelo próprio administrador (art. 497, I); anula o direito à indenização do seguro, quando o segurado faz declarações falsas ou incompletas (art. 766); elimina a capacidade de figurar como beneficiário da deixa testamentária de quem escreveu o testamento a rogo do testador ou de quem figurar como testemunha do ato de última vontade (art. 1.801) etc.

Já o direito comercial considera ineficaz contra a massa todo e qualquer ato praticado em prejuízo dos credores do falido, durante o período suspeito da quebra (Lei nº 11.101/2005, art. 129). O Código Tributário Nacional (CTN) priva dos efeitos da moratória o contribuinte que agiu com dolo, fraude ou simulação (art. 154, parágrafo único) e presume fraudulenta a alienação ou oneração de bens praticada por sujeito passivo em débito com a Fazenda Pública por crédito tributário inscrito em dívida ativa (art. 185). No direito criminal, o Código Penal tipifica e pune vários delitos com base na fraude, como o estelionato (arts. 171 a 179); a apropriação indébita (art. 168); o furto qualificado pelo emprego de meios astuciosos (art. 155,

---

revocatoria, o pauliana" (TRABUCCHI. *Istituzioni di diritto civile.* 38. ed. Padova: CEDAM, 1998, nº 257, p. 592).

3   *"Funzioni della revocatória è, precisamente, quella di tutelare il créditore contro gli atti dispositivi che mettono in pericolo la garanzia patrimoniale del debitore"* (BIANCA, C. Massimo. *Diritto civile.* Milano: Giuffrè, ristampa, 1994, v. V, nº 191, pp. 434/435).

4   AULETE, Caldas. Fraude. *Dicionário contemporâneo da língua portuguesa,* v. III, p. 2.314.

5   FERREIRA, Aurélio Buarque de Holanda. Fraude. *Novo dicionário da língua portuguesa.* 12. impressão, Rio de Janeiro: Nova Fronteira, s/d, p. 654.

6   "Tromperie ou falsification punie par la loi" (REY, Alain. Fraude. *Le micro-robert.* Paris: Dictionnaires Le Robert, 1988, p. 449).

§ 4º); a violação sexual mediante fraude (art. 215) etc. No direito administrativo, a fraude é, dentre outros, motivo de anulação de concurso público, de licitação e de contratos da administração etc. No direito processual civil, a lei pune a conduta temerária ou desleal em qualquer fase do procedimento (CPC/2015, arts. 79 a 81 e 772 e 774), pune o litigante que sonega documentos (art. 400), reprime as alienações e onerações em fraude da execução (arts. 790, V e 792) etc.

245. REPULSA DO DIREITO À FRAUDE

A experiência da vida nos ensina que a inteligência do homem, por mais civilizado que seja o meio em que se ache instalada a sociedade, não consegue eliminar a tentação da mentira e da astúcia. O homem realmente probo e de conduta irreprochável, em toda linha, não chega a ser, em número, o paradigma das grandes massas, ou, pelo menos, não consegue, só com seu exemplo, plasmar um ambiente do qual a conduta leal e sincera seja o único padrão observado.

Estranhamente, é nas sociedades mais evoluídas que a fraude se revela com mais frequência e maior intensidade. Parece que o progresso da humanidade se faz, no campo da delinquência, por meio de uma substituição dos hábitos violentos pelas praxes astuciosas[7].

A lei, inspirando-se nas fontes éticas, procura traçar um projeto de convivência social, onde cada um se comporte honestamente, de modo a respeitar o patrimônio alheio e os valores consagrados pela cultura. O desonesto, porém, consegue sempre camuflar seu comportamento para, sob a falsa aparência de legalidade, atingir um resultado que, à custa do detrimento de outrem, lhe propicie vantagens e proveitos indevidos ou ilícitos. "O defraudador não é apenas desleal e desonesto; é também inteligente e astuto, no emprego hábil do processo de frustração da lei" – adverte Alvino Lima[8].

As regras do direito caracterizam-se pela preocupação de efetividade, pelo que procuram cercar-se de mecanismos sancionatórios que desencorajem os possíveis infratores e que possam neutralizar os atentados inevitáveis. Nessa ordem de ideias, a reação contra a fraude assume grande destaque entre os mecanismos de defesa dos direitos subjetivos e do próprio ordenamento jurídico.

> "Se o espírito de desobediência à lei é apontado como 'o perigo mortal para o direito', como fonte da desordem, gerando o sentimento de inutilidade da lei (Ripert. *Le déclin du droit*, pp. 94 e segs.), mais grave se torna aquele espírito de rebeldia, de desrespeito à lei, do desvirtuamento de suas finalidades, quando o seu transgressor, usando de processos tendenciosos, dissimulados, fere os direitos de terceiros, estranhos ao pro-

---

[7]   DEL VECCHIO, Giorgio. *La justice et la verité*. Paris: Dalloz, 1955, p. 212.

[8]   LIMA, Alvino. *A fraude no direito civil*. São Paulo: Saraiva, 1965, nº 1, p. 2.

cesso defraudador, e, consequentemente, impossibilitando-os de opor, desde logo, à violação do seu direito"[9].

De fato, enquanto o agente do ilícito comum atua às claras e, com isso, permite reação da vítima a tempo de defender seus direitos e de evitar a consumação do dano, o mesmo não se passa com o agente da fraude. Aqui, a vítima é surpreendida, em regra, quando a astúcia do defraudador conseguiu, às escondidas, consumar a lesão do patrimônio alheio, tudo sob a aparência de inocente exercício de direito. Nessa altura só resta ao lesado o socorro ao processo judicial para invalidar ou neutralizar o ato fraudulento. Para complicar mais a situação, constata-se que, como fruto de inteligência preordenada à ilicitude, a fraude sempre corresponde a uma preocupação do causador do dano de agir com *cautela* e *segurança* para encontrar na aparência de ato jurídico perfeito a principal barreira à defesa da vítima.

É pela valorização da boa-fé e pela condenação da má-fé que se prepara o ordenamento jurídico para combater a fraude, de maneira que, descobertos o embuste e o ultraje ao preceito legal, seja cancelado o efeito antijurídico obtido, com astúcia, pelo defraudador, e restaurado o direito subjetivo por ele violado, a fim de que a *verdade* e a lei triunfem sobre a mentira e a injuridicidade.

Para Josserrand, a lei não pode condescender com a simples aparência de licitude do ato fraudulento porque ele se qualifica como "a negação do próprio direito"[10]. De tal arte, é a necessidade de preservar o caráter obrigatório da regra jurídica que, em última análise, explica a reação da lei aos atos fraudulentos[11]. As palavras de Josserrand retratam bem essa repulsa:

"A fraude, que vicia todos os atos, que faz cessar a aplicação de todas as regras jurídicas, não pode ter livre curso sob a égide muito complacente do direito; ela deve ser ferida impiedosamente, se não é o próprio direito que, posto ao serviço dos desejos antissociais, parodiado por seus depositários, correria o risco de manobras sob o golpe dessa profanação"[12].

É nesse quadro que se localiza a repressão legal à fraude contra credores, realizada, desde os primórdios do direito romano, por meio da clássica *ação pauliana* (Código Civil, arts. 158 a 165).

---

[9] LIMA, Alvino. *Ob. cit.*, nº 2, p. 2.

[10] JOSSERRAND, Louis. *Les mobiles dans les actes juridiques du droit privé*. Paris: Dalloz, 1928, nº 71, p. 214.

[11] VIDAL, José. *Essai d'une théorie générale de la fraude en droit français: le principe "fraus omnia corrumpt"*. Paris: Dalloz, 1957, p. 386.

[12] LIMA, Alvino. *A fraude no direito civil cit.*, p. 4, nota 9.

246. RAÍZES HISTÓRICAS DA AÇÃO PAULIANA

Nas origens históricas do direito civil, a expressão *fraude* tinha um significado amplo e inespecífico, pois representava qualquer procedimento malicioso, como o *dolo*, a *simulação*, e aquilo que modernamente se considera, especificamente, *fraude contra credores*.

Mas, atrás dessa conduta astuciosa, era indispensável localizar-se efeito lesivo para poder, de fato, configurar a *fraude*. Tanto era assim que, no estudo dos institutos mais antigos do *direito romano*, se apontava para a *fraude* como sinônimo de *prejuízo* ou *lesão*[13]. O dano, porém, de que cuidavam esses antigos textos romanos não era qualquer perda. Era "o dano especial sofrido pelo direito em virtude de sua violação", pois a fraude era "a ruptura da regra de conduta, a ofensa ao direito, a violação de seu comando"[14].

Na verdade, houve, ao longo do tempo, uma evolução do sentido da palavra *fraude* que acabou por se identificar com o *expediente astucioso* empregado com o fim de provocar o *dano*. Mas as duas ideias (dano e malícia) não se sucederam nem se excluíram, reciprocamente, pelo menos de maneira absoluta. Ao contrário, os elementos de uma e outra acabaram se harmonizando para formar o conceito final de *fraude* no direito romano mais evoluído. Assim é que se tinha, então, como *fraude*, "o prejuízo ou, mais precisamente a violação da regra imperativa, por meio de engano"[15].

Não havia entre os romanos, no entanto, uma teoria geral da fraude, embora estivessem delineados entre seus instrumentos normativos as grandes categorias de fraudes, ou seja: a *fraus legis* e a *fraus patroni vel creditorum*. Para a *fraus legis*, dava-se

---

[13] "Selon l'opinion généralement admise, le sens primitif du mot fraude est *dommage, préjudice*. De nombreux textes rapprochent effectivement fraus de dammum et de noxa ou la traduction exclusive de dommage parait bien s'imposer et, pour n'en citer qu'un, la très acienne loi des XII *Tables dans laquelle on trouve trois fois le mot* fraus, *chaque fois au sens de dommage*" (VIDAL, José. *Essai d'une théorie générale de la fraude en droit français, cit.* p. 11).

[14] KRÜGER et KASER. *Fraus, in Zeitschrift der Savigny-Stifung für Rechtsgeschiche*, 1943, pp. 117 *et. seq. Apud* VIDAL, José. *Ob. cit., loc. cit.*

[15] "Le préjudice, ou plus exactement la violation de la régle impérative, realisée au moyen d'une tromperie" (VIDAL, José. *Ob. cit.*, p. 13). Também na doutrina brasileira, a denominação *fraude* se apresenta como uma especialização semântica moderna. Lembra Caio Mário da Silva Pereira que para o direito romano *fraus* designava todo procedimento malicioso, quer sob a modalidade de dolo, quer na de *fraude* propriamente dita. Nosso Código Comercial refletiu essa confusão conceitual, pois empregou o vocábulo fraude como sinônimo de *simulação*. Coube a Teixeira de Freitas delimitar o conceito de fraude, extremando-o dos demais defeitos dos negócios jurídicos. De tal sorte que quando adveio o Código Civil, a doutrina pátria já fazia a perfeita distinção que a doutrina francesa nem sempre conseguia demonstrar com precisão científica (cf. PEREIRA, Caio Mário da Silva. *Instituições de direito civil: introdução ao direito civil, teoria geral do direito civil*. 31. ed. Revista a atualizada por Maria Celina Bodin de Moraes. Rio de Janeiro: Forense, 2018, v. I, n° 93, p. 450).

NEGÓCIO JURÍDICO • Humberto Theodoro Jr. e Helena Lanna Figueiredo

simplesmente sua equiparação com a violação direta à lei. Já para a *fraus patroni vel creditorum,* surgiram disposições especiais de lei e editos de pretor cuidando de sanções específicas, dentre elas a *revocação* dos atos fraudulentos.

Cícero, em sua conhecida obra (*De att.,* 1, 1,3), refere-se ao edito do pretor que cuidava da revocação dos atos fraudulentos praticados pelos libertos que frustravam os direitos sucessórios de seus antigos senhores, tornando-se *insolventes: Omne autem quodcunque in fraudem patroni gestum est, revocatur*[16]. Duas ações eram então cabíveis: a *fabiana,* para a hipótese de sucessão testamentária, *e a calvisiana,* para a sucessão *ab intestato.* Ambas tendiam a obter o mesmo resultado, ou seja, a revocação do ato do liberto causador de sua insolvência e do consequente prejuízo do antigo senhor, que conservava direitos sucessórios em relação ao ex-escravo. Devia o lesado, no entanto, demonstrar o elemento intencional na conduta do liberto, que consistia na vontade de subtrair seus bens a sucessão em favor do senhor (*vontade fraudulenta*)[17].

A Lei *Aelia Sentia* previa expressamente a nulidade das alienações realizadas em fraude do senhor ou dos credores (Gaio, 1, 37, 47), mediante configuração de dois requisitos: um prejuízo causado ao senhor ou aos credores (*eventus damni*) e uma condição subjetiva, a vontade de causar o prejuízo (*consilium fraudis*).

Ao presente livro, interessa especificamente a *fraude contra credores,* que é o instituto oriundo do direito romano que continua operante, com relevância, ainda no direito contemporâneo. As fontes históricas, todavia, são lacunosas e não fornecem aos estudiosos dados completos e decisivos para precisar quando e como se deu o aparecimento da *ação pauliana,* isto é, da ação criada especialmente para revogar o *ato em fraude de credores*:

> "A *fraus creditorum*, foi sancionada a exemplo da *fraus patroni* pelo credor. Seu estudo é extremamente difícil em razão da diversidade de meios implementados pelo credor e da incerteza da data de sua aparição"[18].

246.1. A ação pauliana no direito romano

O *interdictum fraudatorum,* que se conhece como o mais antigo em torno do tema da fraude contra credores, era conferido a todo credor lesado por ato fraudulento de seu devedor. Havia também, em estágio anterior a Justiniano, a *exceptio fraudatorum* que cabia ao *curator bonorum* ou ao *emptor bonorum* e que tinha como objetivo paralisar ações de terceiros beneficiários da fraude do devedor, visando os

---

[16]   ULPIANO, lib. 44 *ad edictum;* Dig., 38, 5, 1, 3. É bom registrar que CÍCERO viveu entre os anos 106 e 43 a. C.

[17]   VIDAL, José. *Essai d'une théorie générale de la fraude en droit français cit.,* p. 27.

[18]   "La *fraus creditorum,* a été sanctionnée à l'exemple de la *fraus patroni* par le prêteur. Son étude est extrêmement dificile en raison de la diversité des moyens mis en oeuvre par le prêteur et de l'incertitude de la date de leur apparition' (VIDAL, José. *Ob. cit.,* p. 29).

Capítulo XVI: Da Fraude contra Credores | **513**

bens arrecadados. Desde tempos remotos, era possível, ainda, o uso da *in integrum restitutio ob fraudem,* por meio da qual, excepcionalmente, o magistrado determinava a anulação das alienações fraudulentamente realizadas pelo devedor.

Enfim, e principalmente, as alienações em fraude de credores podiam ser *revogadas* por meio de uma *actio in factum* sobre cuja origem e cujo nome os autores não chegam a um acordo. Tratava-se da *actio,* que posteriormente veio a ser consagrada sob o nome de *ação pauliana,* nomenclatura que apareceu uma única vez num texto do *Digesto* e cujas origens se ligam ao nome do jurisconsulto Paulo, de quem se obteve o texto[19].

Tem-se, porém, como certo que ao tempo de Justiniano, a ação *revocatória* ou *pauliana* veio a englobar os outros meios impugnativos da fraude contra credores, e que sobreviveu, como tal, até os dias de hoje[20].

Discute-se, todavia, sem chegar a uma conclusão segura, se a ação *in factum* destinada a revogar os atos de fraude contra credores já existiria, como tal, antes de Justiniano, ou se teria sido dele a criação da referida *actio*[21].

De qualquer maneira, a discussão é puramente histórica, sem maior repercussão no estudo do direito atual, porquanto a *ação pauliana* que sobreviveu e que perdura até hoje nos direitos de origem romanística é exatamente a ação *in factum* que Justiniano codificou[22].

Por outro lado, a grande virtude da Compilação de Justiniano, em matéria de fraude contra credores, se localizou justamente no ter sabido fundir num só os vários meios revocatórios clássicos, dando lugar, assim, à nova e única *ação revocatória,* conhecida também por *ação pauliana,* "a qual é dedicada uma especial *sedes materiae* tanto no Código, VII 75, quanto no *Digesto*, XLII 8"[23].

246.2. O nome da ação revocatória

Atribui-se ao pretor, p. Rutilio, a criação, nos últimos tempos da República, da *missio in possessionem,* que se completava com a *bonorum venditio,* formas processuais

---

[19] VIDAL, José. *Ob. cit.,* p. 29, nota 2; COLLINET, Paul. *L'origine byzantine du mom de la paulienne.* NRH, 1919, pp. 187 *et seq.*

[20] VIDAL, José. *Ob. cit.,* p. 29.

[21] VIDAL, José. *Ob. cit., loc. cit.*; GIRARD, p. F. *Manual de droit romain.* 8. ed. Paris: A. Rousseau, 1924, p. 457; LENEL, Von Otto. *Das edictum perpetuum ein versuch zu seiner wiederherstellung.* 3.ed. Leipzig: B. Tauchnitz, 1927, pp. 435-443, 495-50; SOLAZZI, Sirio. *La revoca degli atti fraudolenti nel diritto romano.* 3. ed. Napoli: E. Jovene, 1945, v. I, pp. 85 *et. seq.*; MONIER, Raymond. *Manuel de droit romain.* 5. ed. Paris: Domant-Mont, 1935, v. II, nº 176.

[22] VIDAL, José. *Essai d'une théorie générale de la fraude en droit français cit.,* p. 29.

[23] "Alla quale è dedicata una apposita *sedes materiae* sia nel Codice, VII 75, che nel Digesto XLII 8" (IMPALLOMENI, Giovan Battista. Azione revocatória – diritto romano. *Novíssimo digesto italiano.* 3. ed. Torino: UTET, 1957, v. II, p. 147).

514 | NEGÓCIO JURÍDICO • *Humberto Theodoro Jr. e Helena Lanna Figueiredo*

que seriam o germe da *execução real* ou *patrimonial,* em lugar da primitiva e bárbara *execução pessoal* da Lei das XII Tábuas.

Há entre os autores a opinião de que teria sido um pretor de nome Paulo o instituidor da ação revocatória dos atos em fraude de credores, fato que também teria se passado nos fins da República. Daí pensar-se que tal pretor seria o mesmo p. Rutilio, criador da *missio in possessionem,* sobre o qual a história quase nada registra.

Giorgi abona esta tese, explicando que Tito Livio inclui p. Rutilio Calvo entre os pretores do ano 169 a. C., cujas obras completamente desaparecidas, existiam pelo ano 105 a. C. e cujo prenome p. possivelmente seria Paulo. Daí que, nas referências mais antigas, a ação revocatória da fraude contra credores era tanto apelidada ação *pauliana* como ação *rutiliana*[24].

De qualquer maneira, adverte Henri de Page, a origem da *ação pauliana* é extremamente duvidosa, "porque nem sequer sabemos se existiu um pretor chamado Paulo"[25].

Seja qual for a origem romana da ação revocatória do ato praticado em fraude dos credores, é certo que a denominação *ação pauliana* se tornou tradicional, perdurando desde as obscuras raízes romanas até os códigos atuais, em todo o mundo ocidental.

246.3. O direito romano clássico e a ação pauliana

De início, isto é, nos primeiros tempos de Roma, a responsabilidade do devedor era pessoal, perante seus credores, de sorte que os atos de execução recaiam diretamente sobre a pessoa do inadimplente, tornando-o submisso ao poder físico e jurídico do credor e chegando mesmo a tornar-se escravo deste (vigorava o sistema das *legis actiones,* cuja execução forçada se traduzia na *manus injectio*).

Só muito mais tarde, na evolução do direito romano, foi que se concebeu o patrimônio do devedor como a garantia fundamental de seus credores. Foi então que, em lugar de executar-se fisicamente o devedor (execução pessoal), passou-se a atuar, na execução forçada, apenas sobre seus bens, estágio que se aperfeiçoou muito depois da lei *Poetelia Papiria* (ano 428 ou 441 a. C.), quando já no tempo da República se concebeu a *execução real,* mediante a *missio in bona,* sob inspiração do Pretor p. Rutilio, por volta do ano 169 a. C.

Não se conhece exatamente em que momento apareceu, no direito romano, o instituto da revocação dos atos fraudulentos do devedor insolvente, praticados

---

24 GIORGI, Giorgio. nota ao Cap. I de MAIERINI, Angelo. *Della revoca degli atti fraudolenti:* fatti dal debitore in pregiudizio dei creditori. 4. ed. Firenze: Fratelli Cammelli, 1912, p. 7.

25 "Car on ne sait même pas si un préteur du nom de Paul a existé" (PAGE, Henri de. *Traité élémentaire de droit civil belge.* 2. ed. Bruxelles: E. Bruylant, 1948, v. III, nº 204, p. 211; GIRARD, p. F., *ob. cit.,* pp. 435-437).

em prejuízo da garantia de seus credores. Tudo indica, porém, que tenha ocorrido depois que se abandonou o antigo procedimento da execução pessoal e se passou a observar a execução direta do patrimônio do devedor, ou seja, depois da introdução do procedimento rutiliano da *bonorum venditio*, cuja plenitude de aplicação veio a ocorrer nos últimos tempos da República.

O testemunho histórico mais antigo acerca da revocatória é encontrado numa carta de Cícero a Ático, em cujos termos se encontra expressa referência ao instituto da revocação dos atos fraudulentos, evidenciando que àquele tempo já vigoravam os remédios processuais de repressão à fraude contra credores[26].

Para Maierini, outrossim, é fato inconteste que o procedimento rutiliano se aplicou como sistema normal de execução somente nos últimos tempos da República.

> "De modo que se pode considerar que a revocação dos atos realizadas em fraude contra credores foi admitida como consequência ou complemento do novo procedimento executivo, que reconhecia no patrimônio do devedor a garantia comum dos credores. A íntima conexão dos institutos resulta também de ser tanto uma criação do direito honorário, com a qual se fez triunfar as exigências de equidade e de boa-fé sobre as regras estritas do direito civil"[27].

Da mesma forma, Giorgi se mostra convicto de que a revocatória surgiu como instituto originário do direito honorário, em época posterior ao procedimento executivo rutiliano[28].

Parece, pois, evidente que, historicamente, a revocação dos atos de disposição do devedor em prejuízo à garantia de seus credores somente foi objeto de cogitação do direito romano depois que essa mesma garantia se tornou a base da execução forçada. Antes, ou seja, ao tempo da execução pessoal do inadimplente, não teria maior significado a revocação dos atos de disposição patrimonial.

246.4. As controvérsias sobre a natureza da ação pauliana em direito romano

Os romanistas modernos, aprofundando nos institutos pré-justinianeus, não chegam a um consenso quanto às origens exatas da *ação pauliana*. E, por isso, também não chegam a um consenso acerca da sua natureza jurídica.

---

[26] Cf. MAIERINI, Angelo. *Della revoca degli atti fraudolenti cit.,* nº 3, p. 6.

[27] "Cosicchè può ritenersi, che la rivocazione degli atti fatti in frode dei creditori fosse ammessa come conseguenza o complemento del nuovo procedimento esecutivo, che riconosceva nel patrimonio del debitore la garanzia comune dei creditori. L'intima connessione dei istituti risulta altresi dall'essere ambedue una creazione del diritto onorario, con cui si fecero trionfare le esigenze dell'equità e della buona fede sulle rigide norme dell'ius civile" (MAIERINI, Angelo. *Ob. cit.,* nº 3, p. 6).

[28] MAIERINI, Angelo. *Ob. cit.,* p. 7.

Encontram-se lembranças vagas da revogação dos atos fraudulentos no *Digesto:* uma na L. 1 e outra na L. 10, *h.t.* Na exegese desses dois editos, alguns autores entendem que não haveria distinção de substância entre os dois, mas apenas de procedimento[29].

Outros, porém, afirmam a existência de duas ações revocatórias distintas em Roma: a primeira, contra a alienação fraudulenta dos bens *corpóreos,* e a segunda, contra a dos bens *incorpóreos*[30].

Bartolo e Cujacio falam em quatro ações revocatórias, o mesmo acontecendo mais modernamente com Rudorff e Huschke. Mas Leist volta ao sistema binário, e aponta a ação do Primeiro Edito como a verdadeira Pauliana, que era concedida ao *curator bonorum* no interesse comum de todos os credores; já a ação do Segundo Edito seria um *Interdito,* concedido em particular a todo credor singular prejudicado por algum ato fraudulento.

O tema se complicava porque no *Corpus juris* se falava tanto de uma *Actio pauliana* pessoal, como de uma *Actio in factum,* e, ainda, de uma *Actio rescissoria realis* (§ 6, *Inst. de act.*), sem esclarecer quais as relações existentes entre elas e os dois Editos pretorianos antes referidos no *Digesto.*

Daí o aparecimento de escolas que distinguiam a ação rescisória *real* e a *pessoal:* aquela voltada contra a garantia real da penhora (*pignus* pretoriano, decorrente da *missio in bona*); e esta, conferida ao credor para atacar as alienações feitas antes da *missio in bona*[31].

Muitas análises personalíssimas e contraditórias se fizeram ao longo da história dos exegetas do direito romano, até que Brezzo chegou a distinguir *sete remédios revocatórios* distintos nos fragmentos das leis de Roma[32].

Giorgi, porém, registra que, sem embargo da importância histórica dos Editos, trata-se de relevância que já havia sido extinta ao tempo da compilação de Justiniano, sendo certo que todos os antigos remédios revocatórios editalícios haviam se confundido num único instituto: na *ação pauliana* ou *revocatória,* que influenciou o direito moderno[33].

246.5. Em que consistia o instituto romano da revocatória

O direito reconhecido aos credores de reagir contra os atos de disposição do devedor, que comprometiam a garantia patrimonial de seus créditos, tinha como

---

[29] Fabro, Dino, Donello, Schilter, Mainz, Windscheid, Keller, *cits. In:* MAIERINI. *Ob. cit.,* p. 54, nota *d,* de Giorgio Giorgi.

[30] Bargalio. *De dolo,* lib. V, cap. 7, n.55. *In:* MAIERINI, Angelo, nota d, deGIORGI, Giorgio, p. 55.

[31] Cf. GIORGI, notas a Maierini, *ob. cit., loc. cit.*

[32] BREZZO, Camillo. *La revoca degli atti fraudolenti.* Torino: Fratelli Bocca, 1892, pp. 4-5.

[33] GIORGI, notas a Maierini, *ob. cit.,* nota *d,* p. 58.

fonte um *Edito do Pretor*. Neste, assegurava-se uma ação para fazer revocar os atos com os quais o devedor houvesse fraudulentamente reduzido seu patrimônio com intenção de prejudicar seus credores (Fr. 10 princ. *h.t.*).

Não se tratava, porém, de uma *anulação* do ato alienatório praticado pelo devedor, mas simplesmente de uma preservação da responsabilidade patrimonial que pesava sobre o bem alienado. Eis o texto do Edito:

> "*Ait Praetor: quae fraudationis causa gesta erunt cum eo qui fraudem non ignoraverit, de his curatori bonorum, vel ei cui de ea re actionem dare aportebit, intra annum, quo experiundi potestas fuerit, actionem dabo; idque etiam adversus ipsum qui fraudem fecit servabo*" (Fr. 1. Princ. h.t.).

Da interpretação desse texto arcaico, *Maierini* sintetizou o seguinte:

> "O pretor não declarou nulos os atos fraudulentos, porque não poderia eliminar toda a consistência jurídica a atos válidos segundo o direito civil, mas concedeu aos credores um meio jurídico para paralisar-lhes os efeitos que lhe fossem prejudiciais"[34].

Vidal, que proclama não se tratar a ação pauliana atual do direito francês de outro instituto senão a *actio in factum* do direito romano, também conclui que a fraude reconhecível por meio da pauliana "tem como efeito sua própria eficácia", ou seja, o vício do ato fraudulento gera sua *inoponibilidade* aos diversos interessados[35].

Lembra o mesmo autor que a dificuldade de classificar o efeito da fraude, que muitos doutores não sabem como contornar, decorre da rigidez com que se costuma dividir os atos viciados em apenas duas categorias: a dos atos *absolutamente nulos* e a dos *atos relativamente nulos*. De fato, limitando-se a esses dois tipos de nulidade, a fraude contra credores, reconhecível por via da ação pauliana, não poderia enquadrar-se em nenhum deles.

Tanto a nulidade absoluta como a relativa têm como consequência a invalidação tanto entre as partes como perante terceiros. Anulado o ato ou conhecida a sua nulidade, as partes voltam ao estado anterior à sua prática e tudo se passa, daí em diante, como se o ato viciado não tivesse sido praticado. Não é isto, porém, que se passa com o ato fraudulento atacado pela ação pauliana, já que esta, em sua eficácia, se distingue de todas as ações de nulidade. Da pauliana decorre apenas a inoponibilidade do ato impugnado àqueles que foram prejudicados pela fraude, restando, todavia, subsistente e válido entre as partes que o realizaram[36].

---

[34] "Il Pretore non dichiarò nulli gli atti fraudolenti, perchè non avrebbe potuto togliere ogni consistenza giuridica ad atti pienamente validi secondo il diritto civile, ma concesse ai creditori un mezzo giuridico per paralizzarne gli effetti ad essi pregiudizievoli" (MAIERINI, Angelo. *Ob. cit.*, nº 4, p. 10).

[35] VIDAL, José. *Essai d'une théorie générale de la fraude en droit français cit.*, p. 390.

[36] VIDAL, José, *ob. cit.*, p. 391.

Na verdade, Vidal entende que não há uma diferença de substância entre *nulidade* e *inoponibilidade*, mas apenas de grau ou extensão. Segundo seu modo de ver, a *inoponibilidade* é a ineficácia em face de terceiros, enquanto a *nulidade* é a ineficácia também em relação às partes[37].

Assim, expõe e fundamenta o notável autor francês:

"Podemos, assim, distinguir a inoponibilidade da nulidade, mas a diferença não é uma diferença de natureza, mas de extensão. A inoponibilidade é a ineficácia em relação a terceiros, enquanto que a nulidade é a ineficácia em relação às partes. Aquela é uma forma atenuada da nulidade, cuja existência se funda sobre o 'princípio de boa economia legal'.

É, na verdade, perfeitamente inútil atuar mais do que o necessário para obter o objetivo visado pelo legislador. A vontade do autor do ato deve ser respeitada desde que a mesma ou o ato não violem a regra jurídica. A inoponibilidade alcança esse resultado. Ela modela a sanção à exata gravidade do vício: o ato fraudulento só é ineficaz na medida em que conduz a um resultado considerado contrário à lei: a evasão de uma regra obrigatória"[38].

Para Vidal, portanto, não há dúvida que "a ação de fraude é uma ação de inoponibilidade": "A ação pauliana, cuja natureza foi por muito tempo controvertida, é realmente uma ação de inoponibilidade"[39].

246.6. A verdadeira natureza da ação pauliana no direito romano

A ação pauliana concedia ao credor lesado pela fraude uma espécie de *restitutio in integrum*, mas não era um remédio oponível *erga omnes*, como ocorria em relação às ações reais. A *restitutio*, na pauliana, atuava como uma modalidade da *restitutio ex capite doli*, isto é, um remédio que somente era eficaz contra o *adquirente*, que houvesse sido *cúmplice* do alienante na fraude.

---

37   VIDAL, José, *ob. cit.*, p. 391.

38   "On peut donc distinguer l'inopposabilité de la nullité, mais la différance n'est pas une différence de nature mais d'étendue. L'inopposabilité est l'inefficacité au regard des tiers, tandis que la nullité est l'inefficacité au regard des parties. Elle est une forme atteneuée de la nullité dont l'existence se fonde sur un 'principe de bonne économie juridique'. Il est en effect parfaitemant inutile de frapper un acte plus qu'il n'est nécessaire pour que soit atteint le but visé par le législateur. La volonté de l'auteur de l'acte doit être respectée jusque e dans la mesure où cet acte ne contrevient pas à la règle juridique. L'inopposabilité parvient à ce résultat. Elle modèle la sanction à l'exacte gravité du vice: L'acte frauduleux n'est frappé d'inefficacité que dans la mesure seulement où il aboutit à un résultat jugé contraire au droit: l'éviction par la ruse d'une règle obligatoire" (VIDAL, José, *ob. cit.*, p. 391).

39   "l'action de fraude soit une action en inopposabilité":"L'action paulienne dont la nature a été longtemps controversée est une action en inopposabilité" (VIDAL, José, *ob. cit.*, p. 391-392).

Por isso, Maierini não admitia que em Roma pudesse ter existido uma ação pauliana de natureza real, embora alguns fragmentos de textos antigos de sentido ambíguo possam ter levado certos estudiosos a defender a existência de um tipo de pauliana, ao qual correspondia a força de *restitutio in integrum* capaz de conferir-lhe a qualificação de *actio in rem*. Para Maierini, portanto, deve deixar-se de lado a suposta *ação pauliana real* e preocupar-se apenas com a verdadeira *pauliana,* tal como vem descrita nas *Pandectas* justinianas, de onde passou ao direito contemporâneo, sem maiores transformações substanciais, e com caráter nitidamente *pessoal*[40].

Giorgi, também, anota que nas *Pandectas* a ação revocatória aparece exclusivamente com a qualificação, os caracteres e os efeitos de *actio in personam*. Nenhuma distinção, já então, se fazia entre *actio pauliana, actio in factum, actio utilis, directa,* ou *interdicta,* fundidos que se achavam todos estes remédios antigos num só instituto[41]. A ação não era concedida ao credor em defesa de domínio ou outro direito real sobre o bem alienado fraudulentamente, que pudesse ser oposto *erga omnes* e, consequentemente, a qualquer um que viesse a possuir a coisa.

Ao contrário, a *actio pauliana* atingia restritamente aquele que, negociando com o devedor fraudulento, houvesse agido de forma a tornar-se responsável, também, pela fraude. A ação, portanto, só alcançava o adquirente quando fosse *particeps fraudis* ou quando *moratur in lucro cum aliena jactura*[42].

Não era, como se vê, uma ação real, já que não era exercitada para reivindicar ou restaurar direito real, mas para repristinar contrato ou obrigação de qualquer natureza, prejudicial à garantia dos credores. Se havia alguma dúvida acerca do caráter pessoal da pauliana, ou de alguma espécie particular de revocatória, no direito romano honorário, o certo é que, nas *Pandectas* se eliminou qualquer divergência a respeito do tema[43].

Em suma, a revogação pauliana não era concedida para restaurar domínio ou outro direito real, mas apenas para restabelecer, sobre o bem fundamentalmente alienado, as *ações creditórias*:

> "Promovendo, então, a pauliana, não se reivindica a coisa alienada por força de um direito dominial, mas constrange o réu a considerá-la ainda presente no patrimônio do devedor, para que os defraudados possam exercitar sobre ela as ações creditícias. E isto é o caráter próprio da *actio in personam*"[44].

---

[40] MAIERINI, Angelo. *Della revoca degli atti fraudolenti cit.,* p. 37.

[41] GIORGI. *ob. cit.,* nota *e,* p. 58.

[42] GIORGI. *ob. cit.,* nota *e,* p. 58.

[43] GIORGI. *ob. cit.,* nota *e,* p. 58.

[44] "Promuovendo dunque la pauliana non si rivendica la cosa alienata per un gius di dominio, ma si costringe el convenuto a considerarla come tuttora rimasta nel patrimonio del debitore, affinchè i defraudati possono esperimentarvi le azioni creditorie. E questo è il carattere dell' actio in personam" (MAIERINI, Angelo. *Della revoca degli atti fraudolenti cit.,* nota *e,* p. 59).

NEGÓCIO JURÍDICO • Humberto Theodoro Jr. e Helena Lanna Figueiredo

O nome de *ação revocatória*, também atribuído à ação pauliana, revela bem, segundo Henri de Page, seu objetivo, que é a *revocação* do ato de disposição, para reintegrar bem alienado em prejuízo do credor no patrimônio do devedor, tudo se passando, então, como se, para o impugnante, o ato fraudulento não tivesse acontecido:

> "Nessa ordem de ideias, os romanos admitiram, de resto, a *integrum restitutio,* ao lado de outros meios técnicos de reparação"[45].

Em suma: os meios mais antigos do direito romano de ataque à fraude contra credores, como o *interdictum fraudatorum*, a *in integrum restitutio ab fraudem* etc., podem ensejar muita incerteza acerca de seus respectivos efeitos. Mas a *ação pauliana*, tal como foi verificada e consolidada por *Justiniano*, hoje não provoca maiores dissensões entre os modernos estudiosos do tema:

> "O seu efeito era a ineficácia da transferência fraudulenta, uma vez que o seu objeto era o bem alienado que se fazia retornar ao patrimônio insolvente, para ser colocado à disposição da massa de credores"[46].

246.7. Características e consectários da ação pauliana justinianeia[47]

A ação pauliana, tal como a disciplinava a codificação de Justiniano, poderia ser manejada tanto pelos *credores singulares* como pelo *curator bonorum* (legitimados ativos) e se voltava contra o terceiro adquirente e o próprio fraudador (legitimados passivos)[48].

Quanto à oportunidade, devia aguardar-se a ultimação da *bonorum distractio*, ou seja, a venda de todos os bens arrecadados, pois era assim que se considerava comprovado o prejuízo dos credores (*eventus damni*)[49].

---

[45] "Dans cet ordre d'idées, les Romains avaient admis l'*in integrum restitutio,* à coté d'autres moyens techniques de réparation, d'ailleurs" (DE PAGE. *Ob. cit.*, v.III, nº 204, p. 211).

[46] "Il suo effetto era l'*inefficacia* del trasferimento fraudolento, mentre il suo oggeto era il bene alienato che faceva rientrare nel patrimonio del decotto, per essere messo a disposizione della massa creditizia" (IMPALLOMENI, Giovan Battista. *Ob. cit.*, p. 148). SOLAZZI entende que, no direito clássico, o interdito fraudatório era meio de aplicar uma pena a quem lesara os credores, cujo resultado era a condenação do réu a restituir tudo o que lhe alienara o fraudador. Já no direito justinianeu, a revocação concedida pela ação pauliana ficava limitada ao que era necessário à satisfação dos credores (SOLAZZI, Sirio. *La revoca degli atti fraudolenti.* Roma: Tip. Poliglota, 1902, p. 165). Mesmo após Justiniano, crê o autor referido que a revocação promovida pela pauliana não era um meio de restabelecer a executividade dos bens indevidamente alienados, mas uma forma de sancionar o *delito* (p. 169).

[47] Os elementos deste tópico foram sintetizados de *Impallomeni* (IMPALLOMENI, Giovan Battista. *Azione revocatória – diritto romano cit.*, pp. 148-152).

[48] L. 1, pr. 1.11, § 24 e 1.25, § 7, D, *h. t.*, 42, 8.

[49] 1.6, § 14 e 1.10, § 1, D, *h. t.*, 42,8.

Capítulo XVI: Da Fraude contra Credores | **521**

A sucumbência do terceiro adquirente pressupunha sua *má-fé* na aquisição onerosa (*consilium fraudis*). Estando de *boa-fé,* somente nos casos de atos gratuitos se acolhia a pauliana[50].

Em matéria de *prescrição,* incidia o prazo de 30 anos. Mas, se o interessado não propusesse a pauliana no período de um ano da conclusão da *bonorum distractio,* reduzia-se o objeto da revocatória para o *id quod pervenit*[51]. A ação pauliana era transmissível, ativa e passivamente, mas contra os herdeiros prevalecia apenas no limite do enriquecimento obtido com a sucessão[52].

Embora colocada nas *Institutas* ao lado das ações reais (§ 6, I, *de actionibus,* 4, 6), a sua natureza segundo o direito justiniano era de *ação pessoal.* Sobre o assunto, o *Digesto* não deixa margem a dúvida. Assim é que o fato de prever a redução de seu objeto ao *id quod pervenit,* quando movida contra herdeiros ou quando ajuizada depois de um ano da *distractio bonorum,* e ainda a circunstância de não poder ser manejada contra o terceiro de boa-fé, revelam bem que não era uma *ação real.* Perseguia-se, com mais propriedade, o valor do prejuízo dos credores e não propriamente os bens alienados fraudulentamente.

Resta saber como ficava o adquirente em relação aos credores, depois da acolhida da pauliana, especialmente nos casos de alienação a título oneroso. Se o preço real da aquisição pelo terceiro fosse efetivamente incorporado ao patrimônio do devedor e ali permanecesse à disposição da execução de seus credores, não havia *fraude* a ser revogada. A ação pauliana seria descabida ou improcedente, porque o ato do devedor não teria agravado ou criado sua insolvência.

Nesse sentido, pode-se afirmar que na alienação feita pelo devedor, mediante preço equitativo, não ocorreria automaticamente e de imediato a *fraude* contra credores. Esta, porém, poderia configurar-se num momento posterior, ou seja, quando o alienante subtraísse aos credores a contraprestação recebida do adquirente, no todo ou em parte.

Em tal situação e em todas aquelas em que o preço não fosse alcançável pela execução dos credores fraudados, a ineficácia decorrente da pauliana não criaria para a massa nenhuma obrigação de restituir a importância paga[53].

O texto de Paulo (1.7, D. *h.t.,* 42, 8), que cogitava de restituição do preço ao adquirente do bem do insolvente, referia-se apenas ao caso de aquisição por preço baixo do valor real e só se aplicava sob a condição de que o dinheiro pago ainda

---

50   1.6, §§ 10-13 e 1.10, § 3, D, *h. t.,* 42, 8; 1, 5, C, *de revocandis,* 7, 75.
51   1.10, § 24, D, *h. t.,* 42, 8.
52   1.10, § 25, D, *h. t.,* 42, 8.
53   Ainda que se cogitasse de restituir o preço por força da garantia da evicção, lembra Solazzi que tal direito jamais poderia ser exercitado no *concurso de credores,* porque a própria garantia de evicção estaria também contaminada de *fraude* (SOLAZZI, Sirio. *La revoca degli atti fraudolenti,* p. 189).

estivesse disponível no patrimônio do falido, ou seja, somente se cogitava da restituição se o insolvente não houvesse consumido ou ocultado o preço recebido na venda ruinosa ou prejudicial[54].

Na verdade, o texto de Paulo partia de outro fato para caracterizar a *fraude,* que não era a simples alienação. Sua hipótese era a de venda a preço abaixo do valor do imóvel, e justamente nessa diferença do preço é que se localizavam o prejuízo dos credores e a fraude do devedor em conluio com o comprador.

A *fraude,* em resumo, ocorria quando o patrimônio do devedor insolvente tornava-se menor após a alienação. Aí, pouco importava saber se o preço foi real ou não, o que era decisivo era verificar se, então, o passivo havia aumentado ou se o ativo havia reduzido. Sendo afirmativa a resposta, configurada se achava a fraude e procedente seria a revocatória, sem cabimento de restituição alguma ao terceiro participante da fraude.

De outro lado, o benefício da revocação do ato fraudulento atuava, em princípio, apenas em prol dos credores existentes ao tempo do ato impugnado[55].

Quando, porém, se abria o concurso universal de natureza falimentar, as revocações beneficiavam todos os credores concorrentes, mesmo aqueles portadores de créditos posteriores ao ato fraudulento[56].

Da parte do terceiro adquirente a título oneroso, o direito romano exigia o requisito da *scientia fraudis,* que consistia no conhecimento deste acerca da *insolvência* do devedor alienante[57]. Essa ciência era a maneira de aderir ao ato lesivo perpetrado pelo devedor contra seus credores. Quando, porém, o ato era gratuito, nenhuma necessidade de culpa ou má-fé do adquirente era de exigir-se. Contentava-se a lei apenas com o *eventus damni,* ou seja, o prejuízo dos credores, para justificar a revocação do ato gratuito[58].

Da parte do devedor, o que se reclamava era a prática de um ato voluntário de disposição patrimonial que importasse alienação de todo o seu ativo ou de parte dele, sem uma compensação equivalente, ou mediante uma contraprestação que fosse ilicitamente ocultada ou desviada do procedimento concursal ou falimentar[59]. Na consciência do devedor de estar prejudicando a garantia de seus credores residia o *consilium fraudis.* Para o terceiro ser incluído na fraude contra credores, não se exigia sua adesão ao ato de lesar os credores, nem tampouco a ciência de que poderia

---

54   IMPALLOMENI, Giovani Battista. *Azione revocatória – diritto romano cit.,* p. 150.

55   *"Possiamo quindi ritenere che, per il diritto romano, valesse il principio generale secondo il quale il creditore non possa ritenersi frodato dagli atti compiutti dal debitore anteriormente al sorgere del del suo credito"* (IMPALLOMENI, Giovan Battista. *Ob. cit.,* p. 150, 1.6, §§ 1-6, D., h. t., 42, 8).

56   IMPALLOMENI, Giovan Battista. *Ob. cit.,* p. 150.

57   IMPALLOMENI, Giovan Battista. *Ob. cit.,* p. 151.

58   SOLAZZI, Sirio. *La revoca degli atti fraudolenti cit.,* pp. 90-91.

59   IMPALLOMENI, Giovan Battista. *Azione revocatória – diritto romano cit.,* p. 149.

Capítulo XVI: Da Fraude contra Credores | **523**

estar realizando tal lesão. Bastava que tivesse ciência de estar negociando com um insolvente, como já se afirmou[60].

Para o subadquirente, no caso de sucessivas alienações do bem, haveria também de concorrer o requisito da *scientia fraudis,* de maneira que só seria possível a revogação do ato praticado de boa-fé (sem ciência da insolvência), se se tratasse de transmissão gratuita[61]. Nos sucessivos atos onerosos, o último adquirente, para suportar a revocatória, teria de incorrer em *scientia fraudis* de igual conteúdo a que se exigia do primeiro adquirente[62].

246.8. Síntese: a ação pauliana, no direito romano, não era ação de nulidade

Em Roma, a pauliana integrava a classe das *actiones arbitrariae,* que eram aquelas em que o juiz, em lugar de condenar imediatamente o réu, indicava-lhe um meio de evitar a condenação, mediante um ato que satisfaria a pretensão do autor.

Demonstram o caráter de *actio arbitraria* da pauliana o fr. 8, o fr. 10, § 20, e o fr. 25, § 1, donde se deduz que, sendo um interdito restitutório, dava lugar a uma *actio factum arbitraria,* por ensejar a verificação em juízo se verdadeiramente subsistiriam as condições necessárias ao pronunciamento do interdito[63].

A pauliana, segundo o testemunho de Maierini:

"conservou este caráter mesmo quando exercida como remédio jurídico independente do interdito. Isto porque esta forma especial de procedimento se aplicava à ação, cujo objeto era o *restituir,* ou seja, a *restituição da posse* de uma coisa, ou o *restabelecimento* de um estado de fato ilegitimamente alterado"[64].

Na *actio faviana,* que tal como a pauliana era também uma *actio arbitraria*[65], o réu que não restituísse voluntariamente a coisa alienada era condenado a pagar o valor determinado por juramento do autor. Para Maierini, a mesma consequência deveria ocorrer na pauliana. O réu poderia subtrair-se à condenação não só restituindo a coisa, mas também pagando os credores, como acontecia na *hypothecaria actio,* que era, também, arbitrária:

---

[60] *"Per consilium* fraudis *i romani intendevano la volontá di dannerggiare i creditori. E questa volontá esiste tutte le volte che il debitore há la coscienza del danno che reca col proprio atto"* (SOLAZZI, Sirio. *Ob. cit.,* p. 62). Quando à *"scientia fraudis,* deve-se ter em conta que *'colui che contrae col fraudator deve conoscerne l'insolvenza. Non è necessario che sappia l'intenzione fraudolenta del debitore'"* (SOLAZZI, Sirio. *La revoca degli atti fraudolenti cit.,* p. 73).

[61] IMPALLOMENI, Giovan Battista. Ob. cit., p. 152.

[62] SOLAZZI, Sirio. *Ob. cit.,* p. 78.

[63] MAIERINI, Angelo. *Della revoca degli atti fraudolenti cit.,* nº 15, p. 40.

[64] MAIERINI, Angelo. *Ob. cit.,* nº 15, p. 40.

[65] Fr. 5, § 1, *Dig. Si quid in fraud. Patr. XXXVIII, 5.*

"Este caso, que está relacionado com a índole subsidiária deste remédio jurídico, é expressamente contemplado na adulteração fraudulenta contra a proibição da lei *Aelia Sentia* (Fr. 26, Dig. Qui et a quib., XL, 9; cost. 5, Cod. de serv. Pign. VII, 8)"[66].

Não se exercitava um direito real sobre a *coisa* alienada, pois os credores não podiam obter senão "o restabelecimento do patrimônio do devedor na situação em que se encontrava antes do ato fraudulento"[67]. A impugnação dos credores, evidentemente, só poderia ocorrer se tivessem sido efetivamente prejudicados e se este prejuízo tivesse sido provocado com intenção de fraudá-los[68].

A tese de Solazzi, de que a ação pauliana não poderia ser uma ação de ineficácia ou inoponibilidade porque o direito romano não conhecia tal figura, *data venia*, não merece acolhida. O fato de não estar sistematizado um instituto jurídico, em determinado momento histórico, não implica que seus efeitos não sejam observados, ainda que sem menção específica a seu mecanismo e a sua essência.

Se ao tempo de Justiniano já se achava implantada a execução com base na responsabilidade patrimonial do devedor e se já existia a execução singular, sem a necessidade da formação de um concurso universal sobre todos os bens do inadimplente (*pignus ex causa judicati captum*)[69], não se compreende como poderia a ação pauliana provocar a pena de transferir para os credores os bens alienados fraudulentamente, anulando por completo a alienação e transmudando até mesmo a propriedade do devedor em propriedade dos credores[70].

Ao tempo da execução codificada por Justiniano (*pignus ex judicati causa captum*), o que se buscava era a satisfação do credor em dinheiro e não por adjudicação de bens, como antes ocorria no direito romano clássico. Não se aplicava, portanto, a execução *in natura* e a penhora já se fazia por oficiais de justiça (*apparitores*), os

---

[66] "Questo caso, che si connette coll'indole sussidiaria di questo rimedio giuridico, é espressamente contemplato nella manomissioni fraudolente contro il divieto della lex Aelia Sentia (Fr. 26, Dig. Qui et a quib., XL, 9; cost. 5, Cod. de serv. Pign. VII, 8)" (MAIERINI, Angelo. *Ob. cit.*, nota 1, p. 41).

[67] "Il ristabelecimento del patrimonio del dibitore nella situazione in cui si trovava prima degli atti fraudolenti" (MAIERINI, Angelo. *Ob. cit.*, n° 16, p. 42).

[68] MAIERINI, Angelo. *Ob. cit.*, n° 18, p. 44.

[69] AMERICANO, Jorge. *Da ação pauliana*. São Paulo: Casa Vonordem, 1923, p. 2.

[70] "Ma pei romani la *fraus creditorum* è un delitto, del quale i creditori domandano la pena (con la *pauliana*) od il resarcimento (con l'interdetto e con l'azione revocatoria del diritto giustinianeo) (...). In altri termini, se è vero che la pena od il risarcimento consiste nella restituzione di un diritto che appartenne al fraudator e del quale i creditori avrebbero potuto disporre in un certo modo, ma non sarebbero mai divenuti titolari, se il debitore non l'avesse alienato, è vero anche che la reintegrazione dello stato di cose precedente, di cui parlano Paolo ed Ulpiano, deve ope – rarsi investendo i creditori dei diritti che formano l'oggetto della restituzione; appunto perchè dei diritti, in cui si fanno consistere la pena ed il risarcimento, devi in ogni caso divenire titolare la vittima del delitto" (SOLAZZI, Sirio. *La revoca degli atti fraudolenti cit.*, p. 169).

quais apreendiam os bens do devedor executado, a fim de serem vendidos *até o limite da condenação*. Esta venda era judicial, ou seja, era feita pelos oficiais de justiça que haviam procedido à penhora. Quando os bens penhorados produziam preço superior ao crédito, o excedente era restituído ao executado e não ao credor[71].

Ora, se a execução não gerava mais a adjudicação necessária dos bens do devedor ao credor, e se a ação pauliana visava a impedir que a alienação fraudulenta de bens do devedor viesse a frustrar a execução, não nos parece razoável pretender que a sentença da revocatória tivesse a força de transmitir a propriedade dos bens em questão para o credor que movesse a pauliana, como pretende Solazzi[72]. O prejuízo dos credores (*eventus damini*) consistiu na impossibilidade de penhorar os bens defraudados. Logo, a sanção da pauliana somente poderia ser, em tal conjuntura, a restituição aos credores da possibilidade de penhorar os bens que lhe haviam sido, indevidamente, subtraídos[73].

É interessante notar que a raiz da denominação *ação revocatória,* como que se tem identificado a pauliana, desde suas origens romanas, não se liga à ideia de *anular* (ou *revogar*), mas à de *revocare,* que etimologicamente quer dizer "ação de chamar de volta" ou de "fazer voltar chamando" (*re*: para trás = *vocare*: chamar + *ar*: ação de)[74]. A ação revocatória, portanto, correspondia, segundo seu próprio nome, a um meio processual de chamar de volta o bem alienado em fraude de credores, para responder pelas obrigações.

247. A AÇÃO REVOCATÓRIA NO DIREITO MEDIEVAL E MODERNO

No retrocesso jurídico operado durante a Idade Média, sob dominação da cultura germano-barbárica, a ação pauliana praticamente desapareceu, pelo menos nos moldes técnicos em que a concebera o direito romano em seu maior grau de aperfeiçoamento. É que a construção sintetizada e aprimorada por Justiniano tinha sua base de sustentação no princípio da responsabilidade patrimonial do devedor, depois que se abolira a primitiva noção de responsabilidade executiva pessoal.

Ora, tendo o direito bárbaro restaurado a responsabilidade pessoal a atuar no caso de descumprimento da obrigação, fatal foi o desprestígio da ação pauliana e mesmo o seu esquecimento naquela quadra histórica. Resolvia-se o problema da

---

[71] ULPIANO. *Libro III de Officio Consulis; Dig.* 42.1.15.3; BUZAID, Alfredo. *Do concurso de credores no processo de execução.* São Paulo: Saraiva, 1952, nº 37, pp. 82-83.

[72] *"Se del debitore fu alienata la proprietà di una cosa, l'acquirente dovrà transmetterla ai creditori, facendo loro la mancipatio della res mancipi, la tradizione della res nec mancipi"* (SOLAZZI, Sirio. *Ob. cit., loc. cit.*).

[73] IMPALLOMENI, Giovan Battista. *Ob. cit.,* p. 148.

[74] ALMEIDA, Rotilde Caciano de. *Dicionário etimológico da língua portuguesa.* Brasília: Ed. do autor, 1980, p. 159.

execução do inadimplente por expedientes punitivos e autoritários, onde não tinha lugar remédio sofisticado como era a ação pauliana[75].

Superado o estágio medieval barbárico, sobrevieram os tempos estatutários do mercantilismo que abriu a idade moderna e proporcionou o revigoramento dos grandes institutos jurídicos romanos, dentre eles o da revocatória dos atos praticados em fraude de credores.

Sob a pressão das exigências comerciais, a fraude mereceu tratamento simplificado, mormente no âmbito do processo falimentar. Praticamente se eliminou a pauliana, como ação de conhecimento, porque aos órgãos da falência se permitia sumariamente arrecadar os bens considerados atingidos pela fraude cometida nas proximidades da quebra, que afinal era presumida[76].

Isto não implicou o desaparecimento da ação pauliana para os casos de fraude em geral contra credores. Fez, no entanto, surgirem dois remédios processuais com o mesmo objetivo final: um ordinário, sujeito a sentença, e outro sumário, realizável sem forma nem figura de juízo. Chegou-se, assim, aos tempos atuais em que convivem duas ações revocatórias: uma civil e outra falencial.

Ambas, porém, se divergem no procedimento, cumprem um só desiderato e se fundam em iguais pressupostos. Com efeito, seja no juízo falimentar seja no juízo civil, a revocatória se apresenta hoje com a função de instrumentalizar a responsabilidade patrimonial genérica do devedor, e com uma estrutura substancial unitária. Por isso, reclama-se em doutrina cada vez mais uma reconstrução do instituto que se fundamente na feição unitária do sistema[77].

Enfim, tirando as diferenças procedimentais, de legitimação e de competência, "a revocatória ordinária e aquela falimentar são reconduzidas à noção unitária de meios de conservação da responsabilidade patrimonial incidente sobre a eficácia dos atos prejudiciais aos credores"[78].

O certo, contudo, é que, ao longo da história do direito romano (tanto clássico como justinianeu), e depois de sua restauração pós Idade Média, a ação revocatória, sem embargo de pequenas dissensões, sempre foi concebida como *ação pessoal* (*actio in persona*) voltada apenas para reparar prejuízos acarretados aos credores em suas garantias normais e a propiciar-lhes meios de exercitar a execução sobre os bens desviados. Não se fundava em direito específico dos credores sobre os bens (ação real), nem se destinava a propiciar uma verdadeira *restitutio in integrum*. Tendo

---

[75] SANTARELLI, Umberto. Verbete *Azione revocatoria nel diritto medievale e moderno*. *Digesto delle discipline privatistiche*. Sezione Civile, Torino: UTET, 1995, v. II, p. 47.

[76] SANTARELLI, Umberto. *Azione revocatoria cit.*, p. 46.

[77] SANTARELLI, Umberto. *Azione revocatoria cit.*, pp. 46-49.

[78] "La revocatoria ordinaria e quella fallimentare sono riconducibili alla nozione unitaria di mezzi di conservazione della responsabilità patrimoniale incidenti sull'efficacia degli atti pregiudizievoli ai creditori" (BIANCA, Massimo. *Diritto civile*. Milano: Giuffrè, ristampa, 1994, v. 5, n°207, p. 461).

Capítulo XVI: Da Fraude contra Credores | **527**

como base a fraude, seu fim não era senão o de afastar os efeitos da mesma fraude. Daí que o que se restituía aos credores não eram os bens, mas a garantia que sobre eles recaía[79].

Dois elementos apenas eram essenciais à revocatória romana: o *consilium fraudis* e o *eventus damni*. Daí que atacando esses dois eventos básicos, o efeito da pauliana reduzia-se, segundo a Glossa medieval, a "inoponibilidade do negócio revocado ao credor interessado, o qual portanto poderia, uma vez acolhida a demanda, agir executivamente sobre o patrimônio reintegrado de seu devedor"[80].

248. DIREITO CONTEMPORÂNEO (COMPARADO)

Toda legislação do século XX, de tradição romanística manteve-se fiel ao padrão justinianeu de repressão à fraude contra credores, adotando como elementos necessários à pauliana o *consilium fraudis* e o *eventus damni*.

O ato prejudicial aos credores não é ato falso (simulado), é verdadeiro, mas como desfalca a garantia dos credores, têm estes direito de impugnar-lhe não a validade, mas os efeitos perniciosos apenas[81].

248.1. Direito italiano

No moderno direito italiano está assente que nem sequer se exige do devedor e seu partícipe, o *dolo* ou a *intenção* direta de causar dano aos credores. "Para haver a fraude é suficiente o conhecimento do prejuízo que o ato possa acarretar ao credor" (Cód. Civil italiano, art. 2.901). O elemento subjetivo da pauliana, portanto, reside na consciência de prejudicar a garantia dos credores (*consilium fraudis*)[82].

Quanto ao elemento objetivo (*eventus damni*), consiste ele no prejuízo acarretado ao credor e se traduz na falta ou insuficiência dos meios patrimoniais de satisfazer o crédito, após a alienação fraudulenta[83]. Para ter como ocorrente esse requisito é necessário que o ato impugnado tenha criado ou agravado a impotência do devedor para cobrir o crédito do promovente da ação pauliana. O prejuízo deve ser avaliado em relação ao momento do ato dispositivo e deve persistir quando do exercício da revocatória, de sorte que se o crédito que se considera prejudicado for posterior ou

---

[79] Somente em sentido impróprio se poderia falar em "*restitutio*", como fizeram, de passagem, ULPIANO e PAULO (D. 21, 1, fr. 23, 7; 60) (IMPALLOMENI. *Digesto delle discipline privatistiche.* Verbete *Azione revocatoria nel diritto romano.* Torino: UTET, 1995, v. II, p. 43).

[80] SANTARELLI, Umberto. *Azione revocatoria cit.*, pp. 47-48.

[81] PASSARELLI, F. Santoro. Doctrinas generales del derecho civil. *Rev. de Derecho Privado*, Madrid, 1964, p. 178.

[82] CUPIS, Adriano de. *Istituzioni di diritto privato.* 2. ed. Milano: Giuffrè, 1980, p. 324.

[83] THEODORO JÚNIOR, Humberto. *Fraude contra credores.* 2. ed. Belo Horizonte: Del Rey, 2001, p. 141.

528 | NEGÓCIO JURÍDICO • *Humberto Theodoro Jr. e Helena Lanna Figueiredo*

se a insolvência surgir após a alienação impugnada, ou, ainda, se desaparecer, posteriormente, não terá ocorrido o *eventus damni* indispensável à pauliana[84].

Em relação aos efeitos, a ação revocatória na Itália "não é uma ação de nulidade, e sim de *ineficácia relativa* dos atos impugnados"[85].

Os termos do art. 2.901, 1º c., do Código Civil italiano, deixam claro que, exercitando a pauliana, o credor pede ao juiz que sejam declarados *ineficazes perante ele* os atos de disposição patrimonial praticados pelo devedor. Daí que, sendo acolhida, produzirá a exclusão dos efeitos jurídicos dos referidos atos em face do credor demandante, e não sua anulação[86]. A revocatória, portanto, não põe em debate a *validade* ou *invalidade* do ato, nem discute a seriedade ou simulação do negócio praticado pelo devedor. Nem sequer a sucumbência da pauliana prejudicará a posterior demanda anulatória se algum vício de consentimento ou alguma simulação tiver ocorrido[87].

O que se pede e o que se dá na pauliana do direito italiano moderno é apenas a declaração de reconhecimento, por sentença, de que o ato impugnado, "embora válido em si mesmo, é *ineficaz em relação ao demandante*"[88]. Ou seja, a alienação é "considerada sem efeito apenas em benefício do credor promovente"[89].

Passada em julgado a sentença, portanto, o bem defraudado não retorna ao patrimônio do devedor. Continua a pertencer ao terceiro adquirente[90]. Quer isto dizer que, obtida a *declaração de ineficácia* do ato de disposição, o credor poderá promover a execução forçada sobre os bens alienados, como se o ato fraudulento não tivesse sido praticado (art. 2.902, 1º c.)[91].

Cumpre, assim, a ação pauliana, a função de assegurar a garantia genérica dos credores sobre o patrimônio do devedor, no caso em que este a reduz fraudulentamente. E o faz através de uma *sentença declaratória de ineficácia*. Em suma:

> "A ação de revocação não anula o ato em si, nem os seus efeitos jurídicos entre o devedor e o terceiro, mas apenas lhe tolhe a eficácia em face do credor, o qual, na medida do dano sofrido, poderá, em caso de inadimplemento do devedor, agir sobre o bem, saído do patrimônio do devedor por força do ato fraudulento, então revogado, como se ainda fizesse parte dele"[92].

---

84   BIANCA, C. Massimo. *Diritto civile cit.*, v. 5, nº 194, p. 439.

85   BARBERO, Domenico. *Sistema del derecho privado*. Buenos Aires: EJEAS, 1967, v. III, nº 657, pp. 151-152.

86   CUPIS, Adriano de. *Istituzioni di diritto privato cit.*, nº 10, p. 19.

87   BARBERO, Domenico. *Ob. cit.*, p. 152.

88   BARBERO, Domenico. *Ob. cit.*, p. 152.

89   TRABUCCHI, Alberto. *Istituzioni cit.*, p. 603.

90   TRABUCCHI, Alberto. *Ob. cit.*, p. 603.

91   CUPIS, Adriano de. *Ob. cit., loc. cit.*

92   "*L'azione di revocazione* non annula l'atto in sè, nè i suoi effetti giuridici tra il debitore e il terzo, *ma soltanto* gli toglie efficacia di fronte al creditore istante, *il quale*, nella misura stessa del

Pode ocorrer que o adquirente imediato já não mais possua o bem defraudado e o subadquirente de boa-fé não esteja sujeito à revocação. Neste caso, o Código italiano prevê a condenação do terceiro sujeito aos efeitos da pauliana no *valor* do bem que não se pode recuperar *in natura*, o que, também, evidencia que a espécie não é de ação de *nulidade*.

248.2. Direito francês

O Código de Napoleão foi excessivamente conciso na regulamentação da ação pauliana, pois lhe dedicou, de maneira direta, um único artigo (art. 1.341-2[93]), no qual apenas se dispôs que o credor pode, em seu nome pessoal, "requerer a declaração de inoponibilidade dos atos praticados por seu devedor em fraude a seus direitos, cabendo a ele, em caso de ato a título oneroso, demonstrar que o cocontratante tinha conhecimento da fraude"[94]. Diante de tão sucinto registro legal, ficou relegada à doutrina e à jurisprudência a tarefa de construir, por inteiro, a teoria da fraude pauliana, em que, sem dúvida, passaram a exercer significativa influência as fontes romanas tradicionais[95].

Segundo clássica definição de Planiol, para o direito civil francês "a *ação pauliana*, ou *ação revocatória*, é a ação que cabe ao credor com o objetivo de obter a revocação dos atos celebrados por seu devedor em seu prejuízo e em fraude de seus credores"[96].

Exigem-se na França os mesmos requisitos da pauliana italiana, ou seja, o *consilium fraudis* e o *eventus damni,* nos moldes clássicos herdados de Roma.

Já no século XIX doutrina e jurisprudência francesas davam à revogação dos atos em fraude de credores uma dimensão diversa da que decorreria da anulação comum:

> "A admissão da ação pauliana contra um ato de alienação, enquanto operando a revogação deste ato, não faz com que os bens alienados retornem ao patrimônio do devedor; só tem o efeito de tornar possível o exercício do direito de penhor estabelecido

---

danno subito, potrà, in caso di inadempimento del dibitore, agire sui beni, usciti dal patrimonio del debitore in forza *dell'atto* fraudolento poi revocato, come se ancora ne facessero parte" (MAIORCA, Sérgio. *Le obbligazioni, le loro fonti e le loro garanzie.* Torino: G. Giappichelli, 1982, nº 70, pp. 338-339).

[93] Ord. nº 2016-131 du 10 fév. 2016, art. 3º, em vigor a partir de 1º de outubro de 2016.

[94] "Le créancier peut aussi agir en son nom personnel pour faire déclarer inopposables à son égard les actes faits par son débiteur en fraude de ses droits, à charge d'établir s'il s'agit d'un acte à titre onéreux, que le tiers cocontractant avait connaissance de la fraude."

[95] MAZEAUD, Henri; MAZEAUD, Leon. *Lecciones de derecho civil.* Buenos Aires: EJEA, 1969, v. III, Parte II, nº 981, p. 260.

[96] PLANIOL, Marcel; RIPERT, Jorge; ESMEIN, Pablo. *Tratado practico de derecho civil frances.* Habana: Cultural, 1945, v. VII, 2ª parte, nº 926, p. 235.

530 | NEGÓCIO JURÍDICO • *Humberto Theodoro Jr. e Helena Lanna Figueiredo*

pelo artigo 2.902, levantando o obstáculo que se opõe à apreensão e à venda dos bens sobre o terceiro demandado"[97].

Em razão dessa finalidade do remédio impugnativo da fraude contra credores, Aubry et Rau concluíam:

> "Por este mesmo fato que a ação pauliana não é uma ação de nulidade e, malgrado sua admissão, o ato revogado, no interesse apenas dos credores, continua a produzir seus efeitos entre as partes, é impossível admitir que a ordem de revogação opere o restabelecimento efetivo dos bens alienados ao patrimônio do devedor"[98].

Em suma, para os referidos autores, "a acolhida da ação pauliana tem somente o efeito de tornar estes bens penhoráveis em poder do terceiro demandado, sem os reintegrar ao patrimônio do devedor"[99].

Dentro de tal perspectiva e à luz das modernas concepções da *ineficácia relativa* (ou *inoponibilidade*), evoluiriam a doutrina e jurisprudência francesas no século XX, na abordagem dos efeitos da pauliana. Eis a lição de Mazeaud y Mazeaud:

> "(...) a ação pauliana não é uma ação de nulidade; (...) o ato segue sendo válido nas relações entre o terceiro e o devedor; mas, porque não foi nem revogado nem anulado, subsiste. Igualmente, por não se tratar de uma ação de nulidade, a fraude cometida pelo adquirente não repercute necessariamente no subadquirente (...) *A ação pauliana é uma ação de inoponibilidade*"[100].

---

[97] "L'admissión de l'action pauliene contre un acte d'alienation, tout en opérant *révocation* de cet acte, ne fait pas rentrer dans le patrimoine du débiteur les biens par lui aliénés; elle a seulement pour effet de rendre possible l'exercice du droit de gage établi par l'article 2.902, en levant l'obstacle qui s'opposait à la saisie et à la vente de ces biens sur le tiers défendeur" (AUBRY et RAU. *Cours de droit civil français*. 6. ed. Paris: : Éditions Techniques S/A, s/d, t. IV, § 313, p. 211).

[98] "Par cela même que l'action paulienne n'est point une action en nullité et que, malgré son admission, l'acte révoqué, dans l'intérêt des créanciers seulement, n'en continue pas moins de produire ses effets entre les parties, *il est impossible d'admettre que le jugemet* de révocation opère le rétablissement effectif des biens aliénés dans le patrimoine du débiteur" (AUBRY et RAU. *Ob. cit.*, nota 38, p. 211).

[99] "L'admission de l'action pau lienne a seulement pour effet de rendre ces biens saisissables sur le tiers défendeur, sans les réintégrer dans le patrimoine du débiteur" (AUBRY et RAU. *Ob. cit.*, nota 42, pp. 214-215).

[100] "(...) *la acción pauliana no es una acción de nulidad;* (...) el acto sigue siendo válido en las relaciones entre el tercero y el deudor; por lo tanto, es porque no ha sido ni revocado ni anulado, subsiste. Igualmente, por no tratarse de una acción de nulidad, el fraude cometido por el adquirente no repercute necesariamente sobre el subadquirente (...). *La acción pauliana es una acción de inoponibilidad*" (MAZEAUD, Henri; MAZEAUD, Leon. *Ob. cit.*, nº 1.002, p. 272).

Se se tratasse de ação de nulidade, o bem alienado fraudulentamente voltaria, com a sentença, a integrar o patrimônio do devedor e os demais credores poderiam também se aproveitar da invalidação para penhorar o mesmo bem. Na realidade, porém, isto não ocorre, porquanto aos que não se acham sob o amparo da coisa julgada da pauliana, não beneficia a inoponibilidade, cujos efeitos ficam restritos ao autor da demanda. Quer isto dizer: "o ato subsiste, mas é inoponível ao demandante"[101].

De igual teor é a lição de Colin et Capitant:

"O ato fraudulento é revogado em relação ao credor demandante. Mas o efeito dessa revogação não é oponível aos terceiros que, de boa fé, consecutivamente à primeira alienação fraudulenta, tenham adquirido o bem a título oneroso (...)

O ato fraudulento não é revocado nas relações entre o devedor e o terceiro, ainda que ele seja atingido pessoalmente pela ação pauliana. Se o terceiro demandado reembolsa o credor, ele pode conservar o bem. De outro lado, se ele perde o bem, se o adquiriu a título oneroso, possui ação contra o devedor;

Enfim, o demandante que obtém a revocação do ato fraudulento não integra o concurso de credores do devedor"[102].

José Vidal, em obra fundamental e de larga análise de todo o fenômeno da fraude no direito francês, conclui que a ação pauliana, hoje em dia, não deve ser tratada nem como *ação de reparação* nem como *ação de nulidade,* porque se trata de "ação de inoponibilidade por fraude" que, por isso mesmo, "deve ser distinta das ações de nulidade". Uma vez que, entre as partes contratantes, a vontade contratual deve ser respeitada, e sua ineficácia deve ser declarada apenas na medida em que viola o direito do credor, conclui Vidal: "Não há dúvidas, atualmente, que a ação de fraude é uma ação de inoponibilidade. A ação pauliana, cuja natureza é há muito tempo controvertida, é uma ação de inoponibilidade"[103].

---

[101] "El acto subsiste, pero es inoponible al demandante" (MAZEAUD, Henri; MAZEAUD, Leon. *Ob. cit.,* nº 1.002, p. 273).

[102] "L'acte frauduleux est révoqué à l'égard du *crèancier demandeur.* Mais l'effet de cette révocation n'est pas opposable aux tiers qui, de bonne foi, consecutivement à la première aliénation frauduleuse, ont acquis le bien à titre onéreux (...). L'acte frauduleux n'est pas révoqué *dans les rapports du débiteur et du tiers,* encore que célui-ci tombe personnellement sous le coup de l'action paulienne. Si donc le tiers défendeur rembourse le créancier, il peut conserver le bien. D'autre part, à supposer qu'il se laisse évincer, s'il est un ayant cause à titre onéreux, il a un recours en garantie contre le débiteur; Enfin, le demandeur qui obtient la révocation de l'acte frauduleux n'a pas à craindre le concours des *autres créanciers* de son débiteur (...)" (COLIN, Ambroise; CAPITANT, Henri. *Cours élémentaire de droit civil français.* 10.ed., Paris: Dalloz, 1948, v. II, nº 453, pp. 330-331).

[103] "Action en inopposabilité pour fraude"; "doit être distinguée de ces actions en nullité"; "Il ne fait plus de doute ajourd'hui que l'action de fraude soit une action en inopposabilité. L'action paulienne dont la nature a été longtemps controversée est une *action en inopposabilité*" (VIDAL, José. *Essai d'une théorie générale de la fraude en droit français:* le principie "fraus ominia corrumpt". Paris: Dalloz, 1957, pp. 391-392).

NEGÓCIO JURÍDICO • *Humberto Theodoro Jr. e Helena Lanna Figueiredo*

Conforme o mesmo autor, tribunais e doutrinadores têm reconhecido reiteradas vezes esse efeito da ação pauliana. E mesmo quando as decisões atuais empregam a palavra *nulidade* em relação à fraude contra credores, o exame dos arestos revela que se atribui à *nulidade* do ato fraudulento consequências que não são diferentes daquelas provocadas pela *inoponibilidade,* como, por exemplo: "O ato fraudulento não é anulado senão em referência à vítima da fraude"[104].

Enfim, o texto atual do art. 1.341-2 do Código Civil francês, em vigor a partir de 1º.10.2016, não deixa margem a qualquer dúvida: pela ação pauliana o que o credor requer e se pode obter é "a declaração de *inoponibilidade* dos atos praticados por seu devedor em fraude a seus direitos", e não a anulação desses mesmos atos.

248.3. Direito alemão

A *ação pauliana* recebe, no direito alemão, o nome de *ação de impugnação do credor* e não é cogitada no Código Civil, mas sim em Lei Especial, sob o título de "Lei sobre a impugnação dos atos jurídicos de um devedor fora do procedimento do concurso" (RAnfG), de 21 de julho de 1879, com texto alterado em 20/05/1898 e em 05/07/1927 (RGBI, I, 139)[105].

A partir de 1º de janeiro de 1999, entrou em vigor a AnfG de 1994, que substituiu a antiga lei especial de 1879[106].

De acordo com a lei tedesca, o receptor de uma prestação impugnável em razão de fraude contra credor fica obrigado a *restituir* a prestação havida ou seu valor, para servir ao pagamento do credor impugnante mediante execução. Não se confunde com as impugnações do direito civil, já que estas se referem a vícios de declaração de vontade, enquanto a impugnação por fraude tem como fundamento o prejuízo causado aos credores do transmitente. Aqui, portanto, a ação ataca "atos jurídicos não defeituosos". É a própria lei que, na circunstância, retira a eficácia do ato naturalmente válido. Em razão da fraude cometida contra os direitos do credor, a lei cria uma "invalidade" que só existe "em face do credor impugnante", o que não

---

[104] "L'acte frauduleux n'est annulé qu'à l'égard de la victime de fraude" (VIDAL, José. *Ob. cit.*, p. 392). No mesmo sentido é a informação de *Jacques Ghestin* e *Gilles Goubeaux*: *"Bien que la loi soit peut explicite à cet égard, il est généralement admis que l'effet du succés de l'action paulienne est l'inopposabilité au créancier agissant de l'acte frauduleux du débiteur: le créancier est en droit de considérer que le bien dont s'est dépouillé le débiteur fait toujours partie du patrimoine de celui-ci"* (GHESTIN, Jacques. *Traité de droit civil*: introduction générale. Paris: LGDJ, 1977, nº 759, p. 642).

[105] ROSENBERG, Leo. *Tratado de derecho procesal civil.* Buenos Aires: EJEA, 1955, t. III, § 181, p. 79.

[106] Segundo o § 2º da atual lei alemã, o credor que esteja em condições de executar seu crédito pode impugnar os atos ou omissões do devedor que lhe causem prejuízo, desde que se revele previsível a inexistência de bens atuais para assegurar o sucesso do processo executivo.

Capítulo XVI: Da Fraude contra Credores | **533**

ocorre com a nulidade que prevalece em caráter absoluto[107]. Portanto, sem anular o ato jurídico fraudulento:

> "A impugnação é um direito de configuração negativo a exercer-se mediante atuação judicial, em virtude da qual se extingue com eficácia retroativa uma alienação prejudicial para o credor ou para a massa concursal"[108].

Também Von Tuhr pensa que, malgrado as controvérsias doutrinárias sobre a natureza da *ação de impugnação pauliana,* é ela diferente da ação de impugnação do Código Civil (anulação por erro, dolo, coação etc.), porque esta "destrói o negócio", enquanto aquela apenas "impede que o ato jurídico seja prejudicial para o credor atingido"[109].

Em relação aos efeitos da pauliana, prevê a lei alemã (RAnfG, § 1) que os atos fraudulentos, isto é, prejudiciais ao credor, possam ser "impugnados como não válidos frente a este". Daí falar-se em *restituição* do bem indevidamente alienado para que sobre ele o credor demandante possa realizar a competente execução. Vê-se na ação pauliana, na verdade, um procedimento que se destina "a preparar a execução por quantia certa, embora não seja ela, ainda, um ato executivo"[110]. Com ela mantém-se a responsabilidade patrimonial (garantia do credor) sobre bem que saiu do patrimônio do devedor, mas que não deveria ter de lá saído.

Malgrado a palavra do velho texto tedesco, não se anula o ato dispositivo do devedor. Alcança-se o resultado aludido,

> "sujeitando a coisa alienada à constrição dos credores, embora dita coisa esteja em mãos do adquirente; a *restituição* de que fala o art. 7 da lei de impugnações não tem outro sentido senão este, segundo entendem doutrina e jurisprudência"[111].

Lembra Von Tuhr que na doutrina alemã existem duas teorias sobre o efeito da ação pauliana: uma que o equipara ao da ação anulatória comum e outra que não admite a anulação do ato fraudulento, cabendo ao agente da fraude apenas ressarcir o prejuízo do credor defraudado.

---

[107] ROSENBERG, Leo. *Tratado de derecho procesal civil cit.,* t. III, § 181, p. 92.

[108] "La impugnación es un derecho de configuración negativo a ejercerse mediante actuación judicial, en virtud de la cual se extingue con eficacia retroativa una enajenación perjudicial para el acreedor o para la masa concursal" (TUHR, Andreas Von. *Derecho civil:* teoria general del derecho civil alemán. Buenos Aires: Depalma, 1947, v. 2, t. 1, § 57, p. 360).

[109] TUHR, Andreas Von. *Derecho civil cit.,* v. 2, t. 1, § 57, p. 357.

[110] ROSENBERG, Leo. *Ob. cit.,* § 181, p. 86.

[111] TUHR, Andeas Von. *Ob. cit.,* § 57, p. 357. No sentido do texto é, por exemplo, a lição de *Jäger,* para quem o efeito da pauliana é *"poner a disposición la cosa adquirida de modo impugnante para la ejecución"* (AnfGes., § 7. 3, *apud* TUHR, Andreas Von, *ob. cit.,* p. 357, nota 147).

Mas, mesmo aqueles autores mais antigos, que defendem a força anulatória da ação de impugnação, reconhecem que a nulidade, *in casu,* seria diferente daquela disciplinada pelo Código Civil, porquanto só operaria em face do credor demandante. Seria, na linguagem dos defensores da tese, uma "nulidade relativa"[112].

A outra corrente, isto é, a que entende ser a fraude uma fonte de obrigação para o terceiro que negocia com o devedor insolvente, afirma que "o acto impugnável seria válido e assim se manteria"[113]. Esta é a que tem merecido o prestígio da jurisprudência, como se deduz do seguinte julgado transcrito por Von Tuhr:

> "O efeito da impugnação consiste unicamente em que o titular passivo está obrigado a deixar que suas coisas sejam empregadas como se pertencessem ainda ao devedor. O que objetivamente quer dizer que deve tolerar a execução em sua propriedade por dívidas alheias"[114].

O uso da palavra *invalidade* ou da expressão *não válido* pela velha Lei de Impugnações alemã não deve influir na qualificação técnica dos efeitos da pauliana, pois não é aceitável interpretar-se literalmente um texto legal à luz de construções teóricas que ainda nem sequer haviam sido formuladas ao tempo de sua promulgação[115], como é o caso da diferenciação entre os atos nulos e os atos ineficazes ou inoponíveis.

É, outrossim, importante notar que o velho texto da RAnfG, § 1, não mencionava uma *invalidade* comum, mas uma *invalidade especial,* porque só existiria "frente ao credor impugnante", enquanto tal não ocorre com a nulidade ou anulabilidade cogitadas no direito civil codificado.

Donde a conclusão inevitável acerca da ação pauliana alemã:

> "O ato jurídico impugnável de acordo com RAnfG, §1º, é válido entre as partes e continua sendo mesmo depois da impugnação pelo credor; o devedor se mantém responsável frente a seu contratante ainda quando o contrato seja 'impugnado' com êxito"[116].

---

[112] HELLWIG. *Anspruch,* 81, 260 e HELLMANN. *Lehrb des Konkursrechts*, § 34, *apud* TUHR, Andreas Von. *Ob. cit.*, § 57, p. 358. Assim também, WETTER, p. Van. *Pandectes*. Paris: LGDJ, 1910, t. IV, § 526, p. 481.

[113] JÄGER. *KO.,* § 29, nº 10. *Apud* TUHR, Andreas Von. *ob. cit.*, p. 358.

[114] "El efecto de la impugnación únicamente consiste en que el titular pasivo está obligado a dejar que sus cosas se empleen como si pertenencieran aún al deudor. Lo cual objetivamente quiere decir que debe telorar la ejecución en su propiedad por deudas ajenas" (Sup. Cor., 71, 177. *In:* TUHR, Andreas Von. *ob. cit.*, p. 358, nota 154).

[115] TUHR, Andreas Von. *Ob. cit.*, § 57, p. 358.

[116] "El acto jurídico impugnable de acuerdo con RAnfG, § 1º, es *válido entre las partes y* sigue siéndolo aun después de la im – pugnación por el acreedor; el deudor se mantiene responsable frente a su contratante aun cuando el contrato sea 'impugnado' con êxito" (ROSENBERG, Leo. *Ob. cit.*, § 181, p. 92).

Não se trata, portanto, de uma ação de nulidade, uma vez que por ela não se desconstitui o ato fraudulento, mas apenas se reconhece a obrigação do terceiro adquirente de suportar a responsabilidade executiva sobre o bem que adquiriu do devedor insolvente.

No regime da atual AnfG (de 1994), não há mais dúvida de que a consequência principal da procedência da impugnação pauliana (§ 11) "é a ineficácia do acto impugnado (não a sua anulação), com a possibilidade do credor executar no patrimônio do terceiro adquirente o bem alienado"[117]. Sendo privado o adquirente do bem objeto de transmissão a título oneroso, terá direito a recuperar o preço pago, mas, para tanto, somente poderá acionar o devedor alienante (§ 12).

A impugnação, antes da falência, beneficia ao credor que promove a ação pauliana. Após a declaração de insolvência, seus efeitos beneficiam todos os credores. O procedimento, nesse caso, observará a outra lei especial (InsO), de 05.10.1994, que também entrou em vigor em 1º de janeiro de 1999 (§§ 129 a 147).

248.4. Direito espanhol

O art. 1.111 do Código Civil espanhol, depois de referir-se à ação sub-rogatória, dispõe que os credores "podem também impugnar os atos que o devedor tenha realizado em fraude de seu direito". Além disso, o art. 1.291, em seu inciso 3º, afirma que são rescindíveis os contratos "celebrados em fraude de credores, quando estes não possam de outro modo cobrar o que lhes é devido". Este dispositivo, com os arts. 1.297 e 1.298, regulam, no direito espanhol, a *ação pauliana*[118].

A ação pauliana ou revocatória é, pois, no direito ibérico, a ação própria para o credor obter a declaração de ineficácia, em relação a ele, dos atos do devedor que o coloquem em situação de insolvência patrimonial, tornando inexequível, no todo ou em parte, suas dívidas e obrigações[119].

A ação é *revocatória* e não propriamente *rescisória*, já que não se trava entre um contratante e o outro nem se destina à restituição recíproca das prestações contratuais entre eles. Aqui, a pauliana é movida pelo credor (que não foi parte no contrato), e este não reivindica a propriedade da coisa para si. Seu objetivo é apenas "destruir a eficácia do ato impugnado"[120].

---

[117] MARIANO, João Cura. *Impugnação pauliana*. Coimbra: Almedina, 2004, p. 67.

[118] BRUTAU, José Puig. *Diccionario de acciones en derecho civil español*. Barcelona: Bosch, 1984, p. 216.

[119] DIEZ-PICAZO, Luiz; GUILLON, Antonio. *Sistema de derecho civil*. Madrid: Tecnos, 1976, v. II, p. 179.

[120] CASSO y ROMERO e CERVERA y JYMENES-ALFARO. Diccionario de Derecho Privado. Barcelona, 1950, v. II, pp. 97-98.

"A ação pauliana é uma ação pessoal dirigida à ineficácia do ato fraudulento na medida em que haja prejuízo ao credor – por isso é subsidiária – que age. Assim, a ineficácia não é total, se mantém o que não tenha prejudicado aquele"[121].

Além disso, o reingresso da coisa no patrimônio do devedor não se faz a benefício deste, mas apenas para efeitos executivos, ou seja, para que o credor demandante possa proceder contra ela[122].

Quando o credor defraudado não consegue alcançar a coisa alienada *in natura* (por exemplo: revenda a terceiro de boa-fé feita pelo *particeps fraudis*), caber-lhe-á o direito de reclamar uma indenização equivalente ao prejuízo sofrido por força da fraude (art. 1.295).

Não provoca a sentença a obrigação para o autor da ação de reembolsar ao terceiro adquirente o preço pago por força do negócio revogado. Este, como participante do negócio fraudulento, tem de restituir o bem, sem qualquer reposição em seu favor, para que seja objeto da execução do credor. O adquirente conserva as ações que tiver contra o alienante, mas não cabe exercê-las contra o autor da pauliana.

O bem volta, "ficticiamente", ao patrimônio do devedor, por força da sentença da pauliana, já que, na verdade, permanece sob poder do adquirente. Quer isto dizer que "esse terceiro está obrigado a suportar a satisfação forçada dos credores do devedor, até o limite em que tenha sido declarado o prejuízo, sobre o próprio bem"[123].

248.5. Direito português

Sob o título de *impugnação pauliana,* o atual Código Civil português prevê, em seu art. 610º, que:

"Os actos que envolvam diminuição da garantia patrimonial do crédito e não sejam de natureza pessoal podem ser impugnados pelo credor, se concorrerem as circunstâncias seguintes:

a) ser o crédito anterior ao acto ou, sendo posterior, ter sido o acto realizado dolosamente com o fim de impedir a satisfação do direito do futuro credor;

b) resultar do acto a impossibilidade, para o credor, de obter a satisfação integral do seu crédito, ou agravamento dessa impossibilidade."

---

[121] "La acción pauliana es una acción personal dirigida a la ineficacia del acto fraudulento en la medida que haya perjuicio al acreedor – por eso es subsidiaria – que actúe. Asi, pues, la ineficacia no es total, se mantiene en lo que no haya perjuicio para aquél" (DIEZ-PICAZO, Luiz; GUILLON, Antonio. *Ob. cit.,* p. 182).

[122] BRUTAU, José Puig. *Ob. cit.,* p. 219.

[123] "Ese tercero está obligado a soportar la satisfacción forçosa de los acreedores del deudor, hasta el límite en que haya sido declarado el perjuicio, sobre aquel mismo bien" (DIEZ-PICAZO, Luiz; GUILLON, Antonio. *Ob. cit.,* p. 183).

Capítulo XVI: Da Fraude contra Credores | **537**

Não cuida, portanto, a impugnação em destaque, de inação do devedor no exercício de direitos patrimoniais (caso de *ação sub-rogatória*), nem de atos falsos para prejudicar terceiros (caso de *ação de simulação*). Aqui o objeto da ação pauliana são *atos verdadeiros* do devedor que, no entanto, envolvem "a diminuição do seu patrimônio", como vendas, doações, renúncias a direitos etc.[124].

Trata-se, outrossim, de uma *ação pessoal,* pois "os credores não exercem um direito real nos bens do devedor"[125]. Defendem-se, tão somente, contra o prejuízo que lhes acarretou a insolvência do devedor, provocada ou agravada pela disposição fraudulenta de bens.

"O fundamento da ação é, somente, impedir que terceiros se locupletem à custa dos credores e que a fraude do devedor fique impune. Já os romanos mencionavam a ação pauliana entre as ações *in personam*"[126].

No regime do Código português anterior, a sentença *rescindia* o ato fraudulento e fazia reverter os valores alienados "ao cúmulo dos bens do devedor, *em benefício dos seus credores"* (art. 1.044). A boa doutrina, todavia, alertava para a redação defeituosa do texto legal, visto que não se podia interpretá-lo como disciplinador de uma *ação real* ou de *reivindicação,* nem tampouco de uma *ação de nulidade*[127].

Na verdade, tinha-se a ação pauliana, mesmo, então, como *ação pessoal* destinada apenas a reparar os efeitos da fraude, tanto que se podia "fazer *cessar a ação, pagando* a importância devida" (arts. 1.040 e 1.041). De outro lado, era expressamente admitido que o contrato impugnado continuasse, mesmo após a sentença, *válido* "nas relações entre o alienante e o adquirente"[128]. Falava-se, então, em "nulidade especial e restrita", visto que somente existia "em relação aos credores prejudicados e não *erga omnes*"[129].

Tanto não havia uma verdadeira *nulidade* ou *rescisão*, que o art. 1.044 admitia o retorno do valor desviado apenas ao monte de bens passíveis de penhora pelos credores, mas isto se dava com a coisa "mesmo em poder do terceiro, como se ela não houvesse jamais saído do patrimônio do devedor"[130].

---

[124] COSTA, Mário Júlio de Almeida. *Direito das obrigações*. 3 ed. Coimbra: Almedina, 1979, nº 76, p. 600. Pode ser definida como "a faculdade que a lei concede aos credores de rescindirem judicialmente os actos verdadeiros celebrados pelos devedores em seu prejuízo" (*ob. cit.,* p. 601).

[125] GONÇALVES, Luiz da Cunha. *Tratado de direito civil*. 2.ed. São Paulo: Max Limonad, 1956, v. 5, t. 2, nº 772, p. 911.

[126] GONÇALVES, Luiz da Cunha. *Tratado de direito civil cit.,* p. 911.

[127] GONÇALVES, Luiz da Cunha. *Tratado de direito civil cit.,* p. 937.

[128] LUIZ DA CUNHA GONÇALVES: "Os bens não revertem ao patrimônio do devedor *em provei to deste,* mas sim *em benefício dos seus credores"* (*Tratado de direito civil cit.,* nº 776, p. 937).

[129] GONÇALVES, Luiz da Cunha. *Tratado de direito civil cit.,* nº 776, p. 937.

[130] GONÇALVES, Luiz da Cunha. *Ob.* cit., nº 776, p. 938.

Desde o regime velho, portanto, o entendimento doutrinário era no sentido de que a coisa alienada em fraude dos credores não retornava ao patrimônio do devedor, e se o valor dela fosse superior ao crédito do autor, o saldo, na execução, pertenceria ao terceiro adquirente e não ao devedor, visto que entre aquele e este o *contrato subsistia*[131].

Agora, no regime do atual Código Civil, a técnica da *inoponibilidade* foi, clara e expressamente, adotada, ao dispor o art. 616º, que, com a procedência da pauliana, assegura ao credor o "direito à restituição dos bens na medida do seu interesse *podendo executá-los no patrimônio do obrigado à restituição*" (inciso I), efeito esse que aproveita apenas ao credor que tenha requerido a impugnação (art. 616º, inciso 4).

O caráter *pessoal* e a finalidade *específica* da ação, tal como se deduz do moderno Código lusitano, evidenciam que o ato impugnado somente é sacrificado na estrita medida do interesse do credor demandante. Mostra claramente "que ele não está afectado por qualquer vício intrínseco capaz de gerar sua nulidade, pois se mantém de pé, como ato válido, em tudo quanto excede a medida daquele interesse"[132]. Por isso mesmo, os bens alienados em fraude do credor "não têm de sair do patrimônio do obrigado à restituição, onde o credor poderá executá-los e praticar os atos de conservação da garantia patrimonial autorizados por lei"[133].

Justamente por não se tratar de uma pretensão de anulação, admite-se que a impugnação pauliana, em Portugal, possa ser exercida tanto por meio de *ação* como por via de *exceção*, podendo, além disso, o andamento da causa ser obstado pelo devedor ou pelo terceiro adquirente, "mediante a satisfação do direito do credor lesado"[134].

Após a sentença, o terceiro participante da fraude não adquire nenhum direito de reposição do preço pago, exercitável em face do credor promovente, tendo em vista sua corresponsabilidade pela fraude cometida. Pode voltar-se apenas contra o devedor alienante, mas sem concorrer com o autor da pauliana. É o que diz o art. 617º, inciso 2: "Os direitos que o terceiro adquiriu contra o devedor não prejudicam a satisfação dos direitos do credor sobre os bens que são objeto da restituição".

É certo que, com a restituição pauliana, o terceiro realizará, com bens próprios, a obrigação do devedor alienante e, como tal, se tornará credor dele. A sentença, todavia, somente beneficia o credor promovente, pelo que o produto da execução não será partilhado com o novo credor (réu da pauliana). Este, tendo agido de má-fé, não pode opor seu crédito prévio ao autor, que se viu compelido a ingressar na justiça justamente por causa do ato impugnado, de que foi cúmplice o terceiro[135].

---

[131] GONÇALVES, Luiz da Cunha. *Ob.* cit., nº 776, p. 938.
[132] LIMA, Pires de; VARELA, Antunes. *Código civil anotado.* 4.ed. Coimbra: Coimbra Editora, 1987, v. I, p. 633.
[133] COSTA, Mário Julio de Almeida. *Ob cit.*, n 76. p. 610.
[134] LIMA, Pires de; VARELA, Antunes. *Ob. cit.*, v. I, p. 634.
[135] LIMA, Pires de; VARELA, Antunes. *Ob. cit.*, v. I, p. 635; ALMEIDA COSTA, Mário Júlio. *Ob. cit.*, nº 76, p. 612.

248.6. Direito argentino

O art. 962 do antigo Código Civil argentino estabelecia as seguintes condições para a procedência da pauliana:

a) é necessário que o devedor esteja insolvente, isto é, que não existam outros bens em seu patrimônio suficientes para satisfazer o direito do credor, o que se presume quando já esteja sujeito a falência ou concurso civil (art. 962, inciso 1º). Mesmo, porém, sem a quebra declarada, pode o credor provar que o ativo do devedor não cobre seu passivo;

b) é necessário, ainda, que o *prejuízo dos credores* (*eventus damni*) decorra imediatamente do ato fraudulento, ou seja, a disposição praticada deve ter produzido ou agravado a insolvência (art. 962, inciso 2º);

c) finalmente, é necessário que o crédito do autor da pauliana seja de data anterior ao ato impugnado (art. 962, inciso 3º).

O Código atual, em seu artigo 339, repete os requisitos do prejuízo dos credores e da anterioridade do crédito, acrescentando, porém, ser possível a ação pauliana "se o devedor tiver atuado com o propósito de defraudar os futuros credores" (art. 339, 'a'). A lei atual elenca, ainda, como requisito desta ação que o terceiro que contratou com o devedor a título oneroso conhecesse ou devesse conhecer que o ato provocava ou agravava a sua insolvência (art. 339, 'c').

No direito argentino, esclarece Borda:

"O ato realizado em fraude contra credores deve tornar-se sem efeito na medida do prejuízo que tenha ocasionado. A revogação não importa, em rigor, uma nulidade; simplesmente, o ato impugnado é inoponível aos credores"[136].

Na realidade,

"o ato fraudulento é perfeitamente válido e eficaz, tanto em relação às partes quanto dos terceiros em geral. Somente frente a certas pessoas, os credores anteriores à alienação dos bens, o ato deixa de ser eficaz, podendo tais pessoas prescindir de sua realização, como se ele não tivesse ocorrido"[137].

---

[136] "El acto realizado en fraude de acreedores debe dejarse sin efecto en la medida del perjuicio que se les ha ocasionado. La revocación no importa, en rigor, una nulidad; simplemente, el acto impugnado es inoponible a los acreedores" (BORDA, Guilhermo A. *Manual de derecho civil:* parte general. 16. ed. Buenos Aires: Abeledo-Perrot, 1993, nº 802, p. 556). *"De acuerdo con lo dispuesto por el Código Civil y la opinión unánime de la doctrina argentina el acto revocado se considera subsistente. La revocación solamente se pronuncia en beneficio de los acreedores que han ejercido la ación"* (TRINCAVELLI, Nelida. *Acción pauliana.* Buenos Aires: Abeledo-Perrot, 1970, pp. 92-93).

[137] "El acto fraudulento es perfectamente vádido y eficaz, tanto respecto de las partes cuanto respecto de los terceros en general. Sólo frente a ciertas personas, los acreedores anteriores

540 | NEGÓCIO JURÍDICO • *Humberto Theodoro Jr. e Helena Lanna Figueiredo*

A própria lei afasta a possibilidade de a revocação pauliana resultar em anulação do ato impugnado, pois prevê que seu alcance ficará limitado ao importe do crédito daquele que houver promovido a ação (art. 342, do atual Código Civil).

A sentença provoca, na pauliana, um desdobramento jurídico do ato do devedor: reconhece-o sem efeito para o credor demandante e válido e eficaz para as partes que o realizaram. Esse desdobramento é, justamente, aquilo que a doutrina moderna considera "inoponibilidade", e que faz com que "o ato fraudulento não seja *inválido,* mas apenas *inoponível* aos credores do alienante"[138].

Portanto, ultimada a pauliana e uma vez satisfeito o crédito do autor, o negócio impugnado manterá seus efeitos entre as partes que o celebram. Revogado, por exemplo, um pagamento realizado pelo devedor, a reposição a ser feita pelo terceiro ficará restrita à parcela necessária à cobertura do crédito do promovente. O restante continuará retido normalmente pelo terceiro. Se, outrossim, a sentença atingiu a transferência de um imóvel e este foi penhorado e arrematado, produzindo preço maior que o crédito exequendo, o saldo pertencerá ao terceiro adquirente, e não ao executado[139].

Em suma,

"O efeito da ação pauliana não é, por conseguinte, fazer retornar o bem ao patrimônio do devedor, senão deixar aberta a via para que os credores possam cobrar seus créditos"[140].

249. SÍNTESE DO DIREITO COMPARADO

A pesquisa efetuada em torno dos principais Códigos Civis da Europa e América Latina revela que a tendência geral é no sentido de colocar o problema da fraude contra credores não no campo da nulidade ou anulabilidade do ato jurídico, mas no da *inoponibilidade* ou *ineficácia relativa.* Por conseguinte, a sentença que a reconhece não tem, nos vários ordenamentos jurídicos examinados, a natureza de *sentença constitutiva,* apresentando-se, isto sim, como *sentença declaratória.*

Esta tendência é reafirmada pelos últimos Códigos editados já nos fins do século XX, como o Código Civil do Peru, de 1984, e o de Quebec, de 1991, com declarações

---

del enajenante de los bienes, el acto deja de ser eficaz, pudiendo tales personas prescindir de su realización, como si ello no hubiere ocurrido" (LLAMBÍAS, Jorge Joaquim. *Tratado de derecho civil:* parte general. 15.ed. Buenos Aires: Abeledo-Perrot, 1993, t. II, nº 1.845, p. 548).

[138] LLAMBÍAS, Jorge Joaquim. *Tratado de derecho civil cit.,* t. II, nº 1.845, p. 548.

[139] BORDA, Guilhermo. *Ob. cit.,* nº 802, p. 557.

[140] "El efecto de la acción pauliana no es, por consiguiente, hacer reingresar el bien al patrimonio del deudor, sino dejar expedita la vía para que los acreedores puedan cobrarse sus créditos" (BORDA, Guilhermo. *Ob. cit.,* nº 802, p. 557.

Capítulo XVI: Da Fraude contra Credores | 541

claríssimas sobre a natureza da pauliana, sempre restrita à *inoponibilidade* e nunca devendo ser confundida com a *anulabilidade*[141].

250. A FRAUDE CONTRA CREDORES NO DIREITO BRASILEIRO

Há três sedes normativas principais de repressão à fraude contra credores, atualmente, no direito positivo brasileiro:

a) o *Código Civil,* que cuida da *ação pauliana,* propriamente dita, nos arts. 158 a 165, ou seja, no Capítulo relativo aos "defeitos do negócio jurídico";

b) a *Lei de Falências,* que trata da revocação dos atos do devedor antes da quebra a ser promovida por meio da *ação revocatória,* nos termos dos arts. 129 a 138; e

c) o *Código de Processo Civil,* que prevê a *fraude de execução,* reconhecível incidentemente no curso da execução forçada, independentemente de *ação* e *sentença* (arts. 790, V e 792).

A esta obra interessa, precipuamente, a fraude contra credores disciplinada pelo Código Civil, razão pela qual vamos iniciar a análise do tema proposto à luz de estrutura dada por aquele diploma legal à ação pauliana. Mais adiante, faremos as comparações e distinções entre a estrutura dada à revocatória pelo velho Código Civil (mantida pelo atual) e o enfoque posterior da Lei de Falências e do Código de Processo Civil em torno da fraude aos direitos do credor.

250.1. A má colocação da fraude entre os defeitos do ato jurídico

O estudo do direito comparado revela que o tema da fraude contra credores tem sido, nos últimos tempos, tratado como parte do direito das obrigações, entre as medidas de tutela aos direitos creditórios do sujeito ativo da relação obrigacional[142].

Nosso Código Civil, no entanto, contra essa tendência dominante, optou por classificá-la na parte geral, entre os defeitos dos atos jurídicos, ao lado do erro, dolo, coação, estado de perigo e lesão, prevendo, outrossim, que seria a fraude contra credores um dos casos de *anulabilidade do ato jurídico* (CC, art. 171, II).

---

[141] O art. 195 do Código peruano dispõe textualmente que o credor pode pedir que "se declarem *ineficazes* a seu respeito", os atos do devedor que diminuam o respectivo patrimônio e "prejudiquem a cobrança do crédito". E da mesma forma o art. 1.631 do Código de Quebec: "O credor se sofre um prejuízo, pode promover a declaração de ser-lhe *inoponível* o ato jurídico praticado por seu devedor em fraude de seus direitos."

[142] O Código de Quebec coloca a impugnação à fraude entre os meios de "proteção do direito à execução da obrigação" (arts. 1.626 a 1.636), e o Código português cuida da mesma "impugnação" no Capítulo destinado à "Garantia real das obrigações" (arts. 601º a 622º).

Influiu nessa orientação, que vem do Código Civil de 1916, com toda certeza, a doutrina de Teixeira de Freitas, cuja lição, baseada no velho Código Comercial, era no sentido de configurar a fraude uma causa de nulidade como os demais vícios dos atos jurídicos[143]. Por sua vez, aquele importante doutrinador pátrio deve ter sofrido influência de uma corrente do direito alemão, que, àquele tempo, se manifestava entre os pandectistas e da qual vamos encontrar reflexos nas obras de Windscheid e Van Wetter. Baseava-se numa equiparação entre o *dolo* e a *fraude*, a pretexto de que o direito romano punia a *fraude* sob a categoria geral do *dolo*. Dizia-se mesmo que a *fraude* era a mais importante espécie de *dolo*[144]. E concluía-se que, em razão do dolo do alienante e do adquirente, a alienação fraudulenta deveria ser *anulada*[145].

No entanto, não foi nesse sentido que evoluiu o direito civil do século XX, mormente depois que se passou a fazer a diferença entre validade e eficácia do negócio jurídico, para distinguir os casos de nulidade daqueles de simples inoponibilidade.

A melhor explicação que sempre se encontrou para justificar a repressão à fraude contra credores foi a do prejuízo imposto ao credor pela supressão ou diminuição da garantia de seu crédito. O objetivo da revocatória sempre foi, na verdade, "manter incólume aquela responsabilidade patrimonial do devedor, cuja garantia genérica repousa nos bens que constituem o patrimônio do devedor"[146]. Mas, para tanto, não se justifica *anular* ou *invalidar* o contrato praticado entre o devedor e o terceiro, sem nenhum vício essencial em seus elementos. Basta impedir que seus efeitos sejam desviados da garantia patrimonial a que tem direito o credor defraudado.

Com essa perspectiva, a lei, uma vez reconhecida a procedência da pauliana, restaura o direito do credor à referida garantia, sem desconstituir a aquisição efetuada pelo terceiro. Não há anulação, pois o que a sentença faz é apenas declarar que, diante da fraude, o ato é *ineficaz* perante o credor, de sorte que o bem alienado poderá ser penhorado pelo autor da revocatória, como se não tivesse saído do patrimônio do devedor.

Daí ser hoje dominante a teoria da *ineficácia* do ato fraudulento, ou de sua *inoponibilidade*, na medida em que prejudica os direitos dos credores[147], como já se demonstrou.

---

[143] TEIXEIRA de FREITAS, Augusto. *Consolidação das leis civis*. 3. ed. Rio de Janeiro: Garnier, 1876, p. 240.

[144] WINDSCHEID, Bernhard. *Diritto delle pandette*. Trad. Fadda e Bensa. Torino: Utet, 1904, v. II, parte, II, § 462, p. 379.

[145] WETTER, p. Van. *Pandectes*. 2.ed. Paris: LGDJ, 1910, v. 4, p. 481.

[146] LIMA, Alvino. *A fraude no direito civil*. São Paulo: Saraiva, 1965, p. 114.

[147] LIMA, Alvino. *A fraude no direito civil cit.*, p. 114. Defendem a teoria da *ineficácia* os seguintes autores lembrados, dentre outros, por ALVINO LIMA: ROSARIO NICOLÒ (Tutela dei diritti. *In*: commentario del codice civile, dir. de Scialoja e Branca, Milano, pp. 184 *et seq.*); FRANCESCO MESSINEO (*Doctrina general de contrato*. Buenos Aires: EJEA, 1986, v. II, p. 312); EMILIO BETTI (*Teoria generale del negocio giuridico*, nº 60; *Teoria general delle obligazione*, v. III-2, pp. 192 *et*

Capítulo XVI: Da Fraude contra Credores | **543**

No direito positivo, os Códigos mais recentes como o português, o peruano, o quebequeano e o italiano, consagraram, em termos expressos, a teoria da ineficácia relativa ou inoponibilidade do ato praticado pelo devedor em prejuízo da garantia de seus credores, como já visto.

Assim, o lugar correto para tratar fraude contra credores não é o relacionado com os defeitos do ato jurídico, mas sim o dos efeitos e garantias das obrigações. O tema continua, destarte, mal colocado no atual Código Civil brasileiro.

250.2. Obrigação e responsabilidade patrimonial

"O devedor responde com todos os seus bens presentes e futuros para o cumprimento de suas obrigações" – dispõe o art. 789 do atual Código de Processo Civil. Eis aí o que se convencionou chamar "responsabilidade patrimonial", como garantia imediata da obrigação.

Do crédito nasce para o credor o direito de exigir a prestação e para o devedor a obrigação de realizá-la. Se, porém, o devedor não cumpre voluntariamente a prestação devida, a lei põe à disposição do credor as vias judiciais, a fim de que este possa fazer atuar a garantia patrimonial por meio da *execução forçada*. Com essa sanção, o ordenamento jurídico evita as *vias de fato* (justiça pelas próprias mãos do credor) e assegura, por procedimentos adequados, "a realização coativa da prestação debitória"[148].

Conforme ensinamento de Enneccerus,

"Este direito a dirigir-se contra o patrimônio do devedor é uma consequência do direito de crédito, sem o qual este teria pouco valor, mas não está implícito no direito de crédito como conteúdo imediato. O conteúdo do direito de crédito se esgota no poder de exigir e no dever de prestar. Portanto, o direito a dirigir-se contra o patrimônio pode estar configurado de diversas formas e sujeitar profundas alterações sem que o conteúdo e sequer a identidade do crédito de modifiquem"[149].

___

seq.); CHARLES BEAUDANT e GASTON LAGARDE (*Cours de droit civile français*. 2. ed. Paris, 1936, v. VIII, nº 656); SALVATORE SATTA (*Esecuzione forzata*. Vallardi, pp. 64 e 201); LUIGI GOSATTINI (*La revoca degli atti fraudolenti*. 4. ed., Padova, 1940, nos 94 e 97); GIUSEPPE ATTILIO NUTTI (*La garanzia della responsabilità patrimoniale*. Milano, 1954, p. 170); TITO CARNACINI (*Contributo alla teoria del pignoramento,* Padova, 1936, p. 103); etc.

[148] VARELA, Antunes. *Direito das obrigações*. Rio de Janeiro: Forense, 1977, v. I, nº 32, p. 102; ENNECCERUS, Ludwig; KIPP, Theodor; WOLFF, Martin. *Tratado de derecho civil*. Barcelona: Bosch, 1950, v. I, t. II, § 2, pp. 8-9.

[149] "Este derecho a dirigirse contra el patrimonio el deudor es una consecuencia del derecho de crédito, sin el cual éste tendría escaso valor, pero no va implícito en el derecho de crédito como contenido inmediato. El contenido del derecho de crédito se agota en el poder exigir y en el deber prestar. Por tanto, el derecho a dirigirse contra el patrimonio puede estar mui diversamente configurado y experimentar profundas alternaciones sin que el contenido y

A responsabilidade, segundo Amílcar de Castro,

"não se confunde com a obrigação, apreciável pelos critérios de direito privado, sim é uma sujeição jurisdicional apreciável pelos critérios de direito processual (...). Pode haver débito sem responsabilidade (obrigação natural); responsabilidade sem débito próprio (crime, fiança); e débito com responsabilidade limitada (herança). Não há, pois, confundir débito com responsabilidade"[150].

Há, porém, autores que integram o poder de atuar contra o patrimônio do devedor na estrutura da própria obrigação (Binder, Hellman, Strohal etc.)[151].

De qualquer maneira, é inquestionável que ao credor a lei confere o poder de exigir judicialmente o cumprimento da obrigação civil do devedor e de executar o seu patrimônio, se persistir a situação de inadimplência. Nessa exequibilidade judicial sobre o patrimônio do devedor encontra-se "a nota mais expressiva da coercibilidade da obrigação. Nela reside a *principal garantia a prestação devida*"[152]. O remédio processual específico de realização da responsabilidade patrimonial é a *execução forçada,* disciplinada pelo arts. 778 e segs. do Código de Processo Civil de 2015 (Livro II, da Parte Especial).

250.3. Tutela judicial à garantia dos credores

Toda a força de exequibilidade da obrigação se dilui se o devedor reduz seu patrimônio ou o esvazia por completo, sem dar satisfação ao direito dos credores. É preciso, por isso, não apenas contemplar o sujeito ativo da obrigação com a execução forçada, mas também com outros remédios tutelares capazes de lhe assegurar a preservação da garantia patrimonial, a fim de que o processo executivo não reste sem objeto.

Tais remédios complementares da execução forçada da obrigação partem do pressuposto de que:

"O devedor que se vincula a uma obrigação, além de sujeitar-se ao dever de prestar aquilo que se constitui em objeto dela, assume uma outra de natureza acessória, subsidiária, mas daquela necessariamente defluente, qual seja a de não desfalcar seus bens aquém do nível de equilíbrio entre eles e suas obrigações. Compromete, destarte, a

---

siquiera la identidad del crédito se modifiquem" (ENNECCERUS, Ludwig; KIPP, Thedor; WOLF, Martin. *Ob. cit.*, § 2, p. 9).

[150] CASTRO, Amílcar de. *Comentários ao Código de Processo Civil.* São Paulo: RT, 1974, v. VIII, nº 102, p. 68.

[151] *Apud* ENNECCERUS, Ludwig; KIPP, Theodor; WOLFF, Martin. *Ob. cit.*, p. 9, notas 4 e 5.

[152] VARELA, Antunes. *Ob. cit.,* nº 32, p. 103.

Capítulo XVI: Da Fraude contra Credores | **545**

livre disposição que antes possuía como direito elementar da propriedade de dela dispor (art. 524 do CC)"[153].

As três ações que, basicamente, protegem a garantia da "responsabilidade patrimonial" são:

a) a ação sub-rogatória;
b) a ação pauliana;
c) a ação de arresto.

250.4. A ação sub-rogatória

Ao contrário da pauliana, nosso direito positivo não deu tratamento genérico e sistemático à ação sub-rogatória, que tanto apreço merece do direito europeu. Trata-se de remédio processual utilizável pelo credor nos casos de inércia do devedor em exercitar direitos patrimoniais contra terceiros.

Por meio da sub-rogatória o credor age judicialmente em lugar do devedor, valendo-se do mecanismo da *substituição processual*. Isto é, "se aquele se descuida de exercer direitos e ações que lhe competem, pode este, em seu lugar, promover os meios judiciais de realizá-los, desde que não sejam privativos do titular"[154].

Na ação sub-rogatória, portanto, o credor defende o direito do devedor contra terceiro, mas o faz em atuação de interesse próprio, porque a realização do direito de devedor aumenta o patrimônio deste e reforça a garantia patrimonial a que aquele tem direito.

Embora sem sistema geral, nosso direito positivo prevê alguns casos de sub-rogação do credor na ação do devedor, como os dos arts. 778, § 1º, IV, e 857, do Código de Processo Civil/2015. Acontece, também, sub-rogação quando a parte confirma o negócio anulável, prejudicando direito de terceiro. O prejudicado pode substituir a parte e promover em seu lugar a ação anulatória (CC, art. 172).

250.5. A ação de arresto

O arresto é medida cautelar que visa preparar futura execução por quantia certa, apreendendo judicialmente bens do devedor sob risco de desvio, dilapidação ou ocultação. O Código de Processo Civil de 1973 enumerava, no art. 813, os casos em que o arresto teria lugar, todos representativos de situações evidenciadoras do

---

[153] MOURA, Mário Aguiar. Fraude de execução pela insolvência do devedor. *Revista dos Tribunais*, v. 509, p. 297, mar./1978.
[154] GOMES, Orlando. *Obrigações*. 8.ed. Rio de Janeiro: Forense, 1991, nº 168, p. 281.

NEGÓCIO JURÍDICO • Humberto Theodoro Jr. e Helena Lanna Figueiredo

risco de o devedor criar ou agravar sua insolvência[155]. Embora o art. 301, do Código de 2015 não enumere os casos em que o arresto pode ocorrer, admite a utilização do arresto como medida de tutela de urgência de natureza cautelar, quando necessário[156].

A apreensão e a custódia judiciais dos bens do devedor são providências tomadas, como se vê, para impedir desfalque ou inutilização da garantia patrimonial a que têm direito os credores, assegurando, assim, a futura penhora na execução forçada da obrigação.

250.6. A ação pauliana

Enquanto a sub-rogação e o arresto são medidas judiciais preventivas contra possíveis desfalques na garantia patrimonial, a ação pauliana é remédio repressivo contra a defraudação já ocorrida.

Nesse sentido, o art. 158 do Código Civil dispõe:

"Art. 158. Os negócios de transmissão gratuita de bens ou remissão de dívida, se os praticar o devedor já insolvente, ou por eles reduzido à insolvência, ainda quando o ignore, poderão ser anulados pelos credores quirografários como lesivos dos seus direitos".

E o art. 159 do mesmo Código acrescenta:

"Art. 159. Serão igualmente anuláveis os contratos onerosos do devedor insolvente, quando a insolvência for notória ou houver motivo para ser conhecida do outro contratante".

Por fim, os arts. 162 e 163 adicionam ao rol dos casos de fraude contra credores o pagamento, pelo insolvente, de dívida ainda não vencida e a constituição por ele de garantia real em favor de algum credor preexistente. É por meio de *ação judicial* que se logra a repressão à fraude cometida contra os credores (CC, art. 161) e chama-se *ação pauliana* ou *revocatória* a que se emprega com tal objetivo.

---

[155] CPC/73, art. 813: "O arresto tem lugar: I – quando o devedor sem domicílio certo intenta ausentar-se ou alienar os bens que possui, ou deixa de pagar a obrigação no prazo estipulado; II – quando o devedor, que tem domicílio: a) se ausenta ou tenta ausentar-se furtivamente; b) caindo em insolvência, aliena ou tenta alienar bens que possui; contrai ou tenta contrair dívidas extraordinárias; põe ou tenta pôr os seus bens em nome de terceiros; ou comete outro qualquer artifício fraudulento, a fim de frustrar a execução ou lesar credores; III – quando o devedor, que possui bens de raiz, intenta aliená-los, hipotecá-los ou dá-los em anticrese, sem ficar com algum ou alguns, livres e desembargados, equivalentes às dívidas; IV – nos demais casos expressos em lei."

[156] CPC/2015, art. 301: "A tutela de urgência de natureza cautelar pode ser efetivada mediante arresto, sequestro, arrolamento de bens, registro de protesto contra alienação de bem e qualquer outra medida idônea para asseguração do direito".

Capítulo XVI: Da Fraude contra Credores | 547

Segundo a literalidade da lei, a ofensa à garantia patrimonial dos credores gera, no plano de direito material, a *anulabilidade* do ato praticado pelo devedor. Nesse sentido, é, também, a doutrina clássica.

Orlando Gomes, por exemplo, ensina que a *ação pauliana* "visa a *anular* os efeitos da alienação de bens feitas pelo devedor em prejuízo do credor"[157]. Da mesma forma, Washington de Barros Monteiro, para quem "os atos eivados de fraude são *anuláveis*, de acordo com o art. 147, II, do Código Civil"[158]. Silvio Rodrigues é mais enfático ainda:

> "A ação revocatória tem por efeito anular os atos praticados em fraude. De modo que, julgada procedente, a vantagem porventura advinda do ato fraudulento reverte em proveito do acervo sobre o qual se tenha de efetuar o concurso de credores (Código Civil, art. 165). Em outras palavras, *o patrimônio do devedor se restaura*, restabelecendo-se a garantia original com que contavam os credores"[159] (g.n.).

Assim era, ainda, a lição de Clóvis Beviláqua: "Para o Código Civil as diminuições gratuitas do patrimônio do devedor são *anuláveis* (...)"[160].

Para Carvalho Santos, também a ação pauliana provoca a *anulação* do ato fraudulento, embora se trate de anulação relativa apenas ao proveito que dela será extraído pelos credores[161].

Na mesma linha, Orosimbo Nonato: "É certo falar o art. 106 do Código Civil [de 1916] em *anulação* dos atos lesivos dos direitos dos credores quirografários. Neste aspecto, a ação é de *anulação*, mas como *via para a restauração da garantia do credor*"[162].

Antônio Chaves pensa que o Código Civil "não considera nulos, mas anuláveis, à espera da iniciativa do interessado, os atos em fraude contra os credores"[163].

Pontes de Miranda é categórico: "A ação dos arts. 106-113 do Código Civil (de 1916) é ação de *anulação:* a sentença tem eficácia constitutiva negativa no tocante

---

[157] GOMES, Orlando. *Obrigações cit.*, nº 168, p. 280.

[158] MONTEIRO, Washington de Barros. *Curso de direito civil:* parte geral. 29. ed. São Paulo: Saraiva, 1990, v. I, p. 221. As lições citadas são todas versadas sobre o Código de 1916. Devem ser lembradas porque o atual Código literalmente conservou a orientação do anterior.

[159] RODRIGUES, Silvio. *Direito civil*. 32.ed. São Paulo: Saraiva, 2002, v. 1, nº 126, p. 238.

[160] BEVILÁQUA, Clóvis. *Código Civil dos Estados Unidos do Brasil comentado*. 12 ed. Rio de Janeiro: Francisco Alves, 1959, v. I, p. 287.

[161] CARVALHO SANTOS, J. M . *Código Civil brasileiro interpretado*. 7. ed. Rio de Janeiro: Freitas Bastos, 1958, v. II, p. 451.

[162] OROSIMBO NONATO, da Silva. *Fraude contra credores*. Rio de Janeiro: Jurídica e Universitária, 1969, nº 9, p. 36.

[163] CHAVES, Antônio. *Tratado de direito civil*. São Paulo: RT, 1982, v. I, t. II, p. 1.465.

NEGÓCIO JURÍDICO • *Humberto Theodoro Jr. e Helena Lanna Figueiredo*

à existência do ato jurídico; era *anulável* o ato jurídico, *foi anulado* e passa a não existir"[164].

Alvino Lima, depois de reconhecer que a maioria dos escritores modernos e mesmo o direito positivo vigente nos países cultos seguem o sistema da *ineficácia* para solucionar o problema da fraude contra credores, conclui que, no Código Civil brasileiro de 1916, a ação pauliana "é de *anulação* do ato fraudulento, como decorre das próprias palavras de vários dispositivos legais", tais como os arts. 106, 107 e 113. Observa, também, que:

> "A doutrina não vacila em afirmar que, no sistema de nosso direito civil, a ação pauliana é inquestionavelmente um *ação de anulação*, revogando-se o ato lesivo dos interesses do credor, com a restituição, ao patrimônio do devedor insolvente, do bem subtraído, para se proceder ao concurso em benefício de todos os credores do devedor comum. É a aplicação do art. 158 do Código Civil, isto é, anulado o ato, restituir-se-ão as partes ao estado anterior em que se achavam"[165].

Lamenta, enfim, Alvino Lima ter o Código brasileiro seguido "um sistema que parece repudiado pela grande maioria dos escritores modernos e pela legislação em geral"[166].

Cremos, nada obstante, ser possível uma revisão para atualizar a exegese do vetusto Código de 1916, cujos textos equivocados foram mantidos pelo Código de 2002 e, através de uma interpretação teleológica e evolutiva, colocar a ação pauliana brasileira em sintonia com igual remédio definido por outros ordenamentos jurídicos mais modernos em vigor no mundo de origens romanísticas.

É o que tentaremos demonstrar, mais adiante, depois de terem sido fixadas as linhas básicas de direito material e processual da revogação dos atos de fraude contra credores[167].

250.7. A fraude contra credores fora do Código Civil

Há duas importantes especializações da *ação pauliana*: a *revocatória falimentar* e a *fraude de execução*.

---

[164] PONTES DE MIRANDA, Francisco Cavalcanti. *Tratado de direito privado*. São Paulo: Editora Revista dos Tribunais, 2012, t. IV, § 504, nº 1, p. 628.

[165] LIMA, Alvino. *A fraude no direito civil cit.*, nº 96, p. 269.

[166] LIMA, Alvino. *Ob. cit.*, nº 96, p. 269.

[167] Em edição de seu clássico estudo sobre a fraude, publicado posteriormente ao atual Código Civil, Yussef Said Cahali continua defendendo a tese de que o sistema codificado, embora rotulando a fraude contra credores de causa de *anulabilidade*, na realidade configura uma causa de *ineficácia relativa* (CAHALI, Yussef Said. *Fraude Contra Credores*. 5. ed. São Paulo: RT, 2013, pp. 290-299).

Capítulo XVI: Da Fraude contra Credores | **549**

A revocatória é uma pauliana que pressupõe devedor já respondendo por falência decretada. Caracteriza-se por maior facilidade de repressão aos atos do falido praticados em prejuízo da massa dos credores concorrentes. Não há diferença de substância na *fraude*, mas apenas no plano processual. Sua fonte normativa no direito brasileiro são os arts. 129 e 130 da Lei de Falências. Nas hipóteses elencadas no primeiro dispositivo, o *consilium fraudis* é legalmente presumido. Sua comprovação, porém, é reclamada nos casos do art. 130.

O mais importante, porém, é que a disciplina da revocatória falimentar consagra, expressamente, a teoria da *ineficácia*, afastando, por completo, a errônea e inaceitável posição do Código Civil de colocar a fraude contra credores no plano das *anulabilidades*. Assim é que o art. 129 da Lei de Falências dispõe que os atos ali arrolados "são ineficazes em relação à massa falida", e o art. 130 acrescenta que os outros atos acerca dos quais dispõe "são revogáveis".

Sobre a denominação *ação revocatória*, utilizada pela Lei de Falências, Rubens Requião ensina que ela não deriva do verbo *revogar* (tornar nulo, desfazer), mas de *revocar*, que corresponde a "chamar para trás, chamar novamente, mandar voltar"[168].

Portanto, a partir mesmo do entendimento etimológico é fácil compreender que, na falência, a *ação revocatória* "não visa o efeito de *anular* ou *desfazer* atos praticados pelo devedor em determinada época e em dadas circunstâncias. O que se pretende, com essa ação, genuína criação do Direito Falimentar, é tirar o efeito de determinados atos praticados pelo devedor (voltando-se para trás), destituindo-os de eficácia, *mas tão somente em relação à massa falida*, sem anulá-los ou desconstituí-los totalmente"[169]. Isto quer dizer que "os atos incriminados pela lei (falimentar) inexistem em relação à massa falida, mas continuam válidos em relação às demais partes que deles participaram"[170].

No mesmo sentido, Trajano de Miranda Valverde consigna que, na Lei de Falências, o conceito civilístico de nulidade e anulabilidade dos atos jurídicos foi, no tocante à ação revocatória, "substituído pelo de *ineficácia*, que não tem no próprio ato a sua causa, mas em fato estranho, concerne aos seus efeitos, pelo que não toca no ato jurídico, que permanece válido". Por isso, "o ato é declarado, ou decretado ineficaz tão somente em relação à massa falida, subsistindo, portanto, como um ato válido em si mesmo, entre as partes que o criaram"[171]. Dessa maneira, a sentença, tanto num como noutro caso, "simplesmente declara a *ineficácia* (inoponibilidade) do ato praticado pelo falido"[172].

---

[168]   REQUIÃO, Rubens. *Curso de direito falimentar.* 9. ed. São Paulo: Saraiva, 1984, v. 1, nº 170, p. 191.

[169]   REQUIÃO, Rubens. *Curso de direito falimentar cit.*, v. 1, nº 170, p. 191.

[170]   REQUIÃO, Rubens. *Curso de direito falimentar cit.*, v. 1, nº 170, p. 192.

[171]   VALVERDE, Trajano de Miranda. *Comentários à lei de falências.* 2.ed. Rio de Janeiro: Forense, 1995, v. II, nº 364, pp. 11-12.

[172]   CAHALI, Yussef Said. *Fraudes contra credores cit.*, p. 526. "A ação de nulidade é *declaratória*, eis que a sentença apenas declara a *invalidade*; a ação de anulação é *constitutiva*, eis que a

Também a *fraude de execução*, disciplinada pelo Código de Processo Civil, é uma especialização da fraude contra credores, cujo traço especificador é a circunstância de o ato fraudulento do devedor ocorrer durante a *litispendência*, de sorte que representa não só prejuízo para o credor, mas também embaraço para a prestação jurisdicional em curso.

A reação da lei contra a fraude de execução é mais drástica e imediata. O juiz fica autorizado a declará-la independentemente de ação, fazendo-o incidentalmente no processo pendente. Isto porque o ato do devedor executado viola a própria atividade jurisdicional do Estado (art. 792, do CPC/2015).

Aqui, também, o legislador foi mais técnico do que no Código Civil e não cogitou de *nulidade* do ato fraudulento. Dispôs apenas que continuam sujeitos à execução "os bens alienados ou gravados com ônus real em fraude de execução" (CPC/2015, art. 790, V). E, entre os casos de fraude de execução, o estatuto processual arrolou um que se confunde com aqueles normalmente cogitáveis na ação pauliana, ou seja, a alienação ou oneração real, quando, ao tempo, "corria contra o devedor demanda capaz de reduzi-lo à insolvência" (art. 792, IV).

Fica, pois, destacado que a lei processual não autoriza a anulação do ato do devedor que frauda a execução. Prevê, isto sim, que, "embora válido o ato entre as partes, não subtrai os bens à responsabilidade executória, eis que continuam eles respondendo pelas dívidas do alienante, como se não tivessem saído de seu patrimônio"[173]. Adoção, portanto, explícita da teoria da *ineficácia* relativa, como ato válido entre as partes e inoponibilidade ao credor prejudicado.

Razão alguma justifica a teimosia de atrelar-se o Código Civil à superada tese da anulabilidade dos negócios praticados em fraude contra credores. Se o que se procura é simplesmente conservar a garantia dos credores e se a pseudoanulação apenas atua nos limites da restauração da referida garantia, porque não lhe dar o *nomen iuris* correto de inoponibilidade?

Voltaremos ao tema a propósito dos efeitos da sentença pauliana.

250.8. Fraude à execução

Como já se demonstrou no item anterior, não se deve confundir a fraude contra credores com a fraude de execução. Na primeira, são atingidos apenas interesses privados dos credores (arts. 158 e 159 do CC). Na última, o ato do devedor executado viola a própria atividade jurisdicional do Estado.

---

sentença desconstitui o que *era e tinha vida;* a *ação de ineficácia* do art. 52 (ação revocatória falimentar) é também declaratória porque o juiz apenas declara a ineficácia do ato" (PACHECO, José da Silva. *Processo de falência e concordata.* 2. ed. Rio de Janeiro: Borsoi, 1972, v. II, nº 536, p. 535).

[173] CAHALI, Yussef Said. *Ob. cit.*, p. 365; LIEBMAN, Enrico Tulio. *Processo de execução.* 3. ed. São Paulo: Saraiva, 1968, nº 45, p. 85.

Capítulo XVI: Da Fraude contra Credores | **551**

Um dos atributos do direito de propriedade é o poder de disposição assegurado ao titular do domínio. Mas o patrimônio do devedor é a garantia geral dos seus credores; e, por isso, a disponibilidade só pode ser exercitada até onde não lese a segurança dos credores.

Daí desaprovar a lei as alienações fraudulentas que provoquem ou agravem a insolvência do devedor, assegurando aos lesados a ação revocatória para fazer retornar ao acervo patrimonial do alienante o objeto indevidamente disposto, para sobre ele incidir a execução. Essa ação, que serve especificamente para os casos de fraude contra credores, comumente denominada ação pauliana, funda-se no duplo pressuposto do eventus damni e do consilium fraudis. Aquele consiste no prejuízo suportado pela garantia dos credores, diante da insolvência do devedor, e este no elemento subjetivo, que vem a ser o conhecimento, ou a consciência, dos contraentes de que a alienação vai prejudicar os credores do transmitente, desfalcando o seu patrimônio dos bens que serviriam de suporte para a eventual execução. O exercício vitorioso da pauliana restabelece, portanto, a responsabilidade dos bens alienados em fraude contra credores.

É, porém, muito mais grave a fraude quando cometida no curso do processo de condenação ou de execução. Além de ser mais evidente o intuito de lesar o credor, em tal situação "a alienação dos bens do devedor vem constituir verdadeiro atentado contra o eficaz desenvolvimento da função jurisdicional já em curso, porque lhe subtrai o objeto sobre o qual a execução deverá recair"[174]. A fraude frustra, então, a atuação da Justiça e, por isso, é repelida mais energicamente[175]. Não há necessidade de nenhuma ação para anular ou desconstituir o ato de disposição fraudulenta. A lei o considera simplesmente ineficaz perante o exequente, e o juiz reconhece de plano a inoponibilidade do negócio, nos próprios autos[176].

Não se cuida, como se vê, de ato nulo ou anulável[177]. O negócio jurídico, que frauda a execução, diversamente do que se passa com o que frauda credores[178], gera pleno efeito entre alienante e adquirente. Apenas não pode ser oposto ao exequente.

---

[174] LIEBMAN, Enrico Tullio. *Processo de execução.* 3.ed. São Paulo: Saraiva, 1968, n. 45, p. 85.

[175] "Seja como for, na hipótese de o executado dispor de algum bem na pendência de processo, como parece curial, a fraude adquire expressiva gravidade. O eventual negócio não agride somente o círculo potencial de credores. Está em jogo, agora, além dos interesses particulares, a própria efetividade da atividade jurisdicional do Estado. O devedor que adota semelhante expediente pratica fraude à execução, recebendo seu ato reação mais severa e imediata" (ASSIS, Araken de. Manual da execução. 12.ed. São Paulo: RT, 2009, nº 46, p. 271).

[176] CAHALI, Youssef Said. Fraudes contra credores *cit.* São Paulo: RT, 1989, p. 368.

[177] "Na fraude de execução, o ato não é nulo, inválido, mas sim ineficaz em relação ao credor" (STJ, 4ª T., REsp 3.771/GO, Rel. Min. Sálvio de Figueiredo Teixeira, ac. 16.10.1990, DJU 05.11.1990, RJSTJ 20/282).

[178] Embora se possa também falar de ineficácia do ato praticado em fraude dos credores, esta somente pode ser reconhecida por meio de sentença em ação própria (ação pauliana) (Código Civil, art. 161).

Nesse sentido, o § 1º do art. 792 do CPC/2015 é expresso em asseverar que "a alienação em fraude à execução é ineficaz em relação ao exequente".

Assim, a força da execução continuará a atingir o objeto da alienação ou oneração fraudulenta, como se estas não tivessem ocorrido. O bem será de propriedade do terceiro, num autêntico exemplo de responsabilidade sem débito.

Da fraude de execução decorre simples submissão de bens de terceiro à responsabilidade executiva. O adquirente não se torna devedor e muito menos coobrigado solidário pela dívida exequenda. Só os bens indevidamente alienados é que se inserem na responsabilidade que a execução forçada faz atuar; de sorte que, exauridos estes, nenhuma obrigação ou responsabilidade subsiste para o terceiro que os adquiriu do devedor.

Segundo antiga doutrina, que todavia merece acolhida cum grano salis, não se requer, para a confirmação da fraude cogitada nos arts. 790, V, e 791, a presença do elemento subjetivo da fraude (consilium fraudis) para que o negócio incida no conceito de fraude de execução. Para o mesmo entendimento, pouco importa, também, a boa-fé do adquirente. No dizer de Liebman, "a intenção fraudulenta está in re ipsa; e a ordem jurídica não pode permitir que, enquanto pende o processo, o réu altere a sua posição patrimonial, dificultando a realização da função jurisdicional"[179]. É irrelevante, finalmente, que o ato seja real ou simulado, de boa ou de má-fé. No entanto, a legislação ulterior ao Código e a exegese jurisprudencial acabaram por dar sensível relevância ao lado psicológico também no que se refere à fraude de execução.

Em síntese, tanto a fraude contra credores como a fraude de execução compreendem atos de disposição de bens ou direitos em prejuízo de credores, mas a diferença básica é a seguinte:

(a) a fraude contra credores pressupõe sempre um devedor em estado de insolvência e ocorre antes que os credores tenham ingressado em juízo para cobrar seus créditos; é causa de anulação do ato de disposição praticado pelo devedor, nos moldes do Código Civil (arts. 158 a 165); depende de sentença em ação própria (idem, art. 161);

(b) a fraude de execução não depende, necessariamente, do estado de insolvência do devedor e só ocorre no curso de ação judicial contra o alienante; é causa de ineficácia da alienação, nos termos do Código de Processo Civil atual (arts. 790 e 792); opera independentemente de ação anulatória ou declaratória. Pressupõe alienação voluntária praticada pelo devedor, de sorte que não se pode ver fraude à execução nas transferências forçadas realizadas em juízo[180].

---

[179] LIEBMAN, Enrico Tullio. Op. cit., loc. cit.

[180] "Na hipótese de arrematação ou adjudicação judicial a vontade do devedor é irrelevante, o que obsta a caracterização da fraude" (STJ, 1ª T., REsp 538.656/SP, Rel. Min. Luiz Fux, ac. 16.10.2003, *DJU* 03.11.2003, p. 277).

250.9. A fraude invocada em ação e exceção (embargos de terceiro)

A jurisprudência até hoje não logrou definir, de maneira uníssona, a possibilidade ou não de reconhecer-se a fraude como simples matéria de defesa (exceção), principalmente em resposta aos embargos de terceiro.

Doutrinariamente, prevalece a tese de que o Código Civil subordinou a impugnação pauliana a uma ação, que teria de ser proposta, em litisconsórcio necessário, contra o devedor e o terceiro adquirente. Assim, não seria possível ao credor, em simples embargos de terceiro intentado pelo adquirente, arguir como defesa a ocorrência de fraude contra credores[181], mesmo porque o principal sujeito passivo da pauliana – o devedor – nem sequer é parte na ação de embargos de terceiro e, se nela figurar, seria como litisconsorte do credor e nunca do terceiro embargante[182].

Sem embargo desse firme posicionamento doutrinário contra o cabimento da execução de fraude contra credores, em resposta aos embargos de terceiro do adquirente do bem alienado pelo devedor, a jurisprudência não consegue se firmar numa posição segura e definitiva[183].

Tome-se, por exemplo, o Supremo Tribunal Federal, que chegou a decidir:

"A jurisprudência tem entendido admissível a discussão sobre a fraude contra credores na ação de embargos de terceiro, sem necessidade de propositura de ação pauliana. Essa é a orientação jurisprudencial, inclusive do STF, conforme anotou o apelante nas razões de seu recurso"[184].

Mais tarde, o Pretório Excelso afirmou a tese contrária e passou a observá-la reiteradamente: "A ação própria para anular o ato viciado por fraude contra credores é a pauliana, sendo incabível a pretensão em via de embargos de terceiro, conforme se firmou na mais recente jurisprudência do Plenário e das Turmas do STF"[185].

---

[181] CASTRO, Amílcar de. *Comentários ao Código de Processo civil*. São Paulo: RT, 1974, v. VIII, nº 123, p. 86; PONTES DE MIRANDA, Francisco Cavalcanti.. *Comentários ao Código de Processo Civil*. Rio de Janeiro: Forense, 1976, t. IX, p. 450; DINAMARCO, Cândido Rangel. *Execução civil*. São Paulo: RT, 1973, nota 127, p. 103.

[182] BARROS, Hamilton de Moraes e. *Comentários ao Código de Processo Civil*. 2. ed. Rio de Janeiro: Forense, 1977, v. IX, nº 190, pp. 376-377. "O litisconsórcio, na ação pauliana, é necessário" (TACivSP, Ap. nº 181.350, Rel. Juiz Martiniano de Azevedo, ac. de 23.08.1972, *RT* 447/448).

[183] Em CAHALI (*Fraude contra credores cit.*, p. 325), encontramos um enorme levantamento de julgados no sentido defendido pela doutrina, ou seja, da inadmissibilidade do reconhecimento da fraude contra credores nos embargos de terceiro, sendo necessário, na espécie, o uso da ação pauliana.

[184] STF, RE 75.043, Rel. Min. Djaci Falcão, *DJU* de 04.12.1978, p. 9.795. No mesmo sentido; RE 86.255, Rel. Min. Xavier de Albuquerque, ac. de 12.11.1976, *RTJ* 80/305.

[185] STF, 1ª T., RE 102.564, Rel. Min. Rafael Mayer, ac. de 03.08.1984, *RTJ* 111/449. No mesmo sentido: RE 103.907-8/SP, Rel. Min. Moreira Alves, ac. de 19.11.1984, *RT* 595/284; RE 95.317 – 5, Pleno,

Parecia aplacada a divergência quando, com a Constituição de 1988, a matéria pertinente à lei federal passou para a competência recursal do Superior Tribunal de Justiça e eis que a nova Corte reabriu a controvérsia, sem conseguir chegar sequer a um posicionamento homogêneo entre suas turmas. A 4ª Turma, por exemplo, rebelou-se contra a exegese anteriormente assentada pelo Supremo Tribunal Federal: "Revestindo-se de seriedade as alegações de *consilium fraudis* e do *eventus damni* afirmadas pelo embargado, a questão pode ser apreciada na via dos embargos de terceiro, sem necessidade de o credor ajuizar ação pauliana"[186].

Já a 3ª Turma não aceitou a tese inovadora, mantendo-se fiel aos precedentes do Supremo Tribunal Federal: "O meio processual adequado para se obter a anulação de ato jurídico por fraude a credores não é resposta a embargos de terceiro, mas a ação pauliana. Abono da melhor doutrina e precedentes do STJ (3ª Turma)"[187].

Nas pegadas do entendimento da 4ª Turma do Superior Tribunal de Justiça, o antigo 1º Tribunal de Alçada Civil de São Paulo, por sua 4ª Câmara, assentou que:

> "É admissível o reconhecimento de fraude contra credores em embargos de terceiros e não somente em sede de ação específica. A busca da verdade, e a realização da justiça são objetivos últimos do processo, de sorte que, se as partes se servem de expedientes destinados a burlar a lei, não deve o juiz ficar preso a limites meramente procedimentais, deixando, em consequência, de aplicar a solução de mérito cabível à espécie"[188].

Em julgado da Corte Especial do Superior Tribunal de Justiça, aquela Corte parece ter encontrado uma solução para o dissídio estabelecido entre as posições da 3ª e 4ª Turmas, ao decidir, por maioria, que: "A fraude é discutível em ação pauliana, e não em embargos de terceiro. Precedentes da 1ª, 3ª e 4ª Turmas e da 2ª Seção do STJ. Embargos conhecidos pela Corte Especial, mas rejeitados"[189].

Vê-se, então, que aos poucos assumiu predominância no Superior Tribunal de Justiça a corrente que representou a última opinião do Supremo Tribunal Federal,

---

Rel. Min. Néri da Silveira, ac. de 30.11.1984, *ADCOAS*/85, nº 101.219, p. 115; RE 110.106/SP, Rel. Min. Rafael Mayer, ac. de 10.09.1986, *RTJ* 119/897.

[186] STJ, 4ª T., REsp. 5.307/RS, Rel. Min. Athos Carneiro, ac. de 16.06.1992, *DJU* 08.03.1993, p. 3.119.

[187] STJ, 3ª T., REsp. 24.311-0/RJ, Rel. Min. Cláudio Santos, ac. de 08.02.1993, *DJU* 22.03.1993, p. 4.538. No mesmo sentido: REsp. 27.903-7/RJ, Rel. Min. Dias Trindade, ac. de 01.12.1992, *DJU* 22.03.1993, p. 4.540.

[188] 1º TACIvSP, 4ª C., Ap. nº 528.215-9, Rel. Juiz Carlos Bittar, ac. de 25.08.1993, *RT* 698/108.

[189] STJ, Corte Especial, Emb. Div. no REsp. 46.192-2, Rel. Min. Nilson Naves, ac. de 09.02.1995, *DJU* 05.02.1996, p. 1.341. Antes já a 2ª Seção do STJ havia dado prevalência à tese da indispensabilidade da ação pauliana e da impossibilidade de desconstituir-se o negócio fraudatório dos direitos dos credores no âmbito dos embargos de terceiro (EREsp. 24.311/RJ, Rel. Min. Barros Monteiro, ac. de 15.12.1993, *RSTJ* 101/343). No mesmo sentido: STJ, 3ª T., REsp. 841.361/PA, Rel. Min. Nancy Andrighi, ac. 03.04.2007, *DJe* 23.04.2007; STJ, 3ª T., AgRg no REsp. 1.267.627/SP, Rel. Min. Paulo de Tarso Sanseverino, ac. 13.08.2013, *DJe* 21.08.2013.

anterior à Constituição de 1988, ou seja, a de que a sede processual adequada para a apreciação da fraude contra credores é mesmo a ação pauliana e nunca os embargos de terceiro.

Enfim, saiu vitoriosa a tese, no Superior Tribunal de Justiça, de que a arguição da fraude contra credores não é própria de exceção (defesa em embargos de terceiro), pois reclama sempre ação própria (a pauliana). É que foi inserido na Súmula daquela Corte o enunciado nº 195, com o seguinte teor: "Em embargos de terceiro não se anula ato jurídico, por fraude contra credores."

251. REQUISITOS GERAIS DA FRAUDE CONTRA CREDORES

O Código Civil, como aliás ocorre na generalidade das legislações estrangeiras, separa os atos do devedor praticados a título oneroso dos que são realizados a título gratuito, ao especificar os requisitos da ação pauliana. Assim é que o art. 158 cuida dos atos de transmissão gratuita de bens e da remissão de dívidas, enquanto o art. 159 trata dos contratos onerosos. Na análise do conjunto das normas reguladoras do instituto da fraude contra credores, apura-se a existência de alguns requisitos de ordem geral e outros que são específicos da impugnação aos contratos onerosos.

Costuma-se afirmar que, desde as raízes romanas do instituto, sempre se exigiram dois elementos como fundamentais ao cabimento da ação pauliana; um objetivo – o *eventus damni* – e outro subjetivo – o *consilium fraudis*. Como, entretanto, a lei, às vezes dispensa ou presume este último, melhor é reunir, de início, aqueles que, na generalidade dos casos hão de estar presentes, qualquer que seja a natureza do ato prejudicial aos credores praticado pelo devedor insolvente.

Nesta ordem de ideias, três são os requisitos de caráter geral indispensáveis à revocação dos bens alienados em fraude contra credores:

a) a existência de um crédito quirografário, por parte do impugnante;

b) a insolvência, por parte do devedor;

c) a anterioridade do crédito ao ato fraudulento[190].

252. O CRÉDITO DEFRAUDADO

Prevê o art. 158 do Código Civil que o autor da pauliana deve ser um *credor quirografário*, porque é este o credor que conta com a garantia genérica do patrimônio

---

[190] LIMA, Alvino. *A fraude no direito civil*. São Paulo: Saraiva, 1965, nº 78, p. 244. Para Nelson Rosenvald e Cristiano Chaves de Farias, são elementos caracterizadores da fraude: (i) a diminuição ou o esvaziamento do patrimônio do devedor; e (ii) a intenção maliciosa do devedor de causar o dano (ROSENVALD, Nelson; FARIAS, Cristiano Chaves de. *Curso de direito civil: parte geral e LINDB*. 13. ed. São Paulo: Atlas, 2015, nº 10.10.7, p. 561).

do devedor. Os que dispõem de *garantia real* têm a seu favor o vínculo direto sobre a coisa gravada, que pode ser excutida onde quer que ela se encontre, mesmo depois de alienada pelo devedor (direito de sequela). A exequibilidade, em virtude de vínculo real, dá-se diretamente no patrimônio do eventual adquirente, pelo que não tem o credor interesse na propositura de remédio processual para revogar o ato de disposição praticado pelo devedor. Por isso a lei não lhe concede a ação pauliana.

Quando, porém, a garantia real se mostrar insuficiente para a satisfação integral do crédito, tornar-se-á viável a ação revocatória, mesmo porque em relação à parte da obrigação não acobertada pela garantia real existirá, sem dúvida, um crédito quirografário, passível de lesão pelo ato fraudulento do devedor[191].

Aliás, pouco importa haja ou não garantia real em favor do credor que intenta ação pauliana. O importante é verificar se, após o ato de disposição do devedor haverá ou não, condições de exequibilidade completa do crédito sobre os bens alcançáveis do inadimplente[192]. Esta é a tese esposada pelo atual Código Civil (art. 158, § 1º).

Observa Pontes de Miranda, a propósito, que "os direitos reais de garantia dão ao crédito mais intensa atuação sobre o patrimônio, razão por que a fraude contra credores não os atinge; porém, o crédito mesmo pode ser prejudicado, ou porque a garantia real não seja para todo ele, ou porque, embora para todo ele, não baste"[193].

Desde que o crédito não esteja acobertado por inteiro pela garantia real, não se pode afastar a possibilidade da pauliana. Isto somente ocorrerá no pressuposto de que os bens que garantem o gravame real sejam suficientes para assegurar o pagamento do credor titular do privilégio[194].

---

[191] CAHALI, Yussef Said. *Fraude contra credores cit.*, p. 100; LIMA, Alvino, *ob. cit.*, nº 23, p. 119; PEREIRA, Caio Mário da Silva. *Instituições de direito civil:introdução ao direito civil, teoria geral do direito civil.* 31. ed. Revista a atualizada por Maria Celina Bodin de Moraes. Rio de Janeiro: Forense, 2018, v. I, nº 93, pp. 455.

[192] "O credor privilegiado só não tem legitimidade para a ação pauliana se os bens que lhe foram dados em garantia forem suficientes para atender à dívida" (TJRJ, 5ª CC., Ap. nº 41.153/85, Rel. Des. Jorge Loretti, ac. de 18.03.1986, *RT* 613/170).

[193] PONTES DE MIRANDA, Francisco Cavalcanti. *Tratado de direito privado cit.*, t. IV, § 494, nº 1, p. 595.

[194] CARVALHO SANTOS, J. M. de. Ação pauliana. *Repertório enciclopédico do direito brasileiro.* Rio de Janeiro: Borsoi, s/d, v. II, p. 81. "Via de regra, somente os credores quirografários podem intentar ação pauliana, eis que os privilegiados já encontram, para garantia especial de seus créditos, bens destacados e individuados, sobre os quais incidirá a execução. Mas, se normalmente não necessita o credor privilegiado de revogar o ato praticado *in fraudem creditorum*, não está impedido de fazê-lo se militam em seu favor os requisitos da ação pauliana, entre os quais a existência do prejuízo, pois bem pode acontecer que as suas garantias sejam insuficientes, e o crédito, no que exceder delas, achar-se desguarnecido (PEREIRA, Caio Mário da Silva. *Instituições de direito civil.* v. I/320, nº 93)." *In*: Acórdão TJSP, Ap. nº 111.303-1, Rel. Des. Ernani de Paiva, ac. de 18.05.1989, *RJTJSP* 120/18.

Capítulo XVI: Da Fraude contra Credores | 557

Teria o credor hipotecário ou pignoratício de exaurir sua garantia real antes de intentar a pauliana? Já se decidiu que tal exigência não procede. A qualidade de credor quirografário, pela porção não guarnecida pelo gravame real, pode ser aferida antes mesmo de excutidos os bens empenhados, pois haveria risco de ocorrer a decadência da revocatória antes de encerrado o processo executivo[195].

252.1. A anterioridade do crédito

A anterioridade do crédito do autor da pauliana ao ato impugnado é exigência explícita do § 2º do art. 158 do Código Civil, que vem de longa tradição, pois já a fazia o direito romano (15 e fr. 10, § 1, Dig. *h. t.*). É evidente que apenas pode sofrer prejuízo com a alienação aquele que já era credor ao seu tempo[196].

Acertado, por outro lado, o marco original do débito, os ajustes posteriores acerca de garantias ou condições de pagamento não alteram a anterioridade do crédito, para efeito da ação pauliana. Se não configurada a novação, pela extinção do débito antigo e sua substituição por obrigação nova, persiste a data do fato gerador primitivo da obrigação como marco temporal da possibilidade da revocatória[197].

Quando o crédito se envolve em litígio e, afinal, se submete a um acertamento judicial, é irrelevante a data do provimento jurisdicional. "Para os efeitos do art. 158, § 2º, a anterioridade do crédito é determinada pela causa que lhe dá origem, independentemente de seu reconhecimento por decisão judicial" (Enunciado nº 292, aprovado na IV Jornada de Direito Civil, realizada pelo Centro de Estudos Jurídicos do Conselho da Justiça Federal). No caso, *v.g.*, de responsabilidade civil, o crédito fraudado leva em conta a data do ato ilícito e não a da sentença que condenou o agente ao ressarcimento do dano respectivo.

---

[195] TJSP, Ap. nº 111.3030-1, *cit.* "O ajuizamento da ação pauliana pelo credor com garantia real (art. 158, § 1º) prescinde de prévio reconhecimento judicial da insuficiência da garantia" (Enunciado nº 151, aprovado na III Jornada de Direito Civil, realizada pelo Centro de Estudos Jurídicos do Conselho da Justiça Federal). Mas, o acolhimento da pretensão pauliana só se dará se no curso da ação restar provada a insufuciência da garantia real, pois, somente assim se terá configurado o requisito da insolvência, sem o qual impossível será alcançar o efeito da revocatória.

[196] "Não cabe ação pauliana se o credor já encontrou comprometido o patrimônio do devedor, ao assumir a condição creditícia, pois tal ação só poderá ser proposta por credor que já o fosse quando se praticou o ato incriminado" (TJMG, Ap. nº 74.734-4, Rel. Des. Francisco Figueiredo, ac. de 03.03.1988, *DJMG* 14.06.1988).

[197] "Ação paulina. Anterioridade da dívida. Inexistência de novação. A novação não decorre simplesmente da substituição de um título cambiariforme, emitido em garantia de dívida, por título cambial com o mesmo propósito, sem que demonstrada a intenção de novar. Mantém-se, assim, a anterioridade da dívida relativamente aos atos de alienação" (STJ, 4ª T., REsp. 9543/SP, Rel. Min. Athos Carneiro, ac. de 12.05.1992, *DJU* de 01.06.1992, p. 8.050).

NEGÓCIO JURÍDICO • *Humberto Theodoro Jr. e Helena Lanna Figueiredo*

Sobre a exigência da anterioridade do crédito para a ação pauliana, farta é a jurisprudência do STJ:

> "1. Da literalidade do art. 106, parágrafo único, do CC/16, extrai-se que a afirmação da ocorrência de fraude contra credores depende, para além da prova de *consilium fraudis* e de *eventus damni*, da *anterioridade do crédito em relação ao ato impugnado*.
>
> 2. É com o registro da promessa de compra e venda no Cartório de Registro de Imóveis que o direito do promissário comprador alcança terceiros estranhos à relação contratual originária.
>
> 3. *A promessa de compra e venda não registrada e desacompanhada de qualquer outro elemento que possa evidenciar a alienação do imóvel, não afasta a anterioridade do crédito*"[198] (g.n.).

252.2. Fraude a crédito futuro

Não há em nosso Código a ressalva expressa do cabimento da revocatória em situação de alienação dolosamente realizada para frustrar crédito futuro, como se dá com códigos modernos como o português, o italiano e o peruano[199].

Há, porém, em doutrina e jurisprudência, vozes favoráveis à sua admissão excepcional também no direito brasileiro, desde que bem caracterizado o *dolo específico* do agente[200].

Com efeito, não se deve deixar de reprimir a fraude quando a conduta do devedor é preordenada a frustrar uma obrigação apenas programada. Assim, o delinquente que antes de cometer o delito, desfaz-se de seus bens para escapar a futura obrigação de indenizar; ou o proponente que leva o oblato a contratar confiado em seu patrimônio do tempo da proposta e o aliena antes da assinatura do contrato, deixando o credor sem garantia para excuti-lo no futuro; cometem ambos fraude contra credores, muito embora sua dívida só tenha sido constituída depois da perniciosa e intencional alienação de bens[201].

---

[198] STJ, 3ª T., REsp 1.217593/RS, Rel. Min. Nancy Andrighi, ac. 12.03.2013, *DJe* 18.03.2013. No mesmo sentido: STJ, 3ª T., REsp. 1.324.308/PR, Rel. João Otávio de Noronha, ac. 18.02.2016, *DJe* 26.02.2016.

[199] "Tratando-se de acto a título oneroso deben concurrir, además, los seguientes requisitos: ... 2. Si el acto cuya ineficacia se solicita fuera anterior al surgimiento del crédito, que el deudor y el tercero lo hubiesen celebrado con el propósito de perjudicar la satisfacción del crédito del futuro acreedor. Se presume dicha intención en el deudor cuando ha dispuesto de bienes de cuya existencia había informado por escrito al futuro acreedor. Se presume la intención del tercero cuando conocía o estaba en aptitud de conocer el futuro crédito y que el deudor carece de otros bienes registrados" (Código Civil do Peru, art. 195, nº 2).

[200] CAHALI, Yussef Said. *Ob. cit.*, pp. 106-108; TJSP, ac. de 10.09.1985, na Ap. nº 61.042, *RJTJESP*, 100-139.

[201] É nesse sentido que o Código italiano admite a pauliana para proteger crédito surgido posteriormente ao negócio fraudulento se "l'atto fosse dolosamente preordinato al fine di

Capítulo XVI: Da Fraude contra Credores | **559**

Não seria razoável deixar o credor desguarnecido de garantia patrimonial, quando foram conduzidos a contratar justamente em face de um determinado patrimônio; nem se deve amparar a conduta desonesta de quem intencionalmente dispõe de seus bens com evidente propósito de fraudar futuras responsabilidades[202].

Há precedentes na jurisprudência brasileira que acolhem a tese exposta[203].

252.3. Liquidez e exigibilidade da obrigação

Não se exige, porém, que o título do autor da pauliana seja representativo de obrigação *exigível* ao tempo do ato impugnado, nem que se trate, desde logo, de obrigação *líquida*[204]. O crédito precisa ter existência anterior à fraude, mas a pretensão relativa à sua exigência pode ser posterior[205]. É, pois, cabível, por exemplo, a pauliana pelo credor de indenização por ato ilícito, desde a ocorrência do dano, mesmo antes da sentença condenatória, se o agente aliena fraudulentamente seus bens para fugir à futura condenação ressarcitória[206]. Não é a sentença que cria a obrigação de indenizar o dano *ex delicto*. Desde ato ilícito, o seu agente já deve a indenização. A sentença apenas reconhece a existência de tal obrigação e condena o responsável a efetuar a prestação devida[207].

---

       prejudicarne el soddisfacimento" (art. 2.901, nº 1); o mesmo acontecendo com o Código português, para o qual é, também, possível a pauliana, mesmo sendo o ato impugnado anterior ao crédito prejudicado, desde que a disposição tenha sido realizada *"dolosamente*, com o fim de impedir a satisfação do direito do futuro credor" (art. 610º, letra "a").

[202] CIFUENTES, Santos. *Negócio jurídico – estrutura, vícios, nulidades*. 1ª reimp. Buenos Aires: Astrea, 1994, § 294, pp. 560-561.

[203] A exigência da anterioridade do crédito "é afastável quando ocorre a fraude predeterminada para atingir credores futuros" (TJRS, 1ª C., Ap. nº 34.967, Rel. Des. Athos Gusmão Carneiro, ac. de 26.11.1980, *RJTJRGS* 90/258. No mesmo sentido: Tribunal de Alçada do Guanabara, 2º Grupo de Câmaras Cíveis, Ap. 17.996, Rel. Cláudio Vianna de Lima, ac. 31.08.1971, *RT* 445/242).

[204] "Não se exige crédito certo, senão que certa a causa geradora do direito" (ac. do TJRS na Ap. nº 598064483, Rel. Des. Vasco Della Giustina, ac. de 07.10.1998, *RJTJRGS* 195/311 – caso em que o inquilino devia prestações diversas ao senhorio, mas cujo valor dependia, ainda, de acerto de contas).

[205] LIMA, Alvino. *A fraude no direito civil, cit.*, p. 134. "O que legitima o exercício da ação pauliana não é existência de título já vencido e, portanto, exigível, mas a anterioridade do débito assumido em relação ao ato de liberalidade" (TJSP, Ap. nº 252.638-1, Rel. Des. Rebouças de Carvalho, ac. de 08.05.1996, *RJTJSP* 185/9).

[206] BUTERA, Antonio. *Dell'azione pauliana o revocatoria*. Torino: Torinese, 1934, nº 107, p. 494; CAHALI, Yussef Said. *Ob. cit.*, pp. 114-115.

[207] "O título em que o autor assenta a pretensão anulatória é o crédito decorrente da obrigação de indenizar, embora reconhecido judicialmente após a data da doação, mas que surgiu com o evento lesivo (...). Tem-se em vista sempre a origem, o princípio do crédito, sem importar o reconhecimento judicial" (TJRGS, 6ª CC., Ap. nº 591023627, Rel. Des. Cacildo de Andrade Xavier, ac. de 25.06.1991, *RJTJRGS* 154/363).

NEGÓCIO JURÍDICO • Humberto Theodoro Jr. e Helena Lanna Figueiredo

O mesmo ocorre com a infração do contrato e a sujeição da parte infratora à multa convencional. Não importa a data em que a condenação a essa pena venha a ocorrer, se antes ou depois da alienação fraudulenta. É preciso, isto sim, determinar que a *causa debendi* se deu antes do ato prejudicial ao credor da multa. Se tal aconteceu, e o devedor da multa ficou sem bens para satisfazê-la, houve a fraude contra credores, como já decidiu o TJSP[208].

O titular de crédito a termo não pode exigi-lo antes do vencimento. Conta, porém, com o patrimônio do devedor para assegurar o adimplemento a seu tempo. Sofre prejuízo, portanto, se aquela garantia patrimonial é desviada, mesmo antes de vencida a dívida[209-210].

O avalista assume, no título cambiário, obrigação em tudo igual à do emitente, sem sequer ser-lhe reconhecido o benefício de ordem. Por isso, se incorre em insolvência por ato de disposição voluntária de bens penhoráveis, sujeita-se a ser alcançado pelos efeitos da pauliana, mormente quando o credor não encontra bens do avalizado para penhorar[211].

Também a duplicata sem aceite, ainda quando não represente título executivo extrajudicial, pode ser causa de pauliana, se o credor dispõe dos documentos fiscais para demonstrar e comprovar a compra e venda mercantil, até mesmo porque o crédito, para fins de revocatória, "pode ser comprovado independentemente da exibição de duplicata"[212].

Se é certa a admissibilidade da pauliana com apoio em obrigação a termo, ainda não exigível, o mesmo não se dá com a obrigação sob *condição suspensiva*, já que seu titular, antes do implemento do evento condicionante, ainda não adquiriu o direito à prestação. "Falta-lhe o interesse que justifique a ação"[213]. Não haverá, porém, obstáculo ao exercício da pauliana se, ao ocorrer a condição, o credor não puder executar o patrimônio do devedor em razão de alienação fraudulenta, mesmo que

---

[208] RJTJESP, 44/71, 45/197 e 66/258. CAHALI, Yussef Said. *Fraude contra credores cit.*, pp. 116-117.

[209] O Código Civil peruano dispõe expressamente que "el acreedor, aunque el crédito esté sujeto a condición o a plazo, puede pedir que se declaren *ineficaces* respecto de él" os atos sujeitos a pauliana (art. 195).

[210] "O que legitima o exercício da ação pauliana não é a existência de título já vencido e, portanto, exigível, mas a anterioridade do débito assumido em relação ao ato de liberalidade" (TJSP, 3ª CC., ac. de 03.11.1977, *RJTJESP* 50/69). No mesmo sentido: *RT* 525/56 e *RT* 512/97, *RT* 426/191 e *RJTJESP* 100/37.

[211] "A ação pauliana pode ser proposta contra o devedor sujeito à execução que tenha sido reduzido à insolvência pela alienação fraudulenta de seus bens com a finalidade de frustrar o cumprimento de sua obrigação, seja ele emitente ou seu avalista" (TAMG, Ap. nº 205.502-3, Rel. Juiz Fernando Bráulio, ac. de 23.11/1995, *RJTAMG* 61/240).

[212] TJSP, Ap. nº 26.191-1, Rel. Des. Alves Braga, ac. de 16.09.1982, *RT* 568/43.

[213] CARVALHO DE MENDONÇA, Manuel Inácio. *Doutrina e prática das obrigações*. 4. ed. Rio de Janeiro: Forense, 1956, t. II, nº 615, p. 286; AMERICANO, Jorge. *Da ação pauliana*. São Paulo: Casa Vanorden, 1923, nº 45, p. 80.

Capítulo XVI: Da Fraude contra Credores | **561**

o ato defraudador tenha ocorrido no interregno compreendido entre a constituição da obrigação e o implemento da condição[214].

Dentro desse enfoque, o avalista, que vê o avalizado incorrer em insolvência por disposição de seu patrimônio, tem legitimidade para invocar o prejuízo que suportou com o pagamento feito para honrar o aval e, assim, manejar a competente ação pauliana. Não importa que o resgate da cambial pelo avalista tenha se dado após a alienação impugnada. É que, pela sub-rogação legal o terceiro interessado que solve o débito beneficia-se de "todos os direitos, ações, privilégios e garantias do primitivo, em relação à dívida, contra o devedor principal e os fiadores" (CC, art. 349). Diante, pois, da sub-rogação, o avalista se investe na ação pauliana que o credor primitivo poderia intentar contra o devedor que desviou a garantia patrimonial[215].

O fiador, tal como o avalista, pode acionar o afiançado por meio da pauliana, ainda que a sub-rogação do crédito em seu favor seja fato posterior à alienação que reduziu o devedor principal à insolvência[216].

Quando é o fiador que se despoja dos bens, ficando sem garantia para suportar a penhora em favor do credor do afiançado inadimplente, nenhuma dúvida existe quanto à legitimidade do exercício da pauliana[217], sendo indiferente a data em que o garantidor praticou a alienação, isto é, se antes ou depois do vencimento da obrigação garantida. O que importa é a verificação do *eventus damni*: impotência do patrimônio do garante para suportar o resgate da dívida afiançada quando de sua exigibilidade.

Não se exige, outrossim, a *liquidez* da obrigação para que se tenha como possível a fraude contra credores. Os credores apontados pelo parágrafo único do art. 106 do Código Civil "não são só aqueles que dispõem de títulos executivos, mas também os titulares de outros créditos não representados por títulos". Com base em tais argumentos, o Superior Tribunal de Justiça admitiu pudesse o participante de sociedade de fato, gerada por concubinato, invocar fraude contra credores a propósito do ato de disposição praticado pelo concubino que frustrou a posterior partilha dos bens adquiridos com o esforço comum. O ato judicial que reconheceu o direito à divisão dos bens foi posterior à alienação questionada na pauliana. Mas o direito a esses

---

[214] CAHALI, Yussef Said. *Fraudes contra credores cit.*, p. 128. A regra exposta deve ser, conforme este autor, aplicada ao direito regressivo do fiador e do avalista, em relação ao devedor afiançado ou avalizado que comete a fraude (*ob. cit.*, p. 146).

[215] STF, 2ª T., RE 77.677/GO, Rel. Min. Leitão de Abreu, ac. de 07.11.1980, *Juriscível STF* 100/69-77.

[216] "De fato, a ação pauliana compete somente aos credores anteriores à data da alienação fraudulenta (TJSP, Ap. nº 260.568, ac. de 24.05.1977, *in* RT) (...) Acontece, porém, que a data do crédito, para o fim cogitado, não se confunde com a do título que o instrumenta" (TJMG, Ap. nº 70.238, Rel. Des. Humberto Theodoro, ac. de 17.04.1986, *Revista da Amagis*, v. X, pp. 379/380). Na cessão de crédito, há que se atentar ao crédito mesmo, ou seja, à sua origem, e não à data da cessão, como ensina Orosimbo Nonato (*Fraude contra credores*, São Paulo: Jurídica e Universitária, 1969, p. 166).

[217] TJSP, Ap. nº 279.337, Rel. Des. Evaristo dos Santos, ac. de 12.03.1980, *RT* 550/96.

bens (o crédito) nascera quando da aquisição deles "mediante esforço comum dos concubinos, que por sentença foi simplesmente declarado". Donde a conclusão: "O parágrafo único do art. 106 do Código Civil (de 1916), em interpretação atualizada do velho estatuto, não requer crédito líquido e documentado, sendo bastante a causa geradora do direito"[218].

252.4. Crédito extinto

Por último, é de se ressaltar que o crédito deve permanecer existente e válido ao tempo da propositura da pauliana. Todos os casos de extinção da obrigação, direta ou indireta, extinguem também a ação revocatória. Assim, se ocorreu pagamento, compensação, remissão, decadência ou prescrição da obrigação antes fraudada pelo devedor, não é mais possível cogitar-se de ação pauliana, mesmo que ao tempo do ato de disposição pudesse ter ocorrido a configuração de seus pressupostos legais[219].

253. O PREJUÍZO DO CREDOR (*EVENTUS DAMNI*)

O êxito da pauliana, em qualquer hipótese, depende da configuração do prejuízo sofrido pelo credor que a propõe. Além, pois, da prova de seu crédito, haverá de demonstrar a *insolvência* do devedor, criada ou agravada pelo ato impugnado. Verifica-se esta quando os bens ativos do patrimônio do obrigado são de valor menor do que suas obrigações passivas. Esse *deficit* patrimonial é que afeta a garantia da exequibilidade do crédito do promovente, gerando a impossibilidade de realizá-lo, no todo ou em parte[220].

Qualquer grau de insolvabilidade é suficiente para justificar a pauliana, desde que se apure a insuficiência do patrimônio do devedor para cobrir todas suas dívidas, seja a insolvência absoluta ou relativa.

---

[218] STJ, 3ª T., REsp. 10.096/SP, Rel. Min. Cláudio Santos, ac. de 27.04.1992, *DJU* de 25.05.1992, p. 7.394. No novo Código, a referência é de se fazer ao § 2º do art. 158.

[219] "A sentença deve refletir o estado de fato da lide no momento da entrega da prestação jurisdicional, devendo o juiz levar em consideração o fato superveniente. Reconhecida, por decisão trânsita em julgado, a prescrição da execução que dera ensejo à propositura da ação revocatória, perdeu esta a sua razão de ser. Improcedência decretada" (STJ, 4ª T., REsp. 53.765/SP, Rel. Min. Barros Monteiro, ac. de 04.05.2000, *DJU* de 21.08.2000, p. 133).

[220] "A insolvência é mera situação de fato resultante da falta de bens penhoráveis, além dos que já o foram. Há, pois, o desequilíbrio de um ativo inferior ao passivo" (TJSP, 1ª CC., Rel. Des. Octá – vio Stucchi, ac. de 19.05.1981, *RJTJESP* 72/101). Ou seja: "configura-se o estado de insolvência quando o devedor não reserva bens que atendam ao seu passivo" (TJSP, 3ª CC., Ap. nº 262.603, Rel. Des. Viseu Júnior, ac. de 03.11.1977, *RT* 511/61). "A ocorrência de fraude contra credores demanda a anterioridade do crédito, *a comprovação de prejuízo ao credor* (*eventus damni*), que o ato jurídico praticado tenha levado o devedor à insolvência e o conhecimento, pelo terceiro adquirente, do estado de insolvência do devedor (*scientia fraudis*) (g.n.)" (STJ, 4ª T., AgInt no REsp 1294462/GO, Rel. Min. Lázaro Guimarães ac. 20.03.2018, *DJe* 25.04.2018).

Capítulo XVI: Da Fraude contra Credores | **563**

Para configurar o *eventus damni* é, outrossim, necessário que o ato de disposição praticado pelo devedor tenha como objeto bem penhorável, pois somente assim terá comprometido a garantia genérica de seus credores quirografários. Se se alienou bem legalmente impenhorável, como a casa de moradia (Lei nº 8.009, de 29/03/1990), ou o instrumento necessário do trabalho ou profissão (CPC/2015, art. 833, V), nenhum decréscimo sofreu o patrimônio executável do devedor. Logo, prejuízo algum adveio do ato de disposição para os credores do alienante. E, sem prejuízo, não cabe falar em fraude contra credores.

É evidente que, não se confundindo a impenhorabilidade com a inalienabilidade, o titular do domínio sobre o bem apenas insuscetível de penhora não perde o poder de dispor a seu respeito. E se o aliena, manifesta se revela a falta de interesse do credor de manejar a ação pauliana, como tem decidido a jurisprudência[221].

A venda do bem impenhorável, como no caso do imóvel de moradia do devedor, pode até beneficiar seus credores. Se o preço apurado não reverte na aquisição de outro imóvel com a mesma destinação, os credores terão acesso à penhora do produto da alienação ou do outro bem que com ele se adquiriu. Sobre esses novos bens, à falta de sub-rogação, não subsistirá a impenhorabilidade. A garantia dos credores, portanto, em lugar de diminuir, terá aumentado.

Pode acontecer, porém, que o bem de família seja descaracterizado antes de sua alienação, ou seja, o devedor deixa de usá-lo como moradia e o põe *in commercium* como simples meio de obter recursos para sua atividade econômica. Aí, é claro que, intentada a ação pauliana, o imóvel retornará ao acervo exequível, sem a impenhorabilidade que se extinguira antes mesmo da alienação atingida pela sentença revocatória. É em situações desse jaez que tem aplicação a jurisprudência do STJ, segundo a qual "tendo o bem penhorado retornado ao patrimônio do devedor, após o acolhimento de ação pauliana, é de se excluir a aplicação da Lei nº 8.009/90, porque seria prestigiar a má-fé do devedor"[222].

253.1. Remissão de dívida

A remissão é o ato gratuito por meio do qual o credor abre mão de seu direito. Pode ser objeto da pauliana porque o crédito também figura entre os valores ativos

---

[221] "Sendo impenhorável o bem de família (Lei nº 8.009/90), afigura-se manifesta a carência de ação pauliana que tenha por objeto anular a sua transferência, para propiciar futura constrição judicial" (TAPR, Ap. nº 0084598500, Rel. Juiz Mendonça de Anunciação, ac. de 11.11.1996, *JUIS*-Saraiva, nº 23). No mesmo sentido: TAPR, Ap. nº 0073367300, Rel. Juiz Newton Luz, ac. de 01.03.1995, *JUIS*-Saraiva, nº 23; TAPR, Ap. nº 13766670, Rel. Juiz Prestes Mattar, ac. de 22.05.2000, *JUIS*-Saraiva, nº 23.

[222] STJ, 4ª T., REsp. 119.208/SP, Rel. Min. Sálvio de Figueiredo, ac. de 18.11.1997, *DJU* 02.02.1998, p. 110; REsp. 170.140/SP, Rel. Min. César Asfor Rocha, ac. de 07.04.1999, *RSTJ* 123/306; STJ, 4ª T., REsp. 337.222/SP, Rel. Min. Hélio Quaglia Barbosa, ac. 18.09.2007, *DJU* 08.10.2007, p. 284.

do patrimônio sobre o qual incide a garantia dos credores. Ao renunciar ao crédito, portanto, o devedor diminui seu patrimônio e, se está insolvente, lesa os credores. A remissão, por isso, sujeita-se à revocação prevista no art. 158 do Código Civil.

Não há, contudo, lugar para a fraude pauliana, quando a remissão se refere a direito pessoal insuscetível de penhora pelos credores. Não há prejuízo para estes, se, por exemplo, o devedor concede remissão ao obrigado por alimentos.

Por igual falta de prejuízo, não se pode impugnar a renúncia aos efeitos de um contrato bilateral ainda não cumprido por nenhuma das partes. É que se o devedor insolvente se priva do crédito previsto, também se libera do preço que teria de desembolsar para obtê-lo. O patrimônio não aumenta nem diminui com a renúncia, que, desta forma, não pode ser tratada como negócio gratuito de remissão de dívida, para os fins do art. 158[223].

A hipótese aventada não pode ser equiparada à renúncia de herança ou da prescrição, porque nestes e outros eventos similares ocorre, sem dúvida, uma redução do patrimônio com que os credores poderiam contar para realizar seus direitos. No caso de renúncia ao negócio bilateral, o máximo que se poderia ter seria uma expectativa de vantagens ou lucros eventuais. Isto, porém, não chega a representar um atual e concreto prejuízo na garantia patrimonial dos credores[224].

253.2. Oneração ou comprometimento dos bens do insolvente

Não é apenas a doação típica que provoca a fraude contra credores. Qualquer ato que desfalque ou reduza, por ação ou omissão, a garantia atual dos credores deve caracterizar o *eventus damni*. A criação de ônus sobre os bens, de forma real ou pessoal, pode comprometer a imediata exequibilidade sobre o patrimônio do devedor, seja eliminando-a ou reduzindo sua expressão econômica. A fraudulenta constituição de uma garantia real ou a maliciosa instituição de uma servidão podem, sem dúvida, impedir a execução dos credores quirografários ou reduzir sensivelmente o valor excutível. A contratação de um comodato de longa duração pode causar os mesmos efeitos danosos para os credores.

A doutrina registra exemplos interessantes de fraude contra credores, como a partilha desigual dos bens comuns na dissolução do casamento, a renúncia do usufruto, a prestação de contas do tutor em que este exagera o que tem de restituir

---

[223] O bem que, nas circunstâncias, o insolvente deixa de adquirir, ainda não estava integrado a seu patrimônio e a incorporação estaria na dependência de contraprestação. Logo, a desistência do negócio não faz com que o patrimônio garantidor dos credores seja afetado: *"non resta, comunque, modificato, né attivamente né passivamente"* (BIANCA, C. Massino. *Diritto civile.* Milano: Giuffrè, ristampa, 1994, v. 5, p. 450, nota 60).

[224] *"Il comportamento del debitore non consente l'esercizio dell'azione pauliana, perchè il futuro incremento del suo patrimonio nel si pone come consequenza immediata della omessa rinunzia, ma è collegato all'ulteriore adempimento dell'obbligo, da parte del compratore, di corrispondere il relativo prezzo"* (BIANCA, C. Massino. *Diritto civile cit.*, v. 5, nº 198, p. 450, nota 60).

ao pupilo, a deixa testamentária a que se acopla o reconhecimento de dívida na verdade inexigível[225].

No caso de testamento, no entanto, é preciso distinguir entre os credores do testador e os dos herdeiros. Os ônus ou encargos impostos à herança transmitida só se podem considerar fraudulentos se prejudiciais aos credores do testador, pois ele somente pode fraudar a quem deveria proporcionar a competente garantia patrimonial. Os ônus ou encargos que incidem sobre o legado ou a herança não representam prejuízo para os credores dos legatários ou herdeiros, porque os bens não estavam ainda na garantia destes quando o testador instituiu o gravame. Ainda que a intenção do testador tenha sido a de impedir que os credores dos herdeiros excutissem os bens transmitidos hereditariamente, o ato seria de terceiro e não do devedor, pelo que não se poderia tê-lo como ato de fraude do devedor contra o credor. Inalienabilidade, impenhorabilidade, usufruto, fideicomisso etc., quando criados por vontade do testador não podem ser atacados pelos credores dos herdeiros ou legatários através de ação pauliana[226].

253.3. Ato parcialmente gratuito

Se a gratuidade abrange apenas parte do negócio jurídico, como a dispensa de pagamento de juros ou de certas parcelas do preço, ou se consiste em estipular um preço evidentemente menor do que o valor da coisa negociada, a ação pauliana pode fazer aplicar o art. 158, para fazer a ineficácia incidir tão somente sobre a porção em que a liberalidade operou[227].

253.4. Prova da insolvência

A prova da insolvência do devedor é sempre problemática. Se houve alguma controvérsia sobre a necessidade de o autor provar a existência de prévia execução frustrada contra o devedor, hoje a doutrina é francamente favorável à dispensa de semelhante prova[228]. Na prática, porém, a prova de que o credor, em sua execução,

---

[225] CARVALHO SANTOS, J. M. de. *Código civil cit.*, v. II, p. 415.

[226] PONTES DE MIRANDA, Francisco Cavalcanti, citado por CARVALHO SANTOS, J. M. de. *Ob. cit.*, v. II, pp. 415-416.

[227] PONTES DE MIRANDA defendia a revocatória parcial apenas no regime falimentar, porque, a seu ver, nele vigorava o sistema da ineficácia, mas não no regime do Código Civil, porque neste o sistema era o da anulabilidade, que não poderia ser cindido. Aceitava, porém, a anulação parcial, se a parte gratuita fosse separável do restante do negócio (PONTES DE MIRANDA, Francisco Cavalcanti. *Tratado de Direito Privado cit.*, t. IV, § 494, nº 4, p. 597). Uma vez que a tese da ineficácia deve ser, a nosso sentir, aplicada também à fraude regulada pelo Código, não há razão para manter-se a restrição preconizada por PONTES DE MIRANDA.

[228] AMERICANO, Jorge. *Da ação pauliana cit.*, nº 28, p. 54; LIMA, Alvino. *. A fraude no direito civil cit.*, nº 34, p. 144; CAHALI, Yussef Said. CAHALI, Yussef Said. *Fraudes contra credores cit.*, p. 142-143.

NEGÓCIO JURÍDICO • Humberto Theodoro Jr. e Helena Lanna Figueiredo

não encontrou bens do devedor a penhorar em montante necessário à garantia de seu crédito é sempre muito útil para a apreciação da pretensão revocatória, embora não indispensável, mesmo porque, em tal conjuntura, a lei presume a insolvência (CPC/1973, art. 750, mantido pelo art. 1.052 do CPC/2015).

Todos os meios de prova são admissíveis para a demonstração da insolvência, inclusive e principalmente os *indícios*. Na verdade, a jurisprudência, diante da quase sempre impossível prova de fato negativo, fixou a orientação, liderada pelo Supremo Tribunal Federal, de que ao autor da pauliana cabe afirmar a insolvência do réu e a este é que toca o ônus da prova em contrário, isto é, de que a despeito da alienação impugnada, ainda lhe sobram bens suficientes para cobrir todo o seu passivo[229]. Esta é, aliás, a solução adotada, expressamente, pelo atual Código Civil português (art. 611º). É a que tem merecido acolhida, também, pelo Superior Tribunal de Justiça[230]. Há de se convir que, de fato, seria impossível ao credor provar que as dívidas do réu são maiores do que seu ativo. Só o próprio devedor tem condições de demonstrar, de forma convincente e precisa, seu estado patrimonial[231]. É, aliás, um caso típico de inversão do ônus da prova necessária. Além do mais, a lei, para contornar a dificuldade do credor de provar a insolvência de seu devedor, estabelece a presunção *iuris tantum* quando não se encontram bens do inadimplente a penhorar (CPC/1973, art. 750, I).

253.5. Atualidade do dano

O dano (*eventus damni*) é fato necessariamente contemporâneo ao ato que se impugna como fraudulento. A situação de insolvência do devedor tem de ser provocada ou agravada pela alienação nociva à garantia patrimonial com que o credor contava. Se o alienante ainda conservou patrimônio suficiente para cobrir seu passivo, é claro que não há nexo entre o ato de disposição e a insolvência que

---

[229] STF, 2ª T., RE 82.523/SP, ac. de 09.09.1975, *RTJ* 75/659; RE 71.368, ac. de 10.09.1973, *RJTESP* 28/458; TJSP, Ap. nº 253.191, ac. de 15.12.1977, *RT* 512/97; *TJMG*, Ap. nº 64.305, ac. de 04.10.1984, *Amagis* 5/155; Ap. nº 69.932, *Jurisprudência Mineira* 93/262; TJRGS, Ap. nº 32.592; ac. de 19.12.1979, *JTJRS* 80/297; TJSP, AI 278.191, Rel. Des. Oliveira Lima, ac. de 30.08.1979, *RT* 544/107; TJSP, 2ª CC., Ap. nº 6.698-1, Rel. Des. Sylvio do Amaral, ac. de 10.03.1981, *RT* 550/63.

[230] "A jurisprudência, inclusive do Pretório Excelso, admite que ao devedor também cabe, para elidir a pauliana, buscar provas capazes de demonstrar sua própria solvabilidade" (STJ, 3ª T., REsp. 4.390/SP, Rel. Min. Waldemar Zveiter, ac. de 09.10.1990, *LEX-JSTJ* 21/144). "Fraude contra credores. Ação pauliana. Ônus da prova. Incumbe ao devedor provar a própria solvência (STJ, 3ª T., REsp. 31.366/SP, Rel. Min. Nilson Naves, ac. de 28.06.1993, *DJU* de 09.08.1993, p. 15.229). No mesmo sentido: TJSP, Ap. nº 6.698, Rel. Des. Sylvio do Amaral, ac. de 10.03.81, *RT* 550/63; TJMG, Ap. nº 70.238, Rel. Des. Humberto Theodoro, ac. de 17.04.86, *Revista Amagis*, 10/377; STF, Pleno, RE 82.523, Rel. Min. Xavier de Albuquerque, ac. de 09.09.75, *RTJ* 75/659.

[231] TJSP, 2ª CC., Ap. nº 6.698-1, Rel. Des. Sylvio do Amaral, ac. de 10.03.1981, *RT* 550/63; TJSP, 6ª C., AI 278.191, Rel. Des. Oliveira Lima, ac. de 30.08.1979, *RT* 544/107.

acaso tenha se verificado ulteriormente. Assim, não teria cabimento o manejo da ação pauliana para atingir uma disposição que, ao consumar-se, não conduziu o devedor à insolvência nem a agravou.

Exige-se, pois, um nexo de causalidade entre o ato de disposição do devedor e sua insolvência[232].

Por outro lado, ainda que na época da alienação a insolvência de fato tivesse ocorrido, mas depois dela o devedor conseguiu recompor seu patrimônio e restabelecer a garantia dos credores, não haverá mais cabimento para o uso da pauliana. O *eventus damini* terá desaparecido, independentemente da ação revocatória. É de reconhecer-se, portanto, que a insolvência, além de *contemporânea* ao ato de disposição, tem de conservar-se *atual,* na época do aforamento da ação pauliana. É necessário que o dano permaneça ainda *vivo,* enquanto não reconhecida, por sentença, a fraude cometida.

Dentro desse prisma, é obrigatória a conexão entre a insolvência *primitiva* e a *atual,* ou seja, a atual tem de confundir-se com aquela que teve origem no ato de disposição lesivo aos credores e que se conservou até o momento do ajuizamento da pauliana. Em outros termos, ineficaz será o ato alienatório, perante os credores, se o *prejuízo atual* deles tiver como causa o negócio que se ataca[233]. Em suma: para ser revogável, o negócio impugnado por fraude contra credores deve envolver os seguintes pressupostos, em relação ao dano[234]:

a) o ato, no momento em que foi realizado, deve produzir lesão da garantia patrimonial representada pelos bens do devedor;

b) a lesão da garantia, provocada pelo ato, deve subsistir até o momento em que o credor reclamar, com a revogação do ato, o restabelecimento da garantia lesada.

Ao contrário, é de ter-se como não revogável o ato que, no momento de sua prática, não tenha acarretado lesão à garantia patrimonial dos credores; nem será revogável o ato lesivo a essa garantia no momento de sua prática se a lesividade não subsistiu até o momento do exercício da ação pauliana[235].

---

[232] "Entre o ato fraudulento e a insolvência ou o agravamento da insolvência há de existir nexo causal, relação de causa e efeito" (TJRJ, 5ª CC., Ap. nº 41.153/85, Rel. Des. Jorge Loretti, ac. de 18.03.1986, *RT* 613/170). "Sem provas de que a doação foi causa de insolvência do doador não procede a ação pauliana para anular a liberalidade" (TJSP, 6ª CC., Ap. nº 200.593, Rel. Des. Joaquim Francisco, ac. de 13.08.1971, *RT* 433/113).

[233] MAFFEI-ALBERTI, Alberto. *Il danno nella revocatoria*. Padova: CEDAM, 1970, pp. 37-38.

[234] CAHALI, Yussef Said. *Fraude contra credores cit.*, p. 157

[235] LIMA, Alvino. *A fraude no direito civil cit.*, nº 21, p. 116, e nº 34, p. 144; CAHALI, Yussef Said. *Fraude contra credores cit.*, pp. 154-155.

254. *CONSILIUM FRAUDIS* EM NEGÓCIO GRATUITO

Discute-se na doutrina estrangeira se o devedor, para configuração da fraude, tem de agir com a "intenção de lesar os credores" ou se basta a "consciência desse prejuízo". Há, mesmo, legislações que adotam texto expresso acerca da matéria preferindo ora um ora outro dos critérios expostos.

No direito brasileiro, a lei é silenciosa acerca da caracterização do elemento psicológico da fraude por parte do devedor, mesmo quando se trata de negócio oneroso (art. 159). Nossa doutrina, porém, é uniforme no sentido da dispensa do propósito deliberado de lesar os credores (*animus nocendi*). O *consilium fraudis* configura-se com o simples "conhecimento que tenha ou que deva ter o devedor, do seu estado de insolvência e das consequências que, do ato lesivo, resultarão para os credores"[236].

O direito pátrio, na verdade, tem o *consilium fraudis* como presumido no comportamento do devedor que cria ou agrava a própria insolvência. Nosso Código Civil, nessa ordem de ideias, "contenta-se com o *eventus damni;* não exige que o ato seja intrinsecamente fraudulento. Ou melhor, *presume a fraude, uma vez demonstrados referidos pressupostos*"[237].

PONTES DE MIRANDA endossa tal tese, explicando que o Código Civil não aludiu, na disciplina da fraude contra credores, ao *consilium fraudis,* ou seja, à intenção do devedor de prejudicar seus credores. Segundo ele:

"O legislador civil satisfez-se, quanto aos atos a título gratuito, com alegação e prova do estado de insolvência e do *eventus damni*, e, quanto aos atos jurídicos a título oneroso, com esses pressupostos e a *scientia fraudis*" (por parte do terceiro adquirente)[238].

É o que, em regra, prevalece também na jurisprudência, ao destacar-se que:

"Para configuração da fraude contra credores, não se exige que o ato seja intrinsecamente fraudulento, que concorra o intento de prejudicar, sendo suficiente o *eventus damni*, pois a fraude pode existir sem ser premeditada (...) Basta que o devedor tenha

---

[236] CAHALI, Yussef Said. *Ob. cit.,* nota 17, p. 168. Cita como acordes ao texto, as lições de CLÓVIS (*Código Civil dos Estados Unidos do Brasil comentado*. 12. ed. Rio de Janeiro: Francisco Alves, 1959, v. 1, I, p. 287); CAIO MÁRIO (*Instituições de direito civil: introdução ao direito civil, teoria geral do direito civil*. 31. ed. Revista a atualizada por Maria Celina Bodin de Moraes. Rio de Janeiro: Forense, 2018, v. I nº 93, p. 451); ESPÍNOLA (*Manual do código civil brasileiro*. Rio de Janeiro: Jacintho, 1932, v. III, 4ª Parte – Das Nulidades, nº 140, p. 579); ORLANDO GOMES (*Obrigações*. 8.ed. Rio de Janeiro: Forense, 1991, nº 168, p. 284); JORGE AMERICANO (*Da ação pauliana*. São Paulo: Casa Vonordem, 1923, nº 34, p. 58); OROSIMBO NONATO (*A fraude contra credores*. Rio de Janeiro: Jurídica e Universitária, 1969 p. 136); PONTES DE MIRANDA (*Tratado de direito privado*, IV, § 487, nº 2, p. 571).

[237] MONTEIRO, Washington de Barros. *Curso de direito civil:* parte geral. 29. ed. São Paulo: Saraiva, 1990, v. I, pp. 216-217.

[238] PONTES DE MIRANDA, Francisco Cavalcanti. *Ob. cit.,* t. IV, § 494, nº 2, p. 596.

Capítulo XVI: Da Fraude contra Credores | **569**

consciência de que de seu ato advirão prejuízos (...) Igualmente, com relação ao cúmplice do fraudador (*particips fraudis*) não se cuida da intenção de prejudicar, bastando o conhecimento que ele tenha, ou deva ter, do estado de insolvência do devedor e das consequências que, do ato lesivo, resultarão para os credores"[239].

Na fraude cometida por meio de negócio gratuito, o atual Código praticamente eliminou toda a possibilidade de polêmica a respeito da conduta psicológica do devedor. Nos termos do art. 158 bastará a conjugação da insolvência do devedor com a gratuidade do negócio para que o credor prejudicado se beneficie da pauliana. O ato será havido como fraudulento, ainda que o devedor ignore sua insolvência ou o agravamento dela, como textualmente prevê o dispositivo aludido.

A exemplo do que se passa com a revocatória falimentar, a pauliana atingirá sempre o negócio gratuito objetivamente, sem preocupar-se com a intenção que terá inspirado o devedor ou o terceiro adquirente. Seu único e decisório fundamento será o desfalque provocado na garantia patrimonial do devedor (*eventus damni*). Na fraude contra credores praticada por meio de ato gratuito é, assim, totalmente irrelevante o aspecto subjetivo da disposição praticada pelo devedor insolvente. A razão de ser da ineficácia do ato está tão somente no prejuízo imposto aos credores.

255. PRAZO DECADENCIAL PARA EXERCÍCIO DA PAULIANA

A impugnação do ato praticado em fraude contra credores sujeita-se ao prazo decadencial previsto no art. 178, II, do Código, ou seja, quatro anos contados do dia em que se realizou o negócio jurídico.

Embora a regra legal, desde o Código velho, seja clara no fixar o *dies a quo* do prazo na data do contrato (antigo art. 178, § 9º, V, *b*), a jurisprudência tem contado o prazo, nos negócios cuja eficácia se sujeita a assento no registro imobiliário, a partir da data da transcrição do título (v., retro, o nº 102). No direito alemão há previsão expressa na Lei Especial relativa à pauliana (AnfG de 05.10.1994) de que o ato sujeito a registro obrigatório só se torna passível de impugnação a partir de sua inscrição (§ 8, 2), ou seja, é a partir daí que se deverá contar o prazo para o ajuizamento da respectiva ação[240].

---

[239] TJMG, Ap. nº 62.225, Rel. Des. Milton Fernandes, ac. de 06.10.1983, *Revista Jurídica Mineira* 2/108-111. No mesmo sentido:TJMG, 13ª Câmara Cível, Ap. 1.0105.05.162787-2/001, Rel. Des. Newton Teixeira Carvalho, ac. 27.09.2018, *DJe* 05.10.2018; TJSP, Ap. nº 26.191-1, Rel. Des. Alves Braga, ac. de 16.09.1982, *RT* 568/44.

[240] STJ, 4ª T., REsp. 14.797-0/SP, Rel. Min. Barros Monteiro, ac. de 27.09.1994, *DJU* 07.11.1994, p. 30.024; STJ, 3ª T., REsp. 118.051/SP, Rel. Min. Antônio Pádua Ribeiro, ac. de 08.06.2000, *DJU* 01.08.2000, p. 256. "Civil e Processual Civil. Agravo no Recurso Especial. Ação de conhecimento. Anulação de contrato de compra e venda de bem imóvel. Vício do consentimento. Prazo prescricional. *Termo a quo*. – Em se tratando de ação pela qual se busca a anulação de contrato de compra e venda de bem imóvel por vício do consentimento, o prazo prescricional inicia-se da data

NEGÓCIO JURÍDICO • *Humberto Theodoro Jr. e Helena Lanna Figueiredo*

Sobre a natureza do prazo estabelecido para a impugnação da fraude contra credores, já prevalecia o entendimento de que se referia a um direito potestativo daquele que foi prejudicado pelo ato do devedor insolvente. Por isso, o referido prazo haveria de ser visto como decadencial e não prescricional, "sendo que com a ocorrência da citação válida, impede-se a consumação do termo final da decadência, aplicando-se, portanto, os arts. 219 e 220 do CPC [CPC/2015, art. 240, *caput* e § 4º]"[241]. O atual Código Civil clareou definitivamente a questão no art. 178, II, confirmando ser de decadência o lapso previsto para aforamento da ação *sub cogitatione*. Sendo decadencial, e não prescritivo, o prazo fixado para manejo da pauliana não é, em princípio, suscetível de suspensão ou interrupção. É fatal[242].

A circunstância de tratar-se de prazo decadencial não impede que se lhe aplique o princípio da *actio nata*, ou seja, que a contagem do prazo extintivo só se dê a partir do momento em que ao credor prejudicado era possível juridicamente o manejo da pauliana. Se, por exemplo, o ato lesivo foi cancelado por decisão judicial, independentemente de ação revocatória e, mais tarde, em grau de recurso, tal decisório veio a ser cassado, o prazo de propositura da pauliana não deve ser contado da data do primitivo registro, mas da época de sua restauração[243].

Como só é cabível a pauliana quando movida por credor que já o era ao tempo da alienação dita fraudulenta (art. 158, § 2º), a extinção do crédito, por qualquer razão de direito, de quem intenta a ação, ou intenciona movê-la, é causa também da extinção da revocatória proposta, ou de impedimento da que se queria propor[244].

Outro detalhe que merece destaque é o do aforamento tempestivo da pauliana, com citação, porém, protelada pela justiça para além do prazo decadencial da demanda. Não se podendo imputar ao autor a demora na citação, é de ser repelida

---

do registro da respectiva escritura no cartório competente, e não de sua lavratura" (STJ, 3ª T., AgRg no REsp 410.828/PR, Rel. Min. Nancy Andrighi, ac. 19.09.2002, *DJU* 04.11.2002, p. 202).

[241] TJSP, Ap. nº 125.920-1, Rel. Des. Roque Komatsu, ac. de 18.09.1990.

[242] Inquestionavelmente, "é de decadência o prazo de quatro anos a que alude o art. 178, § 9º, V, do Código Civil" (TJSP, Ap. nº 147-1, Rel. Des. Campos Gouvêa, ac. de 30.06.1980, *RT* 544/66). Logo: "O prazo para ajuizamento da ação pauliana é decadencial, afastando, por consequência, a ocorrência de causa suspensiva ou interruptiva de sua fluência, haja vista ser esta uma das características do prazo extintivo do direito" (STJ, 4ª T., REsp. 118. 883/SP, Rel. Min. Sálvio de Figueiredo, ac. de 25.06.1998, *DJU* 21.09.1998, p. 172).

[243] Embora proclamado que "o prazo para ajuizamento da ação pauliana é decadencial" e por isso afasta "a ocorrência de causa suspensiva ou interruptiva de sua fluência", conclui a 4ª Turma do STJ que: "Se o titular do direito não o exerceu por absoluta impossibilidade legal – falta de interesse de agir, porque o ato jurídico objeto da revocatória foi cancelado por determinado tempo, por força de decisão judicial – não pode ele ser impedido de discutir a prevalência do direito subjetivo que em tese o socorreria" (STJ, 4ª T., REsp. 124.147/GO, Rel. Min. Sálvio de Figueiredo, ac. de 05.05.1998, *DJU* 15.06.1998, p. 215, *RSTJ* 109/216).

[244] PONTES DE MIRANDA, Francisco Cavalcanti. *Tratado de Direito Privado cit.*, t. IV, § 500, nº 2, p. 619.

a decadência, porque a parte não deve suportar as deficiências do aparelhamento judiciário[245]. Se a demora, porém, se dever a falha do autor, a não citação dentro do prazo decadencial extinguirá, irremediavelmente, o direito potestativo de impugnar a fraude cometida pelo devedor insolvente, dentro dos preceitos dos §§ 3º e 4º do art. 240 do CPC/2015.

256. A FRAUDE POR MEIO DE NEGÓCIO ONEROSO

Para a revogação dos atos gratuitos do devedor (art. 106), "não se faz mister ocorrência, da parte do transmitente, da má-fé, caracterizada pelo conhecimento da própria insolvência: basta, na hipótese do art. 106, seja insolvente o outorgante ou se torne insolvente pela realização do ato liberal"[246]. Nem tampouco se reclama a participação consciente do adquirente na lesão imposta aos credores. Mesmo que esteja ele na mais absoluta boa-fé (isto é, na completa ignorância da insolvência do transmitente), a fraude se configurará.

Quando, porém, a pauliana ataca a alienação a título oneroso, o art. 159 exige um requisito a mais, qual seja, a *scientia fraudis,* por parte do terceiro adquirente. Isto é, o terceiro deverá ter conhecimento efetivo ou presumido da insolvência do devedor alienante. Diz o art. 159 que ocorrerá, *in casu,* a revogabilidade do contrato oneroso, "quando a insolvência for *notória,* ou houver motivo para ser conhecida do outro contraente".

O Código, como se vê, não exigiu, nem mesmo no caso dos negócios onerosos, a comprovação do *consilium fraudis* (intenção de lesar credores) da parte do devedor alienante. Presumiu-o, portanto. Mas, do lado do terceiro adquirente, impôs a demonstração de sua *scientia fraudis,* necessária à configuração da má-fé, sem a qual o ato dispositivo do devedor não será revogável. Aqui, diversamente do que se passa com os atos gratuitos, não é bastante o estado de insolvência do alienante. O adquirente tem de se apresentar como *particeps fraudis,* conduta esta que, se não exige o direto propósito de causar prejuízo aos credores (*animus nocendi*), deve retratar seu *real* ou *presumível* "conhecimento acerca da insolvência do devedor" e, consequentemente, "do resultado que o ato ou contrato provocará para os credores destes"[247].

---

[245] STJ, 3ª T., AgRg no AI 32.126/SP, Rel. Min. Nilson Naves, ac. de 10.05.1993, *DJU* 28.06.1993, p. 12.888.

[246] PONTES DE MIRANDA, Francisco Cavalcanti. *Tratado de Direito Privado cit.,* t. IV, § 494, nº 2, p. 459.

[247] CAHALI, Yussef Said.*Fraude contra credores cit.,* p. 175. É tranquilo o entendimento dos Tribunais no sentido de que não é preciso que o terceiro haja com *animus nocendi* (intenção de lesar), bastando ter ciência do estado de insolvência do alienante (TJMG, 3ª CC., Ap. nº 29.766, Rel. Des. Cunha Peixoto, ac. de 26.09.1968, *RF* 226/194; TJSP, 4ª CC., Ap. nº 167.720, Rel. Des. Ferreira de Oliveira, ac. de 04.04.1968, *RT* 399/164; TJPR, 4ª CC., Ap. nº 169/70, Rel. Des.

No caso de *notoriedade* da insolvência, o conhecimento dela pelo terceiro adquirente é presumido, mas a notoriedade deve ser provada[248].

A *scientia fraudis,* quase sempre, é apenas de verificação *indireta,* dado que a investigação do efetivo conhecimento envolve fato íntimo do psiquismo da pessoa, em que à averiguação judicial não é dado penetrar. Daí falar o art. 107 em existência de "motivos para ser (a insolvência) conhecida do outro contratante". As provas circunstanciais ou indiciárias são, pois, as mais úteis e adequadas à pauliana.

O ônus da prova é, na espécie, do autor da pauliana, embora possa desincumbir-se dele sem prova direta e imediata (sobre a pesunção legal de insolvência, ver, retro, o item 253.4).

257. POSIÇÃO JURISPRUDENCIAL

Nos tribunais, "para configuração da fraude contra credores em negócio oneroso, exige-se, como elemento subjetivo, a participação do adquirente no negócio, com consciência da lesão imputada ao credor, que consiste em adquirir o objeto mesmo sabendo da insolvência do alienante. A lei, por outro lado, não exige a prova direta do conhecimento real ou efetivo do comprador em torno do prejuízo que a operação possa causar ao credor. Segundo o art. 159 do Código Civil, para configuração da fraude basta que a insolvência do vendedor seja notória, ou que haja motivo para ser conhecida do outro contratante[249].

Os casos mais frequentes que a jurisprudência acolhe como autorizadores da presunção de conhecimento da insolvência do alienante são: a) amizade íntima entre os contratantes; b) parentesco próximo; c) a qualidade de vizinhos; a publicidade emergente do registro de documentos e a existência de protesto cambial[250]; d) a qualidade de sócios um do outro etc.

Marçal Justen, ac. de 04.11.1970, *RT* 426/191; TJSP, 6ª CC., Ap. nº 212.182, Rel. Des. Dias Filho, ac. de 30.05.1975, *RT* 478/61; TJSP, 6ª CC., Ap. nº 42.437-1, Rel. Des. Camargo Sampaio, ac. de 29.03.1984, *RT* 598/103; TJRJ, 5ª CC., Ap. nº 41.153/85, Rel. Des. Jorge Loretti, ac. de 18.03.1986, *RT* 613/170).

[248] PONTES DE MIRANDA, Francisco Cavalcanti.*Tratado de Direito Privado cit.*, IV, § 497, nº 8, p. 609. "O vocábulo *notoriedade* deriva de notório, do latim *notorius*, de *noscere* (conhecer); é o estado daquilo que se tem conhecimento ou domínio público. É uma verdade generalizada, que está na voz de todos e reconhecida de modo uniforme, sendo aceita como fato certo, sem divergência" (OLIVEIRA, Lauro Laertes de. *Da ação pauliana.* 3.ed. São Paulo: Saraiva, 1989, nº 55, p. 45).

[249] TJMG, Ap. nº 69.932, Rel. Des. Paulo Gonçalves, ac. de 13.03.1986, *Revista Jurídica Mineira* 93/264.

[250] CARVALHO SANTOS, J. M. de. *Código Civil cit.*, v. II, p. 427. "Os casos mais frequentes que a jurisprudência acolhe como autorizadores da presunção de conhecimento da insolvência do alienante são: a) amizade íntima entre os contratantes; b) parentesco próximo; c) a qualidade de vizinhos; d) a publicidade emergente do registro de documentos e a existência de

Se não se exige prova direta da fraude cometida pelo terceiro adquirente, também não se pode contentar com meras suposições ou simples hipóteses. O fato e as circunstâncias que autorizam a presunção a respeito da conduta fraudulenta devem ser direta e convincentemente comprovados. A prova indiciária ou circunstancial é válida e, quase sempre, é a única de que os credores podem dispor na ação pauliana. Mas a prova por presunção só é prova realmente quando apoiada em indícios graves, precisos e concludentes[251]. Deve-se ter em conta que a má-fé não se presume. Não sendo provada adequadamente a fraude, o que se presume, portanto, é a boa-fé do terceiro adquirente a título oneroso.

O certo é que cabe ao juiz, segundo seu prudente arbítrio, extrair das provas diretas ou indiretas, a convicção de que o adquirente sabia ou tinha condições de saber da situação de insolvência do outro contratante[252].

258. ÂMBITO DE INCIDÊNCIA DA PAULIANA

Quaisquer atos jurídicos que afetem o patrimônio do devedor, anulando ou reduzindo a garantia de satisfação dos direitos de seus credores, e não apenas as transmissões de bens, configuram fraude atacável pela ação pauliana. Neste âmbito, incluem-se, portanto, os atos que provocam "diminuição patrimonial" em prejuízo do credor, como, por exemplo, remissão de dívidas, o pagamento de dívidas não vencidas e a constituição de garantia real em benefício de outro credor preexistente (arts. 158, 162 e 163).

Em hipóteses como a do pagamento antecipado e constituição de privilégio real para um dos credores já existentes, não há propriamente redução do patrimônio, pois este, no saldo final, continua o mesmo. Há, no entanto, desequilíbrio entre os credores, ficando um ou alguns com garantias menores após o ato fraudulento.

O ato jurídico que se ataca na pauliana, outrossim, não é ato *nulo* nem *falso*. É negócio *inter vivos* real válido. Não é por defeito em seus elementos essenciais que se dá a revocação, mas pelo resultado lesivo que ele acarreta para os direitos do credor. O pagamento de dívida vencida feito pelo devedor insolvente não configura ato revocável. Mas, a dação em pagamento, como forma anormal de solucionar débito, pode

---

protesto cambial; e) a qualidade de sócios um do outro etc." (TJMG, 12ª Câmara Cível, Ap. 1.0384.12.000439-3/001, Rel. Des. Domingos Coelho, ac. 13.03.2017, *DJeMG* 16.03.2017).

[251] Jurispr. da Corte Superior de Quebec, *in* BAUDOUIN et RENAUD. *Code civil du Québec annoté cit.*, v. II, notas 25 e 30 ao art. 2.849, p. 3.474).

[252] "Qualquer meio de prova serve para constatar este fato da existência do motivo, que forçava o contraente a conhecer a situação financeira do devedor. Em geral prevalecem os indícios" (CARVALHO SANTOS, J. M. de. *Código Civil cit.*, p. 428).

NEGÓCIO JURÍDICO • Humberto Theodoro Jr. e Helena Lanna Figueiredo

ser feita de maneira prejudicial aos credores e, se estes demonstrarem que ocorreu o *eventus damni,* terão meios de invalidá-la, com base no art. 159 do Código Civil[253].

Não é, além de tudo, apenas o contrato que se presta a fraudar credores. Qualquer ato jurídico, unilateral ou bilateral, e até mesmo o ato processual, pode servir de instrumento fraudulento contra os credores do insolvente. A propósito, merece ser lembrada hipótese interessante de configuração de fraude contra credores, admitida pelo antigo Tribunal de Alçada do Estado do Paraná, *in verbis*:

> "*Ação pauliana.* Fraude engendrada a partir de contrato em que sociedade credora assume a codireção de sociedade devedora, a qual se obriga a prestação de cumprimento impossível, de modo a ensejar a emissão, por parte desta, de promissória em favor daquela. Cambial em que se apóia a primeira empresa para, em execução intentada em face da segunda, arrematar-lhe todos os bens. A fraude contra credores é passível de ultimada em execução de título extrajudicial, em que a sociedade executada deixa de opor embargos, tendo razões jurídicas para tanto, e propicia a arrematação de todos os seus bens pela sociedade exequente, em detrimento do credor promovente da pauliana. Configurados o *eventus damni* e o *consilium fraudis,* impõe-se o acolhimento do pedido da ação anulatória"[254].

Dentro de igual enfoque, o antigo 1º Tribunal de Alçada Civil de São Paulo admitiu como fraudulenta a partilha de bens do casal em separação judicial porque a mulher fora contemplada com todos os bens do ex-marido, sabendo que, assim, este ficaria sem patrimônio exequível para garantir as dívidas existentes. Segundo o decisório, "a esposa deveria presumir, diante de tão inusitado desprendimento por parte de seu marido, o objetivo maléfico de fraudar credores. Destarte, mesmo que se admita não simulada a separação, é certo que na partilha os cônjuges deixaram transparecer, de forma inequívoca, intuito caviloso, a fraude pauliana"[255].

---

[253] CAHALI, Yussef Said. *Fraudes contra credores cit.*, p. 229; OROSIMBO NONATO, da Silva . *Fraude contra credores cit.*, pp. 100-103; PONTES DE MIRANDA, Francisco Cavalcanti. *Tratado de Direito Pricado cit.*, t. IV, § 400, p. 579-580.

[254] TAPR, 1ª CC., Ap. nº Civ. nº 36.426-7, Rel. Juiz Trotta Telles, ac. nº 3.931, de 17.08.1993, publ. 03.09.1993, *in JUIS-Jurisprudência Informatizada Saraiva* nº 28. Ressalte-se, porém, que o praceamento executório contra o devedor insolvente, promovido pelo credor em execução singular, não representa fraude contra os demais credores comuns. Enquanto não se instaura a execução concursal, cada credor pode perfeitamente levar sua execução singular até as últimas consequências, sem que, por isso, se possa cogitar de fraude, seja da parte do credor, seja da parte do devedor. O ato alienatório, na espécie, não é nem do devedor nem do credor, é do Estado, pelo que se não houve manobra fraudulenta no curso do processo, o praceamento dos bens penhora – dos e o pagamento do crédito exeqüendo líquido, certo e exigível, configuram atos jurisdicionais perfeitos (TJMG, Ap. nº 75.735-1, Rel. Des. Bady Curi, ac. de 21.06.1988, *DJMG* 29.09.1988).

[255] 1º TACivSP, Ap. nº 411.681-0, Rel. Juiz Antônio de Pádua Ferraz Nogueira, ac. de 26.06.1989, *RT* 645/107.

Capítulo XVI: Da Fraude contra Credores | 575

Outra hipótese diferente de fraude o antigo Tribunal de Alçada de Minas Gerais detectou num caso de integralização de capital de sociedade mercantil, realizada por devedor, com o propósito de prejudicar seus credores. Eis o aresto:

"Em sociedade de responsabilidade limitada, a integralização do capital social com bens particulares do devedor, a ensejar-lhe o estado de insolvência, caracteriza os pressupostos indispensáveis da ação pauliana, quais sejam o *eventus damni* e o *consilium fraudis*"[256].

Para o Tribunal de Justiça de Minas Gerais, também a incorporação de uma empresa por outra pode ensejar fraude contra credores, quando, por exemplo, se faz incluir no ato de incorporação a não assunção de responsabilidade pelos débitos da incorporada. Trata-se de ato inoponível aos credores prejudicados[257].

Vê-se, nos exemplos jurisprudenciais arrolados, quão variada e ampla é a gama de negócios jurídicos, judiciais e extrajudiciais, que se prestam à configuração da fraude contra credores.

Por outro lado, o negócio oneroso prejudicial aos credores nem sempre acarreta uma imediata redução no valor global do patrimônio do devedor. Pode o prejuízo corresponder a uma troca de bens, ou uma oneração deles que, mesmo não diminuindo o valor nominal, comprometa a liquidez e exequibilidade do crédito. Certa feita, quando exercia a judicatura, julguei procedente uma pauliana em que o devedor em dificuldades financeiras firmara um compromisso de compra e venda de seu único imóvel rural em favor de um parente, a quem concedera dez anos de prazo para pagar o preço em prestações. De fato, o preço era justo e matematicamente o patrimônio não sofrera desfalque, porquanto em lugar do imóvel figuravam os créditos correspondentes ao preço do contrato. Acontece que os credores contavam com a garantia do imóvel que levado à praça propiciaria rápida solução dos créditos existentes. Depois da oneração, remanesceram apenas os valores do preço contratual, realizáveis a longo prazo. O prejuízo imediato para os credores foi reconhecido, e a pauliana foi acolhida, para declarar-lhes a inoponibilidade do compromisso de compra e venda.

O prejuízo pode consistir, portanto, na menor possibilidade de conservar, até a excussão, os bens que, no patrimônio do devedor, substituíram os alienados, como se dá com as coisas consumíveis ou facilmente deterioráveis. E, principalmente, quando os mesmos bens ofereçam maior dificuldade à expropriação executiva, tornando-a mais onerosa e mais remotos os seus resultados práticos[258].

---

[256] TAMG, 5ª CC., Ap. nº Civ. nº 148.760-7, Rel. Juiz José Marrara, ac. de 01.04.1993, *RJTAMG,* 51/120.

[257] TJMG, Ap. nº 74.734-4, Rel. Des. Francisco Figueiredo, ac. de 03.03.1988, *DJMG* 14.06.1988.

[258] No Código Civil do Peru há disposição que presume o prejuízo do credor "cuando del acto del devedor resulta la imposibilidad de pagar integralmente la prestación debida, o se *dificulta la posibilidad de cobro*" (art. 195).

NEGÓCIO JURÍDICO • *Humberto Theodoro Jr. e Helena Lanna Figueiredo*

Nesse sentido, a doutrina e a jurisprudência italianas têm assentado que "o *eventus damni*, pressuposto da ação revocatória ordinária, ocorre não só no caso em que o ato de disposição acarreta a perda da garantia patrimonial do devedor, mas também quando tal ato provoque uma maior dificuldade, ou incerteza, ou gastos, na execução forçada do crédito"[259].

259. ELISÃO DO *EVENTUS DAMNI*

Segundo o art. 160 do Código Civil, o adquirente do bem transmitido pelo devedor insolvente pode elidir a pauliana, depositando o preço em juízo com citação dos credores interessados. Para tanto o preço ajustado e depositado deve ser "aproximadamente o corrente".

Se o fundamento da revocatória é o desfalque patrimonial sofrido pelo devedor, claro é que desaparece a razão de ser da impugnação pauliana quando o valor do bem continua ao alcance dos credores. Não há, então, *eventus damni*.

O depósito ocorrerá no curso da pauliana, mas o adquirente não está obrigado a guardar a sua propositura. Poderá adiantar-se e efetuá-lo antes mesmo da revocatória. Admite-se seu manejo até mesmo após o julgamento da pauliana e antes de consumada a execução do credor promovente da impugnação[260].

Mesmo quando o preço contratado for considerado inferior ao corrente, terá o adquirente como evitar os efeitos da pauliana. Bastará que, uma vez apurado o valor justo, realize em juízo o depósito completo (isto é, o real) e não apenas o ajustado como devedor.

A citação dos credores será pessoal, se o adquirente os conhecer. Poderá ser por edital, se desconhecidos do interessado, ou se este lhes ignorar o domicílio.

260. OUTRAS FORMAS ELISIVAS

De maneira geral, qualquer medida que provoque a extinção do crédito defraudado importa elisão da ação pauliana. Se pelo pagamento, pela novação, pela compensação, pela prescrição ou por qualquer outro expediente de remissão o crédito se extingue, não haverá campo para continuar atuando a pretensão revocatória. Isto porque a pauliana não tem outra função que a de assegurar a exequibilidade do crédito quirografário. Não havendo mais crédito a excutir, desaparece, obviamente, o interesse pela ação revocatória.

O pagamento, para elidir a pauliana pode ser efetuado em juízo ou fora dele, a qualquer tempo, pelo credor demandado, ou por outro interessado, provocando, assim, a extinção da revocatória, por perda de objeto. Até mesmo depois do trânsito

---

[259] BIANCA, C. Massimo. *Diritto civile cit.*, v. 5, nº 194, p. 440, nota 25.
[260] CAHALI, Yussef Said. *Fraudes contra credores cit.*, pp. 235-240.

em julgado da sentença pauliana, o pagamento da dívida é causa de elisão de seus efeitos[261], sendo indiferente que tal pagamento seja promovido pelo devedor, pelo adquirente ou por qualquer outra pessoa[262].

261. LEGITIMAÇÃO *AD CAUSAM*

Cabe ao credor quirografário, com crédito anterior ao ato fraudulento, a legitimidade para propor a ação pauliana. Excepcionalmente, também terá legitimidade o credor com garantia real desfalcada ou insuficiente, consoante já se expôs.

Conforme o art. 161 do Código Civil, a ação pauliana pode ser intentada contra "o devedor insolvente, a pessoa que com ele celebrou a estipulação considerada fraudulenta, ou terceiros adquirentes que hajam procedido de má-fé".

Embora a literalidade do texto pareça indicar a possibilidade de escolha livre do credor para a indicação do réu da pauliana entre as várias pessoas ali enumeradas, o certo é que doutrina e jurisprudência se fixaram no sentido de existir, *in casu,* um litisconsórcio necessário entre o devedor alienante e o terceiro adquirente, nos termos do art. 47 do Código de Processo Civil[263]. É que a sentença vai atingir a eficácia de negócio bilateral, e não lhe seria possível deliberar sobre ele apenas em face de um dos sujeitos a relação contratual[264].

Quando o art. 161 afirma que a pauliana pode ser proposta contra as partes do negócio fraudulento *ou* terceiros subadquirentes, o objetivo da norma é esclarecer que o terceiro nem sempre será litisconsorte necessário. Caberá ao autor deliberar sobre a conveniência, ou não, de incluí-lo no polo passivo da causa, porquanto pode não ser configurável sua participação na fraude, ou mesmo seja intenção do credor

---

[261] TJSP, 2ª CC., Ap. nº 283.146, Rel. Des. Toledo Piza, ac. de 11.12.1979, *RJTJESP* 65/29; TJSP,3ª CC., Ap. nº 5.960-1, Rel. Des. Jurandir Nilsson, ac. de 24.03.1981, *RJTJESP* 71/158.

[262] TACivSP, 5ª C., Ap. nº 185.259, Rel. Des. Toledo Piza, ac. de 26.10.1972, *JTA* 23/159; STF, 1ª T., RE 76.943/SP, Rel. Min. Luiz Galotti, ac. de 26.11.1973, *RTJ* 67/899.

[263] TJSP, 3ª C., Ap. nº 262.603, Rel. Des. Viseu Júnior, ac. de 03.11.1977, *RT* 511/61. Por se tratar de ação que vai afetar todos os que transacionaram com o bem após a saída dele do patrimônio do devedor, "impõe-se a citação dos subadquirentes e suas mulheres, litisconsortes passivos necessários" (TJRJ, Ap. nº 967/89, Rel. Des. Carlos Direito, ac. de 31.10.1989, *COAD*-1990, nº 48.470, p. 191).

[264] MONTEIRO, Washington de Barros. *Curso de direito civil cit.*, p. 222; CAHALI, Yussef Said. *Fraudes contra credores cit.*, p. 279. Em sentido contrário, isto é, de que o litisconsórcio seria facultativo: HANADA, Nelson. *Da insolvência e sua prova na ação pauliana.* São Paulo: RT, 1982, nº 103, pp. 79-80. Se o intento for alcançar apenas o *particeps fraudis*, impondo-lhe restituir o valor do bem desviado, e não o próprio bem, não será necessária a participação do subadquirente. Mas, se o propósito for recuperar o próprio bem para o acervo exequível, indispensável será a inclusão do subadquirente, caso em que sua posição será a de litisconsorte necessário. Nesta situação, a pauliana só atingirá seu objetivo se o credor provar a má-fé do subadquirente. Não bastará a má-fé do primitivo adquirente.

578 | NEGÓCIO JURÍDICO · *Humberto Theodoro Jr. e Helena Lanna Figueiredo*

reclamar apenas do primeiro participante na fraude a sua responsabilidade pelo equivalente econômico do bem desviado. Os partícipes do negócio primitivo (isto é, os responsáveis diretos pela fraude contra os credores), estes serão sempre partes necessárias da ação revocatória.

262. A SITUAÇÃO DOS ADQUIRENTES SUCESSIVOS

Também o subadquirente, isto é, o que adquiriu o bem objeto da fraude já das mãos da pessoa que antes negociara com o devedor, deve participar do litisconsórcio passivo da pauliana, se for intuito do credor submetê-lo aos efeitos da sentença. É bom lembrar que o simples reconhecimento do caráter fraudulento do negócio que provocou ou agravou a insolvência do devedor não vai além dos sujeitos do contrato impugnado. Há requisitos legais específicos que condicionam a inclusão dos subadquirentes na esfera de abrangência da ação revocatória.

Em relação ao subadquirente, o art. 161 do Código Civil reclama, expressamente, a ocorrência de *má-fé,* ou seja, para ser acolhida a pauliana, no que lhe diz respeito, deverá ele ter tido conhecimento real ou presumido da insolvência do primitivo alienante (o devedor fraudulento).

Em outros termos, não pode o terceiro de boa-fé ser alcançado pela procedência de pauliana apenas em decorrência da fraude praticada pelo devedor e aquele que houve, em primeira mão, o bem que reduziu a garantia dos credores[265]. É incólume à pauliana o subadquirente, a título oneroso, que agiu "não ciente da fraude contra credores, isto é, que não teve conhecimento de que o primeiro ato de disposição foi em fraude aos credores"[266].

Se houve uma cadeia de sucessivas alienações, a título oneroso, em relação a cada um dos adquirentes, haverá de se demonstrar o requisito da participação na fraude, de sorte que aqueles que agiram de boa-fé acabarão excluídos do alcance da sentença pauliana. Na hipótese de o último adquirente estar detendo a coisa de boa-fé, a procedência da pauliana somente obrigará aqueles que participaram da fraude. Não estando mais o bem defraudado em seu poder, a sentença lhes imporá a sanção de repor no patrimônio exequível o equivalente econômico do bem tornado inacessível (arts. 159 e 165).

A hipótese, não muito frequente, já foi submetida ao Superior Tribunal de Justiça, onde se aplicou a tese há pouco enunciada, no seguinte acórdão:

---

[265] Dispõe o Código peruano: "La declaración de ineficacia del acto no perjudica los derechos adquiridos a título oneroso, por los terceros subadquirentes de buena fe" (art. 197).

[266] PONTES DE MIRANDA, Francisco Cavalcanti. *Tratado de Direito Privado cit.*, t. IV, § 493, nº 3, p. 593.

Capítulo XVI: Da Fraude contra Credores | **579**

"Ação pauliana. Fraude contra credores. Adquirente imediato de má-fé. Subadquirente de boa-fé. Indenização pelo equivalente. Inviabilizado o restabelecimento do *statu quo ante,* pela transferência a terceiro de boa-fé, que não pode ser atingido pela sentença de procedência da ação pauliana, entende-se que o pedido compreendia implicitamente a substituição do bem pelo seu equivalente em moeda, a cargo do adquirente imediato, cuja má-fé ficou demonstrada nos autos. Limitada a procedência da ação apenas quanto aos que agiram com má-fé, em se tratando de aquisições a título oneroso, impende tornar efetivo o reconhecimento da malícia do adquirente imediato, atribuindo-lhe o dever de contribuir para o restabelecimento, pelo equivalente, do patrimônio do devedor. Arts. 113 e 158 do Código Civil. Recurso conhecido e provido"[267] (os dispositivos invocados são do Código de 1916, e correspondem aos arts. 159 e 182 do novo Código).

O entendimento continua a prevalecer até hoje naquela Corte Superior:

"1. A ação pauliana cabe ser ajuizada pelo credor lesado (*eventus damni*) por alienação fraudulenta, remissão de dívida ou pagamento de dívida não vencida a credor quirografário, em face do devedor insolvente e terceiros adquirentes ou beneficiados, com o objetivo de que seja reconhecida a ineficácia (relativa) do ato jurídico – nos limites do débito do devedor para com o autor –, incumbindo ao requerente demonstrar que seu crédito antecede ao ato fraudulento, que o devedor estava ou, por decorrência do ato, veio a ficar em estado de insolvência e, cuidando-se de ato oneroso – se não se tratar de hipótese em que a própria lei dispõe haver presunção de fraude –, a ciência da fraude (*scientia fraudis*) por parte do adquirente, beneficiado, subadquirentes ou sub-beneficiados. (...)

3. 'Quanto ao direito material, a lei não tem dispositivo expresso sobre os efeitos do reconhecimento da fraude, quando a ineficácia dela decorrente não pode atingir um resultado útil, por encontrar-se o bem em poder de terceiro de boa-fé. Cumpre, então, dar aplicação analógica ao artigo 158 do CCivil [similar ao artigo 182 do Código Civil de 2002], que prevê, para os casos de nulidade, não sendo possível a restituição das partes ao estado em que se achavam antes do ato, a indenização com o equivalente. *Inalcançável o bem em mãos de terceiro de boa-fé, cabe ao alienante, que adquiriu de má fé, indenizar o credor.'* (REsp 28.521/RJ, Rel. Ministro RUY ROSADO DE AGUIAR, QUARTA TURMA, julgado em 18/10/1994, *DJ* 21/11/1994, p. 31769)"[268].

Eis o que decidiu, igualmente, o Tribunal de Justiça de São Paulo, nos dois arestos seguintes:

---

[267] STJ, 4ª T., RE 28.521-9/RJ, Rel. Min. Ruy Rosado de Aguiar, ac. unân. 18.10.1994, *DJU* 21.11.1994, p. 31.769.

[268] STJ, 4ª T., REsp 1100525/RS, Rel. Min. Luis Felipe Salomão, ac. 16.04.2013, *DJe* 23.04.2013. No mesmo sentido: STJ, 3ª T., REsp. 1.145.542/RS, Rel. Min. Sidnei Beneti, ac. 11.03.2014, *DJe* 19.03.2014.

(i) "O princípio de que o terceiro de boa-fé não deve ser atingido pela ação pauliana continua incólume em nosso Direito Positivo, tanto que a Lei de Falências, que é rigorosa no combate à fraude contra credores, estabelece, no art. 53, que só são revogáveis os atos praticados com a intenção de prejudicar credores provando-se a fraude do devedor e do terceiro que com ele contratar. Quem, sendo terceiro, não concorreu para a fraude, no nosso Direito, não pode responder pelas consequências dela, ainda que haja prejuízo aos credores"[269].

(ii) "Nos casos de fraude contra credores, a ação pauliana alcança o terceiro adquirente somente se caracterizada sua má-fé, conforme dispõe o art. 109 do CC"[270] (o dispositivo citado corresponde ao art. 161 do atual Código).

Para o Tribunal de Justiça do Rio Grande do Sul, também, prevaleceu a mesma tese:

"Tendo sido o imóvel, objeto de transação viciada, repassado a terceiros, só havendo conluio fraudulento entre o vendedor original e os terceiros adquirentes, é que levará a procedência da ação revocatória ou pauliana. Conluio fraudulento que há de restar inequivocadamente provado, mesmo que o seja por indícios, presunções ou circunstâncias"[271].

Enfim, "o terceiro adquirente de boa-fé não é atingido pelo efeito da sentença de procedência da ação pauliana, satisfazendo-se o interesse dos credores, contra os fraudadores, em cobrar-se sobre o equivalente do valor do bem. Art. 109 do CC"[272] (art. 161 do atual Código).

Não cabe, no terreno da pauliana, invocar-se o art. 109, § 3º, do Código de Processo Civil de 2015, para fazer incidir sobre o subadquirente de boa-fé sentença proferida contra o devedor e o primitivo adquirente. A regra do citado art. 103 do Código de Processo Civil "deve ser lida em consonância com o disposto no art. 109 do Código Civil (art. 161 do atual Código), para preservar o direito do que está de boa-fé. Nesse caso, a pretensão dos credores se esgota com a sentença que lhes garanta cobrar-se sobre o valor do bem alienado"[273].

É o que ensina, ainda, a lição doutrinária contemporânea do direito francês, lembrada pelo STJ:

"Quando a reintegração do bem ao patrimônio do devedor é impossível, porque foi ele destruído por culpa do adquirente, ou porque foi ele adquirido por um subadqui-

---

269   TJSP, Ap. nº 110.154-1, 4ª C., Rel. Des. Freitas Camargo, ac. de 27.04.1989, *RT* 644/71.
270   TJSP, Ap. nº 74.288-1, 2ª C., Rel. Des. Cezar Peluso, ac. de 02.09.1986, *RT* 617/57.
271   TJRS, Ap. nº 596023259, 6ª CC., Rel. Des. Oswaldo Stefanello, ac. de 30.04.1996, *RJTJRGS* 179/311.
272   STJ, 4ª T., REsp. 102.401/MG, Rel. Min. Ruy Rosado de Aguiar, ac. de 24.02.1997, *DJU* 31.03.1997, p. 9.635.
273   STJ, 4ª T., REsp. 102.401/MG cit.

rente de boa-fé, o credor pode reclamar ao terceiro adquirente a reparação pecuniária de seu prejuízo"[274].

Não se pode deixar de considerar que a má-fé não se presume e, ao contrário, se impõe a presunção de boa-fé, sempre que à falta de prova conclusiva em contrário, o terceiro tiver adquirido o bem não do insolvente, mas de outrem que o tenha sucedido na propriedade[275].

É por isso que ao credor nem sempre convém incluir o terceiro adquirente no polo passivo da ação pauliana.

263. PAGAMENTO DE DÍVIDA NÃO VENCIDA

O pagamento de dívida vencida é obrigação do devedor. Sua realização, por isso mesmo, não pode configurar ato fraudulento, para efeito de ação pauliana[276]. Há inteiro consenso sobre o tema, na doutrina e na jurisprudência[277].

Diversa é a situação do pagamento antecipado para satisfazer titular de dívida não vencida. É certo que a sujeição da obrigação a termo não afeta a existência do crédito, mas condiciona sua exigibilidade. Antes do vencimento o credor não tem direito de exigir o adimplemento da obrigação e tampouco o devedor tem o dever de realizá-lo.

Pagar dívida antes do termo corresponde, pois, a um ato de liberalidade do devedor. Como todos os credores têm igual direito à garantia patrimonial do devedor comum, o pagamento antecipado a um deles, desfalca indevidamente dita garantia para os demais.

---

[274] "Lorsque la réintégration du bien dans le patrimoine du débiteur est impossibile, parce qu'il a été détruit par la faute de l'acquéreur, ou parce qu'il a été acquis par un sous-acquéreur de bonne foi, le créancier peut réclamer au tiers acquéreur la réparaton pécuniaire de son prejudice" (GHESTIN, Jacques. *Traité de droit civil: les effets du contrat*. 2. ed. Paris: LGDJ, 1994, p. 549).

[275] "No caso concreto, saliente-se que os embargantes não adquiriram o imóvel do próprio devedor, mas de terceiro, presumindo-se sua boa-fé, até porque, sequer execução existia" (STJ, 3ª T., REsp. 218.290/SP, Rel. Min. Waldemar Zveiter, ac. de 11.04.2000, *DJU* 26.06.2000, p. 161).

[276] No Código Civil italiano há regra expressa prevendo a "irrevocabilidade" dos pagamentos dos débitos vencidos efetuados pelo insolvente (art. 2.901). Também o Código peruano declara que "no procede la declaración de ineficácia cuando se trata del cumplimiento de una deuda vencida, si ésta consta en documento de fecha cierta" (art. 198).

[277] LIMA, Alvino. *A fraude no direito civil cit.*, nº 48, p. 171; PONTES MIRANDA, Francisco Cavalcanti. *Tratado de direito privado cit.*, t. IV, § 496, nº 2, p. 601-602; CAHALI, Yussef Said. *Fraudes contra credores cit.*, pp. 222-223; TJSP, 1ª CC., Ap. nº 260.568, Rel. Des. Andrade Junqueira, ac. de 24.05.1977, *RT* 506/97; *RT* 68/199; TJSP, 1ª C., Ap. nº 260.568, Rel. Des. Jonas Vilhena, ac. de 24.05.1977, *RJTJESP*, 46/32.

NEGÓCIO JURÍDICO • *Humberto Theodoro Jr. e Helena Lanna Figueiredo*

Enquanto íntegro o patrimônio do devedor, todos os credores quirografários têm a expectativa de satisfazerem-se de forma paritária, ainda que ocorra a insolvência, e algum deles pode até mesmo ter a possibilidade de exigir o pagamento de seu crédito em data anterior à da antecipação indevida.

Poder-se-ia pensar que, em estado de insolvência, qualquer pagamento, vencido ou não o débito, acarretaria sempre dano à garantia patrimonial comum dos credores quirografários e, assim, não se justificaria a revocatória apenas para os pagamentos antecipados. Acontece, porém, que a situação jurídica não é a mesma para o credor de dívida vencida e o de obrigação ainda inexigível. O credor que, antes de outros, recebe o que lhe é devido, exercita regularmente um direito e, assim, não assume vantagem indevida em relação aos demais. Já aquele que se paga antes do vencimento, não encontra fundamento para justificar o privilégio que lhe concedeu o devedor insolvente, razão porque o ato se torna *fraudulento* e, por isso mesmo, revocável[278].

A paridade entre os credores quirografários do insolvente não se obtém pelo impedimento do pagamento dos débitos vencidos, mas pela instauração do concurso de credores (falência ou insolvência civil). Enquanto, pois, não se promove a execução coletiva, continuará o devedor sujeito a realizar os pagamentos dos débitos vencidos, e isto não será motivo para justificar a pauliana.

264. DÍVIDAS COM GARANTIA REAL

A revocabilidade do pagamento antecipado está legalmente prevista apenas para os créditos quirografários, porque se trata de medida de conservação da garantia patrimonial genérica que diz respeito àquele tipo de crédito.

Pagar antecipadamente um débito acobertado por garantia real não prejudica os outros credores, visto tratar-se de obrigação privilegiada que não concorre com as demais. Eliminando-se um crédito preferencial, a situação patrimonial até melhora para os quirografários, graças à liberação dos bens que se submetiam ao gravame real.

Eventualmente, contudo, o pagamento antecipado de dívida privilegiada pode incidir, no todo ou em parte, no regime revocatório do art. 162. Se, por exemplo, a garantia já se achar exaurida, ou se o montante do pagamento ultrapassar o valor

---

[278] BIANCA, C. Massimo. *Diritto civile* cit., v. 5, nº 198, p. 452. "O devedor que no vencimento paga dívida já vencida procede licitamente, de maneira que seu ato é válido. Entretanto, se salda débitos vincendos, comporta-se de maneira anormal, o que por si só revela seu propósito fraudulento. Aliás, o pagamento antecipado de dívida frustra aquela igualdade, acima aludida, entre os quirografários, igualdade essa que o legislador quer presercar" (RODRIGUES, Sílvio. *Direito civil* cit., v. I, nº 124, p. 234).

da garantia real, haverá de se considerar o crédito como quirografário, no que se satisfez além dos bens gravados[279].

265. DAÇÃO EM PAGAMENTO

Se o crédito quirografário não se acha vencido, a fraude contra credores pode ocorrer tanto no pagamento regular como na dação em pagamento, porque de qualquer maneira terá sido indevidamente privilegiado o *accipiens* em detrimento dos demais credores.

Tratando-se, contudo, de crédito vencido, a dação em pagamento é forma legítima de satisfazer o direito do credor. Não haverá razão alguma para increpá-la de fraudulenta. Para que isso se dê, entretanto, é indispensável que os bens dados em pagamento tenham figurado na operação por seu justo preço e que este não seja maior do que o saldo devedor resgatado. Havendo disparidade de valores, o excesso de preço sobre o débito representará ato de liberalidade do *solvens*. Verificado o prejuízo à garantia dos credores, cabível será a impugnação pauliana da *datio in soluntum*[280].

266. REQUISITOS DA REVOCAÇÃO DO PAGAMENTO ANTECIPADO

Segundo a regra do art. 162, do CC, a ação pauliana contra o pagamento de dívida não vencida deve atender aos seguintes requisitos:

a) a dívida resgatada há de ser *quirografária*, isto é, não pode ser privilegiada ou assegurada por garantia real;

b) o devedor deve estar *insolvente;*

c) a ação deve ser proposta por algum credor *quirografário* prejudicado pela antecipação de pagamento;

d) há de configurar-se o *consilium fraudis,* isto é, o *accipiens* ao receber seu crédito antes do vencimento, deverá conhecer o estado de insolvência do devedor, ou ter motivo para conhecê-lo (art. 159, do CC).

É preciso lembrar que o cumprimento de obrigação não é ato de liberalidade, e sim ato oneroso.

---

[279] CARVALHO SANTOS, J. M. de. *Código civil brasileiro interpretado*. 7.ed. Rio de Janeiro: Freitas Bastos, 1958, v. II, pp. 443-444.

[280] Outras medidas extintivas das obrigações, como dação em pagamento, novação etc. "sono revocabili nella misura in cui il mutamento della prestazione abbia comportato per il creditore l'acquisizione di un maggiore valore economico" (BIANCA, *Diritto civile cit.*, V. 5, nº 198, p. 451).

O regime que se aplica à pauliana do art. 162, por isso, é o disciplinado, em linhas gerais, pelo art. 159, onde se exige a concorrência do *eventus damni* e do *consilium fraudis*[281], bem como da conduta do *accipiens* como *particeps fraudis*.

267. EFEITOS DA REVOCATÓRIA

Acolhida a ação pauliana, nos moldes do art. 162, o credor que recebeu seu crédito antes do vencimento será condenado a restituir aquilo que indevidamente embolsou.

A reposição, todavia, não é feita em favor do *solvens,* mas em proveito do acervo sobre que se tenha de realizar o concurso dos credores. O *accipiens,* por sua vez, não perde seu crédito, que com a pauliana será restabelecido, para concorrer com os demais, em condição de paridade.

268. FRAUDE NA CONSTITUIÇÃO DE GARANTIA REAL

Em princípio, nenhum devedor está vedado de reforçar as garantias de seu credor, mediante superveniente outorga de caução fidejussória ou real. As garantias creditícias tanto podem ser criadas no momento da constituição do débito, como por convenções adicionais ulteriores à assunção da dívida. Se se trata de contratantes capazes e solventes, vício algum se entrevê no negócio que institui ou amplia vínculos de garantia para relações creditícias preexistentes.

A lei, contudo, não admite que, estando já insolvente, o devedor venha a privilegiar um credor em detrimento da garantia patrimonial dos demais, quando todos já se achavam na expectativa do tratamento paritário que lhes competia.

Escolhendo algum dentre os vários credores comuns para conferir-lhe garantia especial, o privilégio assim criado importará imediatamente em prejuízo para os demais. É preciso lembrar que estando insolvente o devedor, não dispõe ele de patrimônio exequível suficiente para satisfazer a totalidade dos credores. Todos, porém, contam receber proporcionalmente seus haveres, de sorte a manter a condição de paridade nas vantagens e prejuízos dentro do concurso.

Se o credor, no entanto, usa seu combalido patrimônio para criar garantia real para um dos credores já existentes, é intuitivo que o equilíbrio entre os concorrentes se quebra. Maior será a previsão de vantagem para o que foi privilegiado e maior será também a perspectiva de prejuízo para os demais credores.

Daí porque a lei reprime as garantias reais dadas pelo insolvente em benefício apenas de algum dentre os vários credores comuns, declarando-as fraudatórias da responsabilidade patrimonial genérica (art. 163, do CC[282]).

---

[281] CARVALHO SANTOS, J. M. de. *Código civil cit.,* v. II, p. 44.

[282] "Art. 163. Presumem-se fraudatórias dos direitos dos outros credores as garantias de dívidas que o devedor insolvente tiver dado a algum credor".

Capítulo XVI: Da Fraude contra Credores | **585**

Não se deve, porém, considerar fraudulenta a hipoteca ou outra garantia real que o insolvente contrate para obter empréstimo (real e não simulado) necessário às suas atividades[283], em face do que dispõe o art. 164[284].

269. PRESUNÇÃO LEGAL DE FRAUDE

Na sistemática do art. 163 ocorre a instituição de uma presunção legal, de sorte que o autor da pauliana, diante da constituição indevida de garantia real pelo insolvente, não terá de comprovar o *consilium fraudis* e o *eventus damni*[285].

Se o devedor está insolvente, se as dívidas já existiam e se se estabeleceu em favor de uma delas garantia real nova, consumada está a fraude contra credores, independentemente de quaisquer outras indagações. A pauliana será havida como procedente, mesmo que o credor beneficiado não conhecesse o estado de insolvência. Porque a presunção que emerge da lei "é justamente do ato ser fraudatório do direito dos demais credores"[286]. Assim também tem entendido a jurisprudência[287].

270. REQUISITOS DA PRESUNÇÃO DE FRAUDE

Para que a presunção instituída pelo art. 163, do CC ocorra, exigem-se os seguintes requisitos:

a) o devedor deve estar insolvente;

b) vários devem ser os credores preexistentes;

c) a garantia real há de ser dada a apenas um deles.

---

[283] Não é considerar-se gratuita a hipoteca feita no ato de contratar o crédito, "*cioè in occasione della costituzione del rapporto fondamentale; si presume che in tal caso la concessione della garanzia sia un elemento dell' accordo, come requisito essenziale perché il terzo facesse credito al debitore garantito*" (TRABUCCHI, Alberto. *Istituzioni* cit., nº 259, p. 594, nota 1).

[284] "Art. 164. Presumem-se, porém, de boa-fé e valem os negócios ordinários indispensáveis à manutenção de estabelecimento mercantil, rural, ou industrial, ou à subsistência do devedor e de sua família".

[285] "Neste, como nos demais casos acima apontados, a lei presume o intuito fraudulento, pois são atos anormais, discordantes do comportamento ordinário e que, por conseguinte, não se podem explicar a não ser pelo propósito de ludibriar os credores do insolvente" (RODRIGUES, Sílvio. *Direito Civil* cit., v. I, nº 125, p. 235).

[286] CARVALHO SANTOS, J. M. de. *Código civil* cit., v. II, p. 446. No mesmo sentido: CAHALI, Yussef Said. *Fraudes contra credores* cit., pp. 231-232.

[287] "A anulação da outorga da garantia por devedor insolvente em fraude contra credores, é decretada não porque o credor soubesse do estado de insolvência daquele, mas sim porque ela prejudica os demais credores" (TJSP, 5ª CC, ac. de 28.07.1938, *RT* 114/721).

A insolvência é requisito de fato que corresponde a um devedor com ativo insuficiente para realizar todas as dívidas pendentes. Não há necessidade de já ter sido instaurado o concurso de credores (falência ou insolvência civil).

As dívidas preexistentes podem estar ou não vencidas. É indiferente. O que não se reconhece ao devedor insolvente é o poder de mudar o equilíbrio de forças no campo da responsabilidade patrimonial genérica. O obstáculo à constituição da garantia real nasce do estado patrimonial do devedor. Se o devedor não estivesse insolvente, nada o impediria de privilegiar esse ou aquele credor com algum tipo de garantia real. Os demais credores continuariam contando com a garantia genérica suficiente.

O Código do Peru ressalta que, para efeito de pauliana, não se considera ato gratuito de favorecimento a algum credor a constituição de garantias anteriores ou simultâneas à constituição do crédito garantido (art. 196). De fato, só há lugar para a censura de que se cogita se a garantia for um favor, e não uma condição para obter o crédito.

271. PROVAS

A presunção de fraude do artigo em comento é absoluta. Não admite prova em contrário. Se o devedor está insolvente e constitui garantia real para um dentre vários credores, a fraude está configurada por força de lei. Não há necessidade de prová-la, nem cabe prova em contrário.

Cabe ao autor, todavia, provar os fatos de que decorre a presunção legal: a multiplicidade de credores; o estado de insolvência do devedor; e a superveniente concessão de garantia real a um dos credores do insolvente. Provado, por exemplo, que não está insolvente o devedor, ou que a garantia real foi constituída antes da insolvência, a pauliana será improcedente. Não se terá, contudo, feito prova contra e presunção legal, mas sim terá ficado provado que não era a hipótese em que a lei presume fraudatória dos credores a garantia real pactuada.

272. EFEITOS DA PAULIANA

A sentença da pauliana não anulará o débito favorecido pela garantia indevida. Apenas revogará o privilégio presumido fraudulento. O credor voltará à sua posição jurídica anterior ao ato impugnado[288].

---

[288] "Note-se que, no caso presente, o que perde eficácia é tão somente a preferência concedida a um dos credores e não o crédito do qual é ele titular. De quirografário que era, tal credor passou a ser preferencial com a concessão da garantia; anulada esta, por se presumir fraudulenta, volta seu beneficiário à primitiva condição de quirografário" (RODRIGUES, Sílvio. *Direito Civil cit.*, v. I, nº 125, p. 235).

273. NEGÓCIOS ORDINÁRIOS

Mesmo insolvente, o devedor tem de prover a subsistência própria e da família, bem como assegurar que a fonte de renda de que depende para sobreviver não se estanque.

Por isso, o art. 164, do CC considera de boa-fé e, pois, excluídos da fraude contra credores, "os negócios ordinários" do insolvente que sejam "indispensáveis à manutenção de estabelecimento mercantil, rural, ou industrial, ou à subsistência do devedor e de sua família" (art. 164).

É claro que tais negócios devem ser onerosos, porque os gratuitos em nada contribuiriam para a manutenção da empresa ou subsistência do devedor.

Não se pode impedir, por exemplo, que o produtor venda a colheita, pois é por meio dela que irá custear as obrigações pendentes com empregados e fornecedores; e será de seu rendimento que extrairá os meios de subsistência. Nem é admissível que se prive o devedor dos recursos necessários para manter em funcionamento a aparelhagem da empresa[289].

Aliás, é do interesse até mesmo dos credores que o empreendimento lucrativo do devedor não se extinga, pois é de sua produtividade que se podem esperar os meios para honrar os compromissos pendentes.

274. PRESUNÇÃO LEGAL DE BOA-FÉ

Estatui o art. 164 uma presunção de boa-fé e de validade (melhor seria de *eficácia*) dos negócios que arrola, para impedir que os credores os impugnem como fraudatórios de seus direitos. A presunção, porém, não é absoluta e admite elisão por prova em contrário (presunção *iuris tantum*)[290].

A boa-fé presumida desaparece se, por exemplo, o devedor se prevalece de seus negócios operacionais para alienar matérias-primas, maquinarias e mesmo para desviar a produção, dispondo-a de maneira exagerada e ruinosa. Já então será possível aventar a hipótese de fraude contra credores, sem embargo da presunção do art. 164. É óbvio, pois, que não se agasalha na regra do dispositivo em exame a alienação do imóvel ou da empresa, ainda que para satisfação de alguns credores. "O devedor não pode dispor de seu patrimônio sem possibilidade do exercício da *par condicio creditorum*"[291].

---

[289] "Ainda que admitida a insolvência, não há negar a qualidade de agricultor do alienante e que a venda vale, nos termos do art. 112 do CC de 1916, por ser negócio normal e indispensável à manutenção do estabelecimento agrícola do devedor" (TJSP, ac. de 05.06.1944, *RT* 151/625).

[290] PONTES DE MIRANDA, Francisco Cavalcanti. *Tratado de Direito Civil cit.*, t. IV, § 490, nº 4, p. 583.

[291] TJSP, 1ª CC., Ap. nº 266.696, Rel. Des. Geraldo Roberto, ac. de 13.06.1978, *RT* 524/70.

275. A PARTICIPAÇÃO DO TERCEIRO

Nos negócios presumidos de boa-fé, necessários à manutenção da empresa ou à subsistência do devedor, é indiferente que o terceiro que contrata com o insolvente conheça ou não o seu estado patrimonial deficitário. A operação, nos limites do art. 164, do CC é válida e isenta de fraude, por sua própria natureza[292].

Sujeitar-se-á o terceiro, contudo, aos efeitos da fraude contra credores se, além de saber da insolvência do outro contratante, se dispuser a coadjuvar a má-fé do disponente voltada para lesar os credores[293].

É bom de ver, no entanto, que a má-fé não se presume. Se o autor da pauliana não evidenciar o conluio do devedor e do terceiro para burlar a presunção do art. 164, será esta que, na dúvida, prevalecerá[294].

276. EFEITOS DA PAULIANA

Segundo a letra da lei brasileira, a sentença da ação pauliana *anula* o ato fraudulento, porém a vantagem não reverte para o alienante, mas sim para o acervo sobre o qual os credores irão executar seu direito (CC/2002, art. 165). Assim já dispunha o CC/1916, art. 113.

Embora a doutrina moderna tenda torrencialmente para conceituar a fraude contra credores como causa de ineficácia, e não de anulabilidade, persiste, para boa parte de nossos civilistas (principalmente aqueles que elaboraram sua doutrina ao tempo do Código anterior), a exegese literal da regra codificada, segundo a qual a sentença que acolhe a pauliana provoca, realmente, a *anulação* do ato jurídico impugnado[295].

Reconhece-se, porém, que "ao devedor não aproveitará jamais a revogação do ato fraudulento"[296]. E vários autores ressaltam que, embora o Código inclua a fraude entre os casos de *defeitos dos atos jurídicos*, a anulação, na espécie, é *relativa* e não *absoluta*. Ou seja, os efeitos não visam ao devedor, mas apenas ao credor, como pensa Orosimbo Nonato:

---

[292] CARVALHO SANTOS, J. M. de. *Código civil cit.*, v. II, p. 449.

[293] PONTES DE MIRANDA, Francisco Cavalcanti. *Tratado cit.*, t. IV, § 490, nº 4, p. 583.

[294] CARVALHO SANTOS, J.M. de. *Código civil cit.*, v. II, p. 450.

[295] "A ação revocatória tem por efeito anular os atos praticados em fraude" (RODRIGUES, Silvio. *Direito civil*. 32. ed. São Paulo: Saraiva, 2002, v. I, nº 126, p. 238); "O efeito da anulação é repor o bem no patrimônio do devedor, ou cancelar a garantia especial concedida, de sorte que sobre o bem restituído ao seu caráter de garantia genérica possam os credores disputar em concurso e efetuar o rateio" (PEREIRA, Caio Mário da Silva. *Instituições de direito civil*. 12. ed. Rio de Janeiro: Forense, 1990, v. I, nº 93, p. 374).

[296] LIMA, Alvino. *A fraude no direito civil cit.*, p. 190.

Capítulo XVI: Da Fraude contra Credores | **589**

"Faz-se mister não deixar em oblívio ser, no caso, a revogação simples providência para a reintegração do patrimônio do *devedor*, garantia do *credor*.

O tema geral da nulidade pode, em certos aspectos, ligar-se ao da rescindibilidade. Trata-se, porém, de nulidade *especial* e *restrita*, eficaz apenas com respeito aos credores prejudicados, não *erga omnes*. Só os credores prejudicados podem obrigar o adquirente a restituir a coisa *cum omni* causa, logrando, destarte, tudo o que teria se não se houvesse realizado a operação fraudulenta"[297].

Para Alcino Pinto Falcão, a fraude é defeito do ato jurídico que, segundo os dispositivos do Código Civil, "não o torna *nulo*, mas permite postulação de *anulabilidade*". Mas adverte que na pauliana se discute não o direito real do adquirente, e sim a relação obrigacional, de sorte que seu objetivo é apenas "restaurar o elemento da *responsabilidade*, isto é, possibilitar que a mesma se torne efetiva"[298].

Jorge Americano também é de pensamento que a anulação operada pela sentença pauliana "só procede até onde vá o prejuízo dos credores" e "por consequência, a *ação pauliana* não aproveita ao devedor insolvente em relação ao adquirente"[299].

Segundo a lição de Carvalho Santos, embora cogite o Código Civil de anulação do ato fraudulento, "a revogação a que conduz a ação pauliana, como se vê, é puramente *relativa* no sentido de que não se verifica, senão em proveito dos credores do devedor e nunca em proveito do próprio devedor; *entre este e os terceiros que decaíram na ação pauliana* o contrato permanece *válido*, subsistindo inteiramente[300].

A doutrina recente, mesmo interpretando o Código anterior, que aliás nesse passo não foi modificado, continua fiel ao entendimento de que, acolhida a pauliana, de seus efeitos decorre simplesmente "a necessária reposição da vantagem ao acervo do concurso de credores", de sorte que o produto obtido pela revocatória "não voltará para o patrimônio do devedor insolvente"[301].

Essa posição doutrinária nacional foge dos padrões da *anulabilidade*, pois o próprio Código define como efeito da anulação do ato jurídico a restituição das partes ao estado anterior a ele (CC, art. 182), e a exegese que se tem feito da regra sobre os efeitos da pauliana é a de revogação apenas para os credores, com subsistência da relação negocial entre as partes do ato impugnado.

Daí terem surgido vozes propugnando por uma nova postura de interpretação do Código Civil no tema da ação pauliana, encaminhando-a para o plano da *ineficácia* (ou inoponibilidade) em lugar do equivocado tratamento de *anulabilidade* indicado pela literal disposição da lei.

---

297   OROSIMBO NONATO, da Silva. *Fraude contra credores cit.*, p. 190.

298   FALCÃO, Alcino Pinto. *Parte geral do Código Civil*. Rio de Janeiro: Kofino, 1959, pp. 230-231.

299   AMERICANO, Jorge. *Da ação pauliana cit.*, nº 58, p. 97.

300   CARVALHO SANTOS, J. M. de. *Código Civil brasileiro interpretado cit.*, p. 451.

301   RIZZARDO, Arnaldo. *Parte geral do Código Civil*. Rio de Janeiro: Forense, 2002, p. 399.

NEGÓCIO JURÍDICO • Humberto Theodoro Jr. e Helena Lanna Figueiredo

Nesse sentido, já se pronunciaram Nelson Hanada[302], Cândido Dinamarco[303], Yussef Said Cahali[304] e Cristiano Chaves de Farias e Nelson Rosenvald[305]. Esta a tese que também defendemos[306].

Pensamos que esta postura, que à época da edição do Código Civil de 2002 já vinha provocando significativos reflexos na jurisprudência, é a que merece prosperar. Procuraremos demonstrar que, na realidade, nosso Código Civil (tanto o de 1916 como o de 2002) criou regra de *ineficácia relativa* e não de *anulabilidade* para a impugnação dos atos em fraude contra credores, não obstante a literalidade dos dispositivos apontar para a última figura jurídica.

Consequência importante do reconhecimento apenas da ineficácia (e não nulidade do ato em fraude dos credores) é que a procedência da pauliana não levará ao cancelamento da transcrição no registro de imóveis, e sim à averbação da decisão, nos termos do disposto nos arts. 167, II, nº 12, e 246 da Lei nº 6.015/73[307].

277. A RECALCITRÂNCIA DO ATUAL CÓDIGO EM QUALIFICAR COMO ANULÁVEL O NEGÓCIO PRATICADO EM FRAUDE CONTRA CREDORES

O Código perdeu uma grande oportunidade de atualizar-se com a doutrina universalmente consagrada de que a fraude contra credores não configura motivo de invalidação do negócio jurídico, mas apenas serve para preservar os terceiros prejudicados dos reflexos nocivos à garantia genérica de seus créditos. Seu tratamento, por isso, tem de ser feito pela via da ineficácia relativa e não pela da anulabilidade, como já restou demonstrado no esforço exegético evolutivo da melhor doutrina ainda sobre o antigo texto do Código de 1916.

Nosso velho Código, redigido numa época em que a categoria da ineficácia ainda não se achava cientificamente bem elaborada entre os juristas, englobou como caso de anulabilidade a fraude contra credores, que os códigos estrangeiros posteriores vieram a tratar como hipótese de típica ineficácia relativa.

Doutrina e jurisprudência, no entanto, puderam construir a teoria da fraude como de ineficácia, levando em conta não só os próprios efeitos que o antigo Código Civil brasileiro lhe imputava e que não se igualavam aos da anulação verdadeira, mas também considerando um critério sistemático estabelecido a partir de outras figuras

---

302 HANADA, Nelson. *Da insolvência e sua prova na ação pauliana cit.*, nº 100, p. 74.

303 DINAMARCO, Cândido Rangel. *Fundamentos do processo civil moderno*. 2.ed. São Paulo: RT, 1987, nº 280, pp. 423 *et seq.*

304 CAHALI, Yussef Said. *Ob. cit.*, pp. 296-299.

305 FARIAS, Cristiano Chaves de; ROSENVALD, Nelson. *Curso de Direito Civil cit.*, nº 10.10.7, p. 563.

306 THEODORO JÚNIOR, Humberto. *Fraude contra credores*. 2.ed. Belo Horizonte: Del Rey, 2001, pp. 183-201.

307 TJSP, 6ª CC, Ag. 256.455-1/2, Rel. Des. Ernani de Paiva, ac. de 27.04.1995, *RT* 718/134.

similares à revocação pauliana, por textos legais expressos (revocatória falencial e fraude à execução).

Nada obstante, o atual Código Civil volta a reproduzir quase que textualmente o regime da fraude contra credores concebido pelo Código de 1916, mantendo-a como causa de anulabilidade do negócio jurídico e ignorando, por completo, a categoria dos atos ineficazes.

Esta visão equivocada e retrógrada do legislador não impediu, obviamente, que a verdadeira natureza da figura jurídica seja retratada e proclamada por seus intérpretes e aplicadores.

Com efeito, o fato de o legislador ignorar uma *categoria* ou *tipo jurídico* não muda a *natureza da coisa*. O jurista, portanto, mesmo que o novo trabalho legislativo tenha repetido a impropriedade terminológica do estatuto anterior, terá meios de recolocar a norma superveniente dentro do sentido e alcance que decorrem da natureza do instituto disciplinado e que se impõem em decorrência até mesmo do conjunto sistemático das regras expostas na lei nova, malgrado sua deficiência redacional.

Isto quer dizer que a circunstância de o atual Código repetir *ipsis litteris* o rótulo de anulabilidade aplicado ao negócio em fraude de credores, não impede que sua natureza jurídica e seus efeitos práticos sejam, na verdade, os da ineficácia relativa, como antes já demonstramos perante igual texto do vigente Código Civil[308].

278. A REPULSA À FRAUDE NO CÓDIGO CIVIL E EM OUTROS DIPLOMAS LEGAIS

A *fraude* sempre foi repelida pelo Direito em todos os seus ramos, tanto no âmbito do direito privado como no público.

Há *fraude* onde há *dolo, burla, engano, má-fé,* para prejudicar alguém e fugir da sanção legal.

Quanto mais se civiliza o homem mais requintados são os *expedientes fraudulentos.*

A lei, então, procura aperfeiçoar-se e sofisticar-se também para detectar e reprimir a *fraude.* Criam-se, nesse âmbito, remédios jurídicos com o duplo objetivo de:

a) valorizar a boa-fé; e

b) condenar a má-fé.

O campo da repressão à fraude é, na realidade, o da batalha entre a verdade e a mentira, o bem e o mal, o justo e o injusto. E é a vitória do bem, da verdade e do justo que nele se intenta alcançar.

---

[308] THEODORO JÚNIOR, Humberto. *Fraude contra credores cit., loc. cit.*

592 | NEGÓCIO JURÍDICO • *Humberto Theodoro Jr. e Helena Lanna Figueiredo*

As relações obrigacionais não são as únicas, mas são aquelas que mais frequentemente e mais intensamente sofrem os efeitos perniciosos da fraude praticada por devedores e comparsas mancomunados para lesar credores.

Foi nesse contexto que se concebeu e aperfeiçoou o mais antigo e mais conservado instrumento de repressão à fraude contra credores – a *ação pauliana*.

Entre nós, a par da clássica ação pauliana, vieram a especializar-se dois outros remédios processuais de igual objetivo: a *ação revocatória,* no direito falimentar (LF, arts. 129 a 138), e a *fraude à execução,* no direito processual civil (CPC, arts. 790, V, e 792).

Desde logo, deve-se afirmar que não há diferença de substância entre as fraudes cogitadas em cada um desses três segmentos do direito nacional, mas apenas variações que se manifestam sobretudo no terreno procedimental.

279. COMO OPERAM OS MEIOS REPRESSIVOS DA FRAUDE

Costuma-se apontar como a grande diferença entre o regime da fraude no Código Civil e o da Lei de Falências e o do Código de Processo Civil a diversidade de efeitos do ato judicial de reconhecimento da prática nociva aos credores. Enquanto a ação pauliana conduziria a uma *anulação* do ato impugnado, os outros expedientes provocariam tão só a sua *ineficácia relativa,* diante dos credores prejudicados.

Segundo a letra da lei brasileira, a sentença da ação pauliana anula o ato fraudulento, porém, a vantagem não reverte para o alienante, mas sim para o acervo sobre o qual os credores irão executar seu direito (CC, art. 165).

Embora a doutrina moderna tenda torrencialmente para conceituar a fraude contra credores como causa de ineficácia, e não de anulabilidade, persiste, entre nós, a exegese literal da regra codificada, segundo a qual a sentença que acolhe a pauliana provoca, realmente, a *anulação* do ato jurídico impugnado[309]. Reconhece-se, porém, que "ao devedor não aproveitará jamais a revogação do ato fraudulento"[310]. E vários autores ressaltam que, embora o Código inclua a fraude entre os casos de *defeitos dos atos jurídicos,* a anulação, na espécie, é relativa e não absoluta. Ou seja, os efeitos não visam ao devedor, mas apenas ao credor[311].

---

[309] "Objeto da ação pauliana é anular o ato tido como prejudicial ao credor. Melhor será falar em ineficácia do ato em relação aos credores do que propriamente em anulação, como defende com razão a doutrina mais moderna. Essa não é, porém, a diretriz de nosso Código, embora os efeitos sejam típicos de ineficácia do ato ou do negócio" (VENOSA, Silvio de Salvo. *Direito civil – parte geral*. 8. ed. São Paulo: Atlas, 2008, v. I, nº 26.4, p. 431); RODRIGUES, Silvio. *Direito civil cit.*, v. I, nº 126, p. 238; PEREIRA, Caio Mário da Silva. *Instituições de direito civil cit.*, v. I, nº 93, p. 453-454.

[310] LIMA, Alvino. *A fraude no direito civil cit.,* nº 97, p. 271.

[311] OROSIMBO NONATO, da Silva. *Fraude contra credores cit.,* p. 190.

Capítulo XVI: Da Fraude contra Credores | **593**

Assim, embora a lei aponte sua finalidade como sendo a de anular o ato fraudulento, na verdade a real finalidade da pauliana "é tornar o ato ou negócio ineficaz, proporcionando que o bem alienado retorne à massa patrimonial do devedor, beneficiando, em síntese, todos os credores... Por outro lado, a anulação só será acolhida até o montante do prejuízo dos credores"[312].

Yussef Said Cahali, em reedição de sua clássica obra sobre as fraudes contra credores, mesmo depois do advento do atual Código Civil, continua defendendo, com acerto, a tese da *ineficácia relativa*, diante da especialidade dos efeitos legais atribuídos à sentença pauliana[313]. Em conclusão, para o próprio Código, não se discute o direito real do adquirente, e apenas se restaura o elemento da *responsabilidade*, isto é, torna possível que a mesma se torne efetiva[314].

280. A NECESSIDADE DE HARMONIZAÇÃO DAS LINHAS BÁSICAS DOS DIVERSOS REMÉDIOS DE REPRESSÃO À FRAUDE

A ação revocatória da Lei de Falência e a repressão à fraude de execução, prevista no Código de Processo Civil, não cuidam de fenômeno diferente do que é objeto da ação pauliana. Em todas elas, o fato fundamental é um só: o desfalque indevido dos bens que deveriam assegurar a satisfação do direito dos credores[315].

Assim, o tratamento que a Lei de Falência e o Código de Processo Civil dispensam, em suas respectivas áreas de incidência, não representa senão "uma especialização da ação pauliana"[316].

Explica a boa doutrina a filiação da fraude contra credores e da fraude à execução aos mesmos princípios, da seguinte maneira:

"Mais propriamente, o instituto da fraude à execução constitui uma 'especialização' da fraude contra credores.

Informados segundo os mesmos princípios – repulsa à fraude que frustra a garantia patrimonial do credor – o que se revela na profunda afinidade que remanesce entre os dois institutos, a especialização da fraude à execução representa o produto natural da evolução histórica do direito.

E, especializando-se como instituto autônomo, a fraude à execução não renega evidentemente as suas origens; mas, assumindo certas características próprias conse-

---

[312] VENOSA, Silvio de Salvo. *Direito civil*. 8.ed, *cit.*, v. I, nº 26.4.2, pp. 438 e 439.
[313] CAHALI, Yussef Said. *Fraude contra credores*. 5. ed. São Paulo: RT, 2013, pp. 290-299.
[314] FALCÃO, Alcino Pinto. *Parte geral do Código Civil*. Rio de Janeiro: Kofino, 1959, pp. 230-232.
[315] Na fraude de execução "existe mera declaração de ineficácia dos atos fraudulentos. Não se trata de anulação, como na fraude contra credores... Não sobra dúvida, no entanto, que ambos os intitutos buscam a mesma finalidade, ou seja, proteger o credor contra os artifícios do devedor que procura subtrair seu patrimônio" (VENOSA, Silvio de Salvo. *Direito civil*. 8.ed. *cit.*, v. I, nº 26.6, p. 444).
[316] CAHALI, Yussef Said. *Ob. cit.*, pp. 62 e 518.

quentes dessa especialização, acaba se distinguindo, como é curial, da chamada fraude contra credores.

Assim, e na lição de LAFAYETTE, a fraude de execução 'não é senão a própria ação pauliana exercida diretamente, por via de penhora, independente do processo ordinário'[317], lembrando CLÓVIS, este 'outro aspecto da fraude nas alienações que aparece no processo'[318], e se afirmando, na jurisprudência, que 'a fraude à execução, para os efeitos visados na lei adjetiva, nada mais representa do que uma indireta aplicação da ação pauliana'[319] pois, 'conforme escreve LIEBMAN, a fraude de execução é um dos casos de fraude contra credores, com aspectos mais graves (Processo de Execução, p. 173)'"[320-321].

Quanto à revocatória falimentar, a visão doutrinária é a de que não se pode deixar de ver que o remédio comercial de repressão à fraude nasceu da própria ação pauliana civil e não passa de mera adaptação desta às particularidades da insolvência do devedor comerciante[322].

"Daí dizer-se que a revocatória é a própria pauliana, facilitada no seu exercício, para maior proteção da boa-fé e o rápido êxito dos atos e dos contratos comerciais (BUTTERA)[323]; a revocatória falimentar é uma pauliana que se vale de certas presunções no que diz respeito ao seu exercício; a declaração de falência não cria uma ação, mas consente na aplicação de certas presunções em razão de pressupostos de uma ação que já existe (FERRARA)[324]; a revocatória outra coisa não é senão a revocatória ordinária, alargada no seu exercício, na sua base e nos seus efeitos (NAVARRINI)[325]; do ponto de vista do fundamento, nenhuma diferença se pode reconhecer entre a revocatória ordinária e aquela falimentar (AULETTA e SATTA)[326]; as diferenças são de

---

[317] LAFAYETTE, Rodrigues Pereira. *Direito das coisas*. 6. ed. Rio de Janeiro: Freitas Bastos, 1956, nota 17, § 209, p. 511. AMERICANO, Jorge: "Além da forma ordinária de revogar atos praticados em fraude de credores, por ação pauliana, há uma forma extraordinária de revogação, feita diretamente na execução de sentença, ou em ação executiva, sobre os bens alienados em fraude, independentemente de figurarem estes bens como saídos do patrimônio do devedor. É o que se dá quando há fraude de execução" (*Da ação pauliana cit.*, nº 82, p. 145).

[318] BEVILÁQUA, Clóvis. *Teoria geral do direito civil*. Rio de Janeiro: Francisco Alves, 1908, p. 288.

[319] TACivSP, 1ª CC, Recurso *ex officio* nº 23.212, Rel. Alceu Cordeiro Fernandes, ac. 19.03.1958, *RT* 277/712.

[320] 2ª CC do TJPS, 12.12.1967, *RJTJSP*, 7/88.

[321] CAHALI, Yussef Said. *Ob. cit.*, pp. 62.

[322] "Em que pese a ação revocatória na falência ter a mesma finalidade, esta não tem por objeto anular o ato, mas simplesmente torná-lo ineficaz em relação à massa" (VENOSA, Silvio de Salvo. *Direito civil*. 8.ed. cit., v. I, nº 26.7, p. 446).

[323] BUTTERA, Antonio. *Dell'azione paliana o revocatoria*. Torino: Torinese, 1936, nº 39, p. 155.

[324] FERRARA, Francesco. *Il fallimento*. 2.ed. Milano: Giuffrè, 1908, nº 193, p. 285. NAVARRINI, Humberto. *Trattado di diritto fallimentare*. Bologna: Zanichelli, 1939, v. I, nº 235, p. 289.

[325] NAVARRINI, Humberto. *Trattado di diritto fallimentare*. v. I, nº 235, p. 289.

[326] AULETTA, Giuseppe Giacono. *Revocatoria civile e fallimentares*. Milano: Giuffrè, 1939, p. 113; SATTA, Salvatore. *Istituzioni di diritto fallimentare*, nº 67, p. 135.

Capítulo XVI: Da Fraude contra Credores | **595**

ordem processual, e derivam do fato de que a revocatória falimentar se insere em um processo executivo que está em curso, e aquela se oferece adequada para a garantia de execução do crédito (COSATTINI)[327]. Trata-se, na realidade, de uma evolução da fraude contra credores, direcionada no sentido das necessidades mercantis, sem que se diluíssem por inteiro os caracteres respectivos"[328].

Esta constatação de identidade substancial entre as três figuras repressivas da fraude contra credores[329] conduz à necessidade de aproveitar a evolução técnico-jurídica de cada um dos setores normativos do direito positivo a benefício de todo o sistema, e não apenas daquele em que a regra nova ou a visão atualizada se consolidou:

Por exemplo:

a) se a legislação posterior ao Código Civil de 2002 esposou ostensivamente a tese de ineficácia relativa para combater a fraude – como se vê na Lei de Falência (Lei 11.101/2005, art. 129) e no Código de Processo Civil (CPC/2015, art. 790), não há razão para se insistir em que a ação pauliana seja tratada como ação de anulação do ato do devedor insolvente prejudicial à garantia patrimonial de seus credores;

b) se nítida é a preocupação ética, no âmbito do direito civil e do direito comercial, de proteção à boa-fé dos que adquirem bens do insolvente, a título oneroso, razão não há para desprezar tal elemento no tratamento da fraude à execução, que nada mais é – repita-se – do que uma modalidade de fraude contra credores autorizadora da ação pauliana[330].

281. A INEFICÁCIA COMO SANÇÃO NATURAL DE TODAS AS MODALIDADES DE FRAUDE CONTRA CREDORES

Embora sob rótulos diversos, todos os mecanismos de repressão à fraude operam da mesma maneira: recolocam o bem alienado pelo devedor no acervo sobre o qual o credor irá fazer atuar seu direito. Mesmo no caso da pauliana, o que diz a lei é que, anulado o ato fraudulento, o bem alienado não voltará ao patrimônio do devedor, mas sim ao questionado acervo que responde pela execução dos direitos de seus credores (CC, art. 165).

Este também é o critério da Lei de Falências, na ação revocatória, e do Código de Processo Civil, na fraude de execução.

---

[327] COSATTINI, Luigi. *La revoca degli atti fraudolenti*. 2. ed. Padova: CEDAM, 1950, nº 33, p. 94.

[328] CAHALI, Yussef Said. *Ob. cit.,* pp. 518-519.

[329] "A fraude contra credores é apenas um capítulo da fraude em geral" (VENOSA, Silvio de Salvo. *Direito civil*. 8.ed. *cit.,* v. I, nº 26.8, p. 4446-447).

[330] THEODORO JÚNIOR, Humberto. Fraude contra credores e fraude de execução. *Revista dos Tribunais*, v. 776, pp. 11-33, jun./2000.

596 | NEGÓCIO JURÍDICO · *Humberto Theodoro Jr. e Helena Lanna Figueiredo*

Desta maneira, pouco importa o rótulo que se dê ao fenômeno jurídico numa e noutra situação. Se causa, meio e efeitos são os mesmos, não há como recusar identidade à natureza de todos eles.

Pode-se, sem medo de erro, concluir que fraude contra credores, revocatória falimentar e fraude à execução representem simples variações de um só fenômeno e todas correspondem, na moderna técnica da patologia do negócio jurídico, a causa de ineficácia relativa, mesmo que impropriamente o legislador, em algum caso, fale em anulabilidade (v. *retro*, nº 250.7).

282. A JURISPRUDÊNCIA

Apegada à literalidade da lei, a jurisprudência, de modo geral, ao acolher a pauliana, *anulava* o ato impugnado, fazendo reverter ao patrimônio do devedor o bem fraudulento alienado[331].

No entanto, aos poucos foi se esboçando uma corrente modernizadora nos tribunais que se torna permeável à lição dominante na doutrina mais atual, que se bate pelo deslocamento da figura da fraude contra credores do campo da nulidade para o da ineficácia, mesmo que a lei continue a atribuir à pauliana a imprópria denominação de ação anulatória.

Um dos arestos em que primeiro se aventou a teoria da ineficácia foi do 1º Tribunal de Alçada Civil de São Paulo. Decidiu-se, então, que a ação pauliana poderia ser coarctada com o pagamento do crédito apontado (mais, naturalmente, as despesas da lide revocatória e honorários). Isto porque, segundo o magistério de Liebman, "o verdadeiro resultado da ação pauliana é estender a ação e a responsabilidade executória a determinados bens de terceiro, precisamente aqueles que foram objeto do ato fraudulento". Daí a conclusão do acórdão, que se adotou como ementa: "A procedência da ação pauliana não torna a venda nula, e, sim, ineficaz em relação ao autor vencedor"[332].

Posteriormente, a tese da ineficácia ou inoponibilidade mereceu acolhida nos Tribunais de Justiça de Minas Gerais e de São Paulo:

---

[331] "O efeito da anulação é repor o bem no patrimônio do devedor", de sorte que "a fraude contra credores, uma vez reconhecida, aproveita a todos os credores" (1º TACivSP, Ap. nº 330.502, Rel. Juiz Guimarães e Souza, ac. de 16.10.1984, *RT* 591/142). "Em se tratando de fraude contra credores, a sanção é a nulidade do ato e não sua ineficácia" (TAMG, Ap. nº 119.485-4, Rel. Juiz Isalino Lisboa, ac. de 26.12.1992, *Revista de Julgados do TAMG* 47/128).

[332] 1º TACivSP, Ap. nº 236.130, Rel. Juiz Toledo Piza, ac. de 17.08.1977, *RT* 518/146. Tempos antes, o TJSP havia assentado que incorria em "imperfeição técnica" a sentença que concluíra, em pauliana, pela *anulação* dos atos impugnados, "quando, nessa demanda revocatória, se colima a ineficácia dos atos em relação aos credores prejudicados" (Ap. 180.014, Rel. Des. Odyr Porto, ac. de 23.09.1969, *RT* 410/168).

Capítulo XVI: Da Fraude contra Credores | **597**

"O dispositivo (da sentença), no caso de procedência da ação pauliana, deve ser a declaração de ineficácia da venda, ao invés da nulidade da mesma, perante o credor, propiciando, destarte, a penhora do imóvel, sem eliminar o direito de propriedade dos adquirentes"[333].

"A consequência da procedência da ação pauliana é a ineficácia com relação ao credor prejudicado, autor da ação, não beneficiando terceiros, não participantes do feito, o que é lógico, uma vez que esses terceiros precisarão, também, provar que foram prejudicados pela alienação, sendo credores quirografários em momento anterior à alienação questionada"[334].

Aprofundando a análise da ineficácia, para reconhecer sua ocorrência na pauliana, o Tribunal de Justiça de São Paulo, em decisório relatado pelo eminente processualista Cândido Rangel Dinamarco, mais uma vez concluiu que "a procedência da ação pauliana não deve conduzir à anulação do negócio jurídico fraudulento, nem ao cancelamento de seu registro imobiliário"[335].

Fundamentou o acórdão do tribunal paulista no argumento de que, apesar da linguagem empregada pelo Código Civil (arts. 106, 107 e 113 do Código de 1916, não alterados pelo Código atual, em essência), a fraude contra credores não é causa de anulação do ato: "Como é do entendimento geral da doutrina europeia mais moderna, com prestigiosos reflexos na nossa atual, trata-se de mais um caso de *ineficácia relativa* do ato, ou *inoponibilidade*"[336].

O Código Civil brasileiro, como é sabido, "não cuidou da categoria hoje conhecida como *ineficácia*". Prossegue o aresto:

"E, como se sabe também, a *anulabilidade,* ao contrário desta, resulta de algum vício intrínseco do ato. A fraude não é vício intrínseco, nem vem arrolada entre as causas de anulabilidade que o Código compendia no art. 147. Como sucede nos demais casos de *ineficácia,* esta é a decorrência da lesão que o ato perpetraria contra interesse externo, ou interesse de terceiro; e a ineficácia resolve-se, então, na *mera incapacidade de produzir efeitos, ou certos efeitos, não obstante isento de vícios intrínsecos o negócio jurídico* (cf. BETTI. *Teoria generale del negozio giuridico.* 2ª ed., Turim: UTET, nº 57, esp. p. 11 da trad. port.)"[337].

Daí concluir o acórdão: "Constitui erro de técnica a consideração da fraude a credores como causa de anulabilidade do ato"[338].

---

[333] TJMG, Ap. nº 60.602, ac. de 02.12.1982, Rel. Des. Humberto Theodoro, *DJMG* 02.02.1983.

[334] TJSP, Ap. nº 87.543-1, Rel. Des. Nelson Hanada, ac. de 09.11.1998, *COAD/*1989, nº 43.255, p. 159.

[335] TJSP, Ap. nº 55.091-1, Rel. Des. Rangel Dinamarco, ac. de 27.12.1984, *RJTJESP* 95/34.

[336] TJSP, Ap. nº cit., *RSTJSP* 95/33.

[337] *Idem.*

[338] TJSP, Ap. nº cit., *RJTJESP* 95/34.

NEGÓCIO JURÍDICO • *Humberto Theodoro Jr. e Helena Lanna Figueiredo*

Lembrou-se, por último, que a solução de tratar a fraude no campo da anulabilidade seria, na prática, sumamente injusta, "porque imporia ao adquirente sacrifício maior que o necessário à consecução dos objetivos do instituto", que se resumem na preservação da garantia do credor. Considerando anulado o ato, a sentença pauliana "constituiria verdadeiro prêmio para o alienante fraudulento, que receberia de volta o bem em seu patrimônio, por força da eficácia da anulação, que o Código Civil estabelece (art. 158)"[339].

Atualmente, o entendimento do Tribunal de Justiça de Minas Gerais se mantém na ineficácia dos negócios praticados em fraude contra credores[340].

283. A POSIÇÃO DO SUPERIOR TRIBUNAL DE JUSTIÇA

Em julgamento importante, no qual se discutia a possibilidade de apreciação da fraude contra credores incidentalmente em embargos de terceiro[341], a 4ª Turma do Superior Tribunal de Justiça concluiu, por maioria, pela afirmativa, e o fez explicitando a natureza e efeitos da sentença pauliana, *in verbis*:

> "Nestes casos, demonstrada a fraude ao credor, a sentença não irá anular a alienação, mas simplesmente, *como nos casos de fraude à execução*, conduzirá a *ineficácia* do ato fraudatório *perante o credor embargado*, permanecendo o negócio válido entre os contratantes, o executado-alienante e o embargante – adquirente.
>
> A sentença terá, destarte, caráter dominantemente *declaratório*, pois declarará a validade e eficácia do ato de constrição e a possibilidade de o bem fraudulentamente alienado responder pela dívida, embora mantido no patrimônio do adquirente. Tudo, assim, como se passa nos casos de fraude à execução, deslocando-se a discussão do plano do direito material para o plano predominantemente processual"[342].

Serviu-se o acórdão do STJ da doutrina de Liebman, para justificar o caráter da ação pauliana como instrumento de repressão à fraude mediante apenas a eliminação dos prejuízos acarretados pelo devedor aos credores. De tal sorte, a sentença que acolhe a revocatória "restabelece sobre os bens alienados não a propriedade do alienante, mas a responsabilidade por suas dívidas, de maneira que possam ser abrangidos pela execução a ser feita"[343].

No mesmo julgamento, o Ministro Bueno de Souza invocou precedente do antigo Tribunal Federal de Recursos (Ap. 59.048/SP), para acompanhar o Relator

---

[339] *Idem.*

[340] TJMG, 15ª Câmara Cível, Ap. 1.0527.13.000579-8/001, Rel. Des. Tiago Pinto, ac. 06.08.2015, *DJeMG* 14.08.2015.

[341] Atualmente está sumulado o entendimento de que a declaração da fraude contra credores não pode ser incidente dos embargos de terceiro (Súmula nº 195/STJ).

[342] STJ, 4ª T., RE 5.307-0/RS, Rel. Min. Athos Carneiro, ac. de 16.06.1992, *Lex-JSTJ* 47/113.

[343] STJ, 4ª T., RE 5.307-0/RS cit.

Min. Athos Carneiro, endossando a tese vencedora no acórdão e consignando que era de época recuada no tempo sua convicção de que a fraude não põe em causa nem a nulidade nem a anulabilidade do negócio jurídico, tudo se resumindo apenas em "simples ineficácia em relação a terceiro"[344].

A exegese dos efeitos da pauliana, ora prestigiada pelo STJ, tem a força de colocar o tema em sede adequada, isto é, a "responsabilidade patrimonial". Reprime-se a fraude, impondo-se ao adquirente a sujeição a suportar sobre seu patrimônio a execução de dívida do alienante. Não há nulidade, não há anulabilidade. Há, tão somente, *inoponibilidade* da alienação em face do credor prejudicado. É isto, e nada mais do que isto, o que produz a sentença que acolhe a ação pauliana[345].

Nesse sentido, ainda: "A fraude contra credores, proclamada em ação pauliana, não acarreta a anulação do ato de alienação, mas, sim, a invalidade com relação ao credor vencedor da ação pauliana, e nos limites do débito de devedor para com este"[346].

284. A DEFESA DA POSIÇÃO DO CÓDIGO

Quando da discussão do Projeto do novo Código na Câmara dos Deputados, houve proposta de emenda (nº 193) em que se pleiteava deslocar a fraude contra credores do campo da anulabilidade para o da ineficácia dos negócios jurídicos.

A Comissão Revisora opinou pela rejeição da proposta ao argumento de que inexistiria "vantagem prática" na inovação, "já que o sistema do Código (velho) nunca deu motivos a problemas, nesse particular". Argumentou-se, por fim, com a existência de dois sistemas – o da ineficácia e o da anulabilidade – "que se baseiam em concepções diversas, mas que atingem o mesmo resultado prático. Para que mudar?"[347]

É verdade: existem os dois sistemas na experiência doutrinária e legislativa do direito comparado. Não se trata, contudo, de uma coexistência que perdure até hoje.

---

[344] Voto do Min. Bueno de Souza, no REsp. *cit.*, pp. 120-122. Por isso mesmo, merece ser lembrada a passagem da obra de Lauro Laertes de Oliveira em que se reporta a um precedente jurisprudencial (*RT* 564/220) para concluir que, após a sentença, não há cancelamento imediato da transcrição em nome do terceiro adquirente vencido na pauliana. "Somente quando houver arrematação, adjudicação ou remição é que o juiz determinará o cancelamento daquele registro para possibilitar o registro da respectiva carta sem violar o princípio da continuidade dos registros públicos" (OLIVEIRA, Lauro Laertes de. *Da ação pauliana*. 3. ed. São Paulo: Saraiva, 1989, nº 72, pp. 64-65).

[345] A 1ª Câmara Cível do Tribunal de Alçada de Minas Gerais também já decidiu pela aplicação da ineficácia, ou seja: "caracterizada a fraude, a compra e venda realizada entre as partes perde a sua eficácia, retornando-se ao *statu quo ante*" (TAMG, Ap. nº 245.146-7, Rel. Juiz Silas Vieira, ac. de 28.10.1997, *JUIS-Saraiva* 23).

[346] STJ, 3ª T., REsp. 971.884/PR, Rel. Min. Sidnei Benti, ac. 22.03.2011, *DJe* 16.02.2012.

[347] MOREIRA ALVES, José Carlos. *A parte geral do projeto do Código Civil brasileiro*. São Paulo: Saraiva, 1986, p. 146.

600 | NEGÓCIO JURÍDICO • *Humberto Theodoro Jr. e Helena Lanna Figueiredo*

O que se deu foi uma sucessão de tentativas históricas de analisar cientificamente o problema.

De início, ainda no século XIX, a tese da anulabilidade foi a preferida da doutrina construída à luz do Código de Napoleão que, por sua vez, não tomara posição clara sobre o tema. Não se tratava, porém, de uma anulabilidade ortodoxa, pois o seu efeito não se operava entre os sujeitos do negócio fraudulento, como se passava nos verdadeiros casos de anulação, mas apenas beneficiava os credores (estranhos à relação contratual), propiciando-lhes excutir os bens mesmo no patrimônio do adquirente[348].

Cunhou-se, por isso, a expressão *nulidade parcial*, porque só se manifestava no limite necessário para afastar o prejuízo do credor demandante. Além daí, o contrato mantinha-se de pé[349].

Já no século XIX, Aubry et Rau consideravam muito difícil "justificar, em direito, a nulidade, no caso da fraude", visto que o efeito da pauliana não era a reintegração dos bens no patrimônio do devedor alienante, mas apenas torná-los penhoráveis em favor do credor demandante[350].

Com a melhor sistematização da teoria da *ineficácia*, como fenômeno distinto da *anulabilidade*, a moderna doutrina francesa se firmou maciçamente no sentido de não ser a pauliana, prevista no Código de Napoleão, uma ação de nulidade, mas de *inoponibilidade*[351].

Apenas para lembrar as obras mais recentes, citam-se as lições que se seguem.

Para François Terré, Philippe Simler e Yves Lequette, o efeito da pauliana é a *inoponibilidade do ato fraudulento* ao credor: "contrariamente à nulidade que, uma vez pronunciada, produz seus efeitos, *erga omnes,* a inoponibilidade priva de eficácia o ato fraudulento somente para o autor. O ato não é destruído *inter partes*"[352].

---

[348] PLANIOL, Marcelo, RIPERT, Jorge, ESMEIN, Pablo. *Tratado práctico de derecho civil francés.* Habana: Cultural, 1945, v. VII, nos 961 e 962, pp. 270-271.

[349] PLANIOL, Marcelo, RIPERT, Jorge, ESMEIN, Pablo. *Tratado cit.,* v. VII, nº 962, pp. 271-272.

[350] AUBRY, C., RAU, C. *Cours de droit civil français.* 6. ed. Paris: : Éditions Techniques S/A, s/d, t. IV, § 313, p. 211.

[351] MAZEAUD, Heny y León, MAZEAUD, Jean. *Lecciones de Derecho Civil.* Buenos Aires: EJEA, 1969, Parte II, v. III, nº 1.002, p. 272; COLIN, Ambroise, CAPITANT, Henry. *Cours elementáire de droit civil français.* 10. ed. Paris: Dalloz, 1948, t. II, nº 453, pp. 330-331; VIDAL, José. *Essai d´une théorie générale de la fraude en droit français.* Paris: Dalloz, 1957, pp. 391-392; GHESTIN, Jacques, GOUBEAUX, Gilles. *Traité de droit civile: introduction générale.* Paris: LGDJ, 1977, nº 759, p. 642.

[352] "Contrairement à la nullité qui, une fois prononcée, produit ses effects, *erga omnes,* l'inopposabilité ne prive d'efficacité l'acte frauduleux qu'à l'encontre du demandeur. Cet acte n'est pas anéanti *inter partes*" (TERRÉ, François, SIMLER, Philippe, LEQUETTE, Yves. *Droit civil – les obligations.* 6. ed. Paris: Dalloz, 1996, nº 1.085, p. 872).

Segundo Jean Carbonnier, a fraude provoca uma revogação do bem ao patrimônio – sobre o qual o credor irá executar seu crédito. "No entanto, a revogação ocorre apenas no interesse do credor e na extensão desse interesse. É menos uma anulação propriamente dita do que uma inoponibilidade"[353].

Starck, Roland e Boyer, na mesma linha, aduzem que "a ação exercida apenas pelo credor demandante na ação pauliana, tem o efeito de tornar inoponível somente a ele a operação efetuada em fraude de seus direitos; o ato fraudulento permanece válido entre o devedor e o terceiro cúmplice da fraude. Um deles está na presença de uma ação que torna inoponível o ato perante o credor. Portanto, é errado que os julgamentos usem o termo nulidade: se fosse uma anulação, o ato despareceria igualmente para o credor e o devedor, o que não é o caso; e a fraude ressoaria necessariamente sobre os adquirentes, o que também não acontece"[354].

Vê-se que não existe mais no direito francês a disputa entre os sistemas de anulabilidade e de ineficácia do negócio em fraude de credores.

O Código de Beviláqua, cujo projeto remonta ao final do século XIX, acabou acolhendo a tese da anulabilidade, mas o fez como forma de invalidade *sui generis*, como predominava na doutrina francesa na época: o proveito da anulação reverteria em prol dos credores e não das partes do negócio impugnado (art. 113, do CC/1916). Por isso a doutrina a qualificou, desde logo, como sendo uma "nulidade especial e restrita", por dizer respeito apenas aos "credores prejudicados"[355].

Os novos Códigos do século XX, como o italiano e o português se enfileiraram ostensivamente na teoria da ineficácia ou inoponibilidade do negócio em fraude dos credores[356]. À luz da tendência evidente da doutrina e do direito positivo comparado,

---

[353] "Toutefois, la révocation ne se produit que dans l'intérêt de ce créancier et à la mesure de cet intérêt. C'est moins une annulation proprement dite qu'une inopposabilité" (CARBONNIER, Jean. *Droit civil* – Les obligations. Paris: Presses Universitaires de France, 1998, v. 4, nº 367, p. 601).

[354] "L'action exercée par le créancier seul demandeur à l'action paulienne, a pour effect de rendre *inoposable à lui seul* l'opération effectuée en fraude de ses droits; l'acte fraudulent demeure valable entre le débiteur et le tiers complice de la fraude. On est en présence d'une *action en inopposabilité*, n'engendrant la chute de l'acte qu'au profit du créancier. C'est donc à tort que les arrêts utilisent volontiers le terme de nullité: s'il s'agissait d'une annulation, l'acte disparaîtrait également entre créancier et debiteur, ce qui n'est pas le cas; et la fraude retentirait nécessairement sur les sous acquéreur, ce qui ne se produit pas non plus" (STARCK, Boris, ROLAND, Henri, BOYER, Laurent. *Obligations* – Régime général. 5. ed. Paris: Litec, 1997, v. 3, nº 732, pp. 304-305).

[355] OROSIMBO NONATO, da Silva. *Fraude contra credores cit.*, p. 190; AMERICANO, Jorge. *Da ação pauliana cit.*, nº 58, p. 97; CARVALHO SANTOS, J. M. de. *Código civil cit.*, v. II, p. 451.

[356] O Código Civil de Quebec, editado na última década do Século XX, não só afastou a fraude do terreno das anulabilidades, como evitou as denominações tradicionais de ação revocatória ou ação pauliana, substituindo-as por *"action en inopposabilité"* (art. 1.631). Apresentando o novo Código, o Ministro da Justiça fez o seguinte comentário: *"Conformément au droit antérieur, le*

os estudos mais modernos se inclinaram por interpretar teleologicamente o Código brasileiro de 1916, para entrever em seu art. 113, malgrado a literalidade do texto, um caso cientificamente enquadrável na ineficácia ou inoponibilidade[357].

Nesta altura da evolução científica do tratamento da fraude, não se pode aceitar a afirmação da Comissão Revisora de que coexistem dois sistemas de repressão à fraude contra credores. O que hoje existe e predomina cientificamente é um só: o da ineficácia e não mais o superado da anulabilidade[358].

O fato de alguns doutrinadores, apegados à literalidade do Código Brasileiro, ainda reconhecerem o vício da anulabilidade do negócio fraudulento, não pode ser suficiente para concluir pela coexistência de dois sistemas jurídicos distintos. Cientificamente só existe o da ineficácia que ficou oculto sobre a impropriedade terminológica do Código de 1916, a mesma que o atual diploma teima em manter.

Cabe bem aqui a advertência que a própria Comissão Revisora fez a propósito de reconhecer a supremacia da teoria do negócio jurídico sobre a do ato jurídico para justificar a preferência do Projeto pelo título adotado no Livro III de sua Parte Geral: "Não se trata de exigência de ordem técnica – e a Parte Geral de um Código deve primar pelo tecnicismo – mas de orientação com reflexos de natureza prática". Não sendo a mesma coisa o negócio jurídico e o ato jurídico em sentido estrito, e tratando-se, na parte geral, de normas que se aplicam especificamente ao negócio jurídico, "deu-se tratamento legal ao que já se fazia, anteriormente, com base em distinção doutrinária que corresponde à natureza das coisas"[359].

Ora, se anulabilidade e ineficácia não são a mesma coisa, e se a essência da fraude contra credores corresponde à estrutura jurídica da ineficácia, por que contrariar a natureza da coisa insistindo em apor-lhe o rótulo impróprio da anulabilidade, sem sequer respeitar na regulamentação legal os próprios efeitos traçados para a invalidade? A lei, *data venia*, não pode ir conscientemente contra a natureza das coisas. E se vai, a ciência a corrige, colocando o instituto mal rotulado dentro da categoria que lhe corresponde, malgrado a teimosia do legislador.

---

    recours participe de la nature d'un recours en inopposabilité de l'acte à l'égard du créancier et non d'un recours en nullité ou en révocation" (BAUDOUIN et RENAUD. *Code civil du Québec annoté.* 4.ed. Montreal: W&L, 2001, v.. II, p. 1.963). O Código do Peru, de 1984, da mesma forma estatui que, pela ação pauliana, o credor pode pedir "que se declarem *ineficazes em relação a ele* os atos fraudulentos do devedor" (art. 195).

[357]   HANADA, Nelson. *Da insolvência e sua prova na ação pauliana cit.*, nº 100, p. 74; DINAMARCO, Cândido Rangel. *Fundamentos do processo civil moderno.* 2. ed. São Paulo: RT, 1987; CAHALI, Yussef Said. *Fraude contra credores.* São Paulo: RT, 1987; THEODORO JÚNIOR, Humberto. *Fraude contra credores.* 2. ed. Belo Horizonte: Del Rey, 2001.

[358]   LIMA, Alvino. *A fraude no direito civil.* São Paulo: Saraiva, 1965.

[359]   MOREIRA ALVES, José Carlos. *A parte geral do Projeto do Código Civil brasileiro.* São Paulo: Saraiva, 1986, pp. 98-99.

Capítulo XVI: Da Fraude contra Credores | **603**

Daí por que mesmo no regime do atual Código Civil brasileiro, a fraude contra credores deverá ser tida cientificamente como caso de ineficácia ou de inoponibilidade, e como tal deverá ser aplicada pelos tribunais[360].

285. CONCLUSÕES

Partindo das origens romanas da *actio Pauliana* e acompanhando a evolução do instituto do direito comparado e procedendo a uma análise dos dispositivos do Código Civil brasileiro relativos à pauliana à luz de critérios finalísticos, evolutivos e axiológicos, bem como submetendo ditas normas à harmonização sistemática com outras mais atuais do próprio ordenamento jurídico nacional, que também cuidam da fraude contra credores (Lei de Falências e Código de Processo Civil), chega-se à conclusão de que o tratamento doutrinário dispensado ao direito europeu mais moderno (a exemplo dos Códigos de Portugal e Itália) pode, sem dúvida, prevalecer também para a compreensão de nossa legislação civil relativa à fraude cometida pelo devedor civil insolvente contra a garantia de seus credores. E diante deste quadro já exposto e dissecado, temos como certas as seguintes conclusões:

a) desde as origens romanas, e através da longa história da ação pauliana, mesmo quando ainda não havia sido teorizado o fenômeno da *ineficácia*, a tendência foi sempre aplicar ao ato em fraude contra credores um mecanismo revocatório que não se confundia com a anulabilidade e que se voltava, com predominância, para a defesa da garantia executiva dos credores prejudicados;

b) mesmo tratando o ato fraudulento como anulável, a doutrina antiga predominante era no sentido de que a anulação *in casu* não favorecia ao devedor, e apenas operava em prol dos credores;

c) a circunstância de o nosso Código Civil falar, de maneira expressa, em *anulação* do ato defraudador dos direitos do credor não impede que a doutrina e jurisprudência mais modernas vejam, na espécie, um caso de *ineficácia* e não de *nulidade*, já que o próprio Código, ao disciplinar os efeitos da pauliana, não os equipara àqueles previstos para o regime geral das nulidades;

---

[360] NELSON HANADA, escrevendo já sobre o texto do Código Civil de 2002, doutrina que "apesar das expressões utilizadas nos arts. 158 ('anulados') e 159 ('anuláveis') do CC ..., o reconhecimento da fraude contra credores conduz à ineficácia do ato, face aos credores, e não à anulabilidade do negócio jurídico" (*Da insolvência e sua prova na ação pauliana*. 4. ed. São Paulo: RT, 2005, nº 80, p. 66). Na nota de apresentação da nova edição, o autor registra que "perdeu o legislador do atual Código Civil a oportunidade de dar coerência científica ao instituto da fraude contra credores, ... uma vez que continua fazendo referência a negócios que 'poderão ser anulados' (art. 158, *caput*) ou contratos 'anuláveis' (art. 159), mas dando-lhe efeitos de ineficácia (art. 165)".

604 | NEGÓCIO JURÍDICO • *Humberto Theodoro Jr. e Helena Lanna Figueiredo*

d) a boa interpretação das normas jurídicas não é a que se faz apenas à luz dos textos da lei, mas que procura descobrir, atrás das palavras do legislador, a real finalidade da norma, os interesses em jogo e os valores em que a lei se inspirou para tutelar os interesses que julgou dignos da proteção jurídica;

e) a análise da evolução normativa em torno de figuras afins representa, *in casu,* critério valioso de busca da teleologia e dos valores em cogitação, quer na lei antiga, quer nas posteriores que tratam de aspectos variados de um mesmo fenômeno (como se dá entre a ação pauliana, a ação revocatória falimentar e a fraude à execução);

f) assim, a previsão do Código Civil de que a "anulação" decorrente da pauliana não autoriza o retorno do bem alienado à livre disponibilidade a execução dos credores (CC, art. 165), permite à moderna doutrina qualificar o fenômeno sob a ótica da *ineficácia,* afastando-o, portanto, do sentido literal da norma legislada.

285.1. Uma última distinção eficacial

Os atos impugnáveis pela via da pauliana são de duas espécies: os que causam redução no patrimônio do devedor solvente; e os que desequilibram as posições dos diversos credores do devedor comum, mediante concessão de garantias ou privilégios a um ou alguns deles.

Diante dessa diversidade de conteúdo dos negócios atacáveis pelos credores defraudados, de duas maneiras a sentença revocatória atuará:

a) nos negócios de alienação de bens, a declaração de ineficácia propiciará ao credor vitorioso na pauliana o direito de penhorar os bens indevidamente alienados, alcançando-os no patrimônio do novo proprietário, como se não tivessem saído da esfera jurídica do devedor alienante. Nisso, especificamente, consiste o mecanismo de repressão à fraude contra credores (CC, art. 165);

b) nos negócios cujo objeto tenha sido a atribuição de direitos preferenciais, mediante constituição de hipoteca, penhor, ou anticrese, a procedência da pauliana importará tão somente na inoponibilidade da preferência ajustada ao autor vitorioso na causa. Desta maneira, o réu, beneficiário da garantia fraudulenta, voltará a concorrer com o credor promovente na mesma situação jurídica em que se encontrava antes do negócio impugnado.

Qualquer, porém, que seja o negócio atacado pela revocatória, de forma alguma sua validade *inter partes* sofrerá anulação. Nas relações entre alienante e adquirente tudo permanecerá íntegro. Apenas em face do credor impugnante a eficácia negocial não se projetará, enquanto subsistir seu prejuízo. Uma vez exercido o direito de excutir os bens alienados ou de não ser prejudicado pelas garantias indevidas, ou uma vez que o credor não mais necessite de garantia incidente sobre os bens

Capítulo XVI: Da Fraude contra Credores | **605**

e valores transmitidos pelo devedor, nenhuma pretensão mais terá para exercer a respeito deles, e os sujeitos do negócio impugnado continuarão exatamente na mesma posição jurídica que lhes conferiu o negócio praticado em fraude do credor. Nenhum efeito de reposição de bens ou vantagens acarretará a sentença pauliana entre as partes do negócio impugnado.

Por isso, não provocará a sentença pauliana, de maneira alguma, a anulação ou cancelamento dos assentos no Registro de Imóveis existentes em nome do terceiro que se beneficiou do negócio reconhecido como praticado em fraude de credores. A propriedade e a garantia real continuarão intactas no registro público. Se sobrevier a arrematação, no processo executivo, aí sim ocorrerá o cancelamento, mas não por nulidade ou anulação, e, sim, por transferência forçada diretamente do terceiro para o arrematante. O caso será de execução sobre patrimônio de terceiro sujeito a responsabilidade por obrigação de outrem (isto é, do devedor insolvente autor da fraude).

285.2. A natureza da sentença pauliana

A sentença que acolhe a revocatória não condena a prestação alguma – não é condenatória, portanto – nem altera a situação jurídica estabelecida pelo negócio impugnado – não é, pois, constitutiva. O que ela faz é simplesmente reconhecer que dito negócio foi praticado em prejuízo da garantia patrimonial do crédito do autor. Por isso, no plano da eficácia, não opera em detrimento da questionada garantia. O negócio não é anulado nem é declarado nulo. É mantido integralmente entre aqueles que o avençaram. Apenas estes não podem, conforme decorre da sentença que acolhe a pauliana, exteriormente opô-lo ao credor prejudicado. O efeito da sentença é, dessa forma, de natureza declaratória, em face do reconhecimento do direito do autor da pauliana de não ser afetado pelo negócio fraudulento, sem embargo de sua irrestrita validade interna[361]. Com efeito, se não provoca anulação do estado jurídico existente, mas só declara os efeitos deste mesmo estado, segundo as normas legais pertinentes, a sentença somente pode ser classificada como *declaratória*[362].

Essa eficácia declarativa da sentença pauliana, fruto da longa evolução científica por que passou a análise do instituto, foi expressamente consagrada no moderno Código Civil italiano, ao estatuir que "o credor... pode demandar que sejam declarados ineficazes em relação a ele os atos de disposição do patrimônio com os quais o devedor prejudique seus direitos"[363] (art. 2.901). De igual forma, o Código peruano trata a pauliana como instrumento processual para que o credor possa "pedir que se

---

[361] THEODORO JÚNIOR, Humberto. *Fraude contra credores cit.*, p. 241; CAHALI, Yussef Said. *Fraudes contra credores cit.*, p. 299-300.

[362] HANADA, Nelson. *Da insolvência e sua prova na ação pauliana cit.*, nº 100, p. 75.

[363] "Il creditore... può domandare che siano *dichiarati* inefficaci nei suoi confronti gli atti di disposizione del patrimonio con i quali il debitore rechi pregiudizio alle sue ragioni...".

declarem ineficazes em relação a ele os atos ... do devedor ... com os quais diminua seu patrimônio conhecido e prejudiquem a cobrança do crédito"[364] (art. 195).

A fórmula legal vem, ainda, repetida no moderníssimo Código Civil de Quebec: "o credor prejudicado pode requerer a declaração de inoponibilidade do ato jurídico praticado pelo seu devedor em fraude a seus direitos"[365] (art. 1.631).

É, pois, inconteste o rumo seguido pela legislação mais moderna e mais evoluída no terreno da repressão à fraude contra credores, consagrando, a um só tempo, a *ineficácia* do negócio em relação ao credor prejudicado e a natureza *declaratória* da sentença que acolhe sua *inoponibilidade* ao autor da ação pauliana.

Correta e exata a exegese adotada nas primeiras manifestações doutrinárias nacionais posteriores ao atual Código Civil, como a de Pablo Stolze Gagliano e Rodolfo Pamplona Filho no sentido de que "a decisão final na ação pauliana é, simplesmente, declaratória da ineficácia do ato praticado em fraude contra credores. Vale dizer, a ação visa declarar ineficaz o ato apenas em face dos credores prejudicados, e não propriamente anulá-lo ou desconstituí-lo. Os princípios gerais da *teoria das nulidades* não devem se aplicar aqui"[366].

---

[364] "pedir que se *declaren* ineficaces respecto de él los actos... del deudor... con los que disminuya su patrimonio conocido y perjudiquen el cobro del crédito".

[365] "Le créancier, s'il en subit un préjudice, peut faire *déclarer* inopposable à son égard l'acte juridique que fait son débiteur en fraude de ses droits...".

[366] GAGLIANO, Pablo Stolze e PAMPLONA FILHO, Rodolfo. *Novo curso de direito civil – parte geral.* São Paulo: Saraiva, 2002, v. I, p. 390.

BIBLIOGRAFIA

ABREU FILHO, José. *O Negócio jurídico e sua teoria geral*. 4. ed. São Paulo: Saraiva, 1997.

AGUIAR, Henoch D. *Hechos y actos jurídicos*. Buenos Aires: Tea, 1950, v. II.

AGUIAR, Ruy Rosado de (org.). Jornadas de Direito Civil, I, III e IV: Enunciados aprovados. Brasília: Conselho da Justiça Federal, 2007.

ALBALADEJO, Manuel. *Derecho civil I – Introducción y parte general*. 14.ed. Barcelona: Bosch, 1996, v. II.

ALFARO, Joaquín Martínez. *Teoría de las obligaciones*. 4. ed. México: Editorial Porrúa, 1997.

ALMEIDA, Dimas R. de, *et al. Repertório de Jurisprudência do Código Civil*. São Paulo: Max Limonad, 1961, v. II.

ALMEIDA, Francisco de Paula Lacerda de. *Obrigações*. 2. ed. Rio de Janeiro: Typographia Revista dos Tribunais, 1916.

ALMEIDA, Rotilde Caciano de. *Dicionário etimológico da lingua portuguesa*. Brasília: Ed. do autor, 1980.

ALPA, Guido. *Manuale di Diritto Privato*. 4.ed. Padova: CEDAM, 2005.

_____. *Corso di diritto contrattuale*. Padova: CEDAM, 2006.

_____; BESSONE, Mario. *I contratti in generale*.Torino: UTET, 1991, v. IV, t, I.

ALTERINI, Atilio Anibal. *Responsabilidade civil*. 3. ed. Buenos Aires: Abeledo-Perrot, 1987.

ALVIM, Agostinho. *Da compra e venda e troca*. Rio de Janeiro: Forense, 1961.

AMARAL, Francisco. *Direito civil: introdução*. 4.ed. Rio de Janeiro: Renovar, 2002.

_____. *Direito civil. Introdução*. 5. ed. Rio de Janeiro: Renovar, 2003.

AMARAL SANTOS, Moacyr. *Primeiras linhas de direito processual civil*. 3. ed. São Paulo: Saraiva, 1979-1990, v. III.

AMERICANO, Jorge. *Da ação pauliana*. São Paulo: Casa Vonordem, 1923.

AMORIM FILHO, Agnelo. Critério científico para distinguir a prescrição da decadência e para identificar as ações prescritivas. *Revista de Direito Processual Civil*, v. 3, 1962.

ANDRADE, Manuel A. Domingues de. *Teoria geral da relação jurídica*. 8. reimp. Coimbra: Almedina, 1998, v. II.

ANDRIGHI, Fátima Nancy. A lesão do art. 156 do CC/2002. *In:* ASSIS, Araken de *et al* (coord.). *Direito civil e processo: estudos em homenagem ao Professor Arruda Alvim*. São Paulo: RT, 2007.

ANTUNES VARELA, João de Matos; PIRES DE LIMA, Fernando Andrade. *Código Civil Anotado*. 4. ed. Coimbra: Coimbra Editora, 1987, v. I.

608 | NEGÓCIO JURÍDICO • *Humberto Theodoro Jr. e Helena Lanna Figueiredo*

ANTUNES VARELA, João de Matos. O abuso do direito no sistema jurídico brasileiro. *Revista de Direito Comparado Luso-Brasileiro*, v.1.

_____. *Direito das obrigações*. Rio de Janeiro: Forense, 1977, v. I.

ANZORENA, Acuña. Anotações *in* SALVAT, Raimund M. *Tratado de derecho civil argentino – fuentes de las obligaciones*. 2.ed. Buenos Aires: Tea, 1950.

ASCENSÃO, José de Oliveira. *Direito Civil: Teoria Geral*. Coimbra: Coimbra Editora, 2003, v. 2.

AUBRY, C., RAU, C. *Cours de droit civil français*. 6. ed. Paris: Éditions Techniques S/A, t. 4, s/d.

AULETTA, Giuseppe Giacono. *Revocatoria civile e fallimentares*. Milano: Giuffrè, 1939.

AULETE, Caldas. Fraude. *Dicionário contemporâneo da língua portuguesa*, v. III.

AZEVEDO, Álvaro Villaça. O novo Código Civil brasileiro: tramitação; Função social do contrato; Boa-fé objetiva; Teoria da Imprevisão; e, em especial, Onerosidade excessiva – *laesio enormis*. *Revista Jurídica*. Porto Alegre, v. 308, junho/2003.

AZEVEDO, Antônio Junqueira de. *Negócio jurídico e declaração negocial*. São Paulo: Saraiva, 1986.

_____. *Negócio jurídico: existência, validade e eficácia*. 4.ed. São Paulo: Saraiva, 2018.

_____. Princípios do novo direito contratual e desregulamentação do mercado (parecer), *Revista dos Tribunais*, São Paulo, RT, v. 750, 1998.

AZEVEDO, Philadelpho. *Um triênio de judicatura*. São Paulo: Max Limonad, 1948, v. III.

AZI, Camila Lemos. A lesão como forma de abuso de direito. *Revista dos Tribunais*, v. 826, ago./2004.

BARBERO, Domenico. *Sistema de derecho privado*. Buenos Aires: EJEA, 1967, v. I.

BARBOSA MOREIRA, José Carlos. *Comentários ao Código de Processo Civil*. 16. ed. Rio de Janeiro: Forense, 2011, v. 5.

BARROS, Hamilton de Moraes e. *Comentários ao Código de Processo Civil*. 2. ed. Rio de Janeiro: Forense, 1977, v. IX.

BATALHA, Wilson de Souza Campos. *Defeitos dos negócios jurídicos*. Rio de Janeiro: Forense, 1988.

BAUDOUIN, Jean-Louis; RENAUD, Yvon. *Code Civil du Québec annoté*. 4.ed. Montreal: W&L, 2001, v. II.

BECKER, Anelise. *Teoria geral da lesão nos contratos*. São Paulo: Saraiva, 2000.

BECKER, Anelise. A Natureza Jurídica da Invalidade Cominada às Cláusulas abusivas do Código de Defesa do Consumidor. *Revista de Direito do Consumidor*, v. 22, abr.-jun./1997.

BEDAQUE, José Roberto dos Santos. *Efetividade do processo e técnica processual*. São Paulo: Malheiros, 2006.

BESSONE, Mario. *I contratti in generale.*Torino: UTET, 1991, v. IV, t, I.

BETTI, Emilio. *Teoria geral do negócio jurídico*. Coimbra: Coimbra Editora, 1969, t. I.

_____. *Teoria geral do negócio jurídico*. Campinas: Servanda Editora, 2008.

Bibliografia | **609**

_____. *Teoria generale del negozio giuridico*. Torino: Unione Tipografico-editrice Torinese, 1943.

_____. *Teoria general del negocio jurídico*. Madri: Rev. de derecho privado, 1959.

BEVILÁQUA, Clóvis. *Código Civil dos Estados Unidos do Brasil comentado*. 4.ed. Rio de Janeiro: Francisco Alves, 1931, v. 1

_____. *Código Civil dos Estados Unidos do Brasil comentado*. 11. ed. Rio de Janeiro: Francisco Alves, 1956, v. 2.

_____. *Código Civil dos Estados Unidos do Brasil comentado*. 12. ed. Rio de Janeiro: Francisco Alves, 1959, v. 1.

_____. *Código Civil dos Estados Unidos do Brasil Comentado*. Rio de Janeiro: Editora Paulo de Azevedo Ltda., 1957, v. 5

_____. *Código Civil dos Estados Unidos do Brasil*. 11.ed. Rio de Janeiro: Francisco Alves, 1958, v. 4.

_____. *Teoria geral do direito Civil*. Atualizada por Caio Mário da Silva Pereira. Rio de Janeiro: Francisco Alves, 1975.

_____. *Teoria Geral do Direito Civil*. 5.ed. Rio de Janeiro: F. Alves, 1929.

_____. *Teoria geral do direito civil*. Rio de Janeiro: Francisco Alves, 1908.

BIANCA, C. Massimo. *Diritto civile*. Ristampa. 2. ed. Milano: Giuffrè, 2000, v. 3.

_____. *Diritto civile: il contrato*. Milano: Giuffrè, 1953, v. 3.

_____. *Diritto civile*. Milano: Giuffrè, ristampa, 1994, v. 5.

_____. *Il contratto*. Milano: Giuffrè, 1984.

BIERWAGEN, Mônica Yoshizato. *Princípios e regras de interpretação dos contratos no novo Código Civil*. São Paulo: Saraiva, 2002.

BITTAR FILHO, Carlos Alberto. *Reparação civil por danos morais*. 2. ed. São Paulo: RT, 1993.

_____. A figura da lesão na jurisprudência pátria: do direito anterior aos nossos dias. *Revista dos Tribunais*, São Paulo, v. 784, p. 141, fev./2001.

BRAGA NETTO, Felipe; ROSENVALD, Nelson; FARIAS, Cristiano Chaves de. *Novo tratado de responsabilidade civil*. 2. ed. São Paulo: Saraiva, 2017.

BRANDÃO, Wilson de Andrade. *Lesão e contrato no direito brasileiro*. São Paulo: Freitas Bastos, 1964.

BRAVO, Frederico de Castro y. *El negocio jurídico*. Madrid: Civitas, 1985.

BREBBIA, Roberto H. *Hechos y actos jurídicos*. Buenos Aires: Astrea, 1979, t. I.

BREZZO, Camillo. *La revoca degli atti fraudolenti*. Torino: Fratelli Bocca, 1892.

BRUTAU, José Puig. *Compêndio de derecho civil*. 3.ed. Barcelona: Bosch, 1987, v. II.

_____. *Diccionario de acciones en derecho civil español*. Barcelona: Bosch, 1984.

BORDA, Guillermo A. *Tratado de derecho civil – parte general*. 6.ed. Buenos Aires: Perrot, 1968, t. II.

_____. *Manual de derecho civil – Parte general*. 16. ed. Buenos Aires: Editorial Perrot, 1993.

BUSSADA, Wilson. *Súmulas do Superior Tribunal de Justiça*. São Paulo: Jurídica Brasileira, 1995, v. I.

BUSSATTA, Eduardo Luiz. Conversão substancial do negócio jurídico. *Revista de Direito Privado*, São Paulo: RT, ano 07, v. 27, abr.-jun./2006.

BUTERA, Antonio. *Dell'azione pauliana o revocatoria*. Torino: Torinese, 1934.

_____. *Dell'azione paliana o revocatoria*. Torino: Torinese, 1936.

BUZAID, Alfredo. *Do concurso de credores no processo de execução*. São Paulo: Saraiva, 1952.

CAHALI, Yussef Said. *Fraudes contra credores*. São Paulo: RT, 1989.

_____. *Fraude contra credores*. São Paulo: RT, 1987.

_____. *Fraudes contra credores*. 3.ed. São Paulo: Revista dos Tribunais, 2002.

_____. *Fraude Contra Credores*. 5. ed. São Paulo: RT, 2013.

CÂMARA, Hector. *Simulación en los actos jurídicos*. Buenos Aires: Depalma, 1944.

CÂMARA LEAL, Antônio Luiz da. *Da prescrição e da decadência*. 2.ed. Rio de Janeiro: Forense, 1959.

CAMPOS, Diogo Leite de. O enriquecimento sem causa em direito brasileiro. *In*: CALDERALE, Alfredo. *Il nuovo Codice Civile Brasiliano*. Milano: Giuffrè, 2003.

CALMON DE PASSOS, José Joaquim. Esboço de uma teoria das nulidades. *Revista da Procuradoria Geral do Estado de São Paulo*, n. 33, jun./1990.

_____. *Comentários ao Código de Processo Civil*. 3.ed. Rio de Janeiro: Forense, 1979, vol. III.

CARBONIER, Jean. *Droit civil – les obligations*. 21.ed. Paris: Press Universitaires, 1998, v. 4.

CARINGELLA, Francesco; MARZO, Giuseppe de. *Manuale di Diritto Civile. Le obbligazioni*. 2. ed. Milão: Giuffrè Editore, 2008, v. II.

CARIOTA FERRARA, Luigi. *Il negozio giuridico nel diritto privato italiano*. Napoli: Morano, s/d.

CARPENA, Helena. *Abuso de direito nos contratos de consumo*. Rio de Janeiro: Renovar, 2001.

CARRIDE, Norberto de Almeida. *Vícios do Negócio Jurídico*. São Paulo: Saraiva, 1997.

CARVALHO, Bruno Miguel Pacheco Antunes de. *Responsabilidade civil dos incapazes*. Dissertação de mestrado. Belo Horizonte: Faculdade de direito da UFMG, 2005.

CARVALHO DE MENDONÇA, Manoel Inácio. Carvalho de. *Doutrina e Prática das Obrigações ou tratado geral dos direitos de crédito*. 2.ed. Rio de Janeiro: Forense, s. d., v. II.

_____. *Doutrina e prática das obrigações*. 4. ed. Rio de Janeiro: Forense, 1956, v. II.

CARVALHO, Fernandes Luís A. *Teoria Geral do Direito Civil*. 3. ed. Lisboa: Universidade Católica Portuguesa, 2001, v. II.

CARVALHO SANTOS, J. M. de. *Código Civil brasileiro interpretado*. Parte geral. 7. ed. Rio de Janeiro: Freitas Bastos, 1958, v. II.

_____.*Código Civil brasileiro interpretado.* Parte geral. 7. ed. Rio de Janeiro: Freitas Bastos, 1958, v. III.

_____. _____. 7. ed. Rio de Janeiro: Freitas Bastos, 1958. v. XII.

_____. Ação pauliana. *Repertório enciclopédico do direito brasileiro.* Rio de Janeiro: Borsoi, s/d, v. II.

CARVALHO, Washington Rocha de. *In* ARRUDA ALVIM, José Manoel; ARRUDA ALVIM, Thereza (coords.). *Comentários ao Código Civil Brasileiro.* Rio de Janeiro: Forense, 2013, v. VIII.

CASO, Rubén H. Campagnucci de. *El negocio jurídico.* Buenos Aires: Astrea, 1992.

CASSO y ROMERO e CERVERA y JYMENES-ALFARO. Diccionario de Derecho Privado. Barcelona, 1950, v. II.

CASTRO, Amílcar de. *Comentários ao Código de Processo Civil.* São Paulo: RT, 1974, v. VIII.

CASTRO Y BRAVO, Frederico de. *El negocio jurídico.* Madrid: instituto Nacional de Estudios Jurídicos, 1967.

_____. *El negocio jurídico.* Madri: Instituto Nacional de Estudios Jurídicos, 1971.

CAVALCANTI, Laís; TEPEDINO, Gustavo. Notas sobre as alterações promovidas pela lei n° 13.874/2019 nos arts. 5°, 113 e 421 do Código Civil. *In:* SALOMÃO, Luís Felipe *et all. Lei de liberdade econômica e seus impactos no Direito Brasileiro.* São Paulo: Ed. RT, 2020.

CAVALCANTI, Ana Elizabeth L. W.; PAESANI, Liliana Minardi. *Direito civil.* 14. ed. reformulada, São Paulo: Saraiva, 2015, v. 1.

CAVALCANTI, José Paulo. *Da renúncia no direito brasileiro.* Rio de Janeiro: Forense, 1958.

_____. *Direito civil. Escritos diversos.* Rio de Janeiro: Forense, 1983.

CAVALIERI FILHO, Sérgio. *Programa de responsabilidade civil.* 3. ed. São Paulo: Malheiros, 2002.

_____. *Programa de responsabilidade civil.* 12. ed. São Paulo: Atlas, 2015.

CHAVES, Antônio. *Tratado de direito civil.* São Paulo: RT, 1982, v. I, t. II.

CIFUENTES, Santos. *Negócio jurídico – estrutura, vícios, nulidades.* 1ª reimp. Buenos Aires: Astrea, 1994.

COELHO, Fábio Ulhoa. Princípios constitucionais na interpretação das normas de direito comercial. *In:* SALOMÃO, Luis Felipe *et al* (coords.). *Lei de liberdade econômica e seus impactos no Direito Brasileiro.* São Paulo: Ed. RT, 2020.

COMPARATO, Fábio Konder. *O poder de controle na sociedade anônima.* 3.ed. Rio de Janeiro: Forense, 1983.

COLIN, Ambroise; CAPITANT, Henri. *Cours élémentaire de droit civil français.* 10. ed. Paris: Dalloz, 1948, t. II.

_____; _____. *Cours élémentaire de droit civil.* 9.ed. Paris: Dalloz, 1939, v. I.

COLLINET, Paul. *L'origine byzantine du mom de la paulienne.* NRH, 1919.

COSATTINI, Luigi. *La revoca degli atti fraudolenti.* 2. ed. Padova: CEDAM, 1950.

COSTA JÚNIOR, Olímpio. *A relação jurídica obrigacional*. São Paulo: Saraiva, 1994.

COSTA, Mário Júlio de Almeida. *Vontade e estados subjetivos na representação jurídica*. Rio de Janeiro: Ed. Rio, 1976.

_____. *Direito das obrigações*. 3 ed. Coimbra: Almedina, 1979.

COUTURE, Eduardo J. *Fundamentos del derecho procesal civil*. Reimpresíon. Buenos Aires: Depalma, 1974.

CREMONA, Nicoletta. L'interpretazione del contratto. Parte especiale. *In*: ALPA, Guido;

CRISCUOLI, Giovanni. *La nullità parziale del negozio giuridico*. Milano: Giuffrè, 1959.

CUPIS, Adriano de. *Istituzioni di diritto privato*. 2. ed. Milano: Giuffrè, 1980.

DAHINTEN, Bernardo Franke; DAHINTEN, Augusto Franke. Abuso do direito: radiografia do instituto e panorama jurisprudencial após 10 anos de sua positivação. *Revista de Direito Privado*, n.º 55, jul.-set./2013.

DALL'AGNOL JÚNIOR, Antonio Janyr. *Invalidades Processuais*. Porto Alegre: LEJUR, 1989.

DANTAS, Francisco Clementino Santiago. *Programa de direito civil*. Rio de Janeiro: Editora Rio, 1978, v. II.

DANTAS, San Tiago. *Programa de direito civil*. Rio de Janeiro: Editora Rio, 1999, v. II.

DANZ, Erich. *La interpretación de los negocios jurídicos*. 3.ed. trad. De Francisco Bonet Ramon. Madrid: Revista de Derecho Privado, 1955.

D'ARRIGO, Cosimo. Il controllo delle sopravvenienze nei contratti a lungo termine. *In* TOMMASINI, Raffaele (coord.). *Sopravvenienze e dinamiche di riequilibrio tra controllo e gestione del rapporto contrattuale*. Turim: G. Giappichelli, 2003.

DEL NERO, João Alberto Schützer. *Conversão substancial do negócio jurídico*. Rio de Janeiro: Renovar, 2001.

DEL VECCHIO, Giorgio. *La justice et la verité*. Paris: Dalloz, 1955.

DIAS, José de Aguiar. *Da responsabilidade civil*. 9. ed. Rio de Janeiro: Forense, 1994, v. II.

DIENER, Maria Cristina. *Il contratto in generale*. Milano: Giuffrè, 2002.

DIEZ-PICAZO, Luis e GULLON, Antonio. *Sistema de derecho civil*. 1.ed. reimpresion, Madrid: Editorial Tecnos, 1976, v. I.

_____; _____. *Sistema de derecho civil*. Madrid: Tecnos, 1976, v. II.

DINAMARCO, Cândido Rangel. *Execução civil*. 5.ed. São Paulo: Malheiros, 1997.

_____. *Execução civil*. São Paulo: RT, 1973.

_____. *Fundamentos do processo civil moderno*. 2.ed. São Paulo: RT, 1987.

_____. _____. 6. ed. São Paulo: Malheiros, 2010.

DINIZ, Maria Helena. *Curso de direito civil brasileiro – teoria geral do direito civil*. 18. ed. São Paulo: Saraiva, 2002, v. 1.

_____. *Curso de direito civil brasileiro - responsabilidade civil*. 16. ed. São Paulo: Saraiva, 1996, v. 7.

_____. *Dicionário jurídico*. São Paulo: Saraiva, 1988, v. I.

_____. *Lei de introdução ao Código civil interpretada*. 4.ed. São Paulo: Saraiva, 1998.

_____. *Código civil anotado*. 5.ed. São Paulo: Saraiva, 1999.

ENNECCERUS, Ludwig; KIPP, Theodor; WOLFF, Martin. *Tratado de derecho civil – parte general*. 2. ed. Tradução espanhola, Barcelona: Bosch, 1950, v.1, t. II.

_____. *Tratado de derecho civil*. Barcelona: Bosch, 1950, v. 2, t. 1,

ESCALADA, Federico Videla. *La interpretación de los contratos civiles*. Buenos Aires: Abeledo-Perrot, 1964.

ESPÍNOLA, Eduardo. Dos fatos jurídicos Das nulidades. *In*: LACERDA, Paulo de. *Manual do Código Civil Brasileiro*. Rio de Janeiro: Jacinto Ribeiro dos Santos Editor, 1929.

_____. *Manual do código civil brasileiro*. Rio de Janeiro: Jacintho, 1932, v. III, 4ª Parte – Das Nulidades.

_____. *Dos contratos nominados no direito civil brasileiro*. 2.ed. Rio de Janeiro: Conquista, 1956.

FACHIN, Luiz Edson. Dos atos não negociais à superação do trânsito jurídico tradicional a partir de Pontes de Miranda. *Rev. Trimestral de Direito Civil*, v. 1, jan.-mar./2000.

FALCÃO, Alcino Pinto. *Parte geral do Código Civil*. Rio de Janeiro: Kofino, 1959.

FARIA, Anacleto de Oliveira. Verbete "Repetição do Indébito". *In Enciclopédia Saraiva de Direito*, v. 65.

FARIAS, Cristiano Chaves de; ROSENVALD, Nelson. *Curso de Direito Civil: parte geral e LINDB*. 13. ed. São Paulo: Atlas, 2015, v. 1.

_____; BRAGA NETTO, Felipe; ROSENVALD, Nelson. *Novo tratado de responsabilidade civil*. 2. ed. São Paulo: Saraiva, 2017.

FERNANDES NETO, Guilherme. *O abuso de direito no Código de Defesa do Consumidor*. Brasília: Brasília Jurídica, 1999.

FERNANDES, Wanderley (coord.). *Fundamentos e princípios dos contratos empresariais*. 2. ed. São Paulo: Saraiva, 2015.

FERRAND, Fréderique. *Droit Privé Alemand*. Paris: Dalloz, 1997.

FERRARA, Luigi Cariota. *Il negozio giuridico nel diritto privato italiano*. 5.ed. Napoli: Morano, s/d.

_____. *El negocio jurídico*. Tradução espanhola. Madrid: Aguillar, 1956.

FERRARA, Francesco. *Il fallimento*. 2.ed. Milano: Giuffrè, 1908.

FERRARA, Francisco. *A simulação dos negócios jurídicos*. Campinas: Red Libros, 1999.

FERREIRA, Aurélio Buarque de Holanda. Fraude. *Novo dicionário da língua portuguesa*. 12. impressão, Rio de Janeiro: Nova Fronteira, s/d.

FERREIRA, Durval. *Erro negocial*. Coimbra: Almedina, 1998.

FIGUEIREDO, Cândido. *Dicionário dei língua portuguesa*. 13.ed. Lisboa: Bertrand, 1949, v. II.

FLUME, Werner. *El negocio jurídico: parte general del derecho civil*. 4. ed. Tradução de José María Miguel Gonzalez e Esther Gómez Calle. Madri: Fundación Cultural del Notariado, 1998, t.II.

FONSECA, Antônio Carlos. "Variantes da manifestação da vontade nos negócios jurídicos por representação." *Revista dos Tribunais*, n. 593, 1985.

FORGIONI, Paula A. Interpretação dos negócios empresariais. *In*: FERNANDES, Wanderley (coord.). *Fundamentos e princípios dos contratos empresariais*. 2.ed. São Paulo: Saraiva, 2015.

FRANCISCO, Caramuru Afonso. O enriquecimento sem causa nos contratos. *In* BITTAR, Carlos Alberto (Coord.). *Contornos atuais da teoria dos contratos*. São Paulo: Revista dos Tribunais, 1993.

FROMONT, Michel. *Droit allemand des affaires. Droit des biens et des obligations. Droit commercial et du travail*. Paris: Montchrestien, 2001.

GAGLIANO, Pablo Stolze; PAMPLONA FILHO, Rodolfo. *Novo curso de direito civil: parte geral*. São Paulo: Saraiva, 2002, v. I.

_____. _____. *Novo curso de direito civil – Parte Geral*. 14.ed. São Paulo: Saraiva, 2012, v. I.

_____; PAMPLONA FILHO, Rodolfo. *Novo Curso de direito civil. Contratos*. 1ed. Unificada, São Paulo: Saraiva, 2018.

GALGANO, Francesco. *Diritto privato*. 6.ed. Padova: CEDAM, 1990.

_____. *El negocio juridico*. Valencia: Tirant Lo Blanch, 1992.

_____. *Diritto privato*. 10.ed. Padova: CEDAM, 1999.

GARCEZ NETO, Martinho. *Nullidade dos actos jurídicos*. 2.ed. Rio de Janeiro: Jacintho, 1970, v. I.

_____. *Prática de responsabilidade civil*. 2. ed. São Paulo: Saraiva, 1972.

GAZZONI, Francesco. *Manuale di diritto privato*. 9. ed. Napoli: Edizioni Scientifiche Italiane, 2001.

GERI, Lina Bigliazzi; BRECCIA, Umberto, BUSNELLI, Francesco D., NATOLI, Ugo. *Diritto Civile*. Torino: UTET, 1997, v. 1.2 – Fatti e atti giuridici.

GHESTIN, Jacques. *Traité de droit civil – les effects du contrat*. 2.ed. Paris: LGDJ, 1994.

_____; GOUBEAUX, Gilles. *Traité de droit civil: introduction générale*. Paris: LGDJ, 1977.

GIRARD, P. F. *Manual de droit romain*. 8. ed. Paris: A. Rousseau, 1924.

GIORDANI, José Acir Lessa. *Curso Básico de Direito Civil: Parte geral*. 2.ed. Rio de Janeiro: Lumen Juris, 2002.

GIUSEPPE, Annunziata Arcangelo. Buon costume: um concetto difficile da definire. *Diritto & Diritti*. Revista Juridica on line, acesso em 2-/-2006.

GODOY, Cláudio Luiz Bueno. *Função social do contrato*. São Paulo: Saraiva, 2004.

_____. *Obrigações*. 15.ed. Rio de Janeiro: Forense, 2001.

GOMES, Orlando. *Introdução ao direito civil*. 7.ed. Rio de Janeiro: Forense, 1983.

_____. *Contratos.* 26.ed. Rio de Janeiro: Forense, 2007.

_____. *Introdução ao direito civil.* 18. ed. Rio de Janeiro: Forense, 2002.

_____. *Obrigações.* 8.ed. Rio de Janeiro: Forense, 1991.

GONÇALVES, Aroldo Plínio. *Nulidades no Processo.* Rio de Janeiro: Aide, 1993.

GONÇALVES, Carlos Roberto. *Direito Civil Brasileiro: parte geral.* 10. ed. São Paulo: Saraiva, 2012, v. 1.

GONÇALVES, Luiz da Cunha. *Tratado de direito civil.* 2.ed. São Paulo: Max Limonad, 1956, v. 5, t. 2.

GONÇALVES, Marcus Vinicius Rios. Arts. 653 a 692. *In:* ARRUDA ALVIM; ALVIM, Thereza; CLÁPIS, Alexandre Laizo (coords). *Comentários ao Código Civil Brasileiro.* Rio de Janeiro: Forense, 2009, v. VI.

GONDIM FILHO. Nulidade relativa. *Revista de jurisprudência brasileira*, v. 47.

GONDIM, Regina Bottentuit. *Invalidade do testamento.* Rio de Janeiro: Renovar, 2001.

GOZZO, Debora. *Ação de nulidade de venda a descendente.* São Paulo: Saraiva, 1985.

GRAMSTRUP, Erik Frederico; ZANETTO, Andrea Cristina. Aspectos formativos do contrato na atualidade. *Revista Magister – Direito Civil e Processual Civil*, v. 96, Porto Alegre, mai-jun/2020.

GRINOVER, Ada Pellegrini *et al. Código brasileiro de defesa do Consumidor comentado pelos autores do anteprojeto.* 7.ed. Rio de Janeiro: Forense Universitária, 2001.

GRISI, Giuseppe. *L'obbligo precontrattuale di informazione.* Napoli: Jovene Editore, 1990.

GUERRA, Alexandre. *Responsabilidade civil por abuso do direito.* São Paulo: Saraiva, 2011.

_____. *Princípio da conservação dos negócios jurídicos.* São Paulo: Almedina, 2016.

GUIMARÃES, Carlos da Rocha. *Prescrição e Decadência.* 2. ed. Rio de Janeiro: Forense, 1984.

GUIMARÃES, Octavio Moreira. *Da boa-fé ao direito civil brasileiro.* 2.ed. São Paulo: Saraiva, 1953.

GUIMARÃES, Paulo Jorge Scartezzini. Responsabilidade civil e interesse contratual positivo e negativo (em caso de descumprimento contratual). *Revista de Direito Privado,* São Paulo, v. 63, jul.-set./2015.

HANADA, Nelson. *Da insolvência e sua prova na ação pauliana.* 4.ed. São Paulo: RT, 2005.

_____. *Da insolvência e sua prova na ação pauliana.* São Paulo: RT, 1982

IMPALLOMENI, Giovan Battista. Azione revocatória – diritto romano. *Novissimo digesto italiano.* 3. ed. Torino: UTET, 1957, v. II.

_____. *Digesto delle discipline privatistiche.* Verbete *Azione revocatoria nel diritto romano.* Torino: UTET, 1995, v. II.

IRTI, Natalino. Scambi senza accordo. *Rivista Trimestrale di Diritto e Procedura Civile,* 1998, v. 53.

JOSSERAND, Louis. *Relatividad y abuso de los derechos.* Bogotá: Temis, 1982.

616 | NEGÓCIO JURÍDICO • *Humberto Theodoro Jr. e Helena Lanna Figueiredo*

_____. *De l'esprit des droits et de leur relativité*. Paris: Librairie Dalloz, 1927.

_____. *Les mobiles dans les actes juridiques du droit privé*. Paris: Dalloz, 1928.

JULLIOT DE LA MORANDIÈRE, Léon. *Apud* COLIN, Ambroise, CAPITANT, Henry. *Traitè de droit civil*. Paris: Dalloz, 1959, Tradução de Antônio Junqueira de Azevedo.

KELSEN, Hans. *Teoria pura do direito*. Tradução de João Baptista Machado. 2.ed. Coimbra: Arménio Amado, 1962, v. 2.

KHOURI, Paulo R. Roque. O direito contratual no novo Código Civil. *In Enfoque Jurídico – Suplemento Informe do TRF-1ª Região*, n. 105, out./2001.

LACANTINERIE, Baudry, BARDE. *Traité*, v. 11, *apud* RODRIGUES, Silvio. *Dos vícios de consentimento*. 2. ed. São Paulo: Saraiva, 1982.

LACERDA, Galeno. *Despacho Saneador*. Porto Alegre: La Salle, 1953

LAFAYETTE, Rodrigues Pereira. *Direito das coisas*. 6. ed. Rio de Janeiro: Freitas Bastos, 1956.

LARENZ, Karl. *Derecho civil. Parte general*. Madrid: Edersa, 1978.

_____. *Metodologia da ciência do direito*. Tradução Portuguesa. Lisboa: Fundação Calouste Gulbenkian, 1978.

_____. *Derecho de obligaciones*. Madrid: Rev. de Derecho Privado, 1959, t. II.

_____. *Tratado de derecho civil alemán*. Trad. espanhola de Miguel Izquierdo y Macías-Picavea. Madri: Editorial Revista de Derecho Privado, 1978.

_____. O estabelecimento de relações obrigacionais por meio de comportamento social típico. Trad. de Alessandro Hirata. *Revista Direito GV*, v. 2, n. 1.

_____; WOLF, Manfred. *Allgemeiner Teil des bürgerlichen Rechts*. 8.ed. Muchen, 1997.

LENEL, Von Otto. *Das edictum perpetuum ein versuch zu seiner wiederherstellung*. 3.ed. Leipzig: B. Tauchnitz, 1927.

LEVADA, Cláudio Antônio Soares. Responsabilidade civil por abuso de direito. *Revista dos Tribunais*, v. 667, maio/1991.

LIEBMAN, Enrico Tulio. *Processo de execução*. 3. ed. São Paulo: Saraiva, 1968.

LIMA, Alvino. *A fraude no direito civil*. São Paulo: Saraiva, 1965.

LIMA NETO, Francisco Vieira; FACHETTI, Gilberto. Sobre a conversão substancial do negócio jurídico (art. 170 do CC). *In*: ASSIS, Araken de *et al.* (coord.). *Direito civil e processo: estudos em homenagem ao Professor Arruda Alvim*. São Paulo: RT, 2008.

LIMA, Pires de; VARELA, Antunes. *Código civil anotado*. 4.ed. Coimbra: Coimbra Editora, 1987, v. I.

LLAMBÍAS, Jorge J. *Tratado de derecho civil. Parte general*. 4.ed. Buenos Aires: Abeledo--Perrot, 1970, t. II.

_____. *Tratado de derecho civil*: parte general. 15.ed. Buenos Aires: Abeledo-Perrot, 1993, t. II.

LOPEZ, Teresa Ancona. Princípios contratuais. *In* FERNANDES, Wanderley (coord.). *Fundamentos e princípios dos contratos empresariais*. 2. ed. São Paulo: Saraiva, 2015.

Bibliografia | 617

MAFFEI-ALBERTI, Alberto. *Il danno nella revocatoria*. Padova: CEDAM, 1970.

MAIA JÚNIOR, Mairan Gonçalves. *A representação no negócio jurídico*. São Paulo: RT, 2001.

MAIERINI, Angelo. *Della revoca degli atti fraudolenti*: fatti dal debitore in pregiudizio dei creditori. 4. ed. Firenze: Fratelli Cammelli, 1912.

MAIORCA, Sérgio. *Le obbligazioni, le loro fonti e le loro garanzie*. Torino: G. Giappichelli, 1982.

MALAURIE, Philippe, AYNÈS, Laurent. *Cours de droit civil-Les obligationsi*. 10.ed. Paris: Éditions Cuja, 1999, t. VI.

MARCADÉ, citado por VÉLEZ SARSFIELDE, nota ao art. 926 do *Código civil della República Argentina*. Buenos Aires: Az-Editora, 1994.

MARIANO, João Cura. *Impugnação pauliana*. Coimbra: Almedina, 2004.

MARINO, Francisco Paulo de Crescenzo. *Interpretação do negócio jurídico*. São Paulo: Saraiva, 2011.

MARTINS-COSTA, Judith. *A boa-fé no direito privado*. 2. ed. São Paulo, RT, 1999.

_____. As cláusulas gerais como fatores de mobilidade do sistema jurídico. *RT*, 1992, n. 680, p. 50-51

_____. Grande Sertão: Veredas. *In*: NEVES, José Roberto de Castro (org.). *O que os grandes livros ensinam sobre justiça*. Rio de Janeiro: Nova Fronteira, 2019.

MATIELLO, Fabício Zamprogna. *Código Civil Comentado*. 3.ed. São Paulo: LTr, 2007.

MATTIETTO, Leonardo de Andrade. *Teoria da validade e princípio da conservação dos atos jurídicos*. Tese. UERJ. Rio de Janeiro, 2003.

MAURO, Antonio de. *Il principio di adeguamento nei rapporti giuridici tra privati*. Milano: Giuffrè, 2000.

MAXIMILIANO, Carlos. *Direito intertemporal ou teoria da retroatividade das leis*. 2.ed. Rio de Janeiro: Freitas Bastos, 1955.

MAXIMILIANO, Carlos. *Hermenêutica e aplicação do direito*. 18.ed. Rio de Janeiro: Forense, 1999.

MAZEAUD, Jean. *Leçons de droit civil*. 11.ed. Paris: Montchrestien, 1966, t. I, v. I.

MAZEAUD, Henri; MAZEAUD, Léon; MAZEAUD, Jean. *Lecciones de derecho civil*. Buenos Aires: Ediciones Jurídicas Europa- América, 1962, v. III, parte III.

MAZEAUD, Henri y Léon; MAZEAUD, Leon. *Lecciones de derecho civil*. Buenos Aires: EJEA, 1969, v. III, Parte II.

MELO, Diogo L. Machado de. *Cláusulas contratuais gerais. Contratos de adesão, cláusulas abusivas e o Código Civil de 2002*. São Paulo: Saraiva, 2008.

MELLO, Marcos Bernardes de. *Teoria do fato jurídico. Plano da validade*. 3. ed. São Paulo: Saraiva, 1999.

_____. *Teoria do Fato Jurídico. Plano da Existência*. 10. ed. São Paulo: Saraiva. 2000.

MENDES, João de Castro. *Teoria geral do direito civil*. Lisboa: Fac. De Direito, 1989, v. II.

618 | NEGÓCIO JURÍDICO • *Humberto Theodoro Jr. e Helena Lanna Figueiredo*

MENEZES CORDEIRO, António Manuel da Rocha e. *Tratado de Direito Civil Português*. 2. ed. Coimbra: Almedina, 2000, v. I, t I.

_____. *Tratado de Direito Civil*. 4. ed. Coimbra: Almedina, 2017, v.1.

_____. *Direito das obrigações*. Lisboa: Associação Acad. da Faculdade de Direito de Lisboa, 1986, v. II.

_____ . *Da boa-fé no direito civil*. Coimbra: Almedina, 1997.

MESA, Marcelo J. Lopes. *Ineficacia y nulidad de los actos jurídicos y processales*. Buenos Aires: Depalma, 1998.

MESSINEO, Francesco. *Dottrina generale del contratto*. Milano: Giuffrè, 1952.

_____. *Manual de derecho civil y comercial*. Trad. Argentina. Buenos Aires: EJEA, 1954, t. II.

_____. *Manuale di diritto civile e commerciale*. 9.ed. Milano: Giuffrè, 1957, v. I.

_____ . *Il contrato in genere*. Milano: Giuffrè, 1968, v. I.

_____. _____Milano: Giuffrè, 1972, v. II.

_____. *Doctrina general del contrato*. Buenos Aires: EJEA, 1986, v. I.

_____. _____. Buenos Aires: EJEA, 1986, v. II.

MIRAGEM, Bruno. *Abuso do direito*. Rio de Janeiro: Forense, 2009.

MIRANDA, Custódio da Piedade Ubaldino. *Teoria Geral do negócio jurídico*. 2. ed. São Paulo: Atlas, 2009.

MONCADA, Luis Cabral de. *Lições de direito civil – parte geral*. 3.ed. Coimbra: Atlântica Ed., 1959, v. II.

_____. *Lições de direito civil*. 4.ed. Coimbra: Almedina, 1995.

MONIER, Raymond. *Manuel de droit romain*. 5. ed. Paris: Domant-Mont, 1935, v. II.

MONTEIRO, Washington de Barros. *Curso de direito civil – parte geral*. 5.ed. São Paulo: Saraiva, 1966, v.1.

_____. *Curso de direito civil*: parte geral. 29. ed. São Paulo: Saraiva, 1990, v. I.

_____. _____. 33. ed. São Paulo: Saraiva, 1995, v. I.

_____. _____ – parte geral. 37.ed. São Paulo: Saraiva, 2000, v. I.

_____. _____. 21. ed. São Paulo: Saraiva, 1987, v. IV, 1ª parte.

_____. _____. 34.ed. São Paulo: Saraiva, 2003, v. V.

_____. _____. 39. ed. São Paulo: Saraiva, 2003, v. I.

MOREIRA ALVES, José Carlos. *A Parte geral do projeto do Código Civil brasileiro*. São Paulo: Saraiva, 1986.

_____. *Direito romano*. 3.ed. Rio de Janeiro: Forense, 1971.

_____ . A responsabilidade extracontratual e seu fundamento. Culpa e nexo de causalidade. *In*: MARTINS, Ives Gandra da Silva (coord.). *Direito contemporâneo. Estudos em homenagem a Oscar Dias Corrêa*. Rio de Janeiro: Forense Universitária, 2001.

Bibliografia | 619

MOREIRA, Carlos Roberto Barbosa. Aspectos da conversão do negócio jurídico. *In:* ASSIS, Araken de *et al.* (coord.). *Direito civil e processo: estudos em homenagem ao Professor Arruda Alvim.* São Paulo: RT, 2008.

MORENO, A. M. Morales. *Error: vício da vontade*, verbete *in Enciclopédia Jurídica Básica.* Madrid: Editorial Civitas, 1995, v. II.

_____. Dolo: Vicio de la voluntad, verbete *in Enciclopédia Jurídica Básica.* Madrid: Editorial Civitas, 1995, v. II.

_____. Verbete violência: vício de la voluntad. *Enciclopedia jurídica básica.* Madrid: Civitas, 1995, v. IV.

MOSCO, Luigi. *La conversione del negozio giuridico.* Napoli: Jovene, 1947.

MOSCONI, Cledi de Fátima Manica. *O enriquecimento sem causa e o novo Código Civil brasileiro,* Porto Alegre, Síntese, 2.003.

MOTA PINTO, Paulo Cardoso da. *Declaração tácita e comportamento concludente no negócio jurídico.* Coimbra: Almedina, 1995.

MOURA, Mário Aguiar. Fraude de execução pela insolvência do devedor. *Revista dos Tribunais,* v. 509, p. 297, mar./1978.

MOZOS, José Luís de los. *La conversión del negocio jurídico.* Barcelona: Bosch, 1959.

NADER, Paulo. *Curso de Direito Civil – parte geral.* 5.ed. Rio de Janeiro: Forense, 2008, v. I.

NAVARRINI, Humberto. *Trattato di diritto fallimentare.* Bologna: Zanichelli, 1939, v. I.

NERY, Rosa Maria de Andrade; NERY JÚNIOR, Nelson. *Código Civil Comentado.* 12. ed. São Paulo: Revista dos Tribunais, 2017.

NERY JÚNIOR, Nelson; NERY, Rosa Maria de Andrade. *Código Civil Comentado.* 12. ed. São Paulo: Revista dos Tribunais, 2017.

NEVARES, Ana Luiza Maia. O erro, o dolo, a lesão e o estado de perigo no novo Código Civil. *In:* TEPEDINO, Gustavo (coord.). *A parte geral do novo Código Civil.* Rio de Janeiro: Renovar, 2002.

NEVES, José Roberto de Castro. *Uma introdução ao direito civil – parte geral.* 2.ed. Rio de Janeiro: Forense, 2007.

OLIVEIRA Ana Lúcia Iucker Meirelles de. *Litigância de má-fé.* São Paulo: RT, 2.000.

OLIVEIRA, Carlos Alberto Alvaro de. *Alienação da Coisa Litigiosa.* Rio de Janeiro: Forense, 1984.

OLIVEIRA, Eduardo Ribeiro de. *In* TEIXEIRA, Sálvio de Figueiredo (coord.). *Comentários ao Novo Código Civil.* Rio de Janeiro: Forense, 2008, v. II.

OLIVEIRA, Lauro Laertes de. *Da ação pauliana.* 3.ed. São Paulo: Saraiva, 1989.

OLIVEIRA, Valdeci Mendes de. *Obrigações e responsabilidade civil.* 2. ed. São Paulo: Edipro, 2002.

OROSIMBO NONATO, da Silva. *Da coação como defeito de ato jurídico.* Rio de Janeiro: Forense, 1957.

_____. *Curso de obrigações.* Rio de Janeiro: Forense, 1960, v. II.

_____. *Revista Forense*, v. XCIII, jan./1943.

_____. *Fraude contra credores*. Rio de Janeiro: Jurídica e Universitária, 1969.

PACHECO, José da Silva. *Processo de falência e concordata*. 2. ed. Rio de Janeiro: Borsoi, 1972, v. II.

PACIFICI-MAZZONI, Emidio. *Istituzioni di diritto civile italiano*. 5. ed. Ristampa, Firenze: Casa Editrice Fratelli Camelli, 1925, v. I.

PAGE, Henri de. *Traité élémentaire de droit civil Belge*. 2.ed. Bruxelles: Emile Bruylant, 1948, t. I.

_____. _____. 2. ed. Bruxelles: E. Bruylant, 1948, v. III.

PAMPLONA FILHO, Rodolfo; GAGLIANO, Pablo Stolze. *Novo curso de direito civil: parte geral*. São Paulo: Saraiva, 2002.

PARRINELLO, Concetta. Obbligatorietà del vincolo e squilibrio delle prestazioni nei contratti tra imprenditori: Riflessioni sui principi unidroit. *In* TOMMASINI, Raffaele (coord.). *Sopravvenienze e dinamiche di riequilibrio tra controllo e gestione del rapporto contrattuale*. Turim: G. Giappichelli, 2003.

PASSARELLI, F. Santoro. Doctrinas generales del derecho civil. *Rev. de Derecho Privado*, Madrid, 1964.

PEREIRA, Caio Mário da Silva. *Instituições de Direito Civil: introdução ao direito civil, teoria geral do direito civil*. 31. ed. Revista a atualizada por Maria Celina Bodin de Moraes. Rio de Janeiro: Forense, 2018, v. I.

_____. *Instituições de direito civil*. 19. ed. Rio de Janeiro: Forense, 2001, v. I.

_____. _____. 3.ed. Rio de Janeiro: Forense, 1971, v. 1

_____. _____. 12. ed. Rio de Janeiro: Forense, 1990, v. I.

_____. _____: *contratos*. 22. ed. Revista e atualizada por Caittin Mulholland. Rio de Janeiro: Forense, 2018, v. III.

_____. *Responsabilidade civil*. 2. ed. Rio de Janeiro: Forense, 1990. _____.*Lesão nos contratos*. 6. ed. Rio de Janeiro: Forense, 1999.

PERLINGIERI, Pietro. *Perfis do Direito Civil*. Rio de Janeiro: Renovar, 1997.

PINTO, Carlos Alberto da Mota. *Teoria geral do direito civil*. Coimbra: Coimbra Ed., 1976.

PINTO, Nelson Luiz. *Ação de Usucapião*. São Paulo: RT, 1987.

PIRES DE LIMA, Fernando Andrade; ANTUNES VARELA, João de Matos. *Código Civil Anotado*. 4. ed. Coimbra: Coimbra Editora, 1987, v. I.

PLANIOL, Marcel. *Traité élémentaire de droit civil*. 2. ed. Paris, 1902, v. II.

_____. _____.7. ed. Paris: LGDJ, 1915, v. I.

_____. *Responsabilidade civil*. 2. ed. Rio de Janeiro: Forense, 1990.

_____; RIPERT, Georges. *Tratado práctico de derecho civil francés*. Habana: Cultural, 1945, t. VIII.

_____; _____; ESMEIN, Pablo. *Tratado práctico de derecho civil francés*. Habana: Cultural, 1945, v. VII.

PONTES DE MIRANDA, Francisco Cavalcanti. *Tratado de direito privado*. São Paulo: Editora Revista dos Tribunais, 2012, t. I.

_____. _____. São Paulo: Editora Revista dos Tribunais, 2012, t. II.

_____. _____. São Paulo: Editora Revista dos Tribunais, 2012, t. III.

_____. _____. São Paulo: Editora Revista dos Tribunais, 2012, t. IV.

_____. _____. São Paulo: Editora Revista dos Tribunais, 2012, t. V.

_____. _____. São Paulo: Editora Revista dos Tribunais, 2012, t. IX.

_____. _____. São Paulo: Editora Revista dos Tribunais, 2012, t. XXII.

_____. _____. São Paulo: Editora Revista dos Tribunais, 2012, t. XXVI.

_____. _____.São Paulo: Editora Revista dos Tribunais, 2012, t. XXXIX.

_____. _____. São Paulo: Editora Revista dos Tribunais, 2012, t. XLIII.

_____. _____. São Paulo: Editora Revista dos Tribunais, 2012, t. LVI.

_____.*Comentários ao Código de Processo Civil*. Rio de Janeiro: Forense, 1976, t. IX.

_____. _____. 5. ed. Rio de Janeiro: Forense, 1.995, t. I.

PRATA, Ana. *A tutela constitucional da autonomia privada*. Coimbra: Almedina, 2016.

RÁO, Vicente. *Ato Jurídico*. 2.ed. São Paulo: Saraiva, 1979.

REALE, Miguel. *O projeto do novo Código Civil*. 2.ed. São Paulo: Saraiva, 1999.

REQUIÃO, Rubens. *Curso de direito falimentar*. 9. ed. São Paulo: Saraiva, 1984, v. 1.

REY, Alain. Fraude. *Le micro-robert*. Paris: Dictionnaires Le Robert, 1988.

RIEG, Alfred. *Le rôle de la volontè dans l'acte juridique en droit civil français et allermand*. Paris: LGDJ, 1961.

RIZZARDO, Arnaldo. *Parte geral do Código Civil*. Rio de Janeiro: Forense, 2002.

_____. Teoria da aparência. *Revista ajuris*, Porto Alegre, n. 24, mar./1982.

_____. *Parte geral do código civil: lei n. 10.406, de 10.01.2002*. 2. ed. Rio de Janeiro: Forense, 2003.

RODRIGUES, Silvio. *Direito civil - responsabilidade civil*. 15. ed. São Paulo: Saraiva, 1997, v. 4.

_____. *Direito Civil*. 24.ed. São Paulo: Saraiva, 1997, v. III.

_____. *Direito Civil*. 32.ed. São Paulo: Saraiva, 2002, v. 1.

_____. *Dos vícios de consentimento*. 2. ed. São Paulo: Saraiva, 1982.

ROPPO, Enzo. *O contrato*. Tradução portuguesa. Coimbra: Almedina, 1988.

ROPPO Vincenzo. *Il contratto*. Milano: Giuffrè, 2001.

ROSELLO, Carlo. *Verbete "Errore nel dirritto civile". Digesto delle discipline privatistiche. Sezione civile*, Torino, UTET, 1994, v. VII.

ROSENBERG, Leo. *Tratado de derecho procesal civil*. Buenos Aires: EJEA, 1955, t. III.

ROSENVALD, Nelson; FARIAS, Cristiano Chaves de. *Curso de Direito Civil: parte geral e LINDB*. 13. ed. São Paulo: Atlas, 2015.

_____; FARIAS, Cristiano Chaves de; BRAGA NETTO, Felipe. *Novo tratado de responsabilidade civil*. 2. ed. São Paulo: Saraiva, 2017.

ROTONDI, Mario. *Istituzioni di diritto privato*. Pávia: Ed. Tipografia del Libro, 1954.

RUAS, Luiza Wander; VENOSA, Sílvio de Salvo. Interpretação dos negócios jurídicos e a liberdade econômica. *In* ARRUDA ALVIM *et al* (coords.). *Uma vida dedicada ao direito*: Estudos em homenagem a Roberto Rosas. Rio de Janeiro: Ed. GZ, 2020.

RUGGIERO, Roberto de. *Instituições de Direito Civil*. São Paulo: Saraiva, 1957, v. I.

_____. *Instituições de Direito Civil*. São Paulo: Saraiva, 1958, v. III.

SÁ, Fernando Augusto Cunha de. *Abuso de direito*. Coimbra: Almedina, 1997.

SACCO, Rodolfo. Nullità e Annullabilità. *Digesto*. 4. ed. Torino: UTET, 1996, v. XII.

SALVAT, Raimund M. *Tratado de derecho civil argentino – Parte geral*. 7. ed. Buenos Aires: Penser, 1944.

_____. *Tratado de derecho civil argentino – fuentes de las obligaciones*. 2.ed. Buenos Aires: Tea, 1950.

SANTARELLI, Umberto. Verbete *Azione revocatoria nel diritto medievale e moderno*. Digesto delle discipline privatistiche. Sezione Civile, Torino: UTET, 1995, v. II.

SANTORO-PASSARELLI, Francesco. *Doctrinas Generales del Derecho Civil*. Madrid: Ed. Rev. Derecho Privado, 1964.

SANTOS, José Beleza dos. *A simulação em direito civil*. 2.ed. São Paulo: Lejus, 1999.

SATTA, Giuseppe. *La conversione nei negozi giuridici*. Milano: Soc. ed. Libraria, 1903.

SAVIGNY, Frederic Charles di. *Traité de droit romain*. Paris: F. Didot, 1845, v. 3.

_____. *Sistema del derecho romano actual*. Madrid: Centro Editorial de Góngora, 1878/1879, t. II.

_____. *Sistema del diritto romano attuale*. Torino: Unione Tipografico Editrice, 1900, v. 3.

SCHMIEDEL, Raquel Campani. *Negócio jurídico: nulidades e medidas sanatórias*. 2.ed. São Paulo: Saraiva, 1985.

SCHREIBER, Andersen. *Equilíbrio contratual e dever de renegociar*. São Paulo: Saraiva Educação, 2018.

SERPA LOPES, Miguel Maria de. *Curso de direito civil*. 5.ed. Rio de Janeiro: Freitas Bastos, 1971, v. 1.

_____. _____. 7. ed. Rio de Janeiro: Freitas Bastos, 1989, v. I.

_____. _____. 7. ed. Rio de Janeiro: Freitas Bastos, 1989, v. III.

_____. _____. 4.ed. Rio de Janeiro: Freitas Bastos, 1995, v. V.

_____. _____. 7.ed. Rio de Janeiro: Freitas Bastos, 2000, v. II.

SERRA, Adriano Vaz, art. *in* Revista L. J., 104, 336, *apud* FERREIRA, Durval. *Erro negocial*. Coimbra: Almedina, 1998.

SILVA, Juliana Pedreira da. *Contratos sem negócio jurídico. Crítica das relações contratuais de fato.* São Paulo: Atlas, 2011.

SILVA, Luís Renato Ferreira da. Prefácio da obra *Interpretação do contrato* de Marcelo Vicenzi. São Paulo: Ed. RT, 2011.

_____. *Revisão dos contratos: do Código Civil ao Código do Consumidor.* Rio de Janeiro: Forense, 1999.

SILVA, Paula Costa e. *Acto e Processo.* São Paulo: Editora RT, 2019.

SILVESTRE, Gilberto Fachetti. Requisitos de admissibilidade da conversão substancial do negócio jurídico. *Revista Forense,* Rio de Janeiro, jul.dez/2014.

SOARES, Teresa Luso. *A conversão do negócio jurídico.* Coimbra: Almedina, 1986.

SOLAZZI, Sirio. *La revoca degli atti fraudolenti nel diritto romano.* 3. ed. Napoli: E. Jovene, 1945, v. I.

_____. *La revoca degli atti fraudolenti.* Roma: Tip. Poliglota, 1902.

SOUZA, Eduardo Nunes de. *Teoria geral das invalidades do negócio jurídico: nulidade e anulabilidade no direito civil contemporâneo.* São Paulo: Almedina, 2017.

SOUZA, Gelson Amaro de. Teoria da aparência e a fraude à execução. *Revista interminas,* Toledo, Presidente Prudente, v. 5, nov./2001.

SOUZA, Sebastião de. *Da compra e venda.* 2.ed. Rio de Janeiro: Forense, 1956.

STARCK, Boris, ROLAND, Henri, BOYER, Laurent. *Obligations. 2- Contrat.* 5.ed. Paris: LITEC, 1995.

_____, _____, _____. *Obligations* – Régime general. 5. ed. Paris: Litec, 1997, v. 3.

STOCO, Rui. *Abuso do direito e má-fé processual.* São Paulo: RT, 2002.

STOLFI, Giuseppe. *Teoria del negozio giuridico.* Padova: CEDAM, 1947.

_____. *Teoría del negocio juridico.* Madrid: Rev. de Derecho Privado, 1959.

STRENGER, Irineu. *Reparação do dano em direito internacional privado.* São Paulo: RT, 1973.

STRENGER, Guilherme Gonçalves. Abuso de direito. *Revista APMP,* São Paulo, nov./97

TARTUCE, Flávio. *Direito Civil.* 12. ed. Rio de Janeiro: Forense, 2017, v. 2.

_____. *Direito Civil. Lei de introdução e parte geral.* 13.ed. Rio de Janeiro: Forense, 2017, v. 1.

_____. *Direito Civil: direito das obrigações e responsabilidade civil.* 13. ed. Rio de Janeiro: Forense, 2018, v. 2.

_____. A Lei da Liberdade Econômica (Lei n.º 13.874/2019) e os seus principais impactos para o direito civil – segunda parte. *Revista Síntese. Direito civil e processual civil,* v. 122, nov.-dez./2019.

TEIXEIRA DE FREITAS, Augusto. *Código civil – Esboço.* Ministério da Justiça, 1983.

_____. *Consolidação das leis civis.* 3. ed. Rio de Janeiro: Garnier, 1876.

TELLES, Inocêncio Galvão. *Dos contratos em geral.* Coimbra: Coimbra Ed., 1947.

_____. *Direito das obrigações*. 7. ed. Coimbra: Coimbra Ed., 1997.

TEPEDINO, Gustavo; OLIVA, Milena Donato. Autonomia da representação voluntária no direito brasileiro e determinação da disciplina que lhe é aplicável. *Revista Magister de Direito Civil e Processual Civil*, n.º 72, maio-jun./2016.

_____; CAVALCANTI, Laís. Notas sobre as alterações promovidas pela Lei nº 13.874/2019 nos arts. 5º, 113 e 421 do Código Civil. *In*: SALOMÃO, Luís Felipe *et all. Lei de liberdade econômica e seus impactos no Direito Brasileiro*. São Paulo: Ed. RT, 2020.

_____. A técnica da representação e os novos princípios contratuais. *Revista Forense*, v. 386, jul.-ago./2006.

TERRÉ, François. *Introduction générale au droit*. 3.ed. Paris: Dalloz, 1996.

_____; SIMLER, Philippe; LEQUETTE, Yves. *Droit civil. Les obligations*. 6.ed. Paris: Dalloz, 1996.

THEODORO JÚNIOR, Humberto. *O contrato e sua função social*. 4.ed. Rio de Janeiro: Forense, 2014.

_____. *Prescrição e decadência*. Rio de Janeiro: Forense, 2018.

_____. *Fraude contra credores*. 2. ed. Belo Horizonte: Del Rey, 2001.

_____. Fraude contra credores e fraude de execução. *Revista dos Tribunais*, v. 776, jun./2000.

TORRENTE, Andrea; SCHLESINGER, Piero. *Manuale di diritto privato*. 16.ed. Milano: Giuffrè, 1999.

TRABUCCHI, Alberto. *Istituzioni de Diritto Civile*. 38. ed. Padova: CEDAM, 1998.

TRINCAVELLI, Nelida. *Acción pauliana*. Buenos Aires: Abeledo-Perrot, 1970.

TUHR, Andreas Von. *Teoria general del derecho civil alemán*. Tradução argentina. Buenos Aires: Depalma, 1946, v. II, t. I.

_____. *Derecho civil*. Buenos Aires: Depalma, 1947, t. II, v. II.

_____.*Derecho civil:* teoria general del derecho civil alemán. Buenos Aires: Depalma, 1947, v. 2, t. 1.

URZAINQUE, Francisco Javier Fernández. *Código civil*. Elcano: Aranzadi, 2001.

VALLE FERREIRA, José Geinaert do. Subsídios para o estudo das nulidades. *Revista Forense*, v. 205, 1964.

VALVERDE, Trajano de Miranda. *Comentários à lei de falências*. 2.ed. Rio de Janeiro: Forense, 1995, v. II.

VASCONCELOS, Pedro Pais de. *Teoria Geral do Direito Civil*. Coimbra: Almedina, 2002.

_____. _____. 8. ed. Coimbra: Almedina, 2017.

VAZ, Anselmo. A conversão e a redução dos negócios jurídicos. *Revista da Ordem dos Advogados*, ano 5, 1945.

VELOSO, Zeno. *Invalidade do negócio jurídico*. Belo Horizonte: Del Rey, 2002.

VENTURA, Raul José Rodrigues. *A conversão dos actos jurídicos no direito romano*. Fac. de Direito da Universidade de Lisboa, 1947.

VENOSA, Silvio de Salvo. Abuso de direito. *Revista da Faculdade de Direito-FMU*, São Paulo, 1988.

_____. *Direito civil*. 3.ed. São Paulo: Atlas, 2003, v. II.

_____. _____. 4. ed. São Paulo: Atlas, 2004, v.1.

_____. _____. *Parte geral*. 8. ed. São Paulo: Atlas, 2008, v. 1.

_____. *Código Civil Interpretado*. 2. ed. São Paulo: Atlas. 2011, nota 1 do art. 115.

_____. *Teoria geral dos contratos*. 2. ed. São Paulo: Atlas, 1996

_____. Abuso de direito. *Revista da Faculdade de Direito-FMU*, São Paulo, 1988.

_____. Interpretação dos negócios jurídicos e a liberdade econômica. *Revista Síntese. Direito civil e processual civil*, v. 122, nov.-dez./2019.

_____; RUAS, Luiza Wander. Interpretação dos negócios jurídicos e a liberdade econômica. *In* ARRUDA ALVIM *et al* (coords.). *Uma vida dedicada ao direito*: Estudos em homenagem a Roberto Rosas. Rio de Janeiro: Ed. GZ, 2020.

VIANA, Marco Aurélio S. *Curso de direito civil*. Belo Horizonte: Del Rey, 1993, v. I.

VICENZI, Marcelo. *Interpretação do contrato: ponderação de interesses e solução de conflitos*. Ed. RT, 2011.

VIDAL, José. *Essai d'une théorie générale de la fraude en droit français: le principe "fraus omnia corrumpt"*. Paris: Dalloz, 1957.

VILLELA, João Baptista. Do fato ao negócio: em busca da precisão conceitual. *In:* DIAS, Adahyl Lourenço, *et al*. *Estudos em homenagem ao Prof. Washington de Barros Monteiro*. São Paulo: Saraiva, 1982.

WALD, Arnoldo. *Curso de direito civil brasileiro – obrigações e contratos*. 5. ed. São Paulo: Editora RT, 1979.

_____. *Direito civil: introdução e parte geral*. 14 ed. São Paulo: Saraiva, 2015.

_____; CAVALCANTI, Ana Elizabeth L. W.; PAESANI, Liliana Minardi. *Direito civil*. 14. ed. reformulada, São Paulo: Saraiva, 2015, v. 1.

WETTER, P. Van. *Pandectes*.2. ed. Paris: LGDJ, 1910, v. IV.

WIEACKER, Franz. *História do direito privado moderno*. Lisboa: Fundação Calouste Gulbenkian, 1980.

WINDSCHEID, Bernhard. *Diritto delle pandette*. Torino: UTET, 1902, v. I.

_____. *Diritto delle pandette*. Trad. Fadda e Bensa. Torino: Utet, 1904, v. II, parte, II.

YASSIM, Assad Amadeo. Considerações sobre abuso de direito. *Revista dos Tribunais*, v. 538, agosto/1980.

ZANCHIM, Kleber Luiz; ARAUJO, Paulo Dóron Rehder de. Interpretação contratual: o problema e o processo. *In* FERNANDES, Wanderley (coord.). *Fundamentos e princípios dos contratos empresariais*. 2.ed. São Paulo: Saraiva, 2012.

ZANNONI, Eduardo A. *Ineficacia y nulidad de los actos jurídicos*. Buenos Aires: Astrea, 1986.

ÍNDICE ALFABÉTICO-REMISSIVO

(Os números referem-se aos itens)

ABUSO DE DIREITO

Conceito, 7

Conduta, 8.1

Direito comparado, 7.1

Efeitos, 9

Fim econômico e social, 8.3

Natureza jurídica, 7.2

Ofensa à boa-fé, 8.2

Requisitos, 8

AÇÃO PAULIANA

ação revocatória, denominação, 246.2

ação revocatória, efeitos, 267

ação revocatória no direito alemão, 248.3

ação revocatória no direito argentino, 248.6

ação revocatória no direito comparado, síntese, 249

ação revocatória no direito contemporâneo, 248

ação revocatória no direito espanhol, 248.4

ação revocatória no direito francês, 248.2

ação revocatória no direito italiano, 248.1

ação revocatória no direito medieval e moderno, 247

ação revocatória no direito português, 248.5

ação revocatória no direito romano, 246.5

âmbito de incidência, 258

atos impugnáveis, distinção, 285.1

características, na codificação de Justiniano, 246.7

conceito, 250.6

contra o pagamento de dívida não vencida, 118

controvérsias sobre sua natureza no direito romano, 246.4

descaracterização como ação de nulidade no direito romano clássico, 246.8

e o direito romano clássico, 246.3

efeitos, 272, 276

elisão do *eventus damni*, 259

especializações, 250.7

formas de elisão, 260

fraude de execução, 250.7

legitimidade *ad causam*, 261

meio para arguir a fraude contra credores, 250.8

meios repressivos da fraude, 279

meios repressivos da fraude, conclusões, 285

meios repressivos da fraude, defesa da posição do Código, 284

meios repressivos da fraude, ineficácia como sanção, 281

meios repressivos da fraude, jurisprudência, 282

meios repressivos da fraude, necessidade de harmonização, 280

meios repressivos da fraude, posição do STJ, 283

natureza da sentença, 285.2

natureza no direito romano, 246.6

no direito romano, 246.1

pagamento de dívida não vencida, 263

prazo decadencial, 255

raízes históricas, 246

revocatória falimentar, 250.7

situação dos adquirentes sucessivos, 262

AÇÃO REVOCATÓRIA

denominação 246.2

efeitos, 267

falimentar, 250.7

no direito alemão, 248.3

no direito argentino, 248.6

no direito comparado, síntese, 249

no direito contemporâneo, 248

no direito espanhol, 248.4

no direito francês, 248.2
no direito italiano, 248.1
no direito medieval e moderno, 247
no direito português, 248.5
no direito romano, 246.5

ANULABILIDADE

casos expressos em lei, 72
causas, 71
como qualificação da fraude contra credores, 130, 131
conceito, 70
confirmação, 80
confirmação, efeitos e direitos de terceiro, 84
confirmação, espécies, 83
confirmação, natureza jurídica, 81
confirmação, requisitos, 82
defeitos do negócio jurídico, 79
desconstituição, 96
distinção entre nulidade e anulabilidade, 70.1
e o estado de perigo, 222
e os vícios de consentimento, 132
ébrio e o toxicômano, 75
incapacidade relativa, 73
menor relativamente incapaz, 74
nulidade absoluta e relativa, 70.2
pródigos, 77
requisitos da anulabilidade por erro de intermediação, 163
silvícolas, 78

ANULAÇÃO

ação, 97
benfeitorias e acessões, 118
composição das perdas e danos, 115
do negócio lesivo, 233
efeitos, 112
efeitos da anulação do ato do menor desassistido, 106
efeitos da anulação por coação em face de terceiros, 214
efeitos da anulação por dolo em face de terceiros, 179.1
eficácia temporal, 113
extensão da regra de anulação de ato de menor, 107

frutos e rendimentos, 116
impedimento do prazo decadencial, 100
indenização do interesse negativo, 119
legitimação para arguir, 98
limites subjetivos da anulação, 99
outros prazos de anulação, 104
perdas e danos, 114
perecimento da coisa, 117
prazo decadencial da ação de anulação, 100
prazo decadencial da ação de anulação por coação, 101
prazo decadencial da ação de anulação por defeito do negócio jurídico, 102
prazo decadencial da ação de anulação por incapacidade, 103
prazo decadencial da anulatória fundada em coação, 215
prazo decadencial da anulatória fundada em dolo, 187
prazo decadencial da anulatória fundada em erro, 149
prazo decadencial da anulatória fundada em estado de perigo, 229
prazo decadencial da anulatória fundada em lesão, 242
preservação dos direitos de terceiro de boa-fé, 121
repressão à malícia do menor, 107
retificação do contrato para evitar sua anulação por erro essencial, 174
suspensão do prazo decadencial, 100
terceiros de boa-fé, 120

ATO

lícito (v. ato jurídico lícito)

ilícito (v. ato jurídico ilícito)

ATO FATO JURÍDICO

Ato-fato real, 1.3.1
Conceito, 1.2, 1.3.2,
Distinção com o ato jurídico em sentido estrito, 1.3.2

ATO JURÍDICO

Distinção com o ato fato jurídico, 1.3.2
Em sentido estrito, 1.1, 1.3.2

Em sentido lato, 1.1

Ilícito, 1.1

Lícito, 1.1

ATO JURÍDICO ILÍCITO

Absoluto, requisitos, 2

Abuso de direito, 7 (v. abuso de direito)

Conceito, 1.5

Conceito em sentido estrito, 6

Conduta humana, 2.1

Consequências, 16

Culpa, 2.5

Dano, 2.2

Dano material, 2.2.2

Dano moral, 2.2.3

Delito civil, 2.1

Distinção com o ato jurídico lícito, 1.5

Dolo, 2.5

Em sentido estrito, 6

Ilícito civil, 3

Ilícito penal, 3

Ilicitude, consequências, 16

Imputabilidade, 2.4

Negligência, 2.5.1

Nexo de causalidade, 2.3

Omissão, 2.1

Requisitos, 2

Responsabilidade civil, 4, 16

ATO JURÍDICO LÍCITO

Classificação, 1.3.2

Conceito, 1.3

Distinção com o ato jurídico ilícito, 1.5

Regime, 1.3.1

AUTONOMIA PRIVADA

autonomia, 13

autonomia privada, negócio jurídico 10,

bons costumes, 15.1

confiança, 15.3

declaração da vontade, 11.1

eliminação, 17

equilíbrio econômico, 15.4

função social do contrato, 15.2

heteronomia, 13

limites, 15

COAÇÃO

ações decorrentes da coação, 101.1

aferição, 216

ameaça, conceito, 211.2

anulação, prazo decadencial, 215

como ameaça do exercício normal de um
direito, 217

como vício de consentimento, 207

conceito, 206, 207

distinção entre as duas modalidades, 208

efeitos, 212

efeitos da anulação em face de terceiros, 214

física e moral, 206

gravidade do mal ameaçado, 211.4

iminência do mal ameaçado, 211.5

incidente, 211.8

influência do temor reverencial, 218

injustiça do mal ameaçado, 211.3

moral, conceito, 209

moral, elementos constitutivos, 212

moral, verdadeiro vício de consentimento, 210

nexo causal, 211.7

objeto do mal ameaçado, 211.6

origem, 211.1

por terceiro, 219

por terceiro, consequências, 220

por terceiro, situação do contratante, 221

prazo decadencial da anulação por coação, 101

prova, 213

CONFIRMAÇÃO

conteúdo, 85

do negócio anulável, 80

do negócio jurídico nulo, 60

do negócio sujeito à autorização de terceiro, 95

e ratificação, 80

efeito, 93

efeitos e direitos de terceiro, 84

espécies, 83

forma, 88

natureza jurídica, 81

registro público, 94

requisitos, 82

substância do negócio, 86

tácita, 89

tácita, efeitos, 92

tácita, outros atos, 91

tácita, requisitos, 90

vontade de confirmar, 87

CONSILIUM FRAUDIS

caracterização, em negócio gratuito, 254

caracterização, em negócio oneroso, 256, 257

conceituação, 251

CONVERSÃO

Aplicabilidade, 67

Conceito, 62

Conversão formal, 64

Conversão material, 64

Fundamentos, 65

Natureza jurídica, 63

Requisitos, 66

CULPA

Conceito, 2.5

Grau, 2.5

Imperícia, 2.5.1

Imprudência, 2.5.1

Negligência, 2.5.1

DANO

Conceito, 2.2

Dano emergente, 2.2.2

Dano material, 2.2.2

Dano moral, 2.2.3

Lucro cessante, 2.2.2

Prejuízo, 2.2.1

DEFEITOS DO ATO JURÍDICO

noção, 127

DEFEITOS DO NEGÓCIO JURÍDICO

anulabilidade, 79

conceituação, 128

diferença entre invalidade e ineficácia, 129

direito intertemporal, 134

e incapacidade, 79

equivocado enquadramento da fraude contra credores, 130, 131

intróito, 127

posição no novo Código, 133

prazo decadencial da anulação por defeitos do negócio jurídico, 101, 102

teoria da confiança, 132.4

teoria da declaração, 132.2

teoria da responsabilidade, 132.3

teoria da vontade real, 132.1

vício social, 127, 128

vícios de consentimento e anulabilidade do negócio jurídico, 132

DOLO

acidental, 187

acidental, efeitos, 189

acidental, requisitos, 187

acidental de terceiro, 199

anulação, prazo decadencial, 187

arguição, 185

bilateral, 204

como ato ilícito, 176

como vício de consentimento, 176

compensação entre culpas, 205

conceito, 2.5; 176

de terceiro, efeitos, 200

de terceiro no Código anterior, 194

de terceiro no novo Código, 195

de terceiro como motivo não suficiente para viciar o negócio, 196

de terceiro e negócio unilateral, 200

decadência do *dolus bonus*, 178

dever de informar entre os contratantes, 191

do representante, modalidades de repressão, 203

do representante, regime legal, 202

do representante legal, 201

e erro, 137, 198

e erro, distinção, 180

e negócios jurídicos anuláveis, 181

efeitos, 179

efeitos da anulação em face de terceiros, 179.1

elementos constitutivos, 177

malícia do que se aproveita do erro, 193

negativo, 192

prejuízo causado, 182

principal, 187

ERRO

acidental, 150

anulação, prazo decadencial, 149

atual e futuro, 146

capacidade do agente e erro, 183

cognoscibilidade do erro pelo outro contratante, 139

conceito, 135

de cálculo, 172

de cálculo, efeito, 173

de direito, 158

de fato e erro de direito, 151

de identidade, 155

de indicação de pessoa ou coisa, requisito legal a cumprir, 170

de intermediação, requisitos da anulabilidade, 163

de pessoa ou coisa e erro na indicação de pessoa ou coisa, 169

e capacidade do agente, 183

e dolo, 137, 198

e dolo, distinção, 180

e ignorância, 136

e responsabilidade civil, 148

escusabilidade, 140

essencial, retificação do contrato para evitar sua anulação, 174

excesso de mandato, 167

falsa causa, 160

falso motivo, 159

hipóteses de retificação do negócio praticado sob erro, 175

iniciativa da revisão contratual, 174.1

intencionalidade do intermediário excluindo a figura do erro, 165

invalidante, requisitos, 145

malícia do que dele se aproveita, 193

material e de cálculo, 171

modalidades quanto à qualidade do objeto, 156

na transmissão da declaração de vontade, 162

obstativo, 147

poderes de representação e instruções de cumprimento do mandato, 166

preocupação predominante com os riscos do negócio, 144

prova, 184

quanto à pessoa, 157

quanto ao objeto principal da declaração, 154

reconhecibilidade, 141

representante e mensageiro, 164

sanável de pessoa ou coisa, 168

sobre a natureza do negócio, 153

sobre os motivos, condição expressa, 161

substancial, conceito, 150

substancial, pressupostos, 152

substancial e vício redibitório, 138

teoria da vontade e teoria da declaração, 142

teorias da responsabilidade e da confiança, 143

vício, 147

ESTADO DE PERIGO

anulabilidade ou rescindibilidade, 222

anulação, prazo decadencial, 229

conceito, 223

efeitos, 226

efeitos em relação a terceiros, 228

elementos, 224

requisitos para seu reconhecimento, 227

situação perigosa, 225

EVENTUS DAMNI

atualidade do dano, 253.5

caracterização, 253

eventus damni, elisão, 259

FATO

Conceito, 1

FATO JURÍDICO

Classificação, 1.1

Conceito, 1

Em sentido estrito, 1.1

Em sentido lato, 1.1

FATO NATURAL

Conceito, 1

FORMA

confirmação do negócio anulável, 82

e prova, 46

inobservância da forma prescrita em lei, 46

inobservância da solenidade, 47

FRAUDE

à lei, conceito, 48
conceito, 244
repulsa do direito à fraude, 245

FRAUDE CONTRA CREDORES

a crédito futuro, 252.2
ação de arresto, 250.5
ação pauliana, âmbito de incidência, 258
ação pauliana, características na codificação de Justiniano, 246.7
ação pauliana, conceito, 250.6
ação pauliana, descaracterização como ação de nulidade no direito romano clássico, 246.8
ação pauliana, efeitos, 272, 276
ação pauliana, legitimidade *ad causam*, 261
ação pauliana, natureza da sentença, 285.2
ação pauliana, natureza no direito romano, 246.6
ação pauliana, raízes históricas, 246
ação pauliana, situação dos adquirentes sucessivos, 262
ação pauliana contra o pagamento de dívida não vencida, 266
ação pauliana e controvérsias sobre sua natureza no direito romano, 246.4
ação pauliana e o direito romano clássico, 246.3
ação pauliana no direito romano, 246.1
ação revocatória, denominação, 246.2
ação revocatória, efeitos, 267
ação revocatória no direito alemão, 248.3
ação revocatória no direito argentino, 248.6
ação revocatória no direito comparado, síntese, 249
ação revocatória no direito contemporâneo, 248
ação revocatória no direito espanhol, 248.4
ação revocatória no direito francês, 248.2
ação revocatória no direito italiano, 248.1
ação revocatória no direito medieval e moderno, 247
ação revocatória no direito português, 248.5
ação revocatória no direito romano, 246.5
ação sub-rogatória, 250.4
anterioridade do crédito, 252.1
arguição em ação pauliana, 250.8
arguição em embargos de terceiro, 250.8

ato parcialmente gratuito, 253.3
atos impugnáveis pela pauliana, distinção, 285.1
atualidade do dano, 253.5
como tutela judicial à garantia dos credores, 250.3
conceito, 243
consilium fraudis em negócio gratuito, 254
crédito defraudado, 252
crédito extinto, 252.4
dação em pagamento, 265
disciplina do direito brasileiro, 250
disciplina fora do Código Civil, 250.7
dívidas com garantia geral, 264
enquadramento como ineficácia relativa e invalidade, 130,131
eventus damni, configuração, 253
eventus damni, elisão, 259
liquidez e exigibilidade da obrigação, 252.3
mau enquadramento como defeito do ato jurídico, 250.1
meios repressivos, 279
meios repressivos, conclusões, 285
meios repressivos, defesa da posição do Código, 284
meios repressivos, ineficácia como sanção, 281
meios repressivos, jurisprudência, 132
meios repressivos, necessidade de harmonização, 280
meios repressivos, posição do STJ, 283
na constituição de garantia real, 268
negócios ordinários, 273
obrigação, 250.2
oneração ou comprometimento dos bens do insolvente, 253.2
outras formas de elisão, 260
participação do terceiro, 275
por meio de negócio oneroso, 256
por meio de negócio oneroso, posição jurisprudencial, 257
prejuízo do credor, 253
presunção legal, 269
presunção legal, prova, 271
presunção legal, requisitos, 270
presunção legal de boa-fé, 262, 274
prova da insolvência, 253.4

Índice Alfabético-Remissivo | **633**

qualificação do negócio como anulável ou ineficaz, 277

remissão de dívida, 253.1

repulsa à fraude, 278

requisitos gerais, 251

responsabilidade patrimonial, 250.2

FRAUDE DE EXECUÇÃO

conceito, 250.7

IGNORÂNCIA

e erro, 136

INCAPACIDADE

absoluta como causa de nulidade do negócio, 36

ébrio e o toxicômano, 75

menor absolutamente incapaz, 36.1

menor relativamente capaz, 74

prazo decadencial da anulação por incapacidade, 103

pródigos, 77

relativa como causa de anulabilidade do negócio, 73

silvícolas, 78

INCAPAZ

ausentes, 37

negócio jurídico praticado por absolutamente incapaz, 36

negócio jurídico praticado por menor, 36.1

INEFICÁCIA

e invalidade, diferença, 129

qualificação da fraude contra credores, 130

relativa, 250.1, 31

INEXISTÊNCIA

conceito, 29

INTERMEDIÁRIO

sua intencionalidade excluindo a figura do erro, 165

INTERPRETAÇÃO

Boa-fé objetiva, 24.2

Conclusão, 24.5

Costumes, 24.3

Influência das circunstâncias, 24.4

Integração, 25

Interpretação, 24

Regra fundamental, art. 122, 24.1

Usos, 24.3

INVALIDADE

do negócio jurídico, 26 e segs. (v. Negócio jurídico)

e ineficácia, diferença, 129

ilicitude, 16

sistema do Código, 33

LESÃO

ação de anulação, 233

anulação, prazo decadencial, 242

características, 233

caso típico, 233.2

como vício de consentimento, 232

conceito, 232

confirmação do negócio viciado, 242.1

dolo de aproveitamento, 233.1

e teoria da imprevisão, 238

efeitos, 237

histórico no direito brasileiro, 231

influência do CPC, 236

iniciativa da revisão contratual, 237.1

negócios usurários, 230

nos contratos de consumo, 241

ônus da prova, 239

opção do devedor entre anular ou rever o contrato, 233.1

participação do cocontratante do negócio lesivo, 235

rescisão e anulação, 222

situação do terceiro de boa-fé, 240

LIBERDADE ECONÔMICA

Liberdade econômica, livre iniciativa e negócio jurídico: A "Declaração de Direitos de Liberdade Econômica" (Lei no. 13.874/2019), 10.2

MENOR

efeitos da anulação do ato do menor desassistido, 106

extensão da regra de anulação de ato de menor, 108

negócio jurídico praticado por menor, 36.1

negócio jurídico praticado por menor relativamente incapaz, 105

púbere e impúbere, 36.1

repressão à malícia do menor, 107

MENSAGEIRO
na transmissão errônea da vontade, 164

MOTIVO
e causa, 160

falso, 159

NEGÓCIO JURÍDICO
anulável (v. Anulabilidade, Anulação)

anuláveis por dolo, 181

autonomia, 13

autonomia da vontade, garantia constitucional, 10.1

autonomia privada, 10, 11.1

autonomia privada, eliminação, 17

autonomia privada, limites 15

classificação, 18

compra e venda de coisa alheia, 40

compra e venda de coisa litigiosa, 41

conceito, 1.1

condição, 20.1

confirmação do negócio viciado por lesão, 242.1

conservação, 125

consequências da anulação do negócio, 59

conteúdo, 19.4

declaração da vontade, 11.1, 19.2

defeitos (v. Defeitos do negócio jurídico)

direito intertemporal, 134

do menor relativamente incapaz, 105

eficácia, 26

elementos acidentais, 20

elementos essenciais, 19

eliminação da autonomia privada, 14

encargo, 20.3

forma, 19.3, 122

forma prescrita, inobservância, 46

fraude à lei, 48

função, 21

heteronomia, 13

hipóteses de retificação do negócio praticado sob erro, 175

imoral, 43

infração da lei, 49

iniciativa livre, liberdade econômica, 10.2

interpretação (v. interpretação)

invalidade, 30

inválido, repetição do pagamento, 109

inválido, repetição em face do contratante incapaz, 110

inválido, restrições à regra da irrepetibilidade, 111

liberdade de celebração, liberdade de estipulação, 12

liberdade econômica, livre-iniciativa, 10.2

modo, 20.3

motivo ilícito, 45

Negócio jurídico, 1.1, 1.3

nulo (não produz efeito), 34

nulo, confirmação, 60

nulo, conversão (v. Conversão)

nulo, inevitabilidade de consequências, 59

nulo, prescrição, 61

nulidade cominada e não cominada, 53

nulidade de casamento, 52

nulidade do negócio e do instrumento, 123

nulidade no CDC, 50

nulidade no CPC (*pas de nullité sans grief*), 51

objeto, 19.4

objeto ilícito, impossível ou indeterminável, 38

objeto ilícito, restituição das prestações pagas, 42

objeto impossível (fraude à lei), 39

objeto indeterminável, 44

origem histórica, 17, 17.1

os vícios de consentimento e a anulabilidade, 132

patologia, 27

planos de atuação, 28

plano de eficácia, 31

plano de existência, 29

plano de validade, 30

praticado por absolutamente incapaz, 36

praticado por menor, 36.1

proteção do ausente, 37

representação, 19.1.1

requisitos, 19, 20, 21

silêncio, 19.3.1

simulação (v. Simulação)

sistema de invalidade do Código, 33

solenidade essencial, inobservância, 47

sujeito, 19.1

temperamentos à tese da nulidade independentemente de prejuízo, 53.1

termo, 20.2

unilaterais, 23

vícios verificáveis em cada plano, 32

visão estrutural, 11.2

visão estrutural, excessos, 11.3

visão funcional, 11.2

NEGÓCIO JURÍDICO UNILATERAL

Enriquecimento sem causa, 23.3

Gestão de negócios, 23.2

Pagamento indevida, 23.4

Promessa de recompensa, 23.1

NEXO DE CAUSALIDADE

Conceito, 2.3

Teorias, 2.3

NULIDADE

absoluta e relativa, 70.2

ação ou exceção, 57

arguição, 53

arguição pela parte, 54

arguição pelo Ministério Público, 55

arguição por terceiro interessado, 53.2

cominada e não cominada, 35

conceito, 33

de casamento, 52

declaração de ofício pelo juiz, 56

distinção entre nulidade e anulabilidade, 70.1

do negócio e do instrumento, 123

e anulabilidade, 30

e inexistência, 29, 30

negócio nulo, 34

no CDC, 50

no CPC (*pas de nullité sans grief*), 51

obrigação principal e acessória, 40

parcial, 124

prescrição, 61

provas, 58

redução em matéria de contratos coligados, 124.1

teoria das nulidades, 128

PARTICEPS FRAUDIS

caracterização, 256

PAULIANA (V. Ação Pauliana; Fraude contra credores)

RATIFICAÇÃO

confirmação, 80

REDUÇÃO

do negócio parcialmente nulo, 124, 124.1

RELAÇÕES JURÍDICAS

Conceito, 1.4

RESPONSABILIDADE CIVIL

Ato ilícito, 5

Conceito, 4, 5

Culpa, 2.5

Dolo, 2.5

Fato ilícito, 5

Indenização, 5

Responsabilidade subjetiva, 2.5, 4

Responsabilidade objetiva, 4

SIMULAÇÃO

ação, 69.12

ad personam, 69.7

antedata e pós-data, 69.9

conceito, 69, 69.2

de conteúdo do negócio, 69.8

direito intertemporal, 69.14

e figuras afins, 69.3

efeitos, 69.2

espécies, 69.4

inovação introduzida, 69.1

interesse de agir por meio da ação de simulação, 69.12.1

invalidante e não invalidante, 69.5

negócios bilaterais, 69.6.1

negócios em que pode ocorrer, 69.6

prescrição, 69.13

prova da simulação arguida por terceiros, 69.11.4

prova da simulação entre as partes, 69.10.1

relações entre as partes do negócio simulado, 69.10

relações entre as partes do negócio simulado e terceiros, 69.11

situação dos adquirentes de boa-fé, 69.11.2

terceiros prejudicados, 69.11.1

SITUAÇÕES JURÍDICAS

Conceito, 1.4

SOLENIDADE

inobservância de solenidade essencial, 47

TEORIA

da confiança, 132.4

da imprevisão e lesão, 238

da responsabilidade, 132.3

da responsabilidade e da confiança, 143

da vontade real, 132.1

da vontade e teoria da declaração, 142

USURA

real e financeira, 230

VÍCIOS DE CONSENTIMENTO

coação, 207

dolo, 176

e a anulabilidade do negócio jurídico, 132

e estado de perigo, 222

e o direito intertemporal, 134

e vícios sociais, 127

erro, 135

lesão, 232

VONTADE REAL

teoria, 132.1